DIREITO DO PETRÓLEO E DO GÁS

ALEXANDRE SANTOS DE ARAGÃO

DIREITO DO PETRÓLEO E DO GÁS

Belo Horizonte

2021

© 2021 Editora Fórum Ltda.

É proibida a reprodução total ou parcial desta obra, por qualquer meio eletrônico, inclusive por processos xerográficos, sem autorização expressa do Editor.

Conselho Editorial

Adilson Abreu Dallari	Floriano de Azevedo Marques Neto
Alécia Paolucci Nogueira Bicalho	Gustavo Justino de Oliveira
Alexandre Coutinho Pagliarini	Inês Virgínia Prado Soares
André Ramos Tavares	Jorge Ulisses Jacoby Fernandes
Carlos Ayres Britto	Juarez Freitas
Carlos Mário da Silva Velloso	Luciano Ferraz
Cármen Lúcia Antunes Rocha	Lúcio Delfino
Cesar Augusto Guimarães Pereira	Marcia Carla Pereira Ribeiro
Clovis Beznos	Márcio Cammarosano
Cristiana Fortini	Marcos Ehrhardt Jr.
Dinorá Adelaide Musetti Grotti	Maria Sylvia Zanella Di Pietro
Diogo de Figueiredo Moreira Neto (*in memoriam*)	Ney José de Freitas
Egon Bockmann Moreira	Oswaldo Othon de Pontes Saraiva Filho
Emerson Gabardo	Paulo Modesto
Fabrício Motta	Romeu Felipe Bacellar Filho
Fernando Rossi	Sérgio Guerra
Flávio Henrique Unes Pereira	Walber de Moura Agra

FÓRUM
CONHECIMENTO JURÍDICO

Luís Cláudio Rodrigues Ferreira
Presidente e Editor

Coordenação editorial: Leonardo Eustáquio Siqueira Araújo
Aline Sobreira de Oliveira

Av. Afonso Pena, 2770 – 15º andar – Savassi – CEP 30130-012
Belo Horizonte – Minas Gerais – Tel.: (31) 2121.4900 / 2121.4949
www.editoraforum.com.br – editoraforum@editoraforum.com.br

Técnica. Empenho. Zelo. Esses foram alguns dos cuidados aplicados na edição desta obra. No entanto, podem ocorrer erros de impressão, digitação ou mesmo restar alguma dúvida conceitual. Caso se constate algo assim, solicitamos a gentileza de nos comunicar através do *e-mail* editorial@editoraforum.com.br para que possamos esclarecer, no que couber. A sua contribuição é muito importante para mantermos a excelência editorial. A Editora Fórum agradece a sua contribuição.

Dados Internacionais de Catalogação na Publicação (CIP) de acordo com a AACR2

AR659d	Direito do Petróleo e do Gás / Alexandre Santos de Aragão.– Belo Horizonte : Fórum, 2021.
	816p.; 17x24cm
	ISBN: 978-85-450-0751-7
	1. Direito Público. 2. Direito do Petróleo. 3. Direito Econômico. I. Título.
	CDD 341.3
	CDU 342.9

Elaborado por Daniela Lopes Duarte - CRB-6/3500

Informação bibliográfica deste livro, conforme a NBR 6023:2018 da Associação Brasileira de Normas Técnicas (ABNT):

ARAGÃO, Alexandre Santos de. *Direito do Petróleo e do Gás*. Belo Horizonte: Fórum, 2021. 816p. ISBN 978-85-450-0751-7.

À Flavinha.

SUMÁRIO

NOTA DO AUTOR 17

OBRAS DO AUTOR 19

PARTE I
ARTIGOS

PRINCÍPIOS DE DIREITO REGULATÓRIO DO PETRÓLEO 31

ALGUNS ASPECTOS CONSTITUCIONAIS DO DIREITO
DO PETRÓLEO 39

AS CONCESSÕES E AUTORIZAÇÕES PETROLÍFERAS 43
1 Panorama do Ordenamento Jurídico brasileiro 43
2 As concessões petrolíferas 48
3 As autorizações no setor petroleiro 54
4 As relações de sujeição especial no direito do petróleo 57
5 Conclusões 58

MONOPÓLIOS PÚBLICOS E OS MODELOS DE CONTRATOS DE E&P
NO DIREITO BRASILEIRO 61
1 Conceito e disciplina constitucional 61
2 Monopólios em espécie 64
2.1 Atividades minerárias 65
2.2 Atividades nucleares 66
2.3 Atividades petrolíferas 67
2.3.1 As concessões de E&P 70
2.3.2 O regime jurídico do pré-sal 72
2.3.2.1 Contratos de partilha 74
2.3.2.2 Cessão onerosa 75
2.3.2.3 Conclusão 77

OBJETO E NATUREZA JURÍDICA DAS CONCESSÕES
PETROLÍFERAS 79
1 O objeto da concessão petrolífera 79
2 A natureza jurídica da concessão petrolífera 83

O PODER DE A ANP ELABORAR E CELEBRAR CONTRATOS DE
CONCESSÃO COMO FATOS JUS-GENÉTICOS 87

A CESSÃO DA CONCESSÃO DE E&P E A QUESTÃO DAS EVENTUAIS
RESPONSABILIDADES REMANESCENTES 93

O PODER NORMATIVO DA AGÊNCIA NACIONAL
DO PETRÓLEO (ANP) 101

AS BOAS PRÁTICAS DA INDÚSTRIA DO PETRÓLEO COMO O
EIXO DA REGULAÇÃO DO SETOR 113
1   O princípio da legalidade e a regulação da indústria do petróleo 113
2   A função das boas práticas da indústria do petróleo 120

O *JOINT OPERATING AGREEMENT* (JOA) NO DIREITO DO PETRÓLEO
BRASILEIRO E NA *LEX MERCATORIA* 125
1   Introdução 125
2   O *Joint Operating Agreement* (JOA): consórcio da indústria do petróleo 127
3   O JOA como imposição da *Lex Mercatoria* 138

UNITIZAÇÃO E ACORDO DE INDIVIDUALIZAÇÃO DA PRODUÇÃO:
TRAJETÓRIA HISTÓRICA E REGIME À LUZ DA LEI Nº 12.351/2010 145
1   Introdução 145
2   Contornos da unitização e diferenças com a anexação 146
3   Unitização na Lei nº 12.351/2010 152
4   Conclusão 156

CONTEÚDO LOCAL NOS CONTRATOS DE EXPLORAÇÃO E
PRODUÇÃO DE PETRÓLEO E GÁS NATURAL 159
1   Introdução 159
2   A obrigação de Conteúdo Local nos contratos de exploração e produção
      de petróleo e gás e a sua natureza jurídica 160
3   Eficácia e exigibilidade da cláusula de conteúdo local 163
4   A existência de fornecedores locais como pressuposto fático da incidência do
      conteúdo local: *conditio juris* e impossibilidade temporária 166
5   Inaplicabilidade de sanções 170
6   Inaplicabilidade de anuência prévia da ANP 171
7   Boas práticas e alocação de riscos na indústria do petróleo 172
8   Interpretação *contra proferentem* 176
9   A posição da empresa de E&P e o fomento à indústria nacional como uma
      obrigação do Estado 178
10   Fato da Administração 181
11   Conclusão 183

POSSIBILIDADE DE AFETAÇÃO DOS RECEBÍVEIS DE *ROYALTIES* AOS
FUNDOS GARANTIDORES DE PARCERIAS PÚBLICO-PRIVADAS 187
1   Introdução 187
2   As parcerias público-privadas como delegação de serviços públicos 189
3   Natureza jurídica do fundo garantidor de PPPs e do seu patrimônio de afetação ... 194
4   A resolução nº 43/2001 do Senado Federal e a natureza jurídica das obrigações
      assumidas pelo ente público 195

5	Os *royalties* do petróleo e a possibilidade da sua vinculação	201
5.1	Natureza jurídica não tributária dos *royalties* do petróleo	202
5.2	A vinculação de *royalties* a fundo garantidor de PPP não consubstancia cessão de direitos	203
5.3	A vinculação dos *royalties* ao fundo garantidor não constitui antecipação de receitas	204
6	Interpretação que melhor atende aos objetivos dos *royalties* do petróleo	206
7	Conclusão	209

A CLÁUSULA DE *FORFEITURE* (CESSÃO OBRIGATÓRIA) NOS JOAs E AS COMPETÊNCIAS DA ANP 211

1	Introdução	211
2	Autoexecutoriedade da cláusula de *forfeiture*	212
3	A cláusula de *forfeiture* nas boas práticas internacionais da indústria do petróleo	215
3.1	Histórico de sua previsão nas minutas AIPN	218
3.2	Lógica contratual e econômica essencial às atividades de E&P	220
4	Princípio da continuidade das atividades públicas	226
5	Alguns casos análogos no Direito brasileiro	228
6	Âmbito de apreciação da ANP	232
6.1	Caráter inteiramente voluntário e sem hipossuficiência da relação entre as consorciadas	235
6.2	Interpretação consequencialista para que a ANP não se imiscua em conflitos privados	237
7	Conclusão	239

ALGUMAS CONSIDERAÇÕES SOBRE A REGULAÇÃO PARA CONCORRÊNCIA NO SETOR DE GÁS NATURAL 241

1	Introdução	241
2	O Transporte de Gás Natural na Ordem Econômica Constitucional	242
3	A Regulação do Acesso às Instalações de Transporte de Gás Natural	243
3.1	A Teoria das Instalações Essenciais	245
4	Os Instrumentos Regulatórios Previstos na Regulamentação Vigente	249
4.1	Desverticalização dos Agentes do Mercado	249
4.2	Controle das Tarifas	251
4.3	Regulação da contratação de capacidade de transporte firme	253

CONSIDERAÇÕES SOBRE AS AUTORIZAÇÕES NO SETOR DE GÁS NATURAL À LUZ DA LEI Nº 11.909/2009 255

1	Introdução	255
2	A evolução do conceito de autorização administrativa	257
3	A questão das autorizações vinculadas	259
4	As autorizações na Lei nº 11.909/2009	263

O REGIME JURÍDICO DO CONSUMIDOR LIVRE DE GÁS NATURAL E ENERGIA ELÉTRICA 267

1	Introdução	267
2	Uma questão econômica inicial: delimitação do monopólio natural e garantia de acesso à rede	269
3	Uma questão jurídica: serviços públicos, monopólios estatais e atividades econômicas regulamentadas	272
4	A doutrina das instalações essenciais	274

5	A atual regulação do consumidor livre de energia elétrica e de gás natural	277
5.1	O consumidor livre no setor de energia elétrica	277
5.1.1	A mudança de marco regulatório estabelecida pela Lei nº 10.848/04: o surgimento do Ambiente de Contratação Livre (ACL)	279
5.1.2	Dever de livre acesso às redes: sua relevância para o estabelecimento do mercado livre	280
5.1.3	Considerações acerca do ACL no contexto da renovação das concessões do setor elétrico	281
5.2	O consumidor livre no mercado de gás natural	282
5.2.1	Breve contextualização da regulação do gás natural	283
5.2.2	O consumidor livre de gás	285
5.2.3	Características regulatórias que favorecem a presença de consumidores livres	286
6	Desverticalização	287
7	Livre acesso à rede	287
8	Condições não discriminatórias de acesso	288
9	Clareza na política regulatória e estabilidade das instituições	289
10	Considerações finais	290

A LEGITIMIDADE DE MEDIDAS REPARADORAS DE CONDUTA CRIADAS PELA ANP 291

1	Introdução	291
2	A verdadeira natureza jurídica da medida reparadora de conduta	293
2.1	A natureza de causa de extinção da punibilidade	294
2.2	Da natureza de ato regulatório consensual	295
3	A adequação da medida reparadora de conduta ao princípio da legalidade	300
4	Conclusão	310

PARTE II
PARECERES

A ARBITRABILIDADE OBJETIVA DOS CONTRATOS DE E&P, EM ESPECIAL NOS DE PARTILHA DE PRODUÇÃO (*PSC*) 313

I	A consulta	314
II	Os modelos de exploração e produção indireta do petróleo e gás no Brasil	316
II.1	A natureza jurídica do contrato de partilha de produção	319
III	A arbitrabilidade dos contratos celebrados pela administração pública, sobretudo os de direito privado	322
III.1	A interpretação da expressão "direitos patrimoniais disponíveis" no direito administrativo	325
III.2	A função densificadora dos contratos	331
IV	Matérias arbitráveis nos contratos de partilha	335
IV.1	A arbitrabilidade dos poderes contratuais unilaterais e das sanções contratuais aplicadas pela contraparte pública	338
IV.2	A arbitrabilidade dos efeitos patrimoniais de direitos extrapatrimoniais ou indisponíveis	345
IV.3	O papel da união, da ANP e da PPSA na fiscalização dos contratos de partilha de produção e a natureza jurídica de suas sanções	346
V	Conclusões	349
VI	Resposta aos quesitos	351

A PRORROGAÇÃO DOS PRAZOS DOS PROGRAMAS EXPLORATÓRIOS MÍNIMOS (PEMs) 355

I	A consulta	356
II	O princípio do aproveitamento dos investimentos realizados e as boas práticas da indústria do petróleo	357
III	O caráter finalístico da Lei do Petróleo e a previsão legislativa da prorrogação dos contratos de concessão	358
IV	Direito subjetivo à prorrogação	362
IV.1	A cláusula específica dos contratos	362
IV.2	Eventos de força maior	364
IV.3	Proteção jurídica da legítima expectativa e a Teoria dos Atos Próprios	365
IV.4	Violações às três funções do princípio da boa-fé objetiva	368
IV.4.1	Função interpretativa: *O princípio da conservação do contrato*	370
IV.4.2	Função limitadora do abuso de direito: *O aproveitamento do adimplemento substancial*	371
IV.4.3	Função impositiva de deveres contratuais ativos: *Ausência de cooperação e falha no dever de informar por parte da ANP*	372
V	Falta de prévio devido processo legal e de fundamentação da rescisão	375
VI	Desproporcionalidade *in casu* da solução que leve ao fim do contrato	378
VII	Impossibilidade *in casu* de se argumentar que não se pode prorrogar prazo já findo	379
VIII	Resposta aos quesitos	382

A MUDANÇA NO POLO CONTRATADO DE CONCESSÃO PETROLÍFERA E A SUA APROVAÇÃO PELA ANP 385

I	A consulta	385
II	Embasamento legal para a celebração de contratos de concessão de exploração e produção de petróleo	387
II.1	Natureza regrada do contrato de concessão e a necessidade de prévia aprovação da ANP para a transferência da concessão	391
III	A aprovação prévia da ANP constitui condição suspensiva *ex lege*	395
III.1	A natureza *intuitu personae* dos contratos firmados com a administração pública e a necessidade de aprovação prévia à transferência da concessão	400
IV	*Ad argumentandum*, ainda que fosse mera condição suspensiva negocial, o contrato não produziria qualquer efeito antes da sua implementação	408
V	A irretroatividade dos efeitos do implemento da condição suspensiva	410
VI	Princípios da unidade e coerência da administração	414
VII	Conclusão	418
VIII	Resposta aos quesitos	419

DIREITO DE AVALIAÇÃO E EVENTUAL DECLARAÇÃO DE COMERCIALIDADE DE DESCOBERTA REALIZADA 423

I	A consulta	424
II	Boas práticas da indústria do petróleo: aproveitamento dos investimentos e vinculação entre investidor e fruidor	427
III	O caráter finalístico da Lei do Petróleo e a função social do contrato de concessão	433
IV	A distinção entre o papel do prazo nos contratos por escopo e nos contratos por prazo determinado	436
V	A proteção da confiança legítima e a teoria dos atos próprios	438
VI	As violações ao princípio da boa-fé	441
VI.1	Dever de lealdade	441

VI.2	Princípio da conservação do contrato	444
VI.3	Princípio do Aproveitamento do Adimplemento Substancial	445
VII	Desproporcionalidade da solução que leve ao fim do contrato. Um exercício de ponderação de princípios	446
VIII	A falta de regular processo legal, supressão de instâncias e a ausência de motivação técnica	449
IX	O enriquecimento sem causa e ausência de boa-fé da ANP e da eventual nova concessionária	453
X	Resposta aos quesitos	456

CONTRATAÇÃO *TURNKEY* DE PROJETO E CONSTRUÇÃO DE GASODUTO. INCIDENTES NA SUA EXECUÇÃO 459

I	A consulta	460
II	Natureza jurídica do contrato é de empreitada integral	462
II.1	O projeto básico é requisito para a instauração de qualquer licitação da Lei nº 8.666, não desnaturando a empreitada integral	465
III	A alocação de riscos no contrato	468
IV	A teoria dos fatos imprevistos e seu tratamento no caso concreto	473
V	Os princípios aplicáveis ao caso	478
V.1	O princípio da boa-fé e a vedação do comportamento contraditório	478
V.2	Vinculação ao instrumento convocatório e a impossibilidade de alteração da alocação de riscos originalmente pactuada	481
V.3	Igualdade e moralidade no caso concreto	484
VI	A natureza jurídica do laudo é de mero parecer	486
VII	Os requisitos legais para a rescisão por culpa da administração	488
VIII	Conclusões	495
IX	Resposta aos quesitos	499

DISCIPLINA DA COMERCIALIZAÇÃO DO GLP NO BRASIL E AS OBRIGAÇÕES REGULATÓRIAS DA ANP 503

I	A consulta	504
II	Histórico da regulação do GLP no Brasil: do controle do mercado à concorrência com respeito à segurança dos consumidores	505
III	Avaliação empírica dos resultados da regulação vigente. Instrumentalidade da regulação aos objetivos da Lei do Petróleo	513
IV	Medidas a serem adotadas para compatibilizar a resolução nº 15/2005 à situação fática atual	518
IV.1	Revogação das exceções à vedação do uso de botijões de marcas alheias	519
IV.2	Uniformização das marcas gravadas nos botijões, estampadas em seus rótulos e nos lacres de segurança	524
IV.3	Estabelecimento de critério objetivo da compatibilidade entre o universo de botijões da distribuidora e o volume de suas vendas de GLP	524
IV.4	Declaração expressa da detenção exercida pelos consumidores sobre os botijões	525
V	Esteio legal das medidas alvitradas	532
VI	Esteio constitucional das medidas alvitradas	534
VI.1	Princípio da eficiência	537
VI.2	Princípio da proporcionalidade	542
VI.3	Princípio da defesa do consumidor	544
VI.4	Princípio da precaução	545
VII	Obrigação regulatória da ANP	546
VIII	Conclusão	550

REQUALIFICAÇÃO DOS ENVASES DE GLP. ABNT E NECESSIDADE DE APERFEIÇOAMENTOS DA SUA REGULAÇÃO 553

I   Consulta 553
II   As normas aplicáveis à requalificação dos botijões P-13 554
III   A interpretação da resolução ANP nº 15/05 555
IV   Ausência de caráter vinculativo das normas da ABNT 556
V   A edição de uma nova norma como única solução adequada para a regulamentação dos botijões remanescentes 560
V.1   Princípio da segurança jurídica e o direito a um regime de transição razoável 560
V.2   Princípios da proporcionalidade, razoabilidade e realidade 564

CONTROLE DOS PREÇOS DOS DERIVADOS DO PETRÓLEO. NATUREZA JURÍDICA DO REFINO E DA DISTRIBUIÇÃO 567

I   A consulta 567
II   Natureza jurídica das atividades petrolíferas e suas relações com as regras de preços à luz do art. 174, CF. 568
III   Diversas modalidades de controle de preços e a indústria do petróleo 575
IV   Competências da ANP em relação aos preços dos combustíveis e o art. 69 e seguintes da Lei do Petróleo 580
V   Análises adicionais 584
V.1   Motivação e competência 584
V.2   Requisitos constitucionais dos controles de preços 586
V.3   Princípio da proporcionalidade 588
V.4   Estatuto das estatais e deveres do acionista controlador 590
VI   Conclusões 594

A SEGMENTAÇÃO DAS ATIVIDADES DE PETRÓLEO, GÁS NATURAL E BIOCOMBUSTÍVEIS. INJURIDICIDADES DAS TENTATIVAS DE SUA RELATIVIZAÇÃO 597

I   A consulta 597
II   Princípio da segmentação das atividades de petróleo, gás natural e biocombustíveis 599
III   Razões jurídico-econômicas para a segmentação da atividade de distribuição 604
IV   Garantia do abastecimento nacional de combustíveis como o valor primordial a ser curado pela ANP 607
V   Vedação ao retrocesso 610
VI   Vício de motivação 614
VII   Ausência de análise de impacto regulatório 618
VIII   Conclusões 623

REGIME DE CONTRATAÇÃO E ESTOCAGEM COMPULSÓRIAS DE COMBUSTÍVEL 625

I   A consulta 626
II   Breve histórico sobre a produção, distribuição e revenda de etanol no Brasil e o seu atual marco regulatório 626
III   Natureza jurídica das atividades de produção, distribuição e revenda de etanol 640
III.1   O princípio da livre iniciativa nas atividades privadas regulamentadas 644
IV   Inconstitucionalidades da estocagem compulsória de etanol anidro prevista no inciso I do artigo 8º, parágrafo único, da Lei nº 9.478/97, acrescentado pela Lei nº 12.490/11 646
IV.1   Ofensa ao princípio da livre iniciativa 647

IV.2	Requisição administrativa por via transversa	648
IV.3	Ofensa ao artigo 174 da Constituição	651
IV.4	Violação ao princípio da proporcionalidade	654
V	Inconstitucionalidades da Resolução nº 67/2011	657
V.1	Contratação compulsória violadora da livre iniciativa	657
V.2	Previsão desproporcional de contrato coativo	660
V.3	Inadequação da penalidade de suspensão da comercialização de combustível	662
V.4	Assimetria regulatória violadora do princípio da igualdade	664
V.5	Violação do princípio da motivação	667
VI	Ilegalidades da Resolução ANP nº 67/2011	671
VI.1	Violação da pluralidade de instrumentos	671
VI.2	Inexistência de base econômica sustentável da medida	673
VI.3	Violação do artigo 6º da Lei nº 9.847/99	674
VII	Considerações finais: a volta à "época dos institutos"	676
VIII	Conclusões	679

A FIDELIDADE DE BANDEIRA (MARCA DO COMBUSTÍVEL) COMO INSTRUMENTO DE PROTEÇÃO DOS CONSUMIDORES 681

I	A consulta	681
II	A vinculação à bandeira (marca) como instrumento de proteção dos direitos dos consumidores como determinado na Lei do Petróleo	683
III	Vedação ao retrocesso na proteção dos direitos do consumidor	691
IV	Vício de motivação	694
V	Ausência de análise de impacto regulatório – AIR	699
VI	Injuridicidade de responsabilidade objetiva no direito administrativo sancionador brasileiro	702
VII	Conclusões	707

REQUISITOS PARA A APLICAÇÃO DE SANÇÕES ADMINISTRATIVAS PELA ANP. O CASO DO METANOL EM COMBUSTÍVEIS 709

I	A consulta	709
II	Inexistência de responsabilidade objetiva no direito administrativo sancionador brasileiro	711
II.1	*Ad argumentandum*: injuridicidade restaria mesmo diante da doutrina extremamente minoritária que admite sanções sem culpabilidade	719
III	Peculiaridades fáticas do caso em relação à produtora do combustível	722
IV	Necessidade de motivação da culpabilidade	724
V	*Ad argumentandum*: ausência de dever de as distribuidoras aferirem o metanol	727
VI	Conclusões	731

REINCIDÊNCIA EM SANÇÕES ADMINISTRATIVAS APLICADAS PELA ANP E A REVOGAÇÃO DA AUTORIZAÇÃO PARA EXERCER ATIVIDADE ECONÔMICA 733

I	A consulta	733
II	A interpretação apresentada pela Procuradoria Federal junto à ANP	734
III	A interpretação sistemática da Lei nº 9.847/1999	736
IV	Interpretação consequencialista da aplicação do art. 10, III, conforme o entendimento da AGU	743
V	Violação ao princípio da eficiência	746
VI	Violação à proporcionalidade	748
VI.1	Violação ao princípio da individualização da pena	752
VII	Conclusões	754

REGULAÇÃO DO TRANSPORTE DE COMBUSTÍVEIS.
LIMITES À ATUAÇÃO DA ANTT 757
I   A consulta 757
II   Incompetência da ANTT: ausência de caráter técnico relacionado à atividade de transporte 759
III   Desvio de finalidade da ANTT 762
IV   Violação do princípio da motivação 766
IV.1   Inexistência dos motivos determinantes à edição da resolução 766
IV.2   Incongruência lógica da motivação 769
IV.3   Ausência de modificação da realidade para ensejar a mudança das normas 770
IV.4   Ausência de estudos técnicos prévios adequados 774
V   Inexistência de consulta e/ou audiência pública: invalidade do procedimento normativo 776
VI   Violação do princípio da proporcionalidade 781
VII   Resposta aos quesitos 785

LOGÍSTICA REVERSA DE DERIVADOS DO PETRÓLEO À LUZ DA
POLÍTICA NACIONAL DE RESÍDUOS SÓLIDOS 789
I   A consulta 789
II   Logística reversa e divisão de responsabilidades 792
III   Inexistência da obrigação de os agentes a montante pagarem aos agentes a jusante pelo retorno do óleo lubrificante usado: 797
III.1   A remissão ao SISNAMA é limitada pela Lei 797
III.2   Interpretação da resolução conforme a Lei 798
III.3   Afetação da propriedade do OLUC a fins públicos 799
III.4   Consumidores e distribuidores como sujeitos passivos dos §§4º e 5º do art. 33 da Lei nº 12.305/2010 801
III.5   A inexistência de um contrato coativo de compra e venda se a Lei não definiu seus elementos essenciais 802
III.6   A responsabilidade compartilhada e individualização de funções 802
III.7   O rol exemplificativo do art. 33, §3º e a obrigação de fim e a facultatividade da compra do óleo usado 804
III.8   Prevalência do regime legal sobre usos e costumes 805
IV   Respostas às indagações 806

PARTE III
PREFÁCIOS

A REGULAÇÃO SETORIAL DO GÁS NATURAL 809

VADE MECUM DA INFRAESTRUTURA DO PETRÓLEO 813

NOTA DO AUTOR

Entre os setores que, ao longo dos anos, viemos atuando — acadêmica e profissionalmente na seara do direito público econômico —, o do petróleo e o do gás sempre foi um dos que mais recebeu a nossa atenção.

Esse fator, somado ao aumento da sua importância prática e econômica, decorrente da retomada do ritmo de licitações de contratos de Exploração e Produção (E&P), e da escassez de bibliografia específica acerca do tema, nos incentivou a colacionar, em uma única obra, alguns dos trabalhos que, desde que começamos a atuar no setor, produzimos.

Dividimos os trabalhos entre artigos científicos, pareceres e prefácios feitos para outros autores, correspondendo cada um desses compilados, a uma Parte do livro. Naturalmente que, sendo trabalhos elaborados ao longo de mais de uma década e sobre assuntos dentro do mesmo setor, há necessária relação e pontos comuns entre eles.

Os artigos são, em parte, inéditos, em parte, adaptação de outros trabalhos. Alguns deles já foram publicados anteriormente em revistas científicas, podendo ter sido objeto de pequenas atualizações e revisões.

Já os pareceres, sempre mais contextualizados, foram deixados em sua versão original, podendo apenas ter sofrido algumas adaptações e supressões de dados despiciendos para terceiros. Na página inicial de cada um deles foi apresentada – em nota de rodapé – a data em que foram elaborados.

A organização interna de cada Parte buscou partir dos temas mais gerais para os mais específicos e, dentro da cadeia econômica dos hidrocarbonetos, das atividades a montante para as a jusante. Ou seja, procuramos, até onde foi possível, combinar o critério dedutivo com o critério da divisão intersetorial entre *upstream*, *midstream* e *downsteam*.

Esperamos que este livro possa retratar a atual fase do Direito do Petróleo e do Gás em nosso País, seguindo em permanente movimento e evolução.

Rio de Janeiro, 1º de junho de 2021.

Alexandre Santos de Aragão

OBRAS DO AUTOR

LIVROS

Empresas Estatais: O Regime Jurídico das Empresas Públicas e Sociedades de Economia Mista. Rio de Janeiro: Forense, 2018 (1. ed.); São Paulo: Forense, 2017 (2. ed.).

Direito dos Serviços Públicos. Rio de Janeiro: Forense, 2007 (1. ed.), 2008 (2. ed.) e 2013 (3. ed.). Belo Horizonte: Fórum, 2017 (4. ed.).

Curso de direito administrativo. Rio de Janeiro: Forense, 2012 (1. ed.) e 2013 (2. ed.).

Direito dos serviços públicos. Rio de Janeiro: Forense, 2007 (1. ed.), 2008 (2. ed.) e 2013 (3. ed.). Belo Horizonte: Fórum (4. ed.).

Agências reguladoras e evolução do direito administrativo econômico. Rio de Janeiro: Forense, 2002 (1. ed.), 2003 (2. ed.) e 2013 (3. ed.).

A autonomia universitária no Estado contemporâneo e no Direito Positivo brasileiro. Rio de Janeiro: Lumen Juris, 2001.

Coautor de *Estudos sobre a Legislação Anticorrupção e Compliance* (Org. MARÇAL, Thaís; NÓBREGA, Antonio Carlos Vasconcellos). 1. ed. Rio de Janeiro: Lumen Juris, 2021.

Coautor de *Autonomia universitária*: 30 anos no Estado de São Paulo (Org. CABRAL, Édson Cesar dos Santos; QUEIROZ, João Eduardo Lopes). 1. ed. São Paulo: Editora UNESP, 2020.

Coautor de *Bill Of Rights Norte-Americano - 230 Anos* (Org. CUEVA, Ricardo Villas Bôas; SOUTO, João Carlos). 1. ed. Salvador: Jus Podivm, 2020.

Coautor de *Democracia, justiça e cidadania*: Desafios e Perspectivas - Homenagem ao Ministro Luís Roberto Barroso (Org. COSTA, Daniel Castro Gomes da; FONSECA, Reynaldo Soares da; BANHOS, Sérgio Silveira; CARVALHO NETO, Tarcísio Vieira de). 1. ed. Belo Horizonte: Fórum, 2020.

Coautor de *Direito Administrativo e Corrupção* (Org. CYRINO, André; MIGUEIS, Anna Carolina; PIMENTEL, Fernanda Morgan). 1. ed. Belo Horizonte: Fórum, 2020.

Coautor de *Direito em Tempos de Crise*: Covid 19: Democracia, Judicialização e Administrativo (Org. CUNHA FILHO, Alexandre Jorge Carneiro da; ARRUDA, Carmen Silvia L. de; ISSA, Rafael Hamze; SCHWIND, Rafael Wallbach). 1. ed. São Paulo: Quartier Latin, 2020.

Coautor de *O Novo Marco Regulatório do Saneamento Básico* (Org. DAL POZZO, Augusto Neves). 1. ed. São Paulo: Revista dos Tribunais, 2020.

Coautor de *Direito regulatório*: desafios e perspectivas para a Administração Pública (Org. FONSECA, Reynaldo Soares da; COSTA, Daniel Castro Gomes da). 1. ed. Belo Horizonte: Fórum, 2019.

Coautor de *Inovações no Direito Público* (Org. QUIRINO, Carina de Castro; MENDONÇA, José Vicente Santos de; BAPTISTA, Patrícia Ferreira). 1. ed. São Paulo: Malheiros, 2019.

Coautor de *Temas Relevantes de Processo Administrativo*: 20 anos da lei 9.784/1999 (Org. OLIVEIRA, Rafael Carvalho Rezende; MARÇAL, Thaís). 1. ed. Salvador: Jus Podivm, 2019.

Coautor de *Direito Penal Econômico e Desafios da Nova Economia* (Org. TAVARES, Juarez). 1. ed. Rio de Janeiro: Lumen Juris, 2018.

Coautor de *Políticas públicas, monopólio e democracia* (Org. ASSAFIM, João Marcelo de Lima e JORGE, André Lemos). 1. ed. Rio de Janeiro: Lumen Juris, 2018.

Coautor de *Regulação e infraestrutura* (Org. PEREIRA, A. C. M.; LISBOA, L. L. A.). 1. ed. Belo Horizonte: Fórum, 2018.

Coautor de *Direito da Infraestrutura* (Org. PEREIRA NETO, Cario Mario da Silva; PINHEIRO, Luís Felipe Valerim). 1. ed., 2017.

Coautor de *Estudos Atuais Sobre Ato e Processo Administrativo* (Org. SCHIRATO, Vitor Rhein). 1. ed. Rio de Janeiro: Lumen Juris, 2017.

Coautor de *O Direito Administrativo na Atualidade*: estudos em homenagem ao centenário de Hely Lopes Meirelles (1917-2017) - Defensor do Estado de Direito (Org. WALD, Arnoldo; JUSTEN FILHO, Marçal; PEREIRA, Cesar Augusto Guimarães). 1. ed. São Paulo: Malheiros, 2017.

Coautor de *Regulação e Novas Tecnologias* (Org. FREITAS, Rafael Véras de; RIBEIRO, Leonardo Coelho; FEIGELSON, Bruno). 1. ed. Belo Horizonte: Fórum, 2017.

Coautor de *Contratos administrativos, equilíbrio econômico-financeiro e a taxa interna de retorno*: a lógica das concessões e parcerias público-privadas (Org. MOREIRA, Egon Bockmann). 1. ed. Belo Horizonte: Fórum, 2016.

Coautor de *Direito Administrativo e seus novos paradigmas* (Org. ARAGÃO, Alexandre Santos de; MARQUES NETO, Floriano de Azevedo). 2. ed. Belo Horizonte: Fórum, 2016.

Coautor de *Direito em Público*: homenagem ao Professor Paulo Braga Galvão (Org. FERRARI, Sérgio; MENDONÇA, José Vicente). 1. ed. Rio de Janeiro: Lumen Iuris, 2016.

Coautor de *Estudos de direito administrativo em homenagem ao Professor Jessé Torres Pereira Junior* (Org. CÂMARA, Alexandre Freitas; PIRES, Adilson Rodrigues; MARÇAL, Thaís Boia). 1. ed. Belo Horizonte: Fórum, 2016.

Coautor de *Transformações do direito administrativo*: consequencialismo e estratégias regulatórias (Org. LEAL, Fernando Ângelo Ribeiro; MENDONÇA, José Vicente Santos de). ed. Rio de Janeiro: FGV Direito Rio, 2016.

Coautor de *Direito Administrativo* - Estudos em homenagem ao Professor Marcos Juruena Villela Souto (Org. GUERRA, Sérgio; FERREIRA JÚNIOR, Celso Rodrigues). 1. ed. Belo Horizonte: Fórum, 2015.

Coautor de *Direito Público, Coleção Direito UERJ 80 anos* (Org. BAPTISTA, Patrícia; BRANDÃO Rodrigo). 1. ed. Rio de Janeiro: Freitas Bastos, 2015.

Coautor e Coordenador de *Empresas públicas e sociedades de economia mista*. 1. ed. Belo Horizonte: Fórum, 2015.

Coautor de *A nova regulação da infraestrutura e da mineração*: portos, aeroportos, ferrovias e rodovias (Org. RIBEIRO, Leonardo Coelho; FEIGELSON, Bruno; FREITAS, Rafael Verás de). 1. ed. Belo Horizonte: Fórum, 2014.

Coautor de *Direito Administrativo*: Transformações e Tendências (Org. MARRARA, Thiago). 1. ed. São Paulo: Almedina, 2015.

Coautor de *Estudos de direito da energia* (Org. SILVA, Suzana Tavares da). Coimbra: Instituto Jurídico da Faculdade de Direito da Universidade de Coimbra, 2014.

Coautor de *Poder de Polícia na atualidade* (Org. MEDAUAR, Odete; SCHIRATO, Vitor Rhein). 1. ed. Belo Horizonte: Fórum, 2014.

Coautor de *A regulação do fornecimento de insumos à geração de energia elétrica e a Resolução ANEEL nº 583/2013*. Temas Relevantes no Direito da Energia Elétrica - Tomo III. 1. ed. Rio de Janeiro: Synergia, 2013.

Coautor de *Comentários à Constituição do Brasil* (Org. CANOTILHO, J.J. Gomes; MENDES, Gilmar Ferreira; SARLET, Ingo Wolfgang, STRECK, Lenio Luiz). São Paulo: Saraiva/Almedina, 2013.

Coautor de *Direito Público em Evolução* - Estudos em Homenagem à Professora Odete Medauar (Org. ALMEIDA, Fernando Dias Menezes de; MARQUES NETO, Floriano de Azevedo; MIGUEL Luiz Felipe Hadlich; SCHIRATTO, Vitor Rhein). 1. ed. São Paulo: Fórum, 2013.

Coautor de *O princípio da eficiência* (Org. MARRARA, Thiago). 1. ed. São Paulo: Editora Atlas, 2012.

Coautor de *Temas relevantes no direito de energia elétrica* – Tomo II (Org. ROCHA, Fábio Amorim da). Rio de Janeiro: Synergia Editora, 2013.

Coautor de *Temas relevantes no direito de energia elétrica* – Tomo III (Org. ROCHA, Fábio Amorim da). Rio de Janeiro: Synergia Editora, 2013.

Coautor de *Direito administrativo e democracia econômica* (Org. FREITAS, Daniela Bandeira de; VALLE, Vanice Regina Lírio do). Belo Horizonte: Fórum, 2012.

Coautor de *Princípios de direito administrativo*: legalidade, segurança jurídica, impessoalidade, publicidade, motivação, eficiência, moralidade, razoabilidade, interesse público (Org. MARRARA, Thiago). São Paulo: Atlas, 2012.

Coautor de *20 anos da Constituição Cidadã de 1988*. Efetivação ou impasse institucional? (Org. VIEIRA, José Ribas). Rio de Janeiro: Forense, 2011.

Coautor de *Direito das infraestruturas*: um estudo dos distintos mercados regulados (Org. SADDY, André; MARTÍNEZ, Aurilivi Linares). Rio de Janeiro: Lumen Juris, 2011.

Coautor de *Doutrinas essenciais* – Direito civil – Parte geral (Org. MENDES, Gilmar Ferreira; STOCO, Rui). São Paulo: Revista dos Tribunais, 2011.

Coautor de *Estudos sobre a Lei das Parcerias Público-Privadas* (Org. MARQUES NETO, Floriano de Azevedo; SCHIRATO, Vitor Rhein). Belo Horizonte: Fórum, 2011.

Coautor de *Os caminhos do ato administrativo* (Org. MEDAUAR, Odete; SCHIRATO, Vitor Rhein). São Paulo: Revista dos Tribunais, 2011.

Coautor de *Regulação jurídica do setor elétrico* – Tomo II (Org. LANDAU, Elena). Rio de Janeiro: Lumen Juris, 2011.

Coautor e Organizador de *Direito do petróleo e de outras fontes de energia*. Rio de Janeiro: Lumen Juris, 2011.

Coautor de *Doutrinas essenciais* – Responsabilidade civil (Org. NERY JR., Nelson.; NERY, Rosa Maria de Andrade). São Paulo: Revista dos Tribunais, 2010.

Coautor de *Comentários à Constituição Federal de 1988* (Org. MIRANDA, Jorge; AGRA, Walber de Moura; BONAVIDES, Paulo; RODRIGUES, Otávio Luiz). Rio de Janeiro: Forense, 2009.

Coautor de *Direito administrativo*: estudos em homenagem a Francisco Mauro Dias (Org. SOUTO, Marcos Juruena Villela). 1. ed. Rio de Janeiro: Lumen Juris, 2009.

Coautor de *Direito e desenvolvimento e as novas tendências econômicas, sociais e políticas* (Org. ASSAFIM, João Marcelo). Rio de Janeiro: Lumen Juris, 2009.

Coautor de *Possibilidade de Afetação dos Recebíveis de Royalties aos Fundos Garantidores de Parcerias Público-Privadas*. 1. ed. Rio de Janeiro: Lumen Juris, 2009.

Coautor de *Regulação*. Normatização da prestação de serviços de água e esgoto (Org. GALVÃO JUNIOR, Alceu de Castro; XIMENES, Marfisa Maria de Aguiar Ferreira). 1. ed. Fortaleza: Agência Reguladora de Serviços Públicos Delegados do Estado do Ceará – ARCE, 2008.

Coautor de *Vinte anos da Constituição Federal de 1988* (Org. SOUZA NETO, Cláudio Pereira de; SARMENTO, Daniel; BINENBOJM, Gustavo). 1. ed. Rio de Janeiro: Lumen Juris, 2008.

Coautor e Coordenador de *Direito administrativo e seus novos paradigmas*. Belo Horizonte: Fórum, 2008 e. 2016 (2. ed.).

Coautor de *Interesses públicos vs. interesses privados*: desconstruindo o princípio de supremacia do interesse público (Org. SARMENTO, Daniel). 1 ed. Rio de Janeiro: Lumen Juris, 2007.

Coautor de *Agências reguladoras e democracia*. (Org. BINENBOJM, Gustavo). 1. ed. Rio de Janeiro: Lumen Juris, 2006.

Coautor de *Direito administrativo*: estudos em homenagem a Diogo de Figueiredo Moreira Neto (Org. OSÓRIO, Fábio Medina; SOUTO, Marcos Juruena Villela). 1. ed. Rio de Janeiro: Lumen Juris, 2006.

Coautor de *Direito constitucional brasileiro*: perspectivas e controvérsias contemporâneas (Org. QUARESMA, Regina; OLIVEIRA, Maria Lúcia de Paula). Rio de Janeiro: Forense, 2006.

Coautor de *Direitos fundamentais*: estudos em homenagem ao Professor Ricardo Lobo Torres (Org. SARMENTO, Daniel; GALDINO, Flávio). Rio de Janeiro: Renovar, 2006.

Coautor de *Os princípios da Constituição de 1988* (Org. PEIXINHO, Manoel Messias; GUERRA, Isabella Franco; NASCIMENTO FILHO, Firly). 2. ed. Rio de Janeiro: Lumen Juris, 2006.

Coautor de *Regulação jurídica no setor elétrico* - Tomo I (Org. LANDAU, Elena). 1. ed. Rio de Janeiro: Lumen Juris, 2006.

Coautor de *Regulação no Brasil*: desenho, governança, avaliação (Org. PECI, Alketa). São Paulo: Atlas, 2007.

Coautor e Coordenador de *O poder normativo das agências reguladoras*. Rio de Janeiro: Forense, 2006.

Coautor de *Direito do Petróleo e Gás* (Org. ROSADO, Marilda). Rio de Janeiro: Renovar, 2005.

Coautor de *Estudos e pareceres*: direito do petróleo e gás (Org. ROSADO, Marilda). Rio de Janeiro: Renovar, 2005.

Coautor de *Interesses públicos* versus *interesses privados*: desconstruindo o princípio da supremacia do interesse público (Coord. SARMENTO, Daniel). Rio de Janeiro: Lumen Juris, 2005.

Coautor de *Serviços públicos e direito tributário*. São Paulo: Quartier Latin, 2005.

Coautor de *Servidão administrativa e compartilhamento de infraestruturas*: regulação e concorrência. Rio de Janeiro: Forense, 2005.

Coautor de *Temas atuais de direito do comércio internacional* (Org. CASTRO JR., Osvaldo Agripino de). OAB/DC, 2005. v. 2.

Coautor de *Temas de direito regulatório* (Coord. GUERRA, Sérgio). Rio de Janeiro: Freitas Bastos, 2005.

Prefácio à obra *O poder regulamentar autônomo do Presidente da República*, de CYRINO, André. Fórum: Belo Horizonte, 2005.

Coordenador do volume *Direito da regulação*, da *Revista APERJ*/Lumen Juris, 2003.

Prefácio à obra *Introdução à economia jurídica*, de JANSEN, Letácio. Rio de Janeiro: Lumen Juris, 2003.

Atualizador da obra *A regulamentação efetiva dos serviços públicos*, de PINTO, Bilac. Rio de Janeiro: Forense, 2002.

Coautor de *O controle de constitucionalidade e a Lei n. 9.868 de 1999* (Coord. SARMENTO, Daniel). Rio de Janeiro: Lumen Juris, 2001.

Coautor de *Os Princípios da Constituição de 1988* (Org. PEIXINHO, Manoel Messias; GUERRA, Isabella Franco; NASCIMENTO FILHO, Firly). 1. ed. Rio de Janeiro: Lumen Juris, 2001.

Coautor de *Temas de direito constitucional*. São Paulo: Esplanada – ADCOAS, 2000.

Coautor de *Temas de Direito Constitucional*: estudos em homenagem ao advogado público. 1. ed. São Paulo: Editora Esplanada - ADCOAS, 2000.

ARTIGOS E PARECERES PUBLICADOS

A autonomia universitária e suas dimensões no direito brasileiro. *Revista do Tribunal Regional Federal da Primeira Regional*, v. 32, 2020.

A Arbitragem no Direito Administrativo. *Revista da AGU*, v. 16, p. 19-57, 2017.

A cessão da concessão de E&P e a questão das eventuais responsabilidades remanescentes. *Revista Brasileira de Infraestrutura - RBINF*, v. 15, 2019.

A concepção pós-positivista do princípio da legalidade. *Boletim de Direito Administrativo*, ano XX, n. 7; e *Revista de Direito Administrativo – RDA*, v. 236, 2004.

A consensualidade no direito administrativo: acordos regulatórios e contratos administrativos. *Revista de Direito do Estado – RDE*, v. 1, 2006; *Revista Forense*, v. 389, 2007.

A evolução da proteção do equilíbrio econômico-financeiro nas concessões de serviços públicos e nas PPPs. *Revista de Direito Administrativo*, v. 263, 2013.

A interconexão de redes de infraestruturas de serviços e monopólios públicos. *Revista de Direito da Concorrência, Conselho Administrativo de defesa da Concorrência – CADE*, 2005

A nova fronteira brasileira do petróleo. *Valor Econômico*, 2007.

A participação e a composição de conflitos nas agências reguladoras independentes: o caso brasileiro. *Revista da Faculdade de Direito da UERJ*, v. 13/14, 2006.

A prestação de serviços à administração pública após o fim do prazo contratual. *Revista de Direito Administrativo – RDA*, Fundação Getulio Vargas – FGV/Renovar, v. 214, 1998; *Revista da Faculdade de Direito da UERJ*, Renovar, n. 6/7.

A responsabilidade civil e ambiental em atividades nucleares. *Revista de Direito Administrativo – RDA*, v. 271, 2016.

A "supremacia do interesse Público" no advento do estado de direito e na hermenêutica do direito Público Contemporâneo. *Revista Brasileira de Direito Público – RBDP*, v. 8, 2005; *Revista Forense*, v. 387; *Revista Forense*, v. 387, 2006.

Acordo de programa e atividade estatal de fomento cultural (Parecer). *Revista de Direito da Procuradoria-Geral do Estado do Rio de Janeiro*, v. 55, 2005.

Administração pública pluricêntrica. *Revista de Direito da Procuradoria-Geral do Estado do Rio de Janeiro*, v. 54.

Agências reguladoras: algumas perplexidades e desmistificações. *Interesse Público*, v. 51, 2008.

Agências reguladoras e agências executivas. *Revista de Direito Administrativo – RDA*, v. 228, 2002.

Agências reguladoras no novo governo. *Revista de Direitos Difusos*, AdCoAs/iBAP, v. 17, 2003.

Algumas considerações sobre a regulação para concorrência no setor de gás natural. *Revista de Direito Público da Economia*, v. 14, 2006.

Algumas notas críticas sobre o princípio da presunção de veracidade dos atos administrativos. *Revista de Direito Administrativo*, v. 259, 2012.

Arbitragem e regulação. *Revista de Arbitragem e Mediação*, v. 27, 2010.

As agências reguladoras e o novo governo. *Valor Econômico*, edição de 20 de novembro de 2002. Seção "Legislação e tributos".

As agências reguladoras independentes – algumas desmistificações à luz do Direito Comparado. *Revista de Informação Legislativa do Senado Federal – RIL*, v. 155, 2002; *Revista Trimestral de Advocacia Pública*, editada pelo instituto Brasileiro de Advocacia Pública – iBAP, n. 17.

As agências reguladoras independentes brasileiras: o caso da Agência Nacional de Vigilância sanitária – ANVISA. *Revista de Direito Sanitário*, v. 10, 2010; *Revista da Procuradoria-Geral do Município de Juiz de Fora – RPGMJF*, v. 3, 2013.

As agências reguladoras independentes e a separação de poderes – Uma contribuição da teoria dos ordenamentos setoriais. *Revista dos Tribunais – RT*, v. 786, 2001; *Revista da Faculdade de Direito da UERJ*, Renovar, v. 8.

As boas práticas da indústria do petróleo como o eixo da regulação do setor. *Revista de Direito Administrativo – RDA*, v. 238; REDAE (Salvador), v. 10, p. 1-50, 2007; *Revista Forense* (Impresso), v. 379, 2005; *Revista de Direito Administrativo*, v. 238, 2004.

As boas práticas da indústria do petróleo e a 6ª rodada da ANP, publicado no site de Petróleo de *O Globo On-Line* (www.oglobo.globo.com/petroleo/artigos/default.asp), 2007.

As concessões e autorizações petrolíferas e o poder normativo da ANP. Direito das concessões. *Revista da Associação dos Procuradores do Novo Estado do Rio de Janeiro – APERJ* (Org. por Marcos Juruena Villela Souto), Lumen Juris/APerJ, 2002; *Revista de Direito Administrativo – RDA*, v. 228, 2002.

As fundações públicas e o novo Código Civil. *Revista de Direito Administrativo – RDA*, v. 231; *Revista Brasileira de Direito Público – RBDP*, v. 01, 2001; e *Boletim de Direito Administrativo – BDA*, n. 06, ano XIX, 2003.

As parcerias público-privadas – PPP's no direito positivo brasileiro. *Revista de Direito Administrativo – RDA*, v. 240; *Revista Forense*, v. 385, 2006.

Atividades privadas regulamentadas. *Revista de Direito Público da Economia – RDPE*, v. 9, 2005.

Atividades privadas regulamentadas: poder de polícia e regulação. *Revista Forense*, v. 383, 2006.

Autorizações administrativas. *Revista Tributária e de Finanças Públicas*, v. 62, *Boletim de Direito Municipal – BDM*, n. 06, ano XIX; e *Revista Forense*, v. 367.

Código de Defesa do Consumidor, Estatuto do Idoso e reajustes por faixa etária em planos de saúde contratados antes da sua vigência. *Revista Trimestral de Direito Civil*, v. 47, 2011; *Interesse Público (Impresso)*, v. 13, 2011.

Competências antitruste e regulações setoriais. *Revista do IBRAC*, v. 16, 2009.

Configuração do estado social brasileiro na Constituição de 1988 – Reflexos na despublicização da atuação estatal. *Temas de Direito Constitucional*, Esplanada – ADCOAs.

Conflitos de competências legais. *Gazeta Mercantil, Caderno Legal e Jurisprudência*, 2003.

Consensualidade no direito administrativo. *Revista de Informação Legislativa*, v. 167, 2005.

Considerações iniciais sobre a Lei Geral das Agências Reguladoras. *Revista de Direito da administração Pública*, v. 01, 2020; *Revista de Direito público da Economia*, v. 18, 2020.

Considerações sobre a legitimidade das medidas reparadoras de conduta criadas pela ANP. *Revista de Direito Administrativo Contemporâneo*, v. 13, 2014.

Considerações sobre as autorizações no setor de gás natural à luz da Lei nº 11.909/2009. *Revista de Direito Público da Economia - RDPE*, v. 13, 2015.

Considerações sobre as relações do Estado e do direito na economia. *REDE (IBDP)*, v. 49, 2017; *Revista de Direito da Procuradoria Geral do Estado do Rio de Janeiro*, v. 74, 2020.

Considerações sobre o contingenciamento das agências reguladoras. *Revista Brasil Regulação, Associação Brasileira de Agências de regulação – ABAR*, v. 01, 2005.

Conteúdo Local nos contratos de exploração e produção de petróleo e gás natural. *Revista de Direito Administrativo*, v. 278, 2019.

Controle jurisdicional de políticas públicas. *A&C. Revista de Direito Administrativo & Constitucional (Impresso)*, v. 42, 2010.

Delegações de serviços públicos. *Interesse Público*, v. 40, 2006; *Revista do Direito da Energia*, v. 6, 2007; *Revista Zênite de Direito Administrativo e LRF*, v. 82, 2008.

Delegações de serviço público (parte I). *Boletim de Direito Administrativo/BDA*, v. 5, 2009.

Delegações de serviço público (parte II). *Boletim de Direito Administrativo/BDA*, v. 6, 2009.

Delegações de serviço público. *Revista Zênite de Direito Administrativo e LRF-IDAF*, v. 82, 2008.; *REDAE (Salvador)*, v. 16, 2009.

Descentralização administrativa – Sua evolução face às reformas à Constituição de 1988. XXVI Congresso Nacional dos Procuradores do Estado, CEJUR PGE/Go. Caderno de teses; *A&C - Revista de Direito Administrativo e Constitucional*, v. 11, 2003.

Direito Administrativo Societário – uma introdução. *Revista dos Tribunais* (São Paulo. Impresso), v. 974, p. 201-222, 2016.

Direito de avaliação e eventual declaração de comercialidade da descoberta realizada no BC. *Revista Forense*, v. 400, 2008.

Doação ao poder público – Encargos que limitam o poder de administração do chefe do Poder Executivo – Conciliação com as suas atribuições constitucionais. *Revista Trimestral de Direito Civil*, v. 13, 2003; *Revista de Direito Administrativo – RDA*, v. 234.

Empresas estatais e o controle pelos Tribunais de Contas. *Revista de Direito Público da Economia*, v. 23, 2008.

Empresa público-privada. *Revista dos Tribunais*, v. 890, 2009.

Ensaio de uma visão autopoietica do direito administrativo. *Revista de Direito Público da Economia*, v. 04; *Revista Marco Regulatório*, da Agência Estadual de Regulação dos Serviços Públicos Delegados do Rio Grande do Sul – AGERGS, v. 07. 2005.

Federalismo em crise: aspectos constitucionais dos contratos de empréstimo entre entes federativos. *Revista Brasileira de Direito Público*, v. 22, 2008.; *Revista Brasileira de Direito Público*, v. 6, 2008; *REDAE (Salvador)*, v. 22, 2010.

Fundações públicas de direito privado. *Revista de Direito Administrativo*, v. 247, 2008.

La participation et la composition de conflits dans le cadre des agences regulatrices independantes: le cas bresilien. *REDE (IBDP)*, v. 01, 2013.

Legalidade e regulamentos administrativos no direito contemporâneo. *Revista Forense*, v. 368, p. 03 a 21; *Revista de Direito Constitucional e Internacional*, v. 41, 2002.

Liberdade de expressão comercial. *Revista de Direito Administrativo*, v. 6, 2006.

O conceito de serviço público no direito constitucional brasileiro. *Revista de Direito da Procuradoria-Geral do Estado do Rio de Janeiro*, v. 61, 2006.

O conceito de serviços públicos no direito positivo brasileiro. *Revista dos Tribunais*, v. 859, 2007; *REDAE* (Salvador), v. 17, 2009.

O conceito jurídico de regulação da economia. *A&C – Revista Administrativo e Constitucional*, Juruá, v. 06; *Revista de Direito Mercantil, Econômico e Financeiro*, v. 122, 2001.

O contrato de concessão de exploração de petróleo e gás. *Boletim de Direito Administrativo*, ano XXI, n. 5; *Revista de Direito Administrativo – RDA*, v. 238; *Revista do Direito da Energia*, v. 4, 2005.; v. 5, 2007.

O controle da constitucionalidade pelo Supremo Tribunal Federal à luz da teoria dos poderes neutrais. O controle de constitucionalidade e a Lei n. 9.868, de 1999 (Coord. SARMENTO, Daniel). Rio de Janeiro: Lumen Juris, 2001; *Revista Trabalhista*, v. V; *Revista de Direito e Política*, IBAP, jul./set. 2003.

O marco regulatório dos serviços públicos. *Revista dos Tribunais*, v. 843, 2006.

O poder normativo da ANP. *Boletim de Direito Administrativo – BDA*, n. 08, ano XVII, p. 614/5.

O poder normativo das agências reguladoras independentes e o estado democrático de direito. *Revista Forense*, v. 354, 2001; *Revista de Informação Legislativa do Senado Federal – RIL*, v. 148, 2000; *A&C – Revista Administrativo e Constitucional*, Juruá, v. 07; *Revista de Direito Administrativo*, v. 7, p. 1-20, 2006.

O poder normativo do CONTRAN e os seus reflexos nas relações contratuais administrativas. *Revista de Direito Administrativo – RDA*, v. 230, 2002; *Revista Forense*, v. 367, p. 1-20, 2006.

O princípio da eficiência. *REDAE* (Salvador), v. 4, p. 1-7, 2006; *Revista de Doutrina 4. Região*, v. 32, 2009; *Revista Forense* (Impresso), v. 386, 2006; *Revista de Direito Administrativo*, v. 237, 2004; *Revista de Direito Mercantil Industrial, Econômico e Financeiro*, v. 50, 2001.

O princípio da proporcionalidade no direito econômico. *Revista de Direito Administrativo – RDA*, Fundação Getulio Vargas – FGV/Renovar, v. 223, 2001; *A&C – Revista Administrativo e Constitucional*, Juruá, v. 06; *Revista de Direito Mercantil, Econômico e Financeiro*, v. 121; *Revista dos Tribunais – RT*, v. 800, 2002.

O serviço público e as suas crises. *Interesse Público*, v. 46, 2007.

Os fundamentos da responsabilidade civil do Estado. *Revista dos Tribunais*, v. 824, 2004; *Revista de Direito do Estado – RDE*, v.27, 2011.

Os *Joint Operating Agreements* JOAs no direito do petróleo brasileiro e na *lex mercatoria*. *Revista dos Tribunais* (São Paulo. Impresso), v. 910, 2011.

Os lineamentos do estado democrático de direito na era globalizada. *Revista de Doutrina do Instituto de Direito*, v. 11.

Os ordenamentos setoriais e as agências reguladoras independentes. Direito Político. *Revista da Associação dos Procuradores do novo Estado do Rio de Janeiro – APERJ* (Org. por MOREIRA NETO, Diogo de Figueiredo.), Rio de Janeiro: Lumen Juris/ APERJ, 2000.

Parecer nº 11/2000: Convênio a ser celebrado com empresa privada. Instrumentos consensuais da atividade administrativa de fomento. Acordo de programa. Admissibilidade desde que observados os princípios e as cautelas aplicáveis. Precedentes da Procuradoria-Geral do Estado. *Revista de Direito da Procuradoria Geral do Estado do Rio de Janeiro*, v. 55, 2002.

Parecer nº. 30/2001: Lei de Responsabilidade Fiscal e Fomento Estatal através de empréstimos subsidiados. Autorização Legislativa Específica. Possível conveniência de Alteração do Decreto-Lei nº 08/75, que instituiu o Fundes. *Revista Eletrônica da PGE-RJ*, v. 3, 2020.

Parecer nº 03/2002: Taxa regulatória recolhida a menor. Tolerância da ASEP/RJ. Posterior definição da matéria pela PGE. Inaplicabilidade da Doutrina dos Atos Próprios. Correção e juros moratórios devidos. Exclusão de penalidades por equidade. *Revista de Direito da Procuradoria Geral do Estado do Rio de Janeiro*, v. 56, 2002.

Parecer nº 01/2003: Retorno de Lanchas que a Concessionária havia se obrigado a reformar à posse do Poder Concedente. Recomposição da equação econômico-financeira mediante novo Plano de Investimentos. *Revista de Direito da Procuradoria Geral do Estado do Rio de Janeiro*, v. 58, 2004.

Parecer n. 30/2005: transporte aquaviário seletivo de passageiros. *Revista de Direito da Procuradoria-Geral do Estado do Rio de Janeiro*, v. 60, 2006.

Possibilidade de afetação dos recebíveis de royalties aos fundos garantidores de parcerias público-privadas. *Revista de Direito Público da Economia*, v. 25, 2009.

Possibilidade de faturamento direto entre sociedade de economia mista e empresa subcontratada sem alteração da responsabilidade da empreiteira principal. *Revista de Contratos Públicos – RCP*, v. 2, 2012; *Revista de Direito da Procuradoria-Geral do Estado do Rio de Janeiro*, v. ed. esp, 2014.

Princípio da eficiência. *Revista de Direito da Procuradoria-Geral do Estado do Rio de Janeiro*, v. 1, 2000; *Revista de Direito Administrativo*, v. 237, 2004; *Revista Forense*, v. 386, 2006; *Revista de Doutrina 4ª Região*, v. 32, 2009.

Princípio da legalidade e poder regulamentar no Estado contemporâneo. *Revista de Direito Administrativo – RDA*, 2001; Fundação Getulio Vargas – FGV/Renovar, v. 225; *Revista de Direito da Procuradoria-Geral do Estado do Rio de Janeiro*, v. 53, 2000.

Reflexões sobre a constitucionalidade dos novos instrumentos administrativos de flexibilização do direito público. *Revista de Doutrina do Instituto de Direito*, v. 09.

Regime disciplinar dos servidores públicos. *Boletim de Direito Administrativo – BDA*, v. 12, 2008; *Boletim de Direito Municipal – BDM*, v. 3, 2009.

Regulação da economia: conceito e características contemporâneas. *Revista do Direito da Energia*, v. 2, 2004.

Coautor de Regime jurídico da autorização portuária no Brasil: serviços públicos ou atividades privadas regulamentadas. *Revista dos Tribunais* (São Paulo. Impresso), v. 946, 2014.

Retorno de lanchas que a concessionária havia se obrigado a reformar à posse do poder concedente. Recomposição da equação econômico-financeira mediante novo plano de investimentos (Parecer). *Revista de Direito da Procuradoria-Geral do Estado do Rio de Janeiro*, v. 58, 2006.

Retrospectiva 2007. Direito Administrativo. *Revista de Direito do Estado – RDE*, v. 9, 2008.

Requisições administrativas: atualizações à luz do Estado democrático de direito. *Fórum Administrativo*, v. 237, 2020.

Serviços públicos e concorrência. *Revista de Direito* Público da Economia, v. 02; *Revista de Direito Administrativo – RDA*, v. 233, 2003; REDAE (Salvador), v. 2, 2005.

Serviços públicos e direito do consumidor: possibilidades e limites da aplicação do CDC. *Revista de Direito da Procuradoria-Geral do Estado do Rio de Janeiro*, v. 60, 2006; REDAE (Salvador), v. 15, 2008; *Boletim de Direito Administrativo/ BDA*, v. 1, 2009.

Subjetividade judicial na ponderação de valores: alguns exageros na adoção indiscriminada da teoria dos princípios. *Revista de Direito Administrativo*, v. 267, 2014.

Supervisão ministerial das agências reguladoras: limites, possibilidades e o parecer AGU n. AC – 51. *Revista de Direito Administrativo*, v. 245, 2007.

Suspensão da prestação de serviços públicos à administração em razão de inadimplemento. Intensas controvérsias doutrinárias e jurisprudenciais. Posição do STJ. Possibilidade, ressalvada a atividade-fim da Secretaria de Estado de Saúde. *Revista de Direito da Procuradoria-Geral do Estado do Rio de Janeiro*, v. 62, 2007.

Teoria das autolimitações administrativas: atos próprios, confiança legítima e contradição entre órgãos administrativos. *Revista de Direito do Estado – RDE*, v. 4, 2006; REDAE (Salvador), v. 14, 2008. *Revista de Doutrina 4ª Região*, v. 35, 2010.

Teoria dos atos próprios e taxa regulatória (Parecer). *Revista de Direito da Procuradoria-Geral do Estado do Rio de Janeiro*, v. 56.

Teoria geral dos atos administrativos – Uma releitura à luz dos novos paradigmas do Direito Administrativo. *Revista de Direito Administrativo Contemporâneo*, v. 3, 2013.

Teorias pluralistas das fontes de direito: *lex mercatoria*, ordenamentos setoriais, subsistemas, microssistemas jurídicos e redes normativas. *Revista Trimestral de Direito Civil*, v. 36, 2008.

The ANP Bids in the post-tupi and Jupiter era. *Brazil Energy*, 2008.

Unitização e Acordo de Individualização da Produção de petróleo e gás natural. *Revista de Direito Público da Economia*, v. 69, 2020.

PARTE I

ARTIGOS

PRINCÍPIOS DE DIREITO REGULATÓRIO DO PETRÓLEO[1]

A economia, ainda mais em uma conjuntura globalizada, que alguns chegam a chamar de pós-moderna, possui um dinamismo, uma mutabilidade, que nenhum outro setor da sociedade possui. Se o ramo do Direito que corresponde à regulação da economia também não tivesse estas características, estaria fadado ao insucesso, fadado a produzir uma regulação ineficiente e descompassada temporalmente em relação aos fatos e às atividades a serem reguladas.

É interessante lembrar que André de Laubadère já dizia ser o *Direito Administrativo Econômico* a vanguarda do Direito Administrativo, porque as novas necessidades que o mundo jurídico sente se expressam, inicialmente, no Direito da economia, exatamente porque, dentro do sistema social global é a economia o setor mais dinâmico, é a vanguarda do sistema social global.

O Direito Administrativo Econômico, ou Público Econômico, deve ser dotado de *dinamismo*, de *flexibilidade*, ou seja, as leis que fixam as bases dos marcos regulatórios de setores econômicos não podem se pautar por normas de densidade normativa excessivamente grande, sob pena de não serem adequadas para incidir sobre a realidade em constante transformação.

Este fenômeno, que está longe de ser só brasileiro, se expressa através de leis repletas de *standards*, leis que fixam quadros gerais, finalidades pelas quais deverão se

---

[1] O presente trabalho advém da transcrição de Palestra proferida no Seminário "A Abertura do Mercado de Petróleo e seus Impactos no Mundo Jurídico", promovido entre os dias 24 e 27 de abril de 2003 pelo Instituto dos Magistrados de Pernambuco, com o apoio do Instituto Brasileiro de Petróleo e Gás (IBP) e do Sindicato Nacional das Empresas Distribuidoras de Combustíveis e Lubrificantes (SINDICOM).

pautar o órgão regulador e, no momento posterior, o próprio Judiciário. Dada a *baixa densidade normativa* destas leis, as determinações regulatórias vão ser feitas em grande monta em sede administrativa e, em sede Judicial, revendo, a sede administrativa regulatória quando esta tiver agido em violação às regras e princípios da Administração Pública.

Outra característica contemporânea do Direito Administrativo Econômico é a sua *instrumentalidade* a estes fins genéricos e complexos, ou seja, ele é o meio da realização de fins. Aí nós temos uma mudança na metodologia tradicional do Direito, cujas bases remontam ao século XVIII. O direito econômico deve estar instrumentalizado aos fins genéricos e complexos, muitas vezes contraditórios entre si, estabelecidos na lei.

A Lei do Petróleo, por exemplo, no art. 1º, fixa objetivos regulatórios como preservar o interesse nacional, fomentar a concorrência, promover o desenvolvimento, ampliar o mercado de trabalho, valorizar os recursos energéticos, proteger o consumidor, proteger o meio ambiente, garantir o fornecimento nacional dos derivados, e assim por diante. Ou seja, vejam quantos objetivos genéricos, quantos *standards* fixados pelo Legislador. O Legislador pouco diz como estes desideratos deverão ser alcançados. Em outras palavras, seguindo uma tendência universal do Direito contemporâneo (inclusive do Direito Privado – vejam por exemplo a quantidade das chamadas cláusulas gerais no Novo Código Civil), a Lei do Petróleo estabelece muitos fins, mas poucos meios, e, em uma manifestação da descentralização das sedes normativas, dá competência à Agência Nacional do Petróleo (ANP) para buscar, de forma permanente e dinâmica, os meios aptos a realizar os objetivos legais.

Podemos, assim, compreender, de maneira mais concreta, a assertiva feita anteriormente em relação à revolução copernicana que esta realidade normativa implicou na metodologia do direito, que até há pouco tempo funcionava geralmente apenas no esquema preceito-sanção, ou seja, a lei previa uma hipótese de incidência abstrata e estabelecia a consequência para a realização fática daquela previsão (um exemplo típico, "Se matar, deverá ficar preso por 10 anos"). Hoje, como expõe o publicista suíço Charles-Albert Morand, inolvidável no trato da matéria, apesar de este esquema preceito-sanção continuar, obviamente, existindo, a ele se soma, com grande intensidade e predominância axiológica, um outro esquema normativo: ao invés da hipótese de incidência genérica e abstrata, de um lado, e consequência jurídica da sua realização fática, de outro, ele funciona pela relação da finalidade legal com o meio para o seu atingimento. Partimos, portanto, do arcabouço normativo do preceito/sanção, para o da finalidade/meio.

Outra característica marcante do Direito Público Econômico contemporâneo é a *consensualização*, ou seja, na medida do possível, como são muitas e contraditórias as finalidades e os interesses envolvidos, deve-se buscar, na medida do possível, a compatibilização entre eles, compatibilização esta que, em estado ideal, alcança o consenso. Para isto, deve haver uma abertura à participação no processo administrativo regulatório.

Não estamos mais diante apenas de uma *participação* mediante o contraditório e a ampla defesa tradicionais, para defesa de interesses determinados, mas, verdadeiramente, diante de um contraditório e de uma ampla defesa difusos, de maneira que podemos afirmar que hoje há também um processo administrativo normativo.

A Teoria Geral do Direito sempre se pautou no pressuposto de que os atos normativos, por serem gerais e abstratos, eram insuscetíveis de atingir direitos determinados.

Por isso se afirmava não ser a Administração Pública obrigada a abrir os seus procedimentos internos de edição de regulamentos à participação dos interessados.

Mais recentemente, contudo, uma série de dispositivos veio, como evolução do Estado Democrático de Direito, a consagrar esta obrigação para a Administração Pública, sobretudo para os órgãos ambientais e agências reguladoras. O art. 19 da Lei do Petróleo, por exemplo, dispõe que "as iniciativas de projetos de lei, ou de alteração de normas administrativas que impliquem afetação de direito dos agentes econômicos ou de consumidores e usuários de bens e serviços da indústria do petróleo serão precedidas de audiência pública convocada e dirigida pela ANP". Ou seja, a participação é colocada como requisito de validade da edição de normas regulamentares, gerais e abstratas. Não se trata de nenhum ato que atinja direta e concretamente ninguém, o que já estaria abrangido pelo devido processo legal clássico, mas sim, de uma minuta de regulamento.

Esta obrigação de a ANP convocar previamente audiências públicas não é cumprida apenas pela sua convocação e realização formal. Deve também escutar, anotar as observações, as sugestões formuladas e, na edição do ato, nem que seja de maneira sucinta e/ou por blocos, no corpo dos autos do processo administrativo ou nos próprios "Consideranda" do regulamento, apreciá-las efetivamente, atendendo ao que a doutrina norte-americana denomina de Princípio do *Hard Look*.

A aplicação deste novo Direito Administrativo Econômico não poderia, naturalmente, ser feita eficientemente pelo arcabouço institucional criado para uma outra conjuntura socioeconômica e jurídica, exigindo que o desenvolvimento das normas legais fosse atribuído a centros de poder estatais relativamente imunizados às variações da arena político-eleitoral, centros estes chamados, em nosso país, na maior parte dos casos, de *agências reguladoras independentes*.

A adoção deste modelo organizacional administrativo não é, todavia, no Brasil, e nos países latinos em geral, desvestida de polêmicas. A professora Maria Sylvia Zanella Di Pietro, por exemplo, diz tratar-se de uma moda norte-americana que está sendo importada para o Brasil; Eros Roberto Grau acusa tratar-se de uma instituição neoliberal, etc.

Data venia, nos parece que a questão das agências reguladoras independentes deve ser vista dentro do contexto mais amplo da evolução do Estado e do Direito. Aliás, o Direito Administrativo Econômico pouco se presta a maniqueísmos.

As entidades reguladoras independentes realmente surgiram nos Estados Unidos, há pouco mais de um século, tendo sua origem mais remota na organização medieval do espaço público na Inglaterra.

Todavia, nos próprios Estados Unidos o auge das agências reguladoras foi justamente o momento de maior intervenção estatal na economia deste País, o que muitas vezes é esquecido no Brasil, onde essas instituições são geralmente associadas às políticas ditas neoliberais.

Detenhamo-nos um pouco mais sobre este momento na história das agências reguladoras, que é de grande importância para a sua compreensão no Direito Brasileiro.

No *New Deal* de Roosevelt, dada a necessidade de maior intervenção na economia, o Estado se viu compelido a criar novos entes para este mister. Nesta circunstância, qual seria a tendência natural? Integrá-los ao Executivo, colocá-los sob a administração do Chefe do Poder Executivo. Mas o Poder Legislativo se preocupou com a concentração de poderes que esta atitude poderia acarretar, concentrando excessivos poderes nas mãos do Presidente da República. Decidiu, então, criar entes sujeitos a alguma influência, mas com considerável autonomia em relação a ele, não ficando apegado a uma visão meramente formal da *separação de poderes*, quando, materialmente, estaria contrariando o espírito deste Princípio.

Em uma administração liberal, todas as funções administrativas poderiam ficar no Poder Executivo, porque ele tinha poucas funções, sendo apenas o chamado Estado guarda-noturno (État *Gendarme*). O mesmo, contudo, não se dá em uma administração intervencionista, de um Estado social de Direito, que tem imensos poderes. Se todos esses poderes ficarem nas mãos do Chefe do Executivo, ou de quem lhe for hierarquicamente subordinado, o espírito da separação de poderes de evitar o abuso do poder em razão da sua concentração estaria comprometido. Estar-se-ia atendendo ao formalismo da separação de poderes, atribuindo ao Chefe do Poder Executivo todas as funções administrativas, mas gerando desequilíbrio dentro da sociedade e do Estado, ao permitir tamanha concentração de poderes em apenas um agente.

O modelo das agências reguladoras independentes se propagou nos Estados Unidos e vem também sendo adotado em toda a Europa Continental e na América Latina. A própria França, país que deu origem ao modelo centralizado e hierarquizado de Administração Pública – chamado de *Administração Pública napoleônica* – vem aceitando esta mitigação do poder de direção do Governo central sobre a administração pública. Como nota Jacques Chevallier, estas entidades foram aclimatadas aos arcabouços constitucionais graças a um trabalho de interpretação, notadamente jurisprudencial, objetivando aparar as arestas de algumas de suas particularidades e suavizar algumas das suas asperezas, a fim de que fossem compatibilizadas com a arquitetura institucional.

A inserção destes entes reguladores independentes no ordenamento jurídico brasileiro se deu de forma bem menos ousada que em outros países. Para se ter uma ideia, na França há entes reguladores independentes com muitos dos seus Dirigentes nomeados sem qualquer participação do Executivo central, o que no Brasil certamente seria considerado inconstitucional por violar prerrogativas do Chefe do Poder Executivo.

No Brasil, as agências reguladoras independentes são autarquias, na clássica nomenclatura de Mário Mazagão, autarquias econômicas que, aliás, já existem há muito tempo. O Instituto Brasileiro do Álcool, o Instituto Brasileiro do Café..., todos eles eram autarquias de regulação da economia. Em que essas autarquias antigas se diferenciam destas novas autarquias econômicas? Diferenciam-se pela *"independência"* que possuem. Mas essa "independência" deve ser entendida em termos: independência, como liberdade absoluta de agir, é atributo inerente apenas à soberania, e, mesmo assim, bastante atenuada em dias de globalização e de dependência de recursos externos. A atribuição do qualificativo de "independentes" às agências reguladoras é apenas uma maneira de tentar se destacar a autonomia especial a elas asseguradas por lei.

Autonomia, ou seja, espaço de liberdade de atuação conferido e limitado por normas superiores, toda autarquia possui; e por isso as agências reguladoras são chamadas de "independentes", para denotar uma maior autonomia, uma *autonomia reforçada* em relação à que possui a maioria das demais autarquias. Notem que o próprio termo "autarquia", em sua etimologia, é praticamente sinônimo de autonomia. O que as agências reguladoras possuem é, tecnicamente, uma autonomia, mas uma autonomia maior do que a regra.

Esta autonomia reforçada das agências reguladoras não é um fenômeno isolado na Administração Pública brasileira, existindo outras entidades públicas que possuem uma autonomia até maior. Às Universidades Públicas, por exemplo, mesmo antes da Constituição de 1988, que constitucionalizou a autonomia universitária, é conferida intensa autonomia, com o Chefe do Poder Executivo só podendo escolher o seu dirigente a partir de lista tríplice elaborada pela comunidade universitária. Quanto às chamadas autarquias corporativas – os Conselhos Profissionais –, o Presidente da República sequer participa da escolha dos dirigentes, que são integralmente escolhidos pela própria categoria profissional (auto)regulada. O Conselho Administrativo de Defesa da Concorrência (CADE), por sua vez, é autarquia que há muito já possui perfil institucional bastante semelhante ao das agências reguladoras, com dirigentes nomeados pelo Presidente da República, com a aprovação do Senado, por mandato determinado, vedada a exoneração *ad nutum*.

Podemos facilmente constatar, portanto, que as agências reguladoras são um dado do fenômeno mais amplo que Juan Carlos Cassagne chama de *Administração Pública pluricêntrica*, e Sabino Cassese de Administração Pública multiorganizativa, própria de uma sociedade e de um Estado pluralista. As agências reguladoras integram este fenômeno, constituem um elemento muito importante dele, mas, dentro da Administração brasileira e mundial, esta característica não é exclusiva delas.

A autonomia específica das agências reguladoras pode ser bipartida didaticamente em dois aspectos: uma autonomia orgânica e uma autonomia funcional.

Pela *autonomia orgânica*, os seus dirigentes são nomeados pelo Presidente da República, aprovados pelo Senado Federal, por um mandato fixo, vedada a exoneração imotivada dentro deste prazo. Parte da doutrina considera inconstitucional esta limitação do poder de exoneração do Chefe do Executivo, porque contrariaria o poder de direção sobre a Administração Pública previsto no art. 84 da Constituição Federal. O Supremo Tribunal Federal, contudo, em decisão liminar, refutou a tese, considerando que a competência do Presidente da República era a exercitável nos termos da lei, e que a lei poderia balizar o poder de direção, desde que, acresceríamos, preserve, como de fato preservou, o seu núcleo essencial.

Já a *autonomia funcional* consiste basicamente na impossibilidade de os atos das agências serem objeto de revisão, de ofício ou por recurso, pelo Ministro do setor ou pelo Presidente da República, ou seja, é característica da agência reguladora ser a última instância administrativa. Para tanto, não é necessário que a lei disponha expressamente neste sentido, como fez, por exemplo, a Lei Geral de Telecomunicações (LGT). O contrário é que deve ser exigido: *pas de tutelle sans texte, pas de tutelle au-delà du texte*. Só existe a possibilidade de revisão dos atos da agência no seio do Executivo quando a lei a prever expressamente, o que não ocorre em relação a nenhuma agência, e, se ocorresse, a descaracterizaria como uma agência reguladora independente, por não possuir a necessária autonomia funcional.

São, portanto, com a síntese que o tempo nos impõe, estas autonomias, orgânica e funcional, que caracterizam a "independência" das agências reguladoras.

A sua especial autonomia não pode, todavia, ser vista como um insulamento na administração pública. Como não poderia deixar de ser, respeitando-se o núcleo essencial do poder de direção do Presidente da República, é fixada para todas as agências reguladoras a necessidade de coordenação com as *políticas públicas* do Executivo central. As agências reguladoras são predominantemente executoras técnicas de políticas públicas fixadas, em primeiro lugar, pela Constituição, em segundo lugar, pela lei do setor e, em terceiro lugar, por conselhos setoriais ligados hierarquicamente ao Presidente da República ou por ele próprio.

A Lei do Petróleo, por exemplo, fixa em seu art. 2º as competências do Conselho Nacional de Política Energética, vinculado à Presidência da República e presidido pelo Ministro de Estado de Minas e Energia, na formulação das políticas públicas e diretrizes gerais no setor do petróleo.

Todavia, não pode o Governo Central valer-se desta competência, assegurada de uma forma ou de outra por todas as leis das agências, para praticar atos concretos de regulação, invadindo o espaço que deve ser deixado às agências para atuar dentro dos parâmetros – necessariamente gerais – das políticas públicas. Também não pode tentar inquinar atos de agências com base em missivas pouco públicas ou em afirmações genéricas de contrariedade com a sua política – esta tem que ser formalmente estabelecida mediante Decreto ou outro ato normativo regular.

Não é fácil distinguir a formulação das políticas públicas (atribuição do Poder Executivo central) da sua implementação (atribuição das agências), até porque ambas interagem em uma relação circular e dialética. Algumas bases sólidas para essa diferenciação podem, contudo, ser fornecidas. Como expõe Costantino Mortati, diversamente da relação hierárquica, a relação de direção pelo estabelecimento de políticas públicas tem como conteúdo o poder de influenciar a atividade do outro mediante a indicação das linhas gerais nas quais este deve se inspirar no desenvolvimento das suas funções; e, correlativamente, no poder de supervisioná-la para mantê-las de acordo com as diretivas. A relação de direção pode assumir configurações diversas, mas o elemento que lhe confere tipicidade é o fato de não tolher a liberdade de escolha confiada ao destinatário das diretivas (que devem ser observadas em relação às circunstâncias dos casos singulares).

É dentro desta perspectiva que, valendo-se de exemplo atual, podemos afirmar que o Executivo central pode fixar a política pública segundo a qual os futuros contratos de concessão de determinado setor deverão adotar índices de reajuste que reflitam o mínimo possível a variação cambial; mas será a agência que, dentro deste objetivo, determinará o índice a ser adotado, não podendo o Executivo fazê-lo diretamente sob pena de violar a lei que atribuiu esta competência à agência.

Fixados os traços do modelo brasileiro de agências reguladoras, em especial da Agência Nacional do Petróleo (ANP), e abordadas algumas questões polêmicas que envolvem a matéria, dedicaremos a última parte da nossa exposição à análise pontual de alguns temas que vêm gerando bastante controvérsia entre aqueles que operam com o Direito do Petróleo.

Um dos temas mais polêmicos da regulação e, especificamente, da regulação do setor do petróleo, é o *poder normativo da Agência Reguladora*. Parte da doutrina brasileira defende que no Brasil só existem regulamentos de mera execução; que tudo deve estar previamente estabelecido na lei; ao Poder Executivo, incluindo a agência reguladora, cabe apenas detalhar a forma de execução de direitos e obrigações já previamente fixados na lei.

Ora, remetendo-nos ao início da exposição, quando falamos das características de dinamismo e flexibilidade do Direito Público Econômico, podemos afirmar ser impossível à lei, nesta seara, pré-estabelecer todo o conteúdo jurídico das relações a serem travadas, limitando-se, outrossim, na maioria das vezes, a fixar *standards* e objetivos genéricos a serem perseguidos pelos órgãos e entidades reguladoras.

O art. 84, IV, CF, realmente prevê que os regulamentos se destinam à "fiel execução das leis", mas não devemos ter uma visão simplificada do que constitui a "execução do Direito". Hans Kelsen, em sua *Teoria Gradualista do Direito*, deixou claro que toda etapa da produção jurídica é, ao mesmo tempo, criação e execução. O Legislador, quando edita uma lei, está ao mesmo tempo criando direito e executando a Constituição; o administrador público, quando regulamenta a lei, está executando a lei e, sob pena de o regulamento ser inócuo, também está criando Direito. O juiz e o administrador, quando aplicam concretamente a lei, também estão criando relações jurídicas, inclusive, à luz do fato concreto examinado. Para Kelsen, que seguirmos neste particular, só se pode falar em pura execução do Direito, sem qualquer teor de criação, em relação à execução material (o guarda municipal apreendendo a mercadoria do camelô, a demolição de uma construção ordenada pela Administração ou pelo Poder Judiciário, etc.).

À luz desta evidência, todo regulamento, ainda que emitido em virtude de previsão legislativa bastante genérica, é execução de lei, execução das finalidades e dos *standards* previstos na lei.

Numerosos são os casos em que a Jurisprudência reconheceu a constitucionalidade de leis que atribuíam largo poder normativo ao Poder Executivo, mas poucos são os casos em que o fez com um esteio teórico preciso. Assim, foi com grande satisfação que vimos ser prolatado acórdão do Superior Tribunal de Justiça (MS nº 4578-DF), relatado pelo Exmo. Senhor Ministro Humberto Gomes de Barros, em que foi acolhida a Teoria exposta anteriormente.

Neste julgamento, o STJ reconheceu que, malgrado não haver suporte legal específico da obrigação de fidelidade de bandeira dos postos de gasolina (postos com a bandeira de uma distribuidora só podem vender os seus combustíveis), "executar a lei" pode também ser compreendido como fazer com que ela se desenvolva em busca dos fins sociais para os quais foi concebida, ou seja, *in casu*, não precisaria haver um dispositivo expresso dispondo que a Administração Pública "pode fixar restrições à marca dos combustíveis vendidos pelos postos". O STJ, com base no objetivo legal de a Administração Pública proteger os interesses dos consumidores, considerou que o regulamento era sim de execução, de execução da finalidade de proteger os consumidores, que passariam a ter como saber a marca do combustível que estão adquirindo. É sob esta perspectiva finalista e instrumental, e não meramente formal, que o poder normativo das agências reguladoras deve ser considerado.

No caso da ANP, este poder normativo pode ainda ser diferenciado em relação a dois tipos de atividades: as atividades sujeitas à concessão, a exploração petrolífera por exemplo, e as atividades sujeitas à autorização administrativa, como a distribuição de combustíveis.

Em relação às *concessões*, a ANP exercerá esta competência normativa tanto na edição de regulamentos, quanto na própria elaboração dos editais de licitação e das minutas dos contratos de concessão, já que, como sabemos, os contratos também são fatos jurígenos. Esta competência é, no entanto, um pouco limitada pelo grande número de cláusulas contratuais que já são pré-ordenadas pela Lei do Petróleo. O poder normativo da ANP é limitado pelos pontos já pré-fixados na lei.

Quanto às *autorizações* petrolíferas, a competência normativa da ANP é mais ampla, já que a Lei do Petróleo se limita a atribuir competência à Agência para estabelecer os requisitos das autorizações. Vejam, por exemplo, o seu art. 53, §1º, que dispõe: "A ANP estabelecerá os requisitos técnicos, econômicos e jurídicos a serem atendidos para a emissão das autorizações". Ou seja, quais serão os requisitos técnicos, econômicos e jurídicos para a emissão das autorizações? Aqueles que, atendendo aos objetivos traçados pelo art. 1º da Lei do Petróleo, vierem a ser estabelecidos pela ANP.

É em razão da consecução desses objetivos que constatamos que o petróleo e os combustíveis não são apenas *commodities*; são também bens públicos nacionais estratégicos, cujas jazidas são constitucionalmente monopolizadas pela União, possuindo enorme importância para o meio ambiente, para os consumidores e para a economia como um todo. Destarte, a ANP não só pode, como deve estabelecer as normas apropriadas para a regulação da exploração das atividades relacionadas à indústria do petróleo, tanto no mercado a montante (*upstream*), como no mercado a jusante (*downstream*). A ANP estaria incorrendo em omissão ilícita se não restringisse a entrada no mercado daqueles que não têm condições para dele participar, inclusive por não poderem oferecer as garantias necessárias para a sua eventual responsabilização em setor cujos riscos, de grande monta, são multitudinários. Decerto que a ANP deve buscar aumentar a *concorrência* no setor, mas não se trata de uma concorrência livre, de uma concorrência na "selva", mas de uma concorrência-instrumento, regulada à luz das finalidades legais.

Naturalmente que as normas editadas pelas agências reguladoras podem ser controladas pelo *Poder Judiciário*, que, todavia, não poderá inquinar decisões que sejam razoáveis e proporcionais. Em outras palavras, não poderá o Judiciário trocar o juízo razoável da agência pelo seu, ainda que este também seja razoável. A norma da agência só pode ser invalidada judicialmente, caso se encontre em uma zona de certeza negativa de conformidade com a lei. Se o Poder Judiciário assim não se portasse, estaria, no fundo, em muitos casos, dada a especialização técnica da regulação, substituindo pelo perito-técnico judiciário a entidade técnica instituída pela lei para esta função.

ALGUNS ASPECTOS CONSTITUCIONAIS DO DIREITO DO PETRÓLEO*

Senhores, Bernard Taverne, ao estudar a história do Direito do Petróleo nos mais diversos países, conclui que ele transita ciclicamente entre dois polos, como um pêndulo: da visão do petróleo basicamente como uma *commodity*, apta a propiciar principalmente renda aos seus titulares (via de regra Estados nacionais); e da visão do petróleo como um instrumento estratégico de desenvolvimento interno e de afirmação nacional nas relações internacionais.

O que se diz em relação aos objetivos não arrecadatórios está ligado à formação da indústria nacional e às decisões de investimentos serem acompanhadas da capacidade de criação de um parque industrial próprio. Também se fala de o pré-sal ser usado nas relações internacionais, que há questões que são muito mais complexas, mais sofisticadas, do que só arrecadar ou de apenas se manter o abastecimento nacional.

Eu discordo aqui do querido professor Marcos Juruena, que em sua palestra que me antecedeu disse que a nossa Constituição é uma "Constituição neoliberal", não que haja algum demérito em relação a essa qualificação, aliás, bastante fluida. A nossa Constituição, a exemplo de praticamente todas as constituições ocidentais, é uma Constituição do Estado Democrático de Direito, que deixa grandes espaços para a decisão das maiorias políticas conjunturais, não engessando previamente todas as matérias do Direito Público Econômico. Por isso é muito importante ao intérprete do direito não se deixar contaminar pelas suas visões pessoais ao fazer a hermenêutica da ordem econômica constitucional.

---

* O presente trabalho advém da transcrição de Palestra proferida no "Seminário de Petróleo e Gás no Brasil - Propostas do Novo Marco Regulatório", promovido no dia 17 de maio de 2010 pela Escola de Direito da Fundação Getúlio Vargas do Rio de Janeiro.

Esta deixa um grande espaço para decisões político-ideológicas infraconstitucionais, mas estas têm que ser tomadas primordialmente pelo legislador. Nossa Constituição admite a adoção de uma política legislativa e administrativa bastante liberal; da mesma forma que admite uma política legislativa e administrativa intervencionista, dentro dos limites – na maioria das vezes largos – por ela estabelecidos.

A Constituição compromissória é, na verdade, um grande cardápio. No momento constituinte compromissório – de busca de acordo – foi impossível a uma das partes se impor totalmente sobre a outra. O professor Daniel Sarmento se refere à ubiquidade constitucional. O que é ubiquidade constitucional? A Constituição é uma espécie de Narciso. Nós todos tendemos a encontrar nela aquilo que somos, aquilo que nós pensamos e desejamos.

A nossa Constituição não adota um modelo detalhado de relação do Estado com a economia. Ela adota balizas máximas de um lado e de outro para que as maiorias políticas de cada momento assumam e exerçam a sua opção democrática. Do contrário, não seriam tão necessárias eleições: todas as decisões já teriam sido previamente tomadas pelo Constituinte, originário ou reformador. Teríamos tido um engessamento absoluto pelo Constituinte para as próximas gerações.

A nossa Constituição adota a divisão da esfera pública e da esfera privada na economia, mas ela fixa uma regra. Essa regra é a da livre iniciativa. Se a Constituição não dispuser em sentido contrário, vige a livre iniciativa privada econômica: não só o particular tem direito de exercer a atividade, como ao Estado é vedado exercê-la. Ao contrário da Espanha, por exemplo, em que há a iniciativa pública e privada na economia. Entre nós não, a regra é apenas a da iniciativa econômica privada, e só a privada.

Nós temos algumas poucas exceções a isso, que são basicamente quatro: primeiro, os serviços assistenciais – educação, saúde e previdência privada, em que o particular exerce por direito próprio e o Estado também tem a obrigação de prestar; segundo, temos as atividades do artigo 173 da Constituição, que são aquelas que o particular exerce por direito próprio, mas o Estado recebe uma autorização legislativa para, concomitantemente com o particular, exercê-las, como a distribuição de combustíveis, petroquímica, instituições financeiras. Essas duas atividades – serviços sociais e as atividades econômicas do artigo 173 – são áreas de intercessão entre a esfera pública e a esfera privada. Ali o Estado e o particular exercem conjuntamente. Nas atividades do artigo 173, que são atividades econômicas, o Estado tem que exercer em paridade de regime jurídico com a iniciativa privada: do contrário haveria uma concorrência desleal, pois a estatal não poderia, só ela, por exemplo, receber isenção, ter dispensa de licitação etc.

Então, a iniciativa privada, que é a regra, é o grande círculo. Temos um círculo menor que é o da esfera pública. Na intercessão entre os dois conjuntos temos essas duas atividades. E o que tem dentro necessariamente desse círculo menor, que é a esfera pública? São duas atividades: os serviços públicos e os monopólios públicos. No que elas se caracterizam? Elas se caracterizam, e isso é uma coisa comum às duas, pela titularidade estatal exclusiva da atividade. Da mesma forma que em todas as restantes o Estado está fora, pois o *dominus* da atividade é a livre iniciativa particular. Nessas outras dá-se o contrário: são atividades vedadas à livre iniciativa. E não adianta invocarmos a livre iniciativa contra uma regra constitucional, já que hoje já é pacífica, inclusive pelo STF, a improcedência da tese de Otto Bachof das "normas constitucionais inconstitucionais", pela qual as regras constitucionais que excepcionam princípios maiores da Constituição seriam, elas próprias, apesar de integrarem o texto constitucional, inconstitucionais.

Nessas terceiras e quartas atividades – serviços públicos e monopólios públicos – o Constituinte já fez a pré-ponderação dos valores e princípios envolvidos (e a livre iniciativa, apesar de muito relevante, não é o único princípio fixado nos arts 1º, 3º e 170, CF).

As regras constitucionais, então, já pré-balanceiam e excluem aquelas atividades da iniciativa privada. Se isso fosse feito por uma regra legal, certamente daria para se discutir com grande plausibilidade a sua legitimidade, mas sendo uma regra constitucional, a discussão não se coloca.

Pois bem, se o serviço público e o monopólio público têm a *publicatio* em comum, no que se diferenciam? Eros Grau e Gaspar Ariño Ortiz dizem o seguinte: o serviço público foi estatizado porque havia um interesse da dignidade da pessoa humana naquela atividade; já os monopólios públicos foram estatizados por haver uma razão de interesse nacional – interesse estratégico ou fiscal –, abstraído, pelo menos imediatamente, das pessoas individualmente consideradas.

Porém, titularidade estatal exclusiva quer dizer exercício exclusivo pelo Estado? Não. Não quer dizer. No caso dos serviços públicos, o artigo 175 da Constituição Federal sempre deu discricionariedade para o Estado exercer essas atividades diretamente ou não, através de concessionárias, sendo muito tranquilo na doutrina que dentro desse conceito de exploração direta estavam as entidades instrumentais do Estado, as entidades da administração indireta, das quais as empresas públicas e sociedades de economia mista fazem parte. Trata-se, em muitos casos, de uma forma de exploração direta pelo Estado dessas atividades; de uma outorga legal, não de uma concessão-contrato.

A Petrobras, durante anos, inclusive depois da Emenda Constitucional que alterou o art. 177 da CF, explorou essa atividade diretamente como instrumento da União. O que o artigo 177 fazia antes da Emenda? Ele proibia outra alternativa que, a exemplo do que fazia o art. 175 em relação aos serviços públicos, permitisse a participação de empresas privadas no setor. Era uma opção constitucional nesse setor específico pelo exercício direto da atividade pelo Estado.

Ele não dava opção para o legislador e muito menos para o administrador adotar parcerias com a iniciativa privada nesse setor. A Emenda Constitucional simplesmente fez com o artigo 177 o que o Constituinte originário já tinha feito no artigo 175: os dois, serviços públicos e monopólios públicos, são atividades de titularidade do Estado, que podem ser exercidos diretamente pelo Estado, aí incluídas suas estatais, ou podem ser delegados à iniciativa privada ou pública. A palavra usada pelo Constituinte derivado no art. 177 é o verbo "pode", pode se quiser.

Tanto que nós, se quisermos fabricar sorvetes ou cadeiras, podemos fazê-lo até por força de um mandado de segurança: temos direito constitucional a isso. Porém, se quisermos distribuir gás canalizado, construir linhas de transmissão de energia elétrica, explorar petróleo, por mais competentes e capacitados que sejamos, se o Estado, "dono" da atividade, não fizer essa opção, abrir uma licitação e assinar o contrato, isso não será possível: não temos direito constitucional *sponte propria* a exercer essas atividades.

Quando passamos um longo período sob determinada opção legislativa, podemos ter a impressão de que essa opção foi constitucionalizada, mas, por exemplo, a Lei do Petróleo não foi constitucionalizada. A exploração por particulares do petróleo mediante concessão foi uma opção legislativa que passou a ser legítima após a emenda constitucional, mas que não é a única opção legislativa possível.

AS CONCESSÕES E AUTORIZAÇÕES PETROLÍFERAS

1 Panorama do Ordenamento Jurídico brasileiro

A Constituição Brasileira, como Constituição compromissória, não poderia deixar de refletir o persistente conflito entre público e privado; entre o livre caminhar da economia e a intervenção estatal; entre os interesses individuais e os coletivos.

Tanto é assim, que as reformas que sucederam à promulgação da Constituição de 1988 tiveram como um dos seus principais focos justamente o Direito Econômico.[1] Vejamos, portanto, como este se encontra balizado constitucionalmente.

Ao contrário do que ocorre em outros direitos positivos, a nossa Constituição estabelece uma nítida distinção entre serviço público[2] e atividade econômica. Na verdade, contudo, não podemos torcer a realidade a ponto de sustentar que os serviços públicos

---

[1] As reformas à Constituição de 1988 não chegaram a alterar a classificação das diversas modalidades de regulação estatal da economia, atribuindo, contudo, maior relevo a algumas em detrimento de outras, sem retirar do Texto Maior qualquer uma delas. Em sua maior parte, as reformas permitiram que determinados serviços públicos, que só podiam ser prestados indiretamente por empresas da Administração Indireta, passassem a ser prestados por delegatários privados.

[2] Naturalmente que não estão incluídas em nosso conceito de serviço público as funções públicas soberanas, indelegáveis, como a defesa nacional, a tributação, etc. (PARADA, Ramón. *Derecho Administrativo*. 11. ed. Madrid: Ed. Marcial Pons, 1999. t. 1, p. 473-474). Seguindo a melhor doutrina, nosso conceito também não contempla "as atividades que não correspondam a uma específica prestação aos usuários, como por exemplo, as obras públicas" (CASETTA, Elio. *Manuale di Diritto Amministrativo*. Milão: Ed. Giuffrè, 2000. p. 605).

não sejam atividades econômicas. Os serviços públicos são atividades econômicas qualificadas como tal, qualificação esta que visa a permitir a prestação direta pelo Estado ou uma forte regulação e ingerência estatal na atividade quando gerida por particulares delegatários. O serviço público revela-se, então, como uma das mais intensas formas de intervenção do Estado na economia.

É desta forma que Eros Roberto Grau considera que a Constituição brasileira de 1988 subdividiu a atividade econômica *lato sensu* em serviço público e atividade econômica *stricto sensu*.[3] Tanto é assim, que o art. 175, que disciplina a prestação dos serviços públicos pelo próprio Estado ou por concessionários e permissionários privados, está contido no Capítulo destinado aos "Princípios Gerais da Atividade Econômica".

Note-se que o objetivo da *publicatio* há de ser o atendimento direto de necessidades ou utilidades públicas, não o interesse fiscal ou estratégico do Estado, hipóteses em que estaríamos diante de atividades econômicas *stricto sensu*, que só podem ser monopolizadas pelo Estado nos casos taxativamente estabelecidos na Constituição, e que, ainda que em regime de concorrência com a iniciativa privada, só podem ser por ele exploradas se atendidos os requisitos do *caput* do art. 173 da Constituição Federal.[4]

Uma das mais objetivas distinções entre atividades econômicas *stricto sensu* e os serviços públicos foi elaborada por José Maria Souvirón Morenilla, que afirma que "uma coisa é a atuação empresarial do Estado, desenvolvida com objetivos de rentabilidade econômica e conforme o mercado, e outra é – ou deveria ser – a atividade "de não mercado" ou de serviço público. Esta se define porque, a partir dos princípios de universalidade e de igualdade que a preside, se dirige à satisfação de uma necessidade coletiva com objetivos de justiça e de solidariedade social, prevalentes, em todo caso, sobre os critérios econômicos de rentabilidade na exploração do serviço".[5]

Ramón Parada também denota que a atuação econômica (*stricto sensu*) do Estado não se funda na ideia de essencialidade dos serviços, mas no mais amplo e difuso conceito de interesse público, no qual pode ser incluída qualquer atividade de produção industrial ou de serviços econômicos que, de uma forma ou outra, beneficie os habitantes de determinado local, ainda que apenas para lhes proporcionar emprego, ou mais simplesmente para obter recursos para serem destinados a outras atividades do Poder Público, etc.[6]

---

[3] GRAU, Eros Roberto. *A Ordem Econômica na Constituição de 1988*. 4. ed. São Paulo: Ed. Malheiros, 1998. p. 137-139. Alguns autores utilizam a expressão "serviços públicos econômicos" ou "industriais" para denominar as atividades econômicas *stricto sensu* exploradas pelo Estado (*v.g.* CELIER, Charles. *Droit Public et Vie Économique*. Paris: PUF, 1949. p. 136). Preferimos, no entanto, não fazer uso destas expressões para não misturar os conceitos de atividade econômica (em sentido estrito) explorada pelo Estado e os serviços públicos propriamente ditos.

[4] Para uma específica análise da aplicação do Princípio da Subsidiariedade sobre a exploração de atividades econômicas pelo Estado, admissível apenas nos casos de falha do mercado, ver: RICHER, Laurent. *Service Public et Interêt Privé*, constante dos Archives de Philosophie du Droit, Le Privé et le Public. Paris: Ed. Sirey, 1997. t. 1, p. 295.

[5] MORENILLA, José Maria Souvirón. *La Actividad de la Administración y el Servicio Público*. Granada: Ed. Colmares, 1998. p. 574.

[6] PARADA, Ramón. *Derecho Administrativo*. 11. ed. Madrid: Ed. Marcial Pons, 1999. t. 1, p. 478. "A atividade econômica desenvolvida pelo Estado também apresenta interesse público, só que subjetivo, na medida em que depende da valorização da Administração; não traz em si mesma o interesse público; mas se lhe atribui um interesse público" (BAZILLI, Roberto Ribeiro. Serviços Públicos e Atividades Econômicas na Constituição de 1988. *Revista de Direito Administrativo*, Rio de Janeiro, n. 197, p. 15-16, 1994). Caso muito comum foi a transferência para o Estado de grandes indústrias como forma de evitar o encerramento das suas atividades (ampliar em: STEFANELLI, Maria Alessandra. *La Tutela dell'Utente di Publici Servici*. Padova: Ed. CEDAM, 1994. p. 68).

O interesse do Estado nestes casos, afirma Gaspar Ariño Ortiz, "não é um interesse de utilidade *do público*, mas um interesse econômico global".[7] Tanto nos serviços públicos quanto nas atividades econômicas, o Estado busca a realização de finalidades públicas que, todavia, são de espécies muito diferentes: "na gestão econômica não há uma finalidade de *serviço ao público*, isto é, aos cidadãos individualmente considerados, mas uma finalidade de ordenação econômica, de conformação social, de *serviço nacional*, isto é, de promoção econômico-social da nação considerada em seu conjunto".[8]

Além dos arts. 175, 25, §2º e 30, V, a Constituição também prevê, em seu art. 21, a prestação de serviços públicos pela União, mas, desta feita, não apenas diretamente, por concessão ou por permissão, mas também mediante autorização: art. 21, incisos X (postal e correio), XI (telecomunicações) e XII, "a" a "f" (serviços de radiodifusão sonora e de sons e imagens; serviços e instalações de energia elétrica e o aproveitamento energético dos cursos de água; a navegação aérea, aeroespacial e a infraestrutura aeroportuária; os serviços de transporte ferroviário e aquaviário; os serviços de transporte rodoviário interestadual e internacional de passageiros; os portos marítimos, fluviais e lacustres) e XIII (nucleares).

Os princípios das atividades econômicas fixados no art. 170 devem inspirar a exploração de todas as atividades econômicas, sejam elas serviços públicos ou atividades econômicas *stricto sensu*.

Em relação à atividade econômica *stricto sensu*, a Constituição estabelece o monopólio em favor da União (arts. 20, 176 e 177) de uma série de bens e atividades a eles correlatas, com destaque para os bens minerais, inclusive o petróleo e seus derivados.

A exploração pelo Estado de outras atividades econômicas *stricto sensu*, isto é, além daquelas que são objeto de monopólio, é permitida apenas em regime de concorrência com a iniciativa privada e desde que seja necessária aos imperativos da segurança nacional ou ao atendimento de relevante interesse coletivo (art. 173).

Vige para as atividades econômicas *stricto* sensu não monopolizadas, participe delas o Poder público ou não, o princípio da liberdade de iniciativa, observadas as regras de polícia econômica geral que as conforme aos princípios e valores fundamentais da República Federativa do Brasil (arts. 1º e 3º) e aos princípios setoriais da ordem econômica (art. 170), exigida, quando for o caso, autorização prévia para o seu exercício (art. 170, parágrafo único).

Especificamente sobre o petróleo, a Constituição Federal é pródiga, dispondo sobre: a) a titularidade federal sobre os principais bens envolvidos nesta indústria – os recursos minerais; b) a competência da União para legislar sobre energia e recursos minerais (art. 22, IV e XII); c) a competência dos Estados para prestar os serviços de distribuição de gás canalizado (art. 25, §2º); d) o monopólio federal sobre as atividades básicas da indústria do petróleo (art. 177); e) as condições da atuação pública e privada no setor (art. 20, §1º, 176 e 177); e f) a previsão de um órgão regulador (art. 177, §2º, III).[9]

---

[7] ORTIZ, Gaspar Ariño. *Principios de Derecho Público Económico*. Granada: Ed. Comares e Fundación de Estudios de Regulación, 1999. p. 241.

[8] ORTIZ, Gaspar Ariño. *Principios de Derecho Público Económico*. Granada: Ed. Comares e Fundación de Estudios de Regulación, 1999. p. 494.

[9] SUNDFELD, Carlos Ari. Regime Jurídico do Setor Petrolífero. *In*: SUNDFELD, Carlos Ari (Coord.). *Direito Administrativo Econômico*. São Paulo: Ed. Malheiros, 2000. p. 386.

O art. 177 da Constituição Federal estabelece como monopólio da União a pesquisa; a lavra; o refino do petróleo, nacional ou estrangeiro; a importação; exportação e o transporte marítimo ou por dutos do petróleo e dos seus derivados. Note-se que há atividades da indústria do petróleo, como o transporte que não seja marítimo ou por dutos, assim como a distribuição e a revenda, que não constituem monopólios da União, sendo atividades da iniciativa privada, sujeitas, no entanto, à regulação estatal na forma dos arts. 170 e 174 da Constituição Federal.

Regulamentando o art. 177, CF, foi editada a Lei nº 9.478/97, conhecida como a *Lei do Petróleo*, que estabeleceu a política energética nacional, disciplinou as atividades da indústria do petróleo tal como definida no seu art. 6º, XIX, criou o Conselho Nacional de Política Energética e a Agência Nacional do Petróleo (ANP), cabendo a esta a implementação da política traçada pelo primeiro (art. 8º, I).

As atividades petrolíferas foram pela Lei do Petróleo "declaradas de *utilidade pública*. Assim, elas têm o ônus público de deverem ser prestadas em benefício da população, no sentido de que o explorador destas atividades tem alguns ônus para com a população e para com o Estado".[10]

O art. 5º da Lei do Petróleo dispõe que a faculdade conferida pelo art. 177, §1º, da Constituição Federal, ou seja, a contratação de particulares ou de empresas estatais para a exploração das atividades petrolíferas monopolizadas pela União, se dará mediante concessão ou autorização.

Para cada espécie ou fase da atividade petrolífera a Lei do Petróleo dá uma disciplina distinta, razão pela qual é de grande relevância distinguirmos: (a) *exploração* (ou pesquisa), na qual a empresa procura por petróleo em blocos ou áreas predeterminadas; (b) *produção* ou lavra, pela qual o petróleo é extraído da jazida; (c) *importação e exportação*, sendo que aquela, tal como a produção, concorre para o suprimento interno do produto; (d) *refino*, processo pelo qual o petróleo deve passar para poder ser utilizado; (e) *transporte*: para que o petróleo bruto ou seus derivados cheguem aos seus destinos devem ser transportados. "O transporte pode se dar de várias formas. Há os meios fixos, os condutos (o oleoduto e o gasoduto). Há os meios móveis, sendo os navios os principais";[11] e (f) *distribuição*: para que os derivados do petróleo cheguem aos consumidores deve haver "a distribuição de derivados do petróleo, uma espécie de revenda destes derivados no atacado";[12] e (g) *revenda*: "os consumidores finais são atingidos pela atividade de revenda de derivados de petróleo",[13] feita, na maioria das vezes, pelos "postos de gasolina".

Apenas as atividades de exploração e produção (letras "a" e "b") foram submetidas à concessão, tendo sido exigida para as demais (letras "c" a "g") a prévia autorização.

---

[10] MENEZELLO, Maria d'Assunção Costa. *Introdução ao Direito do Petróleo e Gás*. In: SUNDFELD, Carlos Ari (Coord.). *Direito Administrativo Econômico*. São Paulo: Ed. Malheiros, 2000. p. 382.
[11] SUNDFELD, Carlos Ari. Regime Jurídico do Setor Petrolífero. *In*: SUNDFELD, Carlos Ari (Coord.). *Direito Administrativo Econômico*. São Paulo: Ed. Malheiros, 2000. p. 388.
[12] SUNDFELD, Carlos Ari. Regime Jurídico do Setor Petrolífero. *In*: SUNDFELD, Carlos Ari (Coord.). *Direito Administrativo Econômico*. São Paulo: Ed. Malheiros, 2000. p. 388.
[13] SUNDFELD, Carlos Ari. Regime Jurídico do Setor Petrolífero. *In*: SUNDFELD, Carlos Ari (Coord.). *Direito Administrativo Econômico*. São Paulo: Ed. Malheiros, 2000. p. 388.

Vê-se que a Lei do Petróleo, considerando menos o monopólio incidente sobre as atividades do setor, e mais a possibilidade de concorrência que cada uma delas pode propiciar, destinou a autorização para as atividades nas quais se deem as maiores possibilidades de concorrência.

Assim, as atividades não monopolizadas (transporte que não seja marítimo ou por dutos, a distribuição e a revenda) não são sujeitas à prévia concessão, até porque esta, precedida de licitação, pressupõe a limitação do número de operadores, limitação esta que não seria admissível em se tratando de atividade de titularidade da iniciativa privada, sujeita, todavia, a autorização (art. 9º, Lei do Petróleo).

Já as atividades monopolizadas (exploração, produção, importação, exportação, refino, transporte marítimo e por dutos) podem ser sujeitas à concessão ou à autorização. A Lei reservou esta modalidade regulatória para as atividades (monopolizadas) de refino, importação, exportação e transporte marítimo ou por dutos, que não apenas admitem, como também, pelo Princípio da Subsidiariedade, demandam, a maior concorrência possível (arts. 53, 56 e 60, Lei do Petróleo).

A concessão foi destinada apenas para a exploração e produção, vez que pressupõem a delimitação espacial, não sendo factível a abertura de concorrência para que todas as empresas interessadas explorassem ao mesmo tempo determinada jazida (art. 23, Lei do Petróleo). Além dessas limitações fáticas, concorre para a imposição da prévia concessão para a exploração e produção de petróleo o fato de "envolverem o uso de bem público; portanto, a fruição é um privilégio".[14]

Não estamos a dizer que não deva haver concorrência nestas atividades, mas apenas que esta fica restrita à escolha do concessionário, que, uma vez escolhido, não terá a concorrência de outros concessionários sobre a mesma área.

Observe-se que em relação às atividades petrolíferas monopolizadas, que não são apenas a exploração e a produção de petróleo, o §1º do art. 177 da Constituição Federal alude à contratação de estatais ou de empresas privadas. Não sendo a autorização contrato, mas ato administrativo, poderia o Legislador ter assentido na exploração privada de algumas dessas atividades mediante autorização?

Entendemos que sim, ou seja, que, em razão dos princípios da proporcionalidade e da subsidiariedade, sempre que atendido o interesse da coletividade, se impõe a adoção da modalidade regulatória menos constritiva, *in casu* a *ordenatio*, em detrimento da *publicatio*. As atividades petrolíferas monopolizadas de refino, importação, exportação e transporte marítimo ou por dutos, podem ser consentidas a um número indeterminado de agentes econômicos privados, o que é consentâneo com o princípio da livre iniciativa, ficando, no entanto, sujeita à ordenação pública autorizativa.[15]

---

[14] SUNDFELD, Carlos Ari. Regime Jurídico do Setor Petrolífero. *In*: SUNDFELD, Carlos Ari (Coord.). *Direito Administrativo Econômico*. São Paulo: Ed. Malheiros, 2000. p. 395.
[15] Sobre a possibilidade de configuração contratual de autorizações como tais, ARAGÃO, Alexandre Santos de. *Direito dos Serviços Públicos*. Belo Horizonte: Fórum, 2017.

Podemos resumir o exposto pelo seguinte quadro:[16]

Atividade	Petróleo	Gás Natural	GLP, Gasolinas, Naftas, Querosenes, Óleo Diesel, Gasóleos, Óleos Combustíveis
Exploração	Concessão	Concessão	-
Produção	Concessão	Concessão	Autorização
Transporte	Autorização	Autorização	Autorização
Refino	Autorização	Autorização	-
Importação	Autorização	Autorização	Autorização
Exportação	Autorização	Autorização	Autorização
Distribuição	-	Concessão dos Estados	Autorização

Procuraremos, nos tópicos seguintes, demonstrar as garantias que as concessões e autorizações petrolíferas dão aos seus titulares, assim como as prerrogativas das quais a ANP dispõe, não apenas no momento da sua elaboração, como também ao longo da execução dos respectivos objetos.

2 As concessões petrolíferas

A Constituição permite que as atividades econômicas petrolíferas monopolizadas pela União sejam, sem quebra do monopólio, exploradas pela iniciativa privada (art. 177, §1º).

Há grande discussão sobre a natureza jurídica dos contratos que dão aos particulares o direito de exploração de monopólios públicos, aí incluídos os que lhes propiciam a exploração e a produção de petróleo – bem público dominical –, contratos normalmente denominados de concessão de exploração de atividades econômicas ou de bens públicos dominicais monopolizados pela União.

Preliminarmente, há de se destacar que "os bens públicos não são só suscetíveis de uso (ou aproveitamento), mas também de gestão ou exploração econômica por alguém que toma o lugar da pessoa coletiva de direito público. Embora relacionadas com um bem público, o que caracteriza as concessões de exploração do domínio público é a atribuição do direito de exercer uma actividade que a lei reservou para a Administração: o que está em causa não é a utilização do bem, mas a actividade de o explorar ou gerir".[17]

Como adverte Gaspar Ariño Ortiz, não podemos inferir da nomenclatura de "concessão" a caracterização da atividade econômica *stricto sensu* monopolizada como serviço público: "a simples denominação como tal ou a exigência de concessão para

---

[16] Cf. MELLO, Marcello. *A Natureza Jurídica dos Contratos de Concessão Firmados entre a União e os Particulares no Setor Petrolífero*, mimeo.
[17] GONÇALVES, Pedro. *A Concessão de Serviços Públicos*. Coimbra: Ed. Almedina, 1999. p. 93.

determinadas atividades agrícolas, industriais ou comerciais [...] não corresponde necessariamente à existência de um verdadeiro serviço público".[18]

O próprio surgimento das concessões tem uma conotação bem mais ampla do que a meramente ligada aos serviços públicos. As concessões advieram da necessidade de conciliação entre os dogmas liberais não intervencionistas e a urgência do Estado regular com maior intensidade novas atividades (ferrovias, gás, telefonia, eletricidade, etc.), de complexidade técnica e de tendências monopolizadoras até então desconhecidas.[19]

Tradicionalmente, os contratos pelos quais a Administração Pública assente no exercício por particulares de atividade econômica monopolizada são denominados de concessões – não de serviços públicos –, mas concessões industriais ou econômicas.

A determinação da natureza jurídica dessas concessões – se privada ou pública – não é pacífica: por um lado, como têm por objeto atividade econômica, seriam de Direito Privado; por outro, como dizem respeito a atividades ou bens que, por força da Constituição, são monopolizados pelo Poder Público por razões estratégicas ou fiscais, exigem uma disciplina publicística.

Devemos, todavia, ter em vista que a diferença entre o que é de direito privado e o que é de direito público é cada vez mais relativa, havendo contratos tradicionalmente considerados como de direito público com um sem número de resguardos dos interesses das partes privadas, e contratos de direito privado sujeitos a forte intervenção estatal.[20]

Assim é que André de Laubadère, distinguindo as concessões de serviços públicos das concessões industriais, afirmou que, "a despeito desta intervenção do Estado na atividade do particular e da utilização do termo "concessão", este instituto é totalmente diferente da concessão de serviço público: a atividade sobre a qual incide é uma atividade privada, submetida não ao regime de serviço público, mas àquele do direito privado, sob reserva das infiltrações de direito público".[21]

No mesmo sentido pronunciou-se Gladys Vásquez Franco, valendo-se das lições de Villar Palasi: "A maior abrangência e expansão da atividade administrativa do Estado contribuiu para o enriquecimento da ideia concessional. Foi necessária a inclusão neste conceito de novas atividades que não cabem dentro da tradicional concessão de serviço público. Nasce, desta forma, a moderna concessão industrial. [...] A extensão

---

[18] ORTIZ, Gaspar Ariño. *Principios de Derecho Público Económico*. Granada: Ed. Comares e Fundación de Estudios de Regulación, 1999. p. 488.

[19] Gaspar Ariño Ortiz, afirmou que "a tensão entre a urgência de satisfazer as novas necessidades públicas – exigências de uma sociedade progressivamente urbana e industrial – e as concepções ideológicas liberais imperantes, será resolvida mediante um mecanismo genial: *a concessão administrativa*. Na concessão, o Estado encontrará uma fórmula que lhe permitirá compatibilizar uma e outra postura; de uma parte, se entenderá que o Estado é titular de tais atividades; o *dominus* dos serviços públicos; de outra, se entenderá que o Estado não deve geri-los diretamente e se valerá da concessão como fórmula-ponte que o permite dirigir sem gerir. A concessão se configurará assim como uma transferência de funções e tarefas cuja titularidade corresponde primariamente ao Estado, atividades que não eram intrinsecamente públicas, que não faziam parte das finalidades históricas do Estado, de seus fins essenciais, mas que acabaram sendo "publicizadas" (ORTIZ, Gaspar Ariño. *Principios de Derecho Público Económico*. Granada: Ed. Comares e Fundación de Estudios de Regulación, 1999. p. 483-484).

[20] No Direito Civil destaca-se a insurgência do Direito Civil Constitucional, cuja construção teórica no Brasil é em grande monta devida a Gustavo Tepedino (entre outros, ver: TEPEDINO, Gustavo. O Código Civil, os chamados microssistemas e a Constituição: premissas para uma reforma legislativa. *In*: TEPEDINO, Gustavo (Coord.). *Problemas de Direito Civil Constitucional*. Rio de Janeiro: Ed. Renovar, 2000. p. 17/54.

[21] LAUBADÈRE, André de. *Manuel de Droit Administratif*. 15. ed. Paris: Ed. LGDJ, 1995. p. 289.

da atividade da Administração até o campo econômico atribuído inicialmente apenas aos particulares, rompe com a estrutura tradicional".[22]

Ao nosso ver, tais contratos, como não visam à delegação de serviços públicos, são, em linhas gerais, de Direito Privado,[23] o que não impede e, ao revés, impõe, que possuam cláusulas de ordem pública e de dirigismo estatal, não apenas quando da sua celebração, como também ao longo da sua execução.[24]

No momento da celebração das concessões, nem há como se falar propriamente em dirigismo, uma vez que o proprietário do bem monopolizado ou o titular exclusivo da atividade monopolizada é o próprio Estado, que pode estabelecer as condições contratuais que, dentro do que a lei permitir, melhor lhe convierem.[25] Os particulares não são obrigados a celebrar o contrato; será o seu livre consenso que dará força jurídica à concessão.

Ao longo da execução do contrato, também se impõe a atuação regulatória do Poder Público, integrando e interpretando Cláusulas contratuais e, se for o caso, adequando-as à dinâmica da realidade socioeconômica, de acordo com a política pública adotada para o setor pela Lei do Petróleo e pelo Conselho Nacional de Política Energética.

Estas potestades públicas em nada ilidem a natureza privada da concessão industrial de petróleo. No mundo contemporâneo há uma série de contratos de direito privado, muitas vezes sequer celebrados pelo Poder Público, que, em razão do seu estreito liame com os interesses da coletividade, ficam sujeitos a uma constante regulação estatal (ex.: os contratos dos planos de saúde, os contratos educacionais, etc.).

Ademais, "aos poucos se tomou consciência de que os contratos administrativos não tinham um carácter tão "exorbitante" quanto num primeiro momento se tinha pensado. Simultaneamente, por um processo inverso, verificou-se a percepção da

---

[22] FRANCO, Gladys Vásquez. *La Concessión Administrativa de servicio público*. Bogotá: Ed. Temis, 1991. p. 50.

[23] Toshio Mukai também considera que os contratos de exploração de atividades econômicas monopolizadas são de direito privado (MUKAI, Toshio. *Contrato de Concessão formulado pela Agência nacional do Petróleo – Comentários e Sugestões*. RTDP, n. 25, São Paulo, 1999, p. 82-93). O autor, no entanto, parece entender que por esta razão tais contratos não estão sujeitos a quaisquer influxos publicísticos, o que, como expomos, não ocorre sequer em muitos contratos de direito privado celebrados entre particulares. O autor também, ao nosso ver equivocadamente, critica a utilização pela Lei do Petróleo do termo "concessão", olvidando que nem toda concessão é de serviço público, e que há muito a doutrina nacional e estrangeira trata das concessões de atividades econômicas monopolizadas pelo Estado. Em Portugal, por exemplo, se afirma, em lição plenamente afinada com o nosso Direito, que "um dos setores de aplicação desta modalidade concessória é constituído pela atribuição a particulares de poderes de exploração das riquezas naturais que se encontram no território do Estado e que a lei considera propriedade pública (GONÇALVES, Pedro. *A Concessão de Serviços Públicos*. Coimbra: Ed. Almedina, 1999. p. 93).

[24] Em sentido contrário, mas ainda antes da flexibilização do monopólio estatal do petróleo, entendendo tratar-se de contrato de direito público, TÁCITO, Caio. *Permissão de Refino de Petróleo*. In: *Temas de Direito Público*. Rio de Janeiro: Ed. Renovar, 1997, p. 1617 a 1631. Segundo Paulo Valois (VALOIS, Paulo. *A evolução do Monopólio Estatal do Petróleo*. Rio de Janeiro: Ed. Lumen Juris, 2000. p. 134), "a doutrina se posiciona das mais variadas formas, desse modo, há quem diga que o referido contrato tem natureza de: concessão de serviços públicos, serviços de utilidade pública, exploração de bem público, acordo de desenvolvimento econômico, de exploração de atividade econômica e até de relação regida pelo Direito Internacional". Sobre o mesmo tema, podemos também trazer o posicionamento de Marcos Juruena Villela Souto (SOUTO, Marcos Juruena Villela. *Desestatização; Privatização; Concessões e Terceirizações*. Rio de Janeiro: Ed. Lumen Juris, 2001. p. 127), para quem "o contrato não é de serviço público, obra pública ou direito real de uso. O Direito Internacional já identificou a concessão de petróleo como *sui generis*. São chamados contratos de Estado, entre Governos e particulares. No mundo todo, usa-se o termo *license*, aqui traduzido como concessão, que é contrato econômico e não administrativo. O Estado atua como agente econômico (empresário)".

[25] Não devemos nos esquecer que, tanto a lei quanto o contrato, são fontes primárias do Direito. Noutras palavras, os contratos têm a mesma capacidade das leis para criarem direitos e obrigações.

necessidade de sujeitar os contratos jurídico-privados da Administração a determinadas vinculações de direito público. Trata-se, assim, do segundo termo da dicotomia "desmistificação do contrato administrativo/publicização do contrato jurídico-privado", que vai ter como principal consequência a uniformização do regime jurídico aplicável a todos os contratos da Administração".[26]

Note-se que a própria constitucionalidade da regulação estatal de atividades econômicas privadas já foi diversas vezes afirmada pelo Supremo Tribunal Federal (STF). Em uma dessas decisões, o Ministro Sepúlveda Pertence, tratando da constitucionalidade do controle estatal sobre as mensalidades escolares, afirmou:

> Senhor Presidente, temos, ao menos desde 1934, e marcadamente no texto de 88, uma típica Constituição compromissória, como de resto, sói serem quase todas as Constituições contemporâneas. De tal modo que é sempre arbitrário que a afirmação de um dos valores, de um dos vetores axiológicos do projeto de sociedade veiculado pela Constituição, se faça com a abstração de outros valores, de outros vetores axiológicos... Um instrumento constitucional de concretização desta função permanente de ponderação de valores que, em termos absolutos, se contradiriam, Senhor Presidente, é precisamente, na ordem econômica, a competência do Estado para intervir como agente normativo e regulador da atividade econômica.[27]

A Ementa do acórdão foi assim redigida:

> Em face da atual Constituição, para conciliar o fundamento da livre iniciativa e do princípio da livre concorrência com os da defesa do consumidor e da redução das desigualdades sociais, em conformidade com os ditames da justiça social, pode o Estado, por via legislativa, regular a política de preços de bens e serviços, abusivo que é o poder econômico que visa ao aumento arbitrário de lucros. Logo, determinada lei não é inconstitucional pelo só fato de dispor sobre critérios de reajuste de mensalidades das escolas particulares.[28]

Ora, se é assim para as atividades econômicas da iniciativa privada, *a fortiori* deve ser afirmado o poder regulatório estatal sobre as atividades econômicas de titularidade pública quando exploradas por particulares, desde que, naturalmente, esta regulação desenvolva-se nos lindes da legislação pertinente à atividade monopolizada, das suas normas regulamentadoras e das cláusulas do contrato de concessão.

Vemos com isto, que, a rigor, o que importa não é a natureza privada ou pública das concessões de exploração de atividades econômicas monopolizadas pelo Estado, mas sim os poderes concretamente conferidos pelo ordenamento jurídico à Administração Pública. Assim, por um lado, não há um poder exorbitante genérico da Administração sobre os contratos ditos "de direito público", e, por outro, os contratos "de direito privado" celebrados pelo Estado ficam embebidos das cláusulas exorbitantes que a lei lhes atribuir.

---

[26] ESTORNINHO, Maria João. *Réquiem pelo Contrato Administrativo*. Coimbra: Ed. Almedina, 1990. p. 151.
[27] ADIN nº 319-DF, RTJ, 149:666/692.
[28] ADIN nº 319-DF, RTJ, 149:666/692.

Em obra já considerada como um dos mais recentes clássicos do Direito Público, Maria João Estorninho[29] observa que "a ideia da exorbitância dos poderes que a Administração é dotada nos contratos que celebra foi, em grande medida, devida ao facto de que o Direito Privado utilizado como ponto de comparação ser ainda, na época, o Direito clássico de inspiração novecentista. Esse direito contratual do séc. XIX caracterizava-se por partir de premissas individualistas, tais como a liberdade contratual e a igualdade jurídica das partes. Entendidas de uma forma absoluta, essas premissas giravam em torno da ideia fundamental de autonomia privada e eram, de facto, incompatíveis com situações de domínio de uma das partes num contrato. À luz desses cânones tradicionais do Direito contratual privado era, na realidade, impensável que uma das partes pudesse ditar a seu bel-prazer a interpretação das cláusulas contratuais ou qualquer modificação à sua redação inicial.

Quão longe estão essas concepções iniciais acerca da autonomia privada! Ao longo do séc. XX, a disciplina dos contratos sofreu as mais profundas transformações, verificando-se quer o alargamento da intervenção do Estado na própria área contratual, quer, por outro, o aparecimento de novos contratos e de situações de desequilíbrio entre as partes e de predomínio de uma delas.

Cresceu o número de normas imperativas destinadas a proteger a situação da parte considerada mais fraca e, por outro lado, destinadas a tutelar valores que passaram a ser encarados como sendo interesses de ordem pública. O contrato deixa de ser considerado apenas como expressão da autonomia privada e passa a ser visto também como 'um instrumento de cooperação entre as pessoas, no plano dos valores que o Direito é chamado a servir'. Nesta medida, a lei passa a colaborar activa e permanentemente com a vontade das partes, podendo mesmo afirmar-se que *a vontade dos contraentes e a lei passam a integrar, em estreita união,* 'o todo incindível que é a disciplina do contrato'".

Neste contexto, os poderes contratuais da Administração Pública na elaboração e no desenvolvimento das concessões petrolíferas não diferem essencialmente das ingerências públicas em muitos contratos celebrados entre particulares. A "exorbitância de poderes" aqui considerada não existe em relação à noção em si de contrato de direito privado, sendo "exorbitantes" apenas se comparadas à sua concepção novecentista. O fator determinante será a disciplina legal reguladora de cada contrato, não sua classificação abstrata e estéril como "público" ou "privado".[30]

Valem ser citadas as lições de Carlos Ari Sunfeld, que, por tão óbvias, já deveriam ser um truísmo na doutrina administrativa nacional: "*simplesmente não faz sentido, na atualidade, supor que as respostas a muitas dúvidas cruciais* (ex.: pode-se negar o serviço a consumidor inadimplente? Pode haver liberdade para o próprio prestador determinar seu preço? Há responsabilidade do Estado em virtude dos danos gerados pela execução de serviços por empresa autorizada?) *serão encontradas por meio da operação simplista de identificar o caráter público ou privado do serviço em causa, que teria o mágico condão de determinar a aplicabilidade de um regime jurídico geral. Daí a mudança total de enfoque. Não*

---

[29] ESTORNINHO, Maria João. *Réquiem pelo Contrato Administrativo*. Coimbra: Ed. Almedina, 1990. p. 140-141. Grifamos.

[30] Como se sabe, para regular a exploração das jazidas de petróleo da União por particulares ou estatais, foi criada a Agência Nacional do Petróleo (ANP), cujos poderes regulatórios são determinados precipuamente pelo conteúdo da sua respectiva lei criadora (Lei nº 9.478/97).

se cuida mais de discutir o caráter público ou privado de certo serviço, mas sim de identificar como ele é regulado pelo Estado no tocante ao aspecto tal ou qual".[31]

Francisco López Menudo, tratando especificamente das concessões de exploração econômica de bens públicos ensina com maestria que, "certamente, o *ius variandi* da Administração é figura plenamente admitida na atualidade, a margem de qualquer consideração dogmática sobre a natureza unilateral ou contratual da concessão e com abstração de se ela é uma concessão de domínio público ou de gestão de um serviço público. *O centro de gravidade da questão não se encontra na índole ou forma destes títulos, mas no interesse público, cuja devida satisfação não pode ficar obstruída por apriorismos dogmáticos nem por interesses privatistas.* Vistas assim as coisas, se reforça a ideia de que o concessionário – qualquer concessionário – não é, em essência, a «parte» de una relação contratual em pé de igualdade, mas sim o sujeito passivo de uma «relação especial de sujeição», o que implica dizer que junto a direitos subjetivos certos que pode fazer valer, o concessionário se acha em uma básica situação de submissão *derivada não ex contractu, mas do marco jurídico geral em que se insere,* marco este que reconhece à Administração uma clara posição de superioridade compreensiva de uma gama de poderes – alguns de construção jurisprudencial – cujas manifestações concretas refletem-se claramente na legislação atual. Nos referimos aos poderes de direção, inspeção e controle; poder de interpretação unilateral do contrato; e muito especialmente, no que nos interessa, o chamado *ius variandi,* princípio expressivo da sujeição das concessões ao interesse geral e ao poder modificador da Administração, sem prejuízo, é claro, dos limites legais e dos direitos dos quais os interessados forem titulares".[32]

Estas assertivas doutrinárias mereceram expressa acolhida em nosso Direito positivo, especificamente no inciso I do §3º do art. 62 da Lei nº 8.666/93,[33] que expressamente fixou o princípio da aplicação das cláusulas exorbitantes aos contratos ("predominantemente") de direito privado celebrados pela Administração Pública, dispositivo que, naturalmente, deve ser combinado com a legislação específica do setor do petróleo.

Feita a necessária relativização e desmistificação da relevância da caracterização do contrato de concessão celebrado pela ANP como público ou privado, devemos centrar nossa atenção na disciplina legal setorialmente atribuída à exploração e produção de petróleo, que contempla uma série de poderes da ANP sobre as atividades econômicas em questão que, não nos olvidemos, são de titularidade exclusiva da União.

Sendo assim, a análise deve se focar sobre os poderes regulatórios conferidos pela Lei do Petróleo à ANP, que podem ser classificados *grosso modo* como sendo os seguintes: (a) poderes regulamentares de fixar unilateralmente as normas pelas quais devem os concessionários desenvolver as suas atividades; (b) poderes normativo-contratuais, exercidos quando da elaboração dos editais de licitação e dos respectivos contratos de concessão; (c) poder regulamentar de interpretação e integração das normas contratuais.

---

[31] SUNDFELD, Carlos Ari. Introdução às Agências Reguladoras. *In*: SUNDFELD, Carlos Ari (Coord.). *Direito Administrativo Econômico.* São Paulo: Ed. Malheiros, 2000. p. 03. Grifos nossos).

[32] MENUDO, Francisco López. La concesión de aguas públicas y sus posibles modificaciones. *Revista Española de Derecho Administrativo*, v. 73, Madrid, 1933, p. 95-124.

[33] Lei nº 8.666/93, art. 62, §3º – Aplica-se o disposto nos arts. 55 e 58 a 61 desta Lei e demais normas gerais, no que couber: I – aos contratos de seguro, de financiamento, de locação em que o Poder Público seja locatário, e aos demais cujo conteúdo seja regido, predominantemente, por norma de direito privado.

Como todos os poderes administrativos, os poderes da ANP anteriormente enumerados também são limitados. Os seus exatos contornos serão objeto de tópico posterior.

3 As autorizações no setor petroleiro

Ao tratar da matéria objeto do presente tópico devemos ter em mente que "as atividades que envolvem apenas interesses privados são, no mundo contemporâneo, pouquíssimas. Entre estas e as atividades objetivamente públicas se situam atividades que envolvem ao mesmo tempo interesses públicos e privados. Elas são "privadas" em sentido subjetivo, isto é, no sentido de que o ordenamento jurídico deixa as respectivas iniciativas aos particulares; objetivamente, ao contrário, podem apresentar pertinência, mais ou menos ampla, ao interesse público".[34]

As atividades da indústria do petróleo sujeitas à autorização integram esta espécie de atividade econômica de especial interesse público, nos termos vistos alhures.

Note-se que não estamos aludindo apenas aos reflexos que toda atividade privada pode ter para a coletividade, reflexos estes que são objeto do poder de polícia da saúde, da segurança, etc. A ligação com o interesse público das atividades petrolíferas sujeitas à autorização não se dá apenas neste sentido negativo – de não agredirem ao interesse público –, mas também em sentido positivo – de atenderem à política pública setorial do petróleo.

Eduardo García de Enterría e Tomás-Ramón Fernández chamam a atenção para o fato de que "o conceito de autorização em sentido estrito que chegou até nós se formou no final do século passado [...]. A crise do esquema tradicional se deu mais agudamente a partir do momento em que, ultrapassando o campo próprio da ordem pública, em sua tríplice dimensão compreensiva da tranquilidade, segurança e salubridade, em função da qual foi pensado dito esquema, *a autorização foi transplantada ao complexo campo das atividades econômicas, nas quais desempenha um papel que não se reduz ao simples controle negativo do exercício de direitos, mas que se estende à própria regulação do mercado, com o explícito propósito de orientar e conformar positivamente a atividade* autorizada no sentido da realização de uns objetivos previamente programados ou ao menos implicitamente definidos nas normas aplicáveis".[35]

Distinguindo as autorizações de operação das autorizações de funcionamento, ora abordadas, Juan Carlos Cassagne afirma que "a diferença não é puramente conceitual ou didática, mas se projeta sobre as relações entre o particular e a administração. Nas autorizações de operação, o poder desta última se esgota com a emissão do ato, não dando, salvo previsão expressa em contrário, origem a nenhum vínculo posterior com o administrado. Ao revés, nas autorizações de funcionamento *há uma vinculação permanente com a administração*, com a finalidade de tutelar o interesse público, admitindo-se – tanto na doutrina quanto na jurisprudência espanhola – a possibilidade de modificação do

---

[34] GIANNINI, Massimo Severo. *Diritto Amministrativo*. 3. ed. Milão: Ed. Giuffrè, 1993. p. 21-22.
[35] ENTERRÍA, Eduardo García de; FERNÁNDEZ, Tomás-Ramón. *Curso de Derecho Administrativo*. 6. ed. Madrid: Ed. Civitas, 1999. t. II, p. 133-134. Grifamos.

conteúdo da autorização para adaptá-lo, constantemente, à dita finalidade, durante todo o tempo em que a atividade autorizada seja exercida".[36]

"Enquanto a ordem pública clássica visava à defesa das instituições essenciais da sociedade contra as agressões que poderiam sofrer dos indivíduos, a ordem pública econômica não se limita a estabelecer restrições; ela também comanda, para tornar as atividades econômicas mais equitativas, ou para melhor as ordenar em consonância com o interesse geral: segundo uma distinção comumente realizada, a ordem pública econômica pode ser, portanto, de proteção ou de direção".[37]

Para Gladys Vásquez Franco,[38] esta nova geração de autorizações "propicia o surgimento de uma relação de caráter continuado entre a entidade autorizante e o sujeito autorizado, o que se dá em razão da importância da atividade autorizada, cuja realização se estende no tempo e compromete interesses públicos e gerais".

Todavia, na regulação destas atividades econômicas de interesse geral, das quais as atividades petrolíferas autorizadas são exemplo, o Poder Público deve se limitar a expedir as normas que digam respeito ao interesse coletivo definido em lei, não podendo se imiscuir em assuntos interinos das empresas, mesmo que atinentes a outros interesses públicos não contemplados na Lei do setor (ex.: ao regular a revenda de derivados de petróleo, pode estabelecer a tarifa, o meio de identificação, os requisitos de segurança e de proteção ao consumidor, etc., mas não pode impor a obrigação das bombas utilizadas serem nacionais para fomentar a produção doméstica de tais máquinas).

E mais, em relação às atividades petrolíferas não monopolizadas não poderá o Poder Público impor regulação que faça a autorização equivaler à concessão, a uma *publicatio*, ou seja, não poderá conferir poderes ao Poder autorizante correspondentes aos que existiriam se a atividade fosse monopolizada pelo Estado, sob pena de incidir em fraude à Constituição.[39] O Legislador não pode criar um monopólio público pela via transversa da autorização ordenadora ou funcional.

A Lei do Petróleo, ao contrário do que faz em relação às concessões, às quais dedica uma série de dispositivos, disciplina pouquíssimo as atividades petrolíferas sujeitas à autorização, deixando, com isto, uma larga margem regulatória, normativa, à ANP, que possui amplos poderes para, observados os limites que abordaremos adiante, fixar os termos das autorizações e regulamentar a forma com que as atividades autorizadas deverão se desenvolver para atender à política pública estabelecida para o setor.[40]

Tradicionalmente, as autorizações administrativas são qualificadas como atos administrativos discricionários e precários. Entendemos que dada a vagueza da Lei em relação às autorizações petrolíferas o seu caráter discricionário é inegável, caráter este que não pressupõe necessariamente a precariedade, que é excluída, por exemplo,

---

[36] CASSAGNE, Juan Carlos. *La Intervención Administrativa*. 2. ed. Buenos Aires: Ed. Albeledo-Perrot, 1994. p. 81. Grifamos.
[37] BUREAU, Dominique. La Réglementation de l'Économie. *In*: Archives de Philosophie du Droit. *Le Privé et le Public*. Paris: Ed. Sirey, 1997. t. 41, p. 327.
[38] FRANCO, Gladys Vásquez. *La Concessión Administrativa de servicio público*. Bogotá: Ed. Temis, 1991. p. 45-47.
[39] Alguns autores chegam a se referir a "concessões encobertas" (GONÇALVES, Pedro. *A Concessão de Serviços Públicos*. Coimbra: Ed. Almedina, 1999. p. 21).
[40] A Lei do Petróleo não especifica de antemão os requisitos necessários à obtenção das licenças, aludindo apenas à obrigatoriedade da sua prévia emissão para que as atividades de importação, exportação, refino, transporte, distribuição e revenda de petróleo e dos seus derivados possam ser exploradas.

em todas as autorizações por prazo determinado. Nestas autorizações a doutrina, sem negar a discricionariedade na emissão, a recusa na revogação antes do fim do prazo.[41]

Alguns autores extraem do sistema da Lei a estabilidade das autorizações petrolíferas.[42] A isto acresceríamos o fato de que, em razão da própria natureza das atividades envolvidas, que demandam altos investimentos,[43] a precariedade, deve ser de todo excepcional.

Observe-se que a ANP, como não poderia deixar de ser, ao exercer a discricionariedade conferida pela Lei do Petróleo vem configurando as autorizações por ela emitidas como estáveis, vez que ficam sujeitas apenas a algumas hipóteses taxativas e não discricionárias de revogação.

Veja-se, por exemplo, a Portaria nº 170, de 26 de novembro de 1998, regulamentadora da construção, da ampliação e da operação de instalações de transporte ou de transferência de petróleo, seus derivados e gás natural, que dispõe: Art. 15. As autorizações de que trata esta Portaria serão revogadas nos seguintes casos: I – liquidação ou falência homologada ou decretada; II – requerimento da empresa autorizada; III – descumprimento das obrigações assumidas nesta Portaria e de outras disposições legais aplicáveis. No mesmo sentido dispõem o art. 15 da Portaria nº 201/99; o art. 17 da Portaria nº 202/99; o art. 16 da Portaria nº 203/99, entre outros.

Entendemos que, mesmo no silêncio da legislação aplicável à atividade petrolífera autorizada, a autorização só ficará sujeita à "revogação" (o termo mais apropriado seria cassação pela ausência de discricionariedade e caráter predominantemente punitivo) se o autorizatário não possuir mais as condições objetivas para o exercício da atividade ou se descumprir as normas da ANP, assegurado o contraditório e a ampla defesa.

Ao nosso ver, as autorizações petrolíferas só poderão ser realmente precárias se a atividade por sua própria natureza puder ser encerrada sem maiores prejuízos para o agente econômico, hipótese, há de se notar, bastante rara na indústria do petróleo.

---

[41] "A fixação de prazo poderá investir o beneficiário do direito subjetivo oponível à Administração, consistente em perdas e danos, em caso de revogação extemporânea" (DI PIETRO, Maria Sylvia Zanella. *Parcerias na Administração Pública*. 2. ed. São Paulo: Ed. Atlas, 1997. p. 99).

[42] Nota-se, ainda, que tem sido revisto, tanto doutrinária como legislativamente, o conceito tradicional de autorização como sendo um ato discricionário e precário. *Não existindo uma configuração constitucional do instituto da autorização, nada impede que o Legislador lhe atribua caráter vinculado e não precário, como o fez na Lei Geral de Telecomunicações e na Lei do Petróleo*. Aprofundar em: MARQUES NETO, Floriano Azevedo. Direito das Telecomunicações e ANATEL. *In*: SUNDFELD, Carlos Ari (Coord.). *Direito Administrativo Econômico*. São Paulo: Ed. Malheiros, 2000. p. 313, e em MENEZELLO, Maria D'Assunção Costa. *Introdução ao Direito do Petróleo e Gás*. *In*: SUNDFELD, Carlos Ari (Coord.). *Direito Administrativo Econômico*. São Paulo: Ed. Malheiros, 2000. p. 383. Carlos Ari Sundfeld observa que "a Lei do Petróleo parece não ter pretendido submeter os autorizatários ao regime de instabilidade, que se afigura incompatível com a política nela expressa. Na base dessa conclusão está o raciocínio de que, se não há garantia de estabilidade e permanência, não poderá, por via de consequência, haver liberdade de iniciativa e livre competição" (SUNDFELD, Carlos Ari. Regime Jurídico do Setor Petrolífero. *In*: SUNDFELD, Carlos Ari (Coord.). *Direito Administrativo Econômico*. São Paulo: Ed. Malheiros, 2000. p. 394-395).

[43] As autorizações precárias são próprias apenas das atividades que exigem baixos investimentos e que podem ser encerradas a qualquer tempo sem maiores prejuízos.

4 As relações de sujeição especial no direito do petróleo

Devemos analisar a relação de sujeição especial a que, tanto concessionários quanto autorizatários, com maior ou menor intensidade, se subordinam. Ao fazê-lo, destacaremos a maior potestade que a Administração Pública inegavelmente possui nestas relações, mas também buscaremos livrá-las de alguns paradigmas autoritários que às vezes lhes são atribuídos.

Com efeito, as relações de sujeição especial constituem Instituto regulatório comum a uma série de relações do Poder Público com particulares, mas que, todavia, muitas vezes é manejado como artifício de mitigação dos Princípios da Legalidade e da Proporcionalidade, equívoco que deve ser evitado.

As relações de sujeição especial são um dado comum à regulação das atividades privadas de interesse geral e da exploração privada dos serviços públicos e dos monopólios estatais (o mesmo se diria dos servidores públicos, contratados em geral, etc.). Nos termos da Teoria de Otto Mayer,[44] estas regulações consubstanciam uma "relação de sujeição especial", e não de supremacia geral, exercida apenas mediante o poder de polícia em seu sentido tradicional, pelo qual "a Administração figura no vínculo jurídico como autoridade pública, utilizando-se do seu poder de império, da sua supremacia perante todos os cidadãos, enquanto exercente de uma função pública, voltada a curar os interesses da coletividade".[45] Nestes casos – poder de império geral –, como não há uma relação prévia entre o administrado e a Administração, para a qual o primeiro teria assentido, o Princípio da Legalidade incide com os seus rígidos contornos tradicionais.

"As relações de supremacia especial são relações específicas travadas pela Administração com o particular, que, por meio delas, insere-se material ou juridicamente na esfera da Administração, justificando o manejo, por parte desta, de poderes inerentes à relação. [...] Por meio deles a Administração poderá realizar injunções, estipular obrigações, criar deveres, que sejam necessários ao cumprimento da finalidade a que serve a atividade, restritos, porém, ao âmbito da referida relação, sem, todavia, ofender o cânone da legalidade. Ao contrário, nesta seara temos implícita autorização legal para a criação de outras regras jurídicas necessárias ao desenvolvimento da relação jurídica",[46]

---

[44] MAYER, Otto. *Derecho Administrativo Alemán*. Buenos Aires: Ed. De Palma, 1982. t. I, p. 144-145.
[45] OLIVEIRA, José Roberto Pimenta. A ANEEL e Serviços de Energia Elétrica. *In*: SUNDFELD, Carlos Ari (Coord.). *Direito Administrativo Econômico*. São Paulo: Ed. Malheiros, 2000. p. 339-341.
[46] "A consideração da vontade dos particulares como habilitadora de potestades administrativas foi formulada pelos tratadistas da evolução conceitual sofrida por uma das instituições chaves do Direito administrativo: a autorização. Assim, Franchini dizia que "parece claro que o particular, através do ato de autorização vem a renunciar, a fim de ver removida a proibição... a uma parte de sua liberdade. Este ato de submissão voluntária, em geral resulta implicitamente contido na própria solicitação de autorização". Em termos muito semelhantes, Manzanedo escrevia que "a solicitação de autorização tem a ela implícito o consentimento do interessado a esta submissão especial, que é, definitivamente, o preço que paga para consegui-la. [...] Não se trata de uma espécie de negociação entre entidades de crédito (poder-se-ia aludir às concessionárias, permissionárias e autorizatárias em geral) e a Administração, pela qual as primeiras cederiam parte da sua liberdade de empresa. Do que há de se falar propriamente é da configuração do conteúdo de tais direitos individuais pela atuação de poderes administrativos suficientemente habilitados em normas legais, cuja razão última é a garantia do interesse social situado em uma atividade tão relevante para todo o conjunto de cidadãos" (NÚÑEZ, José María Michavila. Relación especial de sujeción en el sector crediticio y Estado de Derecho. *Revista Española de Derecho Administrativo*, v. 54, Madrid, 1987, p. 243-268).

regras que são decorrentes da adesão consensual do particular ao ordenamento setorial em questão através da autorização, da permissão ou da concessão.

A lei e a anuência do particular se somam para conferir amplos poderes regulatórios ao Estado,[47] que não se isenta da necessária observância do Princípio da Proporcionalidade: "A extensão dos direitos fundamentais a todos os cidadãos, como direitos inerentes à própria personalidade, exige que as limitações ao seu exercício, baseadas na "relação de sujeição especial", em que se encontram certas categorias de pessoas, só sejam admissíveis na medida em que resultarem estritamente indispensáveis para o cumprimento da missão ou da função derivada da situação especial".[48]

5 Conclusões

O Direito do Petróleo demonstra, como poucos outros ramos do Direito, a necessidade de equilibrada composição da dialética existente entre as esferas pública e privada; entre o interesse público e os interesses privados; entre regulação estatal e livre iniciativa; entre nacionalismo e mercado globalizado; entre a necessidade de preservação e a emergência da expansão.

A solução dos problemas inerentes ao Direito do Petróleo pressupõe o permanente recurso à proporcionalidade entre os valores envolvidos, vez que a preponderância *a priori* de qualquer um deles, por parcial, estará fadada ao insucesso.

Como aconselhado por Pontes de Miranda, "é difícil ao jurista de direito público, principalmente do político, livrar da influência do caso concreto, histórico, que o cerca, o seu pensamento teórico. Só a preço de grande disciplina mental tal libertação é possível; mas essa libertação é indispensável, tratando-se de cientista".[49]

Foi no esforço de nos mantermos dentro destes lindes metodológicos que buscamos colaborar para a solução de alguns dos desafios colocados aos teóricos e operadores que atuam com o Direito do Petróleo.

Após analisadas as linhas gerais da disciplina constitucional e legal do petróleo e a natureza jurídica das suas concessões e autorizações, podemos chegar às seguintes conclusões:

- A liberalização pela qual passa a indústria do petróleo exige do jurista criatividade para elaborar teoricamente os novos fenômenos normativos e institutos positivados em nossa legislação constitucional e infraconstitucional;

---

[47] "As chamadas relações de sujeição especial não são um âmbito em que os sujeitos ficam despojados dos seus direitos fundamentais ou em que a Administração possa ditar normas sem habilitação legal prévia. Estas relações não se dão a margem do direito, mas dentro dele e, portanto, também nelas têm vigência os direitos fundamentais, de forma que *a Administração não goza nestas relações de sujeição especial de um poder normativo carente de habilitação legal, ainda que esta possa ser outorgada em termos que não seriam aceitáveis em relações de sujeição geral*" (JURADO, Diego José Vera. El principio non bis in idem y su aplicación a las relaciones de sujecion especial de la policia gubernativa. *Revista Española de Derecho Administrativo*, v. 79, STC 234/1991, de 10 de dezembro de 1991. Madrid, p. 537-545. Grifamos).

[48] MORANT, Rafael Gómez-Ferrer. Derecho a la tutela judicial y posición jurídica peculiar de los poderes públicos. *Revista Española de Derecho Administrativo*, v. 33, Madrid, 1982, p. 183-208.

[49] MIRANDA, Pontes de. *Comentários à Constituição de 1967*. Rio de Janeiro: Ed. Forense, 1987. t. I, p. 265.

- A indústria do petróleo envolve atividade econômica monopolizada pelo Estado, não serviço público;
- A exploração, produção, refino, importação, exportação e o transporte marítimo ou por dutos de petróleo ou derivados constituem monopólio da União, ao passo que as demais modalidades de transporte, a distribuição e a revenda são atividades privadas, sujeitas, no entanto, à regulação estatal;
- A exploração e a produção podem ser desenvolvidas por particulares mediante concessão e as demais atividades através de autorização;
- As concessões petrolíferas são contratos de direito privado – não são concessões de serviços públicos –, o que não ilide, porém, a possibilidade de regulação estatal sobre a sua celebração e execução;
- As autorizações petrolíferas são da espécie operativa ou funcional, que pressupõem uma constante conformação à política pública estabelecida para o setor;
- A relação de sujeição especial que envolve os agentes econômicos da indústria do petróleo não lhes retira as garantias da legalidade e proporcionalidade da regulação estatal, ressalvadas as peculiaridades oriundas do seu prévio assentimento, manifestado com a celebração dos contratos de concessão ou pela solicitação das autorizações.

MONOPÓLIOS PÚBLICOS E OS MODELOS DE CONTRATOS DE E&P NO DIREITO BRASILEIRO

1 Conceito e disciplina constitucional

No Direito Positivo brasileiro, monopólios públicos são atividades econômicas *stricto sensu* taxativamente previstas na Constituição Federal, titularizadas por razões estratégicas ou fiscais pela União Federal, que as exerce diretamente ou, em alguns casos, indiretamente, através da contratação de empresas privadas ou estatais.

De acordo com a doutrina e a jurisprudência majoritárias, a Constituição de 1988 distingue os serviços públicos das atividades econômicas *stricto sensu* exploradas pelo Estado – monopolizadas ou não –, mas todos constituindo atividades econômicas *lato sensu*.

A atividade econômica *lato sensu* destina-se à circulação de bens e/ou serviços do produtor ao consumidor final. O serviço público é a atividade econômica *lato sensu* que o Estado toma como sua em razão da pertinência que possui com necessidades coletivas. Porém, há outras atividades econômicas exploradas pelo Estado que possuem, naturalmente, interesse público, mas que não se relacionam diretamente ao bem-estar das pessoas, mas sim com as razões fiscais, estratégicas ou econômicas da nação coletivamente considerada (p. ex.: as do petróleo, as loterias; em alguns países, o tabaco, os cassinos etc.).

Eros Roberto Grau explica que, "no caso (art. 21, XXIII, CF), assim como no do art. 177 – monopólio do petróleo e do gás natural –, razões creditadas aos imperativos da segurança nacional é que justificam a previsão constitucional de atuação do Estado, como agente econômico, no campo da atividade econômica em sentido estrito. Não há, pois, aí, serviço público".[1]

Os monopólios têm em comum com os serviços públicos o importante dado de estarem sob *publicatio*, ou seja, de ambos[2] serem atividades titularizadas com exclusividade pelo Estado, excluídas da esfera privada da economia. A distinção entre eles se dá apenas em virtude da razão de cada *publicatio*: nos serviços públicos, a razão da *publicatio* é o atendimento às necessidades das pessoas; já, nos monopólios públicos, a razão da *publicatio* são interesses estratégicos e fiscais do Estado e da nação coletivamente considerada.

Como expõe Odete Medauar, em lição inteiramente aplicável a todas as atividades *sob publicatio*, "alguns preceitos contidos no art. 170 destinados a nortear a atividade econômica não se aplicam aos serviços públicos. É o caso da livre iniciativa, por exemplo; não se pode dizer que a prestação dos serviços públicos é informada pela livre iniciativa. A decisão de transferir a execução ao setor privado é sempre do poder público".[3]

As atividades econômicas *stricto sensu*, das quais os monopólios públicos constituem espécie, satisfazem o objetivo público pelo seu simples empreendimento econômico pelo Estado, atuando na atividade, direta ou indiretamente, mediante contrato com a empresa. Já no serviço público, apesar de também ser um empreendimento econômico (daí serem atividades econômicas *lato sensu*), esse seu aspecto econômico é meramente instrumental ao atendimento das necessidades humanas.

A exploração pelo Estado de outras atividades econômicas *stricto sensu*, além daquelas que são objeto de monopólio, é permitida ao Estado apenas em regime de concorrência com a iniciativa privada, e desde que seja necessária aos imperativos da segurança nacional ou ao atendimento de relevante interesse coletivo, conforme venha a ser previsto em lei específica (art. 173, CF). Vige para essas atividades o princípio da liberdade de iniciativa e a paridade de regime jurídico com os agentes privados (para evitar a concorrência desleal por parte do Estado).[4]

Lucas Rocha Furtado observa, ao comentar os arts. 173 e 177 da Constituição, que, "em relação às atividades indicadas pelo mencionado art. 177, a serem exploradas

---

[1] GRAU, Eros Roberto. *Constituição e serviço público. Direito Constitucional*: estudos em homenagem a Paulo Bonavides. São Paulo: Ed. Malheiros, 2003. p. 255, 257 e 262.

[2] Abstraímos aqui da espécie dos serviços públicos sociais (educação, saúde...) atividades que podem ser exercidas por direito próprio (não como meros delegatários) pela iniciativa privada.

[3] MEDAUAR, Odete. Serviços Públicos e Serviços de Interesse Econômico Geral. In: *Uma Avaliação das Tendências Contemporâneas do Direito Administrativo*: obra em homenagem a Eduardo García de Enterría. Rio de Janeiro: Ed. Renovar, 2003. p. 125. Grifamos.

[4] "O Estado será partícipe direto da atividade econômica quando, nos termos de lei autorizativa, venha a exercê-la por meio de empresa pública ou sociedade de economia mista, sujeitas em sua funcionalidade, ao regime próprio das empresas privadas (art. 173, §1º) e, portanto, colocadas no plano da concorrência. Destaca, porém, a Constituição atividades específicas, sobre as quais opera o monopólio da União, com a interdição de acesso à iniciativa privada (art. 177). [...] No plano conceitual, impõe-se distinguir o monopólio de fato do monopólio de direito, perante os quais diversamente se comporta a ordem jurídica. No monopólio de fato, a concentração capitalista se exacerba materialmente em detrimento da liberdade econômica, e a norma jurídica secundária opera como sanção à conduta ilícita, em defesa do princípio da concorrência. Quando, no entanto, o interesse público recomenda que se reserve ao Estado a exclusividade de determinada atividade econômica, em proteção de relevante interesse geral, a norma jurídica se dirige primariamente à garantia do privilégio estatal. [...] No monopólio de direito, é a lei que torna privativa do Estado a atividade econômica, emitindo ato de vedação da concorrência, declarada ilícita" (TÁCITO, Caio. Importação de Gás Acordo Binacional – Gasoduto – Monopólio da União – Participação da iniciativa privada. *Revista Forense*, v. 324, p. 105-106, 1989).

pelo Estado em regime de monopólio, o regime jurídico a ser adotado depende do que dispuser a lei, sendo lícita a adoção do direito privado ou do direito público. A liberdade para a adoção do regime jurídico não é admitida para as outras hipóteses de intervenção do Estado na economia, em razão da competição entre o Poder Público e os particulares. Não havendo competição na exploração das atividades empresariais sujeitas ao regime do monopólio, não se aplica a regra prevista no mencionado art. 173, §1º".[5]

No Recurso Extraordinário nº 172.816, o Supremo decidiu pela inaplicabilidade do art. 173, §1º, CF, a atividades econômicas titularizadas com exclusividade pelo Estado: "A norma do art. 173, §1º, da Constituição aplica-se às entidades públicas que exercem atividade econômica em regime de concorrência, não tendo aplicação às sociedades de economia mista ou empresas públicas que, embora exercendo atividade econômica, gozam de exclusividade. O dispositivo constitucional não alcança, com maior razão, sociedade de economia mista federal que explora serviço público, reservado à União".[6]

Uma importante diferença formal dos monopólios públicos em relação a outras atividades econômicas exploradas pelo Estado é, segundo a doutrina majoritária, o fato de eles não poderem ser criados por lei, existindo apenas os monopólios públicos já previstos na CF.[7] Os monopólios não têm dispositivo genérico, nem delegação do Constituinte para que o Legislador possa criar outros além dos já previstos na própria Constituição. Os monopólios já são exaustivamente estabelecidos na Constituição, e todos nela foram instituídos apenas para a União Federal, inexistindo monopólios públicos estaduais ou municipais.

Ao revés, a prestação de atividades econômicas *stricto sensu* pelo Estado em concorrência com a iniciativa privada pode ser prevista tanto na Constituição quanto em leis, por expressa autorização do art. 173, CF; o mesmo se diga dos serviços públicos que, além dos previstos na CF, podem também ser criados por lei, em virtude, inclusive, da previsão genérica do art. 175, CF.[8]

---

[5] FURTADO, Lucas Rocha. *Curso de Direito Administrativo*. Belo Horizonte: Ed. Fórum, 2007. p. 700-701.
[6] O Ministro Sepúlveda Pertence se pronunciou no mesmo sentido no Recurso Extraordinário nº 220.906-9/DF, assim como o Ministro Carlos Velloso na ADIn nº 1552-4. A referência a serviço público se equipara no particular ao monopólio público, já que, para efeito de exclusão da incidência do art. 173, §1º, CF, o que importa é a *publicatio*, existente em ambos.
[7] Minoritariamente, afirma-se que a conclusão sobre a taxatividade constitucional dos monopólios públicos "não é baseada em argumentos imparciais [...]. A sugestão de 'silêncio eloquente' para a vedação de criação de monopólios por lei ordinária não encontra fundamento numa teoria democraticamente neutra, que leve a sério os diversos projetos dos membros da comunidade política. A 'intenção constitucional' não é unívoca". SOUZA NETO, Cláudio Pereira; MENDONÇA, José Vicente Santos de. Fundamentalização e fundamentalismo na interpretação e princípio constitucional da livre iniciativa. In: SOUZA NETO, Cláudio Pereira; SARMENTO, Daniel (Coord.). *A Constitucionalização do Direito*: fundamentos teóricos e aplicações específicas. Rio de Janeiro: Lumen Juris, 2007. p. 725-726.
[8] Incluímo-nos no rol dos que consideram que o legislador infraconstitucional pode criar serviços públicos: v. ARAGÃO, Alexandre dos Santos. *Curso de Direito Administrativo*. Rio de Janeiro: Forense, 2013. p. 389. Igualmente, JUSTEN FILHO, Marçal. *Curso de Direito Administrativo*. São Paulo: Revista dos Tribunais, 2018. p. 737-738, ressalvando que, para o último autor, o legislador infraconstitucional somente pode instituir determinado serviço público se houver a satisfação de direitos fundamentais, critério incluído no seu conceito de serviço público. Em posição minoritária, Fernando Herren Aguillar, ao interpretar o art. 175, CF, entende que os serviços públicos seriam "[...] atividades econômicas exercidas em regime de privilégio pelo Estado em *função de reserva constitucional*" (grifou-se), cf. AGUILLAR, Fernando Herren. *Direito Econômico*: do Direito Nacional ao Direito Supranacional. 1. ed. São Paulo: Ed. Atlas, 2006. p. 297-304. Diogo de Figueiredo Moreira Neto também entende que todos os serviços públicos estão expressos na Constituição, mas ressalva as hipóteses fundadas na segurança nacional ou no atendimento de relevante interesse coletivo, em que o legislador poderia instituir

A Constituição estabelece taxativamente a propriedade e o monopólio da União sobre, respectivamente, uma série de bens e atividades a eles correlatas, sendo eles os bens minerais (art. 20, V e IX), inclusive os minerais nucleares, e os hidrocarbonetos, inclusive o petróleo e o gás natural (arts. 21, XXIII, XXIII, 176 e 177).[9] Note-se: o monopólio na CF/88 é da atividade exercitável sobre aqueles bens da União, não o bem em si. Sobre esse recai direito de propriedade, em princípio conceitualmente já sempre exclusivo; sobre a atividade econômica é que incide o monopólio (cf. tópico 2.3.1).

A escolha pelo Estado da forma de exercício das atividades sob sua *publicatio* é consequência dessa titularidade estatal. Cabe à União, dentro dos limites colocados pela CF sobre cada uma das atividades monopolizadas, decidir se a explorará diretamente, se a delegará e, nesse caso, se a delegação comportará a concorrência entre várias empresas ou não. Exceção se faz apenas em relação à atividade nuclear à qual a CF de antemão não admite a delegação à iniciativa privada.

2 Monopólios em espécie

A distinção entre serviço público e monopólio público, vista no tópico anterior com base no objetivo público de cada um (humano/social para o primeiro e estratégico/fiscal para o segundo), apesar de aparentemente simples, ao analisar concretamente determinadas atividades, pode se tornar nebulosa. Por exemplo, a transmissão de energia elétrica (considerada um serviço público) entre as regiões do País, se, por um lado, é fundamental para que as pessoas tenham acesso à energia elétrica em suas casas, por outra, também é necessária à segurança energética nacional.

Apesar disso, há certo consenso na doutrina na identificação das atividades econômicas monopolizadas pelo Estado, isto é, que são titularizadas apenas pelo Estado sem constituírem serviços públicos. São elas:

1. A pesquisa e a lavra de recursos minerais e o aproveitamento dos potenciais hidráulicos (art. 176, CF);
2. A pesquisa, a lavra, o enriquecimento, o reprocessamento, a industrialização e o comércio de minérios e minerais nucleares e seus derivados, com exceção dos radioisótopos, nos termos dos arts. 21, XXIII, e 177, V, CF; e
3. A pesquisa e a lavra das jazidas de petróleo e gás natural e outros hidrocarbonetos fluidos, o refino de petróleo, a importação e exportação de hidrocarbonetos e dos seus derivados básicos, o transporte marítimo do petróleo nacional e de seus derivados, bem como o transporte por duto de petróleo, seus derivados e gás natural, sejam eles de origem nacional ou não (art. 177, I a IV).

Passamos a analisar, então, em tópicos separados, cada um desses monopólios, dando especial ênfase ao do petróleo e gás, objeto desta obra. Contudo, os lindes teóricos

---

determinado serviço público. MOREIRA NETO, Diogo de Figueiredo. *Curso de Direito Administrativo*. 16. ed. Rio de Janeiro: Ed. Forense, 2014. p. 471.

[9] ARAGÃO, Alexandre Santos de. As concessões e autorizações petrolíferas e o poder normativo da ANP. *Revista de Direito Administrativo – RDA*, v. 228, 2002.

mais amplos vistos anteriormente e a análise comparativa com os outros monopólios, apenas ancilarmente tratados, são também, evidentemente, relevantes para a sua boa compreensão.

2.1 Atividades minerárias

As atividades de exploração e produção de minérios em geral seguem o Princípio da Dualidade da Propriedade, pelo qual a propriedade do solo e a do subsolo são distintas, como se extrai dos arts. 20, inciso IX, e 176, CF.

Também há no Direito Administrativo Minerário o chamado Princípio Primeiro no Tempo. Possui previsão expressa no art. 11, alínea *a*, do Código de Minas, com aplicação aos regimes de autorização, licenciamento e concessão.

Como assevera a doutrina, "o acesso à exploração mineral, por intermédio da obtenção de direitos minerários, pode ser promovido de diferentes formas pelo Estado. Admitem-se mecanismos negociados, donde provêm os contratos de concessão, contratos de trabalho ou simplesmente contratos de desenvolvimento mineral; assim como mecanismos não negociados, que decorrem de requerimentos feitos por interessados à Administração Pública. Ainda se remarca que o traço distintivo desses mecanismos é a ideia de estimular o risco da pesquisa e da lavra mineral em um ambiente de disponibilidade reduzida de informações geológicas. Ao se adotar o regime do 'primeiro no tempo', ou seja, aquele que primeiro requer os direitos de exploração mineral sobre uma determinada área, o Estado visa a incentivar novas pesquisas e novas descobertas minerais, sobretudo quando o ordenamento jurídico prevê pouca ou nenhuma condição a ser previamente atendida pelo interessado".[10]

O Código de Mineração determina quais os regimes jurídicos cabíveis no que concerne aos minerais brasileiros: autorização de pesquisa; concessão de lavra; licenciamento; permissão de lavra garimpeira; registro de extração; regime de monopólio; regimes especiais. Cada um conta com um determinado procedimento administrativo para a concessão do respectivo título minerário – título jurídico que autoriza a execução da pesquisa e/ou exploração.[11]

Note-se que esses procedimentos podem ser alterados pela legislação a ser editada pela Agência Nacional de Mineração (ANM), sucessora do Departamento Nacional de Produção Mineral (DNPM), com base na competência a ela atribuída pelo art. 13, I, da Lei nº 13.575/2017,[12] regulamentada pelo Decreto nº 9.406/2018.

---

[10] CANÇADO TRINDADE, Adriano Drummond. Princípios de Direito Minerário brasileiro. *In*: SOUZA, Marcelo Gomes de (Coord.). *Direito Minerário em evolução*. Belo Horizonte: Ed. Mandamentos, 2009.

[11] Confira-se a redação do dispositivo (art. 2º do Código de Minas): I – regime de concessão, quando depender de portaria de concessão do Ministro de Estado de Minas e Energia; II – regime de autorização, quando depender de expedição de alvará de autorização do Diretor-Geral do Departamento Nacional de Produção Mineral – DNPM; III – regime de licenciamento, quando depender de licença expedida em obediência a regulamentos administrativos locais e de registro da licença no Departamento Nacional de Produção Mineral – DNPM; IV – regime de permissão de lavra garimpeira, quando depender de portaria de permissão do Diretor-Geral do Departamento Nacional de Produção Mineral – DNPM; V – regime de monopolização, quando, em virtude de lei especial, depender de execução direta ou indireta do Governo Federal.

[12] *Art. 13. A ANM, por meio de resolução, disporá sobre os processos administrativos em seu âmbito de atuação, notadamente sobre: I – requisitos e procedimentos de outorga de títulos minerários, de fiscalização da atividade de mineração e sobre*

Em primeiro plano, é necessária, em regra, a autorização de pesquisa que constitui ato administrativo que abre a primeira de todas as fases prévias à lavra e é obtido em um processo aberto com um requerimento perante o ente regulador do setor. É no bojo de tal processo que serão apresentadas todas as informações obtidas na pesquisa mineral e ocorrerá o eventual contraditório entre o Poder Público e o minerador em relação aos recursos minerais almejados por este último e respectivos dados técnicos.[13]

A pesquisa mineral possui previsão no art. 14 do Código de Minas, que a conceitua como a execução dos trabalhos necessários à definição da jazida, sua avaliação e a determinação da exequibilidade de seu aproveitamento econômico.

Ao fim do período de pesquisa, o interessado deverá apresentar o relatório final, com os dados técnicos exigidos, o qual será submetido ao regulador, que o examinará e, estando técnica e juridicamente adequado, nascerá para o requerente o prazo de um ano para requerer o título para exploração da lavra, caso, naturalmente, tenha encontrado minério durante a pesquisa. Este prazo poderá ser estendido por mais um ano; e se não for efetuado o requerimento, ocorrerá a caducidade do direito, sendo declarada livre a lavra, que poderá ser pleiteada por outro interessado.[14]

2.2 Atividades nucleares

Quanto às atividades nucleares, a Lei nº 4.118/1962 já previa monopólio em seu art. 1º. Analisando o art. 31 desta Lei, Luciana Nogueira[15] observa que o exercício do monopólio das atividades relacionadas aos minerais nucleares não é subordinado aos regimes de autorização de pesquisa e concessão de lavra. Com efeito, se em relação aos minérios em geral e ao petróleo/gás natural a CF prevê a possibilidade de a União contratar o exercício da atividade com particulares, silencia-se ou até mesmo veda a *contrario sensu* (*arg ex* arts. 176 e 177, V, CF) essa possibilidade acerca dos minérios nucleares.

Essa exclusividade estatal no exercício da atividade nuclear vem sendo criticada por alguns agentes econômicos, já tendo sido inclusive objeto de alguns projetos de

---

outros requerimentos relacionados a direitos minerários. O dispositivo é mais um exemplo da adoção da deslegalização – que vai além do que seria uma mera e ampla atribuição de poder normativo a uma entidade administrativa. A deslegalização consiste na "adoção, pelo próprio legislador, de uma política legislativa pela qual transfere a uma outra sede normativa a regulação de determinada matéria. [...] Se este tem poder para revogar uma lei anterior, porque não o teria simplesmente para rebaixar o seu grau hierárquico? Por que teria o, direta e imediatamente revogá-la, deixando um vazio normativo até que fosse expedido o regulamento, ao invés de, ao degradar a sua hierarquia, deixar a revogação para um momento posterior, ao critério da Administração Pública, que tem maiores condições de acompanhar e avaliar a cambiante e complexa realidade econômica e social?" (ARAGÃO, Alexandre Santos de. O Poder Normativo das Agências Independentes e o Estado Democrático de Direito. *Revista de Informação Legislativa*, Brasília, a. 37, n. 148, p. 289, out./dez. 2000).

[13] LIMA, Guilherme Corrêa da Fonseca. Direitos e garantias fundamentais no processo de outorga de direitos minerários. In: SOUZA, Marcelo Gomes de (Coord.). *Direito Minerário em evolução*. Belo Horizonte: Ed. Mandamentos, 2009.

[14] Os termos "pesquisa" e "exploração" estão para o Direito Minerário como os termos "exploração" e "produção" estão para o "Direito do Petróleo", respectivamente. Tirante a diferença de nomenclatura, a lógica econômica da presença de fases sucessivas é análoga.

[15] NOGUEIRA, Luciana Rangel. *Direito minerário brasileiro e as restrições à propriedade superficiária*. Dissertação apresentada ao Instituto de Geociências da Universidade Estadual de Campinas – UNICAMP, defendida em 24 de agosto de 2004. Campinas: [s.n.], 2004.

emenda constitucional para permitir o exercício privado da atividade, inclusive de pesquisa e produção de urânio.[16]

Note-se que, em relação aos radioisótopos referidos pelo art. 22, XXIII, CF, essa impossibilidade de delegação à iniciativa privada já foi revogada pela redação dada pela Emenda Constitucional nº 49/06 ao inciso V do art. 177, CF, que passou a expressamente admitir a sua delegação mediante permissão.

É também de se destacar que nem todas as atividades nucleares inseridas no art. 22, XXIII, CF, de competência da União, estão incluídas no art. 177 como monopólios da União, havendo importante papel do Legislador infraconstitucional na definição de sua natureza jurídica.

Atualmente, as atividades nucleares no Brasil são exercidas basicamente por uma sociedade de economia mista federal, a Indústrias Nucleares do Brasil (INB), que atua na cadeia produtiva do urânio, da mineração à fabricação do combustível que gera energia elétrica nas usinas nucleares, sendo, em um curioso arranjo institucional, regulada e ao mesmo tempo controlada societariamente pela autarquia Comissão Nacional de Energia Nuclear (CNEN), que licencia, fiscaliza e controla a atividade nuclear no Brasil.

No setor, em uma área de intersecção com o da energia elétrica, também há a Eletronuclear – Eletrobras Termonuclear S/A, subsidiária da Centrais Elétricas Brasileiras S.A. – Eletrobras, vinculada ao Ministério de Minas e Energia, sendo uma sociedade anônima de capital fechado. É uma sociedade de economia mista (dita de segundo grau, já que controlada por outra sociedade de economia mista), produtora de energia elétrica a partir da energia nuclear, sendo a gestora das Usinas Nucleares de Angra dos Reis.

2.3 Atividades petrolíferas[17]

Especificamente sobre os hidrocarbonetos, a Constituição Federal é pródiga, dispondo sobre: (a) a titularidade federal sobre os principais bens envolvidos nesta indústria, basicamente as jazidas de petróleo e gás natural (arts. 20, IX, e 176, CF); (b) a competência da União para legislar sobre energia e recursos minerais (art. 22, IV e XII); (c) a competência dos Estados para prestar os serviços públicos de distribuição de gás canalizado (art. 25, §2º); (d) o monopólio federal sobre algumas das principais atividades do setor (art. 177, I a IV); (e) as condições da atuação pública e privada no setor (arts. 20, §1º, 176 e 177); e (f) a previsão de um órgão regulador (art. 177, §2º, III).

Pertencem à União os depósitos de petróleo, gás natural e outros hidrocarbonetos fluidos. São bens de propriedade da União por expressa disposição constitucional contida no art. 20, incisos V e IX, e, por força desta propriedade originária, não são passíveis de alienação. Trata-se da mesma disciplina de outros bens constitucionalmente declarados como públicos, como o mar territorial, os terrenos de marinha, os potenciais de energia hidráulica (art. 20 da CF).

---

[16] Ex.: a PEC nº 171/07, atualmente arquivada.
[17] Estamos nos referindo às "atividades petrolíferas" em sentido amplo, abrangendo quaisquer hidrocarbonetos, inclusive o gás natural.

O que pode ser transferido à iniciativa privada em razão do art. 177 não é a jazida, mas sim, a atividade de aproveitá-la economicamente.

Há no tema quatro elementos a serem considerados: 1) a propriedade das jazidas; 2) a titularidade da atividade incidente sobre essas jazidas;[18] 3) o exercício da atividade incidente sobre as jazidas; e 4) o produto do exercício dessa atividade. Apenas os elementos 3 e 4 podem ser cogitados de, na forma estabelecida pelo §1º do art. 177 da CF, com a redação que lhe foi dada pela redação da EC nº 09/95, serem transferidos pela União contratualmente, desde que haja lei nesse sentido.

Antes da EC nº 09/95, a Constituição restringia o exercício do monopólio do art. 177 a apenas duas formas: pela Administração Direta ou por empresa estatal, integrante da Administração Indireta.

Com a reforma constitucional (EC nº 9/95) passou-se a admitir também uma outra forma clássica de descentralização administrativa (que, para os serviços públicos, já era prevista no art. 175), qual seja, a de natureza contratual, inclusive para privados, admissibilidade essa que ainda dependia de lei para ter eficácia (o que foi feito pela Lei do Petróleo).[19]

Regulamentando o art. 177 da CF, com a redação que lhe foi dada pela redação da EC nº 09/95, foi editada inicialmente a Lei nº 9.478/97, conhecida como a *Lei do Petróleo*, que, entre os vários modelos contratuais que em tese poderiam ser cogitados, estabeleceu precipuamente o da concessão para o exercício delegado do monopólio (art. 5º) e criou a Agência Nacional do Petróleo, Gás Natural e Biocombustíveis (ANP). A Petrobras, pelo seu art. 61, continuou existindo, mas participando em igualdade de condições com as empresas privadas das licitações pelos contratos de concessão de exploração e produção de petróleo e gás.

Para cada espécie ou fase da atividade petrolífera, a Lei do Petróleo dá uma disciplina distinta: (a) *exploração* (ou pesquisa), na qual a empresa procura por petróleo em blocos ou áreas pré-delimitadas, e *produção* ou lavra, pela qual o petróleo é extraído da jazida; (b) *importação e exportação*, sendo que aquela, tal como a produção, concorre para o suprimento interno do produto; (c) *refino*, processo químico pelo qual o petróleo passa para poder ser utilizado através dos seus derivados; (d) *transporte*: para que o petróleo bruto ou seus derivados cheguem aos seus destinos, devem ser transportados. "O transporte pode se dar de várias formas. Há os meios fixos, os condutos (o oleoduto e o gasoduto). Há os meios móveis, sendo os navios os principais"; e (e) *distribuição*: para que os derivados do petróleo cheguem aos consumidores, deve haver "a distribuição de derivados do petróleo, uma espécie de revenda destes derivados no atacado"; e (f) *revenda*: "os consumidores finais são atingidos pela atividade de revenda de derivados de petróleo",[20] feita na maioria das vezes pelos postos de revenda ou, como popularmente conhecidos, "postos de gasolina".

---

[18] Sobre a distinção entre esses dois primeiros elementos, ver os itens 6 a 8 do voto-vista do Ministro Eros Grau na relevante ADIN nº 3273/DF, proposta pelo Governador do Estado do Paraná contra dispositivos da Lei do Petróleo.

[19] "Quer dizer: a flexibilização do monopólio das atividades constantes dos incisos I a IV do art. 177 não opera diretamente da norma constitucional, mas de lei" (SILVA, José Afonso da. *Comentário contextual à Constituição*. São Paulo: Ed. Malheiros, 2005. p. 730).

[20] SUNDFELD, Carlos Ari. Regime jurídico do setor petrolífero. *In*: SUNDFELD, Carlos Ari (Coord.). *Direito Administrativo Econômico*. São Paulo: Ed. Malheiros, 2000. p. 388.

As atividades não monopolizadas (transporte que não seja marítimo ou por dutos, a distribuição e a revenda) não são sujeitas à prévia concessão, até porque esta pressupõe a transferência ao particular de uma prerrogativa do Estado (art. 9º, Lei do Petróleo). São sujeitas à autorização administrativa, consistindo em atividades privadas regulamentadas (arts. 170 e 174, CF).

Dentro do espectro das atividades petrolíferas que foram monopolizadas, apenas as atividades de exploração e produção (letra "a") foram submetidas pela Lei do Petróleo à concessão, tendo sido exigida para as demais (letras "b" a "g") a prévia autorização. Vê-se que a Lei do Petróleo não considerou tanto o monopólio incidente sobre as atividades do setor, mas sim a possibilidade de a atividade especificamente considerada ser explorada por um número ilimitado de possíveis interessados, destinando a autorização para as atividades nas quais não há limites de entrada e a concessão para as atividades em que os há. Por exemplo, a produção e o refino de petróleo são monopólios da União, mas não há limites para a abertura de refinarias no Brasil, além das expectativas econômicas de cada interessado;[21] já a produção de petróleo tem que ser delimitada por área, cada uma delas cabendo a um único interessado/concessionário (arts. 53, 56 e 60, Lei do Petróleo).

A concessão foi destinada apenas para a exploração e produção por pressuporem a delimitação espacial, não sendo factível a abertura a que todas as empresas interessadas explorassem ao mesmo tempo determinada jazida (art. 23, Lei do Petróleo). Além dessas limitações fáticas, concorre para a imposição da prévia concessão para a exploração e produção de petróleo o fato de "envolverem o uso de bem público; portanto, a fruição é um privilégio".[22]

Não estamos a dizer que não haja concorrência nessas atividades petrolíferas monopolizadas, mas apenas ela fica restrita à escolha do concessionário (concorrência pelo mercado), que, uma vez escolhido, não terá a concorrência de outros concessionários sobre o mesmo bloco (concorrência no mercado).

A Lei do Petróleo naturalmente, como mera lei ordinária, não fechou a possibilidade de, por outras leis, serem criadas novas modalidades contratuais para o exercício dessas atividades, o que, como veremos adiante, efetivamente foi feito em relação ao pré-sal.

Aliás, como vimos, a bem da verdade, a própria Lei do Petróleo não tem um modelo único para todas as atividades petrolíferas monopolizadas pela União, prevendo também diversas formas de autorizações administrativas para uma série delas.

O STF, pela pena do Ministro Eros Grau, já deixou claro que o art. 177 admite que a lei crie inúmeras espécies contratuais para permitir o exercício indireto do monopólio, sendo o contrato de concessão apenas uma das espécies legislativamente cogitáveis, o que se concretizou com a posterior edição das Leis de Cessão Onerosa e de Partilha.

---

[21] O §1º do art. 177 da Constituição Federal alude à contratação para todas essas atividades. Não sendo, pela teoria clássica, a autorização contrato, mas ato administrativo, poderia o Legislador ter assentido no desenvolvimento de algumas dessas atividades mediante mera autorização?

[22] SUNDFELD, Carlos Ari. Regime jurídico do setor petrolífero. *In*: SUNDFELD, Carlos Ari (Coord.). *Direito Administrativo Econômico*. São Paulo: Ed. Malheiros, 2000. p. 395.

O Ministro é tão enfático para deixar claro que não limita os contratos previstos no art. 177 ao de concessão, que lança mão até da expressão "note-se bem" para destacar essa sua assertiva. Vejamos:

> Nos termos do §1º do artigo 177 da Constituição do Brasil, essas contratações – contratações, note-se bem, não concessões – seriam materialmente impossíveis sem que os contratados da União se apropriassem, direta ou indiretamente, do produto da exploração das jazidas de petróleo, de gás natural e de outros hidrocarbonetos fluídos. Apropriação direta ou indireta – enfatizo – no quadro das inúmeras modalidades de contraprestação atribuíveis ao contratado, a opção por uma das quais efetivamente consubstancia, como anteriormente afirmado, uma escolha política [...].[23]

2.3.1 As concessões de E&P

As jazidas são, como já vimos em linhas anteriores, propriedades distintas da do solo, por força do art. 176, *caput*, do Texto Maior.[24] O solo, por força do Código Civil, em regra compreende espaço aéreo e subsolo correspondentes, o que é excepcionado pela Constituição, que dispõe que, havendo subsolo com jazida, esta é objeto de direito de propriedade (da União) distinto do solo, que pode ser (e continua sendo) de outro *dominus*.

Tratando de tema complementar, mas diverso (não de propriedade de bens, mas de titularidade de atividade econômica), a norma do art. 177, I, institui o monopólio da exploração e produção da jazida de petróleo para a União.

A propriedade, salvo quando em condomínio, já é por definição sempre exclusiva; já as atividades econômicas, ressalvados casos excepcionais expressamente previstos na Constituição – os monopólios públicos e os serviços públicos sob *publicatio* –, são abertas a quaisquer interessados que atendam às condições gerais estabelecidas pelas normas de polícia administrativa.

A jazida é objeto de direito de *propriedade* da União Federal. O que se defere ao concessionário é o direito de propriedade do *produto da lavra*, que é a atividade de lavrar, que não se identifica com a jazida em si, que é "reservatório ou depósito já identificado e possível de ser posto em produção" (art. 6º, XI, da Lei nº 9.478/97).

O art. 176, CF, analogicamente aplicável aos hidrocarbonetos, separa a jazida do solo, imputando-a ao patrimônio da União, fazendo com que constitua bem público *de per se*. No art. 177, I, a Constituição afirma que a União, em regime de monopólio, ou

---

[23] STF, ADI nº 3273, trecho do voto do Min. Eros Grau.
[24] O art. 176 é a norma geral do Direito Minerário, enquanto o art. 177 é a regra especial desse ramo do Direito em relação a um dos seus produtos – o petróleo. Assim, as duas devem ser aplicadas conjuntamente, observada a especialidade desta, razão pela qual prevalecerá sobre dispositivos do art. 176 sempre que possuir regra específica preceituando em sentido diverso. No caso da segunda parte do §3º do art. 176, como não há qualquer regra específica no art. 177 sobre, por exemplo, a cessão das concessões, aplica-se àquela integralmente. Note-se, ainda, que as discussões bioquímicas existentes a respeito da classificação ou não do petróleo entre os minerais tornam-se irrelevantes do ponto de vista jurídico, considerando o tratamento unitário sempre dado pelo Legislador e pelo Constituinte brasileiros. Sobre o tema, ver: RUY BARBOSA, Alfredo. *A natureza jurídica da concessão minerária*. Direito Minerário aplicado. Belo Horizonte: Ed. Mandamentos, 2003. p. 92-95.

seja, como a única agente legitimada a exercitar a atividade, pode explorar aquele bem que é seu, podendo, em havendo lei nesse sentido, delegar apenas o seu exercício a particulares mediante contrato (arts. 176, §1º, e 177, §1º). Em outras palavras, o bem (a jazida) é sempre da União; a atividade de sua exploração econômica também é, podendo, no entanto, ser contratado com particulares o seu exercício. "Os bens públicos não são só suscetíveis de uso (ou aproveitamento), mas também de gestão ou exploração econômica por alguém que toma o lugar da pessoa coletiva de direito público. Embora relacionadas com um bem público, o que caracteriza as concessões de exploração do domínio público é a atribuição do direito de exercer uma atividade que a lei reservou para a Administração: o que está em causa não é a utilização do bem, mas a atividade de o explorar ou gerir".[25]

Quando se diz coloquialmente que foi concedido o bloco X ou Y a tal empresa, não se deve entender que se transfere a coisa (parte do mar territorial brasileiro ou a jazida, bens públicos por determinação constitucional), mas sim, o exercício da atividade a ser ali exercida.

O objeto, então, dos contratos petrolíferos é o exercício da atividade econômica, não a jazida ou o bloco, ou mesmo a titularidade da atividade econômica.

O que há são áreas identificadas para a facilidade operacional e mercadológica das licitações, para delimitar o objeto contratual, já que não seria razoável que apenas um contrato delegasse o exercício da atividade em todo o território nacional. Aliás, na fase da produção, as áreas efetivamente retidas pelo particular são apenas parcelas do bloco originariamente licitado, apenas o suficiente para que extraia o petróleo ou o gás ali encontrado.

O contrato para exploração e produção de petróleo e gás natural divide-se em duas fases: a Fase de Exploração (pesquisa) e a Fase de Produção (lavra).[26]

Caracteriza-se a Fase de Exploração por seu caráter intrinsecamente instrumental, pois seu objetivo é permitir que o concessionário logre, na maior medida e extensão possíveis, concretizar o verdadeiro objetivo do Contrato e das suas partes, que é a produção. Na Fase de Exploração, a empresa apenas pesquisa (por sondas, perfurações, sísmicas etc.), investigando se na área há hidrocarbonetos suscetíveis de serem explorados comercialmente.

Tais pesquisas são feitas através da execução de um Programa Exploratório Mínimo (PEM), que prevê certo número e qualidade de atividades exploratórias (ex.: um certo número de poços de determinada profundidade) como obrigação assumida pela empresa quando da licitação e que pode consistir em um dos critérios de julgamento da licitação, juntamente com o valor da outorga (do dito "bônus de assinatura") e, eventualmente, com o índice de conteúdo local também assumido pela empresa.

A concessão petrolífera tem, portanto, como característica sempre presente, a existência de um razoável risco ao concessionário, já que pode gerar uma descoberta

---

[25] GONÇALVES, Pedro. *A concessão de serviços públicos*. Coimbra: Ed. Almedina, 1999. p. 93.
[26] Por isso que, no Direito do Petróleo, não é tecnicamente correto se referir à exploração como desenvolvimento empresarial da atividade. No setor, "exploração" é apenas a busca que, através de sondas e sísmicas (atendendo-se a um programa exploratório mínimo fixado pelo edital de licitação), o contratado faz para tentar encontrar jazidas, que, uma vez encontradas, ainda devem ser avaliadas para verificação da sua viabilidade comercial. Apenas com a declaração da sua comercialidade, se passa para a fase de produção, iniciada pelo desenvolvimento das infraestruturas necessárias à lavra. Todos esses momentos constam de planos a serem aprovados pela ANP.

excelente ou nenhuma descoberta. O licitante vencedor da licitação paga (o bônus de assinatura é o principal critério de julgamento na licitação) apenas para tentar encontrar hidrocarbonetos.

Ainda na Fase de Exploração, a descoberta de hidrocarbonetos viáveis comercialmente na área da concessão, se ocorrer, é atestada por meio de notificação formal do concessionário à ANP. Tal notificação recebe o nome de Declaração de Comercialidade e inaugura a Fase de Produção.

Em seguida à Declaração de Comercialidade, temos o desenvolvimento, subdivisão inicial da Fase de Produção, consistente na implantação de toda a infraestrutura necessária para que a produção propriamente dita possa vir a se iniciar.

O Desenvolvimento – e a própria Fase de Produção – se inicia com a aprovação, pela ANP, do Plano de Desenvolvimento proposto pelo concessionário, desenvolvimento este que permeará toda a Fase de Produção enquanto forem necessários investimentos em poços, equipamentos e instalações destinados à produção.

Da perspectiva do concessionário, será apenas com a produção que ele poderá recuperar os investimentos realizados na Fase de Exploração e lucrar com a atividade.

Do ponto de vista do Poder Público, seu objetivo é tanto arrecadatório quanto estratégico: com a produção, o Governo credencia-se para o recebimento dos *royalties* e participações especiais, de um lado, e, de outro, possibilita o aumento da oferta de petróleo, contribuindo, por conseguinte, para garantir o abastecimento nacional ou a obtenção de divisas e o aumento das exportações.

Assim é que o contrato de concessão petrolífera é essencialmente aleatório e de risco, já que pode gerar uma descoberta excelente ou nenhuma descoberta. O licitante vencedor da licitação paga (o chamado bônus de assinatura) apenas para tentar encontrar hidrocarbonetos na fase de exploração e, então, passar para a fase de produção.

No modelo de concessão petrolífera, o concessionário paga pelo direito de explorar e, se encontrar jazida viável economicamente, de produzir hidrocarbonetos, fica com toda a sua propriedade e paga ao Poder Público, em dinheiro, as participações governamentais (*royalties* etc.). É, por isso, considerado um modelo adequado a áreas de alto risco exploratório, ou seja, de chances rarefeitas de serem encontrados petróleo e gás, com todo o risco transferido para o parceiro privado que, consequentemente, precificará tais riscos. Assim, as vantagens do modelo para as empresas (p. ex.: propriedade de todo o petróleo pelo concessionário e pagamento apenas das participações governamentais e tributos) constituem um incentivo pelos altos riscos que assume ao investir vultosas quantias na exploração com razoáveis chances de não encontrar petróleo algum.

2.3.2 O regime jurídico do pré-sal

Com a descoberta, segundo à época anunciado pelo Governo, de reservas gigantes e de baixíssimos riscos exploratórios abaixo da camada geológica de sal,[27] na área que

---

[27] "O Conselho Nacional de Política Energética (CNPE) foi informado dos resultados dos testes de produção obtidos pela Petrobras em áreas exploratórias sob sua responsabilidade, que apontam para a existência de uma nova e significativa província petrolífera no Brasil, com grandes volumes recuperáveis estimados de óleo e gás. Esses volumes, se confirmados, mudarão o patamar das reservas do País, colocando-as entre as maiores do mundo. A Petrobras, isolada ou em parcerias, perfurou 15 poços e testou oito deles numa área denominada Pré-Sal, entre

passou a ser conhecida como "pré-sal",[28] foram à época suspensas todas as licitações versando sobre essa nova fronteira petrolífera e iniciados estudos para a formulação de um novo marco regulatório-contratual para elas, que fosse adequado a esses supostos baixos riscos exploratórios e à possibilidade de o País se tornar um dos maiores produtores mundiais.[29]

Isso tudo levou a União a desejar exercer mais intensamente o seu monopólio, arrecadando mais valores, ficando ela também com a propriedade do petróleo e exercendo maior controle geopolítico sobre ele.

No Direito Comparado, além do modelo de concessão, já analisado anteriormente, existem, basicamente, as seguintes modalidades contratuais de exploração e produção de petróleo, fora inúmeras versões híbridas delas:[30]

1. *Joint Venture*: o Estado se torna parceiro da empresa privada no investimento, dividindo com ela, como se de uma sociedade se tratasse, os ônus e os lucros da atividade;

2. Prestação de serviços: diferentemente da mera prestação de serviços terceirizados da Lei nº 8.666/93, em que a contratada é apenas *longa manus* do Estado, a prestação de serviços como modalidade de contrato petrolífero transfere a própria gestão da atividade ao particular, que será, em caso de descoberta viável, remunerado por um valor fixo, em pecúnia ou em petróleo; e

3. Contrato de Partilha: nele, após o abatimento dos custos incorridos pela empresa privada (*cost oil*), a produção é partilhada entre as partes, na proporção prevista no contrato, ficando o particular com uma percentagem do petróleo (*profit oil*). O Estado possui ampla participação na gestão do contrato e a empresa privada normalmente fica com o risco técnico e financeiro da sua execução. Ou seja, no caso de não se obter sucesso na exploração, a empresa arca com os investimentos sozinha. Caso haja sucesso e a produção se inicie, a empresa é ressarcida por descontos no óleo que caberia ao Estado após a descoberta. Assim, através do contrato de partilha de produção, pode o Estado partilhar os lucros em petróleo do empreendimento sem realizar *ex ante* quaisquer investimentos.

O último modelo, como passaremos a detalhar em seguida, foi o em regra[31] adotado pela União em relação ao pré-sal e a outras áreas que vierem a ser consideradas estratégicas pelo Poder Executivo face à sua caracterização pelo baixo risco exploratório e elevado potencial de produção de hidrocarbonetos (arts. 1º e 2º, V, 12.351/10).

---

5 mil e 7 mil metros de profundidade. A análise e interpretação dos dados obtidos nesses poços, integrada a um trabalho de mapeamento com base em dados geofísicos e geológicos, permitiu à Petrobras situar esta área entre os estados de Santa Catarina e Espírito Santo, nas bacias do Espírito Santo, de Campos e de Santos. A área delimitada possui cerca de 800 quilômetros de extensão e até 200 quilômetros de largura, em lâmina d'água entre 1,5 mil e 3 mil metros de profundidade. Os testes indicaram a existência de grandes volumes de óleo leve de alto valor comercial (30 graus API), com grande quantidade de gás natural associado" (Considerandos à Resolução CNPE nº 06/07).

[28] Descobertas abaixo da faixa de sal subterrânea existente em trechos da crosta terrestre.
[29] Resolução nº 6, de 08 de novembro de 2007, do Conselho Nacional de Política Energética (CNPE).
[30] RIBEIRO, Marilda Rosado de Sá. Os contratos de exploração petrolífera: uma introdução. *In*: CASELLA, Paulo Borba (Coord.). *Contratos internacionais e Direito Econômico no Mercosul*. São Paulo: LTr, 1996. p. 704.
[31] Exceção se faz ao contrato de cessão onerosa, objeto do segundo subtópico infra.

2.3.2.1 Contratos de partilha

O modelo exploratório adotado pelo Congresso Nacional (Leis nº 12.351, 12.304 e 12.276/10) para as áreas do pré-sal que não tenham sido anteriormente objeto de contratos de concessão e que não estejam sob a cessão onerosa (cf. tópico 2.3.2.2) é o de um contrato de partilha, com elementos de *joint venture*, a ser celebrado (1) pela União, representada pela nova estatal Empresa Brasileira de Administração de Petróleo e Gás Natural – Pré-Sal Petróleo S.A. (PPSA), com (2) a empresa privada que vencer a licitação, oferecendo à União a maior participação na produção, após ressarcido o seu *cost oil*; e, eventualmente, com (3) a Petrobras.

Pela Lei nº 12.351/10 – Lei da Partilha – em sua redação original, a Petrobras era necessariamente, em todo contrato de partilha, contratada sem licitação com um percentual mínimo de trinta por cento e sempre exercendo a função de operadora, ou seja, de empresa-líder do consórcio integrado também pela empresa privada vencedora da licitação. Por esse regime, no qual chegou a ser assinado o primeiro contrato de partilha, a Petrobras não tinha – nem seus consorciados – a opção de não integrar o consórcio contratado, de nele possuir pelo menos 30% de participação ou de não ser a operadora. Era vedada a existência de contrato de partilha sem que a Petrobras nele tivesse esse protagonismo.

Com o advento da Lei nº 13.365/16, que alterou nesse aspecto a Lei nº 12.351/10, esse percentual mínimo e a condição de operadora – pontos sempre ligados reciprocamente – passaram a ser apenas uma faculdade da Petrobras. Com isso a Petrobras pode escolher em exercer ou não essa prerrogativa,[32] participar da licitação como qualquer empresa ou dela simplesmente não participar. Passou a ser possível, portanto, a existência de contratos de partilha sem qualquer participação da Petrobras.[33]

Também é previsto um Comitê Gestor das atividades de cada contrato, integrado pela Petrobras (se for o caso cf. supra), pela vencedora da licitação e pela PPSA, estatal com funções híbridas pela própria Lei, que não a considera como contratada (art. 2º, VII, Lei nº 12.351/10); mas integra o consórcio que exercerá a atividade na área, denotando um aspecto de *joint venture* desse "contrato de partilha" (art. 20, Lei nº 12.351/10).

A PPSA exercerá no consórcio, através do Comitê Gestor, fortes poderes, inclusive o de voto de qualidade e de veto das decisões tomadas pelas partes contratadas (arts. 23 e 25, Lei nº 12.351/10), como contratação de bens e serviços,[34] podendo, em tese, ser até mesmo questionado se uma pessoa jurídica de direito privado poderia exercer tamanhos poderes.

---

[32] Caso a exerça, integrando o consórcio sem ser parceira na licitação da licitante vencedora, ficará de toda sorte, também em sua parcela no consórcio de no mínimo 30%, responsável por repassar à União o percentual de partilha ofertado pela licitante vencedora na licitação (art. 20, §1º, Lei do Contrato de Partilha).

[33] Entendemos que tanto o exercício quanto o não exercício dessa faculdade devem ser transparentes e fundamentados pela Petrobras, demonstrando tanto ter as condições para assumir as responsabilidades inerentes às prerrogativas, quanto também fundamentar adequadamente as razões de estar abrindo mão da possibilidade de ter acesso diretamente a reservas de petróleo e gás. A pergunta fundamental à qual deverá responder com razões econômicas e técnicas suficientes é a seguinte: se há empresas privadas interessadas, por que ela, sem nem ter que participar da licitação, não está?

[34] Uma das principais competências da PPSA é fiscalizar, de dentro do próprio consórcio, as suas atividades e custos; e outra é vender o petróleo/lucro que couber à união.

Seria um modelo em parte inspirado no norueguês, no qual há uma estatal operadora e licenciatária (com capital privado minoritário – a STATOIL, análoga na situação à Petrobras quando integrar o consórcio), atuando no mercado juntamente com outras empresas privadas; e uma outra estatal, não operadora (de capital inteiramente público – no caso norueguês a PETORO), mas apenas gestora das reservas de petróleo e gás do Estado, que desenvolve um papel semelhante ao atribuído entre nós à PPSA.[35]

2.3.2.2 Cessão onerosa

Adicionalmente, em relação ao pré-sal, a Lei nº 12.276/10 previu a cessão onerosa à Petrobras de direitos de exploração e produção de petróleo e gás natural até cinco bilhões de barris de petróleo, tendo sido esta estatal contratada diretamente, dispensada que foi a licitação pelo legislador.

A operação se deu da seguinte forma: a União aumentou a sua participação no capital da Petrobras nele integralizando títulos da dívida pública, que passaram a ser da Petrobras; em seguida, a União resgatou ("pagou") da Petrobras tais títulos, trocando-os pela cessão dos seus direitos, de matriz constitucional (art. 177, I, CF), de produzir até cinco bilhões de barris de petróleo.

A atribuição contratual à Petrobras sem licitação, apesar de poder ser criticável econômica ou politicamente, jurídico-constitucionalmente não causa a mesma espécie, já que estamos diante de uma atividade econômica que não é da iniciativa privada, mas sim, do próprio Estado (art. 177, I, CF). É, de fato, apenas com a variação de opções legislativas que vimos a real amplitude de possibilidades regulatórias e de modelos contratuais diante de uma atividade titularizada pelo Estado, e que jamais existiriam em uma atividade privada, por mais regulamentada que fosse.[36]

A partir do momento em que a União, através do seu Legislador, decidiu excluir a lógica concorrencial do exercício de parte das atividades petrolíferas por ela monopolizadas, não há mais concorrência a ser protegida. Assim, a dispensa de licitação criada pela Lei nº 12.276/2010, derrogatória do art. 61 da Lei do Petróleo, não implicou em violação ao art. 173 da Constituição, que é uma norma protetora da concorrência, naturalmente, onde ela existir.[37]

Para vermos a grande diferença entre as atividades econômicas monopolizadas pela União e as atividades econômicas do art. 173, basta se constatar do *caput* deste que as atividades nele referidas são atividades que, não apenas não eram monopolizadas pelo Estado, como, até ser editada a lei, ao Estado era até mesmo vedado exercê-las.

As atividades previstas no art. 173, até a edição da lei nele referida, são exclusivas da iniciativa privada. E, após a edição dessa lei, passam a poder ser exercidas também pelo Estado, concomitantemente e em equânime concorrência com os agentes privados.

---

[35] Informações constantes no *site* do *Norwegian Petroleum Directorate*. Disponível em: https://www.npd.no/en/. Acesso em 14 dez. 2020.

[36] Sobre o tema, remetemos ao que sobre ele também abordamos no tópico 1.

[37] Basta lembrarmos as inúmeras sociedades de economia mista e empresas públicas que em todo o Brasil receberam, com exclusividade, atribuições para explorar determinadas atividades econômicas *lato sensu* (ex.: EBCT, SABESP, COMLURB, EBC etc.).

Já quando se trata de contratação pela União do exercício de atividades por ela monopolizadas, não se aplica o art. 173 da Constituição Federal, nem necessariamente os princípios da subsidiariedade e da concorrência dele decorrentes, salvo no que do marco regulatório infraconstitucional da própria União – nesse caso *dominus* da atividade – assim puder se inferir.

O próprio dispositivo excepciona da sua incidência os "casos previstos nesta Constituição", ou seja, os casos cujo exercício da atividade econômica pelo Estado já esteja previsto na Constituição, quais sejam, os serviços públicos, os monopólios públicos e os serviços públicos sociais.

Egon Bockmann Moreira explica que

> não se dá a incidência do princípio da subsidiariedade no setor dos serviços públicos e, por identidade de razões, aos monopólios públicos, cuja definição constitucional – 'Incumbe ao Poder Público [...] a prestação de serviços públicos' (art. 175) – torna inversa a relação. O serviço público é reservado de forma primária ao Estado, podendo ser concedido o seu exercício aos particulares. Não há serviço público exercido de forma subsidiária pelo Poder Público (mas sim pelas pessoas privadas). Nem tampouco se poderia cogitar de o Estado 'intervir' num setor que lhe é próprio. Quanto aos serviços públicos, o Estado tem o dever de sempre atuar (de forma direta ou indireta), pois sua racionalidade exige a prestação pública contínua e adequada.[38]

Igualmente, José Afonso da Silva, para quem

> o modo de gestão desses serviços públicos [...] entra no âmbito da discricionariedade organizativa – ou seja: cabe à Administração escolher se o faz diretamente ou por delegação a uma empresa estatal (pública ou de economia mista), ou a uma empresa privada por concessão ou permissão. [...] A exploração dos serviços públicos por empresas estatais não se subordina às limitações do art. 173, que nada tem com eles. Efetivamente, não tem cabimento falar em excepcionalidade, ou subsidiariedade [...]. Não comporta mencionar, a respeito deles, a preferência da iniciativa privada.[39]

O regime jurídico aplicável às atividades em que a União tenha havido por bem afastar da esfera da iniciativa privada, mediante outorga contratual ou estatutária a um ente da Administração (cessão onerosa, por exemplo), não está sujeito aos comandos paritários do art. 173, da Constituição Federal.

No caso dos monopólios públicos e serviços públicos com *publicatio* (ambas atividades econômicas retiradas pela Constituição Federal da iniciativa privada), a situação é, de fato, inversa às reguladas pelo art. 173: o Estado é desde a promulgação da CF o seu "dominus", inteiramente competente para explorar a atividade, que é vedada à iniciativa privada, que só poderá vir a exercê-la eventualmente mediante um título contratual que o Estado deseje celebrar, jamais por direito próprio *de per se*.

---

[38] MOREIRA, Egon Bockmann. O Direito Administrativo da Economia, a Ponderação de Interesses e o Paradigma da Intervenção Sensata. *In*: CUÉLLAR, Leila; MOREIRA, Egon Bockmann (Orgs.). *Estudos de Direito Econômico*. Belo Horizonte: Ed. Fórum, 2004. p. 93.

[39] SILVA, José Afonso da. *Comentário contextual à Constituição*. São Paulo: Ed. Malheiros, 2005. p. 725.

2.3.2.3 Conclusão

Com isso, há, hoje, no Brasil, três modelos contratuais de exploração e produção de petróleo e gás natural: (a) contrato de concessão, para as áreas fora do pré-sal e não estratégicas e para as áreas do pré-sal que no passado já tenham sido objeto deste tipo de contrato; (b) contrato de partilha para as áreas do pré-sal ou consideradas estratégicas, em ambos os casos se ainda não tiverem sido concedidas no passado (art. 3º, Lei nº 12.351/10); e (c) cessão onerosa à Petrobras, nos termos anteriormente expostos.

OBJETO E NATUREZA JURÍDICA DAS CONCESSÕES PETROLÍFERAS

1 O objeto da concessão petrolífera

Toda matéria jurídica deve ser sempre enfocada sob o prisma da Constituição, sofrendo a necessária filtragem constitucional que, em maior ou menor medida, constitucionaliza todos os ramos do Direito.[1] No Direito do Petróleo, esta imposição hermenêutica é ainda mais forte, uma vez que a Constituição Brasileira de 1988 já disciplina *de per se* uma série de aspectos concernentes ao petróleo, chegando até mesmo a entrar em algumas minúcias da concessão de exploração de suas jazidas.

As jazidas são propriedade distinta da do solo por força do art. 176, *caput*, do texto maior.[2] O solo, por força do Código Civil, compreende espaço aéreo e subsolo

---

[1] SCHIER, Paulo Ricardo. *Filtragem Constitucional*. Porto Alegre: Sérgio Antônio Fabris Editor, 1999.

[2] O art. 176 é a norma geral do Direito Minerário, enquanto o art. 177 é a regra especial desse ramo do Direito em relação a um dos seus produtos – o petróleo. Assim, as duas devem ser aplicadas conjuntamente, observada a especialidade desta, razão pela qual prevalecerá sobre dispositivos do art. 176 sempre que possuir regra específica preceituando em sentido diverso. No caso da segunda parte do §3º do art. 176, como não há qualquer regra específica no art. 177 sobre a cessão das concessões, aplica-se aquela integralmente. Note-se ainda que as discussões bio-químicas existentes a respeito da classificação ou não do petróleo entre os minerais tornam-se irrelevantes do ponto de vista jurídico, considerando o tratamento unitário sempre dado pelo Legislador e pelo Constituinte brasileiros. Sobre o tema, ver: RUY BARBOSA, Alfredo. A Natureza Jurídica da Concessão Minerária. *In*: *Direito Minerário Aplicado*. Belo Horizonte: Ed. Mandamentos, 2003. p. 92-95.

correspondentes. Entretanto, a Constituição preceitua que, havendo solo e subsolo com jazida, esta é objeto de direito distinto do objeto de direito denominado solo.

Com objeto diverso, há ainda a norma do art. 177, I, que institui o monopólio da *exploração* da jazida de petróleo para a União.

Essa fixação conceitual tem grande valia pela continuação do *caput* do art. 176 da Constituição Federal, que diz que estas coisas (as jazidas), em sentido jurídico, *"pertencem à União"*. Ou seja, a jazida é objeto de direito de *propriedade* (direito real público, em emprego estrito e técnico do vocábulo "propriedade") do sujeito denominado União. O que se defere ao concessionário é o direito de propriedade do *produto da lavra*, a qual é onticamente uma atividade, que não se identifica com a jazida, que, nos termos da lei, é "reservatório ou depósito já identificado e possível de ser posto em produção" (art. 6º, XI da Lei nº 9.478/97). Trata-se de norma (art. 176, *caput, in fine*) atributiva de direito sobre produto percebido, análoga às normas que determinam direitos de propriedade sobre frutos percebidos.

O dispositivo é complementado, em matéria de petróleo, gás natural e hidrocarbonetos fluidos, pelo art. 177, que dispõe ser monopólio da União a *sua pesquisa e a sua exploração através da lavra* (art. 177, I).

A primeira norma comentada (art. 176, CF) separa a *jazida* do *solo*, imputando-a ao patrimônio da União, fazendo com que constitua bem público *de per se*. No art. 177, I, a Constituição afirma que a União, em regime de monopólio, ou seja, como a única agente legitimada a exercitar a atividade no cenário econômico, pode *explorar* aquele bem que é seu, podendo apenas delegar o seu exercício a particulares mediante contrato de concessão (art. 176, §1º, e 177, §1º). Em outras palavras, o bem (a jazida) é sempre da União; a atividade de sua exploração também o é, podendo, no entanto, ser concedida a particulares.

Comentando o dispositivo, Celso Ribeiro Bastos denota que "as jazidas são concentrações de minério em determinada área. Quando se tornam objeto de exploração ganham o nome de mina. Assim sendo, por força do mero contrato de concessão de exploração, o concessionário vai adquirindo o domínio do produto da sua atividade mineralógica, na medida em que o mineral for se desprendendo e deslocando-se do local de origem. Enquanto, portanto, não objeto de lavra, os minerais continuam no domínio da União, nada obstante a concessão de sua exploração. Em consequência continuam impenhoráveis e inalienáveis, enquanto em aderência à jazida".[3]

Foi a Emenda Constitucional nº 9/95 que, em relação ao petróleo, permitiu a contratação de outros agentes para exercer esta atividade configurada antes como monopólio indelegável. Trata-se, portanto, de matéria contratual obrigacional, não de matéria respeitante à titularidade da jazida. Só a União é proprietária da jazida, do bloco e da plataforma continental, mesmo que conceda a outros o poder de, através do contrato de concessão, exercer a atividade de lavra. Estrutura-se apenas e tão somente uma rede de contratos com vistas a que outro ente privado exerça (delegação do mero

---

[3] BASTOS, Celso Ribeiro; MARTINS, Ives Gandra. *Comentários à Constituição do Brasil*. 2. ed. São Paulo: Saraiva, 2000. v. 7, p. 127.

exercício da atividade), nos termos destes, a atividade que é monopólio da União, tanto que essas concessões são chamadas de "concessões industriais".[4]

As assertivas são escorreitas, quer se considere as jazidas (arts. 20, IX, e 176, CF), quer os blocos, já que ambos são bens públicos da União (art. 20, V e VI), considerando que os blocos geralmente se localizam no mar territorial. Note-se que quando os blocos não se localizarem em bens da União, restará ainda mais evidente que não são eles o objeto da licitação promovida pela ANP, já que, do contrário, esta estaria licitando bem privado!

Assim, por exemplo, o contrato de concessão da Sexta Rodada de Licitações, que, seguindo o modelo já empregado para as rodadas anteriores, identifica o objeto da licitação em sua Cláusula Segunda ("Objeto"), 2.1, da seguinte forma:

> Este Contrato tem por objeto a execução, pelo Concessionário, das Operações especificadas no ANEXO II – Programa de Trabalho e Investimento, e qualquer outra atividade adicional de Exploração que o Concessionário possa decidir realizar dentro de cada Bloco integrante da Área da Concessão, visando a permitir que Petróleo e Gás Natural sejam produzidos em condições econômicas na Área da Concessão, e no caso de qualquer Descoberta, a Avaliação, o Desenvolvimento e a Produção dos Hidrocarbonetos pertinentes, tudo nos termos aqui definidos.

Este direito de exploração, em vista de não ter por objeto *parte física*, mas incidir sobre ela apenas mediatamente, isto é, nos termos em que o proprietário-monopolista permite e concede parcela do poder de fruição, faz com que seja juridicamente inimaginável a existência de concessão de bloco em sentido próprio, até porque será apenas de uma ínfima parte do bloco – a jazida, se vier a ser encontrada – que se poderá extrair os bens visados pelo concessionário.

A plataforma continental não é alienável, como não é alienável a jazida nem o bloco, que nos termos da Lei do Petróleo é "parte de uma bacia sedimentar, formada por um prisma vertical de profundidade indeterminada, com superfície poligonal definida pelas coordenadas geográficas de seus vértices, onde são desenvolvidas atividades de exploração ou produção de petróleo e gás natural" (art. 6º, XIII da Lei nº 9.478/97). Aliás, está o art. 3º a lembrar a *pertinência* à União (titularidade, propriedade) dos depósitos de petróleo, gás e hidrocarbonetos. O bem, a coisa, é da União, e sempre o será, até a exploração regularmente desempenhada, momento em que a Constituição garante ao concessionário a *propriedade do produto da lavra*, mas não direitos sobre o bloco (art. 176, *caput*).

Realidade jurídica distinta da coisa (do bloco, da área, etc.) é a conduta, o comportamento, a atividade. Esta, em matéria de petróleo, é configurada como monopólio da União, embora se permita, mediante autorização ou concessão, exercício por ente

---

[4] "A maior abrangência e expansão da atividade administrativa do Estado contribuiu para o enriquecimento da ideia concessional. Foi necessária a inclusão neste conceito de novas atividades que não cabem dentro da tradicional concessão de serviço público. Nasce desta forma a moderna concessão industrial. [...] A extensão da atividade da Administração até o campo econômico atribuído inicialmente apenas aos particulares, rompe com a estrutura tradicional" (FRANCO, Gladys Vasquez. *La Concesión Administrativa de servicio público*. Bogotá: Ed. Temis, 1991. p. 50. Grifamos). A mesma nomenclatura já havia sido por nós adotada em ARAGÃO, Alexandre Santos de. *Agências Reguladoras e a Evolução do Direito Administrativo Econômico*. 2. ed. Rio de Janeiro: Ed. Forense, 2003. Item XI.4.2.

privado deste direito de exploração. Quando se concede, ainda que, coloquialmente, se diga estar a "conceder blocos", não se deve interpretar, por óbvio, que se transfere a coisa (bloco ou jazida), porque esta é bem público. O que se está a transferir é o direito de explorar a atividade correspectiva, o direito de lavra e o direito de prospecção, o que só pode ser efetuado mediante contrato celebrado com a Administração Pública.

Não há, repise-se, a favor do concessionário, direito real ou pessoal sobre o bloco, apenas direito de explorar atividade econômica. Evidentemente que, para bem desempenhá-lo, ele, o concessionário, está tutelado por meios que permitam materialmente o contato com a coisa. Mas não é a coisa, seja ela chamada de bloco, área, jazida ou elemento, o que se está a conceder. Está-se, no plano obrigacional, outorgando direito de exercer atividade econômica (art. 5º da Lei nº 9.478/97). Os direitos de atividade são direitos decorrentes de contratos de meio, que se relacionam a comportamento, a conduta, e não a coisa. Embora essa seja pressuposto da existência da concessão, não se pode dizer em absoluto ser seu objeto.

O que há são áreas de concessão por facilidade operacional e mercadológica das licitações, o que fica claro no art. 8º, II, da Lei do Petróleo, ao dispor que "cabe à ANP promover estudos visando à delimitação de blocos, para efeito de concessão das atividades de exploração, desenvolvimento e produção", e no parágrafo único do art. 23, normas meramente atributivas de competência, não de definição material de institutos,[5] que dá à ANP a competência de "definir os blocos a serem objeto de contratos de concessão".

Quanto ao dispositivo por último citado, e outros eventualmente existentes que se refiram ao bloco como o "objeto" da licitação ou da concessão, não há maior relevância, já que só são compatíveis com a Constituição se a expressão for tomada, naturalmente, em seu sentido vulgar ou coloquial,[6] da mesma forma que às vezes os agentes do mercado e a imprensa se referem a "ganhou o bloco *x* ou *y*", que determinada empresa "ficou com a maioria dos blocos", etc.,[7] o que, de forma alguma corresponde à realidade jurídica do negócio realizado entre a ANP e o concessionário.

Assim, quando o contrato da ANP, na cláusula 2.1, diz que o seu objeto é a execução de operação e de atividade, ainda que o procedimento licitatório, por razões de conveniência e oportunidade, divida a área da execução em blocos, *nem por isso está a se conceder blocos*. Trata-se de outorgar a transferência de direitos de execução de atividades de exploração, de direito pertinente a exercício de empresa, o qual não tem por objeto coisa, mas comportamento, e vincula concedente e concessionário nos termos do minucioso clausulado contratual.

Embora o nome do contrato nunca seja decisivo para qualificação de seu objeto, é claramente forte indício da operação econômica subjacente. E está *in casu* nominado como "Contrato de Concessão para Exploração, Desenvolvimento e Produção de Petróleo e Gás Natural". Não se trata de contrato de outorga de blocos, de área, mas

---

[5] A norma não tem sentido legal fixador do conceito do contrato e do objeto do contrato em análise.

[6] Além disso, a respeito da pobreza da interpretação meramente literal vale a pena citar a espirituosa passagem de voto proferido pelo Min. Luiz Galloti: "De todas, a interpretação literal é a pior. Foi por ela que Cléia, na *Chartreuse de Parme*, de Stendhal, havendo feito um voto a Nossa Senhora de que não mais veria seu amante Fabrício, passou a recebê-lo na mais absoluta escuridão, supondo que assim estaria cumprindo o compromisso" (*apud* BARROSO, Luís Roberto. *Interpretação e Aplicação da Constituição*. São Paulo: Ed. Saraiva, 1996. p. 120).

[7] No caso do parágrafo único do art. 23, a assertiva é ainda mais evidente, uma vez que o objeto de qualquer licitação é sempre a celebração de determinado contrato.

de outorga de direitos de explorar, direitos estes que têm por sujeito passivo a União monopolista, através da Agência Nacional do Petróleo, que concede direito de exercício de atividade que é sua. A peculiaridade da atividade é que exige circunscrição espacial fisicamente delimitada para poder ser exercida, já que seria de difícil operacionalização, por exemplo, uma concessão de explorar todas as jazidas de gás com determinadas características existentes no País. Diferentemente de outras atividades econômicas, é de conveniência quase indispensável que os direitos oriundos destes contratos, praticados neste setor de mercado, se refiram a alguma base física, numa tensão para o concreto.

A assertiva, pela qual a área física representa apenas a delimitação das possibilidades do exercício dos direitos de exploração, estes sim objeto da concessão, demonstra-se ainda mais óbvia se lembrarmos que, na fase da produção (produção esta que é o objetivo do contrato) as áreas efetivamente retidas para a produção são apenas pequeníssimas parcelas do bloco, apenas o suficiente para a extração do petróleo ou gás existentes na jazida.

E mais, "a própria Lei do Petróleo e o contrato de Concessão estabelecem hipóteses em que a área inicialmente determinada como bloco será modificada com o decorrer do tempo – são os casos, por exemplo, das devoluções de parte do bloco ao término de cada etapa da fase exploratória nos contratos até a 4ª rodada de licitações e também da retenção de parte de área onde se procederá ao desenvolvimento da produção quando se passa à fase de produção, momento em que já não há que se falar em bloco".[8]

2 A natureza jurídica da concessão petrolífera

Há grande discussão sobre a natureza jurídica dos contratos que dão aos particulares o direito de exploração de monopólios públicos, que normalmente são denominados de concessão da exploração de atividades econômicas ou de bens públicos dominicais monopolizados pela União.[9]

Preliminarmente, há de se destacar que nossa Constituição, em certos casos, estabelece que alguns bens são monopolizados pelo Estado, no sentido de que apenas ele pode ser seu proprietário (ex., os recursos minerais em geral, cuja propriedade é da União, que, todavia, não monopoliza a sua exploração – art. 176), e, em outros, atribui com exclusividade ao Estado não apenas a propriedade do bem como também a sua exploração (o caso do petróleo – art. 176 c/c art. 177).

Vemos, assim, que "os bens públicos não são só suscetíveis de uso (ou aproveitamento), mas também de gestão ou exploração econômica por alguém que toma o lugar da pessoa coletiva de direito público. Embora relacionadas com um bem público, o que caracteriza as concessões de exploração do domínio público é a atribuição do direito de

---

[8] BARROUIN, Renata. *Divisibilidade da área de Concessão*, trabalho ainda inédito, em mímeo gentilmente cedido pela autora.
[9] Francisco López Menudo qualifica as concessões de recursos hídricos como concessões dominicais (MENUDO, Francisco López. La concesión de aguas públicas y sus posibles modificaciones. *Revista Española de Derecho Administrativo*, v. 73, versão CD-ROM).

exercer uma actividade que a lei reservou para a Administração: o que está em causa não é a utilização do bem, mas a actividade de o explorar ou gerir".[10]

Como advertido por Gaspar Ariño Ortiz, não podemos inferir da nomenclatura de "concessão" a caracterização da atividade econômica *stricto sensu* monopolizada como serviço público: "a simples denominação como tal ou a exigência de concessão para determinadas atividades agrícolas, industriais ou comerciais [...] não corresponde necessariamente à existência de um verdadeiro serviço público".[11]

Para regular esta transferência de gestão econômica das jazidas de petróleo e gás, a ANP tem poderes determinados mais pelo conteúdo da sua respectiva lei criadora do que pela natureza jurídica dos contratos por elas celebrados, que é consequência e não causa da disciplina de direito positivo, até mesmo porque a diferença entre o que é de direito privado e o que é de direito público é cada vez mais relativa, havendo contratos tradicionalmente considerados como sendo de direito público com um sem-número de resguardos dos interesses da partes privadas, e contratos de direito privado sujeitos a uma forte regulação estatal.[12]

O que importa são os poderes concretamente conferidos pelo ordenamento jurídico à Administração, não uma classificação etérea da natureza do contrato. Assim, por um lado, não há um poder exorbitantemente genérico da Administração sobre os contratos ditos "de direito público", e, por outro, os contratos "de direito privado" celebrados pelo Estado ficam embebidos das cláusulas exorbitantes que a lei lhe atribuir.

A atenção deve ser centrada, portanto, na disciplina legal setorialmente atribuída ao contrato de concessão de exploração da atividade econômica petrolífera.

Valem ser citadas as pertinentes lições de Carlos Ari Sunfeld, que já deveriam ser um truísmo na doutrina publicista nacional, segundo as quais "simplesmente não faz sentido, na atualidade, supor que as respostas a muitas dúvidas cruciais (ex.: pode-se negar o serviço a consumidor inadimplente? Pode haver liberdade para o próprio prestador determinar seu preço? Há responsabilidade do Estado em virtude dos danos gerados pela execução de serviços por empresa autorizada?) serão encontradas por

---

[10] GONÇALVES, Pedro. *A Concessão de Serviços Públicos*. Coimbra: Ed. Almedina, 1999. p. 93.

[11] ORTIZ, Gaspar Ariño. *Principios de Derecho Público Económico*. Granada: Ed. Comares e Fundación de Estudios de Regulación, 1999. p. 488.

[12] Em obra já considerada como um dos recentes clássicos do Direito Público, Maria João Estorninho observa que "a idéia da "exorbitância dos poderes que a Administração é dotada nos contratos que celebra foi, em grande medida, devida ao facto de que o Direito Privado utilizado como ponto de comparação ser ainda, na época, o Direito clássico de inspiração novecentista. Esse direito contratual do séc. XIX caracterizava-se por partir de premissas individualistas, tais como a liberdade contratual e a igualdade jurídica das partes. Entendidas de uma forma absoluta, essas premissas giravam em torno da idéia fundamental de autonomia privada e eram, de facto, incompatíveis com situações de domínio de uma das partes num contrato. À luz desses cânones tradicionais do Direito contratual privado era, na realidade, impensável que uma das partes pudesse ditar a seu bel-prazer a interpretação das cláusulas contratuais ou qualquer modificação à sua redação inicial. Quão longe estão essas concepções iniciais acerca da autonomia privada! Ao longo do séc. XX, a disciplina dos contratos sofreu as mais profundas transformações, verificando-se quer o alargamento da intervenção do Estado na própria área contratual quer, por outro lado, o aparecimento de novos contratos e de situações de desequilíbrio entre as partes e de predomínio de uma delas. Cresceu o número de normas imperativas destinadas a proteger a situação da parte considerada mais fraca e, por outro lado, destinadas a tutelar valores que passaram a ser encarados como sendo interesses de ordem pública. O contrato deixa de ser considerado apenas como expressão da autonomia privada e passa a ser visto também como 'um instrumento de cooperação entre as pessoas, no plano dos valores que o Direito é chamado a servir'. Nesta medida, a lei passa a colaborar activa e permanentemente com a vontade das partes, podendo mesmo afirmar-se que vontade dos contraentes e a lei passam a integrar, em estreita união, "o todo incindível que é a disciplina do contrato" (ESTORNINHO, Maria João. Réquiem pelo Contrato Administrativo. Coimbra: Ed. Almedina, 1990. p. 140-141).

meio da operação simplista de identificar o caráter público ou privado do serviço em causa, que teria o mágico condão de determinar a aplicabilidade de um regime jurídico geral. Daí a mudança total de enfoque. Não se cuida mais de discutir o caráter público ou privado de certo serviço, mas sim de identificar como ele é regulado pelo Estado no tocante ao aspecto tal ou qual".[13]

Tradicionalmente, os contratos pelos quais a Administração Pública assente o exercício de atividade econômica monopolizada por particulares são denominados de concessões – não de serviços públicos –, mas concessões industriais ou econômicas.

A natureza jurídica privada ou pública destas concessões não é pacífica: por um lado, como têm por objeto atividade econômica, seriam de Direito Privado; por outro, como dizem respeito a atividades ou bens que são monopolizados pelo Poder Público por razões estratégicas ou fiscais afinadas com o interesse público definido constitucionalmente, exigem uma disciplina publicística.

Distinguindo as concessões de serviços públicos das concessões industriais, André de Laubadère afirma que, "a despeito desta intervenção do Estado na atividade do particular e da utilização do termo 'concessão', este instituto é totalmente diferente da concessão de serviço público: a atividade sobre a qual incide é uma atividade privada, submetida não ao regime de serviço público, mas àquele do direito privado, sob reserva das infiltrações de direito público".[14]

No mesmo sentido pronunciou-se Gladys Vásquez Franco, valendo-se das lições de Villar Palasi: "A maior abrangência e expansão da atividade administrativa do Estado contribuiu para o enriquecimento da ideia concessional. Foi necessária a inclusão neste conceito de novas atividades que não cabem dentro da tradicional concessão de serviço público. Nasce, desta forma, a moderna concessão industrial. [...] A extensão da atividade da Administração até o campo econômico atribuído inicialmente apenas aos particulares rompe com a estrutura tradicional".[15]

Na esteira dessa doutrina, entendemos que as concessões petrolíferas, como não visam à delegação de serviços públicos, mas sim de atividades econômicas monopolizadas pelo Estado, são, em linhas gerais, de Direito Privado,[16] o que, obviamente, não impede que a sua lei ou, dentro dos parâmetros vistos nos tópicos 1 e 2 supra, o próprio contrato, prevejam obrigações e poderes publicistas, como, por exemplo, a obrigação de reversão dos bens empregados na exploração do petróleo ou do gás natural prevista no art. 43, VI, da Lei do Petróleo.

O que não é de qualquer forma admissível é se presumir e inferir de uma suposta e, a nosso ver, inexistente natureza jurídica de Direito Público do contrato de concessão petrolífera, prerrogativas administrativas e sujeições do concessionário não

---

[13] SUNDFELD, Carlos Ari. Introdução às Agências Reguladoras. In: SUNDFELD, Carlos Ari (Coord.). *Direito Administrativo Econômico*. São Paulo: Ed. Malheiros, 2000. p. 03).
[14] LAUBADÈRE, André de. *Manuel de Droit Administratif*. 15. ed. Paris: Ed. LGDJ, 1995. p. 289.
[15] FRANCO, Gladys Vasquez. *La Concésión Administrativa de servicio público*. Bogotá: Ed. Temis, 1991. p. 50.
[16] Em sentido contrário, mas ainda antes da flexibilização do monopólio estatal do petróleo, entendendo tratar-se de contrato de direito público, TÁCITO, Caio. *Permissão de Refino de Petróleo*. In: *Temas de Direito Público*. Rio de Janeiro: Ed. Renovar, 1997. p. 1617-1631. Segundo Paulo Valois (VALOIS, Paulo. *A evolução do Monopólio Estatal do Petróleo*. Rio de Janeiro: Ed. Lumen Juris, 2000. p. 134), "a doutrina se posiciona das mais variadas formas, desse modo, há quem diga que o referido contrato tem natureza de: concessão de serviços públicos, serviços de utilidade pública, exploração de bem público, acordo de desenvolvimento econômico, de exploração de atividade econômica e até de relação regida pelo Direito Internacional".

previstas no marco regulatório, que decorreriam automática e implicitamente apenas de tal natureza do contrato.[17]

Também não é possível, por outro lado, refutar normas de ordem pública ou de dirigismo regulatório pela mera invocação da natureza jurídica de Direito Privado dessa concessão, normas que, contudo, deverão, naturalmente, observar os três elementos do Princípio da Proporcionalidade e os Princípios da Subsidiariedade e da Eficiência.[18]

---

[17] A especulação de parte da doutrina acerca da natureza jurídica de um contrato não pode, obviamente, ser em nosso Direito fonte autônoma de obrigações sem esteio legislativo, devendo a Administração Pública se abster de encampar de forma parcial uma dessas posições doutrinárias para, sem previsão legal, aumentar o feixe de seus poderes.

[18] ARAGÃO, Alexandre Santos de. O Princípio da Proporcionalidade no Direito Econômico. *Revista de Direito Administrativo – RDA*, v. 223, Rio de Janeiro, jan./mar. 2001, p. 199-230.

O PODER DE A ANP ELABORAR E CELEBRAR CONTRATOS DE CONCESSÃO COMO FATOS JUS-GENÉTICOS

Partindo-se da Pirâmide Normativa e da Teoria Gradualista de Kelsen, constatamos, por um lado, que todo ato da Administração Pública está apoiado em um ato superior – geralmente uma lei –, mas também que, por outro lado, "toda concreção de normas gerais, toda passagem de um grau superior para um grau inferior da ordem jurídica, implica preencher um vazio, respeitando os limites traçados pelas normas de grau superior. *Como a concreção das disposições inferiores nunca pode ser completamente prevista pela norma superior, existe um espaço criativo* que, conforme a postura kelseniana, pode e deve ser integrado não só pelo administrador público, como também pelo juiz. Considera que ambas as funções não estão completamente determinadas pela legislação, já que existe uma margem mais ou menos ampla de apreciação, mas esta liberdade não é nunca absoluta e, ao contrário, sempre pressupõe uma norma prévia".[1]

Não seria suficiente, contudo, apenas a previsão legal da competência de a Administração Pública editar normas sobre determinado assunto. Mister se faz que a lei estabeleça também princípios, finalidades, políticas públicas ou *standards*[2] que

---

[1] SESÍN, Domingo J. *Administración Pública. Actividad Reglada, Discrecional e Técnica*. Buenos Aires: Ed. Depalma, 1994. p. 04-05. Grifamos. Assim, demonstrada fica a inviabilidade de se adotar uma visão rígida da legalidade, pela qual a Administração Pública só poderia fazer aquilo que a lei previamente a autorize, em outras palavras, não há como a lei pré-determinar todos os elementos dos atos administrativos, o que, na prática, nunca foi possível ao Legislador.

[2] "O *standard* jurídico constitui uma maneira de solução de conflitos de interesses na qual o aplicador da lei adota diretivas como normas de conduta, que lhe permitem resolver o caso com sentido de justiça, considerando os fatores econômicos, sociais e até mesmo morais existentes dentro da norma legal e de princípios de aplicação

propiciem o controle do regulamento (*intelligible principles doctrine*), já que a atribuição de poder normativo, sem que se estabeleçam alguns parâmetros para o seu exercício, não se coadunaria com o Estado Democrático de Direito, que pressupõe a possibilidade de controle de todos os atos estatais.

Note-se que nos Estados Unidos da América do Norte, onde também havia forte setor doutrinário e jurisprudencial no sentido de que as leis com tal (baixa) densidade normativa seriam inconstitucionais por constituírem delegações de poderes legislativos, a Suprema Corte acabou se firmando, como expõe John H. Reese, no sentido de que "o que é proibido é a transferência de poderes ilimitados. Normalmente, tal transferência limitada advém da linguagem utilizada na lei autorizando a Administração a editar normas apropriadas para cumprir as finalidades assinaladas na lei. A transferência de poderes normativos também pode estar implícita na linguagem legislativa, ainda que não haja atribuição normativa expressa".[3]

A Suprema Corte teve a oportunidade de reafirmar a sua posição no caso *Whitman v. American Trucking Associations Inc.*, em que, apesar da posição adotada pelo Tribunal Federal *ad quem* pela inconstitucionalidade da lei atributiva de largos poderes normativos à agência administrativa, considerou constitucional disposição legal que atribuiu poder normativo para "estabelecer padrões de qualidade do ar, cuja observância seja necessária para proteger a saúde pública".

Também na Itália se exige que a lei atributiva do poder regulamentar contenha os respectivos "princípios e critérios diretivos";[4] ao passo que na Alemanha "o Tribunal Constitucional Federal, conjuntamente com a doutrina, criou a figura da *Bestimmheitsgebot*, ou seja, a exigência de uma determinabilidade, que a lei autorizativa do poder regulamentar deve satisfazer para evitar leis excessivamente genéricas ou que transfiram ao Executivo uma competência normativa sem limites do ponto de vista finalístico (uma "carta-branca"), sendo que, atualmente, a doutrina é cada vez mais propensa a entender suficiente que o 'escopo' possa ser inferido também da interpretação do contexto jurídico no qual a lei de autorização é emanada".[5]

Sob o mesmo prisma, se afirma também na doutrina nacional que, o que não pode ocorrer, é "a disciplina normativa produzida pela lei ser tão sumária que sua complementação possa conduzir a um resultado qualquer. Preocupada com a proliferação de leis de baixíssima densidade normativa, a doutrina construiu o conceito de conteúdo

---

flexível. Há nele uma boa dose de empirismo e pragmatismo. A eqüidade quase sempre está neste tipo de decisão, e a eficiência será maior quanto maior for a flexibilidade institucional" (BIELSA, Rafael. *Metodología Jurídica*. Santa Fé: Librería y Editorial Castellví, 1961. p. 509-510). Como observa Francesco Manganaro, "não se trata de desvalorizar o papel da lei, mas de reconsiderar a sua função em um ordenamento pluralista. Se a rápida evolução social já era um motivo para preferir uma legislação farta de princípios e *standards*, por mais fortes razões, um ordenamento em que há um efetivo pluralismo requer uma formulação legislativa de tal gênero (MANGANARO, Francesco. *Principio di Legalità e Semplificazione dell'Attività Amministrativa: i profili critici e principi ricostruttivi*. Napoli: Edizioni Scientifiche Italiane, 2000. p. 171).

[3] REESE, John H. *Administrative Law – Principles and Practice*. Saint Paul, Minnesota: Westpublishing Co., 1995. p. 53. Grifo do autor. William F. Funk explica: "o Congresso legisla e a Administração executa as leis; para que a Administração execute as leis, estas leis devem conter um princípio claro (*intelligible principle*) para guiar a Administração, já que, do contrário, a Administração estaria legislando por conta própria" (FUNK, William F. *Administrative Practice & Procedure*. 2. ed. St. Paul: West Group, 2001. p. 522).

[4] ROMANO, Alberto. *Relazione di Sintesi, in Amministrazione e Legalità – Fonti Normativi e Ordinamenti (Atti del Convegno*, Macerata, 21 e 22 maggio 1999). Milano: Giuffrè Editore, 2000. p. 105.

[5] ROMANO, Alberto. *Relazione di Sintesi, in Amministrazione e Legalità – Fonti Normativi e Ordinamenti (Atti del Convegno*, Macerata, 21 e 22 maggio 1999). Milano: Giuffrè Editore, 2000. p. 226.

essencial (*contenu essentiel, wesentlichkeitstheorie*).[6] Tais leis devem expressar, na lição de García de Enterría, 'uma diretiva legislativa precisa, sem supor uma cessão formal ou em branco de poder normativo'".[7]

No mesmo sentido propugnado, o Superior Tribunal de Justiça (STJ)[8] lavrou acórdão no qual o Ministro Humberto Gomes de Barros afirmou a possibilidade da Administração Pública, para alcançar as finalidades genéricas da disciplina da matéria, mas sem qualquer autorização legal específica, restringir a liberdade dos "postos de gasolina" adquirirem combustíveis diferentes aos de sua bandeira. A importância do acórdão é que é um dos poucos exemplos em que a nossa jurisprudência foi além de questões atinentes ao caso concreto, tratando do âmago doutrinário e teórico da matéria, ou seja, do que deve ser entendido como "execução de lei".

A Lei do Petróleo, portanto, com as características das leis contemporâneas, sem dar início *de per se* a uma normatização mais completa e, muito menos, exaustiva da matéria, estabelece parâmetros e objetivos gerais da regulamentação a ser feita pela ANP, que deverá buscar "preservar o interesse nacional" (art. 1º, I), "valorizar os recursos energéticos" (art. 1º, II), "promover a livre concorrência" (art. 1º, IX), "atrair investimentos" (art. 1º, X), "ampliar a competitividade do país" (art. 1º, XI), "promover o aproveitamento racional dos recursos energéticos do País" (art. 2º, I), "assegurar o suprimento de insumos energéticos" (art. 2º, II, e art. 8º, I), proteger "os interesses dos consumidores" (art. 8º, I, *in fine*), atender "às melhores práticas da indústria internacional do petróleo" (art. 44, VI), etc.

A Lei do Petróleo, portanto, a exemplo das demais leis instituidoras de agências reguladoras, integra a categoria das leis-quadro (*lois-cadre*) ou estandardizadas, próprias das matérias de particular complexidade técnica e dos setores suscetíveis a constantes mudanças econômicas e tecnológicas.

Vemos, assim, que a Agência Nacional do Petróleo (ANP) possui amplo poder para criar cláusulas dos contratos de concessão e dos respectivos editais de licitação, tanto pela atribuição desse poder pela Lei do Petróleo, que concomitantemente estabelece os princípios a serem seguidos neste mister (legalidade como conformidade material), quanto porque, nessa atividade, a Agência não está limitando a esfera jurídica dos particulares, mas, ao revés, a está ampliando (legalidade como preeminência de lei), considerando que, com a concessão, o particular passa a ter direitos dos quais não era titular apenas por força da sua livre iniciativa, ou seja, são direitos que se encontravam fora do comércio.

Sob os paradigmas teóricos anteriormente expostos, podemos, seja em relação às suas potencialidades, seja no que toca aos seus limites, emitir as seguintes assertivas quanto à possibilidade de a Agência Nacional do Petróleo (ANP), com base na Lei do Petróleo, estabelecer normas contratuais. Vejamos:[9]

1. A ANP deve, ao elaborar editais de licitação e contratos de concessão para a exploração e produção de petróleo, atender aos objetivos cuja realização lhe é

---

[6] Diretriz que veio a ser encampada pelo STF no julgamento da ADI nº 4923, com memorável voto, por sua profundidade e completude, do Relator Ministro Fux.
[7] PESSOA, Robertônio Santos. *Administração e Regulação*. Rio de Janeiro: Ed. Forense, 2003. p. 145.
[8] MS nº 4.578/DF.
[9] Cf. ARAGÃO, Alexandre Santos de. As Concessões e Autorizações Petrolíferas e o Poder Normativo da ANP. *Revista de Direito Administrativo – RDA*, v. 228, Rio de Janeiro, 2002, p. 243-272.

atribuída pela Lei do Petróleo e pelo Conselho Nacional de Política Energética (arts. 1º, 2º e 8º, Inciso I, da Lei do Petróleo). Ao estabelecer estas normas editalícias e contratuais, a ANP estará sempre sujeita às normas constitucionais, legais e regulamentares pertinentes.
2. Na determinação dos meios para a realização dos fins da Lei do Petróleo e da Política Nacional do setor (ex.: art. 8º, incisos I, IX e X), a Agência possui, via de regra, ampla margem de discricionariedade, não só para a emissão de normas gerais e abstratas, como também para a fixação das cláusulas dos contratos de concessão e dos termos das autorizações. A margem de normatização da Agência é, no entanto, menor nos casos em que a própria Lei houver pré-determinado os meios (leia-se, as normas e cláusulas) das quais deverá se valer para atendimento dos objetivos nela fixados.
3. Muitas vezes, a própria Lei expressamente remete a matéria à regulamentação da ANP (ex.: arts. 8º, III, V, *in fine*, VI, XV; 9º; 29, *in fine*; 53, §1º; 56, parágrafo único). Todavia, como visto na decisão do STJ anteriormente citada, o fato da Lei remeter expressamente determinadas matérias às normas da Agência não elide os amplos poderes normativos que via de regra existem em matérias não especificadas e não exaustivamente disciplinadas pela Lei.

Condensando o exposto neste tópico, podemos afirmar que o poder de a Agência Nacional do Petróleo (ANP) fixar as cláusulas dos contratos de concessão deverá, malgrado a sua inegável amplitude, se basear nos princípios do Estado Democrático de Direito e da Administração Pública, notadamente nos princípios da *proporcionalidade/razoabilidade* e da *eficiência/economicidade*, restringindo os direitos e interesses dos particulares ou deixando de reconhecê-los, apenas na medida em que a restrição for o meio menos oneroso capaz de atingir com eficiência os fins públicos legitimamente almejados.

Colocado o amplo poder conferido pela Lei do Petróleo à ANP para elaborar os seus contratos de concessão, podemos afirmar que, ressalvados os casos em que a própria lei pré-estabelecer determinada cláusula ou em que houver inegável contradição com os princípios nela estabelecidos,[10] a Agência possui autonomia contratual para criar cláusulas contratuais, seja nos espaços não pré-normatizados pela lei, seja na sua integração ou interpretação.[11]

Com efeito, a integração/complementação e a interpretação da Lei do Petróleo devem, com base nos seus princípios, ser feitas primordialmente pela ANP, assegurado o controle pelo Poder Judiciário e pelo Tribunal de Contas apenas nas hipóteses em que a decisão tomada for, fora de qualquer dúvida hermenêutica, irrazoável, ou seja, quando se encontrar em uma zona de certeza negativa (não meramente nebulosa, em

---

[10] Ou seja, em que estiver além de qualquer margem razoável de discricionariedade.
[11] Mesmo se prescindindo dos concretos pressupostos filosóficos de Kelsen, para quem a autonomia é delegação de poder com apoio último na norma fundamental em sentido lógico-transcendental, outros autores chegaram à mesma solução. Emilio Betti, por exemplo, forte crítico do mestre de Viena, elaborou perspectiva que ficou conhecida como teoria da recepção, mediante a qual se vê, no ato de autonomia, a entrada da vontade para compor o pressuposto da norma, a qual admite e quer a presença de um sujeito atuante e gerador de regras para funcionamento harmônio do próprio sistema jurídico. Afirma o autor que: "«autonomia» significa, em geral, atividade e poder de se atribuir um ordenamento, de dar assim assento às próprias relações e interesses, desenvolvidas a partir do próprio ente ou sujeito a que dizem respeito" (BETTI, Emilio. *Autonomia Privata in Novissimo Digesto Italiano*. Torino: UTET, 1974. t. I, p. 1.559).

que duas ou mais interpretações poderiam ser igualmente consideradas razoáveis) de cumprimento da Lei.

Vemos, destarte, que, observada a Lei, a ANP possui competência para celebrar contratos enquanto fatos jurígenos autonomamente considerados, isto é, as cláusulas de tais contratos são aptas a criar obrigações e direitos para os particulares (principalmente direitos em que, como visto, as peias do Princípio da Legalidade são bem menos rígidas, bastando, para alguns autores, a mera não contradição com a Lei) *de per se*, não como mera execução subsuntiva de dispositivos legais.

À ANP foi conferido amplo poder criativo de, interpretando e integrando a Lei, desenvolver os seus objetivos maiores, muito além de estar apenas executando determinado inciso ou alínea legal. Seria, de fato, uma visão muito mesquinha e minimalista dos poderes da ANP elaborar os seus contratos de concessão, achar que todas as cláusulas desses estariam adredemente previstas na Lei do Petróleo.

O contrato é fonte originária de obrigações e direitos do particular e de poderes e de sujeições da Administração Pública, integrando os editais de licitação e os contratos de concessão *de per se* o marco regulatório da Indústria do Petróleo.

As leis não são as únicas fontes imediatas de direitos e obrigações. O ordenamento jurídico deixa espaço livre de autonomia para os sujeitos jurídicos estabelecerem voluntariamente vínculos entre si, com obrigações oriundas, não da lei, mas do acordo de vontades.[12]

Ora, não parece adequado sustentar que esta faculdade negocial jus-genética deixe de existir *tout court* quando uma das partes for o Estado. Em primeiro lugar, como a concessão pressupõe a adesão voluntária do privado, não há invasão da esfera jurídica individual; e, em segundo lugar, em sendo assim, não há razão para se retirar do Estado o acordo de vontades como um instrumento que, a par da lei, também se presta à realização dos interesses públicos, caracterizando-se, assim, *"o contrato de concessão como uma espécie de fonte de legalidade administrativa inter partes"*.[13] "O acordo de vontades como criador de regras jurídico-administrativas faz do sujeito ordinário parte ativa da

---

[12] "Todas as vezes que as regras jurídicas aludem a suportes fáticos, em que a vontade seja um dos elementos, admitem elas que esses suportes fáticos se componham ou não se componham. Dizem, também, *até onde* se pode querer. Portanto, supõe-se que alguém *queira* ou *não-queira*. O auto-regramento, a chamada "autonomia da vontade", não é mais do que isso. A vida social tece-se com interesses, em relações inter-humanas, que necessariamente ultrapassam e ficam aquém da esfera jurídica, isto é, da zona colorida em que a) os fatos se fazem *jurídicos*, b) relações nascidas independentemente do direito se tornam *jurídicas*, e c) *relações jurídicas*, nascidas, portanto no direito, se estabelecem. Vive-se em ambiente de contínua iniciativa particular, *privada*, ou em movimentos grupais, de *multidão* ou de *massa*. Os sistemas jurídicos apenas põem no seu mundo, dito mundo jurídico, parte dessa atividade humana. Ainda assim, não a prendem de todo e deixam campo de ação, em que a *relevância jurídica* não implique disciplinação rígida da vida em comum. Já aqui se pode caracterizar o que se passa, em verdade, com os atos humanos interiores ao campo de atividade, a que se chama auto-regramento da vontade, 'autonomia privada', ou 'autonomia da vontade': é o espaço deixado às vontades, sem se repelirem do jurídico tais vontades. Enquanto, a respeito de outras matérias, o espaço deixado à vontade fica *por fora* do direito, sem relevância para o direito; aqui, o espaço que se deixa à vontade é relevante para o direito. É interior, portanto, às linhas traçadas pelas regras jurídicas cogentes, como espaço em branco cercado pelas regras que o limitam" (PONTES DE MIRANDA, Francisco Cavalcanti. *Tratado de Direito Privado*. Rio de Janeiro: Borsoi, 1954. t. III, p. 54-55).

[13] VALDEZ, Oscar Aguilar. *El Acto Administrativo Regulatorio, in Acto Administrativo y Reglamento*. Buenos Aires: Ediciones RAP, 2002. p. 457. Grifamos.

definição e realização do interesse público e cria em primeiro plano verdadeiras relações jurídicas – inclusive de longa duração – baseadas naquelas regras".[14]

O Princípio da Legalidade, mesmo em sua acepção mais rígida, foi elaborado para assegurar a esfera jurídica dos particulares diante de atos imperativos que gerem gravames, não para aqueles que beneficiem o particular ou que se expressem em convenções, até porque, lembremos, tanto a lei quanto o contrato podem ser fontes de direito.[15]

Paulo Otero, em sua notável obra, pelo tamanho e pela qualidade, sobre o Princípio da Legalidade, alude à "vinculação bilateral" da Administração Pública, de maneira que "pela via contratual podem surgir verdadeiras regras gerais reguladoras ou disciplinadoras de situações jurídicas presentes ou futuras envolvendo a Administração Pública".[16]

Prosseguindo na argumentação, o autor demonstra que os contratos e editais, especialmente os de concessão, são capazes de gerar direitos e obrigações: "nestas situações existe um considerável domínio de autonomia de estipulação do conteúdo dos contratos da Administração Pública que, dentro dos limites da lei, se mostra passível de integrar o bloco de legalidade".[17]

Também Eberhard Schmidt-Assmann observa que "o limite legal para os atos unilaterais não é necessariamente o limite dos contratos. Neste último caso, os limites se põem com mais liberdade. Todavia, em alguns casos concretos, uma reserva de lei institucional pode exigir que esses limites sejam fixados previamente por lei. Mas em regra geral, a Administração não precisa de nenhuma base legal especial para celebrar contratos. Rege o princípio de que a configuração dos contratos é apenas *dirigida* pela lei".[18]

É esse, justamente, o caso das concessões petrolíferas, já que *a Lei não as configura previamente de forma integral e, muito pelo contrário, deixa larga margem de escolhas a serem efetuadas pelo* órgão *regulador*, cujos poderes têm até mesmo sede constitucional (art. 177, §2º, III, CF), salvo se, além de qualquer interpretação razoável, a criação *ex novo* do direito ou da obrigação fosse incompatível com a Lei do Petróleo, suas regras e princípios.

---

[14] ALFONSO, Luciano Parejo. Los Actos Administrativos Consensuales. *Revista de Direito Administrativo e Constitucional – A & C*, v. 13, p. 15, Curitiba, 2003. María Mercedes Maldonado Copello vê "o contrato", sobretudo nas concessões latino americanas a partir da década de oitenta, "como o mecanismo por excelência de regulação" (COPELLO, María Mercedes Maldonado. Privatización de los Servicios Públicos Domiciliarios y Transformación del Derecho Estatal en Colombia. *Anuário 2001 GEDIM – Dez Anos de Mercosul*. Rio de Janeiro: Ed. Lumen Juris, 2001. p. 329).

[15] Neste sentido é relevante, inclusive, notar que a doutrina autorizada conceitua as concessões de serviços públicos como "atos-condição, ou melhor, como acordos-condição, cujo efeito não é o de criar uma regulamentação, mas de desencadear a aplicação de um documento estabelecido unilateralmente e que o Conselho de Estado considera como um regulamento" (Cf. LAUBADÈRE, André de; MODERNE, Franck; DEVOLVÉ, Pierre. *Traité des Contrats Administratifs*. Paris: LGDJ, 1983. t. I, p. 106). Ou seja, o contrato de concessão tem a capacidade de colocar o privado que a ele adere sob um estatuto, não apenas legal, como também regulamentar.

[16] OTERO, Paulo. *Legalidade e Administração Pública – o sentido da vinculação administrativa à juridicidade*. Coimbra: Ed. Almedina, 2003. p. 522-523.

[17] OTERO, Paulo. *Legalidade e Administração Pública – o sentido da vinculação administrativa à juridicidade*. Coimbra: Ed. Almedina, 2003. p. 524-525.

[18] SCHMIDT-ASSMANN, Eberhard. *La Teoría General del Derecho Administrativo como Sistema*. (Trad. Mariano Bacigalupo *et al.*). Barcelona: Ed. Marcial Pons, 2003. p. 327.

A CESSÃO DA CONCESSÃO DE E&P E A QUESTÃO DAS EVENTUAIS RESPONSABILIDADES REMANESCENTES

Constituindo a posição contratual um feixe de diretos e obrigações inerentes ao negócio jurídico, integra ela o patrimônio das suas duas partes originárias, de maneira que, *ex vi* dos direitos fundamentais da propriedade privada e da livre iniciativa,[1] podem ser (os referidos direitos e obrigações) objeto de disposição, no todo ou em parte, pelos respectivos titulares.[2]

Como afirma Gaspar Ariño Ortiz[3] o direito de livre iniciativa, além de possuir existência autônoma ("sem liberdade, ainda que exista propriedade, não pode existir empresa, mas apenas organização burocrática, estatal ou não"), também é expressão dos direitos de propriedade, de livre escolha da profissão ou ofício, do direito ao trabalho,

---

[1] "O direito de livre iniciativa econômica privada é considerado como um autêntico direito fundamental e de um modo autônomo, sem ser colocado na dependência de um outro direito fundamental. Efetivamente, ele foi transferido para o domínio dos direitos fundamentais muito embora de conteúdo econômico, deixando a Constituição de o encarar como um mero princípio objetivo de organização econômica [...] Deve ter-se presente que o texto constitucional o consagra como um direito à não intromissão do Estado, um direito contra o Estado, pois que pode exercer-se livremente" (MONCADA, Luis S. Cabral de. *Direito Econômico*. 2. ed. Coimbra: Coimbra Editora, 1988. p. 140-141).

[2] A cessão contratual é instituto apenas recentemente explicitado em alguns códigos civis, o que não quer dizer, contudo, que o instituto não seja já há muito aceito pela doutrina e jurisprudência dos mais diversos países, sendo definido por José Naufel como "o ato pelo qual uma pessoa transfere para outrem um ou mais direitos de que é titular" (Cf. NAUFEL, José. *Novo Dicionário Jurídico Brasileiro*. 2. ed. Rio d Janeiro: José Konfino Editor, 1959. p. 316-317).

[3] ORTIZ, Gaspar Ariño. *Principios de Derecho Público Económico*. Granada: Ed. Comares e Fundación de Estudios de Regulación, 1999. p. 212-213.

da liberdade de circulação de bens e pessoas, da *liberdade contratual* e da dignidade da pessoa humana, por propiciar o "livre desenvolvimento da personalidade".

Hoje, a nossa jurisprudência é tranquila em admitir o instituto da cessão de contratos, especialmente de cessões parciais: "A celebração entre as partes de cessão de posição contratual, que englobou créditos e débitos, [...] é lícita, pois o ordenamento jurídico não coíbe a cessão de contrato, que pode ou não englobar todos os direitos e obrigações pretéritos, presentes ou futuros" (STJ, RESP nº 356383/São Paulo).

Nos contratos celebrados pela Administração Pública, a posição contratual alcançada pelo cocontratante privado, via de regra por licitação, também é um dado patrimonial que, tal como se dá na Teoria Geral dos Contratos, é, em princípio, apto a ser negociado por seu titular, observados, naturalmente, os condicionamentos legais e a não violação do interesse público visado pelo contrato.

Foi por essas razões que as leis regentes dos contratos celebrados pela Administração Pública, buscando conciliar a preservação do interesse público com o direito patrimonial do particular em relação à sua posição contratual, expressamente admitiram a cessão, total ou parcial, dos contratos, desde que prevista no edital (aí incluso, obviamente, a minuta de contrato a ele anexa) e atendidos os requisitos que assegurem a sua fiel execução.

O art. 78, VI, da Lei nº 8.666/93 – Lei Geral de licitações e Contratos Administrativos –, de aplicação subsidiária a todos os setores da Administração Pública que possuam legislação específica, dispõe: Art. 78. Constituem motivo para a rescisão do contrato: VI – a subcontratação total ou parcial do seu objeto, a associação do contrato com outrem, a cessão ou transferência, total ou parcial, bem como a fusão, a cisão ou a incorporação, não admitidas no edital e no contrato.

Como o artigo está vedando a cessão total ou parcial do contrato que não estiver autorizada no edital, que constituiria, assim, motivo de rescisão contratual por culpa do contratado, está, *a contrario sensu*, claramente admitindo a cessão, desde que prevista no edital.

Também a Lei nº 8.987/95 – Lei das Concessões e Permissões de Serviços Públicos – prevê, em seu art. 27, a possibilidade da transferência, genericamente considerada, das concessões de serviços públicos, desde que verificado o atendimento das condições necessárias e obtida a prévia anuência do Poder Concedente.

Ora, apesar de as concessões petrolíferas não se identificarem com as concessões de serviços públicos,[4] o dispositivo legal é relevante para a análise da questão do ponto de vista sistemático, já que, entre as atividades que podem ser exercidas por particulares mediante contratos com a Administração Pública, os serviços públicos são justamente as atividades de maior sensibilidade para a coletividade,[5] essenciais que são para a

---

[4] Cf. também o nosso *As Concessões e Autorizações Petrolíferas e o Poder Normativo da ANP*, publicado no volume 228 da Revista de Direito Administrativo – RDA.

[5] O conceito de Léon Duguit para serviço público é ainda hoje um dos mais aceitos: "É toda atividade cujo cumprimento deve ser regulado, assegurado e fiscalizado pelos governantes, por ser indispensável à realização e ao desenvolvimento da interdependência social, e de tal natureza que só pode ser assegurado plenamente pela intervenção da força governante. [...] Dizer que um serviço é um serviço público, quer dizer que este serviço é organizado pelos governantes, que funciona sob a sua intervenção, devendo eles assegurarem o seu funcionamento sem interrupção", ainda que, acresce o autor, não sejam geridos pelo Estado, mas sim por entidades descentralizadas da sua Administração Indireta ou delegatários privados através do instituto da

dignidade da pessoa humana e insuscetíveis de sofrer solução de continuidade em sua prestação.

Ora, se em tais atividades, de tal essencialidade para o interesse público, a cessão contratual é, com as necessárias cautelas, admitida, por que não o haveria de ser em se tratando de concessão de atividades econômicas *stricto sensu*, em que sequer a obrigação de continuidade está presente, estando o concessionário livre, inclusive, para, em uma forte demonstração da natureza de Direito Privado desse contrato, a qualquer momento, "devolver" a concessão.

Há alguns administrativistas que consideram as cessões de contratos administrativos inconstitucionais por violarem a regra da licitação, ao permitirem que uma empresa, distinta da que ganhou o certame, assuma o contrato que foi licitado. Para esses autores, as leis que admitem a cessão, ainda que exijam a previsão editalícia, são inconstitucionais.[6] Pela mesma razão, Jessé Torres Pereira Júnior,[7] um pouco menos radical, sustenta que apenas as cessões parciais seriam admissíveis.

Todavia, para a doutrina largamente dominante,[8] as cessões, totais ou parciais, de contratos celebrados com a Administração Pública são constitucionais, desde que previstas no edital e no contrato, pelas razões que podem ser sistematizadas e condensadas da seguinte forma:

1. A licitação já incidiu sobre o contrato, que continua sendo o mesmo, apenas total ou parcialmente titularizado por um outro sujeito. Na cessão há saída de parte com entrada de outra. Ocorre, substancialmente, uma modificação da parte contratual, sem modificação da estrutura da relação jurídica em outro elemento que não seja o subjetivo. Os direitos e obrigações ficam inalterados quanto ao conteúdo, apenas sofrendo modificação de titularidade.

2. Como a possibilidade de cessão já deve estar prevista no edital, ela integra o conjunto de posições contratuais que foram licitadas, tendo inclusive valorizado o contrato a ser licitado e, consequentemente, aumentado o valor das ofertas apresentadas. Em outras palavras, o direito de fazer a cessão também foi licitado originariamente. É por isso que "a previsão no instrumento convocatório e no contrato é indispensável, pois os licitantes devem participar do certame em condições de igualdade".[9]

---

concessão (Cf. DUGUIT, Léon. *Las Transformaciones Generales del Derecho*. (Trad. Adolfo G. Posada e Ramón Jaén). Buenos Aires: Editorial Heliasta, 2001. p. 37, 39-40).

[6] *Verbi gratia*, MUKAI, Toshio. Lacunas, Imperfeições, Inconstitucionalidades e Más Interpretações Relativas à Lei nº 8.666/93. *Boletim de licitações e Contratos*, n. 1, p. 07, 1999; e FERREIRA, Wolgran Junqueira. *Licitações e Contratos na Administração Pública*. São Paulo: EDIPRO, 1994. p. 259.

[7] PEREIRA JÚNIOR, Jessé Torres. *Comentários à lei das Licitações e Contratos Administrativos*. 4. ed. Rio de Janeiro: Ed. Renovar, 1997. p. 513.

[8] *Verbi gratia*, DI PIETRO, Maria Sylvia Zanella. *Direito Administrativo*. 13. ed. São Paulo: Ed. Atlas, 2001. p. 247-248; JUSTEN FILHO, Marçal. *Comentários à Lei de Licitações e Contratos Administrativos*. 5. ed. São Paulo: Ed. Dialética, 1998. p. 86; WALD, Arnold et al. *O Direito de Parceria e a Lei de Concessões*. 2. ed. São Paulo: Ed. Saraiva, 2004. p. 391 e segs.

[9] SOBRAL, Izabel. *Curso Avançado de Licitações e Contratos Públicos* (Coord. Toshio Mukai). São Paulo: Editora Juarez de Oliveira, 2000. p. 223.

3. O chamado caráter *intuitu personae* dos contratos celebrados pela Administração Pública diz respeito à necessidade de atendimento de determinados requisitos objetivos, independentemente do sujeito que os atenda.

Nas palavras de Marçal Justen Filho, "diz-se que o contrato administrativo é pactuado *intuitu personae* para indicar um fenômeno jurídico específico. Significa que o preenchimento de certos requisitos ou exigências foi fundamental para a Administração escolher um certo particular para contratar. Porém, esses requisitos têm que ser objetivamente definidos, como regra. Excetuadas certas contratações muito peculiares (como a de artistas), a regra é o Estado estabelecer exigências objetivas, racionais e impessoais para seleção do particular. Um contrato administrativo *intuitu personae* no mesmo sentido do Direito Privado infringiria o princípio da Impessoalidade. Para o Estado é indiferente a personalidade psicológica do particular. O que é fundamental é contratar alguém que, objetivamente, caracteriza-se como idôneo".[10]

A cessão de contratos é, pois, perfeitamente possível, não violando a regra da licitação, desde que prevista no respectivo edital, nem tampouco o caráter *intuitu personae* da contratação administrativa, desde que o cessionário atenda, pelo menos com a mesma intensidade do cedente, às condições objetivas e subjetivas necessárias à execução do contrato.[11]

São, portanto, estes dois requisitos – prévia admissibilidade pelo edital de licitação e idoneidade para cumprir o contrato – que irão legitimar a cessão contratual, total ou parcial.

Quanto à cessão das concessões petrolíferas e minerárias em geral, a Constituição Federal é expressa em admiti-la no §3º do art. 176:

> §3º– A autorização de pesquisa será sempre por prazo determinado, e as autorizações e concessões previstas neste artigo não poderão ser cedidas ou transferidas, total ou parcialmente, sem prévia anuência do poder concedente.[12]

---

[10] JUSTEN FILHO, Marçal. *Concessões de Serviços Públicos*. São Paulo: Ed. Dialética, 1997. p. 51. Também Carlos Ari Sundfeld afirma que o caráter *intuitu personae* da contratação administrativa é bastante diverso da ideia de contratos personalíssimos oriunda do Direito Civil (ex., contrato com artistas, com escritores famosos, em que o objeto é indissociável do seu autor), surgindo apenas como "modo de impedir que a transmissão das obrigações contratuais a sujeito diverso diminua ou elimine as garantias obtidas no processo de formação do pacto" (SUNDFELD, Carlos Ari. *Licitação e Contrato Administrativo*. 2. ed. São Paulo: Ed. Malheiros, 1995. p. 254-255).

[11] Esse também tem sido o pacífico entendimento do TCU, sendo que em alguns casos ele chega até mesmo a considerar a cessão como uma imposição do interesse público, *verbi gratia*: "no presente caso o interesse público aponta para a cessão do contrato, a fim de que fosse garantida a execução da avença" (Processos nº TC-275.294/1996-0 e apensos). Nas Decisões nº 165/2001 – 2ª Câmara e no Acórdão nº 105/2001 – Plenário, o Tribunal expressamente acolheu a cessão, total ou parcial, com base na seguinte justificativa: "A cessão ou sub-rogação do contrato está amparada no inciso VI do art. 78 da Lei nº 8.666/93. A Lei apenas ressalva que deverá constar do Edital e do Contrato a autorização para o termo de cessão ou transferência".

[12] O art. 176 é a norma geral do Direito Minerário, enquanto o art. 177 é a regra especial desse ramo do Direito em relação a um dos seus produtos – o petróleo. Assim, as duas devem ser aplicadas conjuntamente, observada a especialidade desta, razão pela qual prevalecerá sobre os dispositivos do art. 176 sempre que possuir regra específica preceituando em sentido diverso. No caso da segunda parte do §3º do art. 176, como não há qualquer regra específica no art. 177 sobre a cessão das concessões, aplica-se aquela integralmente. Note-se, ainda, que as discussões bioquímicas existentes a respeito da classificação ou não do petróleo entre os minerais tornam-se irrelevantes do ponto de vista jurídico, considerando o tratamento unitário sempre dado pelo Legislador e pelo Constituinte brasileiros. Sobre o tema, ver: RUY BARBOSA, Alfredo. A Natureza Jurídica da Concessão

A possibilidade da cessão, total ou parcial, das concessões de exploração de jazidas foi, em razão das necessidades econômicas existentes no setor, considerada tão relevante pelo Constituinte, que ele entendeu por bem regulá-la especificamente no próprio corpo do Texto Maior, para vedá-la apenas no caso em que não haja a prévia anuência do poder concedente. Com isso, o art. 176, §3º, CF, em norma originariamente autoaplicável,[13] constitucionalizou o direito de os concessionários petrolíferos cederem, tanto total quanto parcialmente, os seus respectivos contratos de concessão.[14]

Deste modo, vencida uma licitação visando à concessão de exploração, os direitos dela decorrentes são, inclusive por força constitucional, sempre divisíveis e cessionáveis, no todo ou em parte, porque o concessionário não é proprietário do bloco, não é usufrutuário do bloco, mas apenas e tão somente *titular do feixe de direitos de explorá-lo*, direitos esses que são o objeto próprio do contrato de concessão. A concessão é uma legitimação para exercício de atividade, o que se denomina de norma atributiva, por oposição à norma proibitiva (de ser proprietário, diretamente, da jazida).[15]

Massimo Severo Giannini aponta para a caracterização central do contrato de concessão, que entende ser a legitimação para o exercício de atividade: "Segundo a tese prevalente, o regime de concessão não incidiria sobre o direito de empresa, mas sobre o exercício deste; a tese é de duvidoso fundamento e é preferível, portanto, concentrar-se em que este incida sobre a legitimação para o exercício, que seria o elemento constitutivo da legitimação. De fato, o elemento estrutural mais importante é o contrato que permite o acesso ao procedimento da concessão, no qual vêm regulados os poderes e os direitos potestativos da autoridade administrativa, as obrigações e os ônus do empreendedor, com possibilidade, reconhecida pela jurisprudência, de contemplar obrigações de conteúdo atípico (prestações atípicas); esses têm, assim, conteúdo potencialmente amplíssimo".[16]

Claramente, como já visto, não é a área ou o bloco o que se concede porque estes são bens públicos. O objeto da concessão é o direito de explorar, que integra o patrimônio da União e que trata de um complexo de posições jurídicas, posições estas orientadas à atividade empresarial prospectiva e lavradora. Trata-se, tipicamente, de concessão de atividade, a qual é monopólio da União. O que pode ser cedido são, então, essas posições jurídicas oriundas do contrato, tanto todas elas (cessão total), quanto parte delas (cessão parcial). A noção jurídica de atividade, própria do direito empresarial em economia de mercado, permite uma desmaterialização das coisas corpóreas sobre as que, ou mediante as quais, é exercida, de modo que se dá num plano obrigacional, não no plano do direito das coisas.[17]

Minerária. *In*: SOUZA, Marcelo Gomes de (Coord.). *Direito Minerário Aplicado*. Belo Horizonte: Ed. Mandamentos, 2003. p. 92-95.

[13] Cf. FERREIRA FILHO, Manoel Gonçalves. *Comentários à Constituição Brasileira de 1988*. 2. ed. São Paulo: Saraiva, 1999. v. II, p. 188.

[14] Sobre a conveniência em se ter constitucionalmente admitido as cessões objeto do dispositivo, ver: NASCIMENTO, Tupinambá Castro do. *A ordem econômica e financeira e a nova Constituição*. Rio de Janeiro: Ed. AIDE, 1989. p. 47.

[15] IRTI, Natalino. *L'ordine giuridico del mercato*. Bari: Laterza, 2003. p. 44-46.

[16] GIANNINI, Massimo Severo. *Diritto Pubblico dell'Economia*. Urbino: Il Mulino, 1995. p. 194-195.

[17] Agradecemos nessas e em outras reflexões aos aportes doutrinários e à colaboração do civilista Luciano Penteado.

Dando maior concretude aos dispositivos constitucionais pertinentes ao Direito do Petróleo, especificamente ao art. 176, §3º, 2ª parte, que contempla as cessões parciais e totais de concessões de exploração de jazidas, a Lei do Petróleo dispôs: Art. 29. É permitida a transferência do contrato de concessão, preservando-se seu objeto e as condições contratuais, desde que o novo concessionário atenda aos requisitos técnicos, econômicos e jurídicos estabelecidos pela ANP, conforme o previsto no art. 25. Parágrafo único. A transferência do contrato só poderá ocorrer mediante prévia e expressa autorização da ANP.

Vemos, assim, que, tanto a Constituição quanto a Lei asseguram o direito de o concessionário ceder o seu contrato. A configuração concreta desse direito não é, contudo, pré-especificada legislativamente, e nem seria recomendável que o fosse, já que provocaria um engessamento incompatível com as necessidades regulatórias de a ANP ir a cada rodada de licitação, diante das circunstâncias econômicas, tecnológicas e geológicas avaliadas, adequando e aperfeiçoando o regime das cessões contratuais.

Em outras palavras, o art. 29 da Lei do Petróleo opera uma remissão da regulamentação da matéria para o contrato, que poderá prever a cessão, total ou parcial, em qualquer das suas espécies, respeitando um núcleo mínimo essencial do direito garantido pela Lei e pela Constituição.[18]

Interpretando o art. 29 da Lei do Petróleo, poderíamos enumerar os seguintes requisitos para a concretização das cessões: *(1)* Manutenção do objeto, ou seja, a impossibilidade da cessão aumentá-lo ou diminuí-lo, não podendo, por exemplo, através da cessão, a ANP permitir que o novo concessionário venha a exercer direitos de explorar jazidas que não estariam contempladas originariamente pelo Edital de Licitação; *(2)* Preservação das condições do contrato inicial: índice de nacionalização, prazos, possibilidades de prorrogação, etc., devem continuar os mesmos; *(3)* Atendimento aos requisitos técnicos, econômicos e jurídicos fixados pela ANP no contrato, essencial em razão de o caráter *intuitu personae* dos contratos celebrados com a Administração Pública ser concernente ao atendimento das condições objetivas necessárias por parte do novo cocontratante; *(4)* Prévia e expressa autorização da ANP, como já exigido pelo art. 176, §3º, *in fine*, da Constituição Federal.

O que devemos ter em vista ao analisar a cessão concretamente prevista no contrato de concessão, malgrado o inegável amplo leque de opções outorgado à ANP na regulação contratual da matéria, é que ela estará densificando normas constitucionais e legais que preveem o instituto da cessão, não algum outro instituto, que pode até ser previsto como decorrência dos poderes genéricos da ANP de elaborar os seus contratos, mas não como implementação dos mencionados dispositivos legais e constitucionais.

Como afirma M. Júlio de Almeida Costa, "a cessão constitui um esquema negocial genérico, susceptível de concretizações diversas".[19] O contrato pode até dar

---

[18] Abordando especificamente as limitações às liberdades de empresa, Manuel Afonso Vaz afirma que "a restrição legal em caso algum pode suprimir o 'coração do direito', ou seja, um mínimo de exercício do direito que preserve o valor da autonomia da pessoa humana frente ao poder. [...] A esta exigência genérica, acresce a apreciação da necessidade e proporcionalidade dos limites impostos ao exercício da atividade econômica privada, em face dos outros direitos ou interesses constitucionais que a lei restritiva visa proteger. O poder de restrição é um poder excepcional, pois não se justifica como regra" (VAZ, Manuel Afonso. *Direito Econômico*. 4. ed. Coimbra: Coimbra Editora, 1998. p. 168-169).

[19] COSTA, M. Júlio de Almeida. *Direito das obrigações*. 9. ed. Coimbra: Almedina, 2001. p. 758.

uma conotação mais ampla, e menos perfeita, do ponto de vista da técnica jurídica, ao vocábulo "cessão", equiparando a ela conceitos inteiramente distintos, como "fusão, cisão e incorporação de empresas". O que não pode é o contrato, além de chamar de "cessão" o que não o é substancialmente, vedar qualquer cessão propriamente dita.

Do contrário, como no Direito o que importa é a substância, não o nome ou a forma, estar-se-ia abrindo espaço para a Administração Pública descumprir a Constituição e a Lei desde que desse, a algo diverso, o mesmo nome do instituto preceituado na norma hierarquicamente superior.

Nesse sentido, devemos, em decorrência do que já foi exposto, assim caracterizar, pelos seus efeitos, as cessões totais e parciais de contratos, inclusive, como não poderia deixar de ser, dos contratos de concessão de exploração de petróleo e gás:

1. Manutenção, total ou parcial, do contrato originário em relação ao cessionário. Do contrário teríamos uma novação.

2. Substituição do concessionário inicial pelo cessionário.

3. No caso de cessão parcial, a substituição é total na parte cedida. Em outras palavras, na cessão parcial, expressamente prevista na Lei nº 8.666/93 e no art. 176, §3º, CF, uma parte dos direitos inerentes ao contrato mantém-se com o cocontratante original, e, outra parte, é totalmente transferida para o cessionário, novo cocontratante.

4. Não há relação de solidariedade entre cessionário e cedente, pois ela contrariaria o cerne do conceito da cessão que é a da substituição integral do cedente pelo cessionário. Se houvesse solidariedade, seria, assim, subcontratação ou algum outro instituto, jamais uma cessão.[20] De fato, como expõe Diógenes Gasparini, "[n]a subcontratação, o contratado continua respondendo, perante a contratante, pela execução do objeto do contrato como um todo. [...] Na cessão há a transferência, parcial ou total, dos direitos decorrentes do contrato a terceiro, *com o cedente desvinculando-se*, no todo ou em parte, do contrato cujos direitos foram cedidos".[21]

Sendo assim, seria necessário verificar se há algum texto legal que imponha a solidariedade entre cedente e cessionário de contratos de exploração de petróleo e gás, e, de fato, inexiste artigo nesse sentido. Sendo assim, caso fosse imposta a solidariedade, não há cessão, mas apenas ingresso de mais um sujeito no polo dos concessionários que formam o consórcio concessionário. Não há cessão parcial sem desmembramento de relação jurídica.

A lei dispõe que há solidariedade entre as empresas do grupo consorciado pela execução do contrato (§2º do art. 19 da Lei nº 8.987/95). Faz sentido, neste caso, pois todas as empresas do grupo consorciado compõem, conjuntamente, um dos polos da

---

[20] A característica é também reforçada pelo Novo Código Civil, que dispõe: Art. 265. A solidariedade não se presume; resulta da lei ou da vontade das partes. Art. 296. Salvo estipulação em contrário, o cedente não responde pela solvência do devedor.
[21] GASPARINI, Diógenes. *Direito Administrativo*. 6. ed. São Paulo: Ed. Saraiva, 2001. p. 560.

relação contratual de maneira indistinta, e há uma unicidade no objeto da concessão, que é o direito de exploração, no momento da celebração do contrato.

Entretanto, admitida a cessão parcial, como prevê a Constituição (art. 176, §3º), para que seja cessão, isto é, transferência de algumas das posições jurídicas derivadas do contrato de concessão, não deve haver solidariedade, já que com ela não haveria cessão, mas integração de novo sujeito como parte do contrato em razão do dever de todos pelo objeto inteiro da relação jurídica em face do credor, constituindo substancialmente apenas uma alteração na composição do consórcio titular da concessão. Isto, claramente, não é o que se entende por cessão. A cessão parcial opera fracionando direitos e obrigações e excluindo o cedente de qualquer responsabilidade por elas em face do Poder Público.

O PODER NORMATIVO DA AGÊNCIA NACIONAL DO PETRÓLEO (ANP)

O direito do petróleo foi uma das áreas mais atingidas pela chamada reforma do Estado brasileiro.[1] A liberalização de um setor que tradicionalmente é permeado de preocupações nacionalistas e estratégicas, tendo ficado nas mãos de apenas uma empresa pública por décadas, não poderia se dar sem algumas perplexidades e percalços jurídicos, dificuldades estas potencializadas pelo ineditismo do modelo adotado em relação aos demais países que viveram o mesmo momento de abertura do setor: no Brasil, a empresa pública antes exclusiva continuou a existir, sendo criada concomitantemente uma agência reguladora, figura por si só eivada de controvérsias, para regular o setor, para assinar contratos de exploração e produção, para emitir autorizações, etc.

Estas perplexidades, como não poderia deixar de ser, logo se manifestaram no cotidiano da indústria do petróleo, que passou a lidar com instrumentos de regulação estatal até então desconhecidos ou pouco utilizados, além das peculiaridades já próprias do Direito do Petróleo.

Os legítimos interesses dos investidores merecem proteção, inclusive pelos altos riscos e elevados montantes que envolvem a atividade do petróleo. Todavia, este desiderato, para que tenha êxito, não pode desconsiderar os interesses estratégicos que foram acolhidos pelo Legislador e pelo Constituinte; o fato da atividade petrolífera, apesar de indubitavelmente constituir uma atividade econômica, continuar sendo um

---

[1] Marilda Rosado define o Direito do Petróleo como sendo "um conjunto de temas e questões do campo minerário que, pela especificidade de sua economia, amplitude e complexidade de seus efeitos, exige delimitação de conteúdo e fixação de um marco de referência metodológico" (ROSADO, Marilda. *As "Joint Ventures" na Indústria do Petróleo*. Rio de Janeiro: Ed. Renovar, 1997. p. 05).

monopólio estatal; e as mudanças que há décadas vêm se consolidando no Direito Administrativo como um todo.

Cabe, nesse sentido, trazer à baila a advertência de Carlos Ari Sundfeld de que a Constituição Federal não dá uma disciplina acabada para os diversos serviços públicos e atividades econômicas do Estado, deixando ao Legislador um campo bastante largo de conformação. Sendo assim, o estudo da matéria deve mais ter em vista a "legislação de regência", de cada uma dessas atividades, do que "recorrer-se acriticamente de lições doutrinárias (umas, velhíssimas e desatualizadas; outras, copiadas sem reflexão de livros estrangeiros, muitas vezes mal lidos; algumas ditadas por vinculações econômicas, partidárias ou pessoais), tentando encaixá-las à força na realidade, sem o menor respeito ao Direito Positivo vigente".[2]

É sob esta perspectiva que, por exemplo, hoje é muito mais profícua a elaboração científica do direito de os investidores participarem da elaboração dos regulamentos editados pela Agência Nacional do Petróleo (ANP), do que o repasse desgastado de teses oitocentistas do Princípio da Legalidade, que só cabem em alguns livros de doutrina menos atualizados e que, de toda sorte, são totalmente irrealistas na vida prática institucional, não apenas do Brasil, mas de todos os países ocidentais.

Elegemos como objeto do presente estudo o poder normativo da ANP, não apenas em razão da sua riqueza teórica, como pela grande importância prática que possui, vez que já não são poucas as normas regulamentares ou contratuais emitidas por esta autarquia especial que vêm causando dúvidas quanto à sua legalidade.

As normas aplicáveis às atividades petrolíferas são, em uma primeira escala, as constantes da Constituição e da Lei do Petróleo – Lei nº 9.478/97. Em seguida, há os regulamentos presidenciais, do Conselho Nacional de Política Energética e da ANP.

Carlos Ari Sundfeld observa que no setor do petróleo "o papel dos regulamentos presidenciais ficou reduzido, em função da outorga de parte dos poderes normativos à Agência. Mesmo assim, há regulamentos sobre a estruturação e o funcionamento da Administração (o Conselho Nacional de Política Energética é objeto do Decreto nº 2.457; e a Agência Nacional do Petróleo do Decreto nº 2.455, ambos de 1988; o procedimento sancionatório da ANP no exercício da regulação é tema do Decreto nº 2.953, de 1999), sobre as participações financeiras governamentais na exploração do petróleo e do gás (Decreto nº 2.705, de 1988) e sobre a exportação do petróleo, derivados e gás (Decreto nº 2.705, de 1998).

O mais são portarias[3] da ANP, editadas com o poder normativo para regulação conferido pela Lei do Petróleo e versando sobre assuntos tais quais a licitação de blocos para exploração de petróleo, a construção e operação de refinarias, as instalações de transporte, o direito de uso de gasoduto alheio, e assim por diante".[4]

O poder normativo das agências reguladoras é tema amplo e polêmico em todos os países em que foram implantadas. Porém, a análise do direito comparado demonstra que a polêmica em torno do amplo poder normativo outorgado às agências é diretamente

---

[2] SUNDFELD, Carlos Ari. A Regulação de Preços e Tarifas dos Serviços de Telecomunicações. In: Direito Administrativo Econômico. São Paulo: Ed. Malheiros, 2000. p. 318.

[3] Posteriormente, a ANP mudou a nomenclatura para "resoluções", já que, ao contrário das meras portarias, atos normativos de efeitos preponderantemente internos, gera efeitos sobretudo na esfera jurídica dos administrados.

[4] SUNDFELD, Carlos Ari. Regime Jurídico do Setor Petrolífero. In: Direito Administrativo Econômico. São Paulo: Ed. Malheiros, 2000. p. 386.

proporcional à aceitação que em todo canto estes poderes possuem pelos mais diversos fundamentos, invariavelmente acrescidos de razões práticas e da própria concepção desta espécie de instituições reguladoras.[5]

Preliminarmente, devemos conceituar o que deve se entender por "regulação", o que, longe de possuir interesse meramente acadêmico, é imprescindível para que seja definida a competência da ANP, ente constitucionalmente qualificado como o "regulador do monopólio da União".

Do conceito de regulação está excluída a atividade direta do Estado como produtor de bens ou serviços e como fomentador das atividades econômicas privadas,[6] que, junto com a regulação, constituem espécies do *gênero da intervenção do Estado na economia*.[7]

A noção de regulação implica a integração de diversas funções: pressupõe que um quadro seja imposto às atividades econômicas, devendo respeitar um certo equilíbrio dos interesses das diversas forças sociais presentes. Este quadro normativo é estabelecido por decisões gerais e abstratas, constantes geralmente de regulamentos; pela aplicação concreta das suas regras; e pela composição dos conflitos que delas advém, dando lugar, nestas duas últimas hipóteses, a decisões individuais.[8] Há, portanto, três poderes inerentes à regulação: aquele de editar a regra, o de assegurar a sua aplicação e o de reprimir as infrações.[9]

Entre todas as competências inerentes à regulação, a que mais gera polêmica é a de estabelecer normas genéricas e abstratas.

O presente trabalho não comportaria uma análise exaustiva do tema,[10] razão pela qual nos cindiremos aos seus aspectos mais relevantes para o Direito do Petróleo.

Como afirma Bernard Schwartz,[11] e ressalvadas as peculiaridades do Direito norte-americano, que aqui não se mostram fundamentais, o traço fundamental das agências administrativas independentes é o fato de possuírem uma combinação das funções de legislador, promotor e juiz. Iniciam processos, de ofício ou quando provocadas, julgando-os segundo as normas por elas próprias estabelecidas.

---

[5] Por todos, ver: MODERNE, Frank. Etude Comparée. *In*: COLLIARD, Claude-Albert; TIMSIT, Gerard (Coords.). *Les Autorités Administratives Indépendantes*. France: Presses Universitaires de France – PUF, 1988. p. 186-222.

[6] Alguns autores chamam esta intervenção de regulação operativa, em contraposição à regulação normativa, então por nós denominada simplesmente de regulação (MENDES, Conrado Hübner. Reforma do Estado e Agências Reguladoras. *In*: SUNDFELD, Carlos Ari (Coord.). *Direito Administrativo Econômico*. São Paulo: Ed. Malheiros, 2000. p. 117). Sobre a evolução de nossa posição sobre o tema, ver, contudo: ARAGÃO. Alexandre Santos de. *Agências reguladoras e a evolução do Direito Administrativo Econômico*. 3. ed. Rio de Janeiro: Ed. Forense, 2013.

[7] Daí se falar na passagem do Estado produtor ao Estado regulador, interventor, no entanto, em ambos os casos.

[8] CATTANEO, Salvatore. Agencies e Regulation nel Regno Unido. *In*: *Le Autorità Indipendenti – De fattori evolutivi ad elementi della transizione nel diritto pubblico italiano*. Milão: Giuffrè Editore, 1999. p. 263.

[9] GENTOT, Michel. *Les Autorités Administratives Indépendantes*. 2. ed. Paris: Ed. Montchrestien, 1994. p. 41. Na doutrina nacional também se observa que aos órgãos e entidades reguladores *"cabe não apenas operacionalizar a regulação contida em lei (normativa), através da competência que lhe é outorgada para fiscalizar e aplicar sanções, mas também complementar tal corpo normativo com regulamentos próprios,* além de possuir competência para também dirimir conflitos" (MENDES, Conrado Hübner. Reforma do Estado e Agências Reguladoras. *In*: SUNDFELD, Carlos Ari (Coord.). *Direito Administrativo Econômico*. São Paulo: Ed. Malheiros, 2000. p. 118. Grifamos).

[10] Para desenvolvimento do tema, ver o nosso: ARAGÃO, Alexandre. Os Ordenamentos Setoriais e as Agências Reguladoras Independentes. *In*: MOREIRA NETO, Diogo de Figueiredo (Org.). *Direito Político*. Rio de Janeiro: Ed. Lumen Juris/APERJ, 2000. p. 87-136.

[11] SCHWARTZ, Bernard. *American Administrative Law*. London: Sir Isaac Pitman & Sons Ltda., 1950. p. 13-14.

Em igual sentido, Juan Carlos Cassagne[12] observa que os poderes conferidos a estes órgãos e entidades são de "variada natureza e extensão". O panorama é amplíssimo, abrangendo os clássicos poderes administrativos relacionados com a fiscalização das atividades desenvolvidas pelos particulares, cumprimento das regras estabelecidas nos contratos de concessão, nas licenças ou nas autorizações, incluindo o estabelecimento de eventuais tarifas, poderes disciplinares, sancionatórios e preventivos de condutas prejudiciais aos interesses coletivos tutelados, etc.

O que se verifica é a transformação dos modelos de administração pública, que passam a se situar no desenho organizativo e na gestão de recursos em função da natureza das tarefas, levando à fragmentação harmônica do aparato administrativo, à necessidade de novos instrumentos de integração e coordenação, e ao reconhecimento de novos graus do exercício autônomo de competências normativas, com a emergência de mecanismos de controle mais finalísticos que hierárquicos.[13]

É, de fato, importante notar como, "de uma concepção de lei geral e abstrata de tradições liberais oitocentistas a uma legislação de caráter administrativo própria do Estado interventor, se esteja delineando uma tendência à expansão das normatizações setoriais, fruto de um ordenamento policêntrico e pluralista".[14]

Disto, não se pode, entretanto, inferir o fim do Estado de Direito, já que este não se confunde com o Estado legal ou Estado do Direito.[15]

O Estado legal ou do Direito consiste apenas no estabelecimento de uma regra de competência atributiva da sobrepujança do Poder Legislativo sobre os demais. O Estado de Direito, ao revés, consubstancia-se numa ordem axiológica da sociedade.[16] "Se o Estado do Direito se caracteriza essencialmente por suas formas e suas estruturas jurídicas, é, no Estado de Direito, a participação ideológica que prevalece sobre a arquitetônica jurídica e liga a esperança da liberdade à sua realização".[17]

O que devemos ter realmente em mira, independentemente de qual seja o Poder ou a entidade emanadora, é que as normas jurídicas devem, em qualquer hipótese,

---

[12] CASSAGNE, Juan Carlos. Los Nuevos Entes Regulatorios. In: *El Derecho Público Actual*. Buenos Aires: Ediciones Depalma, 1994. p. 45-46.

[13] O que importa frisar é que a autonomia ou a independência das agências reguladoras não implica em ausência de controles (não hierárquicos), vez que não podem ficar excluídas do planejamento e coordenação do conjunto das ações estatais. Note-se que, mesmo nos Estados Unidos da América do Norte, país no qual as agências reguladoras alcançaram o seu maior grau de autonomia, o Presidente da República editou a Ordem Executiva nº 12.886/93 – *Regulatory Planning and Review*. Este ato estabelece procedimentos obrigatórios para as agências, no sentido de que, antes de regulamentarem determinada matéria, devem comunicar a sua intenção a um órgão central do Governo – o *Regulatory Working Group* – é incumbido de alertá-las para as regulações desnecessárias, dúplices ou contraditórias entre si ou com a política governamental. Para maiores detalhes, remetemos o leitor à obra de: CARBONELL, Eloísa; MUGA, José Luis. *Agencias y Procedimiento Administrativo en Estados Unidos de América*. Madrid: Ed. Marcial Pons, 1996. p. 43-47.

[14] BILANCIA, Paola. Attività Normativa delle Autorità Indipendenti e Sistema delle Fonti. In: LABRIOLA, Silvano (Coord.). *Le Autorità Indipendenti*: da fattori evolutivi ad elementi della transizione nel Diritto Pubblico Italiano. Milano: Giuffrè, 1999. p. 146. (Grifamos).

[15] A pedra de cal no ideal legalista do iluminismo de que a lei (do parlamento) seria, por definição, justa, foi a série de iniquidades cometidas na história (nazismo, fascismo, etc.) através da lei. Nas palavras de Louis Favoreu, é "necessário proteger-se também contra ela e não mais exclusivamente contra os atos do poder executivo; a lei não está mais no centro do sistema normativo" (FAVOREU, Louis. A Evolução e a Mutação do Direito Constitucional Francês. In: BARROS, Sérgio Resende de; ZILVETI, Fernando Aurélio (Coords.). *Direito Constitucional – Estudos em Homenagem a Manoel Gonçalves Ferreira Filho*. São Paulo: Ed. Dialética, 1999. p. 215).

[16] MARIE-JOËLLE, Redor. *De l'État légal à l'État de Droit*. Paris: Ed. Economica, 1992. p. 389.

[17] GOYARD-FABRE, Simone. *Os Princípios do Direito Político Moderno*. (Trad. Irene A. Paternot). São Paulo: Ed. Martins Fontes, 1999. p. 322.

atender ao devido processo legal, em suas dimensões adjetivas e substantivas, e visar à realização dos valores constitucionais.

As leis atributivas de poder normativo às entidades reguladoras independentes possuem baixa densidade normativa, a fim de propiciar o desenvolvimento de normas setoriais aptas a, com autonomia e agilidade, regular a complexa e dinâmica realidade social subjacente. Ademais, recomenda-se que propiciem à Administração a possibilidade de, na medida do possível, atuar consensualmente, com alguma margem de negociação, junto aos agentes econômicos e sociais implicados.

Detalhando essa necessidade, Giuseppe Abbamonte[18] adverte que, diante de uma realidade de grande complexidade, decorrente da crescente concentração dos centros de poder econômico, se requer ações capazes de identificar e individuar obrigações, acompanhar o seu cumprimento, fixando, inclusive, regras de comportamento, inserindo-se na realidade, guiando-a e, possivelmente, corrigindo-a, ou, ao menos, reequilibrando as tendências desestabilizadoras. Deve haver a capacidade de coordenação do público e do privado, de modo a "receber material de primeira mão", calibrar a ação em relação às circunstâncias e, ao mesmo tempo, em relação às possibilidades concernentes aos vários ramos de atividades econômicas, na sequência do tempo e na diversidade de lugares".

Abordando a matéria, Marco Aurélio Greco,[19] em debate realizado na Federação das Indústrias do Estado de São Paulo (FIESP), indagou: "Será que numa interpretação do direito positivo nós não deveríamos interpretar legalidade com eficiência, e, óbvio, eficiência com legalidade? Mas em que a legalidade deixa de ser um desenho formal para ser um instrumento funcional de obtenção de resultados, de atingimento de objetivos? E, talvez, dentro deste contexto, e a partir deste desenho é que nasceriam essas agências, com reflexos, automaticamente, no seu poder regulamentar, que em certa medida, acredito que até extravasa a figura do regulamento clássico".

Com efeito, devemos observar que o Poder Legislativo, face à complexidade, ao dinamismo e à tecnicização da sociedade, tem distinguido os aspectos políticos dos de natureza preponderantemente técnica da regulação social, retendo os primeiros, mas, consciente das suas naturais limitações, transpassando a outros órgãos ou entidades, públicas ou privadas, a normatização de cunho marcadamente técnico. Porém, mesmo nestes casos resguarda o Poder Legislativo o balizamento e a coordenação destas regulações pluriformicas e pluricêntricas.[20]

---

[18] Abbamonte, GIUSEPPE. *Trattato di Diritto Amministrativo*. (Dirigido por Giuseppe Santaniello). Padova: CEDAM, 1990. v. 8, p. 87.

[19] Excerto dos debates realizados na reunião do Conselho Superior de Assuntos Jurídicos e Legislativos (CONJUR), realizada em 30 de março de 2000, na sede da FIESP/CIESP, sob o tema "Reforma do Estado: O papel das agências reguladoras e fiscalizadoras", constante do Caderno de Debates nº 18 do Instituto Roberto Simonsen-IRS. p. 39.

[20] Merece transcrição o seguinte excerto de Manoel Gonçalves Ferreira Filho, no qual o autor, com maestria, distingue as leis que devem permanecer no âmbito do Legislativo, e as que, pela natureza, devem ser por este confiadas a sedes normativas não parlamentares: "Não sendo necessária a vinculação entre democracia e legislação parlamentar, é possível e mesmo urgente que novos rumos sejam experimentados no campo da elaboração legislativa. Tais experiências não poderão, de per si, ainda que amesquinhem a participação das câmaras nesta tarefa, ser recusadas por antidemocráticas, desde que atendam os valores fundamentais da liberdade e igualdade. Por outro lado, é preciso ter presente que nenhum regime político deve olvidar a eficiência como um dos critérios, e não dos menores, por que sua ação há de se pautar. [...] As leis instrumentais se inscrevem como meios para a realização de objetivos determinados, aprovados pelo próprio povo. Nesse contexto, se quem quer o fim, quer os meios, é mister que, permitindo-se ao povo o estabelecimento das metas,

A necessidade de descentralização normativa, principalmente de natureza técnica, é a razão de ser das entidades reguladoras independentes, ao que podemos acrescer o fato da competência normativa, abstrata ou concreta, integrar o próprio conceito de regulação.

A Lei do Petróleo – Lei nº 9.478/97, portanto, sem dar início *de per se* a uma normatização mais completa, e, muito menos, exaustiva da matéria, estabelece parâmetros e objetivos gerais da regulamentação a ser feita pela ANP, que deverá buscar "preservar o interesse nacional" (art. 1º, I), "valorizar os recursos energéticos" (art. 1º, II), "promover a livre concorrência" (art. 1º, IX), "atrair investimentos" (art. 1º, X), "ampliar a competitividade do país" (art. 1º, XI), "promover o aproveitamento racional dos recursos energéticos do País" (art. 2º, I), "assegurar o suprimento de insumos energéticos" (arts. 2º, II e 8º, I), proteger "os interesses dos consumidores" (art. 8º, I, *in fine*), etc.

A Lei do Petróleo, a exemplo das demais leis instituidoras de agências reguladoras, integra a categoria das leis-quadro (*lois-cadre*) ou estandardizadas, próprias das matérias de particular complexidade técnica e dos setores suscetíveis a constantes mudanças econômicas e tecnológicas.

As leis com essas características não dão maiores elementos pelos quais o administrador deva pautar a sua atuação concreta ou regulamentar, referindo-se genericamente a valores morais, políticos e econômicos existentes no seio da sociedade (saúde pública, utilidade pública, suprimento do mercado interno, boas práticas da indústria, competição no mercado, preços abusivos, continuidade dos serviços públicos, regionalização, etc.). Assim, confere à Administração Pública um grande poder de integração do conteúdo da vontade do legislador, dentro dos quadros por ele estabelecidos. O objetivo das leis assim formuladas é "introduzir uma vagueza que permita o trato de fenômenos sociais, muito fugazes para se prestarem ao aprisionamento em uma regra precisa".[21]

Destaque-se que a referência aos "quadros estabelecidos pela lei" não concerne apenas a determinado diploma legislativo, mas ao conjunto do ordenamento jurídico. É este que, explícita ou implicitamente, em seu sistema, confere às agências independentes poder regulamentar sobre determinada matéria, não nos sendo dado ficar presos apenas à letra da lei.[22]

Com isto, não estamos "forçando" o conteúdo da Constituição, mas apenas aplicando o princípio dos *"implied powers"*, concebido por Marshall nos seguintes termos: "Legítimo o fim e, dentro da esfera da Constituição, todos os meios que sejam convenientes, que plenamente se adaptem a este fim e que não estejam proibidos, mas que sejam compatíveis com a letra e o espírito da Constituição, são constitucionais".[23]

---

deixe-se ao governo a escolha do instrumental necessário para a sua efetivação" (FERREIRA FILHO, Manoel Gonçalves. *Do Processo Legislativo*. 3. ed. São Paulo: Ed. Saraiva, 1995. p. 268-269. Grifamos).

[21] BOURCIER, Danièle. *La Décision Artificielle*. France: PUF, 1995. p. 61. Maurice Hauriou destaca a grande importância desta técnica legislativa no Direito Administrativo, vez que *"o standard, flexível e mutável, representa no direito o elemento de mobilidade"* (HAURIOU, Maurice. *Aux Sources du Droit*. Paris: Librarie Bloud & Gay, 1993. p. 150-151. Grifamos).

[22] A respeito da pobreza da interpretação meramente literal, vale a pena citar a espirituosa passagem de voto proferido pelo Min. Luiz Galloti: "De todas, a interpretação literal é a pior. Foi por ela que Cléia, na *Chartreuse de Parme*, de Stendhal, havendo feito um voto a Nossa Senhora de que não mais veria seu amante Fabrício, passou a recebê-lo na mais absoluta escuridão, supondo que assim estaria cumprindo o compromisso" (GALLOTI, Luiz apud BARROSO, Luís Roberto. *Interpretação e Aplicação da Constituição*. São Paulo: Ed. Saraiva, 1996. p. 120).

[23] MARSHALL apud BLEDEL, Rodolfo. *Introducción al Estudio del Derecho Publico Anglosajón*. Buenos Aires: Editorial Depalma, 1947. p. 57.

Note-se que a posição ora defendida em relação ao poder regulamentar das agências reguladoras é há muito referendada pelos nossos Tribunais, mesmo antes da previsão constitucional de órgãos reguladores específicos, a exemplo do "órgão regulador do monopólio da União" sobre as atividades petrolíferas.

Pela sua pertinência com o Direito do Petróleo, podemos trazer à baila, como exemplo, o seguinte excerto de decisão do Superior Tribunal de Justiça (STJ), na qual o Ministro Humberto Gomes de Barros afirmou a possibilidade da Administração Pública, para alcançar as finalidades genéricas da disciplina da matéria, mas sem qualquer autorização legal específica, restringir a liberdade dos postos adquirirem combustíveis:

> A Constituição Federal, em seu art. 170, preceitua que a ordem econômica é fundada na valorização do trabalho humano e na livre iniciativa, tendo por finalidade assegurar a todos a existência digna, conforme os princípios que enuncia.
>
> No seu art. 174 pontifica que, como agente normativo, e regulador da atividade econômica, o Estado exercerá, na forma da lei, as funções de fiscalização, incentivo e planejamento.
>
> Desses dispositivos resulta claro que o estado pode atuar como agente regulador das atividades econômicas em geral, sobretudo das que cuidam das empresas que atuam em um setor absolutamente estratégico, daí lhe ser lícito estipular preços que devem ser por elas praticados.
>
> Montado nestes argumentos, não tenho dúvida em afirmar que o senhor Ministro dispõe de autoridade para impedir que o granelista venda combustível ao varejista ligado a bandeira que não é a sua.
>
> Como registrei acima, controlar a *execução de determinada norma é fazer com que ela se desenvolva em busca dos fins sociais para a qual a regra foi concebida.*
>
> Os preceitos que disciplinam a distribuição de combustíveis têm como finalidade fazer com que os usuários de tais produtos recebam, com segurança e facilidade, produtos de boa qualidade. Isto ocorre, porque a exibição do logotipo de marca famosa traduz a afirmação de que no local se vende daquela marca.
>
> Ora, se o posto negocia produtos cuja origem não corresponda à sua bandeira, ele estará enganando o freguês [...].
>
> Quando o freguês é iludido, a distribuição de combustível não estará correspondendo aos fins sociais que orientam as normas disciplinadoras da distribuição de combustíveis.[24]

---

[24] MS nº 4.578/DF (grifos nossos).

Colocadas as premissas que comportaram a desmistificação do conceito oitocentista de legalidade, passemos a analisar especifica e detalhadamente os poderes normativos outorgados pelo art. 177, §2º, III, da Constituição Federal e pela Lei do Petróleo à ANP.

Para melhor disposição metodológica da matéria, optamos por expô-la mediante itens descritivos do poder normativo da ANP, seja em relação às suas potencialidades, seja no que toca aos limites que deve observar. Vejamos:

1. A ANP deve, ao elaborar editais de licitação e contratos de concessão para a exploração e produção de petróleo, atender aos objetivos cuja realização lhe é atribuída pela Lei do Petróleo e pelo Conselho Nacional de Política Energética (arts. 1º, 2º e 8º, Inciso I, da Lei do Petróleo). Ao estabelecer estas normas editalícias e contratuais, a ANP estará sempre sujeita às normas constitucionais, legais e regulamentares pertinentes. As normas regulamentares poderão ser revogadas quando forem de sua competência, mas não poderão ser descumpridas em casos concretos enquanto a revogação não se efetivar.

2. Na determinação dos meios para a realização dos fins da Lei do Petróleo e da Política Nacional do setor (ex.: art. 8º, incisos I, IX e X), a Agência possui, via de regra, ampla margem de discricionariedade, não só para a emissão de normas gerais e abstratas, mas também para a fixação das cláusulas dos contratos de concessão e dos termos das autorizações.

3. A margem de normatização da Agência descrita no item anterior é, no entanto, menor nos casos em que a própria Lei houver pré-determinado os meios (leia-se, as normas e cláusulas) das quais deverá se valer para atendimento dos objetivos nela fixados.

   É o que se dá em relação às concessões, para as quais a Lei do Petróleo estabelece *de per se* uma disciplina mais clara, diversamente do que ocorre com as autorizações, cuja disciplina legal é bastante avara, o que dá à Agência um campo de regulação especialmente amplo sobre as atividades autorizadas.

4. Muitas vezes a própria Lei expressamente remete a matéria à regulamentação da ANP (ex.: arts. 8º, III, V, *in fine*, VI, XV; 9º; 29, *in fine*; 53, §1º; 56, Parágrafo único).

   Todavia, como visto na decisão do STJ citada, o fato de a Lei remeter expressamente determinadas matérias às normas da Agência, não ilide os amplos poderes normativos que podem existir em matérias não especificadas e não exaustivamente disciplinadas pela Lei.

5. Uma vez celebrada a concessão, a Agência permanece com o poder de emitir normas genéricas e abstratas a respeito das atividades de exploração e produção de petróleo. Em regra, essas normas deverão se desenvolver apenas no espaço de normatização/integração deixado pelos próprios contratos de concessão através de lacunas, de remissões à regulamentação da ANP ou da utilização de conceitos jurídicos indeterminados (ex.: as boas práticas da indústria do petróleo), que podem ser densificados pela Agência sempre na senda da persecução da política pública traçada para o setor pela Lei e pelo Conselho Nacional de Política Energética.

6. Mais controvertida é a possibilidade de a ANP poder editar normas que contrariem o contrato de concessão. Entendemos que as cláusulas do contrato que forem oriundas diretamente da Lei (por exemplo, as previstas no art. 44

da Lei do Petróleo) não podem ser atingidas por normas regulamentares anteriores ou posteriores. Mas as cláusulas que advieram tão somente do poder regulatório da ANP de elaboração dos editais e das minutas de contrato (art. 8º, IV) poderão, dentro do princípio do *trial and error* das políticas públicas, ser proporcional, motivada e razoavelmente adequadas às contingências, sempre observados os objetivos fixados pela Lei e pelo Conselho Nacional de Política Energética. Tanto é assim, que o art. 19 da Lei do Petróleo estabelece o procedimento que deve preceder à edição de "normas administrativas que impliquem afetação de direitos dos agentes econômicos".

Com efeito, o Estado atua "no esforço constante de controlar as consequências de suas ações, a fim de as corrigir a tempo. Portanto, avançará apenas passo a passo e sempre comparará cuidadosamente os resultados perspectivados com os realmente alcançados, estando continuamente atento aos efeitos secundários indesejáveis".[25]

7. Em relação às autorizações, a ANP tem amplo poder de normatização ao longo do desenvolvimento das atividades autorizadas, conformando-as permanentemente aos objetivos da política pública do setor. Isso decorre não apenas do laconismo da Lei na matéria, como também da própria natureza – funcional e operativa – dessas autorizações. Ressalva-se, contudo, que a imposição de obrigações às empresas autorizatárias não podem chegar ao ponto de inviabilizar *tout court* a atividade, com o que estaria a ANP, por via indireta, transformando a autorização petrolífera em ato precário.

8. O art. 19 da Lei do Petróleo impõe a obrigatoriedade da realização de prévia audiência pública pela ANP a respeito das normas que pretenda emitir que possam afetar direitos dos agentes econômicos, dos consumidores e usuários de bens e serviços da indústria do petróleo, tal como definida no inciso XIX do art. 5º.

Note-se que esta exigência procedimental, longe de ser mera formalidade, é requisito da validade das normas a serem editadas, e impõe não apenas a mera realização da audiência, como, em virtude do Princípio da Motivação, a apreciação, e se for o caso, a recusa justificada, de todas as críticas e sugestões formuladas – doutrina do *hard look*.[26]

O que a Lei do Petróleo objetiva com a exigência de audiências públicas é suprir o déficit democrático conatural a todas as agências reguladoras que, além de amplos poderes normativos, têm os seus dirigentes resguardados da livre exoneração pelos titulares de poder político democraticamente eleitos (art. 9º, Lei nº 9.986/2000).

A administrativização da regulação social, a sua crescente tecnicidade, que a coloca não mais diretamente vinculada aos juízos de natureza preponderantemente política, assim como a perda de densidade das leis, que têm a sua

---

[25] ZIPPELIUS, Reinhold; CANOTILHO, J. J. Gomes (Coord.). *Teoria Geral do Estado*. (Trad. Karin Praefke-Aires Coutinho). 3. ed. Lisboa: Fundação Calouste Gulbenkian, 1997. p. 469-470.

[26] RUBIRA, Juan José Lavilla. *La Participación Pública en el Procedimiento de Elaboración de los Reglamentos en los Estados Unidos de América*. Madrid: Ed. Civitas, 1991. p. 142-146.

força normativa postergada para o momento da sua concretização,[27] se, por um lado, colocaram em cheque os mecanismos de legitimação tradicionais, típicos do Estado liberal-burguês, por outro, impôs ao Estado e aos seus órgãos de regulação a emergência de novos modos de legitimação.

Em primeiro lugar não devemos olvidar que a regulação estatal é direcionada pelos objetivos fixados nas leis e na Constituição. Neste contexto, muito mais do que aferir a legitimidade da regulação pela sua subsunção lógico-formal a determinado preceito legislativo, deve ser verificado o *atendimento das finalidades públicas* a que se destina, vez que, *ao esquema, não mais exclusivo, de preceito-sanção, devemos agregar o de objetivo-meio eficaz*.[28]

Em segundo lugar, como *legitimação do processo decisório*, devem ser adotadas medidas capazes de suprir o déficit de democraticidade da regulação administrativa, criando um "espaço público de discussão",[29] inclusive, tal como preconizado pela Lei do Petróleo (art. 19), mediante a participação pública na edição dos atos normativos, e a obrigação da Administração, ao expedir o regulamento, motivar as recusas às sugestões e críticas da coletividade.

Mister se faz advertir apenas que a participação pública no processo regulatório (*decision-making process*) se reporta essencialmente à sua fase preparatória, não retirando da administração a última palavra na matéria,[30] desde que o faça motivadamente e dentro dos quadros estabelecidos pela lei.

Devemos também advertir que a Lei do Petróleo impõe a realização de audiências públicas apenas para a edição de normas que possam afetar *direitos*, não meros *interesses*, ressalvada, no entanto, a faculdade da ANP, sempre que a matéria for de interesse geral, submetê-la à consulta pública, tal como disposto no art. 31 da Lei do Processo Administrativo Federal, Lei nº 9.784/99.

Condensando o exposto, podemos afirmar que o poder normativo da ANP deverá, malgrado a sua inegável amplitude, se basear nos princípios do Estado Democrático

---

[27] "A autonomia crescente do executivo perante a lei coloca-lhe, contudo, o problema espinhoso da legitimação da sua ação; é que esta, por ser cada vez mais independente da lei, não pode esperar dela a legitimação democrática que decorre do facto de a lei representar autenticamente a opinião pública dominante. Por outro lado a legitimação que para a actividade administrativa poderia derivar da sua fiscalização parlamentar depara igualmente com limites intransponíveis, dado que grande parte da moderna acção administrativa no domínio econômico é levada a cabo por entidades públicas, privadas ou mistas dotadas para tanto de meios próprios independentes relativamente ao governo, o que dificulta o controle político parlamentar, pois que não é possível invocar os meios da subordinação hierárquica e da centralização administrativa para responsabilizar o governo pela acção desenvolvida" (MONCADA, Luis S. Cabral de. *Direito Econômico*. 2. ed. Coimbra: Coimbra Editora, 1988. p. 42).

[28] MORAND, Charles-Albert. *Le Droit Néo-Moderne des Politiques Publiques*. Paris: LGDJ, 1999. p. 101-102.

[29] MORAND, Charles-Albert. *Le Droit Néo-Moderne des Politiques Publiques*. Paris: LGDJ, 1999. p. 103. O autor suíço cita como exemplo uma decisão do Tribunal Federal do seu país: "A ideia de compensar a falta de densidade normativa pela participação não é ausente na jurisprudência. O Tribunal Federal, assim, por exemplo, considerou que, em virtude da fraca densidade normativa da regulamentação de prevenção de catástrofes, a Administração deveria instaurar um diálogo com as empresas, a fim de determinar em comum as medidas a serem tomadas" (MORAND, Charles-Albert. *Le Droit Néo-Moderne des Politiques Publiques*. Paris: LGDJ, 1999. p. 103).

[30] Luis S. Cabral de Moncada observa que "a concertação das decisões administrativas modificou o processo de formação respectiva, mas não as afectou na sua estrutura de decisões unilaterais. Assim sendo, manteve-se quase sempre inalterado o modelo tradicional (unilateral) da actuação administrativa, muito embora a respectiva orgânica tenha se modificado radicalmente" (MONCADA, Luis S. Cabral de. *Direito Econômico*. 2. ed. Coimbra: Coimbra Editora, 1988. p. 43).

de Direito e da Administração Pública, notadamente nos princípios da *razoabilidade* e da *eficiência*, restringindo os direitos e interesses, individuais ou coletivos, apenas na medida em que a restrição for capaz de atingir com eficiência os fins públicos legitimamente almejados. "Trata-se de uma tarefa que todos os dias se coloca de novo, e de uma arte política que consiste em procurar continuamente uma relação ótima entre a proporção imprescindível de regulamentação estatal, por um lado, e autorregulação e autodesenvolvimento, "autônomos", por outro. A análise teórica não pode mais do que tentar tornar as conexões mais transparentes. No entanto, não pode resolver a tarefa da política de encontrar a medida justa em função das situações concretas alternantes e de regular convenientemente o estado de coisas".[31]

O Direito do Petróleo demonstra, como poucos outros ramos do Direito, a necessidade de equilibrada composição da dialética existente entre as esferas pública e privada; entre o interesse público e os interesses privados; regulação estatal e livre iniciativa; nacionalismo e mercado globalizado; entre a necessidade de preservação e a emergência da expansão.

A solução dos problemas inerentes ao Direito do Petróleo pressupõe o permanente recurso à proporcionalidade entre os valores envolvidos, vez que a preponderância *a priori* de qualquer um deles, por parcial, estará fadada ao insucesso.

Foi no esforço de nos mantermos dentro desses lindes metodológicos que buscamos colaborar para a solução de alguns dos desafios colocados aos teóricos e operadores que atuam com o Direito do Petróleo.

Após analisados os contornos do poder normativo da Agência Nacional do Petróleo (ANP), podemos chegar às seguintes conclusões:
- Ultrapassada a feição oitocentista do Princípio da Legalidade, ele deve ser entendido como assecuratório de uma atuação administrativa eficiente, proporcional e jungida aos fins legais;
- A ANP é dotada de poder normativo para implementar a política estabelecida para o setor petroleiro pela Lei do Petróleo e pelo Conselho Nacional de Política Energética, observadas as normas legais específicas eventualmente existentes; e
- Nos casos em que exigida pela Lei do Petróleo, a audiência pública constitui requisito essencial para a validade das normas da ANP.

---

[31] ZIPPELIUS, Reinhold; CANOTILHO, J. J. Gomes (Coord.). *Teoria Geral do Estado*. (Trad. Karin Praefke-Aires Coutinho). 3. ed. Lisboa: Fundação Calouste Gulbenkian, 1997. p. 475.

AS BOAS PRÁTICAS DA INDÚSTRIA DO PETRÓLEO COMO O EIXO DA REGULAÇÃO DO SETOR

1 O princípio da legalidade e a regulação da indústria do petróleo

Preliminarmente, devemos destacar que pouca divergência há quanto à necessidade de base legal para a Administração Pública editar os seus atos concretos, unilaterais e bilaterais, e normativos. As discussões se centram no nível de densidade normativa que essas leis devem possuir para outorgar poderes à Administração; ou seja, até que ponto a lei deve pré-estabelecer os conteúdos dos atos a serem expedidos infralegalmente pela Administração Pública; até que ponto pode conferir liberdade (sempre limitada) à Administração Pública para definir direitos e obrigações. Trata-se de identificar o âmbito em que a Administração Pública pode optar por tal ou qual medida, âmbito este de faculdade e poder que é reconhecido, querido e determinado pela lei.

Charles Eisenmann[1] enumera quatro possíveis visões do Princípio da Legalidade, ou seja, quatro possíveis formas de se conceber a subordinação da Administração à lei. Vejamos, uma a uma, das menos para as mais restritivas dos poderes da Administração Pública:

---

[1] EISENMANN, Charles. *Cours de Droit Administratif*. Paris: Ed. L.G.D.J., 1982. t. I, p. 462-472.

1. Para a atuação da Administração Pública é suficiente que ela não viole qualquer norma legal, ou seja, na inexistência de normas legais que a obriguem a fazer ou a deixar de fazer algo, tem liberdade para atuar. Nesta acepção, a legalidade seria uma relação de não contrariedade com a lei.[2]
2. A Administração Pública pode fazer o que uma norma superior, legal ou constitucional, a autorize, a habilite a fazer, ainda que não entre nos detalhes do conteúdo dos atos a serem emitidos. Nesta perspectiva, a Administração não possui liberdade na ausência de lei, mas basta que esta lhe atribua a competência. Privilegia-se, portanto, a existência de habilitação formal para o exercício de competência para a realização de determinados fins.
3. A Administração só pode emitir os atos que se esteiem em norma legal, não apenas habilitadora, mas predeterminante do conteúdo dos atos a serem praticados.
4. Em uma exigência adicional em face da visão anterior, a Administração Pública tem que estar apoiada em norma legal que esgote o conteúdo dos atos a serem tomados, a qual também deve *determinar*, e não apenas facultar, a sua prática. Por esta visão, todas as competências da Administração Pública só poderiam ser vinculadas.

A primeira visão é inviável por igualar a liberdade de atuação da Administração Pública àquela dos indivíduos, e, no choque entre estas duas liberdades, a esfera de autonomia dos indivíduos se veria, em razão da imperatividade dos atos da Administração Pública, reduzida a limites aquém daqueles que devem decorrer do Estado de Direito – que resguarda os indivíduos contra a vontade ilimitada das autoridades administrativas.

A quarta também seria impraticável, mas por razões opostas, já que impediria qualquer esfera de apreciação própria da Administração Pública em um Estado social de Direito, que possui múltiplas e complexas atribuições a serem exercidas em um contexto de grande dinamismo.

A discussão fica, portanto, entre as duas opções intermediárias, que veem o princípio da legalidade como impositivo de uma relação de conformidade da Administração Pública com a lei.

Pela terceira, a Administração Pública pretensamente não criaria direitos e obrigações, que já estariam previamente estabelecidos pela lei, mas apenas detalharia, ainda que com certa margem de discricionariedade, a maneira com deveriam ser implementados.

Pela segunda concepção, ao revés, bastaria a existência de leis autorizativas da atuação administrativa, que, sem chegar a predeterminar o conteúdo dos direitos e obrigações, mas fixando alguns parâmetros, facultam à Administração Pública tomar uma entre várias medidas possíveis (ex.: "Tomar todas as medidas necessárias para alcançar os objetivos x, y e z").

Odete Medauar, uma das poucas administrativistas brasileiras que tratam da doutrina de Eisenmann, essencial para a compreensão da matéria ora tratada, preleciona:

---

[2] EISENMANN, Charles. O Direito Administrativo e o Princípio da Legalidade. *Revista de Direito Administrativo*, v. 56, p. 54-55, Rio de Janeiro, 1959.

O terceiro significado – somente são permitidos atos cujo conteúdo seja conforme a uma hipótese abstrata fixada explicitamente por norma legislativa –, traduz uma concepção rígida do princípio da legalidade e corresponde à ideia de Administração somente executora da lei; hoje não mais se pode conceber que a Administração tenha só este encargo.[3] Esse significado do princípio da legalidade não predomina na maioria da atividade administrativa, embora no exercício do poder vinculado possa haver decisões similares a atos concretizadores de hipóteses normativas abstratas.[4]

O segundo significado exprime a exigência de que a Administração tenha habilitação legal para adotar atos e medidas; desse modo, a Administração poderá justificar cada uma de suas decisões por uma disposição legal; exige-se base legal no exercício dos seus poderes. Esta é a fórmula mais consentânea à maior parte das atividades da Administração brasileira, prevalecendo de modo geral. No entanto, o significado contém gradações; a habilitação legal, por vezes, é somente norma de competência, isto é, norma que atribui poderes para adotar determinadas medidas, ficando a autoridade com certa margem de escolha no tocante à substância da medida; por vezes, a base legal expressa um vínculo estrito do conteúdo do ato ao conteúdo da norma ou às hipóteses aí arroladas.[5]

Tomando por paradigma as quatro possíveis concepções da legalidade colacionadas por Eisenmann, podemos afirmar que Guido Zanobini[6] critica a visão de que a Administração Pública constitui um poder apenas "executivo", já que a ela não compete simplesmente "executar e implementar a norma jurídica, mas sim, o que é profundamente diverso, satisfazer os interesses coletivos".[7]

---

[3] Em outra obra, a Professora Odete Medauar minudencia a sua posição: "Essa conotação decorre da ideia da Administração como executora da lei, que predominou no século XIX e princípios do século XX. Hoje essa ideia vem sendo questionada, ante as atribuições atuais do Poder Executivo e da Administração e sobretudo porque a função administrativa talvez nunca tenha se limitado a executar a lei ou a executar a lei de ofício. Embora norteada pelo Princípio da Legalidade, a função administrativa não tem o fim único de executar a lei, desempenhando amplo rol de atividades que propiciam serviços, bens, utilidades, dificilmente 'enquadráveis' na rubrica 'execução da lei'" (MEDAUAR, Odete. *A Processualidade no Direito Administrativo*. São Paulo: Ed. RT, 1993. p. 53).

[4] "A segurança jurídica da previsibilidade aplicativa das normas, permitindo almejar como ideal de sistema administrativo uma postura decisória siolgístico-subsuntiva das normas, encontra-se hoje completamente ultrapassada pela flexibilidade do conteúdo da legalidade". [...] Em vez disso, *assiste-se a uma progressiva indeterminação e abertura densificadora da normatividade a favor da Administração Pública que, por esta via, adquire um crescente ativismo na revelação e construção das soluções concretas e regulamentares, conferindo-se uma inerente maleabilidade à legalidade administrativa que vive tempos de erosão do seu habitual e repetido papel puramente vinculativo da atuação administrativa.* [...] *Os alicerces políticos do princípio da legalidade administrativa revelam que, ao invés da interpretação tradicional dos postulados filosóficos liberais, a vontade do poder executivo nunca é totalmente alheia ao conteúdo configurativo dessa mesma legalidade: a ideia de uma genérica natureza heterovinculativa da legalidade face ao poder executivo é um mito*" (OTERO, Paulo. *Legalidade e Administração Pública – o sentido da vinculação administrativa à juridicidade*. Coimbra: Ed. Almedina, 2003. p. 162, 894 e 1.101. Grifamos).

[5] MEDAUAR, Odete. *Direito Administrativo Moderno*. 7. ed. São Paulo: RT, 2003. p. 137.

[6] ZANOBINI, Guido. *L'Attività Amministrativa e la Legge, in Scritti Vari di Diritto Pubblico*. Milano: Ed. Giuffrè, 1955. p. 203-218.

[7] "Para Hegel, a função do Monarca na aplicação da lei seria somente a de por o pingo no 'i'. Todavia, em todos os filósofos não se contesta a questão de como se deve preencher o abismo entre a lei necessariamente geral, que deve 'dominar', e as necessárias decisões nas situações concretas. Não se pode desconhecer que se trata de algo mais do que uma simples aplicação da lei. Trata-se do estabelecimento de normas sob o Direito Constitucional e de atos relacionados com uma situação concreta. Ambas coisas exigem que sejam adotadas decisões obrigatórias para outros. Assim, com a simples fórmula de que não devem ser os homens que dominam, mas sim as leis abstratas e impessoais, não se resolveu nada" (LARENZ, Karl. *Derecho Justo*. (Trad. Luis Diez-Picazo). Madrid: Ed. Civitas, 1985. p. 153-154). Vê-se, assim, o caráter meramente mítico de uma estrita vinculação da Administração Pública à lei.

José Manuel Sérvulo Correia[8] deduz da distinção de Charles Eisenmann as seguintes concepções do Princípio da Legalidade: (a) não contrariedade (compatibilidade, preferência da lei ou legalidade-limite), ou seja, a exigência de a ação administrativa não poder entrar em contradição com uma lei, apesar de não necessariamente haver de nela ter um esteio; e (b) conformidade (reserva de lei ou legalidade-fundamento), que, além da não contradição, exige que a Administração atue com respaldo em alguma lei, de forma que os seus atos sempre consistam de alguma forma na aplicação de preceitos legais (ou, naturalmente, constitucionais).

Essa "conformidade", todavia, subdivide-se, podendo reduzir-se à (b.1) mera legalidade formal, pela qual "basta a existência de normas que tenham por objectivo regular a produção jurídica do acto, atribuindo poderes para a sua emissão",[9] não sendo necessária a (b.2) legalidade material, por força da qual a lei já deve pré-determinar parte ou todo o conteúdo dos atos a serem praticados pela Administração Pública.[10]

Não seria suficiente, contudo, apenas a previsão legal da competência da Administração Pública editar normas sobre determinado assunto. Mister se faz que a lei estabeleça também princípios, finalidades, políticas públicas ou *standards*[11] que propiciem o controle do regulamento (*intelligible principles doctrine*), já que a atribuição de poder normativo, sem que se estabeleçam alguns parâmetros para o seu exercício, não se coadunaria com o Estado Democrático de Direito, que pressupõe a possibilidade de controle de todos os atos estatais.

Note-se que nos Estados Unidos da América do Norte, onde também havia forte setor doutrinário e jurisprudencial no sentido de que as leis com tal (baixa) densidade normativa seriam inconstitucionais por constituírem delegações de poderes legislativos, a Suprema Corte acabou se firmando, como expõe John H. Reese, no sentido de que "o que é proibido é a transferência de poderes ilimitados. Normalmente, tal transferência limitada advém da linguagem utilizada na lei autorizando a Administração a editar normas apropriadas para cumprir as finalidades assinaladas na lei. A transferência de

---

[8] CORREIA, José Manuel Sérvulo. *Legalidade e Autonomia Contratual nos Contratos Administrativos*. Coimbra: Livraria Almedina, 1987. p. 58-63 e 309-312.
[9] CORREIA, José Manuel Sérvulo. *Legalidade e Autonomia Contratual nos Contratos Administrativos*. Coimbra: Livraria Almedina, 1987. p. 58-60. Também analisando a nomenclatura de Charles Eisenmann, Juan Igartua Salaverría observa que a compatibilidade e a conformidade são distintas porque o significado desta é o de deduzibilidade (não apenas compatibilidade) da lei (SALAVERRÍA, Juan Igartua. Princípio de Legalidad, Conceptos Indeterminados y Discrecionalidad Administrativa. *Revista Española de Derecho Administrativo* – REDA, v. 92, versão CD-ROM, 1996). Todavia, segundo o autor, esta deduzibilidade poderia advir de dois momentos argumentativos diferentes: com a lei prevendo a hipótese de incidência e a consequência jurídica que deve se seguir à sua realização concreta; ou com a lei prevendo fins e meios para alcançá-los (silogismo prático).
[10] CORREIA, José Manuel Sérvulo. *Legalidade e Autonomia Contratual nos Contratos Administrativos*. Coimbra: Livraria Almedina, 1987. p. 58-60. Entre nós, ver: GUIMARÃES, Fernando Vernalha. *Alteração Unilateral do Contrato Administrativo*. São Paulo: Ed. Malheiros, 2003. p. 250.
[11] "O *standard* jurídico constitui uma maneira de solução de conflitos de interesses na qual o aplicador da lei adota diretivas como normas de conduta, que lhe permitem resolver o caso com sentido de justiça considerando os fatores econômicos, sociais e até mesmo morais existentes dentro da norma legal e de princípios de aplicação flexível. Há nele uma boa dose de empirismo e pragmatismo. A equidade quase sempre está neste tipo de decisão, e a eficiência será maior quanto maior for a flexibilidade institucional" (BIELSA, Rafael. *Metodología Jurídica*. Santa Fé: Librería y Editorial Castellví, 1961. p. 509-510). Como observa Francesco Manganaro, "não se trata de desvalorizar o papel da lei, mas de reconsiderar a sua função em um ordenamento pluralista. Se a rápida evolução social já era um motivo para preferir uma legislação farta de princípios e *standards*, por mais fortes razões, um ordenamento em que há um efetivo pluralismo requer uma formulação legislativa de tal gênero (MANGANARO, Francesco. *Principio di Legalità e Semplificazione dell'Attività Amministrativa: i profili critici e principi ricostruttivi*. Napoli: Edizioni Scientifiche Italiane, 2000. p. 171).

poderes normativos também pode estar implícita na linguagem legislativa, ainda que não haja atribuição normativa expressa".[12]

A Suprema Corte teve a oportunidade de reafirmar a sua posição no caso *Whitman v. American Trucking Associations Inc.*, em que, apesar da posição adotada pelo Tribunal Federal *ad quem* pela inconstitucionalidade da lei atributiva de largos poderes normativos à agência administrativa, considerou constitucional disposição legal que atribuiu poder normativo para "estabelecer padrões de qualidade do ar, cuja observância seja necessária para proteger a saúde pública".

Também na Itália se exige que a lei atributiva do poder regulamentar contenha os respectivos "princípios e critérios diretivos";[13] ao passo que na Alemanha "o Tribunal Constitucional Federal, conjuntamente com a doutrina, criou a figura da *Bestimmheitsgebot*, ou seja, a exigência de uma determinabilidade, que a lei autorizativa do poder regulamentar deve satisfazer para evitar leis excessivamente genéricas ou que transfiram ao Executivo uma competência normativa sem limites do ponto de vista finalístico (uma "carta-branca"), sendo que, atualmente, a doutrina é cada vez mais propensa a entender suficiente que o 'escopo' possa ser inferido também da interpretação do contexto jurídico no qual a lei de autorização é emanada".[14]

Sob o mesmo prisma, se afirma também na doutrina nacional que, o que não pode ocorrer, é "a disciplina normativa produzida pela lei ser tão sumária que sua complementação possa conduzir a um resultado qualquer. Preocupada com a proliferação de leis de baixíssima densidade normativa, a doutrina construiu o conceito de conteúdo essencial (*contenu essentiel, wesentlichkeitstheorie*). Tais leis devem expressar, na lição de García de Enterría, 'uma diretiva legislativa precisa, sem supor uma cessão formal ou em branco de poder normativo'".[15]

No mesmo sentido propugnado, o Superior Tribunal de Justiça (STJ)[16] lavrou acórdão no qual o Ministro Humberto Gomes de Barros afirmou a possibilidade da Administração Pública, para alcançar as finalidades genéricas da disciplina da matéria, mas sem qualquer autorização legal específica, restringir a liberdade dos "postos de gasolina" adquirirem combustíveis aos de sua bandeira. A importância do acórdão é que é um dos poucos exemplos em que a nossa jurisprudência foi além de questões atinentes ao caso concreto, tratando do âmago doutrinário e teórico da matéria, ou seja, do que deve ser entendido como "execução de lei". Vejamos:

> A Constituição Federal, em seu art. 170, preceitua que a ordem econômica é fundada na valorização do trabalho humano e na livre iniciativa, tendo por finalidade assegurar a todos a existência digna, conforme os princípios que enuncia. No seu art. 174 pontifica

---

[12] REESE, John H. *Administrative Law – Principles and Practice*. Saint Paul, Minnesota: Westpublishing Co., 1995. p. 53. Grifo do autor. William F. Funk explica: "o Congresso legisla e a Administração executa as leis; para que a Administração execute as leis, estas leis devem conter um princípio claro (*intelligible principle*) para guiar a Administração, já que, do contrário, a Administração estaria legislando por conta própria" (FUNK, William F. *Administrative Practice & Procedure*. 2. ed. St. Paul: West Group, 2001. p. 522).

[13] ROMANO, Alberto. *Relazione di Sintesi, in Amministrazione e Legalità – Fonti Normativi e Ordinamenti (Atti del Convegno, Macerata, 21 e 22 maggio 1999)*. Milano: Giuffrè Editore, 2000. p. 105.

[14] ROMANO, Maria Chiara. *Principio di Legalità e Regolamenti in Germania, in Amministrazione e Legalità – Fonti Normativi e Ordinamenti (Atti del Convegno, Macerata, 21 e 22 maggio 1999)*. Milano, Giuffrè Editore, 2000. p. 226.

[15] PESSOA, Robertônio Santos. *Administração e Regulação*. Rio de Janeiro: Ed. Forense, 2003. p. 145.

[16] MS nº 4.578/DF (Grifos nossos).

que, como agente normativo e regulador da atividade econômica, o Estado exercerá, na forma da lei, as funções de fiscalização, incentivo e planejamento. Desses dispositivos resulta claro que o estado pode atuar como agente regulador das atividades econômicas em geral, sobretudo das que cuidam das empresas que atuam em um setor absolutamente estratégico, daí lhe ser lícito estipular preços que devem ser por elas praticados. Montado nestes argumentos, não tenho dúvida em afirmar que o senhor Ministro dispõe de autoridade para impedir que o granelista venda combustível ao varejista ligado a bandeira que não é a sua. Como registrei acima, controlar *a execução de determinada norma é fazer com que ela se desenvolva em busca dos fins sociais para a qual a regra foi concebida*. Os preceitos que disciplinam a distribuição de combustíveis têm como finalidade fazer com que os usuários de tais produtos recebam, com segurança e facilidade, produtos de boa qualidade. Isto ocorre, porque, a exibição do logotipo de marca famosa traduz a afirmação de que no local se vende daquela marca. Ora, se o posto negocia produtos cuja origem não corresponda à sua bandeira, ele estará enganando o freguês [...]. Quando o freguês é iludido, a distribuição de combustível não estará correspondendo aos fins sociais que orientam as normas disciplinadoras da distribuição de combustíveis.

O Supremo Tribunal Federal (STF), em diversas ocasiões, também já fixou a legitimidade da atribuição de poder normativo através de *standards* e finalidades genéricas estabelecidas em lei. Em decisão liminar em Ação Direta de Inconstitucionalidade (ADIN nº 1.668/DF, Relator Ministro Marco Aurélio), o STF considerou constitucional a habilitação normativa efetuada pelos incisos IV e X do art. 19 da Lei Geral de Telecomunicações (LGT) em favor da ANATEL, desde que ela se subordine aos preceitos legais e regulamentares pertinentes.

No Recurso Extraordinário nº 76.629/RS, o Ministro Aliomar Baleeiro afirmou que "se o legislador quer os fins, concede os meios. [...] Se a L. nº 4.862 expressamente autorizasse o regulamento a estabelecer condições outras, além das que ela estatuir, aí *não seria delegação proibida de atribuições, mas flexibilidade na fixação de standards jurídicos de caráter técnico*, a que se refere Stati" (Grifamos).[17]

Ainda é necessário distinguir a intensidade de incidência do Princípio da Legalidade, conforme: (a) a atividade da Administração Pública restrinja direitos ou crie obrigações para particulares ou, ao revés, (b) não tenha esta natureza ablativa, mas sim, muitas vezes, até mesmo concessiva de direitos, como nos casos em que outorga aos particulares o exercício de direitos que não integravam originariamente a esfera privada, a exemplo das concessões petrolíferas.[18]

---

[17] "É preferível uma legislação de princípios gerais e *standards*, do que uma legislação feita de regras, cujos conteúdos tendem a ficar obsoletos em um lapso de tempo sempre cada vez mais breve. Em outras palavras, é difícil colocar dentro de normas de conteúdo determinado uma realidade social em contínua evolução. [...] Se sabe que um excesso de regras é o melhor modo de deixar a Administração de se subtrair à sua observância, já que a burocracia, diante de muitas regras, acaba ficando substancialmente livre para aplicar a interpretação que considere mais adequada ao caso concreto. Uma desregulamentação da atividade administrativa não serve para resolver o problema, quando o que se deve é reconsiderar o papel da norma (e do jurista) em um ordenamento em contínua evolução. A consequência imprescindível é a necessidade de 'uma revisão do papel constitucional da Administração e do próprio Princípio da legalidade', que a doutrina é chamada a elaborar, em um momento em que já está em fase avançada a transição normativa para uma Administração por objetivos, que exalta o papel da eficiência da ação administrativa" (MANGANARO, Francesco. *Principio di Legalità e Semplificazione dell'Attività Amministrativa*: i profili critici e principi ricostruttivi. Napoli: Edizioni Scientifiche Italiane, 2000. p. 165).

[18] Quer se queira admitir, quer não, em abstrato, *eficácia jurídica constitutiva* ao poder da Administração, não se pode negar que há alterações para mais quando celebra contratos administrativos com os privados. Antes e depois do contrato o mundo jurídico foi, pela Administração, de algum modo, modificado.

Nesse sentido, Luís Roberto Barroso, após distinguir a reserva de lei (ou precedência de lei, pela qual todos os atos administrativos devem se fundar em uma lei anterior) da preeminência de lei (ou prevalência de lei, pela qual a lei tem preferência sobre os atos administrativos, mas não precisam a eles pré-existir), afirma que "no Direito brasileiro, o princípio da legalidade, genericamente considerado, significa reserva de lei no que toca à criação de deveres e obrigações e uma mera preeminência de lei nos demais domínios das relações públicas e privadas".[19]

A Lei do Petróleo, portanto, com as características das leis contemporâneas, sem dar início *de per se* a uma normatização mais completa, e, muito menos, exaustiva da matéria, estabelece parâmetros e objetivos gerais da regulamentação a ser feita pela ANP, que deverá buscar "preservar o interesse nacional" (art. 1º, I), "valorizar os recursos energéticos" (art. 1º, II), "promover a livre concorrência" (art. 1º, IX), "atrair investimentos" (art. 1º, X), "ampliar a competitividade do país" (art. 1º, XI), "promover o aproveitamento racional dos recursos energéticos do País" (art. 2º, I), "assegurar o suprimento de insumos energéticos" (arts. 2º, II e 8º, I), proteger "os interesses dos consumidores" (art. 8º, I, *in fine*), atender "às melhores práticas da indústria internacional do petróleo" (art. 44, VI, Lei do Petróleo),[20] etc.

A Lei do Petróleo, portanto, a exemplo das demais leis instituidoras de agências reguladoras, integra a categoria das leis-quadro (*lois-cadre*) ou standartizadas, próprias das matérias de particular complexidade técnica e dos setores suscetíveis a constantes mudanças econômicas e tecnológicas.

As leis com estas características não dão maiores elementos pelos quais o administrador deva pautar a sua atuação, conferindo à Administração Pública um grande poder de integração do conteúdo da vontade do Legislador, dentro dos quadros por ele estabelecidos. O objetivo de leis assim formuladas é "introduzir uma vagueza que permita o trato de fenômenos sociais, muito fugazes para se prestarem ao aprisionamento em uma regra precisa".[21]

Vemos, assim, que a Agência Nacional do Petróleo (ANP) possui amplo poder para criar cláusulas dos contratos de concessão e dos respectivos editais de licitação, tanto pela atribuição desse poder pela Lei do Petróleo, que concomitantemente estabelece os princípios a serem seguidos neste mister (legalidade como conformidade material), quanto porque, nessa atividade, a Agência não está limitando a esfera jurídica dos particulares, mas, ao revés, a está ampliando (legalidade como preeminência de lei), considerando que, com a concessão, o particular passa a ter direitos dos quais não era titular apenas por força da sua livre iniciativa, ou seja, são direitos que se encontravam fora do comércio.

---

[19] BARROSO, Luís Roberto. Apontamentos sobre o Princípio da Legalidade (Delegações legislativas, poder regulamentar e repartição constitucional das competências legislativas). *In: Temas de Direito Constitucional*. Rio de Janeiro: Ed. Renovar, 2001. p. 169.

[20] ARAGÃO, Alexandre Santos de. As Boas Práticas da Indústria do Petróleo como o Eixo da Regulação do Setor. *Revista de Direito Administrativo – RDA*, v. 238, Rio de Janeiro, 283-300, 2004).

[21] BOURCIER, Danièle. *La Décision Artificielle*. Paris: PUF, 1995. p. 61. Maurice Hauriou destaca a grande importância desta técnica legislativa no Direito Administrativo, vez que "*o standard, flexível e mutável, representa no direito o elemento de mobilidade*" (HAURIOU, Maurice. *Aux Sources du Droit*. Paris: Librarie Bloud & Gay, 1993. p. 150-151. Grifamos).

2 A função das boas práticas da indústria do petróleo

Na definição das opções corretas e das interpretações razoáveis a serem procedidas pela Agência Nacional do Petróleo (ANP), as "boas práticas internacionais da indústria do petróleo" (art. 44, VI, Lei do Petróleo) possuem um papel primordial, já que é através delas que a ANP deve implementar o modelo de mercado e de atração de investimentos propugnado pela Emenda Constitucional nº 09/1995, que flexibilizou o monopólio do petróleo, e pela Lei do Petróleo, que a regulamentou.[22]

A minuta do contrato de concessão da Sexta Rodada,[23] seguindo o que já constava das rodadas anteriores, define (Cláusula 1.2.21) as "Melhores Práticas da Indústria do Petróleo" como "as práticas e procedimentos geralmente empregados na indústria de Petróleo em todo o mundo, por Operadores prudentes e diligentes, sob condições e circunstâncias semelhantes àquelas experimentadas relativamente a aspecto ou aspectos relevantes das Operações, visando, principalmente, a garantia de: (a) conservação de recursos petrolíferos e gaseíferos, que implica na utilização de métodos e processos adequados à maximização da recuperação de hidrocarbonetos de forma técnica e economicamente sustentável, com o correspondente controle do declínio de reservas, e à minimização das perdas na superfície; (b) segurança operacional, que impõe o emprego de métodos e processos que assegurem a segurança ocupacional e a prevenção de acidentes operacionais; (c) proteção ambiental, que determina a adoção de métodos e processos que minimizem o impacto das Operações no meio ambiente".

Dessa definição, extraem-se, basicamente, os seguintes elementos: a prática deve ser encontradiça internacionalmente, há de ser cautelosa e deve ser racional do ponto de vista da preservação dos recursos, e segura e respeitosa do meio ambiente.

Quando se afirma que as práticas devam ser internacionais não se está a dizer que devam ser absolutamente comuns a todas as regiões do mundo em que haja exploração de petróleo, já que são muitas as peculiaridades e diferenças existentes entre elas, sendo plenamente satisfatório, e de certa forma até mais eficaz, dada a maior especificidade e afinidade, que a prática internacional seja comum a regiões cujas características geológicas e econômicas sejam semelhantes às encontradas no Brasil.[24]

Essas práticas, expõe Maria D'Assunção Costa Menezello, "são amplamente conhecidas e decorrem das recentes normalizações internacionais ou de usos consagrados, com qualidade e eficiência para todos os envolvidos, proporcionando uma evolução constante das técnicas e dos conhecimentos científicos".[25] Marilda Rosado de Sá Ribeiro destaca que "as obrigações conjuntas na área do petróleo foram conduzidas

---

[22] "Constitui (a Lei do Petróleo) um importante marco: demonstra que, no Brasil, a indústria do petróleo atingiu a maturidade e está sendo aberta para possibilitar novos investimentos e permitir uma interação equilibrada entre o Estado e a iniciativa privada" (Exposição de Motivos nº 25/96, do Ministério das Minas e Energia, que encaminhou à Presidência da República o respectivo Anteprojeto de Lei).

[23] Constante de http://www.brasil-rounds.gov.br/round6/contrato/Contrato_R6_minuta.pdf. Acesso em 13 abr. 2004.

[24] "Ao Direito compete promover a igualação dos iguais e o tratamento diversificado apenas daqueles que se diversifiquem segundo critérios de justiça racionalmente postos e suficientemente motivados. [...] Em verdade, o que se pretende é que [...] não crie desigualdades entre pessoas em situação jurídica que permita a igualação e seja este o enfoque a ser relevado para o desate justo da questão normada [...]" (ROCHA, Carmem Lúcia Antunes da. *O Princípio Constitucional da Igualdade*. Belo Horizonte: Ed. Lê, 1990. p. 39).

[25] MENEZELLO, Maria D'assunção Costa. *Comentários à Lei do Petróleo*. São Paulo: Ed. Atlas, 2000. p. 137.

de acordo com os princípios gerais das leis de *contenancy*, relacionadas às sociedades de mineração à lei dos contratos".[26]

Hoje, ressalta a Ilustre Professora da Universidade do Estado do Rio de Janeiro (UERJ),[27] estas práticas já se encontram consolidadas no modelo de contrato de parceria entre empresas exploradoras de petróleo (*JOA – joint operating agreements*) elaborado pelo *International Energy Committee da American Corporate Counsel Association* (ACCA) e pela *Association of International Petroleum Negotiators* (AIPN), constitutivo de um verdadeiro código normalizador das condutas no setor.[28]

A minuta-padrão é acolhida nos países com as culturas jurídicas das mais diversas, já que, "embora tudo leve a crer que os modelos iniciais dos JOAs internacionais foram reproduzidos de textos da tradição anglo-saxã, a sua utilização por grupos de empresas de nacionalidades distintas, e com foco de preocupações e práticas operacionais e administrativas distintas, para operação em países de diversos continentes, gerou uma variedade de abordagens e soluções [...]. A necessidade de tornar ágil a fase preparatória, e até o processo negocial, fez crescer a preferência pela uniformização. [...] Independentemente do grau de aceitação que a minuta elaborada pela ACCA e a AIPN teve como base universal para negociações, ela foi o resultado de um trabalho sério, cujo propósito consistiu em dar o devido dimensionamento a diferenças entre opções nas diversas cláusulas do JOA, bem como avaliar seu valor econômico e seu impacto no restante do contrato. Com sua adoção, é possível superar o empirismo e o casuísmo que, por vezes, podem presidir a estratégia de aceitação e negociação de alterações de cláusulas. Por outro lado, as negociações podem incluir e beneficiar-se, no seu preparo e estratégia, de um material que consolida uma experiência analítica de peso dos negociadores e advogados de diferentes empresas de petróleo e escritórios de advocacia do ramo, e conta, no seu plano de fundo, com um acervo comparativo razoável a partir da vivência e atualização dos próprios partícipes. Para as empresas, o patrocínio da AIPN tem se revelado um investimento de bom retorno, quando se compara o número de horas anteriormente despendido com negociações ora encurtadas pelos textos básicos de ampla aceitação".[29]

Ora, é óbvio que à Agência Nacional do Petróleo (ANP) não cabe apenas observar as cláusulas constantes da minuta-padrão da ACCA/AIPN, possuindo, outrossim, um juízo avaliativo crítico para ponderá-la com outras práticas da indústria e para verificar se estão todas elas de acordo com a Lei do Petróleo.

Não poderá, reversamente, ex vi do art. 44, VI, da Lei do Petróleo, refutar a incorporação ao contrato de concessão de cláusulas que reflitam as "boas práticas internacionais da indústria do petróleo" tal como acima expostas, salvo se não houver, com base em qualquer juízo hermenêutico razoável de outros dispositivos da Lei do Petróleo e da Constituição Federal, espaço deixado para a Agência incorporá-las, seja na integração (complementação da Lei em

---

[26] RIBEIRO, Marilda Rosado de Sá. *Direito do Petróleo*: as joint ventures na Indústria do Petróleo. 2. ed. Rio de Janeiro: Ed. Renovar, 2003. p. 239.

[27] RIBEIRO, Marilda Rosado de Sá. *Direito do Petróleo*: as joint ventures na Indústria do Petróleo. 2. ed. Rio de Janeiro: Ed. Renovar, 2003. p. 202 e seguintes.

[28] RIBEIRO, Marilda Rosado de Sá. *Direito do Petróleo*: as joint ventures na Indústria do Petróleo. 2. ed. Rio de Janeiro: Ed. Renovar, 2003. p. 202 e seguintes.

[29] RIBEIRO, Marilda Rosado de Sá. *Direito do Petróleo*: as joint ventures na Indústria do Petróleo. 2. ed. Rio de Janeiro: Ed. Renovar, 2003. p. 202 e 206.

pontos que não foram por ela especificamente tratados), seja na interpretação da Lei. Em outras palavras, as "boas práticas" só podem deixar de ser acolhidas nas concessões se forem contrárias à lei ou à Constituição.

Na verdade, sendo o contrato de concessão petrolífera um "acordo de desenvolvimento econômico",[30] as suas cláusulas devem ser colocadas dentro desse objetivo desenvolvimentista.

Como já havíamos afirmado em outra oportunidade,[31] hoje se tem a consciência de que, quanto mais o Direito conhecer o campo a ser regulado, mais chances terá de propiciar uma regulação eficiente e dotada de maior efetividade. Se a assertiva é correta de maneira geral, deve ser reforçada em relação à regulação da economia.

A economia, potencializando um fenômeno de dinamismo, de relativa imprevisibilidade e de tendências autonomizadoras, que sempre foram da sua própria essência, tem, nessas últimas décadas, de globalização e de internacionalização das fases da cadeia produtiva, feito com o que o Direito incorpore cada vez mais lógicas e códigos das atividades a serem reguladas.

Merece uma especial atenção, assim, a tecnicidade do marco regulatório das atividades petrolíferas, que desde o seu surgimento nos Estados Unidos foram se desenvolvendo de maneira empírica, que hoje poderia ser chamada de autorregulada. Isso se refletiu na encampação de exigências técnicas e econômicas da Indústria por parte do marco regulatório estatal, "tecnicidade relacionada com a especificidade das atividades a serem disciplinadas, que necessitam de normas pontuais, remetidas à autonomia de órgãos técnicos, organizando setores específicos e assegurando a flexibilidade e a permeabilidade às exigências da sociedade econômica".[32]

A adoção, encampação e respeito às "boas práticas internacionais da indústria do petróleo" *nos contratos de concessão da ANP, inclusive com vistas* à "racionalização da produção" *(art. 44, VI, Lei do Petróleo), constitui o meio por excelência eleito pela Lei* para melhor atingir os seus objetivos fixados no art. 1º (proteção do interesse nacional, do desenvolvimento, do meio ambiente, dos consumidores, garantir o fornecimento nacional dos derivados do petróleo, atração de investimentos, ampliar a competitividade do País no mercado internacional, promover a concorrência, etc.).

Em relação aos preceitos legais que, a exemplo do art. 44, VI, da Lei do Petróleo, encampam práticas disseminadas entre os agentes de determinado setor econômico, são essenciais os ensinamentos de Marc Tarrés Vives,[33] segundo os quais "a insuficiência do instrumental administrativo tradicional deve ser complementada mediante a implementação na regulação administrativa de fórmulas autorregulativas que, considerando a sua legitimidade na consecução de interesses privados individuais ou coletivos, permitem a satisfação de finalidades públicas. [...] Há uma vontade de usar, como instrumento diretivo, os compromissos, meios e conhecimentos que esses agentes

---

[30] Cf. BUCHEB, José Alberto. *A Arbitragem Internacional nos Contratos da Indústria do Petróleo*. Rio de Janeiro: Lumen Juris, 2002. p. 11.

[31] ARAGÃO, Alexandre Santos de. Ensaio de uma visão Autopoiética do Direito Administrativo. *Revista de Direito Público da Economia – RDPE*, v. 04, Rio de Janeiro, 2004. p. 283-300.

[32] COCOZZA, Francesco. *Profili di Diritto Costituzionale applicato all'Edconomia, Volume I (Incidenza dei Rapporti Economici sull'Organizzazione del Potere Politico e sul Sistema delle Fonti del Diritto)*. Torino: G. Giappichelli Editore, 1999. p. 171.

[33] VIVES, Marc Tarrés. *Normas Técnicas y Ordenamiento Jurídico*. Valencia: Ed. Tirant lo Blanch, 2003. p. 172 e 253.

possuem com a finalidade de lograr a realização de fins públicos. Em outras palavras, a autorregulação se integra na regulação. [...] A regulamentação tem, em boa medida, deixado de conter complexas prescrições técnicas – que em sua literalidade e ampla extensão consumiam páginas de Diário Oficial – para limitar-se a declarar cláusulas gerais, que encontram a sua concreção a partir da remissão por elas realizada, [...] o que não é nenhuma novidade".

Mais adiante leciona que "o uso desse tipo de expressão (como a de "boas práticas da indústria do petróleo") por parte das normas jurídicas demonstra uma renúncia explícita do Legislador à elaboração detalhada de regulamentações técnicas que, na verdade, poderiam tornar-se obsoletas pouco tempo após a sua publicação, devendo-se reconhecer também que a utilização de conceitos jurídicos indeterminados com este objetivo constitui uma técnica legislativa amplamente adotada em áreas bem diversas, como a dos produtos industriais, das tecnologias da informação, meio ambiente, economia, etc.".[34]

Tratando dos códigos de "boas práticas" dos agentes econômicos de determinado setor, o autor afirma que elas "condensam critérios, normas e valores que são formulados e seguidos no marco de uma atividade empresarial ou profissional. Adverte M. Darnaculleta que 'os códigos (de boas práticas) podem conter, não só uma relação de valores, como também uma descrição das condutas consideradas de acordo com tais valores e as condutas reprováveis por serem contrárias aos mesmos'".[35]

Assim, se determinada cláusula constitui uma "boa prática internacional da indústria do petróleo" (art. 44, VI, Lei do Petróleo) e contribui para a atração de investimentos para o País, com benefícios para os consumidores e para a concorrência, tornando a licitação mais atraente, com o consequente aumento dos valores de outorga a serem ofertados, só poderia ser obstada se houver razões de interesse público fortes o suficiente, e inexistirem outros meios menos onerosos para os parceiros privados para atender a essas específicas razões de interesse público.

É o Princípio Constitucional da Eficiência (art. 37, *caput*, CF) que deve iluminar a aplicação das leis, para que ela não leve a uma consecução ineficiente ou menos eficiente dos objetivos legais primários daquele ordenamento setorial. As normas "passam a ter o seu critério de validade aferido não apenas em virtude da higidez do seu procedimento criador, como da sua aptidão para atender aos objetivos da política pública, além da sua capacidade de resolver os males que esta pretende combater".[36]

Também pelo Princípio da Proporcionalidade, em seus elementos "adequação" e "necessidade", não se poderia impor a adoção de meio (normalmente uma interpretação) inadequado ou desnecessariamente oneroso ao atingimento das finalidades legais.[37]

---

[34] VIVES, Marc Tarrés. *Normas Técnicas y Ordenamiento Jurídico*. Valecia: Ed. Tirant lo Blanch, 2003. p. 274-275.
[35] VIVES, Marc Tarrés. *Normas Técnicas y Ordenamiento Jurídico*. Valecia: Ed. Tirant lo Blanch, 2003. p. 237.
[36] MORAND, Charles-Albert. *Le Droit Néo-Moderne des Politiques Publiques*. Paris : LGDJ, 1999. p. 95.
[37] "Em função do objetivo (do fim, da vontade do Legislador) a ser realizado (também com a participação dos privados: essencial também para uma melhor identificação dos interesses envolvidos), a Administração deve construir uma decisão concreta e operativa, que conserve o mais possível os bens pessoais não incompatíveis com o bem-direito de relevância pública e que satisfaça o maior número de interesses possível, satisfazendo, desta forma, o maior número de direitos fundamentais" (IANNOTTA, Lucio. *Princípio di Legalità e Amministrazione di Risultato, in Amministrazione e Legalità – Fonti Normativi e Ordinamenti (Atti del Convegno, Macerata, 21 e 22 maggio 1999)*. Milano: Giuffrè Editore, 2000. p. 45).

O modelo das normas jurídicas "hipótese de incidência ® sanção" continua a existir, mas não é mais o único nem o mais importante,[38] a ele tendo se somado o das normas jurídicas estruturadas pelo esquema "finalidades ® meios de alcance destas finalidades".[39] *In casu* temos as "boas práticas" como o meio geralmente mais eficiente e menos oneroso, para a União e para particulares, de realização dos objetivos da Lei do Petróleo.[40]

Norberto Bobbio, em preciosa passagem, observa que "se trata da passagem de um controle social fundado principalmente sobre normas providas de sanções ('Se fizer, ou não fizer, x, lhe será imputada a consequência y'), ao controle social confiado cada vez mais a normas técnicas cuja força deriva da relação meio-fim, ou seja, do fato de que a realização ou não de certa ação não permite alcançar o fim desejado ou imposto".[41]

Assim, transpondo a lição de Bobbio para o Direito Público do Petróleo, podemos concluir afirmando que, salvo demonstração em contrário, serão as boas práticas da indústria do petróleo que, como meio em princípio mais idôneo para alcançar o principal objetivo da Lei do Petróleo, que é justamente o desenvolvimento dessa indústria em nosso País, que legitimarão as medidas regulatórias (cláusulas contratuais, resoluções, etc.) a serem especificamente adotadas ou refutadas pela Agência Nacional do Petróleo (ANP).

---

[38] MORAND, Charles-Albert. *Le Droit Néo-Moderne des Politiques Publiques*. Paris: LGDJ, 1999. p. 101-102.

[39] Revelando a aplicação destas mudanças da Teoria Geral do Direito ao Direito Administrativo, Eduardo García de Enterría afirma que a noção meramente subsuntiva ou "declaratória" do direito "é própria dos sistemas jurídicos *private law oriented*, ordenados pelo Direito Privado (próprio de uma época pré-industrial e agrícola), que permite que se considere o direito como um sistema fechado de conceitos, próprio de uma sociedade estática, mas que é inconciliável com a época atual de proliferação e predomínio do Direito Público, que exige que vejamos o Direito como um processo aberto em função de finalidades e objetivos a alcançar; o Direito Público – acresce – é um processo sem fim, uma indefinida sucessão de soluções parciais a questões políticas" (ENTERRÍA, Eduardo García de. *La Constitución como Norma y el Tribunal Constitucional*. Madrid: Ed. Civitas, 2006 p. 181-182).

[40] "A interpretação da norma é obviamente finalizada à aplicação a uma realidade delimitada e circunscrita. Quem decide, sobretudo na fase de emissão da decisão, deve colher na norma, prioritariamente, os objetivos das leis, os fins, a vontade do legislador. Os bens que a norma quis proteger e, portanto, o resultado que quis alcançar; devendo-se distinguir, portanto, no interior da norma, aquilo que é verdadeiramente finalístico (bens a serem protegidos, males a serem evitados) dos outros componentes (meios, instrumentos, formas) correspondentes aos vários planos da realidade reproduzida e sintetizada pela norma" (IANNOTTA, Lucio. *Principio di Legalità e Amministrazione di Risultato, in Amministrazione e Legalità – Fonti Normativi e Ordinamenti (Atti del Convegno, Macerata, 21 e 22 maggio 1999)*. Milano: Giuffrè Editore, 2000. p. 44-45).

[41] BOBBIO, Norberto. *Dalla Struttura alla Funzione*: nuovi studi di teoria del diritto. Milano: Edizioni di Comunità, 1977. p. 54.

O *JOINT OPERATING AGREEMENT* (JOA) NO DIREITO DO PETRÓLEO BRASILEIRO E NA *LEX MERCATORIA*

1 Introdução

A indústria do petróleo, em função, principalmente dos elevados riscos, mas também dos altíssimos valores envolvidos nas atividades de exploração, desenvolvimento e produção, é campo fértil para a proliferação das *joint ventures*.[1] Tal conceito, de origem doutrinária inglesa, como evolução das *joint stock companies* – os empreendimentos conjuntos que serviram como o veículo institucional das grandes companhias coloniais dos séculos XVII e XVIII – implica, de maneira ampla, a conjugação de esforços em prol da realização de um objetivo econômico comum.[2] Trabalhos contemporâneos sobre a

---

[1] Há, também, ganho de eficiência econômica na adoção da *joint venture*, ao menos em alguns setores. Quanto a essa afirmação, conferir o estudo clássico de: RENFORD, William; RAVEED, Sion. *A Comparative Study of Multinational Corporation Joint International Business Ventures with Family Firm or Non-Family Firm Partners*. Manchester: Ayer Publishing, 1980.

[2] Há autores que retrocedem até o Direito Romano na busca da gênese do instituto. Para Adam Weissburg, a *societas*, formada para desenvolver empreendimentos bancários ou de comércio de escravos, seria uma antiquíssima raiz das modernas *joint ventures*. Porém, para nossos limitados propósitos, de referenciação histórica introdutória, não seria pertinente avançar tanto na análise. Para maiores detalhes, ver: WEISSBURG, Adam B. Reviewing the Law on Joint Ventures with an eye towards the future. *Southern California Law Review*, Los Angeles, v. 63, p. 487-531, 1990.

gênese do instituto costumam citar a definição de George Joseph Bell, de 1839, ainda impregnada do espírito de certo Direito Societário "clássico":

> A *joint venture* ou *joint trade* é uma sociedade confinada a um negócio, especulação, operação comercial ou viagem, na qual os sócios ocultos ou desconhecidos não usam uma denominação social e não incorporam em responsabilidade fora dos limites da operação.[3]

A grande divisão entre as *joint ventures* está entre aquelas que adotam uma forma societária e as que adotam uma forma contratual. Dentre as formas societárias tradicionalmente adotadas por *joint ventures* estão as sociedades por ações e as sociedades limitadas. Nesse caso, ter-se-á uma *joint venture* com personalidade jurídica: a *equity joint venture*, também conhecida como *corporate joint venture*. Porém, no comércio internacional, as *joint ventures* mais comuns são as contratuais, talvez por envolverem menos compromisso de seus membros, a ponto de Luiz Olavo Baptista defini-las, *tout court*, com base na experiência jurisprudencial norte-americana, pela presença de quatro requisitos: (1) *origem ou caráter contratual*, (2) natureza associativa, (3) direito dos participantes à gestão conjunta, e, por fim, (4) objetivo ou duração limitados.[4]

Alessandra Belfort Bueno também enumera aquelas que, em sua opinião, seriam as principais características das *joint ventures*, sem, contudo, destacar sua natureza, se necessariamente contratual ou não:

> a) as joint ventures têm por objeto a realização de um empreendimento lucrativo específico, estando, portanto, limitadas temporalmente à execução desse mesmo empreendimento;
>
> b) a contribuição de todos os participantes da joint venture para o desenvolvimento do empreendimento também é um elemento central dessa forma associativa. Essa contribuição deve ser compreendida em sentido amplo, que ultrapassa a simples contribuição em dinheiro, podendo materializar-se também com equipamentos, tecnologia, recursos financeiros ou mesmo trabalho;
>
> c) todos os participantes têm direito ao controle conjunto da joint venture, embora possa ser acordado entre eles que a gestão seja feita por apenas um ou alguns deles;
>
> d) os participantes têm o dever de lealdade uns em relação aos outros, restrito às operações abrangidas pelo ajuste da joint venture. Nas demais atividades, entretanto, podem ser competidores entre si. Trata-se da chamada natureza fiduciária da joint venture.[5]

Marilda Rosado, em sua obra, apresenta trecho relevante para a nossa pesquisa, inclusive adiantando alguns pontos que serão por nós tratados em breve:

---

[3] BELL, George Joseph. *Principles of Law in Scotland*. 4. ed. Edinburgo: The Clark Law Book Seller, 1839. p. 146 *apud* BAPTISTA, Luiz Olavo. A joint venture: uma perspectiva comparatista. *In: Revista de Direito Mercantil: Industrial, Econômico e Financeiro*, São Paulo, v. 20, n. 42, p. 39-59, abr./jun. 1981.

[4] BAPTISTA, Luiz Olavo; DURAND-BARTHEZ, Pascal. *Les Associations d'Enterprises dans Le Commerce International*. Paris: FEDUCI, 1986. p. 19 *apud* SÁ RIBEIRO, Marilda Rosado. *Direito do petróleo*: as joint ventures na indústria do petróleo. 2. ed. Rio de Janeiro: Renovar, 2003. p. 109-110.

[5] BUENO, Alessandra Belfort. O Consórcio na Indústria do Petróleo. *In: Temas de Direito do Petróleo e do Gás Natural*. Rio de Janeiro: Lumen Juris, 2002. p. 2-3.

Pode-se constatar, entretanto, que a joint venture contratual é ainda a opção escolhida pelas empresas petrolíferas, sendo o documento básico que instrumentaliza a associação denominada joint operating agreement (JOA). As partes em um JOA são as empresas petrolíferas internacionais (International Oil Companies – IOCs), também partes em um contrato de exploração e produção com um país hospedeiro onde pretendem explorar, desenvolver e/ou produzir petróleo.

A peculiaridade de um JOA é a representação e atividades desenvolvidas por um dos sócios, o "operador", que assume a liderança do grupo, promove as subcontratações, representa as partes junto à estatal do país hospedeiro (National Oil Company – NOC), e demais atividades necessárias conforme as boas práticas da indústria do petróleo. Tudo é feito, entretanto, de acordo com determinados critérios de supervisão e controle, relatórios, reuniões e auditorias periódicas por parte dos sócios não-operadores.[6]

2 O *Joint Operating Agreement* (JOA): consórcio da indústria do petróleo

Até aqui, vimos que as *joint ventures* são bastante comuns na indústria do petróleo, que possuem origem histórica remota e que, de suas duas formas, a mais comum, pelo menos na indústria do petróleo, é a *joint venture* contratual. Elaboremos, agora, uma ainda que breve análise acerca do JOA, que, conforme sabemos, é a principal forma pela qual se estabelece uma *joint venture* na indústria do petróleo.

Os JOAs surgiram de necessidades da indústria do petróleo em detalhar os procedimentos em que se baseariam suas parcerias operacionais, as quais, desnecessário dizer, são mais do que recomendadas num mercado em que os altíssimos riscos só encontram par nos elevadíssimos custos. "O JOA internacional exerce duas funções principais: a primeira é a base para partilha dos direitos e responsabilidades entre as partes; a segunda, a previsão do modo de condução das operações [...]".[7] Não se confunde, por óbvio, com o contrato de concessão: é o programa, o detalhamento de uma *joint venture* destinada a executá-lo. Boa tentativa de definição pode ser encontrada em Michael Taylor e Thomas Winsor:

> O JOA é um contrato entre duas ou mais partes, estabelecendo e acordando regras para a operação conjunta entre eles, com relação a um contrato de exploração, desenvolvimento e produção de petróleo, estabelecendo regras de conduta entre as partes. É o conjunto de regras pelo qual será governada a operação conjunta e, essencialmente, tem o mesmo sentido que um contrato de associação para determinado empreendimento e o contrato social de uma companhia.[8]

---

[6] SÁ RIBEIRO, Marilda Rosado. *Direito do petróleo*: as joint ventures na indústria do petróleo. 2. ed. Rio de Janeiro: Renovar, 2003. p. 109-110.

[7] SÁ RIBEIRO, Marilda Rosado. *Direito do petróleo*: as joint ventures na indústria do petróleo. 2. ed. Rio de Janeiro: Renovar, 2003. p. 196.

[8] TAYLOR, Michael P. G.; WINSTOR, Thomas P. *The Joint Operating Agreements, Oil and Gas Law*. Londres: Longman, 1990. p. 3.

É, nos dizeres de Alexandre Ribeiro Chequer, um contrato associativo realizável por período (ou objetivo) determinado. Pode ser bilateral ou plurilateral, e, ao contrário da concessão, não é necessariamente dado ao conhecimento público (é, afinal, um contrato privado), possuindo caráter *intuitu personae*.[9] Ainda retomaremos a discussão acerca de sua natureza jurídica.

Quanto a seu conteúdo comum e não específico – os JOAs, elaborados a partir de minutas-padrão criadas por entidades internacionais, variam de operação para operação e de contratante para contratante –, ele sempre define um binômio subjetivo: operador e não operadores. O operador do JOA, que normalmente, mas não necessariamente, possui maior participação financeira no contrato de concessão, é o responsável pela condução geral da operação,[10] sob a tutela de um Comitê Operacional, *Operating Committee*, também chamado de Comitê de Gerenciamento, *Managing Committee*, formado por representantes dos não operadores e do operador, todos votando em conformidade com sua participação proporcional na concessão.

O Comitê, ao lado do operador, também possui relevantes atribuições. Dentre outras, poderíamos citar a aprovação de qualquer anúncio público relativo à operação; a determinação geral dos métodos e da política da operação; a aprovação dos programas, orçamentos e autorizações para gastos; etc. Poderíamos fazer uma certa analogia para afirmar que o operador é o executor das decisões macro tomadas pelo Comitê, que também controla e ratifica grande parte das suas decisões.

É o operador quem administra o dia a dia da atividade de exploração e de produção. É quem negocia com prestadores de serviços, quem contrata os seguros obrigatórios e os prudenciais, quem dá quitação a terceiros em nome do consórcio ou das consorciadas, quem, enfim, adquire direitos e contrai obrigações em nome dos demais contratantes. Por essa via, quando não houver determinação em sentido contrário, bastante liberdade, que é elemento desburocratizante, mas, para certas compras e outras contratações de bens e serviços, a partir de determinados valores convencionados, e para a adoção de algumas providências mais relevantes, precisa da autorização do Comitê. Sem embargo disso, o operador deve manter o Comitê genericamente informado de todos os eventos, circunstâncias, fatos etc. que ocorram durante a execução do contrato de concessão.

Devemos observar que, "na prática, o que vem ocorrendo hodiernamente é que a figura do operador se tornou um grande '*main contractor*', ou seja, ele terceiriza praticamente todas as atividades relativas ao fornecimento de bens e serviços necessários ao cumprimento do Contrato de Concessão, por meio de empresas de serviços ou de fornecimento de bens, cabendo-lhe a administração e a fiscalização desses contratos".[11]

---

[9] CHEQUER, Alexandre. Aspectos jurídicos dos Joint Operating Agreements na indústria do petróleo. *In*: VILLELA SOUTO, Marcos Juruena (Org.). *Revista de Direito da Associação dos Procuradores do Novo Estado do Rio de Janeiro, v. IX – Direito das Concessões*. Rio de Janeiro: Lumen Juris, 2002. p. 29.

[10] "Uma das partes vai ser designada como operador. O operador é responsável perante as partes por conduzir a operação do campo petrolífero em que as partes estão autorizadas a atuar por força da licença ou do contrato, de acordo com o contrato e as condições estipuladas no JOA". TAVERNE, Bernard. *An Introduction to the Regulation of the Petroleum Industry*. Londres: Graham & Trotman, 1994. p. 135-136.

[11] CHEQUER, Alexandre. Aspectos jurídicos dos Joint Operating Agreements na indústria do petróleo. *In*: VILLELA SOUTO, Marcos Juruena (Org.). *Revista de Direito da Associação dos Procuradores do Novo Estado do Rio de Janeiro, v. IX – Direito das Concessões*. Rio de Janeiro: Lumen Juris, 2002. p. 20.

Já sabemos que se trata de um contrato associativo, mas, *de que tipo*?[12]

Há quem defenda tratar-se de contrato de *partnership*. O problema é que o *partnership* diz respeito a um negócio como um todo, não a um empreendimento, algo como uma sociedade informal do Direito norte-americano.[13] Outros afirmam que se trata de *pseudo-sociedade*. Eros Roberto Grau já defendeu que inexistira o conceito jurídico de *joint venture* no Direito brasileiro, por ausência de previsão legal.[14] E as opiniões prosseguem em grande desencontro.[15]

O artigo 38 da Lei federal nº 9.478/98[16] trata a hipótese na categoria do "consórcio". Ainda assim, há quem acredite que o JOA, por sua complexidade estrutural, seria algo mais que um simples consórcio. Seja como for, mesmo esses acabam cedendo à evidência de que, em termos operacionais, deve se subsumir à figura do consórcio:

> Entendemos que o legislador, ao sugerir a participação de empresas em consórcio, estaria tentando aproximar um instituto jurídico local à forma associativa amplamente utilizada pela indústria do petróleo internacional, que é o JOA.
>
> Na prática, por sugestão legal, as empresas têm utilizado o consórcio de maneira pro forma, deixando o JOA como o grande instrumento regulador das atividades exercidas pelas empresas em determinado empreendimento [...].
>
> Na prática, adequando-se ao ordenamento jurídico brasileiro e seguindo o que foi estipulado na Lei do Petróleo, o JOA vem se caracterizando como o "detalhamento operacional do contrato de consórcio.[17]

Desse modo, para resumir a controvérsia, ou o JOA é, desde logo, um contrato de consórcio, ou é o detalhamento operacional de um, o qual seria firmado previamente, nos termos do art. 38 da Lei do Petróleo, e registrado na Junta Comercial, o que não

---

[12] Claro que há autores que respondem, apenas, com a natureza de "contrato" da *joint venture*, sem preocupação quanto a indicar qual espécie contratual. Assim, por exemplo, Agostinho Toffoli Tavolaro afirma que a mesma "se trata de um instituto meramente contratual, evidenciando o seu caráter funcional para a constituição de uma sociedade". Cf. TAVOLARO, Agostinho Toffoli. Contratos internacionais de Joint Venture. *XIII Semana Jurídica da UNESP*. Palestra realizada no dia 29 de agosto de 2001.

[13] KLEIN, William A.; COFEE JR., John C. *Business Organization and finance legal and economic principles*. New York: Foundation Press, 2012. p. 100 e segs.

[14] GRAU, Eros Roberto. Joint Venture e transferência de tecnologia: lei de informática. *Revista de Direito Mercantil*, v. 29, n. 79, p. 5, São Paulo, jul./set. 1990.

[15] Cf. SÁ RIBEIRO, Marilda Rosado. *Direito do petróleo*: as joint ventures na indústria do petróleo. 2. ed. Rio de Janeiro: Renovar, 2003. p. 92 ss.

[16] Art. 38. Quando permitida a participação de empresas em consórcio, o edital conterá as seguintes exigências: I – comprovação de compromisso, público ou particular, de constituição do consórcio, subscrito pelas consorciadas; II – indicação da empresa líder, responsável pelo consórcio e pela condução das operações, sem prejuízo da responsabilidade solidária das demais consorciadas; III – apresentação, por parte de cada uma das empresas consorciadas, dos documentos exigidos para efeito de avaliação da qualificação técnica e econômico-financeira do consórcio; IV – proibição de participação de uma mesma empresa em outro consórcio, ou isoladamente, na licitação de um mesmo bloco; V – outorga de concessão ao consórcio vencedor da licitação condicionada ao registro do instrumento constitutivo do consórcio, na forma do disposto no parágrafo único do art. 279 da Lei nº 6.404, de 15 de dezembro de 1976.

[17] CHEQUER, Alexandre. Aspectos jurídicos dos Joint Operating Agreements na indústria do petróleo. In: VILLELA SOUTO, Marcos Juruena (Org.) *Revista de Direito da Associação dos Procuradores do Novo Estado do Rio de Janeiro*, v. IX – *Direito das Concessões*. Rio de Janeiro: Lumen Juris, 2002. p. 1-32.

traz qualquer diferença em termos do seu regime jurídico: o de consórcio.[18] Devemos, então, estudar a figura jurídica do "consórcio".

Principiemos com a leitura dos artigos 278 e 279 da Lei Federal nº 6.404/76, a Lei das Sociedades Anônimas:

> Art. 278. As companhias e quaisquer outras sociedades, sob o mesmo controle ou não, podem constituir consórcio para executar determinado empreendimento, observado o disposto neste Capítulo.
>
> §1º O consórcio não tem personalidade jurídica e as consorciadas somente se obrigam nas condições previstas no respectivo contrato, respondendo cada uma por suas obrigações, sem presunção de solidariedade.
>
> §2º A falência de uma consorciada não se estende às demais, subsistindo o consórcio com as outras contratantes; os créditos que porventura tiver a falida serão apurados e pagos na forma prevista no contrato de consórcio.
>
> Art. 279. O consórcio será constituído mediante contrato aprovado pelo órgão da sociedade competente para autorizar a alienação de bens do ativo permanente, do qual constarão:
>
> I – a designação do consórcio se houver;
>
> II – o empreendimento que constitua o objeto do consórcio;
>
> III – a duração, endereço e foro;
>
> IV – a definição das obrigações e responsabilidade de cada sociedade consorciada, e das prestações específicas;
>
> V – normas sobre recebimento de receitas e partilha de resultados;
>
> VI – normas sobre administração do consórcio, contabilização, representação das sociedades consorciadas e taxa de administração, se houver;
>
> VII – forma de deliberação sobre assuntos de interesse comum, com o número de votos que cabe a cada consorciado;
>
> VIII – contribuição de cada consorciado para as despesas comuns, se houver.
>
> Parágrafo único. O contrato de consórcio e suas alterações serão arquivados no registro do comércio do lugar da sua sede, devendo a certidão do arquivamento ser publicada.[19]

---

[18] Vamos tratar do JOA diretamente como um consórcio, numa simplificação expositiva; de toda sorte, entender o JOA como o "detalhamento operacional" de um consórcio, que se firma por exigência legal, está na mesma linha da superação de preciosismos que permite falar no "procedimento do Decreto nº 2.745/98", e não no "procedimento constante no anexo do Decreto nº 2.745/98, e por ele aprovado".

[19] Outros diplomas legais que também tratam ou trataram dos consórcios no Direito brasileiro poderiam ser citados. Assim, por exemplo, a Lei Federal nº 8.987/95, que dispõe sobre o regime de concessão e permissão da prestação de serviços públicos (arts. 2º, 18, 19 e 20); o Decreto nº 2.195/97, que regulamenta o serviço de transporte de sinais de telecomunicações via satélite (arts. 15, 21 e 23); o Decreto Federal nº 2.206/97, que regulamenta o serviço de TV a cabo (arts. 19, 25 e 27). Retrocedendo ainda mais no tempo: o antigo Código de Águas, de 1934, mencionava, em seu artigo 201, que todos os que possuíssem interesse comum na derivação e uso da água poderiam reunir-se em consórcio. A Lei Federal nº 4.728/65 possibilitava a formação de consórcios para a colocação de títulos ou valores mobiliários no mercado. Até o Código do Ar, de 1966, Decreto-Lei nº 32, submetia previamente à autorização pública "os acordos entre exploradores de serviços aéreos de transporte regular, que impliquem consórcio, *pool*, consolidação ou fusão de serviços ou interesses". No Setor do Petróleo, os dispositivos legais mais importantes são os artigos 278 e 279 da Lei das SA e o artigo 38 da Lei do Petróleo.

Desses dois artigos é possível extrair as características principais de um consórcio no Ordenamento Jurídico de nosso país: (i) constitui-se, formal e documentalmente, por intermédio de um contrato; (ii) seu objetivo é a união de esforços para a realização de um empreendimento; (iii) não possui personalidade jurídica; (iv) não há presunção de solidariedade passiva entre os consorciados, sendo que, no setor do petróleo, essa solidariedade é expressamente imposta (art. 38, II, Lei do Petróleo);[20] (v) o consórcio possui uma administração que representa as sociedades consorciadas na realização do objetivo comum.[21]

Essa espécie de contrato não envolve a constituição de uma pessoa jurídica distinta da dos consorciados. Dizendo de outro modo, o consórcio não possui personalidade jurídica.[22] Cada empresa mantém sua personalidade jurídica e sua autonomia patrimonial.[23]

Para Celso Antônio Bandeira de Mello, consórcio é uma "associação de empresas que conjugam recursos humanos, técnicos e materiais para a execução do objetivo a ser licitado. Tem lugar quando o vulto, complexidade ou custo do empreendimento supera ou seria dificultoso para as pessoas isoladamente consideradas".[24]

Fernando Facury Scaff e Daniel Coutinho da Silveira sustentam que: esse tipo de contrato tem o objetivo de reunir empresas em esforço conjunto para realizar empreendimento mercantil, com nítido propósito de torná-los viáveis quando excederem a capacidade de investimento individual dos componentes. [...] Trata-se de instituto jurídico dirigido a organizar, de maneira temporária e limitada, a cooperação de empresas para obtenção de determinado bem ou serviço que proporcione vantagens aos envolvidos, sem abdicar de suas individualidades.[25]

---

[20] O mesmo se diga para as licitações em geral. Vejamos o que dispõe o principal dispositivo da Lei nº 8.666/93 sobre os consórcios: Art. 33. Quando permitida na licitação a participação de empresas em consórcio, observar-se-ão as seguintes normas: I – comprovação do compromisso público ou particular de constituição de consórcio, subscrito pelos consorciados; II – indicação da empresa responsável pelo consórcio que deverá atender às condições de liderança, obrigatoriamente fixadas no edital; III – apresentação dos documentos exigidos nos arts. 28 a 31 desta Lei por parte de cada consorciado, admitindo-se, para efeito de qualificação técnica, o somatório dos quantitativos de cada consorciado, e, para efeito de qualificação econômico-financeira, o somatório dos valores de cada consorciado, na proporção de sua respectiva participação, podendo a Administração estabelecer, para o consórcio, um acréscimo de até 30% (trinta por cento) dos valores exigidos para licitante individual, inexigível este acréscimo para os consórcios compostos, em sua totalidade, por micro e pequenas empresas assim definidas em lei; IV – impedimento de participação de empresa consorciada, na mesma licitação, através de mais de um consórcio ou isoladamente; V – responsabilidade solidária dos integrantes pelos atos praticados em consórcio, tanto na fase de licitação quanto na de execução do contrato. §1º No consórcio de empresas brasileiras e estrangeiras a liderança caberá, obrigatoriamente, à empresa brasileira, observado o disposto no inciso II deste artigo. §2º O licitante vencedor fica obrigado a promover, antes da celebração do contrato, a constituição e o registro do consórcio, nos termos do compromisso referido no inciso I deste artigo.

[21] Vale ressaltar, aqui, que a regulação dos consórcios realizada pela Lei das SA veio somente *juridicizar* uma prática comercial existente desde longa data. "Como se vê, diferentemente dos grupos de sociedades (arts. 265 a 277), os consórcios preexistiram à sua sistematização pelo legislador de 1976". CARVALHOSA, Modesto. *Comentários à Lei de Sociedades Anônimas*. São Paulo: RT, 1976. p. 3.

[22] MOREIRA, Egon Bockmann. Os consórcios empresariais e as licitações públicas (considerações em torno do art. 33 da Lei nº 8.666/93). *Revista Eletrônica de Direito Administrativo Econômico*, n. 3, ago./set./out. 2005.

[23] BULGARELLI, Waldírio apud SILVA, Américo Luís Martins da. *Sociedades Empresariais*. Rio de Janeiro: Forense, 2007. v. II, p. 839.

[24] BANDEIRA DE MELLO, Celso Antônio. *Curso de Direito Administrativo*. 17. ed. São Paulo: Malheiros, 1994. p. 131.

[25] SCAFF, Fernando Facury; SILVEIRA, Daniel Coutinho da. Tributação de Consórcio de Empresas. Incidências Fiscais Normais e Refis. Diferentes Fórmulas de Pagamento. Repercussões Fiscais. Normas Vigentes. *Revista Dialética de Direito Tributário*, n. 153, p. 102-103, 2007.

Pedro Paulo Cristofaro afirma que "o consórcio torna possível que diferentes empresas contribuam, cada uma, com um fator de produção diferente – que lhe esteja disponível ou em que seja mais eficiente – para o desenvolvimento de uma atividade".[26] Já Américo Luíz Martins da Silva sustenta, de modo algo original, fazendo referência a Waldírio Bulgarelli, que a função dos consórcios "não é o exercício de uma atividade econômica, mas a regulação da atividade através da criação de uma organização comum. A atividade econômica é, assim, uma atividade de 2º (segundo) grau, enquanto o objeto do 1º (primeiro) grau é a organização comum para regular essa atividade".[27] Seriam, assim, contratos associativos, celebrados com vistas à cooperação das partes: "Seu objeto é regular a cooperação".[28] É justamente isso que o JOA, no setor do petróleo, faz.

A doutrina é bastante harmônica na definição do instituto. Focando em nosso objeto – os consórcios na área de petróleo –, mas sob a ótica legislativa, leiamos o art. 38 da Lei Federal nº 9.478/97, a Lei do Petróleo:

> Art. 38. Quando permitida a participação de empresas em consórcio, o edital conterá as seguintes exigências:
>
> I – comprovação de compromisso, público ou particular, de constituição do consórcio, subscrito pelas consorciadas;
>
> II – indicação da empresa líder, responsável pelo consórcio e pela condução das operações, sem prejuízo da responsabilidade solidária das demais consorciadas;
>
> III – apresentação, por parte de cada uma das empresas consorciadas, dos documentos exigidos para efeito de avaliação da qualificação técnica e econômico-financeira do consórcio;
>
> IV – proibição de participação de uma mesma empresa em outro consórcio, ou isoladamente, na licitação de um mesmo bloco;
>
> V – outorga de concessão ao consórcio vencedor da licitação condicionada ao registro do instrumento constitutivo do consórcio, na forma do disposto no parágrafo único do art. 279 da Lei nº 6.404, de 15 de dezembro de 1976.

Importa, também, registrar aqui algumas linhas a respeito da configuração do modelo brasileiro de *joint venture* na indústria do petróleo, a partir de suas referências no próprio contrato de concessão petrolífera. Utilizemos como exemplo o modelo de contrato de concessão obtido no site da ANP para a Nona Rodada de Licitações. Ora: a partir da leitura de alguns de seus dispositivos é possível deduzir com facilidade a existência de capacidade contratual própria dessas figuras associativas.

---

[26] CRISTOFARO, Pedro Paulo. Consórcio de Sociedades. Validade e eficácia dos atos jurídicos praticados por seus administradores, nessa qualidade. Titularidade dos direitos e das obrigações deles decorrentes. *Revista de Direito Mercantil, Industrial, Econômico, Financeiro*, n. 44, p. 15, out./dez. 1981.

[27] SILVA, Américo Luís Martins da. *Sociedades Empresariais*. Rio de Janeiro: Forense, 2007. v. II, p. 840.

[28] AZEVEDO, Antonio Junqueira de. Natureza Jurídica do Contrato de Consórcio. Classificação dos atos jurídicos quanto ao número de partes e quanto aos efeitos. Os contratos relacionais. A boa-fé nos contratos relacionais. Contratos de duração. Alteração das circunstâncias e onerosidade excessiva. Sinalagma e resolução contratual. Resolução parcial do contrato. Função social do contrato. In: *Revista dos Tribunais*, n. 832, p. 121, São Paulo, fev. 2005. Os contratos de consórcios diferem, nesse sentido, dos contratos de interesses conflitantes, como, por exemplo, a compra e venda, em que existe o interesse do comprador, orientado num sentido, e o do vendedor, em sentido rigorosamente contrário (desde um ponto de vista lógico).

Logo na cláusula 1.2.9 vemos que "concessionário significa, individual e coletivamente, a empresa operadora e demais empresas integrantes do consórcio, bem como cada um de seus eventuais cessionários, [...] todos solidariamente responsáveis nos termos deste Contrato [...]". Os concessionários, então, são todos os integrantes do consórcio.[29]

Há alguns dispositivos contratuais que dão a entender que o concessionário é o próprio consórcio, que possuiria, assim, capacidade contratual, como, por exemplo, a cláusula 13.9 do contrato de concessão (os destaques foram acrescentados): 13.9 – Somente após o novo *Operador* ter sido *indicado pelo Concessionário* e aprovado pela ANP é que poderá dar início às suas atividades, assumindo todos os direitos e obrigações previstos neste Contrato, devendo o antigo Operador transferir-lhe a custódia de todos os bens utilizados nas Operações, os registros de contabilidade, arquivos e outros documentos mantidos pelo Operador relativamente à Área da Concessão e às Operações em questão. Por essa redação, o concessionário seria o próprio consórcio, tanto é assim que, na substituição de operadores – o que naturalmente apenas pode dizer respeito ao consórcio –, o novo deverá ser aprovado "pelo concessionário". Outra cláusula em favor dessa conclusão é a 28.6, que trata da cessão de blocos da área de concessão: 28.6 – A Cessão no todo ou em parte de um ou mais Blocos da Área de Concessão aqui permitida será sempre de uma participação indivisa nos direitos e obrigações de qualquer dos integrantes do Concessionário sob um ou mais Blocos da Área de Concessão, respeitado estritamente o princípio da responsabilidade solidária exigido nos termos da lei.

Como se vê, o contrato possui cláusulas que indicam tanto pela ausência de capacidade contratual do consórcio em si (os concessionários seriam os consorciados), como que tratam o consórcio como o próprio contratante, abstraída a figura de cada um dos consorciados. As discussões sobre a capacidade contratual dos consórcios serão tratadas mais adiante.

É importante ressaltar que o art. 63 da Lei do Petróleo autoriza a Petrobras a celebrar contratos de consórcio com outras sociedades:

> Art. 63. A Petrobras e suas subsidiárias ficam autorizadas a formar consórcios com empresas nacionais ou estrangeiras, na condição ou não de empresa líder, objetivando expandir atividades, reunir tecnologias e ampliar investimentos aplicados à indústria do petróleo.

Da análise conjunta dos artigos 38 e 63 da Lei do Petróleo e das cláusulas do contrato de concessão, verificamos, então, que existem, no mercado do petróleo, quanto ao momento de celebração, duas espécies básicas de consórcio operacional: (i) quando várias empresas participam, de forma conjunta, da licitação, por intermédio da celebração de um contrato de consórcio, tornando-se, todas elas, concessionárias, responsáveis solidariamente perante a Agência Nacional do Petróleo, Gás Natural e Biocombustíveis (ANP) (a *joint venture* do JOA pode ser considerada um consórcio dentro da concessão) ou (ii) quando, por ocasião de uma rodada de licitações uma

---

[29] Prosseguindo até a cláusula 1.2.13, a qual define o contrato de consórcio como "o instrumento contratual que disciplina os direitos e obrigações dos concessionários entre si, no que se referir a este contrato" – ou seja, o contrato de consórcio serve para regular as relações jurídicas intraconcessionárias, sem possuir personalidade jurídica.

empresa adquire a integralidade dos direitos e obrigações inerentes ao contrato de concessão e, posteriormente, há cessão de parcela indivisa de direitos e obrigações de concessionário para uma ou mais empresas.

Na primeira espécie, haverá, como vimos pela leitura do inciso II do artigo 23 da Lei do Petróleo, responsabilidade solidária das consorciadas-concessionárias em relação à agência reguladora. Isso no mínimo reforça a ideia de que as consorciadas se apresentam face à agência reguladora, unitariamente, demonstrando a unidade orgânica da associação. Sendo assim, os contratantes *do* consórcio não devem ser encarados de modo isolado, não se podendo aplicar, também de modo isolado, o procedimento aquisitivo próprio e particular desta ou daquela consorciada para todo o conjunto.

A necessidade de o consórcio dentro da concessão contar, de modo claramente demarcado e formalmente designado, com uma empresa líder, não significa que as demais empresas consorciadas sejam a ela subordinadas. É importante que a nomenclatura não apresse falsas conclusões. A "liderança" está no sentido de uma centralização formal de atribuições representativas, não no de uma superioridade hierárquico-material. O papel da empresa líder é representar as consorciadas perante terceiros, "sendo a responsável pelo contacto formal do consórcio com a Administração e com os demais licitantes",[30] não decorrendo daí qualquer relação de subordinação. Os consórcios, entendidos enquanto categoria geral, na qual se incluem, naturalmente, os consórcios dentro da concessão, caracterizam-se por serem modalidades de "grupos de coordenação, em que não se verifica o controle por parte de nenhuma das sociedades participantes sobre as demais sociedades, havendo, assim, um ajustamento das posições para um objetivo comum".[31]

É que "a associação consorcial mantém a autonomia jurídica e econômica das sociedades participantes, sem que haja relação de subordinação e domínio entre elas. A coordenação que resulta do contrato de consórcio constitui o objeto e a função destes".[32] Egon Bockmann Moreira[33] sustenta que, "como a origem etimológica do nome dá a entender (*consortium*, participação e comunhão de várias pessoas numa mesma sorte), os consorciados e suas vontades estão num primeiro plano. Melhor dizendo: todos os consorciados estão num primeiro plano". Acrescenta: "Não há subordinação entre as empresas que constituem o consórcio, mas conjugação de esforços e cooperação administrativa. O contrato de consórcio deve estabelecer uma forma específica quanto às deliberações coletivas (*quorum*, distribuição de receitas, aporte de investimentos, atribuição, administração, etc.) – mas isso não significa a definição de uma hierarquia entre as empresas componentes. O que se dá é a definição do modo de operar o empreendimento consorcial". Tampouco é possível que "o edital fixe o dever de ser estabelecida uma relação de subordinação interna ao consórcio. [...] O consórcio é uma relação horizontal, sem hierarquia ou ascendência".[34]

---

[30] MOREIRA, Egon Bockmann. Os consórcios empresariais e as licitações públicas (considerações em torno do art. 33 da Lei nº 8.666/93). *Interesse Público*, n. 26, p. 70, 2004.

[31] SILVA, Américo Luís Martins da. *Sociedades Empresariais*. Rio de Janeiro: Forense, 2007. v. II, p. 839.

[32] CRETELLA JÚNIOR, José. *Das Licitações Públicas*. Rio de Janeiro: Forense, 1997. p. 268.

[33] MOREIRA, Egon Bockmann. Os consórcios empresariais e as licitações públicas (considerações em torno do art. 33 da Lei nº 8.666/93). *Interesse Público*, n. 26, p. 65-66, 2004.

[34] MOREIRA, Egon Bockmann. Os consórcios empresariais e as licitações públicas (considerações em torno do art. 33 da Lei nº 8.666/93). *Interesse Público*, n. 26, p. 70, 2004.

A função da empresa líder é, simplesmente, representar o/as consórcio/consorciadas. "O administrador do consórcio, quando age de acordo e dentro dos limites do contrato, representa *ex vi legis* os consorciados no exercício dos direitos de que sejam titulares em comum. [...] Quando o administrador do consórcio adquire, exerce ou aliena um direito, nessas qualidades e nos limites do contrato, ele o faz como representante dos membros do consórcio".[35]

Ao administrador do consórcio, ou seja, "à empresa líder é outorgado um mandato por todas as consorciadas, com específicos poderes de administração e representação do consórcio perante terceiros".[36] Augusto Nobre, seguindo a mesma lógica, explica que:

> O fato de ter um administrador, ou um líder, ou um representante legal, está a indicar que os consorciados têm a obrigação de designar alguém que fale em seu nome. É comum observar, nos contratos entre os consorciados e a contratante, logo após a designação dos consorciados como 'consórcio', que praticamente todas as referências são ao consórcio (até mesmo a divisão das obrigações de cada consorciado é feita muitas vezes em anexos) e não mais cada um de per si. E, ao final, *por existir um administrador, líder ou representante legal, apenas assina o contrato o 'consórcio', na qualidade de mandatário*. Essa é uma das razões porque se pensa que o contrato é com o consórcio, quando, na realidade, *pelo fato de que o consórcio não tem existência jurídica, o contrato é mesmo com todas as consorciadas*, estando bem caracterizados e definidos os direitos e deveres de cada uma. Apenas, por ficção de direito, admite-se a formação dessa nova figura que em muito facilita as negociações e o relacionamento com a contratante, que passa a lidar com apenas um daqueles componentes do consórcio. Mas o sujeito de direitos, a nosso ver, não é o consórcio e sim cada uma das co-partícipes e na medida do que disponha o contrato.[37]

Já Pedro Paulo Cristofaro sustenta que "a dissociação entre quem pratica o ato e a quem se imputam os efeitos jurídicos não é exclusiva da pessoa jurídica. A personalidade jurídica plena é atribuída pela lei quando esta entende que a densidade das relações envolvidas em um dado organismo justifica a concessão plena (ou quase) de atributos próprios das pessoas naturais, como a possibilidade de ser titular de direitos e obrigações e, consequentemente, de ter patrimônio próprio. A outros entes, menos densos ou orgânicos, a lei não reconhece essa personalidade plena sem lhes negar, porém, os instrumentos necessários ao atingimento de suas finalidades. A esses grupos não personificados atribui a lei representação. Os efeitos dos atos praticados pelos seus representantes não recaem, porém, como sucede nos grupos personalizados, imediatamente sobre a pessoa jurídica, só mediatamente repercutindo sobre os componentes desta. *Na hipótese de grupos não personificados, os efeitos dos atos jurídicos praticados por seus representantes, porque não podem recair sobre uma pessoa jurídica que não existe, incidem imediatamente sobre os patrimônios dos seus integrantes*".[38]

---

[35] CRISTOFARO, Pedro Paulo. Consórcio de Sociedades. Validade e eficácia dos atos jurídicos praticados por seus administradores, nessa qualidade. Titularidade dos direitos e das obrigações deles decorrentes. *Revista de Direito Mercantil, Industrial, Econômico, Financeiro*, n. 44, p. 20, out./dez. 1981.

[36] MOREIRA, Egon Bockmann. Os consórcios empresariais e as licitações públicas (considerações em torno do art. 33 da Lei nº 8.666/93). *Interesse Público*, n. 26, p. 70, 2004. Grifos nossos.

[37] NOBRE, Augusto. Consórcio de empresas. Falta de personalidade jurídica. Impossibilidade de ser proprietário de bens. *Revista Forense*, Rio de Janeiro, 1987, n. 300, p. 25. Grifamos.

[38] CRISTOFARO, Pedro Paulo. Consórcio de Sociedades. Validade e eficácia dos atos jurídicos praticados por seus administradores, nessa qualidade. Titularidade dos direitos e das obrigações deles decorrentes. *Revista de Direito Mercantil, Industrial, Econômico, Financeiro*, n. 44, p. 19, out./dez. 1981. Grifamos.

A ausência de personalidade jurídica importa em ausência de capacidade contratual própria ao consórcio. "Sem perder a individualidade, as sociedades consorciadas comumente renunciam parcialmente ao poder de se autoadministrarem, em relação a um determinado negócio que é o consórcio. [...] Os poderes de representação podem ser total ou parcialmente transferidos pelas consorciadas para uma delas (chamada líder do consórcio) ou para uma administração autônoma. Em ambos os casos, a doutrina afirma que *a natureza da representação será a de mandato*, não se confundindo com a representação orgânica que é própria das pessoas com personalidade jurídica. *A vontade* única *que é apresentada ao terceiro pela representação do consórcio nada mais é do que a vontade de todas as consorciadas, expressa por um representante comum*".[39]

De acordo com Fernando Facury Scaff e Daniel Coutinho da Silveira, a representação do consórcio "pode ser exercida por mandato para um líder ou individualmente pelos consorciados. Trata-se de instituto cujo valor prático é inquestionável por simplificar as formas de relação entre o consórcio e todos aqueles com quem contrata. Nesta situação, verifica-se uma forma de grupo não personificado, em que a lei permite a separação entre representação na prática do ato, que pode ser delegado a uma pessoa ou empresa específica, e responsabilidade sobre os efeitos do mesmo, a qual recairá sobre todos os consorciados".[40]

O consórcio não tem personalidade jurídica – isso é pacífico –, mas, à semelhança de outras entidades, como o condomínio e a massa falida, chamadas *entes formais*, possuiria capacidade processual ativa (a capacidade de estar em juízo, de ajuizar uma demanda) e, principalmente, capacidade contratual (a capacidade de contratar em nome próprio)?

A doutrina se divide. Para os adeptos da *teoria unitária patrimonial*, o consórcio, apesar de não possuir personalidade jurídica, possui capacidade de celebração de contratos. Já os que defendem a *teoria contratual pluralista* sustentam que, tendo em vista a ausência de personalidade jurídica, os negócios jurídicos são celebrados por todas as partes do consórcio, individualmente e em nome próprio, de acordo e na medida das obrigações por elas assumidas.[41]

Para a primeira posição (teoria unitária patrimonial), o consórcio, apesar de não possuir personalidade jurídica, é capaz de contratar com terceiros em nome próprio, tal como ocorre nos casos do condomínio e do espólio. O consórcio contaria, também, com patrimônio próprio, afeto à realização do empreendimento comum. De acordo com esse

---

[39] BUENO, Alessandra Belfort. O Consórcio na Indústria do Petróleo. *In: Temas de Direito do Petróleo e do Gás Natural*. Rio de Janeiro: Lumen Juris, 2002. p. 18. Grifos nossos.

[40] SCAFF, Fernando Facury; SILVEIRA, Daniel Coutinho da. Tributação de Consórcio de Empresas. Incidências Fiscais Normais e Refis. Diferentes Fórmulas de Pagamento. Repercussões Fiscais. Normas Vigentes. *Revista Dialética de Direito Tributário*, n. 153, p. 104, 2007.

[41] De acordo com Alessandra Belfort Bueno, em trecho que espelha seu posicionamento quanto à capacidade contratual dos consórcios, "o consórcio, portanto, não pode ser parte de contratos celebrados com terceiros, já que ele é desprovido de personalidade jurídica. Cada uma das consorciadas é que figurará como parte em contratos celebrados com terceiros, assumindo obrigações em nome próprio. *Consequentemente, quaisquer contratos celebrados com terceiros serão necessariamente plurilaterais, dando origem a uma pluralidade de obrigações entre cada uma das consorciadas e o terceiro*. Essas obrigações podem ser distintas entre si, correspondendo a sujeitos passivos diferentes, como pode haver pluralidade passiva, em que diversos sujeitos estão vinculados a uma obrigação unificada pela origem comum, caso em que as obrigações se dizem conjuntas". Cf. BUENO, Alessandra Belfort. O Consórcio na Indústria do Petróleo. *In: Temas de Direito do Petróleo e do Gás Natural*. Rio de Janeiro: Lumen Juris, 2002. p. 16.

entendimento, a ausência de personalidade jurídica não implicaria automaticamente a ausência de quaisquer de seus atributos aos consórcios.

Rui Berford Dias, por exemplo, argumenta que não é correto extrair, da ausência de personalidade jurídica, a incapacidade do consórcio para contrair obrigações em seu próprio nome, ou, mesmo, a impossibilidade de possuir patrimônio próprio, destacado do patrimônio dos consorciados. "A primeira afirmativa é inadequada à figura do consórcio, segundo pensamos, porque a ausência de personalidade jurídica nunca foi, em nosso Direito e mesmo na legislação comparada, empecilho para se adquirir direitos ou para se contrair obrigações. Basta ver o caso do condomínio, do espólio, etc. A segunda afirmação também é inadequada, porque parte de uma ideia ultrapassada da noção de patrimônio como sendo uma universalidade obrigatoriamente vinculada a uma pessoa física ou a uma pessoa jurídica, para efeito de garantia de terceiros".[42]

Para o autor, "o consórcio, uma vez registrado, passa a atuar no mundo jurídico de forma inconfundível com a pessoa dos consorciados. E isso pela simples razão de que com o registro surge uma terceira figura – do consórcio – a quem a lei atribui a execução do empreendimento que tiver sido previsto no instrumento contratual que uniu as empresas consorciadas, no chamado grupamento de coordenação".[43]

No mesmo sentido, Bruno Leal Rodrigues afirma que "não se pode concluir que a formação de um consórcio possui meramente um caráter obrigacional, negando a vertente associativa do instituto, pois, ainda que o consórcio não tenha personalidade jurídico-formal, tem personalidade jurídico-processual e contratual".[44]

A posição contrária conta com igualmente respeitáveis opiniões, como a de Egberto Lacerda Teixeira e Alexandre Tavares Guerreiro, que, adotando a teoria contratual pluralista, pensam "que o consórcio não é sujeito de direitos, não podendo, correlatamente, assumir obrigações enquanto tal. Simples fórmula associativa de diversas pessoas jurídicas, desprovido de personalidade e de patrimônio, e com conotação marcadamente contratual, o consórcio age, no mundo jurídico, por intermédio das empresas que o constituem, notadamente e na prática, através de uma empresa líder, escolhida pelas demais. São as consortes, portanto, que assumem obrigações e responsabilidades perante terceiros, cabendo-lhes igualmente exercer os direitos decorrentes dos atos jurídicos".[45]

Outro autor que defende a teoria pluralista, de modo específico ao mercado do petróleo, é Maria D'Assunção Costa Menezello. Comentando sobre o artigo 38 da Lei do Petróleo, a ilustre autora anotou o seguinte (destaque acrescentado):

---

[42] DIAS, Rui Berford. Consórcio de Empresas. *Petrobras/SERCOM – Serviço de Comunicação Institucional*, 1998. p. 16-17.
[43] DIAS, Rui Berford. Consórcio de Empresas. *Petrobras/SERCOM – Serviço de Comunicação Institucional*, 1998. p. 32.
[44] RODRIGUES, Bruno Leal. Formas de Associação de Empresas Estatais. Acordo de acionistas, formação de consórcios e participação em outras empresas. In: *Direito Administrativo Empresarial*. Rio de Janeiro: Lumen Juris, 2006. p. 129. Waldírio Bulgarelli é outro dos que concordam com essa posição. Afirma que os consórcios voluntários com atividade externa são sujeitos de Direito, possuem patrimônio autônomo e personalidade própria, "cujas características são geralmente a criação de um escritório de vendas, sua representação em Juízo e o fundo consorcial" (BULGARELLI, Waldírio. *Manual das Sociedades Anônimas*. São Paulo: Atlas, 2001. p. 315).
[45] TEIXEIRA, Egberto Lacerda; GUERREIRO, Alexandre Tavares apud XAVIER, Alberto. Consórcio: natureza jurídica e regime tributário. *Revista Dialética de Direito Tributário*, n. 64, p. 16, jan. 2001.

O que se viu na licitação realizada é que foi incentivada a criação de um consórcio em que um dos integrantes, obrigatoriamente, deveria ser o operador técnico, responsável pela operação.

Consórcio de empresas compreende a associação de empresas, constituída para uma determinada finalidade e por tempo certo, de acordo com os arts. 278 e 279 da Lei Federal nº 6.404, de 15.12.1976, que disciplina as sociedades por ações. O consórcio não tem personalidade jurídica, mas deve ir a registro no competente Registro do Comércio.

Não sendo sujeito de direitos, são, no entanto, as empresas consorciadas que possuem personalidade jurídica e que assumem as obrigações e responsabilidades, solidarizando-se no cumprimento adequado do contrato.[46]

A essa altura, já é possível traçar uma conclusão parcial. Quando a empresa-líder atua na qualidade de líder de consórcio baseado no JOA, está, na verdade, representando, de forma não hierárquica e horizontal, todas as empresas consorciadas. O contrato de consórcio incorpora, também, um instrumento de mandato, outorgado por todas as consorciadas à operadora, conferindo-lhe poderes para agir em seu nome. "O representante atua em nome do representado"[47] e não em nome próprio.

3 O JOA como imposição da *Lex Mercatoria*

O JOA, como "detalhamento operacional" do consórcio firmado por força do art. 38 da Lei nº 9.478/98, tornou-se, na prática, obrigatório, em função da dinâmica do mercado do petróleo.

Como já mencionado, o modelo de JOA da AIPN é resultado de trabalho realizado por diversas empresas petrolíferas com vistas à elaboração de uma minuta contratual que facilitasse as negociações, incorporando soluções a problemas verificados anteriormente pela indústria. Esse modelo vem sendo objeto de frequentes modificações desde a sua primeira versão, a partir das experiências vivenciadas pelos agentes do mercado. O modelo de JOA elaborado pela AIPN contribui de modo significativo para a mitigação dos altos custos de transação na indústria do petróleo: passa a existir um modelo-padrão, dispensando a discussão casuística de muitas das cláusulas das *joint ventures*, a *expertise* contratual vai sendo sedimentada, erros não são repetidos, acertos são difundidos etc.

Enfim: o modelo de JOA da AIPN foi, aqui, acolhido como padrão de disciplina das parcerias para a realização de atividades de exploração e produção. O JOA já se incorporou naquele amplo sedimento de práticas, costumes, regras técnicas, padronizações, adotados, de modo geral, pela comunidade internacional de comerciantes, fazendo parte da *lex mercatoria* do Direito do Petróleo vigente mundialmente – *lex petrolea*.

Detenhamo-nos um pouco na questão conceitual, até porque nos importa saber se tais usos e costumes são, de fato, vinculantes, ou se seriam mais uma espécie, útil, porém amena, de *soft law*.

---

[46] MENEZELLO, Maria D'Assunção Costa. *Comentários à Lei do Petróleo*. São Paulo: Atlas, 2000. p. 121.
[47] DINIZ, Maria Helena. *Tratado Teórico e Prático dos Contratos*. São Paulo: Saraiva, 1993. p. 242.

Luís Roberto Barroso, ao tratar, de modo incidental, do assunto, informa que "a *lex mercatoria* se consubstancia no primado dos usos no comércio internacional, materializando-se, também, por meio de contratos e cláusulas-tipo, jurisprudência arbitral, regulamentação de profissionais elaborada por suas associações representativas e princípios gerais comuns às legislações dos países".[48]

Na definição de José Maria Garcez, "a *lex mercatoria* se traduziria pela constante institucionalização das normas disciplinadoras do comércio internacional, originada de um sistema de forças consuetudinárias, convencionais, jurisprudenciais e arbitrais desenvolvidas por uma miríade de organizações desvinculadas das estruturas estatais em geral voltadas para a prestação de serviços de arbitragem internacional".[49]

Keith Highet assim a conceitua:

> O que é a *lex mercatoria*? Para nossos presentes propósitos, diria que ela significa mais ou menos o seguinte: os princípios de comerciantes internacionais ou transnacionais, capazes de serem aplicados por autoridades dotadas de poder de decisão (juízes ou árbitros) como uma fonte de regras legais, de modo a dar conteúdo a decisões, de maneira idêntica à que essas autoridades iriam se utilizar de uma regra legal real, tal como a *lex fori* ou a *lex loci*.[50]

Segundo Berthold Goldman, a *lex mercatoria* é um "conjunto de princípios e regras costumeiros, espontaneamente referidos ou elaborados no quadro do comércio internacional, sem referência a um sistema particular de lei nacional".[51] Já Schmitthoff a entende como um "conjunto de princípios comuns relacionados aos negócios internacionais presentes em regras uniformes que tem aceitabilidade generalizada".[52]

É claro que se está falando da moderna *lex mercatoria*, já que seus antecedentes remontam à Idade Média, quer dizer, existiu uma *lex mercatoria* original. No século XX – sobretudo na sua segunda metade – a internacionalização crescente das trocas comerciais e a explosão de seu volume possibilitaram o surgimento de obras codificadoras das normas utilizadas pelos comerciantes nas suas relações internacionais. A Câmara de Comércio Internacional (CCI/ICC) e a CNUDCI/UNCITRAL encontram-se dentre os organismos privados e intergovernamentais mais destacados neste trabalho. A partir dos litígios oriundos dessas relações também surgiu uma jurisprudência arbitral que reconheceu a existência de usos e costumes do comércio internacional, e revelou princípios gerais de direito que lhe são específicos. Esta noção jurídica, muito similar à da *lex mercatoria* medieval, foi denominada, por analogia, a nova *lex mercatoria*.[53] [...]

---

[48] BARROSO, Luís Roberto. Fundamentos teóricos e filosóficos do novo direito constitucional brasileiro (Pós-modernidade, teoria crítica e pós-positivismo). *Revista Forense*, v. 358, p. 93 notas, nov./dez. 2001.

[49] GARCEZ, José Maria Rossani. *Contratos Internacionais Comerciais*. São Paulo: Saraiva, 1994. p. 20.

[50] HIGHET, Keith. The Enigma of Lex Mercatoria. *In: Tulane Law Review*, v. 63, p. 617, 1989. Sobre o tema entre nós ver o seminal artigo de: CRISTOFARO, Pedro Paulo. A lex mercatoria e o direito brasileiro. *In*: FERRAZ, Rafaella; MUNIZ, Joaquim de Paiva (Coord.). *Arbitragem doméstica e internacional*: estudos em homenagem ao Prof. Theóphilo de Azeredo Santos. Rio de Janeiro: Forense, 2008.

[51] GOLDMAN, Berthold. Frontières du Droit et lex mercatoria. *In: Archives de Philosophie du Droit*, Paris, p. 177-192, n. 9, 1964. p. 179.

[52] SCHMITTHOFF, Clive. Nature and evolution of transnational law of commercial transactions. *In*: SCHMITTHOFF, Clive; HORN (Ed.). *The transnational law of international commerce transactions*. Deventer: Springer, 1987. p. 27.

[53] Francesco Galgano destaca na contemporânea *lex marcatoria*, além da minoração do efetivo poder soberano dos Estados, por mais poderosos que sejam, frente aos grandes conglomerados econômicos transnacionais, o

A *lex mercatoria* não contém regras emprestadas às principais legislações nacionais e internacionais, mas *constrói-se no espaço transnacional, através das condições gerais, contratos-tipo etc. utilizados nas operações das empresas e profissionais atuantes no comércio internacional*".[54] Ora, a identidade com os contratos-tipo de JOA é absoluta.

Berthold Goldman, ao falar sobre contratos-tipo, sustenta que "há uma rede densa e extensa de documentos, cobrindo a maioria dos países com um bom número de bens trocados no comércio internacional; e a considerar o fenômeno sem ideia pré-concebida, é possível constatar que os contratos aí referidos não são regidos nem pela lei de um Estado, nem por uma lei uniforme adotada por uma Convenção entre Estados, mas sim pelos próprios contratos-tipo".[55]

Quanto à coercitividade dos contratos-tipo de JOA enquanto *lex mercatoria*, Berthold Goldman explica que "os princípios, as disposições e contratos-tipo e os usos seguidos no comércio internacional se situam incontestavelmente no domínio econômico, de modo que eles mereceriam, nesse ponto de vista, ser considerados como jurídicos". Goldman começa definindo o que seria uma regra – uma prescrição de caráter geral garantida por uma sanção – e dá um primeiro passo em seu raciocínio: "Admitiremos, sem dificuldade, que as cláusulas dos contratos-tipo, ou os usos codificados correspondem a esta definição, pelo menos no que concerne à generalidade, à precisão e à publicidade".[56]

Mas será que os contratantes só admitiriam a validade da *lex mercatoria* secundados por um permissivo geral encontrado nas leis de seus Estados de origem? Quer dizer, a *lex mercatoria* seria juridicamente vinculante, sim, mas apenas na exata medida em que isso fosse determinado, ou, pelo menos, permitido pelos Ordenamentos Jurídicos nacionais?

No caso específico do ordenamento jurídico brasileiro, a cogência do JOA não apenas é compatível com a Lei do Petróleo, como é mesmo diretamente vinculada a ela, como exposto anteriormente, inclusive em virtude da encampação por ela feita das boas práticas internacionais da indústria do petróleo, ainda mais em se tratando de parcerias entre agentes econômicos globalizados. Ademais, "não é de modo algum correto que as partes em um contrato internacional observem suas cláusulas (elas próprias emprestadas de um contrato-tipo) porque cada qual estima que a lei estatal da qual ela depende a constrange, nem que seja por referência mais ou menos implícita que árbitros imporão eventualmente o respeito; *encontra-se, de certo modo, tanto em uns como nos outros, a consciência de uma regra comum do comércio internacional, muito simplesmente expressa no adágio pacta sunt servanda*. E pouco importa, para nosso propósito, que esse adágio coincida com as regras estatais do tipo do art. 1.134 do Código Civil (francês); porque se é dele

---

fato de "a economia contemporânea ser uma economia global, em oposição ao caráter nacional dos sistemas legislativos, e de ser uma economia dinâmica, em constante transformação, reclamando instrumentos flexíveis de adequação do direito às mudanças da realidade, em antítese à rigidez das leis" (GALGANO, Francesco. *Lex Mercatoria*. Milano: Il Mulino, 2001. p. 14 e 234).

[54] GAMA JR., Lauro. *Contratos Internacionais à luz dos Princípios do UNIDROIT 2004*: soft law, arbitragem e jurisdição. Rio de Janeiro: Renovar, 2006. p. 233 e 240.

[55] GOLDMAN, Berthold. Frontières du Droit et lex mercatoria. In: *Archives de Philosophie du Droit*, Paris, p. 177-192, n. 9, 1964.

[56] GOLDMAN, Berthold. Frontières du Droit et lex mercatoria. In: *Archives de Philosophie du Droit*, Paris, p. 177-192, n. 9, 1964.

que os contratos-tipo e os usos codificados emprestam sua força constrangedora, *eles são prescrições, da mesma maneira que as regras supletivas de um Direito interno*".[57]

Comentando, afinal, sobre o último aspecto necessário para a qualificação "jurídica" de um grupo de normas – a existência de sanção –, e já visto que são comandos genéricos e cumpridos "por si próprios", e não por derivação de outro grupo normativo, o mesmo Berthold Goldman arremata:

> A experiência prova que não somente os laudos arbitrais são, na maioria das vezes, executados espontaneamente, o que atesta a efetividade das regras que eles colocam em prática, se fossem despojáveis de sanções aplicáveis pelos comerciantes; mas também que tais sanções existem. Um notável inventário de sanções foi recentemente preparado: encontram-se aí sanções disciplinares aplicadas pelos agrupamentos corporativos, a sanção de ordem moral (mas com repercussão profissional e material) consistindo na publicidade do laudo, das sanções diretamente profissionais como a eliminação de uma bolsa de comércio ou de algumas operações comerciais, até mesmo das sanções pecuniárias garantidas por consignações prévias. Certamente estas diversas "sanções" são, de preferência, meios de assegurar indiretamente a execução do laudo do que procedimentos de execução forçada propriamente ditos; mas que elas sejam primeiramente cominatórias não devem dissimular seu caráter praticamente coercitivo.[58]

É pela consciência de sua obrigatoriedade, pelo seu cumprimento inconteste, ao longo dos anos, pela não contrariedade de qualquer norma de direito positivo (aqui, brasileiro, muito pelo contrário, como exposto infra), e pela existência de sanções por sua violação, da qual a mais grave é, simplesmente, o alijamento da contratante-violadora de futuras operações, que as normas reconstruídas a partir de um JOA podem ser entendidas como normas jurídicas vinculantes. A comunidade internacional do petróleo já enfrentou uma série de problemas, testou alternativas e desenvolveu as melhores soluções; desenvolveu contratos-tipo para compartilhá-las com todos os interessados; assim, se o melhor procedimento aquisitivo de bens e serviços possível – dada a especificidade do negócio e a *expertise* compartilhada de anos e anos – é aquele que consta no JOA, tal recomendação, uma vez contratada, passa a se tornar norma jurídica vinculante, em favor de cujo cumprimento milita nosso próprio Ordenamento Jurídico, que, inclusive, expressamente encampou e positivou as boas práticas da indústria do petróleo.

Com efeito, na definição das opções adequadas e das interpretações razoáveis a serem procedidas no setor do Petróleo, as "boas práticas internacionais da indústria do petróleo" (arts. 8º, IX, e 44, VI, da Lei Federal nº 9.478/97),[59][60] possuem papel primordial.

---

[57] GOLDMAN, Berthold. Frontières du Droit et lex mercatoria. In: *Archives de Philosophie du Droit*, Paris, p. 177-192, n. 9, 1964.

[58] GOLDMAN, Berthold. Frontières du Droit et lex mercatoria. In: *Archives de Philosophie du Droit*, Paris, p. 177-192, n. 9, 1964.

[59] ARAGÃO, Alexandre Santos de. As Boas Práticas da Indústria do Petróleo como o Eixo da Regulação do Setor. *Revista de Direito Administrativo – RDA*, Rio de Janeiro, Renovar/FGV, v. 238, 2004.

[60] A própria ANP possui definição do que sejam as "melhores práticas da indústria do petróleo", cf. a definição constante da Portaria ANP nº 90/2000: "Melhores Práticas da Indústria do Petróleo – São práticas e procedimentos visando à maximização da recuperação dos recursos petrolíferos de forma técnica e economicamente sustentável e que estejam em consonância com a conservação e o uso racional de petróleo e gás natural, controle do declínio das reservas e preservação do meio ambiente".

As "boas práticas internacionais da indústria do petróleo" podem ser consideradas a aplicação setorial da *lex mercatoria* (v. tópico anterior), uma *lex mercatoria* setorial, também chamada de *lex petrolea*, cujo principal instrumento de consolidação são os contratos-tipo de JOA da AIPN.[61]

Tais práticas, expõe Maria D'Assunção Costa Menezello, "são amplamente conhecidas e decorrem das recentes normalizações internacionais ou de usos consagrados, com qualidade e eficiência para todos os envolvidos, proporcionando uma evolução constante das técnicas e dos conhecimentos científicos".[62] Sendo o contrato de concessão petrolífera verdadeiro "acordo de desenvolvimento econômico",[63] o reconhecimento da validade do procedimento aquisitivo único consolidado no JOA, de molde a garantir e a potencializar, pela via do dinamismo empresarial e da superação de obstáculos burocráticos, os investimentos das concessionárias, conecta-se diretamente com a busca de racionalização econômica e ambiental dos investimentos e incremento da produção, alcançando-se, com maior eficiência, os objetivos da Lei do Petróleo.

Como já havíamos afirmado em sede doutrinária,[64] hoje se tem a consciência de que, quanto mais o Direito conhecer e respeitar, de forma razoável e proporcional, as práticas legítimas do campo a ser regulado, mais chances terá de propiciar uma regulação eficiente e dotada de grande efetividade. Se a assertiva é correta de maneira geral, deve ser reforçada em relação à regulação da economia. A economia, potencializando fenômeno de dinamismo, de relativa imprevisibilidade e de tendências autonomizadoras, que sempre foram da sua própria essência, tem, nessas últimas décadas, de globalização e de internacionalização das fases da cadeia produtiva, feito com o que o Direito incorpore cada vez mais lógicas e códigos das atividades a serem reguladas.

Merece especial atenção, assim, a tecnicidade do marco regulatório das atividades petrolíferas, que desde seu surgimento, nos Estados Unidos, foram se desenvolvendo de maneira empírica, e que hoje, provavelmente, seria chamada de "autorregulada". Isso se refletiu na encampação de exigências técnicas e econômicas da indústria do petróleo por parte do marco regulatório estatal, "tecnicidade relacionada com a especificidade das atividades a serem disciplinadas, que necessitam de normas pontuais, remetidas à autonomia de órgãos técnicos, organizando setores específicos e *assegurando a flexibilidade e a permeabilidade às exigências da sociedade econômica*".[65]

Em relação aos preceitos legais que, a exemplo dos arts. 8º, IX, e 44, VI, da Lei do Petróleo, diretamente encampam práticas disseminadas entre os agentes de determinado

---

[61] A *lex mercatoria* já se especializou no ramo do Direito Internacional do Petróleo, a ponto de constituir, por si própria, uma *lex petrolea*. O termo foi cunhado numa decisão de tribunal arbitral de 1958, em que contendiam a Arábia Saudita e a empresa ARAMCO. Cf., a esse respeito, o artigo introdutório de Clarissa Alves, Carlos Marinho e João Guilherme Vassalo. (ALVES, Clarissa; MARINHO, Carlos; VASSALO, João Guilherme. *Lex Petrolea*: o direito internacional privado na indústria do petróleo. Campinas, 2007. Disponível em: http://www.portalabpg.org.br/PDPetro/4/resumos/4PDPETRO_8_2_0143-3.pdf. Acesso em 18 dez. 2020.

[62] MENEZELLO, Maria D'assunção Costa. *Comentários à Lei do Petróleo*. São Paulo: ATLAS, 2000. p. 137.

[63] Cf. BUCHEB, José Alberto. *A Arbitragem Internacional nos Contratos da Indústria do Petróleo*. Rio de Janeiro: Lumen Juris, 2002. p. 11.

[64] ARAGÃO, Alexandre Santos de. Ensaio de uma visão Autopoiética do Direito Administrativo. *Revista de Direito Público da Economia – RDPE*, v. 04, Belo Horizonte, p. 27-32, 2005.

[65] COCOZZA, Francesco. *Profili di Diritto Costituzionale applicato all'Edconomia*, Volume I (Incidenza dei Rapporti Economici sull'Organizzazione del Potere Politico e sul Sistema delle Fonti del Diritto. Turim: G. Giappichelli Editore, 1999. p. 171. O destaque foi acrescentado.

setor econômico, são essenciais os ensinamentos de Marc Tarrés Vives,[66] segundo o qual "a insuficiência do instrumental administrativo tradicional deve ser complementada mediante a implementação na regulação administrativa de fórmulas auto-regulativas que, considerando a sua legitimidade na consecução de interesses privados individuais ou coletivos, permitem a satisfação de finalidades públicas. [...] Há uma vontade de usar, como instrumento diretivo, os compromissos, meios e conhecimentos que esses agentes possuem com a finalidade de lograr a realização de fins públicos. Em outras palavras, a autorregularão se integra na regulação. [...] A regulamentação tem, em boa medida, deixado de conter complexas prescrições técnicas – que em sua literalidade e ampla extensão consumiam páginas de Diário Oficial – para limitar-se a declarar umas cláusulas gerais, que encontram a sua concreção a partir da remissão por elas realizada, [...] o que não é nenhuma novidade".

Mais adiante, leciona que "o uso desse tipo de expressão (como a de "boas práticas da indústria do petróleo") por parte das normas jurídicas demonstra uma renúncia explícita do Legislador à elaboração detalhada de regulamentações técnicas que, na verdade, poderiam tornar-se obsoletas pouco tempo após a sua publicação, devendo-se reconhecer também que a utilização de conceitos jurídicos indeterminados com este objetivo constitui uma técnica legislativa amplamente adotada em **áreas** bem diversas, como a dos produtos industriais, das tecnologias da informação, do meio ambiente, da economia, etc.".[67]

Tratando dos códigos de "boas práticas" dos agentes econômicos de determinado setor, o autor afirma que elas "condensam critérios, normas e valores que são formulados e seguidos no marco de uma atividade empresarial ou profissional. Adverte M. Darnaculleta que 'os códigos (de boas práticas) podem conter, não só uma relação de valores, como também uma descrição das condutas consideradas de acordo com tais valores e as condutas reprováveis por serem contrárias aos mesmos'".[68]

A adoção, encampação e respeito às "boas práticas internacionais da indústria do petróleo" nos contratos de concessão da ANP, inclusive com vistas à "racionalização da produção" (arts. 8º, IX, e 44, VI, Lei do Petróleo), constitui um dos meios para melhor atingir os objetivos fixados no art. 1º (proteção do interesse nacional, do desenvolvimento, do meio ambiente, dos consumidores, garantir o fornecimento nacional dos derivados do petróleo, atração de investimentos, ampliar a competitividade do país no mercado internacional, promover a concorrência, etc.).

O que se está aqui afirmando é que não observar, descumprir imotivadamente (ver os casos de *waiver* anteriormente referidos) o procedimento aquisitivo previsto no JOA é, mais que violação diretamente contratual, e, indiretamente, legal (na medida em que o Direito Civil brasileiro garante a higidez dos contratos por intermédio do princípio de sua obrigatoriedade), também violação *diretamente* legal – porque violaria a boa prática da.

Porém, esta construção argumentativa ainda poderia ser considerada lateral ao principal ponto: o JOA é, em si mesmo, uma conduta reiteradamente seguida por todos

---

[66] VIVES, Marc Tarrés. *Normas Técnicas y Ordenamiento Jurídico*. Valencia: Ed. Tirant lo Blanch, 2003. p. 172 e 253.
[67] VIVES, Marc Tarrés. *Normas Técnicas y Ordenamiento Jurídico*. Valencia: Ed. Tirant lo Blanch, 2003. p. 274-275. Excurso entre parênteses nosso.
[68] VIVES, Marc Tarrés. *Normas Técnicas y Ordenamiento Jurídico*. Valencia: Ed. Tirant lo Blanch, 2003. p. 237.

os contratantes dessa indústria, tida como a melhor opção para assimilar experiências e reduzir custos. *O joint operating agreement é, portanto, ele próprio, e nisso se inclui, por óbvio, seu processo de aquisição de bens e de serviços, uma das boas práticas da indústria do petróleo.* Significa dizer que respeitá-lo é respeitar o art. 8º, IX, e o art. 44, VI, da Lei do Petróleo.

Não apenas na lei e na prática reiterada da indústria (como se já não fosse o bastante), mas também no modelo do contrato de concessão que foi firmado entre as empresas, e no próprio JOA, há referência à obrigatoriedade de serem seguidas as melhores práticas da indústria, eis que estas são genuínos polos de convergência interpretativa do Direito do Petróleo, no Brasil e no mundo.

No contrato de concessão (grifamos):

> A ANP se compromete, sempre que tiver de exercer seu poder discricionário, a fazê-lo justificadamente, observando a legislação e regulamentação aplicáveis, bem como *atendendo, de forma explícita,* às *Melhores Práticas da Indústria do Petróleo.*

Como as leis e os contratos não contêm palavras inúteis, é interessante notar que o contrato de concessão não estabeleceu apenas o dever de a ANP cumprir as Melhores Práticas da Indústria do Petróleo, indo além: preceitua que deve fazê-lo "de forma explícita",[69] elevando, dessa forma, as melhores práticas ao eixo principal que deve guiar a interpretação e aplicação do contrato, como que estabelecendo hierarquia imprópria das melhores práticas sobre os demais preceitos contratuais. Nem poderia ser diferente, pois, ao contrário de muitas cláusulas contratuais (criadas pela ANP a cada rodada de licitação), sua cogência já é previamente fixada na própria Lei do Petróleo.

---

[69] A expressão "de forma explícita" *in casu* não pode ser compreendida apenas no sentido de que a ANP deve aplicar as boas práticas de forma clara, até porque toda atuação da Administração Pública, em virtude dos princípios constitucionais da transparência, publicidade e boa-fé, deve sempre ser "explícita", jamais implícita ou secreta, disfarçada. A expressão só pode ser assim compreendida como determinadora da ênfase e preponderância que a aplicação das melhores práticas deve ter.

UNITIZAÇÃO E ACORDO DE INDIVIDUALIZAÇÃO DA PRODUÇÃO: TRAJETÓRIA HISTÓRICA E REGIME À LUZ DA LEI Nº 12.351/2010

1 Introdução

O instituto da individualização ou unitização visa a solucionar a questão da produção em petróleo, gás natural e outros hidrocarbonetos em jazidas que se prolonguem para além de áreas objeto dos respectivos contratos. Em outras palavras, casos há em que a mesma jazida se expande por mais de uma área contratual, casos em que a produção, da jazida como um todo, em áreas de mais de um contratado, deve ser unificada.

Em âmbito legal, no Direito Brasileiro, o instituto foi objeto pela primeira vez da Lei do Petróleo (art. 27 da Lei nº 9.478/97), revogado posteriormente pela Lei do Pré-Sal (Lei nº 12.351/2010), que, como veremos, lhe deu tratamento mais pormenorizado e para todos os contratos de delegação petrolífera, não apenas aqueles do pré-sal.

O presente artigo visa a traçar um panorama desta técnica, expondo seu escopo de aplicação e processo de instituição por meio de *Acordo de Individualização da Produção (AIP)*.

Por fim, busca-se descrever o atual regime normativo ao qual se sujeita, diferindo-o do regime anterior, conduzido pela Lei do Petróleo.[1]

2 Contornos da unitização e diferenças com a anexação

Sempre que uma jazida de petróleo, de gás natural e de outros hidrocarbonetos fluidos se estender para além de determinada área objeto de algum contrato de exploração de hidrocarbonetos, que possua agentes distintos, ocorre a unitização.

Atualmente, o art. 33 da Lei nº 12.351/2010 determina que as partes "unitizem"[2] esta jazida através de um Acordo de Individualização da Produção (AIP), que estabelecerá as regras da parceria forçada entre os detentores das áreas contíguas nas quais se situe uma única jazida.

O AIP pode ser celebrado também entre um detentor privado e a União, representada pela PPSA, nos casos em que a jazida localizada no pré-sal ainda não tenha sido objeto de contrato (e, portanto, sob pleno domínio e detenção da União), caso em que o AIP celebrado pela União obrigará o futuro titular de contratos de partilha dessa área (art. 36).

Já se a área ainda não objeto de contrato se encontrar fora do pré-sal, a diretriz será a mesma, mas a União será representada no AIP pela ANP, não pela Petrobras (art. 37). E, nesse caso, como o contrato de partilha se aplica apenas às áreas do pré-sal, o AIP obrigará o futuro concessionário, já que a concessão petrolífera é a modalidade contratual comum (arts. 1º e 2º, I).

O AIP determinará quem será o operador da área unitizada, como dividirão os investimentos a serem feitos, quais volumes de petróleo e/ou gás natural caberão a cada parte etc. (arts. 34 e 35).

Em qualquer daquelas hipóteses, caso as partes não cheguem a um acordo no prazo determinado pela ANP, esta impor-lhes-á administrativa e coativamente um regime de unitização customizado para o caso concreto, mas seguindo naturalmente as boas práticas do setor e mediante laudo técnico apropriado (art. 40, *caput*). Caso as partes não queiram seguir com seus contratos unitizados com o de outrem, na forma estabelecida pela ANP, terão que deles abrir mão, rescindidos que estarão (art. 40, parágrafo único).

A doutrina diferencia as modalidades de operação conjunta de exploração de reservatórios petrolíferos em *joint development of common reservoirs*, quando a cooperação se dá entre países distintos, e unitização, quando ocorre de a jazida ser comum a empresas privadas.[3] E aponta, ainda, que tem ocorrido com maior frequência a coexistência de contratos de natureza diversa em áreas contíguas.[4]

---

[1] Dessa maneira, sempre que nos referirmos apenas ao número do artigo, ele integra a Lei nº 12.351/2010.
[2] Apesar de, no vernáculo, o termo mais correto ser "unificação", o anglicismo já é um jargão corrente no setor, razão pela qual usaremos as duas expressões indistintamente.
[3] RIBEIRO, Marilda Rosado de Sá. Introdução à unitização de reservatórios petrolíferos. *In*: RIBEIRO, Marilda Rosado de Sá (Coord.). *Direito do petróleo e gás*: estudos e pareceres. Rio de Janeiro: Renovar, 2005. p. 118.
[4] RIBEIRO, Marilda Rosado de Sá. Introdução à unitização de reservatórios petrolíferos. *In*: RIBEIRO, Marilda Rosado de Sá (Coord.). *Direito do petróleo e gás*: estudos e pareceres. Rio de Janeiro: Renovar, 2005. p. 120.

Nota-se com isso que a unitização é um instituto já bastante desenvolvido no direito comparado e também objeto do Direito Internacional Público, quando a jazida se estende pelo território de mais de um país, e tem objetivo dúplice: (a) exploração racional dos recursos energéticos, evitando a produção predatória, em prejuízo do interesse público, evitando com que cada um dos titulares de direitos tente retirar o máximo de hidrocarbonetos, o mais rápido possível, da jazida comum; e (b) a proteção dos direitos conferidos ao concessionário pelo art. 26 da Lei do Petróleo, que dispõe que o concessionário tem direito à propriedade de todos os volumes produzidos de reservatórios situados dentro dos blocos, que é o prisma vertical de profundidade indeterminada correspondente aos limites da área em superfície. Esse direito seria violado se o titular da área limítrofe extraísse para si também os hidrocarbonetos que se encontram na área do outro titular, mas que integram uma jazida única.

Com efeito, antes da adoção do instituto da unitização no cenário internacional era amplamente utilizada a "regra da captura", segundo a qual se alguém produz petróleo a partir de um poço situado em área de sua titularidade, a ele é conferida a propriedade de todo o petróleo que conseguir extrair, mesmo que parte dele se origine da parte da jazida que está fora da área sobre a qual tem direitos exploratórios.[5]

José Alberto Bucheb[6] observa que, como essa regra acarretava uma exploração predatória do campo, levando ao esgotamento prematuro da produção, em razão do que adveio justamente o instituto da unitização, consistente na "operação coordenada de todo o reservatório ou extensa parte de um reservatório de óleo ou gás pelos proprietários das áreas ou detentores de direitos quanto aos blocos situados sobre o reservatório".[7] Ressaltando o seu aspecto de interesse público, a unitização tem as seguintes finalidades: "(a) a prevenção do desperdício; (b) a proteção dos direitos correlatos e (c) o impedimento da perfuração desnecessária de poços".[8]

Olavo Bentes David, em sentido semelhante, esclarece que "o escopo da unitização é assegurar que a exploração, a perfuração e a produção possam transcorrer da maneira mais eficiente e econômica por um único operador. Os interessados compartilham tanto os investimentos quanto o óleo produzido, na medida de seu quinhão no volume *in situ* original de hidrocarbonetos contidos na jazida. Poços, equipamentos e instalações de

---

[5] BUCHEB, José Alberto. *Direito do petróleo*: a regulação das atividades de exploração e produção de petróleo e gás natural no Brasil. Rio de Janeiro: Lumen Iuris, 2007. p. 183.

[6] "Se, por um lado, a regra da captura cumpriu o papel de incentivar a produção de petróleo, nos primórdios da indústria, tornou-se logo evidente, por outro, que esse conceito implicava, necessariamente, na produção predatória do petróleo, entendida como aquela que visa tão somente à minimização do tempo de retorno dos investimentos, e que, por esta razão, tem como consequência a perfuração excessiva de poços próximos aos limites dos blocos e o esgotamento precoce da jazida, trazendo, ainda, à tona um grande número de controvérsias acerca da titularidade do petróleo produzido e dos danos causados ao reservatório do bloco contíguo". BUCHEB, José Alberto. *Direito do petróleo*: a regulação das atividades de exploração e produção de petróleo e gás natural no Brasil. Rio de Janeiro: Lumen Iuris, 2007. p. 185. No mesmo sentido, ver: RIBEIRO, Marilda Rosado de Sá. *Direito do petróleo – as joint ventures na indústria do petróleo*. 2. ed. Rio de Janeiro: Renovar, 2003. p. 185.

[7] RIBEIRO, Marilda Rosado de Sá. Introdução à unitização de reservatórios petrolíferos. *In*: RIBEIRO, Marilda Rosado de Sá (Coord.). *Direito do petróleo e gás*: estudos e pareceres. Rio de Janeiro: Renovar, 2005. p. 128.

[8] RIBEIRO, Marilda Rosado de Sá. Introdução à unitização de reservatórios petrolíferos. *In*: RIBEIRO, Marilda Rosado de Sá (Coord.). *Direito do petróleo e gás*: estudos e pareceres. Rio de Janeiro: Renovar, 2005. p. 123. Esclarece ainda a autora: "Do ponto de vista técnico, a função básica da unitização é proporcionar uma drenagem mais eficiente do reservatório, utilizando as melhores técnicas de engenharia, que são economicamente viáveis" (RIBEIRO, Marilda Rosado de Sá. Introdução à unitização de reservatórios petrolíferos. *In*: RIBEIRO, Marilda Rosado de Sá (Coord.). *Direito do petróleo e gás*: estudos e pareceres. Rio de Janeiro: Renovar, 2005. p. 129).

produção são locados de forma a minimizar custos e a produção é controlada, visando manter, pelo maior tempo possível, as pressões do reservatório em superfície, de forma a aumentar a recuperação final".[9]

O instituto da unitização, enfim, "evita a perda econômica decorrente de perfurações desnecessárias de poços e construção de facilidades relacionadas que ocorreriam sob o regime competitivo da captura; ele permite o compartilhamento das infraestruturas de desenvolvimento, assim reduzindo os custos de produção através de economias de escala e operação eficiente; ele maximiza o resultado da recuperação do petróleo de um campo de acordo com as melhores informações técnicas e de engenharia, [...] confere a todos os detentores de direitos sobre o reservatório comum uma parcela justa da produção [...]; e minimiza o uso da superfície da terra e os danos causados à superfície por evitar poços e infraestruturas desnecessárias".[10]

Nos Estados Unidos, o instituto começou a ganhar relevo apenas a partir da década de 1940, com um maior número de defensores da unitização voluntária ou compulsória, em detrimento da aplicação indiscriminada da regra da captura.

No Brasil, a unitização é adotada desde a década de 1970, nos contratos de risco que a Petrobras, ainda na qualidade de exploradora direta (e exclusiva) do monopólio da União, celebrou naquela época.[11]

Posteriormente, teve previsão legal no art. 27 da Lei do Petróleo, nº 9.478/97,[12] que instituiu no Brasil o regime da unitização compulsória. Tal regime estabeleceu que, em ocorrendo situações que tecnicamente justificassem a individualização da produção, essa deveria obrigatoriamente ocorrer, cabendo à autoridade reguladora, na ausência de acordo, interferir, arbitrando as obrigações de cada parte.[13] Ou seja, em que pese a Lei atribuir primariamente às partes envolvidas a definição do conteúdo do Acordo

---

[9] DAVID, Olavo Bentes. *Acordos de Unitização. Uma nova espécie contratual no ordenamento jurídico brasileiro.* Monografia em Direito, Universidade Federal do Rio Grande do Norte – UFRN, 2003.

[10] Apud SIMONI, Josiane. *Unificação de Operações em Campos de Petróleo e Gás Natural (Unitização) no Brasil e Direitos correlatos.* Dissertação de Mestrado. Universidade de Salvador – UNIFACS, 2006. p. 28.

[11] RIBEIRO, Marilda Rosado de Sá. Introdução à unitização de reservatórios petrolíferos. In: RIBEIRO, Marilda Rosado de Sá (Coord.). *Direito do petróleo e gás: estudos e pareceres.* Rio de Janeiro: Renovar, 2005. p. 121.

[12] Art. 27. Quando se tratar de campos que se estendam por blocos vizinhos, onde atuem concessionários distintos, deverão eles celebrar acordo para a individualização da produção.
Parágrafo único. Não chegando as partes a acordo, em prazo máximo fixado pela ANP, caberá a esta determinar, com base em laudo arbitral, como serão equitativamente apropriados os direitos e obrigações sobre os blocos, com base nos princípios gerais de Direito aplicáveis.

[13] José Alberto Bucheb intitula os acordos para individualização da produção de "Parcerias Operacionais Obrigatórias", e sobre elas se manifesta nos seguintes termos: "Trata-se, assim, de uma modalidade atípica de parceria empresarial, que constitui exceção ao princípio da autonomia da vontade, por se originar não da *affectio societatis*, como ocorre em regra, mas sim de um fator que escapa ao alcance da livre escolha das partes: a celebração de um acordo de unitização, condição imposta pela lei para que os concessionários dos blocos adjacentes possam conduzir as atividades de desenvolvimento e produção da jazida comum". BUCHEB, José Alberto. Parcerias empresariais (joint ventures) nas atividades de exploração e produção de petróleo e gás natural no Brasil. *Jus Navegandi*, Teresina, ano 11, n. 1483, 24 jul. 2007. Disponível em: http://jus2.uol.com.br/doutrina/texto.asp?id=10187. Acesso em 28 mar. 2008. "No Brasil, a Lei nº 9.478/97, ao dispor sobre o assunto em um único artigo, estabelece a necessidade de acordo para individualização da produção, cabendo à ANP, em caso contrário, decidir, com base em laudo arbitral. Assim, o órgão regulador decidirá a questão justificando-a com critérios técnicos, tais como pressão do reservatório, características do hidrocarboneto e outros fatores geológicos e de engenharia, ou mesmo econômicos, bem como com critérios de equidade e princípios gerais de direito aplicáveis". ESPÍNOLA DE LEMOS, Luiz Antonio Maia. A unitização no atual estágio exploratório petrolífero do Brasil. *Jornal Valor Econômico*, 21 fev. 2004.

para Individualização da Produção (AIP),[14] a ausência de acordo não seria óbice à individualização da produção, que seria, então, realizada por arbitramento[15] da Agência Nacional de Petróleo, Gás Natural e Biocombustíveis (ANP),[16] regime que não se diferencia substancialmente do, como já exposto, contido no art. 40 da Lei nº 12.351/2010.

A negociação de um acordo de unitização é delicada, envolvendo altos valores e questões técnicas de difícil solução. Os principais pontos a serem dirimidos nos acordos de unitização (divisão dos custos, escolha do operador, do procedimento de voto e, especialmente, definição da proporção cabível a cada parte) são extremamente complexos, sendo normalmente definidos apenas após longo processo de negociação.[17]

Expondo as dificuldades na celebração do acordo de unitização, José Alberto Bucheb afirma que "o processo de individualização da produção, nos termos dos contratos de concessão adotados no Brasil, compreende a celebração de um acordo 'entre os concessionários de áreas adjacentes passíveis de unificação, definindo a área unificada, seu operador, as participações de cada um na exploração, avaliação, desenvolvimento e produção da jazida, os investimentos realizados e previstos pelas partes para apuração

---

[14] Bernard Taverne considera o AIP como uma espécie do gênero *joint ventures*, por meio do qual os titulares de direitos relativos a um reservatório acordam a forma de sua exploração e a repartição do resultado da produção. TAVERNE, Bernard apud RIBEIRO, Marilda Rosado de Sá. Introdução à unitização de reservatórios petrolíferos. In: RIBEIRO, Marilda Rosado de Sá (Coord.). *Direito do petróleo e gás*: estudos e pareceres. Rio de Janeiro: Renovar, 2005. p. 128.

[15] Embora o art. 27 da Lei nº 9.478/97 mencionasse que a ANP decidiria com base em laudo arbitral, não se tratava, a nosso ver, de uma arbitragem propriamente dita, nos termos da Lei nº 9.307/96, tendo em vista que (i) quanto às partes que se vincularão, não há voluntariedade, requisito essencial para que o laudo arbitral possa ser considerado vinculante e final, nos termos da Lei nº 9.307/96; (ii) é discutível o caráter disponível dos direitos envolvidos, tendo em vista o interesse público na exploração racional das jazidas; e (iii) ser controverso, inclusive, se a agência reguladora pode funcionar como corte arbitral nos termos da Lei nº 9.307/96 (por conseguinte, a decisão da ANP não seria passível de impugnação ao Poder Judiciário). A nosso ver, o art. 27 previa o exercício típico de competência reguladora, consistente na composição de conflitos entre agentes regulados, tendo a decisão natureza de ato administrativo, podendo, por conseguinte, ser revista pelo Poder Judiciário. Na verdade, a imposição da unitização é uma competência administrativa unilateral da ANP, que tem, no entanto, que exercê-la de forma processualizada e buscando o consenso entre os envolvidos. "Em quaisquer dos papéis que lhe são atribuídos por força de lei, ora como árbitro, ora como conciliador, compete à ANP exercer esse poder discricionário, dentro dos princípios enumerados no artigo 37 da Constituição e o processo decisório deverá ser motivado, com indicação dos fatos e fundamentos jurídicos, segundo os ditames da Lei nº 9.478/99, que regula o processo administrativo no âmbito da administração pública federal, naquilo que lhe for aplicável" (ESPÍNOLA DE LEMOS, Luiz Antonio Maia. A unitização no atual estágio exploratório petrolífero do Brasil. *Jornal Valor Econômico*, 21 fev. 2004). Nesse sentido, observe-se que, com a revogação do art. 27 pela Lei nº 12.351/2010, não se reproduziu tal disposição, tendo sido prevista a necessidade de "laudo técnico" ao invés de "laudo arbitral".

[16] A intervenção estatal nesses contratos é ressaltada pela doutrina, inclusive a partir da experiência estrangeira: "A ênfase dos governos com jurisdição sobre as áreas objeto de contratos de exploração e produção, em geral, é a exploração do reservatório de maneira ótima, de acordo com as melhores práticas da indústria, com o máximo de benefício fiscal e o mínimo de desperdício. Bernard Taverne aponta as situações em que o interesse do governo pode ir além desse objetivo, incluindo até a determinação da alocação de resultados entre cada partícipe, e sua eventual redeterminação, notadamente na hipótese de blocos submetidos a contratos com disposições distintas. [...] Considerando as deficiências ainda existentes com relação à dinâmica dos reservatórios de petróleo, o enquadramento legal da propriedade sobre os recursos petrolíferos tem impacto não somente na quantidade, mas também no custo do petróleo a ser produzido de um determinado reservatório. A conclusão de Kramer é de que as abordagens técnica, econômica e jurídica nunca atingiram um nível de coordenação que permitisse o desenvolvimento equitativo de reservatórios de óleo e gás sem intervenção significativa pelos governos". RIBEIRO, Marilda Rosado de Sá. Introdução à unitização de reservatórios petrolíferos. In: RIBEIRO, Marilda Rosado de Sá (Coord.). *Direito do petróleo e gás*: estudos e pareceres. Rio de Janeiro: Renovar, 2005. p. 120.

[17] "A fórmula [que reflete as quotas de cada parte], por mais imprecisa que possa ser, é normalmente atingida através das concessões recíprocas realizadas nas longas e duras sessões de negociação entre os interessados" DERMAN, Andrew; VOLLUS, Kyle. *Unitization*. Houston, Tex: AIPN Advisor (Ass'n of Int'l Petroleum Negotiators). Jan. 2002. p. 6. Tradução livre. Disponível em: http://www.tklaw.com/resources/documents/Unitization%20(Derman,%20A.).pdf. Acesso em 02 out. 2012.

das participações governamentais e de terceiros e todos os demais aspectos de acordos do gênero, respeitadas as obrigações contratuais determinadas pela ANP'. Na realidade, o acordo deverá incluir ainda o plano de desenvolvimento da descoberta comercial, a definição acerca da realização ou não de redeterminações[18] e, se for o caso, a periodicidade e os critérios que as nortearão, além dos acordos particulares que regerão as operações conjuntas na área unitizada e a retirada ordenada da produção de petróleo e de gás natural. [...] Como destaca Ribeiro (1997), 'se de um lado, um aumento extraordinário das taxas de recuperação (de petróleo) pode ser alcançado em campos unitizados, de outro, o primeiro fator que pode gerar controvérsia é a concepção de uma fórmula equitativa para a partilha desses benefícios'. [...] Assim, longe de constituir uma tarefa trivial, a negociação do conjunto de documentos [anteriormente] referido demanda considerável esforço das partes envolvidas".[19]

O revogado art. 27 da Lei do Petróleo era lacunoso quanto ao uso da técnica da *anexação* como alternativa à unitização, nas hipóteses em que a jazida se estendesse por área não concedida, como forma de racionalizar a produção sem ter os inconvenientes gerais da unitização, somados aos inconvenientes específicos de uma unitização em que a outra parte (Estado *lato sensu*) seria também árbitro do AIP. A lacuna deixou espaço para que a circunstância fosse regulada diretamente pela ANP.

Tal mecanismo consistia no direito de requerer uma extensão dos limites da área originariamente prevista no contrato de exploração de petróleo para incluir toda a jazida que se estende a uma área ainda não delgada à iniciativa privada. Essa possibilidade encontra-se prevista nas legislações de vários Estados, como Angola,[20] Azerbaijão,[21] Guiné Equatorial,[22] Iraque[23] e Marrocos[24] e é também uma prática utilizada em outros países produtores de petróleo, como a Albânia, Austrália, Belize, Canadá, Gana, Indonésia, Israel, Cazaquistão, Líbia, Mongólia, Moçambique, Namíbia, Nigéria, Noruega, Turquia, Reino Unido, Vietnam e Estados Unidos, muito embora não exista, nesses países, previsão expressa nesse sentido.

---

[18] Trata-se de mecanismos de revisão das quotas-partes originariamente previstas no acordo de unitização conforme for se revelando ao longo do desenvolvimento e produção a realidade dos potenciais produtivos efetivos das partes da jazida existente em cada bloco. De acordo com Peter B. Derman e Andrew B. Derman, as redeterminações "servem a um válido e legítimo propósito. Elas permitem que as partes interessadas desenvolvam eficientemente essas áreas ou blocos antes de conhecerem totalmente o subsolo, a qualidade e a quantidade das reservas de petróleo e gás nessas áreas. Conforme a informação sobre esses aspectos é adquirida e o subsolo é mais bem conhecido, as quotas ou interesses de participação podem ser ajustados" (DERMAN, Peter B.; DERMAN, Andrew B. Unitization – A Mathematical Formula to Calculate Redeterminations. *Landman*, Magazine, p. 1, jan./feb. 2003. Tradução livre).

[19] BUCHEB, José Alberto. *Direito do petróleo*: a regulação das atividades de exploração e produção de petróleo e gás natural no Brasil. Rio de Janeiro: Lumen Iuris, 2007. p. 191-192.

[20] Lei do Petróleo de 2004.
Art. 64. Unitização e desenvolvimento compartilhado.
8. Na hipótese da unitização prevista no parágrafo 1º relativamente a uma área para a qual não tenha sido outorgada uma concessão de petróleo, ou a um país vizinho, o Ministro competente, por meio de uma proposta do concessionário nacional, deverá submeter à aprovação do Governo a estratégia a ser perseguida com vista a possibilitar a produção do petróleo em questão.

[21] Modelo de Contrato de Participação em Produção de 1999.
"Artigo 5.4: Descoberta
[...] No caso de a avaliação de existente jazida/jazidas e/ou uma Descoberta indicar que as fronteiras naturais da existente jazida/jazidas e/ou uma Descoberta se prolongue para áreas além da Área do Contrato, SOCAR [State Oil Company of Azerbaijan Republic] será habilitado (mas não obrigado) a conceder as áreas adicionais ao Empreiteiro e, se concedidas, tais áreas adicionais serão submetidas a esse Contrato".

A favor do uso do instituto da anexação, argumentava-se que permitiria o aproveitamento e a potencialização dos altos investimentos já realizados pelo concessionário que descobriu a jazida, evitando atraso nas operações decorrentes da contratação de um acordo de individualização e, consequentemente, impedindo desperdício de tempo, de recursos humanos e de despesas com eventuais alugueres de plataformas, navios e sondas de perfuração, ao privilegiar o princípio do aproveitamento dos recursos de forma a otimizar os investimentos realizados pelo concessionário.

Tal mecanismo inclusive foi utilizado pela ANP em algumas oportunidades. A título exemplificativo, observe-se a resolução do Processo Administrativo nº 48610.014246/2001:

> ASSUNTO: Revisão de limites de área de concessão – Campo de Mariricu Norte e Bloco BCED.
>
> RESOLUÇÃO: A Diretoria da Agência Nacional do Petróleo – ANP, com base da Proposta de Ação nº 208, de 08 de março de 2002, resolve:
>
> I. Aprovar a ampliação da área de concessão do campo de Mariricu Norte, localizado na Bacia do Espírito Santo, através da anexação da área adjacente do bloco BCED, de acordo com as recomendações constantes do processo supramencionado.[25]

---

[22] Modelo de Contrato de Participação em Produção de 2006.
"Artigo 5.8. Extensão de Campo Além da Área do Contrato.
5.8.1 Se, durante trabalho realizado depois de aprovação de um Plano de Produção e Desenvolvimento, evidenciar-se que a extensão geográfica de um Campo é maior que a Área de Produção e Desenvolvimento designado por força do Artigo 5.5, o Ministério poderá conceder ao Empreiteiro a área adicional, sob condição de que seja incluído na Área do Contrato efetivamente a esta época, e providenciado que o Empreiteiro forneça evidências que apoiem a existência da área adicional requerida".
"5.8.2 No caso de um Campo estender-se para além dos limites da Área do Contrato tal como delimitado a qualquer tempo, o Ministério poderá solicitar ao Empreiteiro a exploração de tal Campo em associação com o empreiteiro da área adjacente em concordância com o Artigo 22, a Lei de Hidrocarbonetos e as práticas gerais da indústria internacional do petróleo".
"5.8.3 Quando a área proposta a ser unitizada não esteja submetida a nenhum contrato de participação em produção, tal área será objeto de novas negociações entre as Partes, sendo entendido que qualquer prêmio de uma área adicional deve estar em consonância com a Lei de Hidrocarbonetos".

[23] Modelo de Contrato de Participação em Produção de 2007.
Artigo 34. Unitização.
[...] 34.2 Para esclarecimento e a fim de evitar dúvida e não obstante o Artigo 47 da Lei de Petróleo e Gás da Região Curda, no caso de o Reservatório estender-se para além dos limites da Área do Contrato em uma área adjacente que não seja objeto de outro Contrato de Petróleo (como definido pela Lei de Petróleo e Gás da Região Curda), o Governo tomará, em consequência de pedido do Empreiteiro, as medidas necessárias para a extensão dos limites da Área do Contrato de modo a incluir totalmente o Reservatório dentro da Área do Contrato, desde que o Empreiteiro possa oferecer ao Governo um programa mínimo de trabalho competitivo para tal área adjacente.

[24] Lei nº 2190, de 22 de maio de 1991.
"Artigo 30. Quando uma jazida se prolongar para além do perímetro de uma permissão de pesquisa no meio de uma ou mais outras permissões, seu desenvolvimento e sua exploração devem se fazer, no caso adequado, através de um acordo de unitização entre os titulares desde que permitido, segundo as condições que devem ser aprovadas pela administração.
Se um acordo dessa natureza não puder ser concluído entre os titulares das permissões, o litígio será resolvido pelas regras técnicas ministeriais da administração tendo em conta notadamente a extensão da jazida e sua conservação.
No caso em que não existam permissões vizinhas, o titular da permissão de pesquisa onde a descoberta inicial foi feita, poderá no âmbito de um novo acordo petrolífero, estender a demanda de concessão de exploração a toda a zona da jazida".

[25] Processo nº 48610.004116/2002, Reunião de Diretoria nº 205, Data: 26.03.2002, RD – 188/2002.

Atualmente, porém, a Lei nº 12.351/2010, que revogou expressamente o art. 27 da Lei do Petróleo, fixou, em seus artigos 33 a 41, disciplina geral sobre o tema, a qual, a despeito das críticas, expandiu o escopo de aplicação da unitização, conforme já preliminarmente exposto anteriormente e pormenorizado a seguir.

3 Unitização na Lei nº 12.351/2010

Após a descoberta pela Petrobras, de uma grande área disponível para exploração de E&P na camada de pré-sal no litoral brasileiro, estimadas em vários bilhões de barris de petróleo,[26] foi promulgada em 2010 a Lei nº 12.351. Nesse cenário, a lei teve como objetivo disciplinar a exploração e a produção de petróleo, de gás natural e de outros hidrocarbonetos fluidos, sob o regime de partilha da produção nas áreas do pré-sal e em outras áreas que eventualmente vierem a ser definidas pelo CNPE como estratégicas. Para o restante das jazidas, não localizadas no território do pré-sal, continua em vigor o regime geral de concessão estabelecido pela Lei nº 9.478, de 6.8.1997.[27]

Houve discussões a respeito da constitucionalidade de certos dispositivos da nova Lei que tratam do modelo de exploração e produção. Porém, as mais consistentes são de natureza política e não jurídica[28] e não versam a questão objeto deste artigo, razão pela qual não trataremos dessas controvérsias.

O Centro de Estudos da Consultoria do Senado Federal, quando da Avaliação da Proposta para o Marco Regulatório do Pré-sal, ressaltou que a questão da individualização da produção era um dos pontos mais relevantes da proposta, nos seguintes termos: "A lei atual é silente para os casos em que uma jazida se estende além de um bloco concedido, para área não licitada. Nesse caso, o operador do bloco pode extrair livremente o petróleo que encontrar, inclusive sob a área não licitada, deixando de pagar à União pelos direitos de exploração. Seria como se o concessionário adquirisse uma área sem pagar pelo bônus de assinatura. Adicionalmente, e talvez até mais importante,[29] a ausência de regulamentação pode levar à redução de produtividade, no caso de haver uma extração predatória que comprometeria os dois blocos.[30]

---

[26] SADDI, Jairo. A capitalização da Petrobras no advento do pré-sal. *Revista de Direito Bancário e do Mercado de Capitais*, v. 46, p. 67, out. 2009.

[27] Conforme explicitado na sessão "A regulação para a exploração e produção do petróleo no Brasil". (ANP. *A regulação para a exploração e produção do petróleo no Brasil*. Disponível em: http://www.anp.gov.br/?pg=29769&m=pr%E9-sal&t1=&t2=pr%E9-sal&t3=&t4=&ar=0&ps=31&cachebust=1349286138438. Acesso em 03 out. 2012).

[28] MOREIRA, João Batista Gomes. Regime jurídico do pré-sal. *Fórum Administrativo*, v. 11, n. 129, p. 18, nov. 2011.

[29] O mesmo estudo afirmava que "os pagamentos de royalties e participações especiais não seriam afetados, pois dependem da quantidade de petróleo extraído, independentemente se esse petróleo é proveniente do campo licitado ou não. Como os bônus de assinatura, que deixam de ser pagos na ausência de individualização, representam parcela pequena das receitas governamentais, o impacto da não individualização sobre a arrecadação da União é relativamente modesto".

[30] BRASIL. Senado Federal. *Estudos legislativos*. Brasília, out. 2009. p. 37, ss. Disponível em: http://www.senado.gov.br/senado/conleg/textos_discussao/TD64-CarlosJacques_FranciscoChaves_PauloRobertoViegas_PauloSpringer.pdf. Acesso em 04 out. 2012.

Como mencionado, com a revogação expressa do art. 27 da Lei do Petróleo e o advento dos arts. 33 a 41 da Lei nº 12.351/2010 estabeleceu-se nova disciplina para o uso da unitização, encerrando a discussão que havia em torno da aplicação da anexação ou da unitização em certos casos.

Diferentemente do art. 27 da Lei do Petróleo, que fixava a obrigatoriedade da unitização apenas nos casos em que a jazida se prolongasse para área já licitada, o art. 33 da Lei nº 12.351/2010 prevê sua adoção irrestrita, ou seja, em qualquer caso em que a jazida se estender além da área do bloco já objeto de contrato.

Note-se que o artigo se refere às jazidas que se alastram "além do bloco concedido ou contratado sob o regime de partilha de produção", porém, a estas não se restringe, sendo aplicável como regime geral para as concessões de petróleo, de gás natural e de outros hidrocarbonetos fluidos, vez que o art. 23 da Lei do Petróleo foi expressamente revogado pela Lei dos Contratos de Partilha.

Os dispositivos posteriores detalham o regramento aplicável ao Acordo de Individualização de Produção cujo objeto deverá ser informado à ANP pelo concessionário ou contratado (art. 33, §1º). A agência, por sua vez, determinará o prazo para que interessados celebrem o AIP, segundo as diretrizes do Conselho Nacional de Política Energética (CNPE) (art. 33, §2º), e regulará seus procedimentos, acompanhando a negociação entre os interessados sobre os termos do AIP (art. 34, parágrafo único), que deverá indicar o operador da respectiva jazida (art. 35), além da participação de cada uma das partes (art. 34, I) o plano de desenvolvimento da área objeto do acordo (art. 34, II) e os mecanismos de solução de controvérsias (art. 34, III).

O AIP tem, portanto, natureza de contrato privado.[31] Evidentemente não se trata de um contrato privado oitocentista, calcado na liberdade da vontade, no princípio da relatividade e no caráter essencialmente privatístico, mas sim, de ajuste sujeito a limitações administrativas à liberdade contratual devido ao fato de ser sensível para a coletividade.

Há uma limitação administrativa da liberdade de contratar: se os envolvidos chegarem a um acordo, será um contrato regulamentado (com parte do seu conteúdo predeterminado coercitivamente) e autorizado (sujeito à prévia aprovação da Administração Pública); e, caso o contrato seja fixado diretamente pela autoridade reguladora diante do impasse das partes nas negociações, será um contrato forçado.

Pela legislação vigente, tais contratos têm muitos dos seus elementos essenciais estabelecidos unilateralmente pela ANP, sendo inderrogáveis pelo acordo das partes, sendo ainda o contrato sujeito à prévia homologação da autoridade reguladora, o que

---

[31] A Administração Pública controla o seu conteúdo e, na falta de acordo, obriga a sua concretização, mas não é parte, mas sim uma reguladora, o que pressupõe ser externa à relação contratual propriamente dita (cf. inclusive: LÉPINETTE, Tomás Vásquez. *La Obligación de Interconexión de Redes de Telecomunicación*. Valencia: Ed. Tirant lo Blanch, 1999. p. 126-127).

os caracteriza, portanto, nesse primeiro momento (em que o acordo das partes ainda não foi descartado),[32] como contratos regulamentados[33] e autorizados.[34]

Minudenciando, a disciplina do AIP confere, observando o princípio da subsidiariedade, primazia à livre negociação das partes (obedecidas as regras pré-estabelecidas pela ANP). Mas, se não houver acordo entre as partes, a relação contratual será, com base na lei (art. 40 da Lei nº 12.351/2010),[35] imposta pela Administração, com o que, se chegarmos a esse momento, estaremos diante de contratos coativos, cuja recusa de uma das partes em firmá-lo a sujeita à resolução de seu contrato de concessão ou partilha de produção (art. 40, parágrafo único).

Ademais, salvo em casos específicos assim determinados pela agência reguladora, o desenvolvimento e a produção da jazida ficarão suspensos enquanto não aprovado o Acordo de Individualização da Produção pela ANP (art. 41), que possui sessenta dias para se manifestar a partir do recebimento da proposta de acordo (art. 39, parágrafo único).

Antes da Lei nº 12.351/2012, a instituição dos AIPs vinha sendo regulamentada, não através de atos normativos, mas dos contratos de concessão licitados pela ANP, havendo desde as concessões da chamada Rodada Zero uma cláusula disciplinadora do processo de "individualização da produção". Vejamos algumas dessas disciplinas, exemplificativamente.

---

[32] Seria também plausível caracterizar o AIP desde o início como um contrato coativo. Entendemos, todavia, não ser essa a solução tecnicamente mais rigorosa, principalmente considerando as construções civilistas sobre o instituto, que pressupõem, além da instituição ex lege da relação contratual em si, também a predeterminação de todas as suas cláusulas, o que não ocorrerá, nos AIPs, quando as partes chegarem a um acordo quanto ao seu conteúdo.

[33] "Técnica usual de contenção da liberdade de contratar consiste na regulamentação do conteúdo do contrato por disposições tão minuciosas que as partes se limitam praticamente a transcrevê-las sob a forma de cláusulas. O contrato é, assim, regulamentado no seu conjunto, tornando-se desnecessárias as negociações preliminares. Quem quer que deseje contratar sabe de antemão que somente poderá fazê-lo nas condições previstas em regulamento a cujas normas também estará adstrita a outra parte. [...] Em certos contratos, não é somente um dos seus elementos característicos que se acha predeterminado, mas todo o seu conteúdo, variando apenas as pessoas que contratam. Forma-se, em consequência, uma rede de contratos iguais celebrados por inúmeras pessoas com uma só parte, geralmente quando detém esta o monopólio ou o privilégio de exploração de certo serviço. Nesses contratos, ocorre dupla adesão, uma vez que as duas partes não têm liberdade de se afastarem do regulamento que condiciona a vontade negocial" (GOMES, Orlando. Decadência do Voluntarismo Jurídico e Novas Figuras Jurídicas. In: Transformações Gerais do Direito das Obrigações. 2. ed. São Paulo: Ed. RT, 1980. p. 23-24). Como se pode notar do texto, a regulamentação do contrato pode ser total ou parcial. No caso dos AIPs, em que se procura justamente privilegiar em um primeiro momento a negociação entre as partes, a regulamentação é, como já mencionado, apenas parcial, no sentido de que a maior parte das suas cláusulas é determinada pelo acordo das partes.

[34] "No contrato autorizado, sua realização fica na dependência da autorização da autoridade administrativa. Em alguns aproxima-se essa autorização da homologação porque irrecusável se as partes cumpriram estritamente as exigências legais para a sua realização. No caso afirmativo, torna-se imperiosa a aprovação do contrato que pretendem validar. Não está, portanto, no seu mero arbítrio, concedê-la ou negá-la" (GOMES, Orlando. Decadência do Voluntarismo Jurídico e Novas Figuras Jurídicas. In: Transformações Gerais do Direito das Obrigações. 2. ed. São Paulo: Ed. RT, 1980. p. 22). Observe-se que, no caso do AIP, a agência poderá, antes de negar a homologação, determinar alterações.

[35] Art. 40. Transcorrido o prazo de que trata o §2º do art. 33 e não havendo acordo entre as partes, caberá à ANP determinar, em até 120 (cento e vinte) dias e com base em laudo técnico, a forma como serão apropriados os direitos e as obrigações sobre a jazida e notificar as partes para que firmem o respectivo acordo de individualização da produção.

Essa cláusula já teve sua redação modificada em diversos momentos.[36] Até a Quinta Rodada de Licitações, o Contrato de Concessão tem a mesma redação, segundo a qual a ANP possui a faculdade de agir como Concessionária da área adjacente, para efeito de negociação e celebração do acordo e, a qualquer momento, antes, durante ou depois dessa negociação ou celebração do acordo, licitar o referido bloco, o que gerará ao respectivo concessionário a obrigação de assumir as responsabilidades da cláusula de Unificação e cumprir o acordo assinado pela ANP.

O contrato de Concessão da Sexta Rodada de Licitações omitiu-se quanto à negociação e celebração do acordo de Unificação entre o Concessionário e a ANP na hipótese de não existir concessionário com direitos à área adjacente.[37]

O contrato de Concessão da Sétima Rodada, por sua vez, trouxe inovações no sentido de estabelecer a obrigatoriedade, para a ANP, de negociar o acordo de Unificação, com a finalidade exclusiva de definir e constituir as bases contratuais do Acordo para Unificação de Operações".[38]

Na minuta de contrato de concessão proposta na 10ª Rodada de Licitação estabeleceu-se, para os casos de áreas adjacentes sem concessão, que a ANP deverá negociar os termos do Acordo para Individualização da Produção, a ser celebrado com o futuro concessionário da área adjacente, da seguinte forma:

Áreas Adjacentes sem Concessão

12.8 Caso a área adjacente não esteja sob concessão e a ANP, a seu exclusivo critério, entender que foi realizada uma Avaliação da(s) Jazida(s) em questão, de modo a permitir que seja tomada uma decisão sobre a Individualização da Produção, a ANP deverá negociar o Acordo previsto no parágrafo 12.1 com a finalidade exclusiva de definir e constituir as bases contratuais do Acordo para Individualização da Produção.

12.9 A ANP poderá, a qualquer momento, licitar o(s) bloco(s) correspondente(s) à(s) área(s) adjacente(s), sendo que o futuro Concessionário de tal(is) área(s) assumirá as obrigações previstas nesta Cláusula Décima-Segunda e cumprirá o Acordo para Individualização da Produção assinado pela ANP, caso já tenha sido firmado.

Tal cláusula definia, portanto, que nas hipóteses em que a unitização envolvesse áreas não concedidas, a ANP comandaria o processo, negociando e, em último caso, arbitrando os termos do AIP com o concessionário que descobriu a jazida.

No mesmo sentido, a Lei atualmente em vigor estabelece que, nos casos em que as jazidas da área do pré-sal e das áreas estratégicas se estendam por áreas não concedidas

---

[36] Para um estudo aprofundado de todas as mudanças redacionais sofridas pela cláusula dos contratos de concessão da ANP que disciplinam o tema do Acordo para Individualização da Produção desde a Rodada Zero até a Sexta Rodada, ver: BUCHEB, José Alberto. *Direito do petróleo*: a regulação das atividades de exploração e produção de petróleo e gás natural no Brasil. Rio de Janeiro: Lumen Iuris, 2007. p. 212 e ss.

[37] 12.2 Caso não haja um Concessionário com direitos à área adjacente, e desde que a ANP entenda, a seu exclusivo critério, que foi realizada uma Avaliação da Jazida ou Jazidas em questão que permita uma decisão com relação à unificação, poderá agir no sentido de garantir a continuidade das operações.
12.2.1 A aplicação do disposto no parágrafo 12.2 não impedirá que as áreas em questão que não estiverem sob concessão sejam incluídas em licitação.

[38] SIMONI, Josiane. *Unificação de Operações em Campos de Petróleo e Gás Natural (Unitização) no Brasil e Direitos Correlatos*. Dissertação apresentada no Mestrado em Regulação da Indústria de Energia da Universidade de Salvador – UNIFACS, Salvador, 2006. p. 88-89.

ou não partilhadas, a União celebrará com os interessados AIP cujos termos e condições obrigarão o futuro concessionário ou contratado sob regime de partilha de produção (arts. 36 e 37, já abordados anteriormente), casos em que a ANP poderá contratar diretamente a Petrobrás para realizar as atividades de avaliação das jazidas (art. 38).

É questionável a participação da Petrobrás como interessada e avaliadora. Nesse sentido, o Centro de Estudos da Consultoria do Senado Federal assim se manifestou: "O PL nº 5.938, de 2009, prevê que, nas situações em que a área contígua ao bloco não tiver sido concedida ou partilhada, o consórcio terá que negociar com a Petro-Sal. O problema é que a ANP, se não puder recolher diretamente as informações necessárias, deverá contratar a Petrobras para avaliar as jazidas a serem individualizadas. Assim, a avaliação feita pela Petrobras servirá de base para celebração de contrato com a própria Petrobras (no caso dos campos partilhados e nas concessões de que a estatal participa – quase todas), o que cria óbvio conflito de interesses e vantagem de informação para a Petrobras. O ideal seria que a avaliação fosse realizada por empresa independente".[39]

Assim, apesar do aumento do nível de detalhamento no tratamento da matéria e de sua expansão para casos em que a jazida se estenda para área não licitada, o regime instituído pela Lei nº 12.351/2012 não trouxe grandes inovações na aplicação da unitização, em comparação com o que já vinha sendo estabelecido pela ANP nos últimos contratos de concessão anteriores à sua promulgação.

4 Conclusão

Com as alterações trazidas pela Lei do Pré-sal estabeleceu-se também nova disciplina geral para o uso da unitização e clarificou-se como a Agência Nacional do Petróleo, Gás e Biocombustíveis (ANP) deve solucionar as questões de produção em jazidas que se espraiem para além do bloco concedido ou contratado sob o regime de partilha de produção.

Ao contrário do que definia o art. 27 da Lei do Petróleo, que fixava a obrigatoriedade da unitização apenas nos casos em que a jazida se prolongasse para área já licitada, o art. 33 da Lei do Pré-sal prevê sua adoção em todos os casos em que a jazida se estender além da área do bloco concedido.

A ANP determinará o prazo para que interessados celebrem o AIP, segundo as diretrizes do CNPE, e regulará seus procedimentos, nos termos estabelecidos pela nova Lei. A natureza jurídica deste Acordo é de contrato privado, mas sujeito a fortes limitações administrativas à liberdade contratual, próprias de contratos que têm como objeto elementos sensíveis para a coletividade.

A assertiva é baseada na disciplina positiva do AIP, todo formulado de maneira contratual – prestações recíprocas interdependentes, o que não ilide que algumas delas sejam estabelecidas pela ANP, sendo inderrogáveis pelo acordo das partes, sendo ainda o contrato sujeito à sua prévia homologação, o que o caracteriza, portanto, nesse

---

[39] BRASIL. Senado Federal. *Estudos legislativos*. Brasília, out. 2009. p. 37, ss. Disponível em: http://www.senado.gov.br/senado/conleg/textos_discussao/TD64-CarlosJacques_FranciscoChaves_PauloRobertoViegas_PauloSpringer.pdf. Acesso em 04 out. 2012.

primeiro momento (em que o acordo das partes ainda não foi descartado), como contrato regulamentado e autorizado.

A disciplina do AIP confere, observando o princípio da subsidiariedade, primazia à livre negociação das partes, porém, nas hipóteses de desacordo entre elas, a relação contratual se dará nos termos do art. 40 da Lei do Pré-sal, imposta pela Administração, com o que, se chegarmos a esse momento, estaremos diante de contratos coativos, cuja recusa de uma das partes em firmá-lo a sujeita à resolução de seu contrato de concessão ou partilha de produção (art. 40, parágrafo único).

CONTEÚDO LOCAL NOS CONTRATOS DE EXPLORAÇÃO E PRODUÇÃO DE PETRÓLEO E GÁS NATURAL

1 Introdução

A atividade de exploração e produção de petróleo é potencialmente bastante lucrativa, intensamente demandante de serviços e insumos e incidente sobre bem não renovável, ensejando que os Estados extraiam dela outros benefícios econômicos além dos tradicionais pagamentos de valores tributários e de participações governamentais (*royalties* etc.).

Preocupam-se com que a atividade petrolífera não seja meramente extrativista, no sentido de que não limite os seus reflexos na economia nacional à extração e venda (geralmente exportação) de hidrocarbonetos, apenas pagando as referidas quantias ao Estado; buscam fazer com que a atividade petrolífera se valha também da mão de obra, de serviços e de produtos o máximo possível dos países nos quais as reservas estão situadas, gerando maior valor agregado interno, empregos e dinamizando outras áreas da economia além da petrolífera *stricto sensu*.[1]

---

[1] "Caracterizada pela imensa variedade de oportunidades, grande atualização tecnológica e competitividade, a indústria do petróleo e gás apresenta grandes efeitos em toda a cadeia produtiva, com enorme potencial para geração de emprego e renda no país. Esses aspectos fazem com que muitos países estimulem a participação da indústria de bens e serviços locais relacionados às atividades de pesquisa e de extração de hidrocarbonetos"

Daí porque, a partir da quinta rodada[2] de licitações realizadas pela Agência Nacional de Petróleo, Gás e Biocombustíveis (ANP) para leilão dos blocos de petróleo passou-se a exigir um percentual mínimo variável, de acordo com a localização dos blocos petrolíferos, de conteúdo local, tornando cogente a contratação de fornecedores brasileiros por parte das concessionárias de petróleo e gás natural. Da sétima rodada em diante, além da exigência de percentuais globais mínimos de conteúdo local, ficaram limitadas as ofertas a valores máximos, introduzindo-se a denominada Cartilha de Conteúdo Local, de modo a tornar mais clara e objetiva a medição do conteúdo local contratual.

A obrigatoriedade de contratação em percentuais mínimos de fornecedores brasileiros advinda da exigência de Conteúdo Local, entretanto, vem gerando controvérsias diversas, especialmente nos casos em que o mercado nacional não é capaz de suprir a demanda advinda da exploração e produção petrolífera e de gás natural, nem ostenta condições favoráveis e competitivas, comparativamente aos fornecedores estrangeiros, de contratação.

Este quadro – de um lado, a obrigatoriedade de contratação de percentuais mínimos em cumprimento à cláusula de conteúdo local e, de outro, a relativa imaturidade do mercado nacional – instigou-nos a empreender a presente pesquisa, a partir da qual averiguaremos, primeiramente, em que consistem as obrigações de conteúdo local impostas aos contratados e, após, detalharemos em que casos se mostra inexigível o cumprimento dos percentuais ofertados quando da apresentação das respectivas propostas.

2 A obrigação de Conteúdo Local nos contratos de exploração e produção de petróleo e gás e a sua natureza jurídica

As chamadas cláusulas de Conteúdo Local (*local content*) preveem a contratação obrigatória de fornecedores locais pelas empresas petrolíferas na execução dos contratos de E&P que lhe forem outorgados, visando, concomitantemente, a geração de riquezas advindas da exploração dos recursos minerais não renováveis e o incentivo à indústria nacional, criando as bases para o desenvolvimento econômico de longo prazo no país hospedeiro.

Denotando o caráter de política pública gradual e de longo prazo das exigências de Conteúdo Local, Luiz Cezar P. Quintans expunha ser ele "um processo de substituição de importações na tentativa de transformar um mercado inexplorado em um mercado pulsante. [...] São também objetivos do conteúdo local, entre outros, a ampliação da capacidade de fornecimento local e o consequente aumento da competitividade da indústria nacional, até que essa possa participar do mercado internacional".[3]

(PEDROSO, Daniel Cleverson; SOUZA MOREIRA, José Guilherme de. A evolução da participação da indústria nacional na E&P de petróleo e gás natural após a flexibilização do monopólio no Brasil. *Conjuntura & Informação*, Superintendência de Estudos Estratégicos – ANP, n. 23, p. 01, ago./out. 2003).

[2] Até a quarta rodada de licitações a oferta de conteúdo local era livre para as licitantes, vindo, somente com a publicação do edital da quinta rodada, a tornar-se obrigatória a oferta mínima.

[3] QUINTANS, Luiz Cezar P. *Conteúdo Local. A evolução do modelo de contrato e o conteúdo local nas atividades de E&P no Brasil*. Rio de Janeiro: Ed. Freitas Bastos, 2010. p. 08-09. Grifamos.

A previsão de conteúdo local pode possuir diversos matizes, podendo consistir apenas em uma obrigação de não discriminação dos fornecedores nacionais, em uma obrigação de assegurar igualdade de oportunidades entre fornecedores nacionais e estrangeiros ou em direito de preferência para os fornecedores nacionais quando em igualdade de condições com as propostas de fornecedores estrangeiros.

A literatura especializada define Conteúdo Local como o "valor agregado de componentes nacionais necessários à confecção de um determinado produto (bem ou serviço). No Brasil considera-se que o custo de produção de um determinado bem incorpora os custos de componentes (materiais, insumos, equipamentos e serviços) de origem nacional ou estrangeira, definindo-se, assim, o Conteúdo Local por intermédio da comparação entre estes custos".[4]

O Conteúdo Local possui apenas uma menção genérica na mais atual redação da Lei nº 9.478/97.[5] Seu regramento é, portanto, eminentemente contratual, com base nos editais de licitação e em normas editadas pela agência reguladora contratante, a ANP.[6] Naturalmente que o Conteúdo Local há muito já possuía entre nós — e nem poderia ser diferente — base em diretrizes legais e constitucionais, como as boas práticas da indústria do petróleo e o desenvolvimento nacional, mas o regramento específico é, mesmo com a atual referência legislativa, encontrado mormente nos contratos e normas regulatórias do setor.

Os editais de licitação das concessões petrolíferas possuem, nesse contexto, grande discricionariedade na modelagem de como os contratados deverão potencializar as suas contratações para prestigiar o mercado de trabalho e a indústria brasileira.

Nesse sentido, como se conclui pelo narrado e por alguns editais e contratos de rodadas de licitação da ANP, por um lado, o índice de Conteúdo Local, até por ser um dos critérios de julgamento das licitações, é cogente e vinculante, sob pena de violação do princípio da vinculação ao instrumento convocatório. Por outro lado, o próprio edital não obriga o contratado a cumprir os índices assumidos na planilha a qualquer custo, isentando-o, caso em algum item os preços, prazos e tecnologias praticados pelos fornecedores locais sejam desvantajosos em relação aos fornecedores estrangeiros. Nesses casos, como visto, obriga que a dispensa do cumprimento daquele Conteúdo Local seja acompanhada de uma adaptação da planilha como um todo, adaptação esta a ser realizada caso a caso e que, naturalmente, não pode penalizar o contratado, onerando-o quando por ela não for responsável.

O contrato, ao prever a necessidade de contratação de fornecedores nacionais, pressupõe, ainda que implicitamente, que tais fornecedores existam ou que venham a existir.

---

[4] FERNÁNDEZ Y FERNÁNDEZ, Eloi et al. *Dicionário do Petróleo*. Rio de Janeiro: Lexikon, 2009. Verbete "conteúdo local".

[5] "Art. 2º Fica criado o Conselho Nacional de Política Energética – CNPE, vinculado à Presidência da República e presidido pelo Ministro de Estado de Minas e Energia, com a atribuição de propor ao Presidente da República políticas nacionais e medidas específicas destinadas a: [...] X – induzir o incremento dos índices mínimos de conteúdo local de bens e serviços, a serem observados em licitações e contratos de concessão e de partilha de produção, observado o disposto no inciso IX".

[6] Basicamente as Resoluções ANP nº 36 a 39, de 13 de novembro de 2007 e a Resolução ANP nº 19, de 14 de junho de 2013.

Da conjunção dessas duas lógicas contratuais, que devem ser conciliadas,[7] só pode ser inferida uma assertiva: o contratado se vincula à sua proposta na medida em que haja fornecedores nacionais capazes de atendê-lo em condições que não lhe sejam prejudiciais comparativamente com os estrangeiros. Esse condicionamento não representa violação ou mitigação do princípio da vinculação ao instrumento convocatório, pois é originariamente ínsita ao próprio instrumento e ontologicamente ligada a qualquer obrigação de Conteúdo Local que se possa imaginar.

É por essa mesma razão que a impossibilidade do seu cumprimento não pode gerar propriamente reequilíbrio contratual, já que, além desse risco ter sido assumido pelo Estado (é dele e não do contratado a função constitucional de fomento à indústria nacional), trata-se de obrigação originariamente condicionada à concretização do pressuposto fático da existência de fornecedores nacionais. Tecnicamente falando, *antes da inexistência de fornecedores chegar a gerar reequilíbrio contratual, ela afasta a própria incidência da Cláusula de Conteúdo Local*.

Tanto é assim que, até quando há fornecedores no Brasil, há apenas um dever de preferência a eles, já que à concessionária não pode ser imposta uma contratação que lhe gere prejuízo em comparação com a que poderia ser feita com fornecedores internacionais. Então, mesmo nos casos em que se permitir uma diminuição do índice de nacionalização, não há o que se reequilibrar contrariamente ao contratado, como se dele se tivesse retirado um ônus, já que a contratação local não é jamais imposta pelo contrato como ônus; tanto é assim, repise-se, que, se ela for mais onerosa que uma contratação internacional, o contratado pode ser dela dispensado.

Com isso, verifica-se que, ao contrário do que uma primeira leitura pode dar a impressão, a contratação de Conteúdo Local prevista nos contratos de E&P consiste em uma obrigação de *preferência* à indústria e aos serviços nacionais, e não em uma obrigação de contratá-los de qualquer maneira.

Constitui o Conteúdo Local também uma obrigação *de meio*, de propiciar aos virtuais interessados brasileiros acesso às informações necessárias à celebração do contrato. Daí, por exemplo, a obrigação de divulgação em português, de manter-se informado dos fornecedores brasileiros que existem, etc.[8]

Nesse sentido, o Tribunal de Contas da União (TCU) já definiu a exigência de Conteúdo Local como sendo "a preferência dada aos bens, produtos, equipamentos e serviços nacionais".[9]

E nem poderia a obrigação de Conteúdo Local ter mesmo uma eficácia absoluta e imediata, uma vez que a base fática sobre a qual incidiria seria totalmente estranha ao âmbito volitivo dos contratados: eles não têm escolha quanto à existência de fornecedores locais. Estes simplesmente existem ou não, cabendo aos contratados apenas verificar

---

[7] "O princípio da interpretação sistemática tem um indiscutível valor, já que a intenção, que é o espírito do contrato, é indivisível, não podendo encontrar-se em uma cláusula isolada das demais, mas sim, no todo orgânico que constitui" (DIEZ-PICAZO, Luis. *Fundamentos del Derecho Civil Patrimonial*. 5. ed. Madrid: Civitas, 1996. t. I, p. 400).

[8] "O concessionário tem que procurar guardar, arquivar e provar que fez convites a fornecedores brasileiros (se é que eles existam em determinadas atividades) para participar de suas concorrências e licitações internas, em todos os processos de aquisição de bens, serviços e mão de obra, de forma a provar a deferência, preferência e oportunidade aos brasileiros" (QUINTANS, Luiz Cezar P. *Conteúdo Local. A evolução do modelo de contrato e o conteúdo local nas atividades de E&P no Brasil*. Rio de Janeiro: Ed. Freitas Bastos, 2010. p. 75).

[9] Acórdão nº 1157/2007, TCU, Plenário, Processo nº TC nº 002.428/2005-3.

sua existência, comunicar-lhes a intenção de contratar e contratá-los, caso apresentem propostas em condições competitivas.

3 Eficácia e exigibilidade da cláusula de conteúdo local

Nos termos das cláusulas analisadas no tópico anterior, o que, portanto, incumbe aos contratados de E&P é: em primeiro lugar, divulgar para o mercado interno suas necessidades de contratação; e, em segundo lugar, contratar os fornecedores locais existentes nos índices a que se comprometeram quando da apresentação das suas propostas em cada um dos itens da planilha, salvo se os fornecedores estrangeiros possuírem preços, prazos ou tecnologias favoravelmente mais competitivos, ou quando ocorrerem outros fatos que também justifiquem a dispensa (ex.: greve ou acidente natural que faça com que a indústria nacional não possa atender aos pedidos).

Não estamos, de forma alguma, a afirmar que a obrigação de Conteúdo Local não seja vinculante, mas sim, que ela é vinculante, como qualquer obrigação, no limite fático da atuação possível do seu sujeito passivo (existência de fornecedores nacionais), sem que igualmente, quando houver tais fornecedores nacionais, ele possa ser obrigado a celebrar contratos desvantajosos por mero protecionismo à indústria nacional.[10]

Para facilitar o raciocínio, imaginemos como exemplo um homem solteiro que assuma a obrigação de levar o seu filho para morar em determinada cidade: ora, enquanto o homem não se tornar pai, a sua obrigação não surge, não tendo, naturalmente, como ser descumprida ou ter seu descumprimento relevado em razão da teoria da imprevisão. A existência de fornecedores – tal como a existência de um filho em nosso exemplo retórico – não são fatos imprevisíveis capazes de impedir as consequências do inadimplemento da uma obrigação, sendo, ao revés, fatos que geram o próprio surgimento da obrigação. Enquanto tais fatos não se verificarem, não há de se falar sequer em descumprimento legítimo da obrigação, mas de sua inexistência *tout court*.

A obrigação de Conteúdo Local tem, portanto, dois momentos, que podemos convencionar chamar de momento da eficácia e momento da exigibilidade. Vejamo-los:

a) *Momento da Eficácia*: para a própria existência da obrigação, ou seja, para que a norma contratual incida, deve existir fornecedores nacionais – esse é o principal fato integrante da sua hipótese de incidência. Como toda norma jurídica que opere pela subsunção, enquanto os fatos nela previstos genérica e abstratamente não ocorrerem no mundo dos fatos ela não incide, não gera efeitos, não é, portanto, eficaz. Esse momento da eficácia existe pelo próprio mecanismo de incidência da norma, independentemente de qualquer previsão contratual. Existindo fornecedores nacionais, a obrigação surge, mas pode advir um permissivo para o seu descumprimento. Aí já estaremos no momento da exigibilidade.

---

[10] O passado da indústria naval brasileira é cheio de ensinamentos. Entre motivos que levaram o setor da navegação à crise e ao fracasso pode-se mencionar: a má gestão, ineficiência, total dependência do Estado, corrupção, excesso de funcionários, custos trabalhistas elevados [...], falta de visão estratégica das empresas e baixo compromisso com a qualidade e o desenvolvimento tecnológico, assim como baixa exposição internacional (ZAMITH, Regina. *A Indústria Para-Petroleira Nacional*. São Paulo: Ed. Annablume, 2001. p. 93-94).

b) *Momento da Exigibilidade*: em princípio, havendo fornecedores nacionais o contratado deve cumprir todos os índices de nacionalização, devendo ser sancionado caso não o faça. O contrato de E&P, todavia, adiantando-se a eventuais arguições de equidade contratual, usualmente admite que, mesmo existindo fornecedores nacionais, e, portanto, incidindo a norma e, consequentemente, existindo a obrigação, esta poderá ter o seu conteúdo modulado caso os fornecedores locais ofereçam condições comparativamente desvantajosas em termos de preço, prazo, tecnologia ou outra circunstância justificável. Nesses casos, os itens da planilha em que os fornecedores nacionais não são competitivos devem ser dispensados, seguidos da recomposição global da planilha.

Vê-se que, apenas no segundo momento, há a possibilidade de cumprimento da obrigação de Conteúdo Local, que pode, excepcionalmente, ser relevado mediante prévia autorização da ANP.

A existência de fornecedores nacionais é pressuposto da obrigação, já que sem ele a obrigação sequer incide no mundo jurídico, e o contratado nem tem como, ainda que queira, contratar com fornecedores locais, por simplesmente não ter com quem contratar, ainda que a preços e condições exorbitantes.[11]

Sendo os por nós denominados momentos da eficácia e momento da exigibilidade expressões de fenômenos tratados primordialmente pela Teoria Geral do Direito, podemos fazer algumas analogias.

Tecendo um paralelo com uma matéria bem mais usual, poderíamos comparar o momento da eficácia com a inexigibilidade de licitação (art. 25, Lei nº 8.666/93), em que a licitação simplesmente não tem como ser feita; e o momento da exigibilidade com a dispensa de licitação (art. 24, Lei nº 8.666/93), em que a licitação pode ser feita, mas, de acordo com alguns critérios e limites, o sujeito passivo da obrigação de licitar (o administrador público) pode optar por efetivá-la ou não.

Igualmente, usando o Direito Penal como paralelo podemos afirmar que são semelhantes em termos de dinâmica jurídica o momento da eficácia com a ausência de tipicidade penal de um lado, e, de outro, o momento da exigibilidade com as causas de exclusão de ilicitude ou de reprovabilidade, em que o fato típico se realiza concretamente (há subsunção), mas há alguma causa em razão da qual ele não pode ser punido, como a legítima defesa e o estado de necessidade.

Podemos ainda vislumbrar uma analogia com uma norma regulatória que passe a obrigar concessionária de serviço público de transporte municipal de passageiros a transportar gratuitamente ex-combatentes da 2ª Guerra Mundial, mas que no Município em que vige não existam ex-pracinhas. A norma existe, mas, enquanto não vier um ex-pracinha para a cidade, não incidirá, não surgirá qualquer obrigação subjetiva[12] de transportar ex-pracinhas.

Salvo casos hipotéticos em que o contrato de E&P impusesse expressamente ao contratado a obrigação de, em não havendo fornecedores nacionais, criá-los ou ele próprio produzir os bens e serviços nacionais (o que, até onde pesquisamos, inexiste no

---

[11] O ponto será aprofundado à luz da Teoria Geral do Direito no tópico seguinte.
[12] Só a obrigação *in fieri* prevista abstratamente no ordenamento jurídico.

direito comparado), com o que estaria transformando o contratado em agente de fomento do Estado, não há como se fugir dessa sistemática por imposição. Como demonstrado (e retornaremos ao ponto mais detalhadamente adiante), a assertiva decorre da própria dinâmica do mecanismo de incidência das normas de Conteúdo Local, fazendo com que a obrigação de Conteúdo Local seja uma obrigação de preempção e de meio.

E, com efeito, ao analisarmos o direito comparado verificamos ser essa a linha mestra da obrigação de Conteúdo Local. Implícita ou explicitamente, a obrigação de contratar por Conteúdo Local é uma obrigação de dar preferência aos fornecedores locais que estiverem em razoáveis condições de igualdade com os fornecedores estrangeiros. Mas, para isso, é necessário, obviamente, antes de qualquer coisa, que existam fornecedores locais. "A questão é que não se cumpre (e não se pode cumprir) aquilo que não existe".[13]

Do contrário, teríamos uma esdrúxula responsabilidade objetiva do contratado por omissão de terceiros indeterminados, que não teriam criado empresas para atendê-los, uma desapropriação indireta de seu patrimônio ou uma requisição de serviços ao obrigá-lo a "criar" fornecedores nacionais, o que seria uma norma ainda mais esdrúxula se considerarmos a complexidade e o vulto das principais atividades de apoio à indústria de petróleo, principalmente após a crise do petróleo da década de 1970, exercidas em águas profundas por muito poucas empresas no mundo.[14]

Como expõe Bernard Tavern, na Rússia, por exemplo, "os investidores devem garantir a empresas russas o direito preferencial de participar nas operações contratadas como subcontratados, fornecedores, transportadores ou em outra condição, celebrando contratos em igualdade de condições".[15]

Na Nigéria, apesar de algumas determinações redacionalmente vinculantes, casos especiais podem ser submetidos à Divisão de Conteúdo Local Nigeriano, e, na prática, face ao irrealismo das previsões "o caso é de utopia, porque a toda hora os Planos Mestre viram 'casos especiais' e esses percentuais não são cumpridos".[16]

---

[13] QUINTANS, Luiz Cezar P. *Conteúdo Local. A evolução do modelo de contrato e o conteúdo local nas atividades de E&P no Brasil*. Rio de Janeiro: Ed. Freitas Bastos, 2010. p. 88.

[14] "O upstream é uma atividade que requer grandes conhecimentos de geofísica, sismologia, modelagem, processamento de dados, requer diversas tecnologias empregadas para perfuração e sondagem e altos investimentos nas descobertas das jazidas e na avaliação da viabilidade do campo recém-descoberto. Assim, as decisões de investimentos em novas áreas de produção devem levar em consideração o desenvolvimento tecnológico no upstream, as novas áreas descobertas, os cenários de evolução dos preços do petróleo e a evolução das taxas de juros. As mudanças ocorridas na indústria depois da nacionalização das principais áreas produtoras e dos choques do petróleo abarcaram, do lado da demanda, a substituição do petróleo por outras fontes alternativas e a conservação energética. Do lado da oferta, o aumento da produção não-OPEP. O upstream, com a procura de petróleo em novas áreas offshore, possibilitou a inovação nos métodos, nas técnicas e na organização industrial, o que estimulou grande concentração na indústria para-petrolífera. Ocorreu, também, uma crescente competição interenergética nos usos não cativos dos produtos da indústria do petróleo. De acordo com Alveal Contreras, 'estas novas tecnologias permitiram um rápido aumento das reservas de petróleo não-OPEP ao longo das décadas de 1970 e 1980. Na década de 1980, descobriu-se três vezes mais petróleo do que se consumiu. Novas áreas de produção com grandes reservas foram desenvolvidas. As principais novas áreas foram as reservas offshore do Mar do Norte, do Golfo do México, da África Ocidental e do Brasil. Com o desenvolvimento destas novas áreas, a participação da OPEP na produção mundial de petróleo reduziu-se em torno de 40%, em 1980, para 30%, em 1990" (CAMPOS, Adriana Fioritti. *Indústria do Petróleo. Reestruturação Sul-America Anos 90*. Rio de Janeiro: Ed. Interciência, 2007. p. 22-23). Ou seja, seria uma obrigação atroz, praticamente impossível, querer impor aos contratados a criação de uma indústria parapetrolífera para atendê-los.

[15] TAVERN, Bernard. *Petroleum, Industry and Governments*. 2. ed. Chicago: Wolters Kluwer, 2008. p. 279.

[16] QUINTANS, Luiz Cezar P. *Conteúdo Local. A evolução do modelo de contrato e o conteúdo local nas atividades de E&P no Brasil*. Rio de Janeiro: Ed. Freitas Bastos, 2010. p. 27.

Hoje já até abolida, a obrigação de conteúdo local na Noruega se limitava a assegurar "full and fair oportunities for norwegian goods and services". Em outras palavras, garantia apenas a igualdade de oportunidades para a indústria e serviços locais.[17]

Na Indonésia, são estabelecidos percentuais de conteúdo local, "mas se os fornecedores locais não alcançarem padrões de qualidade competitivos, passa-se a permitir as importações".[18]

O México estabelece que a obrigação de conteúdo local se aplica "sempre e quando [existir] suficiência sobre o provisionamento dos insumos por parte do mercado local e não se prejudiquem as melhores condições quanto a preço, qualidade, financiamento, oportunidade e demais circunstâncias pertinentes", no art. 53, *Ley de Petróleos Mexicanos*.[19]

Note-se que esse dispositivo legal, da mesma forma que sistematizamos, separa como pressuposto fático a própria existência dos fornecedores locais, para, em um segundo momento, abordar as condições equânimes que estes fornecedores locais devem ofertar para poderem ter a sua contratação exigida do contratado.

4 A existência de fornecedores locais como pressuposto fático da incidência do conteúdo local: *conditio juris* e impossibilidade temporária

Toda regra jurídica, seja ela legal ou contratual, precisa da ocorrência de alguns fatos concretos para incidir, isto é, para ter eficácia, produzindo os efeitos jurídicos nela previstos, conforme elucidamos anteriormente. Ao fato sobre o qual a norma pode incidir, atribuindo-lhe efeitos, dá-se o nome de fato jurídico.

Já vimos no tópico anterior que as normas de Conteúdo Local têm como pressuposto fático necessário de sua incidência a existência de fornecedores locais e como efeito jurídico típico a obrigação do contratado contratá-los nos percentuais constantes de sua proposta. Sem a verificação daquele fato condicionante, a norma contratual de Conteúdo Local não produz o seu efeito típico de surgimento da obrigação; e, não havendo a obrigação, a concessionária não tem como ser dispensada por uma excludente e, muito menos, como ser sancionada pelo inadimplemento de uma obrigação que ainda não existe.[20]

Trata-se simplesmente do conhecido fenômeno da subsunção do fato à norma. Sem tal encaixe fático, as normas são apenas textos incapazes de gerar direitos ou obrigações: "Composto o seu suporte fático suficiente, a norma jurídica incide, decorrendo, daí, a sua juridicização. A incidência é, assim, o efeito da norma jurídica de transformar

---

[17] QUINTANS, Luiz Cezar P. *Conteúdo Local. A evolução do modelo de contrato e o conteúdo local nas atividades de E&P no Brasil*. Rio de Janeiro: Ed. Freitas Bastos, 2010. p. 32.

[18] QUINTANS, Luiz Cezar P. *Conteúdo Local. A evolução do modelo de contrato e o conteúdo local nas atividades de E&P no Brasil*. Rio de Janeiro: Ed. Freitas Bastos, 2010. p. 36.

[19] Art. 53, Ley de Petróleos Mexicanos, de 28 de novembro de 2008.

[20] À situação equivaleria a se Caio contrata com Tício se comprometendo a empregar o seu filho assim que ele se forme em engenharia. Enquanto o jovem não concluir o curso de engenharia, a norma contratual não incidirá pela própria natureza da sua cláusula, independentemente de as partes terem fixado esse fato como uma condição suspensiva ou não.

em fato jurídico a parte do seu suporte fático que o direito considerou relevante para ingressar no mundo jurídico. Somente depois de gerado o fato jurídico, por força da incidência, é que se poderá falar de situações jurídicas e todas as demais espécies de efeitos jurídicos (eficácia jurídica). [...] resulta, daí, que nem à lei sozinha, nem ao fato sem a incidência, se pode atribuir qualquer efeito jurídico. O fato, enquanto apenas fato, e a lei, enquanto não se realizarem seus pressupostos de incidência (suporte fático), não tem qualquer efeito vinculante relativamente aos homens".[21]

Quando esses suportes fáticos forem inerentes a um contrato ou a alguma de suas cláusulas, há divergências apenas quanto à sua classificação doutrinária – não quanto à sua disciplina jurídica –, com alguns autores entendendo serem condições implícitas do negócio, outros a denominando de condições *juris* ou impróprias, posição que foi adotada pelo art. 117 do Código Civil de 1916,[22] por não advirem da vontade expressa das partes, mas sim de determinação legal ou da própria natureza do objeto da cláusula contratual, sendo interessante como nesse particular a teria das *conditio juris* se ligam intimamente com os paradigmas da impossibilidade dos objetos contratuais, que precisam tornar-se possíveis para poderem ser executados.

Como expõe Carvalho Santos, na linha desse segundo pensamento, "há contratos ou disposições que, segundo sua natureza ou objeto, pressupõem necessariamente a existência ou a realização de certos fatos ulteriores",[23] no nosso caso, a existência de fornecedores nacionais.

O clássico Vicente Ráo, citando Enneccerus, chama de "*conditio juris* o acontecimento futuro e incerto de que depende a eficácia do negócio jurídico, segundo a natureza deste, ou o seu objeto, ou segundo particular disposição de lei. [...] Não são verdadeiras com condições aquelas de cuja verificação depende *ex lege* a eficácia do ato segundo sua natureza especial, ou o seu objeto, ou de uma particular disposição de direito".[24]

Fica assim corroborado o que expusemos anteriormente, quanto a não haver qualquer mitigação ou relativização do princípio da vinculação ao instrumento convocatório em razão dessa verificação da natureza jurídica da cláusula contratual de Conteúdo Local: o contratado permanece inteiramente vinculado ao índice de conteúdo local fixado, só que a existência dessa obrigação é condicionada à verificação concreta do seu suposto fático. Em sendo este suposto fático – a existência de fornecedores nacionais – verificado, adquire plena eficácia a obrigação até então existente apenas *in fieri*.

Analisando a questão especificamente à luz da teoria da eficácia dos negócios jurídicos, Antônio Junqueira de Azevedo reforça esse juízo ao demonstrar haver o que teoricamente é denominado de ineficácia simples: "Pode, com efeito, um ato conter

---

[21] MELLO, Marcos Bernardes de. *Teoria do Fato Jurídico*. 3. ed. São Paulo: Ed. Saraiva, 1998. p. 73.

[22] Art. 117. Não se considera condição a cláusula que não derive exclusivamente da vontade das partes, mas decorra necessariamente da natureza do direito, a que acede.

[23] CARVALHO SANTOS, J. M. *Código Civil Brasileiro Interpretado*. 6. ed. Rio de Janeiro e São Paulo: Livraria Freitas Bastos, 1958. v. III, p. 49. Na mesma oportunidade, o autor relata o pensamento de Giorgio, para quem tais suportes fáticos seriam verdadeiras condições: "Os contraentes, do mesmo modo que podem tacitamente manifestar seu conhecimento em relação às partes substanciais do contrato, assim também podem manifestar tacitamente a sua vontade acerca das modificações acidentais da convenção. Ora, se a lei tomando em consideração a índole de certos contratos, presume a vontade das partes de submeter a sua eficácia ou a sua resolução a um acontecimento incerto, essa vontade presumida constitui uma condição, tácita, é certo, mas verdadeira e própria".

[24] RÁO, Vicente. *Ato Jurídico*. 4. ed. São Pulo: RT, 1997. p. 251.

todas as condições de validade e, entretanto, não possuir eficácia, em virtude da falta de um elemento extrínseco ao ato. [...] De fato, muitos negócios, para a produção de seus efeitos, necessitam dos fatores de eficácia, entendida a palavra 'fatores' como algo extrínseco ao negócio, algo que dele não participa, que não o integra, mas contribui para a obtenção do resultado visado".[25]

Ora, tais características do mencionado "elemento extrínseco" revestem em toda a sua extensão o fator extrínseco condicionante da eficácia das cláusulas de Conteúdo Local, que é o desenvolvimento da indústria para-petroleira nacional a ponto de atender aos índices estipulados pelo Estado no edital de licitação, com base nos quais os licitantes apresentaram as suas propostas.

Essa condição fática das cláusulas de Conteúdo Local pode não estar realizada desde a assinatura do contrato, ficando a sua eficácia sujeita à futura concretização; como diversamente pode estar presente no início do contrato e deixar de existir posteriormente. Em todas essas hipóteses, em que o suposto fático pode se expressar num conjunto sucessivo de condições suspensivas e resolutivas,[26] a obrigação só existe enquanto o seu suporte fático estiver presente, até porque, na sua ausência, seria uma obrigação impossível.[27]

A afirmação específica não é nada estranha à Teoria Geral das Obrigações, exemplificativamente, na pena de Orlando Gomes: "A impossibilidade temporária apenas retarda o adimplemento da obrigação. Da natureza transitória do obstáculo resulta que o devedor pode satisfazer, mais tarde, a prestação".[28] Karl Larenz também explica sob outra perspectiva: "Quando a coisa a ser entregue não pode ser expedida por causa de uma greve ou uma obstrução nos transportes, ou quando um pintor fica doente por um tempo antes de concluir o seu trabalho; em tais casos o devedor continua obrigado a cumprir a sua prestação e o credor tem que esperar até que seja possível".[29]

Nem há de se pensar que a existência de fornecedores nacionais é algo que, em tese, o contratado poderia propiciar, e que, portanto, não seria uma obrigação impossível, já que a impossibilidade relevante para o Direito não é a que decorre de um conceito lógico, mas sim, de um conceito jurídico de impossibilidade. "Para o primeiro conceito, a impossibilidade é concebida em termos absolutos. A prestação só se torna impossível quando não pode ser cumprida de modo algum. Se o devedor tem possibilidade de satisfazê-la, ainda que ao preço de sacrifícios intoleráveis ou vencendo dificuldades excessivas, impossibilidade não há, logicamente. Está certo. Mas a aceitação desse conceito lógico acarretaria graves inconvenientes na prática. O dever de prestar não pode ser exigido além de um limite razoável, como pondera Hendemann. Daí a

---

[25] AZEVEDO, Antônio Junqueira de. *Negócio Jurídico. Existência, validade e eficácia*. 1. ed. São Paulo: Ed. Saraiva, 1986. p. 63-65.

[26] Para José Abreu, "a *conditio juris* é de essência suspensiva, no sentido de que, antes de sua verificação, ou não haverá contrato, ou ele não é eficaz" (ABREU, José. *O Negócio Jurídico e sua Teoria Geral*. 2. ed. São Paulo: Ed. Saraiva, 1988. p. 196).

[27] "O conteúdo local é um exercício de futurologia, pois, no momento que se licita os interessados não têm a menor ideia de quanto vai custar um wellhead, se haverá disponibilidade desse bem no mercado local, se haverá prazo adequado de entrega e quanto esse bem terá parcela importada ou não" (QUINTANS, Luiz Cezar P. *Conteúdo Local. A evolução do modelo de contrato e o conteúdo local nas atividades de E&P no Brasil*. Rio de Janeiro: Ed. Freitas Bastos, 2010. p. 125).

[28] GOMES, Orlando. *Obrigações*. 8. ed. Rio de Janeiro: Ed. Forense, 1986. p. 176.

[29] LARENZ, Karl. *Derecho de las Obligaciones*. Madrid: Editorial Revista de Derecho Privado, 1958. t. I, p. 301.

preferência pelo conceito jurídico de impossibilidade. Para seus prosélitos também se deve admitir como impossível a prestação cujo cumprimento exija do devedor esforço extraordinário e injustificável [...], referida ao dever de prestar, integrado na órbita do princípio da boa-fé".[30]

E mais, também a doutrina específica de Direito do Petróleo em relação ao desenvolvimento das indústrias para-petroleiras nacionais afirma que ele "depende de muitas outras variáveis sobre as quais os contratados não têm ingerência – tais como desenvolvimento tecnológico, questões tributarias, dentre outros".[31]

A doutrina alemã denomina a circunstância como "dificuldade excessiva em relação à obrigação, ou seja, uma dificuldade tão grande na realização da prestação, que esta só é possível ao devedor com sacrifícios ou gastos aos quais, segundo a boa-fé, não está obrigado".[32]

Certamente seria um "sacrifício intolerável" ou uma "dificuldade excessiva" exigir que o contratado, para cumprir um contrato cujo objeto principal é a atividade de E&P em si, estruturasse toda uma indústria nacional para-petroleira, criando figurativamente as suas próprias "Halliburtons".

Da mesma forma, se a indústria para-petroleira nacional é desenvolvida, mas não chega a atingir os índices constantes do contrato, estaremos diante de uma impossibilidade parcial, e então o contratado por boa-fé deverá atender parcialmente à obrigação, que também só incidirá parcialmente, já que ao Poder Concedente é útil a sua satisfação parcial.

Mais uma vez Orlando Gomes explica: "Ocorre impossibilidade total quando o devedor se vê impedido de satisfazer por inteiro a prestação. Acontece, às vezes, que o obstáculo se levanta apenas contra parte da prestação. Se a impossibilidade é parcial, o efeito extintivo pode produzir-se em relação a toda a obrigação, ou tão somente, a uma parte. Para se conhecer sua extensão, é preciso considerar o interesse do credor".[33]

Se a obrigação de Conteúdo Local for de surgimento impossível, isso não implicará em sua nulidade, mas sim, na sua ineficácia, planos totalmente distintos dos negócios jurídicos.[34] Teríamos, assim, uma cláusula válida, mas temporariamente ineficaz, já que o contrato pode recair até mesmo "sobre coisas que não têm uma existência atual no momento de sua celebração, mas que podem vir a existir em um momento posterior ou futuro. [...] O contrato só se executa se a coisa esperada chega a ter uma existência real".[35]

---

[30] GOMES, Orlando. *Obrigações*. 8. ed. Rio de Janeiro: Ed. Forense, 1986. p. 173-174.
[31] REPSOLD JR., Hugo; FREITAS, Jucelino L. de; SOUZA, Renata Barrouin C. *Conteúdo local no Contrato de Concessão*: influências e perspectivas. Rio de Janeiro: Rio Oil & Gás, 2004. "Determinar que uma promessa de desenvolvimento e aquisição de bens e serviços seja cumprida, para daqui a uns cinco, seis ou oito anos, num país onde as regras mudam, o Judiciário para o processo licitatório, a inflação corrói e as tecnologias e preços mudam, é um risco, é muito difícil de entender, por não ser um compromisso objetivo e certo. (QUINTANS, Luiz Cezar P. *Conteúdo Local. A evolução do modelo de contrato e o conteúdo local nas atividades de E&P no Brasil*. Rio de Janeiro: Ed. Freitas Bastos, 2010. p. 05-06).
[32] LARENZ, Karl. *Derecho de las Obligaciones*. Madrid: Editorial Revista de Derecho Privado, 1958. t. I, 310-311.
[33] GOMES, Orlando. *Obrigações*. 8. ed. Rio de Janeiro: Ed. Forense, 1986. p. 176.
[34] "O negócio jurídico, examinado no plano da existência, precisa de elementos para existir; no plano da validade, de requisitos, para ser válido; e, no plano da eficácia, de fatores de eficácia, para ser eficaz" (AZEVEDO, Antônio Junqueira de. *Negócio Jurídico. Existência, validade e eficácia*. 1. ed. São Paulo: Ed. Saraiva, 1986. p. 39).
[35] DIEZ-PICAZO, Luis. *Fundamentos del Derecho Civil Patrimonial*. 5. ed. Madrid: Civitas, 1996. p. 203-204.

5 Inaplicabilidade de sanções

Sem o suposto fático da existência de fornecedores nacionais, as normas de Conteúdo Local nem chegam a incidir. Por conseguinte, não há, logicamente, como os contratados descumprirem uma obrigação que não chegou sequer a surgir e, consequentemente, mais logicamente ainda, não há como serem punidos por tal descumprimento.

Mas, independentemente dessa conclusão teórica e lógica, seria até mesmo inconstitucional, por violar os princípios constitucionais do direito penal e sancionador, que o particular fosse punido sem culpa – responsabilidade objetiva – por omissão de terceiros; ser responsabilizado seja pela culpa da Administração Pública por não ter fomentado adequadamente o setor para-petroleiro ou de ter sido excessivamente otimista quando da elaboração do edital de licitação, seja pela culpa difusa da iniciativa privada brasileira em não ter investido em atividades para-petroleiras.

Trata-se do Princípio da Pessoalidade da Sanção, pelo qual, expõe Fábio Medina Osório, "repele-se, fundamentalmente, a responsabilidade pelo fato de outrem e a responsabilidade objetiva".[36]

Igualmente, Celso Antônio Bandeira de Mello, observa que "a previsão de sanções (administrativas, administrativas fiscais ou penais) aplicáveis aos transgressores do comando normativo existe precisamente para atemorizar possíveis infratores, estimulando-os, destarte, a ajustarem seus comportamentos aos padrões admitidos ou desejados pela regra de Direito. [...] Donde, é de meridiana evidência que descaberá qualificar alguém como infrator, sujeito, então, aos correspondentes gravames, quando inexista a possibilidade de prévia ciência e prévia eleição, *in concreto*, do comportamento que o livraria da incidência da infração e, pois, da sujeição às sanções para tal caso previstas".[37]

Ora, já demonstramos e já decorreria mesmo do bom senso e do conhecimento comum, que não há como o contratado razoavelmente desenvolver por conta própria toda uma indústria nacional para-petroleira para poder cumprir uma suposta obrigação que sequer é a obrigação principal do contrato. Pretender obrigá-lo a isso violaria também o Princípio da Realidade, que possui estreita relação com o Princípio da Razoabilidade, e é assim abordado por Mateus Eduardo Siqueira Nunes Bertoncini, valendo-se das lições de Diogo de Figueiredo Moreira Neto: "O direito rege a realidade da convivência social; não é um conjunto de preceitos descompassados com o que de fato ocorreu, ocorre ou pode ocorrer', possuindo nítida aplicação sobre os da discricionariedade, da razoabilidade e da motivação, no campo específico do Direito Administrativo".[38]

Se não fosse isso, a aplicação de penalidade em casos em que simplesmente não haja fornecedores nacionais no mercado violaria também o elemento adequação do princípio da proporcionalidade, pois não seria um meio adequado para prevenir e para obrigar os contratados a atingirem aquele Conteúdo Local, já que, por mais multas

---

[36] OSÓRIO, Fábio Medina. *Direito Administrativo Sancionador*. São Paulo: Ed. RT, 2000. p. 339.
[37] BANDEIRA DE MELLO, Celso Antônio. Ilícitos Tributários: notas frias. *Revista de Direito Tributário – RDT*, v. 62, p. 25, São Paulo, 1993.
[38] MATEUS, Eduardo Siqueira Nunes Bertoncini. *Princípios de Direito Administrativo Brasileiro*. São Paulo: Ed. Malheiros, 2002. p. 234.

que lhes fossem impostas, continuariam sem poder adimplir o percentual previsto no contrato.

Tratando especificamente do ponto, a doutrina observa que "assumir um critério que pode ser substituído por dinheiro, ou seja, multa, é o mesmo que dizer que o critério 'Conteúdo Local' é uma postecipação do bônus de assinatura (em forma de multa)".[39]

Pela mesma *ratio*, nos casos em que a dispensa do cumprimento de um dos itens da planilha deve ser seguida da adaptação do restante da planilha a tal circunstância, essa adaptação não pode acarretar ônus ao contratado, que não pode ser prejudicado por fato sobre o qual não tem qualquer responsabilidade e que é reconhecido pelo próprio contrato como excludente da obrigação por ele originariamente assumida.

6 Inaplicabilidade de anuência prévia da ANP

Nos casos em que há fornecedores nacionais que, porém, não estão aptos a fornecer os itens em condições competitivas, os contratos de E&P usualmente preveem uma autorização prévia da ANP – *waiver* – para que o contratado deixe de cumprir o índice relativo ao respectivo item de conteúdo local da planilha, adequando-a.

Ao contrário, nos casos em que sequer há fornecedores locais, a cláusula de Conteúdo Local deixa de incidir, conforme expusemos, por falta de seu suposto fático, afigurando-se, então, ineficaz.

Nesta hipótese, como a cláusula se afigura ineficaz, a obrigação sequer nasceu, não havendo como ela ter o seu cumprimento dispensado por quem quer que seja, nem ter por consequência a adaptação ou a atualização da planilha apresentada pelo contratado em vista de tal circunstância.

Não há como se dispensar obrigação que ainda nem existe no mundo jurídico, da mesma forma que não se pode prorrogar contrato já extinto ou contrato ainda não vigente.

Além disso, as autorizações administrativas *lato sensu* têm que ser previstas expressamente, o que, nas minutas-padrão dos contratos de concessão elaboradas a partir da quinta rodada de licitações de blocos petrolíferos inocorre, já que as previsões contratuais ou regulamentares em geral se voltam exclusivamente para casos em que há fornecedores nacionais, mas nos quais, por alguma razão, é antieconômica a sua contratação pela empresa de E&P.

Com efeito, prevendo as cláusulas dos contratos de E&P, em regra, em que a contratação local não será obrigatória se houver alguma outra justificativa razoável, é porque pressupõem existir um fornecedor local. No caso, então, de inexistirem fornecedores locais, estar-se-ia diante de uma hipótese não abarcada pelas minutas contratuais quanto à exigência de prévio consentimento administrativo, vigendo a regra geral cidadã *in favor libertate*.[40]

---

[39] QUINTANS, Luiz Cezar P. *Conteúdo Local. A evolução do modelo de contrato e o conteúdo local nas atividades de E&P no Brasil*. Rio de Janeiro: Ed. Freitas Bastos, 2010. p. 06.

[40] Ademais, as restrições (sempre excepcionais) a direitos fundamentais devem ser interpretadas restritivamente, já que, fora do âmbito de sua incidência, vige a norma geral pro libertate inerente aos direitos fundamentais,

Do ponto de vista da Teoria Geral das Obrigações, as nossas assertivas são tecnicamente minudenciadas por Luis Diez-Picazo, em razão de a *conditio juris* da cláusula de Conteúdo Local gerar a sua ineficácia automática, e não provocada. Vejamos.

Salvas as exceções em que cláusulas contratuais são subordinadas a uma decisão potestativa de uma das partes, em que temos a denominada ineficácia provocada (como, um contrato que vige até que uma das partes decida denunciá-lo unilateralmente), as ineficácias de atos sujeitos a todas as outras modalidades de condições são ineficácias automáticas, "que se produzem por força mesmo do ordenamento jurídico e sem necessidade de nenhum outro requisito adicional. A tradição jurídica denomina essa forma de produção do efeito jurídico como *ipso jure*, isto é, por obra do próprio Direito. A mesma ideia se expressa atualmente ao se dizer 'de pleno direito'. [...] De 'pleno direito' quer dizer que não é necessário que ninguém inste os órgãos jurisdicionais (e, acresceríamos, *a fortiori*, administrativos), ou, o que dá no mesmo, que seja necessária prévia declaração para que algo possa deixar de ser aplicado, e que, consequentemente, que há ineficácia desde o exato momento em que surge o contrato ineficaz. [...] Quando a ineficácia é automática, o contrato é desde sempre insusceptível de ser cumprido e nenhuma pessoa, nem qualquer funcionário da organização jurídica, pode dar algum efeito ao contrato (e, naturalmente, a alguma de suas cláusulas, se apenas uma delas estiver subordinada à condição) ou às pretensões que o tenham como fundamento",[41] que, no caso, seriam as eventuais pretensões da ANP em sancionar o contratado ou submetê-lo nesse aspecto à sua prévia autorização.

Todavia, diante do silêncio do contrato, nada impede, ao revés, aconselha, que, por cautela, a Administração Pública seja consultada sobre o ponto, evitando-se futuras lides e a ameaça, ainda que a nosso ver improcedente, de aplicação de penalidades.

7 Boas práticas e alocação de riscos na indústria do petróleo

Em qualquer questão envolvendo concessões petrolíferas sobre a qual não haja regra específica expressa e na qual, mesmo havendo regra, o caso concreto possa levar a mais de uma interpretação plausível, as boas práticas da indústria do petróleo devem constituir o guia principal da solução a ser adotada,[42] já que é através delas que a ANP deve implementar o modelo propugnado pela Emenda Constitucional nº 09/1995, que possibilitou a flexibilização do exercício do monopólio do petróleo, e pela Lei do Petróleo, que a regulamentou.[43]

---

in casu, a garantia da livre iniciativa privada (FERRAZ JÚNIOR, Tércio Sampaio. *Introdução ao Estudo do Direito*. 2. ed. São Paulo: Ed. Atlas, 1994. p. 296).

[41] DIEZ-PICAZO, Luis. *Fundamentos del Derecho Civil Patrimonial*. 5. ed. Madrid: Civitas, 1996. p. 459. Excursos nossos.

[42] ARAGÃO, Alexandre Santos de. As Boas Práticas da Indústria do Petróleo como o Eixo da Regulação do Setor. *Revista de Direito Administrativo – RDA*, v. 238, Rio de Janeiro, p. 283-300, 2004.

[43] "Constitui (a Lei do Petróleo) um importante marco: demonstra que, no Brasil, a indústria do petróleo atingiu a maturidade e está sendo aberta para possibilitar novos investimentos e permitir uma interação equilibrada entre o Estado e a iniciativa privada" (Exposição de Motivos nº 25/96, do Ministério das Minas e Energia, que encaminhou à Presidência da República o respectivo Anteprojeto de Lei).

Os contratos de E&P costumam definir as "Melhores Práticas da Indústria do Petróleo" como "as práticas e procedimentos geralmente empregados na indústria de Petróleo em todo o mundo, por Operadores prudentes e diligentes, sob condições e circunstâncias semelhantes àquelas experimentadas relativamente a aspecto ou aspectos relevantes das Operações, visando principalmente à garantia de: (a) conservação de recursos petrolíferos e gaseíferos, que implica na utilização de métodos e processos adequados à maximização da recuperação de hidrocarbonetos de forma técnica e economicamente sustentável, com o correspondente controle do declínio de reservas, e à minimização das perdas na superfície; (b) segurança operacional, que impõe o emprego de métodos e processos que assegurem a segurança ocupacional e a prevenção de acidentes operacionais; (c) proteção ambiental, que determina a adoção de métodos e processos que minimizem o impacto das Operações no meio ambiente".

Dessa definição extraem-se, basicamente, os seguintes elementos: a prática deve ser encontradiça internacionalmente, há de ser cautelosa, racional, do ponto de vista da preservação dos recursos, e segura e respeitosa do meio ambiente.

Quando se afirma que as práticas devam ser internacionais, não se está a dizer que devam ser absolutamente comuns a todas as regiões do mundo em que haja exploração e produção de petróleo, já que são muitas as peculiaridades e diferenças existentes entre elas.

Como já havíamos afirmado em outra oportunidade,[44] hoje se tem a consciência de que, quanto mais o Direito conhecer o campo a ser regulado, mais chances terá de propiciar uma regulação eficiente e dotada de maior efetividade. Se a assertiva é correta de maneira geral, deve ser reforçada em relação à regulação da economia.

A economia, potencializando um fenômeno de dinamismo, de relativa imprevisibilidade e de tendências autonomizadoras, que sempre foram da sua própria essência, tem, nessas últimas décadas, de globalização e de internacionalização das fases da cadeia produtiva, feito com o que o Direito incorpore cada vez mais lógicas e códigos das atividades a serem reguladas.

A adoção, encampação e respeito às "boas práticas internacionais da indústria do petróleo" nos contratos de E&P da ANP, inclusive com vistas à "racionalização da produção" (art. 44, VI, Lei do Petróleo), constitui o meio por excelência eleito pela Lei para melhor atingir os seus objetivos fixados no seu art. 1º: proteção do interesse nacional, do desenvolvimento, do meio ambiente, dos consumidores, abastecimento dos derivados do petróleo, atração de investimentos, ampliação da competitividade do País no mercado internacional, promoção da concorrência, etc.

Em relação aos preceitos legais que, a exemplo do art. 44, VI, da Lei do Petróleo, encampam práticas disseminadas entre os agentes de determinado setor econômico, são essenciais os ensinamentos de Marc Tarrés Vives,[45] segundo os quais "a insuficiência do instrumental administrativo tradicional deve ser complementada mediante a implementação na regulação administrativa de fórmulas autorregulativas que, considerando a sua legitimidade na consecução de interesses privados individuais ou coletivos, permitem a satisfação de finalidades públicas. [...] Há uma vontade de usar,

---

[44] ARAGÃO, Alexandre Santos de. Ensaio de uma visão Autopoiética do Direito Administrativo. *Revista de Direito Público da Economia – RDPE*, v. 04, Belo Horizonte, p. 27-32, 2005.
[45] VIVES, Marc Tarrés. *Normas Técnicas y Ordenamiento Jurídico*. Valencia: Ed. Tirant lo Blanch, 2003. p. 172 e 253.

como instrumento diretivo, os compromissos, meios e conhecimentos que esses agentes possuem, com a finalidade de lograr a realização de fins públicos. Em outras palavras, a autorregulação se integra na regulação. [...] A regulamentação tem, em boa medida, deixado de conter complexas prescrições técnicas – que em sua literalidade e ampla extensão consumiam páginas de Diário Oficial – para limitar-se a declarar cláusulas gerais, que encontram a sua concreção a partir da remissão por elas realizada, [...] o que não é nenhuma novidade".

Mais adiante leciona que "o uso desse tipo de expressão (como a de "boas práticas da indústria do petróleo") por parte das normas jurídicas demonstra uma renúncia explícita do Legislador à elaboração detalhada de regulamentações técnicas que, na verdade, poderiam tornar-se obsoletas pouco tempo após a publicação, devendo-se reconhecer também que a utilização de conceitos jurídicos indeterminados com este objetivo constitui uma técnica legislativa amplamente adotada em áreas bem diversas, como a dos produtos industriais, das tecnologias da informação, do meio ambiente, da economia, etc.".[46]

Trazendo esses balizamentos para a questão do Conteúdo Local, identificamos que a prática internacional a ele concernente é considerá-lo como uma obrigação de preferência ao fornecedor nacional, não uma obrigação absoluta de, a qualquer custo e existindo ou não fornecedores nacionais, contratá-los, até porque isso seria uma impossibilidade do ponto de vista da dinâmica do ordenamento jurídico: aplicar uma norma sem que os seus pressupostos fáticos tenham se concretizado; gerar efeitos jurídicos sem subsunção de um fato à hipótese de incidência normativa.

E mais, as boas práticas da indústria internacional do petróleo têm como um de seus grandes objetivos justamente reduzir as incertezas nessa atividade, já por demais sujeita a riscos geológicos, políticos etc., e a adoção de uma postura imperativa como a imaginada tornaria o contrato de E&P ainda mais arriscado, aleatório e, consequentemente, menos interessante para a iniciativa privada, com o que o preço de outorga a ser pago ao Estado diminuiria – todo risco é precificado.

Nessa esteira, tema também importante para a solução da questão é o da alocação de riscos nos contratos de E&P. É princípio básico da economia que cada risco deve ser atribuído à parte que tem a sua gestão ou que melhor possa atuar para preveni-lo.

Como esclarecem Mauricio Portugal Ribeiro e Lucas Navarro Prado, ao tratar dos contratos de parceria público-privada, mas em lições aplicáveis a todos os contratos da Administração Pública, sobretudo aos de longa duração: "sempre que o risco se referir a evento anódino à conduta do contratado (inclusive no que concerne ao conhecimento do próprio risco) e não puder ser por ele gerenciado adequadamente – mediante contratação de seguros, por exemplo –, convém carreá-lo ao setor público, pois, dessa forma, seu preço só será repassado à Administração Pública [...] se e quando o sinistro ocorrer. Em suma, quando o parceiro privado não puder gerenciar um dado risco, convém atribuí-lo à Administração Pública".[47]

---

[46] VIVES, Marc Tarrés. *Normas Técnicas y Ordenamiento Jurídico*. Valencia: Ed. Tirant lo Blanch, 2003. p. 274-275. Mas, na verdade, "a utilização do que hoje se chama de usos dos negócios como um critério de interpretação dos contratos e das cláusulas tem uma origem muito antiga. Na doutrina antiga era comum citar vários textos do Digesto" (DIEZ-PICAZO, Luis. *Fundamentos del Derecho Civil Patrimonial*. 5. ed. Madrid: Civitas, 1996. p. 407).

[47] Os autores ilustram o entendimento a partir de uma obra de metrô, nos seguintes termos: "Muitas vezes, durante a perfuração dos túneis, encontram-se dutos ou cabos subterrâneos que não se sabia a priori estarem no

Se assim a Administração Pública não proceder, violará os princípios constitucionais da eficiência e da economicidade (art. 37, *caput*, e 70, CF), já que o contratado já terá que embutir esse risco em sua proposta, e a Administração Pública e a coletividade com ele arcarão, independentemente de os fatos imprevisíveis efetivamente ocorrerem.

O risco em questão no presente artigo é haver ou não fornecedores locais.

Ora, é evidente que as empresas concessionárias têm poucos ou nenhum instrumento para fazer com que outros particulares optem por aquele negócio, nele invistam e se tornem seus fornecedores; ao passo que o Estado *lato sensu* tem todos os instrumentos fiscais, de fomento e regulatórios para tanto.

Expressão dessa assertiva foi o fato de a própria ANP ter realizado estudos e ter assumido como possíveis certos índices de conteúdo local, chegando até a inscrevê-los nos editais publicados quanto a algumas rodadas de licitação realizadas. Daí se extrai que eventuais excessos de otimismo da parte do poder público não podem, naturalmente, prejudicar o particular, que não tem qualquer responsabilidade sobre as expectativas do Estado para o setor ou sobre o porquê elas não se realizaram.

Seria tão absurdo atribuir aos contratados os riscos pela pujança de um setor da economia (o para-petroleiro), quanto atribuir ao Estado os riscos geológicos pela descoberta ou não de petróleo, já que os contratados têm muito maior capacidade de gestão do risco geológico que o Estado.

Ademais, não cabe aos contratados fomentar e planejar a atividade de outros empresários ou até mesmo de setores inteiros da economia, como é a indústria para-petroleira. De sua parte, é o Estado o ente constitucionalmente competente e obrigado a planejar indutivamente as atividades da iniciativa privada (art. 174, CF).

O Princípio Constitucional da Eficiência (art. 37, caput, CF) agregado às boas práticas da indústria internacional do petróleo, encampadas pela Lei do Petróleo, devem iluminar a aplicação das leis e contratos petrolíferos, para que não se seja ineficiente ou menos eficiente em relação ao atendimento dos objetivos legais primários daquele ordenamento setorial. As normas "passam a ter o seu critério de validade aferido não apenas em virtude da higidez do seu procedimento criador, como da sua aptidão para atender aos objetivos da política pública, além da sua capacidade de resolver os males que esta pretende combater".[48]

Também pelo Princípio da Proporcionalidade, em seus elementos "adequação" e "necessidade", não se poderia impor a adoção de meio (normalmente uma interpretação)

---

caminho dos túneis. E não há como ter certeza de que não haverá dutos e cabos desconhecidos no subterrâneo de uma área urbana antiga. Nesse contexto, duas opções se delineiam quando da redação de um contrato para a construção de um metrô: a primeira é a Administração Pública ficar com o risco. Se ocorrerem as interferências imprevistas, a Administração terá que recompor o equilíbrio do contrato. A outra opção seria transferir o risco para o contratado. Neste caso, o contratado adicionaria na sua proposta comercial o valor equivalente a esse risco (precificação de risco). Como não há nada que o contratado possa fazer para saber se existem, ou não, interferências no caminho dos túneis do Metrô, como não há meio de evitá-las, ter-se-á uma situação em que a licitação restará vazia, pois nenhum parceiro privado terá interesse em contratar com a Administração, ou ele incluirá na sua proposta comercial o valor necessário à realização do remanejamento de todas as interferências possíveis, ocorram elas ou não. Como o risco de ocorrência das interferências estará embutido no preço do contratado, a Administração terá que pagar por elas em qualquer caso, havendo ou não". (RIBEIRO, Mauricio Portugal; PRADO, Lucas Navarro. *Comentários à lei de PPP – Parceria Público-Privada*. Malheiros, São Paulo, 2007, pp. 119-120.)

[48] MORAND, Charles-Albert. *Le Droit Néo-Moderne des Politiques Publiques*. Paris: LGDJ, 1999. p. 95.

inadequado ou desnecessariamente oneroso ao atingimento das finalidades legais.[49] Caso se atribuísse ao contratado o risco pela existência de fornecedores nacionais, isso não seria um meio adequado para fomentar a indústria para-petroleira nacional, pois sancionaria o contratado sem que ele nada ou quase nada pudesse individualmente fazer para criar tais fornecedores nacionais.

Por mais que as multas o afligissem, ele continuaria sem poder trazer as grandes empresas internacionais do setor para se nacionalizarem, ou, tarefa ainda mais impossível, levar à criação, pelo menos no médio prazo, de novas empresas genuinamente nacionais para prestar os mesmos serviços e nas mesmas condições que aquelas gigantes internacionais são capazes de fazer. Lembremos que, na maioria das vezes, essas empresas fornecedoras são de porte econômico maior ou semelhante ao das próprias concessionárias de E&P.

Devemos ter em vista, adicionalmente, que o contrato de E&P petrolífera não visa precipuamente a obrigar o particular a fomentar a economia nacional, mas sim, a produzir petróleo, e a interpretação contratual "não pode se desconectar dos resultados práticos e empíricos propostos pelas partes contratantes enquanto razão de ser do contrato. Por isso, além da função econômico-social que a regulação legal consigna para a espécie, haverá de ser valorada a causa concreta que para as partes o contrato tinha (no caso, o exercício da atividade de E&P). Isso significa que todas as manifestações contratuais são dirigidas à obtenção desse resultado empírico e que devem ser interpretadas da maneira mais adequada para que, sempre que possível, se obtenha esse resultado".[50]

Tal solução, da mesma forma, contrariaria, como visto, o princípio da boa-fé, que, "além de um ponto de partida, deve também ser um ponto de chegada. O contrato deve ser interpretado de maneira que o sentido que se lhe atribua seja o mais apropriado para chegar a um desenvolvimento das relações contratuais e para alcançar as consequências contratuais".[51]

Um dos desdobramentos da aplicação do princípio da boa-fé ao caso em exame será especificamente objeto do tópico seguinte.

8 Interpretação *contra proferentem*

Constituindo o contrato de E&P, como todo contrato licitado pela Administração, um contrato de adesão, o Estado pré-estabelece as suas regras. Algumas delas constam diretamente do próprio edital de licitação/instrumento contratual a ele anexo, outras são fixadas em regulamentos a ele diretamente aplicáveis. No caso das obrigações

---

[49] "Em função do objetivo (do fim, da vontade do Legislador) a ser realizado (também com a participação dos privados: essencial também para uma melhor identificação dos interesses envolvidos), a Administração deve construir uma decisão concreta e operativa, que conserve o mais possível os bens pessoais não incompatíveis com o bem-direito de relevância pública e que satisfaça o maior número de interesses possível, satisfazendo, desta forma, o maior número de direitos fundamentais" (IANNOTTA, Lucio. *Principio di Legalità e Amministrazione di Risultato, in Amministrazione e Legalità – Fonti Normativi e Ordinamenti (Atti del Convegno, Macerata, 21 e 22 maggio 1999)*. Milano: Giuffrè Editore, 2000. p. 45).
[50] DIEZ-PICAZO, Luis. Fundamentos del Derecho Civil Patrimonial. 5. ed. Madrid: Civitas, 1996. p. 404. Excurso nosso.
[51] DIEZ-PICAZO, Luis. Fundamentos del Derecho Civil Patrimonial. 5. ed. Madrid: Civitas, 1996. p. 308.

de Conteúdo Local elas são previstas tanto na legislação editada pela ANP, quanto, densificando-a, no próprio contrato, tendo, assim, "uma natureza mista entre matéria regulada e obrigação contratual".[52]

Em sendo contrato de adesão,[53] ainda mais fortemente a interpretação deverá se dar conforme as cláusulas gerais de boa-fé, e em benefício do contratante que aderiu ao contrato e não exerceu plenamente a sua liberdade contratual.

Acerca de tais contratos, também chamados de "contratos predispostos", Atílio Aníbal Alterini observa que a interpretação dos contratos de adesão deve ser feita "em sentido favorável à parte que não tem ingerência sobre a sua redação".[54]

O Código Civil de 2002, espelhando essa preocupação, determina que a interpretação das cláusulas ambíguas ou contraditórias se fará no sentido mais benéfico para o aderente (artigo 423).[55]

O Tribunal Federal Regional da 4ª Região também já decidiu que: "em havendo dúvida concreta em relação à interpretação das condições da obrigação adesiva, contendo cláusulas inaplicáveis à espécie, circunstância confessada, descabida a leitura da mesma em detrimento daquele que simplesmente aceitou as referidas condições".[56]

Merecem igualmente ser invocados os princípios gerais de interpretação dos contratos favorável à parte mais fraca. De fato, em caso de obscuridade no contrato, o princípio é o da decisão contrária à parte mais forte, no caso, o Poder Público, inclusive porque esse atua não apenas na condição de contratante, mas igualmente de autoridade reguladora e poder concedente.[57]

O mesmo princípio, sob outro enfoque, recebe o nome de "regra da interpretação *contra proferentem*"[58] e, encontrando previsão expressa no art. 423 do Código Civil, significa que as dúvidas na interpretação dos contratos se resolvem contra quem os redigiu, isto é, a ANP, que previamente estabelece todas as cláusulas do contrato de E&P a ser celebrado com os particulares vencedores das rodadas de licitação.

---

[52] QUINTANS, Luiz Cezar P. Conteúdo Local. A evolução do modelo de contrato e o conteúdo local nas atividades de E&P no Brasil. Rio de Janeiro: Ed. Freitas Bastos, 2010. p. 190-191.

[53] "Tendo em vista que, no contrato de adesão, o aderente limita-se a justapor a sua vontade ao padrão elaborado pela outra parte (solicitante que estabelece previamente o conteúdo contratual e não mera oferta) seu dever é redigir as cláusulas com clareza, precisão e simplicidade. Se, não obstante, inserir condição obscura, imprecisa e complexa, capaz de suscitar dúvidas ao intérprete, caberá a este adotar o entendimento por mais favorável ao aderente. Não tendo este a faculdade de debater, e sustentar estipulação menos onerosa, não pode ser sacrificado pela redação dada pelo outro contratante" (PEREIRA, Caio Mário da Silva. *Instituições de Direito Civil*. Rio de Janeiro: Forense, 2006. v. III, p. 76). "O predisponente, o contratante forte, encontra nessa modalidade contratual um meio para expandir e potencializar sua vontade. Cabe ao legislador e, particularmente, ao julgador, traçar os limites dessa imposição de cláusulas, tendo em vista a posição do aderente, o contratante fraco. Daí concluirmos que não podemos defender hoje uma total liberdade contratual, porque a sociedade não mais a permite. Paradoxalmente, a plena liberdade contratual, nos dias atuais, se converteria na própria negação dessa liberdade [...]" (VENOSA, Silvio de Salvo. *Direito Civil*: teoria geral das obrigações e Teoria Geral dos Contratos. 6. ed. São Paulo: Atlas, 2006. p. 382).

[54] ALTERINI, Atílio Aníbal. Bases para armar la teoría general del contrato en el derecho moderno. *Revista de Direito do Consumidor*, n. 19, p. 17, jul./set. 1996.

[55] Art. 423. Quando houver no contrato de adesão cláusulas ambíguas ou contraditórias, dever-se-á adotar a interpretação mais favorável ao aderente.

[56] AC – APELAÇÃO CIVEL; Processo nº 95.04.53154-7 UF: SC.

[57] VIGO, Rodolfo Luis. *Interpretación Jurídica*. Buenos Aires: Rubinzal-Culzoni Editores, 1999. p. 160.

[58] DIEZ-PICAZO, Luis. *Fundamentos del Derecho Civil Patrimonial – Las relaciones Obligatorias*. 5. ed. Madrid: Civitas, 1996. t. II, p. 413 e segs.

Segundo Filippo Viglione "as expressões ambíguas devem ser interpretadas no senso menos favorável à parte que predispôs o texto contratual".[59] Isso porque, "quem elabora o contrato tem uma espécie de fardo de clareza, de modo que se pode acreditar que esse cânone de interpretação também desempenha uma importante função educativa de quem entra no mercado, orientando a formulação das cláusulas que regulamentam o contrato de modo claro e compreensível".[60]

Assim, também por esse fundamento a melhor interpretação é aquela no sentido de o contratado não poder ser obrigado e, consequentemente, sancionado em razão de o setor para-petroleiro de nossa economia ainda não poder suprir totalmente os índices ofertados em sua proposta dentro dos parâmetros fixados pelo próprio Estado que fez a licitação.

9 A posição da empresa de E&P e o fomento à indústria nacional como uma obrigação do Estado

Não é pelo fato de o contratado petrolífero assinar contrato de delegação de uma atividade estatal que ele passa a fazer parte da organização do Estado, podendo lhe ser imposta qualquer outra função que compita ao Estado. O seu âmbito de atribuições é restrito ao objeto do contrato que celebrou: a atividade de exploração e produção de petróleo. Por isso a Administração Pública não poderia se valer de um contrato com um objeto específico e como tal modelado, não só pela Lei do Petróleo, como pelo art. 177 da Constituição Federal, para obrigar o contratado a, por exemplo, fomentar setores da indústria nacional, tarefa que, como já vimos, não está no seu âmbito de possibilidades, por mais que se esforce.[61]

Jordana de Pozas define fomento como "uma via média entre a inibição e o intervencionismo do Estado, que pretende conciliar a liberdade com o bem comum mediante a influência direta sobre a vontade do indivíduo para que queira o que convém para a satisfação da necessidade pública de que se trate. Poderíamos defini-la como a ação da Administração encaminhada a proteger ou a promover aquelas atividades, estabelecimentos ou riquezas devidos aos particulares e que satisfazem necessidades públicas ou se estimam de utilidade geral, sem utilizar a coação nem criar serviços públicos".[62]

---

[59] VIGLIONE, Filippo. *L'interpretazione del contrato nem common law inglese. Problemi e prospettive. Supplemento Annuale di studi e ricerche.* Antonio Milani: Casa Editrice Dott, 2008. p. 153. Tradução livre. "le expressioni ambigue debbono essere intese nel senso meno favorevole alla parte che ha predisposto il testo contrattratuale".

[60] VIGLIONE, Filippo. *L'interpretazione del contrato nem common law inglese. Problemi e prospettive. Supplemento Annuale di studi e ricerche.* Antonio Milani: Casa Editrice Dott, 2008. p. 154. Tradução livre.

[61] "A atratividade do setor petrolífero é fortemente influenciada pela competitividade do suprimento local. No caso brasileiro, a competitividade industrial é afetada pela excessiva carga tributária, custo elevado de financiamento, câmbio desfavorável, bem como por carências de atualização tecnológica" (PEDROSA, Oswaldo; GUIMARÃES, Paulo Buarque; FERNÁNDEZ Y FERNÁNDEZ, Eloi. Perspectivas do Fornecimento de Bens e Serviços em Regiões de E&P Terrestre. *In:* FERREIRA, Doneivan Fernandes (Org.). *Produção de Petróleo e Gás em Campos Marginais:* um nascente mercado no Brasil. Campinas: Ed. Komedi, 2009. p. 446).

[62] DE POZAS, Jordana. Ensayo de una teoría de fomento em el derecho administrativo. *Revista de Estudios Políticos*, n. 48, p. 46, 1949 *apud* ORTIZ, Gaspar Ariño. *Principios de Derecho Público Económico.* Bogotá: Universidad Externado de Colômbia, 2003. p. 338.

Na doutrina brasileira, Célia Cunha Mello afirma que "a proteção e a promoção do objeto fomentado correspondem à função de induzir, mediante estímulos e incentivos, os agentes fomentados a adotarem certos comportamentos, prescindindo, no entanto, de investimentos imperativos, cogentes. [...] A relação jurídico-administrativa de fomento público forma-se com base no consentimento do agente fomentado, que manifesta a vontade de adotar o comportamento almejado pelo Estado".[63]

A atividade de fomento e de planejamento indutivo da iniciativa privada é função do Estado por determinação do art. 174, CF. Tanto é assim que o Governo brasileiro tem efetivamente, com maior ou menor sucesso, chamado para si a responsabilidade por propiciar fornecedores com elevado Conteúdo Local para seus contratados de E&P, que demonstram que tais índices são objetivos graduais a serem buscados pelo Estado e, uma vez alcançados, vinculantes para os contratados.[64] Os contratados petrolíferos continuam, após a assinatura do contrato de E&P, com todas as suas qualificações de agentes privados, inclusive dentro do âmbito da atividade pública que lhes foi delegada.[65]

Em informativo da própria ANP, em artigo dos então responsáveis pelas licitações por ela promovidas, é denotado que aos concessionários não é imposto um papel ativo direto na geração de fornecedores locais, caso eles não existam, sendo eles obrigados somente a contratar os que já existirem no mercado. Vejamos: "A elevação da importância do percentual de aquisição local oferecido a partir da Quinta Rodada de Licitações sustenta e reforça o comprometimento da ANP com o desenvolvimento da indústria nacional, de *maneira natural e competitiva, preservando a livre iniciativa dos proponentes*".[66]

Caso os contratos de E&P fossem interpretados como obrigando o particular a contratar com fornecedores nacionais a qualquer custo e, caso eles não existissem, obrigando-os a providenciar a sua existência, teríamos muito mais do que uma obrigação acessória ou instrumental ao contrato; teríamos o seu total desvirtuamento, com o contrato de E&P passando a obrigar o particular a fomentar determinado setor da

---

[63] MELLO, Célia Cunha. *O fomento da Administração Pública*. Belo Horizonte: Del Rey, 2003. p. 29.

[64] "Nos pontos que lhe compete, a ANP tem trabalhado intensamente no sentido de possibilitar a elevação da participação dos fornecedores locais nas atividades de E&P. Entre as iniciativas realizadas pode-se citar: a criação de programas de capacitação de mão de obra e desenvolvimento tecnológico, e os convênios de cooperação com a FINEP ("Projeto Tendências") e o BNDES. Outra atuação decisiva da ANP é a de apoio na criação de agentes catalisadores do desenvolvimento do setor: criando cadastros e normatizações, divulgando a capacidade da indústria local. Um exemplo desta atuação foi a constituição da Organização Nacional da Indústria do Petróleo (ONIP), em 1999, que tem se destacado no desenvolvimento organizado dos fornecedores brasileiros. O Projeto Tendências tem o objetivo de identificar as perspectivas do setor em termos de tecnologia e novas necessidades da indústria, permitindo então o direcionamento dos programas tecnológicos apoiados pela ANP, bem como outros esforços no sentido de manter o desenvolvimento dos fornecedores locais. Os convênios com o BNDES e a ONIP visam a constituir os mecanismos de verificação e aferição dos conteúdos locais realizados pelos concessionários. O programa CTPetro, gerenciado pelo MCT/FINEP, e o programa de recursos humanos da ANP (PRH-ANP), são voltados à formação de recursos humanos e execução de atividades de pesquisa e desenvolvimento (P&D) em instituições brasileiras, podendo contribuir para a capacitação tecnológica dos fornecedores locais" (PEDROSO, Daniel Cleverson; SOUZA MOREIRA, José Guilherme de. A evolução da participação da indústria nacional na E&P de petróleo e gás natural após a flexibilização do monopólio no Brasil. *Conjuntura & Informação, Superintendência de Estudos Estratégicos – ANP*, n. 23, p. 06, ago./out. 2003).

[65] Eles não têm direito constitucional próprio e direto ao exercício daquelas atividades que são de titularidade estatal, mas, após recebida a delegação, essa posição contratual passa a integrar o seu patrimônio privado e, dentro do seu âmbito, exercerão os seus direitos de iniciativa econômica.

[66] PEDROSO, Daniel Cleverson; SOUZA MOREIRA, José Guilherme de. A evolução da participação da indústria nacional na E&P de petróleo e gás natural após a flexibilização do monopólio no Brasil. *Conjuntura & Informação, Superintendência de Estudos Estratégicos – ANP*, n. 23, p. 06, ago./out. 2003. Grifamos.

economia, recebendo em troca a possibilidade de explorar e produzir petróleo, caso o encontrasse.

Tal postura contrariaria as características legais e constitucionais das concessões petrolíferas, por exemplo, em razão de um elemento contratual ao qual a Lei do Petróleo nem faz referência passar a ser o principal elemento do contrato de E&P. Isso sem falar que tal obrigação seria de cumprimento impraticável, como já visto, sobretudo em razão da grande concentração econômica existente na indústria para-petroleira mundial, principalmente na que reúne os elevados capitais e complexa tecnologia para atuar em águas profundas, limitada a apenas algumas poucas empresas transnacionais.

Estar-se-ia operando materialmente uma desapropriação indireta ou uma requisição de serviços do contratado privado, que se veria de fato até mudando o objeto principal de seu negócio, passando a ser muito mais um agente de fomento do que uma petroleira. "Apesar de a Administração Pública poder impor restrições à propriedade privada em prol do interesse público, elas têm a sua lógica limitação: a medida imposta não pode exceder o que, do ponto de vista técnico-jurídico, seja especificamente uma 'restrição'; se os limites conceituais desta forem excedidos, a medida será írrita".[67]

Pierre Devolvé observa que, "se a liberdade empresarial é uma liberdade pública cujo exercício o Legislador pode, com apoio na Constituição, regulamentar, a existência em si da liberdade empresarial a ele se impõe: o Constituinte quis permitir ao Legislador proceder a ajustamentos ponderados na liberdade empresarial; ele não permitiu que a própria liberdade empresarial fosse colocada em xeque".[68]

O núcleo essencial do direito de livre iniciativa não pode, portanto, ser sacrificado por limitações prévias ou concomitantes à atividade, independentemente do interesse público invocado, por mais relevante que seja. Não que o Direito deixe à própria sorte esses interesses públicos, mas essa via não é a adequada para realizá-los, havendo no ordenamento jurídico instrumentos destinados a efetivá-los, como o fomento através de bancos oficiais e demais programas de fomento que inclusive já têm sido desenvolvidos pela ANP, conforme relatado.

---

[67] MARIENHOFF, Miguel S. *Tratado de Derecho Administrativo*. 6. ed. Buenos Aires: Ed. Abeledo-Perrot, falta ano. t. VI, p. 47.

[68] DEVOLVÉ, Pierre. *Droit Public de l'Économie*. Paris: Ed. Dalloz, 1998. p. 110-111. O permissivo explícito ou implícito da Constituição para limitações ao exercício de direitos constitucionais pode também ser considerado do ponto de vista da estrutura das normas constitucionais asseguratórias da liberdade de iniciativa econômica, especialmente o art. 170, parágrafo único, CF, que têm *ab ovo* eficácia plena, mas pode ter o seu âmbito de eficácia reduzido por norma legal superveniente: "Sua eficácia e aplicabilidade ficam delimitadas ao equilíbrio perseguido pelo Estado" (SILVA, José Afonso da. *Aplicabilidade das Normas Constitucionais*. 3. ed. São Paulo: Ed. Malheiros, 1998. p. 115). É lógico que a permissão constitucional dada ao Legislador para restringir a intensidade da eficácia da norma constitucional asseguratória do direito não permite a retirada de toda a sua eficácia prática, podendo apenas conformá-la com outros valores constitucionais a ele pertinentes. Do contrário, estaríamos diante de uma improvável delegação de poder constituinte ao Legislador, que poderia de fato ab-rogar, tornando vazia de conteúdo norma constitucional sem os procedimentos fixados para a reforma constitucional, o que, *ipso facto*, convolaria a nossa Constituição em uma Constituição flexível. Se o direito é assegurado pela constituição, o legislador (e com mais rigor a Administração Pública) pode regulamentá-lo, mas não o extinguir.

10 Fato da Administração

Em sede doutrinária assim definimos o Fato da Administração: "Álea Administrativa do Fato da Administração é a ação ou omissão da Administração contratante que atinge concreta e diretamente [não é geral] a concessão".[69]

Nessa linha, Bartolome A. Fiorini define fato da Administração como sendo os "atos prejudiciais que provêm do poder estatal, especialmente da administração pública, que tornam mais gravoso o cumprimento do contrato".[70] Explica o autor que os fatos da Administração produzem efeitos jurídicos mesmo não havendo uma vontade prévia intencionada para que isso aconteça. Em outras palavras, é um dado prático que produz efeitos jurídicos sem a necessária presença da vontade intencional de produção de um efeito jurídico. Cita como exemplos de fatos jurídicos a negligência e o descuido sem intenção subjetiva.[71]

No caso das concessões petrolíferas e, especificamente, da cláusula de conteúdo local, o fato da administração a ser cogitado consistiria na estimativa excessivamente otimista da ANP dos índices que a indústria para-petroleira nacional poderia suprir aos seus contratados.[72]

Pelo princípio da presunção de legitimidade dos atos administrativos e da sua interpretação conforme as leis e a Constituição, não se pode pressupor o seu equívoco, devendo-se sempre buscar adotar a postura hermenêutica plausível que seja capaz de lhe dar um conteúdo que não tenha incidido em erros.

A proposta dos licitantes nesse critério de julgamento (maior Conteúdo Local) não é feita no sentido de que efetuarão exatamente aquele índice de Conteúdo Local, mas sim, de que, toda vez que a indústria para-petroleira nacional for capaz de atendê-lo, deverá realizar os índices sempre na maior medida possível, até alcançar o índice constante de sua proposta.

Todavia, apenas para tentar explorar todos os aspectos da questão, imaginemos, como exercício de argumentação, que assim não seja e que aqueles índices apresentados pela proposta, posto que dentro dos parâmetros fixados no edital, sejam imediatamente de responsabilidade do contratado, independentemente da realidade da indústria para-petroleira nacional.

Ora, se assim fosse, de qualquer forma o contrato teria que ser reequilibrado por fato da administração para permitir ao contratado o não cumprimento de tais índices

---

[69] ARAGÃO, Alexandre Santos de. *O Direito dos Serviços Públicos*. 2. ed. Rio de Janeiro: Editora Forense, 2008. XII. 14.
[70] FIORINI, Bartolome A. *Manual de Derecho Administrativo, Primeira Parte*. Buenos Aires: Ed. La Ley, 1968. p. 459.
[71] FIORINI, Bartolome A. *Manual de Derecho Administrativo, Primeira Parte*. Buenos Aires: Ed. La Ley, 1968. p. 273-274.
[72] Se equívoco ocorreu ele pode ser explicado talvez por uma falha de avaliação, conforme se vê no artigo público em informativo da ANP pelo seu Superintendente de Licitações e por analista técnico da mesma Superintendência, que, ao dividir os grupos de países quanto à capacidade de suas indústrias para-petroleiras, colocou o Brasil junto com os Estados Unidos, a Inglaterra e a Noruega (PEDROSO, Daniel Cleverson; SOUZA MOREIRA, José Guilherme de. A evolução da participação da indústria nacional na E&P de petróleo e gás natural após a flexibilização do monopólio no Brasil. *Conjuntura & Informação, Superintendência de Estudos Estratégicos – ANP*, n. 23, p. 03, ago./out. 2003). Ora, se nossa indústria realmente é bem mais evoluída do que a da Bolívia ou a da Nigéria, por outro lado, certamente também está bem longe em termos de mobilização de capital e de tecnologia da indústria daqueles países, da qual provem a maioria das grandes empresas para-petroleiras do mundo, enquanto que do Brasil até o momento não são nenhuma delas.

sem a aplicação de qualquer sanção, seja pelos cânones dos contratos administrativos, seja, caso se entenda não pertencerem as concessões petrolíferas a esta espécie contratual, pela Teoria Geral dos Contratos (arts. 479 e 480, Código Civil).

Com efeito, pelos princípios da boa-fé, da confiança legítima e da presunção de veracidade dos atos administrativos, os licitantes tinham que confiar na plausibilidade dos parâmetros estabelecidos como piso e teto de Conteúdo Local pelo Estado, até porque é ele que tem, muito mais do que qualquer empresa privada, acesso a todos os dados e informações sobre a economia nacional capazes de lhe servir como base para a avaliação da capacidade da indústria para-petroleira nacional.

Não se poderia presumir que o Estado estaria disposto, por decisão própria e expressa, a aceitar propostas inexequíveis, já que foi justamente "com o intuito de se evitar propostas incompatíveis com a capacidade de fornecimento da indústria nacional, que a ANP introduziu mais uma alteração na 7ª Rodada, qual seja, a fixação de um percentual máximo de Conteúdo Local".[73]

Poderia e deveria o particular, então, confiar que, se propusesse o percentual máximo de Conteúdo Local admitido pelo Estado, a economia nacional teria condições de atendê-lo. Se não tiver, o erro não terá sido do licitante que apresentou sua proposta dentro do estipulado pelo edital, mas sim, do Poder Público que estabeleceu e previu erroneamente essa capacidade da indústria para-petroleira nacional.

Se, para argumentar, diversamente do que sustentamos nos tópicos anteriores, for considerado que a cláusula de Conteúdo Local é imediatamente eficaz, independentemente da existência de fornecedores nacionais, e logo após iniciado o contrato se verifica a irrealidade dos índices expressamente previstos pela Administração Pública, o contrato deveria ser ajustado.

Uma das formas desse ajuste seria a redução do índice constante da proposta por erro da Administração em tê-lo admitido no edital, o que só prejudica o interesse público e os objetivos do marco regulatório do setor, pois, se no futuro a indústria para-petroleira nacional se desenvolvesse mais, a sua contratação estaria limitada a esse índice, o que acessoriamente, mais uma vez, demonstra a improcedência da hipótese que apenas para argumentar estamos a explorar.

Fernando Vernalha Guimarães afirma que o direito ao equilíbrio econômico-financeiro assegura que seja mantida uma relação de equidade econômica desde o início no contrato e, além disso, "se funda na realização, viabilização e continuidade do interesse público perseguido; de resto, fica ameaçada a eficácia contratual".[74]

Muito embora o reequilíbrio econômico-financeiro normalmente seja tratado como decorrente de fatos supervenientes à assinatura do contrato, já que essa é a regra, Carlos Ari Sundfeld explica que "nada impede que, durante o período que vai da entrega da proposta até a efetiva assinatura do contrato – portanto, antes de sua celebração –, venham a ocorrer fatos que tornem necessária a adaptação dos termos originais previstos no edital ou mesmo na proposta vencedora. [...] A regra da estrita e

---

[73] ROSADO, Marilda, no prefácio à obra de QUINTANS, Luiz Cezar P. *Conteúdo Local. A evolução do modelo de contrato e o conteúdo local nas atividades de E&P no Brasil.* Rio de Janeiro: Ed. Freitas Bastos, 2010.

[74] GUIMARÃES, Fernando Vernalha. *Alteração unilateral do Contrato Administrativo.* São Paulo: Malheiros, 2003. p. 261.

absoluta conformidade do contrato com os termos do edital de licitação e da proposta vencedora não é a solução mais adequada".[75]

O que se demonstra aqui é a possibilidade de "reequilíbrio" econômico da própria proposta, naquelas hipóteses em que, mesmo antes da assinatura do contrato, ocorram fatores inimputáveis ao licitante que tornem a sua proposta inviável economicamente, ou em desconformidade com a sua expectativa de remuneração, conforme formalizada em sua proposta originária, que, como já visto, tem que se basear nos dados e parâmetros colocados pela Administração Pública no edital de licitação.

Nessa linha, Toshio Mukai aduz que "também cabe falar em reequilíbrio econômico-financeiro (reajuste ou revisão) da própria proposta; não só após termos o contrato celebrado. Se há que se manter a intangibilidade do equilíbrio entre encargos e remuneração da proposta, se houver, em certos casos, a elevação dos encargos antes da celebração do contrato [...], cremos caber, sem sombra de dúvida, o reequilíbrio da equação 'encargos-remuneração' da própria proposta, e o contrato então deverá ser celebrado com base nesta proposta reequilibrada".[76]

Deveríamos, assim, caso fosse adotada essa linha, classificar a ocorrência em pauta (admissão no edital de índices de conteúdo local além da efetiva capacidade da indústria nacional) como um fato da Administração originário à licitação, isto é, uma ação ou omissão da Administração Pública contratante que atinge concreta e diretamente o contrato administrativo, desequilibrando a equação e gerando, portanto, direito à sua modificação por parte do contratado privado.

11 Conclusão

Podemos concluir, à vista do exposto, que o contratado se vincula à proposta atinente ao conteúdo local que ofereceu na medida em que haja fornecedores nacionais capazes de atendê-lo. Trata-se de obrigação *ab ovo* condicionada à concretização do pressuposto fático da existência de fornecedores nacionais. O contratado permanece inteiramente vinculado ao percentual de Conteúdo Local fixado, mas a existência dessa obrigação é condicionada à verificação concreta do seu suporte fático. Sendo este suporte fático verificado, a obrigação adquire plena eficácia, até então existente apenas *in fieri*.

O cumprimento dos percentuais de Conteúdo Local previsto nos contratos de E&P consiste em uma obrigação de preferência à indústria e serviços nacionais, e não uma obrigação de cumpri-los a qualquer custo, e em uma obrigação de meio, de propiciar aos virtuais interessados brasileiros acesso às informações necessárias à celebração do contrato. Nem poderia a obrigação de Conteúdo Local ter uma eficácia absoluta e imediata, porque a base fática sobre a qual incide (mercado nacional para-petroleiro) é totalmente estranha ao âmbito volitivo dos contratados. Isso significa que a obrigação de cumprimento dos percentuais de Conteúdo Local é vinculante no limite fático da atuação possível do seu sujeito passivo (a existência de fornecedores nacionais).

---

[75] SUNDFELD, Carlos Ari. A vinculação ao edital da licitação e o problema da alteração das condições contratuais (parecer). *Interesse Público*, n. 23, p. 79-80, 2004.
[76] MUKAI, Toshio. Do reequilíbrio econômico-financeiro da proposta. *Interesse Público*, n. 36, p. 145-146, 2006.

Logo, a obrigatoriedade de manutenção do índice geral de Conteúdo Local só incide quando a obrigação chegar a existir – a adaptação da obrigação tem como pressuposto lógico o surgimento da própria obrigação.

As cláusulas que tratam da manutenção do índice geral de Conteúdo Local e da exigência de autorização prévia da ANP não serão de cumprimento obrigatório se houver alguma justificativa razoável, já que existem justamente pela suposição de que há fornecedor local. Se não existir o fornecedor local, não surgirá a obrigação de Conteúdo Local e não há de se cogitar a aplicação dessas cláusulas, inclusive para efeito de prévia autorização da ANP.

A proposta dos licitantes nesse critério de julgamento, de maior percentual de Conteúdo Local, não significa que alcançarão exatamente aquele índice, mas sim, que toda vez que a indústria para-petroleira nacional for capaz de atendê-lo, deverão realizar os índices na maior medida possível, até alcançar o índice constante de sua proposta.

No caso de a indústria para-petroleira nacional desenvolver-se, mas não atingir os índices constantes do contrato, estaremos diante de uma impossibilidade parcial, e aí será o contratado que, por boa-fé, deverá atender parcialmente à obrigação. Se a obrigação de Conteúdo Local for de cumprimento parcialmente impossível, isso não implicará de forma alguma em sua nulidade, mas sim, na sua ineficácia parcial, planos totalmente distintos dos negócios jurídicos.

O contrato de E&P, todavia, adiantando-se a eventuais arguições de equidade contratual, usualmente admite que, mesmo existindo fornecedores nacionais, e, portanto, incidindo a norma e, consequentemente, existindo a obrigação, esta poderá ter o seu conteúdo modulado caso os fornecedores locais ofereçam condições comparativamente desvantajosas em termos de preço, prazo, tecnologia ou outra circunstância justificável. Nesses casos, a Cláusula de Conteúdo Local será eficaz, mas o seu cumprimento não poderá ser exigido, como dispõem os contratos de E&P: os itens da planilha de Conteúdo Local em que os fornecedores nacionais não forem competitivos devem ser dispensados e seguidos da recomposição global da planilha.

Em consequência, não há como os contratados descumprirem uma obrigação que não chegou a surgir, e, logicamente, não há como serem punidos por tal descumprimento. Isso acarretaria uma inconstitucionalidade, porque a competência para o fomento da indústria nacional compete ao Estado, não ao contratado. É princípio básico da economia que cada risco deve ser atribuído à parte que tem a sua gestão ou que melhor possa atuar para preveni-lo.

Sendo assim, a Administração Pública não pode se valer de um contrato com um objeto específico e como tal modelado não só pela Lei do Petróleo como pelo art. 177, CF, para obrigar o contratado a, por exemplo, fomentar setores da indústria nacional. Postura diversa violaria os elementos necessidade e adequação do princípio da proporcionalidade, por estar impondo obrigação e sanção que de nada valeria para fomentar a indústria para-petroleira nacional, já que o particular não possui instrumentos para tanto, e por haver meios menos onerosos para alcançar esse objetivo, como os programas oficiais de fomento.

Ad argumentadum, o particular deveria confiar que, se propusesse o percentual máximo de Conteúdo Local previsto pelo Estado, a economia nacional teria como atendê-lo. Se não tiver como fazê-lo, o erro de avaliação da logística nacional cometido pela Administração não pode ser atribuído ao particular licitante que apresentou sua proposta de acordo com o estipulado pelo edital, mas sim, ao Poder Público, que estabeleceu e previu essa capacidade da indústria para-petroleira nacional, o que deveria acarretar no reequilíbrio da sua proposta.

POSSIBILIDADE DE AFETAÇÃO DOS RECEBÍVEIS DE *ROYALTIES* AOS FUNDOS GARANTIDORES DE PARCERIAS PÚBLICO-PRIVADAS[1]

1 Introdução

Com a crise de financiamento do Estado a partir da década de oitenta, esgotou-se a capacidade de financiamento de uma série de obras de infraestrutura e de serviços públicos (rodovias, hidrovias, linhas de transmissão de energia, redes de distribuição de água e de coleta de esgoto, gasodutos, etc.). Muitos desses serviços, apesar de o Estado não ter capacidade financeira para implantá-los, o que foi acompanhado da ideia de o Estado ser menos eficiente do que a iniciativa privada para o fazer, poderiam perfeitamente ser prestados à sociedade pela iniciativa privada, gerando bons resultados para os investidores que construíssem ou aperfeiçoassem a infraestrutura.

Foram esses os serviços públicos, ditos serviços públicos econômicos, que, nas décadas de oitenta e noventa, constituíram o objeto por excelência da desestatização com a delegação da atividade à iniciativa privada. Tinham tamanho potencial de lucratividade que a empresa privada, além de não receber qualquer suporte financeiro do Poder Público, geralmente ainda lhe pagava um valor de outorga estabelecido na

---
[1] Artigo originariamente publicado na *Revista de Direito Público da Economia (RDPE)*, v. 25, 2009.

licitação, remunerando-se integralmente com as tarifas pagas pelos usuários ao longo do prazo de vigência da concessão.[2]

Ultrapassado esse primeiro momento da desestatização, teríamos idealmente um Estado mais leve e com mais recursos, apto a investir nas atividades prestacionais insuscetíveis de exploração lucrativa pela iniciativa privada, como, por exemplo, rodovias importantes para o desenvolvimento de regiões pobres, mas de ainda pouco movimento para que o pedágio fosse suficiente para pagar a sua reforma e manutenção; construção de presídios ou de escolas públicas de ensino básico, que não geram qualquer receita tarifária.[3]

Ocorre que, mesmo após as desestatizações da década de noventa, o Estado manteve-se em grave crise fiscal, sujeito a uma grande dívida interna e externa taxada com juros de grande magnitude, com o que, em mais uma frustração da cidadania, nem aqueles serviços públicos essenciais passaram a ter verba para que pudessem ser prestados como deveriam.

O problema é que, para essa crise fiscal ser pelo menos mitigada, o País tem que crescer economicamente, e, para tanto, precisa reformar e ampliar a sua infraestrutura, para o que, no entanto, continua sem os recursos suficientes e com a capacidade de endividamento esgotada. Busca-se, portanto, uma saída para esse impasse: para crescer e sair da crise financeira, o Estado tem que investir em infraestrutura, mas não tem como, financeiramente, realizar tais investimentos.

A conjuntura que ensejou o surgimento da ideia de parcerias público-privadas no Brasil pode, então, ser assim sintetizada: 1) gargalos de infraestrutura impeditivos do crescimento e consequente melhora da situação fiscal do Estado; 2) existência de uma série de atividades de relevância coletiva, muitas delas envolvendo as referidas infraestruturas, não autossustentáveis financeiramente e sem que o Estado tenha condições de financiá-las sozinho.

As parcerias público-privadas surgem como uma tentativa de o Estado e a iniciativa privada dividirem os custos com a implantação de infraestruturas, já que nenhum deles teria condições de com elas arcar individualmente: o Estado, por não ter condições financeiras, e a iniciativa privada, porque a tarifa seria insuficiente (ou em alguns casos até inexistente) para cobrir todos os custos e a legítima margem de lucro do negócio.

No lugar do mecanismo da concessão tradicional, em que é dado o direito ao particular de explorar determinado serviço público econômico, sendo remunerado ao longo do tempo pelas tarifas, nas parcerias público-privadas será o próprio Estado que arcará com parte ou com a totalidade do investimento realizado pelo particular. Foi, sem dúvida, uma forma de o Estado contornar a sua falta de caixa para investimentos e o esgotamento da sua capacidade de contrair novas dívidas.

No presente artigo, analisaremos a possibilidade da utilização de recebíveis de *royalties* do petróleo para a constituição dos fundos garantidores das obrigações pecuniárias assumidas pela Administração Pública em contratos de parceria público-privada. A constituição desses fundos é um essencial instrumento criado pelo art. 8º da

---

[2] Ressalvam-se apenas as receitas alternativas, complementares, acessórias ou de projetos associados previstas no art. 11 da Lei nº 8.987/95, que, como seu próprio nome denota, possuem um papel coadjuvante no financiamento das concessões tradicionais, podendo também ser utilizadas nas PPPs, em suas duas modalidades.

[3] Em algumas atividades prestacionais há, inclusive, vedação constitucional para que sejam remuneradas por tarifas, a exemplo da educação e da saúde públicas, que devem ser gratuitas.

Lei nº 11.079/2004 para dar suporte financeiro e garantia aos parceiros privados quanto ao futuro adimplemento das contraprestações devidas pelo parceiro público.

Dentro do bojo da atual discussão sobre o real objetivo da sua criação e das melhores formas de utilização para atender aos interesses das coletividades afetadas pela extração e produção de petróleo, parece-nos que uma possível aplicação seria a sua afetação a fundos garantidores de parcerias público-privadas. Se poderia, em tese, prever que parte dos *royalties* futuros destinados ao Poder Concedente seria destinada à constituição do fundo garantidor dessa parceria e eventualmente utilizada no caso de inadimplemento do Poder Público.

A questão, no entanto, não é tão simples como pode parecer.

A principal dúvida que se coloca é definir se se aplica às parcerias público-privadas a Resolução nº 43/2001, do Senado Federal, que dispõe sobre limites e condições de autorizações de operações de crédito estatais e traça vedações relativas à utilização de receitas futuras de *royalties* para a garantia de operações de crédito realizadas pelo Poder Público. Trata-se de saber, dessa forma, se as contraprestações devidas pelo Poder Público pelo particular poderiam ser subsumidas na definição de dívida pública.

Outro ponto a ser analisado é a natureza jurídica dos *royalties* – se tributo ou receita originária –, face à vedação constitucional de vinculação de receita de impostos prevista no art. 167, IV, da Constituição Federal e na própria Lei federal de PPPs.

Para tratar desse assunto, partiremos, inicialmente, da análise da natureza jurídica das parcerias público-privadas e dos seus fundos garantidores, para depois vermos a natureza da contraprestação devida pelo parceiro público ao privado (se dívida pública ou não), bem como dos *royalties* do petróleo, pontos essenciais para a tese que passamos a sustentar.

2 As parcerias público-privadas como delegação de serviços públicos

Inicialmente é necessário fixar um marco teórico importante: a caracterização da modalidade administrativa de Parceria Público Privada como uma espécie de delegação de serviço público, pois é essa natureza que, como será demonstrado ao longo deste artigo, afasta-a de outras modalidades contratuais, a exemplo dos contratos de empreitada e de empréstimo.

Para tanto, vemos que a Constituição brasileira adota um conceito *lato* de concessão de serviço público, equivalente ao gênero de delegação de serviços públicos.

O conceito tradicional, restrito, de concessão, majoritário na doutrina brasileira pré-1988, de delegação de serviço público sem o apoio do Estado, era claramente inspirado na doutrina dos países que constituíram a raiz do nosso Direito Administrativo, especialmente da França.

Ocorre que, nesses países, se a concessão realmente tem um conceito restrito (mas, mesmo assim, não tanto quanto o que era sustentado no Brasil), ela é apenas uma entre as diversas modalidades de delegação de serviços públicos. Na França, por exemplo, temos, além das concessões, uma série de modalidades de delegação em que a remuneração não se dá exclusivamente por tarifa.[4]

Há, na França,[5] as seguintes espécies básicas de delegação de serviços públicos: (1) *Concession de service public*: "Modelo-tipo da delegação de serviço público, é o contrato em virtude do qual o concedente, pessoa pública, encarrega um concessionário, pessoa pública ou privada, de explorar um serviço público por sua conta e risco. [...] A concessionária é remunerada pela exploração do serviço, ou seja, por meio da receita que auferir dos usuários. Ele pode, todavia, receber do poder concedente certas participações, que podem ter a forma de garantias de empréstimo, de subvenções para equipamentos ou para o equilíbrio do contrato, ou ainda através de indenizações de recomposição da equação econômico-financeira;" (b) *Affermage*: muito próxima da concessão, diferencia-se dela apenas em razão de o objeto da delegação ser apenas a prestação em si do serviço, sem a construção de infraestrutura, que já é entregue pelo poder público ou por um concessionário anterior, que construíra a infraestrutura. Como o *fermier* fica livre dos ônus da criação da infraestrutura (*frais de premier établissement*) e o Estado continua responsável pela eventual expansão da infraestrutura, geralmente ele deve pagar ao poder concedente pelo exercício do direito delegado; (c) *Régie Interessé*: Situada entre a delegação e a mera terceirização, é pela maioria (mas não pela totalidade) da doutrina francesa ainda considerada como um tipo daquela. O delegatário presta um serviço a partir de uma infraestrutura já fornecida pelo poder concedente, que mantém a sua propriedade ao longo de todo o contrato. Deve realizar apenas pequenas obras de manutenção e, naturalmente, a prestação do serviço. O serviço é pago pelos usuários, mas diretamente ao Estado, que, por sua vez, paga orçamentariamente ao *régisseur* valor calculado de acordo com a quantidade de usuários e a qualidade do serviço prestado; (d) *Bail Emphytéotique Administratif*: por ele o particular faz determinados investimentos em imóvel público, que servirão à prestação de determinado serviço público, remunerando-se através da exploração de outras instalações por ele construídas no imóvel (ex.: constrói um hospital e um *shopping*).

No Brasil, diferentemente, as delegações tradicionalmente se limitaram às concessões e permissões de serviços públicos, razão pela qual a alusão a elas feita pelo art. 175 da CF deve ser considerada em uma acepção razoavelmente ampla, que contemple algumas espécies.[6]

---

[4] "No estrangeiro, os países com cultura jurídica similar à brasileira conhecem figuras equivalentes àquela que é identificada no Brasil pela expressão 'concessão', a ela atribuindo regime jurídico equivalente ao vigente entre nós. Quando muito, verifica-se uma diferenciação terminológica, reservando-se a expressão 'concessão' para uma espécie de delegação. É o que se passa na França e na Espanha. Já em outras órbitas, aquele mesmo vocábulo é utilizado para indicar um gênero, albergando inúmeras variações distintas. Assim ocorre no âmbito da União Europeia e da própria Itália. [...] Em face do pensamento alienígena, a concessão pressupõe vínculo entre a remuneração da concessionária e os resultados da exploração empresarial. Mas isso não significa a impossibilidade de o concessionário ser satisfeito através de verbas de origem pública" (JUSTEN FILHO, Marçal. As Diversas Configurações da Concessão de Serviço Público. *Revista de Direito Público da Economia – RDPE*, v. 1, p. 135, 2003). "A palavra 'concessão' designava praticamente todas as formas de delegação da gestão de serviços públicos em pessoas privadas; progressivamente, a prática foi diversificando as modalidades de delegação, tendo passado a concessão a ser uma de entre várias (*v.g., affermage, gérance*)" (GONÇALVES, Pedro. *A Concessão de Serviços Públicos*. Coimbra: Livraria Almedina, 1999. p. 140).

[5] As considerações sobre o Direito Administrativo francês expendidas neste tópico advêm, sobretudo, da obra de: BOITEAU, Claudie. *Les Conventions de Délégation de Service Public*. Paris: Imprimerie Nationale, 1999. p. 96-106.

[6] "O art. 175 não impôs uma disciplina restritiva para o legislador. A referência à delegação por meio de concessão de serviço público não significou nem a consagração de um único e determinado tipo de avença nem a vedação

Além de o Direito francês possuir diversos tipos de delegação de serviços públicos, a própria concessão nem sempre é remunerada apenas pelos usuários, tendo sempre sido previstas algumas espécies de garantias e apoios financeiros do Estado. Admite, ademais, uma liberdade geral à Administração Pública de criação de contratos atípicos e inominados de delegação de serviços públicos, não precisando ser todos eles previamente tipificados em lei.

Essa plasticidade contratual não é, obviamente, apenas francesa, mas exigência da sociedade pós-moderna, cujo dinamismo e necessidades sempre novas são muito pouco aprisionáveis em compartimentos conceituais estanques e exaustivos.

Isso revela a "obsolescência dos modelos tradicionais de delegação. A tipologia clássica dos contratos de gestão delegada pouco a pouco se desvanece diante das concessões complexas que são aplicadas a esses 'modelos'. [...] O poder público elabora contratos que apresentam o caráter de *patchwork* e que nem sempre têm uma denominação específica. [...] Além do fato de o juiz não estar vinculado à denominação do contrato cuja legalidade é por ele examinada, o caráter *patchwork* é, progressivamente, 'digerido' pela noção genérica de delegação de serviço público".[7]

Comparativamente com o Direito Administrativo francês, podemos dizer que o direito brasileiro, com as interpretações construtivas sobre a Lei nº 8.987/95 e com o advento das PPPs (Lei nº 11.079/04), tem ampliado o conceito de "concessão de serviço público", tornando-o próximo à noção genérica que a expressão "delegação de serviço público" possui na França.

Mesmo na tradição do Direito Brasileiro, as concessões de serviços públicos não têm um conceito que inequivocamente abranja apenas as concessões remuneradas exclusivamente por tarifas. As primeiras concessões de serviços públicos ferroviários celebradas no Brasil, por exemplo, já estabeleciam como cláusula básica, nos termos da Lei Geral nº 641, de 26 de junho de 1852, a "garantia de rentabilidade do capital investido (garantia de juros) de até 5% a.a. [...]. 'Garantias de juros' (ou seja, um subsídio que garantia a rentabilidade do capital investido)".[8]

No Direito Comparado, Daniel Edgardo Maljar, valendo-se das lições de Garrido Falla, explica: "Pode ocorrer que, em razão da retração da demanda, o capital investido não gere lucro no final do prazo contratual. Para evitar esse problema, surgiu uma dúplice técnica: ou a subvenção do déficit ou a técnica da garantia administrativa de lucro. Ambas respondem à finalidade de dar um maior incentivo ao capital, considerando a dificuldade de apreciação *a priori* dos custos de produção. Nesses casos, a Administração promete uma subvenção em branco, de acordo com os resultados da

---

a que outras avenças sejam praticadas a propósito de obras públicas" (JUSTEN FILHO, Marçal. *Curso de Direito Administrativo*. São Paulo: Ed. Saraiva, 2005. p. 506).

[7] BOITEAU, Claudie. *Les Conventions de Délégation de Service Public*. Paris: Imprimerie Nationale, 1999. p. 96-97. A expressão "*patchwork*" utilizada pela autora deve ser compreendida não apenas no sentido figurado da comparação com as colchas feitas com retalhos de inúmeros tecidos (no caso, um contrato atípico feito com características e elementos parciais de vários contratos típicos), mas, sobretudo, à luz da contemporânea filosofia desconstrutivista francesa, especialmente a de Gilles Deleuze, que trouxe a expressão "*patchwork*" para o âmbito filosófico com a seguinte acepção: "É uma coleção amorfa de pedaços justapostos, cuja junção pode ser feita de infinitas maneiras [...]. O espaço liso do *patchwork* mostra bastante bem que 'liso' não quer dizer homogêneo; ao contrário, é um espaço amorfo, informal, e que prefigura a *op'art*" (DELEUZE, Gilles; GUATARRI, Félix. *Mil Platôs*. (Trad. Peter Pál Pelbart e Janice Caiafa). São Paulo: Ed. 34, 1997. v. 5, p. 182).

[8] JOHNSON, Bruce Baner *et al*. *Serviços Públicos no Brasil*: mudanças e perspectivas. São Paulo: Ed. Edgard Blücher, 1996. p. 54.

empresa beneficiária, ou uma garantia de lucratividade. Essa última técnica foi usada na Espanha para favorecer a exploração ferroviária. A Administração cobriria, então, a diferença existente entre o que a empresa obtém da exploração e o lucro garantido".[9]

Foi assim que se editou entre nós a Lei nº 11.079/04, que expressamente contemplou dois novos tipos de concessão: uma na qual a tarifa paga pelo usuário é apenas parte da remuneração do concessionário, que é completada por pagamentos feitos diretamente pelo Estado, e outra na qual não há qualquer pagamento pelos usuários, sendo arcada integralmente pelo Poder Público.

Temos, assim, em primeiro lugar, as concessões ditas patrocinadas, que também poderiam ser chamadas de subsidiadas, subvencionadas ou, em alguns casos, de receita ou lucratividade mínima assegurada. Nos termos do §1º do art. 2º da Lei das PPPs, são concessões que envolvem, "adicionalmente à tarifa cobrada do usuário, contraprestação pecuniária".

Em segundo lugar, há as "concessões administrativas", contratos em que não há cobrança de tarifas dos usuários, seja porque essa é (i) inviável econômica ou socialmente, (ii) juridicamente vedada, como a cobrança pela saúde ou educação públicas (artigos 196 e 206, IV, CF), ou, ainda, (iii) impossível, porque o único usuário do serviço a ser prestado é o próprio Estado. Nas concessões administrativas não se fala mais sequer em tarifa a ser complementada por verbas do Estado, mas da inexistência *tout court* de tarifas devidas pelos eventuais usuários dos serviços.

Nos termos do §2º do art. 2º da Lei nº 11.079/04, a concessão administrativa é "o contrato de prestação de serviços de que a Administração Pública seja a usuária direta ou indireta, ainda que envolva execução de obra ou fornecimento e instalação de bens". "Quando se fala em 'usuária indireta', está-se pressupondo que os usuários diretos sejam terceiros aos quais a Administração Pública presta serviços públicos (como os estudantes de uma escola pública, os pacientes de um hospital público etc.)".[10] A contraprestação devida ao concessionário se fará exclusivamente com recursos do Estado, por qualquer uma das fontes de receita enumeradas no art. 6º, pecuniárias ou não. É justamente isso que ocorre no contrato de PPP em análise.

Carlos Ari Sundfeld[11] define as concessões administrativas como sendo os contratos de prestação de serviços de que a Administração é usuária, mediata ou imediata, em que: (a) há investimento do concessionário na criação de infraestrutura relevante; (b) o preço é pago periódica e diferidamente pelo Concedente em um prazo longo, permitindo a amortização dos investimentos e o custeio; e (c) o objeto não se restringe à execução de obra ou ao fornecimento de mão de obra e bens (estes, se existirem, deverão estar vinculados à prestação de serviços). Em outras palavras: tem que haver a gestão do bem – prestação de serviços através dele –, o que, ao mesmo tempo, diferencia as concessões administrativas da simples prestação terceirizada de serviços (em que não há a disponibilização da infraestrutura pelo contratado) e da empreitada de obras

---

[9] MALJAR, Daniel Edgardo. *Intervención del Estado en la Prestación de Servicios Públicos*. Buenos Aires: Ed. Hammurabi, 1998. p. 292-293.
[10] DI PIETRO, Maria Sylvia Zanella. *Parcerias na Administração Pública*. 5. ed. São Paulo: Ed. Atlas, 2005. p. 168-169.
[11] SUNDFELD, Carlos Ari. *Projetos de Lei de Parcerias Público-Privadas. Análise e Sugestões*, mimeo, 2004.

públicas (em que há a disponibilização da infraestrutura pelo contratado, mas não a prestação de serviços através dela).[12]

A concessão administrativa é, a exemplo das concessões comuns e patrocinadas, um investimento privado amortizável no longo prazo, findo o qual os bens construídos, reformados ou mantidos pelo particular revertem ao Poder Público. A única diferença é que essa amortização se fará com verbas do Erário e não através, total (concessões comuns) ou parcialmente (concessões patrocinadas), de tarifas dos usuários.

Enquanto o objeto das concessões patrocinadas restringe-se aos serviços públicos econômicos, as concessões administrativas têm como possível objeto um leque bem mais amplo de atividades administrativas, que abrangem como possibilidade os serviços públicos econômicos (ex., de saneamento básico), mas também algumas sequer enquadráveis no conceito de serviços públicos.[13]

Aliás, podemos enumerar, sem pretensão de exauri-las, as seguintes espécies de atividades que podem ser objeto da concessão administrativa: (1) serviços públicos econômicos em relação aos quais o Estado decida não cobrar tarifa alguma dos usuários (ex., rodovia em uma região muito pobre); (2) serviços públicos sociais, como a educação, a saúde, a cultura e o lazer em geral, que também podem ser prestados livremente pela iniciativa privada; (3) atividades preparatórias ou de apoio ao exercício do poder de polícia, que, em si, é indelegável à iniciativa privada. Seriam os casos da hotelaria em presídios, da colocação de pardais eletrônicos em vias públicas, da prestação de serviços de reboque para remoção de veículos estacionados irregularmente, etc.; (4) Atividades internas da Administração Pública, em que o próprio Estado, aí incluindo os seus servidores, é o único beneficiário do serviço (ex., construção e operação de uma rede de creches ou restaurantes para os servidores públicos, construção e operação de um centro de estudos sobre a gestão administrativa para elaboração de projetos para a maior eficiência do Estado, etc.).

Assim, as concessões administrativas são delegações de atividades administrativas, e não meras terceirizações ou empreitadas, pois pressupõem a construção, a expansão, a reforma ou a manutenção de infraestruturas, pela concessionária, através das quais também prestará serviços, sendo vedada a sua utilização se tiver "como objeto único o fornecimento de mão de obra, o fornecimento e a instalação de equipamentos ou a execução de obra pública" (art. 2º, §4º, III, Lei nº 11.079/04), situação em que teríamos, aí sim, uma mera terceirização ou empreitada de obra pública, regidas pela Lei nº 8.666/93.

Dessa forma, "as exigências de prestação de serviços por um prazo mínimo e de que a remuneração esteja sempre vinculada a essa prestação (art. 7º) – não, portanto, à execução de parcelas de obras – impede que a concessão administrativa se transforme em simples contrato de obras com financiamento do empreiteiro".[14] Nas concessões

---

[12] "Por exemplo, a parceria público-privada não poderá ter por objeto só a construção de um hospital ou de uma escola, porque, nesse caso, haveria contrato de empreitada regido pela Lei nº 8.666; após a construção da obra, deverá haver a prestação de serviço de que a Administração seja usuária direta ou indireta" (DI PIETRO, Maria Sylvia Zanella. *Parcerias na Administração Pública*. 5. ed. São Paulo: Ed. Atlas, 2005. p. 167).

[13] No mesmo sentido, ZYMLER, Benjamin. *Direito Administrativo e Controle*. Belo Horizonte: Ed. Fórum, 2005. p. 164. Sobre o conceito de serviço público, ver Capítulo IV do nosso *Direito dos Serviços Públicos*. Rio de Janeiro: Ed. Forense, 2007.

[14] SUNDFELD, Carlos Ari. Guia Jurídico das Parcerias Público-Privadas. *In*: SUNDFELD, Carlos Ari (Coord.). *Parcerias Público-Privadas*. São Paulo: Ed. Malheiros, 2005. p. 24, 31-32. Grifamos.

administrativas há autonomia de gestão da empresa contratada na gestão da infraestrutura e na prestação do serviço por intermédio dela viabilizada.

Não é por outra razão que a Lei nº 11.079/04, apesar de não determinar uma aplicação subsidiária genérica da Lei das Concessões de Serviços Públicos – Lei nº 8.987/95 às concessões administrativas, a exemplo do que faz em relação às concessões patrocinadas, prescreve-lhe a aplicação das disposições que dizem respeito à essência da figura da delegação de serviços públicos,[15] tais como reversão de bens (art. 23), subcontratação (art. 25), transferência da concessão ou do controle da concessionária (art. 27), garantia com os direitos emergentes da concessão (art. 28), obrigações do poder concedente e da concessionária (artigos 29 a 31), bem como intervenção e todas as modalidades de extinção (artigos 32 a 39), nos termos do art. 3º, *caput*, e 9º, §1º, da Lei nº 11.079/04.[16]

Dessa forma, não há dúvidas sobre o enquadramento das parcerias público-privadas, tanto as patrocinadas quanto as administrativas, no conceito de concessões de que trata o art. 175 da Constituição Federal.

3 Natureza jurídica do fundo garantidor de PPPs e do seu patrimônio de afetação

A criação de fundos é um dos instrumentos previstos genericamente pelo art. 8º da Lei nº 11.079/2004, com vistas à garantia das obrigações pecuniárias assumidas pela Administração Pública em contratos de parceria público-privada, ao lado de outras medidas como a vinculação de receitas, desde que observado o disposto no inciso IV do art. 167 da Constituição Federal (vedação de vinculação de receitas tributárias); contratação de seguro-garantia com as companhias seguradoras que não sejam controladas pelo Poder Público; garantia prestada por organismos internacionais ou instituições financeiras que não sejam controladas pelo Poder Público; e outros mecanismos admitidos em lei.

No caso do fundo garantidor de PPPs, esse objetivo é dar suporte financeiro e garantia (em suma, segurança jurídica) às PPPs que vierem a ser celebradas, destinando-se, em última análise, aos serviços públicos que vierem a ser delegados à iniciativa privada por meio desses contratos. O fato, portanto, dessas verbas integrarem o fundo especial não faz com que passem *ipso fato* a ser propriedade dos concessionários cujos contratos estão por elas assegurados.

O patrimônio de afetação consiste na "criação de massas especiais para cumprimento de finalidades específicas, tais como uma específica exploração econômica e a constituição de garantia, entre outras, pela qual esses acervos ficam vinculados à realização de determinada função. [...] Pontes de Miranda destaca que o fato de o

---

[15] "Enquanto vigente a concessão administrativa de serviços ao Estado, não estando amortizado o investimento, essa infraestrutura constituirá patrimônio do concessionário, podendo reverter ao concedente ao final, se previsto no contrato (art. 3º, *caput*, da Lei das PPPs, c/c os arts. 18, X, e 23, X, da Lei das Concessões. Assim, são idênticas a estrutura contratual e a lógica econômica da concessão administrativa de serviços ao Estado e da tradicional concessão de serviços públicos" (SUNDFELD, Carlos Ari. Guia Jurídico das Parcerias Público-Privadas. *In*: SUNDFELD, Carlos Ari (Coord.). *Parcerias Público-Privadas*. São Paulo: Ed. Malheiros, 2005. p. 30. Grifamos).

[16] ARAGÃO, Alexandre Santos de. *Direito dos Serviços Públicos*. Rio de Janeiro: Ed. Forense, 2007. Item XIII.3.2.

patrimônio ser unido pelo titular único [...] não quer dizer que a cada pessoa corresponda um patrimônio; há o patrimônio geral e os patrimônios separados ou especiais. Caio Mário da Silva Pereira sintetiza: "Os escritores modernos imaginaram a construção de uma teoria chamada de *afetação*, através da qual se concebe uma espécie de separação ou divisão do patrimônio pelo encargo imposto a certos bens, que são postos a serviço de um fim determinado. Não importa a afetação na disposição do bem, e, portanto, na sua saída do patrimônio do sujeito, mas na sua imobilização em virtude de uma finalidade. Tendo sua fonte essencial na lei, pois não é ela possível senão quando imposta ou autorizada pelo direito positivo, aparece toda vez que certa massa de bens é sujeita a uma restrição em benefício de um fim específico. [...] Não se trata de cisão para se criar um novo patrimônio, distinto do patrimônio do titular, mas sim, da atribuição de uma autonomia funcional, por causa da destinação desses bens; é necessário, enfim, que os bens afetados cumpram determinada função".[17]

Vemos, assim, que as naturezas jurídicas do fundo garantidor e da segregação interna de valores nele operada pelo contrato de PPP demonstram claramente que eles não implicam na transmissão da titularidade dessas verbas do ente público para os concessionários, muito menos uma cessão de verbas futuras, ainda não realizadas. Constituem apenas uma forma de afetação para garantir a prestação de serviços públicos de titularidade do próprio ente público.

4 A resolução nº 43/2001 do Senado Federal e a natureza jurídica das obrigações assumidas pelo ente público

Como visto anteriormente, a Resolução nº 43/2001 do Senado Federal, que dispõe sobre limites e condições de autorizações de operações de crédito estatais,[18] veda a utilização de receitas oriundas de *royalties* como garantia de operações de crédito contratadas pelo Poder Público. Impede, nesse sentido, a cessão de direitos futuros sobre essas participações, bem como a sua utilização como garantia ou a título de adiantamento:

> Art. 5º É vedado aos Estados, ao Distrito Federal e aos Municípios:
>
> [...] VI - em relação aos créditos decorrentes do direito dos Estados, dos Municípios e do Distrito Federal, de participação governamental obrigatória, nas modalidades de royalties, participações especiais e compensações financeiras, no resultado da exploração de petróleo e gás natural, de recursos hídricos para fins de energia elétrica e de outros recursos minerais no respectivo território, plataforma continental ou zona econômica exclusiva:
>
> a) ceder direitos relativos a período posterior ao do mandato do chefe do Poder Executivo, exceto para capitalização de Fundos de Previdência ou para amortização extraordinária de dívidas com a União;

---

[17] CHALHUB, Melhim Namem. *Trust. Patrimônio de Afetação, Propriedade Fiduciária*. Rio de Janeiro: Ed. Renovar, falta ano. p. 118-120. Grifamos.

[18] A Lei de Responsabilidade Fiscal delega, em seu art. 30, I, ao Senado Federal, a competência para propor os limites globais para o montante da dívida consolidada da União, Estados e Municípios, cumprindo o que estabelece o inciso VI do art. 52 da Constituição, bem como de limites e condições relativos aos incisos VII, VIII e IX do mesmo artigo.

b) dar em garantia ou captar recursos a título de adiantamento ou antecipação, cujas obrigações contratuais respectivas ultrapassem o mandato do chefe do Poder Executivo.

Dessa forma, a possibilidade de utilização dessa fonte de recursos (*royalties*) para a constituição dos fundos de garantia das PPPs depende essencialmente do não enquadramento da contraprestação do parceiro público nesses contratos no conceito de dívida pública – o que afastaria de plano a aplicação da Resolução em questão, ou então, subsidiariamente, do seu não enquadramento nos conceitos de cessão de direitos, garantias ou captação de recursos a título de adiantamento.

Com relação à natureza de tais contraprestações, são basicamente duas as possibilidades interpretativas que até o momento foram aventadas: ou a obrigação em tela é dívida pública, caso em que estaria sujeita a todos os respectivos limites e condicionamentos (sendo o próprio contrato de PPP considerado operação de crédito), ou consiste em despesa corrente, sujeita a limites menos rígidos e não lhe sendo aplicável referida resolução senatorial.[19]

De acordo com Ricardo Lobo Torres, "o conceito de dívida pública, no direito financeiro, é restrito e previamente delimitado. Abrange apenas os empréstimos captados no mercado financeiro interno ou externo, através de contratos assinados com os bancos e instituições financeiras ou do oferecimento de títulos ao público em geral".[20]

Celso Ribeiro Bastos leciona que no empréstimo público há "a entrega de algo no presente em troca de uma contraprestação no futuro", razão pela qual o conceitua como "ato pelo qual o Estado se beneficia de uma transferência de liquidez com a obrigação de restituí-lo no futuro, normalmente com o pagamento de juros. [...] Das operações de crédito em que o Poder Público figura como tomador do dinheiro, acaba por resultar uma dívida pública. Esta é, portanto, uma decorrência das operações creditícias".[21]

Nessa esteira, Marcos Juruena Villela Souto e Henrique Bastos Rocha afirmam que a dívida pública "nada mais é do que o resultado das operações de crédito realizadas pelos órgãos do setor público com o objetivo de antecipar a receita orçamentária ou atender a desequilíbrios orçamentários [...]. Em outras palavras, nada mais são que os capitais tomados como empréstimo por entes públicos".[22]

Assim, deve ser excluída a possibilidade de a obrigação contraída através das celebrações dos contratos de PPPs ser considerada dívida pública, já que nelas não há a captação de empréstimo no mercado financeiro ou oferecimento de títulos ao público. O ente público não recebeu qualquer valor da concessionária, apenas assumiu a obrigação

---

[19] Nas palavras de Carlos Ari Sundfeld, essa discussão pode assim ser resumida: "A grande polêmica quanto às despesas geradas para a Administração pelos contratos de PPP diz respeito à sua natureza. Serão elas despesas obrigatórias de caráter continuado, cuja assunção se subsume às condições do art. 17 da Lei de Responsabilidade Fiscal, mas que não têm outros limites que não os previstos nos arts. 22 e 28 da Lei das PPPs? Ou seriam dívida pública em sentido próprio, sujeita aos limites a que se referem os arts. 29, 30 e 32 da Lei de Responsabilidade Fiscal?" (SUNDFELD, Carlos Ari. Guia Jurídico das Parcerias Público-Privadas. *In*: SUNDFELD, Carlos Ari (Coord.). *Parcerias Público-Privadas*. São Paulo: Ed. Malheiros, 2005. p. 38-39).

[20] TORRES, Ricardo Lobo. *Curso de Direito Financeiro e Tributário*. Rio de Janeiro: Ed. Renovar, 2005. p. 217.

[21] BASTOS, Celso Ribeiro. *Curso de Direito Financeiro e Tributário*. 3. ed. São Paulo: Ed. Saraiva, 1995. p. 57 e 62.

[22] SOUTO, Marcos Juruena Villela; ROCHA, Henrique Bastos. Securitização de recebíveis de royalties do petróleo. *Rev. Direito*, Rio de Janeiro, v. 5, n. 10, jul./dez. 2001. Disponível em: http://www.camara.rj.gov.br/setores/proc/revistaproc/revproc2001/revdireito2001B/art_royalties.pdf. Acesso em 18 abr. 2007.

de, no futuro, vir a pagar pelas prestações de serviço público que, também no futuro, vierem a ser realizadas.

Nesse sentido, Carlos Maurício Figueiredo, Cláudio Ferreira, Fernando Raposo, Henrique Braga e Marcos Nóbrega argumentam que é mesmo de se "supor a exclusão, para fins de apuração da dívida consolidada, dos contratos administrativos referentes à compra de bens ou serviços, em virtude de sua natureza, distinta da dos contratos de financiamento".[23]

Vera Monteiro também adota esse posicionamento, defendendo que a obrigação assumida pelo ente público no contrato de PPP não se enquadra no conceito de dívida pública previsto no art. 29, I, da Lei de Responsabilidade Fiscal. Em virtude da sua clareza, transcrevemos a exposição da autora:

> É indene de dúvida que a Lei de Responsabilidade Fiscal define 'dívida pública consolidada ou fundada' como sendo o montante total, apurado sem duplicidade, das *obrigações financeiras* do ente da Federação (art. 29, I). Parece-nos claro que neste conceito de 'obrigação financeira' não podem ser incluídas as despesas que possuam contrapartida em prestação de serviços, compra de bens ou salários. A contrapartida originária de obrigações dessa natureza só pode ser financeira, como decorrência expressa da lei – isto é, apta a gerar fluxo de recursos para suprir déficit de caixa. Não é outro o entendimento da Lei nº 4.320/1964, que, no art. 98, traz a seguinte definição: 'A dívida fundada compreende os compromissos de exigibilidade superior a 12 (doze) meses, contraídos para atender a desequilíbrio orçamentário ou financiamentos de obras e serviços públicos'. E o parágrafo único do dispositivo diz que 'a dívida fundada será escriturada com individuação e especificações que permitam verificar, a qualquer momento, a posição dos empréstimos, bem como os respectivos serviços de amortização e juros'. Assim, parece-nos claro que a assunção de obrigação futura pelo Estado, derivada de contrato assinado com particular para prestação de serviço, não se confunde com obrigação financeira. Na obrigação contratual derivada de contrato de PPP o Estado compromete parcela orçamentária futura para quitação das obrigações contratuais assumidas, as quais não são de natureza financeira. É evidente que, sendo obrigações de pagamento, acarretam o aumento de despesa global do Estado. Isto implica o cumprimento de outros dispositivos da Lei de Responsabilidade Fiscal, que impõem a realização de estimativa de impacto orçamentário-financeiro e demonstração da origem dos recursos para seu custeio (Lei de Responsabilidade Fiscal, art. 16, c/c art. 17, §1º). Mas jamais a observância dos limites fixados nos arts. 29 e ss. da Lei de Responsabilidade Fiscal. Neste contexto, parece-nos claro que os contratos de PPP devem ser tratados como obrigação de caráter continuado para fins de contabilização pública. Sua natureza não é de dívida.[24]

Despesa obrigatória de caráter continuado, por sua vez, de acordo com o art. 17 da Lei de Responsabilidade Fiscal, é "a despesa corrente derivada de lei, medida provisória ou ato administrativo normativo que fixem para o ente a obrigação legal de sua execução por um período superior a dois exercícios".

Conforme esquematizado por José Augusto Moreira de Carvalho, são três os requisitos para que uma despesa seja considerada de caráter continuado: "a) apresente

---

[23] FIGUEIREDO, Carlos Maurício *et al. Comentários à lei de responsabilidade fiscal*. São Paulo: Ed. Revista dos Tribunais, 2001. p. 181-182.

[24] "Legislação de parceria público-privada no Brasil – Aspectos Fiscais desse novo modelo de contratação". (SUNDFELD, Carlos Ari (Coord.). *Parcerias Público-Privadas*. São Paulo: Malheiros Editores, 2005. p. 109-111).

natureza corrente, isto é, seja destinada ao custeio da atividade pública, indispensável para a conservação e operacionalização dos serviços públicos; b) seja motivada por ato normativo (decretos regulamentares, regimentos, resoluções, deliberações, portarias) ou lei específica; c) a obrigação se estenda por mais de dois exercícios financeiros".[25]

Ives Gandra da Silva Martins, ao comentar o artigo 29, inciso II da Lei de Responsabilidade Fiscal, e após assinalar a presença indispensável do financiamento no mútuo, na aquisição de bens e arrendamento mercantil e nas demais modalidades enunciadas no dispositivo, finaliza alertando que, para adequada exegese da norma, "outras operações assemelhadas são todas aquelas em que a operação negocial tenha o suporte de um financiamento,[26] este, apenas, constituindo operação de crédito".[27]

Nesse sentido, Marcos Barbosa Pinto expõe que "as PPPs são contratos de prestação de serviço e não contratos de obra pública. Embora envolvam quase sempre a execução de uma obra antes da prestação dos serviços, as PPPs não vinculam a remuneração do parceiro privado à realização da obra, e sim, aos serviços prestados com base na obra. Numa PPP, o Estado não remunera o contratado pela construção da ponte ou do presídio, mas pela operação e manutenção da ponte ou do presídio por um certo período".[28]

Lembremos que o art. 2º da Lei nº 8.987/95 se refere, além da concessão de serviço público (inc. II), à concessão de serviço público precedida da execução de obra pública (inc. III). Trata-se da fórmula, há muito conhecida em nossa doutrina, da concessão de obra pública, pela qual o concessionário compromete-se a executar determinada obra pública, sem receber pagamento do Poder Púbico (ao contrário do que ocorre nos contratos de empreitada), remunerando-se com os pagamentos efetuados pelos usuários da obra pública após a sua conclusão (p. ex., os pedágios das estradas construídas pelo concessionário).

As concessões de obra pública são espécies de concessão de serviço público, já que em toda prestação de serviço há também, em menor ou maior escala, a realização de obra pública. À exceção da definição específica constante do art. 2º, III, e das maiores exigências quanto ao cronograma de execução das obras públicas (art. 23, Parágrafo Único), a Lei nº 8.987/95 trata indistintamente essas duas modalidades de concessão.[29]

Por essas razões a doutrina afirma que "quando a Administração contrata a execução de uma obra, para que a prestadora se remunere com a exploração da atividade,

---

[25] CARVALHO, José Augusto Moreira de. *As parcerias público-privadas e a atividade financeira do Estado*. Dissertação de Mestrado apresentada à Faculdade de Direito da Universidade de São Paulo, São Paulo, 2006, *mimeo*, p. 182.

[26] A reforçar o caráter financeiro da operação, vale assinalar que o artigo 33, *caput*, da Lei Complementar 101/2000, alude à "instituição financeira que contratar operação de crédito com ente da federação deverá exigir comprovação de que a operação atende às condições e limites estabelecidos". Também o artigo 38, §2º do citado diploma legal dispõe que "as operações de crédito por antecipação de receita realizadas por Estados ou Municípios serão efetuadas mediante abertura de crédito junto à instituição financeira vencedora em processo competitivo eletrônico promovido pelo Banco Central do Brasil".

[27] MARTINS, Ives Gandra da Silva. *Comentários à Lei de Responsabilidade Fiscal*. São Paulo: Ed. Saraiva, 2001. p. 184-185.

[28] PINTO, Marcos Barbosa. A Função Econômica das PPPs. *Revista Eletrônica de Direito Administrativo Econômico*, n. 2, p. 5-6, mai./jul. 2005.

[29] "As concessões de serviços públicos de que trata o art. 175 da CF são um gênero, que se caracteriza por seu objeto: a atribuição, ao concessionário, do encargo de executar serviços públicos (aí incluído o de implantar e manter obras públicas, como rodovias e pontes)" (SUNDFELD, Carlos Ari. Guia Jurídico das Parcerias Público-Privadas. *In*: SUNDFELD, Carlos Ari (Coord.). *Parcerias Público-Privadas*. São Paulo: Ed. Malheiros, 2005. p. 27).

reduz-se a concessão de obra pública a uma modalidade de concessão de serviço público na qual o concessionário não se compromete apenas a fazer funcionar o serviço, mas encarrega-se também de construir, previamente, às próprias custas, as obras públicas necessárias para o funcionamento do serviço. Mário Masagão, ao estudar essa espécie de concessão, salienta que a obra constitui o suporte fático do serviço, ou seja, 'obter a feitura desta será mesmo, em muitos casos, o principal objetivo da Administração, mas isso não modifica, em sua essência, a concessão realizada, a qual é e permanece de serviço público'".[30]

Veja-se, ademais, que, conforme ressaltado por Marcos Juruena Villela Souto e Henrique Bastos Rocha, a definição de crédito prevista na Lei de Responsabilidade Fiscal, por se inserir em um contexto de restrição à autonomia e à liberdade de atuação dos entes federados, deve ser interpretada restritivamente, não abrangendo situações que não estejam expressamente previstas no texto legal.[31]

A definição de operação de crédito também pode ser encontrada na Resolução nº 43/2001 do Senado Federal, já referida anteriormente. O conceito contido na referida Resolução, apesar de ser ainda mais restritivo do que o da LRF, prevê a exclusão de algumas operações do conceito de operação de crédito. Veja-se:

> Art. 3º – Constitui operação de crédito, para os efeitos desta Resolução, os compromissos assumidos com credores situados no País ou no exterior, em razão de mútuo, abertura de crédito, emissão e aceite de título, aquisição financiada de bens, recebimento antecipado de valores provenientes da venda a termo de bens e serviços, arrendamento mercantil e outras operações assemelhadas, inclusive com o uso de derivativos financeiros.
>
> §1º. Equiparam-se a operações de crédito:
>
> I - recebimento antecipado de valores de empresa em que o Poder Público detenha, direta ou indiretamente, a maioria do capital social com direito a voto, salvo lucros e dividendos, na forma da legislação; assunção direta de compromisso, confissão de dívida ou operação assemelhada, com fornecedor de bens, mercadorias ou serviços, mediante emissão, aceite ou aval de títulos de crédito;
>
> II - assunção de obrigação, sem autorização orçamentária, com fornecedores para pagamento a posteriori de bens e serviços.
>
> §2º. Não se equiparam a operações de crédito:
>
> I - assunção de obrigação entre pessoas jurídicas integrantes do mesmo Estado, Distrito Federal ou Município, nos termos da definição constante do inciso I do art. 2º desta Resolução;
>
> II - parcelamento de débitos preexistentes junto a instituições não-financeiras, desde que não impliquem elevação do montante da dívida consolidada líquida. (NR) (parágrafo incluído pela Resolução nº 019/2003 do Senado Federal).

Como se pode perceber, o Senado Federal exclui do conceito de operação de crédito a previsão genérica "assunção, o reconhecimento ou a confissão de dívidas

---

[30] WALD, Arnoldo et al. *O Direito de Parceria e a Lei de Concessões*. 2. ed. São Paulo: Ed. Saraiva, 2004. p. 308.
[31] SOUTO, Marcos Juruena Villela; ROCHA, Henrique Bastos. Securitização de recebíveis de royalties do petróleo. *Rev. Direito*, Rio de Janeiro, v. 5, n. 10, jul./dez. 2001. Disponível em: http://www.camara.rj.gov.br/setores/proc/revistaproc/revproc2001/revdireito2001B/art_royalties.pdf. Acesso em 18 abr. 2007.

pelo ente da Federação" contida na Lei de Responsabilidade Fiscal, estabelecendo, nos incisos I e II do §1º do seu art. 3º, os casos específicos em que tais operações configurarão operações de crédito. Assim, por exemplo, a assunção de compromisso, por si só, não é tida pelo Senado Federal como operação de crédito, mas tão somente quando realizada mediante emissão, aceite ou aval de títulos de crédito.

Ademais, apesar de as PPPs se inserirem no contexto da crescente busca de investimentos privados, pelo poder público, para satisfação de interesses coletivos,[32] raramente um contrato de Parceria Público-Privada propriamente dito envolve uma operação de crédito, pois o ente público não encomenda simplesmente uma obra para o pagamento posterior em parcelas, mas sim, uma "operação contínua de uma utilidade, paga por ela própria, construída pelo parceiro privado, sob o seu risco e propriedade. As PPPs, então, não devem ser entendidas como a compra de uma obra a prazo pela administração, mas a contratação de um serviço, com remuneração atrelada à sua disponibilidade e ao cumprimento de metas".[33]

Portanto, tem-se que a utilização programada para os exercícios futuros das receitas dos *royalties*, que ficam destinadas ao incremento da infraestrutura de serviços básicos, não constituem objeto da vedação examinada. Compreender de forma ampliada a restrição senatorial importaria também na consequência perniciosa de os governantes atuais ficarem privados de qualquer mínimo planejamento sobre como dar às populações atingidas pelos efeitos causados pela indústria petrolífera o direito à fruição dos necessários investimentos estruturais reparatórios.

Dessa forma, pode-se afirmar que a natureza da obrigação contraída pela Administração Pública não se equipara a uma operação de crédito.

Por fim, cumpre salientar que a Lei das PPPs conferiu à Secretaria do Tesouro Nacional a possibilidade de editar normas gerais relativas à consolidação das contas públicas aplicáveis aos contratos de parceria público-privada (art. 25). Com fundamento nessa prerrogativa, editou, em 21 de junho de 2006, a Portaria nº 614, estabelecendo alguns critérios para a classificação das obrigações assumidas pelos parceiros públicos, atinentes aos riscos assumidos por cada uma das partes do contrato.

No entanto, como observa Vera Monteiro, a regulamentação editada pelo Ministério da Fazenda é, de modo geral, desnecessária, já que a natureza da obrigação assumida pelo ente público possui definição na Lei de Responsabilidade Fiscal, notadamente naqueles artigos mencionados ao longo do presente tópico. Nas palavras da autora, "restou atribuída, então, a um órgão do Ministério da Fazenda, a definição quanto à qualidade do gasto público, quando a legislação parece já ter definido o tema de antemão".[34]

Além disso, é evidente que referida Portaria deve ser consentânea com as normas contidas na Lei de Responsabilidade Fiscal e, por isso, não pode impor critério que desvirtue as definições já trazidas pela LRF. Não pode, tampouco, dar tratamento que

---

[32] ARAGÃO, Alexandre Santos de. *Direito dos Serviços Públicos*. Rio de Janeiro: Ed. Forense, 2007. p. 688.
[33] COSTA, José Andrade Costa. *Pontos Observáveis aos Aspectos Legais das Parcerias Público-Privadas*. Disponível em: http://ppp.spg.sc.gov.br/1208/1. Acesso em 05 abr. 2005.
[34] "Legislação de parceria público-privada no Brasil – Aspectos Fiscais desse novo modelo de contratação". (SUNDFELD, Carlos Ari (Coord.). *Parcerias Público-Privadas*. São Paulo: Malheiros Editores, 2005. p. 110).

não seja consentâneo com a natureza de delegação de serviços públicos que os contratos de PPP devem possuir por força da Lei das PPPs.[35]

Em vista disso, a aplicação da referida Portaria deverá se limitar aos casos limítrofes, nos quais não se possa afirmar com clareza a natureza da obrigação assumida pelo poder público, se dívida pública ou despesa. De fato, como já havíamos anotado, a grande importância da atuação normativa da Secretaria do Tesouro Nacional se dará "em relação aos contratos de PPP cuja modelagem financeira os situe em uma zona grísea, entre o endividamento e as despesas correntes. [...] Não envolve juridicamente uma operação de crédito, pois o Estado não encomenda simplesmente uma obra para pagamento em parcelas, mas sim, a 'operação contínua de uma utilidade, paga por ela própria, construída pelo parceiro privado, sob seu risco e propriedade. As PPPs, então, não devem ser entendidas como a compra de uma obra a prazo pela administração, mas a contratação de um serviço, com remuneração atrelada à sua disponibilidade e ao cumprimento das metas'.[36] Os casos limítrofes entre essas duas estruturas contratuais deverão ter a sua contabilização disciplinada pela Secretaria do Tesouro Nacional (art. 25 da Lei nº 11.079/04)".[37]

Mesmo que se considerasse que as obrigações assumidas pelo ente público no contrato de parceria público-privada constituem operação de crédito ou que, por qualquer razão, fossem sujeitas à disciplina da Resolução nº 43/2001 do Senado Federal, o que se admite apenas para argumentar,[38] conforme se verá no próximo tópico, de qualquer maneira não seria vedada a vinculação dos recebíveis futuros de *royalties* ao seu fundo garantidor, uma vez que tal vinculação não constitui cessão de direitos, tampouco antecipação de receitas.

5 Os *royalties* do petróleo e a possibilidade da sua vinculação

O presente tópico faz-se necessário considerando que, como visto, há vedações para a vinculação de receitas oriundas de tributos, tanto na Constituição Federal quanto na Lei das PPPs, bem como vedação na Resolução senatorial de antecipação dessas receitas e cessão de direitos referentes a essas participações.

---

[35] Comentando a citada Portaria, José Virgílio Lopes Enei critica: "Essa sistemática impõe uma forte restrição à capacidade dos entes públicos de celebrar novos contratos de PPPs, ou de contrair empréstimos, na medida em que as dívidas consolidadas serão computadas no limite de endividamento, conforme a Lei de Responsabilidade Fiscal. Embora o intuito da portaria tenha sido louvável, questiona-se a necessidade e a pertinência de critérios tão rigorosos, sobretudo, ao inovarem e gerarem tratamentos divergentes, nem sempre justificáveis, entre contratos de PPPs e de concessão comum. Além disso, é de [se] indagar a necessidade de barreiras adicionais à celebração de contratos de PPPs por entes públicos, quando os artigos 22 a 28 da Lei das PPPs já limitavam os gastos oriundos de tais contratos a 1% da receita corrente líquida anual" (ENEI, José Virgílio Lopes. Portaria do Tesouro completa marco regulatório das PPPs. *LEXpress*, a. 9, n. 36, p. 1, nov./dez. 2006).
[36] COSTA, José Andrade Costa. *Pontos Observáveis aos Aspectos Legais das Parcerias Público-Privadas*. Disponível em: http://ppp.spg.sc.gov.br/1208/1. Acesso em 05 abr. 2005.
[37] ARAGÃO, Alexandre Santos de. *Direito dos Serviços Públicos*. Rio de Janeiro: Ed. Forense, 2007. Tópico XIII.5.
[38] Como vimos anteriormente, a PPP não se subsume ao conceito de operação de crédito da LRF e, menos ainda, ao da Resolução do Senado Federal. Assim, mesmo que, apenas para argumentar, fosse enquadrável no conceito da LRF, não poderia de forma alguma sê-lo no da Resolução.

Como se verá a seguir, os *royalties* do petróleo não possuem natureza tributária, tampouco a sua vinculação a fundos garantidores de PPP consubstancia cessão de direitos ou antecipação de receitas.

5.1 Natureza jurídica não tributária dos *royalties* do petróleo

Para Marilda Rosado de Sá, por serem as jazidas de petróleo bens públicos e por decorrerem os *royalties* da sua exploração, estes representam "forma originária de receita pública, o que afasta sua classificação como tributos".[39]

De acordo com Ricardo Lobo Torres,[40] as participações especiais equivaleriam a "uma indenização pela perda de recursos minerais do Estado ou contraprestação de despesas" que as empresas exploradoras geram para o Poder Público. Já para Aurélio Pitanga Seixas Filho,[41] as participações equivaleriam a um preço público, sem natureza contratual, uma vez que determinado por lei, o que, contudo, não o descaracteriza como receita originária na medida em que provém do patrimônio público.

José Marcos Domingues de Oliveira, por sua vez, parte do princípio de que a "exploração do patrimônio dominial do Estado enseja uma retribuição que, se estimada em pecúnia, configura uma receita pública, espécie do gênero *entrada financeira* de que também é espécie o *ingresso*".[42] Sobre a natureza dessa receita pública, aduz que "a receita derivada provém de fonte externa do Estado e é percebida com base na coerção jurídica, independendo, pois, da adesão da vontade do prestador à ordem determinada pelo Estado", diferenciando-as das receitas originárias que, como os *royalties*, surgem de "uma fonte interna do Estado, o patrimônio público a que se dá destinação, correspondendo a uma prestação a que se obriga o devedor por um ato de vontade". E conclui: "os recursos minerais são destinados à extração e à venda, isto é, exploração para fins econômicos. Daí o seu respectivo valor se traduzir num preço, e preço é receita originária, patrimonial, voluntariamente prestada – verdadeira contraprestação que o concessionário paga ao primitivo dono do recurso natural ou ambiental (o Estado) para, adquirindo-o, dele se apropriar, e que o faz, livremente, quando se dispõe a explorá-lo",[43] até porque, como lembra o autor, ninguém é obrigado ou coagido a participar das licitações dos blocos exploratórios ou a celebrar contratos com a Administração Pública.

---

[39] SÁ RIBEIRO, Marilda Rosado, *Direito do petróleo*: as joint ventures na indústria do petróleo. 2. ed. Rio de Janeiro: Renovar, 2003.
[40] TORRES, Ricardo Lobo. *Curso de Direito Financeiro e de Direito Tributário*. 4. ed. Rio de Janeiro: Renovar, 1998. p. 163.
[41] SEIXAS FILHO, Aurélio Pitanga. Natureza Jurídica da Compensação Financeira por Exploração de Recursos Minerais. In: *Grandes Questões Atuais do Direito Tributário*. São Paulo: Dialética, 1998. v. 2, p. 35.
[42] Aspectos tributários do direito do petróleo – natureza jurídica das participações governamentais – *government take*. OLIVEIRA, José Marcos Domingues de. *Estudos e Pareceres*: direito do Petróleo e Gás. Rio de Janeiro: Renovar, 2005. p. 501.
[43] OLIVEIRA, José Marcos Domingues de. *Estudos e Pareceres*: direito do Petróleo e Gás. Rio de Janeiro: Renovar, 2005. p. 501-502.

Renato Friedman e Edmundo Montalvão também esposam esse entendimento:

> Conceitualmente, não constituem imposto ou contribuição incidente sobre atividade econômica separada do Estado, mas, ao contrário, remuneram propriedades do Estado utilizadas para o fim econômico de exploração. Nesse sentido, não se diferenciam da remuneração de qualquer outro bem (privado ou público) utilizado na produção, como, por exemplo, a mão de obra, o capital ou a terra, nem de outras propriedades públicas utilizadas por particulares, como, por exemplo, prédios alugados ou terras arrendadas. Apenas ocorre que, nesse caso, o recurso pertence à União, no mesmo sentido em que se diz que as terras de determinada localização pertencem a determinados cidadãos privados, que dela farão o uso que bem entenderem, explorando-as diretamente ou cedendo-as, se assim desejarem, mediante remuneração.[44]

Vale ressaltar que o Supremo Tribunal Federal também já apontou que os *royalties* do petróleo constituem receitas originárias dos entes federativos.[45]

Não há dúvida, portanto, quanto à natureza não-tributária dos *royalties*. E, não se tratando de tributo, não se lhes aplica o disposto no art. 167, IV, da Constituição Federal, que veda "a vinculação de receita de impostos a órgãos, fundo ou despesa".

Como se verá a seguir, a sua vinculação aos fundos garantidores também não é vedada pela Resolução nº 43/2001 do Senado Federal, já que tal vinculação não constitui cessão de direitos ou antecipação de receita.

5.2 A vinculação de *royalties* a fundo garantidor de PPP não consubstancia cessão de direitos

José Maurício Conti, ao analisar o termo "vincular", presente no §4º do art. 167[46] da Constituição Federal, traça uma diferenciação entre a vinculação/afetação e a cessão:

> Não se pode atribuir ao verbo *vincular* significado que não lhe é próprio, qual seja, o significado de entregar, ou dar. Assim, quando a Constituição autoriza Estados, Distrito Federal e Municípios a vincular receitas próprias e transferidas ao pagamento de débitos federais, não está autorizando a União a se apropriar dos referidos recursos quando entender cabível, sem a anuência dos devedores, efetivos proprietários destes recursos. A vinculação, neste caso, restringe-se à obrigação das unidades devedoras de estabelecerem que os recursos fiquem reservados para o pagamento das dívidas assumidas com a União. Devem, por conseguinte, fazer constar, na lei orçamentária ou em lei específica, existirem determinadas receitas que terão, oportunamente, destinação própria, qual seja, o pagamento dos débitos para com a União. Este [é] o limite da interpretação que se pode fazer do §4º do art. 167 da Constituição.[47]

---

[44] FRIEDMAN, Renato; MONTALVÃO, Edmundo. *Compensações Financeiras*. Disponível em: www.senado.gov.br/conleg/artigos/economicas/CompensacoesFinanceiras.pdf. Acesso em 25 jan. 2007.
[45] STF, Tribunal Pleno, Mandado de Segurança nº 24.312-1, DJU de 19.12.2003.
[46] "É permitida a vinculação de receitas..."
[47] CONTI, José Maurício. *Federalismo fiscal e fundos de participação*. São Paulo: Editora Juarez de Oliveira, 2001. p. 123.

Dessa forma, a vinculação ou afetação de uma determinada receita ao pagamento de determinada obrigação ou à sua garantia não equivale à cessão daquela receita ao credor, mas, tão somente, à reserva dos respectivos valores nas leis orçamentárias para utilização em determinada finalidade pública.

Se a contraprestação devida pelo Poder Público não for paga, o Fundo deverá fazê-lo e, diga-se de passagem, não necessariamente com recursos dos *royalties*, se houver, por exemplo, receitas de outras origens em seu patrimônio. A parceira privada não passa a ser "dona" dos *royalties*. E não passa a sê-lo nem no momento futuro em que os *royalties* vierem a ser pagos pelos produtores de petróleo (eles irão para um fundo próprio), nem, muito menos, desde já, dos *royalties* a serem recebidos (esses, além de continuarem sendo um direito do ente público, possivelmente sequer precisem vir a ser utilizados).

A afetação dos *royalties* consiste, tão somente, em uma garantia a mais de que o fundo do ente público terá recursos disponíveis para arcar com eventual pagamento das contraprestações devidas pelo Poder Público, mas os bens e direitos vinculados a ele permanecem sob a sua propriedade e administração até a sua efetiva utilização, se esta se fizer necessária.

Não se tratando de cessão (transferência da propriedade/direito) de *royalties*, não há qualquer vedação quanto ao prazo da garantia prestada, face ao disposto no art. 5º, VI, 'a', da Resolução nº 43/2001 do Senado Federal.

Essa vinculação deve, obviamente, durar o tempo que perdurar a obrigação do ente público, conforme previsto no contrato, o qual, por sua vez, não poderá ter como objeto a prestação de serviços por prazo inferior a cinco anos (inciso II do §4º do art. 2º da Lei das PPPs). Note-se que, ao impor esse requisito ao próprio conceito legal de PPP, o legislador colocou a nota no seu elemento de prestação de serviços, não de construção de obra pública e/ou aquisição de bens, já que o contrato de PPP deve contemplar no mínimo cinco anos de prestação daqueles.

Assim, as garantias prestadas deverão perdurar, inevitavelmente, por períodos superiores ao do mandato do Chefe do Executivo que contratou a PPP, não havendo qualquer ilegalidade ou irresponsabilidade fiscal nisso, desde que, como visto, não consubstancie cessão de direitos ou antecipação de receitas. Do contrário, como as PPPs por força de sua lei federal devem durar mais que um período eletivo, caso a vinculação fosse considerada cessão estaríamos fazendo com que a Resolução do Senado Federal inquinasse o art. 8º, I, da Lei Federal de PPPs, que prevê a possibilidade de vinculação de receitas, desde que não sejam tributárias. A Resolução estaria, assim, impedindo a entrada em vigor de lei ordinária superveniente e que trata de matéria especial.

Por fim, ressalte-se que a vedação existente em nosso ordenamento jurídico quanto à vinculação de receitas diz respeito à vinculação de impostos. No entanto, os *royalties* sequer tributos são – conforme se verá a seguir.

5.3 A vinculação dos *royalties* ao fundo garantidor não constitui antecipação de receitas

Conforme disposto no citado art. 5º, VI, 'b', da Resolução senatorial, a vedação de conceder *royalties* em garantia restringe-se, tão somente, às hipóteses em que essa garantia seja concedida a título de adiantamento ou antecipação de receitas.[48] A expressão "a título de adiantamento ou antecipação" não se refere apenas à captação de recursos, uma vez que a utilização da conjunção "ou" faz com que aquela expressão se aplique tanto ao "dar em garantia" quanto a "captar recursos". Se assim não fosse, o Senado Federal teria criado uma outra alínea exclusivamente para a captação de recursos de forma a conferir-lhe tratamento diferenciado da dação em garantia.[49]

Assim é que, para a incidência da vedação em questão, há que se atender a duas condições cumulativas: (1) *garantia* utilizada como (2) *antecipação* de receita. Assim, ainda que a destinação de *royalties* seja considerada garantia, não constitui antecipação de receitas, uma vez que os respectivos valores destinados ao fundo garantidor não são ali contabilizados antes de ingressarem nos cofres do ente público, mas, tão somente, na medida em que vão sendo efetivamente repassados ao ente público, que só percebe tais receitas exatamente no momento em que essas já lhe seriam devidas ordinariamente.

Conforme definido por Geraldo Ataliba, a "antecipação de receita é um tipo de empréstimo que o poder público faz com a exclusiva finalidade de suprir eventuais quedas da arrecadação, ou para enfrentar determinados períodos em que as suas receitas ordinárias são de tal forma baixas, que não cobrem os dispêndios normais e ordinários. Havendo períodos – dentro do mesmo exercício financeiro – em que a arrecadação será maior, por conta desse período (em que a arrecadação melhorará), o poder público levanta dinheiro emprestado, na época de baixa arrecadação, por prazo curto, suficiente para alcançar o período de alta arrecadação e, desta forma, como que antecipa a sua receita, dentro do mesmo exercício financeiro".[50]

As operações de antecipação de receitas são operações de crédito através das quais o ente público recebe, adiantadamente, dinheiro que viria a receber no futuro, mediante o comprometimento (garantia) desses recebíveis ao credor, que desde logo lhe adianta o montante, aplicada, via de regra, certa taxa de juros. Por exemplo, teríamos uma constituição de "garantia a título de antecipação de receita" de *royalties*, se o ente público estimasse que teria X milhões de reais a receber nos próximos dez anos e imediatamente captasse um valor próximo a esse no mercado, dando como garantia de pagamento os recebíveis de *royalties* dos próximos dez anos, aos quais não poderia dar outra destinação.

No caso hipotético exemplificado, o Poder Público apenas se compromete a, se necessário, pagar prestações contratuais futuras com verbas também futuras, que à época certa entrarão em seus próprios cofres, não no da concessionária.

Há, por conseguinte, três elementos que afastam completamente a modelagem da PPP, que vincula futuras receitas de *royalties* ao seu fundo garantidor, do conceito

---

[48] Confira-se: Art. 5º. É vedado aos Estados, ao Distrito Federal e aos Municípios: VI - em relação aos créditos decorrentes do direito dos Estados, dos Municípios e do Distrito Federal, de participação governamental obrigatória, nas modalidades de *royalties*, participações especiais e compensações financeiras, no resultado da exploração de petróleo e gás natural, de recursos hídricos para fins de energia elétrica e de outros recursos minerais no respectivo território, plataforma continental ou zona econômica exclusiva: b) dar em garantia ou captar recursos a título de adiantamento ou antecipação, cujas obrigações contratuais respectivas ultrapassem o mandato do chefe do Poder Executivo.

[49] Essa também é a interpretação mais consentânea com o princípio da interpretação restritiva das normas limitadoras de direitos.

[50] ATALIBA, Geraldo. *Empréstimos Públicos e seu Regime Jurídico*. São Paulo: Ed. Revista dos Tribunais, 1973. p. 105-106.

de antecipação de receita: (1º) O Poder Público não recebe nenhum valor antecipadamente; (2º) Não estaríamos diante de um contrato de empréstimo ou sequer similar (securitização de recebíveis, etc.), mas sim, de um contrato, em virtude do qual, por sua própria natureza, o concessionário não paga – adiantadamente ou não – qualquer valor pecuniário ao Poder Público; (3º) Os *royalties* não ficam destinados à concessionária, mas sim aos cofres públicos. Apenas caso o Poder Público não honre voluntariamente as suas obrigações, como, aliás, é seu dever por força do princípio da legalidade, é que os *royalties* poderão ser usados, juntamente com outras receitas públicas que tenham sido destinadas ao fundo garantidor. Materialmente, caso os *royalties* acabem sendo usados para realizar esse pagamento, eles não deverão mais sequer ser considerados propriamente como tais, já que a origem direta deles não será as pessoas responsáveis pelo repasse dessas verbas aos respectivos entes da federação por força da legislação do petróleo, mas sim, os respectivos erários.

Assim, não haveria qualquer operação de empréstimo, mas sim, a assunção de compromissos de longo prazo, tais quais outros contratos administrativos quaisquer que duram mais de um ano. A única diferença é que nesses é o patrimônio do ente público contratante que indivisamente responde pelo cumprimento das obrigações e, naquela, o Poder Público também poderá realizar os seus pagamentos com qualquer verba sua, mas já há a previsão de segregação patrimonial de certas verbas[51] para esse fim, caso venham a ser necessárias.

6 Interpretação que melhor atende aos objetivos dos *royalties* do petróleo

Além de todos os argumentos já expostos, que confirmam não haver inconstitucionalidade, ilegalidade ou óbice infralegal na vinculação de recursos dos *royalties* às garantias prestadas no contrato de PPP, um outro argumento importante reside no fato de que, entre as finalidades da criação das referidas participações inclui-se, com relevância, o financiamento de obras de interesse público.

Dispõe Celso Antônio Bandeira de Mello que "o que explica, justifica e confere sentido a uma norma é precisamente a finalidade que a anima. A partir dela é que se compreende a racionalidade que lhe presidiu a edição. Logo, é na finalidade da lei que reside o critério norteador de sua correta aplicação, pois é em nome de um dado objetivo que se confere competência aos agentes da Administração".[52]

Assim, além de observar todas as vedações e conformações constitucionais e legais a respeito da utilização dos *royalties*, a Administração Pública deve, ainda, observar as finalidades para as quais estas receitas foram criadas.

A expressão *royalties* designa o "fluxo de pagamentos ao proprietário de um ativo não renovável (material ou imaterial) que o cede para ser explorado, usado ou

---

[51] Pertencentes a um fundo especial ou, até mais intensamente, a um patrimônio de afetação integrante do fundo.
[52] BANDEIRA DE MELLO, Celso Antônio. *Curso de Direito Administrativo*. São Paulo: Malheiros, 2004. p. 97.

comercializado por outras empresas ou indivíduos.[53] Muito embora a Lei do Petróleo não vincule o uso desses recursos por estados e municípios, a doutrina aponta que tais parcelas têm como funções: (i) a captura de rendas extraordinárias da indústria do petróleo;[54] (ii) a internalização de custos sociais (poluição do ar, custos de manutenção de rodovias e outras externalidades negativas); (iii) o equacionamento de um 'problema de justiça intergeracional' com vistas a compensar os estados e municípios de uma trajetória econômica baseada em um 'recurso não renovável', através do direcionamento desses recursos para sustentação econômica regional pós-esgotamento de reservas; e (iv) um instrumento de regular o ritmo de exploração das jazidas".[55]

A afetação dos *royalties* à garantia de contratos de parceria público-privada dá cumprimento ao mesmo tempo à segunda e à terceira função expostas anteriormente, já que vinculam parte dessa receita ao pagamento de despesas com obras e serviços prestados à comunidade:

> O processo de implantação da atividade de exploração e produção de petróleo e gás natural, especialmente quando realizada na plataforma continental (*offshore*), como qualquer projeto de investimento de grande vulto, gera elevação extraordinária do nível de emprego e renda local e regional e, portanto, aumento igualmente extraordinário da demanda por serviços públicos e de infraestrutura em geral. O motivo apontado acima é reforçado por um outro objetivo que está usualmente associado à cobrança de *royalties*: o de indenizar ou compensar os impactos causados ao meio ambiente pelas atividades de mineração.[56]

Versando sobre a utilização dos *royalties* para, por exemplo, o saneamento básico,[57] Sérgio Honorato dos Santos assim se manifesta:

> [...] Se considerarmos que a intenção primeira de todo administrador municipal, na qualidade de gerenciador da coisa pública, deve ser a de preservar o bem-estar da sua comunidade, aliás, do homem, tal como definido na Declaração de Estocolmo, não temos a menor dúvida de que ele poderá tornar disponível os recursos dos *royalties* para adquirir bens de capital, desde que a utilização do bem a ser adquirido tenha vinculação ao interesse público.[58]

---

[53] LEAL, José Agostinho; SERRA, Rodrigo. Uma investigação sobre os critérios de repartição dos royalties petrolíferos. *In*: PIQUET, Rosélia (Org.) *Petróleo, Royalties e Região*. Rio de Janeiro: Garamond, 2003. p. 164.

[54] De acordo com José Agostinho Leal e Rodrigo Serra, "O efeito da captura das rendas diferenciais é equalizar as margens de rentabilidade dos negócios privados ao nível da lucratividade normal" ("Uma investigação sobre os critérios de repartição dos royalties petrolíferos". LEAL, José Agostinho; SERRA, Rodrigo. Uma investigação sobre os critérios de repartição dos royalties petrolíferos. *In*: PIQUET, Rosélia (Org.) *Petróleo, Royalties e Região*. Rio de Janeiro: Garamond, 2003. p. 167).

[55] LEAL, José Agostinho; SERRA, Rodrigo. Uma investigação sobre os critérios de repartição dos royalties petrolíferos. *In*: PIQUET, Rosélia (Org.). *Petróleo, Royalties e Região*. Rio de Janeiro: Garamond, 2003. p. 163-167.

[56] LEAL, José Agostinho; SERRA, Rodrigo. Uma investigação sobre os critérios de repartição dos royalties petrolíferos. *In*: PIQUET, Rosélia (Org.). *Petróleo, Royalties e Região*. Rio de Janeiro: Garamond, 2003. p. 168-169.

[57] Veja-se que a aplicação de rendas do petróleo e gás em infraestrutura foi uma das condições impostas pelo Banco Mundial para a concessão de um empréstimo de financiamento do projeto de oleoduto entre Chad e Camarões (SILVA, Edmilson Moutinho dos; LOSS, Giovani R. Resouce Curse Thesis e a Regulação das Participações Governamentais de Petróleo e Gás Natural. *Revista de Direito Público da Economia – RDPE*, a. 1, n. 4, p. 55, out./dez. 2003).

[58] SANTOS, Sérgio Honorato dos. *Royalties do Petróleo à Luz do Direito Positivo*. Rio de Janeiro: Esplanada, 2001. p. 103.

Também nesse sentido, Edmilson Moutinho dos Santos e Giovani R. Loss argumentam que "a exemplo do que ocorre em modelos como Noruega, Alaska e Chad, e seguindo ainda a regra de *Hartwick*, a regulação específica deve ser criada vinculando as rendas governamentais de petróleo e gás, [...] para obrigar investimentos de longa duração, como em infraestrutura e em políticas sociais [...]".[59]

Aliás, há de se ressaltar que, até a edição da Lei nº 9.478/97, que revogou a Lei nº 2.004/53, havia nesta última, previsão expressa de que os *royalties* deveriam ser aplicados, "exclusivamente, em energia, pavimentação de rodovias, abastecimento e tratamento de água, irrigação, proteção ao meio ambiente e em saneamento básico" (art. 27, §3º, da Lei nº 2.004/53, com redação alterada pela Lei nº 7.525/86). Não obstante essa previsão expressa de sua aplicação em serviços de inegável interesse social ter sido revogada (art. 83, Lei do Petróleo), por questões atinentes à autonomia dos entes federados,[60] ela confirma que a destinação dos *royalties* às atividades ali previstas atende à finalidade para as quais esses foram criados.

O Tribunal de Contas da União já teve a oportunidade de se manifestar diversas vezes sob a possibilidade de utilização das receitas dos *royalties* na compra de equipamentos e realização de obras públicas de interesse público.

Em sede de Consulta[61] formulada pela Prefeitura Municipal de Bom Jesus de Itabapoana, no Rio de Janeiro, sobre a aquisição de um caminhão coletor e compactador de lixo com recursos de *royalties*, o TCU decidiu: "a aquisição de caminhão coletor e compactador de lixo pode ser classificada funcional e programaticamente como saneamento básico e proteção ao meio ambiente". O Tribunal apenas chamou a atenção quanto a alguns aspectos não pertinentes à consulta, dentre eles i) a necessidade da compra ser precedida por procedimento licitatório; ii) a necessidade de verificação do estado do veículo a ser comprado, com vistas a evitar a aquisição de um bem em precárias condições (se usado), antieconômico ou obsoleto (se novo ou usado). Nesse sentido, determinou (i) que fosse constituída comissão para proceder a avaliação técnica do bem pretendido; (ii) a afixação, em local visível do equipamento, de plaqueta que possa identificá-lo como adquirido com recursos dos *"Royalties"* do Petróleo, além de averbar a mesma informação na respectiva Ficha de Registro de Tombamento do Bem no Acervo Patrimonial da Prefeitura Municipal; e (iii) que nas hipóteses de alienação do bem ou de indenização de empresa seguradora por ocorrência de sinistro, o valor apurado deve ser creditado na conta específica dos *"Royalties"* do Petróleo.

O Tribunal manteve esse mesmo entendimento quando da análise da Consulta[62] formulada pelo município de Apodi/RN quanto à possibilidade de utilização dos recursos dos *royalties* para a aquisição de tratores e um tanque-depósito destinados à limpeza pública e ao esgotamento de fossas sépticas.[63]

---

[59] SILVA, Edmilson Moutinho dos; LOSS, Giovani R. Resouce Curse Thesis e a Regulação das Participações Governamentais de Petróleo e Gás Natural. *Revista de Direito Público da Economia – RDPE*, a. 1, n. 4, p. 57-58, out./dez. 2003.

[60] Alegações quanto à inconveniência de lei federal dispor sobre como os demais entes deveriam utilizar as suas verbas.

[61] Decisão nº 123/1995, Plenário, DO 10.04.2005.

[62] Decisão nº 178/1995, Plenário, DO 22.05.1995.

[63] Cabe destacar que o Supremo Tribunal Federal ("STF"), na decisão proferida nos autos do Mandado de Segurança nº 24.312-1, declarou a inconstitucionalidade dos dispositivos do Regimento Interno do TCU e do

Frente ao exposto, não há dúvidas, portanto, de que a utilização dos *royalties* como garantia do pagamento pela prestação de serviços à sociedade através de parcerias público-privadas guarda enorme compatibilidade com os seus objetivos intrínsecos.

7 Conclusão

O Poder Público tem se deparado com dificuldades para o investimento em setores de infraestrutura e serviços essenciais à comunidade, tendo a modelagem das parcerias público-privadas surgido como uma forma de contornar a falta de recursos públicos para tanto. Mas é certo que também nessas parcerias o Poder Público fica obrigado a determinadas contraprestações pecuniárias.

Como forma de dar garantia aos agentes privados quanto ao adimplemento das obrigações assumidas pelo Poder Público nesses contratos, a Lei das PPPs prevê uma série de instrumentos, dentre eles o fundo garantidor, podendo ser constituído por inúmeros tipos de receitas. Dentre elas, cogitamos os recebíveis dos *royalties* do petróleo, receitas vultosas e que, por sua própria natureza de indenização pela exploração de bens escassos, devem ser utilizadas na melhoria das condições de vida das populações afetadas.

Ao longo do presente artigo, demonstramos que não há óbices para a vinculação dessas receitas aos fundos garantidores de PPPs. Essa vinculação, com efeito, não é vedada pelo art. 167, IV, da Constituição, já que não se trata de vinculação de receitas de impostos – eles sequer são tributos –, e o art. 8º, I, da Lei das PPPs, admite expressamente a vinculação de outras receitas como forma de garantia.

Mesmo que as PPPs consubstanciassem *ad argumentandum* uma operação de crédito e/ou lhe fosse aplicável a Resolução nº 43/01 do Senado Federal, a vinculação ora proposta não esbarraria nas vedações estabelecidas por esta Resolução, pela LRF ou pela Constituição Federal, já que não se trataria de cessão de royalties ou antecipação desses recebíveis.

Além disso, a destinação dos *royalties* à viabilização de empreendimentos voltados à melhoria da infraestrutura e dos serviços essenciais da comunidade afetada pela extração e produção de petróleo também vai ao encontro das finalidades para as quais tais receitas foram criadas, qual seja: a internalização dos custos sociais decorrentes da exploração de petróleo e gás.

Parece-nos, portanto, que essa é uma alternativa hábil a viabilizar contratos de parcerias público-privadas, em quaisquer das suas modalidades – concessão patrocinada e concessão administrativa – por entes da federação titulares de *royalties* do petróleo.

Decreto nº 01/9163 que atribuíam àquela Corte de Contas competência para fiscalizar a aplicação dos recursos provenientes dos *royalties*, uma vez que estes constituem receitas originárias dos entes federados.

A CLÁUSULA DE *FORFEITURE* (CESSÃO OBRIGATÓRIA) NOS JOAs E AS COMPETÊNCIAS DA ANP

1 Introdução

Os contratos de exploração de petróleo, gás e outros hidrocarbonetos, por essência bastante vultuosos e igualmente arriscados, especialmente quando desenvolvidos em parceria com outros agentes do setor petrolífero, demandam mecanismos efetivos capazes de garantir a sua higidez e a prestação das obrigações assumidas por cada um dos parceiros consorciados.

Uma das ferramentas pensadas para tanto é a cláusula de *forfeiture*, ou cláusula de cessão obrigatória, inserta nos contratos associativos entre empresas para a E&P em determinada área outorgada pelo Estado.

No presente artigo, abordaremos o referido mecanismo, destacando suas características essenciais, especialmente sua autoexecutoriedade, à luz da autonomia contratual, perpassando ainda por questões envolvendo o âmbito da competência autorizativa da ANP a seu respeito.

Iniciaremos nosso percurso examinando a autoexecutoriedade da Cláusula de *forfeiture* na inexistência de decisão judicial ou arbitral em sentido contrário (Tópico 2).

Na sequência (Tópico 3), abordaremos especificamente a autoexecutoriedade da cláusula de *forfeiture* nas boas práticas internacionais na indústria do petróleo, encampadas pela Lei nº 9.478/1997 (Lei do Petróleo), considerando (i) o histórico de previsão da referida cláusula nas minutas AIPN (Subtópico 3.1); bem como (ii) a lógica econômica essencial desse mecanismo em relação às atividades de E&P (Subtópico 3.2).

No Tópico 4, por sua vez, iremos analisar a autoexecutoriedade da cláusula de *forfeiture* à luz do princípio da continuidade das atividades públicas, relacionando o seu escopo de preservação dos interesses legítimos das partes (cf. Tópico 3.2), com o interesse público consistente na continuidade das atividades de E&P.

No Tópico 5 analisaremos, ilustrativamente, alguns casos análogos no Direito brasileiro, avaliando outras hipóteses de autoexecutoriedade e de efeitos automáticos entre contratantes privados diante do inadimplemento de um deles.

Em seguida examinaremos o âmbito de apreciação da ANP quanto ao pedido de cessão (Tópico 6), tendo em vista, inclusive, o caráter inteiramente voluntário e sem hipossuficiência entre as consorciadas (Subtópico 6.1). Por fim, analisaremos a questão também sob a ótica consequencialista, que recomenda à ANP não se imiscuir em conflitos privados tais (Subtópico 6.2).

2 Autoexecutoriedade da cláusula de *forfeiture*

A chamada "cláusula de *forfeiture*", comumente constante dos contratos associativos que disciplinam a exploração e produção conjunta por mais de uma empresa petrolífera numa mesma área concedida, permite que as consorciadas adimplentes exerçam o direito de excluir a parte inadimplente do JOA, do Consórcio e do Contrato de Concessão, com a transferência de suas participações proporcionalmente às partes remanescentes, bastando para tanto o atendimento das formalidades nela prevista.

Para os fins da cláusula, podem ser acordados conceitos específicos (bastante tradicionais no Direito do Petróleo) de "parte inadimplente", como, por exemplo, aquela que deixe de pagar no respectivo vencimento as Chamadas de Capital (*"cash calls"*).

Em geral, a faculdade prevista na cláusula de *forfeiture* pode ser exercida diante do seguinte cenário: (i) notificação de inadimplemento com relação às chamadas de capital (*Default Notice*); (ii) inércia da parte inadimplente em sanar seu inadimplemento até o fim do prazo estipulado; e (iii) exercício por qualquer consorciada não inadimplente da opção de requerer a retirada da parte inadimplente, emitindo a notificação de retirada (*Withdrawal Notice*).

Na experiência dos contratos de E&P com cláusulas de *forfeiture*, aludida opção pode ser geralmente exercida por qualquer das partes não inadimplentes individualmente, independentemente de consenso entre todas elas.

A princípio, a cessão deve ocorrer *free of cost* para as partes não inadimplentes, que assumem todos os direitos e obrigações da parte excluída, proporcionalmente às respectivas participações no JOA. Assumem, por conseguinte, os (altíssimos) riscos da concessão e passam a arcar com todos os aportes de capital que seriam originalmente realizados pela parte inadimplente, via de regra até o fim do Contrato de Concessão. Lógica semelhante costuma se aplicar à hipótese de retirada voluntária de qualquer das consorciadas, na medida em que, também nessa situação, não sói haver direito a compensações por seus direitos e obrigações.

Diante de eventual inércia da parte inadimplente na adoção das providências pertinentes à cessão, o próprio contrato associativo ainda pode constituir "mandato em causa própria", de caráter irrevogável,[1] em nome de cada uma das demais partes. O mandato as autoriza a apresentar requerimentos, firmar instrumentos e praticar todos os atos necessários à transferência. A previsão de mandato em causa própria encontra expresso respaldo no art. 685 do Código Civil.[2]

Por óbvio, podem e devem ser conferidas à parte inadimplente oportunidades de sanar seu inadimplemento a qualquer tempo antes da cessão de sua participação, transferência essa que, precisamente, ocorre no momento do exercício da opção contratual, por meio da notificação de retirada.

Nesse sentido, uma vez estabelecido na cláusula de *forfeiture* que a opção nela prevista (retirada da parte inadimplente) será exercida por meio de notificação transmitida à parte inadimplente, estipula-se, em verdade, a autoexecutoriedade[3] da referida cláusula.

O exercício da opção prevista na cláusula de *forfeiture* traduz direito potestativo de cada uma das demais consorciadas, que nas palavras de Giuseppe Chiovenda, "é a espécie de direito subjetivo cujo conteúdo é o poder do titular de alterar a situação jurídica de outrem, que está submetido à sua vontade e, consequentemente, em estado de sujeição".[4] Nesses termos, a inércia da parte inadimplente em sanar o descumprimento após o prazo da *Default Notice* faz surgir para cada uma das partes não inadimplentes a faculdade jurídica de, potestativamente, efetuar a retirada daquela do JOA, do consórcio e do Contrato de Concessão.

---

[1] "O contrato de mandato em causa própria, justamente por se destinar à finalidade econômica distinta daquela normalmente associada ao contrato de mandato, apresenta características peculiares. Com efeito, o contrato de mandato em causa própria é outorgado no interesse do mandatário, de tal sorte que esse, embora atue em nome do mandante, exerce os poderes que lhe foram conferidos no seu próprio interesse. Tais poderes afiguram-se ilimitados relativamente à execução do objeto do contrato, razão pela qual o mandatário está dispensado de prestar contas ao mandante. Em decorrência disso, o contrato de mandato em causa própria mostra-se irrevogável pelo mandante, de modo que sua eventual revogação é ineficaz. Ressalte-se que a procuração se afigura ato jurídico unilateral de outorga de poderes, na dicção do art. 653 do CC/2002. Já o mandato consiste em espécie contratual cuja função técnico-jurídica se traduz na execução de atos pelo mandatário em nome do mandante. Ou seja, a representação é essencial ao mandato, para o qual é imprescindível, portanto, a *contemplatio domini* e a outorga de poderes. Esta *pode se dar no próprio corpo do contrato* ou em documento avulso, isto é, na procuração, que lhe serve de instrumento" (TEPEDINO, Gustavo. O princípio kompetenz-kompetenz e o controle de validade do contrato consigo mesmo. In: *Soluções Práticas – Tepedino*. nov. 2011. v. 3, p. 525-544. Grifos nossos). No mesmo sentido, Pontes de Miranda: "A procuração em causa própria é instrumento de procura, mas já no interesse exclusivo do procurador. Ele é outorgado da procura e não mais precisa prestar contas do que fizer. O outorgante cortou as suas ligações com os direitos, pretensões e ações a que a procura se refere. O procurador pratica os atos que o outorgante teria, por si, de praticar; mas para si, e não para o outorgante" (MIRANDA, Francisco Cavalcanti Pontes de. *Tratado de Direito Privado*. Rio de Janeiro: Borsoi, 1962. v. XXXIX, p. 253).

[2] Art. 685. Conferido o mandato com a cláusula "em causa própria", a sua revogação não terá eficácia, nem se extinguirá pela morte de qualquer das partes, ficando o mandatário dispensado de prestar contas, e podendo transferir para si os bens móveis ou imóveis objeto do mandato, obedecidas as formalidades legais.

[3] No Direito Administrativo, o termo autoexecutoriedade traduz a possibilidade de a maioria dos atos administrativos serem diretamente executados pela Administração Pública, independentemente de qualquer ordem judicial prévia, ao contrário do que vige no direito privado, em que, salvo casos excepcionais (ex.: art. 1.283, CC) ou diante de convenção entre as partes, qualquer direito só poderia ser imposto através do Judiciário. O que no Direito Administrativo está via de regra implícito, no direito privado deve ser expresso. Cf. ARAGÃO, Alexandre Santos de. *Curso de Direito Administrativo*. 2. ed., rev. atual e ampl. Rio de Janeiro: Forense, 2013. p. 201.

[4] SILVA, De Plácido e. *Vocabulário Jurídico* (livro eletrônico). 31. ed. Rio de Janeiro: Forense, 2014. p. 739.

Assim, caso concretizada a hipótese de incidência da Cláusula de *forfeiture*, a sua implementação, com a retirada da parte inadimplente, inclusive com o uso do mandato nela costumeiramente previsto, se dá independentemente de ordem judicial ou arbitral prévia, bastando a acordada "notificação", conforme pactuado pelas partes, em regra paritárias e experientes (cf. Subtópico 6.1), dentro de sua autonomia privada.

À luz da Teoria Geral dos Contratos, a autoexecutoriedade das cláusulas de *forfeiture* é expressão dos princípios da obrigatoriedade ou intangibilidade dos contratos e da autonomia privada, os quais se esteiam no princípio da livre iniciativa contido no art. 1º, inciso IV,[5] e 170, *caput*,[6] ambos da Constituição Federal.

Consoante Roberto Senise Lisboa, "o princípio da obrigatoriedade ou da vinculatividade constrange os contratantes ao cumprimento do conteúdo completo do negócio jurídico, importando em autêntica restrição à liberdade, que se tornou delimitada para os contraentes a partir do momento em que, dotados de vontade autônoma, vieram a, consensualmente, formar o contrato".[7]

Enzo Roppo, por sua vez, arremata que "autonomia significa, etimologicamente, poder de modelar por si – e não por imposição externa – as regras da sua própria conduta".[8]

Sendo assim, existindo efetiva autoexecutoriedade na cláusula de *forfeiture* convencionada entre as consorciadas, não há de se falar de decisão judicial ou arbitral para dar eficácia à cláusula contratual, mas sim de decisão judicial ou arbitral para, caso a parte acusada de inadimplência não se conforme, tentar impedir sua execução.

Ausente qualquer pronunciamento dessa natureza, o exercício da opção prevista na cláusula de *forfeiture* deve seguir seu curso natural e tradicional na *lex petrolea*, consoante a livre vontade das partes exteriorizada no momento da celebração do contrato, sem que se prescindam, obviamente, das autorizações governamentais pertinentes.

Quando estipulada, inclusive, extrai-se da própria cláusula mandato a intenção de as partes não condicionarem sua eficácia e imediata execução a pronunciamento positivo do Tribunal Arbitral ou Judicial sobre o inadimplemento de uma das partes, especialmente quando convencionado conceito objetivo de inadimplemento. Nessa hipótese, caso a eficácia da cláusula mandato estivesse condicionada a pronunciamento arbitral ou judicial, perderia ela sua própria razão de ser, uma vez que bastaria a mera previsão de exclusão da parte inadimplente (*forfeiture*), desassociada de qualquer mandato, já que a cessão contratual compulsória de toda sorte teria que ser efetivada apenas após manifestação jurisdicional positiva.

---

[5] Art. 1º A República Federativa do Brasil, formada pela união indissolúvel dos Estados e Municípios e do Distrito Federal, constitui-se em Estado Democrático de Direito e tem como fundamentos: [...] IV – os valores sociais do trabalho e da livre iniciativa".

[6] Art. 170. A ordem econômica, fundada na valorização do trabalho humano e na *livre iniciativa*, tem por fim assegurar a todos existência digna, conforme os ditames da justiça social, observados os seguintes princípios: I – soberania nacional; II – propriedade privada; III – função social da propriedade; IV – livre concorrência; V – defesa do consumidor; VI – defesa do meio ambiente, inclusive mediante tratamento diferenciado conforme o impacto ambiental dos produtos e serviços e de seus processos de elaboração e prestação; VII – redução das desigualdades regionais e sociais; VIII – busca do pleno emprego; IX – tratamento favorecido para as empresas de pequeno porte constituídas sob as leis brasileiras e que tenham sua sede e administração no País.

[7] LISBOA, Roberto Senise. Princípios Gerais dos Contratos. *In: Doutrinas Essenciais Obrigações e Contratos*. 2001. v. 3, p. 871-889.

[8] ROPPO, Enzo. *O Contrato*. Coimbra: Almedina, 2009. p. 128.

A Cláusula em questão, a exemplo de um sem número de dispositivos contratuais celebrados na rotina dos negócios jurídicos, portanto, não demanda autorização judicial ou arbitral para poder ser imediatamente implementada pelas próprias partes; apenas para, ao revés, ser obstada por uma delas é que dela necessitaria. O próprio conteúdo da Cláusula de *forfeiture* – na forma como acordado entre as partes no âmbito de sua autonomia privada –, já é suficiente para sua eficácia imediata na ausência de decisão arbitral ou judicial em sentido oposto.

Diante dessa hipótese e inexistindo qualquer decisão expressa em contrário, deve a ANP apreciar legitimamente os pedidos de cessão submetidos pelas partes não inadimplentes, sempre dentro dos limites de suas atribuições (Tópico 6), adotando as medidas necessárias à formalização da transferência (Tópico 6).

3 A cláusula de *forfeiture* nas boas práticas internacionais da indústria do petróleo

A Cláusula de *forfeiture* – e sua conatural autoexecutoriedade – insere-se nas boas práticas internacionais da indústria do petróleo, expressamente encampadas pela Lei nº 9.478/1997. Em seu artigo 8º, inciso IX e art. 44, inciso VI, a referida Lei estabelece como diretriz que os concessionários se obriguem a "adotar as melhores práticas da indústria internacional do petróleo", em cuja consolidação a *Association of International Petroleum Negotiators* ("AIPN") desempenha papel central.

Tendo isso em vista, no presente Tópico abordaremos as boas práticas da indústria do petróleo, demonstrando a relevância do modelo de JOA da AIPN em seu ambiente; na sequência (Tópico 3.1) analisaremos em que medida as regras autoexecutáveis de *forfeiture* são recorrentes nesses modelos; e, por fim (Tópico 3.2), examinaremos como a autoexecutoriedade da Cláusula no modelo de JOA da AIPN é essencial para a lógica econômica intrínseca às atividades de E&P.

As "boas práticas internacionais da indústria do petróleo", conforme a Lei do Petróleo, podem ser consideradas como uma espécie de *lex mercatoria* setorial, também chamada de *lex petrolea*, cujo principal instrumento de consolidação são os contratos-tipo de JOA da AIPN.[9]

Tais práticas, expõe Maria D'Assunção Costa Menezello, "são amplamente conhecidas e decorrem das recentes normatizações internacionais ou de usos consagrados, com qualidade e eficiência para todos os envolvidos, proporcionando uma evolução constante das técnicas e dos conhecimentos científicos".[10]

---

[9] A *lex mercatoria* já se especializou no ramo do Direito Internacional do Petróleo, a ponto de constituir, por si própria, uma *lex petrolea*. O termo foi cunhado numa decisão de tribunal arbitral de 1958, em que contendiam a Arábia Saudita e a empresa ARAMCO. Cf., a esse respeito, o artigo introdutório de: ALVES, Clarissa; MARINHO, Carlos; VASSALO, João Guilherme. *Lex Petrolea*: O Direito Internacional privado na Indústria do Petróleo. Campinas, SP, out. 2007. Disponível em: http://www.portalabpg.org.br/PDPetro/4/resumos/4PDPETRO_8_2_0143-3.pdf. Acesso em 16 jul. 2020.
[10] MENEZELLO, Maria D'assunção Costa. *Comentários à Lei do Petróleo*. São Paulo: ATLAS, 2000. p. 137.

Sendo o contrato de E&P verdadeiro "acordo de desenvolvimento econômico",[11] o procedimento aquisitivo consolidado no JOA potencializa, pela via do dinamismo empresarial e da superação de obstáculos burocráticos, os investimentos das empresas, conectando-se diretamente com a busca de racionalização econômica dos investimentos e incremento da produção.

Como já havíamos afirmado em sede doutrinária,[12] hoje se tem a consciência de que, quanto mais o Direito conhecer e respeitar, de forma razoável e proporcional, as práticas legítimas do campo a ser regulado, mais chances terá de propiciar uma regulação eficiente e dotada de grande efetividade. Se a assertiva é correta de maneira geral, deve ser reforçada em relação à regulação da economia. A economia, potencializando fenômeno de dinamismo, de relativa imprevisibilidade e de tendências autonomizadoras, que sempre foram da sua própria essência, tem, nessas últimas décadas, de globalização e de internacionalização das fases da cadeia produtiva, feito com o que o Direito incorpore cada vez mais lógicas e códigos empresariais das atividades a serem reguladas.

Em relação aos preceitos legais que, a exemplo dos arts. 8º, IX, e 44, VI, da Lei do Petróleo, diretamente encampam práticas disseminadas entre os agentes de determinado setor econômico, são essenciais os ensinamentos de Marc Tarrés Vives, segundo os quais "a insuficiência do instrumental administrativo tradicional deve ser complementada mediante a implementação na regulação administrativa de fórmulas autorregulativas que, considerando a sua legitimidade na consecução de interesses privados individuais ou coletivos, permitem a satisfação de finalidades públicas. [...] Há uma vontade de usar, como instrumento diretivo, os compromissos, meios e conhecimentos que esses agentes possuem com a finalidade de lograr a realização de fins públicos. Em outras palavras, a autorregulação se integra na regulação. [...] A regulamentação tem, em boa medida, deixado de conter complexas prescrições técnicas – que em sua literalidade e ampla extensão consumiam páginas de Diário Oficial – para limitar-se a declarar umas cláusulas gerais, que encontram a sua concreção a partir da remissão por elas realizada, [...] o que não é nenhuma novidade".[13]

Mais adiante, leciona que "o uso desse tipo de expressão (como a de 'boas práticas da indústria do petróleo') por parte das normas jurídicas demonstra uma renúncia explícita do Legislador à elaboração detalhada de regulamentações técnicas que, na verdade, poderiam tornar-se obsoletas pouco tempo após a sua publicação, devendo-se reconhecer também que a utilização de conceitos jurídicos indeterminados com este objetivo constitui uma técnica legislativa amplamente adotada em áreas bem diversas, como a dos produtos industriais, das tecnologias da informação, meio ambiente, economia, etc.".[14]

É nesse contexto que se inserem os modelos de JOA elaborados pela AIPN. David E. Pierce destaca que a AIPN é o órgão que mais toma iniciativa em prover modelos de JOA na arena internacional, o que reforça a sua centralidade no âmbito da criação

---

[11] Cf. BUCHEB, José Alberto. *A Arbitragem Internacional nos Contratos da Indústria do Petróleo*. Rio de Janeiro: Lumen Juris, 2002. p. 11.

[12] ARAGÃO, Alexandre Santos de. Ensaio de uma visão Autopoiética do Direito Administrativo. *Revista de Direito Público da Economia – RDPE*, v. 04, Rio de Janeiro, 2004. p. 283-300.

[13] VIVES, Marc Tarrés. *Normas Técnicas y Ordenamiento Jurídico*. Valencia: Ed. Tirant lo Blanch, 2003. p. 172 e 253.

[14] VIVES, Marc Tarrés. *Normas Técnicas y Ordenamiento Jurídico*. Valencia: Ed. Tirant lo Blanch, 2003. p. 274-275. Excurso entre parênteses nosso.

e desenvolvimento das boas práticas a serem adotadas pelos agentes econômicos da indústria petrolífera.[15]

Nas suas palavras, "a primeira versão do modelo foi disponibilizada em 1990, seguida de revisões em 1995 e 2002. Um levantamento realizado pelos membros da AIPN revelou que a versão de 1995 tinha uma aceitação global forte [...]. A AIPN também publica modelo de *Unitization and Unit Operating Agreement*".[16]

Nesse sentido, ressalta Marilda Rosado,[17] as práticas internacionais, como reforçadas pela Lei do Petróleo brasileira, já se encontram consolidadas no modelo de contrato de parceria entre empresas exploradoras de petróleo (*JOA – joint operating agreements*) elaborado pelo *International Energy Committee da American Corporate Counsel Association* (ACCA) e pela *Association of International Petroleum Negotiators* (AIPN).

Tal minuta-padrão é acolhida nos países com as culturas jurídicas das mais diversas, já que, "embora tudo leve a crer que os modelos iniciais dos JOAs internacionais foram reproduzidos de textos da tradição anglo-saxã, a sua utilização por grupos de empresas de nacionalidades distintas, e com foco de preocupações e práticas operacionais e administrativas distintas, para operação em países de diversos continentes, gerou uma variedade de abordagens e soluções [...]. A necessidade de tornar ágil a fase preparatória, e até o processo negocial, fez crescer a preferência pela uniformização".

Isso porque, arremata a autora, "independentemente do grau de aceitação da minuta elaborada pela ACCA e a AIPN como base universal para negociações, ela foi o resultado de um trabalho sério, cujo propósito consistiu em dar o devido dimensionamento a diferenças entre opções nas diversas cláusulas do JOA, bem como avaliar seu valor econômico e seu impacto no restante do contrato. Com sua adoção, é possível superar o empirismo e o casuísmo que, por vezes, podem presidir a estratégia de aceitação e negociação de alterações de cláusulas. Por outro lado, as negociações podem incluir e beneficiar-se, no seu preparo e estratégia, de um material que consolida uma experiência analítica de peso dos negociadores e advogados de diferentes empresas de petróleo e escritórios de advocacia do ramo, e conta, no seu plano de fundo, com um acervo comparativo razoável a partir da vivência e atualização dos próprios partícipes. Para as empresas, o patrocínio da AIPN tem se revelado um investimento de bom retorno, quando se compara o número de horas anteriormente despendido com negociações ora encurtadas pelos textos básicos de ampla aceitação".

É dizer: o modelo de JOA da AIPN é resultado de trabalho realizado por diversas empresas petrolíferas com vistas à elaboração de uma minuta contratual que facilitasse as negociações, incorporando soluções a problemas verificados pela indústria internacional ao longo dos anos.

Esse modelo, portanto, vem sendo objeto de frequentes modificações desde a sua primeira versão, a partir das experiências vivenciadas pelos agentes do mercado – segue a economia do setor petrolífero ao longo dos anos. O modelo de JOA elaborado pela AIPN contribui, de modo significativo, para a mitigação dos altos custos de transação

---

[15] PIERCE, David E. Transactional evolution of operating agreements in the oil and gas industry. *In*: Oil and Gas Agreements: Joint Operation. *Mineral Law Series*, n. 2, p. 13, 2008.

[16] PIERCE, David E. Transactional evolution of operating agreements in the oil and gas industry. *In*: Oil and Gas Agreements: Joint Operation. *Mineral Law Series*, n. 2, p. 13, 2008.

[17] RIBEIRO, Marilda Rosado de Sá. *Direito do Petróleo*: as joint ventures na Indústria do Petróleo. 2. ed. Rio de Janeiro: Ed. Renovar, 2003. p. 202 e seguintes.

na indústria do petróleo: passa a existir um modelo-padrão, dispensando a discussão casuística de muitas das cláusulas das *joint ventures*, a *expertise* contratual vai sendo sedimentada, erros não são repetidos, acertos são difundidos etc.

Ou seja, conforme Marilda Rosado, as minutas-padrão da AIPN seriam uma espécie de código normalizador das condutas no setor de petróleo internacional.[18]

Demonstrada a relevância do modelo de JOA da AIPN para as boas práticas da indústria petrolífera, é oportuno desenvolver breve histórico sobre a previsão da autoexecutoriedade da cláusula *forfeiture* nas minutas difundidas por referida entidade internacional.

3.1 Histórico de sua previsão nas minutas AIPN

A minuta-padrão da AIPN fornece não só regras específicas quanto à inadimplência como também estipula princípios refletidos na cláusula *forfeiture*, objeto deste trabalho. As quatro versões da minuta-padrão preveem os seguintes princípios quanto ao inadimplemento:

a) Um inadimplemento é limitado ao não pagamento, por uma parte, de sua participação das despesas da Conta Conjunta (incluindo Chamadas de Capital) (ou de prestar garantia) quando devido;

b) Uma parte inadimplente pode emitir uma notificação formal de inadimplemento a uma parte que não tenha efetuado seus pagamentos, com cópias às demais partes adimplentes;

c) Há um prazo de carência para a parte inadimplente remediar seu inadimplemento, durante o qual ela não pode comparecer às reuniões do comitê operacional ou votar;

d) Todas as partes adimplentes são obrigadas a pagar a participação de custos da parte inadimplente, de forma proporcional, do contrário elas se tornam inadimplentes;

e) A Operadora é autorizada a vender a participação de hidrocarbonetos da parte inadimplente, com qualquer produto das vendas sendo aplicado para o valor inadimplente;

f) *Se a parte inadimplente ainda estiver inadimplente após o período de inadimplência, as partes adimplentes têm a opção de emitir uma notificação de retirada, na qual a parte inadimplente é obrigada a se retirar do contrato de operação conjunta e da concessão, e sua participação no instrumento de concessão e no contrato de operação conjunta é transferida para as partes adimplentes.*[19]

Mesmo os princípios anteriormente transcritos já evidenciam a referida autoexecutoriedade da retirada forçada, tanto que preveem expressamente a retirada da parte inadimplente por meio de "notificação de retirada", prevista como a causa direta e imediata da "retirada" da parte inadimplente.

Para além dos princípios, os modelos de JOA da AIPN ainda preveem especificamente os remédios contratuais à disposição das partes em caso de

---

[18] RIBEIRO, Marilda Rosado de Sá. *Direito do Petróleo*: as joint ventures na Indústria do Petróleo. 2. ed. Rio de Janeiro: Ed. Renovar, 2003. p. 202 e seguintes.
[19] Artigo 8 do modelo de JOA da AIPN, em todas as suas edições.

inadimplemento com as *cash calls*, dentre eles a cláusula de *forfeiture* – com sua inerente autoexecutoriedade –, que permaneceu essencialmente a mesma nas quatro versões até hoje publicadas pela Associação: 1990, 1995, 2002 e 2012.[20]

A cláusula de *forfeiture*, portanto, sempre esteve presente – e essencialmente inalterada – em todos os modelos de JOA já publicados pela AIPN até hoje, em moldes muito parecidos com aqueles aventados no Tópico anterior.

Independentemente da idealização de outros remédios à disposição das partes, a relevância da cláusula de *forfeiture* – e sua inerente autoexecutoriedade – é inegável, haja vista sua presença em todas as minutas-padrão da AIPN até hoje elaboradas. *Outras alternativas diante do inadimplemento foram se acrescentando, mas a primeira delas e a* única *presente em todas as versões é a do forfeiture, a qual poderíamos chamar de o "núcleo duro" dos remédios da Indústria para o inadimplemento grave e reiterado de um dos parceiros.*

O que poderíamos considerar como um dos mais tradicionais livros-guia de Direito do Petróleo, de Bernard Taverne, também deixa claro o instituto, fazendo-o em tom mesmo de manual:

> Uma parte que não responde a uma chamada de capital feita pelo operador de acordo com as regras do contrato está inadimplente. Tal inadimplência provoca uma escassez de caixa e as partes não inadimplentes serão, portanto, solicitadas pelo operador para compensar tal escassez na proporção de suas respectivas participações. Enquanto a parte inadimplente permanecer em *default*, ela não terá mais direito de receber sua parte das produções de petróleo: essa parte será tomada pelo operador e distribuída entre as partes não inadimplentes. Uma inadimplência não pode durar para sempre. *Se a inadimplência não for corrigida dentro de um período especificado, a parte inadimplente perderá sua participação, que será então distribuída entre as partes não inadimplentes.*[21]

Nessa esteira, consta da Cláusula 8.6 de todas as minutas-padrão de JOA até hoje divulgadas pela AIPN, previsão de que as partes aceitam essa solução, renunciando, inclusive, ao direito de opor qualquer compensação em caso de inadimplência ou de invocar a exceção de contrato não cumprido:

> 8.6. Cada uma das Partes reconhece e aceita que um princípio fundamental deste Contrato é que cada uma delas pague sua participação de todos os valores devidos no âmbito deste Contrato, como e quando exigido. Por conseguinte, qualquer parte que se tornar uma Parte Inadimplente compromete-se a, com respeito a quaisquer exercícios pelas Partes adimplentes de quaisquer direitos previstos em ou a aplicação de qualquer uma das disposições deste Artigo 8, desde já renunciar a qualquer direito de propor compensação ou de invocar como defesa, seja pela lei ou por equidade, qualquer falha de qualquer outra Parte em pagar valores devidos e exigíveis no âmbito deste Contrato, ou a qualquer demanda alegada que essa parte possa ter contra a Operadora ou qualquer Não Operadora, tenha tal demanda origem neste Contrato ou de outro modo. *Cada uma das Partes concorda, ainda, que a natureza e o montante dos remédios concedidos* às *Partes adimplentes são razoáveis e adequados nas circunstâncias.*[22]

---

[20] AIPN. *Model contracts*. Disponível em: https://www.aipn.org/model-contracts/. Acesso em 16 jul. 2020.
[21] TAVERNE, Bernard. An introduction to the regulation of the petroleum industry: laws, contracts and conventions. *International Energy & Resources Law & Policy Series*, I Title, II Series, p. 141, 1994. Grifos nossos. Tradução Livre.
[22] Artigo 8.6 do Modelo de JOA da AIPN, reproduzida em todas as edições, traduzido.

Em muitos casos, as partes convencionam incluir no JOA não só a cláusula *forfeiture*, como também a regra mencionada anteriormente, ambas decorrentes de modelos normativos que se mantiveram presentes e essencialmente inalterados em todas as versões das minutas da AIPN, refletindo as boas práticas da indústria.

3.2 Lógica contratual e econômica essencial às atividades de E&P

A reiterada previsão da cláusula *forfeiture* nos modelos AIPN, com inerente autoexecutoriedade, denota sua essencialidade para a viabilização das atividades de E&P. Essa racionalidade é geralmente refletida não só de maneira isolada no JOA, como ainda mais reforçadamente nos eventuais instrumentos a ele conexos que, em conjunto, disciplinam as atividades de E&P.

Tendo isso em vista, no presente tópico (i) examinaremos, inicialmente, a dinâmica existente entre os três principais contratos que, em conjunto, costumam reger a atividade conjunta de exploração e produção de jazidas concedidas (Contrato de Concessão, Contrato de Consórcio e JOA); (ii) demonstrando como esses instrumentos evidenciam a essencialidade do aporte de capital pelas consorciadas para a consecução de seu escopo econômico; (iii) o que justifica a previsão de regra autoexecutável que permita a imediata retirada de partes inadimplentes, como meio de assegurar a lógica econômica essencial à atividade de E&P.

A exploração, o desenvolvimento e a produção de petróleo e gás natural no Brasil, quando feita de maneira conjunta, por um consórcio, costuma ser disciplinada por três contratos conexos/coligados,[23] quais sejam: o Contrato de Concessão, o Contrato de Consórcio e o JOA. Nas palavras de Francisco Paulo de Crescenzo Marino, contratos conexos podem ser conceituados como "contratos que, por força de disposição legal, da natureza acessória de um deles ou do conteúdo contratual (expresso ou implícito) encontram-se em relação de dependência unilateral ou recíproca".[24]

Tendo isso em vista, examinaremos, a seguir, a relação existente entre os três instrumentos anteriormente referidos, delineando em que medida a inclusão de certas regras em cada um deles – a exemplo da autoexecutoriedade da cláusula *forfeiture* – é necessária para garantir a execução adequada dos demais.

Em primeiro lugar, o *Contrato de Concessão* disciplina as obrigações assumidas pelo concessionário perante a ANP, atuando em nome da União Federal, detentora de monopólio da pesquisa e lavra das jazidas de petróleo e gás natural, nos termos do art.

---

[23] Os contratos conexos ou coligados são os que, embora autônomos e estruturalmente diferenciados, se encontram vinculados do ponto de vista funcional e econômico. Leciona Rodrigo Xavier Leonardo que a expressão identifica a situação em que "duas ou mais diferentes relações contratuais se encontram vinculadas, ligadas, promovendo alguma eficácia ao lado daquela que se desenvolve internamente ao contrato" (LEONARDO, Rodrigo Xavier. Os contratos coligados. *In*: BRANDELLI, Leonardo. *Estudos em homenagem à Professora Véra Maria Jacob de Fradera*. Porto Alegre: Lejus, 2013. p. 8). Para Laís Bergstein, esses contratos configuram "vínculo entre relações jurídicas contratuais diferentes que conformam uma operação econômica unificada" (BERGSTEIN, Laís. Conexidade contratual, redes de contratos e contratos coligados. *Revista de Direito do Consumidor*, v. 109, p. 2, jan./fev. 2017).

[24] MARINO, Francisco Paulo de Crescenzo. *Contratos coligados no direito brasileiro*. São Paulo: Editora Saraiva, 2009. p. 99.

177, I, Constituição Federal ("CF"), atividades econômicas que podem ser contratadas com empresas privadas, consoante art. 177, §2º, CF e art. 5º, Lei nº 9.478/1997.

A teor do art. 26, a Lei do Petróleo fixa que todas as atividades serão desenvolvidas por *conta e risco do concessionário*: "A concessão implica, para o concessionário, a obrigação de explorar, por sua conta e risco, e, em caso de êxito, produzir petróleo ou gás natural em determinado bloco, conferindo-lhe a propriedade desses bens, após extraídos, com os encargos relativos ao pagamento dos tributos incidentes e das participações legais ou contratuais correspondentes".

O art. 38 da Lei do Petróleo, por sua vez, admite que as concessionárias atuem em consórcio, naturalmente despersonalizado, que constitui contrato associativo[25] plurilateral, voltado à conjunção de esforços para objetivos comuns. Nessa hipótese, o edital de licitação deverá conter certas exigências, dentre elas o registro do *Contrato de Consórcio*, na forma do art. 279, Lei nº 6.404/1976 ("Lei das Sociedades Anônimas"):[26]

> Art. 38. Quando permitida a participação de empresas em consórcio, o edital conterá as seguintes exigências:
>
> I – comprovação de compromisso, público ou particular, de constituição do consórcio, subscrito pelas consorciadas;
>
> II – indicação da empresa líder, responsável pelo consórcio e pela condução das operações, sem prejuízo da *responsabilidade solidária* das demais consorciadas;
>
> III – apresentação, por parte de cada uma das empresas consorciadas, dos documentos exigidos para efeito de avaliação da qualificação técnica e econômico-financeira do consórcio;
>
> IV – proibição de participação de uma mesma empresa em outro consórcio, ou isoladamente, na licitação de um mesmo bloco;
>
> V – outorga de concessão ao consórcio vencedor da licitação condicionada ao registro do *instrumento constitutivo do consórcio*, na forma do disposto no parágrafo único do art. 279 da Lei nº 6.404, de 15 de dezembro de 1976.

---

[25] Em termos de certa forma até mais genéricos do que o conceito de *joint venture*, é contrato associativo "qualquer relação contratual que apresente: (i) uma cooperação estável e (ii) um escopo comum entre as partes relacionadas. Nestes contratos, na medida em que as partes se associam para lograr um fim comum, é possível verificar que as suas necessidades são as mesmas ou muito próximas, havendo entre as contratantes uma solidariedade de interesses em que as vantagens de uma são as vantagens da outra" (CAIXETA, Deborah Batista. *Contratos Associativos*: características e relevância para o direito concorrencial das estruturas. Dissertação apresentada como requisito parcial à obtenção do grau de Mestre, no Programa de Pós-Graduação da Faculdade de Direito da Universidade de Brasília, maio de 2015. p. 72).

[26] Art. 279. O consórcio será constituído mediante contrato aprovado pelo órgão da sociedade competente para autorizar a alienação de bens do ativo não circulante, do qual constarão: (Redação dada pela Lei nº 11.941, de 2009) I – a designação do consórcio se houver; II – o empreendimento que constitua o objeto do consórcio; III – a duração, endereço e foro; IV – a definição das obrigações e responsabilidade de cada sociedade consorciada, e das prestações específicas; V – normas sobre recebimento de receitas e partilha de resultados; VI – normas sobre administração do consórcio, contabilização, representação das sociedades consorciadas e taxa de administração, se houver; VII – forma de deliberação sobre assuntos de interesse comum, com o número de votos que cabe a cada consorciado; VIII – contribuição de cada consorciado para as despesas comuns, se houver. Parágrafo único. O contrato de consórcio e suas alterações serão arquivados no registro do comércio do lugar da sua sede, devendo a certidão do arquivamento ser publicada.

Em que pese nos consórcios em geral não se presuma solidariedade entre as consorciadas (art. 278, §1º, Lei nº 6.404/1976)[27] nos consórcios para exploração e produção de petróleo, a solidariedade tem previsão legal no art. 38, II, Lei do Petróleo, justamente para dar cumprimento aos objetivos públicos inerentes à atividade (cf. Tópico 4).

Note-se que essa peculiaridade dos contratos de E&P não decorreu de uma criatividade do legislador brasileiro, sendo inerente às atividades mundiais de E&P, como se pode também inferir do já citado clássico "manual" de Direito do Petróleo de Bernard Taverne: "As Partes devem atuar em unanimidade, em particular no que diz respeito ao desempenho e cumprimento das obrigações impostas ao licenciado ou contratado [...]".[28]

Em decorrência da responsabilidade solidária prevista no inciso II do art. 38, na hipótese em que as concessionárias atuem em consórcio, "as obrigações constantes do contrato de concessão consideram-se cumpridas ou não pelo consórcio como um todo sob a liderança do Operador, e não por um ou mais dos consorciados individualmente".

A relação jurídica entre as concessionárias nessa situação é regida, portanto, pelo Contrato de Consórcio, que tem por finalidade precípua o cumprimento das obrigações assumidas perante a ANP por meio do Contrato de Concessão.

Adicionalmente, as partes podem convencionar no próprio Contrato de Consórcio que celebrarão um *Joint Operating Agreement* para pactuar os detalhes e as regras, termos e condições que regerão internamente suas relações como consorciadas, bem como as operações cotidianas do consórcio.

O JOA consiste, portanto, no detalhamento operacional do Contrato de Consórcio firmado por força do art. 38, II, Lei do Petróleo. Os JOAs surgiram de necessidades da indústria do petróleo em detalhar os procedimentos em que se baseariam suas parcerias operacionais, as quais, desnecessário dizer, são mais do que recomendadas num mercado em que os altíssimos riscos só encontram par nos elevadíssimos custos. Para Marilda Rosado, "o JOA internacional exerce duas funções principais: a primeira é a base para partilha dos direitos e responsabilidades entre as partes; a segunda, a previsão do modo de condução das operações [...]".[29]

A relação de dependência entre aludidos contratos conexos é evidente, na medida em que a execução de cada um deles é voltada ao desempenho adequado dos demais para as atividades de E&P: inexistindo o contrato de concessão do bloco, não haveria razão de ser do Contrato de Consórcio e, por conseguinte, do JOA, sucessivamente instrumentais um ao outro.

---

[27] Art. 278. As companhias e quaisquer outras sociedades, sob o mesmo controle ou não, podem constituir consórcio para executar determinado empreendimento, observado o disposto neste Capítulo. §1º O consórcio não tem personalidade jurídica e as consorciadas somente se obrigam nas condições previstas no respectivo contrato, respondendo cada uma por suas obrigações, sem presunção de solidariedade.

[28] TAVERNE, Bernard. An introduction to the regulation of the petroleum industry: laws, contracts and conventions. *International Energy & Resources Law & Policy Series*, I Title, II Series, p. 137-138, 1994.

[29] SÁ RIBEIRO, Marilda Rosado. *Direito do petróleo*: as joint ventures na indústria do petróleo. Rio de Janeiro: Renovar, 2003. p. 196.

O caráter conexo desses instrumentos impõe, portanto, que, quando existentes, sejam interpretados conjuntamente, sempre sob uma ótica sistemática e tendo em mente a dependência que lhes é inerente: a não observância de regras estipuladas em um deles – a exemplo da autoexecutoriedade da cláusula de *forfeiture* – poderia frustrar a racionalidade contratual e econômica convencionada entre as partes, estorvando o próprio sucesso do projeto, cujos altos riscos e investimentos as consorciadas acordaram em compartilhar.

Os contratos coligados que regem a exploração e a produção das jazidas de petróleo evidenciam a essencialidade do aporte tempestivo de capital pelas consorciadas para a consecução de suas finalidades, sendo certo ser essa uma das regras fundamentais da atividade de E&P, inclusive porque os projetos são desenvolvidos por conta e risco dos concessionários.

Partindo dessa premissa, os Contratos de Consórcio costumam fixar a obrigação de as consorciadas aportarem recursos na proporção de suas respectivas participações, exceto se de outra forma dispuserem em documentos próprios celebrados entre elas, nomeadamente o JOA, também prevendo a solidariedade entre as consorciadas perante a ANP e a União Federal.

Ratificando o disposto no Contrato de Consórcio, o JOA pode convencionar esse caráter fundamental da obrigação de as partes realizarem os aportes de capital necessários à consecução da finalidade econômica da concessão, fixando, ainda, a essencialidade da tempestividade desses pagamentos para o contrato (*time is of the essence*), inclusive, naturalmente, para garantir o cumprimento das obrigações assumidas no Contrato de Concessão.

Segundo Kenneth Charles Mildwaters, em tese de PHD específica sobre o assunto, o dever de pagamento é absoluto, sendo o princípio de "time is of the essence" consequência dessa obrigação.[30] A esse respeito, igualmente, Richard H. Bartlett esclarece que o aludido princípio pode estar expressamente previsto no acordo ou ser implicitamente inferido das próprias circunstâncias em que se dão as operações da indústria do petróleo.[31] Assim como Kenneth Charles Mildwaters, o autor também chama a atenção para o caráter absoluto do dever de pagamento, reforçando que o descumprimento de um dos parceiros em arcar com as suas obrigações financeiras no tempo constituirá "a breach of condition".[32]

Em reforço, podem as partes também fixar no JOA cláusula consagrando o princípio fundamental do "pay first and complain later", segundo o qual as consorciadas obrigam-se a realizar eventuais questionamentos às Chamadas de Capital apenas após efetuados os pagamentos, como meio de assegurar a continuidade das operações, como esclarece a doutrina especializada.

---

[30] MILDWATERS, Kenneth Charles. *Joint Operating Agreements, A Consideration of Legal Aspects Relevant to Joint Operating Agreements used in Great Britain and Australia by Participants thereto to Regulate the Joint Undertaking of Exploration for Petroleum in Offshore Areas with Particular Reference to their Rights and Duties*. PhD Thesis presented to the University of Dundee, 1990. p. 227.

[31] BARTLETT, Richard H. Rights and Remedies of an Operator Vis-A-Vis a Defaulting Non-Operator under Joint and Unit Operating Agreements. *Albertina Law Review*, v. X, p. 294, Alberta, 1972.

[32] BARTLETT, Richard H. Rights and Remedies of an Operator Vis-A-Vis a Defaulting Non-Operator under Joint and Unit Operating Agreements. *Albertina Law Review*, v. X, p. 294, Alberta, 1972.

Em decorrência da solidariedade entre as consorciadas perante a ANP e a União, prevista no art. 38, II, Lei do Petróleo – e também no Contrato de Concessão –, caso a inadimplente não sane a situação, as demais partes serão de toda sorte obrigadas a assumir as obrigações daquela com relação aos aportes de capital, como meio de assegurar a continuidade das atividades de E&P concedidas.

Nas palavras de Adalberto Lopes Rosa, "a dinâmica das relações obrigacionais impõe às partes deveres de conduta, especialmente construídos sob a ótica da funcionalização e da boa-fé a impor que o exercício seja dirigido à satisfação dos interesses de todas as partes. Tal lógica é ainda mais evidente nos contratos associativos, nos quais as prestações das partes convergem em um mesmo sentido, objetivando a consecução de um empreendimento em comum. No JOA estão previstos os direitos e deveres de cada uma das partes, *sendo obrigação de cada parte contribuir financeiramente, de acordo com o percentual de sua participação indivisa, para viabilizar a condução das operações, uma das obrigações mais importantes*. Neste passo, quando uma das partes deixa de pagar, quando devido, a sua respectiva parcela nas despesas do consórcio, se dá a hipótese de inadimplemento (*default*) da obrigação contratual. A falta de suprimento de fundos necessários à condução das operações é o principal fato gerador do inadimplemento, quando o aperto financeiro impede o atendimento dos pedidos de fundos (*cash calls*). A parcela inadimplida por uma das partes, além de prejudicar a própria operação, prejudica também as próprias parcerias, pois, para que não haja maiores prejuízos às operações, *as demais partes acabam por suportar a falta da inadimplente*".[33]

O arcabouço contratual anteriormente delineado justifica, portanto, a previsão da autoexecutoriedade da Cláusula de *forfeiture* como meio de assegurar a retirada *de per se* da concessionária inadimplente após o prazo para purga da mora concedido pela *Default Notice*, visando justamente a garantia da lógica econômica essencial à atividade de E&P, refletida nos instrumentos coligados que podem reger a atividade conjunta de E&P.

O *forfeiture* tem como objetivos principais (i) permitir que se dê continuidade à operação desempenhada pela *joint venture*, mesmo com o *default* de um dos parceiros; e (ii) desincentivar o inadimplemento por parte dos parceiros, evitando que parceiros sejam obrigados a "carregar" o consorciado eventualmente inadimplente (*free rider*) com o aporte de recursos.

Segundo Kenneth Mildwaters, os remédios contratuais previstos no JOA têm como fim, portanto, estabelecer um grau de certeza em relação aos direitos e obrigações dos consorciados, bem como preservar a própria *joint venture*.[34]

Nesses cenários, as partes reconhecem contratualmente a essencialidade dos aportes de capital para o atingimento dos objetivos da concessão. Sendo assim, pactuam mecanismos autoexecutáveis de prevenção de inadimplência e de manutenção dos esforços financeiros, na medida em que o inadimplemento de uma parte quanto aos seus investimentos compelirá as demais a assumirem as obrigações daquela, inclusive para evitar o descumprimento de suas próprias obrigações solidárias perante o Estado.

---

[33] ROSA, Alberto Lopes. Da concessão à partilha: análise das joint ventures no setor de exploração e produção de petróleo e gás natural no Brasil. *Revista de Direito do Petróleo, Gás e Energia*, v. 4, p. 54-74, 2013. Grifos nossos.

[34] MILDWATERS, Kenneth Charles. *Joint Operating Agreements, A Consideration of Legal Aspects Relevant to Joint Operating Agreements used in Great Britain and Australia by Participants thereto to Regulate the Joint Undertaking of Exploration for Petroleum in Offshore Areas with Particular Reference to their Rights and Duties*. PhD Thesis presented to the University of Dundee, 1990. p. 226.

Tendo isso em vista, a autoexecutoriedade da cláusula de *forfeiture*, inclusive com o uso da Cláusula Mandato prevista nos modelos da AIPN (cf. Tópico 2 e 3.1), é condição à própria continuidade das atividades de E&P, tanto no caso do inadimplemento se concretizar, como em outros casos, como prevenção a ele.

Fosse necessária decisão judicial ou arbitral para a execução da Cláusula, qualquer inadimplência daria azo à paralisação do contrato de E&P, cujos altos investimentos, planejamento de longo prazo[35] e complexa logística não comportam percalços e postergamentos de tal natureza e magnitude.

Se não fossem aqueles remédios, qualquer inadimplente ficaria em situação bastante confortável enquanto as demais consorciadas sujeitar-se-iam a grande insegurança jurídica e responsabilidades, o que, naturalmente, desestimularia investimentos. "Carregariam" o inadimplente perante o Poder Público indefinidamente até, um dia, obterem uma decisão transitada em julgado o retirando da parceria e condenando-o a ressarcir o que lhe fora adiantado; e, até lá, o inadimplente continuaria gozando dos frutos do contrato de E&P normalmente.

Saliente-se que o contrato de E&P constitui contrato aleatório,[36] conforme reconhece a doutrina,[37] sendo o risco característica ínsita a ele, na medida em que as partes não têm garantia de que terão retorno de seus investimentos, o que depende do sucesso da produção de petróleo no bloco concedido. Em contratos dessa natureza, a inexistência de remédios muito rápidos e eficazes contra o inadimplemento abriria mais espaço ainda para atitudes maliciosas do que normalmente.

Poderia a parte, ilustrativamente, simplesmente entrar em inadimplência e ficar discutindo a sua situação, sem despender seus recursos com o contrato, sendo solidariamente "carregada" pelas demais perante o Estado, até que verificasse que o contrato realmente vá gerar bons frutos. A situação seria ainda mais grave quando o inadimplemento ocorresse na fase de desenvolvimento,[38] na qual ainda são feitos vultosos investimentos prévios ao próprio início da produção. Esta fase de desenvolvimento, via de regra, é justamente um dos momentos em que as empresas possuem o maior custo de capital (CAPEX) de todas as fases de um projeto de petróleo e gás natural. O fato de

---

[35] Por exemplo, com encomendas de equipamentos e embarcações muitos anos antes do momento em que serão utilizadas.

[36] Sobre contratos aleatórios, Caio Mário da Silva Pereira explica que são aqueles "dependentes de um acontecimento incerto [...], em que a prestação de uma das partes não é precisamente conhecida e suscetível de estimativa prévia", havendo, dessa forma, "o risco para um dos contratantes" (PEREIRA, Caio Mário da Silva. *Instituições de direito civil*. 14. ed. Rio de Janeiro: Editora Forense, 2010. v. III, p. 59).

[37] "Tal contrato se insere na categoria dos chamados contratos de risco: um contrato de risco exploratório. Não há garantia para o concessionário de que as suas prospecções revelarão, na área do bloco concedido, a existência de reservatórios suscetíveis de exploração. Enquadra-se na categoria jurídica de *contratos aleatórios*, conforme a literatura específica" (BATISTA, Patrícia Ferreira. A inarbitrabilidade objetiva do conflito entre Petrobras e a ANP. *RDA – Revista de Direito Administrativo*, Rio de Janeiro: FGV, v. 275, p. 311-312, mai./ago. 2017. Grifos nossos).

[38] Considerando as fases de exploração de petróleo, Auta Alves Cardoso as subdivide em: "a) exploração: pode compreender a parte da sísmica e inclui a contratação de serviços e equipamentos necessários para a perfuração de poços exploratórios e pioneiros, com vistas à descoberta de reservas comercializáveis [...]; b) desenvolvimento: abrange as atividades e a contratação dos serviços e equipamentos necessários à avaliação de uma descoberta, bem como o preparo do campo para o início da produção; c) produção: consiste no gerenciamento das operações de escoamento ou bombeamento dos hidrocarbonetos do subsolo até a superfície, incluindo o tratamento primário, medição, armazenagem provisória e distribuição aos navios tanques e/ou oleodutos ou polidutos" (CARDOSO, Auta Alves. *Exploração de petróleo e de gás natural*: reflexões jurídicas sobre a oneração de tal atividade. São Paulo: Noeses, 2015. p. 126).

um consorciado deixar de arcar com suas contribuições nessa fase poderia trazer um ônus desproporcional às demais consorciadas.

Demonstrada a lógica econômica da autoexecutoriedade da Cláusula de *forfeiture*, essencial às atividades de E&P, no Tópico adiante relacionaremos essa essencialidade também para os interesses a cargo da União e da ANP, materializados *in casu* com o princípio da continuidade das atividades públicas.

4 Princípio da continuidade das atividades públicas

Além de preservar os interesses legítimos das partes envolvidas no JOA (cf. Subtópico 3.2), a cláusula de *forfeiture* também se coaduna com o interesse coletivo inerente à continuidade das atividades de E&P, conforme impõe o princípio da continuidade das atividades públicas.

Como as mais diversas funções atribuídas pelo ordenamento jurídico ao Estado (serviços públicos, monopólios públicos, funções administrativas, poder de polícia etc.) estão estabelecidas em lei ou na própria Constituição, o seu aparelho direto ou indireto não pode parar de desempenhá-las, sob pena de violar essas determinações, cometendo ilicitude por omissão. O conteúdo do princípio da continuidade é, portanto, bastante simples: as atividades atribuídas ao Estado devem ser exercidas, sempre que possível, de modo temporalmente contínuo e ininterrupto.

O princípio da continuidade das atividades públicas não abrange apenas os serviços públicos, apesar de muitas vezes ser denominado "princípio da continuidade dos serviços públicos", com estes tendo uma acepção amplíssima. A sua aplicação é comum a todas as atividades estatais.

Nesse sentido, Rafael Carvalho Rezende Oliveira expõe que, "não obstante a vinculação com a prestação de serviços públicos, o princípio da continuidade deve ser aplicado às atividades administrativas em geral e às atividades privadas de relevância social (ex.: atividades privadas de saúde, como os planos de saúde, atividades bancárias, atividades sociais prestadas pelo Terceiro Setor), com o intuito de garantir o atendimento ininterrupto do interesse público. O atendimento eficiente do interesse público não se coaduna com atividades administrativas descontínuas, desiguais ou imunes à evolução social".[39]

A sua aplicação é comum a todas as atividades estatais, abarcando, portanto, a exploração e a produção de petróleo, ainda que contratada com empresas privadas, eis que atividade de titularidade do Estado (art. 177, I CF) voltada ao alcance dos objetivos públicos previstos no art. 1º, Lei do Petróleo, a exemplo (i) da preservação do interesse nacional; (ii) desenvolvimento e ampliação do mercado de trabalho e valorização dos recursos energéticos; (iii) atração de investimentos na produção de energia; e (iv) ampliação da competitividade do país no mercado internacional. Confira-se o teor do dispositivo:

---

[39] OLIVEIRA, Rafael Carvalho Rezende. *Curso de Direito Administrativo*. 5. ed. rev., atual. e ampl. Rio de Janeiro: Forense, 2017. p. 49. Grifos nossos.

Art. 1º As políticas nacionais para o aproveitamento racional das fontes de energia visarão aos seguintes objetivos:

I – preservar o interesse nacional;

II – promover o desenvolvimento, ampliar o mercado de trabalho e valorizar os recursos energéticos;

III – proteger os interesses do consumidor quanto a preço, qualidade e oferta dos produtos;

IV – proteger o meio ambiente e promover a conservação de energia;

V – garantir o fornecimento de derivados de petróleo em todo o território nacional, nos termos do §2º do art. 177 da Constituição Federal;

VI – incrementar, em bases econômicas, a utilização do gás natural;

VII – identificar as soluções mais adequadas para o suprimento de energia elétrica nas diversas regiões do País;

VIII – utilizar fontes alternativas de energia, mediante o aproveitamento econômico dos insumos disponíveis e das tecnologias aplicáveis;

IX – promover a livre concorrência;

X – atrair investimentos na produção de energia;

XI – ampliar a competitividade do País no mercado internacional.

XII – incrementar, em bases econômicas, sociais e ambientais, a participação dos biocombustíveis na matriz energética nacional. (Redação dada pela Lei nº 11.097, de 2005);

XIII – garantir o fornecimento de biocombustíveis em todo o território nacional; (Incluído pela Lei nº 12.490, de 2011);

XIV – incentivar a geração de energia elétrica a partir da biomassa e de subprodutos da produção de biocombustíveis, em razão do seu caráter limpo, renovável e complementar à fonte hidráulica; (Incluído pela Lei nº 12.490, de 2011);

XV – promover a competitividade do País no mercado internacional de biocombustíveis; (Incluído pela Lei nº 12.490, de 2011);

XVI – atrair investimentos em infraestrutura para transporte e estocagem de biocombustíveis; (Incluído pela Lei nº 12.490, de 2011);

XVII – fomentar a pesquisa e o desenvolvimento relacionados à energia renovável; (Incluído pela Lei nº 12.490, de 2011);

XVIII – mitigar as emissões de gases causadores de efeito estufa e de poluentes nos setores de energia e de transportes, inclusive com o uso de biocombustíveis. (Incluído pela Lei nº 12.490, de 2011).

A propósito, consoante Maria D'Assunção Costa, as atividades petrolíferas foram "declaradas de *utilidade pública*. Assim, elas têm o ônus público de deverem ser prestadas em benefício da população, no sentido de que o explorador destas atividades tem alguns ônus para com a população e para com o Estado".[40]

---

[40] MENEZELLO, Maria d'Assunção Costa. Introdução ao Direito do Petróleo e Gás. *In*: SUNDFELD, Carlos Ari (Coord.). *Direito Administrativo Econômico*. São Paulo: Ed. Malheiros, 2000. p. 382.

É dizer: a Constituição federal e a Lei do Petróleo preconizaram como atividades cuja continuidade é relevante para o Estado aquelas desenvolvidas pela indústria do petróleo, haja vista sua importância para o interesse nacional, dotadas de utilidade pública.

Em geral, o responsável pela continuidade das atividades estatais é o próprio Estado, sendo ele responsável por provê-las. Entretanto, o *particular será por elas responsável quando for contratado para tanto*,[41] como é o caso das atividades de exploração e produção de petróleo, nos termos do art. 23 da Lei do Petróleo:

> Art. 23. As atividades de exploração, desenvolvimento e produção de petróleo e de gás natural serão exercidas mediante contratos de concessão, precedidos de licitação, na forma estabelecida nesta Lei, ou sob o regime de partilha de produção nas áreas do pré-sal e nas áreas estratégicas, conforme legislação específica. (Redação dada pela Lei nº 12.351, de 2010).

Nesse contexto, além de assegurar os interesses particulares das consorciadas, a autoexecutoriedade das cláusulas de *forfeiture* existentes em JOAs é requisito também do princípio da continuidade das atividades públicas: tal mecanismo contratual volta-se a garantir solução rápida e eficaz contra o inadimplemento das partes, evitando a paralisação das atividades de E&P ou, o que quase sempre daria no mesmo, a sua necessária judicialização/arbitralização, caso, para poder ser aplicada, se exigisse uma prévia decisão judicial ou arbitral.

Dito isso, apenas ilustrativamente, enumeraremos brevemente, a seguir, alguns exemplos de autoexecutoriedade análogos no Direito brasileiro.

5 Alguns casos análogos no Direito brasileiro

Hipóteses de autoexecutoriedade entre contratantes privados diante do inadimplemento de um deles, como a prevista na Cláusula de *forfeiture*, não são nada estranhas ao Direito brasileiro, que contempla inúmeros casos análogos.[42] Além de outros exemplos cogitáveis, também podem ser citadas, ilustrativamente, as hipóteses que se seguem.

Exemplo recorrente de autoexecutoriedade convencionada entre as partes diante do descumprimento obrigacional de uma delas é a alienação fiduciária, pela qual o devedor, com o escopo de garantia, contrata a transferência ao credor fiduciário, da

---

[41] ARAGÃO, Alexandre Santos de. *Curso de direito administrativo*. 2.ed. rev., atual. e ampl. Rio de Janeiro: Forense, 2013. p. 205-206.
[42] O caso clássico de autoexecutoriedade entre partes privadas, na ausência de qualquer relação contratual entre elas, diz respeito ao corte de árvores entre vizinhos, previsto o art. 1.283, do Código Civil, sobre o qual explicaremos com mais detalhes oportunamente, *in verbis*: "as raízes e os ramos de árvore, que ultrapassarem a estrema do prédio, poderão ser cortados, até o plano vertical divisório, pelo proprietário do terreno invadido".

propriedade resolúvel de coisa imóvel, a teor da Lei nº 9.514/1997,[43] ou móvel, conforme estabelece o Decreto-Lei nº 911/1969[44] e o próprio Código Civil.[45]

Tomando a alienação fiduciária em garantia dos bens imóveis como exemplo, predetermina o art. 26, *caput* e §1º da Lei nº 9.514/1997 que, caso o devedor mantenha-se inadimplente por 15 dias após intimação do oficial do Registro de Imóveis, a pedido do credor, a propriedade do imóvel consolide-se em nome deste. *In verbis*:

> Art. 26. Vencida e não paga, no todo ou em parte, a dívida e constituído em mora o fiduciante, consolidar-se-á, nos termos deste artigo, a propriedade do imóvel em nome do fiduciário.
>
> §1º Para os fins do disposto neste artigo, o fiduciante, ou seu representante legal ou procurador regularmente constituído, será intimado, a requerimento do fiduciário, pelo oficial do competente Registro de Imóveis, a satisfazer, no prazo de quinze dias, a prestação vencida e as que se vencerem até a data do pagamento, os juros convencionais, as penalidades e os demais encargos contratuais, os encargos legais, inclusive tributos, as contribuições condominiais imputáveis ao imóvel, além das despesas de cobrança e de intimação.

Consoante as lições de Pontes de Miranda, o negócio fiduciário para garantia, diferentemente da hipoteca, da anticrese e da caução – que apenas criam o direito real de garantia – acarreta na efetiva transferência da propriedade ao credor pelo fiduciante. E assim o é de tal forma que, "vencido o crédito, sem ser solvido", tem o credor o direito de ficar com a coisa, no lugar de devolvê-la.[46]

Para André Cordelli Alves, "na hipótese de inadimplemento por parte do devedor-fiduciante, operar-se-á a consolidação da propriedade plena no patrimônio do credor-fiduciário [...] por ser a propriedade fiduciária de natureza resolúvel, sua extinção está prevista no próprio instrumento constitutivo".[47]

A lógica é, assim, semelhante à prevista nas cláusulas de *forfeiture* em geral, segundo as quais a inércia da parte em remediar o inadimplemento após determinado prazo autoriza as partes não inadimplentes a efetuarem *de per se* a retirada daquela do JOA, com a transferência *ipso jure* de suas participações às demais.

Nos *termos* do art. 26, §1º da Lei nº 9.514/1997, anteriormente transcrito, o Registro de Imóveis não adentrará o mérito do inadimplemento, mas tão somente verificará a presença das formalidades para transferência da propriedade, que advêm do próprio

---

[43] Art. 22. A alienação fiduciária regulada por esta Lei é o negócio jurídico pelo qual o devedor, ou fiduciante, com o escopo de garantia, contrata a transferência ao credor, ou fiduciário, da propriedade resolúvel de coisa imóvel.

[44] Art. 2º No caso de inadimplemento ou mora nas obrigações contratuais garantidas mediante alienação fiduciária, o proprietário fiduciário ou credor poderá vender a coisa a terceiros, independentemente de leilão, hasta pública, avaliação prévia ou qualquer outra medida judicial ou extrajudicial, salvo disposição expressa em contrário prevista no contrato, devendo aplicar o preço da venda no pagamento de seu crédito e das despesas decorrentes e entregar ao devedor o saldo apurado, se houver, com a devida prestação de contas.

[45] Art. 1.361. Considera-se fiduciária a propriedade resolúvel de coisa móvel infungível que o devedor, com escopo de garantia, transfere ao credor. [...] Art. 1.364. Vencida a dívida, e não paga, fica o credor obrigado a vender, judicial ou extrajudicialmente, a coisa a terceiros, a aplicar o preço no pagamento de seu crédito e das despesas de cobrança, e a entregar o saldo, se houver, ao devedor. [...] Art. 1.368-B. A alienação fiduciária em garantia de bem móvel ou imóvel confere direito real de aquisição ao fiduciante, seu cessionário ou sucessor.

[46] MIRANDA, Pontes de. *Tratado de Direito Privado. Negócios jurídicos, representação, conteúdo, forma, prova*. São Paulo: Editora Revista dos Tribunais, 2012. t. III, p. 185.

[47] ALVES, André Cordelli. Alienação fiduciária em garantia de bens imóveis. *Revista de Direito Bancário e do Mercado de Capitais*, v. 56, p. 171-195, abr./jun. 2012.

instrumento constitutivo. Da mesma forma, também não cabe à ANP adentrar o mérito da cessão em tela, mas apenas verificar a presença dos requisitos formais para que ocorra.

Outro exemplo análogo que pode ser cogitado é o instituto do *step-in-rights*, que também permite aos agentes financiadores e garantidores assumirem automaticamente o controle de uma concessão de serviço público se o concessionário deixar de adimplir os contratos de financiamento, independentemente de manifestação judicial prévia.

Segundo Lucas de Moraes Cassiano Sant'anna e Pedro Romualdo Saullo, "a cláusula de *step-in* autoriza a assunção pelo financiador do controle direto da sociedade que se encontra em situação de inadimplemento no âmbito do contrato de financiamento. Por meio da assunção do controle, o financiador exercerá, pessoalmente, o direito de voto na assembleia geral da sociedade, em substituição ao acionista original, podendo, inclusive, destituir a administração empossada e eleger outros membros de sua confiança".[48]

O art. 27-A, da Lei nº 8.987/1995, permite ao Concedente de serviço público que autorize tal assunção até mesmo abrindo mão de parte dos requisitos da habilitação, permitindo-o que se limite aos aspectos meramente jurídicos e fiscais.[49]

Da mesma forma que o *step-in-rights* permite ao financiador assumir o controle da concessão diante da inadimplência do concessionário, independentemente de provimento judicial ou arbitral para tanto, a cláusula *forfeiture* assegura às partes não inadimplentes a transferência da participação da parte que descumprir suas obrigações de investimento, também independentemente de qualquer decisão judicial ou arbitral.

Ainda exemplificativamente, a cláusula de *forfeiture* também se aproxima da clássica figura da cláusula resolutiva expressa. Independentemente de posições isoladas[50] do STJ, exclusiva e especificamente em relação aos compromissos de compra e venda de imóvel[51] – o que não é o caso –, sujeitos a regras especiais (Lei nº 6.766/1979), fato é que o art. 474 do Código Civil permite às partes convencionarem contratualmente hipótese de extinção da avença, independentemente de qualquer medida judicial:

---

[48] SANT'ANNA, Lucas de Moraes Cassiano; SAULLO, Pedro Romualdo. Step-in rights e o regime da administração temporária no âmbito da Lei de Concessões. *Revista Brasileira de Direito Público – RBDP*, Belo Horizonte, a. 13, n. 49, p. 41-52, abr./jun. 2015.

[49] O Poder Concedente em geral não avalia exigências de capacidade técnica pela entidade financiadora na apreciação do exercício de *step-in-rights* (art. 27-A, §1º, Lei nº 8.987/1995 e art. 5º, §2º, I, Lei nº 11.079/2011 – Lei de Parcerias Público-Privadas).

[50] Ademais, bem criticadas por doutrina do próprio Direito Civil. Criticando os precedentes do STJ sobre cláusulas resolutivas expressas em compromissos de compra e venda de imóveis, Aline Terra defende que "ao que parece, com as devidas vênias, há um erro de perspectiva nesses julgados. Embora se reconheça que semelhantes contratações envolvem, muitas vezes, especial interesse – aquisição da casa própria –, revestindo-se de relevância social justificadora da intervenção protetiva do Estado, é preciso atentar para o fato de que a própria lei já flexibilizou o rigor da disciplina do Código Civil ao exigir a notificação do devedor para constituição em mora, pelo que referidas decisões excedem a proteção que a lei conferiu ao contratante. Como se observou, o Decreto-Lei nº 745/69 e a Lei nº 6.766/79 exigem notificação, judicial ou por meio do Cartório de Registro de Títulos e Documentos, para a constituição em mora do promitente comprador, mesmo que do contrato conste cláusula resolutiva expressa, sem afastar, todavia, a resolução extrajudicial. A única peculiaridade que referidas leis impõem é a necessidade de notificação do promitente comprador, nada mais; após a notificação, deve se passar consoante a especial disciplina da cláusula resolutiva expressa" (TERRA, Aline de Miranda Valverde. *Cláusula resolutiva expressa*. Belo Horizonte: Fórum, 2017. p. 171-172).

[51] Orlando Gomes afirma que "a dissolução do contrato de compromisso de compra e venda *obedece a regras especiais*. Não se rompe unilateralmente sem intervenção judicial. Nenhuma das partes pode considerá-lo rescindido, havendo inexecução da outra. Há de pedir a resolução. Sem sentença resolutória, o contrato não se dissolve, tenha como objeto imóvel loteado ou não" (GOMES, Orlando. *Contratos*. Rio de Janeiro: Forense, 2007. p. 303. Grifos nossos).

"Art. 474. A cláusula resolutiva expressa opera de pleno direito; a tácita depende de interpelação judicial".

Nas palavras de Orlando Gomes, "o fundamento do pacto comissório[52] expresso encontra-se no princípio da força obrigatória dos contratos. Uma vez que é estipulada no contrato, a faculdade de resolução se exerce, obviamente, pela forma convencionada, mas, diferentemente do que se verifica com a cláusula resolutiva tácita, a resolução dispensa a sentença judicial. Havendo pacto comissório expresso, o contrato se resolve de pleno direito. Quando muito, o juiz, em caso de contestação, declara a resolução, não lhe competindo pronunciá-la, como procede quando a cláusula resolutiva é implícita. Porque se opera *ipso jure*, a parte em favor da qual se deu a resolução não pode preferir a execução do contrato".[53]

Conforme explica o ilustre doutrinador, a exigência de pronunciamento judicial tornaria a cláusula resolutiva expressa inútil: "No Direito pátrio, a regra relativa à cláusula resolutiva distingue entre a condição expressa e a tácita, (RA) entendendo-se que, uma vez estipulada cláusula resolutiva, é dispensável a resolução judicial (RA). Entendem alguns que, em qualquer hipótese, a resolução do contrato há de ser requerida ao juiz. Todavia, há outra disposição declarando que a condição resolutiva expressa opera de pleno direito. *É de se admitir que, havendo sido estipulada, seja dispensável a resolução judicial, pois, do contrário, a cláusula seria inútil.* Equivale ao pacto comissório expresso a presença de termo para o cumprimento da obrigação, principalmente na subespécie de termo essencial".[54]

Entendimento semelhante consta das clássicas lições de Clóvis Bevilaqua, para quem a cláusula resolutiva expressa é "um *manifesto elemento de segurança para as relações jurídicas*" e, por estar "no conhecimento do interessado, consta do título em que se funda o seu direito, nenhuma dúvida pode suscitar. Dispensa a intervenção do poder judiciário, e opera por si, de pleno direito".[55]

Lições doutrinárias denotam inclusive a extrema semelhança da cláusula resolutiva expressa com a cláusula de *forfeiture*:

> Dentre os diversos outros instrumentos privados de gestão de riscos contratuais, também a cláusula resolutiva expressa se firma como instituto privilegiado a desempenhar referida função, concedendo ao contratante não inadimplente 'transferir o risco de sua insatisfação ao devedor'. Cuida-se de mais uma ferramenta à disposição dos contratantes destinada à alocação e (ou) disciplina dos efeitos dos riscos do negócio. [...] Indiscutivelmente, o instituto permite às partes distribuir as perdas decorrentes do inadimplemento de obrigações contratuais de forma ímpar, facultando-lhes valorar a relevância de cada obrigação e estabelecer as consequências de sua inexecução, conforme o concreto regulamento de

---

[52] O termo "pacto comissório" é adotado pelo doutrinador no seguinte sentido: "nos contratos bilaterais a interdependência das obrigações justifica a sua resolução quando uma das partes se torna inadimplente. Na sua execução, cada contratante tem a faculdade de pedir a resolução, se o outro não cumpre as obrigações contraídas. Esta faculdade resulta de estipulação ou de presunção legal. Quando as partes acordam-na, diz-se que estipulam pacto comissório expresso. Na ausência de estipulação, tal pacto é presumido pela lei, que subentende a existência da cláusula resolutiva" (GOMES, Orlando. Contratos. Rio de Janeiro: Forense, 2007. p. 205).
[53] GOMES, Orlando. *Contratos*. Rio de Janeiro: Forense, 2007. p. 209.
[54] GOMES, Orlando. *Contratos*. Rio de Janeiro: Forense, 2007. p. 209. Grifos nossos.
[55] BEVILAQUA, Clóvis. Código Civil (LGL\2002\400) dos Estados Unidos do Brasil. Vol. 1, edição histórica. Rio de Janeiro: Ed. Rio, 1980. p. 375 *apud* GARCIA, Rebeca. Cláusula Resolutiva Expressa: análise crítica de sua Eficácia. *Revista de Direito Privado*, v. 56, p. 67-103, out./dez. 2013. p. 25. Grifamos.

interesses. [...] Admitir a gestão mais ampla dos riscos contratuais por meio da cláusula resolutiva expressa potencializa deveras sua vocação de instituto voltado à autotutela, função já reconhecida por Darcy Bessone, ao afirmar que a cláusula derroga, por vontade da partes manifestada no contrato, o princípio segundo o qual a ninguém é lícito fazer justiça pelas próprias mãos: *o credor, verificado o suporte fático de cláusula, pode resolver, por si só, a relação obrigacional, independentemente de qualquer intervenção judicial.*[56]

Pelas lições da referida autora, a cláusula resolutiva expressa constitui meio de gestão contratual para alocar riscos através da estipulação da autoexecutoriedade da regra de retirada. Lógica semelhante se vislumbra na cláusula de *forfeiture*, cuja implementação impõe a resolução do contrato com relação à parte inadimplente de forma imediata, tendo em vista as finalidades detalhadas nos Tópicos 3.2 e 4.

Regras semelhantes de autoexecutoriedade entre contratantes privados diante do inadimplemento de um deles são corriqueiras – e essenciais – em relações entre parceiros, para que os não inadimplentes não sejam obrigados a continuar vinculados àqueles que não cumprem suas obrigações, colocando em risco o projeto.

6 Âmbito de apreciação da ANP

Nos Tópicos anteriores deste artigo, concluímos pela autoexecutoriedade da cláusula de *forfeiture* na ausência de decisão judicial ou arbitral contrária, como decorrência não só do conteúdo da própria Cláusula como também das boas práticas da indústria e da lógica contratual e econômica essencial às atividades de E&P, também em consonância com o princípio da continuidade das atividades de titularidade do Estado.

Partindo dessa premissa, na ausência de pronunciamento judicial ou arbitral diverso cabe à ANP, a fim de dar efetividade à cláusula, apreciar o pedido de cessão submetido pelas parceiras não inadimplentes, dentro, naturalmente, do seu âmbito de competências. Afinal, "não é competente quem quer, mas quem pode, segundo a norma de direito. A competência é sempre um elemento vinculado, objetivamente fixado pelo legislador".[57]

A Lei nº 9.478/1999 permite expressamente a cessão do contrato de concessão, condicionando-a à autorização da ANP. Ao fazê-lo, referida Lei limita o âmbito de avaliação da ANP à preservação do objeto e condições contratuais, além do atendimento pelo novo concessionário dos requisitos técnicos, econômicos e jurídicos fixados pela Agência:

> Art. 29. É permitida a transferência do contrato de concessão, preservando-se seu objeto e as condições contratuais, desde que o novo concessionário atenda aos *requisitos técnicos, econômicos e jurídicos* estabelecidos pela ANP, *conforme o previsto no art. 25.*
>
> Parágrafo único. A transferência do contrato só poderá ocorrer mediante prévia e expressa autorização da ANP.

---

[56] TERRA, Aline de Miranda Valverde. *Cláusula Resolutiva expressa.* Belo Horizonte: Fórum, 2017. p. 53-55.
[57] TÁCITO, Caio. Composição da Atividade Administrativa. *Revista de Direito Administrativo*, v. 228, p. 143-148, 2002. p. 144.

A parte final do *caput* do art. 29 faz remissão ao art. 25, que trata justamente do nascedouro do contrato de concessão petrolífera, deixando claro que tais requisitos não são quaisquer, que não podem ser inovados pela agência reguladora, ainda que fossem de natureza técnica regulatória, mas apenas aqueles que já eram exigidos dos vencedores da licitação:

> Art. 25. Somente poderão *obter concessão* para a exploração e produção de petróleo ou gás natural as empresas que atendam aos *requisitos técnicos, econômicos e jurídicos* estabelecidos pela ANP.

Note-se que os adjetivos apostos a "requisitos" pelo art. 29 em relação à anuência da cessão ("técnicos, econômicos e jurídicos") são os mesmos e seguem a mesma ordem dos colocados pelo art. 25 para a celebração originária da concessão em si, quando da licitação. Não autoriza, portanto, o *caput* do art. 29 da Lei do Petróleo que a ANP imponha como requisito a verificação do cumprimento pelas partes cedente e cessionária das condições negociais entre elas ajustadas para a ultimação do negócio da transferência da concessão; ao revés, *se refere apenas aos requisitos técnico-regulatórios já exigidos desde a licitação (art. 29, caput, in fine, c/c art. 25), dentro da competência legal outorgada à agência reguladora, de natureza justamente técnico-regulatória*. E seria mesmo questionável se a Lei permitisse que uma entidade pública fosse instrumentalizada para tutelar interesses financeiros meramente privados.

Comentando o art. 27 da Lei das Concessões de Serviços Públicos (Lei nº 8.987/1995), em todo análogo ao art. 29 da Lei do Petróleo por também prever que o Concedente analisará apenas os requisitos técnico-regulatórios necessários para ele autorizar as cessões de concessões, Luiz Alberto Blanchet deixa claro:

> Ao estabelecerem os incs. I e II do parágrafo único,[58] as condições a serem satisfeitas pelo pretendente para que a anuência seja concedida, o legislador afastou a possibilidade do exercício discricionário pelo concedente. Se, para obter a anuência, o pretendente deve atender tais condições, inexiste razão para que, uma vez adimplidas, o poder concedente se recuse a anuir.[59]

O Manual de Procedimento de Cessão elaborado pela Superintendência de Promoção de Licitações (SPL) da ANP, atualizado em janeiro de 2020,[60] igualmente indica o âmbito de apreciação da Agência, restrito ao exame da preservação do objeto e condições contratuais, bem como o atendimento dos requisitos anteriormente mencionados:

---

[58] Atualmente renumerado como §1º: Art. 27. A transferência de concessão ou do controle societário da concessionária sem prévia anuência do poder concedente implicará a caducidade da concessão. §1º. Para fins de obtenção da anuência de que trata o caput deste artigo, o pretendente deverá: (Renumerado do parágrafo único pela Lei nº 11.196, de 2005) I – atender às exigências de capacidade técnica, idoneidade financeira e regularidade jurídica e fiscal necessárias à assunção do serviço; e II – comprometer-se a cumprir todas as cláusulas do contrato em vigor.

[59] BLANCHET, Luiz Alberto. *Concessão de Serviços Públicos*. 2. ed. Curitiba: Ed. Juruá, 1999. p. 151.

[60] Em janeiro de 2020, o referido Manual foi atualizado pela ANP, à luz da Resolução ANP nº 785, de 16.05.2019. Disponível em: http://www.anp.gov.br/arquivos/exploracao-producao/ge/procedimentos/manual-procedimento-cessao.pdf. Acesso em 16 jul. 2020.

> [...] é permitida a transferência (cessão), no todo ou em parte, dos contratos de E&P, desde que: (i) sejam preservados o objeto e as condições contratuais; (ii) *a cessionária atenda aos requisitos técnicos, econômicos e jurídicos estabelecidos pela ANP* e (iii) haja prévia e expressa autorização da ANP, nos casos de contratos de concessão, ou da União, nos casos de contratos de partilha da produção.

O referido Manual reflete, inclusive, a praxe administrativa e hermenêutica da ANP, que, como não poderia deixar de ser, apenas segue o art. 29 da Lei do Petróleo, deixando claro que sua análise se cinge à (i) preservação do objeto e condições contratuais; e ao (ii) atendimento pelo cessionário dos requisitos técnicos, econômicos e jurídicos.[61]

Eventual desrespeito à praxe administrativa, alçada ao patamar de fonte do Direito Administrativo, levaria à quebra de legítima expectativa de continuidade de postura da Administração, em detrimento dos princípios da boa-fé e da igualdade, conforme já afirmamos doutrinariamente:

> O costume pode ser uma prática reiterada dos administrados ou da própria Administração Pública. No segundo caso, passa a ser reconhecido como praxe administrativa – uma prática reiterada da Administração –, adquirindo especial importância, já que poderá gerar, no indivíduo, a expectativa de sua continuidade ou da não oposição do Poder Público em relação à postura que os administrados vinham assumindo. Nessa hipótese, o reforço de sua posição como fonte do direito é feito pelos princípios da boa-fé e da igualdade, importantes argumentos em favor da manutenção da conduta pública ou ao menos do não sancionamento do particular que se comportar de acordo com a praxe administrativa.[62]

Seguindo essa mesma lógica, e de vários institutos análogos vistos apenas como exemplos no tópico anterior, a Agência pode avaliar aspectos formais do exercício da Cláusula Mandato, mas não o mérito de sua utilização.

Repise-se que, mediante o JOA, as consorciadas podem acordar conceito específico e objetivo de "parte inadimplente" para fins de utilização da cláusula mandato pelas demais (cf. Tópico 2). Havendo clareza na cláusula de *forfeiture*, impede-se que, por meio de eventuais discussões incidentais, a parte inadimplente tente obstaculizar o exercício do direito nela previsto.

A propósito, na ausência de decisão judicial ou arbitral em sentido contrário, a ANP poderia, inclusive, violar o princípio da legalidade (art. 37, *caput*, CF) se não exercesse a sua competência legal de apreciar o pedido de autorização de cessão diante dos respectivos requisitos regulamentares formais. Igualmente poderia violar a

---

[61] Aludidos requisitos técnicos, econômicos e jurídicos foram detalhados na Resolução ANP nº 785, de 17.05.2019, que disciplina detalhadamente o procedimento das autorizações de cessões. Referida norma esmiúça os aspectos a serem analisados pela ANP, confirmando limitarem-se à questões atinentes à qualificação jurídica, técnica e econômica das partes, sem adentrar eventuais controvérsias entre elas: "5º Os atos referidos no art. 3º serão autorizados quando: I – cumpridos os requisitos técnicos, econômico-financeiros e jurídicos estabelecidos pela ANP; II – preservados o objeto e as demais condições contratuais; III – atendido o disposto no art. 88 da Lei nº 12.529, de 30 de novembro de 2011, se aplicável; IV – as obrigações do contrato de E&P objeto do pedido estejam sendo adimplidas; e V – a cedente e a cessionária, ou a garantida, nos casos de isenção ou substituição de garantia de performance, estejam adimplentes com todas as suas obrigações relativas às participações governamentais e de terceiros perante todos os contratos de E&P em que sejam partes".

[62] ARAGÃO, Alexandre Santos de. *Curso de Direito Administrativo*. 2. ed. Rio de Janeiro: Forense, 2013. p. 45.

legalidade caso ampliasse sua competência de apreciar meramente os requisitos técnicos, econômicos e jurídicos da cessão, para passar a interferir em controvérsia privada.

Saliente-se que a aprovação regulatória de cessões contratuais constitui condição de sua eficácia[63] e não a cessão em si, nos termos do Item 2 da versão do Manual de Procedimento de Cessão: "a autorização para a cessão não transfere a titularidade do contrato, o que ocorrerá somente com a assinatura do respectivo termo aditivo".[64]

Dessa forma, a aprovação da ANP constitui apenas uma das etapas para que a cessão se aperfeiçoe, nas quais também se incluem, por exemplo, a aprovação do CADE, a submissão do pedido à Agência e a assinatura do termo aditivo.

Por meio da autorização da transferência, portanto, *a Agência não efetiva qualquer cessão, mas apenas manifesta não ter óbice a ela* (cf. Tópico 7), exclusivamente quanto às questões que a compete apreciar, isto é: o atendimento dos requisitos técnicos, econômicos e jurídicos, além da presença das meras formalidades pertinentes à transferência, sem entrar no mérito de eventuais disputas entre as concessionárias, sobretudo por serem elas partes experientes e paritárias.

A cessão da posição da parte inadimplente consentida pela ANP, como ocorre em qualquer outra cessão de concessões petrolíferas, é sempre (posteriormente) implementada exclusivamente pela vontade das partes, vontade esta, nesse caso, externalizada na pactuação da cláusula de *forfeiture* e do mandato que lhe é muitas vezes acessório.

6.1 Caráter inteiramente voluntário e sem hipossuficiência da relação entre as consorciadas

No presente Tópico, examinaremos em que medida o caráter inteiramente voluntário e sem hipossuficiência na relação contratual entre as consorciadas se soma para impedir qualquer tipo de interferência da ANP em lide privada sobre o inadimplemento.

O art. 20 da Lei do Petróleo trata da solução de conflitos, pela ANP, entre agentes econômicos e entre usuários e consumidores, dispondo que "o regimento interno da ANP disporá sobre os procedimentos a serem adotados para a solução de conflitos entre agentes econômicos, e entre estes e usuários e consumidores, com ênfase na conciliação e no arbitramento".

O dispositivo aplica-se apenas em situações nas quais inexista relação contratual entre as partes[65] ou, ainda que exista, se houver hipossuficiência com relação a uma delas, o que não é o caso dos contratos de parceria para exploração e produção, evidentemente.

---

[63] Conforme explicam Gustavo Tepedino, Heloisa Helena Barboza e Maria Celina Bodin de Moraes "no plano da eficácia verifica-se se o negócio existente e válido mostra-se apto à produção de efeitos jurídicos, segundo a legislação aplicável e a vontade das partes" (TEPEDINO, Gustavo; BARBOZA, Heloisa Helena; MORAES, Maria Celina Bodin de. *Código Civil interpretado conforme a Constituição da República*. 2. ed., rev. atual. Rio de Janeiro: Renovar, 2007. p. 216-217).

[64] AGENCIA NACIONAL DO PETRÓLEO. *Manual de procedimento de cessão*. Rio de Janeiro, 2020. Disponível em: http://www.anp.gov.br/arquivos/exploracao-producao/ge/procedimentos/manual-procedimento-cessao.pdf. Acesso em 16 jul. 2020.

[65] Exemplo dessa situação seriam as disputas de unitização entre concessionários de blocos vizinhos.

Na segunda hipótese, o Estado exercerá verdadeiro "dirigismo contratual" para proteger a parte mais fraca, podendo até se imiscuir no conflito entre elas.[66]

Conforme destaca Orlando Gomes, o dirigismo contratual "tem a finalidade de "restauração do equilíbrio de forças dos contratantes. [...] Em última análise, as medidas técnicas decorrem do reconhecimento de que a desigualdade real entre os contratantes favorece o abuso do mais forte. Procura-se corrigi-la, compensando-se a inferioridade econômica ou circunstancial de uma das partes com uma superioridade jurídica, segundo a fórmula de Gallart Folch, ou com a possibilidade, através do espírito associativo, da restauração da equivalência de forças".[67]

Nesse contexto, o dirigismo contratual estipulado no art. 20 da Lei do Petróleo é apenas admitido em situações em que exista desequilíbrio de forças entre as partes contratantes, quando, por exemplo, há alguma assimetria informacional. O dispositivo incide, ilustrativamente, quando estão envolvidos direitos dos consumidores e no caso dos contratos de compartilhamento de infraestrutura,[68] nos quais há de um lado o detentor da infraestrutura e de outro o solicitante de acesso a ela, em posição negocial potencialmente desfavorável àquele.

Nas palavras de Maria Sylvia Zanella Di Pietro, "no caso de uso compartilhado, outros interesses são envolvidos: quando o compartilhamento é entre empresas que atuam no mesmo setor, a empresa titular da infraestrutura tem interesse em criar óbices a seus concorrentes, seja impedindo o uso, seja impondo exigências discriminatórias, seja cobrando preços excessivos".[69]

Em algumas situações, esses instrumentos chegam mesmo a configurar contratos coativos, isto é, impostos pela agência reguladora na ausência de acordo entre as partes, sendo eles, por sua própria natureza, intensamente regulamentados. Portanto, apenas em hipóteses como essa, em que estivesse presente o desequilíbrio de forças entre as partes, seria admissível dirigismo contratual da ANP, em linha com a atuação de outras agências reguladoras.[70]

No caso dos contratos de consórcio e JOAs celebrados entre empresas privadas para a exploração e produção de petróleo, gás e outros hidrocarbonetos, contudo, quase sempre inexiste qualquer tipo de hipossuficiência e/ou assimetria entre as partes que firmaram os referidos ajustes, posto serem parceiras no mesmo consórcio e igualmente

---

[66] GOMES, Orlando. *Contratos*. Rio de Janeiro: Forense, 2007. p. 36-37.
[67] GOMES, Orlando. *Contratos*. Rio de Janeiro: Forense, 2007. p. 36-37.
[68] "A existência de bens cuja utilização é condição essencial para a prestação de um determinado serviço cria a obrigatoriedade de limitar-se o uso dos referidos bens. Ter acesso necessário a determinados tipos de bens implica limitar o uso do proprietário, que deve compartilhá-lo com os demais (potenciais) concorrentes. Isso significa que o titular da rede deve obrigatoriamente contratar com o concorrente. Mais do que isso, esse contrato deve conter cláusulas que permitam o efetivo acesso" (SALOMÃO FILHO, Calixto. *Regulação da Atividade Econômica*: princípios e fundamentos jurídicos. São Paulo: Ed. Malheiros, 2001. p. 65).
[69] PIETRO, Maria Sylvia Zanella Di. Compartilhamento de infraestrutura por concessionárias de serviços públicos. *Fórum Administrativo Direito Público FA*, Belo Horizonte, a. 2, n. 11, jan. 2002. Disponível em: http://www.bidforum.com.br/bid/PDI0006.aspx?pdiCntd=1228. Acesso em 28 ago. 2017.
[70] Ilustrativamente, regulamentando o art. 73, Lei nº 9.472/1997, foi editada a Resolução Conjunta ANEEL/ANATEL/ANP nº 001/1999, que aprova o Regulamento Conjunto para Compartilhamento de Infraestrutura entre os Setores de Energia Elétrica, Telecomunicações e Petróleo. O art. 23 de dito regulamento trata da solução de conflitos entre os agentes regulados: "Art. 23. Eventuais conflitos de interesse entre agentes serão dirimidos pelas Agências em Regulamento Conjunto de Resolução de Conflitos das Agências Reguladoras dos Setores de Energia Elétrica, Telecomunicações e Petróleo a ser por elas expedido. (Redação dada pela Resolução Conjunta nº 2, de 27 de março de 2001)".

concessionárias, não incumbindo a uma entidade pública como a ANP resolver litígios de dívidas entre elas.

São, em regra, partes paritárias, experientes no setor petrolífero, plenamente aptas e capazes na negociação dos instrumentos que disciplinam a relação jurídica entre elas, conscientes das boas práticas da indústria, que inclusive inspiram a introdução de regras como a prevista na cláusula de *forfeiture*.

Tendo isso em vista, eventuais disputas entre as consorciadas devem, a princípio, ser regidas estritamente pelas regras acordadas entre elas no Contrato de Consórcio e no JOA, a exemplo da autoexecutoriedade da Cláusula de *forfeiture*, inclusive com a utilização do mandato eventualmente nela previsto (cf. Tópico 2), razão pela qual não caberia à ANP interferir do mérito da questão. Com efeito, na ausência de ordem judicial ou arbitral que a impedisse, não poderia a Agência deixar de apreciar o pedido de cessão, e estritamente no âmbito de suas competências, sem se imiscuir em lides privadas. Em seguimento ao exposto neste Tópico, examinaremos no Tópico que segue, como, se a ANP começasse a emitir juízos sobre conflitos entre privados paritários, especialmente sobre dívidas entre eles, poderia estorvar uma série de investimentos no setor.

6.2 Interpretação consequencialista para que a ANP não se imiscua em conflitos privados

A perspectiva consequencialista se coloca, principalmente em razão dos princípios constitucionais da eficiência e da economicidade, além do art. 20 da Lei de Introdução às Normas de Direito Brasileiro (LINDB), impondo a ponderação de eventuais prejuízos não só aos interesses particulares como também à atividade regulatória da Agência, se fosse avaliar o mérito do conflito de dívidas entre consorciados no momento de aplicar a cláusula de *forfeiture*.

Veremos como, não apenas nessa situação, mas também em diversas outras, a atuação da ANP no sentido de ser ela própria a definidora da existência ou não de uma dívida entre particulares, ou do seu montante, poderia retirar a agilidade de uma série de instrumentos potenciais da indústria do petróleo, inviabilizando-os na prática.

Carlos Maximiliano já afirmava que deve preferir-se "o sentido conducente ao resultado mais razoável, que melhor corresponda às necessidades da prática, e seja mais humano, benigno, suave. É antes de crer que o legislador haja querido exprimir o consequente e adequado à espécie do que o evidentemente injusto, descabido, inaplicável, sem efeito. Portanto, dentro da letra expressa, procure-se a interpretação que conduza à melhor consequência para a coletividade".[71]

A ênfase na perspectiva consequencialista e pragmática é defendida por Richard Posner, que alerta para uma concepção "interessada nos fatos e também bem informada sobre a operação, propriedades e prováveis efeitos de cursos alternativos de ação".[72]

Nesse contexto, merece menção a relação entre a eficiência e a especialização técnico-setorial crescentemente presente no Direito Público contemporâneo, "tecnicidade

---

[71] MAXIMILIANO, Carlos. *Hermenêutica e Aplicação do Direito*. 18. ed. Rio de Janeiro: Forense, 1998. p. 165.
[72] POSNER, Richard. *Overcoming Law*. Cambridge: Harvard University Press, 1996. p. 5.

relacionada com a especificidade das atividades a serem disciplinadas, que necessitam de normas pontuais, remetidas à autonomia de órgãos técnicos, organizando setores específicos e assegurando a flexibilidade e a permeabilidade às exigências da sociedade econômica".[73]

As necessidades da eficiência, na qual está contida a economicidade, não devem ser solucionadas pelo menosprezo à lei (aqui, naturalmente, entendida como "bloco de juridicidade"), mas sim, pela valorização dos seus elementos finalísticos. É sob este prisma que as regras legais devem ser interpretadas e aplicadas, ou seja, todo ato, normativo ou concreto, só será válido ou validamente aplicado, se, *ex vi* do Princípio da Eficiência (art. 37, *caput*, CF), for a maneira mais eficiente ou, na impossibilidade de se definir esta, se for pelo menos uma maneira razoavelmente eficiente de realização dos objetivos fixados pelo ordenamento jurídico.

Ainda mais recentemente, a observância do dever de a Administração Pública se pautar pelas consequências práticas de suas posturas é ainda mais imprescindível, por imposição expressa do art. 20 da Lei de Introdução às Normas do Direito Brasileiro (LINDB), alterada pela Lei nº 13.655/2018, justamente em prol de maior segurança jurídica e da atuação mais responsável do Estado nas esferas administrativa, judicial e controladora:

> Art. 20. Nas esferas administrativa, controladora e judicial, não se decidirá com base em valores jurídicos abstratos sem que sejam consideradas as consequências práticas da decisão. (Incluído pela Lei nº 13.655, de 2018) Parágrafo único. A motivação demonstrará a necessidade e a adequação da medida imposta ou da invalidação de ato, contrato, ajuste, processo ou norma administrativa, inclusive em face das possíveis alternativas. (Incluído pela Lei nº 13.655, de 2018).

Flávio Henrique Unes Pereira diz que, "a decisão será adequada e legítima quando se revelar menos danosa e mais eficaz, se consideradas as alternativas possíveis em determinada situação fática. Afinal, o processo e o Direito servem à vida e esta não pode ser atingida sem que sejam mensurados os efeitos de cada solução possível – isso, também, insere-se na dimensão da decisão adequada".[74]

Nesse contexto, sob uma ótica consequencialista, fosse a Agência imiscuir-se em quaisquer conflitos privados sempre que expedisse autorizações, se tornaria entidade julgadora de uma pluralidade de lides privadas que não lhe dizem respeito, e tiraria a agilidade na relação entre particulares (especialmente entre parceiros ou entre financiadores e empresas petroleiras).

Há que se considerar, ainda, que a apreciação do mérito da inadimplência em si geraria morosos imbróglios, podendo prejudicar, inclusive, a continuidade das atividades de E&P (cf. Tópico 4).

Mesmo diante de uma autorização de cessão ordinária quotidiana, caso haja por exemplo discussão sobre o valor de uma parcela devida ao cedente, não caberia à ANP

---

[73] COCOZZA, Francesco. *Profili di Diritto Costituzionale applicato all'Edconomia, Volume I (Incidenza dei Rapporti Economici sull'Organizzazione del Potere Politico e sul Sistema delle Fonti del Diritto)*. Torino: G. Giappichelli Editore, 1999. p. 171.

[74] PEREIRA, Flávio Henrique Unes. Artigo 20. In: PEREIRA, Flávio Henrique Unes. *Segurança Jurídica e Qualidade das Decisões Públicas*: desafios de uma sociedade democrática. Brasília: Senado Federal, 2015. p. 18.

dirimir essa questão pecuniária, mas sim, autorizar ou não a cessão exclusivamente à luz das qualificações do cessionário, devendo as partes discutir essa pendenga privada entre eles em outra sede, provavelmente judicial ou arbitral. Na ausência de decisão judicial ou arbitral contrária ao processamento do consentimento à cessão, não poderia a ANP furtar-se a apreciar o pedido de transferência que lhe foi submetido, e apenas no âmbito de suas competências.

Ainda seguindo essa lógica, vale destacar, ilustrativamente, que a ANP publicou a Resolução nº 785, de 16.05.2019, regulando procedimentos de cessão e prevendo o oferecimento da própria posição contratual como garantia de financiamentos. Nesses casos, o credor poderá representar a devedora, na qualidade de cedente, em todos os atos do processo de cessão, quando o instrumento contratual que constituir a garantia contiver cláusula de mandato.[75] Ora, se a Agência vier a apreciar o mérito de cada eventual disputa entre credor e devedor antes de autorizar a implementação da garantia, ou condicionar a sua execução à prévia autorização judicial ou arbitral, o instrumento na prática será desprovido de atratividade para os virtuais financiadores e tornará sem efeito a cláusula que a própria Agência está sugerindo sobre execução de garantia.

7 Conclusão

À luz de todas as considerações apresentadas, conclui-se que caso concretizada a hipótese de incidência da cláusula de *forfeiture*, a sua implementação, com a retirada da parte inadimplente, inclusive com o uso do mandato, se dá independentemente de ordem judicial ou arbitral prévia, bastando a acordada "notificação", conforme pactuado pelas partes, paritárias e experientes, dentro de sua autonomia privada, ressalvada, naturalmente, ordem judicial ou arbitral em sentido contrário.

Se assim não fosse, ou seja, se a cláusula de *forfeiture* como tal não fosse autoexecutável, sequer interesse processual de agir uma parte imputada inadimplente teria para requerer provimento arbitral ou judicial – o provimento seria despiciendo, já que de qualquer maneira seria necessária autorização arbitral ou judicial prévia para a cláusula poder ser executada pelas partes não inadimplentes.

Inexistindo então qualquer decisão que a impeça, deve a ANP apreciar o pedido de cessão submetido pela parceira adimplente, dentro dos limites de suas atribuições, adotando as medidas necessárias à formalização da transferência.

Viu-se que a cláusula de *forfeiture* – e sua conatural autoexecutoriedade – insere-se nas boas práticas internacionais da indústria do petróleo, expressamente encampadas pela Lei nº 9.478/1997, como forma de garantir a lógica econômica essencial às atividades de exploração e produção de petróleo e gás natural, sendo ela o primeiro e único mecanismo para remediar o inadimplemento de um consorciado presente em todas as versões das minutas.

---

[75] Resolução nº 785, de 16.05.2019: "Art. 28. O credor poderá representar a devedora, na qualidade de cedente, em todos os atos do processo de cessão, quando: I – o instrumento contratual que constituir a garantia contiver cláusula ou instrumento de mandato; II – a inadimplência que ensejou a execução da garantia for atestada de plano e de forma inequívoca pelo mandatário; e III – a concordância dos demais participantes do contrato de E&P, se houver, ficar evidenciada".

Se não fosse tal remédio, qualquer inadimplente ficaria em situação bastante confortável, enquanto as demais consorciadas sujeitar-se-iam a grande insegurança jurídica e responsabilidades, o que, naturalmente, desestimularia investimentos.

A autoexecutoriedade da cláusula de *forfeiture* também se coaduna com o interesse coletivo inerente à continuidade das atividades de E&P, não divergindo substancialmente de outras hipóteses de autoexecutoriedade existentes no Direito brasileiro, também em caso de inadimplência de determinada parte.

ALGUMAS CONSIDERAÇÕES SOBRE A REGULAÇÃO PARA CONCORRÊNCIA NO SETOR DE GÁS NATURAL[1]

1 Introdução

As atividades da indústria do petróleo, desde a edição da Lei nº 2.004, de 3 de outubro de 1953, foram constituídas como monopólios da União Federal. Todavia, desde a edição da Emenda Constitucional nº 9, de 9 de novembro de 1995, que alterou a redação do §1º do artigo 177 da Constituição Federal, a fim de flexibilizar o monopólio da União Federal sobre as atividades da indústria do petróleo, arroladas nos incisos I a IV do *caput* de referido artigo, a legislação federal vem procurando propiciar a entrada de novos agentes no mercado de petróleo e gás natural e inserir, por conseguinte, competição em tal setor.

O marco legal que implementou tais medidas, regulamentando as disposições da Emenda Constitucional nº 9/95, foi a Lei nº 9.478, de 6 de agosto de 1997, que criou a Agência Nacional do Petróleo (cuja denominação foi alterada para Agência Nacional do Petróleo, Gás Natural e Biocombustíveis, por meio da Lei nº 11.097, de 13 de janeiro de 2005) e determinou o regime de exploração de cada uma das atividades da indústria do petróleo e do gás natural.

---

[1] Artigo em coautoria com Vitor Rhein Schirato, publicado originariamente na *Revista de Direito Público da Economia – RDPE*, v. 14, 2006.

Nesta senda, nosso escopo neste estudo será a análise da regulamentação da atividade de transporte de gás natural vigente, tanto no que concerne ao controle da entrada de agentes no mercado, quanto no que concerne à regulação de suas atividades, a partir de cada um dos instrumentos regulatórios existentes, a fim de verificar o pleno atendimento à *ratio legis* da nova legislação da indústria do petróleo, que outra não é senão o desenvolvimento e o crescimento do mercado a partir da concorrência.

2 O Transporte de Gás Natural na Ordem Econômica Constitucional

Por expressa determinação constitucional (Artigo 177), as atividades da indústria do petróleo, incluindo o transporte dutoviário de petróleo, gás natural e derivados, configuram-se atividades econômicas *stricto sensu*[2] monopolizadas pela União Federal, que, após a edição da Emenda nº 9/95, passou a poder contratar com empresas estatais ou privadas o exercício de tais atividades, na forma da lei.[3]

Nesta toada, a Lei nº 9.478/97, cujo artigo 4º transcreveu *ipsis literis* os monopólios da União Federal arrolados nos incisos I a IV do artigo 177 da Constituição Federal, expressamente determinou que as atividades de pesquisa, exploração e produção de petróleo e gás natural dependem de concessão da União, outorgadas pela ANP, enquanto as demais atividades, incluindo o transporte dutoviário de gás natural, dependem de simples autorização também expedida pela ANP (artigo 56 da Lei nº 9.478/97).[4]

Em primeira e irrefletida análise do conteúdo do artigo 56 da Lei nº 9.478/97, poder-se-ia cogitar que as autorizações lá mencionadas seriam aquelas autorizações necessárias ao desempenho de atividades econômicas em sentido estrito, cujas características peculiares demandam intensa regulação e controle por parte da Administração Pública, tanto no que concerne ao ingresso de agentes no mercado, quanto no que concerne a suas atuações dentro do mercado.[5] Contudo, tal entendimento não se afigura, a nosso ver, o mais preciso.

---

[2] Eros Grau há muito propôs classificação das atividades econômicas em atividades econômicas *stricto sensu* e atividades econômicas *lato sensu*. As primeiras seriam aquelas atividades reservadas à iniciativa privada e desenvolvidas em ambiente de livre concorrência e livre iniciativa, ao passo que as segundas seriam os serviços públicos, que são atividades econômicas de titularidade estatal, em razão de sua relevância para o interesse público. Nesta toada, a atividade de transporte de gás natural, nada obstante ser monopólio estatal, é atividade econômica *stricto sensu*. Cf. GRAU, Eros Roberto. *A Ordem Econômica na Constituição de 1988*. 7. ed. São Paulo: Ed. Malheiros, 2002. p. 146 e ss.

[3] Dispõe o inciso IV do artigo 177 da Constituição Federal (*in verbis*): "Art. 177. Constituem monopólio da União Federal: [...] IV- o transporte marítimo do petróleo bruto de origem nacional ou de derivados básicos do petróleo produzidos no País, bem assim o transporte, por meio de conduto, de petróleo bruto, seus derivados e gás natural de qualquer origem". Desta forma, verifica-se que a atividade de transporte de gás natural por meio de condutos é monopólio de União Federal, somente sendo acessível por particulares por meio de contratação com a União Federal, nos termos do §1º do referido artigo.

[4] Atualmente, a Portaria ANP nº 170, de 26 de novembro de 1998, estabelece as condições para a obtenção de autorizações para a construção e operação de instalações de transporte de gás natural.

[5] Conforme já assentado em estudo anterior, as atividades econômicas sujeitas ao regime de autorização "independentemente da nomenclatura, são atividades da iniciativa privada para as quais a lei, face à sua relação com o bem-estar da coletividade e/ou por gerarem desigualdades e assimetrias informativas para os usuários, exige autorização prévia para que possam ser exercidas, impondo-se ainda a sua contínua sujeição à regulação da autoridade autorizante, através de um ordenamento jurídico setorial". (ARAGÃO, Alexandre Santos

Isto ocorre, pois as atividades constituídas monopólio da União Federal, por força constitucional, não são atividades privadas, que, portanto, são objeto das autorizações administrativas. Uma vez constituída determinada atividade monopólio estatal, retira-se tal atividade do domínio dos particulares, o que mitiga a incidência do Princípio da Livre Iniciativa com relação a tal atividade. Sendo assim, não há como se conceber a natureza de autorização administrativa clássica às autorizações previstas na Lei nº 9.478/97 para o transporte dutoviário de gás natural.

Neste diapasão, é fundamental encontrar a natureza jurídica das autorizações para a exploração da atividade de transporte dutoviário de gás natural. Naturalmente, não se pode, na realização de tal mister, recorrer a institutos clássicos da doutrina nacional, pois é evidente estarmos diante de instituto ainda não perfeitamente conceituado.

Em estudo anterior, já restou identificada a existência de certas autorizações contratuais, que seriam aquelas autorizações assim denominadas pela lei, mas que, em verdade, versam sobre atividades de titularidade estatal e, portanto, passíveis de delegação apenas pela via contratual.[6] Conforme já observado, "não é pelo fato de a lei ou o regulamento se referir nominalmente a 'autorização' que, como em um passe de mágica, a atividade deixa de ser serviço público (ou monopólio público) para ser uma atividade privada".[7]

Sendo assim, entendemos que as autorizações para operar instalações de transporte dutoviário de gás natural, por se referirem a atividades titularizadas pelo Poder Público (monopólios), não têm natureza de ato administrativo, mas sim natureza contratual, posto que a Constituição Federal apenas permite o acesso de particulares a tais atividades por meio de contratos (§1º do artigo 177 da Constituição Federal).

3 A Regulação do Acesso às Instalações de Transporte de Gás Natural

O transporte de gás natural entre os pontos de produção e de distribuição é realizado por meio de malha dutoviária, construída por particulares devidamente autorizados pela ANP. Tendo em vista que a duplicação de tal malha dutoviária não é possível ou, caso o seja, não é racional do ponto de vista econômico e/ou ambiental, está-se diante de um monopólio natural, o que acarreta a existência de um único agente operador das redes em determinadas trechos.[8] Em seus mercados relevantes – tanto material, quanto geográfico –, os operadores de redes de transportes de gás natural, via de regra, atuam sem concorrentes.

---

de. Atividades Privadas Regulamentadas: Autorização Administrativa, Poder de Polícia e Regulação. *Revista de Direito Público da Economia*, Belo Horizonte, Ed. Fórum, n. 10, p. 9, abr./jun. 2005).

[6] ARAGÃO, Alexandre Santos de. *O Direito dos Serviços Públicos, no prelo.* Rio de Janeiro: Ed. Forense, 2017. Capítulo XIV.

[7] ARAGÃO, Alexandre Santos de. *O Direito dos Serviços Públicos, no prelo.* Rio de Janeiro: Ed. Forense, 2017. Capítulo XIV.

[8] Sobre o tema: ARAGÃO, Alexandre Santos de. Serviços Públicos e Concorrência. Revista de Direito Administrativo, n. 233, p. 337. In: OLIVEIRA, Gesner; RODAS, João Grandino. *Direito e Economia da Concorrência*, 2004, Ed. Renovar, Rio de Janeiro, pp. 131 e ss., SCHNEIDER, Jens-Peter. *Kooperative Netzzugangsregulierung und Europäische Verbundverwaltung im Elektrizitätsbinnenmarkt.* Köln: ZWeR 4, 2003. p. 381-410, entre outros.

As cadeias do setor de gás natural, notadamente produção e comercialização, comumente encontram-se bastante distantes, sendo fundamental a existência de sistema de transporte que interligue os pontos de produção e comercialização. A produção de gás natural ocorre mediante a exploração de blocos identificados e designados pela ANP, explorados por meio de concessões por essa outorgadas. Por outro lado, a comercialização, em virtude de expressa determinação constitucional (artigo 25, §2º), é muitas vezes serviço público de competência dos Estados. A atividade de transporte de gás natural, portanto, configura-se geralmente o único meio de interligação entre os pontos de produção (blocos) e os pontos de consumo (*city gates* das companhias estaduais de distribuição de gás natural).

Sendo assim, uma das questões de maior relevância no campo do transporte de gás natural é a possibilidade de acesso do maior número de interessados possível às redes de transporte, a fim de possibilitar que mais de um produtor possa entregar gás natural aos pontos de consumo, favorecendo a concorrência.[9] Calixto Salomão Filho assevera que "o titular de direitos sobre as redes parte de uma imensa vantagem inicial",[10] sendo, portanto, a obrigação de livre acesso às redes um importantíssimo instrumento na redução do poder econômico do titular de referidas redes e na melhoria das condições de mercado.

Assim, para que fosse possível reduzir o poder econômico dos operadores das redes de transporte de gás e estabelecer concorrência no setor *sub examine*, era necessário o estabelecimento de marco regulatório setorial que regulamentasse o disposto no artigo 58 da Lei nº 9.478/97, que faculta a qualquer interessado o uso de instalações de transporte de petróleo e gás natural, pois como bem ressalta Cristopher Just, "um instrumento central para a abertura do mercado é uma base jurídica permissiva do uso das redes por competidores".[11]

Para tal mister, a ANP expediu nova regulamentação do acesso às instalações, por meio das Resoluções nº 27, nº 28 e nº 29, todas de 14 de outubro de 2005. A Resolução ANP nº 27/2005 estabelece as condições de uso das instalações de transporte dutoviário de gás natural; a Resolução ANP nº 28/2005 estabelece as condições de cessão de capacidade contratada de gás natural; e a Resolução ANP nº 29/2005 estabelece os critérios para fixação dos valores das tarifas de transporte de gás natural.

A regulamentação constante de tais resoluções teve por mérito aclarar os procedimentos e requisitos para o acesso de terceiros às instalações de transporte de gás natural. Em que pese poderem os órgãos de defesa da concorrência atuar neste campo mesmo sem expressa previsão legal, tal mecanismo facilita consideravelmente a regulação do acesso, já que não existe no direito positivo brasileiro qualquer dispositivo

---

[9] Existe, atualmente, tendência para mitigar o monopólio das concessionárias estaduais de distribuição de gás natural, mediante a criação da figura dos consumidores livres, que seriam aqueles com grande demanda de gás natural e, portanto, estariam autorizados a adquirir tal insumo diretamente dos produtores, mediante uso remunerado das infraestruturas de transporte de baixa pressão (monopólios estaduais). Tal mecanismo já está previsto, por exemplo, no marco regulatório do setor de gás natural do Estado de São Paulo. Contudo, tendo em vista que o objeto de análise deste estudo não envolve os serviços de gás natural de competência dos Estados, não serão analisados os aspectos regulatórios do acesso aos gasodutos de baixa pressão.

[10] SALOMÃO FILHO, Calixto. Regulação e Desenvolvimento. *In*: SALOMÃO FILHO, Calixto (Coord.). *Regulação e Desenvolvimento*. São Paulo: Ed. Malheiros, 2002. p. 43.

[11] JUST, Christoph. Aktuelle wettbewerbsrechtliche Problemfelder in der Energiewirtschaft. *Recht der Energiewirtschaft*, n. 3, p. 65, 2004. (Tradução nossa).

que expressamente determine como se constitui recusa injustificada de acesso a redes de suporte e nem que tipifique tal conduta como infração contra a ordem econômica, contrariamente do que ocorre, por exemplo, no ordenamento jurídico alemão (§19, item 4, da lei concorrencial alemã – *Gesetz gegen Wettbewerbsbeschränkungen* – e, mais especificamente, §30 da Lei do Setor Energético – *Energiewirtschaftsgesetz*).

3.1 A Teoria das Instalações Essenciais

Tendo em vista que os dutos de transporte de gás natural, conforme já descrito, configuram-se como o instrumento privilegiado de competição nas atividades de produção, comercialização e distribuição de gás natural, visto ser a única forma de ligação entre os pontos de produção e consumo, é possível afirmar que tais instalações configuram-se instalações essenciais (*essential facilities*), conforme conceito criado e desenvolvido pela jurisprudência norte-americana, sendo-lhe aplicável, portanto, o regime desenvolvido em tal teoria.[12]

A *Essential Facilities Doctrine* foi aplicada pela primeira vez no caso *Terminal Railroad*, julgado em 1912 pela Suprema Corte,[13] mas o julgamento que fixou as bases que até hoje presidem a Teoria foi o *MCI contra AT & T*, realizado pelo Sétimo Circuito da Justiça dos EUA,[14] em que esta teve que dar acesso à sua rede de telefonia fixa (a *facility*), da qual tinha o monopólio, para aquela prestar os seus serviços de telefonia interurbana em concorrência com a própria *AT & T*, que também os prestava.[15]

Nesse julgado foram fixados os requisitos de aplicação da Teoria das Instalações Essenciais, ou seja, de exceção ao princípio pelo qual as empresas não podem ser obrigadas a negociar com os seus concorrentes. Esses requisitos são, com algumas evoluções e adaptações, observados não apenas nos Estados Unidos, mas também nos demais países em que há a possibilidade de compartilhamento obrigatório das *essential facilities*.[16]

---

[12] Sobre o tema, confira-se; ARAGÃO, Alexandre Santos de. Compartilhamento de Infra-Estrutura por Concessionários de Serviços Públicos. *In*: ARAGÃO, Alexandre Santos de; STRINGHINI, Adriano Candido; SAMPAIO, Patrícia Regina Pinheiro. *Servidão Administrativa e Compartilhamento de Infra-Estruturas*: regulação e Concorrência. Rio de Janeiro: Ed. Forense, 2005. p. 94 e ss., bem como: DUTRA, Pedro. Desagregação e Compartilhamento do uso de Rede de Telecomunicações. *In*: DUTRA, Pedro. *Livre Concorrência e Regulação de Mercados*. Rio de Janeiro: Ed. Renovar, 2003. p. 181 e ss.

[13] "O uso de um entroncamento ferroviário em St. Louis, nos Estados Unidos, em 1912, por terceiros que por ele queriam fazer trafegar suas composições, encontrou resistência de seus proprietários; a Suprema Corte decidiu em favor dos terceiros, reconhecendo que, mesmo não sendo co-proprietários do entroncamento, ao seu uso teriam direito" (DUTRA, Pedro. Desagregação e Compartilhamento do uso de Rede de Telecomunicações. *In*: DUTRA, Pedro. *Livre Concorrência e Regulação de Mercados*. Rio de Janeiro: Ed. Renovar, 2003. p. 182). Devemos observar também que as instalações essenciais são na verdade exemplos especializados da vedação de abuso de poder econômico em mercados relevantes (Cf. ORGANISATION FOR ECONOMIC CO-OPERATION AND DEVELOPMENT – OECD. *The Essential Facilities Concept*. Paris, 1996. p. 94. Versão online).

[14] *MCI Communications Corp. v. AT & T*. (708 F.2d 1081, 1132 (7th Cir.), cert. Denied, 464 U.S. 891 (1983).

[15] NUSDEO, Ana Maria de Oliveira. Agências Reguladoras e Concorrência. *In*: SUNDFELD, Carlos Ari (Coord.). *Direito Administrativo Econômico*. São Paulo: Ed. Malheiros, 2000. p. 171.

[16] É curioso notar, inclusive, a importância da jurisprudência norte-americana para a solução dos casos de direito antitruste em países com menos tradição na matéria. Vejam-se, por exemplo, as decisões do CADE, em que os precedentes dos EUA têm uma influência significativa. Todavia, é interessante observar que a construção da Teoria deve mais às Cortes inferiores que à Suprema Corte, apesar de essa já ter reconhecido que o direito do monopolista "contratar com quem quiser" pode ser excluído em alguns casos (Cf. ORGANISATION FOR ECONOMIC CO-OPERATION AND DEVELOPMENT – OECD. *The Essential Facilities Concept*. Paris, 1996. p. 87).

Vejamos, assim, quais são os cinco requisitos da Teoria das Instalações Essenciais:
(i) *controle da instalação essencial*: "Os casos envolvendo a Teoria das Instalações Essenciais dizem respeito a monopolistas (recusas unilaterais) e grupos de empresas com poder de monopólio (recusas combinadas), assim como a um monopolista que não compete no *downstream* com a empresa para a qual foi negado o acesso à *facility* (recusas arbitrárias)".[17]

Normalmente a aplicação da Teoria das Instalações Essenciais se dá em relação a uma empresa que domina uma instalação no mercado a montante (*upstream*), mas que também participa direta ou indiretamente do mercado a jusante (*downstream*), no qual a referida instalação é condição *sine qua non* para a sua atuação.[18]

É nesta situação que a Teoria das Instalações Essenciais é geralmente aplicada, mas ela se expandiu para abranger outras circunstâncias, tais como as empresas integradas horizontalmente, em que não há o domínio em um mercado a montante, mas a empresa vende mercadorias que só funcionam adequadamente se combinadas com outros produtos seus, o que é muito comum em eletrônicos e em produtos vendidos em módulos.[19]

A Teoria das Instalações Essenciais é aplicada com particular rigor nos casos em que é constatado que a negativa de acesso foi inspirada por objetivos anticoncorrenciais.[20]

(ii) *Essencialidade da instalação*: impossibilidade econômica, jurídica ou fática do concorrente empreender a sua própria instalação.[21]

---

[17] Cf. ORGANISATION FOR ECONOMIC CO-OPERATION AND DEVELOPMENT – OECD. *The Essential Facilities Concept*. Paris, 1996. p. 56. Versão *online*. "O primeiro fator refere-se, em primeiro lugar, à essencialidade do insumo. A doutrina considera essencial o insumo se ele é vital para a viabilidade da concorrência em outro mercado e se os concorrentes nesse não podem efetivamente competir sem acesso a ele (cf. *ABA Section of Antitrust Law. Antitrust Law Developments*. 4. ed. Chicago: ABA Book Publishing, 1997. p. 277). O insumo não precisa ser indispensável: basta que seu controle carregue consigo o poder de eliminar a concorrência no mercado adjacente [...]. Em segundo lugar, refere-se o fator à condição monopolista ou de posição dominante do fornecedor. Não é preciso que o fornecedor possa ou queira tornar-se um monopolista ou conquistar posição dominante no mercado adjacente. Basta que consiga, nesse mercado, uma posição de vantagem (resultante, na verdade, de sua posição monopolista ou dominante no primeiro mercado)" (FERRAZ JÚNIOR, Tércio Sampaio. Lei Geral de Telecomunicações e a Regulação dos Mercados. *In*: ARAGÃO, Alexandre Santos de (Coord.). *Revista de Direito da Associação dos Procuradores do Novo Estado do Rio de Janeiro, Vol. XI – Direito da Regulação*. Rio de Janeiro: Ed. Lumen Juris, 2002. p. 259).

[18] "Obviamente, um serviço telefônico concorrente encontrará tremendas dificuldades para entrar no mercado. Não há nenhum interesse para o usuário em adquirir uma linha telefônica que não permita a comunicação com praticamente ninguém (já que todos adotam o primeiro sistema telefônico). Daí porque fundamental para a existência de competição no setor de telefonia é a garantia de que todos os operadores possam ter acesso a uma rede única, via de regra, pública" (SALOMÃO FILHO, Calixto. *Direito Concorrencial*: as estruturas. 2. ed. São Paulo: Ed. Malheiros, 2002. p. 203-204).

[19] Cf. ORGANISATION FOR ECONOMIC CO-OPERATION AND DEVELOPMENT – OECD. *The Essential Facilities Concept*. Paris, 1996. p. 101. Versão *online*.

[20] PITOFSKY, Robert. *The Essential Facilities Doctrine under United States Antitrust Law*. Disponível em: http://www.ftc.gov/os/comments/intelpropertycomments/pitofskyrobert.pdf. Acesso em 15 abr. 2003.

[21] "O segundo fator significa, na verdade, que o demandante do insumo não tem como, em absoluto, ou não tem como, sem enormes custos, obter o insumo que lhe é essencial. A doutrina aponta, assim, para a circunstância de que os competidores, entrantes potenciais em um mercado adjacente, não podem ser obrigados a entrar em dois mercados simultaneamente (o fornecedor e o adjacente) apenas para obter um importante insumo. De qualquer modo, para a doutrina, basta comprovar que outro modo de aquisição do insumo é destituído de razoabilidade econômica" (FERRAZ JR., Tércio Sampaio. Lei Geral de Telecomunicações e a Regulação dos Mercados. *Revista de Direito da Associação dos Procuradores do Novo Estado do Rio de Janeiro*, Rio de Janeiro, v. XI – Direito da Regulação (Coord. Alexandre Santos de Aragão), 2002, p. 259-260).

A empresa que deseja acesso à instalação essencial deve provar que essa é realmente uma "essencialidade", ou seja, que, mais do que acarretar um incômodo ou uma perda econômica, não há alternativa à sua utilização.[22] Não é, contudo, necessário, que estejamos diante de um monopólio natural.

Adverte-se, todavia, que, mesmo no Direito norte-americano, ainda não está claro se a impossibilidade de duplicação do insumo essencial deve ser aferida face especificamente à empresa que requereu o acesso ou ao conjunto das empresas que, em tese, possam necessitar da instalação.[23]

(iii) *Restrição da concorrência*: O titular da instalação essencial recusa o acesso a um concorrente.

Se essa é a regra, não pode ser desconsiderada, dentro da perspectiva expansionista da Teoria das Instalações Essenciais, a abertura que se fez para impor a obrigação de acesso a empresas que não sejam concorrentes da titular da instalação, ou seja, mesmo que a empresa que precise da instalação essencial não participe do setor da que a detém (ex.: uma empresa de telecomunicações pode precisar da rede de energia elétrica) ou, dentro daquele setor, atue em mercados distintos.[24]

Passou-se a privilegiar o efeito de criação ou aumento da concorrência, independentemente de a empresa titular da *essenciality* ser verticalmente integrada ou não, e mais, "uma das condições é a de que o acesso ao serviço deva favorecer a concorrência em um mercado (mais do que no mercado desse serviço)".[25] Já foi determinado, por exemplo, o acesso mútuo à rede de duas empresas de telefonia celular que atuavam em áreas geográficas diferentes.[26]

(iv) *Viabilidade de acesso*: A instalação essencial deve ser tecnicamente acessível pelo concorrente.

Para esse efeito é necessário distinguir os casos em que o acesso à *facility* pode ser dado a um número ilimitado de concorrentes (ex.: acesso a informações, a compras *online* de passagens aéreas, etc.), daqueles em que há restrições físicas ou de outra natureza para os acessos (ex.: o tamanho de um porto).[27] Nesses casos, em havendo mais de um potencial competidor no mercado, coloca-se a séria questão regulatória de como será feito o compartilhamento da capacidade da infraestrutura ainda não ocupada entre diversas empresas, respeitando-se, em princípio, os contratos que já tenham sido firmados e critérios equânimes de divisão da rede.[28]

---

[22] *Twin Labs v. Weider Health & Fitness*, 900 F.2d 566,570 (2d Cir. 1990), in ABA. p. 249.
[23] Cf. ORGANISATION FOR ECONOMIC CO-OPERATION AND DEVELOPMENT – OECD. *The Essential Facilities Concept*. Paris, 1996. p. 89. Versão *online*.
[24] Cf. ORGANISATION FOR ECONOMIC CO-OPERATION AND DEVELOPMENT – OECD. *The Essential Facilities Concept*. Paris, 1996. p. 130. Versão *online*.
[25] Cf. ORGANISATION FOR ECONOMIC CO-OPERATION AND DEVELOPMENT – OECD. *The Essential Facilities Concept*. Paris, 1996. p. 121-122. Versão *online*.
[26] *Sunshine Cellular v. Vanguard Cellular Sys., Inc.*, 810 F. Supp. 486, 496-98 (E.D. Pa. 1992).
[27] Cf. ORGANISATION FOR ECONOMIC CO-OPERATION AND DEVELOPMENT – OECD. *The Essential Facilities Concept*. Paris, 1996. p. 96, 99 e 127. Versão *online*.
[28] "Costuma-se adotar a distinção entre common carrier e mandatory open access. No primeiro, o acesso à rede se dá pro rata entre todos; no segundo, se acede segundo a ordem de chegada" (MACHADO, Santiago Muñoz. *Servicio Público y Mercado – Las Telecomunicaciones*. Madrid: Ed. Civitas, 1998. t. II, p. 231).

Todavia, deve-se sempre tomar cuidado para aferir se contratos de longo prazo não tiveram o objetivo de impedir a entrada de novos competidores, ou se a limitação ou o esgotamento da instalação essencial não decorre da ineficiência da sua gestão.

Note-se que os motivos técnicos que podem impedir o acesso podem dizer respeito à própria rede ou à empresa requerente, podendo, em um sentido largo, abranger até mesmo a má qualidade dos serviços desta ou a sua má reputação.[29]

Motivos econômicos, apesar de não serem tão determinantes quanto os técnicos, também podem excepcionalmente justificar a recusa de acesso. É sob essa perspectiva que se defende o direito de exclusividade no acesso ao *Eurotunnel* por determinado período, para que haja retorno dos enormes investimentos realizados.[30] É por isso que muitos alertam "que a inovação pode ser obstaculizada se a obrigação de acesso for determinada excessivamente cedo em um setor fundado em redes".[31] Nesses casos, o acesso levaria a uma rentabilidade do investimento inferior àquela que motivou a sua realização.

Também deve ser observado que, como o compartilhamento é feito no interesse da concorrência, a forma e o local da conexão devem ser determinados da maneira que melhor favoreça a concorrência, não da que for mais conveniente para qualquer das partes envolvidas.

Dada a assimetria informacional existente em favor da titular da *facility*, é recomendável que sejam tomadas como indícios da viabilidade de compartilhamento as experiências anteriores, seja em relação àquela instalação específica, seja em relação a instalações similares.[32]

(v) *Preço razoável*: o preço do acesso não pode ser tão alto que restrinja a competição, equivalendo a uma recusa de acesso,[33] nem tão baixo que não remunere satisfatoriamente o seu titular, desincentivando os investimentos na instalação, gerando ineficiências econômicas ou uma indevida transferência de renda entre incumbente e entrante.[34]

Dessa maneira, requer uma remuneração que recompense a incumbente pelos investimentos financeiros e humanos realizados, assim como a recompense pelos inconvenientes operacionais de ter que dividir a sua rede com outra empresa, até mesmo para, como já alertado, não desincentivar os investimentos na rede, preocupação recorrente da Teoria das Instalações Essenciais.[35]

---

[29] Cf. ORGANISATION FOR ECONOMIC CO-OPERATION AND DEVELOPMENT – OECD. *The Essential Facilities Concept*. Paris, 1996. p. 126. Versão *online*.

[30] Cf. ORGANISATION FOR ECONOMIC CO-OPERATION AND DEVELOPMENT – OECD. *The Essential Facilities Concept*. Paris, 1996. p. 106, nota 26. Versão *online*.

[31] Cf. ORGANISATION FOR ECONOMIC CO-OPERATION AND DEVELOPMENT – OECD. *The Essential Facilities Concept*. Paris, 1996. p. 122. Versão *online*.

[32] Cf. ORGANISATION FOR ECONOMIC CO-OPERATION AND DEVELOPMENT – OECD. *The Essential Facilities Concept*. Paris, 1996. p. 89. Versão *online*.

[33] Ver, e.g., *Twin Labs., Inc. v. Weider Health & Fitness*, 900 F.2d 566, 568, 570 (2d Cir. 1990), e *City of Chanute v. Williams Natural Gas Co.*, 955 F.2d 641, 648 (10th Cir. 1992), cert. denied, 506 U.S. 831 (1992).

[34] DUTRA, Pedro. Desagregação e Compartilhamento do uso de Rede de Telecomunicações. *In*: DUTRA, Pedro. *Livre Concorrência e Regulação de Mercados*. Rio de Janeiro: Ed. Renovar, 2003. p. 183.

[35] "Ao não haver mercado, não há preços que correspondam a uma realidade comercial. A solução habitual é a de estabelecer uma aproximação através dos custos. Todavia, em empresas com sistemas de rede com base tecnológica, o cálculo desses custos é difícil e discutível. O custo marginal existindo como existe excesso de capacidade

Os preceitos norteadores da Teoria das Instalações Essenciais anteriormente referidos, em que pese desenvolvidos em país com tradição jurídica muito distinta da brasileira, devem, em princípio, ser observados na composição dos instrumentos regulatórios do acesso às instalações de transporte de gás natural. Conforme adiante claramente se verá, isso foi verificado, de certa forma, na elaboração do novo marco regulatório pátrio.

4 Os Instrumentos Regulatórios Previstos na Regulamentação Vigente

Basicamente, a nova regulamentação expedida pela ANP prevê os instrumentos regulatórios comumente empregados nas regulamentações que têm por objetivo assegurar a competitividade, tais como (i) a obrigação de desverticalização (*unbundling*) das empresas atuantes no setor; (ii) controle das tarifas; e (iii) regulação da contratação e cessão de capacidade de transporte firme de gás natural.

4.1 Desverticalização dos Agentes do Mercado

O artigo 3º da Resolução ANP nº 27/2005 expressamente determina que os transportadores de gás natural[36] não poderão comprar ou vender gás natural em escala comercial, sendo tal atividade restrita aos carregadores.[37] Sendo assim, a nova regulamentação do livre acesso a instalações de transporte de gás natural impõe obrigação de desverticalização (*unbundling*), constante da impossibilidade de uma mesma empresa, na generalidade dos casos,[38] explorar a atividade de transporte juntamente com outra atividade da indústria de gás natural.

---

na rede é praticamente inexistente. Ademais, a maior parte dos custos de uma Companhia telefônica tem a natureza de sunk costs, são fixos, não variam por uma maior variação dos serviços. As contribuições teóricas para o cálculo dos custos de interconexão são amplamente discutidas. Na prática só podem ser estabelecidos através da intervenção direta de um órgão regulador ou arbitral" (SIMO, Pedro de Torres. La Administración como Regulador. *In*: TABERNER, José Aznar (Org.). *Los Problemas de las Telecomunicaciones en España* (obra coletiva). Madrid: Círculo de Empresarios, 1996. v. II, p. 72-73). Há quem defenda que deva ser cobrado o custo evitado pelo entrante ou, no outro extremo, apenas o custo de manutenção da infraestrutura compartilhada (cf. MOTTA, Paulo Roberto Ferreira. As Estruturas do Serviço Público. *Interesse Público*, v. 26, p. 85, 2004). Para uma crítica da adoção do critério do custo marginal, tanto por ser insuficiente (Laffont e Tirole), como por ser excessivo (Willig), ver: MATTOS, César. Interconnection Policy: a theoretical survey. *In*: *Nova Economia – Revista do Departamento de Ciências Econômicas da UFMG*, v. 13, 2003, p. 55 e seguintes.

[36] Transportadores de gás natural são definidos pelo inciso XIX do artigo 2º da Resolução ANP nº 27/2005 como (*in verbis*): "empresa ou consórcio de empresas autorizadas pela ANP a operar instalações de transporte".

[37] Carregadores de gás natural são definidos pelo inciso VII do artigo 2º da Resolução ANP nº 27/2005 como (*in verbis*): "empresa ou consórcio de empresas contratante do serviço de transporte de gás natural".

[38] A ressalva é necessária por entendermos, na esteira da excepcional lição de Humberto Ávila acerca do Princípio da Razoabilidade, que poderá haver situações em que, apesar de verificada a hipótese de incidência da norma determinadora de desverticalização (existência de empresa atuante em mais de uma cadeia, além de transporte de gás), poderá ser autorizada, em casos especiais, a exploração, por uma única empresa, de mais de uma atividade da cadeia produtiva da indústria do petróleo, incluindo o transporte. Todavia, esta possibilidade dependerá da existência de situações especiais aferidas conforme as especificidades de cada caso. (ÁVILA, Humberto. *Teoria dos Princípios*. São Paulo: Ed. Malheiros, 2003. p. 97-98.

Eric Staeb, com extrema propriedade, afirma que "a desverticalização da operação das redes de outras atividades empresariais da empresa de energia verticalmente integradas (*unbundling*) é uma condição de cada regulação: se esta empresa de um lado exerce a transmissão e distribuição de energia ou o transporte e a distribuição de gás e, por outro lado, também o abastecimento de gás ou energia, permanece o perigo de subsídios cruzados. Tal empresa pode conduzir a deformações na concorrência do mercado. A separação virtual da operação das redes das demais atividades da empresa pode, em sentido contrário, minimizar a ocorrência de deformações da concorrência".[39]

Usualmente, a doutrina reconhece a existência de quatro modalidades distintas de segregação de atividades (ou desverticalização), quais sejam:[40]

(i) *segregação contábil*, constante da obrigação de manutenção de contabilização segregada das receitas e dos gastos advindos de cada uma das atividades exploradas (por exemplo, produção e transporte de gás natural) por uma determinada empresa em um mesmo setor. O objetivo desta modalidade de segregação é facilitar a verificação pelas autoridades competentes da existência de subsídios cruzados entre as diversas atividades de um setor;

(ii) *segregação informacional*, constante do impedimento de um mesmo grupo de profissionais de uma determinada empresa verticalmente integrada ser responsável por mais de uma das atividades da cadeia produtiva de um determinado setor. Tal forma de segregação pode ser implementada com ou sem a segregação empresarial, dependendo apenas da adoção das denominadas políticas de *chinese wall*, isto é, vedação da divulgação de determinadas informações de conteúdo privilegiado dentro de uma mesma empresa.[41] O objetivo desta modalidade de segregação é evitar o uso de informações privilegiadas na operação das redes de suporte;

(iii) *segregação empresarial*, constante da obrigação de desenvolvimento das diferentes atividades em um setor por diferentes pessoas jurídicas, que podem pertencer a um mesmo grupo econômico. O objetivo desta modalidade é, a um só tempo, evitar subsídios cruzados, uma vez que cada empresa deverá contabilizar individualmente os valores relacionados a cada atividade, e evitar o uso de informações privilegiadas; e

(iv) *segregação econômica*, constante da vedação de desenvolvimento de determinadas atividades em um dado setor por empresas pertencentes a um mesmo grupo econômico. O objetivo é assegurar a total segregação de atividades e interesses nas cadeias produtivas de um setor.[42]

---

[39] STAEBE, Erik. *Zur Novelle des Energiewirtschaftsgesetzes (EnWG)*. Köln: Deutsches Verwaltungsblatt, 2004. p. 855. (Tradução nossa).

[40] Cf. STAEBE, Erik. *Zur Novelle des Energiewirtschaftsgesetzes (EnWG)*. Köln: Deutsches Verwaltungsblatt, 2004. p. 856 e KOENIG, Christian; RASBACH, Winfried. Trilogie Komplementärer Regulierungsinstrumente: netzzugang, Unbundling, Sofortvollzug. *Die Öffentliche Verwaltung*, n. 17, p. 735, 2004.

[41] Por exemplo, a segregação informacional com padrões de *chinese wall* é utilizada há considerável tempo no mercado financeiro, já que as instituições financeiras de países signatários do Pacto da Basiléia são obrigadas a manter o sigilo de certas informações em relação a outras áreas da mesma instituição, somente podendo divulgar internamente aquelas informações divulgadas indistintamente ao mercado (por exemplo, determinadas áreas devem manter o sigilo de informações privilegiadas em relação à área de *asset management* – administração de ativos – da mesma instituição).

[42] Como exemplo de segregação econômica, é possível mencionar o caso do setor elétrico inglês, no qual a operadora e detentora das linhas de transmissão (NGC – National Grid Company Plc.) é legalmente vedada de ter qualquer relação societária com qualquer outra empresa do setor elétrico de tal país.

A nova regulamentação da Comunidade Europeia do setor de gás natural faz uso da desverticalização como instrumento regulatório necessário à implementação de competição em tal setor. Os artigos 9º e 13º da Diretiva **nº** 2003/55/CE do Parlamento Europeu e do Conselho, de 26 de junho de 2003, expressamente impõem aos operadores de redes de transporte e de distribuição de gás natural pertencentes a empresas verticalmente integradas a obrigação de segregação empresarial das demais atividades realizadas pela empresa verticalmente integrada no setor de gás natural.

No âmbito de tal segregação empresarial é incluída, expressamente, a obrigação de segregação informacional, uma vez que as pessoas envolvidas com a operação das redes devem ser independentes e não podem participar das demais estruturas da empresa verticalmente integrada no setor de gás, conforme item 2 do artigo 9º e do item 2 do artigo 13º de referida Diretiva. Adicionalmente, o artigo 17º da Diretiva nº 2003/55/CE determina a obrigação de segregação contábil das empresas do setor de gás natural, devendo estas contabilizar separadamente os valores relativos a cada uma das atividades realizadas no setor de gás natural, independentemente de seu regime de propriedade e da sua forma jurídica.

A desverticalização prevista no artigo 3º da Resolução ANP nº 27/2005, por determinar a vedação de a mesma empresa explorar as atividades de transporte e comercialização ou produção de gás natural, sem impedir que as empresas exploradoras de tais atividades pertençam ao mesmo grupo econômico, constitui-se uma segregação empresarial.

De acordo com a legislação nacional, a segregação empresarial terá como consequência imediata uma segregação contábil, uma vez que cada uma das empresas que explora uma das atividades do setor deverá ter contabilidade própria relativa a suas atividades. Sendo assim, a nova regulamentação tem como ponto positivo o fato de minimizar os riscos de subsídios cruzados, já que carregador e transportador deverão ser pessoas jurídicas distintas.

Há, contudo, a ausência de obrigação de segregação informacional, uma vez que as empresas que exploram a atividade de transporte não estão obrigadas a manter os padrões de *chinese wall* quanto **às** informações de operação das redes. Para que todos os objetivos da segregação empresarial possam ser efetivamente alcançados, é fundamental que as informações relevantes para esse fim sejam acessíveis pelos demais agentes de mercado.

4.2 Controle das Tarifas

A Resolução ANP nº 29/2005 estabelece a metodologia de controle das tarifas de transporte de gás natural. Segundo previsto no artigo 3º da Resolução ANP nº 29/2005, as tarifas de transporte de gás natural não podem implicar em tratamento discriminatório entre os usuários, isto é, devem ser estabelecidas com base em critérios objetivos, aplicáveis indistintamente a todos os usuários.

Em geral, a regulação das tarifas de uso das redes de suporte pode, em tese, ser realizada de duas formas. A primeira forma consta do estabelecimento, pelo **órgão** regulador, do valor máximo das tarifas a serem cobradas pelos operadores, ou da necessidade de homologação, pelo órgão regulador, dos parâmetros de cálculo das tarifas, sempre anteriormente ao início da cobrança das respectivas tarifas. Consiste, portanto, em regulação *ex-ante* do valor das tarifas, visto que é realizada anteriormente à prática da tarifa.[43] De outro turno, a segunda forma consiste na liberdade tarifária entre os agentes, havendo interferência do órgão regulador apenas em casos de prática de tarifas discriminatórias ou abusivas. Trata-se de regulação *ex-post* das tarifas, visto que ocorre após o estabelecimento do valor pelo agente de mercado.[44]

A regulação *ex-ante* das tarifas de transporte de gás natural é adotada atualmente na Comunidade Europeia. Desde antes da edição da Diretiva nº 2003/55/CE, na vigência da Diretiva nº 98/30/CE, de 22 de junho de 1998, diversos países, tais como Itália e Inglaterra, já previam modelos de regulação *ex-ante* das tarifas de transporte de gás.[45] Contudo, após a edição daquela diretiva, passou a ser obrigatória a todos os países da Comunidade Europeia a adoção de regulação *ex-ante* das tarifas de transporte de gás natural. Nos termos dos itens 2 e 3 do artigo 25º de referida diretiva, os órgãos reguladores de cada país-membro são responsáveis pela aprovação, anteriormente à prática, dos valores das tarifas, ou, no mínimo, da metodologia de cálculo de tais tarifas.

No caso brasileiro, a nova regulamentação expedida pela ANP mantém a tradição vigente desde a abertura do setor de gás e petróleo (artigo 10 da revogada Portaria ANP nº 169, de 26 de novembro de 1998), estabelecendo um mecanismo de controle tendente à regulação *ex-post* das tarifas de transporte de gás natural. O caráter *ex-post* da regulação tarifária é verificado no artigo 11 da Resolução ANP nº 29/2005, que determina a obrigação dos agentes de *informar* o valor de suas tarifas à ANP.

Os parâmetros para fixação do valor das tarifas constantes dos artigos 4º e 5º[46] da Resolução ANP nº 29/2005 não se configuram propriamente elementos de uma regulação *ex-ante* das tarifas, mas abalizadores dos valores tarifários a serem fixados pelos agentes, bem como elementos para a melhor definição de tarifas abusivas ou discriminatórias.

---

[43] Por exemplo, as tarifas de acesso às redes de suporte de energia elétrica são reguladas *ex-ante* pela Agência Nacional de Energia Elétrica (ANEEL), nos termos da Resolução ANEEL nº 281, de 1º de outubro de 1999.

[44] Existe grande discussão na doutrina a respeito da configuração da regulação tarifária *ex-post* como atividade regulatória, já que tal atividade configurar-se-ia atividade de defesa da concorrência. Tendo em vista que no caso da atividade de transporte de gás natural o controle tarifário *ex-post* é realizado no bojo de funções regulatórias e com amparo em ordenamento setorial específico, entendemos que tal controle configura-se atividade regulatória. A existência de controle *ex-ante* ou *ex-post* trata-se de opção regulatória prevista no ordenamento setorial específico de acordo com as características peculiares do setor em questão. A simples existência de regulação *ex-post* não implica *ipso facto* em competência dos órgãos de defesa da concorrência, posto que o ordenamento setorial específico poderá optar por tal tipo de regulação sem se desconfigurar a atuação regulatória. Neste sentido, confira-se: HAUCAP, Justus; KRUSE, Jörn. Ex-Ante-Regulierung oder Ex-Post-Aufsicht für netzgebundene Industrien. *Wirtschaft und Wettbewerb*, n. 3, p. 268, 2004.

[45] Sobre o tema, confira-se: PRICE, Catharine Waddans. The UK Gas Industry. *In*: HELM, Dieter; JEKINSON, Tim. *Competition in Regulated Industries*. 1. ed. Oxford: Oxford University Press, 1998. p. 114 e ss.

[46] Dispõem os artigos 4º e 5º da Resolução ANP nº 29/2005 (*in verbis*): "Art. 4º As tarifas aplicáveis a cada serviço e/ou carregador serão compostas por uma estrutura de encargos relacionados à natureza dos custos atribuíveis a sua prestação, devendo refletir: I. os custos da prestação eficiente; II. Os determinantes de custos, tais como a distância entre os pontos de recepção e entrega, o volume e o prazo de contratação, observando a responsabilidade de cada carregador e/ou serviço de ocorrência desses custos e a qualidade relativa entre os tipos de serviço ofertados. Art. 5º A tarifa do serviço de transporte firme será estruturada, no mínimo, com base nos seguintes encargos: I. Encargo de capacidade de entrada: destinado a cobrir os custos fixos relacionados à capacidade de recepção, as despesas gerais e administrativas e os custos fixos de operação e manutenção; II. Encargo de capacidade de transporte: destinado a cobrir os custos de investimentos relativos à capacidade de transporte; III. Encargo de capacidade de saída: destinado a cobrir os custos fixos relacionados à capacidade de entrega; IV. Encargo de movimentação: destinado a cobrir os custos variáveis com a movimentação de gás".

O único elemento de regulação *ex-ante* das tarifas previsto na regulamentação brasileira consta da obrigatoriedade de inclusão da metodologia de cálculo das tarifas nos regulamentos de Concurso Público de Alocação de Capacidade, que devem ser previamente aprovados pela ANP, conforme será descrito adiante. Porém, ainda assim, as metodologias de cálculo não têm caráter regulamentar típico, mas apenas em instrumento de natureza híbrida elaborado pelo próprio carregador (regulamento privado aprovado pelo Poder Público).[47]

O sistema de solução de conflitos entre transportadores e carregadores, previsto na Portaria ANP nº 254, de 11 de setembro de 2001, também indica um sistema de regulação *ex-post* das tarifas de transporte de gás, uma vez que em sistema de regulação tarifária *ex-ante* a necessidade de sistemas de solução de conflitos é consideravelmente reduzida, visto que os termos e condições de acesso são pré-aprovados pelo órgão regulador e obrigatórios a todos os agentes.

4.3 Regulação da contratação de capacidade de transporte firme

O outro instrumento regulatório previsto na nova regulamentação do acesso a instalações de transporte de gás natural expedida pela ANP consta da regulação da contratação de capacidade de transporte firme.[48] Nos termos do artigo 7º da Resolução ANP nº 27/2005, toda a capacidade disponível de transporte dos transportadores deverá ser ofertada e alocada mediante procedimentos de Concurso Público de Alocação de Capacidade (CPAC).

Os procedimentos de CPAC, semelhantes a procedimentos de licitação, devem ser elaborados pelos transportadores e submetidos à aprovação da ANP com, no mínimo, 30 dias de antecedência de sua divulgação. Tais procedimentos devem observar os princípios da transparência, da isonomia e da publicidade (artigo 9, *caput*, da Resolução ANP nº 27/2005). A metodologia de cálculo das tarifas deverá constar do regulamento do respectivo CPAC.

O objetivo a ser alcançado com a realização de procedimentos de CPAC é assegurar o tratamento isonômico entre todos os carregadores na alocação de capacidade de transporte. Em princípio, o sistema proposto configura-se valioso instrumento na garantia de acesso não discriminatório, uma vez que assegura igualdade de chances entre todos os interessados em utilizar instalações de transporte de gás natural.

A partir do momento em que não existe obrigação expressa de divulgação isonômica das informações relevantes, a efetividade dos procedimentos de CPAC pode ser consideravelmente prejudicada, pois determinadas empresas poderão contar com informações privilegiadas anteriormente à realização do respectivo CPAC, bem como durante seu curso. Para que a regulação da contratação de capacidade firme seja

---

[47] Sobre o tema, confira-se: ARAGÃO, Alexandre Santos de. *O Direito dos Serviços Públicos, no prelo*. Rio de Janeiro: Ed. Forense, 2017. Item VIII.8.

[48] O inciso XV do artigo 2º da Resolução ANP nº 27/2005 define serviço de transporte firme como (*in verbis*) "serviço de transporte no qual o Transportador se obriga a programar e transportar o volume diário de gás natural solicitado pelo Carregador, até a Capacidade Contratada de Transporte estabelecida no contrato com o Carregador".

realmente efetiva, é fundamental que seja assegurada divulgação não discriminatória das informações relevantes para o certame.

Ademais, é importante mencionar que a regulamentação da contratação de capacidade de transporte firme de gás natural poderia ter sua efetividade comprometida caso os carregadores pudessem livremente ceder as capacidades contratadas. É que tal prática poderia gerar a atribuição discriminatória de capacidade, uma vez que o carregador poderia participar do procedimento de CPAC com a única finalidade de ceder sua capacidade contratada a outro carregador de forma discriminatória (por exemplo, por meio da cobrança de tarifas mais altas do que as fixadas no CPAC).

Felizmente, tal fato não passou despercebido pela ANP, que expressamente disciplinou, por meio da Resolução nº 28/2005, os requisitos para a cessão de capacidade contratada de transporte firme. As operações de cessão deverão ser previamente informadas ao transportador e à ANP e todas as informações relativas a tais operações deverão ser divulgadas na página da *internet* do transportador.

Finalmente, é interessante mencionar que as novas instalações de transporte[49] de gás natural não estão obrigadas temporariamente a garantir livre acesso, nos termos do artigo 4º da Resolução ANP nº 27/2005. Contudo, tais instalações deverão contratar suas capacidades de transporte por meio de CPAC. A ausência de obrigação de livre acesso para as novas instalações deve-se a uma alegada necessidade de se proteger os investimentos realizados pelo transportador que gozará de período de exclusividade.

---

[49] Novas instalações de transporte são definidas como aquelas instalações com menos de 6 (seis) anos de operação comercial (inciso XII do artigo 2º da Resolução ANP nº 27/2005).

CONSIDERAÇÕES SOBRE AS AUTORIZAÇÕES NO SETOR DE GÁS NATURAL À LUZ DA LEI Nº 11.909/2009[1]

1 Introdução

Por expressa determinação constitucional, as atividades da indústria do petróleo, incluindo-se aí o transporte dutoviário de petróleo, gás natural e derivados, configuram-se como atividades econômicas *stricto sensu* monopolizadas pela União Federal, que, após a edição da Emenda nº 09/1995, passou a poder contratar com empresas estatais ou privadas o exercício de tais atividades, na forma da lei.

De acordo com a doutrina e a jurisprudência majoritárias,[2] o ordenamento pátrio distingue o serviço público e a atividade econômica *stricto sensu* explorada pelo Estado, que, conjuntamente, constituem espécies do gênero "atividades econômicas *lato sensu*".

Assim, nos dizeres de Eros Roberto Grau, "a mera atribuição de determinada competência atinente ao empreendimento de atividades do Estado não é suficiente para definir essa prestação como serviço público". E continua o autor afirmando que, no que toca ao petróleo e ao gás natural, "razões creditadas aos imperativos da segurança nacional é que justificam a previsão constitucional de atuação do Estado, como

---

[1] Artigo originariamente publicado em *Revista de Direito Público da Economia – RDPE*, v. 51, 2015.
[2] GRAU, Eros Roberto. *A ordem econômica na Constituição de 1988*. 4. ed. São Paulo: Ed. Malheiros, 1998. p. 137-139.

agente econômico, no campo da atividade econômica em sentido estrito. Não há, pois, aí serviço público".[3]

A exploração e a produção do gás natural e o seu transporte, à luz dessas considerações, são atividades econômicas *stricto sensu* monopolizadas pela União, consoante os arts. 177, I e IV,[4] e §1º, CRFB, e art. 4º, Lei nº 9.478/1997, e não serviços públicos, conforme dispõe expressamente também o art. 1º, §2º da Lei nº 11.909/2009, novo marco regulatório do setor.[5] Não obstante a isso, conforme destaca Alex Vasconcellos Prisco, "o sistema adotado para as autorizações de transporte de gás natural em percurso considerado de interesse geral se aproxima daquele verificado nas delegações de serviços públicos".[6]

A edição da Lei nº 11.909/2009 adveio da necessidade de complementação da disciplina do setor de gás, excessivamente lacônica na medida em que, anteriormente, se resumia aos arts. 56 a 59 da Lei do Petróleo (Lei nº 9.478/1997), e à regulamentação editada pela Agência Nacional do Petróleo, Gás Natural e Biocombustíveis (ANP).

De fato, essa mesma agência já havia sinalizado a insuficiência da normatização anteriormente vigente, em estudo realizado em 2004 pela Superintendência de Comercialização e Movimentação de Gás Natural e intitulado "Organização da indústria brasileira de gás natural e abrangência de uma nova legislação".

Neste documento, a ANP informa que, dentre os problemas ocorridos sob a égide da antiga legislação, se destacam:

> A dificuldade de entrada de novos operadores no mercado, a tentativa de imposição de limites ao poder de mercado dos agentes, o surgimento de problemas de coordenação na utilização dos dutos, a dificuldade efetiva de implantação do livre acesso às redes de transporte, o aumento da percepção de riscos, que dificulta a execução de investimentos, principalmente nas redes de transporte e a dificuldade de coordenação de investimentos nas distintas atividades da cadeia do energético.[7]

Conforme aponta a ANP, ainda neste mesmo material, o gás natural careceria de regramento específico, por receber tratamento de derivado do petróleo na Lei nº 9478/1997, e não de uma fonte de energia primária competitiva. A conclusão, assim, é que a separação jurídica da atividade de transporte de gás, com a criação de regramento próprio e específico, seria passo importante para "o funcionamento de um modelo de mercado".

A Lei nº 11.909/2009, então, com o intuito de suprir algumas das lacunas anteriormente mencionadas, bem como de atrair investimentos para o setor de transporte

---

[3] GRAU, Eros Roberto. Constituição e serviço público. In: *Direito Constitucional*: estudos em homenagem a Paulo Bonavides. São Paulo: Ed. Malheiros, 2003. p. 255, 257 e 262.

[4] "(...) transporte, por meio de conduto, de petróleo bruto, seus derivados e gás natural de qualquer origem" (art. 177, IV).

[5] "A exploração das atividades decorrentes das autorizações e concessões de que trata esta Lei correrá por conta e risco do empreendedor, não se constituindo, em qualquer hipótese, prestação de serviço público" (art. 1º, §2º da Lei nº 11.909/2009).

[6] PRISCO, Alex Vasconcellos. Autorização Administrativa da Atividade de Transporte Dutoviário de Gás Natural: Conformações Pós-Lei nº 11.909/2009. In: ARAGÃO, Alexandre Santos de (Org.). *Direito do Petróleo e de Outras Fontes de Energia*. Rio de Janeiro: Lumen Juris, 2011. p. 5.

[7] ANP. *Organização da Indústria Brasileira de Gás Natural e abrangência de uma nova legislação*. Disponível em: http://www.anp.gov.br/images/central-de-conteudo/notas-estudos-tecnicos/notas-tecnicas/nota-tecnica-mar2004--preliminar-scm.pdf. Acesso em 22 jan. 2014.

de gás natural, trouxe consigo o regime de concessões para esta mesma atividade, bem como complementou e alterou o antigo regime vigente das autorizações.

Estas últimas compõem o objeto do presente estudo, que demanda, primeiramente, uma análise acerca do conceito de "autorização", para que, então, se proceda ao exame das mesmas no contexto do novo marco regulatório.

2 A evolução do conceito de autorização administrativa

Tradicionalmente, como define Marçal Justen Filho, a autorização consistiria num

> ato administrativo editado no exercício de competência discricionária, tendo por objetivo o exercício de atividade privada, o exercício de um direito, ou a constituição de uma situação de fato, caracterizada pelo cunho de precariedade e revogabilidade a qualquer tempo.[8]

Tratar-se-ia, portanto, *de ato discricionário de polícia administrativa*, por que a Administração faculta ao particular o desempenho material de determinada atividade ou a prática de determinado ato sujeito a controle público, semelhantemente à licença, porém, com a distinção de que esta última é vinculada.

Este conceito de autorização *stricto sensu*, entretanto, não é o único existente, nem corresponde àquele considerado pelo legislador quando da edição da Lei nº 11.909/2009.

Pelos paradigmas clássicos da doutrina administrativista brasileira, haveria três acepções para o termo "autorização" em geral:
1   Ato discricionário de polícia administrativa;
2   Autorização de uso de bem público: ato discricionário e precário que faculta ao particular o uso de bem público, que servirá preponderantemente ao seu próprio interesse;
3   Autorização de serviço público: o art. 175 não coloca a autorização como uma das espécies de delegação de serviços públicos, mas o art. 21, XI e XII, CF (competência material da União), e vários dispositivos infraconstitucionais (ex.: art. 7º, Lei nº 9.074/1995) se referem a ela como uma condição da prestação de determinados serviços.

Nesse contexto, Maria Sylvia Zanella di Pietro aponta que a autorização administrativa *lato sensu* seria

> o ato administrativo unilateral, discricionário e precário pelo qual a Administração faculta ao particular o uso de bem público (autorização de uso), ou a prestação de serviço público (autorização de serviço público), ou o desempenho de atividade material, ou a prática de ato que, sem esse consentimento, seriam legalmente proibidos (autorização como ato de poder de polícia).[9]

---

[8]   JUSTEN FILHO, Marçal. *Curso de Direito Administrativo*. São Paulo: Saraiva, 2006. p. 219.
[9]   DI PIETRO, Maria Sylvia Zanella. *Direito Administrativo*. São Paulo: Atlas, 2012. p. 234.

As modernas e complexas relações entre Estado e particular, contudo, não permitem a caracterização das autorizações apenas como ato pontual, que se exaure na sua edição (denominadas "por operação").[10] Ao contrário, surgiu uma nova modalidade de autorização, que cria uma relação jurídica continuada entre o particular e a Administração Pública, com a sucessiva edição de atos normativos e fiscalizações (*e.g.*: autorização administrativa para o funcionamento de instituição financeira, de plano de saúde etc.).

Para Eduardo García de Enterría,

> o conceito de autorização em sentido estrito que chegou até nós se formou no final do século passado [...]. A crise do esquema tradicional se deu mais agudamente a partir do momento em que, ultrapassando o campo próprio da ordem pública, em sua tríplice dimensão compreensiva da tranquilidade, segurança e salubridade, em função da qual foi pensado dito esquema, a autorização foi transplantada ao complexo campo das atividades econômicas, nas quais desempenha um papel que não se reduz ao simples controle negativo do exercício de direitos, mas que se estende à própria regulação do mercado, com o explícito propósito de orientar e conformar positivamente a atividade autorizada no sentido da realização de uns objetivos previamente programados ou ao menos implicitamente definidos nas normas aplicáveis.[11]

Juan Carlos Cassagne afirma que,

> nas autorizações de operação, o poder desta última se esgota com a emissão do ato, não dando, salvo previsão expressa em contrário, origem a nenhum vínculo posterior com o administrado. Ao revés, nas autorizações de funcionamento há uma vinculação permanente com a administração, com a finalidade de tutelar o interesse público, admitindo-se – tanto na doutrina como na jurisprudência espanhola – a possibilidade de modificação do conteúdo da autorização para adaptá-lo, constantemente, à dita finalidade, durante todo o tempo em que a atividade autorizada seja exercida.[12]

Nesta nova realidade, a Administração Pública pode manter o particular sob diversos controles,

> que se iniciarão com a exigência da autorização, e manter-se-ão ao longo do desenvolvimento da atividade autorizada mediante a necessidade de submeter-se não já às condições,

---

[10] "Nas autorizações por operação, a relação entre o poder público e o autorizatário é episódica. E não cria nenhum vínculo estável entre eles. Realizada a operação comercial ou construído o edifício autorizado, os efeitos da autorização outorgada se esgotam" (ENTERRÍA, Eduardo Garcia de; FERNÁNDEZ, Tomás-Ramón. *Curso de Derecho Administrativo*. 6. ed. Madrid: Ed. Civitas, 1999. t. II, p. 136-137).

[11] ENTERRÍA, Eduardo Garcia de; FERNÁNDEZ, Tomás-Ramón. *Curso de Derecho Administrativo*. 6. ed. Madrid: Ed. Civitas, 1999. t. II, p. 133-134. Os autores mantêm a distinção entre as autorizações e as concessões e, consequentemente, entre atividades privadas de interesse geral e serviços públicos, vez que as concessões "operam a partir de uma prévia *publicatio* ou reserva formal do setor aos entes públicos, que, desse modo, ostentam sobre a atividade uma titularidade primária [...]" (ENTERRÍA, Eduardo Garcia de; FERNÁNDEZ, Tomás-Ramón. *Curso de Derecho Administrativo*. 6. ed. Madrid: Ed. Civitas, 1999. t. II, p. 135).

[12] CASSAGNE, Juan Carlos. *La Intervención Administrativa*. 2. ed. Buenos Aires: Ed. Abeledo-Perrot, 1994. p. 81.

fins e modos que se agregam à referida autorização, mas, o que será mais frequente, a toda uma disposição de caráter regulamentar.[13]

Trata-se de consequência direta do tipo de atividade a ser exercida pelo particular, que nestes casos se consubstancia em atividade privada regulamentada (não serviço público), para a qual a lei, em face da sua relação com o bem-estar da coletividade e/ou por gerar alguma desigualdade e assimetria informativa para os usuários, exige autorização prévia de polícia administrativa para que possa ser exercida, impondo-se, ainda, a sua contínua sujeição à regulação da autoridade pública através de um ordenamento jurídico setorial (e.g.: distribuição de combustíveis, geração de energia eólica, instituições financeiras, planos de saúde, seguros, produção de sementes transgênicas, portos privativos etc.).

Vista essa evolução no aspecto dinâmico e continuado no conceito clássico de autorização administrativa, no próximo tópico passaremos a ver a evolução específica no que toca ao aspecto de discricionariedade, tradicionalmente inserido no seu conceito clássico.

3 A questão das autorizações vinculadas

Entendemos, não obstante se tratar de tema polêmico em sede doutrinária, que a acepção técnico-jurídica da autorização como ato necessariamente discricionário, ou seja, em que a Administração Pública tem a possibilidade de optar entre pelo menos duas alternativas válidas, não foi constitucionalizada em 1988, de modo que poderia haver autorizações que decorram do simples atendimento dos requisitos objetivamente estabelecidos em lei, sendo, portanto, o seu caráter vinculado ou discricionário uma opção do legislador, não uma determinação constitucional ou uma inevitabilidade ontológica do instituto.[14]

Em primeiro lugar, nem a própria doutrina, nacional e de alhures,[15] é unânime quanto à necessidade de discricionariedade na emissão de autorizações administrativas. Deve-se, contudo, reconhecer que, de fato, a tradição e a grande maioria dos autores brasileiros realmente apontam a discricionariedade como uma das suas principais características.[16]

---

[13] GROTTI, Dinorá Adelaide Musetti. *O Serviço Público e a Constituição Brasileira de 1988*. São Paulo: Ed. Malheiros, 2003. p. 121.

[14] Há ainda a possibilidade de, mesmo nos casos de autorizações vinculadas, o acesso à atividade ser submetido a prévio procedimento licitatório no caso de limite econômico, urbanístico ou técnico para o número de autorizatários (ex., art. 136, Lei Geral de Telecomunicações – LGT). Sobre essas autorizações em que o número de possíveis autorizatários é limitado, inclusive para evitar o desequilíbrio de determinado mercado em razão do excesso do número de operadores econômicos, ver: FRACCHIA, Fabrizio. *Autorizzazione Amministrativa e Situazioni Giuridiche Soggettive*. Napoli: Jovene, 1996. p. 142-143.

[15] SUNDFELD, Carlos Ari. Autorização de Serviços de Telecomunicações: os requisitos para sua obtenção. *Revista de Direito Administrativo e Constitucional – A&C*, v. 15, 2004. p. 200 e segs.; POMPEU, Cid Tomanik. *Autorização Administrativa*. São Paulo: Ed. RT, 1992. p. 95-96; e BUTTGENBACH, André. *Théorie Générale des Modes de Gestion des Services Publics en Belgique*. Bruxelles: Maison Ferdinand Larcier S.A., 1952. p. 418.

[16] Maria Sylvia Zanella Di Pietro, por exemplo, afirma que, "na realidade, a doutrina do Direito Administrativo brasileiro é praticamente unânime em distinguir autorização e licença pela discricionariedade da primeira e

Devemos lembrar, no entanto, que a Constituição Federal não contém uma disciplina prévia e acabada das modalidades de intervenção do Estado na economia, deixando ao Legislador um campo bastante largo de conformação.

Gustavo Zagrebelsky denota que

> a constituição pluralista revela a estrutura de um pacto sobre o qual cada uma das partes demanda e obtém a inscrição de princípios que correspondem às suas próprias aspirações de justiça. Estes são, assim, extraídos do domínio pré-jurídico e inseridos enquanto tais e inteiramente no direito. Esta inserção não deve de maneira alguma ser negligenciada para as concepções jurídicas: ela é a condição imediata do sucesso da obra constituinte como obra de todos, e não como ditame unilateral de uma parte em relação a outra. Contrariamente ao que dizem os partidários de soluções constitucionais simples e isentas de compromissos, ela é um sinal da força da constituição, e não da sua fraqueza, na medida em que estes fundamentos consensuais são alargados.[17]

Lembrando que até a doutrina mais tradicional do Direito Administrativo brasileiro há muito já pacificou o entendimento que as autorizações por prazo determinado deixam de ser precárias ("autorizações qualificadas"), podendo ser revogadas apenas mediante o pagamento de indenização. Floriano de Azevedo Marques Neto afirma que,

> analisando os marcos legais e constitucionais, verifica-se que nada há em lei ou na Constituição que determine ser a autorização necessariamente precária e vulnerável. Na doutrina mais abalizada, por seu turno, colhe-se entendimento exatamente contrário.[18]

A limitação conceitual das autorizações a atos discricionários seria, assim, meio inadequado ao alcance dos objetivos do marco regulatório da maior parte dos setores da economia em que é utilizada, qual seja, a atração de capitais, para o que é imprescindível um nível satisfatório de segurança jurídica, ainda mais se considerarmos os elevados investimentos que esses setores demandam.[19] Não seria de se imaginar, com efeito, que

---

pela vinculação da segunda. No caso de que se trata, tem-se que entender que o vocábulo 'autorização', na Lei nº 9.472, foi utilizado indevidamente, no lugar da licença. E isso ocorreu porque o legislador precisava dar uma aparência de constitucionalidade ao tratamento imprimido à matéria de telecomunicações. E essa impropriedade na utilização do instituto da autorização decorre de outra impropriedade, para não falar em flagrante inconstitucionalidade: o que a lei fez foi privatizar (não a execução do serviço, como ocorre na autorização, permissão ou concessão), mas a própria atividade ou, pelo menos, uma parte dela, o que não encontra fundamento na Constituição" (DI PIETRO, Maria Sylvia Zanella. *Parcerias na Administração Pública. Concessão. Permissão. Franquia. Terceirização e Outras Formas.* 3. ed. São Paulo: Atlas, 1999. p. 126-127). Entendemos, contrariamente, que a licença é uma espécie de autorização *lato sensu*.

[17] ZAGREBELSKY, Gustavo. *Le Droit em Douceur – Il Diritto Mite.* (Trad. Michel Leroy). Paris: Ed. Econômica, 2000. p. 91.

[18] MARQUES NETO, Floriano de Azevedo. Regime Jurídico dos Bens Públicos Empregados na Geração de Energia. *Revista de Direito Administrativo – RDA*, v. 232, p. 345, 2003. Na mesma passagem o autor, tratando especificamente de espécie de autorização existente no setor elétrico, afirma que "o que prediz a maior ou menor precariedade ou fragilidade de uma autorização não é o fato de não ser ela uma concessão ou de parte da doutrina vir repetindo, inadvertidamente, ao longo do tempo, que autorização é 'discricionária, precária ou instável'. Se a autorização for conferida com prazo certo, compromissos de investimento, obrigações para o particular, cláusulas de reversão e indenização, procedimentos para sua extinção etc. (como, insisto, permitem os marcos regulatórios do setor elétrico), restará esvaziada a aludida fragilidade do instituto".

[19] "Essa viva preocupação com segurança e estabilidade tornou-se fenômeno com importantes reflexos, sobretudo na órbita do Direito Administrativo Econômico e da Política Estatal de regulação dos serviços públicos. Em sentido mais concreto, esses princípios constitucionais visam a preservar as relações jurídicas contra modificações

o funcionamento de uma empresa de telecomunicações ou de refino de petróleo fosse precário, permanentemente condicionado à avaliação de conveniência e oportunidade da Administração Pública.[20]

Tanto é assim que Marcello Clarich vê uma tendência ao surgimento de títulos vinculados e não precários habilitantes do exercício de atividades econômicas (autorizações vinculadas, mera comunicação do início da atividade, autorizações diretamente concedidas por atos normativos, preferência ao acordo entre particulares antes de a Administração decidir o conflito etc.),[21] decorrentes não só das normas comunitárias europeias, mas principalmente do direito de empresa assegurado nas constituições nacionais:

> De forma geral, a evolução consiste na passagem, de um sistema no qual o direito de empresa era dominado por poderes de conformação públicos quase ilimitados, a um sistema no qual o poder de conformação que é delimitado pelo ordenamento jurídico para que o direito de empresa seja garantido.[22]

E mais, não faria sentido permitir que a Administração Pública restringisse a sua discricionariedade através da edição de regulamentos administrativos que homogeneizassem a forma de exercício inicialmente discricionário do seu poder de polícia[23] e fosse vedado ao legislador que o fizesse, de forma que se implantasse uma espécie de reserva de poder normativo à Administração Pública (só ela poderia se autovincular), hipótese inadmissível, ainda mais se tratando de limitação a direitos de particulares.

Podemos constatar, então, que, se por um lado o termo "autorização" não admite uma expansão a ponto de poder ser considerado atecnicamente uma delegação de serviço público, por outro, não pode ser restringido a ponto de compreender apenas a noção de ato discricionário, o que decorre, inclusive, da maleabilidade que a hermenêutica constitucional deve ter ao impor ao Legislador acepções de determinadas palavras utilizadas pelo Constituinte.

É pelo exposto que as leis que preveem autorizações com contornos de atos administrativos vinculados, irrevogáveis por razões de conveniência e oportunidade

---

intempestivas" [...] (FREITAS, Juarez. Agência Nacional de Transportes Aquaviários – Princípio da Segurança Jurídica – Exigência da Menor Precariedade Possível das Relações de Administração – Terminais Portuários de Uso Privativo. *Interesse Público*, v. 20, p. 89, 2003).

[20] Há, em casos como esses, inclusive, a possibilidade de, ainda que a legislação as denomine como autorizações, serem materialmente contratos.

[21] O Direito Regulatório tem efetivamente criado mecanismos de controle de atividades econômicas até mesmo bem menos interventivos do que os atos administrativos de controle prévio, ainda que vinculados, tais como as atividades meramente comunicadas à Administração Pública, que normalmente possui um determinado prazo dentro do qual pode impugnar o seu exercício (v. LOZANO, Maria del Carmem Núñez. *Las Actividades Comunicadas a la Administración*: la potestad administrativa de veto sujeta a plazo. Madrid: Ed. Marcial Pons, 2001), e as atividades sujeitas a simples registros.

[22] CLARICH, Marcello. Servizi Pubblici e Diritto Europeu della Concorrenza: l'esperienza italiana e tedesca a confronto. *Rivista Trimestrale di Diritto Pubblico*, v. 1, p. 108-120, 2003.

[23] Os principais fundamentos do poder regulamentar, a respeito dos quais mais diverge a doutrina, são exatamente o do poder discricionário e o da atribuição constitucional ou legal de competência própria da Administração Pública (cf. GASPARINI, Diógenes. *Poder Regulamentar*. Tese de mestrado, mimeo, apresentada à PUC de São Paulo. p. 14-23).

administrativa, a exemplo do que preveem os arts. 132, 133 e 138 a 144 da Lei Geral de Telecomunicações (LGT),[24] nos parecem plenamente constitucionais.[25]

Ademais, se o art. 170, parágrafo único, se referisse à "autorização" apenas enquanto ato discricionário, as licenças – atos vinculados, segundo a doutrina tradicional – estariam necessariamente excluídas enquanto mecanismo de poder de polícia preventivo sobre atividades econômicas, o que contrariaria até mesmo o Princípio da Subsidiariedade, já que se estaria obrigando o Legislador a sempre deixar certa margem de livre apreciação para a Administração Pública assentir ou não no exercício de atividades econômicas, vedando-lhe *tout court* oferecer maiores garantias jurídicas ao particular através de requisitos já previamente estabelecidos em lei (requisitos vinculados) de admissibilidade no mercado.[26]

Por derradeiro, e relativizando um pouco a relevância prática da controvérsia exposta nesse tópico, compreendemos que a própria vinculação administrativa, como o oposto de discricionariedade, não deve ser entendida em termos absolutos. Como evidenciado por Bartolomé A. Fiorini,[27] para uma correta distinção entre atos administrativos vinculados e discricionários

> é necessário excluir do pensamento jurídico o sentido absoluto pretendido pela clássica definição, ao considerar a administração como a execução direta da lei. Esta, que teve sua origem nos estudos de Rousseau no seu Contrato Social, foi propagada logo, sem maior análise, o que desviou muitos juristas [...]. Ao fazer tal consideração, excluem o trecho fecundo onde a administração pode manifestar distintos atos sem sair do cerco fechado da norma denominada lei. Não têm em conta que os atos, as normas administrativas, como a própria lei, só vinculam momentos jurídicos dos interesses coletivos em sua relação com a vida real.[28]

Em lapidar lição, Andreas J. Krell ensina que

> a vinculação dos agentes administrativos aos termos empregados pela lei apresenta uma variação meramente gradual. Por isso, o ato administrativo 'vinculado' não possui uma natureza diferente do ato 'discricionário', sendo a diferença no grau de liberdade de decisão concedida pelo legislador *quantitativa, mas não qualitativa*. A decisão administrativa oscila entre os polos da plena vinculação e da plena discricionariedade. Esses extremos, no

---

[24] As Leis nº 8.630/1993 (art. 6º, §1º) e nº 10.233/2001 (art. 27, V) vão além, conceituando as autorizações administrativas portuárias por elas tratadas como contratos de adesão. Ver a respeito em: FREITAS, Juarez. Agência Nacional de Transportes Aquaviários – Princípio da Segurança Jurídica – Exigência da Menor Precariedade Possível das Relações de Administração – Terminais Portuários de Uso Privativo. *Interesse Público*, v. 20, p. 94, 2003.

[25] No mesmo sentido: MOTTA, Paulo Roberto Ferreira. *Agências Reguladoras*. Barueri: Ed. Manole, 2003. p. 184-185.

[26] O ato é vinculado tanto na sua emissão quanto na sua manutenção, daí apenas os atos discricionários poderem ser revogados. A impropriamente chamada revogação expropriatória de atos vinculados é, substancialmente, como o próprio nome diz, uma desapropriação indireta.

[27] FIORINI, Bartolomé A. *La Discricionariedad en la Administración Pública*. Buenos Aires: Editorial Alfa, 1948. p. 46-47.

[28] Também afirmando que não existe ato administrativo puramente vinculado: MARTINS JÚNIOR, Wallace Paiva. A Discricionariedade Administrativa à Luz do Princípio da Eficiência. *Revista dos Tribunais*, v. 789, p. 66, 2001: "Mesmo diante de atos ou decisões oriundos do poder vinculado há sempre certa margem incidente sobre o modo de cumprimento do dever inscrito na norma jurídica".

entanto, quase não existem na prática; a intensidade vinculatória depende da densidade mandamental dos diferentes tipos de termos linguísticos utilizados pela respectiva lei.[29]

Nos casos em que não se está diante de obrigação estabelecida em acordo internacional, incide para a outorga das autorizações de transporte de gás a Portaria ANP nº 170/1998, segundo a qual o ato é concedido em duas etapas: Autorização de Construção (AC) e Autorização de Operação (AO) (art. 2º).

Para a obtenção da primeira (AC), deverá o pedido ser instruído com: (i) ato constitutivo, estatuto ou contrato social em vigor, devidamente registrado na Junta Comercial, em se tratando de sociedades comerciais e, no caso de sociedades por ações, acompanhado de documentos de eleição de seus administradores ou diretores; (ii) comprovação de inscrição nas Fazendas Federal e Estadual; (iii) sumário do projeto da instalação, apresentando o serviço pretendido, as capacidades de movimentação e armazenagem discriminadas para cada etapa de implantação do projeto, além de dados técnicos básicos pertinentes a cada tipo de instalação; (iv) planta ou esquema preliminar das instalações; (v) cronograma físico-financeiro de implantação do empreendimento; (vi) licença de Instalação (LI) expedida pelo órgão ambiental competente. Segundo o art. 4º da Portaria, a ANP deverá analisar a documentação apresentada pela empresa solicitante no prazo máximo de 90 (noventa) dias, contados da data de sua entrega.

Já o pedido da Autorização de Operação (AO) deverá conter: (i) Licença de Operação (LO) expedida pelo órgão ambiental competente; (ii) Atestado de Comissionamento da obra expedido por entidade técnica especializada, societariamente independente da empresa solicitante, enfocando a segurança das instalações e certificando que as mesmas foram construídas segundo normas técnicas adequadas e; (iii) Sumário do Plano de Manutenção das instalações de transporte e do Sistema de Garantia da Qualidade para a fase de operação.

Veja-se que aí também há uma grande carga de vinculação da Administração para a outorga da autorização. Em princípio, basta que o solicitante se adéque aos condicionamentos feitos pela regulação para que seja concedida a autorização.

4 As autorizações na Lei nº 11.909/2009

Feitas as considerações introdutórias, podemos agora nos debruçar sobre as autorizações presentes no novo marco regulatório do setor de gás natural (Lei nº 11.909/2009). Esta, em seu art. 3º, §1º, dispõe que o

---

[29] "A qualificação de um ato administrativo como 'plenamente vinculado' – ainda comum na doutrina e jurisprudência do Brasil – parece remontar aos equívocos da Escola da Exegese, que pregava que normas legais 'serviriam de prontuários repletos e não lacunosos para dar solução aos casos concretos, cabendo ao aplicador um papel subalterno de automatamente (*sic*) aplicar os comandos prévios e exteriores de sua vontade'. Ao mesmo tempo, a ideia de 'conceitos tecnicamente precisos' constitui um legado da Jurisprudência de Conceitos (*Begriffs – jurisprudenz*), que acreditava na definição da 'única solução correta do caso específico'. Está com razão Celso Antônio Bandeira de Mello quando critica que a 'simplificada linguagem vertida na fórmula 'ato discricionário' e 'ato vinculado' tem levado a 'inúmeras e desnecessárias confusões' e 'despertado a enganosa sugestão de que existe uma radical antítese entre atos de uma ou de outra destas *supostas categorias* antagônicas" (KRELL, Andreas J. Discricionariedade Administrativa, Conceitos Jurídicos Indeterminados e Controle Judicial. *Revista ESMAFE – Escola de Magistratura Federal da 5ª Região*, v. 08, p. 184-185, 2004).

regime de autorização de que trata o inciso II do *caput* deste artigo aplicar-se-á aos *gasodutos de transporte que envolvam acordos internacionais*, enquanto o regime de concessão aplicar-se-á a todos os gasodutos de transporte considerados de interesse geral.[30]

Quanto à outorga destas autorizações, estabelece o art. 56[31] da Lei do Petróleo que qualquer empresa constituída sob as leis brasileiras, com sede e administração no País, observada a legislação pertinente, poderá receber autorização da ANP para construir instalações e efetuar qualquer modalidade de transporte de petróleo, seus derivados e gás natural, seja para suprimento interno ou para importação e exportação.

A Lei nº 11.909/2009, em seu turno, estabelece que às autorizações é aplicável o mesmo prazo das concessões (trinta anos prorrogáveis por igual período), e que incidem sobre os autorizatários as mesmas obrigações contratuais dos concessionários arts. 22, 23 e 24 da Lei).

Um dos objetivos do novo regramento setorial é dar maior segurança e estabilidade às autorizações de transporte dutoviário de gás natural, de forma a atrair investimentos, haja vista tratar-se de setor estratégico e essencial ao desenvolvimento econômico, em especial devido ao crescimento da relevância do gás natural na matriz energética nacional, e por envolver elevados investimentos iniciais com longo prazo de retorno.

Segundo Alex Vasconcellos Prisco, não obstante a partir da nova lei a construção e operação de gasodutos de transporte de "interesse geral" deva ser delegada por meio de concessão, isso

> não retira a importância das autorizações de transporte dutoviário onde haja movimentação de gás natural em percurso de relevante interesse coletivo (Lei nº 9.478/1997, art. 6, VII). Afinal, muitos desses empreendimentos, de grande vulto, estão e continuarão sendo, por mais alguns anos, regidos pela disciplina da autorização, que doravante será sempre obrigatória aos 'gasodutos de transporte' envolvendo 'acordos internacionais'.[32]

Não por outro motivo, em que pese sua natureza jurídica de *atividade econômica em sentido estrito*, o regime das autorizações de transporte dutoviário em muito se aproxima das delegações de serviço público, e, especialmente, das concessões. Assim sendo, dentre as inovações legislativas, destaca-se a disposição contida no art. 27, pelo qual

> os bens destinados à exploração da atividade de transporte sob o regime de autorização, referentes aos gasodutos decorrentes de acordos internacionais, serão considerados vinculados à respectiva autorização e, no término do prazo de sua vigência, deverão ser

---

[30] Ademais, o regime de autorização incide também sobre os gasodutos existentes em 5 de março de 2009; os gasodutos que em 5 de março de 2009 tenham atendido às seguintes condições: a) estejam autorizados pela ANP e ainda não tenham sido construídos; ou b) tenham iniciado o processo de licenciamento ambiental, mas ainda não estejam autorizados pela ANP; e às ampliações dos gasodutos sob o regime de autorização (Decreto nº 7.382/2010, art. 4º, §1º).

[31] Art. 56. Observadas as disposições das leis pertinentes, qualquer empresa ou consórcio de empresas que atender ao disposto no art. 5º poderá receber autorização da ANP para construir instalações e efetuar qualquer modalidade de transporte de petróleo, seus derivados e gás natural, seja para suprimento interno ou para importação e exportação.

[32] PRISCO, Alex Vasconcellos. Autorização Administrativa da Atividade de Transporte Dutoviário de Gás Natural: Conformações Pós-Lei nº 11.909/2009. *In*: ARAGÃO, Alexandre Santos de (Org.). *Direito do Petróleo e de Outras Fontes de Energia*. Rio de Janeiro: Lumen Juris, 2011. p. 5.

incorporados ao patrimônio da União, mediante declaração de utilidade pública e justa e prévia indenização em dinheiro, observado o disposto no §3º do art. 15 desta Lei, nos termos da regulamentação.

Trata-se do instituto da reversão de bens, que sempre foi afeto ao regime das concessões.

Outra característica geralmente associada às concessões, e que é estendida pela Lei às autorizações, consiste, além do prazo certo, no controle por parte da ANP das tarifas da atividade ("Art. 28. As tarifas de transporte de gás natural para novos gasodutos objeto de autorização serão propostas pelo transportador e aprovadas pela ANP, segundo os critérios por ela previamente estabelecidos").

As regras anteriormente expostas, que disciplinam a autorização administrativa do transporte de gás, contemplam as evoluções vistas nos tópicos anteriores em relação à possibilidade de as autorizações possuírem caráter dinâmico-operativo e vinculado, adentrando no cerne mesmo do instituto, mesmo em sua conceituação mais atualizada.

Veja-se, com efeito, o quanto o regime atualmente consagrado pela Lei nº 11.909 se distancia da tradicional visão da relação jurídica estabelecida entre Poder Público e autorizatário, na qual

> não há dever de continuidade na prestação dos serviços; não há manutenção do equilíbrio econômico-financeiro; o direito de exploração dos serviços é por prazo indeterminado; os preços são livres, inexistindo controle estatal a respeito; não pode haver intervenção na empresa; não há encampação; o prestador pode renunciar à autorização, deixando de prestar a atividade sem ser punido por isso.[33]

Pelo contrário, ele se aproxima do conceito europeu de serviço de interesse econômico geral – a expressão utilizada no art. 86 do Tratado da União Europeia –, que consiste nos "serviços de mercado aos quais são impostas obrigações de serviço público em virtude ou em atenção a interesses gerais e que costumam ser os serviços de rede (transportes, energia, comunicações)".[34]

Mas isso, no Direito Brasileiro, equivaleria à concessão, o que, em princípio, não pode ser admitido, porque ficaria sem explicação o fato de o Legislador ter usado duas expressões distintas: as concessões para a generalidade dos casos de transporte de gás e a autorização para alguns específicos.

Talvez a explicação esteja com Leonardo Carrilho, para quem

> o regime autorizatário dos novos gasodutos de transporte (art. 3º, §1º da Lei nº 11.909/1998), ao contrário das concessões de atividade econômica, permite uma margem maior de

---

[33] GROTTI, Dinorá Adelaide Musetti. *O serviço público e a Constituição Brasileira de 1988*. São Paulo: Malheiros, 2003. p. 173.
[34] REBOLLO, Luis Martín. Servicios Públicos y Servicios de Interés General: la nueva concepción y operatividad del servicio público en el Derecho Administrativo Español. In: *Uma Avaliação das tendências contemporâneas do Direito Administrativo – Anais do Seminário de Direito Administrativo Brasil-Espanha*. Rio de Janeiro: Ed. Renovar, 2003. p. 107-108.

flexibilização do regime jurídico desses gasodutos, caso haja mudança fática do cenário internacional.[35]

O mesmo autor assim elenca três fatores que explicam a opção legislativa pela autorização de transporte dutoviário: (i) a possibilidade de rompimento do tratado antes do prazo de amortização dos investimentos de construção, caso fosse utilizado o regime da concessão; (ii) a dificuldade prática da aplicação das normas de licitação pátrias a gasodutos multinacionais; e (iii) pelo fator político, uma vez que a questão envolve interesse internacional. Desta forma, seria perfeitamente viável, por exemplo, o estabelecimento por tratado internacional da obrigação de a Administração outorgar autorização para o exercício da atividade (autorização *vinculada*, portanto), o que seria impensável no regime de concessões.

Trata-se, portanto, de modalidade que Marcos Juruena Villela Souto denomina ato regulatório atributivo de direito de ingresso no mercado: "a tendência de desregulação com vistas à ampliação da eficiência pela competição levará ao acolhimento da noção americana de *public utility*, diversa da atualmente vigente no Brasil para serviços de relevância social reconhecida. Com isso, a licença e a autorização, sob intensa regulação setorial, tendem a ocupar um espaço reservado à concessão e permissão de serviços públicos".[36]

---

[35] CARRILHO, Leonardo. Regimes Jurídicos de Exploração das Atividades Econômicas no Novo Marco Regulatório da Indústria Brasileira de Gás Natural. *In*: ARAGÃO, Alexandre Santos de (Org.). *Direito do Petróleo e de Outras Fontes de Energia*. Rio de Janeiro: Lumen Juris, 2011. p. 106.

[36] SOUTO, Marcos Juruena Vilela. *Direito Administrativo Regulatório*. Rio de Janeiro: Lumen Juris, 2002. p. 283-284.

O REGIME JURÍDICO DO CONSUMIDOR LIVRE DE GÁS NATURAL E ENERGIA ELÉTRICA[1]

1 Introdução

O presente artigo pretende discutir as condições que devem estar presentes na regulação setorial, a fim de que seja possível a existência de consumidores livres em setores de infraestrutura, bem como analisar suas características principais.[2]

Este tema encontra-se bastante atrelado ao objetivo de se fomentar o desenvolvimento de concorrência em atividades econômicas que operam a partir de monopólios naturais, i.e., com base em uma estrutura – geralmente uma rede – cuja duplicação mostra-se economicamente ineficiente e, portanto, indesejável. Tendo em vista que nesses mercados há elevados custos iniciais e afundados[3] na instalação da infraestrutura,

---

[1] Artigo em coautoria com Patrícia Regina Pinheiro Sampaio, publicado originariamente em: PEREIRA NETO, Cario Mario da Silva; PINHEIRO, Luís Felipe Valerim (Org.). *Direito da infraestrutura*. 1. ed. São Paulo: Saraiva, 2017. v. 2, p. 251-295.

[2] A palavra "consumidor" é utilizada neste artigo como sinônimo de cliente ou usuário de determinado bem ou serviço. Assim, será considerado "consumidor" todo e qualquer destinatário de um produto ou de uma prestação de serviço, seja ele residencial, industrial, comercial ou o poder público, sendo sinônimos os termos "consumidor livre" e "usuário livre". Para aproximações e distinções entre o conceito de consumidor previsto no Código de Defesa do Consumidor (Lei nº 8.078/90) e o de usuário de serviço público concedido, ver: ARAGÃO, Alexandre Santos de. *Direito dos serviços públicos*. Rio de Janeiro: Forense, 2007. p. 519.

[3] São designados custos afundados ou irrecuperáveis aqueles que o agente econômico não consegue reaver caso decida deixar o mercado, i.e., mesmo se fechar. Conforme explanam Stiglitz e Walsh, "se não houvesse custos irrecuperáveis, as decisões de entrar ou sair de um mercado seriam como que o espelho uma da outra. As firmas

por vezes o incentivo ao investimento pode passar pela conferência, ao investidor, de uma exclusividade, ainda que temporária, na comercialização do produto ou serviço que utiliza como suporte.

Todavia, a opção regulatória pela outorga de direitos de exploração exclusiva dos serviços prestados a partir de uma infraestrutura inibe a formação de mercados competitivos e, consequentemente, a promoção da liberdade de escolha dos consumidores. Por essa razão, a disciplina de setores tradicionalmente reconhecidos como monopólio natural, tais como energia elétrica e gás natural, evoluiu no sentido de se verificar que, na maioria dos casos, essa característica não se encontra presente em toda a cadeia produtiva, sendo possível a introdução de competição, desde que a regulação estruture os diferentes segmentos da cadeia produtiva nesse sentido.

Sendo propiciados os mecanismos necessários à introdução de concorrência, poderá haver liberdade de escolha do fornecedor do produto ou serviço à integralidade ou, ao menos, a uma parcela dos clientes. A regulação pode estimular a competição na comercialização dos produtos ou serviços ofertados a partir dessa rede – e, portanto, a existência de consumidores livres para optar entre diferentes fornecedores – ao mesmo tempo em que reconhece a necessidade de se garantir uma fonte de recursos àquele que a constrói, opera e mantém.[4]

Assim, a figura do consumidor livre estabelece-se como uma decorrência do exercício de direitos de liberdade na esfera empresarial, caracterizando-se pela possibilidade de escolha do supridor do serviço ou produto. Nesse sentido, a disciplina jurídica dos consumidores livres costuma fazer-se em contraposição à dos cativos. Trata-se de um instrumento regulatório por meio do qual os consumidores são separados em dois subconjuntos: o primeiro grupo tem liberdade para escolher o seu provedor (é, portanto, "livre"), ao passo que os demais são necessariamente clientes de um fornecedor preestabelecido pela regulação. Nos setores de energia elétrica e de gás natural, por exemplo, uma gama significativa de usuários enfrenta restrições regulatórias que os impedem de escolher o seu fornecedor, ao passo que existe uma parcela de clientes autorizados a firmar livremente contratos com diferentes supridores. No setor de telecomunicações, por outro lado, todos seriam consumidores livres, já que as mais distintas espécies de clientes têm liberdade para escolher seus prestadores de serviços.

Para que seja viabilizada a existência de consumidores livres em setores de infraestrutura, faz-se necessário que o direito introduza normas que criem um ambiente favorável, como, por exemplo, regras sobre direito de acesso não discriminatório à infraestrutura e outros mecanismos regulatórios que espelhem condições isonômicas de entrada e permanência no mercado. Igualmente, será preciso uma tomada de decisão político-jurídica no sentido de propiciar a "desverticalização" do setor e a submissão de certos segmentos a um regime competitivo.

---

sairiam do mercado quando seus custos médios se tornassem superiores ao preço. Mas se alguns custos permanecem, mesmo que a firma saia do mercado, a questão que a firma enfrenta é a de saber se sua situação será melhor se continuar produzindo ou se sair" (STIGLITZ, Joseph; WALSH, Carl. *Introdução à microeconomia*. Rio de Janeiro: Campus, 2003. p. 133).

[4] Ver, nesse sentido: SAMPAIO, Patrícia Regina Pinheiro. *Regulação e concorrência*: a atuação do CADE em setores de infraestrutura. São Paulo: Saraiva, 2013.

Em suma, o problema central do presente artigo consiste em verificar se há traços característicos comuns ao regime jurídico dos consumidores livres em setores que operam a partir de infraestruturas de rede.

A fim de buscar responder a esse questionamento, parece-nos necessário percorrer as seguintes etapas: na primeira parte do artigo apresentaremos as características inerentes ao monopólio natural, buscando esclarecer por que elas dificultam o desenvolvimento de mercados competitivos, apresentando ainda a necessidade de se garantir o acesso à rede. Na segunda parte discutiremos o desafio da regulação jurídica dos mercados que se desenvolvem a partir de monopólios naturais, buscando firmar uma orientação no sentido da busca por concorrência sempre que possível e, por conseguinte, por liberdade de escolha do consumidor.

Adiante, comentaremos as principais características dos consumidores livres do setor elétrico e de gás no direito brasileiro, com a intenção de verificar as soluções normativo-regulatórias adotadas no país. Ao final, buscaremos sugerir a existência de algumas características gerais que devem ser previstas na regulação para que se viabilize e seja estimulada a presença de consumidores livres.

2 Uma questão econômica inicial: delimitação do monopólio natural e garantia de acesso à rede

A introdução da liberdade de contratar e, por conseguinte, da liberdade de escolha de fornecedores, depende da existência de concorrência. No entanto, os setores de infraestrutura muitas vezes enfrentam a dificuldade de necessitarem de vultosos investimentos iniciais e irrecuperáveis, dando origem à falha de mercado conhecida como monopólio natural. Conforme esclarece Richard Posner, monopólios naturais surgem quando os custos fixos são muito elevados relativamente à demanda", de forma que:

> [...] se puderem ser diluídos por toda a produção do mercado, uma única firma fornecendo aquele produto pode ter um custo médio de produção menor do que duas firmas igualmente eficientes, cada uma das quais tendo de incorrer nos mesmos custos fixos, mas tendo de diluí-los por apenas metade da produção total.[5]

O reconhecimento da existência de um monopólio natural ao longo de uma cadeia produtiva faz surgir o problema da garantia do acesso, sem o qual não poderá haver concorrência nos mercados verticalmente relacionados. Em princípio, o operador da rede encontra-se em ampla vantagem competitiva, podendo explorar os serviços passíveis de serem oferecidos a partir dela e criar dificuldades ao desenvolvimento de potenciais competidores nessa prestação.

Assim, a regulação dos monopólios naturais justifica-se, por exemplo, para evitar que o monopolista detentor da infraestrutura abuse da sua posição dominante em detrimento de clientes que pretendam com ele competir em mercados a jusante, como, por exemplo, mediante recusa de oferta de acesso, prática de preços supracompetitivos,

---
[5] POSNER, Richard. *Economic Analysis of Law*. Boston: Little, Brown and Company, 1988. p. 343-344.

ou criação de quaisquer outras dificuldades ao ingresso de novos agentes.[6] A fim de viabilizar a concorrência e, portanto, a liberdade de escolha aos consumidores, é preciso definir se, quando e em que condições deverá ser assegurado o acesso às redes de infraestrutura por parte dos concorrentes em mercados verticalmente relacionados.[7]

Nesses setores, a relação entre regulação e concorrência apresenta elevada complexidade, haja vista que, embora a presença da rede física implique em custos afundados elevados e retornos de escala crescentes, levando, assim, à inviabilidade (econômica) da sua duplicação, os serviços explorados a partir dela podem, muitas vezes, mostrar-se competitivos. Para que seja possível a introdução de concorrência, faz-se então necessária uma opção regulatória pela "desverticalização" do setor, cuja implementação, todavia, apresenta desafios não negligenciáveis.

De um lado, a integração vertical de indústrias de rede permite o aproveitamento de economias de escopo e de escala no mercado *downstream*. Adicionalmente, nas indústrias de rede, o valor do serviço prestado cresce com a expansão da demanda, isto é, uma rede é tão mais valiosa quanto maior for a quantidade de seus usuários.[8] Por essa razão, costuma-se lembrar, como justificativa para a integração vertical, a busca pela redução de custos de transação, especialmente quando há a necessidade de investimentos em ativos específicos.[9]

Além disso, sendo o serviço operado a partir da rede de relevante interesse público e para o qual, por conseguinte, almeja-se a universalização, a integração vertical pode evitar o risco de *cherry picking* e *cream skimming* ("pegar a cereja", "separar a nata do leite"), expressões que buscam traduzir o fenômeno segundo o qual os fornecedores de serviços almejam prestá-los apenas aos segmentos mais lucrativos do mercado consumidor, aos melhores clientes, negligenciando as parcelas menos rentáveis do mercado. A liberdade de competição pode levar a um desestímulo à prestação do serviço em locais mais distantes ou a consumidores de menor poder aquisitivo, pois o "agente econômico livre" geralmente não possui obrigações de generalidade e modicidade tarifária, mas se rege por normas de oferta e demanda, o que pode entrar em colisão com políticas de universalização de determinadas atividades tradicionalmente reconhecidas no direito administrativo como serviços públicos.[10]

---

[6] Nesse sentido, observa Vickers: "problemas de política pública particularmente difíceis podem surgir em indústrias nas quais coexistem atividades monopolísticas e atividades potencialmente competitivas, porque [nesses casos] as decisões regulatórias podem ter uma maior influência sobre a concorrência" (VICKERS, John. Concepts of competition. *Oxford Economics Papers*, New Series, v. 47, n. 1, p. 18, jan. 1993). Possas, Pondé e Fagundes lembram, ainda, que a regulação também pode evitar, na hipótese de o monopólio ser explorado por uma única empresa estatal, os problemas de gestão e governança que geralmente são associados à titularidade pública de atividades econômicas (como a politização do serviço). (POSSAS, Mário Luiz; FAGUNDES, Jorge; PONDÉ, João Luiz. Defesa da concorrência e regulação em setores de infraestrutura em transição. *In*: POSSAS, Mario (Coord.). *Ensaios sobre economia e direito da concorrência*. São Paulo: Singular, 2002. p. 191).

[7] Existe, portanto, uma inegável relação entre a caracterização de um segmento da cadeia produtiva como monopólio natural e a incidência da doutrina antitruste das *essential facilities*, que será analisada adiante neste artigo. Ver também, a esse respeito: SAMPAIO, Patrícia Regina Pinheiro. *Direito da concorrência e obrigação de contratar*. Rio de Janeiro: Campus, 2009. Capítulo X.

[8] Trata-se de fenômeno conhecido como externalidades de rede. Ver, a esse respeito: BIGGAR, Darryl. When should regulated companies be vertically separated? *In*: LAUDATI, Laraine; AMATO, Giuliano (Eds.). *The anticompetitive impact of regulation*. Cheltenham: Edward Elgar, 2001. p. 173.

[9] BIGGAR, Darryl. When should regulated companies be vertically separated? *In*: LAUDATI, Laraine; AMATO, Giuliano (Eds.). *The anticompetitive impact of regulation*. Cheltenham: Edward Elgar, 2001. p. 180.

[10] A expressão "agente econômico livre" está aqui utilizada em contraposição aos delegatários de serviços públicos, aos quais o direito atribui obrigações de generalidade, regularidade, continuidade do serviço e modicidade

Por outro lado, o risco associado à participação de um mesmo agente econômico em sucessivos segmentos da cadeia produtiva é o de que busque monopolizar o segmento competitivo por meio da criação de dificuldades aos seus concorrentes no que tange ao acesso à rede. Por essa razão, a fim de desenvolverem-se mercados abertos a consumidores livres, a "desverticalização" mostra-se, na maior parte das vezes, fundamental, pois sem ela o explorador do monopólio natural provavelmente terá condições de excluir os rivais que pretendam competir em etapas a jusante da cadeia produtiva.

Em suma, do reconhecimento de um setor como sendo um monopólio natural tem-se que idealmente normas regulatórias devem tanto vedar a duplicação dessas infraestruturas, de modo a não serem perdidas as economias de escala e escopo, quanto disciplinar o acesso de potenciais concorrentes nos mercados verticalmente relacionados, de modo não discriminatório. Essa disciplina exigirá uma precificação adequada do serviço prestado na exploração da infraestrutura, de modo a se evitar tanto o efeito carona por parte dos concorrentes do titular da infraestrutura (*free riding*), pois efetivamente há custos associados à construção, operação, manutenção e ampliação da rede, quanto o exercício de poder de mercado típico dos monopólios não regulados.

Portanto, o regulador de uma indústria de rede deve se preocupar em distinguir os segmentos monopolizados daqueles potencialmente competitivos, deixando que esses últimos se guiem por quatro princípios: (i) liberdade de entrada, (ii) garantia de livre acesso às redes e infraestruturas, (iii) liberdade de contratação e formação competitiva de preços, e (iv) liberdade de investimento, entendida como a conferência ao agente econômico de plena liberdade para desenhar o seu projeto ou negócio, bem como para tomar riscos e enfrentar perdas.[11]

Deve-se adicionar a esses fatores a importância da transparência na difusão de informações sobre preços e condições de prestação dos serviços relacionados à disponibilidade e uso da rede,[12] para o que pode ser importante garantir a separação entre o titular da infraestrutura e o prestador de serviços dependente do acesso a essas instalações, inclusive como forma de se evitar a prática de subsídios cruzados. Essa separação pode ocorrer de distintas formas; desde separações meramente contábeis até a exigência de separação em pessoas jurídicas distintas e impedimento de controle societário comum (vedação a que um mesmo grupo econômico atue em um ou mais segmentos da indústria).

---

tarifária, dentre outras. Ver, sobre o tema: ARAGÃO, Alexandre Santos de. *Direito dos serviços públicos*. Rio de Janeiro: Forense, 2007. p. 455.

[11] CAMPOS, Josefina Cortés. *Derecho administrativo y sector eléctrico*: elementos de regulación. México: Porrúa, 2007. p. 183.
Gaspar Ariño Ortiz alerta que "se deve ser cauteloso na identificação de 'instalações essenciais': o estabelecimento de um regime regulado em uma atividade que é potencialmente competitiva pode coibir a inovação e impedir que essa atividade se converta em efetivamente competitiva" (ORTIZ, Gaspar Ariño. *Principios de derecho público económico*. 3. ed. ampliada. Granada: Comares, 2004. p. 623).

[12] Ilustrando a relevância da disseminação de informações sobre preços para garantia das condições de competitividade no mercado, o Conselho Administrativo de Defesa Econômica (CADE), ao decidir acerca de uma *joint venture* para exploração de diferentes segmentos da cadeia produtiva do gás, impôs restrições à sua aprovação, relacionadas à difusão de informações, em atenção à integração vertical que decorreria do ato de concentração. Dentre as condições impostas pelo CADE para a aprovação da operação, encontra-se a obrigação "de que sejam públicos, por meio de autos do CADE, todos os preços, prazos contratuais e volumes contratados, por cliente, do consórcio" (BRASIL. Conselho Administrativo de Defesa Econômica (CADE). *Ato de Concentração nº 08012.001015/2004-08*. Relator: Conselheiro Luiz Carlos Delorme Prado. Brasília. Julgado em 26 abr. 2006. Disponível em: http://cade.gov.br. Acesso em 09 dez. 2014).

Por isso, com relação aos segmentos da cadeia que não sejam monopólios naturais, faz-se necessário cuidar da garantia de livre acesso à rede, etapa fundamental para viabilizar a existência de distintos comercializadores do produto ou serviço ofertado a partir da rede e, portanto, da própria figura do consumidor livre.

3 Uma questão jurídica: serviços públicos, monopólios estatais e atividades econômicas regulamentadas

A partir das questões trazidas pela teoria econômica, verifica-se que a existência de consumidores livres em um determinado mercado depende, sobretudo, de uma solução normativo-regulatória, a qual deverá cuidar para que não prejudique, quando aplicável, o respeito às exigências de prestação contínua, regular e universal típicas dos serviços públicos (como é o caso do fornecimento de energia elétrica).

A Constituição Federal funda a Ordem Econômica brasileira no respeito à livre iniciativa e, por conseguinte, na liberdade de concorrência (arts. 170, *caput* e IV, CF/88). No entanto, por vezes, exclui certos mercados do regime de liberdade de empresa, criando situações de exclusiva titularidade estatal, sejam monopólios estatais, sejam serviços públicos. Essa exclusão é justificada, de um lado, pela presença de falhas de mercado (questão econômica) e, de outro, pelo fato de as atividades desenvolvidas nesses mercados atenderem à concretização de valores socialmente relevantes ou a questões estratégicas, traduzidas nos institutos dos serviços públicos e das atividades monopolizadas pelo Estado.[13]

Em um cenário no qual há questões distributivas em jogo, como a orientação voltada à universalização que é característica dos serviços públicos, pode o direito priorizar instrumentos regulatórios que não estão vocacionados prioritariamente à ampliação da competitividade, como subsídios cruzados e imposição de metas de qualidade de serviço. Essas prioridades podem, por vezes, em situações específicas, impossibilitar

---

[13] Em sendo uma atividade classificada como serviço público, o Estado passa a ser seu titular e estar autorizado a controlar diversas variáveis da prestação do serviço aos consumidores, tais como: a imposição de exigências mínimas de qualidade e de continuidade do serviço e, principalmente, do preço, via fixação das tarifas que podem ser cobradas do usuário final. Nesse sentido, Calixto Salomão Filho observa que: "quando a atividade realizada pelo particular tem a natureza de serviço público, então a regulamentação substitui o sistema concorrencial. É o que ocorre, via de regra, com as concessões de serviço público. Nelas há, normalmente, a criação de um verdadeiro monopólio de produção ou prestação de serviço pelo particular. Contrapartida necessária é a substituição do autocontrole do sistema de mercado pelo sistema regulamentar, que passa a estabelecer as variáveis relevantes, tais como o preço e, frequentemente, até a quantidade a ser produzida".
O autor esclarece que "não é a noção de serviço público, mas sim os poderes conferidos ao órgão administrativo no ato de concessão que permitem concluir pela não aplicação do sistema concorrencial. Sendo a noção de serviço público equívoca no sistema jurídico brasileiro, ela não pode ser critério para determinar sujeição ou não de uma determinada atividade ao sistema puramente regulamentar e não concorrencial. Para que seja possível presumir essa intenção é necessário verificar os poderes efetivamente atribuídos pela lei. É preciso ou que a lei especificamente manifeste a intenção de substituir o sistema concorrencial pelo sistema regulamentar ou então que a lei outorgue ao titular do poder regulamentar poderes para influir nas variáveis fundamentais de orientação da vida da empresa: basicamente preço e quantidade produzida, o que faz presumir a existência da mencionada intenção de substituição. Ora, nas concessões, via de regra, é isso que ocorre: pode o poder público definir preço e quantidade produzidas e fiscalizar o cumprimento de sua determinação" (SALOMÃO FILHO, Calixto. *Direito concorrencial*: as estruturas. 2. ed. São Paulo: Malheiros: 2002. p. 216-217).

ou retardar a opção por um mercado com liberdade de fornecedores, fazendo com que haja apenas clientes cativos do serviço.

De outro lado, em mercados abertos à liberdade de iniciativa e concorrência, a esfera de ingerência estatal sobre a atividade reduz-se, já que o planejamento estatal, segundo o art. 174 da Constituição Federal, mostra-se meramente indicativo para a iniciativa privada. As atividades econômicas privadas podem também ser objeto de regulação estatal, mas a extensão dos poderes estatais sobre essas é mais reduzida.

Em atenção a essa dupla finalidade de garantia dos princípios inerentes aos serviços públicos e de fomento à liberdade de iniciativa e concorrência, a regulação normativa dos mercados que operam a partir de monopólios naturais, em alguns setores, trabalha com a ideia de criação de regimes assimétricos, em que um mesmo serviço pode ser prestado simultaneamente por dois ou mais agentes, ora como serviço público, ora como atividade privada regulamentada.[14]

A regulação assimétrica, no entanto, apresenta elevada complexidade, inclusive a partir de argumentos de isonomia no trato dos agentes regulados. Para Gaspar Ariño Ortiz, essas dificuldades seriam insuperáveis, tendo o autor afirmado que:

> [...] não se devem mesclar os dois modelos: o concessional e o modelo de liberdade de empresa. [...] A confusão de ambos os sistemas – liberal e concessional – é o pior dos mundos, não apenas para o empresário (que nunca sabe onde está), mas também para o usuário (que receberá um serviço cada vez pior).[15]

Apesar da crítica mencionada, se a regulação for adequadamente construída, a existência de uma dualidade de modelos pode vir a ser benéfica ao mercado, pois, ao mesmo tempo em que confere segurança ao empreendedor que investirá vultosos recursos na construção da rede, mediante a remuneração advinda da prestação de serviços aos consumidores cativos, fomenta a criação de mercados competitivos, que tendem a ser, em regra, soluções superiores em termos de produção e alocação de recursos escassos.[16]

Nesse sentido, deve-se lembrar de que a livre iniciativa constitui princípio fundador da Ordem Constitucional Econômica, o que orienta legisladores e reguladores em direção à preferência por soluções de mercado, que somente devem ser afastadas quando os setores apresentarem falhas incompatíveis com o estabelecimento de concorrência (monopólios naturais) ou quando valores socialmente relevantes positivados no ordenamento jurídico requererem soluções incompatíveis com o regime de mercado (em razão de exigências de investimentos em universalização, por exemplo).[17] Merece

---

[14] Essa é uma realidade de vários setores regulados no Brasil, a exemplo da telefonia e dos portos. No direito brasileiro, há operadoras de telefonia que prestam serviços em regime público e outras que atuam em regime privado. Existem terminais portuários públicos, localizados no interior dos portos organizados e geridos sob a lógica do direito público (concessões e arrendamentos), e terminais privados, objeto de autorizações operativas emitidas pela Agência Nacional de Transportes Aquaviários (ANTAQ).

[15] ORTIZ, Gaspar Ariño. *Empresa pública, empresa privada, empresa de interes general*. Navarra: Thomson, 2007. p. 220.

[16] HAYEK, Friedrich. *The use of knowledge in society. Individualism and economic order*. London: Routledge & Kegan Paul Ltda., 1949.

[17] Observe-se, nesse sentido, que a exclusividade de prestador não é presumida sequer no caso dos serviços públicos, uma vez que o art. 16 da Lei Geral de Concessões e Permissões de Serviços Públicos (Lei nº 8.987/95) estabelece que "a outorga de concessão ou permissão não terá caráter de exclusividade, salvo no caso de inviabilidade

lembrança, nesse sentido, a consideração de Amartya Sen, segundo o qual, a principal razão pela qual o mercado se mostra, em regra, uma resposta qualitativamente superior, quando comparada aos sistemas de organização econômica planificada, reside no fato de que, através da garantia de participação no mercado, respeita-se o direito de escolha individual na seara econômica, isto é, a liberdade do indivíduo enquanto agente econômico.[18]

Na seara jurídica nacional, constata-se, como regra, a existência de um regime constitucional de consagração de liberdades econômicas, de modo que a orientação normativa é no sentido de se prestigiarem soluções de mercado. Apesar de, no âmbito dos serviços públicos e dos monopólios estatais, não existir um direito de empreender assegurado à iniciativa privada, as regulações setoriais devem voltar-se, sempre que possível, a soluções de mercado, ou seja, de liberdade de escolha de supridores.

4 A doutrina das instalações essenciais

No direito comparado, a possibilidade de introdução da concorrência em setores de infraestrutura foi beneficiada pela construção da doutrina das *essential facilities* no âmbito do direito antitruste norte-americano.

Conforme anteriormente mencionado, o reconhecimento de determinado mercado como constituindo um monopólio natural traz imediatamente a lume problemas relacionados ao acesso e ao compartilhamento de infraestrutura. O efeito decorrente da dependência do acesso reside no fato de que, em princípio, "as empresas que dependem

---

técnica ou econômica justificada no ato a que se refere o art. 5º desta Lei". (BRASIL. Lei nº 8.987, de 13 de fevereiro de 1995. Dispõe sobre o regime de concessão e permissão da prestação de serviços públicos previsto no art. 175 da Constituição Federal, e dá outras providências. *Diário Oficial da União*, Brasília, 14 fev. 1995, republicado em 28 set. 1998. Disponível em: http://www.planalto.gov.br/ccivil_03/leis/l8987cons.htm. Acesso em 10 dez. 2014).

[18] Nesse sentido, o autor observa que, mesmo que tanto o sistema de mercado quanto o planificado fossem capazes de alocar igualmente os recursos, ainda assim sobressairia a superioridade do primeiro, porque resultado de um processo que respeita a liberdade do agente econômico. Ver, a esse respeito: SEN, Amartya. *Desenvolvimento como liberdade*. São Paulo: Companhia das Letras, 2000. p. 42 e ss.
As informações econômicas, todavia, não preexistem ao mercado, mas são resultado da interação dos agentes econômicos, donde a importância de se resguardar a liberdade de participação no mercado: "A característica peculiar do problema de uma ordem econômica racional é determinada precisamente pelo fato de que o conhecimento das circunstâncias das quais devemos fazer uso não existe de forma concentrada ou integrada, mas somente como pedaços dispersos de conhecimentos incompletos e frequentemente contraditórios que cada indivíduo possui. O problema econômico da sociedade não é apenas um problema de como alocar recursos 'dados' – se 'dado' significa fornecidos por uma única mente que deliberadamente resolve problemas postos por essas 'informações'. É antes um problema de como assegurar o melhor uso dos recursos conhecidos por qualquer dos membros da sociedade, para fins cuja importância somente esses indivíduos conhecem". (HAYEK, Friedrich. *The use of knowledge in society. Individualism and economic order*. London: Routledge & Kegan Paul Ltda., 1949. p. 77-78). Adiante, complementa: "Se pudermos concordar que o problema econômico da sociedade mostra-se relacionado principalmente à rápida adaptação a mudanças em circunstâncias particulares de tempo e espaço, pareceria seguir-se que as decisões últimas deveriam ser deixadas às pessoas familiarizadas com essas circunstâncias, as quais detêm diretamente conhecimento sobre as mudanças relevantes e os recursos imediatamente disponíveis para tomá-las. Não podemos esperar que esse problema seja resolvido primeiramente através da comunicação de todo esse conhecimento a uma autoridade central, a qual, após integrar o conhecimento, expeça suas ordens. Precisamos resolvê-lo através de alguma forma de descentralização". (HAYEK, Friedrich. *The use of knowledge in society. Individualism and economic order*. London: Routledge & Kegan Paul Ltda., 1949. p. 83-84).

de um recurso essencial em uma indústria de rede não dispõem da opção de mudar de fornecedor". São, dessa forma, "clientes cativos" dessa estrutura não duplicável.[19]

Essa situação de dependência permite ao titular da infraestrutura essencial extrair renda de seus clientes cativos, por exemplo, através da cobrança de tarifas diferenciadas ou da prestação de serviços de qualidades distintas. Quando o cliente da infraestrutura também busca concorrer com o incumbente em um mercado verticalmente relacionado, essa prática pode vir a, até mesmo, alijá-lo do mercado, permitindo, então, ao titular da rede, aumentar sua margem de lucro no mercado final de bens ou serviços.[20]

Os problemas descritos mostram que, em determinados cenários, soluções apenas de mercado – ou seja, deixar o titular da infraestrutura agir livremente – podem se apresentar subótimas, tornando necessária a intervenção indireta do Estado, por meio de normas regulatórias cogentes que obriguem a compartilhamento de infraestrutura e não discriminação de acesso. Essas são providências fundamentais a que possa ser organizado e desenvolvido um mercado de consumidores efetivamente livres.

Uma primeira tentativa de solução dessas dificuldades veio do direito da concorrência. A recusa de acesso à infraestrutura essencial ou a imposição de condições discriminatórias pode caracterizar tentativa de monopolização ou abuso de posição dominante, levando ao desaparecimento de mercados potencialmente competitivos. Assim, a simples negativa de contratar (acesso ou compartilhamento de rede) ou a imposição de condições que coloquem o agente dependente do acesso em posição de desvantagem no mercado relacionado (como, por exemplo, mediante a imposição de preço excessivo) poderão caracterizar exercício de poder de mercado ou abuso de posição dominante.[21]

A partir dessa constatação desenvolveu-se no direito americano a doutrina das instalações essenciais (*essential facilities*), segundo a qual o agente econômico detentor de uma infraestrutura essencial à existência de concorrência em mercados verticalmente relacionados pode infringir as leis de defesa da concorrência – e, por conseguinte, ser sancionado – caso recuse imotivadamente o acesso ou o compartilhamento dessa infraestrutura.

O principal caso em que essa doutrina foi sistematizada nos EUA consistiu na decisão proferida pela Corte do Sétimo Circuito, a partir de uma acusação de recusa de interconexão formulada por uma empresa de telecomunicações em face da AT&T. Naquela ocasião, o Poder Judiciário estadunidense deliberou que (i) a AT&T detinha

---

[19] ARAÚJO JR., José Tavares de. A regulação econômica nos setores de infraestrutura no Brasil. *In*: SALGADO, Lúcia Helena; MOTTA, Ronaldo Seroa da (Eds.). *Marcos regulatórios no Brasil*: o que foi feito e o que falta fazer. Rio de Janeiro: IPEA, 2005. p. 96.

[20] ARAÚJO JR., José Tavares de. A regulação econômica nos setores de infraestrutura no Brasil. *In*: SALGADO, Lúcia Helena; MOTTA, Ronaldo Seroa da (Eds.). *Marcos regulatórios no Brasil*: o que foi feito e o que falta fazer. Rio de Janeiro: IPEA, 2005. p. 96-97.

[21] A esse respeito, o ex-Conselheiro Luís Fernando Rigato Vasconcellos, em entrevista a Pedro Dutra, afirmou: "Em nossa economia, as condutas infrativas unilaterais, sobretudo aquelas verificadas em setores regulados, são tão ou mais danosas do que o cartel, na medida em que impedem que os componentes competitivos desses setores se desenvolvam, ampliando a oferta de infraestrutura. Creio que praticamente todos os setores de infraestrutura passam por esse tipo de problema, em parte porque as agências reguladoras têm tido dificuldades na implementação de normas que promovam maior competição nas indústrias. Recordo-me de denúncias envolvendo o preço de acesso a algum gargalo estrutural nas telecomunicações (TU-RL), no setor portuário (THC), acesso aos gasodutos de transporte e aos insumos da cadeia de produção de derivados do petróleo, [...] sem mencionar aquelas condutas que não chegam ao conhecimento da autoridade de defesa da concorrência". (DUTRA, Pedro. *Conversando com o CADE*. São Paulo: Singular, 2009. p. 240-241).

monopólio sobre a rede em questão; (ii) a interconexão pleiteada pela MCI mostrava-se essencial à prestação dos serviços para os quais detinha autorização estatal, não havendo razão técnica ou empresarial legítima, por parte da AT&T, para tal negativa; e (iii) a AT&T era detentora de uma *essential facility*, pois não se mostrava viável a duplicação da infraestrutura cujo acesso se solicitava, de forma que (iv) a recusa injustificada de acesso no mercado verticalmente relacionado caracterizaria infração às normas de direito antitruste.[22]

Este caso é paradigmático, por terem sido expostos os elementos caracterizadores da doutrina das *essential facilities*, quais sejam: (i) controle de uma infraestrutura essencial por parte de um monopolista; (ii) impossibilidade de os concorrentes duplicarem a infraestrutura; (iii) negativa, pelo incumbente, de permitir o uso da infraestrutura pelo concorrente;[23] e (iv) viabilidade de tal compartilhamento (i.e., a inexistência de uma razão objetiva legítima que o impedisse).[24] Nessas situações, a recusa de contratação caracterizará infração ao direito da concorrência justamente pelo seu potencial de inibir o direito de escolha dos consumidores no que tange àqueles fornecedores que poderiam, ausente o ilícito, estar disputando clientela nos mercados de prestação de serviços a partir da rede.

Faz-se necessário, no entanto, atentar para os limites da legislação concorrencial na efetiva viabilização da construção de mercados competitivos em setores de infraestrutura, uma vez que o direito da concorrência não apresenta previsões normativas que são típicas da regulação setorial, como, por exemplo, a disciplina do preço justo e das formas e condições de concessão de acesso.[25]

Assim, de modo a viabilizar a existência de liberdade de concorrência e, portanto, de consumidores livres, capazes de optar diante de uma pluralidade de fornecedores, não parece ser suficiente a disciplina desses mercados unicamente pelas normas gerais protetivas da concorrência, fazendo-se necessário que a regulação setorial atue para estruturar normativamente exigências de acesso e compartilhamento de infraestrutura.

---

[22] MCI Communications Corp. v. AT & T Co., 708 F.2d 1081 (7th Cir.), cert. denied, 464 U.S. 891 (1983). Veja-se: HANDLER, Milton et al. *Trade regulation*: cases and material. Eagan: Foundation Press, 1990. p. 456.

[23] No que se refere à negativa de compartilhamento, observa Rojas que condutas como a dilação injustificada de negociações e a proposta de preços e condições irrazoáveis deverão ser equiparadas à recusa (ROJAS, Francisco José Villar. *Las instalaciones esenciales para la competencia*: un estudio de derecho público económico. Granada: Editorial Comares, 2004. p. 36).

[24] Essa doutrina também é adotada na perspectiva do direito comunitário europeu. Em *Sealink c/ B&I*, a Comissão Europeia definiu infraestrutura essencial como aquela à qual o acesso é necessário à existência de concorrência, que não seja intercambiável e para a qual, dados os elevados custos, não haja alternativas viáveis para os concorrentes em potencial, que ficariam, não fosse a exigência de compartilhamento, excluídos do mercado (BERTRAND DU MARAIS. *Droit public de la régulation économique*. Paris: Presses de Science Po/Dalloz, 2004. p. 162).

[25] Nesse sentido, destacou o Conselheiro Celso Campilongo, no voto condutor do julgamento do Ato de Concentração relativo ao processo de desestatização da Comgás: "(i) Não pode o CADE, em face da atribuição aos Estados da competência constitucional (art. 25, §2º) para a exploração dos serviços de gás canalizado, inovar, modificar ou criar regulação diversa daquela do agente com capacidade para tal; (ii) o CADE não é instância reguladora nem tampouco esfera administrativa de julgamento da regulação de terceiros; é, isto sim, órgão de adjudicação adstrito à matéria concorrencial; (iii) entre a atividade regulatória das agências setoriais e a função preventiva e repressiva desempenhada pelo CADE na defesa da livre concorrência há relação de complementaridade e não de exclusão ou de conflito de competências" (BRASIL. Conselho Administrativo de Defesa Econômica (CADE). Ato de Concentração nº 08012.004550/99-11. Relator: Conselheira Hebe Teixeira Romano Pereira da Silva. Brasília. Julgado em 28 mar. 2001. Disponível em: http://cade.gov.br. Acesso em 09 dez. 2014).

Passamos, então, no próximo tópico, a delinear como se encontra regulada a figura do consumidor livre nos setores de energia elétrica e de gás natural no País.

5 A atual regulação do consumidor livre de energia elétrica e de gás natural

No Brasil, dois setores da economia vêm tendo destaque no que tange à utilização da figura do consumidor livre como instrumento regulatório: o de energia elétrica e o de gás natural. Tendo em vista o objetivo de se buscar os traços característicos desse instituto, nesta seção descrevemos o atual panorama jurídico-regulatório dos consumidores livres nesses dois setores, inclusive pela importância comparativa de tal análise.

5.1 O consumidor livre no setor de energia elétrica

Para se compreender o contexto de surgimento da ideia de consumidor livre de energia elétrica, faz-se necessário proceder a um breve retrospecto histórico até o momento pré-desestatização dos anos 90.

Assim como nos demais setores de infraestrutura, na segunda metade do século XX, o setor elétrico teve seu desenvolvimento fortemente baseado em investimentos estatais, sendo marco deste movimento a criação das Centrais Elétricas Brasileiras S.A. (Eletrobras), em 1962,[26] em um cenário que se perpetuou até o advento da Constituição Federal. O setor se organizava de forma estatizada e verticalmente integrada, não havendo mercado livre de compra e venda de energia.

A partir da nova ordem constitucional inaugurada em 1988, começou a ser redesenhada a repartição de atribuições entre mercado e Estado, no que tange ao desempenho de diversas atividades econômicas. A Lei nº 8.031/90 deu início ao Programa Nacional de Desestatização (PND), o qual incluiu tanto a privatização de empresas estatais quanto a decisão de delegação à iniciativa privada da prestação de diversos serviços públicos. Além disso, Emendas Constitucionais em 1995 retiraram vedações à participação do capital privado em diversos setores de infraestrutura, tais como telecomunicações e segmentos da cadeia de petróleo e gás natural.[27]

Assim, o fornecimento de energia elétrica constitui, em grande parte, um setor de infraestrutura caracterizado como monopólio natural, visto que as estruturas de transmissão e distribuição constituem elementos não duplicáveis, em razão de seus elevados custos iniciais afundados.

---

[26] Para um histórico do desenvolvimento do setor de energia elétrica no país, ver: DUTRA, Joísa; LANDAU, Elena; SAMPAIO, Patrícia. O Estado e a iniciativa privada no setor elétrico: uma análise das duas últimas décadas (1992-2012). *In*: OLIVEIRA, Gesner; OLIVEIRA, Luiz Chrysostomo. *Parcerias público-privadas*. Rio de Janeiro: LTC, 2013.

[27] Ver Emendas Constitucionais nº 05 a 09, de 1995. Merece também destaque nesse processo que a Emenda Constitucional nº 06 revogou o art. 171 da Constituição Federal, retirando do ordenamento jurídico a norma constitucional que expressamente permitia ao legislador fazer distinções entre empresas brasileiras de capital nacional e empresas brasileiras de capital estrangeiro.

No entanto, a geração e a comercialização de energia podem ser prestadas em regime competitivo. Nesse sentido, a Lei nº 9.074/95, editada no contexto da reforma do setor preparatório da desestatização, previu que, ao longo dos anos subsequentes, os consumidores de energia elétrica seriam paulatinamente liberados para escolher livremente os seus supridores.

Em um primeiro momento, somente aqueles consumidores com carga igual ou maior do que 10.000kW (kilowatt), atendidos em tensão igual ou superior a 69kV (kilovolt), poderiam contratar livremente, ou seja, não serem clientes cativos das distribuidoras.[28] Dessa forma, haveria a formação de um mercado livre.

Esta lei estabeleceu, ainda, que, decorridos cinco anos de sua promulgação (art. 15, §2º), os clientes com carga acima de 3000kW, atendidos em tensão igual ou superior a 69kV, passariam a poder contratar livremente sua energia, prevendo ainda que referidos limites de carga e tensão poderiam vir a ser reduzidos após oitos anos de vigência da lei, indicando, assim, uma paulatina migração para um ambiente de liberdade de compra e venda de energia. Essa redução adicional facultada pela lei, todavia, não chegou a ocorrer, à exceção da previsão da possibilidade de contratação direta de geradoras de energia a partir de fontes renováveis por consumidores que contratem carga acima de 500kW, a qual foi admitida no contexto de incentivo às fontes alternativas de geração (art. 26, §5º, da Lei nº 9.427/96).[29]

Dando sequência à reforma regulatória setorial, a Lei nº 9.427/96 criou a Agência Nacional de Energia Elétrica (ANEEL). A Lei nº 9.648/98, por sua vez, determinou a organização do Operador Nacional do Sistema Elétrico (ONS), sob a forma de entidade privada sem fins lucrativos, responsável pela coordenação e controle da operação da geração e da transmissão no âmbito do Sistema Interligado Nacional. A mesma lei estabeleceu que as operações de compra e venda de energia seriam realizadas por meio do Mercado Atacadista de Energia (MAE), organização sem personalidade jurídica que faria a liquidação das operações de compra e venda de energia no mercado livre. Havia

---

[28] Também poderiam contratar livremente seus fornecedores os novos consumidores de energia elétrica que ingressassem no mercado a partir da promulgação daquela lei e que consumissem acima de 3000kW (art. 16, Lei nº 9.074/95). (BRASIL. Lei nº 9.074, de 7 de julho de 1995. Estabelece normas para outorga e prorrogações das concessões e permissões de serviços públicos e dá outras providências. *Diário Oficial da União*, Brasília, 08 jul. 1995, edição extra republicada em 28 set. 1998. Disponível em: http://www.planalto.gov.br/ccivil_03/leis/l9074cons.htm. Acesso em 10 dez. 2014).

[29] Na redação atual da Lei nº 9.427/96, no art. 26: "§5º O aproveitamento referido nos incisos I e VI do *caput* deste artigo, os empreendimentos com potência igual ou inferior a 1.000kW (mil kilowatts) e aqueles com base em fontes solar, eólica e biomassa cuja potência injetada nos sistemas de transmissão ou distribuição seja menor ou igual a 50.000kW (cinquenta mil kilowatts) poderão comercializar energia elétrica com consumidor ou conjunto de consumidores reunidos por comunhão de interesses de fato ou de direito, cuja carga seja maior ou igual a 500kW (quinhentos kilowatts), observados os prazos de carência constantes dos arts. 15 e 16 da Lei nº 9.074, de 7 de julho de 1995, conforme regulamentação da Aneel, podendo o fornecimento ser complementado por empreendimentos de geração associados às fontes aqui referidas, visando à garantia de suas disponibilidades energéticas, mas limitado a 49% (quarenta e nove por cento) da energia média que produzirem, sem prejuízo do previsto nos §§1º e 2º deste artigo". (BRASIL. Lei nº 9.427, de 26 de dezembro de 1996. Institui a Agência Nacional de Energia Elétrica – ANEEL, disciplina o regime das concessões de serviços públicos de energia elétrica e dá outras providências. *Diário Oficial da União*, Brasília, 27 dez. 1996, republicado em 28 set. 1998. Disponível em: http://www.planalto.gov.br/ccivil_03/leis/l9427cons.htm. Acesso em 10 dez. 2014); (BRASIL. Lei nº 9.074, de 7 de julho de 1995. Estabelece normas para outorga e prorrogações das concessões e permissões de serviços públicos e dá outras providências. *Diário Oficial da União*, Brasília, 08 jul. 1995, edição extra republicada em 28 set. 1998. Disponível em: http://www.planalto.gov.br/ccivil_03/leis/l9074cons.htm. Acesso em 10 dez. 2014).

a intenção de que a comercialização fosse estruturada como atividade eminentemente empresarial, visando aproximar a energia elétrica a uma *commodity*.

5.1.1 A mudança de marco regulatório estabelecida pela Lei nº 10.848/04: o surgimento do Ambiente de Contratação Livre (ACL)

O processo descrito, em que a contratação de energia elétrica avançaria no sentido da ampliação dos consumidores autorizados a contratar livremente a compra e a venda de energia, não se concluiu. A profunda mudança regulatória experimentada na primeira década do século XXI apontou em direção a um maior planejamento estatal sobre a atividade, o que pode ser tributado especialmente ao programa de racionamento de energia elétrica vivenciado entre 2001 e 2002 e à mudança de orientação política (e, consequentemente, normativo-setorial) vivenciada a partir de 2003-2004.

Com a edição da Medida Provisória nº 144/2003, posteriormente convertida na Lei nº 10.848/04, surgiu um novo marco setorial para o setor, calcado na divisão entre duas distintas possibilidades de compra e venda de energia elétrica: a primeira efetuada no Ambiente de Contratação Regulada (ACR) e a segunda no Ambiente de Contratação Livre (ACL). Nesse momento, foram retiradas do Programa Nacional de Desestatização as empresas controladas pela Eletrobras, de modo que a desestatização do setor de energia elétrica permanece um processo inacabado.

De acordo com essa lei, as distribuidoras de energia elétrica são obrigadas a adquirir, no ACR, toda a energia necessária ao atendimento a sua demanda, sendo certo que os clientes que não se enquadram nas autorizações legais para compra direta de energia elétrica são classificados na categoria de "clientes cativos" das distribuidoras.[30] Os consumidores livres (conforme já definidos), por sua vez, podem optar entre adquirir energia elétrica no ACR ou no ACL,[31] observadas as condições legais de migração

---

[30] A Lei nº 10.848/04 prevê no §2º do art. 1º:
§2º Submeter-se-ão à contratação regulada a compra de energia elétrica por concessionárias, permissionárias e autorizadas do serviço público de distribuição de energia elétrica, nos termos do art. 2º desta Lei, e o fornecimento de energia elétrica para o mercado regulado. Art. 2º As concessionárias, as permissionárias e as autorizadas de serviço público de distribuição de energia elétrica do Sistema Interligado Nacional – SIN deverão garantir o atendimento à totalidade de seu mercado, mediante contratação regulada, por meio de licitação, conforme regulamento, o qual, observadas as diretrizes estabelecidas nos parágrafos deste artigo [...]". (BRASIL. Lei nº 10.848, de 15 de março de 2004. Dispõe sobre a comercialização de energia elétrica, altera as Leis nºs 5.655, de 20 de maio de 1971, 8.631, de 4 de março de 1993, 9.074, de 7 de julho de 1995, 9.427, de 26 de dezembro de 1996, 9.478, de 6 de agosto de 1997, 9.648, de 27 de maio de 1998, 9.991, de 24 de julho de 2000, 10.438, de 26 de abril de 2002, e dá outras providências. *Diário Oficial da União*, Brasília, 16 mar. 2004. Disponível em: http://www.planalto.gov.br/ccivil_03/_ato2004-2006/2004/lei/l10.848.htm. Acesso em 10 dez. 2014).

[31] Lei nº 10.848/04 prevê no §3º do art. 1º:
§3º A contratação livre dar-se-á nos termos do art. 10 da Lei nº 9.648, de 27 de maio de 1998, mediante operações de compra e venda de energia elétrica envolvendo os agentes concessionários e autorizados de geração, comercializadores e importadores de energia elétrica e os consumidores que atendam às condições previstas nos arts. 15 e 16 da Lei nº 9.074, de 7 de julho de 1995, com a redação dada por esta Lei". (BRASIL. Lei nº 10.848, de 15 de março de 2004. Dispõe sobre a comercialização de energia elétrica, altera as Leis nºs 5.655, de 20 de maio de 1971, 8.631, de 4 de março de 1993, 9.074, de 7 de julho de 1995, 9.427, de 26 de dezembro de 1996, 9.478, de 6 de agosto de 1997, 9.648, de 27 de maio de 1998, 9.991, de 24 de julho de 2000, 10.438, de 26 de abril de 2002, e dá outras providências. *Diário Oficial da União*, Brasília, 16 mar. 2004. Disponível em: http://www.planalto.gov.br/ccivil_03/_ato2004-2006/2004/lei/l10.848.htm. Acesso em 10 dez. 2014).

dos consumidores livres para o ambiente regulado. Há, atualmente, uma exigência de aviso à distribuidora com antecedência mínima de cinco anos, caso um consumidor livre decida migrar para o ACR, a fim de que ela possa adquirir no mercado a energia necessária para atender a esse usuário.[32]

De acordo com o modelo inaugurado em 2003-2004, as distribuidoras também ficaram impedidas de (i) gerar sua própria eletricidade, em decorrência da exigência de "desverticalização" jurídica entre a distribuição e a geração, e o impedimento à autocontratação (*self dealing*);[33] e de (ii) contratar livremente a compra de energia necessária ao atendimento da demanda em suas áreas de concessão, pois foram submetidas a um sistema cogente de aquisição por meio de leilões organizados pela ANEEL. Nesses leilões as distribuidoras devem declarar sua demanda por eletricidade e celebrar contratos com os empreendimentos geradores que apresentarem as melhores ofertas de acordo com as regras do edital.

Já quanto ao mercado livre, não se deu continuidade ao processo de redução dos montantes de consumo e tensão que autorizam a liberdade de comercialização, de modo que o ACL responde atualmente por cerca de 25% de toda a aquisição de energia do país.[34]

5.1.2 Dever de livre acesso às redes: sua relevância para o estabelecimento do mercado livre

Um dos maiores desafios à implementação de um regime competitivo nos mercados de geração e comercialização de energia elétrica consiste na possibilidade de existência de agentes verticalmente integrados e, portanto, capazes de discriminar entre potenciais usuários dos sistemas de transmissão e distribuição. Dessa forma, mostra-se fundamental a implementação da regra de liberdade de acesso às redes para que se possam estabelecer efetivos mercados de compra e venda entre geradores e consumidores livres. O dever de livre acesso às redes de transmissão e de distribuição de energia elétrica consiste, portanto, na obrigação legalmente imposta a todos os agentes desses segmentos de permitirem o acesso por diferentes usuários – geradores, importadores, exportadores e consumidores livres – em condições não discriminatórias.

---

[32] O Decreto nº 5.163/04 estabelece que no art. 52:
"Art. 52. Os consumidores livres deverão formalizar junto ao agente de distribuição local, com antecedência mínima de cinco anos, a decisão de retornar à condição de consumidor atendido mediante tarifa e condições reguladas.
Parágrafo único. O prazo definido no *caput* poderá ser reduzido a critério do respectivo agente de distribuição".
(BRASIL. Decreto nº 5.163, de 30 de julho de 2004. Regulamenta a comercialização de energia elétrica, o processo de outorga de concessões e de autorizações de geração de energia elétrica, e dá outras providências. *Diário Oficial da União*, Brasília, 30 jul. 2004, retificado em 04 ago. 2004. Disponível em: http://www.planalto.gov.br/ccivil_03/_ato2004-2006/2004/decreto/d5163.HTM. Acesso em 10 dez. 2014).

[33] O *self dealing* correspondia a uma prática de contratação bilateral entre geradores e distribuidoras do mesmo grupo econômico, e foi vedada com a entrada em vigor do novo marco regulatório, que obrigou as distribuidoras a comprarem energia exclusivamente por meio do sistema de leilões.

[34] Conforme dado constante de informativo da Câmara de Comercialização de Energia Elétrica. CCEE. *Infomercado*, set. 2014. Disponível em: http://www.ccee.org.br. Acesso em 24 set. 2014.

A instituição de um operador da rede de transmissão atuando de forma centralizada, independente e isenta em relação aos usuários tem sido uma solução considerada apropriada em diversos países que optaram pela introdução da concorrência nos segmentos da geração e da comercialização (princípio da neutralidade da transmissão).[35] O direito brasileiro resguarda o princípio da neutralidade da transmissão, devendo os despachos das geradoras, em regra, ser realizados por ordem de mérito, de forma objetiva, segundo modelos computacionais.[36] A remuneração das transmissoras é fixada por meio de uma Receita Anual Permitida, estabelecida nos contratos de concessão dos serviços de transmissão, valor esse cuja fixação resulta de processos licitatórios e independe dos atores que acessarão a rede.[37]

Também no que tange às redes de distribuição, o direito brasileiro assegura o livre acesso às redes, de modo que os consumidores que sejam livres nos termos da legislação em vigor também podem exigir o seu direito de conexão, respeitadas as normas técnicas e de segurança.[38]

5.1.3 Considerações acerca do ACL no contexto da renovação das concessões do setor elétrico

Em 2012, por meio da Medida Provisória nº 579/12 (posteriormente convertida na Lei nº 12.783/13), o Governo Federal autorizou a renovação das concessões do setor elétrico que estavam para vencer nos anos subsequentes.

Uma das exigências impostas para renovar os contratos de concessão de geração foi exigir que as concessionárias de geração cujos contratos fossem renovados, acometessem integralmente ao ACR a energia que viessem a produzir. Essa exigência legal

---

[35] BUSHNELL, James. Transmission rights and market power. *Power Working Paper n. 062*, University of California Energy Institute: Program on Workable Energy Regulation – POWER. Disponível em: http://www.ucei.berkeley.edu/ucei. Acesso em 17 fev. 2005. Para uma análise da regulação da transmissão de energia elétrica no contexto brasileiro, especialmente de uma perspectiva histórica, ver: RENNÓ, Marília; SAMPAIO, Patrícia. Transmissão de energia elétrica: apresentação do modelo brasileiro. *In*: LANDAU, Elena (Coord.). *Regulação jurídica do setor elétrico*. Rio de Janeiro: Lumen Iuris, 2006.

[36] Excepcionalmente, pode ser admitido o despacho de usinas fora da ordem de mérito, tendo em vista a segurança do Sistema Interligado Nacional. Ver, nesse sentido, art. 2º da Resolução nº 03/2013 do Conselho Nacional de Política Energética (CNPE), segundo o qual: "Por decisão do Comitê de monitoramento do Setor Elétrico – CMSE, extraordinariamente e com o objetivo de garantir o suprimento energético, o ONS poderá, adicionalmente ao indicado pelos programas computacionais, despachar recursos energéticos ou mudar o sentido do intercâmbio entre submercados".

[37] "A Receita Anual Permitida (RAP) é a remuneração que as transmissoras recebem para disponibilizar o sistema ao Operador Nacional do Sistema Elétrico (ONS) e prestar o serviço público de transmissão aos usuários. Seu valor, para as transmissoras decorrentes de licitação, é aquele obtido como resultado do leilão de transmissão e é pago às transmissoras a partir da entrada em operação comercial de suas instalações, com revisão a cada cinco anos, nos termos do contrato de concessão" (BRASIL. Agência Nacional de Energia Elétrica. Disponível em: http://www.aneel.gov.br/area.cfm?idArea=704. Acesso em 09 dez. 2014).

[38] Lei nº 9.074/95 prevê no §6º art. 15:
"§6º É assegurado aos fornecedores e respectivos consumidores livre acesso aos sistemas de distribuição e transmissão de concessionário e permissionário de serviço público, mediante ressarcimento do custo de transporte envolvido, calculado com base em critérios fixados pelo poder concedente". (BRASIL. Lei nº 9.074, de 7 de julho de 1995. Estabelece normas para outorga e prorrogações das concessões e permissões de serviços públicos e dá outras providências. *Diário Oficial da União*, Brasília, 08 jul. 1995, edição extra republicada em 28 set. 1998. Disponível em: http://www.planalto.gov.br/ccivil_03/leis/l9074cons.htm. Acesso em 10 dez. 2014).

pode ser interpretada como um desincentivo ao incremento do mercado livre, pois, ao exigir que a totalidade dessa energia gerada seja destinada ao mercado regulado, deixa-se de ampliar a oferta disponível ao mercado livre.[39]

Embora se possa argumentar que a oferta de energia ao mercado livre possa ser incrementada por meio de novos empreendimentos, existem outros fatores que dificultam essa expansão, como questões relacionadas ao financiamento de empreendimentos que se voltem ao ACL. Uma vez que os contratos no ACL costumam ter prazos bem mais reduzidos que os do ACR, os empreendedores por vezes têm narrado obstáculos na comprovação da viabilidade de novos projetos junto a financiadores, especialmente o BNDES.[40]

Por conseguinte, há espaço para a expansão do mercado livre de energia elétrica e, assim, para a ampliação da gama de consumidores livres, o que, todavia, dependerá da presença de incentivos adequados na regulação setorial e na "financiabilidade" dos empreendimentos.

5.2 O consumidor livre no mercado de gás natural

A cadeia produtiva de gás natural envolve as etapas de exploração, produção, transporte, distribuição e comercialização. O transporte por dutos e sua distribuição por meio de redes canalizadas constituem monopólios naturais, sendo que a competição é possível na produção e na comercialização.[41]

A regulação do consumidor livre no setor de gás natural apresenta desafios atrelados à própria divisão federativa de competências estabelecida na Constituição Federal. Enquanto a exploração, a produção e o transporte de gás natural por dutos são matérias afetas à União Federal (art. 177), a distribuição de gás canalizado é considerada um serviço público titulado pelos Estados-membros (art. 25, §2º).

---

[39] "Os agentes de comercialização de energia elétrica temem uma redução na oferta de energia no mercado livre, que pode desacelerar as operações em 2015 e até paralisá-las no ano subsequente. Entre os problemas apontados, está o fato de a renovação das concessões (Lei nº 12.783/13) ter direcionado a energia proveniente dessas usinas para o mercado regulado e também a falta de financiamento para projetos voltados para o mercado livre" (DOMINGUES, Maria; BEZUTTI, Natália; FREIRE, Wagner. Agentes temem falta de energia no ACL a partir de 2015. *Revista GTD Energia Elétrica*, São Paulo: Lumière, a. 10, ed. 62, p. 66, jul./ago. 2014).

[40] Conforme tem sido apontado em fóruns de discussão especializados, "A principal condição [de financiamento do BNDES] é que o prazo do contrato seja o mais compatível possível com o contrato de compra e venda de energia. No mercado regulado, esse prazo pode chegar a 30, 35 anos, no caso de hidrelétricas. Já no mercado livre, os contratos têm, em média, entre quatro e cinco anos. Ou seja, o banco não consegue financiar no modelo de *project finance*, no qual o próprio projeto se paga usando como garantia o contrato de energia" (SANTOS, Júlio. Como deixar o consumidor mais livre. *Brasil Energia*, Rio de Janeiro, a. 33, n. 405, p. 43, ago. 2014).

[41] Nesse sentido, observou o Conselheiro Mercio Felsky, no julgamento conjunto dos Atos de Concentração nº 08000.021008/97-91 e 08000.021006/97-65, relativos aos processos de desestatização das distribuidoras de gás canalizado do Estado do Rio de Janeiro: "É possível identificar vários estágios distintos de produção na indústria do gás, mais notavelmente produção, transmissão ou transporte (incluindo armazenagem) e distribuição. As oportunidades de concorrência num sistema de mercado variam de estágio para estágio e de país para país. Geralmente as oportunidades para concorrência são mais fortes na produção e comercialização de gás e mais fraca na distribuição. Promover concorrência na indústria do gás, portanto, é, primariamente, uma questão de incentivar o desenvolvimento da concorrência nos mercados de produção e comercialização de gás" (BRASIL. Conselho Administrativo de Defesa Econômica (CADE). Atos de Concentração nº 08000.021008/97-91 e 08000.021006/97-65. Relator: Conselheiro Mércio Felsky. Brasília. Julgado em 21 fev. 2001. Disponíveis em: http://cade.gov.br. Acesso em 09 dez. 2014).

Em atenção a essa divisão, no próximo tópico será apresentada a normatização federal acerca da construção e operação das redes de transporte de gás natural, etapa fundamental a que possa existir competição na comercialização desse insumo. Todavia, conforme se terá oportunidade de verificar, a legislação federal reconhece que a existência de consumidores livres de gás natural dependerá do que dispuser a legislação de cada Estado-membro.

5.2.1 Breve contextualização da regulação do gás natural

No direito brasileiro, a exploração e a produção de gás natural podem ser objeto de delegação por meio da celebração de contratos de concessão, ou, ainda, de contratos de partilha de produção no que tange aos blocos situados na camada pré-sal ou em áreas designadas estratégicas pelo Conselho Nacional de Política Energética (CNPE). A participação privada nesse setor depende de processo licitatório, pois as jazidas minerais são bens públicos federais (art. 20, CF/88) e a exploração e produção de gás natural constitui atividade econômica monopolizada pela União Federal (art. 177, CF/88).

Da mesma forma, o transporte de gás natural é monopólio da União (art. 177, CF/88), caracterizando-se como uma indústria de rede. Destacando as características que fazem com que o transporte de gás natural seja compreendido no rol de atividades consideradas monopólio natural, observa Jorge Díaz que (i) existem barreiras à entrada nesse mercado, dados os custos afundados dos transportadores e os elevados investimentos necessários à instalação de gasodutos; (ii) estão presentes economias de escala, tendo em vista o estado atual da técnica, o que aponta para a ineficiência de se ter concorrência entre transportadores que prestem serviços em uma mesma área; (iii) o custo do gasoduto é relativamente proporcional ao diâmetro do tubo e à máxima pressão sob a qual pode operar, enquanto que a capacidade de transporte é proporcional ao seu diâmetro ao quadrado; e (iv) a existência de um único gasoduto utilizado por vários produtores faz com que se reduza o risco de um corte na transmissão em caso de queda de um dos produtores.[42]

Atualmente, o marco regulatório da atividade de transporte de gás natural no País é encontrado especialmente na Lei nº 11.909/09, que estabelece como regra geral um regime de concessão industrial mediante licitação,[43] que poderá prever um período

---

[42] DÍAZ, Jorge Mercado. ¿Pueden desarrollarse mercados competitivos de gas?: un estudio comparativo de gas natural en Colombia. Bogotá: Universidad Externado de Colombia, 2003. p. 27-28.
Da perspectiva brasileira, Lúcia Helena Salgado destaca as seguintes dificuldades à atração de investimentos para o setor de gás natural: risco de comportamento oportunista por parte do detentor da infraestrutura; baixa capacidade de regulação; poder de mercado da incumbente; e o risco de não desenvolvimento do mercado. (SALGADO, Lúcia Helena. Rumo a um novo marco regulatório para o gás natural. *Revista do IBRAC*, São Paulo: IBRAC, a. 15, n. 4, p. 238, 2008).

[43] O art. 1º, §2º, da Lei nº 11.909/09 é expresso ao excluir as concessões para transporte de gás do regime geral das concessões de serviços públicos: "A exploração das atividades decorrentes das autorizações e concessões de que trata esta Lei correrá por conta e risco do empreendedor, não se constituindo, em qualquer hipótese, prestação de serviço público". (BRASIL. Lei nº 11.909, de 4 de março de 2009. Dispõe sobre as atividades relativas ao transporte de gás natural, de que trata o art. 177 da Constituição Federal, bem como sobre as atividades de tratamento, processamento, estocagem, liquefação, regaseificação e comercialização de gás natural; altera a Lei nº 9.478, de 6 de agosto de 1997; e dá outras providências. *Diário Oficial da União*, Brasília, 05 mar. 2009. Disponível em: http://www.planalto.gov.br/ccivil_03/_ato2007-2010/2009/lei/l11909.htm. Acesso em 10 dez. 2014).

inicial de exclusividade nessa exploração como forma de permitir ao transportador ser ressarcido dos investimentos que vier a realizar.[44] Embora não se trate de serviço público, a ANP regula as tarifas a serem praticadas no transporte do gás natural.[45] De acordo com a Lei nº 11.909/09, antes da construção ou ampliação de gasoduto será realizada chamada pública para potenciais interessados, com base em tarifa máxima de transporte fixada pela ANP.[46] Após o resultado do processo, a tarifa-teto será reduzida proporcionalmente, de acordo com a melhor proposta que venha a ser oferecida, resultando na tarifa efetivamente devida como remuneração pelo serviço de transporte.[47]

---

[44] Lei nº 11.909/2011 cujo art. 3º prevê: "A atividade de transporte de gás natural será exercida por sociedade ou consórcio cuja constituição seja regida pelas leis brasileiras, com sede e administração no País, por conta e risco do empreendedor, mediante os regimes de: I – concessão, precedida de licitação; ou II – autorização. §1º O regime de autorização de que trata o inciso II do *caput* deste artigo aplicar-se-á aos gasodutos de transporte que envolvam acordos internacionais, enquanto o regime de concessão aplicar-se-á a todos os gasodutos de transporte considerados de interesse geral. §2º Caberá ao Ministério de Minas e Energia, ouvida a ANP, fixar o período de exclusividade que terão os carregadores iniciais para exploração da capacidade contratada dos novos gasodutos de transporte. §3º A empresa ou o consórcio de empresas concessionários ou autorizados para o exercício da atividade de transporte de gás natural somente poderão explorar aquelas atividades referidas no art. 56 da Lei nº 9.478, de 6 de agosto de 1997, além das atividades de estocagem, transporte de biocombustíveis e construção e operação de terminais [...]". (BRASIL. Lei nº 11.909, de 4 de março de 2009. Dispõe sobre as atividades relativas ao transporte de gás natural, de que trata o art. 177 da Constituição Federal, bem como sobre as atividades de tratamento, processamento, estocagem, liquefação, regaseificação e comercialização de gás natural; altera a Lei nº 9.478, de 6 de agosto de 1997; e dá outras providências. *Diário Oficial da União*, Brasília, 05 mar. 2009. Disponível em: http://www.planalto.gov.br/ccivil_03/_ato2007-2010/2009/lei/l11909.htm. Acesso em 10 dez. 2014).

[45] Anteriormente a essa normatização chegou a haver precedente em que se questionaram as condições de acesso a um gasoduto da perspectiva concorrencial. O acesso ao Gasoduto Brasil-Bolívia (Gasbol) foi objeto de investigação no CADE por meio do Processo Administrativo nº 08012.002692/2002-73, a partir de representação formulada pela SEAE à SDE, baseada em parecer da ANP, em que se acusava a TBG – operadora do Gasbol, de recusa de acesso às empresas British Gás do Brasil Ltda. ("BG") e Energia do Brasil Ltda. ("Enersil"). Em seu voto, o Conselheiro Relator Carlos Ragazzo observou que "em razão dessa característica, uma das principais questões relativas à regulação do setor diz respeito à possibilidade de acesso de terceiros à rede de transporte. A estrutura da indústria, que interliga atividades monopolistas com atividades em que há concorrência, torna necessário que se permita aos diferentes competidores ter acesso aos dutos de modo a entregar o gás ao seu destino final. A possibilidade de o transportador monopolista também atuar nas cadeias à jusante (como carregador ou distribuidor, por exemplo) torna a regulação de acesso ainda mais relevante. Por um lado, essa integração vertical justifica-se em razão dos riscos do negócio. De fato, em face dos altos custos de investimento inerentes à atividade de transporte, o investidor monopolista procura assegurar previamente a demanda do produto, diminuindo os seus riscos. A diluição dessas incertezas reflete-se em uma menor pressão sobre os preços do serviço e contribui para incentivar a continuidade de investimentos no setor. Por outro lado, tal integração vertical gera incentivos para que o fornecedor monopolista discrimine seus concorrentes nos mercados à jusante, em flagrante prejuízo ao ambiente concorrencial e aos consumidores". O Conselheiro observou que, no começo dos anos 2000, não se encontrava resposta na legislação setorial que "(i) indicasse como se daria o acesso, (ii) em que casos uma recusa de fornecimento poderia ou não ser justificada, (iii) ou o que viria a ser uma remuneração 'adequada', além de outros fatores relacionados". O caso foi arquivado (BRASIL. Conselho Administrativo de Defesa Econômica (CADE). *Processo Administrativo nº 08012.002692/2002-73*. Relator: Conselheiro Carlos Ragazzo. Brasília. Julgado em 25 mar. 2009. Disponível em: http://cade.gov.br. Acesso em 09 dez. 2014).

[46] Lei nº 11.909/09. Art. 5º, §2º "No decorrer do processo de chamada pública, de forma iterativa, a ANP deverá fixar a tarifa máxima a ser aplicada aos carregadores interessados na contratação de capacidade de transporte". (BRASIL. Lei nº 11.909, de 4 de março de 2009. Dispõe sobre as atividades relativas ao transporte de gás natural, de que trata o art. 177 da Constituição Federal, bem como sobre as atividades de tratamento, processamento, estocagem, liquefação, regaseificação e comercialização de gás natural; altera a Lei nº 9.478, de 6 de agosto de 1997; e dá outras providências. *Diário Oficial da União*, Brasília, 05 mar. 2009. Disponível em: http://www.planalto.gov.br/ccivil_03/_ato2007-2010/2009/lei/l11909.htm. Acesso em 10 dez. 2014).

[47] Lei nº 11.909/09. Art. 13 §2º. As tarifas de transporte de gás natural a serem pagas pelos carregadores para o caso dos gasodutos objeto de concessão serão estabelecidas pela ANP, aplicando à tarifa máxima fixada no processo de chamada pública o mesmo fator correspondente à razão entre a receita anual estabelecida no processo licitatório e a receita anual máxima definida no edital de licitação". (BRASIL. Lei nº 11.909, de 4 de março de 2009. Dispõe sobre as atividades relativas ao transporte de gás natural, de que trata o art. 177 da Constituição Federal,

A legislação citada diferencia o transportador, aquele que opera a atividade de transporte por meio de dutos, do carregador, definido como o "agente que utilize ou pretenda utilizar o serviço de movimentação de gás natural em gasoduto de transporte", que deverá ser detentor de uma autorização da ANP. Há uma exigência regulatória de "desverticalização" do setor, existindo, no momento, vedação regulatória a que transportadores sejam também carregadores.[48]

As mesmas características que marcam a impossibilidade de introdução de competição no transporte de gás natural encontram-se presentes na distribuição, tais como economias de escala e externalidades de redes.[49] Nesse segmento, tem-se, por outro lado, preocupação com o atendimento aos princípios da generalidade, regularidade, continuidade e modicidade tarifária, na medida em que, como visto, a Constituição Federal o considera serviço público de competência dos Estados-membros. Dessa forma, a política de incentivo ao consumidor livre deve ser estruturada de forma compatível com esses valores.

5.2.2 O consumidor livre de gás

A Lei nº 11.909/09 define o consumidor livre de gás natural como sendo aquele que, nos termos da legislação estadual aplicável, tem a opção de adquirir o gás natural de qualquer agente produtor, importador ou comercializador.[50]

---

bem como sobre as atividades de tratamento, processamento, estocagem, liquefação, regaseificação e comercialização de gás natural; altera a Lei nº 9.478, de 6 de agosto de 1997; e dá outras providências. *Diário Oficial da União*, Brasília, 05 mar. 2009. Disponível em: http://www.planalto.gov.br/ccivil_03/_ato2007-2010/2009/lei/l11909.htm. Acesso em 10 dez. 2014).

[48] Nos termos do art. 3º da Resolução ANP nº 51/2013: "§1º É vedado o exercício da atividade de Carregamento: I – por sociedade ou consórcio que detenha autorização ou concessão para o exercício da atividade de transporte de gás natural; II – em gasoduto de transporte objeto de concessão em que o concessionário seja sociedade que possua relação societária de controle ou coligada com o Carregador; §2º Fica vedada a participação de sociedade que detenha autorização ou concessão para o exercício da atividade de transporte de gás natural em consórcios autorizados para o exercício da atividade de Carregamento. §3º A vedação de que trata o inciso II do §1º do presente artigo se aplica à concessão em que tome parte consórcio cujo participante possua relação societária de controle ou coligação com o Carregador. §4º São consideradas sociedades coligadas e controladas aquelas definidas nos §§1º e 2º, respectivamente, do artigo 243 da Lei nº 6.404, 16 de dezembro de 1976".

[49] Conforme explicou o Conselheiro do CADE, Afonso Arinos de Mello Franco Neto, em seu voto condutor em processo administrativo no qual as distribuidoras de gás canalizado do Estado do Rio de Janeiro foram acusadas de prática de preços abusivos: "[...] economias de escala existem se o custo médio de produção declina quando aumenta a quantidade produzida. Na distribuição de gás, a conexão de um novo cliente na rede provoca a queda do custo de fornecimento de cada um dos consumidores já ligados. Como tipicamente ocorre nos serviços públicos, existem custos fixos importante ligados à instalação e manutenção da infraestrutura e pequenos custos marginais do serviço ao consumidor final". Após lembrar que, no caso dos monopólios naturais, "do ponto de vista da minimização dos custos de produção na economia, a melhor estrutura de mercado admite uma única firma operando", o Conselheiro destaca que, "em contrapartida, surge a possibilidade de exercício de poder de mercado por parte da firma que o domina completamente, se deixada livre para escolher o padrão de produção que lhe proporciona o maior lucro". Nesses casos, "a solução para se obter um comportamento socialmente desejável da firma no mercado é a regulação. A regulação pretende acrescentar restrições de atuação para a firma, com a intenção de alterar o seu próprio objetivo como empresa e com isso fazê-la se comportar espontaneamente no interesse público". Em atenção ao fato de que a empresa investigada estava praticando tarifas dentro dos limites estabelecidos na regulação setorial, concluiu-se pela inexistência de conduta infrativa, tendo o processo sido arquivado (BRASIL. Conselho Administrativo de Defesa Econômica (CADE). *Processo Administrativo nº 08012.006207/98-48*. Relator: Conselheiro Afonso Arinos de Mello Franco Neto. Brasília. Julgado em 31 jan. 2011. Disponível em: http://cade.gov.br. Acesso em 09 dez. 2014).

[50] Além disso, de acordo com a legislação federal em vigor, o consumidor livre cujas necessidades de movimentação de gás natural não possam ser atendidas pela distribuidora estadual poderá construir e implantar,

Conforme anteriormente mencionado, a existência e a definição legal do consumidor livre no setor de gás são de competência estadual, visto que a Constituição Federal estabeleceu ser atribuição dos Estados a prestação do serviço de distribuição de gás canalizado, a quem compete, portanto, decidir sobre a forma como o serviço será prestado, se de prestação direta pelo Estado (ou por empresa estatal), ou, alternativamente, delegação à iniciativa privada, por meio de licitação e celebração de contratos de concessão.

Verifica-se que aos poucos, os Estados estão preparando seus ordenamentos jurídicos para o estabelecimento de mercados livres de gás. Em atenção aos investimentos iniciais, tem sido comum que contratos de concessão estabeleçam um período de exclusividade na comercialização.[51] Em todo caso, para que esses mercados efetivamente se desenvolvam, é importante que a regulação apresente os incentivos corretos à expansão da oferta de gás, por meio do ingresso de novos produtores e importadores.

5.2.3 Características regulatórias que favorecem a presença de consumidores livres

Conforme mencionado nos tópicos anteriores, os setores de infraestrutura apresentam alta relevância para a sociedade, tanto assim que, do prisma jurídico, é comum estarem subordinados a um regime de serviços públicos ou monopólio estatal excludente da liberdade de iniciativa, exigindo o legislador que essas atividades estejam

---

diretamente, instalações e dutos para o seu uso específico. Todavia, não poderá operar diretamente essa infraestrutura, mas deverá celebrar contrato que atribua à distribuidora estadual a sua operação e manutenção, que deverá, ainda, ser incorporado ao patrimônio estadual mediante declaração de utilidade pública e justa e prévia indenização, quando de sua total utilização. A atividade de operação e manutenção deverá ser remunerada por meio de tarifa fixada pelo ente regulador estadual. Atento à natureza de monopólio natural dessas atividades, a legislação federal estabelece que a distribuidora estadual poderá solicitar ao consumidor livre que vier a construir instalações, que essas sejam dimensionadas de forma a viabilizar o atendimento a outros usuários, negociando com o consumidor livre as contrapartidas necessárias, sob a arbitragem do órgão regulador estadual.

[51] Em São Paulo, por exemplo, o contrato de concessão da Comgás estabeleceu um prazo inicial de exclusividade de 12 anos, findos os quais os consumidores que desejassem poderiam adquirir gás canalizado de comercializadoras. A Agência Reguladora de Saneamento e Energia do Estado de São Paulo (ARSESP), por meio da Deliberação nº 231/2011, estabeleceu os limites de volumes mínimos para os usuários livres, os clientes das concessionárias Comgás e Gás Natural São Paulo Sul S/A, que foi fixado em um consumo mínimo mensal de 300.000m³, atendidas as demais condições estabelecidas na referida deliberação. Já no Estado do Rio de Janeiro, os contratos de concessão da CEG e da CEG-Rio previram que o adquirente que consumisse acima de 100.000m³ por dia poderia, após o prazo de 10 anos, escolher livremente o seu fornecedor. Todavia, os contratos de concessão em vigor determinam que as concessionárias de distribuição de gás canalizado fluminenses fazem jus ao recebimento de tarifa equivalente à diferença entre o valor limite da concessionária para o tipo de consumidor em questão e o preço que a concessionária paga na aquisição do gás, da mesma supridora. Em Minas Gerais, por sua vez, o conceito de consumidor livre foi delineado em razão da finalidade do uso do gás, tendo sido definido como o "consumidor de gás, relacionado a único ponto de entrega, não residencial, não comercial e não veicular, que exerceu a opção por adquirir o gás de um comercializador, agente produtor ou importador", tendo-se ainda exigido um consumo diário mínimo de 10.000m³ (definição disponível em Resolução nº 17/13, da Secretaria de Estado de Desenvolvimento Econômico – SEDE/MG). A resolução estabeleceu regras de transição no momento inicial de abertura do mercado, tendo exigido que os consumidores potencialmente livres que desejassem participar do mercado livre firmassem contratos com prazo mínimo de 12 meses, bem como que avisassem à concessionária de sua intenção de deixar o mercado regulado igualmente com antecedência mínima de 12 meses do vencimento do contrato que mantenha com a concessionária. Após a abertura do mercado, o prazo de aviso prévio à concessionária passa a ser de seis meses.

submetidas a algum controle de preços, de entrada, de padrões mínimos de qualidade do serviço ou metas de universalização.

Sem desconsiderar essa ressalva, a última seção deste artigo é dedicada a uma tentativa de sistematização de características que devem ser estimuladas, inclusive por meio da regulação normativa, a fim de que se criem ambientes favoráveis ao surgimento de consumidores livres, abstraindo-se de setores específicos.

6 Desverticalização

A primeira característica consiste na desverticalização, a fim de diferenciar os monopólios naturais (geralmente a rede em si mesma) dos segmentos potencialmente competitivos (os serviços prestados através da rede). Comentando especificamente o setor elétrico, José Tavares de Araújo Júnior menciona que os requisitos de segurança operacional da rede e o fato de se tratar de um bem incapaz de ser estocado

> magnificam os riscos de condutas abusivas por parte das firmas verticalizadas, que, através do controle sobre os sistemas de transmissão e distribuição, podem facilmente extrair rendas e eventualmente excluir do mercado os competidores que operam apenas nos segmentos de geração e comercialização.[52]

Todavia, antes de se decidir pela segregação das atividades ao longo da cadeia produtiva, faz-se necessário que o formulador da política pública – legislador ou órgão regulador – realize uma análise quanto à sua viabilidade tanto do prisma econômico-financeiro quanto no que concerne aos valores que inspiram a disciplina jurídica do mercado em questão (universalização, qualidade, modicidade tarifária). Especialmente em investimentos *green field*, isto é, nos quais a infraestrutura ainda precisa ser construída, e a depender da realidade do mercado consumidor, a outorga de exclusividade na oferta do serviço pode ser um mecanismo regulatório adequado à obtenção de remuneração que torne o empreendimento atrativo à iniciativa privada.

De todo modo, na maioria das vezes é esperado que essa exclusividade tenha caráter temporário, pois, uma vez amortizado o investimento inicial na infraestrutura, o seu operador necessita ser remunerado apenas pela disponibilização e uso (operação e manutenção) da rede, o que deve incluir, logicamente, incentivos à sua modernização (atualidade) e ampliação, quando for o caso.

7 Livre acesso à rede

Além da desverticalização, a instauração de um ambiente verdadeiramente concorrencial nos segmentos verticalmente relacionados exige que todos os

---

[52] ARAÚJO JR., José Tavares de. A regulação econômica nos setores de infraestrutura no Brasil. *In*: SALGADO, Lúcia Helena; MOTTA, Ronaldo Seroa da (Eds.). *Marcos regulatórios no Brasil*: o que foi feito e o que falta fazer. Rio de Janeiro: IPEA, 2005. p. 105.

fornecedores e clientes possam aceder livremente ao suporte físico e/ou tecnológico da rede. Ilustrativamente, para que possa haver consumidores livres na geração de energia elétrica e, portanto, agentes econômicos dedicados a participar do mercado de comercialização de eletricidade, é preciso que a energia comprada e vendida livremente possa passar pelas redes de transmissão e distribuição. Da mesma forma, para que possa haver consumidores livres de gás, é preciso que os "vendedores", i.e., as comercializadoras possam entregar o gás por meio dos dutos de transporte e distribuição já existentes.

Nesse sentido, uma orientação que se encontra na literatura, a fim de que haja incentivo à criação de ambientes de mercado, reside na separação entre a gestão da infraestrutura (rede) e a prestação de serviços ou oferta de bens que necessitem utilizar-se da rede. A solução para que se assegure efetivamente o acesso às redes pode ser tanto de natureza estrutural (como a copropriedade da infraestrutura por todos os agentes interessados ou titularidade pública) como comportamental, mediante a imposição, pela via normativa, do dever de o proprietário e/ou gestor da infraestrutura conceder o seu compartilhamento em bases isonômicas.[53]

A solução estrutural em regra apresenta diversas dificuldades, pois nem toda infraestrutura essencial pode ser ofertada ou administrada por mais de um agente; existem riscos relacionados a uma possível cartelização do mercado a jusante, dado que os agentes econômicos manterão contato frequente na gestão da infraestrutura; e, ainda, poderão ser extremamente elevados os custos de transação associados à administração conjunta da infraestrutura essencial por agentes que competem em mercados verticalmente relacionados.[54]

Em razão das dificuldades citadas, o dever de compartilhamento por parte de um monopolista detentor (ou operador exclusivo) da infraestrutura essencial costuma ser a solução comumente mais utilizada para se estabelecer concorrência nos mercados relacionados. Todavia, a conexão e o compartilhamento de infraestrutura encerram complexas questões concorrenciais, como a possibilidade de serem perpetradas recusas de contratar, discriminações entre concorrentes, vendas casadas e subsídios cruzados, de forma que o processo de desverticalização e conferência do livre acesso deve ser acompanhado de uma efetiva tutela concorrencial dos mercados.[55] Em síntese, quando possível, deve-se buscar separar os serviços de operação e manutenção da rede dos demais serviços ofertados a partir da rede.

8 Condições não discriminatórias de acesso

Como visto, para que haja o estabelecimento de mercados a partir de uma infraestrutura essencial, a doutrina antitruste aponta que o acesso precisa ser amplo,

---

[53] SALOMÃO FILHO, Calixto. Tratamento jurídico dos monopólios em setores regulados e não regulados. *In*: *Regulação e concorrência (estudos e pareceres)*. São Paulo: Malheiros, 2002. p. 42. Sobre as diferentes teses jurídicas relativas à natureza jurídica do compartilhamento de infraestrutura, ver: ARAGÃO, Alexandre Santos de; STRINGHINI, Adriano Candido; SAMPAIO, Patrícia Regina Pinheiro. *Servidão administrativa e compartilhamento de infraestruturas*: regulação e concorrência. Rio de Janeiro: Forense, 2005.

[54] SALOMÃO FILHO, Calixto. Tratamento jurídico dos monopólios em setores regulados e não regulados. *In*: *Regulação e concorrência (estudos e pareceres)*. São Paulo: Malheiros, 2002. p. 43, especialmente a nota 13.

[55] SALOMÃO FILHO, Calixto. *Regulação da atividade econômica (princípios e fundamentos jurídicos)*. São Paulo: Malheiros, 2001. p. 51.

em condições equitativas e a preço não discriminatório, sob pena de caracterização de abuso de posição dominante.[56]

Todavia, a disciplina jurídica do acesso apenas com base nas normas gerais de direito da concorrência parece insuficiente para efetivar o direito de livre acesso às redes, garantia essencial aos consumidores livres. Nesse sentido, Calixto Salomão Filho, após destacar que "o instrumento original de tutela da conexão é a recusa de contratar" (portanto, concorrencial), observa ser essa disciplina insuficiente, uma vez que somente protege o aspecto negativo do comportamento do agente econômico, não sendo capaz de "garantir um efetivo direito de contratar".[57]

Dessa forma, a disciplina regulatório-estrutural, através da positivação de regras de livre acesso não discriminatório no ordenamento jurídico setorial, tem sido compreendida como uma solução qualitativamente superior na busca do desenvolvimento de mercados verticalmente relacionados a monopólios naturais e potencialmente competitivos.

Portanto, para se estimular o crescimento de consumidores livres, faz-se necessária a criação de um ambiente regulatório propício, com regras claras sobre acesso, incluindo preços e condições, e uma autoridade regulatória que fiscalize firmemente essas determinações, a fim de se evitarem abusos de posição dominante. Conforme já anteriormente exposto, o setor elétrico brasileiro adotou essa solução, ao estabelecer o princípio da neutralidade da transmissão de energia elétrica.

9 Clareza na política regulatória e estabilidade das instituições

Por fim, o fomento aos consumidores livres passa por garantias relacionadas à própria sinalização da expansão da oferta ao longo do tempo e sua alocação à livre comercialização, de forma que os consumidores livres possam ter uma legítima expectativa de que não haverá excessiva escassez de oferta no momento em que necessitarem do insumo, o que implicaria prejuízos elevados.

Nesse sentido, faz-se importante garantir a financiabilidade de empreendimentos vocacionados aos mercados livres, a fim de que potenciais fornecedores (geradores de energia elétrica e produtores de gás) tenham os incentivos corretos para ofertar seus produtos e serviços no mercado livre.

Também é importante garantir estabilidade política e institucional, de modo que os agentes do mercado possam confiar na viabilidade da comercialização livre no longo prazo. As recentes mudanças na política setorial do setor elétrico (p. ex., ao condicionar a renovação das concessões de geração à alocação da energia produzida integralmente ao ACR) parecem não estimular a ampliação do mercado livre e da concorrência, preferindo-se a adoção de técnicas regulatórias relacionadas a controle de preços da geração e alocação da produção com base em um regime de quotas (cf.

---

[56] SALOMÃO FILHO, Calixto. Tratamento jurídico dos monopólios em setores regulados e não regulados. In: Regulação e concorrência (estudos e pareceres). São Paulo: Malheiros, 2002. p. 44.

[57] SALOMÃO FILHO, Calixto. Regulação da atividade econômica (princípios e fundamentos jurídicos). São Paulo: Malheiros, 2001. p. 52.

Medida Provisória nº 579/12), tendo se reduzido o interesse de usuários eletrointensivos em migrar para o ACL e tornarem-se consumidores livres.[58]

A experiência vivenciada pelo setor elétrico brasileiro sugere que privilegiar os consumidores livres depende de um ambiente regulatório-institucional que realmente confira segurança jurídica e dinamismo às relações de mercado.

10 Considerações finais

O presente artigo pretendeu mostrar que o instituto do consumidor livre pode ser de grande utilidade para o desenvolvimento de setores regulados de infraestrutura. A livre concorrência propicia, em regra, preços menores e melhoria na qualidade dos serviços prestados.

Assim, buscou-se apontar que, mesmo em setores caracterizados como monopólio natural é possível introduzir competitividade de forma exitosa, desde que presentes mecanismos regulatórios mínimos à viabilização da sua existência. Nesse sentido, foram destacadas (i) a determinação de desverticalização dos segmentos que operam a partir de infraestruturas de rede; (ii) a garantia de livre acesso; (iii) a proteção contra discriminação no preço e a regulação das condições em que será concedido o acesso; e (iv) a estabilidade jurídico-institucional, como instrumentos que favorecem a expansão dos consumidores livres.

A experiência dos setores elétrico e de gás natural no País sinaliza a viabilidade e a oportunidade da participação de consumidores livres para seu aperfeiçoamento. Trata-se de um instituto em construção, aparentando ser uma política pública cujo incentivo é desejável a longo prazo, tendo em vista que a concorrência, além de propiciar ganhos de eficiência, favorece a concretização da liberdade de escolha dos indivíduos na seara econômica.

---

[58] "Até 2008, num cenário favorável de muita oferta e energia barata, o mercado livre viveu um boom de migração, dando a impressão de que seguiria uma trajetória de forte expansão. Chegou a ter 28% do consumo de energia elétrica. De lá para cá, o vento mudou: seguidas crises conjunturais – sem contar a econômica que marcou o período –, novas regras, resoluções e portarias travaram o Ambiente de Contratação Livre". (SANTOS, Júlio. Como deixar o consumidor mais livre. *Brasil Energia*, Rio de Janeiro, a. 33, n. 405, p. 43, ago. 2014).

A LEGITIMIDADE DE MEDIDAS REPARADORAS DE CONDUTA CRIADAS PELA ANP[1]

1 Introdução

A Agência Nacional do Petróleo, Gás Natural e Biocombustíveis (ANP), instituiu, através da Resolução ANP nº 32/2012, a Medida Reparadora de Conduta (MRC), que consiste na possibilidade de o agente econômico causador de um dano ao consumidor de menor gravidade repará-lo eficazmente dentro de um certo lapso temporal, extinguindo a punibilidade da conduta ilícita por ele praticada, nos termos dos artigos 3º e 4º, *verbis*:

Art. 3º O agente econômico poderá adotar, no prazo de 5 (cinco) dias úteis, contados a partir da data da ação de fiscalização, medidas reparadoras de conduta quando ficar caracterizado o não atendimento aos seguintes dispositivos:

I – art. 12 da Portaria ANP nº 41, de 12 de março de 1999;

II – inc. VIII do art. 10 da Portaria ANP nº 116, de 5 de julho de 2000;

III – §1º do art. 10 da Portaria ANP nº 116, de 5 de julho de 2000, somente quanto ao quadro de aviso;

IV – §3º do art. 10 da Portaria ANP nº 116, de 5 de julho de 2000;

---

[1] Artigo originariamente publicado na *Revista de Direito Administrativo Contemporâneo – REDAC*, v. 2, 2014.

V – inc. II do art. 4º A da Portaria ANP nº 116, de 5 de julho de 2000, somente quanto à quantidade de bicos abastecedores, tipos de combustíveis e mudança de tancagem;

VI – inc. IX do art. 14 da Portaria ANP nº 32, de 6 de março de 2001;

VII – §1º do art. 14 da Portaria ANP nº 32, de 6 de março de 2001, somente quanto ao quadro de aviso;

VIII – inc. IV do art. 16 da Portaria ANP nº 297, de 18 de novembro de 2003;

IX – inc. VIII do art. 36 da Resolução ANP nº 15, de 18 de maio de 2005;

X – inc. XVI do art. 36 da Resolução ANP nº 15, de 18 de maio de 2005;

XI – inc. VII do art. 13 da Resolução ANP nº 4, de 8 de fevereiro de 2006;

XII – inc. X do art. 13 da Resolução ANP nº 4, de 8 de fevereiro de 2006;

XIII – inc. VIII do art. 15 da Resolução ANP nº 18, de 26 de julho de 2006;

XIV – inc. III do art. 21 da Resolução ANP nº 8, de 6 de março de 2007;

XV – §4º do art. 3º da Resolução ANP nº 9, de 7 de março de 2007;

XVI – art. 4º da Resolução ANP nº 9, de 7 de março de 2007; e

XVII – inc. XIII do art. 19 da Resolução ANP nº 20, de 18 de junho de 2009.

Parágrafo único. A adoção de medida reparadora de conduta poderá abranger 1 (um) ou mais incisos do caput deste artigo.

Art. 4º O agente econômico poderá adotar medidas reparadoras de conduta durante o transcurso da ação de fiscalização quando ficar caracterizado o não atendimento aos seguintes dispositivos:

I – inc. IV do art. 10 da Portaria ANP nº 116, de 5 de julho de 2000, somente quanto à informação sobre a aditivação do combustível comercializado;

II – inc. V do art. 10 da Portaria ANP nº 116, de 5 de julho de 2000;

III – inc. II do §3º do art. 11 da Portaria ANP nº 116, de 5 de julho de 2000;

IV – inc. VI do art. 14 da Portaria ANP nº 32, de 6 de março de 2001;

V – inc. VII do art. 14 da Portaria ANP nº 32, de 6 de março de 2001;

VI – inc. XV do art. 14 da Portaria ANP nº 32, de 6 de março de 2001;

VII – parágrafo único do art. 11 da Portaria ANP nº 297, de 18 de novembro de 2003;

VIII – observação nº "(3)" do "Quadro I: Tabela de especificação do Gás Natural" do Regulamento Técnico ANP nº 2/2008, integrante da Resolução ANP nº 16, de 17 de junho de 2008;

IX – caput do art. 27 da Resolução ANP nº 7, de 9 de fevereiro de 2011;

X – parágrafo único do art. 27 da Resolução ANP nº 7, de 9 de fevereiro de 2011; e

XI – art. 1º da Resolução ANP nº 63, de 7 de dezembro de 2011.

Parágrafo único. A adoção de medida reparadora de conduta poderá abranger 1 (um) ou mais incisos do caput deste artigo.

Desde a edição da referida resolução, a sistemática da MRC vinha sendo aplicada normalmente pela Agência, no exercício de sua competência fiscalizatória e em cumprimento às finalidades perseguidas pela Lei nº 9.478/97 – Lei do Petróleo, trazendo ganhos de eficiência administrativa, economicidade e, sobretudo, atendendo ao melhor interesse dos consumidores: qual seja, o da reparação eficaz dos danos a eles causados.

Contudo, há notícia de que o Ministério Público de Minas Gerais, por intermédio do Programa Estadual de Proteção e Defesa do Consumidor (PROCON-MG), está contestando, dentre outras coisas, a legalidade da criação dessas Medidas Reparadoras de Conduta, considerando não haver expressa previsão legal para sua instituição, como se depreende da passagem a seguir transcrita:

> Analisando a instituição das 'medidas reparadoras de conduta' pela ANP, verifica-se que ela não possui embasamento legal, tendo sido instituída através de uma resolução. As atribuições da indigitada agência encontram-se dispostas na Lei Federal nº 9.478, de 6 de agosto de 1997, a qual nada menciona sobre tais medidas. Ademais, a Lei Federal nº 9.847, de 26 de outubro de 1999, que 'dispõe sobre a fiscalização das atividades relativas ao abastecimento nacional de combustíveis' também não prevê no rol de sanções administrativas do seu artigo 2º as intituladas 'medidas reparadoras de conduta'.

Nesta linha, prossegue ainda o *Parquet* asseverando que, mesmo na Lei nº 8.078/90 – o Código de Defesa do Consumidor –, não há, no rol de sanções, considerado exaustivo no documento em questão, nenhum dispositivo que preveja "a advertência ou medida similar como a reparação de conduta".

Destarte, o presente ensaio tem por escopo aclarar a presente controvérsia, dentro de uma perspectiva estritamente jurídica. Para esse mister, iremos demonstrar que a MRC não possui natureza jurídica de sanção, como quer o MPMG, mas sim, de causa de extinção da punibilidade. Contudo, caso dessa forma não se considere, sua natureza ainda assim seria de ato consensual da administração – não de sanção.

Dito isso, demonstraremos não existir, independentemente de uma ou de outra natureza, qualquer violação por parte da Resolução ANP nº 32/2012 ao princípio da legalidade, mas, pelo contrário, sua concretização, cumprindo as finalidades visadas pela Lei do Petróleo, sobretudo a de proteção aos interesses dos consumidores, e efetivando os princípios constitucionais da eficiência e da economicidade, que devem sempre reger a atuação da Administração Pública, malgrado ausência de previsão legal específica.

2 A verdadeira natureza jurídica da medida reparadora de conduta

Para o adequado deslinde da questão, convém investigarmos a verdadeira natureza jurídica da Medida Reparadora de Conduta prevista na Resolução ANP nº 32/2012, em cujo entendimento do Ministério Público trata-se de sanção, similar a uma advertência.

Conforme será demonstrado infra, contudo, a MRC não pode ser considerada sanção, tratando-se de causa de extinção da punibilidade, fazendo desaparecer a pretensão sancionadora do Estado quando verificadas suas condições.

Por outro lado, caso não se encampe essa possibilidade, pode também ser encarada a MRC como ato regulatório consensual, na esteira da recente tendência do ordenamento jurídico brasileiro de adoção de soluções consensuais em detrimento da imposição unilateral coercitiva.

2.1 A natureza de causa de extinção da punibilidade

Alega o *Parquet* mineiro que a Medida Reparadora de Conduta da Resolução ANP nº 32/2012 seria uma forma de sanção branda (similar a uma advertência), não prevista em lei e que, por essa razão, estaria eivada de invalidade.

Incorre, contudo, em equívoco: as MRCs celebradas entre a ANP e os agentes econômicos *são prévias* à *instauração do processo administrativo sancionador*. Do contrário, maior invalidade estaria em desrespeitar-se a garantia constitucional do devido processo legal na aplicação de sanção. Ora, a Resolução da ANP denota que a medida é justamente uma excludente de responsabilidade administrativa, não uma sanção leve: a penalidade em tese incidente é outra, que é afastada pela satisfação voluntária do direito violado.

Trata-se, como será demonstrado infra, de *causas de extinção da punibilidade*, que se opera com a tempestiva adequação da conduta do particular à legislação setorial, até 5 dias úteis da data da ação de fiscalização ou durante o transcurso da referida ação, conforme o caso (ver arts. 3º e 4º da Resolução).

As causas de extinção da punibilidade são um instituto tipicamente estudado pela disciplina penalista, mas cuja aplicação harmoniza-se com o Direito Administrativo Sancionador devido à proximidade axiológica de ambos. Sobre essa proximidade, afirma Marçal Justen Filho que "a doutrina nacional e estrangeira concordam, em termos pacíficos, que as penalidades administrativas apresentam configuração similar às de natureza penal, sujeitando-se a regime jurídico senão idêntico, ao menos semelhante".[2]

Além disso, importar determinados conceitos e institutos de outras searas jurídicas em que seu estado de evolução teórica esteja mais avançado não é uma prática contrária ao Direito, que, apesar de comportar diversos regimes diferentes, é uno por definição. Neste sentido, leciona Alejandro Nieto que o Direito Administrativo Sancionador "toma emprestados os instrumentos proporcionados pelo direito penal simplesmente porque lhe são úteis por causa de seu amadurecimento mais avançado e de sua superioridade teórica".[3] Evidentemente, não houvesse proximidade entre as disciplinas, descabido seria o empréstimo dos instrumentos deste para aquele.

Dito isso, é preciso consignar que, conforme expõe Heleno Cláudio Fragoso, "com a prática da ação delituosa surge para o Estado o direito subjetivo à imposição da pena, que se expressa na *pretensão punitiva*. Esse direito subjetivo se exerce em relação ao transgressor da norma penal. A pena aparece como consequência jurídica da realização do crime. Há situações, no entanto, que extinguem a punibilidade, fazendo desaparecer a pretensão punitiva ou o direito subjetivo do Estado à punição".[4]

Sobre tais causas, Aloysio de Carvalho Filho destaca que "decorrentes, que sejam, do imperativo natural, como a morte do condenado; de conveniência política, como a anistia, ou a prescrição, têm elas o efeito de impedir ou paralisar a ação penal, evitar ou encerrar a execução da pena".[5] Mais adiante, minudencia: "naturais são as causas

---

[2] JUSTEN FILHO, Marçal. *Comentários à Lei de Licitações e Contratos Administrativos*. 15. ed. São Paulo: Dialética, 2012. p. 1008.
[3] NIETO, Alejandro. *Derecho administrativo sancionador*. 2. ed. Madrid: Tecnos, 1994. p. 81-82.
[4] FRAGOSO, Heleno Cláudio. *Lições de Direito Penal*. 4. ed. Rio de Janeiro: Forense, 1994. p. 399.
[5] CARVALHO FILHO, Aloysio de. *Comentários ao Código Penal – Volume IV. Arts. 102 a 120*. 4. ed. Rio de Janeiro: Forense, 1958. p. 71.

que resultam do próprio conceito da ação: o direito de agir deixa de existir, seja porque a sua força se esgotou, seja porque o objeto mesmo da ação não subsiste, seja porque desapareceu uma de suas condições. [...] As causas políticas decorrem de circunstâncias estranhas à natureza da ação; certas razões de política criminal atribuem-lhes o efeito de eliminar a punição do delinquente, do que são mostra a anistia e a prescrição".[6]

Dessa forma, ainda quando a extinção da punibilidade não decorrer naturalmente das circunstâncias do processo punitivo, é legítimo ao Poder Público estabelecer novas causas 'não naturais' para essa extinção, com base em um juízo de conveniência política, tendo sempre em vista os princípios constitucionais informadores de sua atuação.

É o que ocorre quando a ANP edita a Resolução nº 32/2012, que cria a Medida Reparadora de Conduta. A MRC é uma causa de extinção da punibilidade que se opera, para as infrações taxativamente elencadas nos arts. 3º e 4º da indigitada resolução, todas de pequena gravidade, quando o agente econômico adequa sua conduta à legislação até 5 (cinco) dias úteis a partir da data da ação de fiscalização (hipóteses do art. 3º) ou durante o transcurso da mesma (art. 4º). Tal medida, como será demonstrado adiante, atende não apenas aos objetivos da Lei nº 9.478/97, como também concretiza diretamente os princípios constitucionais da Administração Pública, sobretudo os da Eficiência e da Economicidade.

Há de se questionar, todavia, o fato de tais causas necessariamente constarem de expressa previsão legal em matéria de Direito Penal, o que não se reproduz no Direito Administrativo Sancionador. Acontece que naquele ramo do direito vigora o princípio da reserva absoluta de lei formal, que, via de regra, não se aplica a este, muito menos quando não cria infração administrativa, mas sim, a atenua ou a exclui. Nesse diapasão, como será exposto em tópico subsequente, a previsão da Resolução ANP nº 32/2012 em nada viola o princípio da legalidade administrativa, sendo, pelo contrário, com ele harmonizada.

Por fim, caso não se entenda pela natureza de causa de extinção da punibilidade da MRC, o que admitidos *ad argumentandum tantum*, ainda assim ela não terá natureza de sanção, tratando-se de ato regulatório consensual, como passaremos a expor infra.

2.2 Da natureza de ato regulatório consensual

Mesmo que não se entenda que as Medidas Reparadoras de Conduta possuem natureza de causa de extinção da punibilidade, elas não poderiam ser consideradas como sanções, sendo, conforme será demonstrado a seguir, verdadeiros atos regulatórios consensuais, cada vez mais presentes em nosso ordenamento jurídico, no que se pode chamar de uma crescente tendência pela consensualidade na atuação estatal.

Diogo de Figueiredo Moreira Neto assim expõe as vantagens da Administração Pública consensual: "Pela via da consensualidade, o Estado obtém respostas mais eficientes, mais rápidas, de menores custos e, é claro, mais legitimadas, para satisfazer os seus deveres legais com a sociedade com a atração de incentivos. Essa participação

---

[6] CARVALHO FILHO, Aloysio de. *Comentários ao Código Penal – Volume IV. Arts. 102 a 120*. 4. ed. Rio de Janeiro: Forense, 1958. p. 75.

cooperativa, segundo a arguta apreciação de Roland Pennock, deve ser incrementada nas democracias contemporâneas. Primeiro, pela simples e óbvia razão de alcançar o aprimoramento da governança (eficiência); segundo, para propiciar freios contra o poder de interesses escusos sobre o governo (legalidade); terceiro, para garantir, sempre mais, que nenhum interesse foi negligenciado ou excluído na consideração governamental para a tomada de decisões (justiça); quarto, para garantir, pela participação de mais pessoas informadas e sábias, que se chegue a uma 'sabedoria coletiva', à maneira aristotélica, que sobrepasse mesmo à do mais sábio e prudente governante (legitimidade); quinto, pela responsabilidade que, assim, se infunde aos indivíduos, pelas consequências de suas ações políticas, aprimorando-os pelo equilíbrio, que isso importa, entre a realização de seus desejos pessoais e a do interesse coletivo (civismo); sexto, para tornar o 'produto' governamental mais aceitável e, portanto, de um lado, garantindo o mais fiel cumprimento de suas determinações e, de outro, reduzindo o risco de descontentamento (ordem)".[7]

Neste contexto, Gaspar Ariño Ortiz sustenta que "nada obsta, mas recomenda, que nos processos de regulação (fixação de preços ou tarifas, estabelecimento do direito de acesso às redes, determinação de cotas de conexão, ordens de ampliação do serviço, etc.) o regulador, antes de qualquer coisa, trate de chegar a um acordo com a empresa interessada, ou melhor, com as partes interessadas, pois na maioria das vezes se tratam de procedimentos triangulares nos quais o conflito se coloca bilateralmente à Administração".[8]

Tratando de situação semelhante à do presente caso, Floriano de Azevedo Marques sustenta a possibilidade de a ANEEL substituir a aplicação de sanções pecuniárias pela imposição de novas metas de ampliação dos serviços prestados pela concessionária infratora, atitude que, *in casu*, seria mais consentânea com os objetivos públicos perseguidos pela Agência.[9]

Afirma o publicista que "a unilateralidade e a exorbitância tradicionais no exercício da autoridade pública (poder extroverso) têm que dar lugar à interlocução, à mediação e à ponderação entre interesses divergentes, sem descurar, por óbvio, da proteção da coletividade contra abusos dos agentes econômicos. De outro lado, a atividade regulatória estatal, neste novo contexto, tem que se pautar pelos interesses que lhe cumpre tutelar. [...] *A finalidade da atividade regulatória estatal não é a aplicação de sanções e sim a obtenção das metas, pautas e finalidades que o Legislador elegeu como relevantes alcançar*. Para atingimento dessas finalidades primaciais pode lançar mão, dentre outros instrumentos, do poder de sancionar".[10]

Em outra ocasião, também tivemos a oportunidade de nos manifestar a esse respeito, como se destaca a seguir:

---

[7] Prefácio à obra de: SOUTO, Marcos Juruena Villela. *Aspectos Jurídicos do Planejamento Econômico*. Rio de Janeiro: Lumen Juris, 1997. p. 3-4.
[8] ORTIZ, Gaspar Ariño. *Princípios de Derecho Público Económico*. Granada: Ed. Comares e Fundación de Estudios de Regulación, 1999. p. 598-599.
[9] MARQUES NETO, Floriano Azevedo. Parecer. *Revista de Direito Administrativo – RDA*, v. 221, p. 355-357, Rio de Janeiro, 2000.
[10] MARQUES NETO, Floriano Azevedo. Parecer. *Revista de Direito Administrativo – RDA*, v. 221, p. 355-357, Rio de Janeiro, 2000. Grifamos.

Nesta perspectiva, a concepção tradicional da irrenunciabilidade dos poderes da Administração Pública deve ser matizada com os Princípios da Eficiência e da Proporcionalidade. A mera previsão legal da possibilidade de a Administração atuar coercitivamente não impede que, deixando de agir impositivamente, adote medidas em comum acordo com os sujeitos envolvidos, desde que, naturalmente, os valores em jogo sejam atendidos pelo menos com o mesmo grau de satisfação com que o seriam de forma coercitiva. Sob o influxo destes novos paradigmas devem se abeberar alguns tradicionais dogmas do Direito Administrativo, tais como o de poder/dever de aplicação de sanções em virtude do Princípio da Indisponibilidade do Interesse Público.[11]

Ademais, como se pode inferir da ementa infra transcrita, este também é o entendimento da jurisprudência do Supremo Tribunal Federal:

PODER PÚBLICO. TRANSAÇÃO. VALIDADE. Em regra, os bens e o interesse público são indisponíveis, porque pertencem à coletividade. É, por isso, o Administrador, mero gestor da coisa pública, não tem disponibilidade sobre os interesses confiados à sua guarda e realização. *Todavia, há casos em que o princípio da indisponibilidade do interesse público deve ser atenuado, mormente quando se tem em vista que a solução adotada pela Administração é a que melhor atenderá à ultimação deste interesse.* Assim, tendo o acórdão recorrido concluído pela não onerosidade do acordo celebrado, decidir de forma diversa implicaria o reexame da matéria fático-probatória, o que é vedado nesta instância recursal (Súmula nº 279/STF). Recurso extraordinário não conhecido.[12]

Desta feita, ao possibilitar que, respeitadas as condições apostas na resolução, o agente infrator voluntariamente repare o dano causado, liberando-se da responsabilização pelo ilícito cometido, a ANP está apenas adotando uma solução consensual em detrimento do exercício da atuação coercitiva que culminaria na imposição de sanção, cumprindo, como será visto em tópico subsequente, com as finalidades almejadas pela Lei nº 9.478/97, efetivando os princípios constitucionais da administração pública e os princípios gerais da isonomia e da segurança jurídica.

Com efeito, a ANP, voluntariamente, regulamentou a possibilidade prevista legalmente de conciliar e celebrar termos de ajustamento de conduta, prevendo normativamente em que hipóteses os particulares infratores que aderissem à norma ficariam sem ser punidos. Esses, por sua vez, também voluntariamente, aderem à norma praticando o comportamento considerando pela ANP como suficiente para excluir a punibilidade.

Sob essa perspectiva é que vemos que *o raciocínio desenvolvido neste ensaio com fins didáticos, pelo qual se defende que a MRC é uma exclusão de punibilidade ou um ato regulatório consensual, é um falso dilema, pois, na verdade, os dois institutos são plenamente harmonizáveis: trata-se de uma exclusão consensual de punibilidade.*

Anote-se que esta tendência de substituição do exercício imediato do poder punitivo estatal por soluções consensuais, evitando, *prima facie*, a instauração de processo sancionador e a movimentação da máquina pública em casos de ofensas de menor

---

[11] ARAGÃO, Alexandre Santos de. *Agências Reguladoras e a Evolução do Direito Administrativo Econômico*. Rio de Janeiro: Forense, 2004. p. 111.
[12] RE nº 253885, Relator(a): Min. Ellen Gracie, Primeira Turma, julgado em 04.06.2002, DJ 21.06.2002.

gravidade, é salutar e pode ser atribuída hodiernamente ao Direito como um todo, emergindo tanto nos sistemas estrangeiros quanto no ordenamento pátrio.

O caso mais notório de internalização dessa tendência é o da Lei nº 9.099/95 – Lei dos Juizados Especiais, que trouxe as chamadas medidas despenalizadoras. A esse respeito, ADA Pellegrini Grinover *et al* afirmam que esse diploma legal é o resultado da preocupação do jurista brasileiro com um "processo penal de melhor qualidade com o intuito de alcançar um 'processo de resultados', ou seja, um processo que disponha de instrumentos adequados à tutela de todos os direitos, com o objetivo de assegurar praticamente a utilidade das decisões. Trata-se do tema da efetividade do processo, em que se põe em destaque a instrumentalidade do sistema processual em relação ao direito material e aos valores sociais e políticos da nação".[13]

Sobre tais medidas, asseveram os renomados juristas que "o que há de comum, pelo menos no que tange a três desses institutos despenalizadores, é o *consenso* (a conciliação)".[14] Ou seja, é a consensualidade entre Poder Público e particular servindo de mecanismo eficaz à consecução dos objetivos colimados pelo ordenamento, em detrimento da imposição coercitiva de uma sanção que, apesar de sempre prevista na lei, não necessariamente se coaduna com seus fins ou contribui para que se os alcancem.

Também no Direito Ambiental, a Lei nº 9.605/98 prevê expressamente a aplicação de medidas despenalizadoras, quando diante de infrações de menor lesividade. Confira-se, a título exemplificativo, o art. 28 do referido diploma:

> Art. 28. As disposições do art. 89 da Lei nº 9.099, de 26 de setembro de 1995, aplicam-se aos crimes de menor potencial ofensivo definidos nesta Lei, com as seguintes modificações:
>
> I – a declaração de extinção de punibilidade, de que trata o §5º do artigo referido no caput, dependerá de laudo de constatação de reparação do dano ambiental, ressalvada a impossibilidade prevista no inciso I do §1º do mesmo artigo;
>
> II – na hipótese de o laudo de constatação comprovar não ter sido completa a reparação, o prazo de suspensão do processo será prorrogado, até o período máximo previsto no artigo referido no caput, acrescido de mais um ano, com suspensão do prazo da prescrição;
>
> III – no período de prorrogação, não se aplicarão as condições dos incisos II, III e IV do §1º do artigo mencionado no caput;
>
> IV – findo o prazo de prorrogação, proceder-se-á à lavratura de novo laudo de constatação de reparação do dano ambiental, podendo, conforme seu resultado, ser novamente prorrogado o período de suspensão, até o máximo previsto no inciso II deste artigo, observado o disposto no inciso III;
>
> V – esgotado o prazo máximo de prorrogação, a declaração de extinção de punibilidade dependerá de laudo de constatação que comprove ter o acusado tomado as providências necessárias à reparação integral do dano.[15]

---

[13] GRINOVER, Ada Pellegrini *et al*. *Juizados especiais criminais*: comentários à Lei nº 9.099/1995. 2. ed. São Paulo: Editora Revista dos Tribunais, 1997. p. 9.

[14] GRINOVER, Ada Pellegrini *et al*. *Juizados especiais criminais*: comentários à Lei nº 9.099/1995. 2. ed. São Paulo: Editora Revista dos Tribunais, 1997. p. 39.

[15] À guisa de exemplo, também na seara tributária não é recente a adoção de figura semelhante, chamada 'denúncia espontânea', que tem o condão de liberar o infrator inclusive de responsabilização penal. Consta do art. 138 do CTN, *verbis*: Art. 138. A responsabilidade é excluída pela denúncia espontânea da infração, acompanhada, se for o caso, do pagamento do tributo devido e dos juros de mora, ou do depósito da importância arbitrada pela

Dessa maneira, pode-se dizer que emerge uma tendência geral de consensualidade a ganhar força no ordenamento brasileiro, o que, aliás, pode ser também muito bem exemplificado pelo §6º c/c o *caput* do art. 5º da Lei nº 7.347/85 – Lei da Ação Civil Pública, que de forma geral e abstrata autoriza a celebração de compromissos de ajustamento de conduta para a defesa de interesses difusos pelas autarquias, o que, naturalmente, inclui as agências reguladoras.

Há, contudo, à primeira vista, duas importantes diferenças entre os institutos ora citados e aquilo que se prevê na Resolução ANP nº 32/2012 que podem ensejar questionamentos quanto à sua legalidade. Confira-se:

a) Uma primeira diferença é o fato de que as medidas despenalizadoras dependem de iniciativa do Poder Público: seu benefício é oferecido ao particular que aceita a proposta, sujeitando-se a seus termos, ou recusa-a. Por outro lado, as MRCs da Resolução ANP nº 32/2012, pelo seu caráter normativo, geral e abstrato, prescindem de posterior nova iniciativa concreta da Agência, ou seja, podem ou não ser adotadas diretamente pelo agente econômico sem intermediação específica do ente estatal, que deve apenas ser notificado;

b) Em segundo lugar, as medidas despenalizadoras da Lei nº 9.099/95 e da Lei nº 9.605/98 estão previstas expressamente em lei, ao passo que as MRCs emanam, ao menos diretamente, de regulamento;

Com relação à primeira diferença, é importante destacar que, conforme mencionado supra, a Lei da Ação Civil Pública outorga uma competência geral às Agências Reguladoras para transigirem na defesa de interesses difusos, dentre os quais encontram-se, naturalmente, os dos consumidores. Também a Lei nº 9.478/97 prevê as competências para a ANP compor conflitos (art. 18) e atuar na proteção dos interesses dos consumidores (art. 8º, I), o que será analisado mais detidamente no próximo tópico.

Nesse diapasão, é correto afirmar que compete à ANP, caso a caso, firmar Termos de Ajustamento de Conduta com os agentes econômicos que incorrerem em violações das normas setoriais, para que se busque consensualmente a reparação do dano causado em detrimento da aplicação de uma sanção, quando esta opção mostrar-se mais vantajosa do ponto de vista dos interesses em jogo (proteção dos interesses dos consumidores, eficiência administrativa, reparação eficaz do dano etc.). Transigir em tais hipóteses é, portanto, uma opção legítima e muitas vezes até mesmo necessária da Administração Pública.

À luz de tais considerações, percebe-se que, ao editar a Resolução nº 32/2012, esta Agência Nacional apenas exerceu autolimitação de sua ampla competência para transigir com os agentes econômicos, estabelecendo, com generalidade, abstração e efeitos vinculantes, algumas hipóteses (28 ao todo) de descumprimento da legislação setorial em que ao particular é facultado, dentro de um prazo, adequar voluntariamente sua conduta e evitar a aplicação de penalidade. As hipóteses, ressalte-se, são todas de infrações de pequena gravidade, cuja rápida reparação traz muito mais benefícios do que a instauração de processo administrativo sancionador, dada a baixa lesividade dos

---

autoridade administrativa, quando o montante do tributo dependa de apuração. Parágrafo único. Não se considera espontânea a denúncia apresentada após o início de qualquer procedimento administrativo ou medida de fiscalização, relacionados com a infração.

danos causados. Veja-se o exemplo da norma referida no art. 3º, VIII, da supramencionada resolução:

> Art. 16. O revendedor de GLP obriga-se a:
>
> [...]
>
> IV – exibir em Quadro de Aviso, na entrada do estabelecimento, em local visível e de modo destacado, com caracteres legíveis e de fácil visualização, conforme dimensões e características descritas do Anexo II desta Portaria, as seguintes informações:
>
> a) razão social, CNPJ e número de autorização da ANP, capacidade de armazenamento das instalações em quilogramas de GLP;
>
> b) horário de funcionamento;
>
> c) nome do órgão regulador e fiscalizador: Agência Nacional do Petróleo – ANP;
>
> d) o número do telefone do Centro de Relações com o Consumidor – CRC da ANP, informando que a ligação é gratuita e indicando que a ele deverão ser dirigidas as reclamações que não forem atendidas pelo revendedor; e
>
> e) o(s) nome(s) do(s) distribuidor(es) detentor(es) da(s) marca(s) dos recipientes transportáveis comercializados pelo revendedor, constantes da Ficha Cadastral e respectivos telefones de assistência técnica ao consumidor;

Ou seja, a ANP restringiu parcialmente sua competência para transigir caso a caso, estabelecendo, normativamente, diretrizes para que o agente econômico, na hipótese de cometimento de determinadas infrações de baixa gravidade, como a ora transcrita, adequasse tempestivamente sua conduta à legislação e evitasse a imputação de penalidade, privilegiando a isonomia entre as empresas do setor e proporcionando maior segurança jurídica e igualdade, já que a sua vontade de celebrar ou não acordos excludentes da punibilidade não ficará variando de caso a caso, pré-estabelecidos que estão normativamente todos os critérios que entende necessários para tanto – com a obtenção com muito maior transparência e previsibilidade dos mesmos efeitos práticos da celebração de um TAC ou similar.[16]

Já no que tange à segunda diferença exposta, referente à ilegalidade por ausência de expressa previsão legal, sua superação será mais bem elucidada no tópico seguinte.

3 A adequação da medida reparadora de conduta ao princípio da legalidade

Conforme demonstrado em tópico anterior, as Medidas Reparadoras de Conduta, tais como previstas na Resolução ANP nº 32/2012, não possuem natureza de sanção, não

---

[16] A esse respeito, impende destacar que o benefício das MRCs não pode ser concedido indiscriminadamente. Dispõe o art. 5º da Resolução ANP nº 32/2012 que a MRC "não será aplicada novamente ao mesmo estabelecimento/instalação do agente econômico pelo período de 3 (três) anos, mesmo que o novo inadimplemento flagrado seja distinto daquele que originou a adoção da medida reparadora de conduta anterior". Por outro lado, segundo o art. 7º, "o não envio da Declaração ou a eventual constatação de sua inveracidade será interpretado como não sanada a irregularidade que motivou a medida reparadora de conduta, sujeitando o agente econômico às sanções legais pertinentes".

constituindo, portanto, uma modalidade de 'advertência' exógena aos róis de sanções das leis nº 9.874/99 e nº 8.078/90, conforme alega o Ministério Público mineiro.

Trata-se de medidas que visam, seja sua natureza de causa de extinção da punibilidade ou de ato regulatório consensual, ou melhor dizendo, como já mencionado, de uma causa consensual de extinção de punibilidade, à resolução de um ilícito administrativo de menor potencial lesivo, sem a necessidade de exercício do poder punitivo da Administração. Assim, não sendo sanções, as Medidas Reparadoras de Conduta não estão sujeitas à legalidade estrita e ao princípio da tipicidade, cuja observância se faz obrigatória em matéria de direito sancionador.

A aplicação dessas medidas, como se verá, ainda quando não haja expressa previsão legal autorizando o ente regulador a fazê-lo, é uma exigência do Direito, do ordenamento jurídico como um todo, em perfeita sintonia com o princípio da juridicidade, de modo que não é mais adequado falar, nos dias de hoje, que a administração pública só pode praticar atos cujo conteúdo esteja preestabelecido em lei ou, ainda, que compete à administração apenas 'executar de ofício a lei'.

O princípio da juridicidade é uma releitura do princípio da legalidade, decorrente "de uma visão neoconstitucionalista do Direito, na qual os princípios jurídicos, as finalidades públicas e os valores e direitos fundamentais constituem, juntamente com as regras constitucionais e legais, o "bloco de legalidade" que, ao mesmo tempo, legitima e impõe limites à ação administrativa".[17]

Sobre o mencionado princípio, afirma Luís Roberto Barroso o seguinte:

> Supera-se, aqui, a ideia restrita de vinculação positiva do administrador à lei, na leitura convencional do princípio da legalidade, pela qual sua atuação estava pautada por aquilo que o legislador determinasse ou autorizasse. O administrador pode e deve atuar tendo por fundamento direto a Constituição e, independentemente, em muitos casos, de qualquer manifestação do legislador ordinário. O princípio da legalidade transmuda-se, assim, em princípio da constitucionalidade ou, talvez mais propriamente, em princípio da juridicidade, compreendendo sua subordinação à Constituição e à lei, nessa ordem.[18]

Nesta mesma linha, Gustavo Binenbojm assevera que "a ideia de juridicidade administrativa, elaborada a partir da interpretação dos princípios e regras constitucionais, passa, destarte, a englobar o campo da legalidade administrativa, como um de seus princípios internos, mas não mais altaneiro e soberano como outrora. Isso significa que a atividade administrativa continua a realizar-se, via de regra, (i) segundo a lei, quando esta for constitucional (atividade *secundum legem*), (ii) mas pode encontrar fundamento direto na Constituição, independente ou para além da lei (atividade *praeter legem*), ou, eventualmente, (iii) legitimar-se perante o direito, ainda que contra a lei, porém com fulcro numa ponderação da legalidade com outros princípios constitucionais (atividade *contra legem*, mas com fundamento numa otimizada aplicação da Constituição)".[19]

Convém pontuar, nesse sentido, que a ideia de juridicidade como releitura da legalidade não fica apenas adstrita às discussões doutrinárias, tendo relevante aplicação

---

[17] ARAGÃO, Alexandre Santos de. *Curso de Direito Administrativo*. Rio de Janeiro: Forense, 2013. p. 58.
[18] BARROSO, Luís Roberto. *Curso de Direito Constitucional Contemporâneo*. São Paulo: Saraiva, 2009. p. 375-376.
[19] BINENBOJM, Gustavo. *Uma teoria do direito administrativo*. Rio de Janeiro: Renovar, 2014. p. 37-38.

inclusive na jurisprudência dos nossos tribunais superiores, como no notório caso da Resolução do Nepotismo (ADC nº 12), em que se reconheceu a constitucionalidade de ato normativo do CNJ que não regulamentava nenhuma lei diretamente, mas a própria CRFB:

> AÇÃO DECLARATÓRIA DE CONSTITUCIONALIDADE, AJUIZADA EM PROL DA RESOLUÇÃO Nº 07, de 18.10.05, DO CONSELHO NACIONAL DE JUSTIÇA. ATO NORMATIVO QUE "DISCIPLINA O EXERCÍCIO DE CARGOS, EMPREGOS E FUNÇÕES POR PARENTES, CÔNJUGES E COMPANHEIROS DE MAGISTRADOS E DE SERVIDORES INVESTIDOS EM CARGOS DE DIREÇÃO E ASSESSORAMENTO, NO ÂMBITO DOS ÓRGÃOS DO PODER JUDICIÁRIO E DÁ OUTRAS PROVIDÊNCIAS". PROCEDÊNCIA DO PEDIDO. 1. Os condicionamentos impostos pela Resolução nº 07/05, do CNJ, não atentam contra a liberdade de prover e desprover cargos em comissão e funções de confiança. As restrições constantes do ato resolutivo são, no rigor dos termos, as mesmas já impostas pela Constituição de 1988, dedutíveis dos republicanos princípios da impessoalidade, da eficiência, da igualdade e da moralidade. 2. Improcedência das alegações de desrespeito ao princípio da separação dos Poderes e ao princípio federativo. O CNJ não é órgão estranho ao Poder Judiciário (art. 92, CF) e não está a submeter esse Poder à autoridade de nenhum dos outros dois. O Poder Judiciário tem uma singular compostura de âmbito nacional, perfeitamente compatibilizada com o caráter estadualizado de uma parte dele. Ademais, o art. 125 da Lei Magna defere aos Estados a competência de organizar a sua própria Justiça, mas não é menos certo que esse mesmo art. 125, caput, junge essa organização aos princípios "estabelecidos" por ela, Carta Maior, neles incluídos os constantes do art. 37, cabeça. 3. Ação julgada procedente para: a) emprestar interpretação conforme à Constituição para deduzir a função de chefia do substantivo "direção" nos incisos II, III, IV, V do artigo 2º do ato normativo em foco; b) declarar a constitucionalidade da Resolução nº 07/2005, do Conselho Nacional de Justiça.[20]

Todavia, a despeito desta explanação, no presente caso, não entendemos se tratar tão somente de hipótese de aplicação direta da Constituição, porquanto também presentes na Lei nº 9.478/97 elementos suficientes a balizar a edição da Resolução ANP nº 32/2012, conforme passaremos a ver.

Em primeiro lugar, há que se destacar a competência geral da ANP para compor conflitos, insculpida no art. 18 da Lei do Petróleo, *verbis*:

> Art. 18. As sessões deliberativas da Diretoria da ANP que se destinem a resolver pendências entre agentes econômicos e entre esses e consumidores e usuários de bens e serviços da indústria de petróleo, de gás natural ou de biocombustíveis serão públicas, permitida a sua gravação por meios eletrônicos e assegurado aos interessados o direito de delas obter transcrições.

Ora, se cabe a esta Agência Nacional dirimir os conflitos existentes entre agentes econômicos e entre esses e consumidores, com mais propriedade ainda caberá, seguindo a lógica de que 'quem pode o mais pode o menos', estabelecer diretrizes para resolver divergências entre si mesma e agentes econômicos, com vistas a uma rápida solução de problemas concretos, o que traz benefícios para todos os interessados: para

---

[20] ADC nº 12, Relator(a): Min. Carlos Britto, Tribunal Pleno, julgado em 20.08.2008, DJe-237.

a administração, há um enorme ganho de eficiência e economicidade, como será visto a seguir, evitando a movimentação da máquina pública para apuração e eventual sanção de um infração de baixa gravidade; o particular, a seu turno, evita a possibilidade de lhe ser aplicada uma penalidade; e o consumidor tem a proteção de seu direito potencializada, com a pronta adequação da conduta do agente à legislação.

Outrossim, é justamente em relação aos direitos do consumidor que se vislumbra também um outro balizamento legal para a Resolução nº 32/2012: estabelece o art. 8º, I, da Lei nº 9.478/97, que compete à ANP a proteção dos interesses dos consumidores. Neste sentido, o que atenderia mais eficazmente a tais interesses: a pronta adequação da conduta do agente econômico ao disposto na legislação ou a sua apenação por uma multa a ser paga à ANP (não ao consumidor lesado) pelo cometimento de uma infração de baixa gravidade? Parece evidente que o ajuste da conduta coaduna-se muito mais com a proteção dos melhores interesses dos consumidores do que a imposição de sanção ao particular.

Enquanto as MRCs voltam-se à resolução de um problema, tendo em seu epicentro a proteção do consumidor, que delas se beneficiará, uma eventual aplicação de sanção, ao término de um processo administrativo sancionador regularmente instaurado, é uma medida que demonstra preocupação com a mera punição da conduta praticada, e não com a sua reparação propriamente dita.

Assim, tendo em vista as competências da ANP para dirimir conflitos (art. 18) e para promover a proteção dos interesses dos consumidores (art. 8º, I), não parece correto alegar a ilegalidade da Resolução ANP nº 32/2012, considerando que, ainda que as Medidas Reparadoras de Conduta não estejam expressamente previstas na Lei do Petróleo, enquadram-se no feixe de competências desta Agência, na medida em que proporcionam a eficaz solução de conflitos regulatórios com a reparação de um eventual dano causado aos consumidores – executando, dando concretude aos objetivos da Lei do Petróleo que a instituiu.

À luz do art. 84, IV, CF, os regulamentos editados com base em habilitações genéricas de poder normativo podem, por um lado, ser considerados regulamentos autônomos, já que (como qualquer ato jurídico, em certa escala) criam direito, como também, por outro lado, são regulamentos de execução, *in casu* de execução da habilitação legal e dos *standards* genéricos que a condicionam.

A definição da densidade normativa mínima que os *standards* devem possuir para possibilitar o controle não é uma questão fácil, só podendo ser aferida em relação a cada habilitação legal especificamente considerada, no conjunto da lei na qual está contida.

O Superior Tribunal de Justiça (STJ) lavrou acórdão no qual o Ministro Humberto Gomes de Barros afirmou a possibilidade de a Administração Pública, para alcançar as finalidades genéricas da disciplina da matéria, mas sem qualquer autorização legal específica, restringir a liberdade dos "postos de gasolina" adquirirem combustíveis. A importância do acórdão é ser um dos poucos exemplos em que a nossa jurisprudência foi além de questões atinentes ao caso concreto, tratando do âmago doutrinário e teórico da matéria, ou seja, do que deve ser entendido como "execução de lei". Vejamos:

> A Constituição Federal, em seu art. 170, preceitua que a ordem econômica é fundada na valorização do trabalho humano e na livre iniciativa, tendo por finalidade assegurar a todos a existência digna, conforme os princípios que enuncia. No seu art. 174 pontifica que, como agente normativo, e regulador da atividade econômica, o Estado exercerá, na

forma da lei, as funções de fiscalização, incentivo e planejamento. Desses dispositivos resulta claro que o estado pode atuar como agente regulador das atividades econômicas em geral, sobretudo das que cuidam as empresas que atuam em um setor absolutamente estratégico, daí lhe ser lícito estipular preços que devem ser por elas praticados. Montado nestes argumentos, não tenho dúvida em afirmar que o senhor Ministro dispõe de autoridade para impedir que o granelista venda combustível ao varejista ligado a bandeira que não é a sua. Como registrei acima, controlar a execução de determinada norma é fazer com que ela se desenvolva em busca dos fins sociais para a qual a regra foi concebida.[21] Os preceitos que disciplinam a distribuição de combustíveis têm como finalidade fazer com que os usuários de tais produtos recebam, com segurança e facilidade, produtos de boa qualidade. Isto ocorre, porque a exibição do logotipo de marca famosa traduz a afirmação de que no local se vende daquela marca. Ora, se o posto negocia produtos cuja origem não corresponda à sua bandeira, ele estará enganando o freguês [...]. Quando o freguês é iludido, a distribuição de combustível não estará correspondendo aos fins sociais que orientam as normas disciplinadoras da distribuição de combustíveis.[22]

No Recurso Especial nº 714.110 – RJ nº (2004/0184121-4), sendo Relatora a Ministra Eliana Calmon, o STJ não só refutou o argumento de que o ato normativo da Administração Pública não possuía fundamento legal em razão de a lei conter apenas objetivos bastante gerais, como também afirmou que sequer competiria ao Judiciário o escrutínio sobre o meio técnico normativamente eleito pela Administração para a realização de tais objetivos:

> Ementa: Administrativo – Portaria nº 202/99, da ANP – Compatibilidade com os arts. 1º, I, II, IX, e 8º da Lei nº 9.478/97 – Falta de objetividade normativa – Dispositivos que apenas traçam objetivos e princípios relacionados às políticas nacionais de aproveitamento de energia conduzidas pelo Poder Executivo. 1. Os comandos dos arts. 1º, I, II, IX, e 8º da Lei nº 9.478/97 não se revestem de objetividade normativa com o condão de inibir a regulamentação perpetrada pela Portaria nº 202/99 da ANP, que criou, para a concessão de autorização de funcionamento das distribuidoras de combustíveis, o requisito de que as empresas do setor possuíssem base própria de armazenamento com capacidade mínima de 750 m³. 2. Não se pode, por um critério objetivo, afirmar que a exigência da ANP tenha maculado princípios relacionados às políticas nacionais de aproveitamento racional das fontes de energia, tais como: preservação do interesse nacional, promoção do desenvolvimento, aplicação do mercado de trabalho, valorização de recursos energéticos, promoção da livre concorrência, ampliação da competitividade do País no mercado internacional, garantia do suprimento de derivados de petróleo em todo o território nacional e proteção dos interesses dos consumidores. 3. A averiguação da satisfação dos referidos princípios e objetivos pela atividade administrativa ou, especificamente, pela Portaria nº 202/99, não tem lugar em ação judicial, pois dizem respeito à condução de políticas pública pelo Poder Executivo, nelas não podendo se imiscuir o Judiciário. 4. Recurso especial improvido.

---

[21] A afirmação do STJ encontra supedâneo também na doutrina de Guido Zanobini: "Ainda que se queira evitar a palavra 'execução', que poderia importar no equivocado desconhecimento da discricionariedade, podemos falar em 'atuação da lei', expressão que implica tanto a execução *stricto sensu* da norma, como o desenvolvimento dos princípios nela contidos, a consecução dos fins que ela quer que sejam alcançados" (ZANOBINI, Guido. L'Attività Amministrativa e la Legge. In: *Scritti Vari di Diritto Pubblico*. Milano: Ed. Giuffrè, 1955. p. 212).

[22] MS nº 4.578/DF.

O STF em diversas ocasiões também já fixou a legitimidade da atribuição de poder normativo através de *standards* e finalidades genéricas estabelecidas em lei. Em recente decisão liminar em Ação Direta de Inconstitucionalidade (ADIN nº 1.668/DF, Relator Ministro Marco Aurélio), o STF considerou constitucional a habilitação normativa efetuada pelos incisos IV e X do art. 19 da Lei Geral de Telecomunicações (LGT) em favor da ANATEL, desde que esta subordine-se aos preceitos legais e regulamentares pertinentes. No Recurso Extraordinário nº 76.629/RS, o Ministro Aliomar Baleeiro afirmou que "se o legislador quer os fins, concede os meios. [...] Se a L. nº 4.862 expressamente autorizasse o regulamento a estabelecer condições outras, além das que ela estatuir, aí não seria delegação proibida de atribuições, mas flexibilidade na fixação de *standards* jurídicos de caráter técnico, a que se refere Stati".

Miguel Reale observa que "se há algo que caracteriza a Ciência do Direito de nossos dias é a opção pelos modelos jurídicos abertos, os quais deixam amplo campo de decisão a cargo dos juízes e administradores como aplicadores das leis, por se reconhecer que a complexidade e dinamicidade do mundo contemporâneo não comporta uma legislação cerrada, na qual tudo já se encontre previsto e disciplinado, nem juízes desprovidos de participação criadora".[23]

É assim, que, tomando por referência a nomenclatura de José Manuel Sérvulo Correia vista em linhas anteriores, não adotamos, nem uma legalidade meramente formal, que não fornece pautas de controle da substância dos atos, nem uma legalidade substancial de excessiva densidade normativa, que exige que a lei já preestabeleça pelo menos parte do conteúdo dos atos a serem expedidos, o que muitas vezes não é compatível com a dinâmica da atividade administrativa, principalmente quando lida com subsistemas sociais de especial desenvolvimento e mutabilidade, como a economia e a ciência.[24]

Propugnamos, portanto, que o mínimo de densidade normativa que as leis devem possuir para atribuir poderes à Administração Pública consiste em habilitações normativas calcadas em princípios e valores.

A isto podem ser dados vários nomes: legalidade formal axiológica, legalidade material leve ou legalidade principiológica, no sentido de que as atribuições de poderes pela lei devem, por sucintas que sejam, ser pelo menos conexas com princípios que possibilitem o seu controle; princípios aqui considerados em seu sentido amplo, abrangendo finalidades, políticas públicas, *standards*, etc.[25] Trata-se, portanto, de uma visão

---

[23] REALE, Miguel. *Questões de Direito Público*. São Paulo: Ed. Saraiva, 1997. p. 76-77.

[24] Giannini observa que o Princípio da Legalidade em sua concepção inicial determinava que todo ato da Administração Pública, em todos os seus elementos, devesse estar previsto em lei, mas "esta concepção rígida do princípio da legalidade correspondia à concepção do poder administrativo como poder executivo e, portanto, administração como execução. Já que desta maneira as administrações públicas não teriam como funcionar, foram encontradas duas válvulas, na discricionariedade, e em alguns atos administrativos a serem adotados somente em situações extraordinárias, que eram os regulamentos de necessidade (*ordinanze di necessità*)" (GIANNINI, Massimo Severo. *Diritto Amministrativo*. 3. ed. Milano: Ed. Giuffrè, 1993. v. 1, p. 88).

[25] "É preferível uma legislação de princípios gerais e *standards* a que uma legislação feita de regras, cujos conteúdos tendem a ficar obsoletos em um lapso de tempo sempre cada vez mais breve. Em outras palavras, é difícil colocar dentro de normas de conteúdo determinado uma realidade social em contínua evolução. [...] Se sabe que um excesso de regras é o melhor modo de deixar a Administração de se subtrair à sua observância, já que a burocracia, diante de muitas regras, acaba ficando substancialmente livre para aplicar a interpretação que considere mais adequada ao caso concreto. Uma desregulamentação da atividade administrativa não serve para resolver o problema, quando o que se deve é reconsiderar o papel da norma (e do jurista) em um ordenamento em contínua evolução. A consequência imprescindível é a necessidade de uma revisão do papel constitucional

neopositivista do Princípio da Legalidade,[26] resultante de um sistema constitucional tendencialmente principialista.[27]

E daí podemos afirmar que a Resolução ANP nº 32/2012 é um meio de execução dos objetivos da Lei do Petróleo (muito mais do que a mera subsunção formal de fatos a normas), dentre os quais se destacam a proteção dos interesses do consumidor (art. 1º, I) e a atratividade do mercado de petróleo e gás como um todo (art. 1º, IX, X, XI, XII, XV e XVI), que tende a diminuir face a uma Administração Pública ineficiente meramente coercitiva, o que não é recomendado diante de uma interpretação consequencialista deste diploma, sendo também um instrumento para que a ANP exerça a sua competência legal de compor conflitos (art. 18) e de proteger os interesses dos consumidores (art. 8º, I).

A esse respeito, já tivemos a oportunidade de destacar que "há, ao longo dos países e das épocas, uma série de correntes e métodos interpretativos que sustentam que as consequências devem ser um importante fator a ser considerado ao se tomar decisões jurídicas. Na verdade, há quase sempre mais de uma interpretação plausível. O que entendemos é que, tendencialmente, deve ser adotada a que, entre elas, melhores resultados realizar do ponto de vista dos objetivos visados pelo ordenamento jurídico para a situação que estiver sendo julgada. Adotamos, assim, um "sincretismo metodológico", empregando diversos pensamentos que têm como vetor comum o fato de prestigiarem os resultados práticos na aplicação do Direito".[28]

---

da Administração e do próprio Princípio da legalidade', que a doutrina é chamada a elaborar, em um momento em que já está em fase avançada a transição normativa para uma Administração por objetivos, que exalta o papel da eficiência da ação administrativa" (MANGANARO, Francesco. *Principio di Legalità e Semplificazione dell'Attività Amministrativa*: i profili critici e principi ricostruttivi. Napoli: Edizioni Scientifiche Italiane, 2000. p. 165).

[26] Almiro do Couto e Silva bem coloca o neopositivismo de uma forma que os valores, então reclamados apenas pelos jusnaturalistas, são tratados como partes integrantes (e das mais relevantes) do próprio ordenamento jurídico positivo: "Os valores estão dentro do próprio ordenamento jurídico, sob a forma de princípios embutidos na Constituição, de maneira explícita ou implícita. Essa corrente de pensamento, que se alastrou pelo mundo, revigorou os princípios constitucionais já identificados, descobrindo-lhes novos aspectos, e acrescentou ao rol conhecido muitos outros. Os princípios adquiriram, desse modo, no Direito moderno, especialmente o Direito Público, um vigor que nunca tinham possuído, notadamente na configuração da coerência do sistema. As outras normas são sempre a eles necessariamente reconduzidas e são eles que orientam a sua aplicação" (SILVA, Almiro do Couto e. Os Indivíduos e o Estado na realização de Tarefas Públicas. *In: Direito Administrativo e Constitucional – Estudos em Homenagem a Geraldo Ataliba*. São Paulo: Ed. Malheiros, 1997. v. 2, p. 97). Por essas razões, preferimos o termo "neo" a "pós-positivismo": se trata de positivismo, essencial para a diferenciação do Direito dos demais subsistemas sociais, mas um positivismo calcado em princípios (capazes, o que é essencial, de dialogar com valores metajurídicos), não em regras jurídicas. Não estamos, naturalmente, nos referindo à chamada "Escola Neopositivista" ou da lógica positivista, de Marburg, do início do século XX, nem, tampouco, adotando o positivismo histórico. Na verdade, estamos próximos do que se denominam "pós-positivistas", apenas crendo que a denominação mais correta da posição que adotamos (e também a de muitos dos seus próceres, como: BARROSO, Luís Roberto. Fundamentos Teóricos e Filosóficos do novo Direito Constitucional Brasileiro: pós-modernidade, teoria crítica e pós-positivismo. *In*: BARROSO, Luís Roberto (Org.). *A nova Interpretação Constitucional*. Rio de Janeiro: Ed. Renovar, 2003. p. 1-49) é, face à importância dada à positivação de valores metajurídicos, a de neopositivismo. "De fato, o pós-positivismo não desacredita na razão e no Direito como instrumento de mudança social, e busca, recorrendo sobretudo aos princípios constitucionais e à racionalidade prática, catalizar as potencialidades emancipatórias da ordem jurídica" (SARMENTO, Daniel. *Direitos Fundamentais e Relações Privadas*. Rio de Janeiro: Ed. Lumen Juris, 2004. p. 78).

[27] OTERO, Paulo. *Legalidade e Administração Pública – o sentido da vinculação administrativa à juridicidade*. Coimbra: Ed. Almedina, 2003. p. 168.

[28] ARAGÃO, Alexandre Santos de. Interpretação consequencialista e análise econômica do Direito Público à luz dos princípios constitucionais da eficiência e economicidade. *In*: SOUZA NETO, Cláudio Pereira de; SARMENTO, Daniel; BINENBOJM, Gustavo (Orgs.). *Vinte anos da Constituição Federal de 1988*. 1. ed. Rio de Janeiro: Lumen Juris, 2008. p. 295-310.

Também Carlos Maximiliano já afirmava que deve preferir-se "o sentido conducente ao resultado mais razoável, que melhor corresponda às necessidades da prática, e seja mais humano, benigno, suave. É antes de crer que o legislador haja querido exprimir o consequente e adequado à espécie do que o evidentemente injusto, descabido, inaplicável, sem efeito. Portanto, dentro da letra expressa, procure-se a *interpretação que conduza* à *melhor consequência* para a coletividade".[29]

Diego Werneck Arguelhes assevera que "em linha similar, o [então] Presidente do Supremo Tribunal Federal, Ministro Nelson Jobim, tem sistematicamente valorizado em declarações públicas e em seus votos o peso das consequências – sobretudo econômicas – nas decisões judiciais".[30]

O Direito não pode ser uma ciência que se ocupa apenas da consecução lógica de seus preceitos. Se uma de suas principais funções é assegurar a harmonia do convívio social, o cumprimento de uma norma não pode desconsiderar os efeitos práticos que alcança, aferindo maior ou menor proximidade com a realidade que busca regular.

O intérprete, bem como o aplicador da lei, não podem se furtar de considerar os efeitos práticos, os possíveis resultados das orientações que vierem a adotar em sua atividade, o que se ressalta sobremaneira ao considerarmos as finalidades do Direito Público Econômico – o ramo jurídico destinado a disciplinar, tendo em vista determinados objetivos coletivos, o exercício da atividade econômica, o mais globalizado e dinâmico de todos os subsistemas sociais.[31]

Em suma, diante de mais essas ponderações, entendemos que a compreensão pela legalidade ou ilegalidade da Resolução ANP nº 32/2012 não pode descurar-se de uma interpretação consequencialista dos preceitos da Lei do Petróleo, que leve em conta a persecução dos melhores resultados pretendidos, em detrimento de uma interpretação formalista e estrita, apegada às literalidades.

Assim, seguindo pela via interpretativa sugerida pela Promotoria mineira e deixando de aplicar a Resolução ANP nº 32/2012 para instaurar processos sancionadores sempre que verificadas as irregularidades ali previstas, é possível que se desencadeiem, dentre outras consequências, (i) o mal aproveitamento dos esforços fiscalizatórios do setor, considerando que sua capacidade é, naturalmente, limitada, os quais poderiam ser mais bem empregados se direcionados à fiscalização de infrações de maior gravidade – o que significa também mal aproveitamento dos recursos públicos, igualmente limitados, destinados à ANP; (ii) a procrastinação de uma situação danosa aos direitos do consumidor, porque a mera instauração de processo sancionador não assegura nem estimula o agente econômico a reparar o dano o mais rápido possível, como no caso das MRCs; e (iii) o desestímulo a investimentos no mercado, tanto de origem nacional

---

[29] MAXIMILIANO, Carlos. *Hermenêutica e Aplicação do Direito*. 18. ed. Rio de Janeiro: Forense, 1998. p. 165.

[30] ARGUELHES, Diego Werneck. *Argumentos Consequencialista e Estado de Direito*: subsídios para uma compatibilização. Disponível em: http://www.conpedi.org/manaus/arquivos/Anais/Diego%20Werneck%20Arguelhes.pdf. Acesso em 4 out. 2020.

[31] "O Sistema judicial não pode ser insensível ao que ocorre no sistema econômico" (FARIA, José Eduardo. *Direito e Economia na democratização brasileira*. São Paulo: Malheiros, 1993. p. 9). Para Antonio Menezes Cordeiro, "na outra extremidade do processo, há que lidar com as denominadas conseqüências da decisão [...] Desenvolveu-se assim o factor teleológico da interpretação [...] Trata-se de um conjunto de regras que, habilitando o intérprete-aplicador a pensar em conseqüências, permitem o conhecimento e a ponderação dos efeitos das decisões" (CORDEIRO, Antônio Menezes. *Prefácio à obra Pensamento Sistemático e Conceito de Sistema na Ciência do Direito, de Claus-Wilhelm Canaris*. Lisboa: Fundação Calouste Gulbenkian, 1996. p. CIX, CX e CXI).

quanto internacional, à vista de uma Administração Pública meramente repressiva, impositiva e burocrática.

Destarte, vê-se que, à luz dos elementos fornecidos pela Lei do Petróleo, dentre os quais seus objetivos e as competências da ANP, reforçados pela interpretação consequencialista, é de duvidoso acerto pugnar pela ilegalidade da Resolução ANP nº 32/2012.

Ainda que assim não fosse, entrementes, considerando a ideia de legalidade como juridicidade antes exposta, a indigitada resolução também não poderia ser reputada como ilegal, no sentido de contrária ao Direito, porque realizadora dos princípios constitucionais da eficiência e da economicidade, intimamente relacionados a essa preocupação com os resultados materiais e a responsabilidade econômica das soluções juridicamente possíveis.

Conforme destaca Maria Sylvia Di Pietro, o princípio da eficiência impõe à Administração que atue de forma a produzir "resultados favoráveis à consecução dos fins que cabem ao Estado alcançar".[32]

Assim, toda atitude e ato administrativo só serão válidos ou validamente aplicados se, *ex vi* do princípio da eficiência[33] (art. 37, caput, CF), forem a maneira mais eficiente ou, na impossibilidade de se definir esta, se forem pelo menos uma forma razoavelmente eficiente de realização dos objetivos previstos no ordenamento jurídico.

Paulo Modesto ensina que "o princípio da eficiência pode ser percebido também como uma exigência inerente a toda atividade pública. Se entendermos a atividade de gestão pública como atividade necessariamente racional e instrumental, voltada a servir o público, na justa ponderação das necessidades coletivas, temos de admitir como inadmissível juridicamente o comportamento administrativo negligente, contraprodutivo, ineficiente".[34]

Também nesse sentido, Diogo de Figueiredo Moreira Neto assevera que "não basta, hoje, ao Direito, que a ação administrativa do Estado exista, seja válida e eficaz. A simples busca da produção de efeitos, ou seja, pretender-se apenas a eficácia da ação, já era insuficiente para a Sociologia do Direito. Agora passou a sê-lo também para o Direito Administrativo. Acrescentou-se, aos quatro princípios constitucionais da administração pública, um quinto, o da eficiência, que, doutrinariamente, no plano do Direito Público, poderá ir até mais além, para nortear, acolá da ação administrativa, também a produção legislativa e a interpretação judiciária".[35]

Já a respeito do princípio da economicidade, "deve ser recebido como um princípio geral do Direito Administrativo, em razão de sua amplitude quando se trata de aferir o desempenho em termos de custo-benefício da administração pública. Neste sentido, em parte é corolário do princípio da eficiência, acima estudado, porque se

---

[32] DI PIETRO, Maria Sylvia Zanella. *Direito Administrativo*. São Paulo: Atlas: 1998. p. 73.
[33] Diferentemente do que ocorre no setor privado, a eficiência, no setor público, não pode ser entendida como maximização do lucro, mas sim, "como um melhor exercício das missões de interesse coletivo que incumbe à Administração Pública". (MANGANARO, Francesco. *Principio di Legalità e Semplificazione dell'àtività Administrativa*: i profili critici e principi ricostruttivi. Napoli: Edizione Scientifiche, 2000. p. 25).
[34] MODESTO, Paulo. Notas para um debate sobre o princípio constitucional da eficiência. *Revista Diálogo Jurídico*, Salvador, CAJ – Centro de Atualização Jurídica, v. I, n. 2, mai. 2001. Disponível em: www.direitopublico.com.br. Acesso em 24 out. 2020.
[35] MOREIRA NETO, Diogo de Figueiredo. *Mutações do Direito Administrativo*. Rio de Janeiro: Renovar, 2007. p. 32-33.

volta à observância de uma relação, que aqui é especificamente financeira, portanto, mensurável ou estimável entre insumos e produtos [...]".[36]

No mesmo sentido, Paulo Soares Bugarin alerta que "o Ministro Ivan Luz, do TCU, um dos primeiros a abordar a questão do controle da eficiência e da economicidade pelos Tribunais de Contas, consigna que os resultados objetivos dos planos, projetos e programas, podem ser objeto de avaliação. Esta revelará a eficiência, a produtividade dos instrumentos administrativos envolvidos, o acerto dos estudos de viabilidade econômica realizados, a economicidade como relação adequada entre os recursos envolvidos e as resultantes alcançadas: revelará outrossim, seu bom ou mau emprego, o desperdício insensato, a leviandade, a gestão temerária, a negligência".[37]

À luz destes princípios, é possível constatar que a Resolução ANP nº 32/2012 harmoniza-se perfeitamente com suas premissas, tendo em vista os já mencionados benefícios potencialmente aferidos com sua aplicação, tais como ganhos de eficiência administrativa com a desburocratização, aproveitamento adequado dos esforços fiscalizatórios e sua correspondente vertente financeira: emprego dos escassos recursos públicos em procedimentos fiscalizatórios realmente relevantes do ponto de vista dos impactos ao mercado, estímulo aos agentes regulados de se adequarem voluntariamente à legislação, dentre outros.

É de se notar que nossos tribunais também vêm acolhendo esses paradigmas metodológicos:

> O que deve inspirar o administrador público é a vontade de fazer justiça para os cidadãos sendo *eficiente para com a própria administração* [...]. *Não satisfaz* às *aspirações da Nação a atuação do Estado de modo compatível apenas com a mera ordem legal, exige-se muito mais*: necessário se torna que a administração da coisa pública obedeça a determinados princípios que conduzam à valorização da dignidade humana, ao respeito à cidadania e à construção de uma sociedade justa e solidária [...]. 6. Recursos especiais improvidos.[38]

Como resultado, percebe-se que mesmo à luz da juridicidade, entendida aqui como legalidade ampla, desconsiderando, portanto, os elementos confirmadores da Lei nº 9.478/97, é legal a previsão regulamentar das Medidas Reparadoras de Conduta (MRCs) através da Resolução ANP nº 32/2012.

Em caso semelhante, o STJ, alegando fundamento direto da Constituição, denegou segurança a postos de combustíveis que impugnavam duas portarias do Ministro de Minas e Energia ao argumento de que "as portarias administrativas carecem de eficácia para restringir direitos e criar obrigações":

> [...] II – Se próprio ato de baixar a Portaria implica em restringir o âmbito de escolha de que os impetrantes dispunham, para efetivar suas compras, o Mandado de Segurança é cabível, em tese, para reparar eventual ilegalidade.

---

[36] MOREIRA NETO, Diogo de Figueiredo. *Curso de Direito Administrativo*. Rio de Janeiro: Forense, 2014. p. 116.
[37] BUGARIN, Paulo Soares. Reflexões sobre o Princípio Constitucional da Economicidade e o Papel do TCU. *Revista do Tribunal de Contas da União*, Brasília, v. 29, n. 78, p. 42, out./dez. 1998.
[38] STJ. 1ª Turma. RESP nº 579541/SP, Rel. Minº José Delgado, Data da decisão: 17.02.2004, Publicada no DJ em 19.04.04. p. 165.

III – O ato-condição que vincula alguém a determinada situação coletiva não gera direito adquirido à perpetuação do estatuto respectivo. Apenas o ato subjetivo produz direito imune aos efeitos de lei nova.

IV – *É lícito ao Ministro de Minas e Energia restringir, em Portaria, a prática de operações interestaduais, envolvendo compra e venda de produtos do petróleo (CF. Art. 155, X, b e Art. 174).*

V – Se o posto varejista negocia combustíveis cuja a origem não corresponde a sua bandeira, ele estará enganando o consumidor e se locupletando às custas do titular do logotipo.

VI – O Ministro das Minas e Energia dispõe de autoridade para, em Portaria, impedir que o granelista venda combustível ao varejista ligado a bandeira que não a sua. Em assim fazendo, não ultrapassa os limites do poder de polícia.[39]

4 Conclusão

Podemos formular, conclusivamente, as seguintes assertivas objetivas:
(i) As Medidas Reparadoras de Conduta previstas na Resolução ANS nº 32/2012 não possuem natureza de sanção, mas de causas de extinção da punibilidade, por um juízo de conveniência política, fazendo desaparecer a pretensão sancionadora do Estado quando verificadas suas condições.
(ii) Ainda que não se considere a natureza de causas de extinção da punibilidade das MRCs, estas de qualquer forma não seriam sanções, mas atos regulatórios consensuais, na esteira da recente tendência do ordenamento jurídico brasileiro de privilegiar decisões consensuais em detrimento da imposição unilateral coercitiva.
(iii) O raciocínio desenvolvido nesse ensaio com fins didáticos, pelo qual se defende que a MRC é uma exclusão de punibilidade ou um ato regulatório consensual é um falso dilema, pois na verdade os dois institutos são plenamente harmonizáveis: trata-se de uma exclusão consensual de punibilidade.
(iv) A Resolução da ANP denota que a medida é justamente uma excludente de responsabilidade administrativa, não uma sanção leve: a penalidade em tese incidente é outra, que é afastada pela satisfação voluntária do direito violado.
(v) Independentemente da natureza jurídica de causas de extinção da punibilidade ou de ato regulatório consensual, as MRCs adequam-se ao princípio da legalidade, tanto no sentido estrito, porque executam os objetivos da Lei do Petróleo e com as competências da ANP nela insculpidas, quanto no sentido amplo de juridicidade, pois concretizadoras dos princípios constitucionais da eficiência e da economicidade, conduzindo às melhores consequências práticas permitidas e almejadas pela Lei do Petróleo.

---

[39] MS nº 4578/DF, Rel. Ministro Humberto Gomes de Barros, primeira seção, julgado em 23.09.1998, DJ 18.12.1998. p. 281.

PARTE II

PARECERES

A ARBITRABILIDADE OBJETIVA DOS CONTRATOS DE E&P, EM ESPECIAL NOS DE PARTILHA DE PRODUÇÃO (*PSC*)[*]

Sumário

I   A consulta
II   Os modelos de exploração e produção indireta do petróleo e gás no brasil
II.1   A natureza jurídica do contrato de partilha de produção
III   A arbitrabilidade nos contratos celebrados pela Administração Pública, sobretudo nos de direito privado
III.1 Interpretação da expressão "direitos patrimoniais disponíveis" no direito administrativo
III.2 A função densificadora dos contratos
IV   Matérias arbitráveis nos contratos de partilha
IV.1 A arbitrabilidade dos poderes contratuais unilaterais e das sanções aplicadas pela contraparte pública
IV.2 Arbitrabilidade dos efeitos patrimoniais de direitos extrapatrimoniais ou indisponíveis
IV.3 O papel da união, da ANP e da PPSA na fiscalização dos contratos de partilha de produção e a natureza jurídica de suas sanções
V   Conclusões
VI   Resposta aos quesitos

---

[*] Parecer elaborado em 14.03.2017.

I A consulta

É esperada, em data próxima, a realização de Licitação de Blocos para Exploração e Produção de Petróleo e Gás Natural, sob o regime de partilha de produção.

Ao final do processo licitatório, investidores celebrarão Contratos de Partilha de Produção de Petróleo e Gás Natural ("PSC", no acrônimo em língua inglesa) com o Estado brasileiro. Os benefícios de ter investidores celebrando PSCs são numerosos e incluem, por exemplo, as grandes quantias de capital que trarão para explorar e produzir hidrocarbonetos, uma parcela substancial dos quais será alocada ao Tesouro, e a expertise em relação às operações de hidrocarbonetos, o que contribui para o desenvolvimento técnico da economia brasileira.

Os investimentos nas rodadas de licitação devem ser amparados pela segurança jurídica, bem como por um mecanismo claro e neutro de solução de litígios como a arbitragem, incentivando as operações comerciais e os investimentos.

A arbitragem exsurge, de fato, como método preferencial, no campo do comércio internacional (e, ainda mais particularmente, no setor de petróleo e gás), para a solução de litígios. Conforme será apontado oportunamente, acredita-se até mesmo que, em alguns segmentos da economia global, o método arbitral já integre a chamada *Lex Mercatoria*.

Em trabalho sobre as arbitragens no setor de petróleo e gás natural, Terry Griffiths e Thimothy Tyler destacam que: "quando um acordo internacional de petróleo e gás dá errado, as partes irão resolver suas disputas por meio de negociação, litígio ou arbitragem. Se as partes não optarem pela arbitragem e as negociações não forem bem-sucedidas, a situação resultará em litígio. Dado que nenhuma das partes quer que um litígio ocorra na cidade da outra parte – o que ocorre especialmente quando uma das partes é de um país estrangeiro ou uma empresa estatal de óleo e gás – as partes costumam escolher a arbitragem".[1]

Como oportunamente observam Gustavo Henrique Justino de Oliveira e Carolina Leister, ao "reboque dessa lógica setorial, que indica claramente ser a arbitragem a melhor forma de solução de conflitos, a reforma empreendida à Lei de Arbitragem passa a incorporar de modo genérico e expresso a possibilidade de sujeição dos conflitos envolvendo a Administração Pública a tal forma de solução de disputas. É bem verdade que o exemplo do setor de hidrocarbonetos, imerso no contexto do mercado de petróleo, revelava não só a capacidade de determinados conflitos estarem submetidos à arbitragem mediante previsão legal específica, mas que, diante de todos os interesses envolvidos, o Poder Judiciário não deteria a *expertise* necessária para alcançar decisões com conteúdo técnico satisfatório".[2][3]

---

[1] GRIFFITHS, Terry; TYLER, Thimothy. Arbitrating International oil and gas disputes: practical considerations. In: KRONMAN, George; FELIO, Don; O'CONNOR, Thomas. *International oil and gas ventures*: a business perspective. Tulsa: American Association of Petroleum Geologists, 2000. p. 187-198.

[2] OLIVEIRA, Gustavo Henrique Justino de; LEISTER, Carolina. Convenção Arbitral no Setor de Hidrocarbonetos: Condições de Admissibilidade. *Revista de Arbitragem e Mediação*, v. 48, p. 53-68, 2016.

[3] No mesmo sentido: TIBURCIO, Carmen. A arbitragem como meio de solução de litígios comerciais internacionais envolvendo o petróleo e uma breve análise da cláusula arbitral da sétima rodada de licitações da ANP. *Revista de Arbitragem e Mediação*, v. 9, p. 97, 2006: "A arbitragem é a forma de solução de controvérsias mais utilizada no direito do comércio internacional. No direito do petróleo, as vantagens dessa forma de solução de

Em termos de abrangência objetiva, pode-se recuperar, desde já, o diagnóstico preciso de Jean-Baptiste Racine, no sentido de que "o Direito da arbitragem internacional é dominado por um movimento geral de *favor arbitrandum*. Assim, existem algumas pequenas ilhas de inarbitrabilidade em meio a um oceano de arbitrabilidade".[4]

Afinado à essa tendência, o legislador brasileiro previu como cláusula essencial ao Contrato de Partilha de Produção aquela que estabeleça "as regras sobre solução de controvérsias, que poderão prever conciliação e arbitragem" (Lei nº 12.351/2010, art. 29, XVIII).

Contudo, ainda se verifica considerável insegurança e controvérsia quanto ao campo de matérias arbitráveis no *PSC*, o que pode gerar inseguranças jurídicas que acarretam em custos, traduzíveis em ofertas menos interessantes para o Estado brasileiro. A esse respeito, inclusive empresas estrangeiras buscam conforto em relação a quais matérias relacionadas ao PSC podem ser resolvidas em instância arbitral, de acordo com a legislação, jurisprudência e doutrina brasileiras. Em paralelo, procurar-se-á definir os métodos de que dispõem os contratantes para minorar a insegurança e as dúvidas quanto às matérias suscetíveis de serem examinadas em arbitragem. Essas medidas, sem embargo, são de interesse de ambas as partes: as empresas diminuem sua insegurança jurídica em relação ao que é ou não arbitrável, e o Estado atrai, por consequência, mais e melhores propostas.

Nesse contexto, nos são apresentados os seguintes questionamentos:

(i) Qual a natureza jurídica do Contrato de Partilha de Produção para exploração e produção e petróleo e gás natural no Brasil?

(ii) O que são "direitos patrimoniais disponíveis" para fins do Artigo 1, parágrafo 1, da Lei de Arbitragem (Lei Federal nº 9.307/96), conforme aplicável ao Contrato de Partilha de Produção?

(iii) É legalmente permitido às partes de um Contrato de Partilha de Produção acordar livremente sobre quais seriam os "direitos patrimoniais disponíveis" no âmbito do Contrato de Partilha de Produção?

(iv) Pode o governo (Ministério de Minas e Energia e Agência Nacional do Petróleo, Gás Natural e Biocombustíveis) acordar que todos e quaisquer direitos e obrigações advindos ou relacionados com o Contrato de Partilha de Produção sejam arbitráveis, ou existem limites à arbitrabilidade pelo Estado sob o Contrato de Partilha de Produção? Caso haja limites, quais seriam?

As perguntas elaboradas são, como se vê, de interesse de todos os investidores do setor de óleo e gás.

À consulta formulada, passamos a responder do ponto de vista estritamente jurídico.

---

litígios fora do âmbito do Judiciário se mostram ainda mais benéficas, dado o alto grau de complexidade da matéria e o volume dos recursos investidos pela parte privada".

[4] "Le droit de l'arbitrage international est dominé par un mouvement général de favor arbitrandum. Il existe quelques îlots d'inarbitrabilité au milieu d'um océan d'arbitrabilité" (RACINE, Jean-Baptiste. *L'arbitrage commercial international et l'ordre public*. Paris: LGDJ, 1999. p. 25).

II Os modelos de exploração e produção indireta do petróleo e gás no Brasil

Até a Emenda Constitucional nº 9/1995, o monopólio da União Federal sobre as atividades de pesquisa[5] e lavra[6] de petróleo, gás natural e hidrocarbonetos fluidos[7] (art. 177 da CF) era exercido, com exclusividade, por intermédio da sociedade de economia mista[8] Petróleo Brasileiro S.A. – "Petrobras". Com efeito, ao menos no interregno entre a sua criação pela Lei nº 2.004, em 1953, e a edição da aludida Emenda, em 1995, o desenvolvimento econômico da indústria de petróleo e gás natural no Brasil dependia, na prática, das atividades desenvolvidas pela Petrobras.

A adoção dos chamados contratos de risco no contexto da crise mundial do petróleo e a consequente estagnação do setor petrolífero, que pouco recebeu investimentos na década de 70, não alteraram a configuração legalmente estabelecida para o segmento no Brasil, em que a Petrobras atuava isoladamente na fase de produção e somente havia permissão para contratação de serviços na fase de estudos de exploração. Nesse sentido, segundo José Alberto Bucheb, os contratos de risco "previam que, na fase de produção, a operação ficaria a cargo da Petrobras e que as empresas teriam participação no resultado".[9]

Com a modificação do art. 177, §1º, da CF,[10] pela citada Emenda nº 9/1995, flexibilizou-se o monopólio estatal da indústria do petróleo. Houve, então, o "aporte de recursos privados em um setor, cuja viabilidade econômica de crescimento estava limitada pela insuficiência de recursos públicos, e possibilitou o desenvolvimento das atividades de exploração e produção do petróleo (*upstream*), em direção à auto-suficiência sustentável de uma das mais importantes indústrias do setor de infra-estrutura nacional".[11]

---

[5] Art. 6º, XV, da Lei nº 9.478/1997 – Pesquisa ou Exploração: conjunto de operações ou atividades destinadas a avaliar áreas, objetivando a descoberta e a identificação de jazidas de petróleo ou gás natural;

[6] Art. 6º, XVI, da Lei nº 9.478/1997 – Lavra ou Produção: conjunto de operações coordenadas de extração de petróleo ou gás natural de uma jazida e de preparo para sua movimentação;

[7] Observe-se que "a indústria do petróleo costuma fazer uma distinção entre duas grandes fases da atividade, que apresentam características bem distintas. Primeiramente temos a fase de "pesquisa" ou "exploração" (palavra que costuma causar dúvida aos não iniciados) e posteriormente (quando a pesquisa é exitosa) a fase de "lavra" ou de "produção" (MASCARENHAS, Rodrigo Tostes de Alencar. A exploração e a produção de petróleo no mar: aspectos ambientais. *Revista de Direito da Procuradora Geral*, Rio de Janeiro: CEJUR, edição especial, p. 100-101, 2013).

[8] As sociedades de economia mista são empresas criadas a partir de autorização legal, constituídas sob a forma de sociedade anônima, submetidas ao controle acionário do Estado, cujo capital social, porém, é formado por ingressos de particulares e entes ou entidades administrativas. Na dicção do Estatuto das Estatais (art. 4º), a "sociedade de economia mista é a entidade dotada de personalidade jurídica de direito privado, com criação autorizada por lei, sob a forma de sociedade anônima, cujas ações com direito a voto pertençam em sua maioria à União, aos Estados, ao Distrito Federal, aos Municípios ou a entidade da administração indireta".

[9] BUCHEB, José Alberto. *Direito do Petróleo*: a regulação das atividades de exploração e produção de petróleo e gás natural no Brasil. Rio de Janeiro: Lumen Juris, 2007. p. 3-4.

[10] Regulamentando o art. 177 da CF, foi editada a Lei nº 9.478/97, conhecida como a *Lei do Petróleo*, que estabeleceu a política energética nacional, disciplinou as atividades da indústria do petróleo tal como definida no seu art. 6º, XIX, da Lei nº 9.478/97 criou o Conselho Nacional de Política Energética e a Agência Nacional do Petróleo – ANP, cabendo a esta a implementação da política traçada pelo primeiro (art. 8º, I, da Lei nº 9.478/97).

[11] LEITE, Fabricio do Rozario Valle Dantas. As participações governamentais na indústria do petróleo sob a perspectiva do Estado-membro: importância econômica, natureza jurídica e possibilidade de fiscalização direta. *Revista de Direito da Procuradora Geral*, Rio de Janeiro: CEJUR, edição especial, p. 75, 2013.

Nas palavras de Arnoldo Wald, o cenário caracterizou-se pela "permissão da exploração e do transporte de petróleo e gás em parceria entre a União e empresas privadas ou estatais".[12] Assim, surgiram os contratos de concessão de petróleo e gás natural como instrumentos do modelo que foi implementado a partir da possibilidade de inserção de particulares e empresas estatais nas atividades de *upstream*.

Por meio de tal modelo, as concessionárias utilizam instalações próprias para desempenharem, por sua conta e risco, as atividades de pesquisa e lavra de hidrocarbonetos, tornando-se, caso os encontrem, proprietárias do petróleo e gás extraídos. Em contrapartida, remuneram o Poder Público por meio de uma outorga inicial (inclusive um dos critérios de escolha do licitante vencedor) e de participações governamentais, dentre as quais se destacam os *royalties*.

Assim, desvela-se que o "o contrato de concessão petrolífera é essencialmente aleatório e de risco",[13] uma vez que pode gerar uma descoberta excelente ou acabar sem qualquer hidrocarboneto encontrado. Nesse modelo, o licitante vencedor do certame paga (o dito "bônus de assinatura") apenas para tentar encontrar reservas de petróleo. Somente se a Fase de Exploração (pesquisa) for bem-sucedida, é que o concessionário passará à Fase de Produção (lavra) – efetivo objetivo do empreendimento.

Por um lado, na hipótese de insucesso, o ônus transferido pelo Poder Público ao concessionário, de encontrar por vias próprias uma jazida que tenha viabilidade econômica, não será compensado de forma alguma. Ou seja, caso não sejam encontrados petróleo e gás, todos os esforços e recursos utilizados na fase de pesquisa terão sido despendidos em vão.

Por outro lado, quando se considera que o investimento no empreendimento pode ensejar a propriedade integral dos hidrocarbonetos que vierem a ser produzidos, não é difícil vislumbrar a atratividade do modelo para o investidor privado. Então, por mais que os riscos sejam elevados, a precificação destes e os aspectos vantajosos que serão auferidos em caso de êxito na pesquisa, acabam incentivando as empresas a participarem das licitações para concessões de petróleo e gás.

Ao lado dos contratos de (i) *joint venture;* (ii) partilha, e de (iii) prestação de serviços, a concessão é uma das modalidades basilares de contratos petrolíferos mundo afora.[14] A título comparativo das mencionadas modalidades contratuais, são cabíveis alguns registros.

As *joint ventures*,[15] no setor de petróleo e gás, consistem na parceria entre o particular e o Poder Público, consubstanciada na divisão dos lucros e dos prejuízos advindos do desempenho de uma atividade econômica.

---

[12] WALD, Arnoldo. Evolução do setor de gás no Brasil e sua regulação (do monopólio à abertura). *Revista de Direito Constitucional e Internacional*, v. 50, p. 9-28, 2005.

[13] ARAGÃO, Alexandre Santos de. *Curso de Direito Administrativo*. 2. ed. Rio de Janeiro: Forense, 2013. p. 487.

[14] Interessante estudo comparativo sobre os diferentes modelos de contratos e de financiamento utilizados nos diversos países produtores de petróleo pode ser encontrado no endereço eletrônico que se segue: BNDES. *Estudos de alternativas regulatórias, institucionais e financeiras para a exploração e produção de petróleo e gás natural e para o desenvolvimento industrial da cadeia produtiva de petróleo e gás natural no Brasil – Relatório Consolidado*. Trabalho realizado com recursos do Fundo de Estruturação de Projetos do BNDES (FEP), no âmbito da Chamada Pública BNDES/FEP nº 01/2008. São Paulo, 26 de junho de 2009. Disponível em: https://web.bndes.gov.br/bib/jspui/bitstream/1408/7681/1/Estudosdealternativasregulatorias_P.pdf. Acesso em 17 fev. 2017.

[15] O instituto das *joint ventures* tem uma acepção muito mais ampla, no Direito privado em geral. A classificação enunciada anteriormente diz respeito exclusivamente às *joint ventures* constituídas pelo Estado e por determinadas empresas, para promover a exploração e a produção de petróleo e gás. Para um conceito lato de joint

Diferenciam-se, neste ponto, dos contratos de partilha, em que não obstante a produção seja partilhada na proporção definida no contrato, a alocação dos riscos técnicos e financeiros costuma recair mais sobre o particular.[16]

Na prestação de serviços, por sua vez, verifica-se a transferência da gestão da atividade petrolífera ao particular e a remuneração deste por valor fixo, sem que, ressalvados modelos híbridos, haja a possibilidade de que uma parte ou a integralidade da produção seja incorporada ao patrimônio privado – como se verifica, respectivamente, no contrato de partilha e na concessão.

Voltando-nos para o Direito brasileiro, são atualmente admitidos três modelos contratuais de exploração e produção de hidrocarbonetos: (i) o contrato de concessão; (ii) o contrato de partilha de produção, que incorporou alguns elementos típicos das *joint ventures*; e (iii) a cessão onerosa à Petrobras.

Enquanto os contratos de concessão no Brasil existiam de forma exclusiva até 2010, os regimes de partilha de produção e de cessão onerosa passaram a se somar a eles após a descoberta de grandes reservas de petróleo, abaixo da camada salífera oceânica ("pré-sal"), com chances elevadas de descoberta de jazidas viáveis (suposto baixo risco exploratório). Em 2010, esses dois novos regimes foram então introduzidos no ordenamento jurídico pátrio pelas Leis nº 12.351/2010 e 12.276/2010, respectivamente.

A Lei nº 12.351/2010 promoveu a modificação do art. 23 da Lei do Petróleo, cuja redação passou a ser a seguinte: "As atividades de exploração, desenvolvimento e produção de petróleo e de gás natural serão exercidas mediante contratos de concessão, precedidos de licitação, na forma estabelecida nesta Lei, ou sob o regime de partilha de produção nas áreas do pré-sal e nas áreas estratégicas, conforme legislação específica".

O modelo de partilha de produção foi definido, nos termos do art. 2º, I, da referida Lei nº 12.521/2010, como o "regime de exploração e produção de petróleo, de gás natural e de outros hidrocarbonetos fluidos no qual o contratado exerce, por sua conta e risco, as atividades de exploração, avaliação, desenvolvimento e produção e, em caso de descoberta comercial, adquire o direito à apropriação do custo em óleo, do volume da produção correspondente aos royalties devidos, bem como de parcela do excedente em óleo, na proporção, condições e prazos estabelecidos em contrato".

O regime de partilha foi, na sua origem, associado, pelos agentes governamentais então envolvidos em sua formulação, a um suposto "baixo risco exploratório e elevado potencial de produção de petróleo, de gás natural e de outros hidrocarbonetos fluidos" (art. 2º, V, da Lei nº 12.351/2010). Nesses contratos, em caso de sucesso das operações, o parceiro privado recebe, além do abatimento dos custos em que incorreu na fase de exploração (*cost oil*), uma porcentagem da produção de petróleo (*profit oil*), percentual este que constitui o principal critério de escolha do licitante vencedor. Mas se não fizer descobertas viáveis, arca sozinho com os investimentos.

Diferenciando os regimes de concessão e de partilha, Rodrigo de Alencar Mascarenhas afirma que "a concessionária torna-se proprietária de toda a produção,

---

venture, consulte-se: TIMM, Luciano Benetti; RODRIGUES, Marcelo Borges. Os conflitos nas joint ventures e a arbitragem. *Revista de Arbitragem e Mediação*, v. 21, p. 64-83, 2009: "A *joint venture* une duas, ou mais, empresas independentes que, para atingir seus objetivos, ajustam uma união de esforços (parceria) por um determinado ou indeterminado período de tempo – mas via de regra com um escopo pré-definido".

[16] Para uma análise mais detida do tema, *cf.* ARAGÃO, Alexandre Santos de. Os Joint Operating Agreements – JOAs no direito do petróleo brasileiro e na lex mercatoria. *Revista dos Tribunais*, v. 910, p. 105-134, 2011.

pagando as devidas participações governamentais (além dos tributos), já no novo regime [de partilha] a empresa adquire o direito a parte dessa produção".[17]

Os contratos de partilha, portanto, necessariamente impõem a formação de um consórcio com a PPSA (arts. 19 e 20 da Lei nº 12.351/2010), empresa pública que representa a União e a quem compete gerir os contratos de partilha.[18]

O art. 3º, da Lei nº 12.304/2010, deixa claro ainda que a PPSA se sujeitará ao regime próprio das empresas privadas, inclusive em suas relações jurídicas civis e comerciais, enfocando-a desta maneira como empresa estatal exercente de atividade econômica *stricto sensu*, de natureza comercial.

Já a Lei nº 12.276/2010 cuida da cessão onerosa de direitos para a capitalização da Petrobras, outro modelo existente no Brasil de exploração indireta de petróleo e gás, bastante diferente dos demais e de certa forma atípico em relação aos modelos clássicos internacionais.

A Lei autoriza a União a ceder onerosamente à Petrobras, com dispensa de licitação, o exercício das atividades de pesquisa e lavra de petróleo em determinados campos do pré-sal. O pagamento devido pela sociedade de economia mista deverá, na forma do §3º, do art. 1º, do mencionado diploma, ser efetivado prioritariamente em títulos da dívida pública mobiliária federal.

II.1 A natureza jurídica do contrato de partilha de produção

Feitas as considerações acerca dos principais modelos de exploração de petróleo e gás brasileiros, passamos então à análise da natureza jurídica dos contratos de partilha de produção.

Como visto, o primeiro modelo contratual de delegação das atividades de pesquisa e lavra de hidrocarbonetos fluídos, no Brasil, foi a concessão. Por essa razão, tal tipologia contratual foi objeto de maiores reflexões da doutrina a respeito de sua natureza jurídica.

Em nosso Curso de Direito Administrativo, destacamos haver "grande discussão sobre a natureza jurídica desses contratos que dão aos particulares o direito de exploração de monopólios públicos. Tradicionalmente, os contratos pelos quais a Administração Pública assente o exercício de atividade econômica monopolizada por particulares são denominados de concessões – não de serviços públicos[19] –, mas concessões industriais ou econômicas".[20]

---

[17] MASCARENHAS, Rodrigo Tostes de Alencar. A exploração e a produção de petróleo no mar: aspectos ambientais. *Revista de Direito da Procuradora Geral*, Rio de Janeiro: CEJUR, edição especial, p. 101-102, 2013.

[18] Devia contar também com a participação da Petrobras, como sua operadora exclusiva (art. 4º da Lei). Por força da Lei nº 13.365, proposta pelo Senador José Serra e promulgada em 29 de novembro de 2016, revogou-se a obrigatoriedade de a Petrobras atuar como operadora dos blocos de partilha, bem como a necessidade de participação em todos os consórcios exploradores do pré-sal.

[19] Como oportunamente lembra Gaspar Ariño Ortiz, "A simples denominação como tal ou a exigência de concessão para determinadas atividades agrícolas, industriais ou comerciais [...] não corresponde necessariamente à existência de um verdadeiro serviço público" (ORTIZ, Gaspar Ariño. *Princípios de Derecho Público Económico*. Granada: Ed. Comares e Fundación de Estudios de Regulación, 1999. p. 488).

[20] ARAGÃO, Alexandre Santos de. *Curso de Direito Administrativo*. 2. ed. Rio de Janeiro: Forense, 2013. p. 487.

No entanto, não deixamos de manifestar nossa opinião, inteiramente aplicável por estrita identidade de razões aos contratos de partilha, registrando que "as concessões petrolíferas, *como não visam à delegação de serviços públicos, mas sim de atividades econômicas stricto sensu monopolizadas pelo Estado, são, em linhas gerais, de Direito Privado.* Nelas sequer há a obrigação de continuidade, *estando o concessionário livre para, em uma forte demonstração da natureza de Direito Privado desse contrato, a qualquer momento "devolver" a concessão,* justamente o contrário da lógica dos contratos de Direito Público, em que até a exceção do contrato não cumprido por parte do particular é inexistente ou muito restringida, e só a Administração pode rescindi-lo unilateralmente".[21] (Grifamos).

No Direito Francês, André de Laubadère registra que, "a despeito desta intervenção do Estado na atividade do particular e da utilização do termo 'concessão', este instituto é totalmente diferente da concessão de serviço público: a atividade sobre a qual incide é uma atividade privada, submetida não ao regime de serviço público, mas àquele do direito privado, sob reserva das infiltrações de direito público".[22] [23]

Com base na relativização das fronteiras entre o Direito público e o privado, parcela dos autores sustenta a tese de que o regime aplicável aos contratos concessionais petrolíferos seria *sui generis*. Aduzem que não mais existe um regime jurídico puro (genuinamente privado ou público),[24] passível de ser implementado em sua plenitude. Dentre outros, tal corrente é integrada por Marcos Juruena Villela Souto, segundo o qual "o direito internacional já identificou a concessão de petróleo como *sui generis*".[25]

A nosso ver, contudo, a adoção de tal entendimento nos conduziria à qualificação de todos os contratos celebrados pela Administração Pública como *suis generis* – categoria conceitual desprovida de uma significação firme e autônoma. Isto é, uma vez que se constatou o esbatimento entre a linha divisória que outrora, de modo tão estanque, apartava o Direito público do privado, nenhum contrato celebrado pela Administração será estritamente público ou privado.

Os contratos públicos sofrem, em maior ou menor medida, permanentes influxos do Direito privado e o oposto também se verifica. Para nós, portanto, a classificação de uma avença como pública ou privada deve ser feita com base em um juízo de preponderância. Do contrário, seria melhor abandonar, em definitivo, tal divisão.

Nessa perspectiva, bem anota Marilda Rosado de Sá Ribeiro, que a Agência Nacional de Petróleo atua no âmbito de uma atividade privada. "Ao contrário do que

---

[21] ARAGÃO, Alexandre Santos de. *Curso de Direito Administrativo*. 2. ed. Rio de Janeiro: Forense, 2013. p. 487-488.

[22] LAUBADERE, André. *Manuel de Droit Administratif*. Paris: Ed. LGDJ, 1995. p. 289.

[23] No mesmo sentido, manifesta-se: FRANCO, Gladys Vasquez. *La Concesión Administrativa de servicio público*. Bogotá: Ed. Temis, 1991. p. 50: "A maior abrangência e expansão da atividade administrativa do Estado contribuiu para o enriquecimento da ideia de concessão. Foi necessária a inclusão neste conceito de novas atividades que não cabem dentro da tradicional concessão de serviço público. Nasce, desta forma, a moderna concessão industrial. [...] A extensão da atividade da Administração até o campo econômico atribuído inicialmente apenas aos particulares, rompe com a estrutura tradicional do instituto".

[24] Nesse ponto específico – e só nele – não temos oposição. Em artigo no qual tratamos do tema, assinalamos que "a ANP tem poderes determinados mais pelo conteúdo da sua respectiva lei criadora do que pela natureza jurídica dos contratos por elas celebrados, que é consequência e não causa da disciplina de direito positivo, até mesmo porque a diferença entre o que é de direito privado e o que é de direito público é cada vez mais relativa, havendo contratos tradicionalmente considerados como sendo de direito público com um sem-número de resguardos dos interesses das partes privadas, e contratos de direito privado sujeitos a uma forte regulação estatal" (ARAGÃO, Alexandre Santos de. *Curso de Direito Administrativo*. 2. ed. Rio de Janeiro: Forense, 2013. p. 428.

[25] SOUTO, Marcos Juruena Villela. *Desestatização*: privatização, concessões e terceirizações. Rio de Janeiro: Lumen Iuris, 1999. p. 163.

dispôs o art. 175 da Constituição Federal de 1988 sobre a outorga de concessão e permissão de serviços públicos, o mesmo legislador constituinte, no art. 177, designou simplesmente de atividades econômicas as desenvolvidas pela indústria do petróleo".[26]

É desta forma que Eros Roberto Grau considera que a Constituição brasileira de 1988 subdividiu a atividade econômica lato sensu em serviço público e atividade econômica *stricto sensu*, entre as quais os monopólios públicos, atividades petrolíferas em destaque.[27]

Como afirma Rodrigo de Alencar Mascarenhas, "as distinções entre serviço público e atividade econômica, em sentido estrito, reforçam o entendimento de que, não obstante o fato de regerem-se, ambos, pelos princípios fixados no art. 170 da Carta Magna, estão as atividades afetas à indústria do petróleo, compreendidas naquela segunda modalidade. Assim é que se pode afirmar quanto ao serviço público que consiste em 'uma das mais intensas formas de intervenção do estado na economia' e 'visa a permitir a prestação direta pelo Estado ou uma forte regulação e ingerência estatal na atividade quando gerida por particulares delegatários' (ARAGÃO, 2002, p. 245). Ao passo que na atividade econômica, em sentido estrito, o objetivo está fundado na rentabilidade econômica. O que se considera nesse caso é a ordenação econômica, o Estado atua como empresário, não havendo, por conseguinte, o atendimento de necessidades públicas de forma direta".[28]

Assim, a natureza jurídica de Direito Privado é própria à generalidade dos contratos de exploração e produção de petróleo, dentre os quais se insere o Contrato de Partilha de Produção. O que há é uma variação, de acordo com o marco legal de cada modelo, do influxo publicista que cada qual suportará. Como já se afirmou, o caráter privado de tais pactos advém, essencialmente, da própria natureza de atividade econômica em sentido estrito que a exploração de hidrocarbonetos fluídos ostenta.

De acordo com Rafael Baptista Baleroni e Jorge Antônio Pedroso Júnior, os contratos de exploração de petróleo e gás correspondem sempre a um pacto bilateral entre a Administração Pública e o agente econômico, "trazendo em seu bojo conceitos majoritariamente de Direito Privado, que conferem maior segurança ao investidor quanto à manutenção das condições originariamente estabelecidas. Note-se, contudo, que isto não significa que essa espécie de contrato não esteja submetida a certas regras de Direito Público".[29]

Conforme será demonstrado nos tópicos seguintes, tanto os contratos de direito privado celebrados pela Administração como os contratos administrativos são suscetíveis de serem apreciados perante o juízo arbitral.[30] No entanto, a natureza privada

---

[26] MENEZELLO, Maria D'Assunção Costa. *Comentários à lei do petróleo*: Lei Federal nº 9.478, de 6.8.1997. São Paulo: Atlas, 2000. p. 54. Grifamos.

[27] GRAU, Eros Roberto. *A Ordem Econômica na Constituição de 1988*. 4. ed. São Paulo: Ed. Malheiros, 1998. p. 137-139. Alguns autores utilizam a expressão "serviços públicos econômicos" ou "industriais" para denominar as atividades econômicas *stricto sensu* exploradas pelo Estado (*v.g.* CELIER, Charles. *Droit Public et Vie Économique*. Paris: PUF, 1949. p. 136). Preferimos, no entanto, não fazer uso dessas expressões para não misturar os conceitos de atividade econômica (em sentido estrito) explorada pelo Estado e os serviços públicos propriamente ditos.

[28] MASCARENHAS, Rodrigo Tostes de Alencar. A exploração e a produção de petróleo no mar: aspectos ambientais. *Revista de Direito da Procuradoria Geral*, Rio de Janeiro: CEJUR, edição especial, p. 101, 2013.

[29] BALERONI, Rafael Baptista; PEDROSO JÚNIOR, Jorge Antônio. Pré-sal: desafios e uma proposta de regulação. In: RIBEIRO, Marilda Rosado de Sá (Org.). *Novos rumos do direito do petróleo*. São Paulo: Renovar, 2009. p. 155-156.

[30] De acordo com a intensidade dos influxos do Direito Público, especialmente pela presença das chamadas cláusulas exorbitantes, as avenças de que o Poder Público é parte são tradicionalmente chamadas, respectivamente,

do pacto em referência só reforça a sua ampla arbitrabilidade, ao diferenciá-lo marcadamente dos chamados atos de império do Estado. Os contratos de Direito Privado celebrados pela Administração Pública colocam-na de maneira geral em posição de maior paridade em relação às suas contrapartes privadas.

III A arbitrabilidade dos contratos celebrados pela administração pública, sobretudo os de direito privado

A arbitragem, como se sabe, consiste em mecanismo de heterocomposição de conflitos de interesses, informado pela celeridade, *expertise* e informalidade, que se processa fora das lindes estatais.

O reconhecimento da arbitragem, no Brasil, percorreu um caminho tortuoso. Houve quem questionasse a constitucionalidade até dos procedimentos arbitrais realizados entre pessoas jurídicas de direito privado, a respeito de direitos patrimoniais incontroversamente disponíveis, mesmo após a edição da Lei nº 9.307/1996.[31]

Nos domínios da Administração Pública, a afirmação da arbitragem foi ainda mais adversa, demorada e conturbada.[32]

De acordo com Marco Antonio Rodrigues, havia "três impedimentos de índole constitucional que geralmente eram opostos à admissibilidade de convenções de arbitragem em contratos administrativos: (i) o princípio da legalidade (artigo 37, *caput*, da Constituição);[33] (ii) a indisponibilidade do interesse público, princípio constitucional implícito que seria incompatível com o artigo 1º da Lei de Arbitragem, em sua redação prévia à reforma ocorrida em 2015; e, finalmente, (iii) o princípio da publicidade (artigo 37, *caput*, da Lei Maior), que iria de encontro com uma das principais características das arbitragens mundo afora, qual seja, a confidencialidade. Além disso, o artigo 55,

---

de contratos administrativos (*e.g.*, as concessões de serviços públicos ou os contratos de obras públicas) de contratos de direito privado celebrados pela Administração Pública (*e.g.*, contrato de locação ou de seguro). A possibilidade de conflitos envolvendo a Administração Pública serem submetidos à arbitragem, como se verá adiante, foi contemplada pela Lei de Arbitragem quanto aos interesses administrativos contratualizáveis, o que pode ocorrer por meio de qualquer dos gêneros contratuais mencionados. Nesse sentido, o art. 25-A, da Lei nº 8.987/05, previu expressamente que controvérsias relacionadas às concessões de serviços públicos são passíveis de serem resolvidas em instância arbitral.

[31] A constitucionalidade da Lei da Arbitragem chegou a ser discutida pelo Supremo Tribunal Federal, nos autos do processo de homologação de Sentença Estrangeira nº 5.206, relatado pelo Min. Sepúlveda Pertence. Naquela oportunidade, 12.12.2001, quatro ministros da Corte se posicionaram pela inconstitucionalidade de diversos dispositivos da Lei nº 9.307/96. Em âmbito doutrinário, *cf.* LIMA, Alcides de Mendonça. O Juízo Arbitral em face da Constituição. *Revista Forense*, Rio de Janeiro, n. 27, p. 383-385, 1969.

[32] Para que se possa dimensionar o quanto, chegou-se a propor emenda à Constituição (PEC nº 29) para impedir que pessoas de direito público pudessem se submeter à arbitragem. O Tribunal de Contas da União, por seu turno, exarou um sem número de decisões declarando a injuridicidade dos procedimentos arbitrais envolvendo a Administração Pública (e.g., Decisão nº 286/93, decisão nº 394/95, acórdão nº 584/03, acórdão nº 1271/05 e acórdão nº 1099/06).

[33] Em linhas gerais, argumentava-se que, na ausência de expressa lei autorizativa, a Administração não poderia se submeter à arbitragem. Os adeptos dessa tese lançavam mão de uma visão oitocentista do princípio da legalidade, advogando que todos os atos da Administração deveriam ter o conteúdo preestabelecido pelo legislador. A respeito das diferentes concepções acerca do princípio da legalidade, conferir: ARAGÃO, Alexandre Santos de. A concepção pós-positivista do princípio da legalidade. *Revista de Direito Administrativo*, v. 236, p. 51-64, 2004.

parágrafo 2º, da Lei nº 8.666[34] também era óbice levantado à utilização do juízo arbitral pela Fazenda Pública".[35]

Antes do advento da Lei nº 13.129/2015, embora já se constatasse forte tendência *favor arbitratis* no direito público brasileiro (capitaneada sobretudo pelo STJ),[36] ainda pairavam dúvidas quanto à possibilidade de participação de entidades administrativas e entes políticos em processos arbitrais.

Em nosso livro sobre as Empresas Estatais, registramos que, "com a recente alteração, porém, a discussão a respeito da arbitrabilidade subjetiva envolvendo a Administração Pública deve ser minorada, na medida em que o §1º, acrescido ao supramencionado art. 1º [da Lei nº 9.307/96], é expresso no sentido de que '*a administração pública direta e indireta poderá utilizar-se da arbitragem para dirimir conflitos relativos a direitos patrimoniais disponíveis*'. Ou seja, tanto a administração direta quanto a indireta, o que inclui, por óbvio, as empresas públicas e sociedades de economia mista, podem, agora por expresso permissivo legal, dirimir seus conflitos de interesses através da arbitragem".[37]

Diante da mencionada inovação legislativa no Brasil para permiti-la, pois, a arbitragem no campo da Administração Pública empresarial vem experimentando processo de acelerada expansão.

Dalmo de Abreu Dallari esclarece serem "vários os motivos dessa ênfase, parecendo que o principal deles é a demora crescente para obtenção de uma decisão judicial definitiva. [...] Isso vem sendo assinalado em muitos países, mesmo naqueles cujos respectivos sistemas jurídicos são bem diferentes, como é o caso da Itália e dos Estados Unidos. Para a lentidão, mais ou menos generalizada, das vias judiciárias são aventadas explicações diversas, entre as quais, em sentido positivo, se menciona a criação de caminhos mais fáceis e menos dispendiosos para que os segmentos mais pobres da população também procurem um juiz para a defesa de seus direitos, além do aumento geral da consciência de direitos decorrente dos movimentos de divulgação e defesa dos direitos humanos. Desse modo, aumentando o número de ações judiciais sem que haja um correspondente aumento do número de juízes e a simplificação dos sistemas processuais, a demora é inevitável".[38]

Tratando mais especificamente das necessidades das empresas, Arnoldo Wald salienta que "são distintos os tempos da justiça e do mundo dos negócios, tendo até

---

[34] Lei nº 8.666/1993, art. 55, 2º: "Nos contratos celebrados pela Administração Pública com pessoas físicas ou jurídicas, inclusive aquelas domiciliadas no estrangeiro, deverá constar necessariamente cláusula que declare competente o foro da sede da Administração para dirimir qualquer questão contratual, salvo o disposto no §6º do art. 32 desta Lei". Defendendo que tal dispositivo configuraria empecilho à realização de arbitragens que envolvessem a Administração Pública, v. BANDEIRA DE MELLO, Celso Antônio. *Curso de Direito Administrativo*. 17. ed. São Paulo: Malheiros, 2004. p. 95.

[35] RODRIGUES, Marco Antonio. *A Fazenda Pública no Processo Civil*. São Paulo: Atlas, 2016. p. 392-293.

[36] Ilustrativamente, cita-se os seguintes precedentes: STJ, REsp nº 612.439/RS, rel. Min. João Otávio Noronha, *DJ* 14.09.2006: "São válidos e eficazes os contratos firmados pelas sociedades de economia mista exploradoras de atividade econômica de produção ou comercialização de bens ou de prestação de serviços (CF (LGL\1988\3), art. 173, §1º) que estipulem cláusula compromissória submetendo à arbitragem eventuais litígios decorrentes do ajuste"; STJ, REsp nº 612.345/RS, rel. Min. João Otávio Noronha, *DJ* 14.09.2006; STJ, AgRg no MS nº 11.308/DF, rel. Min. Luiz Fux, *DJ* 14.08.2006; STJ, EDcl no AgRg no MS nº 11.308/DF, rel. Min. Luiz Fux, *DJ* 30.10.2006.

[37] ARAGÃO, Alexandre Santos de. *Empresas Estatais*: o Regime Jurídico das Empresas Públicas e Sociedades de Economia Mista. Rio de Janeiro: Forense, 2017. p. 401.

[38] DALLARI, Dalmo de Abreu. A tradição da Arbitragem e sua Valorização Contemporânea. *In*: PUCCI, Adriana Noemi (Coord.). *Aspectos atuais da arbitragem*. Rio de Janeiro: Forense, 2001. p. 99.

finalidades diferentes. Efetivamente, por muito tempo, os magistrados e os juristas, em geral, não se preocuparam com a demora para que fosse encontrada uma solução definitiva para os litígios, nem davam maior importância às consequências das suas decisões. Prevalecia, ao menos na teoria, o princípio *fiat justitia, pereat mundus* (que se faça justiça, mesmo que o mundo pereça). Ao contrário, na vida comercial, as pendências não podem perdurar e não devem demorar as respectivas soluções em virtude dos prejuízos que causam às partes. Só recentemente, em todos os países, tanto no Poder Judiciário como na arbitragem, houve uma reação saudável no sentido de tornar o processo mais eficiente e rápido".[39]

Em paralelo, como também se antecipou, as arbitragens permitem que os conflitos analisados sejam resolvidos de modo mais técnico, por profissionais com notória expertise nos temas sobre os quais as partes controvertem. Nessa linha, Giovanni Ettore Nanni elenca como principais vantagens do procedimento arbitral:

> A informalidade e a alternativa de adaptação dos procedimentos à conveniência das partes, a flexibilidade das regras e a opção de escolha de câmaras, a confidencialidade, a economia de tempo na obtenção de uma decisão final e, principalmente, a possibilidade de nomeação de árbitros com base em sua especialidade, experiência, cultura, tempo disponível para dedicação ao assunto e confiança que a parte deposita na pessoa que deverá julgar a desavença. Especialmente a *expertise* do árbitro constitui o grande diferencial no tema, porque a arte da hermenêutica, mormente nos contratos complexos e atípicos, orienta, se for o caso, o emprego da interpretação integradora, na qual se supre a lacuna que a regulação das partes, voluntariamente ou não, acabou gerando. [...] E, tratando-se de um contrato complexo e atípico, nada mais recomendável que o uso da arbitragem, já que permitida a eleição de árbitros dotados de tais características.[40]

No âmbito próprio do direito público, a arbitragem converge ainda para uma das mais fortes tendências do direito administrativo contemporâneo, que é o estímulo e a valorização da consensualidade na lida com o administrado.[41] Como bem observa Onofre Alves Batista Júnior, o "Estado Democrático de Direito (eficiente, pluralista, participativo e infraestrutural) permite a consolidação da ideia de uma 'Administração concertada', como 'modo de administrar' pelo qual a Administração Pública, a princípio, renuncia à imposição de seu próprio critério de forma imperativa e unilateral e se esforça para encontrar um ponto de equilíbrio adequado entre os interesses públicos que deve perseguir e os interesses particulares das pessoas física e jurídicas, sem o concurso de quem, mais dificilmente, pode atingir seus objetivos".[42]

---

[39] WALD, Arnoldo. As novas regras de arbitragem: maior eficiência e transparência. *Revista de Arbitragem e Mediação*, São Paulo, v. 33, p. 239-244, abr./jun. 2012.

[40] NANNI, Giovanni Ettore. *Direito Civil e Arbitragem*. São Paulo: Atlas, 2014. p. 3.

[41] "O movimento pró-consenso atualmente verificável é apontado como decorrência da celebração de acordos no âmbito da Administração Pública se coadunar com as demandas, cada vez mais incisivas, por celeridade no provimento administrativo, participação do administrado na tomada de decisões administrativas e eficiência quanto à conformação da atuação administrativa. Ademais, a preocupação com a governança também pelo Direito (Administrativo) coloca em voga o tema da consensualidade, então visualizada como um instrumento de grande valia à eficácia na atuação administrativa" (SCHIRATO, Vitor Rein; PALMA, Juliana Bonacorsi de. Consenso e legalidade: vinculação da atividade administrativa consensual ao Direito. *Revista Eletrônica sobre a Reforma do Estado*, n. 24, p. 3, 2011. Disponível em: www.direitodoestado.com.br. Acesso em 09 fev. 2017).

[42] BATISTA JÚNIOR, Onofre Alves. *Transações Administrativas*. São Paulo: Quartier Latin, 2007. p. 325. No mesmo sentido, *v*. GARCÍA DE ENTERRÍA, Eduardo; TOMÁS-RAMÓN, Fernandes. *Curso de Derecho Administrativo*. 5. ed. Madrid: Civitas, 1998. v. II, p. 499.

Ademais, quando empresas estatais (como a PPSA e a Petrobras) interagem como ou com atores empresariais privados, restrições à arbitragem podem violar o princípio da paridade de regime jurídicos (CF, art. 173, §2º), pelo qual as estatais atuantes em regime de concorrência com empresas privadas recebam, nos ônus e nos bônus, o mesmo tratamento jurídico conferido aos atores particulares. Nesse sentido, a proibição de que estatais se valham do procedimento arbitral pode representar óbice ao exercício de seu objeto social não verificável quanto às empresas privadas.[43]

No campo das atividades estatais delegadas à iniciativa privada, entre as quais os monopólios públicos (petróleo, gás natural, mineração e energia nuclear – arts. 176 e 177, CF), tais restrições podem ainda afastar potenciais investidores, violando o princípio da competitividade, insculpido inclusive no art. 3º da Lei de Licitações, pelo qual o Estado deve tomar todas as medidas possíveis para ampliar o número de competidores em suas licitações, com o que malferiria também os princípios constitucionais da eficiência e da economicidade.

Em ambos os casos, a obstrução da via arbitral implica no aumento dos custos ou a redução dos ganhos administrativos – o que violaria também o princípio constitucional da eficiência.[44] Em muitos setores da economia, ademais, a resolução de controvérsias pelo método da arbitragem já integra até mesmo a *lex mercatoria*.[45]

III.1 A interpretação da expressão "direitos patrimoniais disponíveis" no direito administrativo

Como destacado acima, a Lei de Arbitragem (art. 1º, §1º), na sua atual redação, dispõe que: "A administração pública direta e indireta poderá utilizar-se da arbitragem para dirimir conflitos relativos a direitos patrimoniais disponíveis".

O requisito da patrimonialidade pode ser traduzido como a suscetibilidade de mensurar economicamente determinado direito ou interesse. Neste sentido, a *natureza patrimonial*[46] de um direito não está presente somente na hipótese de o seu conteúdo se traduzir monetariamente.

---

[43] A respeito do tema: ARAGÃO, Alexandre Santos de. *Empresas Estatais*: o Regime Jurídico das Empresas Públicas e Sociedades de Economia Mista. Rio de Janeiro: Forense, 2017. p. 106-119.

[44] "Não se exige mais apenas que o administrador público aja dento dos limites legais. É fundamental também que a ação administrativa seja eficiente e que produza resultados eficazes para a sociedade; daí a inclusão do princípio da eficiência no rol dos princípios aplicáveis à Administração Pública (art. 37 da CF). O direito administrativo pós-moderno instituiu um novo patamar de vinculação jurídica para a Administração Pública: a realização efetiva de um resultado determinante, sendo o princípio da eficiência seu principal veículo condutor. O que se espera do administrador público na condução dos processos de contratação pública é a obtenção de um resultado legítimo e eficiente, se não alcançou o resultado desejado" (GARCIA, Flávio Amaral. *Licitações e contratos administrativos*: casos e polêmicas. São Paulo: Malheiros, 2016. p. 73).

[45] Valendo-nos das lições de Luís Roberto Barroso, podemos esclarecer que a *lex mercatoria* consagra "o primado dos usos no comércio internacional", materializando-se "por meio dos contratos e cláusulas-tipo, jurisprudência arbitral, regulamentações de profissionais elaboradas por suas associações representativas e princípios gerais comuns às legislações dos países" (BARROSO, Luís Roberto. Fundamentos teóricos e filosóficos do novo direito constitucional brasileiro: pós-modernidade, teoria crítica e pós-positivismo. *Revista Forense*, v. 358, p. 93, 2001).

[46] A respeito do conceito de "patrimonialidade", consulte-se: COSTA, Almeida. *Direito das obrigações*. 4. ed. Coimbra: Coimbra Editora, 1984. p. 63-66; VARELA, Antunes. *Das obrigações em geral*. 7. ed. Coimbra: Almedina, 1991. v. 1, p. 102-107; VARELA, Antunes. *Direito das obrigações*: conceito, estrutura e funções da relação obrigacional, fontes

Como bem apontado por Eduardo Talamini, a "patrimonialidade também se configura pela aptidão de o inadimplemento ser reparado, compensado ou neutralizado por medidas com conteúdo econômico".[47]

Para Caio Mário da Silva Pereira, o objeto de uma obrigação contratual "há de ter caráter patrimonial. Via de regra e na grande maioria dos casos, a prestação apresenta-se francamente revestida de cunho pecuniário, seja por conter em si mesma um dado valor, seja por estipularem as partes uma pena convencional para o caso de descumprimento. E, como tal pena traduz por antecipação a estimativa das perdas e danos, a natureza econômica do objeto configura-se indiretamente o por via de consequência. Poderá, entretanto, acontecer que a patrimonialidade não se ostente na obrigação mesma, por falta de uma estimação pecuniária que os interessados, direta ou indiretamente, lhe tenham atribuído". Contudo, o caráter econômico estará presente "ainda no caso de se não fixar um valor para o objeto, a lei o admite implícito, tanto que converte em equivalente pecuniário aquele a que o devedor culposamente falta, ainda que não tenham as partes cogitado do seu caráter econômico originário, e isto tanto nas obrigações de dar como nas de fazer, demonstrando que *a patrimonialidade do objeto é ínsita em toda obrigação*".[48]

Nessa ótica, é de se concluir que as controvérsias afetas ao descumprimento de obrigações contatuais sem imediata expressão econômica (ex.: dever de confidencialidade) possam ser arbitradas, caso tenham repercussões patrimoniais (ex.: indenizações por prejuízos eventualmente causados, danos morais, etc.).

Por seu turno, o *adjetivo "disponível"*, na gramática civilista, qualifica direitos que possam ser, a qualquer tempo e independentemente de justificações vinculadas, alienados ou renunciados pelo sujeito que os titule. Nesse sentido, expõe com clareza Pontes de Miranda, ao afirmar que o princípio da disponibilidade "refere-se à capacidade em sentido amplo de o titular do direito [...] Poder efetuar a transferência para outra pessoa, o adquirente".[49]

Em idêntica direção, se anota civilisticamente que o "direito disponível é o alienável, transmissível, renunciável, transacionável. A disponibilidade significa que o

---

das obrigações, modalidade das obrigações. Rio de Janeiro: Forense, 1977. v. I, p. 90-94; PEREIRA, Caio Mário da Silva. *Instituições de Direito Civil*. 10. ed. Rio de Janeiro: Forense, 1990. v. II, p. 2-6; GOMES, Orlando. *Obrigações*. 8. ed. Rio de Janeiro: Forense, 1992. p. 20-21; LOPES, Serpa. *Curso de Direito Civil*. 5. ed. Rio de Janeiro: Freitas Bastos, 1989. v. II, p. 23-25; JUSTEN FILHO, Marçal. *Sujeição passiva tributária*. Belém: CEJUP, 1986. p. 79-80. "O patrimônio é formado pelo conjunto de relações ativas e passivas, e esse vínculo entre os direitos e as obrigações do titular, constituído por força de lei, infunde ao patrimônio o caráter de universalidade de direito. O patrimônio de um indivíduo é representado pelo acervo de seus bens, conversíveis em dinheiro. Há, visceralmente ligada à noção de patrimônio, a ideia de valor econômico, suscetível de ser cambiado, de ser convertido em pecúnia. Nesse sentido a opinião de Beviláqua, que define patrimônio como 'o complexo das relações jurídicas de uma pessoa que tiverem valor econômico'. Entende o mestre que o patrimônio é composto por todo o ativo o por todo o passivo de um indivíduo" (RODRIGUES, Silvio. *Direito Civil – Parte-Geral*. 23. ed. São Paulo: Saraiva, 1993. v. 1, p. 297).

[47] TALAMINI, Eduardo. A (in)disponibilidade do interesse público: consequências processuais (composições em juízo, prerrogativas processuais, arbitragem, negócios processuais e ação monitória) – versão atualizada para o CPC/2015. *Revista de Processo*, São Paulo: Editora Revista dos Tribunais, v. 264, a. 42, p. 83-107, 2017. p. 99.

[48] PEREIRA, Caio Mário da Silva. *Instituições de Direito Civil*. 25. ed. Rio de Janeiro: Forense, 2012. v. II, p. 21-22. Grifamos.

[49] MIRANDA, Pontes de. *Tratado de Direito Privado – parte especial*: direito das coisas: direitos reais de garantia, hipoteca, penhor, anticrese. São Paulo: Revista dos Tribunais, 2012. p. 478.

titular do direito pode aliená-lo; transmiti-lo *inter vivos* ou *causa mortis*; pode, também, renunciar ao direito; bem como, pode, ainda, o titular transigir seu direito".[50]

A consagração, no campo do Direito Administrativo, do princípio da indisponibilidade do interesse público[51] só exaspera o nó dogmático que embaraça o tratamento jurídico do tema, pois alguns autores, com base nele, sustentam a indisponibilidade e, portanto, a inarbitrabilidade de todos os direitos de que a Administração é titular,[52] e há quem defenda a completa incompatibilidade do procedimento arbitral com a Administração Pública.[53]

Perceba-se que, mais radicalmente, houve até mesmo quem negasse a existência dos contratos administrativos, raiz do pensamento dos que até hoje criam estorvos à arbitrabilidade dos conflitos envolvendo a Administração Pública: contratualizar, tal como colocar sob arbitragem, um interesse público, representaria, por essa visão, dispor do interesse público.[54]

Há também quem entenda que a arbitragem só é admissível quando verse exclusivamente acerca de interesses públicos secundários (interesses patrimoniais da máquina

---

[50] MATTOS NETO, Antônio José de. Direitos patrimoniais disponíveis e indisponíveis à luz da lei de arbitragem. *Revista de Processo*, São Paulo: Revista dos Tribunais, n. 122, p. 151-166, 2005.

[51] "A indisponibilidade dos interesses públicos significa que, sendo interesses qualificados como próprios da coletividade – internos ao setor público –, não se encontram à livre disposição de quem quer que seja, por inapropriáveis. O próprio órgão administrativo que os representa não tem disponibilidade sobre eles, no sentido de que lhe incumbe apenas curá-los – o que é também um dever – na estrita conformidade do que predispuser a *intentio legis*. [...] Em suma, o necessário – parece-nos – é encarecer que na administração os bens e os interesses *não se acham entregues à livre disposição da vontade do administrador*. Antes, para este, coloca-se a obrigação, o dever de curá-los nos termos da finalidade a que estão adstritos. É a ordem legal que dispõe sobre ela" (BANDEIRA DE MELLO, Celso Antônio. *Curso de Direito Administrativo*. São Paulo: Malheiros, 2012. p. 74).

[52] Na visão de Carlos Ari Sundfeld, a "linha de argumentação desenvolvida para fundamentar essa ideia é bastante simplista: como a arbitragem só teria cabimento sobre direitos disponíveis, ela estaria invariavelmente afastada dos direitos relativos à Administração, uma vez que estes seriam, todos, por força do aludido princípio, indisponíveis. O raciocínio é linear, fácil de ser assimilado e, talvez por isso, acabe exercendo um efeito sedutor em alguns intérpretes. No entanto, a aplicação do princípio da indisponibilidade do interesse público ao presente tema mostra-se completamente fora de contexto e, consequentemente, inadequada (SUNDFELD, Carlos Ari; CÂMARA, Jacintho Arruda. O Cabimento da Arbitragem nos Contratos Administrativos. *Revista de Direito Administrativo*, n. 248, p. 117-126, 2008. p. 119).

[53] Por todos, v. MENDES, Renato Geraldo. *Lei de Licitações e Contratos Anotada*. 3. ed. Curitiba: Znt Editora, 1998. p. 122: "Não é possível a eleição de juízo arbitral no âmbito dos contratos administrativos, uma vez que os direitos e interesses que os compõem são, por imposição legal, indisponíveis".

[54] Os adeptos de tal corrente "argumentam que o contrato administrativo não observa o princípio da igualdade entre as partes, o da autonomia da vontade e o da força obrigatória das convenções, caracterizadores de todos os contratos. Com relação ao primeiro, afirma-se não estar presente porque a Administração ocupa posição de supremacia em relação ao particular. Quanto à autonomia da vontade, alega-se que não existe nem do lado da Administração, quer do lado do particular que com ela contrata: a autoridade administrativa só faz aquilo que a lei manda (princípio da legalidade) e o particular submete-se a cláusulas regulamentares ou de serviço, fixadas unilateralmente pela Administração, em obediência ao que decorre da lei. Mesmo com relação às cláusulas financeiras, que estabelecem o equilíbrio econômico no contrato, alegam os adeptos dessa teoria que não haveria, nesse aspecto, distinção entre os contratos firmados pela Administração e os celebrados por particulares entre si. Quanto ao princípio da força obrigatória das convenções (*pacta sunt servanda*), seria também desrespeitado no contrato administrativo, em decorrência da mutabilidade das cláusulas regulamentares, que permite à Administração fazer alterações unilaterais no contrato. A autoridade administrativa, por estar vinculada ao princípio da indisponibilidade do interesse público, não poderia sujeitar-se a cláusulas inalteráveis como ocorre no direito privado. Essa posição foi adotada, no direito brasileiro, entre outros, por Oswaldo Aranha Bandeira de Mello (2007:684). Segundo ele, as cláusulas regulamentares decorrem de ato unilateral da Administração, vinculado à lei, sendo as cláusulas econômicas estabelecidas por contrato de direito comum" (DI PIETRO, Maria Sylvia Zanella. *Direito Administrativo*. 27. ed. São Paulo: Editora Atlas, 2014. p. 264).

estatal),[55] conforme a clássica definição de Renato Alessi.[56] Estes autores equiparam interesses públicos patrimoniais (secundários) a interesses públicos disponíveis, de acordo com o permissivo da atual redação da Lei de Arbitragem.

Olvidam, contudo, que no Direito Administrativo os interesses públicos "meramente" patrimoniais também são por óbvio indisponíveis, não podendo a Administração Pública simplesmente doar, abrir mão de seus bens, ainda que não afetados a qualquer serviço público ou doar livremente suas receitas.

A limitação objetiva da arbitrabilidade, conforme interpretada por aqueles autores, conduziria, no limite, à disparatada conclusão de que qualquer contrato administrativo seria, *de per se*, juridicamente proscrito, já que sempre envolve uma forma consensual de realização do interesse público. Nessa linha, em recente estudo doutrinário, registramos que, "se a Administração Pública pode celebrar contratos e [deve] cumprir voluntariamente suas obrigações nos termos pactuados, pela mesma lógica deve-se entender possível a contratação da solução por arbitragem das controvérsias deles decorrentes. Não faz sentido entender que os direitos são 'disponíveis' para poderem ser estabelecidos mediante um acordo de vontades (contrato) e, de outro lado, entender que são 'indisponíveis' para vedar que as controvérsias dele oriundas possam ser submetidas à arbitragem".[57]

O eixo, portanto, da arbitrabilidade dos conflitos envolvendo a Administração Pública não é propriamente o caráter secundário do interesse envolvido, mas sim a sua contratuabilidade.

Marçal Justen Filho, em idêntico sentido, demonstrou que "o argumento de que a arbitragem nos contratos administrativos é inadmissível porque o interesse público é indisponível conduz a um impasse insuperável. Se o interesse público é indisponível ao ponto de excluir a arbitragem, então seria indisponível igualmente para o efeito de produzir contratação administrativa. Assim, como a Administração Pública não disporia de competência para criar a obrigação vinculante relativamente ao modo de composição do litígio, também não seria investida do poder para criar qualquer obrigação vinculante por meio consensual. Ou seja, seriam inválidas não apenas as cláusulas de arbitragem, mas também e igualmente todos os contratos administrativos.[58]

---

[55] Por todos, *v.* MOREIRA NETO, Diogo de Figueiredo. Arbitragem nos Contratos Administrativos. *Revista de Direito Administrativo*, n. 209, p. 81-90, jul./set. 1997. p. 84: "Em outros termos e mais sinteticamente: está-se diante de duas categorias de interesses públicos, os primários e os secundários (ou derivados), sendo que os primeiros são indisponíveis e o regime público é indispensável, ao passo que os segundos têm natureza instrumental, existindo para que os primeiros sejam satisfeitos, e resolvem-se em relações patrimoniais e, por isso, tomaram-se disponíveis na forma da lei, não importando sob que regime".

[56] *Cf.* ALESSI, Renato. *Sistema Istituzionale del Diritto Amministrativo Italiano.* Milano: Dott. Antonio Giufrè Editore, 1953. p. 151-152: "Estes interesses públicos coletivos, os quais a Administração deve zelar pelo cumprimento, não são, note-se bem, simplesmente interesses da Administração entendida como uma entidade jurídica de direito próprio. Trata-se, ao invés disso, do que tem sido chamado de interesse coletivo primário, formado por todos os interesses prevalecentes em uma determinada organização jurídica da coletividade, enquanto o interesse da entidade administrativa é simplesmente secundário, de modo que pode ser realizado apenas no caso de coincidência com o interesse coletivo primário. A peculiaridade da posição jurídica da Administração Pública reside precisamente no fato de que, embora seja, como qualquer outra pessoa jurídica, proprietária de um interesse secundário pessoal, a sua função precípua não é realizar esse interesse secundário, pessoal, mas sim promover o interesse coletivo, público, primário. Assim, o interesse secundário, da entidade administrativa, pode ser realizado, como qualquer outro interesse secundário individual, apenas no caso e na medida em que coincida com o interesse público".

[57] ARAGÃO, Alexandre Santos de. *Empresas Estatais*: o Regime Jurídico das Empresas Públicas e Sociedades de Economia Mista. Rio de Janeiro: Forense, 2017. p. 403.

[58] JUSTEN FILHO, Marçal. *Curso de Direito Administrativo.* 10. ed. São Paulo: RT, 2014. p. 822.

A confusão conceitual e terminológica em referência é desfeita, com maestria, pelo professor Eros Grau: 'Assim, é evidente que quando se afirma que a arbitragem se presta a 'dirimir litígios relativos a direitos patrimoniais disponíveis' isso não significa que não possa, a Administração, socorrer-se dessa via visando ao mesmo fim. Pois não há qualquer correlação entre disponibilidade ou indisponibilidade de direitos patrimoniais e disponibilidade ou indisponibilidade do interesse público. Dispor de direitos patrimoniais é transferi-los a terceiros. Disponíveis são os direitos patrimoniais que podem ser alienados. A Administração, para realização do interesse público, pratica atos, da mais variada ordem, dispondo de determinados direitos patrimoniais, ainda que não possa fazê-lo em relação a outros deles. Por exemplo, não pode dispor dos direitos patrimoniais que detém sobre os bens públicos de uso comum. Mas é certo que inúmeras vezes deve dispor de direitos patrimoniais, sem que com isso esteja a dispor do interesse público, porque a realização deste último é alcançada mediante a disposição daqueles. [...] Daí porque, sempre que puder contratar, o que importa disponibilidade de direitos patrimoniais, poderá a Administração, sem que isso importe disposição do interesse público, convencionar cláusula de arbitragem".[59]

Nessa esteira, Carlos Ari Sundfeld leciona que "a Lei de Arbitragem afastou de seu âmbito de aplicação apenas os temas que não admitissem contratação pelas partes. Numa palavra, a lei limitou a aplicação do procedimento arbitral às questões referentes a direito (ou interesse) passível de contratação".[60]

De fato, se partíssemos de uma visão absoluta da indisponibilidade do interesse público, por que a Administração Pública abriria mão do seu poder de império de desapropriar um imóvel, para abrir uma licitação para comprá-lo? Por quê abriria mão do seu poder de império de requisitar um serviço médico e passaria a celebrar convênios com entidades da sociedade civil para os mesmos serviços? Ora, a resposta é que contratar não é dispor, mas é de alguma forma abrir espaço também para as pretensões privadas (ainda que os contratos da Administração Pública sejam em grande parte prefixados no edital e na lei), compor, se sensibilizar diante da lógica privada, aceitar condições de preços e de técnica que são balizadas pelo Estado, mas fixados na proposta vencedora da licitação.

Em paralelo, se a distinção entre interesse público primário e secundário já nos parece artificial e imprecisa, já que a relação de instrumentalidade intrínseca existente entre eles os torna, ao menos em parte, indissociáveis,[61] não restam dúvidas quanto à sua impropriedade para determinar quais controvérsias podem ou não ser arbitradas. Repise-se: o Estado só pode dispor livremente dos seus bens dominicais nem dos seus

---

[59] GRAU, Eros Roberto. Arbitragem e Contrato Administrativo. *Revista Trimestral de Direito Público*, São Paulo: Malheiros, n. 32, p. 14-20, 2000. p. 20.
[60] SUNDFELD, Carlos Ari; CÂMARA, Jacintho Arruda. O Cabimento da Arbitragem nos Contratos Administrativos. *Revista de Direito Administrativo*, n. 248, p. 117-126, 2008. p. 120. Grifamos.
[61] "Raramente um interesse social direto (dito interesse público primário – ex.: serviços de saúde) pode ser atendido sem custos (dito interesse público secundário – ex.: receita para prover o salário dos médicos e enfermeiros, para a aquisição e manutenção do imóvel do hospital etc.), a distinção deve pelo menos ser relativizada, evitando-se o viés de se ver o interesse público secundário como algo menos nobre que o interesse público primário, já que quase sempre este não tem como ser realizado sem aquele" (ARAGÃO, Alexandre Santos de. *Empresas Estatais*: o Regime Jurídico das Empresas Públicas e Sociedades de Economia Mista. Rio de Janeiro: Forense, 2017. p. 102).

créditos pecuniários, enquadráveis classicamente no conceito de interesses públicos secundários, mediante prévia lei autorizativa de alienação ou de isenção fiscal.[62]

Eduardo Talamini, partindo de um outro raciocínio, chega à mesma conclusão: "cabe a arbitragem sempre que a matéria envolvida possa ser resolvida pelas próprias partes, independentemente de ingresso em juízo. Se o conflito entre o particular e a Administração Pública é eminentemente patrimonial e se ele versa sobre matéria que poderia ser solucionada diretamente entre as partes, sem que se fizesse necessária a intervenção jurisdicional, então a arbitragem é cabível. Se o conflito pode ser dirimido pelas próprias partes, não faria sentido que não pudesse também ser composto mediante juízo arbitral sob o pálio das garantias do devido processo".[63]

Note-se que, pelo próprio princípio da legalidade, a Administração Pública não só pode como deve cumprir voluntariamente as suas obrigações, sendo impensável que apenas por títulos executivos judiciais pudesse ser obrigada a fazer ou deixar de fazer qualquer coisa. Ora, se é assim, se voluntariamente pode buscar um acordo sobre como cumprir suas obrigações, em tese, *a fortiori* pode submeter as mesmas questões à arbitragem.[64]

Para exemplificar, pode-se fazer menção aos *claims*[65] apresentados pelo contratado diretamente à Administração contratante e aos recursos administrativos interpostos pelo contratado contra decisão da Administração que lhe tenha imposto multa de mora. Na língua portuguesa o termo pode ser definido como "reivindicação", "pleito", inerentes até mesmo ao nosso *direito constitucional de petição (art. 5º, XXXIV, CF): ora, se o Estado violasse o princípio da indisponibilidade do interesse público cada vez que concordasse com o particular, teria que sempre indeferir qualquer pedido administrativo, com o que a garantia constitucional ficaria exoticamente inócua.*

Ainda mais ilustrativamente, pode-se aludir também à negociação entre as partes para fins de reequilíbrio econômico-financeiro até mesmo de contratos administrativos, em decorrência da verificação, por exemplo, de uma álea econômica extraordinária, negociação essa até mesmo imposta pela Lei nº 8.666/93, que dispõe em seu art. 65, II,[66]

---

[62] Nos moldes da Lei nº 8.666/1993 (art. 17, I) e do Código Tributário Nacional (art. 171), respectivamente.

[63] TALAMINI, Eduardo. A (in)disponibilidade do interesse público: consequências processuais (composições em juízo, prerrogativas processuais, arbitragem, negócios processuais e ação monitória) – versão atualizada para o CPC/2015. *Revista de Processo*, São Paulo: Editora Revista dos Tribunais, v. 264, a. 42, p. 83-107, 2017. p. 97.

[64] "Isso também ocorre quando a solução é obtida diretamente pelas partes sem ingressar em Juízo – o que, reitere-se, é, em regra, possível também nas relações de direito público" (TALAMINI, Eduardo. A (in)disponibilidade do interesse público: consequências processuais (composições em juízo, prerrogativas processuais, arbitragem, negócios processuais e ação monitória) – versão atualizada para o CPC/2015. *Revista de Processo*, São Paulo: Editora Revista dos Tribunais, v. 264, a. 42, p. 83-107, 2017. p. 97).

[65] O *claim* consiste em "instituto que tem origem na cultura anglo-saxônica, internacionalmente reconhecido, consistente em medidas que visam o exercício de um direito contratual, legalmente previsto e faticamente fundamentado (BERNADES, Edson Garcia. *Administração contratual e claim*. Instituto Brasileiro de Avaliações e Perícias de Engenharia de Minas Gerais. Disponível em: http://ibape-mg.com.br. Acesso em 09 fev. 2017).

[66] Art. 65. Os contratos regidos por esta Lei poderão ser alterados, com as devidas justificativas, nos seguintes casos: I – omissis; II – por acordo das partes: a) quando conveniente a substituição da garantia de execução; b) quando necessária a modificação do regime de execução da obra ou serviço, bem como do modo de fornecimento, em face de verificação técnica da inaplicabilidade dos termos contratuais originários; c) quando necessária a modificação da forma de pagamento, por imposição de circunstâncias supervenientes, mantido o valor inicial atualizado, vedada a antecipação do pagamento, com relação ao cronograma financeiro fixado, sem a correspondente contraprestação de fornecimento de bens ou execução de obra ou serviço; d) para restabelecer a relação que as partes pactuaram inicialmente entre os encargos do contratado e a retribuição da administração para a justa remuneração da obra, serviço ou fornecimento, objetivando a manutenção do equilíbrio

que o reequilíbrio e uma série de outras alterações contratuais deve ser fruto de um acordo das partes.

Seria esse dispositivo da Lei nº 8.666/93 também inconstitucional, por dispor do interesse público, ao impor o acordo em matérias de relevante interesse público?! (sic)

O reconhecimento da impossibilidade de o agente público simplesmente renunciar a direitos da Administração, não faz com que os litígios administrativos não possam ser submetidos ao processo arbitral, ao acordo ou ao cumprimento espontâneo. Tanto que há célebres casos em que o Estado voluntariamente, sem sequer arbitragem, faz acordo com particulares ou *sponte propria* paga indenizações por responsabilidade civil.[67]

Compendiando tudo o que se expôs neste tópico, o campo de arbitrabilidade envolvendo a Administração Pública – e, assim, o conceito de disponibilidade para esse efeito no Direito Administrativo – equivale às matérias passíveis de serem contratualizadas. *Na feliz síntese de Eros Grau, "sempre que puder contratar, o que importa disponibilidade de direitos patrimoniais, poderá a Administração, sem que isso importe disposição do interesse público, convencionar cláusula de arbitragem".*[68]

Em seguida, abordaremos o papel que os contratos celebrados pela Administração Pública não só podem, como, visando ao incremento da segurança jurídica para ambas as partes, devem ter na definição ou, ao menos, na exemplificação das matérias apreciáveis em instância arbitral.

Trata-se de conferir aos contratantes o poder de, no interior da (consideravelmente fluída e controversa) moldura legal, determinar quais controvérsias poderão ser levadas à arbitragem, mantendo-se naturalmente dentro dessa moldura, mas densificando-a, detalhando-a.

III.2 A função densificadora dos contratos

As Leis nº 12.351/2010 (que disciplina o Contrato de Partilha de Produção de Petróleo) e nº 9.307/1996 (a Lei da Arbitragem), com as alterações nesta propiciadas pela Lei nº 13.129/2015, não demarcam um campo de arbitrabilidade objetiva preciso. Enquanto a primeira não menciona quaisquer restrições, a segunda se vale de uma expressão esfíngica ("direitos patrimoniais disponíveis") para determinar as matérias suscetíveis de serem resolvidas em instância arbitral.

No próximo tópico, expor-se-á que, em função do princípio da especialidade, a arbitrabilidade dos contratos de partilha de produção deve ser prioritariamente regida pela Lei nº 12.351/2010. Nesse cenário, caberia ao próprio contrato – com grande margem criativa (já que, ao contrário da Lei de Arbitragem, aquela sequer apõe a exigência da

---

econômico-financeiro inicial do contrato, na hipótese de sobrevirem fatos imprevisíveis, ou previsíveis, porém de consequências incalculáveis, retardadores ou impeditivos da execução do ajustado, ou, ainda, em caso de força maior, caso fortuito ou fato do príncipe, configurando álea econômica extraordinária e extracontratual.

[67] Exemplo se deu no recente e clamoroso caso do massacre nos presídios amazonenses: (AGÊNCIA BRASIL. *Governo estadual vai indenizar famílias de detentos mortos em presídio de Manaus.* Brasília, 03 já. 2017. Disponível em: http://agenciabrasil.ebc.com.br/geral/noticia/2017-01/governo-do-amazonas-vai-indenizar-familias-de-detentos-mortos-em-presidio. Acesso em 15 fev. 2017).

[68] GRAU, Eros Roberto. Arbitragem e Contrato Administrativo. *Revista Trimestral de Direito Público*, São Paulo: Malheiros, n. 32, p. 14-20, 2000. p. 20.

disponibilidade dos direitos) – estabelecer quais matérias estarão sujeitas à arbitragem. De fato, como o legislador se referiu na Lei nº 12.351/2010 à arbitragem dos conflitos envolvendo o PSC sem restrições objetivas, devemos racionalmente assumir que o legislador conhecia de antemão a Lei nº 9.307/1996, e optou por uma disposição mais ampla, permitindo que as questões sejam submetidas à arbitragem, conforme definidas no PSC.

Ainda que se entenda que a restrição objetiva da Lei nº 9.307/1996 é aplicável a um PSC, inelutável será reconhecer que se reserva ao contrato de partilha de produção a possibilidade e a conveniência de se determinar, em concreto, o alcance semântico da expressão "direitos patrimoniais disponíveis".[69]

Como preleciona Caio Mário da Silva Pereira, "todo contrato parte do pressuposto fático de uma declaração volitiva, emitida em conformidade com a lei, ou obediente aos seus ditames. O direito positivo prescreve umas tantas normas que integram a disciplina dos contratos e limitam a ação livre de cada um, sem o que a vida de todo o grupo estará perturbada". Contudo, *como a linguagem raramente é inequívoca*[70] *e os comandos legais frequentemente são permeados por elevado grau de generalidade e abstração, reserva-se aos contratantes, de um modo geral, a faculdade de concretizar e minudenciar as regras e os princípios, com maior ou menor vagueza, enunciados pelo legislador.*

Nessa linha, recupera-se clássica lição de Hans Kelsen: "Na medida em que a ordem jurídica institui o negócio jurídico como fato produtor de Direito, confere aos indivíduos, que lhe estão subordinados, o *poder de regular as suas relações mútuas, dentro dos quadros das normas gerais criadas por via legislativa* ou consuetudinária, através de normas criadas pela via jurídico-negocial".[71]

No campo administrativo, como expõe Paulo Modesto, "muitas vezes a redução da incerteza, a densificação da imprecisão legal, interessa tanto a Administração quanto aos particulares. A autovinculação não concorre com a legalidade. A rigor, a desenvolve e densifica, ampliando o alcance prático dos princípios da igualdade e da proteção da confiança para âmbitos nos quais falta precisão ou determinabilidade para os preceitos legais".[72]

Ressalvadas as zonas (positiva e negativa) de certeza,[73] todo conceito jurídico indeterminado é preenchido por uma área grísea,[74] cujos fluídos contornos podem

---

[69] Gustavo Binenbojm, bem aponta que "a vinculação da atuação administrativa é diminuída frente aos textos legais que usam conceitos abertos e vagos" (BINENBOJM, Gustavo. *Uma Teoria do Direito Administrativo*. Rio de Janeiro: Renovar, 2006. p. 218). Assim, tendo maior e mais maleável margem de atuação, a determinação, por ato ou contrato administrativo, do conteúdo de determinada expressão legal lacônica contribui para afastar as incertezas e inseguranças que decorrem de conceitos legais abertos e vagos.

[70] Como alerta Carlos Maximiliano, a "linguagem, como elemento de Hermenêutica, assemelha-se muitas vezes a certas rodas enferrujadas das máquinas, que mais embaraçam do que auxiliam o trabalho". Desse modo, são "inevitáveis os extravasamentos e as compressões; resultam da pobreza da palavra, que torna esta inapta para corresponder à multiplicidade das ideias e à complexidade da vida" (MAXIMILIANO, Carlos. *Hermenêutica e Aplicação do Direito*. 20. ed. Rio de Janeiro: Forense, 2011. p. 92-98).

[71] KELSEN, Hans. *Teoria Pura do Direito*. 2. ed. (Trad. João Baptista Machado). Coimbra: Armenio Amado, 1962. p. 123. Grifamos.

[72] MODESTO, Paulo. Autovinculação administrativa. *Revista Eletrônica de Direito do Estado*, Salvador, n. 24, p. 7, 2010.

[73] As zonas de certeza de um conceito jurídico indeterminado são constituídas por "fatos que, com certeza, se enquadram no conceito (zona de certeza positiva) e aqueles que, com igual convicção, não se enquadram no enunciado (zona de certeza negativa)" (BINENBOJM, Gustavo. *Uma Teoria do Direito Administrativo*. Rio de Janeiro: Renovar, 2006. p. 220).

[74] BANDEIRA DE MELLO, Celso Antônio. *Curso de Direito Administrativo*. São Paulo: Malheiros, 2012. p. 990: "É certo que todas as palavras têm um conteúdo mínimo, sem o quê a comunicação humana seria impossível. Por

(e devem) ser induvidosamente fixados, em nome da segurança jurídica, por atos ou negócios jurídicos posteriores.[75]

Celso Antônio Bandeira de Mello, em conhecida lição, esclarece que "ao lado de conceitos unissignificativos, apoderados de conotação e denotação precisas, unívocas, existem conceitos padecentes de certa imprecisão, de alguma fluidez, e que, por isso mesmo, se caracterizam como plurissignificativos. Quando a lei se vale de noções do primeiro tipo ter-se-ia vinculação. De revés, quando se vale de noções aí tanto vagas ter-se-ia discricionariedade. Sendo impossível à norma legal – pela própria natureza das coisas – furtar-se ao manejo de conceitos das duas ordens, a discrição resultaria de um imperativo lógico, em função do que sempre remanesceria em prol da Administração o poder e encargo de firmar-se em um dentre os conceitos possíveis".[76]

Se é dos conceitos jurídicos indeterminados que, em grande medida, advém a discricionariedade, é no campo das competências discricionárias em que se dá, por excelência, o exercício consensualizado dos poderes administrativos.

Nesse sentido, manifesta-se com clareza Luciano Parejo Alfonso: "A programação legal da atividade administrativa confere a esta, paradoxalmente, certa margem de manobra (conceitos jurídicos indeterminados, margem de apreciação) e, desde logo, faculdades discricionárias – que, justamente, permitem à Administração a introdução de elementos volitivos próprios à fixação do conteúdo do ato administrativo consensual. É óbvio que a discricionariedade não é uma técnica de extensão do Direito, mas somente de reconhecimento de uma competência de decisão capaz de estabelecer, para cada caso, a regra jurídica pertinente, que, contudo, deve se circunscrever ao marco legal preestabelecido. Portanto, a capacidade de fixação, por decisão própria, do conteúdo do ato consensual deve mover-se em conformidade com o aludido marco, pressupondo, em todo caso, um exercício legítimo da discricionariedade".[77]

---

isso, ainda quando recobrem noções elásticas, estão de todo modo circunscrevendo um campo de realidade suscetível de ser apreendido, exatamente porque recortável no universo das possibilidades lógicas, mesmo que em suas franjas remanesça alguma imprecisão. Em suma: haverá sempre, como disse Fernando Sainz Moreno, uma 'zona de certeza positiva', ao lado da 'zona de certeza negativa', em relação aos conceitos imprecisos, por mais fluidos que sejam, isto é: 'el de certeza positiva (*lo que es seguro que es*) y el de certeza negativa (*lo que es seguro que no es*)'".

[75] Celso Antônio Bandeira de Mello afirma que a regulamentação da Lei cumpre "a imprescindível função de, balizando o comportamento dos múltiplos órgãos e agentes aos quais incumbe fazer observar a lei, de um lado, oferecer segurança jurídica aos administrados sobre o que deve ser considerado proibido ou exigido pela lei (e, *ipsofacto*, excluído do campo da livre autonomia da vontade), e, de outro lado, garantir aplicação isonômica da lei, pois, se não existisse esta normação infralegal, alguns servidores públicos, em um dado caso, entenderiam perigosa, insalubre ou insegura dada situação, ao passo que outros, em casos iguais, dispensariam soluções diferentes" (MELLO, Celso Antônio Bandeira de. *Curso de Direito Administrativo*. São Paulo: Malheiros, 2012. p. 367). À página 370 da obra citada, arremata o autor: "os regulamentos serão compatíveis com o princípio da legalidade quando, no interior das possibilidades comportadas pelo enunciado legal, os preceptivos regulamentares servem a um dos seguintes propósitos: (I) limitar a discricionariedade administrativa, seja para (a) dispor sobre o *modus procedendi* da Administração nas relações que necessariamente surdirão entre ela e os administrados por ocasião da execução da lei; (b) caracterizar fatos, situações ou comportamentos enunciados na lei mediante conceitos vagos cuja determinação mais precisa deva ser embasada em índices, fatores ou elementos configurados a partir de critérios ou avaliações técnicas segundo padrões uniformes, para garantia do princípio da igualdade e da segurança jurídica; (II) decompor analiticamente o conteúdo de conceitos sintéticos, mediante simples discriminação integral do que neles se contém".

[76] BANDEIRA DE MELLO, Celso Antônio. *Curso de Direito Administrativo*. São Paulo: Malheiros, 2012. p. 983.

[77] ALFONSO, Luciano Parejo. Los actos administrativos consensuales. *Revista de Direito Administrativo e Constitucional A & C*, Belo Horizonte, v. 13, 2003.

Assim, o legislador ao positivar um conceito jurídico indeterminado a ser aplicado pela Administração – como o faz a Lei de Arbitragem em relação aos "direitos patrimoniais disponíveis" –, implicitamente lhe confere um poder, de índole discricionária, para posteriormente esclarecer *in casu* o conceito. Essa prerrogativa de densificação das categorias legais pode ser exercida de forma vertical e abstrata, por meio de um decreto regulamentar, ou de forma horizontal (negocial) e específica, por meio de um contrato, que produzirá efeitos apenas *inter partes*.

Um dos exemplos de densificação regulamentar do conceito de "direitos patrimoniais disponíveis" da Lei de Arbitragem, ocorreu recentemente, quando a Presidência da República editou o Decreto nº 8.465/2015, que minudencia as normas para a realização de arbitragens no setor portuário. Em prestígio da segurança jurídica, optou-se por especificar, em um elenco não exaustivo, algumas das matérias que podem ser objeto de arbitragens no setor. Confira-se, portanto, o dispositivo pertinente do Decreto nº 8.465/2015:

> Art. 2º Incluem-se entre os litígios relativos a direitos patrimoniais disponíveis que podem ser objeto da arbitragem de que trata este Decreto:
>
> I – inadimplência de obrigações contratuais por qualquer das partes;
>
> II – questões relacionadas à recomposição do equilíbrio econômico-financeiro dos contratos; e
>
> III – outras questões relacionadas ao inadimplemento no recolhimento de tarifas portuárias ou outras obrigações financeiras perante a administração do porto e a Antaq.

As partes, em sede negocial,[78] valendo-se da função densificadora dos contratos, também podem definir o que se deve entender por "direitos patrimoniais disponíveis", ou decompor, a partir de tal categoria legal, alguns dos litígios que consideram integrá-la, desde que não penetrem, ressalva-se uma vez mais, a zona de certeza negativa do referido conceito.

Isso porque, como bem diagnostica José Abreu, os contratantes exercem "uma verdadeira *atividade de conteúdo preceitual, pelo negócio jurídico, resultando de tal atuação uma função tipicamente normativa*".[79] Em sequência, o autor inclui "o negócio jurídico como instrumento da autonomia privada, ao lado da lei e do regulamento, como uma das fontes normativas, ou seja, como um meio idôneo à criação de normas jurídicas", lembrando, porém, que essa atividade negocial "estaria delimitada pelo ordenamento jurídico, que traçaria os limites dentro dos quais o indivíduo exerceria este poder".[80]

---

[78] Essa forma de atuação administrativa estaria em consonância com o que Vasco Manuel Pascoal Dias Pereira da Silva chama de "Administração Pública concertada". Para o autor lusitano, o "recurso à concertação com os particulares é a consequência da condenação ao fracasso da tentativa de utilização de meios autoritários nos domínios da Administração prestadora e conformadora ou infraestrutural. [...] De autoritária e agressiva, a Administração habitua-se a procurar o consenso com os particulares, quer mediante a generalização de formas de actuação contratuais, quer pela participação e concertação com os privados, ainda quando estejam em causa actuações unilaterais. Existe aqui, como escreve Rivero, a 'procura de um fator de obediência à regra diferente da simples coacção: a adesão dos atingidos pela aplicação da decisão tomada, quer dizer, a participação na sua elaboração" (SILVA, Vasco Manuel Pascoal Dias Pereira da. *Em Busca do Acto Administrativo Perdido*. Coimbra: Edições Almedina, 2016. p. 466-467).

[79] ABREU, José. *O Negócio Jurídico e sua Teoria Geral*. 2. ed. São Paulo: Saraiva, 1998. p. 23. Grifamos.

[80] ABREU, José. *O Negócio Jurídico e sua Teoria Geral*. 2. ed. São Paulo: Saraiva, 1998. p. 37.

De acordo com o clássico Vicente Ráo, a *autonomia das pessoas físicas ou jurídicas, de direito privado ou público,* "pode ser concebida através de duas funções distintas: a) como *fonte de normas destinadas a formar parte integrante da própria ordem jurídica que a reconhece como tal e por meio dela realiza uma espécie de descentralização da função normogenética, fonte, esta, que poderia ser qualificada como regulamentar, por ser subordinada* à *lei* e b) como pressuposto e fato gerador de relações jurídicas já disciplinadas, em abstrato e geral, pelas normas da ordem jurídica".[81]

Em idêntico sentido, Vicenzo Roppo leciona que, como manifestação de autonomia, o contrato tem a função de criar regulamentos: regras que os próprios contratantes impõem a si mesmos, com base na legislação vigente. Daí o autor italiano se valer da expressão *"regolamento contrattuale".* Para ele, o regulamento contratual possui duas fontes distintas: a autônoma e a heterônoma. A fonte autônoma se sintetiza na vontade das partes, operando no âmbito interno do contrato: o acordo volitivo. A fonte heterônoma (ou externa), por seu turno, corresponderia essencialmente a duas categorias distintas: a lei e a decisão judicial.[82]

Em essência, expôs-se neste tópico que cabem às partes de um contrato, dentro da moldura que lhes foi deixada pelo legislador, definir quais controvérsias relacionadas à avença poderão ser resolvidas no foro arbitral. Essa faculdade decorre do poder de autovinculação das pessoas físicas e jurídicas, bem como do grau de indeterminação linguístico do conceito legal que deve ser aplicado ao contrato.

No próximo tópico, abordaremos algumas matérias específicas que estão abrigadas pela arbitrabilidade objetiva – disponibilidade de diretos no sentido administrativista, equivalente à contratuabilidade – no âmbito dos contratos de partilha de produção de hidrocarbonetos fluídos.

IV Matérias arbitráveis nos contratos de partilha

Em primeiro lugar, cabe destacar que – por meio do contrato de concessão ou de partilha de produção – a União dispõe, em favor de um particular, do seu direito de exercer diretamente o monopólio constitucional que possui sobre as reservas de hidrocarbonetos. Essa disponibilidade – formalizada, como se apontou, pela via contratual – encontra respaldo expresso não só na já multicitada legislação vigente, bem como na própria Constituição Federal, que prevê a possibilidade de tais atividades serem contratadas com a iniciativa privada (art. 177, §1º).

Dito isso, parece claro, a partir do raciocínio desenvolvido nos tópicos anteriores,[83] que todas as matérias abrangidas e reguladas pelos contratos de concessão ou de partilha de produção de petróleo são suscetíveis de serem resolvidas em sede arbitral – a

---

[81] RÁO, Vicenzo. *Ato Jurídico*: noção, pressupostos, elementos essenciais e acidentais. 4. ed. São Paulo: Editora Revista dos Tribunais, 1999. p. 50. Grifamos.
[82] ROPPO, Vicenzo. *Il Contratto*. 2. ed. Milão: Giuffré Editore, 2011. p. 430.
[83] No sentido de que o termo "disponibilidade" (Lei nº 9.307/1996, art. 1º, §1º), para fins de definição do campo de arbitrabilidade objetiva envolvendo a Administração, deve ser lido como contratuabilidade. Ou seja, tudo quanto a Administração Pública puder dispor pela via contratual, também poderá submeter à arbitragem.

natureza de direito privado de tais avenças, apesar de não ser em nada pressuposto, apenas reforça essa tese.

Em parecer aprovado, consideravelmente antes da reforma da Lei de Arbitragem, pelo Advogado-Geral e pelo Consultor-Geral da União, assenta-se que a "arbitragem é instituto que se encontra em processo de plena incorporação no modelo normativo brasileiro. A arbitragem internacional, instituto típico e recorrente nas discussões relativas à exploração do petróleo pode ser implementada adequadamente no direito brasileiro, no que se refere a questões técnicas, pertinentes à exploração e produção de petróleo, propriamente ditas, entre a União e terceiros, ou entre terceiros".[84] Em outra parte do documento, a Advocacia-Geral da União ainda registra: "Concorda-se plenamente com a assertiva de que a adoção da cláusula compromissória no âmbito dos contratos de concessão (e similares) para exploração de petróleo e gás representa um grande atrativo aos investidores que atuam na indústria do petróleo".

Esses contratos de partilha, expressamente autorizados pela Constituição Federal, são a fonte direta de uma série de direitos e obrigações, todas podendo, como parte do contrato, ser sujeitas à arbitragem. Estas matérias incluem, entre outras:

- Fornecimento de bens e serviços;
- Os direitos de exploração e, mediante descoberta, de produção;
- O equilíbrio contratual;
- A determinação da porção da produção devida ao contratado, como parte dos seus custos recuperáveis ou como remuneração do contrato;
- Quaisquer sanções, penalidades e danos oriundas diretamente do contrato;
- A utilização de bens públicos que decorra do contrato;
- Pagamento de participações governamentais devidas em razão do contrato;
- Os deveres da contratada, de acordo com as boas práticas internacionais da indústria do petróleo, e tal como disciplinados no contrato;
- Conteúdo local, planos de desenvolvimento e de produção;
- Indenizações por descumprimento de obrigações contratuais;
- Término do contrato, assim como o seu prazo;
- Força maior, impossibilidade de cumprimento do contrato e respectivas consequências;
- Obrigações contratuais referentes a afiliadas e subcontratadas,
- A execução de garantias contratuais,

O mesmo se pode dizer da (1) unificação de campos, (2) unitização, (3) revisões do contrato de parte a parte em razão de fatos supervenientes, (4) causas de extinção por eventual fato príncipe, como a não obtenção de licença ambiental. Todos esses temas são pontos essencialmente contratuais, ainda que, naturalmente, assim como quase todo tema da teoria geral dos contratos contemporânea, tenha um arcabouço legislativo, mais ou menos intensamente detalhado, prévio. Nenhuma dessas matérias é aplicável a nenhuma pessoa jurídica ou física que não tenha, voluntariamente, celebrado um contrato de E&P com a Administração Pública Federal.

---

[84] Parecer nº AGU/AG-12/2010, aprovado pelo AGU em 06.08.2010, exarado nos autos do Processo nº 00400.0011505/2010-77.

O tema da extinção contratual por falta de licença ambiental e de suas eventuais consequências pecuniárias merece um esclarecimento que, ao mesmo tempo, serve para esclarecer o que estamos expondo: uma disputa relativa a uma licença ambiental em si não pode ser objeto de arbitragem, já que a polícia ambiental, inclusive para efeito de emissão de licenças, incide sobre qualquer pessoa que exerça ou pretenda exercer atividade potencialmente lesiva ao meio ambiente, independentemente de ser contratada ou não do poder público; o que, ao revés, pode ser objeto de arbitragem são as consequências que a negação da licença pode ter na economia contratual e na própria viabilidade do projeto contratado, assim como qualquer fato externo que se enquadrasse na teria da imprevisão, o que só pode ser cogitado, obviamente, no bojo de uma relação contratual voluntariamente iniciada com o poder público. Isso não significa, no entanto, que a arbitragem possa ser descartada caso as autoridades ambientais tenham agido em colusão com entidades do Estado que sejam partes do contrato, em hipóteses em que, em tese, não havia objetivos de proteção ambiental, mas sim um desvio de finalidade para se impor ao contratado, formalmente via polícia ambiental, objetivos na verdade contratuais, que seriam vedados ou dificultados pelo marco contratual (tal como a terminação indevida do contrato, ou como forma de pressão para beneficiar o Estado em negociações).

Todas as matérias objeto do contrato de partilha que apenas em razão dele se impõem aos particulares signatários são arbitráveis. Apenas matérias que estejam no contrato apenas didaticamente, que já seriam aplicáveis a qualquer particular independentemente de qualquer contrato (ex.: obrigação de não poluir contrariando as normas ambientais, ou de assinar a carteira de trabalho do seu pessoal), não seriam arbitráveis. Na verdade, como essas matérias prescindiriam completamente do contrato, podemos afirmar que são contratuais apenas formalmente.

A assertiva é consistente com a Lei nº 12.351/2010, que disciplina a exploração e a produção de petróleo sob o regime de partilha de produção, prevê, em termos amplíssimos, a possibilidade de promoção de arbitragens para a resolução de quaisquer controvérsias contratuais. O mencionado diploma diz constituir cláusula essencial do contrato de partilha de produção aquela que elege e regulamenta o método de solução das controvérsias surgidas entre as partes, sendo possível optar pela conciliação e pela arbitragem. De tal sorte que "o cabimento da convenção arbitral – ou ainda, a cláusula escalonada, que prevê etapa de conciliação prévia à arbitragem –, dispõe de fundamentação legal para ambas as espécies de contratos. Mas, ainda mais, a eleição do mecanismo alternativo de solução das controvérsias surgidas no escopo do contrato, conciliação e arbitragem, é cláusula essencial do contrato. Por outras palavras, não se trata de uma possibilidade a adoção de mecanismo alternativo de solução de litígios. No segmento *upstream* do setor de hidrocarbonetos, a convenção arbitral e a cláusula escalonada são essenciais".[85]

É pertinente observar, por fim, que a Lei nº 12.351/2010 constitui diploma especial,[86] que deve incidir, com preferência de qualquer outro, sobre os contratos de partilha de produção. Furtando-se a lei específica de proibir o uso da arbitragem em

---

[85] OLIVEIRA, Gustavo Henrique Justino de; LEISTER, Carolina. Convenção Arbitral no Setor de Hidrocarbonetos: Condições de Admissibilidade. *Revista de Arbitragem e Mediação*, v. 48, p. 53-68, 2016.

[86] Na ciência hermenêutica, o princípio da especialidade faz com que "a lei especial prevalece sobre a geral. A esse efeito, é de se reputar lei especial aquela em que se descreve um tipo em que aparecem todos os elementos

determinadas matérias, não se pode simplesmente importar para os seus domínios as restrições que constam do diploma genérico – a não ser que algumas dessas limitações sejam, implícita ou expressamente, impostas pela ordem jurídica.

Mais do que isso, partindo-se do pressuposto de que a produção legislativa é racional e consciente (e não se pode pressupor diferentemente), a Lei parece considerar que todas as controvérsias relacionadas às cláusulas do Contrato de Partilha de Produção correspondem a "direitos patrimoniais disponíveis", conforme referidos pela Lei de Arbitragem, sendo, portanto, suscetíveis de apreciação arbitral.

Contudo, ainda que assim não se entenda, a aludida expressão legal deve ser interpretada de modo a excluir da apreciação arbitral somente os direitos e poderes titularizados pela Administração por força diretamente do ordenamento jurídico, independentemente de qualquer contrato.

Como permeia todo esse tópico e o seguinte, esses direitos e poderes são aqueles que sujeitam o particular independentemente de qualquer contrato: sua fonte é diretamente o ordenamento jurídico, prescindindo de qualquer contrato. São direitos e poderes *ex lege* e não *ex contractu*. Não são, salvo em casos excepcionais que nada dizem respeito ao objeto deste parecer, contratualizáveis porque prescindem do contrato para serem exercidos pela Administração Pública.

As matérias e poderes da Administração Pública que acima exemplificamos como arbitráveis dentro de um PSC, tem como seu fundamento direto o contrato, não sendo sequer cogitável a sua aplicação a quem não tenha voluntariamente celebrado contrato com a Administração Pública. Aqueles outros direitos e poderes, ao contrário, advêm diretamente do ordenamento, *ex lege* e não *ex contractu*, se impondo ao particular independentemente da sua autonomia de vontade de se submeter ou não a eles: encontram-se no âmbito *da heteronomia*, como o caso da polícia ambiental já analisado acima.

De qualquer forma, também nessa perspectiva, deve ser garantido às partes a faculdade de densificar e decompor analiticamente quais controvérsias afetas àquela relação negocial serão reputadas arbitráveis a partir da expressão "direitos patrimoniais disponíveis", cujos principais lindes conceituais já analisamos nos tópicos anteriores, mas que, mesmo assim, deixam amplos espaços para a regulamentação contratual, editalícia ou, até mesmo, por ato normativo.

Nos subtópicos seguintes, procuraremos tratar de algumas matérias que, embora possam eventualmente propiciar algum debate, podem ser resolvidas em sede arbitral, partindo do pressuposto argumentativo de que somente os "direitos patrimoniais disponíveis" – os diretos contratualizáveis – são arbitráveis.

IV.1 A arbitrabilidade dos poderes contratuais unilaterais e das sanções contratuais aplicadas pela contraparte pública

O *ius puniendi* estatal é exercido de diferentes formas e com base em variados fundamentos. Ao Estado cabe, por meio do Ministério Público, promover a persecução

---

ou características de outros, com 'algo' mais. Esse 'algo' é a nota peculiar da especialidade" (OSÓRIO, Fábio Medina. *Direito administrativo sancionador*. São Paulo: Revista dos Tribunais, 2010. p. 327).

e a responsabilização criminal; à Administração Pública, por seu turno, é dado exercer o poder de polícia, o poder disciplinar e também ministrar sanções contratuais contra os particulares que com ela se relacionem negocialmente.

Embora as sanções administrativas propriamente ditas, *stricto sensu*, por constituírem atos de império, a princípio não possam ser revolvidas no curso de arbitragens, as sanções contratuais, de base e pressupostos estritamente negociais, não encontram qualquer óbice para sê-lo. Nessa perspectiva, é imperioso que diferenciemos e bem delimitemos cada uma dessas formas de atuação punitiva da Administração Pública.

O Poder de Polícia, de acordo com a definição contida no Código Tributário Nacional (art. 78), consiste na "atividade da Administração Pública que, limitando ou disciplinando direito, interesse ou liberdade, regula a prática de ato ou abstenção de fato, em razão de interesse público".[87] Sublinhamos, em nosso Curso de Direito Administrativo, que o poder de polícia se fundamenta na "soberania que o Estado exerce sobre todas as pessoas e coisas no seu território, que faz com que toda atividade ou propriedade esteja, observado o ordenamento jurídico-constitucional, condicionado ao bem-estar da coletividade e à conciliação com os demais direitos fundamentais".[88]

Em conhecida lição, Vasco Manuel Pascoal Dias Pereira da Silva, citando Dupuis, sublinha que o "essencial é que as normas unilaterais se imponham aos sujeitos 'independentemente do seu consentimento', e não que os particulares afetados tenham estado ou não de acordo com essa decisão, pois, ela não deixaria de regular a sua conduta se eles não lhe tivessem dado o seu acordo.[89]

Daí se extrai a inarbitrabilidade dos poderes tipicamente administrativos (cujo traço caracterizador é a heteronomia). Eles decorrem diretamente da Lei e não são moldados nem existem em função de uma relação negocial, ainda que a Administração excepcionalmente, e desde que diante de temas discricionários, possa concertar alguns de seus aspectos, se assim recomendar o interesse público.

O poder de polícia, ademais, revela-se extroverso. O seu único campo de aplicação são as atividades e propriedades privadas, de modo que a Administração não exerce poder de polícia sobre os serviços, monopólios ou bens públicos – ainda que eles sejam explorados por particulares.

Conceitual e tecnicamente, o poder de polícia e as sanções administrativas propriamente ditas são necessariamente aplicáveis em relação à esfera privada da sociedade, jamais em relação à esfera pública das atividades ou bens, ainda que contratualmente exercidas por particulares. Nesses casos, haverá fiscalização e possibilidade de sanções, mas ambas serão de índole estritamente contratual – só são cogitáveis porque o particular resolveu voluntariamente aderir àquele contrato –, não se confundindo com o poder de polícia, que, naturalmente, como o poder estatal mais típico, independe de qualquer consenso do particular para poder ser exercido.

---

[87] Como preleciona Jean Rivero, "entende-se por polícia administrativa o conjunto de intervenções da administração que tendem a impor à livre ação de particulares a disciplina exigida pela vida em sociedade" (RIVERO, Jean. *Droit Administratif*. Paris: Dalloz, 1977. p. 412). De acordo com Marcelo Caetano, o poder de polícia consiste no "modo de atuar da autoridade administrativa que consiste em intervir no exercício das atividades individuais suscetíveis de fazer perigar interesses gerais, tendo por objeto evitar que se produzam, ampliem ou generalizem os danos sociais que a lei procura prevenir" (CAETANO, Marcelo. *Princípios fundamentais de direito administrativo*. Rio de Janeiro: Forense, 1977. p. 339).

[88] ARAGÃO, Alexandre Santos de. *Curso de Direito Administrativo*. 2. ed. Rio de Janeiro: Forense, 2013. p. 191.

[89] SILVA, Vasco Manuel Pascoal Dias Pereira da. *Em Busca do Acto Administrativo Perdido*. Coimbra: Edições Almedina, 2016. p. 474-475.

Exemplificando, não se exige o consenso do particular para que o Estado possa fiscalizar uma construção irregular; mas, sem o contrato, nem se cogita do sancionamento pelo descumprimento de uma obrigação dele constante.

Em lição inteiramente aplicável ao Contrato de Partilha de Produção, anotamos em nosso Curso de Direito Administrativo que "os contratos de concessão regulam o exercício por particulares de serviços ou monopólios públicos, ou a exploração privada de bens públicos, não constituindo, portanto, formas de limitação de atividades privadas, mas de disciplina contratual da transferência do exercício de atividades do Estado".[90] No mesmo sentido, Odete Medauar anota que "pelo poder de polícia a Administração enquadra uma atividade do particular, da qual o Estado não assume a responsabilidade".[91]

O fato de no contrato haver referência a regras predispostas em leis ou regulamentos em nada ilide essas assertivas. Por exemplo, boa parte das sanções aplicáveis às empresas que celebram contratos de E&P com a União estão previstas na Lei nº 9.847/1999 e na Portaria da ANP nº 234/2003, mas essas são apenas a sua fonte indireta, são o que a Administração Pública deve incorporar (por cópia ou por remissão) em seus editais de licitação. A fonte direta da sua aplicação a particulares não é a Lei nº 9.847/1999, nem a Portaria da ANP nº 234/2003, mas sim o contrato: quem não celebrou contrato de E&P com a União não tem o que preocupar com tais sanções; apenas o contrato legitima a sua aplicação à empresa de E&P; ele é a fonte direta de tais sanções.

O simples fato de a Administração Pública estar jungida a nele inscrever ou considerar como pressupostas algumas regras legais, como, por exemplo, as de determinadas sanções, não faz com que elas passem a ser sanções legais, e não mais contratuais. Tanto é assim, que, *por mais que estejam na lei, se ninguém assinar os contratos por ela regulados, inviável será cogitar a sua aplicação*. Como esclarece Parejo Alfonso, "neste caso, o fundamento e título não é a Lei ou o Regulamento, mas o próprio acordo de vontades".[92]

O que acima se expôs só reforça o que, de longa data, percebeu Maria João Estorninho, ao constatar que "a lei passa a colaborar ativa e permanentemente com a vontade das partes podendo mesmo afirmar-se que a vontade dos contraentes e a lei passam a integrar, em estreita união, o todo incindível que é a disciplina do contrato".[93]

As sanções aplicáveis pela Administração contratante derivam, diretamente, do próprio contrato – sendo, portanto, arbitráveis.

Destaca-se, em primeiro lugar, que, por vezes, a Lei, ao prever tais sanções, explícita ou implicitamente, delega aos contratantes a faculdade de regulá-las de modo específico. Para comprovar o ponto, basta aludir ao art. 86, da Lei nº 8.666/1993, que estabelece que o "atraso injustificado na execução do contrato sujeitará o contratado à multa de mora, *na forma prevista no instrumento convocatório ou no contrato*".

Ademais, ainda que determinadas sanções contratuais sejam prévia e detalhadamente reguladas em sede legislativa, o seu campo de aplicação não deixa de ser uma relação jurídica negocial e o ato que lhe motiva não deixa de ser um evento contratual.

---

[90] ARAGÃO, Alexandre Santos de. *Curso de Direito Administrativo*. 2. ed. Rio de Janeiro: Forense, 2013. p. 194.
[91] MEDAUAR, Odete. Poder de Polícia. *Revista de Direito Administrativo*, n. 199, p. 89-96, 1995. p. 95.
[92] ALFONSO, Luciano Parejo. Los actos administrativos consensuales. *Revista de Direito Administrativo e Constitucional A & C*, Belo Horizonte, v. 13, 2003.
[93] ESTORNINHO, Maria João. *Réquiem pelo Contrato Administrativo*. Coimbra: Ed. Almedina, 1990. p. 140-141. (Grifamos).

O seu fundamento de aplicação imediato, reitere-se, é o contrato; a lei é apenas o quadro genérico e abstrato do qual ele parte.

Tanto é assim que, até onde é de nosso conhecimento, a praxe da ANP, quando ocorre alguma irregularidade praticada por uma prestadora de serviço a uma empresa de E&P, esta sim contratada da Administração Pública, é esta – e não aquela, com a qual a Administração não possui qualquer relação contratual – que sofre o competente processo sancionador.

Nesse ponto, uma vez mais, é preciso mencionar que, também no mundo estritamente privado, exemplos há de cláusulas contratuais, inclusive de viés sancionatório, cujos conteúdos são preestabelecidos pelo Poder Público, seja por meio do Estado-Legislador, seja por meio do Estado-Regulador.

O exemplo mais clássico desse fenômeno, no Brasil, são os contratos de plano de saúde, que têm boa parte das suas cláusulas predefinidas pelas Leis regentes da matéria[94] e por resoluções da Agência Nacional de Saúde Suplementar – ANS.[95] Em tais avenças celebradas apenas por particulares, de igual modo, a fonte direta dessas obrigações não são as normas estatais, mas sim os contratos de prestação de saúde assinados voluntariamente entre as empresas e os seus clientes: sem eles todas aquelas normas permaneceriam eternamente no limbo.

Tratando da questão debatida, Eros Roberto Grau, com a didática que lhe é peculiar, esclarece que, "embora a Administração disponha, no dinamismo do contrato administrativo de poderes que se tomam como expressão de *'puissance publique'* [alteração unilateral da obrigação, *v.g.*], essa relação não deixa de ser contratual, os atos praticados pela Administração enquanto parte nessa mesma relação, sendo expressivos de meros 'atos de gestão'. Em suma, é preciso não confundirmos o Estado-aparato com o Estado-ordenamento. Na relação contratual administrativa o Estado-aparato (a Administração) atua vinculado pelas mesmas estipulações que vinculam o particular; ambos se submetem à lei [Estado-ordenamento]; ou seja, a Administração não exerce ato de autoridade no bojo da relação contratual".

Como explica José dos Santos Carvalho Filho, os "atos de império são os que se caracterizam pelo poder de coerção decorrente do poder de império (*ius imperii*), não intervindo a vontade dos administrados para sua prática. Como exemplo, os atos de polícia (apreensão de bens, embargo de obra), os decretos de regulamentação etc. O Estado, entretanto, atua no mesmo plano jurídico dos particulares quando se volta para a gestão da coisa pública (*ius gestionis*). Nessa hipótese, pratica atos de gestão, intervindo frequentemente a vontade de particulares. Exemplo: os negócios contratuais (aquisição

---

[94] Além da Lei nº 9.656/1998, que dispõe sobre os planos e seguros privados de assistência à saúde, há outras leis esparsas que cuidam do tema. O Estatuto do Idoso (art. 15, §3º), por exemplo, veda "a discriminação do idoso nos planos de saúde pela cobrança de valores diferenciados em razão da idade" – o que, na prática, proscreve o reajuste das mensalidades devidas aos beneficiários de planos de saúde com mais de 60 anos de idade. No entanto, o tema é regulado, com maiores minúcias, por Resoluções da ANS – a exemplo das que serão citadas na nota de rodapé subsequente.

[95] A regulamentação da contratação dos planos privados de assistência à saúde foi feita, em essência, pela Resolução Normativa da ANS nº 195/2009, entretanto, diversas outras resoluções tratam de aspectos específicos de tais avenças. A Resolução Normativa da ANS nº 259/2011, por exemplo, estabelece os prazos máximos para a realização de cada tipo de atendimento ao beneficiário de planos de saúde privados. A Resolução Normativa da ANS nº 387/2015, por sua vez, define quais serviços devem ser obrigatoriamente oferecidos pelos planos privados de assistência à saúde. A Instrução Normativa nº 13/2006 define os requisitos e procedimentos para o reajuste da contraprestação pecuniária devida aos planos privados de assistência suplementar à saúde.

ou alienação de bens). Não tendo a coercibilidade dos atos de império, os atos de gestão reclamam na maioria das vezes soluções negociadas".[96][97]

Os atos de império não podem ser objeto de disposição contratual, não buscam fundamento de validade nem são aplicáveis no interior de relações negociais.

Os atos de império fundam-se direta e exclusivamente na Lei ou na Constituição, constituem prerrogativas de autoridade, exaradas com verticalidade pelo gestor público, no exercício de poderes tipicamente administrativos (de polícia, disciplinar, hierárquico etc.).

Sendo incontratualizáveis (justamente, por serem heterônomos), os atos de império são também inarbitráveis. Nenhum deles precisam de qualquer base contratual para poderem ser praticados. Basta lembrarmos da distinção já vista entre sanções de polícia administrativa e as sanções contratuais administrativas: aquelas diretamente aplicáveis pela Administração Pública, e estas só cogitáveis se previamente anuídas pelo particular mediante a sua voluntária adesão a um contrato do Estado. As sanções contratuais, ainda que possuam alguma pré-regulamentação, só têm a sua aplicação cogitada por força de um contrato. *Sanções contratuais administrativas não são sanções de polícia administrativa.*

A origem legal de determinadas cláusulas não altera a sua natureza jurídica contratual nem, por conseguinte, suprime a sua arbitrabilidade.

Um exemplo paralelo seria a prática existente e muitas empresas multinacionais de grande porte de, por uma questão de governança corporativa,[98] indicar disposições que deverão constar em todos os contratos celebrados pela sociedade, suas *guidelines*. Quem com ela assinar um contrato não estará obrigado diretamente por esses parâmetros, em razão das *guidelines*, mas sim, e apenas, por ter assinado o contrato.

Em todos esses exemplos, o fundamento último das sanções ou cláusulas que confiram poderes unilaterais[99] é o próprio contrato – ainda que o seu conteúdo seja, em parte, predeterminado por norma geral e abstrata que vincule alguma das partes. Sem a aquiescência da outra, contudo, sequer constituída seria a relação negocial e, via de consequência, a potencialidade de aplicação daquelas normas e sanções.

Pela mesma razão, são arbitráveis as participações governamentais previstas nos Contratos de Partilha de Produção. Diferentemente dos tributos, que constituem expressões do poder de império do Estado e decorrem diretamente da Lei, a obrigação

---

[96] CARVALHO FILHO, José dos Santos. *Manual de Direito Administrativo*. 28. ed. São Paulo: Atlas, 2015. p. 131.

[97] Para Celso Antônio Bandeira de Mello, os atos de império são "os que a Administração praticava no gozo de prerrogativas de autoridade", como, por exemplo, "a ordem de interdição de um estabelecimento". Atos de gestão seriam "os que a Administração praticava sem o uso de poderes comandantes". Como seria o caso da "venda de um bem" ou "os relativos à gestão de um serviço público" (MELLO, Celso Antônio Bandeira de. *Curso de Direito Administrativo*. São Paulo: Malheiros, 2012. p. 429).

[98] A expressão governança corporativa compreende "o conjunto de mecanismos (internos ou externos, de incentivo ou controle) que visa a fazer com que as decisões sejam tomadas de forma a maximizar o valor de longo prazo do negócio e o retorno de todos os acionistas" (SILVEIRA, Alexandre Di Miceli da. *Governança Corporativa no Brasil e no Mundo – teoria e prática*. São Paulo: Elsevier, 2010. p. 3).

[99] Como demonstrado, apesar do hábito de parte dos administrativistas, poderes unilaterais não necessariamente dizem respeito ao exercício de poder de império do Estado, estando presentes muitas vezes até mesmo em contratos celebrados entre pessoas integralmente privadas e alheias à Administração Pública, tendo como fonte imediata apenas contratos, a exemplo do que se dá paralelamente com o contrato de partilha, contrato de direito privado celebrado pela Administração Pública.

de pagar participações governamentais, embora possuam uma regulamentação legal e até constitucional prévia, só surge com a assinatura do PSC.

Neste quadrante, cabe esclarecer que os direitos, para serem considerados arbitráveis, embora precisem ser negocialmente erigidos, não precisam sê-lo negociadamente. É a fonte da obrigação que precisa ser contratual (bilateral); sendo, pois, dispensável a verificação se houve ou não efetiva negociação entre as partes para a determinação do conteúdo do pacto. Por esse motivo, o contrato de adesão não deixa de ser um contrato[100] e, por isso mesmo, não se nega a ele a possibilidade de apreciação em sede arbitral.

Consoante esclarece com propriedade José Abreu, "não importaria saber, como acentua Ruggiero, nas linhas que transcrevemos, se os efeitos são gerados pela vontade ou pela lei, porque, em verdade, uma não pode subsistir sem a outra, embora a nós pareça que os efeitos são produzidos pelo *ato de vontade – que teria feição ou essência normativa, evidentemente que necessitando do beneplácito do ordenamento*. Até mesmo naqueles negócios denominados pela doutrina como 'negócios-condição' e 'negócios forçados' – em que a autonomia privada sofre rude golpe na sua essência, *não se pode prescindir, na sua formação, do elemento volitivo*".[101]

A jurisprudência brasileira ainda não logrou consolidar um entendimento a respeito da questão tratada. Em alguns precedentes esparsos, pouquíssimos numerosos e ainda não transitados em julgado, por se confundir o fundamento e a natureza das questões controvertidas, poderes essencialmente contratuais acabaram, pelo simples fato de serem poderes exercidos pela Administração Pública, confundidos com manifestações do poder de polícia, que, como vimos, é heterônoma, e, assim, são consideradas inarbitráveis.

Nessa esteira, o e. Tribunal Regional Federal da 2ª Região assim se manifestou: "A Egrégia Oitava Turma Especializada, ao apreciar o Agravo de Instrumento nº 0101145-19.2014.4.02.0000 (2014.00.00.101145-7), sufragou, majoritariamente, entendimento no sentido de que a matéria objeto da RD nº 69/2014, da ANP, concernente à delimitação de campo de petróleo, por envolver atividade fiscalizadora, decorrente de poder de polícia da agência reguladora, configuraria direito indisponível que, por conseguinte, escaparia aos limites da cláusula de compromisso arbitral. Em respeito à decisão majoritária do Colegiado, afigura-se oportuna a concessão do provimento liminar pleiteado, de modo a resguardar a eficácia da decisão que vier a ser tomada nos autos principais".[102]

Todavia, essa decisão foi imediatamente questionada e o Superior Tribunal de Justiça, que ainda apreciará o caso de forma colegiada, pela lavra do Min. Napoleão Nunes Maia Filho, em boa hora concedeu liminar contra tal acórdão "para atribuir, provisoriamente, competência ao Tribunal Arbitral da Corte Internacional de Arbitragem da Câmara de Comércio Internacional/CCI", asseverando "que a cláusula compromissória que serve de suporte à discussão em apreço, além de ser disposição padrão

---

[100] PEREIRA, Caio Mário da Silva. *Instituições de Direito Civil*. 17. ed. Rio de Janeiro: Forense, 2013. v. III, p. 21: "em certas eventualidades o contrato se celebra pela simples adesão de uma parte ao paradigma já redigido, conforme expressamente admitido pelos arts. 423 e 424 do Código, concluindo-se a avença pela simples atitude do interessado, traduzida como forma tácita de manifestação volitiva. [...] O princípio da liberdade de contratar ostenta-se, não obstante, na faculdade de não adotar aquelas normas-padrão ou aquele modelo pré-moldado".
[101] ABREU, José. *O Negócio Jurídico e sua Teoria Geral*. 2. ed. São Paulo: Saraiva, 1998. p. 31. Grifos nossos.
[102] TRF2, 8ª Turma Especializada, AI nº 0076635-43.2015.3.00.0000, Rel. Des. Fed. Mauro Luis Rocha Lopes, DJe 24.03.2015: No mesmo sentido, *v.* a Sentença.

nos instrumentos que regem a espécie conflituosa em causa, mostra-se antiga, de sorte que a sua alteração súbita e unilateral impacta os termos em que se deve desenvolver a fiscalização das atividades da Petrobras, além de repercutir na confiabilidade e na credibilidade que se requer no exercício do mercado de prospecção e lavra de petróleo, demandante, como se sabe, de aportes de investimentos hipervultosos, envolvendo, inclusive, aspectos internacionais altamente protegidos pelo princípio da boa fé".[103]

Decisões como aquela mencionada do TRF2, com toda a vênia, julgam mais pela aparência do que pelo rigor técnico. Nem todos os poderes exercidos pela Administração Pública podem ser tecnicamente considerados poderes de polícia, que são apenas aqueles incidentes sobre os particulares independentemente da celebração de qualquer contrato.

A Administração Pública quando celebra contratos possui, a exemplo de qualquer particular que também celebre contratos, uma série de poderes sobre a outra parte, muitos deles unilaterais (ex.: a denúncia vazia, imposição de regras pelos franqueadores, aplicação e execução de sanções através da caução prestada etc.). Poderes unilaterais *ex contractu* não deixam de sê-lo pelo simples fato de uma das partes ser a Administração Pública.

Basta vermos, apenas para ilustrar com um mero exemplo, a absoluta identidade ontológica entre o poder que qualquer locador tem de aprovar obras a serem realizadas pelo locatário no imóvel locado, com o poder que o concedente tem de aprovar o plano de desenvolvimento a ser realizado pelo concessionário na área concedida para atividades de E&P.

O que deve ficar claro é que as reprimendas e os poderes unilaterais outorgados pelo contrato (ainda que previstos mediatamente em Lei) à Administração Pública não se confundem com o poder de polícia[104] e, portanto, não podem ser considerados como insuscetíveis de apreciação em sede arbitral. O seu fundamento imediato e definitivo não é a Lei, nem muito menos à soberania estatal, mas o negócio jurídico estabelecido pelos contratantes, do mesmo modo que seria (e o é) em relação a agentes particulares.

Nada obstante, apontamos ainda que, diversamente dos poderes unilaterais contratuais avençados entre a Administração e as suas delegatárias, o poder de polícia não pode ser exercido sobre os bens, serviços e monopólicos públicos (como é o caso do petróleo), sendo característico apenas das atividades tipicamente particulares. Assim, por todos esses fatores, mister se faz diferenciar e, por conseguinte, conferir tratamento jurídico autônomo à categoria em exame. Assim, os poderes regulatórios da ANP e da PPSA, que decorram do contrato, não constituem poder de polícia.

Em conclusão, uma vez mais reitere-se que, sempre que afirmada a natureza contratual de dada controvérsia, possível será submetê-la à resolução perante organismos arbitrais, ainda que a questão controvertida se relacione a poderes unilaterais ou às sanções contratuais aplicáveis pela Administração.

No tópico seguinte, trataremos da arbitrabilidade dos efeitos meramente patrimoniais de direitos ou interesses indisponíveis ou insuscetíveis de mensuração econômica.

---

[103] STJ, CC nº 139.519, Rel. Min. Napoleão Nunes Maia Filho, DJe 13.04.2015.

[104] Paralelamente, não se desconhece que tem se verificado até mesmo a possibilidade, em certos casos, de negociação a respeito da atividade sancionadora de polícia da Administração Pública, tendência intensamente verificada no Direito Comparado, sobretudo nos setores regulados. A matéria, no entanto, além de possuir requisitos próprios e mais excepcionais, é prescindível para o objeto do presente parecer.

IV.2 A arbitrabilidade dos efeitos patrimoniais de direitos extrapatrimoniais ou indisponíveis

O presente tópico explica que, mesmo os direitos indisponíveis, não contratualizáveis, podem, em suas consequências meramente econômicas, ser submetidos a arbitragem.[105]

Discorrendo sobre um instituto próximo (mas bem distinto) ao da arbitragem, a transação,[106][107] cujo objeto também são os "direitos patrimoniais disponíveis",[108] Caio Mário da Silva Pereira esclarece que tal restrição é relativa apenas aos próprios direitos transacionáveis, não alcançando eventuais efeitos patrimoniais deles decorrentes:

> A restrição aqui apontada compreendeu os direitos em si mesmos, sem exclusão dos efeitos patrimoniais que possam gerar. Assim é que se o *status familiae* é insuscetível de transação, os efeitos econômicos respectivos podem ser por ela abrangidos; se o direito a alimentos é intransmissível, é válida a que compreende o montante das prestações respectivas.[109]

No mesmo sentido, Orlando Gomes esclarece que o "interesse não precisa ser econômico, mas o objeto da prestação há de ter conteúdo patrimonial. Na sua contextura, a prestação precisa ser patrimonial, embora possa corresponder a interesse extrapatrimonial".[110] Temos o célebre exemplo dos alimentos familiares, que não podem em abstrato ser renunciados, mas a sua expressão econômica, em pecúnia, não só pode como deve ser negociada, tanto que há audiência nas varas de família com o objetivo específico de promover a conciliação quanto à matéria.

Em outros termos, embora determinados "fundos de direito"[111] possam ser insuscetíveis de mensuração econômica (extrapatrimoniais) ou indisponíveis e, portanto,

---

[105] Contudo, vimos que a Lei do Pré-Sal em si não restringe a arbitrabilidade objetiva e que as melhores práticas da indústria internacional de óleo e gás recomendam a arbitragem como método preferencial para resolver conflitos entre as partes de um contrato de concessão ou PSC. Se aceitarmos que a Lei do Pré-Sal, sendo uma lei especial, elimina a restrição objetiva ("direitos patrimoniais disponíveis") estabelecida na Lei de Arbitragem, a restrição discutida nesta subsecção não se aplicará aos contratos de partilha de produção. Paralelamente, pode-se considerar que a Lei do Pré-Sal representa o entendimento do legislador de que as questões relacionadas a um PSC se referem *ipso facto* a "direitos patrimoniais disponíveis".

[106] Conforme preceitua os art. 840 do Código Civil, a transação é um negócio jurídico firmado para prevenir ou pôr fim a litígio, mediante concessões recíprocas das partes.

[107] Não se deve confundir a arbitragem com a transação, cuja referência justifica-se apenas para a interpretação da expressão "direitos patrimoniais disponíveis", que constitui o objeto de ambos os institutos. Sobre as diferenças entre a transação e a arbitragem, v. SUNDFELD, Carlos Ari; CÂMARA, Jacintho Arruda. O Cabimento da Arbitragem nos Contratos Administrativos. *Revista de Direito Administrativo*, n. 248, p. 117-126, 2008. p. 121: "É importante ressaltar que, ao submeter uma discussão à arbitragem, as partes não estão abrindo mão de seus direitos ou mesmo transigindo (isto é, aceitando perder parte do seu direito). Ao se valerem da arbitragem, as partes na verdade escolhem um juízo privado para pôr termo ao litígio. A arbitragem apontará quem tem razão na disputa. Cada parte terá oportunidade de expor seus argumentos, defendê-los, produzir prova, enfim, terá oportunidade de influenciar na decisão a ser tomada, de modo a proteger seus interesses. Não se confunde com um mero acordo, com a aceitação passiva da redução de seu patrimônio ou com algo semelhante".

[108] Código Civil, art. 841: "Só quanto a direitos patrimoniais de caráter privado se permite a transação".

[109] PEREIRA, Caio Mário da Silva. *Instituições de Direito Civil*. 17. ed. Rio de Janeiro: Forense, 2013. v. III, p. 468.

[110] GOMES, Orlando. *Obrigações*. Rio de Janeiro: Forense, 2008. p. 24.

[111] Os fundos de direitos correspondem a uma situação jurídica fundamental, da qual podem decorrer efeitos jurídicos diversos. Da condição de autor de uma obra literária, por exemplo, exsurgem direitos patrimoniais e extrapatrimoniais, sendo certo que os primeiros, diversamente dos últimos, podem ser submetidos à arbitragem.

inarbitráveis, os seus reflexos meramente patrimoniais, por atender aos dois requisitos cumulativos da arbitrabilidade objetiva, podem ser decididos através desse mecanismo extrajudicial de resolução de controvérsias.

É o caso de algumas obrigações contratuais que, embora abstrata e monetariamente intraduzíveis, geram efeitos pecuniários aflitivos a qualquer das partes da avença. Convém lembrar, nessa ótica, que a "patrimonialidade também se configura pela aptidão de o inadimplemento ser reparado, compensado ou neutralizado por medidas com conteúdo econômico".[112]

Assim, mesmo para aquelas atuações que, em outros contextos, poderiam ser consideradas como *ius imperii* do Estado, ter-se-ia que admitir a abertura da via arbitral para os efeitos pecuniários decorrentes do exercício de tais supostas prerrogativas administrativas. Exemplifica-se.

Caso se considerasse, por exemplo, que os poderem de alterar ou de rescindir unilateralmente os contratos tipicamente administrativos (Lei nº 8.666/93, art. 58, I e II) constituem faculdades intangíveis da Administração, necessariamente tributárias de um suposto regime jurídico administrativo, da própria *puissance* publique de que falava Maurice Hauriou.[113] Ainda que assim se entenda, razão não haveria para negar a arbitrabilidade do reequilíbrio econômico-financeiro do contrato, em caso de modificação unilateral do pacto (art. 65, §6º), ou da indenização pelos prejuízos e custos de desmobilização decorrentes da rescisão contratual determinada pela Administração, sem que haja culpa do contratado, pois constituem mero reflexo patrimonial do exercício daquelas supostas *puissances publiques* (art. 79, §2º).

No próximo subtópico, examinar-se-á o papel da União, da ANP e da PPSA no Contrato de Partilha, com vistas a aferir a natureza jurídica dos atos e sanções por elas potencialmente aplicadas e, assim, determinar quais deles são suscetíveis de serem arbitrados.

IV.3 O papel da união, da ANP e da PPSA na fiscalização dos contratos de partilha de produção e a natureza jurídica de suas sanções

Este tópico cuida de examinar em concreto, a partir da engenharia contratual do regime de partilha, a que título agem os órgãos e entidades administrativos que nele intervêm. Essa análise é fundamental para que se compreenda até que ponto são aplicáveis aos contratos de partilha as conclusões alcançadas no tópico IV.1, que trata da arbitrabilidade das sanções e dos poderes unilaterais contratualmente postos à Administração.

[Nota] Não é raro que, do mesmo suporte fático, derivem direitos de naturezas distintas. É o que o já saudoso Ministro Teori Zavascki denominava "situações jurídicas heterogêneas" (ZAVASCKI, Teori Albino. *Processo coletivo*: tutela de direitos coletivos e tutela coletiva de direitos. 2. ed. rev. e atual. São Paulo: Ed. Revista dos Tribunais, 2007. p. 46).

[112] TALAMINI, Eduardo. A (in)disponibilidade do interesse público: consequências processuais (composições em juízo, prerrogativas processuais, arbitragem, negócios processuais e ação monitória) – versão atualizada para o CPC/2015. *Revista de Processo*, São Paulo: Editora Revista dos Tribunais, v. 264, a. 42, p. 83-107, 2017. p. 99.

[113] HAURIOU, Maurice. *Précis de droit administratif et de droit public général*: à l'usage des étudiants en licence et en doctorat ès-sciences politiques. Paris: P. Larose, 1901. p. 227-237.

Os contratos de partilha de produção petrolífera são celebrados entre a União (por intermédio do Ministério de Minas e Energia – MME), na condição de principal contratante, a ANP (na condição de reguladora e fiscalizadora), a PPSA (na condição de gestora) e empresas estatais ou privadas do setor de petróleo e gás, na condição de contratadas.

Como se pode notar, no quadrante da Administração Pública descentralizada, especializada e multiorganizativa,[114] a União não assume, ela própria, todas as funções que lhe caberiam como contratante, a exemplo da fiscalização e da gestão contratual, criando muitas vezes entidades da Administração Indireta para esses fins.

Nesse contexto, a ANP e a PPSA desempenham funções de representantes contratuais da União. O artigo 2º, da Lei nº 12.304/2010, por exemplo, dispõe que a "PPSA terá por objeto a gestão dos contratos de partilha de produção celebrados pelo Ministério de Minas e Energia e a gestão dos contratos para a comercialização de petróleo, de gás natural e de outros hidrocarbonetos fluidos da União". Confira-se, a partir do dispositivo legal abaixo transcrito, as principais atribuições de tal estatal:

> Art. 4º Compete à PPSA:
>
> I – praticar todos os atos necessários à gestão dos contratos de partilha de produção celebrados pelo Ministério de Minas e Energia, especialmente:
>
> a) representar a União nos consórcios formados para a execução dos contratos de partilha de produção;
>
> b) defender os interesses da União nos comitês operacionais; [...]
>
> II – praticar todos os atos necessários à gestão dos contratos para a comercialização de petróleo, de gás natural e de outros hidrocarbonetos fluidos da União, especialmente:
>
> a) celebrar os contratos com agentes comercializadores, representando a União;
>
> b) verificar o cumprimento, pelos contratados, da política de comercialização de petróleo e gás natural da União resultante de contratos de partilha de produção; [...]
>
> IV – representar a União nos procedimentos de individualização da produção e nos acordos decorrentes, nos casos em que as jazidas da área do pré-sal e das áreas estratégicas se estendam por áreas não concedidas ou não contratadas sob o regime de partilha de produção.

Em relação à ANP, cabe pontuar, a essa altura, que o conceito de regulação abrange o exercício de uma série de poderes administrativos, que são decorrentes das distintas funções geralmente desempenhadas por uma Agência Reguladora (atividades

---

[114] CASSESE, Sabino. *Le Basi del Diritto Amministrativo*. 6. ed. Milão: Ed. Garzanti, 2000. p. 189-190: "A Administração italiana é – como, aliás, todas as Administrações dos países desenvolvidos – multiorganizativa, no sentido de que a amplitude e a variedade das funções públicas não apenas levaram à perda da unidade da organização do Estado, mas levaram-no também a adotar diversos modelos organizativos. Por este motivo, é preferível dizer que a administração é multiorganizativa, antes que pluralística ou policêntrica. Estes termos muitas vezes não se referem a sujeitos, mas individuam apenas o primeiro (fragmentação), e não o segundo (diferenciação), dos dois caracteres acima indicados". Para Vital Moreira, "quanto mais a coletividade se especializa técnico-profissionalmente e se pluraliza ético-culturalmente, tanto menor se torna aquilo que é comum a todos e tanto maior é a necessidade de diferenciação político-administrativa para corresponder à diversidade dos apelos feitos aos poderes públicos" (MOREIRA, Vital. *Administração Autônoma e Associações Públicas*. Coimbra: Coimbra Editora, 1997. p. 35).

normativas, fiscalizadoras, sancionadoras e julgadoras). Para o desenvolvimento do tópico, nos interessa em particular as atividades fiscalizadoras e sancionadoras desenvolvidas pelas Agências.

Em nosso livro a respeito da matéria, já havíamos consignado que, "seja qual for a classificação da agência quanto à atividade regulada, todas as leis que as instituíram preveem o desempenho por parte delas de competências fiscalizatórias sobre os agentes econômicos que se encontram no seu âmbito de atuação. O fundamento da atividade fiscalizatória poderá, no entanto, variar segundo a agência seja (a) reguladora de serviço público, caso em que será um dever inerente ao Poder Concedente; *(b) reguladora da exploração privada de monopólio ou bem público, quando o fundamento da fiscalização é contratual;* ou (c) reguladora de atividade econômica privada, em que a natureza da fiscalização é oriunda do poder de polícia exercido pela agência".[115]

Nessa perspectiva, as competências fiscalizadoras e sancionadoras que a ANP exerce sobre as empresas que exploram petróleo e gás (monopólios públicos) no Brasil, por meio de contratos de concessão petrolíferos ou de contratos de partilha de produção, buscam fundamento de validade no próprio contrato de que são partes a própria ANP e os sujeitos fiscalizados e, eventualmente, sancionados. Sempre que o fundamento e o campo de atuação da ANP estiverem associados a uma relação contratual, arbitráveis serão os atos adotados pela agência, pelas razões que discutimos acima.[116]

Já as atividades sujeitas ao PSC são titularizadas pela União (art. 177, CF), não são privadas, e nenhum particular tem direito constitucional de livre iniciativa para exercê-las, apenas se a Administração Pública e ele voluntariamente celebrarem um contrato nesse sentido. É por esta razão que, naquele caso, estamos diante de poderes de polícia, em princípio inarbitráveis, e, neste caso, estamos diante de poderes contratuais, perfeitamente arbitráveis.

Ainda em exemplificação do exposto, tem-se que quando a ANP, integrando o contrato de partilha, delibera sobre a unificação e a unitização dos blocos de petróleo ou sobre a forma de observância da cláusula de conteúdo local, o fundamento das suas decisões será o próprio contrato – pois a Agência atuará como parte e com base nas cláusulas do referido pacto – e, portanto, serão elas suscetíveis de serem arbitradas.

Em abono ao entendimento exposto, a Lei nº 12.351/2010, de modo inequívoco, confiou à Agência Nacional do Petróleo, Gás Natural e Biocombustíveis – ANP uma série de competências de representação da União e de fiscalização, em seu nome, dos contratos de partilha de produção firmados com base em tal diploma:

Art. 11. Caberá à ANP, entre outras competências definidas em lei: [...]

II – elaborar e submeter à aprovação do Ministério de Minas e Energia as minutas dos contratos de partilha de produção e dos editais, no caso de licitação;

---

[115] ARAGÃO, Alexandre Santos de. *Agências Reguladoras e a Evolução do Direito Administrativo Econômico*. 3. ed. Rio de Janeiro: Forense, 2013. p. 337. Grifos acrescidos ao original.

[116] Em alguns casos, não aplicáveis ao PSC e aos outros contratos de E&P, a ANP exerce funções fiscalizadoras independentemente da existência de um contrato. Este é o caso, por exemplo, da atuação fiscalizadora ou sancionadora da ANP sobre as distribuidoras de combustíveis, agentes que exercem atividade privada, por direito constitucional próprio de livre iniciativa. Por mais que tenham que pedir uma autorização à Administração Pública, essa autorização não tem natureza contratual, mas sim de um ato de consentimento de polícia, assim como seria, para esse efeito, uma licença ambiental ou uma licença para dirigir. Naqueles casos, as ações da ANP não são arbitráveis.

III – promover as licitações previstas no inciso II do art. 8o desta Lei; [...]

V – analisar e aprovar, de acordo com o disposto no inciso IV deste artigo, os planos de exploração, de avaliação e de desenvolvimento da produção, bem como os programas anuais de trabalho e de produção relativos aos contratos de partilha de produção; e

VI – regular e fiscalizar as atividades realizadas sob o regime de partilha de produção, nos termos do inciso VII do art. 8o da Lei no 9.478, de 6 de agosto de 1997.

Do exposto, tanto a União, quanto a ANP, como a PPSA constituem partes inerentes aos contratos de partilha de produção de petróleo. E é nessa condição que tais organismos aplicam sanções às empresas encarregas de executar os referidos contratos, sempre que verificarem eventuais falhas ou irregularidades por elas cometidas em descumprimento, em última análise, do contrato.

Assim, tais penalidades contratuais não buscam fundamento de validade no poder de império do Estado, nem constituem expressões do poder de polícia de que desfruta a Administração.

São, como dito e sobredito, reprimendas aplicáveis por força do contrato celebrado entre as partes e em decorrência de eventos ocorridos em seu seio. Por conseguinte, desde que apresentem dimensão econômica, tais penalidades contratuais serão arbitráveis.

V Conclusões

Considerando a extensão da consulta, que se fez necessária para o tratamento de todos os matizes da questão, é recomendável apresentar, sem prescindir do minudenciado nos tópicos que compõem a **íntegra** do parecer, uma síntese objetiva dos principais pontos neles desenvolvidos:

1. Os Contratos de Partilha de Produção de petróleo e gás possuem natureza jurídica privada. Tais contratos constituem forma de delegação contratual de atividade econômica *stricto sensu*, não obstante seja monopolizada pelo Estado por força do artigo 177 da Constituição Federal.
2. Os particulares e a Administração Pública podem concordar em arbitrar litígios decorrentes de um contrato firmado por eles. Isso é estabelecido pela Lei de Arbitragem, conforme alterada pela Lei nº 13.129/2015, que autorizou entidades governamentais, *a fortiori* empresas estatais, a submeter suas disputas à arbitragem em relação a "direitos patrimoniais disponíveis". Com relação aos Contratos de Partilha de Produção, a Lei do Pré-Sal, Lei nº 12.351/2010, também permite arbitrar disputas relacionadas a Contratos de Partilha de Produção.
3. O art. 1º da Lei de Arbitragem continua a fornecer uma restrição objetiva à arbitrabilidade, ou seja, que as partes só podem arbitrar "direitos patrimoniais disponíveis".
    a. O requisito da patrimonialidade pode ser traduzido como a suscetibilidade de mensurar economicamente determinado direito ou interesse. Sublinhouse que tal requisito é passível de ser satisfeito de modo reflexo, o que ocorre

quando um direito aprioristicamente desprovido de valor pecuniário pode ser monetariamente reparado.

b. Os direitos titularizados pela Administração, sejam eles primários ou secundários, são todos em princípio indisponíveis, no sentido de sua livre renúncia, doação ou alienação não ser admitida pelo Direito sem prévia lei autorizativa. O conceito de *"disponibilidade"* no Direito Administrativo só pode ser compreendido como a possibilidade que o Estado tem de contratar determinadas matérias. Do contrário, jamais um conflito com a Administração Pública seria arbitrável, em clara contradição com as disposições expressas da Lei de Arbitragem e da Lei do Contrato de Partilha. Assim, sempre que a Administração puder dispor sobre dado direito em contrato, lícito lhe será assentir com o seu arbitramento.

4. De toda sorte, a ausência de uma restrição objetiva na Lei do Pré-Sal demonstra que a restrição objetiva da Lei de Arbitragem (de direitos patrimoniais disponíveis) não se aplicaria aos Contratos de Partilha de Produção.

   a. Primeiramente, os termos da Lei do Pré-Sal, como uma *lex specialis*, prevalecerão sobre os termos gerais da Lei de Arbitragem.

   b. Paralelamente, pode se entender que, ao se referir genericamente à arbitragem dos litígios relacionados a um Contrato de Partilha de Produção, o legislador partiu do pressuposto de que todos esses litígios diriam respeito a "direitos patrimoniais disponíveis", não sendo incompatível com a restrição objetiva à arbitrabilidade estabelecida na Lei de Arbitragem.

5. Além disso, as partes de um Contrato de Partilha de Produção podem definir o âmbito exato dos "direitos patrimoniais disponíveis", desde que a sua definição não se estenda para além dos limites inerentes a esse conceito indeterminado. A capacidade do Estado para definir "direitos patrimoniais disponíveis" não existe apenas unilateralmente por decreto (como fez com relação aos portos o Decreto nº 8.465/2015), mas também em um contrato com uma empresa privada, caso em que a definição se aplica *inter partes*, para efeitos do referido contrato. Na verdade, essa clareza e pré-definição é de todo recomendável por aumentar a transparência, a segurança jurídica e a previsibilidade das normas.

6. Mesmo que se partisse do pressuposto de que a Lei do Pré-Sal não permite a arbitragem de todos os litígios decorrentes de um Contrato de Partilha de Produção e as partes não chegassem a um acordo com relação à definição de "direitos patrimoniais disponíveis", a restrição objetiva à arbitrabilidade dos "direitos patrimoniais disponíveis" permitiria, mediante compromisso arbitral, dirimir uma grande variedade de assuntos relacionados com o PSC. Especificamente, seriam arbitráveis todas as questões relativas aos direitos e obrigações contratuais, incluindo a sua interpretação, término, efetividade, execução ou violação.

   a. Certos poderes do Estado, advindos heteronomamente da lei e que são oponíveis a todos os particulares, independentemente de terem contratado com o Estado, não podem ser considerados "direitos patrimoniais disponíveis" já que não podem ou não precisam ser objeto de contrato e, portanto, não podem ser arbitráveis.

b. Ao mesmo tempo, os poderes do Estado, incluindo os regulatórios, que surgem como resultado da celebração de um contrato, podem ser submetidos a arbitragem. Isso inclui os poderes regulatórios e de fiscalização da União, do MME, da PPSA e da ANP que têm como fonte o Contrato de Partilha de Produção, ainda que possuam alguma disciplina legal ou regulamentar anterior, mas que, apenas em função destas, não poderiam ser aplicados a particulares, necessitando de uma intermediação contratual.
c. Por outro lado, mesmo que se considere estar diante de algum poder de império, exclusivamente *ex lege*, do Estado, ele não seria arbitrável, mas as suas consequências econômicas seriam. Por exemplo, em um contrato tipicamente administrativo (que não é o caso do Contrato de Partilha), mesmo que se entenda que o poder de rescisão unilateral não pode ser colocado sob arbitragem, as suas consequências indenizatórias poderiam ser submetidas a um juízo arbitral.

VI Resposta aos quesitos

A partir dos argumentos desenvolvidos no decorrer de todo o texto, apresenta-se abaixo as seguintes respostas objetivas aos quesitos formulados:

- Qual a natureza jurídica do Contrato de Partilha de Produção para exploração e produção e petróleo e gás natural no Brasil?
- Os contratos que delegam a exploração dos hidrocarbonetos fluídos monopolizados pela União a empresas estatais ou particulares, gênero do qual os Contratos de Partilha de Produção constituem espécie, ostentam uma natureza jurídica essencialmente privada, eis que o seu objeto, longe de ser um serviço público, consiste em atividade econômica *stricto sensu*.
- O que são "direitos patrimoniais disponíveis" para fins do Artigo 1, parágrafo 1, da Lei de Arbitragem (Lei Federal nº 9.307/96), conforme aplicável ao Contrato de Partilha?
- Em primeiro lugar, a restrição da arbitrabilidade objetiva aos "direitos patrimoniais disponíveis", não foi prevista pela Lei nº 12.351/2010 – que é diploma especial em relação aos Contratos de Partilha, indicando, em consonância com a específica realidade de mercado deste setor econômico, a necessidade de se conferir uma maior amplitude às matérias arbitráveis no campo petrolífero.
- No entanto, ainda que se entenda estritamente aplicável *in casu* a expressão "direitos patrimoniais disponíveis", ela abrange, no campo do direito administrativo, todas as controvérsias jurídicas que possam ser contratualizadas, ou seja, eficazes para particulares apenas mediante a sua adesão a um instrumento contratual.
- Nesse sentido, vimos que mesmo os poderes unilaterais e as sanções contratuais aplicáveis pela Administração, enquanto parte do contrato, podem ser levados à arbitragem, uma vez que não se fundamentam diretamente no ordenamento jurídico, mas no próprio contrato (ainda que parte de seu conteúdo, mas não da sua eficácia, seja preestabelecido pelo legislador), não constituindo expressões

do poder de polícia de que desfruta a Administração quando disciplina atividades eminentemente privadas.
- O poder de polícia não pode ser exercido sobre os bens, serviços e monopólicos públicos (como é o caso do petróleo), sendo reservado às atividades tipicamente particulares. Desse modo, as atividades fiscalizatórias e sancionadoras que a Administração exerce sobre os agentes privados que exploram bens, serviços e monopólios públicos têm base e natureza contratual, já que apenas mediante um contrato podem a eles ter acesso, não possuindo direito constitucional de livre iniciativa originário para tanto.
- Os poderes que a Administração Pública exerce, por exemplo, sobre os autorizatários de distribuição de combustíveis ou de atividades financeiras, inclusive para serem obrigados a obter a autorização, advêm diretamente da lei, não havendo qualquer contrato celebrado entre eles e a Administração Pública que os condicione a tanto. Já as atividades de E&P são titularizadas pela União (art. 177, CF), não são privadas, e nenhum particular tem direito constitucional de livre iniciativa para exercê-las, apenas a partir de quando a Administração Pública e o particular voluntariamente celebrarem um contrato nesse sentido. É por esta razão que, naquele caso, estamos diante de poderes de polícia, em princípio inarbitráveis, e, neste caso, de poderes contratuais, perfeitamente arbitráveis.
- Vimos ainda que, mesmo no caso de, equivocadamente, se considerar que as funções fiscalizatórias e sancionatórias relativas ao contrato de partilha são expressões do poder de polícia, poderiam ser arbitrados os efeitos meramente patrimoniais que decorram do seu exercício (ex.: o valor da multa em dinheiro).
- Nem todos os poderes unilaterais exercidos pela Administração Pública podem ser tecnicamente considerados poderes de polícia, que são apenas aqueles incidentes sobre os particulares independentemente da celebração de qualquer contrato. Os poderes unilaterais oriundos de um contrato têm origem bilateral mas, após esse momento jusgenético deles, são unilaterais, podendo ser exercidos apenas por uma das partes independentemente da concordância da outra, naturalmente com os controles que a cláusula constitucional de acesso à Justiça assegura em qualquer relação jurídica.
- A Administração Pública quando celebra contratos possui, a exemplo de qualquer particular que também celebre contratos, uma série de poderes sobre a outra parte, muitos deles unilaterais (ex.: como em qualquer particular, a denúncia vazia, imposição de regras pelos franqueadores, aplicação e execução de sanções através da caução prestada etc.). Poderes unilaterais *ex contractu* não deixam de sê-lo pelo simples fato de uma das partes ser a Administração Pública.
- Basta vermos o exemplo da absoluta identidade ontológica que existe entre o poder que qualquer locador tem de aprovar obras a serem realizadas pelo locatário no imóvel locado, com o poder que o concedente tem de aprovar o plano de desenvolvimento a ser realizado pelo concessionário na área concedida para atividades de E&P.

- *É legalmente permitido às partes de um Contrato de Partilha de Produção acordar livremente sobre quais seriam os "direitos patrimoniais disponíveis" no âmbito do Contrato de Partilha de Produção?*
- Os contratos celebrados pela Administração Pública exercem importante função integradora quanto aos conceitos jurídicos indeterminados e eventuais lacunas existentes nas leis que lhes ofereçam esteio. Assim, é dado às partes contratantes, no exercício da função jusgenética de qualquer contrato, esmiuçarem o significado de categorias legais semanticamente fluídas, desde que respeitem as zonas de certeza positiva e negativa dos conceitos que se pretende complementar.
- A densificação, em sede contratual, de conceitos jurídicos indeterminados previstos pelo legislador, a exemplo dos "direitos patrimoniais disponíveis", é providência que promove a previsibilidade e a segurança das relações jurídicas, recomendando-se, sempre que possível, a sua adoção pelos contratantes.
- Dessa maneira, não só podem, como é de todo recomendável, que as partes enumerem, ainda que apenas exemplificativamente, as matérias que se encontram em uma zona de certeza positiva e, por até mais fortes razões, também as que se encontram em uma zona cinzenta, sujeitas a variadas visões e interpretações, todas elas plausíveis, da presença daquele conceito. Caberá às partes determinar as matérias que, dentro dessas duas zonas, estarão sujeitas à arbitragem. Diante da celeuma que há no Brasil sobre o que são os "direitos patrimoniais disponíveis", a mera referência a eles em um contrato será mais um desserviço à segurança jurídica, do que um fortalecimento da arbitragem.
- *Pode o governo (Ministério de Minas e Energia e Agência Nacional do Petróleo, Gás Natural e Biocombustíveis) acordar que todos e quaisquer direitos e obrigações advindos ou relacionados com o Contrato de Partilha de Produção sejam arbitráveis, ou existem limites à arbitrabilidade pelo Estado sob o Contrato de Partilha de Produção? Caso haja limites, quais seriam?*
- Pelas razões acima expostas, o MME e a ANP podem, dentro da margem de indeterminação deixada pela Lei, definir os parâmetros daquilo que constitui um "direito patrimonial disponível" no PSC. Quando o fazem, os assuntos definidos como "direitos patrimoniais disponíveis" constituirão assuntos arbitráveis para os fins da Lei de Arbitragem.
- Poderes e sanções do Estado que se aplicam aos particulares diretamente por força da lei, sem a necessidade da intermediação de um contrato (ex.: poderes de polícia administrativa incidentes sobre os particulares em geral independentemente da celebração de qualquer contrato) não podem ser submetidos a arbitragem.
- Nessa categoria não estariam as sanções que só podem ser aplicáveis a uma empresa por força da celebração de um contrato de E&P, que, naturalmente, só estará sujeita a tais sanções porque voluntariamente assinou esse contrato.
- Com exceção daqueles poderes e sanções exclusivamente *ex lege*, todas as demais matérias podem ser submetidas à arbitragem – cabendo as partes, por intermédio de cláusula compromissória ou compromisso arbitral, definir, nos termos vistos na resposta anterior, quais controvérsias desejam resolver perante a instância arbitral.

- Os contratos de partilha são a fonte direta de uma séria de matérias, como equilíbrio contratual, sanções contratuais, utilização de bens públicos, pagamento de participações governamentais, conteúdo local, planos de desenvolvimento e de produção, indenizações por descumprimento de obrigações contratuais, execução de garantias etc. Todas elas, por só poderem ter lugar dentro de um contrato, são arbitráveis.
- O mesmo se pode dizer da unificação de campos, unitização, conteúdo local, revisões do contrato de parte a parte em razão de fatos supervenientes e das causas de extinção do contrato, inclusive por eventual fato príncipe, como a não obtenção de licença ambiental.
- Todos esses temas são essencialmente contratuais, ainda que, naturalmente, assim como quase todo tema da teoria geral dos contratos contemporânea, tenha um arcabouço legislativo, mais ou menos intensamente detalhado, prévio. Porém, mesmo com este, nenhuma dessas matérias é aplicável a nenhuma pessoa jurídica ou física que não tenha, voluntariamente, celebrado um contrato de E&P com a Administração Pública Federal.
- A revogação ou negativa a uma licença ambiental e suas eventuais consequências pecuniárias ou o término antecipado do contrato em razão disto é interessante para ilustrar o que estamos afirmando: a emissão ou revogação da licença ambiental, em si, não pode ser objeto de arbitragem, já que a polícia ambiental, inclusive para efeito de emissão de licenças, incide sobre qualquer pessoa que exerça ou pretenda exercer atividade potencialmente lesiva ao meio ambiente, independentemente de ser contratada ou não do poder público; o que, ao revés, pode ser objeto de arbitragem são as consequências que a negação da licença pode ter na economia interna do contrato e na própria viabilidade do projeto contratado, assim como qualquer fato externo que se enquadrasse na teria da imprevisão, o que só pode ser cogitado, obviamente, no bojo de uma relação contratual voluntariamente iniciada com o poder público.
- Em suma, o teste a ser feito é o seguinte: este poder, esta prerrogativa ou esta sanção é aplicável ao particular apenas porque ele firmou o contrato? Para todas as cláusulas em que a resposta for afirmativa, poderão as partes prever a arbitragem.
- Os direitos e obrigações mais relevantes acima mencionados, inseridos no Contrato de Partilha, só podem ser aplicados a quem o tenha voluntariamente assinado. São, por essa razão, perfeitamente submissíveis a arbitragem.

É o parecer.

A PRORROGAÇÃO DOS PRAZOS DOS PROGRAMAS EXPLORATÓRIOS MÍNIMOS (PEMs)[*]

Sumário

I	A consulta
II	O princípio do aproveitamento dos investimentos realizados e as boas práticas da indústria do petróleo
III	O caráter finalístico da Lei do petróleo e a previsão legislativa da prorrogação dos contratos de concessão
IV	Direito subjetivo à prorrogação
IV.1	A cláusula específica dos contratos
IV.2	Eventos de força maior
IV.3	Proteção jurídica da legítima expectativa e a Teoria dos Atos Próprios
IV.4	Violações às três funções do princípio da boa-fé objetiva
IV.4.1	Função interpretativa: O princípio da conservação do contrato
IV.4.2	Função limitadora do abuso de direito: O aproveitamento do adimplemento substancial
IV.4.3	Função impositiva de deveres contratuais ativos: Ausência de cooperação e falha no dever de informar por parte da ANP
V	Falta de prévio devido processo legal e de fundamentação da rescisão
VI	Desproporcionalidade in casu da solução que leve ao fim do contrato
VII	Impossibilidade in casu de se argumentar que não se pode prorrogar prazo já findo
VIII	Resposta aos quesitos

---

[*] Parecer elaborado em 31.03.2006.

I A consulta

Trata-se de consulta sobre a prorrogação da fase de exploração dos Blocos P, R, S, T, correspondentes respectivamente aos contratos de concessão A, B, C, D, celebrados com a Agência Nacional do Petróleo, Gás Natural e Biocombustíveis – ANP.

Narra, em síntese, que, face a fatos que não lhe podem ser atribuídos, como o Furacão Katrina e a greve da Secretaria da Receita Federal, a chegada da sonda que alugara no exterior para fazer as perfurações objeto da parte final do seu programa exploratório mínimo atrasou, postergando consequentemente uma perfuração em cada um dos contratos.

Segundo informa e demonstra através de uma série de correspondências trocadas com a ANP, deu ciência a essa entidade de todos esses fatos, bem como do início das perfurações, em momento já próximo do fim do prazo inicialmente estipulado para cumprir os programas exploratórios mínimos, tendo essas perfurações chegado a ser codificadas e fiscalizadas pela ANP.

A consulente ainda traz à baila cláusula contratual que dispõe:

> Caso o concessionário já tenha iniciado a perfuração de um poço exploratório e este poço não tenha atingido o seu objetivo estratigráfico até o final do prazo definido neste Anexo II, a ANP poderá prorrogar a Fase de Exploração durante o tempo necessário para que o poço atinja este objetivo estratigráfico. A solicitação fundamentada de prorrogação deverá ser encaminhada pelo concessionário à ANP com antecedência mínima de 72 horas.

Informa-nos ainda que protocolou o referido pedido fundamentado tempestivamente, tendo, contudo, a ANP permanecido sem emitir qualquer posição expressa até que deu por rescindido *tout court*, sem maiores fundamentações, o contrato, no qual a consulente já havia feito levadíssimos investimentos.

Diante dessa situação indaga-nos a consulente:

1. *Possui direito subjetivo à prorrogação do prazo da fase de exploração dos contratos de concessão?*
2. *A notificação de rescisão pode ser desfeita, seja por invalidade, seja por conveniência e oportunidade?*
3. *A ANP pode se pronunciar sobre a questão após o último dia do prazo inicialmente previsto?*

São a esses quesitos que, com base na documentação e informações apresentadas, passamos a responder, iniciando nossa análise pela verificação das principais características do contexto constitucional e legislativo na qual eles se inserem, e que devem, naturalmente, ser o norte principal da interpretação necessária a respondê-los.

Em nossa análise estarão presentes, além das lições do direito administrativo regulatório e especificamente do direito público do petróleo, também as contribuições da teoria geral dos contratos e das obrigações, aplicáveis a todas as searas obrigacionais, sejam elas públicas ou privadas.

II O princípio do aproveitamento dos investimentos realizados e as boas práticas da indústria do petróleo

Versa o presente parecer sobre contrato celebrado entre a concessionária consulente e a ANP para execução de atividades de exploração e produção de petróleo no curso do qual foi solicitada prorrogação do prazo para conclusão da fase de exploração, anterior à fase de produção, que toma lugar, naturalmente, apenas se for encontrado óleo ou gás de comercialização viável.

Contudo, a opção pelo encerramento sumário do contrato desconsidera os investimentos já feitos pela consulente, sendo que, como informado, as perfurações que estão pendentes constituem justamente a última etapa do programa exploratório mínimo das concessões.

É diante deste contexto fático que se deve reafirmar que *as boas práticas da indústria do petróleo determinam, face aos elevadíssimos e arriscadíssimos investimentos necessários ao setor, que as partes envolvidas na concessão busquem aproveitar ao máximo os investimentos realizados* tanto pelo Poder Público, como pelo concessionário. O aproveitamento dos investimentos é inclusive o mote do já transcrito item 4 do Anexo II dos contratos de concessão.

Na definição das opções corretas e das interpretações razoáveis a serem procedidas pela ANP e pelos órgãos que vierem a controlar os seus atos e omissões, as "boas práticas internacionais da indústria do petróleo" (art. 44, VI, Lei do Petróleo),[1] entre as quais a do não desperdício de investimentos em exploração e produção, possuem um papel primordial, já que é através delas que a ANP implementa os objetivos maiores da Lei do Petróleo.[2]

Os contratos de concessão petrolífera definem (Cláusula 1.2.21) as "melhores práticas da indústria do petróleo" como "as práticas e procedimentos geralmente empregados na indústria de Petróleo em todo o mundo, por Operadores prudentes e diligentes, sob condições e circunstâncias semelhantes àquelas experimentadas relativamente a aspecto ou aspectos relevantes das Operações, visando principalmente a garantia de: (a) conservação de recursos petrolíferos e gaseíferos, que implica na utilização de métodos e processos adequados à maximização da recuperação de hidrocarbonetos de forma técnica e economicamente sustentável, com o correspondente controle do declínio de reservas, e à minimização das perdas na superfície; (b) segurança operacional, que impõe o emprego de métodos e processos que assegurem a segurança ocupacional e a prevenção de acidentes operacionais; (c) proteção ambiental, que determina a adoção de métodos e processos que minimizem o impacto das Operações no meio ambiente".

Dessa definição, extraem-se, basicamente, os seguintes elementos: a prática deve ser encontradiça internacionalmente, há de ser cautelosa e racional do ponto de vista da preservação dos recursos, segura e respeitosa do meio ambiente.

---

[1] ARAGÃO, Alexandre Santos de. As Boas Práticas da Indústria do Petróleo como o Eixo da Regulação do Setor. *Revista de Direito Administrativo – RDA*, Rio de Janeiro, Renovar/FGV, v. 238, 2004.

[2] "Constitui (a Lei do Petróleo) um importante marco: demonstra que, no Brasil, a indústria do petróleo atingiu a maturidade e está sendo aberta para possibilitar novos investimentos e permitir uma interação equilibrada entre o Estado e a iniciativa privada" (Exposição de Motivos nº 25/96, do Ministério das Minas e Energia, que encaminhou à Presidência da República o respectivo Anteprojeto de Lei).

Essas práticas, expõe Maria D'assunção Costa Menezello, "são amplamente conhecidas e decorrem das recentes normalizações internacionais ou de usos consagrados, com qualidade e eficiência para todos os envolvidos, proporcionando uma evolução constante das técnicas e dos conhecimentos científicos".[3] No mesmo sentido, Marilda Rosado de Sá Ribeiro destaca que "as obrigações conjuntas na área do petróleo foram conduzidas de acordo com os princípios gerais das leis de *contenancy*, relacionadas às sociedades de mineração à lei dos contratos".[4]

Sendo o contrato de concessão petrolífera um "acordo de desenvolvimento econômico",[5] a prorrogação de prazos para aproveitamento e potencialização de investimentos que já tenham sido realizados pelo Estado ou por particular dele delegatário se apresenta consistente com a busca de racionalização dos investimentos e incremento da produção, alcançando-se com maior eficiência os objetivos da Lei do Petróleo.

In casu, a relação entre as boas práticas da indústria do petróleo e os objetivos da Lei do Petróleo é de extrema compatibilidade, de fortalecimento recíproco, já que a extensão de prazos para possibilitar que perfurações já iniciadas sejam finalizadas constitui medida que fortalece da matriz energética brasileira.

A adoção, encampação e respeito às "boas práticas internacionais da indústria do petróleo" nos contratos de concessão da ANP, inclusive com vistas à "racionalização da produção" (art. 44, VI, Lei do Petróleo), constitui o meio por excelência eleito pela Lei para melhor atingir os seus objetivos fixados no art. 1º (proteção do interesse nacional, do desenvolvimento, do meio ambiente, dos consumidores, garantir o fornecimento nacional dos derivados do petróleo, atração de investimentos, ampliar a competitividade do País no mercado internacional, promover a concorrência, etc.).

Assim, qualquer decisão versando sobre contrato de concessão de exploração e produção de petróleo que, irracionalmente e sem relação de custo-benefício que a justifique muito bem, acarretar o desaproveitamento de investimentos econômicos e humanos já despendidos, viola o art. art. 44, VI, Lei do Petróleo e a Cláusula 1.2.21 da concessão.

III O caráter finalístico da Lei do Petróleo e a previsão legislativa da prorrogação dos contratos de concessão

A interpretação da Lei do Petróleo deve sempre buscar, além da obediência às boas práticas da indústria do petróleo, a realização dos seus fins últimos, sendo secundários os argumentos mais formalistas, que, se atendidos, levariam a que se observasse alguma formalidade e se postergasse os objetivos maiores que a lei conferiu à agência reguladora.

No que tange às finalidades da Lei do Petróleo, cumpre destacar que essa apresenta as características das leis contemporâneas, as quais, sem dar início *de per se* a

---

[3] MENEZELLO, Maria D'assunção Costa. *Comentários à Lei do Petróleo*. São Paulo: Ed. Atlas, 2000. p. 137.
[4] RIBEIRO, Marilda Rosado de Sá. *Direito do Petróleo*: as joint ventures na Indústria do Petróleo. 2. ed. Rio de Janeiro: Ed. Renovar, 2003. p. 239.
[5] Cf. BUCHEB, José Alberto. *A Arbitragem Internacional nos Contratos da Indústria do Petróleo*. Rio de Janeiro: Lumen Juris, 2002. p. 11.

uma normatização mais completa, e, muito menos, exaustiva da matéria, estabelecem parâmetros e objetivos gerais.

De acordo com a Lei nº 9.478/97, a regulamentação a ser feita pela ANP, deverá buscar "preservar o interesse nacional" (art. 1º, I), "valorizar os recursos energéticos" (art. 1º, II), "promover a livre concorrência" (art. 1º, IX), "atrair investimentos" (art. 1º, X), "ampliar a competitividade do país" (art. 1º, XI), "promover o aproveitamento racional dos recursos energéticos do País" (art. 2º, I), "assegurar o suprimento de insumos energéticos" (arts. 2º, II e 8º, I), proteger "os interesses dos consumidores" (art. 8º, I, *in fine*), atender "às melhores práticas da indústria internacional do petróleo" (art. 44, VI), dentre outros objetivos. A Lei do Petróleo, portanto, a exemplo das demais leis instituidoras de agências reguladoras, integra a categoria das leis-quadro (*lois-cadre*) ou standartizadas, próprias das matérias de particular complexidade técnica e dos setores suscetíveis a constantes mudanças econômicas e tecnológicas.

A função social do contrato, no presente caso, realiza-se com a execução do seu objeto, que é a exploração de áreas potencialmente produtoras de petróleo e gás natural, elementos considerados estratégicos para o País, tanto assim que sua titularidade é constitucionalmente consagrada à União, podendo apenas parte de suas atividades ser explorada pela iniciativa privada. Portanto, em se tratando de insumos estratégicos, existe interesse público e função social na execução de seu objeto, de forma que somente um grave inadimplemento da concessionária – o que de fato não se vislumbra no caso – poderia levar ao encerramento sumário do contrato.

É para atingir essas finalidades que a Lei confere à ANP a atribuição de densificar uma série de aspectos das concessões petrolíferas (entre elas a prorrogação da fase de exploração – art. 43, inciso II). Portanto, já na Lei que instituiu a ANP há a regra que demonstra que a possibilidade de prorrogação é a regra nesse tipo de contratação, reconhecendo a lei a elevada complexidade desses contratos e a gama de eventos imprevisíveis com que pode se deparar a concessionária no curso da exploração da área.

O art. 43, II, da Lei do Petróleo, dispõe que a prorrogação da fase de exploração constitui cláusula essencial das concessões petrolíferas. Ou seja, o contrato deve estabelecer as hipóteses em que tal prorrogação deve se dar, não sendo ela livre escolha da Administração. É sob essa perspectiva que todas as cláusulas contratuais relativas à prorrogação da fase de exploração, aí incluído o item 4 do Anexo II dos contratos, devem ser vistas, ou seja, não como uma "liberalidade" da ANP, mas como uma determinação a ela feita pela Lei.

A possibilidade de prorrogação da fase da exploração decorre, além das características inerentes à atividade – já acima citadas – também do fato de que, em contratos de concessão para uso ou exploração de bem público, não há ônus ou dispêndio para a Administração, como ocorre, em geral, nos clássicos casos abrangidos pela Lei nº 8.666/93, que implicam em gastos por parte da administração pública – a exemplo das compras ou contratações de serviços por entes estatais, quando há, inclusive, como regra geral, necessidade de prévia previsão orçamentária. Mas até no regime geral dos contratos administrativos a prorrogação é admitida, apenas se sujeitando a requisitos mais estritos (art. 57, Lei nº 8.666/93).

Nas concessões petrolíferas, não havendo dispêndio por parte da Administração, não há razão para que os editais não possam ser mais maleáveis com relação ao prazo, na busca da concretização da finalidade do contrato e, consequentemente, dos interesses públicos fixados no art. 1º da Lei do Petróleo.[6]

Aliás, no caso concreto, o contrato de concessão, espelhando característica inerente à organização da indústria do petróleo, constitui verdadeiro contrato aleatório, no qual os riscos – inclusive de os blocos terminarem por se mostrar inapropriados para produção, correm integralmente por conta do concessionário.[7] Esse elemento de aleatoriedade reforça as razões para que a Administração o interprete com razoabilidade e finalisticamente, já que nenhum prejuízo traz ao interesse público, ao contrário: integrará mais rapidamente e gratuitamente ao acervo técnico da União os dados relativos a essas áreas.

Ademais, há de se ressaltar, na fase de exploração a concessionária não está auferindo qualquer receita (e, se não lograr sucesso, nem virá a auferi-las), mas apenas investindo no levantamento dos dados geofísicos da área, que sequer serão propriedade da concessionária, mas sim integrantes do acervo técnico constituído pelos dados e informações sobre as bacias sedimentares brasileiras, também considerado parte integrante dos recursos petrolíferos nacionais, cabendo à ANP sua coleta, manutenção e administração (art. 22, Lei do Petróleo).

Nesse contexto também emerge a proeminência da visão do contrato como processo, ou seja, como um plexo de relações jurídicas que podem e devem ser adequadas ao longo do tempo, face às exigências empíricas, aos problemas que forem sendo verificados, em suma, à experiência da sua execução. Vejamos, a esse respeito, as lições de Antônio Junqueira de Azevedo, precursor desta doutrina, hoje consolidada no Brasil:

> A boa-fé objetiva constitui, no campo contratual – sempre tomando-se o contrato como processo, ou procedimento – norma que deve ser seguida nas várias fases das relações entre as partes.[8]

Ora, se este é a diretriz imposta pela Teoria Geral dos Contratos, *a fortiori* deve sê-lo quando estivermos diante de contratos de concessão petrolífera, de longa duração e envolvendo enormes investimentos específicos, que devem ser amortizados.

Além disso, conforme observa Roberto Dromi, "o contrato público de terceira geração – que vai além das hipóteses dos contratos de colaboração e integração administrativa – cumpre um papel jurídico como instrumento e como protagonista da transformação econômica da sociedade. [...] O século XXI, que se inicia, anuncia tempos nos quais a pós-modernidade, a globalização e o novo Direito debilitam certezas [...]. Por isso é preciso estabelecer espaços de segurança e solidariedade. Deve-se voltar aos valores. [...] A equação permite o cotejo entre a segurança jurídica originária e a

---

[6] ZANELLA DI PIETRO, Maria Sylvia. *Temas polêmicos sobre licitações e contratos*. São Paulo: Malheiros, 1998. p. 249.

[7] Veja-se, a respeito, item 2.2.1 do contrato: Com base no princípio estabelecido no parágrafo 2.2, e sem com isso limitar sua aplicação, fica expressamente entendido que o Concessionário arcará com todos os prejuízos em que venha a incorrer, sem direito a qualquer pagamento, reembolso ou indenização, caso não haja Descoberta Comercial na Área da Concessão ou caso o Petróleo e o Gás Natural que venha a receber no Ponto de Medição da Produção sejam insuficientes para a recuperação dos investimentos realizados e o reembolso das despesas incorridas, quer diretos ou através de terceiros. [...]

[8] AZEVEDO, Antônio Junqueira de *apud* COSTA, Judith Martins. *A Boa-Fé no Direito Privado*. Falta local: Editora RT, 2000. p. 509.

realidade econômica superveniente. A equação em 'estática' e em 'dinâmica', traduz os momentos do contrato, no equilíbrio 'investimento-rentabilidade', vistos, a partir da sua historicidade, em estática, quando nasceu o contrato, e, a partir da 'atualidade', em dinâmica, quando o contrato se desenvolveu no tempo e no espaço".[9]

É intuitivo, para não dizer o óbvio, o estreito liame que o dispositivo constante do item 4 do Anexo II ao contrato de concessão possui com essas diretrizes contemporâneas do direito administrativo. O que ele visa é justamente prevenir as partes quanto a fatos imprevisíveis, mas sempre possíveis na exploração de petróleo, de, perto do fim do prazo inicial, não terem sido integralmente finalizadas todas as perfurações necessárias.[10]

Nesse caso, duas soluções seriam possíveis: (a) obrigar o concessionário a devolver o bloco, perdendo os seus investimentos, fazendo com que a exploração fosse adiada até que se fizesse uma nova licitação e o novo contratado realizasse por sua conta novos (e em grande parte repetidos) investimentos,[11] o que, obviamente, não é razoável nem eficiente; ou (b) reconhecer a aleatoriedade inerente às concessões e, especialmente, à exploração de petróleo (como de qualquer mineral), que pode levar a que essas perfurações ocorram perto do fim do prazo da fase exploratória, admitindo que a concessionária, que realizou todos os investimentos, pelo menos possa ter o tempo que for considerado tecnicamente suficiente para finalizá-los.

Conforme visto, a finalidade básica da Lei do Petróleo é ampliar a matriz energética do país, de forma que os atos da agência reguladora devem buscar concretizar esse propósito de forma razoável e eficiente (art. 37, *caput*, CF),[12] Como registra Tercio Sampaio Ferraz Júnior, "a eficiência é pressuposto tanto de atos vinculados quanto de discricionários, estando o agente da regulação obrigado a afinar suas decisões com os objetivos políticos setoriais definidos em lei (legalidade em sentido de legitimação)".[13]

Sendo assim, as boas práticas da indústria do petróleo e os objetivos preceituados pela Lei do Petróleo para a ANP indicam com clareza no sentido de que não seria com eles consentâneo o impedimento da prorrogação de fase exploratória que já está prestes a alcançar o seu objeto integral.

---

[9] DROMI, Roberto. *Las Ecuaciones de los Contratos Públicos*. Buenos Aires: Ed. Ciudad Argentina, 2001. p. 08-09 e 308.

[10] É inclusive de todos conhecida a dificuldade que as empresas muitas vezes têm para locar no disputado e escasso mercado internacional os equipamentos necessários (sondas, plataformas, etc.) para determinadas espécies de perfurações.

[11] Em caso semelhante a doutrina já opinou: "De acordo com o histórico da atuação da ANP, o novo processo licitatório será realizado daqui a aproximadamente um ano (como ocorreu nas 'rodadas anteriores') e o licitante vencedor, após cumpridas todas as formalidades legais, que igualmente demandam tempo, levará cerca de seis meses para iniciar a operação do Bloco [...]. Quase dois anos depois, note-se, estar-se-á exatamente no mesmo ponto em que se está hoje, sob a ótica do desenvolvimento nacional e da exploração do Bloco [...]" (BARROSO, Luís Roberto. *Temas de Direito Constitucional*. Rio de Janeiro: Ed. Renovar, 2003. t. 2, p. 372-373).

[12] "A discricionariedade administrativa é limitada pela norma jurídica de diversos modos, em especial quando a lei aponta para a finalidade do ato ou da ação administrativa a ser alcançada" (MUKAI, Toshio. As prorrogações nos serviços contínuos são facultativas? *Boletim de Licitações e Contratos – BLC*, vol. 16, n. 3, São Paulo. mar. 2003. p. 167). "Se esses fins não podem ser senão aqueles determinados em lei para o caso específico, se não é lícito ao agente substituí-los ainda que por outro fim público, é evidente que a finalidade do ato representa uma limitação à discricionariedade, um dique à expansão dos critérios oportunísticos na determinação do objeto" (TÁCITO, Caio. *Temas de Direito Público*. Rio de Janeiro: Ed. Renovar, 1997. t. I, p. 319).

[13] FERRAZ JR, Tércio Sampaio. O poder normativo das agências reguladoras à luz do princípio da eficiência. *In*: ARAGÃO, Alexandre Santos de (Coord.). *O poder normativo das agências reguladoras*. Rio de Janeiro: Forense, 2006. p. 295.

IV Direito subjetivo à prorrogação

Verificado nos dois itens anteriores que a prorrogação do prazo inicial de exploração é a solução que no caso concreto atende às boas práticas da indústria do petróleo e aos objetivos públicos da Lei do Petróleo, o tópico que se inicia é voltado a analisar a questão preponderantemente do ponto de vista dos direitos da concessionária.

IV.1 A cláusula específica dos contratos

Devemos, preliminarmente, examinar se o fato de a redação dos contratos utilizar a expressão "a ANP poderá" afasta o direito subjetivo da concessionária à prorrogação. Eventual sugestão de que o uso de tal expressão teria por deixar a prorrogação submetida a uma decisão discricionária da administração não resiste a uma análise hermenêutica mais profunda.

A teoria administrativa, pautada na preservação dos direitos fundamentais dos cidadãos no trato com a Administração Pública, já assentou a inexistência de um "poder público", existindo, ao contrário, um poder-função da Administração Pública. Como assevera Celso Antonio Bandeira de Mello, "em rigor, no Estado de Direito, inexiste um poder, propriamente dito, quer seja discricionário, fruível pela Administração Pública".[14]

E mais, no presente caso a expressão "poderá" necessita mesmo ser lida como "deverá", pois que o item 4 do Anexo II dos contratos confere ao administrado, desde que realizado o pedido tempestiva e fundamentadamente, um direito público subjetivo à prorrogação do contrato.

A expressão "a ANP poderá" objetiva apenas espancar qualquer dúvida quanto à licitude da prorrogação em casos tais, e não a atribuição de qualquer discricionariedade no seu deferimento. De fato, quando o contrato desejou submeter um dado aspecto seu à discricionariedade da Administração, o texto não deixa dúvidas, contemplando expressões enfáticas como "a exclusivo critério da ANP", "a seu exclusivo critério", "que a ANP julgar conveniente" (ex., cláusulas 7.2.1, 7.2.2 e 8.3 dos contratos de concessão).

Ainda que assim não fosse, não pode o intérprete se impressionar pela utilização do verbo "poder", já que, mesmo que partíssemos da paupérrima interpretação gramatical ou literal,[15] ele – o verbo "poder" – representaria não uma faculdade, mas um poder-função da agência reguladora, até pelo íntimo contato que as disposições possuem como densificadoras dos objetivos para ela fixados pela Lei do Petróleo.

---

[14] MELLO, Celso Antônio Bandeira de. Apontamentos sobre o poder de polícia. *Revista de Direito Público*, n. 9, p. 61, 1971.

[15] A respeito da pobreza da interpretação meramente literal vale a pena citar a espirituosa passagem de voto proferido pelo Min. Luiz Galloti: "De todas, a interpretação literal é a pior. Foi por ela que Cléia, na *Chartreuse de Parme*, de Stendhal, havendo feito um voto a Nossa Senhora de que não mais veria seu amante Fabrício, passou a recebê-lo na mais absoluta escuridão, supondo que assim estaria cumprindo o compromisso" (GALLOTI, Min. Luiz *apud* BARROSO, Luís Roberto. *Interpretação e Aplicação da Constituição*. São Paulo: Ed. Saraiva, 1996. p. 120).

Nesse aspecto, já as clássicas lições de Carlo Maximiliano,[16] em relação à interpretação que deve ser dada à utilização dos verbos "poder" e dever", afirmando que "propende o Direito moderno para atender mais ao conjunto de que às minúcias, interpretar as normas como complexo ao invés de isoladas, preferir o sistema à particularidade. Se isto se diz da regra escrita em relação ao todo, por mais forte razão se repetirá acerca da palavra em relação à regra. Ater-se aos vocábulos é processo casuístico, retrógrado. [...] Por isso mesmo, não se opõe, sem maior exame, 'pode' e 'deve', 'não pode' e 'não deve'. Se ao invés do processo filológico de exegese, alguém recorre ao sistemático e ao teleológico, atinge, às vezes, resultado diferente: desaparece a antinomia verbal, 'pode' assume as proporções e o efeito de 'deve'.

Assim acontece quando um dispositivo, embora redigido de modo que traduz, na aparência, o intuito de permitir, autorizar, possibilitar, envolve a defesa contra males irreparáveis, a prevenção relativa a violações de direitos adquiridos, ou a outorga de atribuições importantes para proteger o interesse público ou franquia individual. Pouco importa que a competência ou autoridade seja conferida direta ou indiretamente; em forma positiva ou negativa: o efeito é o mesmo; os valores jurídico-sociais conduzem a fazer o 'poder' redundar em 'dever', sem embargo do elemento gramatical em contrário. No mesmo sentido, é a lição do clássico filósofo do direito Rodolfo Von Jhering: 'A forma imperativa, isto é, a forma prática imediata de uma proibição ou de uma ordem, é a forma regular sob a qual o Direito aparece nas leis. Pouco importa, aliás, que a expressão seja imperativa ou não; o caráter imperativo jaz na coisa, na ideia. Na boca do legislador, 'é' tem o sentido de 'dever ser' [...]".

Em sede específica de direito administrativo contratual, também Toshio Mukai já expôs que "a expressão 'poderão' não dá um poder discricionário à Administração dada a finalidade indicada pelo inciso II, através da prorrogação. A expressão apenas tem o sentido de permitir à Administração".[17]

No caso, pela própria redação do item 4 do Anexo II dos contratos, a maior demonstração de que a regra contratual impõe a prorrogação do prazo inicial é que sequer foi preestabelecido um prazo determinado para a prorrogação, que deve ser deferida "durante o tempo necessário para que o poço atinja este objetivo estratigráfico". Em outras palavras, salvo naturalmente desídias gravíssimas de alguma das partes, deve-se manter o contrato enquanto não tiverem sido atingidos os objetivos estratigráficos, que constituem o elemento hermenêutico fundamental do contrato na questão da prorrogação da fase de exploração determinada pelo art. 43, II, da Lei do Petróleo, densificado pelo item 4 do Anexo II dos contratos.

O item 4 do Anexo II dos contratos não possui essa redação por acaso, mas espelha o compromisso da Administração com os investimentos realizados pela concessionária no curso da execução do contrato e, igualmente, com a promoção do princípio da eficiência, que restaria gravemente violado caso o contrato fosse sumariamente extinto apenas porque uma proporcionalmente pequena parcela não pôde ser executada dentro do prazo inicialmente previsto.

---

[16] MAXIMILIANO, Carlos. *Hermenêutica e Aplicação do Direito*. 7. ed. Rio de Janeiro: Ed. Freitas Bastos, 1961. p. 335-338. Grifamos.

[17] MUKAI, Toshio. As prorrogações nos serviços contínuos são facultativas. *Boletim de Licitações e Contratos – BLC*, vol. 16, n. 3, São Paulo. mar. 2003. Igualmente: MOTTA, Carlos Pinto Coelho. *Eficácia nas Licitações e Contratos*. 9. ed. Belo Horizonte: Ed. Del Rey, 2011. p. 646.

Dessa forma, tendo a consulente cumprido os requisitos exigidos pelo Contrato para a prorrogação – protocolização do pedido fundamentado[18] com antecedência mínima de 72 horas para o dia do encerramento – passou a ter direito subjetivo à prorrogação.

Não é demais lembrar que, como exposto no Tópico anterior, o direito à prorrogação do contrato pode ser inferido da própria Lei nº 9.478/97, que dentre as cláusulas essenciais do contrato de concessão, exigiu que houvesse disposições sobre a prorrogação da sua fase de exploração. Essa previsão, específica da Lei do Petróleo, revela o reconhecimento por parte do legislador de que, à luz dos elevados investimentos e incerteza que pairam a atividade de exploração petrolífera, não se poderia trabalhar com prazos absolutamente estanques e predefinidos, sem margem de flexibilidade.

IV.2 Eventos de força maior

Além do explanado no item anterior, que já seria suficiente para afirmar o direito ao deferimento do pedido de prorrogação formulado pela consulente, não se pode deixar de considerar que a impossibilidade de cumprimento do prazo de execução do programa exploratório mínimo se deveu a eventos fora da esfera de ingerência da concessionária e, portanto, que não poderia ter evitado.

Como relata, a consulente foi impedida de finalizar o rol de obrigações a que contratualmente se obrigara por razões alheias à sua vontade, imprevisíveis e inevitáveis, como a ocorrência do furacão Katrina – que atrasou o envio da sonda do Equador até o local da perfuração – e a greve da Secretaria da Receita Federal, que retardou o seu desembaraço aduaneiro.

Embora a doutrina distinga, por vezes, entre caso fortuito e evento de força maior, os efeitos de seu reconhecimento pelo direito pátrio são os mesmos. A partir dessa constatação, Orlando Gomes defendia a desnecessidade de tal diferença, manifestando-se nos seguintes termos: "Todo acontecimento natural extraordinário e irresistível pode influir na esfera jurídica do sujeito de direito. É o caso fortuito ou de força maior. Costuma-se distingui-los, sob os mais diversos critérios, num 'debate-secular', mas, não só pela identidade dos efeitos, como pela possibilidade da unificação do conceito, é preferível não seguir a corrente dualista".[19]

De fato, o tratamento idêntico pelo direito positivo aos casos fortuitos e eventos de força maior foi mantido com a promulgação do novo Código Civil, cujo artigo 393, parágrafo único, expressamente invocado pelos contratos em exame em sua cláusula 32.1, prevê: "O caso fortuito ou de força maior verifica-se no ato necessário, cujos efeitos não era possível evitar ou impedir".

---

[18] Note-se que o dispositivo exige apenas a fundamentação, decerto que uma fundamentação racional, mas sem determinar ou especificar sobre que circunstâncias deve ela repousar.

[19] GOMES. Orlando. *Introdução ao direito civil*. 12. ed. Rio de Janeiro: Forense, 1996. p. 248. Já o fato do príncipe ocorre "quando, em decorrência de normas emanadas de órgãos do Estado, as partes ficam impedidas, juridicamente, de cumprir as cláusulas do contrato que firmaram" (NADER, Paulo. *Introdução ao estudo do direito*. 14. ed. Rio de Janeiro: Forense, 1997. p. 384). Portanto, no caso em apreço estamos diante de eventos de força maior, terminologia que se passará a utilizar doravante para referência tanto ao furacão Katrina quanto à greve dos servidores da Secretaria da Receita Federal.

Na situação como narrada, tanto a ocorrência do furacão quanto a greve dos funcionários da Secretaria da Receita Federal[20] constituiriam eventos supervenientes, cujos efeitos não era possível às partes prever quando da celebração do contrato e, muito menos, evitar ou impedir. Dessa forma, as circunstâncias supervenientes, como as supramencionadas, caracterizam eventos de força maior, os quais, nas palavras de Marçal Justen Filho, "abrangem as ocorrências que tornam inviável o cumprimento da prestação, por fatores que escapam ao controle do devedor. Não se caracteriza a inexecução culposa, porquanto a ausência de cumprimento deriva de circunstâncias que transcendem a vontade do devedor e que independem da adoção, por parte dele, das cautelas e precauções devidas". [...] Em ocorrendo um evento de caso fortuito ou de força maior, "as duas partes têm o dever de agir com a cautela adequada e necessária". Adiante, complementa: "as partes deverão verificar se a execução do contrato, embora mais complexa ou onerosa, permaneceu possível ou não".[21]

No presente caso, a concessionária apenas pleiteou prorrogação contratual, no prazo ajustado e cuja possibilidade já se encontrava avençada desde a data de sua celebração, sequer cogitando de reequilíbrio econômico-financeiro ou de qualquer outra natureza que pudesse ocasionar ônus ou gravame para a Administração Pública.

Nesse sentido, e a título de conclusão do tópico, relembra-se a lição segundo o qual, em caso de força maior, *"inexiste margem de discricionariedade para a Administração negar a prorrogação [...] Trata-se de atividade vinculada*, cujos pressupostos estão arrolados no texto legal. Não se remete à Administração escolher entre conceder ou não a prorrogação".[22]

IV.3 Proteção jurídica da legítima expectativa e a Teoria dos Atos Próprios

Em suporte ao direito à prorrogação contratual pretendida, não se pode deixar de trazer à consideração a Teoria dos Atos Próprios, que ganhou proeminência a partir do estudo do Direito Administrativo sob uma ótica eminentemente democrática, de respeito ao legítimo interesse do Administrado que contrata com a Administração Pública.

---

[20] O Superior Tribunal de Justiça já reconheceu em diversas ocasiões que a greve de serventuários públicos que prejudicam o exercício das atividades administrativas constituem eventos de força maior. Veja-se, a título de ilustração: " A greve dos agentes penitenciários constitui motivo de força maior, não configurando desídia da autoridade impetrada e não ensejando, por si só, a pronta revogação da custódia cautelar. Precedentes. Por aplicação do Princípio da Razoabilidade, tem-se *como justificada eventual dilação de prazo* para a conclusão da instrução processual, quando a demora não é provocada pelo Juízo ou pelo Ministério Público, mas sim decorrente de incidentes do feito e devido à observância de trâmites processuais sabidamente complexos" (HC nº 35925/RS, grifamos); "II – A greve dos serventuários da Justiça constitui motivo de força maior, não configurando desídia da autoridade impetrada e não ensejando, por si só, a pronta revogação da custódia cautelar. Precedentes" (HC nº 37465/SP); "2. A impossibilidade da realização do interrogatório do acusado, remarcado a pedido da defesa, *deu-se por motivo de* força maior, *qual seja:* a greve de policiais federais, razão pela qual não houve qualquer desídia na condução da instrução criminal pela justiça" (HC nº 38974/SP, grifamos).

[21] JUSTEN FILHO, Marçal. *Comentários à lei de licitações e contratos administrativos.* 5. ed. São Paulo: Dialética, 1998. p. 546-547 e 551.

[22] JUSTEN FILHO, Marçal. *Comentários à lei de licitações e contratos administrativos.* 5. ed. São Paulo: Dialética, 1998. p. 491. Grifos nossos.

Como informa a consulente, a ANP enviou à Consulente uma série de ofícios. O objeto dos dois primeiros ofícios foi informar a concessionária sobre a Notificação de Codificação dos poços atinentes a cada contrato celebrado, ou seja, a ANP demonstrava que os trabalhos de perfuração, cujo início foi retardado, haviam sido *constatados e registrados* pela Agência. O último ofício, por sua vez, constitui uma advertência encaminhada à Consulente, alertando-a sobre o não envio do documento denominado Situação Operacional dos Poços (SOP). Trata-se de nítida atividade de *fiscalização* dos trabalhos por ela desenvolvidos. Por um lado, a ANP constata, registra e cobra atividades relativas ao trabalho desenvolvido pela empresa, de outro lado, ela simplesmente se omite sobre os percalços que levaram ao atraso do início das perfurações.

Como resultado, depois de enviado o requerimento sobre a prorrogação dos contratos, a Agência se manifesta sobre as questões nas quais ela até então se fez silente. E a sua última manifestação ocorre justamente em direta contradição às suas outras manifestações realizadas no final do prazo a ser prorrogado.

Em breve síntese, a Teoria dos Atos Próprios veda à Administração mudanças bruscas de entendimento, capazes de gerar um ambiente de incerteza e insegurança para os administrados. Conforme observa Jesús Gonzalez Pérez, em um Estado Democrático de Direito, deve ser garantida ao Administrado "a confiança de que não serão adotadas condutas confusas e equívocas nos procedimentos nos quais serão emitidos os atos que gerarão as relações entre a Administração e o administrado".[23]

No caso em análise, portanto, além das já analisadas previsões legais e contratuais que expressamente contemplam a prorrogação, houve até mesmo troca de correspondências entre as Partes durante a execução do contrato: a ANP estava ciente de que o atraso no cronograma ocorreria, e em nenhum momento acenou ou alertou pelo seu encerramento imediato. Ao contrário, tomou ciência e permitiu que a Concessionária seguisse realizando novos investimentos, por ela devidamente fiscalizados, inclusive nas semanas próximas ao encerramento do prazo inicialmente ajustado.

Uma modificação de postura por parte da autoridade administrativa, no sentido de encerrar o contrato de concessão, apesar de ciente das dificuldades enfrentadas pela Consulente em razão dos eventos de força maior supramencionados, violaria o princípio da boa-fé objetiva, que "implica em um dever de coerência do comportamento, que consiste na necessidade de observar no futuro a conduta que os atos anteriores faziam prever" (conforme detalhado no tópico a seguir).[24]

---

[23] GONZALEZ, Jesús Pérez. *El Principio General de la Buena Fe en el Derecho Administrativo*. 3. ed. Madrid: Ed. Civitas, 1999. p. 91. Igualmente, observa Maria Sylvia Zanella di Pietro, comentando a lei de processo administrativo: "Como participante da Comissão de juristas que elaborou o anteprojeto de que resultou essa lei, permito-me afirmar que o objetivo da inclusão desse dispositivo foi o de vedar a aplicação retroativa de nova interpretação de lei no âmbito da Administração Pública. Essa ideia ficou expressa no parágrafo único, inciso XIII, do artigo 2º [...] A segurança jurídica tem muita relação com a ideia de respeito à boa-fé. Se a Administração adotou determinada interpretação como a correta e a aplicou a casos concretos, não pode depois vir a anular atos anteriores, sob o pretexto de que os mesmos foram praticados com base em errônea interpretação. [...] Se a lei deve respeitar o direito adquirido, o ato jurídico perfeito e a coisa julgada, por respeito ao princípio da segurança jurídica, não é admissível que o administrado tenha seus direitos flutuando ao sabor de interpretações jurídicas variáveis no tempo". DI PIETRO, Maria Sylvia Zanella. *Direito Administrativo*. 13. ed. São Paulo: Ed. Atlas, 2001. p. 84-85.

[24] DÍEZ-PICAZO, Luis Ponce. *La Doctrina de los proprios Actos*. Barcelona: Bosch, 1963. p. 245. O princípio da boa-fé "foi guindado à condição de princípio normativo expresso através da Lei nº 9.784, de 1999 [...]. Denominado também de 'princípio da confiança' pelo professor Juarez Freitas, [...] decorreria 'da junção dos princípios da moralidade e da segurança das relações jurídicas', ambas também princípios normativos" (BERTONCINI,

Dessa forma, a posterior negativa pela autoridade reguladora, ainda mais sem maiores justificativas, viola sua legítima expectativa, distanciando-se, assim, da teoria dos Atos Próprios que proíbe que a Administração imponha ao Administrado mudanças bruscas e desarrazoadas de entendimentos.

A proibição do *venire contra factum proprium* encontra-se inserta na Teoria das Autolimitações Administrativas, que representa um conjunto de instrumentos diversos, mas complementares, que visam a assegurar a razoabilidade, a coerência e a igualdade no tratamento dado pela Administração aos cidadãos, em uma expressão do Estado Democrático de Direito e do devido processo legal substancial, que vedam as iniqüidades estatais. A Teoria é correlacionada com o Estado Democrático de Direito, que "garante a segurança e a liberdade. [...] Derivou-se um princípio geral da segurança jurídica cujo conteúdo é aproximadamente este: as pessoas – os indivíduos e as pessoas colectivas – têm o direito de poder confiar que os seus actos ou as decisões públicas incidentes sobre os seus direitos, posições ou relações jurídicas alicerçadas em normas jurídicas vigentes e válidas ou em actos jurídicos editados pelas autoridades com base nessas normas [...]. Aos próprios actos da Administração é reconhecida uma determinada força (a força de caso decidido)".[25]

Nesse sentido, Maria Sylvia Zanella Di Pietro afirma que "a segurança jurídica tem muita relação com a ideia de respeito à boa-fé. Se a Administração adotou determinada interpretação como a correta e a aplicou a casos concretos, não pode depois vir a anular atos anteriores, sob o pretexto de que os mesmos foram praticados com base em errônea interpretação. [...] Se a lei deve respeitar o direito adquirido, o ato jurídico perfeito e a coisa julgada, por respeito ao princípio da segurança jurídica, não é admissível que o administrado tenha seus direitos flutuando ao sabor de interpretações jurídicas variáveis no tempo".[26]

Com efeito, "como projeção do princípio da igualdade se tem considerado o princípio que *proíbe ir contra os próprios atos*. Se o que aquele [princípio da igualdade] comporta é um igual tratamento de situações iguais, é inquestionável que, havendo atuado a Administração, diante de uma situação, em determinado sentido, não lhe será lícito fazê-lo de outra forma, diante da mesma situação".[27] Nesse sentido, já afirmamos,

---

Mateus Eduardo Siqueira Nunes. *Princípios de Direito Administrativo Brasileiro*. São Paulo: Malheiros, 2002. p. 242-243). Há também quem veja a "presença implícita" do princípio da boa-fé no Direito Administrativo "no multifacetado conteúdo dos princípios gerais da razoabilidade, proporcionalidade, moralidade, segurança jurídica, cujo respeito é indispensável *ex vi* do art. 2º, *caput*, da Lei nº 9.784/99" (NOBRE JÚNIOR, Edilson Pereira. *O Princípio da Boa-fé e sua Aplicação no Direito Administrativo Brasileiro*. Porto Alegre: Sergio Antonio Fabris Editor, 2002. p. 239).

[25] CANOTILHO, J. J. Gomes. *Estado de Direito*. Lisboa: Fundação Mário Soares, 1999. p. 74-75. Do ponto de vista da teoria anglo-saxônica do *substantive due process of law*, paralela à do Estado democrático de Direito de origem franco-germânica, a Suprema Corte norte-americana já se manifestou em sentido semelhante, *verbi gratia* em *Hurtado v. California*, 110 U.S. 516, 531 (1884), conforme: TRIBE, Laurence H. *American Constitutional Law*. 3. ed. New York: Foundation Press, 2000. v. 1, p. 1332-1343.

[26] DI PIETRO, Maria Sylvia Zanella. *Direito Administrativo*. 13. ed. São Paulo: Ed. Atlas, 2001. p. 85. "O Direito comporta diversas interpretações, todas válidas. Todavia, uma vez adotada uma delas, as situações jurídicas por ela alcançadas e consolidadas não comportam reanálise" (FERREIRA, Luiz Tarcísio Teixeira. Princípios do Processo Administrativo e a Importância do Processo Administrativo no Estado de Direito – artigos 1º e 2º. In: FIGUEIREDO, Lúcia Valle (Coord.). *Comentários à Lei Federal de Processo Administrativo*. Belo Horizonte: Ed. Fórum, 2004. p. 23).

[27] PÉREZ, Jesús González. *El Principio de la Buena Fé en el Derecho Administrativo*. Madrid: Civitas, 1983. p. 122. Grifamos.

em outra oportunidade, que "a boa-fé implica em um *dever de coerência do comportamento*, que consiste na necessidade de observar no futuro a conduta que os atos anteriores faziam prever".[28]

Além disso, a aplicação da proibição do *venire contra factum proprium* também impede que a ANP veja na sua omissão (ausência de análise do pleito de prorrogação antes da data inicialmente prevista para encerramento do contrato, qual seja, 28.11.2005) justificativa para negar o pedido de prorrogação. Uma tal interpretação sugeriria que a inércia da Administração – sobre a qual a consulente não possui qualquer ingerência – teria o condão de fazer perecer o seu direito à prorrogação do contrato.

Portanto, se a autoridade reguladora deixou de se pronunciar expressamente[29] quanto à prorrogação do prazo inicial da fase de exploração até o termo desse, não pode submeter a Consulente a danos decorrentes dessa sua omissão no exercício das competências regulatórias, sob pena de violação, novamente, do princípio do *venire contra factum proprium*.[30]

IV.4 Violações às três funções do princípio da boa-fé objetiva

No item anterior já intuímos a grande contribuição que o princípio da boa-fé aplicado ao direito administrativo e à teoria geral dos contratos, aí incluídos obviamente os contratos administrativos, tem para a solução equânime do caso concreto em exame.

Neste Tópico desejamos destacar como a teoria dos contratos relacionais[31] enfatiza o elemento da incompletude das relações contratuais complexas e continuadas e a necessidade dos cânones da boa-fé para integrá-los. Reconhecendo essa limitação, seus autores enfatizam o aspecto procedimental da relação entre as partes, calcados na ênfase dada aos mecanismos de solução de controvérsias em situações imprevistas antes do que na previsão de todas as situações relevantes que possam ocorrer no curso da execução.

---

[28] ARAGÃO, Alexandre Santos de. Teoria dos Atos Próprios e Taxa Regulatória (Parecer). *Revista de Direito da Procuradoria Geral do Estado do Rio de Janeiro*, v. 56, p. 455-461, 2002. Valemo-nos na ocasião de: DÍEZ-PICAZO, Luis Ponce. *La Doctrina de los proprios Actos*. Barcelona: Bosch, 1963. p. 245, grifos nossos. O princípio da boa-fé "foi guindado à condição de princípio normativo expresso através da Lei nº 9.784, de 1999 [...]. Denominado também de 'princípio da confiança' pelo professor Juarez Freitas, [...] decorreria 'da junção dos princípios da moralidade e da segurança das relações jurídicas', ambas também princípios normativos" (BERTONCINI, Mateus Eduardo Siqueira Nunes. *Princípios de Direito Administrativo Brasileiro*. São Paulo: Malheiros, 2002. p. 242-243). Há também quem veja a "presença implícita" do princípio da boa-fé no Direito Administrativo "no multifacetado conteúdo dos princípios gerais da razoabilidade, proporcionalidade, moralidade, segurança jurídica, cujo respeito é indispensável *ex vi* do art. 2º, caput, da Lei nº 9.784/99" (NOBRE JÚNIOR, Edilson Pereira. *O Princípio da Boa-fé e sua Aplicação no Direito Administrativo Brasileiro*. Porto Alegre: Sergio Antonio Fabris Editor, 2002. p. 239).

[29] Apenas expressamente, pois implicitamente dava a entender que o prazo estava prorrogado.

[30] Cumpre mencionar que a omissão das agências reguladoras pode vir a ensejar a sua responsabilidade civil por ato omissivo. Sobre o tema: ARAGÃO, Alexandre Santos de; SAMPAIO, Patrícia Regina Pinheiro. Omissão no exercício do poder normativo das agências e a concorrência desleal. *In*: ARAGÃO, Alexandre Santos de (Coord.). *O poder normativo das agências reguladoras*. Rio de Janeiro: Forense, 2006.

[31] A esse respeito, veja-se Ian Macneil: "Todo contrato, mesmo uma operação teórica, envolve relações além da troca de mercadorias em si. Portanto, todo contrato é necessariamente, em parte, um contrato relacional, isto é, que envolve relações outras que não apenas uma troca isolada" (MACNEIL, Ian. *The new social contract*: An inquiry into modern contractual relations. New Haven: Yale University Press, 1980. p. 10).

O reconhecimento desses contratos como inerentemente incompletos e, portanto, da necessidade da proteção das partes através dos princípios e cláusulas gerais da boa-fé, são essenciais ainda mais quando esse tipo de relação contratual envolve a necessidade de investimentos em ativos específicos (os *sunk costs*, isto é, custos irrecuperáveis pela parte investidora em caso de malogro do projeto).

Os contratos de concessão em análise caracterizam-se por serem contratos relacionais, pois são contratos complexos, de longa duração, envolvendo serviços e investimentos irrecuperáveis, isto é, custos na construção de infraestruturas que, ao menos em princípio, não teriam como ser reaproveitadas pela concessionária em caso de encerramento do contrato.[32]

Em razão da sua complexidade e perpetuação no tempo, as concessões petrolíferas são inevitável e necessariamente incompletas, de forma que é necessário ir preenchendo o seu conteúdo ao longo do tempo, tendo por norte a concretização da finalidade para a qual foi celebrado. Conforme explanam Rachel Sztajn, Décio Zylbersztajn e Paulo Furquim de Azevedo: "A teoria dos contratos relacionais enfatiza o processo de ajuste dos acordos", reconhecendo que, em relações complexas e continuadas, "os contratos apenas colocam em marcha um processo de negociação de longo prazo que é custoso, entretanto mais eficiente do que o ônus de desenhar contratos pretensamente completos".[33]

A redação do citado item 4 do Anexo II aos contratos de concessão, relativo à possibilidade de prorrogação da Fase de Exploração, responde justamente a essas características dos contratos relacionais. Cientes da impossibilidade de antever, e consequentemente prevenir, todas as situações que poderiam dar ensejo a atrasos no cronograma das atividades contratualmente estabelecidas, as partes de antemão concordaram em que, desde que houvesse razões legítimas e plausíveis a justificar o atraso (donde a exigência de fundamentação), o prazo de execução seria prorrogado.

Colocado o quadro geral da importância do princípio da boa-fé para os contratos de concessão em questão, o presente tópico visa a sistematizar a contribuição do princípio da boa-fé, tratando especificamente das suas três funções: (i) interpretar um contrato de acordo com os preceitos da boa-fé, impedindo que o mesmo venha a ser analisado de forma a restringir o plano negocial traçado pelas partes; (ii) impedir que uma das partes contratantes abuse de sua posição contratual, impingindo à outra medidas que afrontem princípios guardados pela Constituição Federal e interesses de ordem coletiva; e (iii) observar deveres de conduta ativos, mais especificamente os deveres de proteção, cooperação, informação e sigilo.

---

[32] A natureza relacional do contrato é observada na própria descrição de seu objeto que, nos termos da cláusula 2.1, compreende "a execução, pelo Concessionário, das Operações especificadas no Anexo II – Programa de Trabalho e Investimento, e qualquer outra atividade adicional de Exploração que o Concessionário possa decidir realizar dentro de cada Bloco integrante da Área de Concessão, visando a permitir que Petróleo e Gás Natural sejam produzidos em condições econômicas na Área de Concessão, e no caso de qualquer Descoberta, a Avaliação, o Desenvolvimento e a Produção dos Hidrocarbonetos Pertinentes, tudo nos termos aqui definidos". Portanto, extreme de dúvidas que se trata, no caso concreto, do contrato como processo, em que autoridade pública e administrado interagem constantemente, a fim de conferir a segurança necessária a que a concessionária realize investimentos em ativos específicos.

[33] SZTAJN, Raquel; ZYLBERSZTAJN, Décio; AZEVEDO, Paulo Furquim de. Economia dos contratos. *In*: ZYLBERSZTAJN, Décio; SZTAJN, Raquel. *Direito e Economia*. Rio de Janeiro: Elsevier, 2005. p. 110.

IV.4.1 Função interpretativa: *O princípio da conservação do contrato*

A boa-fé objetiva desempenha originariamente um papel de critério para se interpretar a manifestação de vontade nas relações contratuais, privilegiando algumas soluções interpretativas em detrimento de outras.[34]

Os contratos devem ser interpretados de forma a garantir que atinjam a sua finalidade principal, valorizando-se as linhas de interpretação que lhes garantam validade e eficácia, produzindo regularmente os efeitos desejados pelas partes.

Dessa forma, a boa-fé atua como "critério hermenêutico, exigindo que a interpretação das cláusulas contratuais privilegie sempre o sentido mais conforme à lealdade e honestidade em relação aos propósitos comuns, a busca pelo sentido mais consentâneo com os objetivos perseguidos pelo negócio".[35] O "objetivo perseguido pelo negócio" nos contratos de concessão petrolífera é a busca e, em caso de descoberta viável comercialmente, a extração de petróleo nos campos nos quais a pesquisa e a perfuração foram concedidas à consulente. Sendo assim, a melhor interpretação desses contratos é justamente aquela que permitir a continuidade do negócio, ou seja, que proporcione ao contrato cumprir o seu objetivo. Apenas na inexistência de qualquer outra possível interpretação minimamente plausível, é que se poderia adotar uma que levasse ao perecimento do contrato e, consequentemente, dos objetivos públicos por ele visados.

Em outros termos, o princípio da preservação das relações contratuais exige que, em havendo duas linhas de interpretação sobre uma determinada cláusula, uma que leva à conclusão de que o contrato não deve produzir efeitos e outra que os conserve, deve-se optar pela segunda. No mesmo sentido, existindo duas linhas de interpretação que mantenham em vigor o contrato, deve-se privilegiar aquela que melhor potencializa os efeitos do instrumento contratual.

A função interpretativa desempenhada pela boa-fé objetiva valoriza um princípio clássico da interpretação jurídica, qual seja, o princípio da conservação do contrato. Conforme menciona Cláudio Luiz Bueno de Godoy, "o contrato, hoje, deixou de encerrar um feixe de interesses apenas dos contraentes, portanto espraiando efeitos à sociedade [...]. Se é assim, natural que ao ajuste se procure, na esfera interpretativa, garantir a sua máxima eficácia".[36]

A aplicação desse princípio interpretativo visa a valorizar a permanência da relação contratual, privilegiando a possibilidade de seu cumprimento. Esse objetivo deve ser atingido não apenas em homenagem aos interesses das partes contratantes, mas também em observância a diversos interesses que recaem sobre a relação contratual.

É, então, preciso interpretar os contratos de forma a buscar a sua conservação. O citado item 4 do Anexo II, ao dispor que a Consulente deveria solicitar à ANP a prorrogação dos contratos, com antecedência mínima de 72 horas do seu termo final,

---

[34] Essa é a função referida, por exemplo, pelo art. 113 do novo Código Civil: *Art. 113. Os negócios jurídicos devem ser interpretados conforme a boa-fé e os usos do lugar de sua celebração.* O dispositivo é aplicável aos contratos de qualquer natureza, especialmente aos contratos travados com o Estado face às suas prerrogativas especiais, sejam eles de direito público ou de direito privado, até porque meramente explicitador de ditame que advém diretamente do próprio Estado Democrático de Direito.

[35] TEPEDINO, Gustavo, BODIN DE MORAES, Maria Celina; BARBOZA, Heloisa Helena (Orgs.). *Código Civil Interpretado à luz da Constituição Federal*. Rio de Janeiro: Renovar, 2004. p. 228.

[36] BUENO DE GODOY, Claudio Luiz. *Função Social do Contrato*. São Paulo: Saraiva, 2004. p. 169.

caso a Consulente já tivesse iniciado os trabalhos de perfuração, também deve passar por esse crivo interpretativo.

Caso se fosse interpretar essa cláusula no sentido de que a ANP possui "discricionariedade" para simplesmente não responder à solicitação da Consulente, resultando desse silêncio imediata extinção do contrato por decurso de prazo, estar-se-ia legitimando uma conduta que atenta contra os ditames da boa-fé objetiva e da preservação dos contratos e dos atos jurídicos em geral. Esse entendimento levaria à automática e facilitada cessação dos contratos e ao correspondente não atingimento de seus objetivos, ao invés de conservar os contratos, valorizando o adimplemento substancial das obrigações pela consulente e os objetivos públicos contemplados no contrato, que asseguram o cumprimento da sua função social.

IV.4.2 Função limitadora do abuso de direito: *O aproveitamento do adimplemento substancial*

A boa-fé objetiva exerce ainda uma função limitadora do abuso no exercício dos direitos,[37] que assume grande relevância na análise da hipótese desta consulta.

No passado, a opção pela resolução do contrato em não sendo possível a identificação de adimplemento integral das obrigações poderia até parecer, para alguns, uma opção hermenêutica razoável. Não por outro motivo, as hipóteses de extinção do contrato lograram obter um estudo mais aprofundado, e mais vetusto, do que aquele dedicado às formas de revisão contratual.

A virada para o século XXI, finalmente, marcou o estabelecimento de um novo viés nos estudos doutrinários e, consequentemente, nos textos legais: trata-se do abandono da solução pela extinção do contrato como a forma mais usual de tratar hipóteses de não adimplemento das obrigações do contrato.

Dentre todas as construções sobre a matéria, uma delas merece destaque para o caso em tela, na medida em que privilegia o adimplemento da concessionária, ainda que, para argumentar, não fosse integral. Trata-se da teoria do adimplemento substancial.

Segundo lição de Clóvis do Couto e Silva, o adimplemento substancial deve ser concebido como um "adimplemento tão próximo ao resultado final, que, tendo-se em vista a conduta das partes, exclui-se o direito de resolução".[38]

O adimplemento substancial é aquele cumprimento da obrigação contratual que não chega a realizar a perfeição almejada, mas que atende ao núcleo fundamental da utilidade visada pela outra parte, sendo que. No caso concreto, pelas informações a nós trazidas,[39] a sua substância já se encontra adimplida. Em assim sendo, deve-se

---

[37] Conforme consta inclusive do Código Civil: *Art. 187. Também comete ato ilícito o titular de um direito que, ao exercê-lo, excede manifestamente os limites impostos pelo seu fim econômico ou social, pela boa-fé ou pelos bons costumes.*

[38] COUTO E SILVA, Clóvis do. O princípio da boa-fé no direito brasileiro e português. *In:* FRADERA, Vera Maria Jacob de (Org.). *O Direito Privado Brasileiro na visão de Clóvis do Couto e Silva.* Porto Alegre: Livraria do Advogado, 1997. p. 45.

[39] Informações segundo as quais a Aurizônia assinou em 28.11.03 três contratos de concessão referentes aos blocos BT-POT-16, BT-POT-20 e BT-POT-24. Durante o primeiro período exploratório, entre nov. 03 a nov. 04, a empresa cumpriu o Programa Mínimo Exploratório (PEM) equivalente a 7.100 unidades de trabalho. Durante o segundo período exploratório, entre nov. 04 e nov. 05, a empresa realizou inúmeras perfurações no bloco POT-16 e

privilegiar a conduta da consulente, evitando que, do não atendimento perfeito do programa contratual no prazo inicial previsto, se extraia – de forma automática e não afeita aos objetivos maiores da Lei do Petróleo – a extinção do contrato, ainda mais quando a concessionária requereu com antecedência, na forma determinada pelo contrato, a sua prorrogação.

Para que seja caracterizado um adimplemento de natureza substancial, retirando do credor a possibilidade de extinção do contrato, a falha na execução não deve ser de monta a abalar o sinalagma mantido entre as partes quando da celebração do contrato. É o que enfatiza Teresa Negreiros ao afirmar que, "ainda que a norma contratual ou legal preveja a rescisão do contrato, o fato de ter a prestação sido substancialmente satisfeita veda ao credor, de acordo com os ditames da boa-fé, o exercício do direito de rescisão. Isto pois a substancialidade do adimplemento, apurada de acordo com as circunstâncias, e em vista da finalidade econômico-social do contrato em exame, garante o equilíbrio entre as prestações correspectivas, não chegando o cumprimento parcial a abalar o sinalagma".[40]

Na mesma direção, a jurisprudência já teve oportunidade de asseverar que "o adimplemento substancial representa um cumprimento da obrigação tão próximo do resultado final, que, em face de um pequeno inadimplemento do devedor, não se justifica a resolução do contrato. Limita-se, assim, a exigibilidade do direito subjetivo do credor, pois o direito formativo à resolução do contrato está em confronto com o princípio da boa-fé".[41]

Os elevadíssimos investimentos empregados, os equipamentos para perfuração, superados intensos transtornos derivados dos mencionados eventos de força maior, estando em uso toda a infraestrutura para pesquisa e avaliação e a soma de todos esses fatores ao início das perfurações enquadra a conduta da consulente na substância esperada de qualquer parte que respeite os ditames da boa-fé e vise ao alcance do objetivo final do contrato.

IV.4.3 Função impositiva de deveres contratuais ativos: *Ausência de cooperação e falha no dever de informar por parte da ANP*

Por fim, a boa-fé objetiva possui a função impositiva de deveres contratuais ativos às partes,[42] acessórios ou laterais, no sentido de que, além das previsões expressas do contrato, existem outras condutas que devem necessariamente ser observadas pelos contratantes.

---

começou, mas não terminou as perfurações nos blocos 20 e 24, sendo que o valor investido nos três blocos até o final de janeiro de 2006 alcança um total de R$76.378.000, sendo R$72.641.000 no BT-POT-16, R$1.983.000 no BT-POT-20 e R$1.754.000 no BT-POT-24. Com relação às perfurações interrompidas, no bloco 20 alcançou-se uma profundidade de 121 metros de um total previsto de 1.129 metros, com uma estimativa de investimentos adicionais de R$1.950.000 para conclusão do furo e no bloco 24 alcançou-se uma profundidade de 210 metros de um total previsto de 977 metros, com uma estimativa de R$1.788.000 para sua conclusão.

[40] NEGREIROS, Teresa. *Teoria do Contrato*: novos Paradigmas. Rio de Janeiro: Renovar, 2002. p. 145.

[41] TJRS, Ag. nº 70.000.027.623, rel. Des. Paulo de Tarso Vieira Sanseverino; j. em 18.11.1999.

[42] Segundo inclusive o Código Civil: *Art. 422. Os contratantes são obrigados a guardar, assim na conclusão do contrato, como em sua execução, os princípios de probidade e boa-fé*.

Identifica-se pelo menos quatro deveres: (i) dever de cooperação (ou lealdade); (ii) dever de informação (ou esclarecimento); (iii) dever de sigilo (ou confidencialidade); e (iv) dever de proteção (ou cuidado).

A afirmação de um dever de cooperação entre as partes contratantes não remete o intérprete a visões românticas sobre a relação contratual. Afirmar que as partes devem cooperar entre si significa dizer que, superada a visão do contrato como um antagonismo perene entre os interesses das partes, deve-se perceber que ambas as partes buscam um objetivo comum no instrumento contratual: o seu adimplemento.

Nesse sentido, os deveres provenientes do princípio de boa-fé objetiva "caracterizam a correção do comportamento dos contratantes, um em relação ao outro, tendo em vista que o vínculo obrigacional deve traduzir uma ordem de cooperação, exigindo-se de ambos os obrigados que atuem em favor da consecução da finalidade que, afinal, justificou a formação daquele vínculo".[43]

Qual seria, portanto, a finalidade dos contratos celebrados entre a consulente e a ANP, como poder concedente? Por óbvio, sua finalidade é possibilitar a descoberta do potencial de extração de petróleo nos campos objeto dos referidos instrumentos. E, sendo assim, apenas poder-se-á descobrir o potencial petrolífero e gaseífero desses campos com base nesses contratos se a consulente puder continuar desenvolvendo as atividades para as quais foi contratada.

Ocorre que, durante a execução do contrato, diversos fatores, narrados anteriormente, impediram a concessionária de encerrar os seus estudos sobre as áreas objeto dos contratos até o termo inicialmente fixado para a conclusão da fase de exploração. Já prevendo que hipótese como essa poderia ocorrer na dinâmica do contrato, consta dos contratos dispositivo (item 4) que permite à Consulente solicitar a prorrogação do prazo caso já tivesse iniciado os trabalhos de perfuração.

O dever da ANP correspondente à solicitação realizada pela consulente nos termos do item 4 do Anexo II é, não apenas em razão da exigência de boa-fé, mas também em consonância com a mais superficialmente respeitosa obrigação de reciprocidade, a emissão de resposta do poder concedente antes, naturalmente, de vencido o prazo inicial de exploração dos blocos.

O item 4 do Anexo II condiciona o pleito da concessionária a três condições, quais sejam: (i) o inicio da perfuração dos poços já ter-se realizado, sem, contudo, atingir os seus objetivos estratigráficos; (ii) o pedido de prorrogação ser protocolado em até 72 (setenta e duas) horas anteriores ao suposto término do prazo contratual; e (iii) que o mesmo seja devidamente fundamentado.

A consulente cumpriu com todos os requisitos acima listados. Contudo, não encontrou correspondência na atuação da ANP, cuja abstenção prosseguiu até momento posterior ao prazo originalmente avençado para o contrato. Uma vez superado o prazo, a ANP, através de Ofício encaminhado à Consulente, afirmou que não foi possível prorrogar a Fase de Exploração por falta de amparo legal e contratual e por não considerar o atraso motivado por força maior.

Sob o prisma do dever de cooperação, o Ofício desconsidera que a concessionária enviara diversos ofícios ao Poder Concedente dando notícia de que a utilização da referida sonda estava sofrendo atrasos por conta de eventos absolutamente fortuitos. Os

---

[43] NEGREIROS, Teresa. *Teoria do Contrato*: novos Paradigmas. Rio de Janeiro: Renovar, 2002. p. 150.

ofícios, aparentemente, não foram nem mesmo objeto de resposta da agência reguladora. A ANP manteve-se silente durante todo o transtorno pelo qual passava a consulente, que, diligentemente, informava-lhe sobre os seus percalços. E, não só isso, depois de iniciadas as perfurações não finalizadas, a ANP as codificou e fiscalizou.

Somente depois de ultrapassado o prazo contratual é que a ANP veio a expedir declaração sobre o ocorrido. E a sua declaração foi justamente no sentido de não considerar todo o ocorrido como caso fortuito. Até então, não se sabia expressamente o juízo realizado pela Agência sobre os atrasos.

Seria realmente grave, sendo plausível inclusive cogitar-se de eventual responsabilidade civil do Estado (art. 37, §6º, CF), que a Administração tivesse por hipótese deixado esgotar-se o prazo para, só então, 24 horas depois, expedir lacônico despacho, informando ao particular interessado que, simplesmente, o prazo contratual teria se esgotado, e que o seu direito à prorrogação já não poderia mais ser exercido.

A infração ao dever de *cooperação*, nessa seara, confunde-se também com franca violação ao dever de *informação*, imposto a qualquer parte contratante e com muito mais vigor ao Estado, na figura do Poder Concedente. Ou seja, se a Administração não ia querer prorrogar o prazo, por que não participou logo isso à concessionária?

A cooperação esperada entre os contratantes existiu por parte da consulente, que informou ao Poder Concedente sobre todo o ocorrido. E, justamente ao faltar com o dever de cooperação, a ANP violou também o dever de informação, ao omitir da outra parte qualquer consideração sobre os seus atrasos.

Na ausência de manifestação expressa sobre o atraso, as únicas manifestações com as quais a consulente poderia se guiar eram justamente os três ofícios acima relatados. E eles denotavam que a ANP havia constatado e registrado o início dos trabalhos, e que agia de forma a supervisionar essas atividades, indicando que, embora com atraso, finalmente as atividades começavam a ser encaminhadas com normalidade.

Portanto, a consulente confiou no comportamento desempenhado pelo Poder Concedente.[44] É a tutela da confiança um dos núcleos mais preciosos da tutela da boa-fé objetiva, mais notadamente na atuação dos deveres de cooperação e informação, violados ambos no caso concreto.

Mais especificamente, o dever de cooperação aponta para uma série de condutas que devem ser desempenhadas pelas partes, de forma a permitir que o escopo do contrato seja alcançado. Principalmente em contratos de longa duração, como aqueles objeto da presente consulta. Nessa direção, afirma Paulo Luiz Netto Lobo:

> O dever de cooperação é notável e mais exigente nas hipóteses de relações obrigacionais duradouras, especialmente no que a doutrina tem denominado contratos relacionais, que partem de interação contínuas [...]. Para esses contratos, são imprescindíveis os conceitos fundamentais de solidariedade, cooperação e comunidade.[45]

Em caso notório decidido pelo Tribunal de Justiça do Estado do Rio Grande do Sul, agricultores ingressaram com ação judicial contra empresa que lhes cedia, frequentemente, sementes de tomate para que os mesmos plantassem os tomates, os quais,

---

[44] Sobre a Teoria dos Atos Próprios, vide supra.
[45] LÔBO, Paulo Luiz Netto. *Teoria Geral das Obrigações*. São Paulo: Saraiva, 2005. p. 104.

depois de colhidos, eram adquiridos pela empresa. Ocorreu, contudo, que a empresa, certa feita, distribuiu as sementes de tomate, mas optou por não adquiri-los após a colheita. O Tribunal sancionou a empresa por violar o seu dever de informação e por gerar expectativas em terceiros e, depois, rompê-la".[46]

Assim, a conduta da ANP na presente consulta viola as três funções reconhecidas pela doutrina, pela legislação e pelos tribunais para a atuação do princípio da boa-fé objetiva a reger as relações contratuais, quais sejam, a função interpretativa de conservação do contrato, a vedação ao abuso de direito, a função de aproveitamento do adimplemento substancial, e a de imposição dos deveres contratuais de cooperação (ou lealdade), informação (ou esclarecimento) e de proteção (ou cuidado).

V Falta de prévio devido processo legal e de fundamentação da rescisão

Além de todos os elementos já acima mencionados, o último Ofício em questão padece ainda de ilegalidade por ausência de motivação, já que foi emitido simplesmente afirmando o seguinte:

> Prezado Senhor,
>
> Em relação aos seus ofícios em referência, e a partir dos documentos encaminhados a esta SEP relativos à importação da Sonda [...], informamos que não nos foi possível prorrogar a fase de exploração dos contratos [...], por falta de amparo legal e contratual, e tampouco justificar motivo de Força Maior, razão pela qual concluímos pelo encerramento dos contratos na data de hoje.

Referido ofício cingiu-se a afirmar à Concessionária que seu pedido havia sido indeferido, sem, todavia, apresentar qualquer motivação para tanto, cingindo-se a utilizar expressões meramente retóricas e genéricas como "falta de amparo legal". O ofício não analisa os documentos apresentados pela concessionária e não traz qualquer justificativa para que a autoridade reguladora tenha concluído que o maior furacão dos últimos tempos – que ocasionou danos dantescos – e a greve dos funcionários da SRF não constituiu evento de força maior, quando este constitui justamente um dos clássicos exemplos doutrinários de força maior.

Todo ato administrativo deve atender ao princípio da motivação, previsto nos arts. 2º e 50 da Lei nº 9.784/99:

> Art. 2º. A Administração Pública obedecerá, dentre outros, aos princípios da legalidade, finalidade, motivação, razoabilidade, proporcionalidade, moralidade, ampla defesa, contraditório, segurança jurídica, interesse público e eficiência.

---

[46] TJRS, Ap. nº 591028295; j. em 06.06.91.

Art. 50. Os atos administrativos deverão ser motivados, com indicação dos fatos e dos fundamentos jurídicos, quando:

I – neguem, limitem ou afetem direitos ou interesses; [...]

§1º. A motivação deve ser *explícita, clara e congruente*, podendo consistir em declaração de concordância com fundamentos de anteriores pareceres, informações, decisões ou propostas, que, neste caso, serão parte integrante do ato. [...].

Se, ainda que apenas para argumentar, a prorrogação fosse uma decisão discricionária da ANP, ela teria se obrigado, conforme cláusula expressa do contrato, a, "sempre que tiver de exercer seu poder discricionário, a fazê-lo justificadamente, observando a legislação brasileira aplicável e atendendo às Melhores Práticas da Indústria do Petróleo". Dessa forma, ainda que o deferimento do pedido de prorrogação fosse de sua competência discricionária – o que não é o caso, pois, como já visto anteriormente, o Administrado tem direito subjetivo à referida prorrogação –, em todo caso está a agência obrigada a motivar seus atos, mormente se a agência decide de forma contrária ao pedido do administrado.

A motivação do ato administrativo não pode consistir em meras frases evasivas e sem conteúdo objetivo. Deve, sim, conter inequívocos elementos de fato e de direito consignados simultaneamente à sua consumação, incluindo-se as razões técnicas que justificariam o suposto não enquadramento do pleito da consulente à hipótese prevista no item 4 do Anexo II do Contrato de Concessão, ou a sua não abrangência pelos princípios constitucionais e legais supramencionados. A esse respeito pronuncia-se a uníssona doutrina, conforme recente lição de Egon Bockmann Moreira:

> Na medida em que a ampla defesa não pode ser compreendida como singela garantia formal ou abstrata, mas como um dos aspectos da participação efetiva do interessado no aclaramento e formação da decisão da Administração, faz-se necessário o pleno conhecimento das razões dos atos administrativos, pois somente assim poderá manifestar-se a respeito deles. Ou seja: que a atividade processual não consubstancia uma sequência de atos que exija esforços extraordinários do particular a fim de encontrar o real significado dos provimentos administrativos. Somente com plena ciência do porquê das decisões poderá o interessado concordar ou opor-se a elas. [...] Celso Antônio Bandeira de Mello identifica o princípio da motivação como um daqueles essenciais e obrigatórios aos processos administrativos, definindo-o como 'o da obrigatoriedade de que sejam explicitados tanto o fundamento fático da decisão, enunciando-se, sempre que necessário, as razões técnicas, lógicas e jurídicas que servem de calço ao ato conclusivo, de molde a poder-se avaliar sua procedência jurídica e racional perante o caso concreto'.[47]

Igualmente, a jurisprudência:

ADMINISTRATIVO – MANDADO DE SEGURANÇA – RESCISÃO DE CONTRATO – ATO UNILATERAL – MOTIVAÇÃO – INOBSERVÂNCIA DO DEVIDO PROCESSO LEGAL – CONSTITUIÇÃO FEDERAL, ARTS. 5º, LV, E 93, X – DECRETO-LEI Nº 2.300/86 (ART. 68).

---

[47] MOREIRA, Egon Bockmann. *Processo administrativo*: princípios constitucionais e a Lei no 9.748/99. São Paulo: Malheiros, 2000. p. 258, grifamos.

1. A motivação do ato e o devido processo legal, favorecendo a ampla defesa são garantias constitucionais (arts. 5º LV, e 93, X, C.F.).

2. Discricionariedade não se confunde com o entendimento pessoal ou particular do administrador, submetendo-se à legalidade. Em contrário, configuraria o ato arbitrário.

3. Segurança concedida para ser garantido o exercício da ampla defesa, formando-se o contraditório.

4. Recurso provido. (STJ – 1ª T., ROMS Nº 5478/RJ, Min. Milton Luiz Pereira, j. 24.5.1995, v.u., DJ 19.6.1995, p. 18635).

Desse modo, o Ofício nº 963/2005 deixou de atender aos requisitos legais imprescindíveis à sua expedição, por não conter as justificativas legais e fáticas que o motivaram. Não poderia, por exemplo, simplesmente dizer que não atende aos requisitos de força maior exigidos pela legislação, devendo explicitar no que supostamente não os atende.

Nesse sentido, José dos Santos Carvalho Filho, após enunciar que "toda vontade emitida por agente da Administração resulta da impulsão de certos fatores fáticos ou jurídicos", conclui ser "inaceitável, em sede de direito público, a prática de ato administrativo sem que seu autor tenha tido, para tanto, razões de fato e de direito, responsáveis pela extroversão da vontade".[48] O mesmo autor destaca ser a motivação princípio bastante próximo à razoabilidade e à proporcionalidade, conforme se observa do trecho abaixo:

> A congruência entre as razões do ato e o objetivo a que se destina é tema que tem intrínseca aproximação com os princípios da razoabilidade e da proporcionalidade, visto que, se entre as razões e o objeto houver desajuste lógico, o ato estará inquinado de vício de legalidade e terá vulnerado os aludidos princípios. Em ambos se exige que a conduta do administrador não refuja aos parâmetros lógicos adotados pelas pessoas em geral, nem que tenha como fundamentos dados desproporcionais ao fim colimado pela norma que dá suporte à conduta.[49]

No presente caso, afastar-se-ia da razão o encerramento do prazo na pendência de um requerimento de sua prorrogação, prorrogação essa já prevista no próprio instrumento contratual desde a sua assinatura.

Uma vez realizado tal pleito, automaticamente deixava de se aplicar o encerramento automático do contrato no prazo inicialmente previsto, pois o próprio mecanismo do contrato passava a exigir uma manifestação da Administração.

Por fim, há também de se destacar que decisão com tamanha gravosidade para o concessionário não poderia ter sido proferida *tout court*, por um simples ofício. Mister se fazia, por clara determinação constitucional (art. 5º, LV) e legal (Lei nº 9.784/99), que se abrisse a oportunidade de defesa para o concessionário com a instauração do devido processo administrativo, abrindo-lhe inclusive a oportunidade de produzir as provas que entendesse necessárias ao esclarecimento dos fatos, por exemplo dos por

---

[48] CARVALHO FILHO, José dos Santos. *Manual de direito administrativo*. 15. ed. Rio de Janeiro: Lumen Iuris, 2006. p. 99.

[49] CARVALHO FILHO, José dos Santos. *Manual de direito administrativo*. 15. ed. Rio de Janeiro: Lumen Iuris, 2006. p. 105.

ele invocados como de força maior; e que a Administração, se fosse o caso, os rebatesse fundamentadamente.[50]

VI Desproporcionalidade *in casu* da solução que leve ao fim do contrato

No presente caso, a consequência que levasse ao fim do contrato, seja como sanção, seja automaticamente em razão do não cumprimento de todos os detalhes do programa exploratório, contrariaria o princípio da proporcionalidade. Diante sobretudo do adimplemento substancial e do comportamento e missivas anteriores, tanto da concessionária como da ANP, já analisados acima, tal solução não atenderia à lógica do razoável.

Como explana J.J. Gomes Canotilho, o princípio da proporcionalidade permite "um controle de natureza eqüitativa que, não pondo em causa os poderes constitucionalmente competentes para a prática de actos autorizativos e a certeza do direito, contribui para a integração do 'momento de justiça' no palco da conflitualidade social".[51]

A título de ilustração, sobre a necessidade de respeito ao princípio da proporcionalidade na imposição de conseqüências jurídicas gravosas a particulares por autoridades administrativas mostra-se pacífica também na jurisprudência, veja-se ampla jurisprudência de nossos Tribunais Superiores:

ADMINISTRATIVO. MANDADO DE SEGURANÇA. PROCESSO ADMINISTRATIVO DISCIPLINAR. VÍCIOS FORMAIS. INEXISTÊNCIA. APLICAÇÃO DA PENA DE DEMISSÃO. DESPROPORCIONALIDADE CONFIGURADA NA ESPÉCIE. SEGURANÇA CONCEDIDA EM PARTE.

[...] A punição administrativa há de se nortear, porém, segundo o princípio da proporcionalidade, não se ajustando à espécie a pena de demissão, ante a insignificância da conduta do agente, consideradas as peculiaridades verificadas. (MS Nº 10827/DF).

RECURSO EM MANDADO DE SEGURANÇA. ADMINISTRATIVO. SERVIDOR PÚBLICO ESTADUAL. PROCESSO DISCIPLINAR. DEMISSÃO. CAPITULAÇÃO DA INFRINGÊNCIA. DIFERENÇA ENTRE O RELATÓRIO DA COMISSÃO E O ATO INDIGITADO. AGRAVAMENTO DA PENA: DEMISSÃO. SUGESTÃO DA PENA DE SUSPENSÃO. DESPROPORCIONALIDADE.

Ao Poder Judiciário não cabe discutir o mérito do julgamento administrativo em processo disciplinar, mas, por outro lado, compete-lhe a análise acerca da proporcionalidade da penalidade imposta, nos termos de farto entendimento jurisprudencial. Mesmo sendo

---

[50] "DEVIDO PROCESSO LEGAL – DEFESA – PROCESSO ADMINISTRATIVO – GRADAÇÃO DA PENA. A garantia constitucional da observância do processo administrativo em sua plenitude, ou seja, considerados o contraditório e a ampla defesa, não sofre mitigação diante da pena imposta, no caso de repreensão, a decorrer de imputação da qual, logicamente, o destinatário tem interesse em defender-se. Intangibilidade da norma inserta no inciso LV do artigo 5º da Carta de 1988, no que glosada a adoção da punição sumária" (STF – 2ª T., AgRg/AI nº 186.840/RS, Min. Marco Aurélio, j. 30.03.1998, v.u., DJ 15.05.1998. p. 47).

[51] CANOTILHO, J.J. Gomes. *Direito Constitucional e Teoria da Constituição*. Coimbra: Almedina, 1997. p. 262-263.

clara em relação à ausência de comprovação de lesão ao erário e de dolo por parte do recorrente, a autoridade coatora entendeu pela presença da desídia, e assim alterou a capitulação da infringência, aplicando, com evidente falta de proporção, a pena demissória". (RMS Nº 19774 / SC).

ADMINISTRATIVO – PENA DE PERDIMENTO – EMBARCAÇÃO ESTRANGEIRA INTERNADA NO BRASIL.

As regras de direito tributário devem ser aplicadas sem perquirir o intérprete a intenção do contribuinte. Diferentemente, as regras que impõem sanção administrativa devem ser aplicadas dentro dos critérios da razoabilidade e da proporcionalidade, quando as circunstâncias fáticas, devidamente comprovadas, demonstram a não-intenção do agente no cometimento do ilícito.

Embarcação estrangeira que ingressa para permanência temporária no país apenas para realização de obras e reparos necessários em estaleiro nacional, sem nenhuma intenção de deixar internalizado o bem apreendido. Aplicação exacerbada e desproporcional da pena de perdimento. Recurso especial improvido". (REsp nº 576300).

ADMINISTRATIVO – MULTA – FORMA DE COBRANÇA.

1. Sendo devida multa pela não-declaração ao Fisco das contribuições de tributos federais, no momento em que se faz a declaração em bloco, não é razoável efetuar um somatório da sanção pecuniária para cada mês de atraso na declaração.

2. Princípio da proporcionalidade da sanção, que atende a outro princípio, o da razoabilidade.

3. Recurso especial improvido". (REsp nº 601351/RN).

As decisões supracitadas demonstram que a autoridade administrativa, mesmo diante de atos ilícitos (o que não é o caso em apreço), como improbidade administrativa ou ausência de recolhimento de tributos, e de casos em que a Administração não contribuiu para a expectativa do administrado de que não sofreria qualquer gravame, há o dever de aplicar conseqüências jurídicas proporcionais à gravidade da situação.

VII Impossibilidade *in casu* de se argumentar que não se pode prorrogar prazo já findo

Também estaria violando a proporcionalidade em sentido estrito se, postergando todos os objetivos legais e principiológicos já expostos e a própria instrumentalização dos meros meios formais aos objetivos maiores da Lei do Petróleo, a ANP viesse a se apegar ao exacerbado formalismo de que "não se pode prorrogar contrato encerrado".

Nas palavras de Lucio Iannotta, "a interpretação da norma é obviamente finalizada à aplicação a uma realidade delimitada e circunscrita. Quem decide, sobretudo na fase de emissão da decisão, deve colher na norma, prioritariamente, os objetivos das leis, os fins, a vontade do legislador. Os bens que a norma quis proteger e, portanto, o resultado que quis alcançar; devendo-se distinguir, portanto, no interior da norma, aquilo que é verdadeiramente finalístico (bens a serem protegidos, males a serem evitados) dos outros componentes (meios, instrumentos, formas) correspondentes aos vários planos da realidade reproduzida e sintetizada pela norma".[52]

Também devemos não nos olvidar que, como já visto nos tópicos anteriores, além da existência de direito subjetivo à prorrogação, o que, do contrário, levaria a se admitir a violação transitória do direito, se podia inferir do comportamento da ANP a admissão da prorrogação.

O reconhecimento da prorrogação agora teria a rigor efeitos meramente declaratórios face à existência do direito à prorrogação desde a protocolização tempestiva e fundamentada do requerimento apresentado nos termos do item 4 do Anexo II, cabendo à ANP agora apenas determinar que prazo adicional entende tecnicamente suficiente para o atingimento dos objetivos estratigráficos das perfurações pendentes.

Ademais, não se aplicaria à situação a afirmação comum na doutrina das licitações e contratos administrativos de que os prazos de vigência dos contratos não podem ser prorrogados após já terem se extinto. Não é este o caso.

Mister se faz para tanto empregar a distinção entre prazo de execução do objeto contratual e prazo de vigência do contrato. Vejamos a respeito às lições de Hely Lopes Meirelles:

> A extinção do contrato pelo término de seu prazo é a regra nos ajustes por tempo determinado. Necessário é, portanto, distinguir os contratos que se extinguem pela conclusão de seu objeto e os que terminam pela expiração do prazo de sua vigência: nos primeiros o que se tem em vista é a obtenção de seu objeto concluído, operando como limite de tempo para a entrega da obra, do serviço ou da compra sem sanções contratuais; nos segundos o prazo é a eficácia do negócio jurídico contratado, e, assim sendo, expirado o prazo, extingue-se o contrato, qualquer que seja a fase de execução de seu objeto, como ocorre na concessão de serviço público ou na simples locação de coisa por tempo determinado. Há, portanto, prazo de execução e prazo extintivo do contrato.[53]

Com efeito, muitas vezes o prazo integra o próprio objeto contratual (ex., nos contratos de prestação de serviços, de locação, de comodato, etc.), casos em que o seu fim representa também o fim do objeto contratual e, consequentemente, do próprio contrato. Em outros, o objeto contratual existe *de per se*, independentemente do prazo previsto para sua execução, que serve, não como elemento de definição do objeto contratual, mas sim como critério de sua escorreita execução. É esse justamente o caso da concessão petrolífera na fase de exploração, cujo objeto ainda não é a produção de petróleo durante determinado tempo de vigência do próprio contrato, mas sim a execução de um programa exploratório mínimo, para o qual é fixado, naturalmente, um prazo de execução.

Decorrido este prazo sem que o objeto contratual tenha sido cumprido, o objeto contratual e, consequentemente, o próprio contrato não se extinguiram, muito pelo contrário. Nesta situação terá sido verificado o inadimplemento, substancial ou não, de uma ou de ambas as partes.

---

[52] IANNOTTA, Lucio. Princípio di Legalità e Amministrazione di Risultato. In: *Amministrazione e Legalità – Fonti Normativi e Ordinamenti (Atti del Convegno, Macerata, 21 e 22 maggio 1999)*. Milano: Giuffrè Editore, 2000. p. 44-45.
[53] MEIRELLES, Hely Lopes. *Licitação e Contrato Administrativo*. 12. ed. São Paulo: Ed. Malheiros, 1999. p. 213.

O fim do prazo previsto para tanto não extinguiu o contrato, mas representa situação de patologia contratual, que pode ser resolvida de duas formas: autoritativa e contenciosamente, pela qual as duas partes irão se responsabilizar mutuamente pelo inadimplemento, gerando discussões infindáveis e diminuindo ainda mais as possibilidades do objeto contratual vir algum dia a ser integralmente executado; ou consensualmente, pela qual as partes, reconhecendo as mudanças de conjuntura que se dão ao longo de tanto tempo, entendem por bem adotar a solução que melhor realize o objetivo contratual e os objetivos da Lei do Petróleo.[54]

Sob outra perspectiva, Floriano P. Azevedo Marques Neto[55] diferencia os contratos em contratos dito de escopo e os contratos de duração continuada: nos contratos dito de escopo a Administração contrata tendo em vista a obtenção de um bem determinado. O escopo do contrato estará consumado quando entregue o bem, a empreitada ou a realização do projeto. Certo deve estar que a fixação do prazo é relevante para que a Administração possa exigir do particular executante um mínimo de eficiência e celeridade necessário para a satisfação do interesse público. Mas, nesse caso, o tempo em que vai se desenrolar a execução do contrato não é essencial. Já os contratos de duração continuada seriam aqueles que têm por objeto a prestação de um serviço de forma contínua, ou seja, a realização de uma atividade profissional ininterrupta durante um período determinado, em que o prazo faz parte do objeto do contrato. Nesse tipo de contrato se objetiva o serviço ou o potencial fornecimento, nos termos e condições pactuadas durante um certo tempo. As partes só estão desobrigadas após o vencimento deste prazo.

Para Simone Miqueloto,[56] os contratos se dividiriam em contratos por prazo certo, em cuja vigência somente o prazo fixado influirá, não sendo relevante a conclusão do objeto, uma vez que visa, via de regra, à prestação de um fornecimento ou à prestação de alguma atividade; e contratos por escopo, em que o fim almejado consiste na conclusão de um objeto que é certo e determinado, como, por exemplo obras e projetos. Nestes a extinção do contrato se dá com a conclusão do objeto, naqueles, com o término do prazo.

Nessas classificações, podemos afirmar que a fase de exploração petrolífera na concessão de exploração e produção de petróleo o caracteriza como um contrato de escopo, consistente no caso esse em determinado programa exploratório mínimo, cuja

---

[54] "O momento consenso-negociação entre poder público e particulares, mesmo informal, ganha relevo no processo de identificação e definição de interesses públicos e privados, tutelados pela Administração. O estabelecimento dos primeiros deixa de ser monopólio do Estado, para prolongar-se num espaço público não estatal, acarretando com isso uma expansão dos chamados entes intermediários. Há um refluxo na imperatividade, e uma ascensão da consensualidade; há uma redução da imposição unilateral e autoritária de decisões para valorizar a participação dos administrados quanto à formação da conduta administrativa. A Administração passa a assumir o papel de mediação para dirimir e compor conflitos de interesses entre várias partes ou entre estas e a Administração. Disto decorre uma nova maneira de agir focada sobre o ato como atividade aberta à colaboração dos indivíduos" (GROTTI, Dinorá Adelaide Musetti. A participação popular e a consensualidade na Administração Pública. *In*: MOREIRA NETO, Diogo de Figueiredo (Coord.). *Uma Avaliação das Tendências Contemporâneas do Direito Administrativo*. Rio de Janeiro: Ed. Renovar, 2003. p. 648). Para uma abordagem da consensualização mais ampla, abrangendo a formação das próprias fontes do Direito (leis negociadas, etc.), com fortes reflexos na hermenêutica jurídica, ver: LIPARI, Nicoló. La Formazione Negoziale del Diritto. *In*: *Scritti in Honore di Massimo Severo Giannini, Volume Secondo*. Milano: Ed. Giuffrè, 1988. p. 395-410.

[55] Cf. MAZZOCO, Carlos Fernando. *Duração do contrato administrativo*. Out. 2002. Disponível em: jus2.uol.com.br/doutrina/texto.asp?id=3255. Acesso em 10 out. 2009.

[56] Cf. MAZZOCO, Carlos Fernando. *Duração do contrato administrativo*. Out. 2002. Disponível em: jus2.uol.com.br/doutrina/texto.asp?id=3255. Acesso em 10 out. 2009.

realização seria obstada por decisão administrativa que não permita prorrogação do seu prazo (*de execução, não de vigência*).

VIII Resposta aos quesitos

Podemos, conclusivamente, nesse momento, responder aos quesitos, em assertivas que condensam objetivamente os Tópicos anteriores:

1. *Possui direito subjetivo à prorrogação do prazo da fase de exploração dos contratos de concessão?*
   Sim, *(a)* por tratar-se de imposição das boas práticas da indústria do petróleo, que não permitem o desperdício de investimentos já realizados; *(b)* em razão dos objetivos maiores da Lei do Petróleo de propiciar o maior levantamento de dados estratigráficos possíveis, ainda mais, como se dá no caso, sem dispêndio de dinheiro público; *(c)* por terem ocorrido fatos de força maior; *(d)* em razão da prorrogação da fase de exploração ser expressamente prevista na Lei do Petróleo como uma cláusula essencial à concessão petrolífera; *(e)* já que atendeu às condições estabelecidas no item 4 do Anexo II dos contratos; *(f)* face à legítima expectativa gerada pelo comportamento da ANP em relação aos ofícios enviados pela concessionária antes do fim do prazo de execução inicial; *(g)* por força do princípio da boa-fé e dos seus corolários da *(g.1)* conservação do contrato, *(g.1)* do aproveitamento do adimplemento substancial e *(g.3)* da ausência de cooperação e falha no dever de informar por parte da ANP.

2. *A notificação de rescisão pode ser desfeita, seja por invalidade, seja por conveniência e oportunidade?*
   Sim, já que, além de *(a)* violar direito subjetivo da concessionária (cf. resposta ao quesito supra), descumpre *(b)* as boas práticas da indústria do petróleo e *(c)* os objetivos da Lei do Petróleo, *(d)* é desprovido de fundamentação e *(e)* não foi precedido do devido processo legal. Do ponto de vista da oportunidade é inconveniente diante das boas práticas da indústria do petróleo e dos objetivos de interesse público colocados pela Lei do Petróleo a cargo da ANP.

3. *A ANP pode se pronunciar sobre a questão após o último dia do prazo inicialmente previsto?*
   Sim, o direito subjetivo (cf. resposta ao quesito 1) da concessionária nasceu no momento em que ela protocolou o seu requerimento de prorrogação na forma prevista contratualmente (item 4 do Anexo II). O reconhecimento da prorrogação tem na espécie natureza meramente declaratória. Além disso, não se trata de prorrogação de prazo de vigência de contrato, mas sim de prorrogação de prazo de execução do seu objeto. E, ainda que assim não fosse, resposta contrária levaria a se prestigiar apenas a regras-meio e as formas em detrimento das boas práticas da indústria do petróleo, dos objetivos públicos maiores da Lei do Petróleo, do Princípio da Eficiência e dos próprios direitos

da concessionária, que seriam prejudicados em razão de a Administração não ter apreciado o seu pedido antes de vencer o prazo inicial, como lhe incumbia.

É o parecer.

A MUDANÇA NO POLO CONTRATADO DE CONCESSÃO PETROLÍFERA E A SUA APROVAÇÃO PELA ANP[*]

Sumário

I   A consulta
II   Embasamento legal para a celebração de contratos de concessão de exploração e produção de petróleo
II.1 Natureza regrada do contrato de concessão e a necessidade de prévia aprovação da ANP para a transferência da concessão
III A aprovação prévia da ANP constitui condição suspensiva *ex lege*
III.1 A natureza *intuitu personae* dos contratos firmados com a administração pública e a necessidade de aprovação prévia à transferência da concessão
IV *Ad argumentandum,* ainda que fosse mera condição suspensiva negocial, o contrato não produz qualquer efeito antes da sua implementação
V   A irretroatividade dos efeitos do implemento da condição suspensiva
VI Princípios da unidade e coerência da administração
VII Conclusão
VIII Resposta aos quesitos

I A consulta

Honra-nos o Consulente com solicitação de parecer acerca de questões regulatórias relacionadas aos efeitos, especialmente temporais, que a exigência – constitucional,

---

[*] Parecer elaborado em 29.03.2011.

legal e contratual – de prévia autorização da ANP tem sobre negócio privado de cessão de contratos de concessão de exploração e produção de petróleo, ou, ainda, para a transferência do controle acionário da concessionária titular dos direitos de exploração e produção.

Nesse sentido, informa-nos que foi celebrado Contrato de Compra e Venda pelas empresas X, Y e Z ("Vendedoras"), por meio do qual se estabeleceram condições para a venda às empresas A, B e C (as "Compradoras") de participações societárias em pessoa jurídica brasileira de direito privado que se dedica à atividade de exploração e produção de petróleo e gás natural (doravante denominada simplesmente "empresa de E&P").

Menciona que, nos termos do Contrato, até o momento da efetiva transferência da propriedade das participações societárias da empresa de E&P, essa empresa deveria ser reestruturada, uma vez que apenas parcela dos ativos originalmente de sua titularidade deveria ser transferida às Compradoras.

Os ativos a serem transferidos à Compradora Brasileira foram relacionados no Contrato, dentre os quais se destacavam as concessões referentes aos Blocos R, S, T e 50% (cinquenta por cento) da participação no Bloco X. Os ativos que não deveriam ser transferidos às Compradoras foram relacionados em outra Cláusula do Contrato ("Ativos Excluídos"). Dentre os Ativos Excluídos estavam as concessões referentes os Blocos P, Q, R.

Tendo em vista a necessidade de segregação dos ativos, a legislação em vigor e os contratos de concessão em tela, Cláusula do Contrato de Compra e Venda sujeitou a concretização da alienação em questão a diversas condições, dentre as quais (i) a distribuição, venda, cisão ou alienação que resultasse na exclusão dos Ativos Excluídos do domínio da Empresa de E&P; e (ii) a aprovação incondicional da distribuição, venda, cisão ou alienação dos Ativos Excluídos, por escrito, da Agência Nacional do Petróleo, Gás Natural e Biocombustíveis ("ANP"), bem como a obtenção de quaisquer outras Autorizações Governamentais necessárias ou apropriadas para realizar ações relacionadas à transferência dos ativos subjacentes aos contratos de concessão.

Alguns meses após a celebração do Contrato de Compra e Venda, a Diretoria da ANP aprovou a transferência dos contratos de concessão relacionadas aos Ativos Excluídos. Posteriormente, a Diretoria da ANP aprovou a cessão dos direitos dos blocos objeto da compra e venda pretendida às Compradoras.

Uma vez obtidas as aprovações da ANP, as partes passaram a tomar as providências necessárias ao implemento da operação, o que envolvia a formalização das cessões junto à ANP e a efetiva alienação do controle da Empresa de E&P, após a segregação dos Ativos Excluídos.

Em que pese as aprovações da ANP somente terem ocorrido posteriormente, sendo a operação apenas então concretizada, o Consulente nos informa que foi lavrado auto de infração tributária que, dentre outras questões, sustenta que o fato gerador do ganho de capital obtido com a transferência teria ocorrido anteriormente, com a mera celebração privada do contrato de compra e venda.

Em vista do posicionamento da autoridade fazendária, o Consulente nos propõe os seguintes quesitos relacionados às formalidades que são necessárias à transferência de uma concessão ou à modificação do controle da concessionária:

    1) Quais são os fundamentos constitucionais e legais para a celebração de contrato de concessão para a exploração de poços de petróleo?

2) A cessão do contrato de concessão para exploração de poços de petróleo deve ser sempre autorizada pela ANP? Em caso positivo, em quais situações? Caso a autorização da ANP seja necessária, deve ela ser prévia à cessão do contrato de concessão ou pode ela ser posterior à operação?

2.1) Pode-se afirmar que a Cláusula 7 do Contrato representava condição suspensiva para a alienação das participações societárias da Empresa de E&P e, consequentemente, dos Blocos P, R, S? Qual a diferença entre condições suspensivas e resolutivas?

2.2) No caso concreto, quando se deu a cessão dos contratos de concessão para a exploração dos Ativos Excluídos? A cessão dos contratos poderia ter sido realizada antes de autorizada pela ANP?

3) A alienação de participação societária da empresa concessionária detentora do contrato de concessão para exploração de poços de petróleo deve ser sempre autorizada pela ANP? Em caso positivo, em quais situações? Caso a autorização da ANP seja necessária, deve ela ser prévia à alienação da participação societária ou pode ela ser posterior à operação?

3.1) Pode-se afirmar que a autorização da ANP para que houvesse a transferência do controle acionário da Empresa de E&P representava condição suspensiva para a operação objeto do Contrato?

3.2) No caso concreto, quando se deu a transferência das quotas da Empresa de E&P às Compradoras, juntamente com os direitos para exploração dos Blocos P, R, S? Houve autorização da ANP para tal operação? A transferência das quotas poderia ter sido realizada antes de autorizada pela ANP?

4) No caso sob análise, quais foram os direitos adquiridos pelas Compradoras na data da assinatura do Contrato? E no Fechamento? Considerando as reorganizações societárias implementadas entre a data da assinatura do Contrato e o Fechamento, quais foram as sociedades que efetivamente transferiram as quotas da Empresa de E&P às Compradoras?

A essa consulta passamos a, do ponto de vista jurídico-regulatório e com base nas informações fornecidas pelo Consulente conforme acima relatado, responder.

II Embasamento legal para a celebração de contratos de concessão de exploração e produção de petróleo

O art. 177 da Constituição Federal estabelece como monopólio da União a pesquisa; a lavra; o refino do petróleo, nacional ou estrangeiro; a importação; exportação e o transporte marítimo ou por dutos do petróleo e dos seus derivados:

Art. 177. Constituem monopólio da União:

I – a pesquisa e a lavra das jazidas de petróleo e gás natural e outros hidrocarbonetos fluidos;

[...]

§1º A União poderá contratar com empresas estatais ou privadas a realização das atividades previstas nos incisos I a IV deste artigo observadas as condições estabelecidas em lei.

Com a nova redação conferida ao §1º do art. 177 pela Emenda Constitucional 09/95, ficou a União Federal autorizada a contratar com empresas públicas e privadas, na forma da lei, a execução de algumas atividades da indústria do petróleo e gás natural monopolizadas pela União.

Regulamentando o art. 177 da CF/88 foi editada a Lei nº 9.478/97, conhecida como a Lei do Petróleo, que estabeleceu a política energética nacional, disciplinou as atividades da indústria do petróleo tal como definida no seu art. 6º, XIX, criou o Conselho Nacional de Política Energética e a Agência Nacional do Petróleo – ANP, cabendo a esta a implementação da política traçada pelo primeiro (art. 8º, I).

O art. 5º da Lei do Petróleo dispõe que a contratação de particulares ou de empresas estatais para a exploração das atividades petrolíferas monopolizadas pela União dar-se-á mediante concessão ou autorização, espécies às quais posteriormente vieram a ser acrescidas novas modalidades contratuais para a área do pré-sal, mas que não vêm ao caso nesta análise.[1]

Assim, para cada espécie ou fase da atividade petrolífera a Lei do Petróleo apresenta uma disciplina distinta, razão pela qual é de grande relevância distinguirmos: (a) exploração (ou pesquisa), na qual a empresa procura por petróleo em blocos ou áreas pré-delimitadas; (b) produção ou lavra, pela qual o petróleo é extraído da jazida; (c) importação e exportação, sendo que aquela, tal como a produção, concorre para o suprimento interno do produto; (d) refino, processo pelo qual o petróleo deve passar para poder ser utilizado; (e) transporte: para que o petróleo bruto ou seus derivados cheguem aos seus destinos devem ser transportados, o qual "pode se dar de várias formas. Há os meios fixos, os condutos (o oleoduto e o gasoduto). Há os meios móveis, sendo os navios os principais";[2] (f) distribuição: para que os derivados do petróleo cheguem aos consumidores deve haver "a distribuição de derivados do petróleo, uma espécie de revenda destes derivados no atacado";[3] e (g) revenda: "os consumidores finais são atingidos pela atividade de revenda de derivados de petróleo",[4] feita, na maioria das vezes, pelos "postos de gasolina".

No Direito Positivo Brasileiro, monopólios públicos são atividades econômicas *stricto sensu* taxativamente previstas na Constituição Federal, titularizadas por razões estratégicas ou fiscais pela União Federal, que as exerce diretamente ou, em alguns casos, indiretamente através da contratação de empresas privadas ou estatais.

De acordo com a doutrina e jurisprudência majoritárias, a Constituição de 1988 distingue os serviços públicos das atividades econômicas *stricto sensu* exploradas pelo

---

[1] Recentemente, foi editada a Lei nº 12.351/10, que instituiu o modelo de partilha de produção para contratação, pela União Federal, da exploração e produção de petróleo na camada pré-sal. Todavia, tendo em vista que esse não é o caso dos blocos envolvidos na Consulta que nos foi formulada, deixaremos de tecer considerações mais detalhadas a esse respeito.
[2] SUNDFELD, Carlos Ari. Regime Jurídico do Setor Petrolífero. In: SUNDFELD, Carlos Ari (Coord.). *Direito Administrativo Econômico*. São Paulo: Ed. Malheiros, 2000. p. 388.
[3] ARAGÃO, Alexandre Santos de. *Direito dos serviços públicos*. Rio de Janeiro: Forense, 2006.
[4] ARAGÃO, Alexandre Santos de. *Direito dos serviços públicos*. Rio de Janeiro: Forense, 2006.

Estado – monopolizadas ou não –, mas todos constituindo atividades econômicas *lato sensu*.

Como já tivemos a oportunidade de expor em sede doutrinária,[5] os serviços públicos e os monopólios têm em comum o importante dado de sobre ambos haver uma *publicatio*, ou seja, de ambos[6] serem atividades titularizadas com exclusividade pelo Estado, excluídas da esfera privada da economia. A distinção entre eles se dá apenas pela razão de cada *publicatio*: nos serviços públicos, a razão da *publicatio* é o atendimento a necessidades das pessoas; já a razão da *publicatio* dos monopólios públicos são interesses estratégicos e fiscais do Estado e da nação coletivamente considerada.

Lucas Rocha Furtado observa, ao comentar os arts. 173 e 177 da Constituição, que "em relação às atividades indicadas pelo mencionado art. 177, a serem exploradas pelo Estado em regime de monopólio, que o regime jurídico a ser adotado depende do que dispuser a lei, sendo lícita a adoção do direito privado ou do direito público. A liberdade para a adoção do regime jurídico não é admitida para as outras hipóteses de intervenção do Estado na economia em razão da competição entre o poder público e os particulares. Não havendo competição na exploração das atividades empresariais sujeitas ao regime do monopólio, não se aplica a regra prevista no mencionado art. 173, §1º".[7]

De acordo com o marco legal instituído pela Lei nº 9.478/97, as atividades de exploração e produção foram submetidas ao regime de contrato de concessão, tendo sido exigida para outras atividades apenas uma prévia autorização operativa. São, portanto, atividades titularizadas pela União, nas quais o particular contratado é uma *longa manus* sua na mera execução, possuindo apenas os direitos constantes do contrato de concessão e apenas nos limites por ele colocados.

Então, desde já podemos afirmar que um concessionário não tem direito a transferir a sua posição, podendo apenas fazê-lo nos limites do que dispuser o seu contrato e o ordenamento jurídico subjacente, que tem como principal exigência a prévia aprovação da ANP.

São características essenciais ao modelo de concessão petrolífera previsto na Lei nº 9.478/97 que o concessionário realize as atividades exploratórias, por sua conta e risco e, em caso de êxito, fique com o produto da lavra, pagando, logicamente, os tributos e encargos incidentes sobre a atividade. Nesse sentido, é a redação do art. 26 da Lei nº 9/478/97:

> Art. 26. A concessão implica, para o concessionário, a obrigação de explorar, por sua conta e risco e, em caso de êxito, produzir petróleo ou gás natural em determinado bloco, conferindo-lhe a propriedade desses bens, após extraídos, com os encargos relativos ao pagamento dos tributos incidentes e das participações legais ou contratuais correspondentes.

Existe, assim, uma intrincada relação entre a titularidade do bem público, "recursos minerais" (art. 20, IX, CF/88), e a atividade econômica de exploração e produção

---

[5] ARAGÃO, Alexandre Santos de. *Direito dos serviços públicos*. Rio de Janeiro: Forense, 2006.
[6] Abstraímos aqui dos serviços públicos sociais (educação, saúde...), atividades que também podem ser exercidas por direito próprio (não como meros delegatários) pela iniciativa privada.
[7] FURTADO, Lucas Rocha. *Curso de Direito Administrativo*. Belo Horizonte: Ed. Fórum, 2007. p. 700-701.

de petróleo, que é monopolizada pela União Federal nos termos do art. 177 da CF/88 que, no entanto, não se confundem.

Há de se destacar que "os bens públicos não são só suscetíveis de uso (ou aproveitamento), mas também de gestão ou exploração econômica por alguém que toma o lugar da pessoa coletiva de direito público. Embora relacionadas com um bem público, o que caracteriza as concessões de exploração do domínio público é a atribuição do direito de exercer uma atividade que a lei reservou para a Administração: o que está em causa não é a utilização do bem, mas a atividade de o explorar ou gerir".[8]

O próprio surgimento das concessões tem uma conotação bem mais ampla do que a meramente ligada aos serviços públicos. As concessões advieram da necessidade de conciliação entre os dogmas liberais não-intervencionistas e a urgência do Estado regular com maior intensidade novas atividades (ferrovias, gás, telefonia, eletricidade, etc.), de complexidade técnica e de tendências monopolizadoras até então desconhecidas.[9]

Tradicionalmente, os contratos pelos quais a Administração Pública assente no exercício por particulares de atividade econômica monopolizada são denominados de "concessões" – não de serviços públicos –, mas "concessões industriais" ou "econômicas".

A determinação da natureza jurídica destas concessões – se privada ou pública – não é pacífica: por um lado, como têm por objeto uma atividade econômica, seriam de direito privado; por outro, como dizem respeito a atividades ou bens que, por força da Constituição, são monopolizados pelo Poder Público por razões estratégicas ou fiscais, exigiriam uma disciplina publicística.

Devemos, todavia, ter em vista que a diferença entre o que é de direito privado e o que é de direito público é cada vez mais relativa, havendo contratos tradicionalmente considerados como de direito público com um sem número de resguardos dos interesses das partes privadas, e contratos de direito privado sujeitos a forte intervenção estatal.[10]

Independentemente da corrente a que se seja filiado relativamente à natureza do contrato de concessão da exploração e produção de petróleo e gás natural – se pública ou privada – não é possível refutar a incidência de normas de ordem pública ou do dirigismo regulatório que advém da lei e do próprio contrato de concessão.

De fato, tendo em vista que a exploração e produção petrolíferas caracterizam-se como atividades monopolizadas pela União Federal, a sua prestação por particulares depende de um ato de delegação dessa atividade, na forma de contrato de concessão

---

[8] GONÇALVES, Pedro. *A Concessão de Serviços Públicos*. Coimbra: Ed. Almedina, 1999. p. 93.

[9] Gaspar Ariño Ortiz, afirmou que "a tensão entre a urgência de satisfazer as novas necessidades públicas – exigências de uma sociedade progressivamente urbana e industrial – e as concepções ideológicas liberais imperantes, será resolvida mediante um mecanismo genial: *a concessão administrativa*. Na concessão, o Estado encontrará uma fórmula que lhe permitirá compatibilizar uma e outra postura; de uma parte, se entenderá que o Estado é titular de tais atividades; o *dominus* dos serviços públicos; de outra, se entenderá que o Estado não deve geri-los diretamente e se valerá da concessão como fórmula-ponte que o permite dirigir sem gerir. A concessão se configurará assim como uma transferência de funções e tarefas cuja titularidade corresponde primariamente ao Estado, atividades que não eram intrinsecamente públicas, que não faziam parte das finalidades históricas do Estado, de seus fins essenciais, mas que acabaram sendo "publicizadas" (ORTIZ, Gaspar Ariño. *Principios de Derecho Público Económico*. Granada: Ed. Comares e Fundación de Estudios de Regulación, 1999. p. 483-484).

[10] No Direito Civil destaca-se, contra essa dicotomia de divisão rígida entre direito público e privado, a insurgência do Direito Civil Constitucional, cuja construção teórica no Brasil é em grande monta devida a Gustavo Tepedino. (Entre outros, ver: TEPEDINO, Gustavo. O Código Civil, os chamados microssistemas e a Constituição: premissas para uma reforma legislativa. *In*: TEPEDINO, Gustavo (Coord.). *Problemas de Direito Civil Constitucional*. Rio de Janeiro: Ed. Renovar, 2000. p. 17-54).

regido pela Lei nº 9.478/97; portanto, com um regime jurídico próprio, relacionado às especificidades da atividade delegada.

Assim, é na legislação regulatória setorial e nas cláusulas contratuais que se deve buscar a disciplina jurídica dos contratos de concessão celebrados pela ANP em decorrência das rodadas de licitação.

II.1 Natureza regrada do contrato de concessão e a necessidade de prévia aprovação da ANP para a transferência da concessão

Tendo em vista o acima exposto, independentemente da caracterização dos contratos de concessão de exploração e produção de petróleo celebrados com a ANP como públicos ou privados, devemos centrar nossa atenção nas características e na disciplina legal setorialmente atribuída a tal contrato e, sobretudo, na natureza da atividade objeto do contrato, que é a de uma *atividade titularizada pelo Estado, titularidade esta sequer mitigada pelo contrato de concessão, que transfere ao concessionário o seu mero exercício sob a regulação e o planejamento vinculante do Estado* (art. 174, CF).

A concessão petrolífera é um contrato vinculado às normas setoriais e ao edital de licitação, sendo inteiramente regrado pelo ordenamento jurídico, que, desta forma, vincula as partes do contrato de concessão, inclusive ao celebrarem contratos dele derivados com terceiros. Estes contratos, sendo dele derivados, só possuem existência, validade e eficácia nos termos e limites por ele – contrato de concessão – admitidos.

Conforme observado na apresentação da Consulta, ela versa principalmente sobre em que momento a cessão de uma concessão petrolífera, ou a alteração do controle de uma concessionária, pode ser considerada como tendo sido validamente efetivada: o momento da celebração do contrato de transferência *lato sensu* entre os particulares ou o momento da aprovação de tal transferência pelo Estado (ANP).

Para responder a essa indagação, faz-se necessário iniciar com uma referência ao art. 176, §3º, da Constituição Federal que, ao disciplinar a concessão para a exploração das jazidas minerais, das quais a concessão petrolífera constitui espécie, exige a prévia anuência do poder concedente para que possa haver qualquer cessão ou transferência da concessão:

> Art. 176. As jazidas, em lavra ou não, e demais recursos minerais e os potenciais de energia hidráulica constituem propriedade distinta da do solo, para efeito de exploração ou aproveitamento, e pertencem à União, garantida ao concessionário a propriedade do produto da lavra.
>
> §1º – A pesquisa e a lavra de recursos minerais e o aproveitamento dos potenciais a que se refere o caput deste artigo somente poderão ser efetuados mediante autorização ou concessão da União, no interesse nacional, por brasileiros ou empresa constituída sob as leis brasileiras e que tenha sua sede e administração no País, na forma da lei, que estabelecerá as condições específicas quando essas atividades se desenvolverem em faixa de fronteira ou terras indígenas.
>
> [...]

§3º – A autorização de pesquisa será sempre por prazo determinado, e as autorizações e concessões previstas neste artigo não poderão ser cedidas ou transferidas, total ou parcialmente, sem prévia anuência do poder concedente.[11]

Refletindo essa exigência constitucional, o art. 29 da Lei nº 9.478/97 dispõe:

Art. 29. É permitida a transferência do contrato de concessão, preservando-se seu objeto e as condições contratuais, desde que o novo concessionário atenda aos requisitos técnicos, econômicos e jurídicos estabelecidos pela ANP, conforme o previsto no art. 25.

Parágrafo único. *A transferência do contrato só poderá ocorrer mediante prévia e expressa autorização da ANP.*

Em outros termos, *a contrario sensu,* antes de haver prévia e expressa autorização da ANP, não se pode considerar como tendo ocorrido a cessão de contratos de concessão.

É preciso esclarecer que o termo "transferência do contrato" é utilizado em sentido amplo, podendo referir-se tanto a cessões – integrais ou parciais – de posições contratuais (com o novo concessionário substituindo-se ao anterior), como envolvendo situações análogas materialmente, mediante a alteração do controle societário do concessionário.

Dada a relevância da atividade de exploração e produção das jazidas, sua complexidade, o elevado grau tecnológico envolvido, as rígidas regras de segurança das operações, e a nosso ver, sobretudo, a natureza pública da atividade delegada pelo contrato, o Poder Constituinte assim como o legislador ordinário entenderam que a mudança em um dos polos contratuais não constitui decisão *inter* privados. Naturalmente que o acordo entre eles é condição para a transferência, mas esta só ocorre se o poder concedente com ela anuir previamente, inclusive tendo em vista as qualificações técnicas e econômicas de quem pretende substituir a empresa que, com base inclusive nesses qualificativos, venceu a licitação.

No caso das concessões petrolíferas, o art. 25 da Lei nº 9.478/97 determina que:

Art. 25. Somente poderão obter concessão para a exploração e produção de petróleo ou gás natural as empresas que atendam aos requisitos técnicos, econômicos e jurídicos estabelecidos pela ANP.

Dessa forma, temos que, para que uma transferência de contrato de concessão possa operar-se validamente, a ANP, como entidade reguladora, deverá analisar se a operação obedece aos seguintes preceitos:
1) Manutenção do objeto: não se pode permitir que, por meio da cessão, seja ampliado ou reduzido o objeto da concessão, não podendo, por exemplo, através da cessão, a ANP permitir que o novo concessionário venha a exercer

---

[11] Conforme expusemos anteriormente em: ARAGÃO, Alexandre Santos de. O contrato de concessão de exploração de petróleo e gás. *Revista Eletrônica de Direito Administrativo Econômico*, Salvador, Instituto de Direito Público da Bahia, n. 5, fev./mar./abr. 2006. Disponível em: http://www.direitodoestado.com.br. Acesso em 10 mar. 2011. No mesmo sentido, José Alberto Bucheb constata que "o art. 29 da Lei do Petróleo prevê a possibilidade da transferência do contrato de concessão, desde que obtida a necessária anuência da ANP, em linha com o previsto na parte final do §3º do art. 176 da CF/88". (BUCHEB, José Alberto. *Direito do petróleo*: a regulação das atividades de exploração e produção de petróleo e gás natural no Brasil. Rio de Janeiro: Lumen Iuris, 2007. p. 67).

direitos de explorar jazidas que não estariam contemplados originalmente pelo contrato;
2) Preservação das condições do contrato inicial: índice de nacionalização, prazos, possibilidades de prorrogação, etc., devem permanecer os mesmos. Qualquer alteração em seus elementos deve ser autonomamente considerada;
3) Atendimento aos requisitos técnicos, econômicos e jurídicos fixados pela ANP no contrato, essencial em razão de o caráter *intuitu personae* dos contratos celebrados com a Administração Pública ser concernente ao atendimento de condições objetivas por parte do novo contratante;
4) Obtenção de prévia e expressa autorização da ANP, que deverá aferir os requisitos anteriores.

Vê-se, assim, a razão pela qual nenhum acordo privado relativo a alterações – diretas ou indiretas (controle) – de concessionária pode produzir qualquer eficácia antes do *placet* da ANP.

A prévia aprovação da agência reguladora é uma condição suspensiva *ex lege* de qualquer avença que tenha esse objetivo, obstando os efeitos finais de toda e qualquer negociação que vise à transferência de uma concessão, inclusive na ausência de qualquer disposição no acordo dos particulares sobre os efeitos temporais do seu pacto ou até mesmo contra ele.[12]

Em consonância com o art. 29 da Lei nº 9.478/97, por exemplo, a Cláusula Vigésima-Oitava dos Contratos de Concessão que foram firmados no âmbito da 9ª rodada de licitações da ANP permite a cessão do contrato de concessão mediante prévia e expressa autorização da ANP:

Cláusula Vigésima-Oitava – Cessão

28.1 Este Contrato poderá ser cedido, no todo ou em parte, de acordo com as disposições desta Cláusula Vigésima-Oitava, onde se definem as condições a serem observadas pelo cedente e pelos cessionários.

28.3 *O cedente solicitará a prévia e expressa autorização da ANP para a Cessão, juntando ao seu pedido*:

(a) documentos que comprovem o atendimento, por cada um dos cessionários aos requisitos técnicos, jurídicos e econômicos estabelecidos pela ANP, de modo a atender ao disposto nos artigos 5º, 25 e 29 da Lei do Petróleo;

(b) declaração expressa, firmada pelos cessionários, da aceitação de observar e cumprir rigorosamente os termos e condições deste Contrato, bem como de responder por todas as obrigações e responsabilidades dele decorrentes, inclusive aquelas incorridas antes da data da Cessão;

[...]

---

[12] No caso que nos foi apresentado, de toda forma, as partes preocuparam-se em fazer espelhar, no Contrato de Compra e Venda, a condição suspensiva prevista expressamente em lei, subordinando os seus efeitos à prévia aprovação da ANP.

(g) *Qualquer Cessão que não cumpra o disposto nesta Cláusula Vigésima-Oitava será nula de pleno direito.*

Em conformidade com a exigência da legislação em vigor, as partes contratantes subordinaram os efeitos da cessão pretendida à prévia aprovação da autoridade reguladora. Qualquer cláusula que dispusesse em sentido contrário ou qualquer interpretação que levasse ao mesmo resultado levaria à nulidade de tal cláusula.

É necessário mencionar, ainda de acordo com a regulação em vigor, que as providências necessárias ao fechamento da operação, tais como a segregação dos ativos que não seriam transferidos (os "Ativos Excluídos"), foram igualmente submetidas a pedido de aprovação prévia da ANP e ficaram igualmente pendentes, aguardando essa autorização. A precipitação de atitudes no sentido de fechar a operação, antes da aquiescência da ANP, poderia vir a ser interpretada como violação do art. 176, §3º, da CF/88; do art. 29 da Lei nº 9.478/97 e do Contrato de Concessão, ensejando todas as graves consequências previstas para situações de atos ilegais ou de inadimplemento do Contrato de Concessão.

Aliás seria difícil se imaginar um negócio jurídico que, por mais condicional que fosse, não gerasse obrigações e direitos algum: como se verá adiante, o negócio condicional por si só necessariamente gera consequências como o dever das partes de agirem de boa-fé, a impossibilidade de o devedor alienar a terceiros coisa sob a qual pende negócio condicional, a proibição de que o devedor obste maliciosamente o implemento da condição, etc.

Usando a analogia com um caso mais pueril, mas materialmente semelhante ao ora analisado (com a exceção de tratar-se de uma condição contratual e não legal como a do caso), se José celebra um contrato de compra e venda com Maria com a condição de o seu filho ingressar na Universidade, mesmo que Maria desde já se comprometa a manter o potencial vendedor permanentemente informado sobre a evolução educacional do seu filho, a venda só virá mesmo a se concretizar se o filho de Maria entrar na Universidade.

No caso, apenas após obtida a aprovação da entidade reguladora, as partes buscaram o preenchimento das demais condições necessárias ao fechamento da operação, o que foi possível pouco mais de um mês após a obtenção da autorização da ANP ao negócio). Antes dessas aprovações, qualquer providência poderia ter sido economicamente inútil e, ainda, ser interpretada como violação de disposição constitucional, legal e do Contrato de Concessão. Mediante a transferência das quotas da Empresa de E&P aos novos sócios, consumou-se a avença, alterando-se o controle da Concessionária por meio de alteração do contrato social.

Foi nesse momento que, materialmente, e tendo sido cumprido o requisito legal da prévia autorização regulatória, efetivamente ocorreu a transferência das concessões visada pelas partes quando da assinatura do Contrato de Compra e Venda.

Antes de passarmos ao próximo tópico, um último comentário se faz necessário.

De acordo com a teoria geral do contrato contemporânea, os terceiros que têm conhecimento da existência de um contrato têm o dever de respeitá-lo, abstendo-se de praticar atos que tenham por efeito ou possam induzir ao seu inadimplemento.

Tendo em vista que as Compradoras conhecem a legislação brasileira e a minuta-padrão de contrato de concessão proposta pela ANP (ou era esperado que conhecessem, se pretendem atuar no País, em um setor fortemente regulado), qualquer ato que praticassem visando obstar a produção de efeitos da mencionada Cláusula da Concessão – o que ocorreria caso ignorassem a necessidade de prévia autorização da agência reguladora – poderia vir a ser considerado um ato passível de responsabilização das compradoras na esfera civil. Em outras palavras, as compradoras, ainda que não signatárias do contrato de concessão originário, também estavam, no que diz respeito à própria compra/cessão, vinculadas aos seus termos, tendo todos os seus atos que ser interpretados e preservados sob essa perspectiva.[13]

III A aprovação prévia da ANP constitui condição suspensiva *ex lege*

Conforme visto, o Contrato de Compra e Venda firmado entre as partes claramente subordinou os seus efeitos à prévia e expressa aprovação da ANP.

A condição, como visto, pode ser definida como sendo "a cláusula que subordina o efeito de ato jurídico a evento futuro e incerto. Através dela *os efeitos normais do ato jurídico sujeitam-se a um acontecimento futuro e incerto*, prescrito na cláusula".[14]

Pietro Virga explica que condição é "qualquer acontecimento futuro e incerto a cuja verificação é subordinado o início dos efeitos de um ato (condição suspensiva) ou a cessação dos efeitos do mesmo (condição resolutiva)".[15]

Também correlacionando o implemento da condição à produção dos efeitos do ato jurídico, Roberto Lucifredi aponta que a função das condições é a de "subordinar à verificação ou não de um acontecimento futuro e incerto a integral produção dos normais efeitos de um ato".[16] No mesmo sentido, Arturo Lentini consigna que "a condição é um acontecimento futuro e incerto ao qual é subordinado o início ou a cessação dos efeitos do ato".[17]

---

[13] Nesse sentido é a lição de Antonio Junqueira de Azevedo: "O antigo princípio da relatividade dos efeitos contratuais precisa, pois, ser interpretado, ou relido, conforme a Constituição. [...] A interpretação conforme a Constituição leva não só a um novo entendimento da legislação ordinária, anterior à Constituição, como também a uma complementação e desenvolvimento dessa legislação, para harmonizá-la com a Constituição agora vigente. Aceita a ideia de função social do contrato, dela evidentemente não se vai tirar a ilação de que, agora, os terceiros são *partes* no contrato, mas, por outro lado, torna-se evidente que *os terceiros não podem comportar-se como se o contrato não existisse.* [...] A responsabilidade é, pois, aquiliana. 'Efetivamente, se um contrato deve ser considerado como fato social, como somos inclinados a pensar, então a sua real existência há de impor-se por si mesma, para poder ser invocada contra terceiros e, às vezes, até para ser oposta por terceiros às próprias partes. Assim é que *não só a violação de contrato por terceiro pode gerar responsabilidade civil deste* (como quando terceiro destrói a coisa que devia ser prestada, *ou na figura da indução ao inadimplemento de negócio jurídico alheio*), como também terceiros podem opor-se ao contrato, quando sejam por ele prejudicados' (NORONHA, Fernando. *O direito dos contratos e seus princípios fundamentais*. São Paulo: Saraiva, 1994. p. 119)". (AZEVEDO, Antonio Junqueira de. *Estudos e pareceres de direito privado*. São Paulo: Saraiva, 2004. p. 142-145. Grifos no original).

[14] MELLO, Oswaldo Aranha Bandeira de. *Princípios Gerais de Direito Administrativo*. 3. ed. São Paulo: Malheiros, 2011. p. 524. Grifos nossos.

[15] VIRGA, Pietro. *Diritto Amministrativo*. 4. ed. Milão: Giuffrè editore, 1994. v. 2, p. 48. Tradução livre.

[16] LUCIFREDI, Roberto. *L'atto amministrativo nei suoi elementi accidentali*. Milão: A. Giuffrè, 1941. p. 195. Sem grifos no original, tradução livre, grifos nossos.

[17] LENTINI, Arturo. *Istituzioni di Diritto Amministrativo*. Milão: Societa Editrice, 1939. p. 203. Tradução livre. Ainda de acordo com esse autor, "a eficácia tem início no momento no qual o ato torna-se perfeito; todavia, este momento pode ser modificado em decorrência de causas diversas, entre as quais as mais importantes são os termos e a condição suspensiva [...]. Ambos retardam a eficácia do ato, sendo que a condição, no caso em que não se verificar, pode excluir totalmente e definitivamente. Há, além disso, as *condiciones juris*, dependentes da lei e não

As condições podem ser suspensivas ou resolutivas. "*Suspensiva*, quando se suspende o início dos efeitos do ato até ela ocorrer, que só então começam a se produzir. Assim, a aprovação, por órgão superior, de ato do inferior, desde que se faça determinada alteração. O ato do inferior, embora aprovado pelo superior, só começa a produzir seus efeitos depois de verificada a condição, isto é, depois de feita a alteração determinada. *Resolutiva*, quando, ao se verificar, resolve os efeitos que já estava o ato produzindo".[18] "O ínterim entre a declaração de vontade e o implemento da condição é chamado de período de pendência. Se a condição não se realiza ou falha, o direito a que está subordinado não é adquirido".[19]

Em resumo, quando o ordenamento jurídico impõe uma condição suspensiva, "o início dos efeitos do ato jurídico, ou, melhor, sua realização, fica na pendência desse evento, e aqueles só começam a se produzir quando este se verificar".[20]

Por isso mesmo, na pendência da condição suspensiva, as partes possuem mera expectativa de direito, que somente se torna direito adquirido se e quando for implementada a condição.

No entanto, o que se pretende destacar neste tópico, na esteira daquilo que já foi apontado anteriormente, é que essa anuência não consistia mera condição contratual, decorrente da livre pactuação das partes, mas se tratava de inafastável requisito legal da própria perfeição do negócio, de uma condição legalmente imposta.

De acordo com o art. 121 do Código Civil, "considera-se condição a cláusula que, *derivando exclusivamente da vontade das partes*, subordina o efeito do negócio jurídico a evento futuro e incerto".

Segundo referida previsão legal, as condições propriamente ditas são sempre de natureza voluntária – derivam, na dicção do artigo, "exclusivamente da vontade das partes".

No entanto, em contratos nos quais o poder público participa como uma das partes a regra é que as leis e demais atos normativos imponham algumas condições a serem mandatoriamente atendidas a fim de que os particulares possam ceder posições contratuais. Dentre elas, é usual a exigência de prévia e expressa autorização da entidade pública contratante.

Nesses casos em que a subordinação dos efeitos do contrato fica condicionada, por força de lei ou outro ato normativo, à prévia aprovação do poder público, não se está, logicamente, diante de uma manifestação "voluntária" das partes.

Por essa razão, a doutrina distingue "condições voluntárias", que são elementos acidentais do negócio jurídico, das "condições legais", que constituem elementos essenciais.

A principal diferença entre elas reside em que, na primeira, a condição consiste em elemento essencial do ato, ao passo que, na ausência de imposição normativa, a

---

da vontade dos privados, que estendem influência sobre a eficácia dos atos administrativos" (LENTINI, Arturo. *Istituzioni di Diritto Amministrativo*. Milão: Società Editrice, 1939. p. 208).

[18] MELLO, Oswaldo Aranha Bandeira de. *Princípios Gerais de Direito Administrativo*. 3. ed. São Paulo: Malheiros, 2011. p. 525.

[19] TEPEDINO, Gustavo; BARBOZA, Heloisa Helena; MORAES, Maria Celina Bodin de. *Código Civil interpretado conforme a Constituição da República*. Rio de Janeiro: Renovar, 2004. v. 1, p. 253.

[20] MELLO, Oswaldo Aranha Bandeira de. *Princípios Gerais de Direito Administrativo*. 3. ed. São Paulo: Malheiros, 2011. p. 524. Grifamos.

condição consubstanciaria mero elemento acessório. As condições normativas são requisitos necessários à própria existência do ato jurídico, ao passo que as condições acessórias afetam apenas a sua eficácia.

Nesse sentido, observa Roberto Lucifredi que "não se trata de elementos acidentais quando a condição inserida no ato é uma *conditio juris* que existiria igualmente ainda se o ato não lhe fizesse menção, e tanto mais quando é ínsita à natureza mesma do ato a sua conexão com o evento futuro e incerto".[21]

Igualmente, Marcelo Caetano afirma que "nos casos em que é a lei que genericamente, isto é, para todos os atos da mesma espécie, estabelece uma condição, um encargo ou um termo como fazendo parte da natureza do ato, estamos perante aspectos dos *elementos essenciais que, como tais, têm de ser estudados*. A condição, o modo e o termo só são elementos acessórios quando livremente adicionados pelos órgãos competentes aos atos intencionais indeterminados".[22]

Oswaldo Aranha Bandeira de Mello, na mesma linha, observa que "essas modalidades acessórias, dispostas por acordo de vontades, ou mesmo por ato unilateral de uma parte que a outra aceita, não se confundem com a *condição*, o termo e o encargo *legal, pois, então, constituem modalidades naturais do ato em abstrato, requisitos da sua perfeição, exigências legais da sua existência*".[23]

Na mesma linha dos administrativistas, a doutrina civilista diferencia as condições normativas das condições volitivas.

Conforme esclarece Caio Mario da Silva Pereira, quando a lei exige o cumprimento de certo requisito para que o ato jurídico possa se realizar validamente, não se está propriamente diante de uma condição, mas antes de um pressuposto para sua realização válida:

> A palavra condição é empregada em direito em três sentidos. No primeiro, técnico e próprio ou específico, traduz a determinação acessória, que se origina da *vontade* dos interessados [...]. Numa segunda acepção, é tomada como *requisito do negócio*, e é neste sentido que aparece em expressões como estas: condição de validade do negócio jurídico, condição de capacidade para contratar, condição de forma do testamento. Não há em qualquer desses casos, em verdade, uma condição, mas um requisito do negócio jurídico. Numa terceira variação de significado, alia-se a palavra condição a um *pressuposto do negócio*, ou uma cláusula que ao direito acede naturalmente, e que é dele condição inseparável. É o que os autores denominam de condição legal (*conditio iuris*), a que se dá também o nome de condição *imprópria, porque ainda que aposta ao negócio sob a forma condicional, implica repetir apenas a exigência da lei, não passando a declaração de vontade de pura e simples*.[24]

De fato, a condição propriamente dita é aquela que as partes apõem voluntariamente em seu negócio jurídico, para subordinar o início (condição suspensiva) ou término (condição resolutiva) de seus efeitos a evento futuro e incerto. Quando é uma norma cogente que subordina o ato negocial a um evento futuro e incerto, a sua

---

[21] LUCIFREDI, Roberto. *L'atto amministrativo nei suoi elementi accidentali*. Milão: A. Giuffrè, 1941. p. 201.
[22] CAETANO, Marcelo. *Princípios fundamentais do Direito Administrativo*. Rio de Janeiro: Forense, 1989. p. 213. Grifos nossos.
[23] MELLO, Oswaldo Aranha Bandeira de. *Princípios Gerais de Direito Administrativo*. 3. ed. São Paulo: Malheiros, 2011. p. 520-521. Grifamos.
[24] PEREIRA, Caio Mario da Silva. *Instituições de direito civil*. 21. ed. Rio de Janeiro: Forense, 2014. p. 555. Grifamos.

ocorrência passa a integrar o núcleo essencial do ato, não sendo, nesses casos, mero elemento acidental.

No mesmo sentido, é a lição de Venosa: "é importante notar que a palavra *condição* tem várias acepções equívocas no Direito. Sob o prisma ora invocado [do direito civil], trata-se de determinação da vontade dos manifestantes em subordinar o efeito do negócio a evento futuro e incerto. Pode o vocábulo, também, ser tomado no sentido de requisito do ato, daí as expressões *condição de validade* ou *condição de capacidade*. *Numa terceira acepção, a condição é considerada pressuposto do ato, sendo chamada por alguns de condição legal (conditio iuris), que também se denomina condição imprópria*. É o caso, por exemplo, de se exigir em negócio translativo de imóveis escritura pública com valor superior ao legal".[25]

Dessa forma, também de acordo com a doutrina civilista, as condições propriamente ditas são aquelas apostas nos contratos por livre manifestação das partes, e, quando suspensivas, têm por efeito impedir a produção dos efeitos pretendidos pelos contratantes, que ficam latentes à espera do implemento da condição, para que então possa produzir efeitos, ou que se a frustre, encerrando-se, em definitivo, a relação jurídica *in fieri*.

Quando a produção dos efeitos do contrato encontra-se subordinada não à vontade das partes, mas a exigências ou requisitos da lei, trata-se, mais do que de uma condição propriamente dita, de pressupostos para o ato. Essas condições são "da própria natureza do contrato", diferenciando-se, assim, daquelas que são apostas "por livre disposição das partes".

Com essas expressões, Arnaldo Rizardo distingue as condições "necessárias" das "voluntárias", esclarecendo, acerca das necessárias: "na primeira modalidade, *nem precisam ser colocadas [no contrato], eis que exigidas pelo próprio contrato*. Na compra e venda de imóvel, inútil aduzir que será o negócio lavrado por escritura pública, porquanto a outorga da escritura é da essência da transmissão imobiliária. No contrato de depósito, desnecessário referir a transferência da posse, eis que não se configura sem esse elemento. Não encontra qualquer sentido apor a cláusula, no testamento, de que somente será executado se o legatário sobrevir ao testador".[26]

Seguindo essa doutrina, acrescentamos o caso concreto que nos foi trazido à apreciação: era inútil ou desnecessário ao Contrato de Compra e Venda estabelecer que a produção de seus efeitos subordinava-se à prévia aprovação da ANP, pois se tratava de exigência *ex lege*.

De fato, o caso em apreço enquadra-se exatamente nessa classe de condições necessárias ou pressupostos de existência válida do ato praticado. O Contrato de Compra e Venda e os Contratos de Concessão em tela nada mais fizeram do que espelhar o que já é exigência do §3º do art. 176 da Constituição Federal e do art. 29 da Lei nº 9.478/97, que instituem um pressuposto para a transferência válida do controle de toda e qualquer concessão petrolífera, consistente na necessidade da prévia aprovação da ANP.

Nesse sentido, Maria D'assunção Costa Menezello esclarece que "a lei exigiu como requisito de validade e eficácia para transferência do contrato a autorização prévia e expressa da ANP, que certificará se as exigências legais e regulatórias foram

---

[25] VENOSA, Sílvio de Salvo. *Direito civil – parte geral*. 6. ed. São Paulo: Atlas, 2006. p. 479-480. Grifamos.
[26] RIZARDO, Arnaldo. *Parte geral do Código Civil*. 4. ed. Rio de Janeiro: Forense, 2006. p. 449. Grifamos.

acatadas e se o cessionário atender a todos os requisitos de ordem jurídica, técnica e financeira, para dar continuidade ao contrato de concessão, substituindo a(s) empresa(s) concessionária(s) anterior(es)".[27]

Dessa forma, ainda que silente, obscuro ou contraditório fosse o Contrato de Compra e Venda, a condição da prévia manifestação da ANP se mostra, por lei, da sua essência, e se opera *ex lege* mesmo contra a vontade das partes. Ou seja, ainda que as partes não dispusessem, no Contrato de Compra e Venda, que seus efeitos subordinavam-se à prévia aprovação da ANP, a compra e venda não existiria validamente sem a manifestação prévia da autarquia, não sendo instrumento hábil à produção de quaisquer efeitos jurídicos enquanto a agência reguladora não formalizasse o seu *placet*.

Marilda Rosado Ribeiro conclui, a respeito, que "a aprovação pelo Poder Concedente, portanto, é um *elemento constitutivo* da cadeia, constituindo, ademais, prerrogativa importante no exercício desse poder pela Agência Nacional do Petróleo".[28]

No mesmo sentido, aludindo às concessões de serviços públicos, mas em lição em todo aplicável às concessões petrolíferas, Marçal Justen Filho observa que "a aquiescência do poder concedente é *pressuposto de existência da transferência* da concessão". Por isso, "não se aperfeiçoa juridicamente a transferência da titularidade da concessão sem a manifestação de vontade estatal".[29]

Ou, ainda, nas palavras de Arnoldo Wald, em trabalho específico sobre o tema, "entendemos que para ser eficaz, a modificação do controle acionário necessita de dois atos de natureza distinta, mas que somente produzirão os seus efeitos quando ambos forem realizados: um ato de direito comercial – a cessão de controle – e um ato administrativo – a autorização do concedente. São *verdadeiros 'irmãos siameses' que não podem ser dissociados, dando o ato administrativo validade à decisão de natureza comercial e funcionando como uma espécie de 'blindagem', sem a qual a alteração é incompleta e não produz efeitos*. A doutrina brasileira tem admitido a existência de atos bifaces, que se caracterizam pela necessidade de serem praticados dois atos de natureza diversa, regidos por ramos distintos do direito, como é o caso da incorporação de banco ou da cessão de controle de empresa concessionária".[30]

Dessa forma, pendente a aprovação do Poder Concedente, no caso, a ANP, em representação da União Federal, o ato sequer se aperfeiçoa, não podendo, muito menos, produzir os seus efeitos típicos: "enquanto o Estado não prestar a sua aquiescência, o

---

[27] MENEZELLO, Maria D'Assunção Costa. *Comentários à lei do petróleo – Lei Federal nº 9.478, de 6.8.1997*. São Paulo: Atlas, 2000. p. 117.

[28] RIBEIRO, Marilda Rosado de Sá. A cessão de participação nos contratos de concessão. *Revista Brasileira de Direito do Petróleo, Gás e Energia*, Grama, Rio de Janeiro, n. 1, mar. 2006. p. 12. Grifamos.

[29] JUSTEN FILHO, Marçal. *Concessões de serviços públicos (comentários às Leis nºs 8987 e 9074, de 1995)*. São Paulo: Dialética, Atlas, 1997. p. 288. Grifamos.

[30] WALD, Arnoldo. Da competência das agências reguladoras para intervir na mudança de controle das empresas concessionárias. *Revista de Direito Administrativo*, Rio de Janeiro, v. 229, 2002, p. 30. Grifos nossos. Adiante, o autor complementa: "O aspecto *constitutivo* da autorização administrativa, quando essencial para a validade do ato, como ocorre na transferência do controle acionário, tem sido enfatizado pela doutrina, que considera que, em tais hipóteses, o papel do Estado é ainda mais importante do que se ele fosse parte no contrato. É o que salienta Ernst Forstoff, para quem a autoridade, ao validar o contrato, também deverá intervir quando o mesmo for modificado. Ora, aplicando-se tais princípios, verifica-se que, dada a concessão a determinado concessionário, qualquer modificação relevante na sua estrutura, por qualquer meio ou forma, só pode ocorrer com a intervenção do Estado, ou seja, no caso, da agência reguladora" (WALD, Arnoldo. Da competência das agências reguladoras para intervir na mudança de controle das empresas concessionárias. *Revista de Direito Administrativo*, Rio de Janeiro, v. 229, 2002, p. 32).

ato jurídico de cessão não produz efeitos. O antigo concessionário não pode transferir a prestação do serviço para terceiro, sem concordância do Estado, sob pena de caracterização de gravíssima infração contratual".[31]

Em suma, sendo elemento essencial do Contrato de Compra e Venda, a prévia aprovação da autarquia constituía pressuposto da sua própria transferência da concessão por ele visada,[32] em razão da exigência legal constante do art. 29 da Lei nº 9.478/97, não podendo ser afastada pela vontade das partes. Antes de tal autorização incabível se falar de transferência da concessão, *sob pena de retirarmos do Estado esse importante instrumento de controle sobre as atividades por ele delegadas à iniciativa privada, com o que o próprio caráter estatal e público da atividade delegada ficaria comprometido, pois a posição contratual com a Administração Pública passaria a ser um mero ativo livremente comercializável.*

A afirmação acima permite concluir que, até a data da aprovação da operação pela autarquia, o Contrato não tinha possibilidade de produzir os seus efeitos típicos no mundo jurídico; a sua mera assinatura era indiferente ao mundo jurídico, a não ser naquilo que dissesse respeito ao dever de boa-fé entre as partes contratantes de buscarem a necessária aprovação da ANP e se absterem de praticar atos contrários à intenção de transferência das concessões manifestada mediante a sua assinatura (atos meramente de conservação das expectativas manifestadas, conforme adiante detalhado).[33]

Assim, a doutrina considera que referidas condições incorporam-se ao ato em si e, se não se realizarem, é de se concluir que o ato sequer chegou a existir propriamente no mundo jurídico.

III.1 A natureza *intuitu personae* dos contratos firmados com a administração pública e a necessidade de aprovação prévia à transferência da concessão

A exigência de prévia aprovação da transferência da posição contratual ou do controle acionário da concessionária, como condição necessária à perfeição desse ato, é comum à generalidade dos contratos firmados com a Administração Pública, tanto no direito brasileiro como no direito comparado.

---

[31] JUSTEN FILHO, Marçal. *Concessões de serviços públicos (comentários às Leis nºs 8987 e 9074, de 1995)*. São Paulo: Dialética, Atlas, 1997. p. 288-289.

[32] Em sentido contrário, sustentando que as condições legais também operam no plano da eficácia, ver: Tepedino *et al*, que classificam como condições impróprias "as condições ditas legais, também condicionantes da eficácia do negócio jurídico, mas estabelecidas em lei, traduzindo-se em verdadeiro requisito de eficácia" (TEPEDINO, Gustavo; BARBOZA, Heloisa Helena; MORAES, Maria Celina Bodin de. *Código Civil interpretado conforme a Constituição da República*. Rio de Janeiro: Renovar, 2004. v. 1, p. 245).

[33] Refletindo a relevância da aprovação da agência para a conformação válida do contrato, Marilda Rosado Sá Ribeiro, ao analisar a prática no direito comparado, refere-se ao contrato de cessão firmado perante a agência reguladora como sendo o instrumento jurídico "para valer", *verbis*: "Na verdade, os termos e condições da cessão sofrem variação nos documentos privados negociados entre as empresas de petróleo, onde são previstos os direitos e obrigações do cedente e do cessionário, as condições econômicas do 'carrego' do cedente pelo cessionário e outras. *No documento firmado para valer perante o Poder Concedente* é formalizada a cessão, geralmente através de um aditivo ao contrato de exploração e produção" (RIBEIRO, Marilda Rosado de Sá. A cessão de participação nos contratos de concessão. *Revista Brasileira de Direito do Petróleo, Gás e Energia*, Grama, Rio de Janeiro, n. 1, mar. 2006. p. 13. Grifos nossos).

Antes de mais nada, trata-se de uma decorrência da persecução do interesse público que é inerente a toda contratação pública e que decorre, inclusive, da sua submissão a prévio procedimento licitatório.

Explicamos. Diz-se que os contratos firmados pela Administração Pública têm, em uma acepção um distinta da civilista, natureza *intuitu personae* porque o princípio da licitação exige que o poder público firme contrato com aquele que tenha apresentado a melhor proposta nos termos da lei e do edital de licitação.

Nas palavras de Maria Sylvia Zanella Di Pietro, "todos os contratos para os quais a lei exige licitação são firmados *intuitu personae*, ou seja, em razão de condições pessoais do contratado, apuradas no procedimento de licitação. Não é por outra razão que a Lei nº 8.666/93, no artigo 78, VI, veda a subcontratação, total ou parcial, do seu objeto, a associação do contratado com outrem, a cessão ou transferência, total ou parcial; essas medidas somente são possíveis se expressamente previstas no edital de licitação e no contrato. Além disso, é vedada a fusão, cisão ou incorporação que afetem a boa execução do contrato".[34]

Assim, a subordinação de efeitos de pactos privados de cessão de controle ou transferência de posição contratual, por parte de contratados da Administração Pública, à prévia aprovação da autoridade contratante constitui prática comum e expressamente prevista em diversos diplomas legais, não sendo uma peculiaridade do setor petrolífero.

A principal razão para as limitações e condicionamentos das possibilidades de cessão, transferência ou sub-rogação dos contratos, assim como das operações de fusão, cisão ou alterações de controle societário, reside na busca do atendimento do interesse público que justificou a celebração do contrato pela Administração.

Encerrado o processo licitatório, a Administração tem certeza de que está realizando a melhor contratação possível dentre os agentes que se apresentaram ao certame, e que o contratado preenche todos os requisitos jurídicos, técnicos e econômico-financeiros para bem desempenhar o objeto contratado.

É essa a correta perspectiva sob a qual devem ser analisadas as questões das mutações subjetivas nas contratações administrativas, isto é, não se trata de uma questão subjetiva – "a Administração 'preferiria' o contratado inicial" – mas sim de uma análise objetiva e impessoal: o contratado inicial já demonstrou à Administração, no curso do processo licitatório, que estava apto a bem executar o objeto contratado e que possuía a melhor proposta para esse fim.

Inclusive como decorrência do art. 37, *caput*, CF/88, os contratos firmados com a Administração não são, a exemplo do que pode suceder no significado dessa expressão latina no Direito Privado (por exemplo, a contratação de Oscar Niemayer para fazer o projeto de uma casa), *intuitu personae* porque a entidade contratante prefere subjetivamente este ou aquele prestador: essa interpretação violaria os princípios da impessoalidade e da isonomia entre os administrados.

O contrato com a Administração Pública diz-se *intuitu personae* porque, tendo sido firmado com o licitante que apresentou a melhor proposta, dentre todos os previamente habilitados, a Administração cerca-se dos cuidados necessários a que o objeto possa ser fielmente executado por alguém devidamente habilitado, e que apresentou a melhor proposta, cumprindo-se, assim, os ditames dos princípios da eficiência e economicidade.

---

[34] DI PIETRO, Maria Sylvia Zanella. *Direito administrativo*. 21. ed. São Paulo: Atlas, 2008. p. 253.

Colocando a questão em seus devidos termos, Marçal Justen Filho chega a afirmar que não se deveria aludir propriamente a um elemento personalíssimo nas contratações com o poder público. Nas palavras do autor, "todos os particulares que preencherem os requisitos de habilitação presumem-se suficientemente confiáveis para contratação com a Administração Pública. É irrelevante a identidade do vencedor, desde que preencha os requisitos de habilitação". Por isso mesmo, "o regime jurídico que disciplina a Administração Pública, no Brasil, elimina a possibilidade de contratações *intuitu personae* – ou, mais precisamente, contratações dessa ordem são absolutamente excepcionais, recaindo no âmbito da inexigibilidade de licitação".[35]

O que interessa à Administração Pública é a certeza de que a pessoa que executará o objeto contratado preenche os requisitos necessários, e que o fará de acordo com a melhor proposta obtida por meio do procedimento objetivo da licitação, sob pena de, em caso contrário, haver violação dos princípios da eficiência e da economicidade.

Preenchidos esses requisitos, a Administração poderá concordar com a transferência de posições contratuais no curso do contrato, desde que tal não seja vedado por lei, pelo edital ou pela própria natureza do contrato (o que ocorre nas raras situações de contratos firmados efetivamente *intuitu personae* – imagine-se, por exemplo, a contratação de pintor de renome internacional para pintar um quadro na sede de uma repartição pública). Daí a razão de que essas mutações subjetivas sejam, em regra, submetidas à aprovação prévia da entidade contratante.

Assim, uma vez firmado o contrato, qualquer transferência, cessão ou mesmo modificação no controle da empresa contratada tem, em geral, de ser previamente analisada e expressamente autorizada pelo poder público contratante, além de subordinar-se, logicamente, às limitações legais, editalícias e contratuais porventura existentes.

Dessa forma, antes que a Administração tenha efetuado essa análise, nenhuma avença privada existe para esse efeito (para outros efeitos, que não impliquem na transferência *lato sensu* da concessão, nada obsta que as partes disponham como lhes aprouver), seja perante o poder público, seja perante quaisquer terceiros. Essa é a regra constante dos diversos diplomas legais federais que regem as contratações administrativas.

Nesse sentido, a Lei Geral de Concessões de Serviços Públicos (Lei nº 8.987/95) determina:

> Art. 26. É admitida a subconcessão, nos termos previstos no contrato de concessão, desde que expressamente autorizada pelo poder concedente.
>
> §1º A outorga de subconcessão será sempre precedida de concorrência.

---

[35] JUSTEN FILHO, Marçal. *Comentários à Lei de licitações e contratos administrativos*. 14. ed. São Paulo: Dialética, 2010. p. 839. Em outra passagem de igual significado, o autor assevera: que "o princípio da impessoalidade rege a atividade administrativa", de modo que "seria inviável, como regra, admitir uma espécie de *preferência insuperável* da Administração em favor de um sujeito". [...] "Todo aquele que preenche os requisitos de habilitação é suficientemente confiável para ser contratado pela Administração. Logo, é irrelevante à Administração Pública a presença de outros requisitos subjetivos. Também por isso, a transferência da condição de contratado não pode ser objeto de negativas arbitrárias ou irracionais por pare do Estado. A Administração Pública não pode invocar, como motivo para rejeitar a cessão de um contrato por parte do contratado, o argumento de que *prefere* um determinado sujeito. O acolhimento ou a rejeição tem de vincular-se à realização do interesse público" (JUSTEN FILHO, Marçal. *Concessões de serviços públicos (comentários às Leis nºs 8987 e 9074, de 1995)*. São Paulo: Dialética, Atlas, 1997. p. 285. Grifos no original).

§2º O subconcessionário se sub-rogará todos os direitos e obrigações da subconcedente dentro dos limites da subconcessão.

Art. 27. *A transferência de concessão ou do controle societário da concessionária sem prévia anuência do poder concedente implicará a caducidade da concessão.*

O texto acima é de grande relevância, pois, como já analisamos em outra oportunidade, "apesar de as concessões petrolíferas não se identificarem com as concessões de serviços públicos, o dispositivo legal é relevante para a análise da questão do ponto de vista sistemático, já que, entre as atividades que podem ser exercidas por particulares mediante contratos com a Administração Pública, os serviços públicos são justamente as atividades de maior sensibilidade para a coletividade, essenciais que são para a dignidade da pessoa humana e insuscetíveis de sofrer solução de continuidade em sua prestação".[36]

Ainda sobre a Lei nº 8987/95, José dos Santos Carvalho Filho observa que "o novo concessionário ou os novos controladores da empresa concessionária inicial devem não somente firmar o compromisso de cumprir todas as cláusulas do contrato em vigor, como também observar os requisitos de regularidade jurídica e fiscal, capacidade técnica e idoneidade financeira, imprescindíveis à execução do serviço concedido".[37]

Dessa forma, "o que o legislador deseja efetivamente é que a situação do concessionário não afete o interesse público nem o serviço concedido, em detrimento da coletividade".[38] Por isso é que a aprovação há de ser prévia e que qualquer contrato de transferência de posição contratual ou alteração de controle societário da concessionária não possa se ultimar sem que o poder concedente tenha expressamente se manifestado positivamente sobre a operação.

Além da previsão geral da Lei de Concessões, várias normas setoriais também exigem a prévia e expressa aprovação do poder concedente para que possa haver alteração no controle das empresas titulares de contratos com o poder público.

Veja-se, a título ilustrativo, o disposto no Código Brasileiro de Aeronáutica (Lei nº 7565/86):

Art. 185. A sociedade concessionária ou autorizada de serviços públicos de transporte aéreo deverá remeter, no 1º (primeiro) mês de cada semestre do exercício social, relação completa:

I – dos seus acionistas, com a exata indicação de sua qualificação, endereço e participação social;

II – das transferências de ações, operadas no semestre anterior, com a qualificação do transmitente e do adquirente, bem como do que representa, percentualmente, a sua participação social.

---

[36] ARAGÃO, Alexandre Santos de. O contrato de concessão de exploração de petróleo e gás. *Revista Eletrônica de Direito Administrativo Econômico*, Salvador, Instituto de Direito Público da Bahia, n. 5, fev./mar./abr. 2006. Disponível em: http://www.direitodoestado.com.br. Acesso em 10 mar. 2011.

[37] CARVALHO FILHO, José dos Santos. *Manual de direito administrativo*. 21. ed. Rio de Janeiro: Lumen Iuris, 2009. p. 375.

[38] CARVALHO FILHO, José dos Santos. *Manual de direito administrativo*. 21. ed. Rio de Janeiro: Lumen Iuris, 2009. p. 375.

§1º Diante dessas informações, poderá a autoridade aeronáutica:

I – considerar sem validade as transferências operadas em desacordo com a lei;

II – determinar que, no período que fixar, as transferências dependerão de aprovação prévia.

§2º *É exigida a autorização prévia, para a transferência de ações*:

I – que assegurem ao adquirente ou retirem do transmitente o controle da sociedade;

II – que levem o adquirente a possuir mais de 10% (dez por cento) do capital social;

III – que representem 2% (dois por cento) do capital social;

IV – durante o período fixado pela autoridade aeronáutica, em face da análise das informações semestrais a que se refere o §1º, item II, deste artigo;

V – no caso previsto no artigo 181, §3º.

Art. 186. As empresas de que tratam os artigos 181 e 182, tendo em vista a melhoria dos serviços e maior rendimento econômico ou técnico, a diminuição de custos, o bem público ou o melhor atendimento dos usuários, poderão fundir-se ou incorporar-se.

§1º A consorciação, a associação e a constituição de grupos societários serão permitidas tendo em vista a exploração dos serviços de manutenção de aeronaves, os serviços de características comuns e a formação, treinamento e aperfeiçoamento de tripulantes e demais pessoal técnico.

§2º Embora pertencendo ao mesmo grupo societário, uma empresa não poderá, fora dos casos previstos no caput deste artigo, explorar linhas aéreas cuja concessão tenha sido deferida a outra.

§3º *Todos os casos previstos no caput e no §1º deste artigo só se efetuarão com a prévia autorização do Ministério da Aeronáutica.*

Também a Lei nº 9.472/97 – a Lei Geral de Telecomunicações – determina:

Art. 97. *Dependerão de prévia aprovação da Agência a cisão, a fusão, a transformação, a incorporação, a redução do capital da empresa ou a transferência de seu controle societário.*

Art. 98. *O contrato de concessão poderá ser transferido após a aprovação da Agência desde que, cumulativamente*:

I – o serviço esteja em operação, há pelo menos três anos, com o cumprimento regular das obrigações;

II – o cessionário preencha todos os requisitos da outorga, inclusive quanto às garantias, à regularidade jurídica e fiscal e à qualificação técnica e econômico-financeira;

III – a medida não prejudique a competição e não coloque em risco a execução do contrato, observado o disposto no art. 7º desta Lei.

A Lei das Concessões de Televisão a Cabo (Lei nº 8977/95), no mesmo sentido, dispõe:

Art. 27. A transferência de concessão somente poderá ser requerida após o início da operação do serviço de TV a Cabo.

Art. 28. *Depende de prévia aprovação do Poder Executivo*, sob pena de nulidade dos atos praticados, a transferência direta do direito de execução e exploração do serviço de TV a Cabo a outra entidade, bem como a transferência de ações ou cotas a terceiros, quando ocorrer alienação de controle societário.

Igualmente, a Lei nº 10.233/01, que criou a Agência Nacional de Transporte Terrestre – ANTT e a Agência Nacional de Transporte Aquaviário – ANTAQ, após prever que algumas atividades desses setores poderiam ser delegadas à iniciativa privada mediante contratos de concessão, prevê:

Art. 30. É permitida a transferência da titularidade das outorgas de concessão ou permissão, preservando-se seu objeto e as condições contratuais, desde que o novo titular atenda aos requisitos a que se refere o art. 29.

§1º *A transferência da titularidade da outorga só poderá ocorrer mediante prévia e expressa autorização da respectiva Agência de Regulação*, observado o disposto na alínea b do inciso II do art. 20.

§2º Para o cumprimento do disposto no caput e no §1º, serão também consideradas como transferência de titularidade as transformações societárias decorrentes de cisão, fusão, incorporação e formação de consórcio de empresas concessionárias ou permissionárias.

Vê-se, portanto, o quão disseminada está no Direito Brasileiro tal condição *ex lege*. A Lei nº 9.478/97, ao exigir a prévia aprovação da ANP para a cessão de direitos emergentes das concessões petrolíferas, nada mais fez do que agir de acordo com a teoria geral dos contratos firmados pela Administração, e mesmo dos contratos de direito civil, segundo a qual o consentimento prévio do outro contratante costuma ser necessário a que se possam promover mutações subjetivas no curso da sua execução.

Conforme aponta Marilda Rosado Ribeiro, "o contrato de concessão da indústria do petróleo é coerente com nossa tradição jurídica, qual seja, a de que qualquer das partes pode fazer-se substituir por um terceiro nas relações que derivam de um contrato de prestações recíprocas, desde que estas não tenham sido cumpridas, *e que a parte dê seu consentimento*".[39]

Nesse aspecto, a solução dada pelo direito brasileiro em tudo se assemelha ao direito comparado.

---

[39] RIBEIRO, Maria Rosado de Sá. *Direito do petróleo – as joint ventures na indústria do petróleo*. 2. ed. Rio de Janeiro: Renovar, 2003. p. 364. De fato, veja-se que o consentimento da Administração Pública é, em regra, constitutivo de direito. Quanto à polêmica questão dos efeitos jurídicos das autorizações, entendemos que, sejam discricionárias ou vinculadas, possuem inegáveis efeitos constitutivos, já que antes da expedição do ato o particular não tem como exercer a atividade visada. A assertiva também seria aplicável às licenças para aqueles que veem uma separação conceitual absoluta entre ela (sempre vinculada) e a autorização (sempre discricionária). Carlos Ari Sundfeld afirmou a esse respeito que, "por mais que se queira classificar a licença como ato declaratório, ninguém negará que o proprietário não tem qualquer espécie de direito de iniciar a edificação antes dela" (SUNDFELD, Carlos Ari. Licenças e Autorizações no Direito Administrativo. *Revista Trimestral de Direito Público*, v. 03, 1993. p. 67. Grifamos).

Na Argentina, por exemplo, Rafael Bielsa explica que "ao concedente, portanto, não é indiferente a pessoa do concessionário (comumente sociedade, companhia etc.); sua solvência, sua seriedade, sua idoneidade técnica".[40] Por essa razão, o autor esclarece a necessidade de prévia autorização, por parte do poder concedente, para que seja possível transferir uma concessão: "quando o concessionário quer transferir a concessão, deve solicitar autorização ao concedente. [...] O contrato de concessão se celebra *intuitu personae*, e este caráter constitui, precisamente, uma das razões da ordem jurídica na qual se funda o requisito de aprovação prévia de toda transferência de concessão".[41]

"Uma vez que se pactuou a possibilidade de uma transferência e que ela está condicionada à anuência do concedente, é evidente que essa anuência é requisito legal de autorização, mas não é faculdade meramente potestativa; ela se estabelece pelo interesse público".[42] Essa passagem novamente ressalta que a autorização prévia do poder concedente constitui "requisito legal" para a transferência da concessão.

Por outro lado, ressalva que o poder público, em sua análise, não pode agir arbitrariamente. Cumpre-lhe verificar se o cessionário ou o novo controlador possui os requisitos necessários à boa execução do contrato, isto é, se atende às exigências que estiveram na origem da contratação; mas não pode negar a sua anuência de forma imotivada: "a atribuição que o concedente se reserva – e que é da essência de toda concessão de serviço público *intuitu personae* – tem por objetivo e fundamento conservar em poder do administrador essa faculdade de verificar diretamente a existência das condições da transferência ou cessão, à luz do interesse público".[43]

Dessa forma, no caso concreto a prévia aprovação da ANP constituía pressuposto da transferência da concessão pretendida a partir da celebração do Contrato de Compra e Venda, sendo-lhe elemento essencial, de modo que quer no plano da existência, da validade ou da eficácia, não há como se cogitar de transferência da concessão antes de tal ato administrativo.

Essa conclusão naturalmente se aplica tanto à operação de cessão dos Ativos Excluídos para outra sociedade, quanto para a alteração do controle societário da Empresa de E&P, concessionária na qual foram mantidos os ativos objeto do Contrato de Compra e Venda. Ambas as operações necessitavam de prévia e expressa autorização da ANP e estão aqui tratadas como transferências *lato sensu*.

Este entendimento já foi objeto de expressa manifestação do Superior Tribunal de Justiça, que negou efeitos a um contrato de cessão de concessão minerária, da qual pode-se entender que a concessão petrolífera constitui subespécie, por não ter tido a prévia e expressa aprovação (aqui aplicada com a nomenclatura de averbação) do Departamento Nacional de Produção Mineral – DPMN:

> MANDADO DE SEGURANÇA. CESSÃO DE DIRETOS MINERÁRIOS. CONTROVÉRSIA SOBRE VALIDADE DO CONTRATO. AVERBAÇÃO PELO GOVERNO FEDERAL. IMPOSSIBILIDADE. INEXISTÊNCIA DE COMPROVAÇÃO DO DIREITO A SER TUTELADO. INADEQUAÇÃO DA VIA ELEITA.

---

[40] BIELSA, Rafael. *Estudios de derecho público*. Buenos Aires: De Palma, 1950. p. 467.
[41] BIELSA, Rafael. *Estudios de derecho público*. Buenos Aires: De Palma, 1950. p. 467.
[42] BIELSA, Rafael. *Estudios de derecho* público. Buenos Aires: De Palma, 1950. p. 468. Grifamos.
[43] BIELSA, Rafael. *Estudios de derecho* público. Buenos Aires: De Palma, 1950. p. 468-469.

1. *In casu*, impugna-se ato do Ministro de Estado de Minas e Energia, que indeferiu pedido de revisão relativo a despacho ministerial que negara provimento a recurso hierárquico interposto pela impetrante, cujo objetivo era a averbação da cessão de direitos minerários.

2. Rio Prata Mineração Ltda. (impetrante) relata que adquiriu de Gemex Construção e Mineração Ltda. direitos minerários decorrentes do Alvará nº 4.464/1999 em 21.3.2001. Posteriormente, pediu averbação da operação ao Departamento Nacional de Produção Mineral – DNPM. Antes que o DNPM se manifestasse, a Gemex peticionou, argumentando que a cessão dos direitos minerários em comento é nula, pois a pessoa que firmou o documento não representava a empresa.

3. Por conta da controvérsia a respeito da validade da cessão, o DNPM não averbou a operação, decisão ratificada pelo Ministro de Estado de Minas e Energia, ora impetrado.

4. A exploração de jazidas minerais somente pode ser exercida mediante autorização ou concessão da União, nos termos do art. 176, §1º, da CF. Ademais, tais autorizações e concessões "não poderão ser cedidas ou transferidas, total ou parcialmente, sem prévia anuência do poder concedente" (§3º do mesmo dispositivo constitucional).

5. Nesse sentido, o Código de Mineração (art. 55, §1º, do DL nº 227/1967) prevê a necessidade de averbação, pelo Departamento Nacional de Produção Mineral – DNPM, dos atos de alienação ou oneração relativos aos direitos minerários, como requisito para sua validade. [...]

9. Mandado de Segurança denegado.

(MS nº 11036/DF, Rel. Ministro Herman Benjamin, primeira seção, julgado em 28.10.2009, DJe 06.11.2009).

No mesmo sentido, já decidiu o Tribunal Regional Federal da 1ª Região:

PROCESSUAL CIVIL E ADMINISTRATIVO. EMPRESA CONCESSIONÁRIA DE SERVIÇO DE TELECOMUNICAÇÕES. LEGITIMIDADE PASSIVA DA UNIÃO FEDERAL. COMPETÊNCIA DA JUSTIÇA FEDERAL. CARÊNCIA DE AÇÃO NÃO CONFIGURADA. *ALTERAÇÃO CONTRATUAL PARA TRANSFERÊNCIA DE COTAS DO CAPITAL E DESIGNAÇÃO DE GERENTE. NECESSIDADE DE AUTORIZAÇÃO EXPRESSA DO MINISTÉRIO DAS COMUNICAÇÕES. INVALIDADE DA ALTERAÇÃO EFETIVADA SEM ESSA FORMALIDADE. SUBSISTÊNCIA DAS ALTERAÇÕES CONTRATUAIS POSTERIORES, SUBSCRITAS PELOS SÓCIOS QUE INTEGRAVAM A SOCIEDADE ANTES DA ALTERAÇÃO CONTRATUAL NÃO AUTORIZADA.*

[...]

4. Reconhecida a invalidade da alteração contratual que não contou com a indispensável autorização do Poder Público concedente, disso resulta a validade do pedido de arquivamento de processo subscrito por sócio-gerente com poderes "in solidum ´ou cada um de ´per si" (sic), assim como das alterações contratuais posteriores, firmadas por aqueles que já eram sócios antes da alteração não autorizada.

(AC nº 1997.32.00.004689-7/AM, Rel. Juiz Antonio Ezequiel, TRF1, Terceira Turma, DJ. p. 57 de 31.01.2001).

Portanto, também pela jurisprudência são írritas transferências de concessões, para as quais o ordenamento jurídico exige prévia anuência do poder público, antes do advento desse ato. Inclui-se, logicamente, no conceito de transferência a alteração do controle societário da concessionária; do contrário, far-se-ia letra morta do dispositivo legal e do Contrato de Concessão, já que bastaria realizar qualquer operação de cessão de posição contratual em um nível societário acima do da concessionária em si, para que se tivesse, na prática, o efeito pretendido de alterar a titularidade da concessão dos blocos à revelia da entidade reguladora.

IV *Ad argumentandum*, ainda que fosse mera condição suspensiva negocial, o contrato não produziria qualquer efeito antes da sua implementação

Como vimos nos tópicos anteriores, a exigência de prévia aprovação da Administração Pública para a transferência de contratos com ela celebrados constitui uma *conditio juris*, um requisito legal desses atos negociais privados.

Todavia, apenas para cientificamente explorar todos os aspectos do caso, ainda que se considerasse que a aprovação da ANP consistiria mera condição civil, fruto da vontade das partes – tese que não nos parece a mais adequada, face à expressa letra do art.176, §3º, da CF/88, do art. 29 da Lei nº 9.478/97 e dos Contratos de Concessão – ainda assim seria forçoso concluir que o Contrato de Compra e Venda não produziria qualquer efeito no mundo jurídico até que (e se) aprovada a operação pela ANP.

A esse respeito, lembra José Cretella Júnior que "as clássicas definições de condição, modo e termo, de comum emprego no campo do direito privado, quase não sofrem alteração no âmbito do direito administrativo. Assim, condição é o acontecimento futuro e incerto ao qual se subordina a formação ou desaparecimento de uma relação jurídica".[44]

Dessa forma, ainda que a prévia aprovação da ANP mencionada no contrato de compra e venda fosse considerada mero elemento acessório do negócio jurídico, ainda assim, sendo uma condição suspensiva, impediria que, antes do seu advento, o contrato produzisse qualquer efeito.

Nas palavras de Silvio Rodrigues, "enquanto a condição não ocorre, o titular do direito eventual tem apenas uma expectativa de direito, uma *spes debitum iri*, ou seja, a possibilidade de vir a adquirir um direito, caso a condição ocorra". O auto exemplifica: "quando alguém promete vender a outro seu automóvel se naquele ano for posto à venda um modelo novo, o promissário não se torna titular de uma prerrogativa, mas apenas adquire a expectativa de efetuar uma aquisição, caso ocorra o evento futuro e incerto aludido".[45]

Como afirma Paulo Nader, "tratando-se de condição suspensiva, que por sua natureza reprime o início dos efeitos jurídicos do ato, somente haverá direito adquirido se e quando for implementada a condição. Uma vez que o evento futuro e incerto perca a sua potencialidade e se transforme em ato, a relação jurídica preexistente entre as partes se modifica e o que era expectativa se transforma em direito".[46]

---

[44] CRETELLA JÚNIOR, José. *Direito administrativo brasileiro*. Rio de Janeiro: Forense, 2000. p. 292-293.
[45] RODRIGUES, Silvio. *Direito civil – parte geral*. 25. ed. São Paulo: Saraiva, 1995. p. 250.
[46] NADER, Paulo. *Curso de direito civil – parte geral*. 6. ed. Rio de Janeiro: Forense, 2009. p. 360.

Nesse particular, vale mencionar que as condições apresentam três fases: "de *pendência*, sob a ameaça de sua realização; *realizadas*, no momento em que se verificam; *frustradas*, quando definitivamente já não se pode produzir o evento".[47]

No presente caso, quando as partes firmaram o Contrato de Compra e Venda, ficou pendente, dentre outras, a condição de que a ANP aprovasse a transferência pretendida; em 13.11.2008, com a aprovação, a condição foi realizada, podendo o Contrato, a partir de então, produzir regularmente os efeitos pretendidos pelas partes.

Tivesse a ANP recusado a transferência – o que possui atribuição para fazer, desde que fundamentadamente, no exercício do seu poder de polícia da atividade petrolífera – e a condição ter-se-ia frustrado, com o Contrato de Compra e Venda extinguindo-se, de pleno direito, sem jamais ter produzido os efeitos desejados (qual seja, a transferência das concessões). De fato, na ausência do aceno positivo da ANP, as partes não poderiam alterar o controle acionário da Empresa de E&P.

Dessa forma, não resta dúvida de que o Contrato de Compra e Venda foi firmado sob condição suspensiva que, no caso, não decorria somente da mera vontade das partes contratantes (manifestada na cláusula 7.2 do Contrato), mas antes era também e, sobretudo, exigência (i) do art. 176, §3º, da CF/88; (ii) da Lei nº 9.478/97; e (iii) da própria Administração Pública, nos termos do Contrato de Concessão que, para as concessionárias, quase se equipara a um instrumento normativo, pois a minuta do contrato de concessão integra o edital de licitação e às suas cláusulas a concessionária somente pode aderir.

No caso, é interessante observar que, como relatado no Tópico I, além da condição *ex lege* de anuência da ANP, as partes fixaram outras condições adicionais e posteriores a esta, condições, estas sim, de caráter voluntário nos termos vistos no presente Tópico. Cumpre observar que, apesar de as condições *ex lege* possuírem um inegável caráter coativo e publicista, em termos práticos equivalem em grande parte às condições voluntárias. A suspensividade de ambas impede que os efeitos típicos do negócio jurídico a elas subordinado se produzam.

Corroborando o exposto, Oswaldo Aranha Bandeira de Mello afirma que a condição suspensiva tem como "característico: impedir ou retardar a eficácia do direito resultante do ato jurídico, que só se adquire realmente quando ocorrer o evento que constitui a condição para isso. Até então, *o direito da parte é meramente eventual*, na dependência do acontecimento futuro e incerto. [...] frustrando-se a condição suspensiva, *reputa-se jamais tenha existido a obrigação*, porquanto esta tinha seus efeitos pendentes de um acontecimento incerto e futuro, que falhou".[48]

Ressaltando o caráter de mera expectativa em que se encontram partes que celebraram um negócio jurídico sob condição suspensiva merece destaque que, pendente esta, não corre prescrição, a teor do art. 199 do Código Civil:

> Art. 199. Não corre igualmente a prescrição:
>
> I – pendendo condição suspensiva;
>
> [...]

---

[47] MELLO, Oswaldo Aranha Bandeira de. *Princípios Gerais de Direito Administrativo*. 3. ed. São Paulo: Malheiros, 2011. p. 525. Sem grifos no original.

[48] MELLO, Oswaldo Aranha Bandeira de. *Princípios Gerais de Direito Administrativo*. 3. ed. São Paulo: Malheiros, 2011. p. 525. Grifamos.

Paulo Nader observa que este preceito "é um imperativo de natureza lógica, pois o titular do direito eventual não dispõe de pretensão, ou seja, do direito de ação, motivo pelo qual não pode correr a prescrição". Demonstrando mais uma diferença crucial entre condições suspensivas e resolutivas, o autor esclarece que "tal prerrogativa não se estende às condições resolutivas, pois nestas já existe direito adquirido e seu titular possui pretensão, encontrando-se apto, assim, para mover a ação própria na defesa de seu direito".[49]

Portanto, enquanto estiveram pendentes de ocorrência todas as condições suspensivas previstas no Contrato de Compra e Venda e, em especial, enquanto esteve pendente a prévia e necessária aprovação da entidade reguladora, o Contrato não era instrumento hábil a operar a transferência das concessões petrolíferas.

V A irretroatividade dos efeitos do implemento da condição suspensiva

Existe antiga controvérsia no direito civil acerca de se as condições suspensivas, ao serem implementadas, fazem retroagir ou não os efeitos do negócio jurídico *sub conditione* à data de sua celebração.

No direito francês, a regra é a retroação, inclusive por expressa previsão legal; por outro lado, no direito alemão, tem-se o princípio da irretroatividade dos efeitos da condição implementada.[50]

No direito brasileiro, face à ausência de previsão legal expressa, Caio Mario da Silva Pereira sustenta que os efeitos do implemento da condição, em princípio, não deveriam retroagir.[51]

Em igual sentido, manifesta-se Sílvio de Salvo Venosa:

> Como nosso Código Civil atual, na mesma senda do estatuto revogado, não possui dispositivo específico a respeito da retroatividade, não podemos dizer que ocorra retroação.[52]

---

[49] NADER, Paulo. *Curso de direito civil – parte geral*. 6. ed. Rio de Janeiro: Forense, 2009. p. 362.

[50] Silvio Rodrigues ensina que a controvérsia advém do art. 1179 do Código Civil francês, que estabelece o princípio da retroatividade, e o art. 156 do Código Civil alemão, que nega efeito retroativo à condição (RODRIGUES, Silvio. *Direito civil – parte geral*. 25. ed. São Paulo: Saraiva, 1995. p. 253).

[51] PEREIRA, Caio Mario da Silva. *Instituições de direito civil*. 20. ed. Rio de Janeiro: Forense, 2014. v. 1, p. 560-562. No mesmo sentido, a partir de lição de Pontes de Miranda, defende Francisco Amaral Neto: "Na condição suspensiva a eficácia começa, na resolutiva, cessa a eficácia mais o que ela tenha de atingir, no plano da existência". Embora de forma assistemática, seu ponto de vista apresenta-se assim: [...] b) é falso que a retroeficácia seja elemento do conceito de condição; c) o direito brasileiro não admite a retroeficácia em matéria de direitos reais e, nos de crédito, seu estabelecimento é conforme conveniência das partes; [...] e) antes do implemento da condição não há efeitos dela; a condição suspensiva somente ocorre, e nesse momento se adquire o direito; a condição resolutiva extingue os efeitos do ato condicionado. Ao ocorrer a condição nenhuma retroeficácia se dá, salvo se entenderem diversamente os manifestantes da vontade; f) existe nos sistemas jurídicos, explícita ou implícita, a regra jurídica dispositiva da irretroeficácia das condições. Todavia, a regra, no direito das coisas, é cogente: o manifestante ou os manifestantes da vontade não podem atribuir retroeficácia real à condição" (AMARAL NETO, Francisco dos Santos. *Da irretroatividade da Condição Suspensiva no Direito Civil Brasileiro*. Rio de Janeiro: Forense, 1985. p. 204-205).

[52] VENOSA, Sílvio de Salvo. *Direito civil – parte geral*. 6. ed. São Paulo: Atlas, 2006. p. 492.

De todo modo, apesar da discussão acadêmica, a doutrina acaba convergindo para concluir que, na ausência de previsão legal geral acerca da retroatividade ou não dos efeitos visados pelos acordos condicionados, é preciso observar, caso a caso, qual teria sido a intenção das partes ou do legislador.

A esse respeito, observa Silvio de Salvo Venosa que "de fato, é difícil fixação de regra geral. Em cada caso, deve ser examinada a espécie da condição; se houve avença pela retroatividade das partes, se a lei determina a retroatividade naquele determinado caso concreto etc. Importa saber, pendente a condição, se o titular do direito condicional deve ser protegido e até que ponto. Isso só o caso concreto poderá solucionar, aplicando-se as regras da interpretação da vontade, juntamente com a obediência aos princípios legais e regras de princípios gerais de direito".[53]

Silvio Rodrigues, no mesmo sentido, conclui: "a matéria na prática oferece menor interesse porque, nos países em que se admite a retroatividade da condição, o legislador exclui dos efeitos retro operantes alguns atos, enquanto, nos países onde se nega o efeito retroativo da condição, a lei, expressamente, invalida determinados atos praticados *pendente conditione*. Dessa maneira, num e noutro sistema, atos existem que se livram do efeito retroativo da cláusula condicional, enquanto outros sofrem sua incidência. E ver-se-á que as soluções coincidem". O autor exemplifica sua conclusão demonstrando que tanto no sistema francês quanto no alemão existem normas que protegem a coisa objeto da avença contra atos de disposição.[54]

De todo modo, o autor conclui seu entendimento, ainda sob a égide do Código Civil brasileiro de 1916, no sentido de que "no Brasil, tendo a lei silenciado sobre os efeitos porventura retroativos da condição, esta, genericamente, não retroage. A retroatividade dos efeitos do ato jurídico constitui, a meu ver, exceção à regra geral da não-retroatividade, de sorte que, para retroagirem os efeitos de qualquer disposição contratual, mister se faz que haja lei expressa em tal sentido, ou convenção entre as partes. Caso contrário, isto é, se nada se estipulou e a lei é silente, os efeitos da condição só operam a partir do seu advento".[55]

Independentemente de se as partes acordaram ou não a retroação de efeitos do contrato, uma vez implementada a condição, é relevante esclarecer que não se pode confundir a eventual retroação dos efeitos com o momento de perfeição do contrato.

Tendo em vista que, no caso concreto, o implemento da condição, como visto, constitui elemento essencial do Contrato de Compra e Venda firmado entre as partes e, em especial, à transferência das concessões pretendidas, esse negócio jurídico sequer estava perfeitamente conformado (existente) até o momento em que a ANP decidiu aprovar a alteração no controle das concessões petrolíferas.

Dessa forma, se as partes acordaram que, uma vez obtida a prévia e necessária autorização da entidade reguladora, alguns efeitos econômicos do negócio retroagiriam, essa convenção privada não tem, obviamente, o condão de suprimir a exigência fundamental da prévia aprovação da ANP, nem, muito menos, de permitir qualquer produção de efeitos pelo Contrato, decorrente da aplicação de cláusula volitiva pactuada

---

[53] VENOSA, Sílvio de Salvo. *Direito civil – parte geral*. 6. ed. São Paulo: Atlas, 2006. p. 492.
[54] RODRIGUES, Silvio. *Direito civil – parte geral*. 25. ed. São Paulo: Saraiva, 1995. p. 253.
[55] RODRIGUES, Silvio. *Direito civil – parte geral*. 25. ed. São Paulo: Saraiva, 1995. p. 254.

entre as partes, antes de implementada a condição. Na verdade, *esses efeitos jurídicos são efeitos que podemos chamar de pós-implemento das condições.*

No caso concreto, foi pactuado que parte dos efeitos financeiros da operação seriam calculados com base em dados econômicos anteriores ao momento da implementação da condição, da mesma forma que qualquer negócio jurídico pode desde o início ser celebrado com base em dados econômicos anteriores a ele.

Este é o ponto central: sem o *placet* da entidade reguladora, o negócio jurídico pretendido perderia sua causa econômica e toda a sua base jurídica, uma vez que o preço avençado e todas as demais cláusulas da compra e venda acordada dependiam do reconhecimento da autoridade de que o negócio era compatível com o direito brasileiro, o que dependia, por sua vez, de que a ANP analisasse as características jurídicas, econômicas, financeiras, etc. dos cessionários.

Portanto, os efeitos econômicos acordados no Contrato de Compra e Venda, segundo os quais a Compradora Brasileira faria jus à receita decorrente de toda a produção de hidrocarbonetos relacionada aos ativos da Empresa de E&P a partir de 01 de janeiro de 2008, e ficaria responsável pelos tributos e custos dali decorrentes, estavam na dependência da prévia e expressa aprovação da ANP. Como visto acima, tratou-se materialmente de mera forma de cálculo da remuneração devida a uma das partes, mas que seria exigível apenas no caso de implementarem-se as condições suspensivas.

Seria como, seguindo novamente o exemplo já utilizado neste parecer da compra e venda de imóvel sujeito à condição suspensiva do filho da compradora ingressar na universidade, se o preço do imóvel a ser pago quando do implemento da condição fosse equivalente a X vezes o valor da mensalidade escolar que ela pagava para o filho antes dele se tornar universitário.

Especialmente no caso concreto, merece destaque o item 1.5(c) do Contrato, que deixa extreme de dúvida que nenhuma liquidação de valores seria efetivada antes do Fechamento, deixando claro, portanto, que mesmo os efeitos que se pretendia que fossem produzidos não seriam, na prática, implementados sem que houvesse o Fechamento:

Vê-se, portanto, que os efeitos pretendidos pelo Contrato ficaram todos dormentes entre a Data de Vigência e a Data de Fechamento, na dependência da implementação do rol de condições suspensivas.

Reforçando essa necessária conclusão, cumpre traz à baila o já citado art. 199 do Código Civil, segundo o qual, antes do implemento da condição, os contratantes não têm pretensões exigíveis um em face do outro e, portanto, não corre prescrição. Não têm os contratantes pretensões justamente porque ainda não são titulares de direitos, mas tão-somente de meras expectativas.

Veja-se, além disso, que o máximo que o futuro e incerto credor – pois que futuro e incerto é o implemento da condição suspensiva – pode fazer é proteger-se contra atos maliciosos do eventual e futuro devedor, a fim de que, por exemplo, este não obste maliciosamente o implemento da condição.

A doutrina é clara em destacar *"o caráter de eventualidade atribuído a um direito*, cuja aquisição ou manutenção esteja subordinada a uma condição, encontra-se na incerteza que a caracteriza. O estado de incerteza alcança tanto a parte beneficiária da condição suspensiva como a da condição resolutiva. Os atos conservatórios garantidos pelo CC compreendem aqueles tendentes a afastar os embaraços ou obstáculos que possam interferir na realização da condição, *sem caráter de execução da mesma*".[56]

Dessa forma, além de, no direito brasileiro, ser a irretroatividade dos efeitos do acordo firmado sob condição suspensiva a regra geral, mesmo quando as partes convencionem a retroação de alguns dos efeitos pretendidos – o que para nós como visto não é materialmente o caso –,[57] essa consequência não se confunde com o momento da perfeição do contrato, que somente ocorre quando a condição é implementada.

Portanto, é preciso não confundir o momento em que o contrato efetivamente está ultimado – com a presença de todos os elementos essenciais à sua existência – com as consequências que serão produzidas a partir daí, algumas delas podendo até tomar momento pretéritos como referência.

No caso concreto, o Contrato de Compra e Venda somente teve todos os seus elementos essenciais atendidos quando a ANP manifestou sua conformidade com a operação, tornando possível a segregação dos Ativos Excluídos em outra sociedade e, em seguida, a transferência do controle societário da Empresa de E&P.

Isso porque, qualquer avença acerca da transmissão ou alienação de direitos e obrigações emergentes de concessões petrolíferas, antes da prévia e expressa aprovação da ANP, não produz qualquer efeito jurídico.

Caso as partes tivessem realizado qualquer ato privado buscando refletir a alteração do controle societário pretendida, antes da manifestação da agência, esse seria nulo de pleno direito, seja por violação do art. 176, §3º, da CF/88, seja por violação do art. 29 da Lei nº 9.478/97, ou, ainda, por violação dos Contratos de Concessão.

Note-se que é indiferente a interpretação eventualmente cogitável para esta ou aquela específica cláusula contratual, já que por determinação legal o contrato só se aperfeiçoa após a anuência da ANP, sendo inadmissíveis quaisquer potenciais interpretações que levem a resultado diverso. E, indo além, mesmo que o contrato entre as partes dispusesse expressamente em sentido contrário, essa sua previsão deveria ser dele extirpada por inválida, impondo-se lhe a condição *ex lege* e mantidas as demais cláusulas que não tivessem relação com os seus efeitos temporais.

Portanto, para os efeitos tributários que estão na origem da consulta que nos foi formulada, a mera celebração do Contrato de Compra e Venda não pode ser vista como ensejando a existência de um negócio jurídico perfeito, que pudesse ser capaz de produzir quaisquer efeitos e, muito menos, ser fato gerador da incidência de imposto de renda sobre ganho de capital, antes da aprovação da ANP, até porque era completamente insuscetível de, por si só, fazer circular qualquer riqueza.

---

[56] TEPEDINO, Gustavo; BARBOZA, Heloisa Helena; MORAES, Maria Celina Bodin de. *Código Civil interpretado conforme a Constituição da República*. Rio de Janeiro: Renovar, 2004. v. 1, p. 259. Grifamos.
[57] Mesmo que de retroatividade se tratasse, em nada nossas conclusões se alterariam. Vejamos. Se, por exemplo, um empregado tenha aumento por dissídio coletivo em março de 2011, com efeitos retroativos a outubro de 2010, "retroatividade" muito comum nesses casos, logicamente que o imposto de renda só poderia ser cobrado do empregado com relação ao ano-base 2011 (e não em 2010), já que foi nele que o dinheiro, correspondente ao aumento "retroativo", efetivamente ingressou no patrimônio do empregado.

VI Princípios da unidade e coerência da administração

Por fim, é interessante observar que o entendimento da autoridade fazendária federal, ao desconsiderar a necessidade de a concessionária obter prévia autorização da ANP para qualquer transferência de concessões petrolíferas, viola ainda o dever de coerência da Administração Pública, pois ignora o papel essencial que a aprovação prévia da ANP desempenha para a perfeição desses atos.

A ANP não pode, de um lado, fazer constar da minuta do contrato de concessão, parte integrante do edital de licitação, que a transferência só pode se dar com sua prévia anuência, e a Receita Federal do Brasil – ambos integrantes da mesma Administração Pública Federal, de outro, considerar como efetuada a operação bem antes disso, com a mera manifestação condicional da vontade das partes privadas de fazerem tal transferência. Ao assim agir a Receita Federal do Brasil estaria, inclusive, esvaziando todo o poder legal e constitucionalmente atribuídos à ANP.

A Administração Pública brasileira é concebida em termos principiologicamente unitários, ou seja, diferentemente do modelo inglês, em que vige como regra um forte pluricentrismo, o Brasil se baseia no princípio da hierarquia de todos os órgãos da Administração Direta em relação ao Chefe do Poder Executivo, a quem compete "exercer, com o auxílio dos Ministros de Estado, a direção superior da Administração Federal" (art. 84, II, CF).

Hierarquicamente após o Chefe do Poder Executivo, vêm os Ministros de Estado com a competência de "exercer a orientação, coordenação e supervisão dos órgãos e entidades da administração federal na área de sua competência" (art. 87, parágrafo único, I, 1ª. p., CF).

O Decreto-Lei nº 200/67 dispõe, por sua vez, que "todo e qualquer órgão da Administração Federal, direta ou indireta, está sujeito à supervisão do Ministro de Estado competente" (art. 19) e que "o Ministro de Estado é responsável, perante o Presidente da República, pela supervisão dos órgãos da Administração Federal enquadrados em sua área de competência. A supervisão ministerial exercer-se-á através da orientação, coordenação e controle das atividades dos órgãos subordinados ou vinculados ao Ministério, nos termos deste Decreto-Lei" (art. 20, *caput* e parágrafo único).

Essa estrutura principiologicamente piramidal da Administração Pública brasileira não impede, naturalmente, especialmente em relação a entidades da Administração Indireta, que também entre nós se manifeste em alguns casos o pluricentrismo da Administração Pública, resultante da complexidade da sociedade e do pluralismo dos diversos interesses públicos a serem curados pelo Estado.[58]

---

[58] Dieter Freiburghaus afirma que as mudanças do Estado podem ser explicadas em razão "da sociedade ter se tornado cada vez mais complexa. Esta complexidade é simultaneamente aumentada e controlada pelo desenvolvimento de um número crescente de subsistemas cada vez mais especializados, tais como o Estado, a economia, a ciência, os transportes, as mídias, etc. Esta especialização, como toda divisão de trabalho, aumenta a capacidade produtiva, *lato sensu*, da sociedade. Mas há uma contradição: os subsistemas, de uma parte, se tornam mais fortes através do aumento da sua autonomia, da sua capacidade de autogestão; de outra parte, dependem cada vez mais uns dos outros para poderem coordenar as suas atividades. Esta coordenação se faz pela comunicação, pela troca de informações. Tal comunicação intersistêmica é tão complicada e difícil que não há como ser assegurada mediante uma planificação tradicional, mas apenas através de processos interativos e de processos de aprendizagem. O Estado, enquanto *primus inter pares* dos subsistemas da sociedade moderna, é intensamente implicado nesta coordenação. Ele é o responsável em última instância pela integração da

A liberdade de atuação que esse pluricentrismo eventualmente assegure legalmente a determinado centro de poder, via de regra, da Administração Indireta, será, no entanto, de qualquer forma, sempre uma autonomia, por definição, relativa, pois sempre deverá estar integrado no conjunto da Administração Pública.[59]

Infraconstitucionalmente, os arts. 6º e 8º do Decreto-Lei nº 200/67 também consagraram o Princípio da Coordenação, que "não é uma simples palavra sem conteúdo na terminologia jurídico-administrativa. A própria vida administrativa do Estado, se assim podemos dizer, extroverte-se através de um complexo de órgãos colimando objetivos determinados ou comuns. Opera em conjunto para a consecução de uma igual finalidade".[60]

O Princípio da Coordenação "possui absoluta compatibilidade com aqueles referidos no art. 37, *caput*, da Constituição, cujas funções normativas próprias, portanto, devem ser cogentemente empresa de E&Picadas e respeitadas. Aliás, os princípios fundamentais do planejamento, coordenação, descentralização, delegação de competência e controle, acolhidos no mencionado diploma normativo com status de lei ordinária (Decreto-Lei nº 200/67), podem ser encontrados no texto da Constituição Federal, como princípios constitucionais implícitos – o que os eleva na escala da pirâmide normativa, colocando-os no mesmo nível das disposições expressas da Carta Magna. [...] A coordenação encontra expressa referência no art. 87, parágrafo único, I, da Constituição Federal [...]. Neste caso, pode-se afirmar que o princípio da coordenação foi constitucionalizado, via recepção, sem falar de seu caráter de princípio infraconstitucional expresso de alcance nacional".[61]

É assim que os Princípios da Coerência, da Unidade e da Coordenação administrativas[62] consubstanciam, não apenas mecanismos de proteção dos administrados contra iniquidades e contradições administrativas, mas também instrumentos de tutela da eficiência e da higidez do próprio sistema administrativo.[63]

---

sociedade, o que significa que hoje ele é, sobretudo, o responsável pelo bom funcionamento desta engrenagem" (FREIBURGHAUS, Dieter. Le Développement des Moyens de l'Action Étatique. *In*: MORAND, Charles-Albert. *L'État Propulsif*. Paris: Ed. Publisud, 1991. p. 59-60).

[59] Gilles Deleuze e Félix Guatarri observam que "a oposição clássica entre o segmentário e o centralizado afigura-se pouco pertinente. Não só o Estado se exerce sobre segmentos que ele mantém ou deixa subsistir, mas possui a sua própria segmentaridade e a impõe. [...] O sistema político moderno é um todo global, unificado e unificante, mas porque implica um conjunto de subsistemas justapostos, imbricados, ordenados, de modo que a análise das decisões revela toda espécie de compartimentações e de processos parciais que se prolongam uns nos outros sem defasagens ou deslocamentos. A tecnocracia procede por divisão do trabalho segmentário (inclusive na divisão internacional do trabalho). A burocracia só existe através das suas repartições e só funciona através de seus 'deslocamentos de meta' e os 'desfuncionamentos' correspondentes. A hierarquia não é somente piramidal: o escritório do chefe está tanto no fundo do corredor quanto no alto da torre. Em suma, tem-se a impressão de que a vida moderna não destruiu a segmentaridade, mas que, ao contrário, a endureceu singularmente" (DELEUZE, Gilles e Félix Guatarri. Micropolítica e Segmentaridade. *Mil Platôs*, Rio de Janeiro, Editora 34, v. 3, p. 85-86, 1996. (Coordenação da tradução de Ana Lúcia de Oliveira).

[60] FRANCO SOBRINHO, Manoel de Oliveira. *Comentários à Reforma Administrativa Federal*. São Paulo: Ed. Saraiva, 1975. p. 79.

[61] BERTONCINI, Mateus Eduardo Siqueira Nunes. *Princípios de Direito Administrativo Brasileiro*. São Paulo: Ed. Malheiros, 2002. p. 138-141.

[62] Alberto Xavier refere-se ao "*princípio da unidade* da pessoa jurídica de Direito Público", como não admitindo "que a União apareça como um ente bifronte, qual Jano", devendo possuir, ao revés, uma "vontade que é, por natureza, *una e incindível*" (XAVIER, Alberto. *Princípios do Processo Administrativo e Judicial Tributário*. Rio de Janeiro: Ed. Forense, 2005. p. 140. Grifos do próprio autor).

[63] DÍEZ-PICAZO, Luis Maria. La Doctrina del Precedente Administrativo. *Revista de Administración Pública*, v. 98, p. 14, Madrid, 1982.

No presente caso, parece-nos que essa unidade, que é inerente à Administração Pública federal, é *rompida quando o órgão fazendário pretende tributar um ato privado que dependia da prévia chancela da entidade reguladora para aperfeiçoar-se, antes da implementação dessa condição.*

Na contradição entre os dois centros de poder da mesma Administração, no caso concreto, deve prevalecer o da ANP por ter expresso e específico fundamento legal e constitucional, além de ter sido proferido anteriormente à *manifestação da Receita Federal do Brasil: a ANP deixou clara a necessidade de sua autorização prévia a qualquer transferência de concessão petrolífera quando da publicação do edital de licitação que gerou o contrato a ser transferido, prevalecendo inclusive sobre quaisquer outras manifestações da ANP em contextos específicos, pois ela, mais que ninguém, se vincula ao seu próprio edital de licitação.*

Do contrário, os administrados ver-se-iam na paradoxal situação de ter que recolher tributos como se a operação estivesse perfeita e acabada, e, de outro, não poder efetuar qualquer ato tendente a implementar o negócio jurídico, tais como transferir participação societária e pagar o preço, antes da aprovação da agência reguladora. Seria, *ab absurdo*, como se um promitente vendedor de um imóvel, sob condição de que em janeiro de 2014 o comprador se mudasse para a cidade onde o bem estivesse localizado, tivesse que, desde já, em março de 2011, pagar o ITBI correspondente.

A todo ver, essa situação viola o dever de coerência que é exigido da Administração Pública. De fato, como poderia um ato ter ocorrido para a autoridade fazendária – compra e venda – e não ter ocorrido para a entidade reguladora, por pendente sua análise quanto a requisito legal e, portanto, essencial à perfeição do negócio (o pedido de anuência prévia à transferência das concessões)?

Antes da aprovação pela Autarquia essa era exatamente a situação em que se encontravam as partes do Contrato de Compra e Venda, de modo que não poderia a Receita Federal do Brasil pretender conferir ao negócio jurídico privado efeitos – e, por conseguinte, exigir a tributação correspondente – que a celebração, por si só, desse instrumento, não era apta a validamente produzir.

Na doutrina espanhola "a coordenação é definida como a realização efetiva do princípio da unidade, combinado com a divisão de competências, que tem como pressuposto a economia, celeridade e eficiência da atuação administrativa".[64] A jurisprudência do Tribunal Constitucional espanhol também já se manifestou no sentido de que "a coordenação persegue a integração da diversidade das partes ou subsistemas no conjunto do sistema, evitando contradições e reduzindo disfunções que, se existentes, respectivamente impediriam ou dificultariam a realidade do sistema".[65]

Em outras palavras, e trazendo a análise da Corte espanhola para mais perto do nosso caso concreto, vemos que o Princípio da Coordenação Administrativa impõe que a Administração Pública, ao apreciar a existência ou inexistência de fatos relevantes para o exercício de suas diversas competências, não emita juízos contraditórios, sob pena de comprometimento da própria realidade do seu sistema.

---

[64] ANABITARTE, Alfredo Gallego. *Conceptos y Principios Fundamentales del Derecho de Organización*. Madrid: Marcial Pons, 2000. p. 136.

[65] Sentença nº 32/1983, de 28 de abril, grifamos. A coordenação é "uma atividade jurídica que se desenvolve para harmonizar, em função de fins comuns, o comportamento de determinados sujeitos autônomos, que ao mesmo tempo têm assegurada a sua autonomia" (MANZELLA, A. *Il Parlamento*. Bologna: Il Mulino, 1992. p. 344).

Fica claro, portanto, que, também por força da aplicação dos princípios do Direito Administrativo organizacional da coerência, unidade e coordenação, a decisão da ANP de ter que anuir previamente com as transferências *lato sensu* de concessões deve ser considerada um pressuposto da atuação fazendária, embora não fosse suficiente, por si só, para consumar a operação, já que do Contrato de Compra e Venda constavam outras condições cujo implemento dependia desse antecedente.

Conforme anteriormente exposto, a aprovação da ANP era – pelo Edital ao qual a própria ANP e restante da Administração Federal estão adstritos pelo Princípio da Vinculação ao Instrumento Convocatório – condição da própria existência do Contrato de Compra e Venda, ou, ao menos da sua validade ou eficácia. Dessa forma, somente após essa aprovação pôde o particular tomar as medidas necessárias à perfeição do negócio pretendido e, a partir daí, tornarem-se devidos os tributos decorrentes da operação realizada.

Em suma, no caso concreto, há uma inusitada situação de divergência de entendimentos entre a ANP e a Receita Federal que não pode subsistir, pois o Contrato de Compra e Venda não pode ser simultaneamente considerado, de um lado, pronto e acabado para a Receita Federal e, de outro, pendente de condição suspensiva pela ANP. Aplica-se, ao caso, o princípio da vedação ao comportamento contraditório no seio de uma mesma e única Administração.

No caso, a contradição existente se dá porque de um mesmo fato – a assinatura do Contrato de Compra e Venda – a Administração Pública federal tira duas conclusões diametralmente opostas: para a RFB, seria um ato perfeito e acabado e, portanto, tributável; para a ANP, trata-se de fato incapaz de produzir qualquer efeito jurídico até que esta aprovasse expressamente a operação.

Ou seja: havia um ato jurídico existente, válido e eficaz, para a RFB, enquanto que, para a ANP, não o contrato sequer existia ou, pelo menos, não tinha qualquer eficácia.

A fim de corroborar o que estamos expondo, imaginemos outro exemplo: uma empresa é acusada de poluir praia turística com mercúrio. A poluição pode ter consequências para interesses de diversos ordenamentos setoriais (ambiental, sanitário e turístico), mas o fato em si não é de natureza ambiental, sanitária ou turística. Os interesses públicos por ele feridos e consequentes sanções administrativas é que podem ter essas diversas naturezas. Poderia a Administração Pública achar que houve o indigitado vazamento de mercúrio para efeito de aplicar-lhe a sanção de turismo e ao mesmo tempo afirmar que não houve qualquer mercúrio derramado naquela praia, naquele mesmo dia, quando apreciasse a questão para aplicar-lhe ou não uma sanção sanitária ou ambiental? Pode o mesmo fato ter ocorrido ou não no mundo, dependendo da natureza da sanção jurídica a ser aplicada?[66]

Dessa forma, ainda que os processos administrativos tratem de esferas de competências diferentes –tributária e regulatória –, o que está preliminarmente em jogo em ambas é a existência ou não do fato que constitui o pressuposto comum de ambos. Antes da aprovação da ANP, existia um Contrato de Compra e Venda perfeito e acabado, apto a embasar juridicamente o pagamento do preço avençado e, por conseguinte, o

---

[66] "Na realidade jurídica, isto é, na realidade histórica relevante para o Direito, não se pode permitir que algo seja e não seja, que uns mesmos fatos tenham e não tenham ocorrido" (Tribunal Constitucional Espanhol, STC nº 25/1984, de 23 de fevereiro de 1984, grifamos).

ganho de capital? A única resposta possível, face a todas as considerações anteriormente tecidas, é negativa.

VII Conclusão

Tendo em vista a amplitude de questões envolvidas, apresentamos abaixo uma síntese conclusiva dos principais aspectos tratados ao longo do parecer, o que, no entanto, de modo algum substitui ou faz prescindir a leitura de seu inteiro teor:

- O regime constitucional da exploração e produção de petróleo encontra-se no art. 177 da Carta Magna, empresa de E&P_icando-se, ainda, as normas do art. 176 referentes à concessão mineral. Após a modificação da redação do §1º do art. 177 promovida pela Emenda Constitucional nº 9/95, a Constituição passou a autorizar a União Federal a contratar, na forma da lei, a delegação da atividade de exploração e produção de petróleo e gás natural com as iniciativas pública e privada;
- As concessões de exploração e produção de petróleo são contratos regrados pela Lei nº 9.478/97. Espelham a delegação, à iniciativa privada, mediante prévio procedimento licitatório, de atividade econômica pública monopolizada pela União Federal, nos termos do art. 177 da Constituição Federal;
- O art. 176, §3º, da Constituição Federal, o art. 29 da Lei nº 9.478/97 e os editais de licitação com os respectivos contratos de concessão petrolíferas firmados pela ANP exigem a expressa aquiescência da entidade reguladora previamente a qualquer transferência de concessão ou modificação do controle societário de concessionárias de exploração e produção de petróleo;
- Tratando-se de exigência constitucional e legal, a aprovação prévia da ANP constitui requisito essencial de qualquer ato que vise à transferência de uma concessão petrolífera ou de alteração do seu controle societário. Antes da aprovação da ANP, nenhum negócio privado é apto à transferência *lato sensu* de concessões celebradas nos termos da Lei nº 9.478/97;
- Essa é uma decorrência da natureza *intuitu personae* (no sentido publicista) geralmente atribuída aos contratos firmados pela Administração Pública, de modo que a legislação exige que mutações subjetivas sejam previamente aprovadas pelo poder público contratante;
- Mesmo que o contrato entre as partes dispusesse expressamente em sentido contrário, essa sua previsão deveria ser dele extirpada por inválida, impondo-se lhe a condição *ex lege* e mantidas as demais cláusulas que não tem nada a ver com os seus efeitos temporais;
- Além das previsões constitucionais e legais, no caso concreto as partes também convencionaram, no Contrato de Compra e Venda, que o fechamento da operação subordinava-se a outras condições, igualmente suspensivas, porém voluntárias;
- O dever de coerência no agir da Administração Pública impede que, de um lado, a ANP, por força da legislação em vigor, negue a produção de efeitos ao Contrato de Compra e Venda celebrado antes da sua prévia e expressa

aprovação; e, de outro, a Receita Federal do Brasil entenda que, desde a celebração do contrato, e antes da aprovação da ANP, já havia ocorrido a compra e venda dos direitos objeto do Contrato, fato esse gerador do pagamento de imposto de renda sobre ganho de capital; e
• Na contradição entre dois centros de poder da mesma Administração deve prevalecer o da ANP por ter expresso e específico fundamento legal e constitucional, além de ter sido proferido anteriormente à posição da Receita Federal, quando da publicação do edital de licitação que gerou o contrato a ser transferido, prevalecendo inclusive sobre quaisquer outras eventuais manifestações da ANP em contextos posteriores específicos, pois ela, mais que ninguém, se vincula ao seu próprio edital de licitação.

VIII Resposta aos quesitos

Feita essa breve síntese das principais razões apresentadas ao longo deste parecer, passamos a responder, de forma objetiva, aos quesitos que nos foram formulados.

1) *Quais são os fundamentos constitucionais e legais para a celebração de contrato de concessão para a exploração de poços de petróleo?*
   Os fundamentos para a celebração de contrato de concessão para exploração de poços de petróleo são os arts. 176 e 177 da Constituição Federal e a Lei nº 9.478/97, em especial, os seus arts. 23 a 29.

2) *A cessão do contrato de concessão para exploração de poços de petróleo deve ser sempre autorizada pela ANP? Em caso positivo, em quais situações? Caso a autorização da ANP seja necessária, deve ela ser prévia à cessão do contrato de concessão ou pode ela ser posterior à operação?*
   Independentemente do que dispuserem os contratos privados, por força da expressa previsão do art. 176, §3º, da CF/88, e legal do art. 29 da Lei nº 9.478/97, todo e qualquer ato que implique na cessão ou transferência, direta ou indireta, de concessão petrolífera, necessita ser prévia e expressamente autorizada pela ANP.

2.1) *Pode-se afirmar que a Cláusula 7 do Contrato representava condição suspensiva para a alienação das participações societárias da Empresa de E&P e, consequentemente, dos Blocos P, R, S? Qual a diferença entre condições suspensivas e resolutivas?*
   A Cláusula 7 do Contrato representava condição suspensiva para a alienação das participações societárias da Empresa de E&P e, consequentemente, dos Blocos P, R, S, sendo vedada essa cessão antes da prévia e expressa aprovação da ANP, tendo em vista o disposto no §3º do art. 176 da CF/88 e no art. 29 da Lei nº 9478/97.
   A principal diferença entre condições suspensivas e resolutivas reside em que os atos sujeitos a condições suspensivas não produzem efeitos até que essas se ultimem, enquanto os atos sujeitos a condições resolutivas produzem

todos os seus efeitos desde a data em que foram celebrados, que cessarão a partir do momento em que se opere a condição resolutiva.

2.2) *No caso concreto, quando se deu a cessão dos contratos de concessão para a exploração dos Ativos Excluídos? A cessão dos contratos poderia ter sido realizada antes de autorizada pela ANP?*

A cessão dos contratos de concessão para a exploração dos Ativos Excluídos deu-se na data em que a Diretoria da ANP as aprovou expressamente, já que neste caso não havia condições voluntárias adicionais. Antes dessa autorização, a cessão dos contratos de concessão não poderia ter sido realizada, sob pena de ofensa ao art. 176, §3º, CF/88, ao art. 29 da Lei nº 9.478/97 e à Cláusula Vigésima-Oitava dos Contratos de Concessão.

3) *A alienação de participação societária da empresa concessionária detentora do contrato de concessão para exploração de poços de petróleo deve ser sempre autorizada pela ANP? Em caso positivo, em quais situações? Caso a autorização da ANP seja necessária, deve ela ser prévia à alienação da participação societária ou pode ela ser posterior à operação?*

A alienação de participação societária da empresa concessionária detentora do contrato de concessão para exploração de poços de petróleo deve ser previamente autorizada pela ANP, sempre que essa implicar alteração do controle societário, a teor do art. 176, §3º, CF/88, do art. 29 da Lei nº 9.478/97 e da Cláusula Vigésima-Oitava dos contratos de concessão petrolífera.

3.1) *Pode-se afirmar que a autorização da ANP para que houvesse a transferência do controle acionário da Empresa de E&P representava condição suspensiva para a operação objeto do Contrato?*

Sim, a autorização da ANP para que houvesse a transferência do controle societário da Empresa de E&P constituía condição suspensiva *ex lege* para a operação objeto do Contrato. Antes do seu advento, as partes não têm como ceder nem transferir as quotas da Empresa de E&P, sob pena de ofensa ao art. 176, §3º da CF/88, ao art. 29 da Lei nº 9.478/97 e ao Contrato de Concessão.

3.2) *No caso concreto, quando se deu a transferência das quotas da Empresa de E&P às Compradoras, juntamente com os direitos para exploração dos Blocos P, R, S? Houve autorização da ANP para tal operação? A transferência das quotas poderia ter sido realizada antes de autorizada pela ANP?*

Antes da aprovação da ANP, as Vendedoras não tinham como ceder ou transferir as quotas da Empresa de E&P às Compradoras, sob pena de, em o fazendo, violarem o art. 176, §3º, CF/88 e o art. 29 da Lei nº 9.478/97.

4) *No caso sob análise, quais foram os direitos adquiridos pelas Compradoras na data da assinatura do Contrato? E no Fechamento? Considerando as reorganizações societárias implementadas entre a data da assinatura do Contrato e o Fechamento, quais foram as sociedades que efetivamente transferiram as quotas da Empresa de E&P às Compradoras?*

Na data da assinatura do Contrato as Compradoras adquiriram uma expectativa de direito no sentido de que, em sendo cumpridas ou renunciadas todas as condições suspensivas legais e contratuais – em especial, a necessária aprovação prévia da ANP (condição essa que, tendo natureza legal, não podia ser objeto de renúncia) – o Contrato produziria os efeitos pretendidos pelas partes a partir de então.

No Fechamento, a compra e venda foi efetivamente realizada, mediante a transferência das quotas representativas do capital da Empresa de E&P às Compradoras e, simultaneamente, o pagamento do preço às Vendedoras, em parte referenciado a dados pretéritos.

Merece esclarecimento que, caso a alteração do controle societário da Empresa de E&P não houvesse sido autorizada pela ANP, o Contrato ter-se-ia frustrado, encerrando-se sem a produção de qualquer dos efeitos pretendidos pelas partes, como se jamais houvesse existido. Isso significa que não teria havido a alteração do controle societário da Empresa de E&P, o pagamento do preço, nem qualquer utilidade da referência a valores da produção de petróleo a partir de momento pretérito.

Em suma, antes da anuência da ANP incabível se falar de transferência da concessão, sob pena de retirarmos do Estado esse importante instrumento de controle sobre as atividades por ele delegadas à iniciativa privada, com o que o próprio caráter estatal e público da atividade delegada ficaria comprometido, pois a posição contratual com a Administração Pública passaria a ser um mero ativo livremente comercializável.

É o parecer.

DIREITO DE AVALIAÇÃO E EVENTUAL DECLARAÇÃO DE COMERCIALIDADE DE DESCOBERTA REALIZADA*

Sumário

I   A consulta
II   Boas práticas da indústria do petróleo: aproveitamento dos investimentos e vinculação entre investidor e fruidor
III   O caráter finalístico da lei do petróleo e a função social do contrato de concessão
IV   A distinção entre o papel do prazo nos contratos por escopo e nos contratos por prazo determinado
V   A proteção da confiança legítima e a teoria dos atos próprios
VI   As violações ao princípio da boa-fé
VI.1   Dever de lealdade
VI.2   Princípio da conservação dos contratos
VI.3   Princípio do Aproveitamento do Adimplemento Substancial
VII   Desproporcionalidade da solução que leve ao fim do contrato. Um exercício de ponderação de princípios
VIII   A falta de regular processo legal, supressão de instâncias e a ausência de motivação técnica
IX   O enriquecimento sem causa e ausência de boa-fé da ANP e da eventual nova concessionária
X   Resposta aos quesitos

---

* Parecer elaborado em 21.08.2007.

I A consulta

Trata-se de consulta sobre a existência de direito à avaliação de descoberta havida na área correspondente ao bloco X, na Bacia de Campos, cuja área de avaliação ora se inclui, segundo nos informa, no Bloco Y, constante do conjunto de blocos listados no Pré-Edital de próxima Rodada de Licitação promovida pela Agência Nacional do Petróleo, Gás Natural e Biocombustíveis – ANP. Explica-se em detalhe.

A questão diz respeito à possibilidade de avaliação, e eventual Declaração de Comercialidade, de uma descoberta localizada na área referente ao bloco X.

Pedimos vênia para passar, ainda que com certo detalhamento, a descrever os fatos ocorridos, o que é essencial para que deles possamos, de forma, adequada extrair o direito aplicável à espécie.

A sequência de fatos começa, de acordo com a sua narrativa, quando a CONSULENTE notifica a ANP sobre o início da perfuração do poço, objeto da controvérsia. Um mês depois, a CONSULENTE envia nova carta, informando, de acordo com o planejamento traçado para os blocos, quais poços estavam sendo perfurados e quais se encontravam em avaliação. Um deles, já no estágio de perfuração. Na carta, a CONSULENTE ressalta o resultado de entendimentos mantidos com a agência reguladora quanto ao momento em que se consideraria terminada a fase de exploração do contrato de concessão.

Posteriormente, a CONSULENTE envia nova comunicação à ANP, dando continuidade às informações prestadas anteriormente, e apresentando a situação dos poços mencionados na correspondência anterior.

Dez dias após a CONSULENTE notificar a ANP quanto ao início da perfuração do poço, a agência reguladora informa à consulente que, no que diz respeito à perfuração do poço, a autarquia reafirmava seu "compromisso de garantir a continuidade das operações de perfuração, ainda que após [...], até a conclusão dos poços, segundo as Melhores Práticas da Indústria, com o objetivo de garantir, tão-somente, os princípios de segurança operacional, preservação ambiental e integralidade da obtenção dos dados provenientes dessa perfuração".

Poucos dias a data nominal para o encerramento da fase de exploração, a CONSULENTE apresenta à ANP a Notificação de Descoberta.

Três dias depois, a ANP reitera o seu posicionamento: a continuidade das operações de perfuração, após 6 de agosto, dar-se-ia, apenas, para garantir a segurança operacional, a preservação ambiental e a integralidade da obtenção dos dados provenientes da perfuração. Nesse ofício, a agência afirma que "a Notificação de Descoberta tem valor meramente informativo, não garantindo qualquer direito de uma possível avaliação e/ou extensão de prazo da Fase de Exploração", tendo a fase de exploração se encerrado.

A CONSULENTE solicita então a reconsideração do posicionamento da ANP. Dividida em duas partes, uma técnica e outra jurídica, a carta principia afirmando que o alto risco é inerente à indústria do petróleo e que a concessionária já realizou grandes investimentos na exploração do bloco X. A perfuração em águas ultraprofundas potencializa riscos e custos. No caso específico deste poço, informa a consulente, problemas diversos redundaram num atraso de dez dias. Os fundamentos jurídicos da reconsideração são apresentados da seguinte forma: (i) o prazo final da fase de exploração constitui condição resolutiva, cuja ocorrência não pode retroagir, afetando direitos gerados durante o prazo anterior à sua ocorrência, (ii) negar o direito da concessionária à avaliação da descoberta significa violar o princípio da boa-fé, a razoabilidade, o equilíbrio econômico e a função social do contrato, e, ainda, desatender às expectativas legítimas, geradas pela ANP, quanto ao direito à avaliação da descoberta, (iii) os diversos atrasos na perfuração do poço configuram eventos de força maior, de forma a justificar o direito à avaliação mesmo depois de 6 de agosto, e, por fim, (iv) as referências, legais e contratuais, à "regulação pautada pela praticidade" e às "melhores práticas da indústria do petróleo", tais como entendidas por diversos países, permitem a revisão da decisão, garantindo à CONSULENTE o direito à avaliação da descoberta.

Em seguida, a CONSULENTE encaminha à ANP o Plano de Avaliação de Descoberta realizada no poço.

A Superintendência de Exploração da ANP remete à Procuradoria Geral Memorando afirmando que, em conformidade com o entendimento unânime da indústria, inseriu-se nos contratos de concessão celebrados a partir da Quarta Rodada de Licitação, dispositivo contratual que permite autorizar a avaliação e eventual Declaração de Comercialidade de descoberta em poço perfurado antes do fim da fase de exploração, mas que ainda não haja atingido seu objetivo estratigráfico quando de seu término.[1]

A Procuradoria Federal junto à ANP profere parecer concluindo que a CONSULENTE não possui direito à avaliação e, eventualmente, a declarar a comercialidade da descoberta referente ao poço localizado no bloco X. Em síntese, rebatendo os argumentos trazidos pela CONSULENTE, o parecer afirma que (i) o concessionário deixou para explorar a área do bloco no último momento, devendo arcar com os riscos da postura, (ii) os ofícios da ANP, pelo conteúdo de suas afirmações, não geraram expectativa de continuidade das operações após o término do contrato, e, ainda que assim o fizessem, seriam ilegais, (iii) não se pode invocar norma do Código Civil para disciplinar contrato de concessão de petróleo, espécie de contrato regido pelo Direito Público, (iv) os termos do contrato são expressos em que o contrato se encerrava no dia 6 de agosto, (v) a ANP não deve exercer tutela protetiva dos concessionários, lembrando-lhes do cumprimento dos prazos contratados, pelo que restariam afastadas as alegações de violação, por parte da ANP, à boa fé, à segurança jurídica, à função social do contrato e à razoabilidade, (vi) não haveria qualquer desrespeito ao equilíbrio econômico-financeiro do contrato, e (vii) não seria cabível a invocação de disposições contidas em acordos internacionais como "melhores práticas da indústria do petróleo", uma vez que inexistia qualquer omissão contratual a ser suprida. Assim, a posição da ANP é mantida, e a CONSULENTE é disso informada.

A CONSULENTE envia ao Diretor Geral da ANP Carta na qual, depois de resumir todo o caso, solicita a reavaliação da posição.

No mês seguinte, é apresentada à Diretoria Proposta de Ação com o objetivo de que a autarquia viesse a reconhecer os direitos da CONSULENTE sobre a descoberta havida na área do bloco X. Informações adicionais acerca do Plano de Avaliação são requeridas pela ANP à CONSULENTE, providências são sugeridas e o Plano de

---

[1] Cf. a íntegra do dispositivo contratual: "4 – Caso o Concessionário já tenha iniciado a perfuração de um poço exploratório e este poço não tenha atingido seu objetivo estratigráfico até o final do prazo definido neste ANEXO II, a ANP poderá prorrogar a Fase de Exploração durante o tempo necessário para que o poço atinja esse objetivo estratigráfico. A solicitação fundamentada de prorrogação deverá ser encaminhada pela Concessionária à ANP com antecedência mínima de 72 horas".

Avaliação é, afinal, alterado e comunicado à autoridade reguladora. A Proposta de Ação é respondida pelo então Superintendente Jonas Castro, recomendando que o pleito da CONSULENTE fosse acatado, dentre outras razões, porque

> a ANP teria a oportunidade de assegurar, já para o próximo ano, cerca de 27 milhões de dólares adicionais em investimentos exploratórios; além disso, potencializar as chances de que ocorra uma Declaração de Comercialidade no escopo do contrato [...], conferindo a esta concessão um final coroado de sucesso, o que não será garantido no caso contrário.

> Gostaríamos de ressaltar que é nosso entendimento também que segundo as Melhores Práticas a decisão da ANP não poderá ser outra que não a de atender o pleito do concessionário e, ainda, que não parece razoável que a ANP exija que o concessionário siga as Melhores Práticas, mas não o faça nesta questão específica, ainda mais quando as vantagens para o contrato e para a União parecem tão evidentes.

A Diretoria da ANP indefere a recomendação contida na Proposta.

Por fim, a ANP divulga Pré-Edital, apresentando as áreas que serão ofertadas por ocasião de próxima Rodada de Licitações. Segundo narra a consulente, área do Bloco Y listada no Pré-Edital corresponde justamente à área do Plano de Avaliação do seu bloco X.

Diante dessa situação, cuja complexidade é demonstrada pela simples narrativa de parte dos eventos até agora ocorridos, indaga-nos a consulente:

1. Considerando que o início da perfuração do poço, localizado no bloco X, ocorreu ainda dentro da fase de exploração, mas seu objetivo estratigráfico veio a ser alcançado poucos dias após o termo final daquela, a ANP deve reconhecer o direito de a CONSULENTE avaliar e, eventualmente, declarar a comercialidade da descoberta?
2. Pode a ANP, diante do art. 44, VI, da Lei do Petróleo, refutar condutas que consubstanciem "Melhores Práticas Internacionais da Indústria do Petróleo", ainda que não expressamente referidas no contrato de concessão?
3. É possível afirmar que a decisão da Diretoria da ANP, ao não permitir a avaliação da descoberta, de forma contrária à própria apreciação de sua área técnica, é nula? Haveria outros vícios processuais? Em caso afirmativo, quais seriam as suas consequências?
4. Pode a ANP incluir a área em suas futuras rodadas de licitação? Em caso negativo, quais as consequências, para terceiros que venham a adjudicá-la, em caso de êxito da CONSULENTE em eventual ação judicial para fazer valer os seus direitos exploratórios sobre ela?

São a esses quesitos que, com base na documentação e informações apresentadas – as mais relevantes delas acima narradas –, passamos a analisar as questões, iniciando pela análise do contexto constitucional e legislativo na qual estão inseridas, que são o norte da interpretação necessária a respondê-las.

Em nossa análise estarão presentes, além das lições do Direito Administrativo Regulatório e, especificamente, do Direito Público do Petróleo, também as contribuições, tanto clássicas quanto contemporâneas, da Teoria Geral do Direito e da Teoria Geral dos Contratos.[2]

II Boas práticas da indústria do petróleo: aproveitamento dos investimentos e vinculação entre investidor e fruidor

Os contratos de exploração e produção de petróleo e gás são, como se sabe, estruturados em fases sucessivas, com o início da posterior condicionada ao sucesso da anterior. Inicialmente há a fase de exploração, em que determinada área é pesquisada com intuito de se aferir a existência de hidrocarbonetos. Sendo encontrados, a descoberta tem sua comercialidade avaliada. Diante de uma avaliação positiva, desenvolve-se a estrutura necessária a se iniciar a produção – é a "fase de desenvolvimento". Concluída essa, inicia-se a produção propriamente dita, na qual a concessionária terá o direito de, pelo prazo previsto no edital, auferir os frutos da jazida.

O interesse da concessionária centra-se, obviamente na eventual fase de produção. Na fase de exploração levantará os dados que permitam pesquisar a existência de hidrocarbonetos e auferir a viabilidade ou não da produção, através da avaliação de eventual descoberta. À concedente é que, mesmo que não seja encontrado hidrocarboneto comercializável, interessa a fase de exploração, pois os dados nela produzidos são de sua propriedade (art. 22 da Lei do Petróleo).

O problema analisado no parecer diz respeito, especificamente, sobre a possibilidade de avaliar descoberta realizada e, a depender do resultado da avaliação, haver ou não a declaração de comercialidade, com a passagem, ou não, da fase de exploração para a de produção. A perfuração, no bloco X, do poço, iniciou-se durante, naturalmente, a fase de exploração.

Duas correspondências da ANP afirmam que a agência reguladora garantiria a continuidade das operações de perfuração mesmo depois, e até sua conclusão, mas com o propósito, tão-somente, de garantir a segurança operacional, a preservação do meio-ambiente e a integralidade da obtenção dos dados advindos da perfuração. A CONSULENTE apresenta a Notificação de Descoberta, e, três dias depois, apresenta o Plano de Avaliação da Descoberta recém-encontrada, plano este que seguiu as recomendações emitidas pela ANP *in concreto*.

A polêmica surge a partir daí: apesar de os órgãos técnicos da ANP concordarem com a possibilidade de a concessionária efetuar a avaliação e, sendo o caso, declarar a comercialidade da descoberta, a Procuradoria Geral entendeu que o contrato de concessão encerrou-se, sem sucesso, opinião encampada pela Direção Colegiada da agência.

Todavia, a opção pelo encerramento do contrato desconsidera os enormes investimentos já feitos pela consulente, sendo que, como informado, a perfuração é de poço ultraprofundo, em que riscos e custos aumentam de forma exponencial.

---

[2] Essas disciplinas, por seu próprio caráter geral, regem tanto os contratos administrativos quanto os contratos de Direito Privado, razão pela qual se tornam inteiramente despiciendas, para esse efeito, as intensas discussões sobre a natureza jurídica dos contratos de concessão de exploração e produção de petróleo e gás. Sobre elas ver: ARAGÃO, Alexandre Santos de. O contrato de concessão de exploração de petróleo e gás. *Revista de Direito Administrativo*, v. 239, p. 411-438, jan./mar. 2005.

Na definição das opções adequadas e das interpretações razoáveis a serem procedidas pela ANP e pelos órgãos que vierem a controlar seus atos e omissões, as "boas práticas internacionais da indústria do petróleo" (arts. 8º, IX, e 44, VI, da Lei Federal nº 9.478/97 – a Lei do Petróleo),[3][4] entre as quais a do não desperdício de investimentos e a necessidade de se atribuir a fruição das descobertas a quem fez os investimentos necessários para realizá-la, possuem papel primordial, já que é através delas que a ANP implementa os objetivos maiores da Lei do Petróleo.[5]

Tais práticas, expõe Maria D'assunção Costa Menezello, "são amplamente conhecidas e decorrem das recentes normalizações internacionais ou de usos consagrados, com qualidade e eficiência para todos os envolvidos, proporcionando uma evolução constante das técnicas e dos conhecimentos científicos".[6] Sendo o contrato de concessão petrolífera verdadeiro "acordo de desenvolvimento econômico",[7] o reconhecimento de direitos em favor da concessionária, de molde a aproveitar e potencializar investimentos já realizados pelo Estado ou por particular delegatário, conecta-se diretamente com a busca de racionalização econômica e ambiental dos investimentos e incremento da produção, alcançando-se, com maior eficiência, os objetivos da Lei do Petróleo.

Como já havíamos afirmado,[8] hoje se tem a consciência de que, quanto mais o Direito conhecer o campo a ser regulado, mais chances terá de propiciar uma regulação eficiente e dotada de maior efetividade. Se a assertiva é correta de maneira geral, deve ser reforçada em relação à regulação da economia.

A economia, potencializando um fenômeno de dinamismo, de relativa imprevisibilidade e de tendências autonomizadoras, que sempre foram da sua própria essência, tem, nessas últimas décadas, de globalização e de internacionalização das fases da cadeia produtiva, feito com o que o Direito incorpore cada vez mais lógicas e códigos das atividades a serem reguladas.

Merece uma especial atenção, assim, a tecnicidade do marco regulatório das atividades petrolíferas, que desde o seu surgimento, nos Estados Unidos, foram se desenvolvendo de maneira empírica, que hoje poderia ser chamada de autorregulada. Isso se refletiu na encampação de exigências técnicas e econômicas da Indústria por parte do marco regulatório estatal, "tecnicidade relacionada com a especificidade das atividades a serem disciplinadas, que necessitam de normas pontuais, remetidas à

---

[3] ARAGÃO, Alexandre Santos de. As Boas Práticas da Indústria do Petróleo como o Eixo da Regulação do Setor. *Revista de Direito Administrativo – RDA*, Rio de Janeiro, Renovar/FGV, v. 238, 2004.

[4] A própria ANP possui definição do que sejam as "melhores práticas da indústria do petróleo", cf. a definição constante da Portaria ANP nº 90/2000: "Melhores Práticas da Indústria do Petróleo – São práticas e procedimentos visando à maximização da recuperação dos recursos petrolíferos de forma técnica e economicamente sustentável e que estejam em consonância com a conservação e o uso racional de petróleo e gás natural, controle do declínio das reservas e preservação do meio ambiente".

[5] "Constitui (a Lei do Petróleo) um importante marco: demonstra que, no Brasil, a indústria do petróleo atingiu a maturidade e está sendo aberta para possibilitar novos investimentos e permitir uma interação equilibrada entre o Estado e a iniciativa privada" (Exposição de Motivos nº 25/96, do Ministério das Minas e Energia, que encaminhou à Presidência da República o respectivo Anteprojeto de Lei).

[6] MENEZELLO, Maria D'assunção Costa. *Comentários à Lei do Petróleo*. São Paulo: Ed. Atlas, 2000. p. 137.

[7] Cf. BUCHEB, José Alberto. *A Arbitragem Internacional nos Contratos da Indústria do Petróleo*. Rio de Janeiro: Lumen Juris, 2002. p. 11.

[8] ARAGÃO, Alexandre Santos de. Ensaio de uma visão Autopoiética do Direito Administrativo. *Revista de Direito Público da Economia – RDPE*, v. 04, Rio de Janeiro, 2004, p. 283.

autonomia de órgãos técnicos, organizando setores específicos e assegurando a flexibilidade e a permeabilidade às exigências da sociedade econômica".[9]

Em relação aos preceitos legais que, a exemplo dos arts. 8º, IX, e 44, VI, da Lei do Petróleo, encampam práticas disseminadas entre os agentes de determinado setor econômico, são essenciais os ensinamentos de Marc Tarrés Vives,[10] segundo os quais "a insuficiência do instrumental administrativo tradicional deve ser complementada mediante a implementação na regulação administrativa de fórmulas auto-regulativas que, considerando a sua legitimidade na consecução de interesses privados individuais ou coletivos, permitem a satisfação de finalidades públicas. [...] Há uma vontade de usar, como instrumento diretivo, os compromissos, meios e conhecimentos que esses agentes possuem com a finalidade de lograr a realização de fins públicos. Em outras palavras, a autorregulação se integra na regulação. [...] A regulamentação tem, em boa medida, deixado de conter complexas prescrições técnicas – que em sua literalidade e ampla extensão consumiam páginas de Diário Oficial – para limitar-se a declarar umas cláusulas gerais, que encontram a sua concreção a partir da remissão por elas realizada, [...] o que não é nenhuma novidade".

Mais adiante, leciona que "o uso desse tipo de expressões (como a de "boas práticas da indústria do petróleo") por parte das normas jurídicas demonstra uma renúncia explícita do Legislador à elaboração detalhada de regulamentações técnicas que, na verdade, poderiam tornar-se obsoletas pouco tempo após a sua publicação, devendo-se reconhecer também que a utilização de conceitos jurídicos indeterminados com este objetivo constitui uma técnica legislativa amplamente adotada em áreas bem diversas, como a dos produtos industriais, das tecnologias da informação, meio ambiente, economia, etc.".[11]

Tratando dos códigos de "boas práticas" dos agentes econômicos de determinado setor, o autor afirma que elas "condensam critérios normas e valores que são formulados e seguidos no marco de uma atividade empresarial ou profissional. Adverte M. Darnaculleta que 'os códigos (de boas práticas) podem conter, não só uma relação de valores, como também uma descrição das condutas consideradas de acordo com tais valores e as condutas reprováveis por serem contrárias aos mesmos'".[12]

A adoção, encampação e respeito às "boas práticas internacionais da indústria do petróleo" nos contratos de concessão da ANP, inclusive com vistas à "racionalização da produção" (arts. 8º, IX, e 44, VI, Lei do Petróleo), constitui o meio por excelência eleito pela Lei para melhor atingir os objetivos fixados no art. 1º (proteção do interesse nacional, do desenvolvimento, do meio ambiente, dos consumidores, garantir o fornecimento nacional dos derivados do petróleo, atração de investimentos, ampliar a competitividade do país no mercado internacional, promover a concorrência, etc.).

O aspecto ambiental, de relevo inclusive constitucional (art. 225, CF), deve ser destacado, já que, também por ser atividade de elevados riscos ambientais, devem ser

---

[9] COCOZZA, Francesco. *Profili di Diritto Costituzionale applicato all'Edconomia, Volume I (Incidenza dei Rapporti Economici sull'Organizzazione del Potere Politico e sul Sistema delle Fonti del Diritto)*. Torino: G. Giappichelli Editore, 1999. p. 171.

[10] VIVES, Marc Tarrés. *Normas Técnicas y Ordenamiento Jurídico*. Valencia: Ed. Tirant lo Blanch, 2003. p. 172 e 253.

[11] VIVES, Marc Tarrés. *Normas Técnicas y Ordenamiento Jurídico*. Valencia: Ed. Tirant lo Blanch, 2003. p. 274-275. Excurso entre parêntesis nosso.

[12] VIVES, Marc Tarrés. *Normas Técnicas y Ordenamiento Jurídico*. Valencia: Ed. Tirant lo Blanch, 2003. p. 237.

aproveitados dos investimentos com a exploração de petróleo. Além de ser economicamente irracional e ineficiente, do ponto de vista tanto da concessionária (que terá desperdiçado recursos), como da União/ANP (que verá postergada a produção), a *repetição de investimentos também significa a repetição dos riscos ambientais.*[13]

A conclusão também é reforçada pelo princípio constitucional da eficiência (art. 37, *caput*, CF), já que "a eficiência consistiria na satisfação da necessidade com a utilização de recursos – humanos, de tempo, econômicos – com a maior racionalidade".[14]

Pois bem: qualquer decisão versando sobre contrato de concessão de exploração e produção de petróleo que, de forma excessivamente rigorosa e sem sólida relação de custo-benefício que a justifique de modo cabal, acarretar o desaproveitamento de investimentos econômicos e humanos já despendidos, viola os arts. 8º, IX, e 44, VI, Lei do Petróleo.[15]

Ademais, também deve ser extraído das boas práticas da indústria do petróleo, do caráter comutativo da concessão, da vedação de enriquecimento sem causa e até mesmo da equidade, o subprincípio de que os benefícios dos investimentos realizados devem ser atribuídos a quem os realizou.

Corroborando esses dois subprincípios decorrentes do princípio maior do respeito às boas práticas, o contrato de concessão do bloco X, em seu item 29.5, não deixa margem a dúvidas:

> A ANP se compromete, sempre que tiver de exercer seu poder discricionário, a fazê-lo justificadamente, observando a legislação e regulamentação aplicáveis, bem como *atendendo, de forma explícita, às Melhores Práticas da Indústria do Petróleo.* (Grifamos).

Como as leis e os contratos não contêm palavras inúteis, é interessante notar que o contrato de concessão não estabeleceu apenas o dever de a ANP cumprir as Melhores Práticas da Indústria do Petróleo, indo além: preceitua que deve fazê-lo "de forma explícita",[16] elevando, dessa forma, as melhores práticas ao eixo principal que deve guiar a interpretação e aplicação do contrato, como que estabelecendo uma hierarquia

---

[13] Como observa Beatriz Silvia Krom, "o conceito de racionalidade na concessão e exploração de recursos minerais pode ser analisado do ponto de vista técnico ou conservacionista, ou do ponto de vista econômico. A exploração deve ser racional, ou seja, deve ajustar-se às regras da razão ou de uma boa administração do recurso, tanto para evitar danos às jazidas, como para proteger o ambiente dos prejuízos que a sua exploração pode ocasionar" (KROM, Beatriz Silvia. *La Mineria Sustentable del Milenio*. Buenos Aires: Editorial Estudio, 2000. p. 409-410).

[14] NIELSEN, Federico. La razonabilidad y la Eficiencia como Principios Generales de la Contratación Administrativa. In: ALBERTSEN, Jorge. *Cuestiones de Contratos Administrativos em Homenaje a Julio Rodolfo Comadira, Ediciones*. Buenos Aires: RAP, 2007. p. 579.

[15] De acordo com Alfonso Figueroa e Marina Gascón, são cinco os critérios que permitem entender como "justificada" uma decisão administrativa ou judicial: a decisão deve ser (i) consistente – deve ser logicamente compatível com as normas do sistema –, (ii) coerente com decisões anteriores e com todos os princípios aplicáveis ao caso, (iii) universalizável, (iv) correta: o critério geral utilizado para solucionar o caso não é incorreto e foi bem aplicado àquela questão, e, afinal, (v) suas consequências devem ser aceitáveis. Aqui, a solução proposta pela Diretoria da ANP é inconsistente (ignora grande parte das normas do sistema de regulação do petróleo) e produz consequências inaceitáveis, a saber, a perda de milhões de reais, já investidos, no exato momento em que se vislumbra a oportunidade de sua recuperação (mais sobre o ponto no curso do parecer). Cf. ABELLÁN, Marina Gascón; FIGUEROA, Alfonso J. García. *La Argumentación en el Derecho*. 2. ed. corrigida. Lima: Palestra Editores, 2005.

[16] A expressão "de forma implícita" *in casu* não pode ser compreendida apenas no sentido de que a ANP deve aplicar as boas práticas de forma clara, até porque toda atuação da Administração Pública, em virtude dos princípios constitucionais da transparência, publicidade e boa-fé, deve sempre ser "explícita", jamais implícita

imprópria das melhores práticas sobre os demais preceitos contratuais. Nem poderia ser diferente, pois, ao contrário de muitas cláusulas contratuais (criadas pela ANP a cada rodada de licitação), sua cogência já é previamente fixada na própria Lei do Petróleo.

Se entre as melhores práticas da indústria encontram-se (i) o aproveitamento dos investimentos realizados na fase de exploração, e (ii) a fruição da descoberta pela empresa que, assumindo altíssimos riscos, realiza a perfuração, – o que, mais que boa prática, é mesmo imperativo de justiça material –, então a Lei do Petróleo e o contrato de concessão reconhecem o direito de a CONSULENTE avaliar e, se for o caso, comercializar a descoberta havida apenas poucos dias depois.

Pelo contrato, a ANP, no exercício da sua competência de autorizar a avaliação da descoberta, deverá fazê-lo seguindo, "de forma explícita" – entenda-se: de forma direta, imediata, contundente –, as Melhores Práticas da Indústria. Reconhecer e acatar as boas práticas não é opção administrativa, sugestão para a interpretação ou critério metodológico atuante sobre casos omissos ou obscuros (como, aliás, pareceu entender a Procuradoria Federal na ANP),[17] mas dever legal e contratual (arts. 8º, IX, e 44, VI, da Lei do Petróleo; contrato de concessão).

Entre duas opções à primeira vista cogitáveis – a de que o contrato teria se expirado, sem garantia de avaliação da descoberta, no dia 6 de agosto; e a segunda, pela qual, mesmo após essa data, deve-se reconhecer o direito de a CONSULENTE avaliar e, eventualmente, declarar a comercialidade da descoberta –, só esta, na verdade, ultrapassa o teste da juridicidade, já que é a única em que a ANP "atende, de forma explícita, às Melhores Práticas da Indústria do Petróleo". Ademais, a primeira, mercê de seu literalismo,[18] não contribui para a concretização dos objetivos da Lei do Petróleo.

Em segundo lugar, *os próprios contratos de concessão petrolífera celebrados a partir da Quarta Rodada de Licitações passaram a incluir, de modo expresso e inequívoco, em seu corpo textual, dispositivo que reconhece a boa prática da indústria que é o objeto desta polêmica:*

> 4 – Caso o Concessionário já tenha iniciado a perfuração de um poço exploratório e este poço não tenha atingido seu objetivo estratigráfico até o final do prazo definido neste ANEXO II, a ANP poderá prorrogar a Fase de Exploração durante o tempo necessário para que o poço atinja esse objetivo estratigráfico. A solicitação fundamentada de prorrogação deverá ser encaminhada pela Concessionária à ANP com antecedência mínima de 72 horas.[19]

---

ou secreta, disfarçada. A expressão só pode ser assim compreendida como determinadora da ênfase e preponderância que a aplicação das melhores práticas deve ter.

[17] Cf. trecho da Nota PROGE: "Não nos parece cabível, ainda, invocar disposições contidas em acordos internacionais, como 'melhores práticas da indústria do petróleo', já que, como visto, não há qualquer omissão contratual a ser suprida". Não há realmente omissão, mas sim preenchimento de lacunas aparentes pelas boas práticas da indústria. Não é o fato de o contrato não enunciar expressamente esta ou aquela boa prática (nem poderia enunciá-las todas, já que são, por sua própria natureza, dinâmicas) que ela não é aplicável. Sempre que a boa prática não contrariar regra expressa legal será diretamente aplicável por expressa remissão da própria lei.

[18] A respeito da pobreza da interpretação meramente literal vale a pena citar a espirituosa passagem de voto proferido pelo Min. Luiz Galloti: "De todas, a interpretação literal é a pior. Foi por ela que Cléia, na *Chartreuse de Parme*, de Stendhal, havendo feito um voto a Nossa Senhora de que não mais veria seu amante Fabrício, passou a recebê-lo na mais absoluta escuridão, supondo que assim estaria cumprindo o compromisso" (GALLOTI, Min. Luiz apud BARROSO, Luís Roberto. *Interpretação e Aplicação da Constituição*. São Paulo: Ed. Saraiva, 1996. p. 120).

[19] Pelo princípio do *trial and error* das políticas públicas, a Administração Pública deve estar constantemente avaliando as consequências práticas das suas normas jurídicas. "Falamos de avaliações e de efeitos jurídicos, mas importantes estudos aprofundaram a questão das consequências socioeconômicas das decisões dos poderes públicos, inclusive aquelas dos tribunais. Penso, por um lado, na abordagem funcionalística de Niklas

A *inclusão contratual possuiu, então, valor meramente declaratório* – destinada a dar maior segurança jurídica e evitar conflitos como o presente –, na medida em que reconheceu expressamente uma das práticas da indústria do petróleo que, de toda sorte, já seria aplicável aos contratos por força diretamente da Lei do Petróleo, como será visto, inclusive, no tópico seguinte. É por essa razão que, por exemplo, eventuais hipóteses de prorrogação previstas no contrato e em seus aditivos não podem significar a exclusão de outras tantas que, de forma pacífica, também sejam expressões das "boas práticas".

Tratou-se assim, repise-se, de providência de natureza declaratória, que passa a constar dos contratos celebrados a partir da Quarta Rodada como medida de cautela, destinada a evitar o surgimento de dúvidas. *É o reconhecimento contratual expresso do dever de obediência a uma boa prática da indústria, que, antes, já podia ser inferida, de forma igualmente vinculante, das referências legais e contratuais às boas práticas.* Quem o afirma é o próprio Superintendente de Exploração da ANP, autoridade imediatamente responsável pela operacionalidade técnica, e, naturalmente, o agente público mais indicado para reconstruir o conteúdo material das "melhores práticas da indústria do petróleo". Ao exigir a bilateralidade do cumprimento das boas práticas tanto pela entidade reguladora quanto pelos regulados, o Superintendente de Exploração registrou:

> Gostaríamos de ressaltar que *é nosso entendimento também que segundo as Melhores Práticas a decisão da ANP não poderá ser outra que não a de atender o pleito do concessionário* e, ainda, que não parece razoável que a ANP exija que o concessionário siga as Melhores Práticas, mas não o faça nesta questão específica, ainda mais quando as vantagens para o contrato e para a União parecem tão evidentes. (Grifamos).

De fato, parece-nos que as boas práticas da indústria aqui indicadas – (i) a do aproveitamento dos investimentos da fase de exploração e (ii) a atribuição da produção ao agente que realizou os investimentos exploratórios –, assim como afirmadas pelos órgãos técnicos da ANP, mencionadas na legislação setorial e referidas no contrato, impõem o reconhecimento do direito da CONSULENTE à avaliação da descoberta e à eventual declaração de sua comercialidade. Do contrário, estar-se-ia negando a aplicação de prática que, de tão evidente, passou a expressamente ser contemplada nos contratos futuros. É dizer: o contrato aqui analisado, pela simples data de sua celebração, não pode gerar ônus injusto e desproporcional à concessionária, em afronta ao postulado da isonomia e em ofensa ao puro e simples bom senso.

Luhmannn, [...], e, por outro, na Escola de *Law and Economics*, que, em substância, se centra sobre a proposta de submeter toda decisão pública a critérios de avaliação das suas consequências jurídicas" (PINELLI, Cesare. Intervento. In: *Amministrazione e Legalità – Fonti Normativi e Ordinamenti (Atti del Convegno, Macerata, 21 e 22 maggio 1999)*. Milano: Giuffrè Editore, 2000. p. 308). "O princípio da retroação na má gestão permite assegurar os efeitos de aprendizagem e correção de erros, que é necessária em toda organização no novo sistema de adaptação constante ao redor da organização. Isso implica uma grande flexibilidade das regras administrativas e a autonomia dos administradores para modificar suas próprias regras, em razão de seus resultados e de sua própria avaliação" (CASTELLS, Manuel. Para o Estado-rede: globalização econômica e instituições políticas na Era da Informação (Trad. Noêmia Espíndola). In: PEREIRA, L. C. Bresser; WILHEIM, Jorge; SOLA, Lourdes (Orgs.). *Sociedade e Estado em Transformação*. Brasília: UNESP, ENAP e Imprensa Oficial, 1999. p. 168). "Nem sempre a implementação se distingue do próprio processo de formulação, e em muitos casos, aquela acaba sendo algo como a formulação em processo. Isto tem consequências. Entre outras, os próprios objetivos das políticas e os problemas envolvidos não são conhecidos antecipadamente em sua totalidade. Ao contrário, vão aparecendo à medida que o processo avança" (CRITSINELIS, Marco Falcão. *Políticas Públicas e Normas Jurídicas*. Rio de Janeiro: Ed. América Jurídica, 2003. p. 56).

Como conclusão do tópico, permitamo-nos uma derradeira, mas necessária, ênfase.

A ANP informa o que são as Melhores Práticas da Indústria do Petróleo: "São práticas e procedimentos visando a maximização da recuperação dos recursos petrolíferos de forma técnica e economicamente sustentável [...]". Duas opções, então, são colocadas ao administrador. (I) Uma delas, à conta de preservar o esgotamento formal de um prazo – por alguns dias, note-se bem –, sacrifica milhões de dólares, minimiza a obtenção de recursos petrolíferos de forma ambiental e economicamente insustentável e procede a interpretação jurídica polêmica e francamente insensível aos princípios jurídicos setoriais. (II) Outra, sem sacrifício de qualquer interesse, de forma segura e juridicamente sustentável, preserva investimentos, potencializa a matriz energética brasileira e atende às exigências da racionalidade econômica e ambiental. Mais ainda: atende "de forma explícita" (*sic*) à determinação legal e contratual de que a regulação venha a ser realizada de acordo com as melhores práticas da indústria do petróleo. Não é difícil imaginar qual seja a escolha a ser efetivada.

Nesse particular é interessante notar como o Tribunal Regional Federal da 2ª Região já decidiu, em caso concernente à própria ANP, que não há liberdade, mas sim obrigação, de a Administração Pública adotar a medida que mais se aproximar dos princípios constitucionais: "Não houve discricionariedade, por parte da Administração, quando indeferiu o requerimento de prorrogação formulado pelo consórcio, e sim, vinculação, tendo em vista que a prorrogação seria a solução que mais se aproximaria aos princípios constitucionais que devem nortear a Administração Pública" (AI nº 86362, Rel. Benedito Gonçalves, TRF2).

III O caráter finalístico da Lei do Petróleo e a função social do contrato de concessão

Uma adequada interpretação da Lei do Petróleo deve buscar, além da obediência às boas práticas da indústria do petróleo, a realização de seus fins últimos, sendo secundários argumentos formalistas, que, vistos isoladamente e de forma simplista, poderiam levar a que se impedisse a realização dos objetivos legais. Vale destacar, antes de apreciar as finalidades da regulação setorial, que a Lei do Petróleo apresenta a característica das leis contemporâneas de, sem dar início *de per se* a uma normatização completa ou exaustiva da matéria, estabelecer parâmetros e diretrizes gerais.

A Lei do Petróleo, a exemplo das demais leis instituidoras de agências reguladoras, integra a categoria das leis-quadro (*lois-cadre*), próprias das matérias de particular complexidade técnica e dos setores suscetíveis a constantes mudanças econômicas e tecnológicas. Nesses casos, se "remete o intérprete do Direito a um tipo de função [...] dotada de riqueza e dinamismo sensivelmente maior do que a mera regulamentação".[20]

Fábio Konder Comparato observa que, "em radical oposição à nomocracia estática, a legitimidade do Estado contemporâneo passou a ser a capacidade de realizar [...]

---

[20] BARROS, Sebastião Botto de. Controle Judicial da Atividade Normativa das Agências Reguladoras. *In*: MORAES, Alexandre de (Org.). *Agências Reguladoras*. São Paulo: Ed. Atlas, 2002. p. 159.

certos objetivos predeterminados". Arremata afirmando que "a legitimidade do Estado passa a fundar-se não na expressão legislativa da soberania popular, mas na realização de finalidades coletivas, a serem realizadas programadamente".[21]

Com propriedade, Eduardo García de Enterría deixa claro que a noção meramente subsuntiva ou "declaratória" do Direito "é própria dos sistemas jurídicos *private law oriented*, ordenados pelo Direito Privado (próprio de uma época pré-industrial e agrícola), que permite que se considere o direito como um sistema fechado de conceitos, próprio de uma sociedade estática, mas que é inconciliável com a época atual de proliferação e predomínio do Direito Público, que exige que vejamos o Direito como um processo aberto em função de finalidades e objetivos a alcançar; o Direito Público – acresce – é um processo sem fim, uma indefinida sucessão de soluções parciais a questões políticas".[22]

A desmistificação da lei e a mudança do seu *modus operandi* estão entre as principais consequências da instrumentalização da regulação pelos princípios e finalidades públicas. As regras deixam de expressar verdades universais, para passar a ser instrumentos da realização de políticas finalísticas. "Passam a ter o seu critério de validade aferido não apenas em virtude da higidez do seu procedimento criador, como da sua aptidão para atender aos objetivos da política pública, além da sua capacidade de resolver os males que esta pretende combater".[23]

Esta assertiva é expressão também do Princípio da Proporcionalidade, que será ainda objeto de tópico específico, em seu elemento de adequação dos meios aos fins, pelo qual aqueles serão válidos apenas se forem aptos a realizar os objetivos para os quais foram criados.

Tratando da matéria, Juan Carlos Cassagne denotou "que a realidade econômica faz com que a Administração tenha que enfrentar, com frequência, fatos de difícil apreensão jurídica, heterogêneos e complexos e que a exigência de celeridade muitas vezes imposta pela conjuntura obriga a uma flexibilidade na sua atuação que supera todo formalismo".[24]

De acordo com a Lei Federal nº 9.478/97, a regulação a ser feita pela ANP deverá "preservar o interesse nacional" (art. 1º, I), "valorizar os recursos energéticos" (art. 1º, II), "promover a livre concorrência" (art. 1º, IX), "atrair investimentos" (art. 1º, X), "ampliar a competitividade do país" (art. 1º, XI), "promover o aproveitamento racional dos recursos energéticos do País" (art. 2º, I), "assegurar o suprimento de insumos energéticos" (arts. 2º, II e 8º, I), "proteger os interesses dos consumidores" (art. 8º, I, *in fine*), atender "às melhores práticas da indústria internacional do petróleo" (arts. 8º, IX, e 44, VI).

A *função social deste contrato* realiza-se, assim, com o atendimento a essas finalidades, o que, *prima facie* se dá com a execução de seu objeto, ou seja, a exploração/produção de petróleo e gás natural, insumos considerados estratégicos para o país, tanto assim que sua titularidade é constitucionalmente consagrada à União, podendo parte de suas atividades virem a ser exploradas pela iniciativa privada por delegação. Em se

---

[21] COMPARATO, Fábio Konder. Juízo de Constitucionalidade das Políticas Públicas. *In: Estudos em Homenagem a Geraldo Ataliba*. São Paulo: Ed. Malheiros, 1997. v. 2, p. 350-351.
[22] ENTERRÍA, Eduardo García de. *La Constitución como Norma y el Tribunal Constitucional*. Madrid: Ed. Civitas, 1994. p. 181-182.
[23] MORAND, Charles-Albert. *Le Droit Néo-Moderne des Politiques Publiques*. Paris: LGDJ, 1999. p. 95.
[24] CASSAGNE, Juan Carlos. *La Intervención Administrativa*. 2. ed. Buenos Aires: Ed. Abeledo-Perrot, 1995. p. 203-204. Grifamos.

tratando de bens estratégicos, existe interesse público e função social na execução do objeto, de forma que somente um grave inadimplemento da concessionária – o que, de fato, não se vislumbra no caso (decorreram menos de dez dias entre o fim previsto para a execução das atividades exploratórias e a comunicação da descoberta) – poderia levar ao encerramento sumário do contrato.

A possibilidade de avaliação e eventual declaração de comercialidade da descoberta após o dia 6 de agosto, decorre, além das práticas e características inerentes à atividade, também do fato de que, em contratos de concessão para exercício de uma atividade econômica *stricto sensu* monopolizada pela União,[25] não há ônus ou dispêndio à Administração Pública, como ocorre, em geral, nos clássicos contratos abrangidos pela Lei Federal nº 8.666/93, que implicam gastos por parte da Administração – a exemplo das compras ou das contratações de serviços por entes estatais, quando há, inclusive, como regra geral, necessidade de prévia previsão orçamentária.

Nas concessões petrolíferas, não havendo dispêndio por parte da Administração, os prazos devem ser aplicados buscando-se a concretização das finalidades e da função social do contrato e, consequentemente, dos interesses públicos fixados no art. 1º da Lei do Petróleo.

O contrato de concessão petrolífera, espelhando característica inerente à organização da indústria do petróleo, constitui verdadeiro contrato aleatório, no qual os riscos – inclusive o de os blocos onde se realizam atividades de vultosíssimos valores não levarem a qualquer descoberta, ou de levarem a descobertas que terminem por se mostrar inapropriadas à produção – correm integralmente por conta do concessionário. Esse elemento de aleatoriedade reforça as razões para que a Administração o interprete de forma economicamente racional e consentânea com a sua natureza. Na fase de exploração a concessionária não está auferindo qualquer receita – e, se não lograr sucesso, nem virá a auferi-las –, mas, apenas, investindo no levantamento dos dados geofísicos da área, que, como já mencionado, sequer serão propriedade sua, mas integrarão o acervo técnico constituído pelos dados e informações sobre as bacias sedimentares brasileiras, parte integrante dos recursos petrolíferos nacionais (art. 22 da Lei do Petróleo).

Nesse contexto, emerge a visão do contrato como processo, ou seja, como plexo de relações jurídicas que podem e devem ser adequadas ao longo do tempo, face às diversas exigências empíricas e aos problemas que forem sendo verificados; em suma, à experiência de sua execução. Vejamos, a esse respeito, as lições de Antônio Junqueira de Azevedo, precursor desta doutrina, hoje consolidada no Brasil:

> A boa-fé objetiva constitui, no campo contratual – sempre se tomando o contrato como processo, ou procedimento – norma que deve ser seguida nas várias fases das relações entre as partes.[26]

---

[25] "Os bens públicos não são só suscetíveis de uso (ou aproveitamento), mas também de gestão ou exploração econômica por alguém que toma o lugar da pessoa coletiva de direito público. Embora relacionadas com um bem público, o que caracteriza as concessões de exploração do domínio público é a atribuição do direito de exercer uma actividade que a lei reservou para a Administração: o que está em causa não é a utilização do bem, mas a actividade de o explorar ou gerir" (GONÇALVES, Pedro. *A Concessão de Serviços Públicos*. Coimbra: Ed. Almedina, 1999. p. 93). No mesmo sentido, nos pronunciamos em: ARAGÃO, Alexandre Santos de. O contrato de concessão de exploração de petróleo e gás. *Revista de Direito Administrativo*, v. 239, p. 411-438, jan./mar. 2005.

[26] AZEVEDO, Antônio Junqueira de *apud* COSTA, Judith Martins. *A Boa-Fé no Direito Privado*. São Paulo: Editora RT, 2000. p. 509.

Ora, se esta é a diretriz imposta pela Teoria Geral dos Contratos, *a fortiori* deve sê-lo quando estivermos diante de contratos de concessão petrolífera, de longa duração e envolvendo enormes investimentos.

Enfim: os objetivos da Lei do Petróleo e a função social do contrato de concessão petrolífera asseguram o direito da CONSULENTE avaliar e, se for o caso, declarar a comercialidade de reservatório descoberto pelo poço perfurado durante a fase de exploração, cujo prosseguimento de perfuração, por pouco tempo depois do prazo nominal de encerramento daquela, foi comunicado à agência, havendo sido objeto de concordância expressa.

IV A distinção entre o papel do prazo nos contratos por escopo e nos contratos por prazo determinado

É importante distinguir a função do prazo nos contratos administrativos ditos por escopo e nos contratos de duração continuada; em outras palavras, entre os conceitos próximos, mas não semelhantes, de "prazo de execução do objeto contratual" e "prazo de vigência do contrato".

No primeiro caso – "prazo de execução do objeto contratual", aplicável aos contratos por escopo –, o prazo é referência provável e esperada para a conclusão do objeto, mas sua fluência não acarreta a extinção do contrato. O prazo é moratório, e seu decurso *in albis* justifica a aplicação de multa (se, naturalmente, tiver havido inadimplemento substancial do prazo), mas não a extinção do acordo. Vejamos as lições de Hely Lopes Meirelles:

> A extinção do contrato pelo término de seu prazo é a regra nos ajustes por tempo determinado. Necessário é, portanto, distinguir os contratos que se extinguem pela conclusão de seu objeto e os que terminam pela expiração do prazo de sua vigência: nos primeiros, o que se tem em vista é a obtenção de seu objeto concluído, operando como limite de tempo para a entrega da obra, do serviço ou da compra sem sanções contratuais; nos segundos, o prazo é a eficácia do negócio jurídico contratado, e, assim sendo, expirado o prazo, extingue-se o contrato, qualquer que seja a fase de execução de seu objeto, como ocorre na concessão de serviço público ou na simples locação de coisa por tempo determinado. Há, portanto, prazo de execução e prazo extintivo do contrato.[27]

Também Floriano de Azevedo Marques Neto teve ocasião de estudar o tema:

> Com efeito, no que concerne ao aspecto do prazo, enquanto fato de extinção da avença, os contratos de obra pública, por exemplo, têm diferenças substanciais relativamente a outras espécies de contratos administrativos, particularmente aos de fornecimento ou de prestação de serviços.

---

[27] MEIRELLES, Hely Lopes. *Licitação e Contrato Administrativo*. 12. ed. São Paulo: Ed. Malheiros, 1990. p. 213.

Enquanto nestes últimos o prazo é condição essencial de eficácia, naqueles o prazo tem o caráter de uma prerrogativa da administração, de exigir que a execução da obra se dê dentro do tempo entendido como conveniente às suas necessidades e ao interesse público.[28]

É que em alguns contratos o prazo integra o seu próprio objeto (como nos contratos de prestação de serviços, de locação, de comodato, etc. – limpar as ruas por dois anos, alugar o imóvel por cinco anos, etc.), casos em que seu fim representa, também, o esgotamento do objeto contratual e, consequentemente, do próprio contrato. Em outros, o objeto contratual existe de *per se*, independentemente do prazo previsto para sua execução, que serve, não como elemento de definição do objeto contratual, mas como critério de sua adequada execução.

Decorrido este prazo sem que o objeto contratual tenha sido cumprido, o objeto contratual e o próprio contrato não se extinguem. Muito pelo contrário. Nesta situação, ter-se-á verificado o inadimplemento de uma ou de ambas as partes, ressalvados os casos de aplicação da teoria da imprevisão e do adimplemento substancial.

O contrato de concessão petrolífera é, na sua fase de exploração, que é tratada no presente parecer, claramente um contrato por escopo, no qual o que se persegue não é a prestação continuada por período certo, mas a obra, o serviço ou melhoria específica e delimitada, no caso, a execução de um programa exploratório mínimo, consistente em um conjunto determinado de sísmicas e perfurações de poços que devem atingir determinado objetivo estratigráfico. Nele o prazo é balizador da execução contratual, e não o próprio objeto da fase de exploração. Seu objeto é a execução das atividades compreendidas pelo programa exploratório mínimo.

Por intermédio da fase de exploração dos contratos de concessão a ANP não persegue prestação continuada por período determinado, mas estabelece regras para que o concessionário realize atividade – pesquisas exploratórias – visando à concreção do objeto contratual, e, caso venha a ter sucesso do ponto de vista geológico, realizando uma descoberta comercial. Portanto, como afirmamos, o prazo da fase de exploração é critério para a aferição da correta execução de suas atividades, e não elemento do objeto do ajuste.

Nem se diga que o art. 28 da Lei do Petróleo pudesse levar a conclusão diversa. Basta lê-lo com atenção para percebermos justamente o contrário:

Art. 28. As concessões extinguir-se-ão: I – *pelo vencimento do prazo* contratual; [...]

IV – *ao término da fase de exploração, sem que tenha sido feita qualquer descoberta comercial*, conforme definido no contrato;

A fase de exploração só termina se não houver qualquer descoberta comercial, nos termos do contrato – não há que se falar, aqui, em "vencimento do prazo", expressão que ocupa espaço topográfico significativamente distinto no próprio dispositivo normativo da Lei.

---
[28] MARQUES NETO, Floriano de Azevedo. A duração dos contratos administrativos na Lei nº 8.666/93. *In*: GARCIA, Maria (Org.). *Estudos sobre a lei de licitações e contratos*. Rio de Janeiro: Forense Universitária, 1995. p. 170-171.

Tanto é assim que, se a concessionária terminar sem descobrir nenhuma jazida a execução do Programa Exploratório Mínimo antes do prazo inicialmente previsto poderá dar por encerrada a fase de exploração, devolvendo a área antecipadamente à ANP. Igualmente, se antes do prazo for executado todo o Programa Exploratório Mínimo com uma descoberta viável, com a declaração da sua comercialidade, iniciar-se-á a fase de produção na área abrangida pelo Plano de Desenvolvimento, sem prejuízo do prosseguimento das atividades de exploração no restante da área do Bloco.

Nessas hipóteses, o objeto da fase foi cumprido antes do seu prazo e a fase se encerra independente desse: o que importa é o objeto. O mesmo raciocínio não pode deixar de ser aplicado, em razão da sua natureza de escopo, no caso em que o objeto é cumprido, não antes, mas sim após o prazo, especialmente quando a perfuração que gerou a descoberta tenha se iniciado dentro do prazo da fase de exploração. Nesse caso, a fase não se encerra antes do cumprimento do objeto, mesmo após o prazo.

V A proteção da confiança legítima e a teoria dos atos próprios

A Teoria dos Atos Próprios, que ganhou proeminência a partir do estudo do Direito Administrativo sob ótica democrática, merece análise e aplicação.

Como nos foi informado pela consulente, a ANP enviou à CONSULENTE dois ofícios. Seus conteúdos informavam a concessionária quanto ao *deferimento do pedido*[29] a que a perfuração do poço pudesse continuar mesmo depois do dia 6 de agosto. A ANP demonstrava que os trabalhos de perfuração haviam sido *constatados e autorizados* pela agência.[30]

No caso, era a posição da Superintendência de Exploração a única que, naquele momento, poderia interessar à concessionária no âmbito da ANP, já que apenas a ela competia decidir.[31]

Robert Thomas assevera que "a confiança nas ordens do Estado deve ser respeitada. A confiança é um fator básico da vida social. Na atual conjuntura de complexidade social é essencial para o indivíduo confiar no Governo para desenvolver as suas atividades. Um empreendedor não pode de maneira alguma operar se ele não puder ter um mínimo de confiança no Estado. As expectativas legítimas compelem a Administração a ser confiável, uma vez que o indivíduo não tem outra escolha, a não ser confiar nela ao desenvolver as suas atividades".[32]

---

[29] As ressalvas dele constantes foram analisadas anteriormente e a elas ainda voltaremos e, na verdade, não ilidem o raciocínio desenvolvido no presente tópico, mas, ao contrário, o reforçam, já que, das três ressalvas, duas são evidentemente improcedentes e a terceira denota mesmo o enriquecimento sem causa da ANP. Ver tópicos VI.1 e IX.

[30] E não é só. Duas Propostas de Ação da ANP (nº 92 e 600/2004) – documentos técnicos, como sói acontecer com a regulação econômica contemporânea – foram, de modo enfático, no sentido da possibilidade de se garantir o direito à avaliação e a declaração de comercialidade da descoberta.

[31] Portaria ANP nº 160/2004, art. 26, II: "São atribuições da Superintendência de Exploração: II – analisar e aprovar o programa e o orçamento anual de trabalho, sobre os pedidos de alteração do Programa Exploratório Mínimo e dos programas exploratórios adicionais, assim como os Planos de Avaliações de Descobertas".

[32] THOMAS, Robert. *Legitimate Expectations and Proportionality in Administrative Law*. Oxford/Oregon: Hart Publishing, 2000. p. 45.

A Teoria dos Atos Próprios veda à Administração mudanças bruscas de entendimento, capazes de gerar ambiente de incerteza e insegurança aos administrados. Conforme observa Jesús Gonzalez Pérez, em um Estado Democrático de Direito, deve ser garantida ao Administrado "a confiança de que não serão adotadas condutas confusas e equívocas nos procedimentos nos quais serão emitidos os atos que gerarão as relações entre a Administração e o administrado".[33]

No caso, além das já analisadas previsões legais e contratuais que contemplam o direito à avaliação da descoberta, houve até mesmo troca de correspondência eletrônica durante as tentativas administrativas de solução da controvérsia: a CONSULENTE chegou a desistir de recurso administrativo formalmente elaborado, optando por simples pedido de reconsideração da decisão.

Qual não foi a surpresa ao se deparar com a inclusão da área correspondente ao Plano de Avaliação da descoberta do Poço perfurado no âmbito do bloco X no pré-edital da Nona Rodada (Bloco Y). Note-se que a própria ANP, após várias licitações, só agora, por ocasião da Nona Rodada de Licitações, incluiu a área no pré-edital, numa demonstração de que as nuvens da polêmica ainda não se haviam dissipado (como, de fato, ainda não se dissiparam).

Modificação de postura por parte da autoridade administrativa, encerrando o contrato de concessão, apesar de reconhecidamente ter autorizado o prosseguimento das atividades de perfuração após 06 de agosto de 2003, viola, dessa maneira, o princípio da boa-fé objetiva,[34] o qual "implica um dever de coerência do comportamento, que consiste na necessidade de observar no futuro a conduta que os atos anteriores faziam prever".[35] A posterior negativa da autoridade reguladora com relação aos direitos da concessionária em proceder à avaliação da descoberta realizada, sem qualquer justificação técnica, viola a legítima expectativa da concessionária, distanciando-se da teoria dos Atos Próprios, que proíbe que a Administração Pública imponha ao administrado mudanças bruscas de entendimentos.

A proibição do *venire contra factum proprium* encontra-se inserida na Teoria das Autolimitações Administrativas, que representa conjunto de instrumentos diversos, mas complementares, que buscam assegurar a razoabilidade, a coerência e a igualdade

---

[33] GONZALEZ, Jesús Pérez. *El Principio General de la Buena Fe en el Derecho Administrativo*. 3. ed. Madrid: Ed. Civitas, 1999. p. 91. Igualmente, observa Maria Sylvia Zanella Di Pietro, comentando a lei de processo administrativo: "Como participante da Comissão de juristas que elaborou o anteprojeto de que resultou essa lei, permito-me afirmar que o objetivo da inclusão desse dispositivo foi o de vedar a aplicação retroativa de nova interpretação de lei no âmbito da Administração Pública. Essa ideia ficou expressa no parágrafo único, inciso XIII, do artigo 2º [...] A segurança jurídica tem muita relação com a ideia de respeito à boa-fé. Se a Administração adotou determinada interpretação como a correta e a aplicou a casos concretos, não pode depois vir a anular atos anteriores, sob o pretexto de que os mesmos foram praticados com base em errônea interpretação. [...] Se a lei deve respeitar o direito adquirido, o ato jurídico perfeito e a coisa julgada, por respeito ao princípio da segurança jurídica, não é admissível que o administrado tenha seus direitos flutuando ao sabor de interpretações jurídicas variáveis no tempo" (DI PIETRO, Maria Sylvia Zanella. *Direito Administrativo*. 13. ed. São Paulo: Ed. Atlas, 2001. p. 84-85).

[34] Esse princípio, extremamente afinado com os tratados no presente tópico, será o objeto específico do tópico seguinte.

[35] DÍEZ-PICAZO, Luis Ponce. *La Doctrina de los propios Actos*. Barcelona: Bosch, 1963. p. 245. Há também quem veja a "presença implícita" do princípio da boa-fé no Direito Administrativo "no multifacetado conteúdo dos princípios gerais da razoabilidade, proporcionalidade, moralidade, segurança jurídica, cujo respeito é indispensável *ex vi* do art. 2º, *caput*, da Lei nº 9.784/99" (NOBRE JÚNIOR, Edilson Pereira. *O Princípio da Boa-fé e sua Aplicação no Direito Administrativo Brasileiro*. Porto Alegre: Sergio Antonio Fabris Editor, 2002. p. 239).

no tratamento dado pela Administração Pública aos cidadãos. A Teoria é correlacionada ao Estado Democrático de Direito, que "garante a segurança e a liberdade. [...] Derivou-se um princípio geral da segurança jurídica cujo conteúdo é aproximadamente este: as pessoas – os indivíduos e as pessoas colectivas – têm o direito de poder confiar que os seus actos ou as decisões públicas incidentes sobre os seus direitos, posições ou relações jurídicas alicerçadas em normas jurídicas vigentes e válidas ou em actos jurídicos editados pelas autoridades com base nessas normas [...]. Aos próprios actos da Administração é reconhecida uma determinada força (a força de caso decidido)".[36]

Maria Sylvia Zanella Di Pietro afirma que "a segurança jurídica tem muita relação com a ideia de respeito à boa-fé. Se a Administração adotou determinada interpretação como a correta e a aplicou a casos concretos, não pode depois vir a anular atos anteriores, sob o pretexto de que os mesmos foram praticados com base em errônea interpretação. [...] Se a lei deve respeitar o direito adquirido, o ato jurídico perfeito e a coisa julgada, por respeito ao princípio da segurança jurídica, não é admissível que o administrado tenha seus direitos flutuando ao sabor de interpretações jurídicas variáveis no tempo".[37]

Com efeito, "como projeção do princípio da igualdade se tem considerado o princípio que proíbe ir contra os próprios atos. Se o que aquele [princípio da igualdade] comporta é um igual tratamento de situações iguais, é inquestionável que, havendo atuado a Administração, diante de uma situação, em determinado sentido, não lhe será lícito fazê-lo de outra forma, diante da mesma situação".[38] Já afirmamos, outra feita, que "a boa-fé implica em um dever de coerência do comportamento, que consiste na necessidade de observar no futuro a conduta que os atos anteriores faziam prever".[39]

Se a autoridade administrativa produziu, por ofícios, manifestações técnicas e encaminhamentos jurídicos – formais e informais – suficiente convicção quanto à continuidade da prática e à possibilidade de extração de sentido econômico útil da exploração, não pode negar o que antes permitira, principalmente após a concessionária já ter feito todos os investimentos na perfuração. É exigência do conteúdo mínimo de um dever de coerência levado a sério.

---

[36] CANOTILHO, J. J. Gomes. *Estado de Direito*. Lisboa: Fundação Mário Soares, 1999. p. 74-75. Do ponto de vista da teoria anglo-saxônica do *substantive due process of law*, paralela à do Estado democrático de Direito de origem franco-germânica, a Suprema Corte norte-americana já se manifestou em sentido semelhante, *verbi gratia* em *Hurtado v. California*, 110 U.S. 516, 531 (1884), conforme: TRIBE, Laurence H. *American Constitutional Law*. 3. ed. New York: Foundation Press, 2000. v. 1, p. 1332-1343.

[37] DI PIETRO, Maria Sylvia Zanella. *Direito Administrativo*. 13. ed. São Paulo: Ed. Atlas, 2001. p. 85. "O Direito comporta diversas interpretações, todas válidas. Todavia, uma vez adotada uma delas, as situações jurídicas por ela alcançadas e consolidadas não comportam reanálise" (FERREIRA, Luiz Tarcísio Teixeira. Princípios do Processo Administrativo e a Importância do Processo Administrativo no Estado de Direito – artigos 1º e 2º. *In*: FIGUEIREDO, Lúcia Valle (Coord.). *Comentários à Lei Federal de Processo Administrativo*. Belo Horizonte: Ed. Fórum, 2004. p. 23).

[38] PÉREZ, Jesús González. *El Principio de la buena fé en el Derecho Administrativo*. Madrid: Civitas, 1983. p. 122. Grifamos.

[39] ARAGÃO, Alexandre Santos de. Teoria dos Atos Próprios e Taxa Regulatória (Parecer). *Revista de Direito da Procuradoria Geral do Estado do Rio de Janeiro*, v. 56, Rio de Janeiro, 2002. Valemo-nos na ocasião de: DÍEZ-PICAZO, Luis Ponce. *La Doctrina de los proprios Actos*. Barcelona: Borsch, 1963. p. 245. Grifos nossos. O princípio da boa-fé "foi guindado à condição de princípio normativo expresso através da Lei nº 9.784, de 1999 [...]. Denominado também de 'princípio da confiança' pelo professor Juarez Freitas, [...] decorreria 'da junção dos princípios da moralidade e da segurança das relações jurídicas', ambas também princípios normativos" (BERTONCINI, Mateus Eduardo Siqueira Nunes. *Princípios de Direito Administrativo Brasileiro*. São Paulo: Ed. Malheiros, 2002. p. 242-243).

VI As violações ao princípio da boa-fé

Os contratos de concessão petrolífera caracterizam-se por serem acordos relacionais, pois são contratos complexos, de longa duração, envolvendo a aquisição de bens e serviços de elevado custo e alta complexidade técnica e investimentos irrecuperáveis, caso o concessionário tenha uma descoberta economicamente viável e prossiga com a declaração da comercialidade, a partir de quando o concessionário incorre em gastos, custos e despesas relativos à construção de infraestruturas que sequer teriam como ser reaproveitadas pela concessionária em caso de encerramento do contrato.

Em razão de sua complexidade e perpetuação no tempo, as concessões petrolíferas são necessariamente incompletas, de forma que é necessário ir preenchendo seu conteúdo ao longo do tempo, tendo por norte a concretização da finalidade para a qual foram celebradas e as descobertas que forem sendo realizadas.

Como explicam Rachel Sztajn, Décio Zylbersztajn e Paulo Furquim de Azevedo, "a teoria dos contratos relacionais enfatiza o processo de ajuste dos acordos", reconhecendo que, em relações complexas e continuadas, "os contratos apenas colocam em marcha um processo de negociação de longo prazo que é custoso, entretanto mais eficiente do que o ônus de desenhar contratos pretensamente completos".[40]

A teoria dos contratos relacionais,[41] ao enfatizar o elemento "incompletude" das relações contratuais complexas e continuadas, destaca a importância e a necessidade dos cânones da boa-fé para sua integração.

Colocado o quadro geral da importância do princípio da boa-fé para os contratos de concessão, o presente tópico pretende sistematizar sua contribuição à resolução do caso concreto, tratando especificamente de duas de suas derivações: (i) a exigência de que se observem deveres de conduta ativos, mais concretamente deveres de lealdade, proteção, cooperação e informação; (ii) o dever de interpretar o contrato de acordo com os preceitos da boa-fé, impedindo que o mesmo venha a ser aplicado de forma a restringir o plano negocial traçado pelas partes.

VI.1 Dever de lealdade

A boa-fé objetiva possui função impositiva de deveres contratuais ativos às partes,[42] acessórios ou laterais: além das previsões expressas do contrato, existem outras condutas que devem ser observadas pelos contratantes. Pelo menos quatro deveres podem ser identificados: (i) o dever de lealdade; (ii) o dever de esclarecimento; (iii) o dever de sigilo; (iv) o dever de proteção.

---

[40] SZTAJN, Raquel; ZYLBERSZTAJN, Décio; AZEVEDO, Paulo Furquim de. Economia dos contratos. *In*: ZYLBERSZTAJN, Décio; SZTAJN, Raquel. *Direito e Economia*. Rio de Janeiro: Elsevier, 2005. p. 110.

[41] A esse respeito, veja-se Ian Macneil: "Todo contrato, mesmo uma operação teórica, envolve relações além da troca de mercadorias em si. Portanto, todo contrato é necessariamente, em parte, um contrato relacional, isto é, que envolve relações outras que não apenas uma troca isolada". (MACNEIL, Ian. *The new social contract*: an inquiry into modern contractual relations. New Haven: Yale University Press, 1980. p. 10).

[42] Segundo, inclusive, o Código Civil: Art. 422. Os contratantes são obrigados a guardar, assim na conclusão do contrato, como em sua execução, os princípios de probidade e boa-fé.

A afirmação de um dever de lealdade entre as partes não remete o intérprete a visões românticas sobre a relação contratual. Afirmar que as partes devem cooperar entre si significa dizer que, superada a visão do contrato como antagonismo perene entre os interesses das partes, deve-se perceber que ambas as partes buscam um objetivo comum no instrumento contratual: o seu adimplemento.

Nesse sentido, os deveres provenientes do princípio de boa-fé objetiva "caracterizam a correção do comportamento dos contratantes, um em relação ao outro, tendo em vista que o vínculo obrigacional deve traduzir uma ordem de cooperação, exigindo-se de ambos os obrigados que atuem em favor da consecução da finalidade que, afinal, justificou a formação daquele vínculo".[43]

Qual seria a finalidade dos contratos celebrados entre a consulente e a ANP? Como já mencionamos, sua finalidade é possibilitar a descoberta do potencial de extração de petróleo nas áreas onde se executam o objeto dos referidos instrumentos. E, sendo assim, apenas poder-se-á ter alguma chance de descoberta petrolífera e/ou gaseífera nessas áreas se a consulente desenvolver as atividades exploratórias para as quais foi contratada.

O conteúdo dos ofícios, enviados pela ANP, informando que a exploração poderia continuar, mas apenas com o objetivo de garantir a segurança operacional, o meio-ambiente e a integralidade da obtenção dos dados geofísicos – sendo que, como vimos,[44] dois desses três objetivos seriam mais bem obtidos com o término, e não com a continuidade da atividade exploratória –, merece atenção.

Passando a uma argumentação eminentemente prática,[45] sempre se poderá dizer que a concessionária, ao continuar a perfuração depois do dia 6 de agosto de 2003, sabia o que estava fazendo, ou, ao menos, que aviso não lhe faltou. Mas será que a Agência Nacional do Petróleo agiu de forma leal com a concessionária? Que outra postura, senão a de resignada continuidade das explorações, na crença que a Agência viesse a dar cumprimento aos ditames legais e adotasse as melhores práticas da indústria, caberia à concessionária?

Nem se diga que os ofícios da ANP, por conter ressalvas, gerariam convicção inteiramente distinta da que a concessão afinal seria mantida.

Que empresa continuaria a perfurar um poço de petróleo se não visse perspectivas concretas de lucro? Seria razoável imaginar que a ANP estivesse contando com a colaboração gratuita da CONSULENTE na obtenção de dados? A resposta só pode ser negativa. Os ofícios da ANP concretizam aquilo que a Filosofia chamaria de contradição performativa. O conteúdo da afirmação contradiz o sentido imanente ao ato de afirmar. A saída é ignorar as palavras e acreditar nos gestos ou ignorar os gestos e se concentrar nas palavras.

A CONSULENTE, ao informar à agência reguladora sobre o prosseguimento da perfuração do poço, acreditando na possibilidade de avaliar eventual descoberta mesmo depois do dia 6 de agosto, pretendia extrair algum sentido econômico útil da

---

[43] NEGREIROS, Teresa. *Teoria do Contrato*: novos paradigmas. Rio de Janeiro: Renovar, 2002. p. 150.
[44] Ver tópicos V e IX.
[45] Cf. ALEXY, Robert. *Teoria da Argumentação Jurídica*: a Teoria do Discurso Racional como Teoria da Justificação Jurídica. (Trad. Zilda Hutchinson Schild Silva). São Paulo: Landy, 2001; ATIENZA, Manuel. *As Razões do Direito*: Teorias da Argumentação Jurídica. Perelman, Toulmin, MacCormick, Alexy e outros. (Trad. Maria Cristina Guimarães Cupertino). São Paulo: Landy, 2002.

continuidade da perfuração. Essa foi a pergunta. A resposta, ao admitir, "com restrições", o pleito, acabou aceitando algo que ninguém, em hipótese alguma, admitiria se não pudesse vislumbrar a possibilidade de lucro. Pergunta-se: a ANP não sabia disso? Sua postura ultrapassa o teste da boa-fé?

A consulente confiou no comportamento desempenhado pelo Poder Concedente. A tutela da confiança é um dos núcleos mais preciosos da tutela da boa-fé objetiva, notadamente na atuação do dever de lealdade. Mais especificamente, o dever de cooperação aponta para uma série de condutas que devem ser desempenhadas pelas partes, de forma a permitir que o escopo do contrato seja alcançado. Principalmente em contratos de longa duração, como aquele objeto da presente consulta. Nessa direção, afirma Paulo Luiz Netto Lobo:

> O dever de cooperação é notável e mais exigente nas hipóteses de relações obrigacionais duradouras, especialmente no que a doutrina tem denominado contratos relacionais, que partem de interações contínuas [...]. Para esses contratos, são imprescindíveis os conceitos fundamentais de solidariedade, cooperação e comunidade.[46]

Em caso famoso decidido pelo Tribunal de Justiça do Estado do Rio Grande do Sul, agricultores ingressaram com ação judicial contra empresa que frequentemente lhes cedia sementes de tomate para plantio; depois de colhidos, os tomates eram costumeiramente adquiridos pela empresa. A empresa, certa vez, distribuiu as sementes, mas optou por não adquiri-los após a colheita. O Tribunal sancionou a empresa por violar seu dever de informação e por gerar expectativas em terceiros e, depois, rompê-las.[47] Podemos alterar um pouco os dados fáticos para aproximar a situação da hipótese em estudo. Na analogia, as sementes seriam distribuídas às famílias de agricultores com a orientação de que "não eram para plantio e venda, mas, apenas, para testes da empresa". Os agricultores fariam o que sempre fizeram: plantam e cultivam os tomates. Algum tempo depois, a empresa se nega a adquirir a produção, sob o fundamento de que fora clara quanto ao uso das sementes. Mas o que restava aos agricultores – *não utilizá-las para a finalidade econômica que lhes era inerente*?

A título de conclusão do subtópico, destaca-se citação do professor Maurício Mota, que cai como uma luva ao caso:

> A pós-eficácia das obrigações constitui, portanto, um *dever lateral de conduta de lealdade*, no sentido de que a boa-fé exige, segundo as circunstâncias, que os contratantes, depois do término da relação contratual, omitam toda a conduta mediante a qual a outra parte se veria despojada ou essencialmente reduzidas as vantagens oferecidas pelo contrato. Esses deveres laterais de lealdade se consubstancializam primordialmente em deveres de reserva quanto ao contrato concluído, [...] e *deveres de garantia da fruição pela contraparte do resultado do contrato concluído*.[48]

---

[46] LOBO, Paulo Luiz Netto. *Teoria Geral das Obrigações*. São Paulo: Saraiva, 2005. p. 104.
[47] TJRS, Ap. nº 591028295; j. em 06.06.91.
[48] MOTA, Mauricio Jorge Pereira da. A pós-eficácia das obrigações. *In*: TEPEDINO, Gustavo (Org.). *Problemas de direito civil constitucional*. Rio de Janeiro: Renovar, 2000. p. 204. Grifamos.

VI.2 Princípio da conservação do contrato

A boa-fé objetiva desempenha papel de critério de interpretação da manifestação de vontade nas relações contratuais, privilegiando algumas soluções interpretativas em detrimento de outras.[49] Os contratos devem ser interpretados de forma a garantir que atinjam a sua finalidade principal, valorizando-se as linhas de interpretação que lhes garantam validade e eficácia, produzindo regularmente os efeitos desejados pelas partes.[50]

Dessa forma, a boa-fé atua como "critério hermenêutico, exigindo que a interpretação das cláusulas contratuais privilegie sempre o sentido mais conforme à lealdade e honestidade em relação aos propósitos comuns, a busca pelo sentido mais consentâneo com os objetivos perseguidos pelo negócio".[51] O "objetivo perseguido pelo negócio" nos contratos de concessão petrolífera é a busca e, em caso de descoberta viável comercialmente, a extração de petróleo nas áreas de concessão nas quais a pesquisa e a produção foram concedidas à consulente. A melhor interpretação de tais contratos é aquela que permitir a continuidade do negócio, ou seja, a que permita que o contrato cumpra seu objetivo. Apenas na inexistência de qualquer outra possível interpretação jurídica minimamente plausível é que se poderá adotar tese que leve ao perecimento do contrato e dos objetivos públicos por ele visados.

O princípio da preservação das relações contratuais exige que, havendo duas linhas de interpretação sobre determinada cláusula, uma que concluiu que o contrato não deve produzir efeitos e outra que os conserve, deve-se optar pela segunda; existindo em tese duas linhas de interpretação que mantenham a vigência contratual, deve-se privilegiar aquela que melhor potencialize os efeitos do instrumento contratual.

A função interpretativa desempenhada pela boa-fé objetiva valoriza um princípio clássico da interpretação jurídica, qual seja, o princípio da conservação do contrato. Conforme menciona Cláudio Luiz Bueno de Godoy, "o contrato, hoje, deixou de encerrar um feixe de interesses apenas dos contraentes, portanto espraiando efeitos à sociedade [...]. Se é assim, natural que ao ajuste se procure, na esfera interpretativa, garantir a sua máxima eficácia".[52]

A aplicação desse princípio interpretativo visa a valorizar a permanência da relação contratual, privilegiando a possibilidade de seu cumprimento. Esse objetivo deve ser atingido não apenas em homenagem aos interesses das partes contratantes, mas, também, em observância aos diversos interesses que recaem sobre a relação contratual.

É, então, preciso interpretar os contratos de forma a buscar a sua conservação. Preservar o contrato significa, aqui, permitir que desempenhe plenamente seu objetivo –

---

[49] Essa é a função referida, por exemplo, pelo art. 113 do novo Código Civil: Art. 113. Os negócios jurídicos devem ser interpretados conforme a boa-fé e os usos do lugar de sua celebração. O dispositivo é aplicável aos contratos de qualquer natureza, especialmente aos contratos travados com o Estado face às suas prerrogativas especiais, sejam eles de direito público ou de direito privado, até porque meramente explicitador de ditame que advém diretamente do próprio Estado Democrático de Direito.
[50] O princípio objeto do presente subtópico possui grandes conexões com o princípio do adimplemento substancial, tratado a seguir.
[51] TEPEDINO, Gustavo; BODIN DE MORAES, Maria Celina; BARBOZA, Heloisa Helena (Orgs.). *Código Civil Interpretado à luz da Constituição Federal*. Rio de Janeiro: Renovar, 2004. p. 228.
[52] BUENO DE GODOY, Claudio Luiz. *Função Social do Contrato*. São Paulo: Saraiva, 2004. p. 169.

produção de petróleo ou gás natural –, o que só virá com a interpretação permissiva da subsequente avaliação e da eventual declaração de comercialidade.

VI.3 Princípio do Aproveitamento do Adimplemento Substancial

No passado, a opção pela terminação do contrato, caso não fosse possível o cumprimento integral das obrigações dele decorrentes, poderia até parecer, para alguns, opção hermenêutica razoável. Não por outro motivo, as hipóteses de extinção do contrato lograram obter estudo mais aprofundado e vetusto do que aquele dedicado às formas de revisão contratual. A virada para o século XXI, no entanto, estabeleceu novo viés nos estudos doutrinários e nos textos legais: busca-se, agora, abandonar a solução da extinção do contrato como forma mais usual de tratar hipóteses de inadimplemento das obrigações.

De todas as construções sobre a matéria, uma delas merece destaque para o caso, na medida em que privilegia o adimplemento da concessionária, ainda que este não tivesse sido integral.[53] É o princípio do adimplemento substancial, reforçado reciprocamente pelos princípios da boa-fé e da conservação dos contratos, objetos de tópicos específico próprios.

Segundo lição de Clóvis do Couto e Silva,[54] o adimplemento substancial deve ser concebido como um *"adimplemento tão próximo ao resultado final* (no caso alguns poucos dias diante de um contrato que pode durar décadas)*, que, tendo-se em vista a conduta das partes, exclui-se o direito de resolução"*.[55]

O adimplemento substancial é o cumprimento da obrigação contratual que, se não chega a realizar a perfeição almejada, atende ao núcleo fundamental da utilidade visada pela outra parte. No caso, pelas informações trazidas, a substância da obrigação contratual já se encontra adimplida. Prova disso é a notificação da descoberta de poço cuja perfuração se iniciou dentro da fase de exploração e que ultrapassou em apenas alguns dias a data-limite prevista contratualmente. Assim sendo, deve-se privilegiar a conduta da consulente, evitando que, do não atendimento, em todos os seus mínimos detalhes, ao programa contratual no prazo previsto, extraia-se – de forma mecânica e desrespeitosa aos objetivos maiores da Lei do Petróleo – a extinção do contrato.

Para que seja caracterizado adimplemento substancial, retirando do credor a possibilidade de extinção do contrato, a falha na execução não deve ser de monta a abalar o sinalagma mantido entre as partes quando da celebração do contrato. É o que enfatiza Teresa Negreiros, ao afirmar que, "ainda que a norma contratual ou legal preveja a rescisão do contrato, o fato de ter a prestação sido substancialmente satisfeita veda ao

---

[53] O que se admite para argumentar, uma vez que segundo os princípios constitucionais e legais aqui tratados, bem como pelas boas práticas da indústria, legalmente encampadas, não teria havido qualquer inadimplemento.

[54] COUTO E SILVA, Clóvis do. O princípio da boa-fé no direito brasileiro e português. In: FRADERA, Vera Maria Jacob de (Org.). *O Direito Privado Brasileiro na visão de Clóvis do Couto e Silva.* Porto Alegre: Livraria do Advogado, 1997. p. 45. Excurso em parênteses nosso.

[55] Repisamos que a assunção de que *houve* inadimplemento, ainda que parcial, é aqui adotada, apenas, a título de argumentação, já que, como dissemos em diversas passagens do parecer, as Melhores Práticas da Indústria, tais como reconhecidas na Lei do Petróleo, mencionadas no contrato e assumidas na redação dos acordos posteriores, autorizam, de modo expresso, a conduta adotada pela consulente.

credor, de acordo com os ditames da boa-fé, o exercício do direito de rescisão. Isto pois a substancialidade do adimplemento, apurada de acordo com as circunstâncias, e em vista da finalidade econômico-social do contrato em exame, garante o equilíbrio entre as prestações correspectivas, não chegando o cumprimento parcial a abalar o sinalagma".[56]

Também a jurisprudência já teve oportunidade de asseverar que "o adimplemento substancial representa um cumprimento da obrigação tão próximo do resultado final, que, em face de um pequeno inadimplemento do devedor, não se justifica a resolução do contrato. Limita-se, assim, a exigibilidade do direito subjetivo do credor, pois o direito formativo à resolução do contrato está em confronto com o princípio da boa-fé".[57]

Os altíssimos investimentos; a obtenção dos equipamentos de perfuração necessários a atender às especificidades da área; os variados transtornos noticiados pela CONSULENTE durante a perfuração do poço; o uso imediato de toda a infraestrutura de pesquisa e avaliação de que dispõe a concessionária, os apenas alguns dias em questão, a soma de todos esses fatores enquadra a conduta da consulente na substância esperada de qualquer parte que respeite os ditames da boa-fé e vise ao alcance do objetivo final do contrato: é natural, assim, que se reconheça seu direito a proceder à avaliação da descoberta.

Ainda que o reconhecimento dos direitos da CONSULENTE não configurasse as melhores práticas da indústria do petróleo, os "alguns dias" em que se prosseguiu na perfuração do poço até que se atingisse o objetivo estratigráfico, levando à descoberta, não podem ser considerados como impeditivos para que, dentro de um critério razoável e de boa-fé, seja considerado que, substancialmente, aquela adimpliu suas obrigações na fase de exploração do contrato de concessão.

VII Desproporcionalidade da solução que leve ao fim do contrato. Um exercício de ponderação de princípios

A solução administrativa que leva ao fim automático do contrato, ou que, ao menos, negasse a possibilidade de avaliação da descoberta, em razão da fluência de alguns dias, contraria o postulado da proporcionalidade. Diante do adimplemento substancial, do comportamento de missivas anteriores, da violação à boa-fé objetiva, de possíveis soluções preservacionistas do contrato, e das Melhores Práticas da Indústria, exigidas tanto da concessionária como da ANP, tal solução não atenderia à lógica do razoável.

Como explana J.J. Gomes Canotilho, o princípio da proporcionalidade permite "um controle de natureza equitativa que, não pondo em causa os poderes constitucionalmente competentes para a prática de actos autorizativos e a certeza do direito, contribui para a integração do 'momento de justiça' no palco da conflitualidade social".[58]

---

[56] NEGREIROS, Teresa. *Teoria do Contrato*: novos paradigmas. Rio de Janeiro: Renovar, 2002. p. 145.
[57] TJRS, Ag. nº 70.000.027.623, rel. Des. Paulo de Tarso Vieira Sanseverino; j. em 18.11.1999.
[58] CANOTILHO, José Joaquim Gomes. *Direito Constitucional e Teoria da Constituição*. Coimbra: Almedina, 1997. p. 262-263.

A título de ilustração, sobre a necessidade de respeito ao postulado da proporcionalidade na imposição de consequências jurídicas gravosas, a particulares, por autoridades administrativas mostra-se pacífica a jurisprudência:

ADMINISTRATIVO – PENA DE PERDIMENTO – EMBARCAÇÃO ESTRANGEIRA INTERNADA NO BRASIL.

As regras de Direito Tributário devem ser aplicadas sem perquirir o intérprete a intenção do contribuinte. Diferentemente, as regras que impõem sanção administrativa devem ser aplicadas dentro dos critérios da razoabilidade e da proporcionalidade, quando as circunstâncias fáticas, devidamente comprovadas, demonstram a não-intenção do agente no cometimento do ilícito.

Embarcação estrangeira que ingressa para permanência temporária no país apenas para realização de obras e reparos necessários em estaleiro nacional, sem nenhuma intenção de deixar internalizado o bem apreendido. Aplicação exacerbada e desproporcional da pena de perdimento. Recurso especial improvido. (REsp nº 576300).

ADMINISTRATIVO – MULTA – FORMA DE COBRANÇA.

1. Sendo devida multa pela não-declaração ao Fisco das contribuições de tributos federais, no momento em que se faz a declaração em bloco, não é razoável efetuar um somatório da sanção pecuniária para cada mês de atraso na declaração.

2. Princípio da proporcionalidade da sanção, que atende a outro princípio, o da razoabilidade.

3. Recurso especial improvido. (REsp nº 601351 / RN).

As decisões acima demonstram que a autoridade administrativa, mesmo diante de atos ilícitos – o que não é o caso –, possui o dever de aplicar consequências jurídicas proporcionais à gravidade da situação.

Negar o direito da concessionária à avaliação, e eventual declaração de comercialidade da descoberta, não ultrapassa positivamente o teste da ponderação de interesses. Para demonstrá-lo, se nos permita o uso do método da decomposição analítica dos elementos envolvidos na ponderação. O que caracteriza tal esforço é a tentativa de tornar explícitos os caminhos percorridos pela técnica, tornando-a mais objetiva e controlável.

A atividade de ponderação deve considerar o "peso abstrato" – a importância "geral", para o Ordenamento Jurídico como um todo – de cada um dos princípios em jogo.[59] Os princípios constitucionais não possuem idêntico "peso abstrato". A dignidade humana possui peso abstrato maior que a liberdade de expressão. Assim, os princípios constitucionais dariam ensejo à criação de um sistema prévio de preferências. Mas o peso abstrato é apenas um dos critérios a serem levados em conta na ponderação.

Há, também, o "grau de interferência no outro princípio" e a "importância da satisfação, no caso concreto, daquele princípio", bem como a "confiabilidade" da

---

[59] ALEXY, Robert. On Balancing and subsumption: a structural comparison. *Ratio Juris*, v. 16, n. 4, p. 433-449, dez. 2003.

realização dessa interferência ou da concretização dessa importância. Entenda-se. Pode ser que um princípio possua considerável prioridade *prima facie*, comparado a outro, e, ainda assim, ceda-lhe lugar, o que se dará quando, no caso concreto, a intensidade da interferência que incide sobre ele for leve. Pode ocorrer também que, embora o peso abstrato e grau de interferência sejam fortes, o princípio não prevaleça: bastará, para tanto, que seja pouco confiável a realização concreta da interferência.[60]

Alexy chega a propor números, correspondentes a cada elemento ada fórmula matemática que elabora como uma espécie de "analogia" de aproximação à ponderação de interesses – importância geral do princípio, grau de interferência no outro princípio *versus* importância da satisfação daquele, confiabilidade das premissas fáticas. Não chegamos a tanto. Mas, no esforço de fazer com que a ponderação e a aplicação de sua "pauta procedimental" – a proporcionalidade – seja algo mais que aquilo que o aplicador imagina como o mais plausível no caso concreto, propomo-nos a um esforço ponderativo de decomposição analítica.

Trata-se de ponderar dois princípios: (i) o princípio da obrigatoriedade dos contratos, pressupondo *ad argumentadum* a posição da Procuradoria de que a letra do contrato não permitiria a avaliação da descoberta (sendo indiferente, por exemplo, ao fato de o contrato contemplar também as boas práticas da indústria do petróleo) e (ii) o princípio da utilidade econômica dos contratos.

1) Ambos possuem peso abstrato assemelhado. Assim, é possível "cancelar", na fórmula, este elemento. Vamos adiante.

2) Qual o grau de interferência, junto ao princípio da obrigatoriedade dos contratos, da hipótese em que se admite, mesmo após o fim do prazo de exploração, a extração de sentido econômico útil da perfuração de um poço? A interferência seria moderada, em se tratando de contrato comum; mas, no caso específico do contrato de concessão petrolífera, em razão da realização do seu objeto ser de interesse público, a interferência é leve ou nenhuma.

3) Próximo passo: qual a importância, neste caso, da satisfação do princípio da utilidade econômica? Considerando que não se nega a utilidade econômica do contrato na sua totalidade – por pior que seja a solução, uma nova contratante ainda extrairia tais consequências –, mas, apenas, afeta-se sua praticabilidade, a importância é moderada.

4) Qual o grau de confiança da premissa empírica de que "não autorizar a avaliação depois" vai respeitar o princípio da obrigatoriedade contratual? Por tudo o que foi até aqui exposto – a circunstância de se tratar de contrato por escopo, a exigência das Melhores Práticas da Indústria, a violação à boa-fé, o possível enriquecimento sem causa da nova contratante –, tal premissa não é sustentável.

5) Qual o grau de confiança de que a premissa empírica "autorizar a avaliação da descoberta depois" vai realizar o princípio da utilidade econômica do contrato? A premissa é *certa*. Não há dúvidas.

6) Conclusão: no caso em que se discute a possibilidade da admissão da avaliação, e eventual declaração de comercialidade, de descoberta comunicada após

---

[60] ALEXY, Robert. On Balancing and subsumption: a structural comparison. *Ratio Juris*, v. 16, n. 4, p. 433-449, dez. 2003.

6 de agosto de 2003 – data tida como do término do contrato –, o princípio da preservação da utilidade econômica do contrato de concessão petrolífera possui peso específico maior que o princípio da obrigatoriedade dos contratos. Logo, a prática deve ser permitida.

VIII A falta de regular processo legal, supressão de instâncias e a ausência de motivação técnica

Apesar de o Direito Administrativo Econômico se caracterizar pelo binômio flexibilidade/consensualidade,[61] nem por isso as decisões administrativas que possam condicionar ou reduzir direitos dispensam, na etapa prévia à sua produção, o devido processo legal e o contraditório e a ampla defesa. E é a total ausência de processo administrativo solidamente constituído que se percebe diante do procedimento que levou à decisão de não se autorizar a avaliação da descoberta havida no âmbito do bloco X. Os grandes atores de todo o "processo" – aqui, entendida a palavra em seu sentido mais lato – são as cartas e os ofícios. Grande parte deles são meramente internos, trocados entre agentes da própria ANP, e nas cartas da CONSULENTE constatamos muito mais a busca de uma solução consensual que uma contradição a uma posição firme da ANP, que, diga-se de passagem, quase sempre deixava a porta da negociação aberta, fazendo a concessionária confiar nessa possibilidade, tanto que até preferiu desistir de seu recurso em prol desse objetivo.

Algo próximo a um processo administrativo propriamente dito só se instala na etapa imediatamente anterior à decisão da Diretoria, inexistindo um contraditório em sentido real, mais sério, entendido como "direito de influência e dever de debate colaborativo".[62] Com efeito, a primeira manifestação propriamente contraditória da CONSULENTE só se dá depois de a Diretoria já ter editado ato contra os seus interesses. O "recurso" (depois substituído por um pedido de reconsideração) é, na verdade, a primeira petição em sentido próprio da concessionária. Ela não participou da instrução e das decisões tomadas até então, nem, em momento algum, foi intimada com o objetivo específico de defender sua posição jurídica.

Seja como for, e ainda que se considerasse ter havido, efetivamente, "processo", na sucessão de cartas e de ofícios, há evidentemente o grave vício procedimental da supressão de instâncias. É que, nos termos da Portaria ANP 160/04, a estrutura interna da ANP é montada de forma que as Superintendências atuem como primeira instância administrativa, não como mero fórum de discussões prévias, e a Diretoria funcione como uma segunda e final instância administrativa.[63] No caso, *a Superintendência de Exploração*

---

[61] ARAGÃO, Alexandre Santos de. Consensualidade no Direito Administrativo. *Revista de Informação Legislativa*, Rio de Janeiro, v. 167, 2005.

[62] CABRAL, Antonio Soares do Passo. *O Princípio do Contraditório como direito de influência e dever de debate colaborativo*. Mimeo.

[63] Portaria ANP nº 160/2004, art. 6º: "Compete à Diretoria da ANP analisar, discutir e decidir, como instância administrativa final, todas as matérias pertinentes às competências da ANP, e especialmente".

não decidiu o pedido, como exige o art. 26, II, da Portaria,[64] mas, tão somente, encaminhou Proposta de Ação – com a sugestão de permissão da avaliação da descoberta à Diretoria.

Teria havido supressão de instância administrativa, sem que o órgão colegiado hierarquicamente superior houvesse avocado formalmente a capacidade decisória (art. 15 da Lei Federal nº 9.784/99). Nem se diga que os acontecimentos se desenvolveram durante período, em grande parte, anterior à data de entrada em vigor da Portaria ANP nº 160/2004. Os processos das agências reguladoras sempre seguiram esse modelo, até para que, com a pluralidade de instâncias, fosse assegurado o direito constitucional a recurso, decorrente do devido processo legal.

Outro grave vício processual é o da ausência de motivação técnica para o indeferimento do pedido da concessionária. Entenda-se do que se trata.

Uma das grandes características da regulação é seu elevado caráter técnico.[65] Imagina-se que a intensidade da qualificação do argumento técnico no discurso regulatório seja capaz de torná-lo menos suscetível à captura por interesses políticos momentâneos, de forma que os resultados de sua atuação produzam maior eficiência prática e aceitabilidade racional, indo ao encontro dos interesses públicos e privados definidos no marco da Constituição. Não vai nisso nenhuma aceitação ingênua ou romântica de alguma "tese da única resposta técnica correta",[66] mas a observação, bastante ponderada, de que a tendencial desativação do discurso político "puro e duro" leva a resultados aos quais se chega depois de processos argumentativos mais elaborados e intersubjetivamente controláveis.

Como as normas jurídicas são cada vez mais instrumentos da realização de políticas públicas que devem incidir em sociedades crescentemente complexas, a regulação se tecnicizou: apenas através da melhor técnica os meios podem ser corretamente avaliados em sua relação de adequação e realização dos fins.

O caráter técnico da atuação das agências reguladoras se revela já nos requisitos de formação técnica que a lei impõe aos seus dirigentes[67] e, principalmente, pelo fato dos seus atos e normas demandarem conhecimento técnico e científico especializado para que possam ser emanados, aplicados e fiscalizados.

Mesmo nos setores que sempre foram afetos a uma normatização preponderante técnica, a isto se soma a necessidade de maior especialização em razão das constantes evoluções tecnológicas e da crescente complexização e pluralização do sistema social.[68]

---

[64] Portaria ANP nº 160/2004, art. 26, II: "São atribuições da Superintendência de Exploração: II – analisar e aprovar o programa e o orçamento anual de trabalho, sobre os pedidos de alteração do Programa Exploratório Mínimo e dos programas exploratórios adicionais, assim como os Planos de Avaliações de Descobertas".

[65] ARAGÃO, Alexandre Santos de. *Agências Reguladoras e a evolução do Direito Administrativo Econômico*. 2. ed. Rio de Janeiro: Forense, 2003; SOUTO, Marcos Juruena Villela. *Direito Administrativo Regulatório*. Rio de Janeiro: Lumen Juris, 2002; VITAL MOREIRA. *Auto-Regulação Profissional e Administração Pública*. Coimbra: Almedina, 1997.

[66] A ironia parte da famosa tese de Ronald Dworkin. Cf., por todos: DWORKIN, Ronald. *Levando os direitos a sério*. (Trad. Nelson Boeira). São Paulo: Martins Fontes, 2002.

[67] O art. 5º da Lei nº 9.986/00 dispõe que os dirigentes das agências reguladoras devem ser nomeados entre brasileiros, de reputação ilibada, formação universitária e elevado conceito no campo de especialidade dos cargos.

[68] "À medida que a diferenciação social de funções aumenta, crescerá proporcionalmente o caudal de informação e comunicação. Cada vez mais se torna necessário estabelecer um equilíbrio entre a definitividade do modelo de acção e a flexibilidade no desenho do modelo de adaptação às exigências mutáveis da situação. É isto que se consegue num sistema estadual, estabelecendo uma aparelhagem destinada a gerar legitimidade (*Política*), através dum processo de trabalho das informações. Ao seu lado estruturam-se processos de racionalidade

"A legislação converte-se progressivamente em matéria de peritos, sendo eles os únicos que ainda se entendem das interligações normativas que poderão afectar a disposição jurídica a adotar".[69]

Apesar de tudo isso, a decisão da ANP passou longe de qualquer fundamentação técnica. Ao contrário: a fundamentação é da espécie "comprimida", remetendo ao parecer jurídico da Procuradoria Geral. Nada contra a capacidade intelectual do órgão de execução da Procuradoria Geral Federal, sendo, aliás, esta, talvez um dos mais notáveis exemplos de capacitação técnica trazida por uma bem-sucedida reestruturação administrativa e por uma notável sequência de concursos públicos. Só que os argumentos técnicos (sobretudo relativos à imposição das boas práticas da indústria do petróleo), trazidos, com ênfase, pela Superintendência de Exploração, restaram incontroversos, na medida em que sequer chegaram a ser apreciados pela Diretoria ou pela Procuradoria.

O conteúdo e a motivação preponderantemente técnicas da regulação estatal não estão na decisão da Diretoria da ANP. A rigor, a fundamentação jurídica, que se reduz a três ideias-forças, (i) a concessionária sabia dos riscos, (ii) o prazo expirou, (iii) os argumentos de princípio e de "melhores práticas da indústria" não prevalecem frente a (i) e (ii), poderia ser tranquilamente superada, ou, no mínimo, bastante problematizada frente aos argumentos técnicos. Mas não. Como se o discurso jurídico possuísse valor absoluto de verdade ou fosse "único", e desconsiderando, ainda dentro do mesmo panorama de pensamento, as inúmeras outras construções jurídico-argumentativas que permitiriam, com segurança, o deferimento do pedido, especialmente o acolhimento, pela própria Lei, da técnica das boas práticas (cf. tópico II), a Diretoria da ANP opta por negar a possibilidade de avaliação da descoberta sem abordar aspectos técnicos.

Todo ato administrativo deve atender à regra da motivação suficiente, prevista nos arts. 2º e 50 da Lei Federal nº 9.784/99 (destaques acrescidos):

> Art. 2º. A Administração Pública obedecerá, dentre outros, aos princípios da legalidade, finalidade, motivação, razoabilidade, proporcionalidade, moralidade, ampla defesa, contraditório, segurança jurídica, interesse público e eficiência.

> Art. 50. Os atos administrativos deverão ser motivados, com indicação dos fatos e dos fundamentos jurídicos, quando:

> I – neguem, limitem ou afetem direitos ou interesses; [...]

> §1º. A motivação deve ser *explícita, clara e congruente*, podendo consistir em declaração de concordância com fundamentos de anteriores pareceres, informações, decisões ou propostas, que, neste caso, serão parte integrante do ato. [...].

---

diferentes, uma *Administração*, um sistema de uso ou execução da legitimidade" (EHRHARDT SOARES, Rogério Guilherme. *Direito Público e Sociedade Técnica*. Coimbra: Atlântica Editora, 1969. p. 131-132). Destaca-se a importância da obra do autor, inteiramente voltada ao processo de tecnicização do direito, para o tema ora versado.

[69] ZIPPELIUS, Reinhold. *Teoria Geral do Estado*. 3. ed. (Trad. Karin Praefke-Aires Coutinho, Coord. J. J. Gomes Canotilho). Lisboa: Fundação Calouste Gulbenkian, 1997. p. 499-501.

A motivação do ato administrativo regulatório, devida inclusive *ex vi* dos arts. 2º e 50 da Lei do Processo Administrativo Federal, ainda mais diante de pronunciamentos emitidos pelos órgãos técnicos justamente em sentido contrário, deve ser preponderantemente técnica, até porque esses aspectos técnicos foram juridicizados pelos arts. 8º, IX, e 44, VI, da Lei do Petróleo.

Veja-se a posição da jurisprudência, exemplificada pelo seguinte julgado:

ADMINISTRATIVO – MANDADO DE SEGURANÇA – RESCISÃO DE CONTRATO – ATO UNILATERAL – MOTIVAÇÃO – INOBSERVÂNCIA DO DEVIDO PROCESSO LEGAL – CONSTITUIÇÃO FEDERAL, ARTS. 5º, LV, E 93, X – DECRETO-LEI Nº 2.300/86 (ART. 68).

1. A motivação do ato e o devido processo legal, favorecendo a ampla defesa são garantias constitucionais (arts. 5º LV, e 93, X, C.F.).

2. Discricionariedade não se confunde com o entendimento pessoal ou particular do administrador, submetendo-se à legalidade. Em contrário, configuraria o ato arbitrário.

3. Segurança concedida para ser garantido o exercício da ampla defesa, formando-se o contraditório.

4. Recurso provido. (STJ – 1ª T., ROMS Nº 5478/RJ, Min. Milton Luiz Pereira, j. 24.5.1995, v.u., DJ 19.6.1995, p. 18635).

José dos Santos Carvalho Filho, após enunciar que "toda vontade emitida por agente da Administração resulta da impulsão de certos fatores fáticos ou jurídicos", conclui ser "inaceitável, em sede de Direito Público, a prática de ato administrativo sem que seu autor tenha tido, para tanto, razões de fato e de direito, responsáveis pela extroversão da vontade".[70] O mesmo autor destaca ser a motivação princípio bastante próximo à razoabilidade e à proporcionalidade, conforme se observa do trecho abaixo:

A congruência entre as razões do ato e o objetivo a que se destina é tema que tem intrínseca aproximação com os princípios da razoabilidade e da proporcionalidade, visto que, se entre as razões e o objeto houver desajuste lógico, o ato estará inquinado de vício de legalidade e terá vulnerado os aludidos princípios. Em ambos se exige que a conduta do administrador não refuja aos parâmetros lógicos adotados pelas pessoas em geral, nem que tenha como fundamentos dados desproporcionais ao fim colimado pela norma que dá suporte à conduta.[71]

Em síntese: as decisões regulatórias, proferidas (i) em irregular processo administrativo, marcado pela informalidade e pela não-cientificação formal da interessada, e que (ii) sequer respeitou a existência de primeira instância decisória, (iii) não foram marcadas pela apreciação técnica, característica ínsita e essencial da regulação estatal, ainda mais diante da opinião manifestada por órgãos técnico-especializados em sentido contrário ao que foi decidido; todos esses motivos, cada um por si só e todos de forma

---

[70] CARVALHO FILHO, José dos Santos. *Manual de direito administrativo*. 15. ed. Rio de Janeiro: Lumen Iuris, 2006. p. 99.
[71] CARVALHO FILHO, José dos Santos. *Manual de direito administrativo*. 15. ed. Rio de Janeiro: Lumen Iuris, 2006. p. 105.

mutuamente intensificadora, são capazes de invalidar por vícios processuais a decisão final (na verdade final e única) da ANP.

IX O enriquecimento sem causa e ausência de boa-fé da ANP e da eventual nova concessionária

Considere-se a hipótese de a ANP prosseguir com a licitação da área correspondente ao Plano de Avaliação do bloco X, relativa à descoberta do poço. Como não é difícil imaginar, com o poço perfurado e uma descoberta potencialmente comercial já notificada à autoridade administrativa, o valor inicial do lance estará certamente extremamente valorizado.

Ter-se-ia, aqui, um contrato de concessão petrolífera com riscos reduzidíssimos em razão dos enormes investimentos da CONSULENTE na fase de exploração, justificado, em parte, pela própria postura da agência reguladora. Tais investimentos seriam, na verdade, sem causa jurídica legítima, transferidos à eventual nova concessionária, que não teria riscos significativos, e, sobretudo, à ANP, que teria os lances na licitação da área bastante sobrevalorizados.

Graças a poucos dias de diferença, a nova contratante, literalmente à custa da CONSULENTE e contra a sua vontade, assumiria contrato praticamente sem risco, e a ANP lucraria acima do que seria o normal com ele. Além disso, a ANP obteria os resultados do trabalho da CONSULENTE, na forma dos dados geofísicos coletados, que são propriedade do Estado (art. 22 da Lei do Petróleo).

Os ofícios remetidos pela ANP que apresentam a justificativa para a continuidade da operação depois do dia 6 de agosto reforçam essa assertiva. Segundo informa a consulente, dois dos três motivos apresentados, a saber, segurança operacional e preservação ambiental, seriam mais bem obtidos sem a continuidade da perfuração. Com efeito, com o término da perfuração, atividade esta que sempre traz riscos, teríamos uma situação mais segura operacional e ambientalmente. Resta apenas o último fundamento da ANP – a produção dos dados geofísicos, de titularidade exclusiva da União – a justificar a extensão do prazo. É como se a agência reguladora tolerasse a perfuração fora do prazo, apenas para que pudesse, depois, valer-se do esforço. Pretende que a concessionária tenha realizado elevadíssimos investimentos para coletar dados cujos resultados não poderão reverter em seu proveito, apenas para repassá-los à sua propriedade.[72]

Os pressupostos doutrinários do enriquecimento sem causa estão, hoje, bem assentados. Extraída de antigos preceitos romanos[73] e outrora descrita, ora como princípio geral do Direito, próximo à equidade, ora em categorias típicas, a doutrina contemporânea entende a vedação ao enriquecimento sem causa e o art. 884 do Novo Código Civil como cláusula geral da teoria geral das obrigações.[74] É ler o dispositivo normativo:

---

[72] Ver também tópicos V e VI.1.
[73] MENEZES LEITÃO, Luís Manuel de. O Enriquecimento sem causa no Novo Código Civil brasileiro. In: *Revista do Centro de Estudos Judiciários do Conselho da Justiça Federal*, n. 25, p. 24, Brasília, 2005.
[74] GALLO, Paolo. *L'Arricchimento senza causa*. Padova: Cedam, 1990; KROETZ, Maria Cândida do Amaral. *Enriquecimento sem causa no Direito Civil Brasileiro contemporâneo e recomposição patrimonial*. Tese de doutorado apresentada à UFPR como requisito parcial à obtenção do título de Doutor em Direito, 2005; MOSCON, Cledi

Art. 884. Aquele que, sem justa causa, se enriquecer à custa de outrem, será obrigado a restituir o indevidamente auferido, feita a atualização dos valores monetários.

Três são, portanto, seus requisitos: (i) enriquecimento, (ii) à custa de outrem e (iii) ausência de justa causa. Todos podem ser encontrados no caso em questão. A nova concessionária aufere vantagem patrimonial, ou, ao menos, diminui significativamente o risco do negócio, não há nada em sua conduta que justifique tal vantagem, ao passo em que toda a justificativa da redução do risco encontra-se no comportamento oneroso de outrem, em desfavor de quem a vantagem é auferida.

O mesmo se diga da ANP, que aufere maior lucro com a licitação da área em razão dos dados fornecidos pela CONSULENTE sem nenhum direito correspectivo – direito a avaliar e, porventura, produzir com base em tais dados –, violando a própria natureza comutativa do ajuste.

Sílvio de Salvo Venosa traz trecho diretamente aplicável ao caso:

> É frequente que uma parte se enriqueça, isto é, tenha um aumento patrimonial, em detrimento de outra. Aliás, no campo dos contratos unilaterais é isso que precisamente ocorre. Contudo, como vemos, na maioria das vezes, esse aumento patrimonial, esse enriquecimento, provém de uma justa causa, de um ato jurídico válido, tal como uma doação, um legado. Todavia, pode ocorrer que esse enriquecimento, ora decantado, opere-se sem fundamento, sem causa jurídica, desprovido de conteúdo jurígeno, ou, para se aplicar a terminologia do direito tributário, sem fato gerador. [...] Nas situações sob enfoque, é curial que ocorra um desequilíbrio patrimonial. Um patrimônio aumentou em detrimento de outro, sem base jurídica. A função primordial do direito é justamente manter o equilíbrio social, como fenômeno de adequação social.[75]

Como se vê, não há causa jurídica legítima que justifique a "compra" de negócio petrolífero cujo risco econômico foi sensivelmente minimizado pelas atividades e altíssimos gastos e investimentos realizados pela CONSULENTE no âmbito do Contrato de Concessão do Bloco X, ainda mais quando tal "venda" pela ANP se deveu a interpretação que expressamente rejeitou a aplicação das Melhores Práticas da Indústria e, portanto, a própria Lei do Petróleo.

Sendo assim, caso, porventura, a área em questão seja adjudicada a uma nova concessionária e posteriormente a CONSULENTE obter judicialmente o reconhecimento dos seus direitos sobre o mesma e a consequente declaração da nulidade do contrato firmado com a ANP, deverá ser amplamente ressarcida e retomar o seu contrato original, em razão do caráter principiologicamente *ex tunc* da nulidade.

Caso a CONSULENTE tenha informado a questão objeto do presente parecer à ANP e à nova eventual concessionária, sequer será possível arguir a boa-fé para que elas obtenham a retenção ou indenização dos supostos novos investimentos realizados.

---

de Fátima Manica. *O enriquecimento sem causa e o novo Código Civil brasileiro*. Porto Alegre: Síntese, 2003; PAES, Pedro. *Introdução ao estudo do enriquecimento sem causa*. São Paulo: [s.n], 1975; RIMARCHI, Pietro. *L'arrichimento senza causa*. Milão: Giuffrè, 1962.

[75] VENOSA, Sílvio de Salvo. *Enriquecimento sem causa*. Disponível em: http://www. http://www.juspodivm.com.br/novodireitocivil/ARTIGOS/convidados/artigo_venosa_enriquecimento_sem_causa.pdf. Acesso em 18 ago. 2007.

É que a indenização para evitar enriquecimento sem causa em razão de prestações realizadas em virtude de contratos nulos só pode ser exigida em havendo boa-fé, ou seja, desconhecimento do vício – da ilicitude –, o que, *in casu,* partindo dos mencionados pressupostos fáticos, não terá ocorrido.

Note-se que o próprio art. 59, parágrafo único, da Lei nº 8.666/93, ao estabelecer a obrigação de o Estado ressarcir as prestações fornecidas em razão de contrato que vem a ser anulado condiciona tal obrigação a que o fato que causou a nulidade "não lhe seja imputável".

Em sede doutrinária também já havíamos afirmado para situações análogas: "É evidente em casos tais a má-fé do prestador de serviços, que, até em razão do princípio da obrigatoriedade da lei (art. 3º, Lei de Introdução ao Código Civil), é sabedor da inadmissibilidade dos contratos administrativos verbais ou tácitos (no caso, sabedor dos diretos da CONSULENTE previamente a ele comunicados). [...] É inadmissível facultar ao particular, *ainda que tenha o beneplácito de agentes públicos,* a adoção de atitude sabidamente ilegal para que aufira lucro".[76]

Igualmente, a jurisprudência: "Não é lícito a quem contrata com o Poder Público alegar a ignorância da lei e das formalidades imprescindíveis para o ato de que participa, impondo-se a observância de todas as cautelas".[77]

Em relação ao enriquecimento da ANP, podemos trazer à baila as lições de Blanca A. Herrera de Villavicencio, segundo as quais "se a Administração recebe uma soma de dinheiro a qual não teria direito (ou, naturalmente outra prestação, como, no caso, os dados coletados pela CONSULENTE), que, por erro, foi indevidamente prestada [...], surge a obrigação de restituí-la".[78]

Quanto ao enriquecimento da eventual nova concessionária, a doutrina também é clara que não cabe qualquer tipo de indenização em razão de contratos nulos, em razão de ilicitudes (no caso a licitação de área objeto de outro contrato de concessão ilicitamente considerado extinto pela Administração); "trata-se (a proteção contra enriquecimento sem causa) de situações jurídicas relacionadas com atos *lícitos* [...] Considerando que a *actio in rem versio,* para obter a repetição de todo enriquecimento injusto, repousa em considerações de moral e equidade, ela não pode ser invocada por quem se empobreceu por dolo ou culpa (no caso ofertar lances ciente dos vícios comunicados pela CONSULENTE), pois se trata de uma manobra desleal, desonesta e contrária aos bons costumes. Não é correto ser indulgente com quem pratica um ato maliciosamente", assumindo, acresceríamos, os riscos de tal conduta.[79]

---

[76] ARAGÃO, Alexandre Santos de. A Prestação de Serviços à Administração Pública após o Fim do Prazo Contratual. *Revista de Direito Administrativo,* v. 214, p. 1-20, 1999.
[77] Tribunal de Justiça do Estado de São Paulo. *In: Revista de Direito Administrativo,* v. 48, p. 267.
[78] VILLAVICENCIO, Blanca A. Herrera de. El Enriquecimiento sin Causa em los Contratos Administrativos. *In: Cuestiones de Contratos Administrativos em Homenaje a Julio Rodolfo Comadira, Ediciones.* Buenos Aires: RAP, 2007. p. 112-113. Excursos entre parêntesis nossos.
[79] VILLAVICENCIO, Blanca A. Herrera de. El Enriquecimiento sin Causa em los Contratos Administrativos. *In: Cuestiones de Contratos Administrativos em Homenaje a Julio Rodolfo Comadira, Ediciones.* Buenos Aires: RAP, 2007. p. 113-114. Excursos entre parêntesis nossos.

X Resposta aos quesitos

Podemos, conclusivamente, nesse momento, responder aos quesitos, em assertivas que condensam objetivamente os tópicos anteriores.

1. *Considerando que o início da perfuração do poço, localizado no bloco X, ocorreu ainda dentro da fase de exploração, mas seu objetivo estratigráfico veio a ser alcançado poucos dias após o termo final daquela, a ANP deve reconhecer o direito de a CONSULENTE avaliar e, eventualmente, declarar a comercialidade da descoberta?*

   Sim, porque *(a)* se trata de uma das boas práticas da indústria do petróleo, assim como afirmaram os órgãos técnicos da agência e como viria a reconhecer declaratoriamente a própria ANP, em contratos futuros; vale ressaltar que tais práticas, longe de constituírem mero critério interpretativo, possuem valor legal e contratual imediato e mandatório, *(b)* o contrato de concessão petrolífera é contrato por escopo, e, assim, a fluência do prazo não opera efeitos extintivos, *(c)* seu não reconhecimento implicaria coonestar o enriquecimento sem causa de eventual nova concessionária e da própria ANP/União, e, ainda, negacear o caráter finalístico da Lei do Petróleo e a função social desta espécie de contrato, *(d)* houve o adimplemento substancial de todos os deveres contratuais da consulente, não podendo esta ser penalizada por apenas alguns dias em um contrato que pode durar décadas, *(e)* os atos e práticas anteriores da ANP geraram legítima expectativa de autorização da avaliação, *(f)* a solução que simplesmente encerra o contrato e desautoriza a avaliação da descoberta viola o princípio da boa-fé objetiva, na medida em que não busca soluções alternativas de preservação do acordo e atualiza situação de absoluta deslealdade interinstitucional, *(g)* o encerramento do contrato e a não-autorização de avaliação e eventual declaração de comercialidade da descoberta é saída desproporcional, ainda mais quando analiticamente demonstrado que, neste caso, prepondera o princípio da utilidade econômica do contrato de concessão petrolífera.

2. *Pode a ANP, diante do art. 44, VI, da Lei do Petróleo, refutar condutas que consubstanciem "Melhores Práticas Internacionais da Indústria do Petróleo", ainda que não expressamente referidas no contrato de concessão?*

   Não. No caso, a conduta em discussão foi expressamente afirmada, pelos órgãos técnicos da autarquia, como se enquadrando dentro do conceito de "Melhor Prática Internacional da Indústria do Petróleo", vindo a constar de contratos posteriores da própria ANP; as "Melhores Práticas" possuem valor legal pleno e imediata força vinculante (arts. 8º, IX, e 44, VI, Lei do Petróleo).

3. *É possível afirmar que a decisão da Diretoria da ANP, ao não permitir a avaliação da descoberta, de forma contrária à própria apreciação de sua área técnica, é nula? Haveria outros vícios processuais? Em caso afirmativo, quais seriam as suas consequências?*

   Sim. A decisão, que, de modo contrário à essência da regulação estatal, não apresenta fundamento técnico para a negativa, sem sequer enfrentar o posicionamento anterior favorável – e técnico – da própria ANP, é nula por vício de motivação. Sua nulidade, contudo, também decorreria do informal procedimento administrativo em que foi proferida, no qual não se respeitou a existência de dupla instância administrativa decisória e não houve cientificação formal de tramitação à interessada. Nesse caso, a decisão, depois de reconhecida a sua invalidade, não terá produzido em princípio qualquer efeito.

4. *Pode a ANP incluir a área em suas futuras rodadas de licitação? Em caso negativo, quais as consequências, para terceiros que venham a adjudicá-la, em caso de êxito da CONSULENTE em eventual ação judicial para fazer valer os seus direitos exploratórios sobre ela?*
    Não. Considerando a invalidade da decisão da Diretoria da ANP que negou o direito à avaliação da descoberta, o contrato de concessão estaria plenamente vigente e em curso, o que levaria a invalidade também da licitação que tivesse como objeto a mesma área, assim como de todos os atos unilaterais e contratuais que dela decorressem. Também não seria administrativamente recomendável do ponto de vista dos princípios da eficiência e da economicidade conceder área sobre a qual os direitos da ANP são de tal forma questionáveis, gerando para todas as partes envolvidas grande insegurança jurídica (e consequentemente maiores custos ou menores lucros). No caso de terceiros que, eventualmente, venham a adjudicá-la, não a terão adquirido de boa-fé, sobretudo se cientes do conflito e das intenções da CONSULENTE de defender a sua posição, e verão a declaração de nulidade de seu contrato sem que dela possam extrair qualquer direito a indenização.

É o parecer.

CONTRATAÇÃO *TURNKEY* DE PROJETO E CONSTRUÇÃO DE GASODUTO. INCIDENTES NA SUA EXECUÇÃO*

Sumário

I   A consulta
II   Natureza jurídica do contrato é de empreitada integral
II.1   O projeto básico é requisito para a instauração de qualquer licitação da Lei nº 8.666, não desnaturando a empreitada integral
III   A alocação de riscos no contrato
IV   A teoria dos fatos imprevistos e seu tratamento no caso concreto
V   Os princípios aplicáveis ao caso
V.1   O princípio da boa-fé e a vedação do comportamento contraditório
V.2   Vinculação ao instrumento convocatório e a impossibilidade de alteração da alocação de riscos originalmente pactuada
V.3   Igualdade e moralidade no caso concreto
VI   A natureza jurídica do laudo é de mero parecer
VII   Os requisitos legais para a rescisão por culpa da administração
VIII   Conclusões
IX   Resposta aos quesitos

---

* Parecer elaborado em 31.04.2014.

I A consulta

Honra-nos empresa estatal, com solicitação de parecer jurídico versando sobre os aspectos de Direito Administrativo referentes a processo judicial em que contende com empresa por ela contratada mediante licitação para projeto e construção de gasoduto.

A empresa privada celebrou com a empresa estatal contratante o respectivo "Contrato de Empreitada de Serviços de Elaboração do Projeto Executivo, Construção, Montagem, Testes e Comissionamento" do Gasoduto.

Após o início das obras do Gasoduto, entretanto, a CONTRATADA teria se deparado com impedimentos supostamente não previstos no projeto básico preparado pela CONTRATANTE (notadamente com relação à existência de "pulos", isto é, descontinuidades ou interrupções na sequência planejada de construção e montagem dos tubos, no trecho a ser construído e ao volume de rocha a ser escavado), o qual teria sido considerado na elaboração de sua proposta vencedora na Concorrência.

Em virtude disso, na perspectiva da CONTRATADA, teria havido desequilíbrio econômico-financeiro do Contrato, sanável apenas mediante vultoso aumento dos preços e extensão dos prazos previamente ajustados.

Nesse ínterim, as partes teriam acordado contratar uma instituição independente para avaliação da plausibilidade das alegações da CONTRATADA. Em sua análise técnico-econômica, a instituição independente entendeu que existiriam descontinuidades no trecho onde seria realizada a obra, bem como que o volume de rocha no traçado do gasoduto a ser escavado seria superior àquele previsto no projeto básico elaborado pela CONTRATANTE.

A CONTRATANTE, no entanto, opinou de forma definitiva contrariamente às solicitações da CONTRATADA, por entender que, nos critérios de medição anexos ao Edital, já haveria a previsão, a ser detalhada posteriormente, da existência de grandes quantidades de rocha a serem escavadas na área onde o Gasoduto seria construído, não sendo necessária a revisão contratual mencionada.

Assim, restando infrutíferas as tentativas de resolução extrajudicial da questão, a CONTRATADA interrompeu sumariamente as obras do gasoduto, e ajuizou ação ordinária visando à rescisão contratual e indenização quanto aos alegados prejuízos, bem como lucros cessantes.

Houve julgamento antecipado da lide, por ter entendido o Juízo pela desnecessidade de produção de provas, em face dos documentos apresentados pelas partes. A sentença julgou procedente o pedido de rescisão contratual, não acolhendo, contudo, o pedido de indenização por danos morais aduzido. Ato contínuo, recorreram da decisão tanto CONTRATADA quanto CONTRATANTE, bem como o Estado de Pernambuco.

A presente Consulta tem por objetivo analisar somente as questões de Direito Público contidas no bojo do referido processo. Para tal, foram-nos propostos os seguintes quesitos:

1. Os artigos 77 a 79 da Lei nº 8.666/93 e o contrato firmado entre as Partes autorizam a resilição unilateral do contrato sem autorização judicial? Essa autorização judicial deve necessariamente ser prévia à resilição unilateral? É possível convalidar a resilição unilateral com efeitos retroativos por meio de sentença de mérito proferida nos autos de uma ação judicial ajuizada apenas depois de 01 (um) mês decorrido desde a prática do ato e do abandono sumário

das obras? A eventual constatação de onerosidade excessiva pode ser considerada como uma exceção legal e contratual que dispense a referida autorização judicial prévia? Considerando-se todas essas premissas, a resilição unilateral e o consequente abandono das obras pela CONTRATADA, realizados sem prévia autorização judicial, podem ser considerados atos lícitos e regulares?
2. Considerando-se o disposto no ato de abertura da licitação e no edital (cujos termos não foram impugnados pela CONTRATADA no momento oportuno), assim como o objeto do contrato (i.e., execução integral das obras do gasoduto, desde a elaboração de seu projeto executivo até sua entrega à CONTRATANTE pronto para entrar em funcionamento), é possível concluir que a execução dos serviços foi contratada sob o regime de empreitada integral com menor preço global, nos termos do artigo 6º, VIII, "e", da Lei nº 8.666/93? O entendimento em sentido diverso viola o princípio da vinculação ao instrumento convocatório (artigo 3º da Lei nº 8.666/93)?
3. O fato de a CONTRATANTE ter fornecido o projeto básico aos licitantes retira a natureza de empreitada integral por preço global do contrato? O fato de a CONTRATANTE ter esclarecido, no memorial descritivo, que o licitante vencedor deveria verificar, consolidar e complementar o projeto básico no processo de elaboração do projeto executivo, inclusive definindo o traçado do gasoduto, reforça essa natureza de empreitada integral por preço global?
4. O projeto básico fornecido pela CONTRATANTE deveria obrigatoriamente ter previsto absolutamente todo o volume de rochas existentes na área onde o gasoduto deveria ser construído ou apenas demonstrado a viabilidade e a conveniência do projeto com apoio em dados e estudos preliminares obtidos e/ou elaborados pela CONTRATANTE (a serem complementados por oportunidade da elaboração do projeto executivo)?
5. Considerando o contrato e o instrumento convocatório, o risco de se encontrar rochas era alocado ao contratante ou ao contratado?
6. Qual é a natureza jurídica do relatório solicitado pelas Partes à instituição independente? Nos termos da Lei nº 8.666/93 e do contrato, é possível sustentar que as recomendações e conclusões técnicas atingidas por meio desse relatório possuíam caráter meramente opinativo e não vinculante com relação à CONTRATANTE, possuindo esta última o direito de questionar e discordar de tais recomendações e conclusões (ainda mais diante da possibilidade de se demonstrar e comprovar o contrário do que havia concluído a instituição independente)?
7. Quais são os requisitos legalmente exigidos para que um particular possa obter a alteração de um contrato administrativo?
8. Considerando-se as peculiaridades do caso, é possível afirmar – principalmente com relação ao volume de rochas encontrado, mas sem se limitar a ele – que se tenha verificado fato absolutamente imprevisível ou álea econômica extraordinária e extracontratual?
9. Considerando-se o disposto no artigo 37, XXI, da Constituição Federal e os artigos 58, I e 65 da Lei nº 8.666/93, assim como o fato de que a CONTRATANTE jamais interferiu na execução do contrato para ampliar o objeto dos serviços inicialmente contratados, é plausível o pedido de recomposição econômica

do contrato firmado com a CONTRATADA como forma de aumentar o valor inicialmente estipulado em mais de 50% (cinquenta por cento) (além das sucessivas prorrogações do prazo para conclusão das obras)?
10. É possível concluir que a r. sentença, ao atribuir tais riscos à contratante, violou o critério de menor preço, assim como os princípios da moralidade administrativa, da vinculação ao instrumento convocatório, da isonomia e do julgamento objetivo?
11. O princípio da boa-fé objetiva (artigo 422 do Código Civil) é aplicável aos contratos administrativos? Considerando-se que (i) a CONTRATADA passou quase 01 (um) ano trabalhando na área das obras, (ii) somente após o decurso de todo esse tempo, a CONTRATADA procurou a CONTRATANTE, mas já requerendo a majoração do valor original do contrato em mais de 50% (cinquenta por cento) e (iii) diante da negativa da CONTRATANTE à maioria de seus pedidos, a CONTRATADA abandonou sumariamente as obras; é possível concluir que a CONTRATADA deixou de observar o princípio da boa-fé objetiva?

Para responder adequadamente aos questionamentos acima, faremos primeiramente uma análise acerca da natureza jurídica do contrato celebrado entre as empresas, para então verificar a alocação de riscos no mesmo, bem como a aplicação da teoria dos fatos imprevistos. Em seguida, verificaremos os princípios de Direito Administrativo aplicáveis *in casu*, e examinaremos a possibilidade jurídica de paralisação das atividades unilateralmente pela CONTRATADA.

II Natureza jurídica do contrato é de empreitada integral

A CONTRATADA, como dito, venceu processo licitatório convocado pela CONTRATANTE, a Concorrência Pública, para *projeto e construção* – incluindo-se aí o fornecimento de todo material e maquinário necessários – do Gasoduto.

Cumpre verificar, portanto, a modalidade contratual pactuada, pois suas características serão necessárias ao deslinde de algumas das questões postas acima.

A contratação realizada compreendeu desde a elaboração do projeto executivo, até a entrega das obras propriamente ditas, incluindo-se aí também o fornecimento total de equipamentos e materiais e a elaboração do traçado do gasoduto, tudo mediante pagamento de preço fixado de antemão.

Tal modalidade contratual identifica-se perfeitamente com a empreitada integral, também conhecida como *turnkey*, definida pela Lei nº 8.666/93 em seu art. 6º, VIII, "e": "empreitada integral – quando se contrata *um empreendimento em sua integralidade, compreendendo todas as etapas das obras, serviços e instalações necessárias, sob inteira responsabilidade da contratada até a sua entrega ao contratante em condições de entrada em operação*, atendidos os requisitos técnicos e legais para sua utilização em condições de segurança estrutural e operacional e com as características adequadas às finalidades para que foi contratada" (grifamos).

Nas palavras de Marçal Justen Filho, o *turnkey* "é uma variação da empreitada por preço global. O que a peculiariza é a abrangência da prestação imposta ao contratado, que tem um dever de executar e entregar um empreendimento em sua integralidade, pronto, acabado e em condições de funcionamento".[1] Dessa característica marcante exsurge "a ênfase atribuída, em sede doutrinária, não à obrigação de meio, mas à de resultado, consistente na produção e entrega da obra".[2]

José dos Santos Carvalho Filho caracteriza essa modalidade contratual como aquela em que "a Administração contrata um empreendimento em sua integralidade, compreendendo todas as etapas das obras, serviços e instalações. Caracteriza esse regime o fato de serem contratados simultaneamente serviços e obras, quando, é evidente, o objetivo se revestir de maior vulto e complexidade".[3]

O fim último da contratação em comento é a obtenção de um gasoduto em pleno funcionamento, segundo a cláusula contratual supratranscrita, o que, por sua vez, se coaduna perfeitamente com o entendimento de Marçal Justen Filho, para quem "a expressão 'empreendimento' indica uma obra ou um serviço não consumível que serve de instrumento para produzir outras utilidades".[4]

Assim, "a escolha entre uma empreitada integral e uma empreitada por preço global não envolve autonomia de vontade para a Administração".[5] Enquanto na empreitada por preço global há tão somente a "contratação da execução da obra ou serviço por preço certo e total",[6] a empreitada integral tem como característica adicional o fato de que o objeto contratado o é em sua *integralidade*, ou seja, abarcando "todas as etapas das obras, serviços e instalações necessárias, sob inteira responsabilidade da contratada até a sua entrega ao contratante em condições de entrada em operação" (art. 6º, VIII, e, primeira parte, da Lei nº 8.666), Foi este justamente o caso, já que a contratação da CONTRATADA abarcou todos os aspectos do gasoduto, desde o projeto, incluindo até mesmo o próprio traçado que deveria vir a ter, até a construção e funcionamento do mesmo.

Os requisitos para a utilização da via da empreitada integral consistiriam: (i) na elevada carga de complexidade do objeto contratado; e (ii) na falta de condições de a Administração identificar, de modo preciso e exato, as etapas, as tecnologias e s custos mais adequados à realização do empreendimento.[7] Por isso mesmo ficam à cargo do contratado *tanto a elaboração dos projetos detalhados quanto a execução das obras e serviços propriamente ditos, tal qual a CONTRATADA ficara responsável pelo projeto executivo, pela realização dos estudos topográficos, pela elaboração do traçado do gasoduto, bem como da construção*

---

[1] JUSTEN FILHO, Marçal. *Comentários à lei de licitações e contratos administrativos*. 14. ed. São Paulo: Dialética, 2010. p. 131.
[2] TEPEDINO, Gustavo. Aspectos práticos do contrato de empreitada no regime turnkey. *In*: TEPEDINO, Gustavo. *Soluções Práticas de Direito*, v. II, p. 231, São Paulo: Revista dos Tribunais, 2012.
[3] CARVALHO FILHO, José dos Santos. *Manual de Direito Administrativo*. Rio de Janeiro: Ed. Lumen Juris, 2011. p. 169.
[4] JUSTEN FILHO, Marçal. *Comentários à lei de licitações e contratos administrativos*. 14. ed. São Paulo: Dialética, 2010. p. 131.
[5] JUSTEN FILHO, Marçal. *Comentários à lei de licitações e contratos administrativos*. 14. ed. São Paulo: Dialética, 2010. p. 131.
[6] DI PIETRO, Maria Sylvia Zanella. *Direito Administrativo*. São Paulo: Atlas, 2012. p. 339.
[7] JUSTEN FILHO, Marçal. *Comentários à lei de licitações e contratos administrativos*. 14. ed. São Paulo: Dialética, 2010. p. 131.

do mesmo e sua entrega em pleno funcionamento. Ou seja, in casu, o empreendimento foi mesmo contratado em sua integralidade, conforme estabelece o preceito legal.

Observados estes dois requisitos acima, quais sejam, a complexidade do objeto e a impossibilidade de estabelecimento apriorístico pela contratante de todas as condições para a realização do serviço, tem-se que (i) trata-se da contratação de todas as etapas de construção de um gasoduto de considerável extensão, ou seja, de objeto indubitavelmente complexo; (ii) a elaboração do projeto executivo ficou a cargo da contratada, inexistindo mesmo traçado previamente definido para o gasoduto e, (iii) é da natureza deste tipo de empreendimento que haja maiores dificuldades de delimitação precisa de todas as características do traçado e do solo a serem escavados antes do início efetivo das obras. Assim, todos os requisitos encontram-se presentes *in casu*.

Reputa-se correto, portanto, o que dispõe o preâmbulo do edital elaborado pela CONTRATANTE, em que se afirma que a mesma "torna pública licitação na modalidade Concorrência [...], *empreitada integral, em regime de execução por preços unitários, e do tipo menor preço global*".

É esta, efetivamente, a natureza do contrato em questão, tanto pela literalidade da norma ora transcrita, quanto pela interpretação sistemática do instrumento contratual, segundo o qual os serviços a serem desempenhados pelo contratado abarcam, dentre outras (i) preparação da área de armazenamento dos tubos, (ii) descarregamento, inspeção, recebimento, armazenamento, condicionamento e movimentação dos tubos e materiais de seus fornecimento, (iii) fornecimento de todos os materiais e equipamentos necessários à execução dos serviços; (iv) transporte dos materiais e equipamentos das áreas de armazenamento para os locais de aplicação; (v) construção, montagem, testes, condicionamento, pré-comissionamento, inertização, interligação ao Sistema Supervisório, e comissionamento da linha tronco, do ramal e demais instalações e sistemas complementares do gasoduto; (vi) execução das travessias especiais, com furo direcional; (vii) execução da Consolidação do projeto básico e execução do projeto de detalhamento, montagem, testes, partida e manutenção do Sistema de Proteção Catódica; (viii) execução de obras civis e (ix) execução dos desenhos *as built*, com inclusão no GIS.

O fato de contratualmente até mesmo o traçado do gasoduto ficar a cargo da contratada é um ponto enfático nesse sentido, porque integra a própria identificação pormenorizada do gasoduto a ser construído, já que a depender do traçado muitas diversas características de rochas poderiam ser encontradas. Na verdade, se contava com a expertise do contratado para, ao elaborar o traçado do gasoduto, o fizesse de maneira a otimizar recursos e tempo, por exemplo, fazendo-o passar pela linha que menos rochas apresentassem para serem vencidas.

O mesmo se diga do fato de os estudos de topografia deverem ser realizadas pelo contrato, após naturalmente a assinatura do contrato. Ora, topografia, em língua portuguesa, é a "descrição detalhada de uma localidade",[8] e em sentido técnico de engenharia é a identificação das "formas de um terreno, representando as situações naturais e artificiais que este apresenta".[9] Ou seja, tanto em sentido geral vernacular, como técnico-especializado, ao se incumbir ao contrato a realização dos estudos topográficos necessários à construção do gasoduto, estava se incumbindo

---

[8] TOPOGRAFIA. *In*: DICIONÁRIO INFORMAL. Disponível em: http://www.dicionarioinformal.com.br/topografia/. Acesso em 10 set. 2015.

[9] TOPOGRAFIA. *In*: ENGENHARIACIVIL.COM. Disponível em: http://www.engenhariacivil.com/dicionario/topografia. Acesso em 10 set. 2015.

a ele a descrição e identificação de todos os aspectos geológicos e naturais do terreno, inclusive obviamente o importante aspecto das rochas nele presentes, onde o gasoduto seria construído, cujo próprio traçado a ele também cabia.

Isso tudo revela que a empreitada integral foi a escolha de modelagem *in casu*, o que foi uma escolha que, se não era a única em tese possível, foi plenamente razoável pois ela "propicia, nestes casos, que a Administração atribua aos licitantes uma margem mais ampla de autonomia para conceber soluções complexas e heterogêneas".[10] Em outras palavras, quanto mais complexo o projeto e maior a impossibilidade de condicionamento prévio acerca das técnicas e equipamentos a serem utilizados, maior a possível conveniência em se atribuir ao contratado maior liberdade na definição do projeto a ser executado, valendo-se o Estado justamente da maior expertise, eficiência e agilidade privada nesse mister, o que, evidentemente, acarretará consequências na divisão dos riscos entre os contratantes e na precificação da proposta, como será visto no Tópico III deste parecer.

II.1 O projeto básico é requisito para a instauração de qualquer licitação da Lei nº 8.666, não desnaturando a empreitada integral

O presente tópico é relevante em razão de a CONTRATADA ter alegado que o contrato em tela não consistiria na modalidade *turnkey*, pelo fato de a CONTRATANTE ter disponibilizado o projeto básico e os memoriais descritivos na própria licitação. Isso, segundo a contratada, teria gerado a assunção pela licitante da responsabilidade pela sua completude e exatidão, o que, por sua vez, eximiria a CONTRATADA dos riscos existentes em relação às condições do solo e traçado do gasoduto. Tal alegação foi repetida pelo Juízo de 1ª instância na fundamentação da sentença que acolheu parcialmente o pedido da CONTRATADA.

Necessária, portanto, a compreensão acerca do que seria o chamado *projeto básico*, o qual consiste no *"conjunto de elementos necessários e suficientes, com nível de precisão adequado, para caracterizar a obra ou serviço*, ou complexo de obras ou serviços objeto da licitação, *elaborado com base nas indicações dos estudos técnicos preliminares*, que assegurem a viabilidade técnica e o adequado tratamento do impacto ambiental do empreendimento, e que possibilite a avaliação do custo da obra e a definição dos métodos e do prazo de execução" (Lei nº 8.666, art. 6º, IX).

Veja-se que o projeto básico, assim, serve a caracterizar *suficientemente* (e não exaustivamente) o objeto da licitação. Isso significa que *não pode haver licitação de obras e serviços sem a prévia aprovação do mesmo*, nos exatos termos do art. 7º, §2º, I da Lei nº 8.666: "As obras e os serviços *somente* poderão ser licitados quando: I – *houver projeto básico aprovado pela autoridade competente* e disponível para exame dos interessados em participar do processo licitatório".

Evidentemente, então, que não procede o argumento, erroneamente acolhido pelo Juízo, segundo o qual a existência de projeto básico prévio descaracterizaria a

---

[10] JUSTEN FILHO, Marçal. *Comentários à lei de licitações e contratos administrativos*. 14. ed. São Paulo: Dialética, 2010. p. 131.

empreitada integral, e transferiria a integral responsabilidade para a Consulente – o que é perfeitamente demonstrado mediante a simples leitura da legislação aplicável, acima transcrita.

O projeto básico tem como principal função realizar a própria identificação do objeto a ser licitado, de modo que sua imprescindibilidade é questão absolutamente incontroversa em doutrina. Neste sentido, preleciona Jessé Torres Pereira Júnior que o projeto básico "é alçado a ato-condição para a abertura de licitação de obra ou serviço, vale dizer, a requisito de validade, bem assim a instrumento insubstituível para a implementação de normas constitucionais voltadas para o controle externo dos atos administrativos, em todas as suas vertentes (jurisdicional, parlamentar e popular)".[11]

Marçal Justen Filho afirma que "*a empreitada integral pressupõe a existência de projeto básico* [...]",[12] e ainda que "a Lei nº 8.666 determina que *nenhuma licitação pode ser instaurada sem a existência de um projeto básico*".[13]

A essencialidade do projeto básico decorre justamente do fato de que, para a realização de uma licitação, é necessário que fique comprovada tanto a viabilidade do objeto visado pela Administração, quanto o atendimento aos potenciais interesses públicos em jogo.

E sobretudo, não é possível que se licite objeto incerto ou impreciso, pois haveria, de um lado, insegurança para os particulares interessados, e, de outro, a impossibilidade de julgamento objetivo das propostas pela Administração Pública, já que a imprecisão do objeto geraria propostas também variáveis e imprecisas.

Na mesma linha, José dos Santos Carvalho Filho destaca que o projeto básico é um dos instrumentos criados pelo legislador para assegurar que a licitação é necessária, possível e adequada ao interesse público: "umas dessas condições específicas [de contratação] é o projeto básico, que é a definição prévia da obra a ser contratada. Deve a Administração, antes das providencias necessárias à contratação, delinear o projeto da obra, indicando os motivos que levam à sua realização, a extinção, o tempo que deve durar, a previsão dos gastos e outros elementos definidores. Por isso, a lei exige que antes mesmo da licitação o projeto básico esteja devidamente aprovado pela autoridade competente".[14]

Tal entendimento foi ainda sumulado no âmbito do TCU, no Enunciado nº 261, de 2010, que afirma: "Em licitações de obras e serviços de engenharia, é *necessária a elaboração de projeto básico* adequado e atualizado, assim considerado aquele aprovado com todos os elementos descritos no art. 6º, inciso IX, da Lei nº 8.666, de 21 de junho de 1993, constituindo prática ilegal a revisão de projeto básico ou a elaboração de projeto executivo que transfigurem o objeto originalmente contratado em outro de natureza e propósito diversos".

---

[11] PEREIRA JÚNIOR, Jessé Torres. *Comentários à lei das licitações e contratações da Administração Pública*. 8. ed. rev., atual. e ampl. Rio de Janeiro: Renovar, 2009. p. 119.

[12] JUSTEN FILHO, Marçal. *Comentários à Lei de Licitações e Contratos Administrativos*. São Paulo: Dialética, 2012. p. 139.

[13] JUSTEN FILHO, Marçal. *Comentários à Lei de Licitações e Contratos Administrativos*. São Paulo: Dialética, 2012. p. 152.

[14] CARVALHO FILHO, José dos Santos. *Manual de Direito Administrativo*. 24. ed. Rio de Janeiro: Ed. Lumen Juris, 2011. p. 167.

Em outras palavras: *não existe empreitada integral, ou mesmo qualquer licitação para obras e serviços, sem projeto básico previamente elaborado, segundo a Lei nº 8.666.*

Destarte, é ainda possível visualizar que o objetivo primordial do projeto básico é a definição do objeto a ser licitado, e o estabelecimento de sua conveniência e viabilidade ao interesse público, de maneira suficiente para que os interessados apresentem suas propostas.

Esta caracterização, contudo, não se confunde com o exaurimento de todos os aspectos técnicos e materiais do objeto, pois, como visto, nem sempre a Administração terá condições de já na licitação identificar precisamente todas as etapas, tecnologias e custos mais adequados à realização do empreendimento (o que é justamente uma característica marcante da empreitada integral), a exemplo justamente dos casos em que apenas poderão ser conhecidas as condições do terreno e do solo após o início das obras. O que se impõe à Administração é averiguar se o objeto a ser licitado é *possível (e viável)*, bem como *desejável* do ponto de vista do interesse público: "A *mens legis* consiste precisamente em impor à Administração o dever de abster-se de licitar impensadamente".[15] Em outras palavras, a finalidade do projeto básico é "conter as informações fundamentais que demonstram a viabilidade do empreendimento examinado",[16] de modo a evitar a realização de processo licitatório (e, consequentemente, o dispêndio de verba pública) absolutamente inútil.

A mais precisa e exauriente delimitação do objeto, portanto, é feita na fase subsequente – ou seja, no *projeto executivo*, que, pela Lei nº 8.666, art. 6º, X, consiste no "conjunto dos elementos necessários e suficientes à execução completa da obra, de acordo com as normas pertinentes da Associação Brasileira de Normas Técnicas – ABNT".

No caso em exame, foi exatamente dessa maneira que procedeu a Consulente, na medida em que a mesma delimitou o objeto contratual e os fins últimos da licitação através do projeto básico e do memorial descritivo, determinando no edital que a contratada procedesse à elaboração do projeto executivo, documento bem mais detalhado. Inclusive, a CONTRATANTE levou em consideração no instrumento convocatório a necessidade de elaboração de projeto executivo, seja determinando que os interessados procedessem à vistoria presencial do local da obra, seja ao determinar os requisitos de habilitação do vendedor – que, por óbvio, deveria ter capacidade técnica para a elaboração do projeto executivo.

Segundo Marçal Justen Filho, "o núcleo do conceito de projeto executivo consiste na *exaustividade e completude* da concepção da obra, da metodologia de sua execução, das suas etapas, dos quantitativos e assim por diante. Justamente por isso, o projeto executivo pressupõe o pleno conhecimento da área em que a obra será executada e de todos os fatores específicos necessários à atividade de execução da obra. *O projeto executivo exaure todas as cogitações abstratas e genéricas atinentes à obra, de modo a permitir uma atividade de pura execução do referido objeto*" (Grifamos).[17]

---

[15] JUSTEN FILHO, Marçal. *Comentários à Lei de Licitações e Contratos Administrativos*. São Paulo: Dialética, 2012. p. 109.
[16] JUSTEN FILHO, Marçal. *Comentários à Lei de Licitações e Contratos Administrativos*. São Paulo: Dialética, 2012. p. 153.
[17] JUSTEN FILHO, Marçal. *Comentários à Lei de Licitações e Contratos Administrativos*. São Paulo: Dialética, 2012. p. 141.

Por isso mesmo, apenas após a elaboração do projeto executivo é que a CONTRATADA poderia propor o traçado do gasoduto – e, apenas de acordo com este é que poderia ser verdadeiramente precisado o volume de rochas a ser escavado, de acordo com os estudos topográficos a serem por ela também realizados, já que é impossível saber-se com alguma margem de certeza quais as rochas a serem escavadas sem a delimitação de por onde passariam os dutos.

Deve-se entender, deste modo, que os elementos contidos no projeto básico apresentado pela Consulente foram reputados suficientes à elaboração das propostas por todos os interessados. De fato, não pode ser outra a conclusão, *já que não houve impugnação ao edital*, seja da CONTRATADA ou de outra participante qualquer.

Frise-se que, para a realização do procedimento licitatório não há obrigatoriedade da existência prévia de projeto executivo, uma vez que este pode, quando necessário, ser desenvolvido concomitantemente com a execução das obras e serviços, desde que autorizado pela Administração, pela inteligência da própria Lei nº 8.666.[18] Nesta hipótese, que é precisamente o que ocorreu no caso em concreto, a licitação deve prever a elaboração do competente projeto executivo por parte da contratada.

Conclui-se, deste modo, que o contrato em questão consiste em uma empreitada integral, na qual a Administração tinha o dever de fornecer o projeto básico, enquanto mera delimitação – mas não esgotamento – do objeto contratual, enquanto que o contratado assumiria o encargo, de, além de realizar a obra propriamente dita, entregando um gasoduto plenamente funcional, elaborar, antes disso, o projeto executivo, que deveria tem como base, além das informações prestadas pela licitante, também os estudos topográficos realizados pela CONTRATADA, a partir dos quais haveria a definição do volume de rochas e a delimitação do traçado a ser seguido pela obra.

III A alocação de riscos no contrato

Uma das principais justificativas para a adoção da modelagem da empreitada integral no caso *sub examine* – e trata-se, de fato, como dito, de empreitada integral – foi a estratégia da licitante se valer da expertise privada para estabelecer "as etapas, as tecnologias e os custos mais adequados"[19] necessárias à consecução do empreendimento.

Essa característica do contrato de empreitada integral é relevante por ter como consequência a atribuição de uma maior margem de autonomia para o contratado, de modo a possibilitar que o mesmo solucione eventuais questões com maior liberdade, sem depender da prévia aprovação e análise da licitante. Tanto é que, *in casu*, quem proporia o traçado e identificaria as características do terreno (estudos topográficos) seria a própria contratada, consoante ao que dispõe inclusive o Memorial Descritivo.

Essa liberdade mais extensa do contratado, entretanto, tem como contrapartida lógica a assunção de maiores riscos pelo particular, "precisamente porque a ele

---

[18] Art. 7º, §1º, da Lei nº 8.666: "A execução de cada etapa será obrigatoriamente precedida da conclusão e aprovação, pela autoridade competente, dos trabalhos relativos às etapas anteriores, à exceção do projeto executivo, o qual poderá ser desenvolvido concomitantemente com a execução das obras e serviços, desde que também autorizado pela Administração".

[19] JUSTEN FILHO, Marçal. *Comentários à Lei de Licitações e Contratos Administrativos*. São Paulo: Dialética, 2012. p. 138.

caberá conceber as alternativas para a execução do empreendimento".[20] Na hipótese em comento, isto está consubstanciado precisamente no fato de caber ao contratado a elaboração do traçado do gasoduto, eis que a CONTRATADA teve a oportunidade de, nesta elaboração, propor o caminho mais vantajoso e menos dispendioso, inclusive em relação aos malsinados "saltos" e rochas a serem escavadas, para a instalação dos dutos.

Assim, conforme explica Jessé Torres Pereira Júnior, "a intenção [da empreitada integral] é a de impor encargos contratuais que se estendam à capacidade operativa que resultar da obra ou do serviço concluído. Em outras palavras, o objeto contratual não será aceito pela Administração apenas em face do término da obra ou do serviço, posto que à empresa contratada incumbirá também responder por seu adequado funcionamento após a execução".[21] *In casu*, o Contrato estabelece que "Constitui objeto do presente Contrato a Prestação de Serviços de *elaboração do projeto executivo, construção, montagem, testes e comissionamento* da linha tronco e ramal [...] do Gasoduto [...]".

Pode-se dizer, então, que a empreitada integral consiste em obrigação de fim, e não de meio.

Logicamente, quanto maior a autonomia do administrado durante a execução contratual, maior também a parcela de riscos por este assumida – "o que significa, na prática, preço correspondentemente maior",[22] conforme destaca Marçal Justen Filho, ao discutir a empreitada integrada, mas em assertiva de todo aplicável à espécie.

Assim, "nesse regime, o contratado assume *inteira responsabilidade pela execução do objeto* até a respectiva entrega ao órgão ou entidade da Administração em condições de ser utilizado".[23]

É evidente que essa maior parcela de riscos assumidos pelo contratado não significa que este responde pelo chamado *risco integral*. É dizer, o advento de uma calamidade superveniente à celebração do contrato, por exemplo, não poderia ser alocado ao particular. Todavia, não se pode negar que a empreitada integral "atribui ao particular os riscos ordinários inerentes à concepção do empreendimento. *Se um determinado risco era previsível, cabia ao particular precaver-se em face dele*".[24]

Por isso mesmo, no âmbito do contrato de empreitada integral, o particular não tem uma margem de lucros fixa e inalterável. Segundo Marçal Justen Filho, o lucro a ser aferido pelo particular nessa modalidade contratual "é *incerto e variável*. Corresponderá à diferença entre as despesas e do particular e o valor recebido".[25]

Esclarece Gustavo Tepedino, justamente tratando contrato celebrado entre ente da Administração e empreiteiro particular, que nas "empreitadas integrais encontra-se ínsita na obrigação do empreiteiro a *assunção de todos os riscos* até a entrega da obra, tendo

---

[20] JUSTEN FILHO, Marçal. *Comentários à Lei de Licitações e Contratos Administrativos*. São Paulo: Dialética, 2012. p. 138.

[21] PEREIRA JÚNIOR, Jessé Torres. *Comentários à lei das licitações e contratações da Administração Pública*. 8. ed. rev., atual. e ampl. Rio de Janeiro: Renovar, 2009. p. 116.

[22] JUSTEN FILHO, Marçal. *Comentários à Lei de Licitações e Contratos Administrativos*. São Paulo: Dialética, 2012. p. 138.

[23] TCU. *Licitações & Contratos*. 3. ed. p. 57. 2010. Disponível em: http://portal2.tcu.gov.br/portal/page/portal/TCU/comunidades/licitacoes_contratos/15%20Fase%20Interna.pdf. Acesso em 07 abr. 2014.

[24] JUSTEN FILHO, Marçal. *Comentários à Lei de Licitações e Contratos Administrativos*. São Paulo: Dialética, 2012. p. 138.

[25] JUSTEN FILHO, Marçal. *Comentários à Lei de Licitações e Contratos Administrativos*. São Paulo: Dialética, 2012. p. 140.

como contrapartida o preço anteriormente fixado, conforme seus próprios cálculos e previsão, de molde a cobrir as despesas e o seu trabalho".[26]

Na doutrina civilista, também já afirmava Carvalho Santos que "os riscos correm por conta do empreiteiro até o momento da entrega da obra, a contento de quem a encomendou".[27]

Veja-se como isto é importante no caso concreto:
i. Conforme destacado no Tópico II acima, a CONTRATADA estava ciente de que elaboraria, para a consecução do objeto contratado, também o projeto executivo, no qual estavam expressamente incluídos os estudos topográficos pertinentes, pelo Memorial Descritivo, corroborada ainda pela resposta a ela fornecida quando da licitação. A CONTRATADA seria também responsável pela elaboração do próprio traçado do gasoduto conforme preceituado no Memorial Descritivo.
ii. A CONTRATADA estava igualmente ciente da existência potencial de grande quantidade de rochas, o que fica claro tanto no corpo do Edital e respectivo Memorial Descritivo, quanto nas respostas contidas na referida Carta. O Edital é claro em afirmar a existência de rochas.
iii. A CONTRATADA tinha condições, ademais, de saber a natureza do contrato que celebrava, seja pelas características gerais deste (destacadas no Tópico II), seja pela expressa previsão editalícia contida no preâmbulo. Desta modalidade contratual, decorrem a variabilidade e incerteza do lucro, que lhe são característicos, pois o particular deve, pelo preço já previamente fixado, executar o objeto contratual, sem a plena certeza acerca dos custos que incorrerá;
iv. *Por fim, tem-se que a precisa delimitação do caminho do traçado, e, consequentemente, do volume de rochas a ser escavado, couberam à própria CONTRATADA. É dizer, a existência de "pulos" no traçado que ela mesma elaborou não poderia jamais ser imputada à CONTRATANTE. Igualmente, a liberdade de escolha no trajeto do gasoduto permitia à CONTRATADA a liberdade para a otimização dos seus recursos, escolhendo o traçado menos dispendioso, de modo que o volume de rochas a ser escavado disso dependia diretamente. Obviamente, não tinha como se saber o volume das rochas a serem escavas se nem traçado o gasoduto já possuía.*

Eis aí que a *previsibilidade do risco estava plenamente configurada, tanto pela expressa previsão em edital acerca da elaboração do projeto executivo, da ausência de estudos topográficos e da existência de "grande quantidade de rocha prevista na obra", quanto pelo fato de que o traçado do gasoduto ficou a cargo da empreiteira. Ora, logicamente que anteriormente à definição do traçado do gasoduto sequer havia condições de precisar a quantidade de rochas a ser escavada, de modo que, ao concordar em elaborar o traçado e os estudos topográficos, a CONTRATADA já estava ciente que o volume de rochas ainda não tinha como ser identificado e que, em grande parte, dependeria dos estudos e traçado a ser por ela formulados.*

Evidentemente, por esta perspectiva, que houve a expressa assunção desses riscos por parte da CONTRATADA, que os precificou, assim como os demais concorrentes, pois é de

---

[26] TEPEDINO, Gustavo. Aspectos práticos do contrato de empreitada no regime turnkey. *In*: TEPEDINO, Gustavo. *Soluções Práticas de Direito*, v. II, p. 231 e seguintes, São Paulo: Revista dos Tribunais.

[27] SANTOS, J. M. Carvalho. *Código Civil brasileiro interpretado*. Rio de Janeiro: Freitas Bastos, 1964. v. 17, p. 318-319.

conhecimento comum que os empresários monetizam os riscos que correm, repassando-os para o preço final como um dos seus custos. Assim, o aumento dos riscos em um contrato repercute no preço final do mesmo. Na economia, todo risco é precificado.[28] Esse é o *trade off* que a Administração tem ao adotar essa modelagem contratual: por um lado fica sem esses riscos, por outro, paga mais por isso.

A discordância da empresa com quaisquer dessas condições previamente estabelecidas tinha momento e meio próprios para ser arguida – a impugnação ao edital, que, como dito, não ocorreu.

A falta de preparação da CONTRATADA para a realização das obras, então, não pode ser imputada à Consulente, pois, conforme destaca Maria Sylvia Zanella Di Pietro, "no contrato de empreitada, não existe relação de subordinação entre empreiteiro e Administração Pública; ele não é empregado do Estado e responde, perante este, pela má execução da obra ou serviço".[29]

Todos esses fatores desaguam na existência de riscos inerentes ao contrato de empreitada integral, ou seja, de uma álea ordinária, que, frise-se, é conhecida e assumida pelo contratante ainda na fase de licitação, por meio do instrumento convocatório.

É importante mencionar, todavia, que nada disso se confunde com um suposto caráter aleatório do contrato, como faz questão de destacar a decisão de 1ª instância – os conceitos verdadeiramente não se confundem.

É que, "se é certo que em todo contrato há um risco, pode-se, contudo, dizer que no contrato aleatório este é da sua essência, pois que o ganho ou a perda consequente está na dependência de um acontecimento *incerto* para ambos os contratantes".[30] Caio Mário da Silva Pereira, ao pormenorizar este tipo de contrato, dá o exemplo de quem compra de pescador o que este retirar do mar, a preço certo, e, portanto, assume o risco de o mesmo nada fisgar.

Não se trata, realmente, do caso em tela, no qual *o risco* – que, como afirma o doutrinador acima, está presente em todo e qualquer contrato – *além de previamente conhecido das partes* (e não *incerto*, pois é da natureza do contrato para a escavação e instalação de dutos de gás a possibilidade de haver formações rochosas em considerável volume) *ainda é precificado*. Isso porque, como dito, quanto maior a autonomia do contratado e os riscos por ele consequentemente suportados, maior o preço para a realização do empreendimento. Ou seja, o interessado, em sua proposta, *tem o dever de considerar todas as possíveis vicissitudes que puderem previsivelmente advir, sob pena de comportamento negligente*. Por isso mesmo o preço pago pela Administração é proporcionalmente mais elevado, por trazer consigo embutidos os riscos precificados pelo contratado na elaboração de sua proposta.

De fato, por tudo que se expõe, o contrato celebrado em nada se afasta do risco normal da empreitada integral. Nela, a atribuição dos riscos ao particular ocorre pela via da previsão no edital, com estabelecimento de remuneração correspondente (consistente na proposta da interessada, que justamente precifica o risco que está disposta

---

[28] "Supõe-se que o investidor somente deva aplicar seu dinheiro num projeto quando conseguir esquadrinhar o grau do risco assumido, a fim de desenvolver instrumentos que sejam capazes de mitigar os efeitos daninhos deles [...] – os quais [...] integrarão os custos do projeto" (MOREIRA, Egon Bockmann. Riscos, incertezas e concessões de serviços públicos. *Revista de Direito Público da Economia – RDPE*, n. 20, p. 39, out./dez. 2007).

[29] DI PIETRO, Maria Sylvia Zanella. *Direito Administrativo*. São Paulo: Atlas, 2012. p. 340.

[30] PEREIRA, Caio Mário da Silva. *Instituições de Direito Civil*. Rio de Janeiro: Forense, 2009. v. III, p. 58.

a incorrer). A outra forma de atribuição do risco ao contratado se dá pela atuação defeituosa do mesmo, por exemplo, "deixando [este] de prever fatos previsíveis ou de estimar seus efeitos".[31]

Ao participar da licitação em questão, a CONTRATADA, por óbvio, tinha conhecimento de que a participação em concorrência na qual inexistia prévio projeto executivo e traçado do gasoduto envolveria maiores riscos do que uma obra licitada já com a realização exaustiva de todos os estudos necessários. E, ao não só participar da mesma sem impugnar suas condições, mas também celebrar o respectivo contrato ao sagrar-se vencedora, a CONTRATADA assumiu inequivocamente os referidos riscos.

Refrise-se que não são estes riscos desproporcionais, pois certamente a necessidade de realização de estudos e elaboração de projeto executivo – e, consequentemente, a possibilidade de ser encontrado volume de rochas supostamente a maior do que aquele previsto em edital – foram consideradas pela CONTRATADA (e pelas demais concorrentes) quando da elaboração de sua proposta, ou seja, foram precificados.

É dizer, a CONTRATADA, bem como todos os demais participantes da licitação em comento, mensuraram o risco no qual incorriam e o embutiram no preço da proposta, como sói ocorrer em qualquer contrato em que há a assunção de álea por uma das partes.

Trazemos à baila então as lições de Gustavo Tepedino, que assim resume a questão: "o contrato de empreitada global sob regime *turnkey* contém preço global a ser pago pelo contratante, *sem reajustamento, o qual inclui o material, a mão de obra e todos os demais gastos do construtor, pouco importando sua variação. Parte-se da premissa de que o construtor, por deter conhecimento técnico capaz de definir, de antemão, todos os equipamentos, materiais, mão de obra e demais aspectos necessários* à *execução do ajuste, não pode, após a celebração do contrato, surpreender o contratante com exigência de majoração em virtude da oscilação no preço de qualquer dos seus componentes*".[32]

Caio Mário da Silva Pereira segue a mesma linha, ainda consoante ao autor supramencionado: "Sendo o empreiteiro um especialista, presume-se que a terá calculado [a variação no preço] *na previsão dos acontecimentos*, e não pode surpreender a outra parte com a exigência de quantia a maior do que o preço ajustado" (Grifamos).[33]

Importante destacar que a CONTRATADA, em sua argumentação, parece ter ciência de que a empreitada integral é mesmo modalidade contratual na qual os riscos decorrentes do projeto são alocados ao particular – motivo pelo qual a mesma busca a todo custo descaracterizar a natureza do contrato, utilizando argumentos como a existência de projeto básico, que, como visto acima, é comum a qualquer licitação para obra como exigência para a identificação do objeto a ser licitado.

Vejamos então o que a própria CONTRATADA asseverou em sua inicial, às fls. 17 do processo. Após erroneamente afirmar que o projeto básico elaborado pela Consulente teria o condão de descaracterizar o tipo de empreitada contratada, diz a empresa:

---

[31] JUSTEN FILHO, Marçal. *Comentários à Lei de Licitações e Contratos Administrativos*. São Paulo: Dialética, 2012. p. 138.

[32] TEPEDINO, Gustavo. Aspectos práticos do contrato de empreitada no regime turnkey. *In*: TEPEDINO, Gustavo. *Soluções Práticas de Direito*, v. II, p. 231 e seguintes, São Paulo: Revista dos Tribunais, 2012.

[33] PEREIRA, Caio Mário Da Silva *apud* TEPEDINO, Gustavo. Aspectos práticos do contrato de empreitada no regime turnkey. *In*: TEPEDINO, Gustavo. *Soluções Práticas de Direito*, v. II, p. 231, São Paulo: Revista dos Tribunais, 2012.

[Na empreitada integral] Todos os estudos e projetos (*inclusive os de detalhamento*) ficam por exclusiva conta do contratado [...], sem que o dono da obra tenha sobre eles qualquer interferência. *O empreiteiro não poderá, desse modo, reclamar alteração de preço por erro de projeto ou omissão de dados que dele devessem constar, simplesmente porque também o projeto é de sua inteira responsabilidade.*

Ocorre que, como demonstrado no Tópico II.1 da presente Consulta, *o projeto básico serve justamente* à *delimitação do objeto licitado, não tendo como função, seja pela lei ou pela doutrina, estabelecer o detalhamento do mesmo, que será feito pelo projeto executivo. Este último, por sua vez, no caso concreto, foi de inteira responsabilidade da CONTRATADA. Ou seja, é ela, e não a CONTRATANTE, a responsável pelo traçado, mapas e levantamentos topográficos, de forma que a existência de "pulos" e de volume de rochas supostamente superior apenas pode ser imputado* à *própria CONTRATADA.*

IV A teoria dos fatos imprevistos e seu tratamento no caso concreto

Contratada para a construção de Gasoduto, a CONTRATADA alegou ter sido surpreendida por "pulos" no trecho onde ocorreria a obra e pelo volume de rocha encontrado. Tal incidente tornaria a execução do contrato excessivamente onerosa, ensejando a revisão das cláusulas econômico-financeiras e a extensão dos prazos previamente ajustados.

De fato, é sabido que os contratos administrativos em geral possuem uma proteção contra a instabilidade que inexiste nos contratos privados: o direito à manutenção do equilíbrio econômico-financeiro inicial do contrato.

Desta forma, aquele que contrata com a Administração tem, de um lado, os limites legalmente decorrentes dessa contratação (não pode negociar as cláusulas do contrato, mas a elas apenas adere; tem de aceitar mudanças unilaterais impostas pela Administração, na extensão e limites previstos no artigo 65 da Lei nº 8.666/93; sujeição a uma série de controles publicísticos, como pelos tribunais de contas e Ministério Público, ações populares, etc.; sujeição a modalidades e formalidades especiais de pagamento pela Administração Pública, chegando em alguns casos até ao onerosíssimo sistema de precatórios; etc.); de outro lado, o direito consagra-lhe direitos protetivos, sendo o principal deles a garantia de que será mantido o equilíbrio econômico-financeiro do contrato ao longo do seu curso (art. 37, XXI, CF/88).

O equilíbrio contratual resulta de uma equação econômico-financeira complexa, inclusiva de todos os fatores favoráveis e desfavoráveis a ambas as partes. O que se visa em todo caso é evitar o enriquecimento injustificado de qualquer das partes. O equilíbrio econômico-financeiro é, portanto, uma garantia de mão-dupla. Essa proteção ocorre não apenas diante da possibilidade de alteração administrativa unilateral de cláusulas do contrato, o que de fato representa um fator extra de instabilização contratual, como diante de fatos imprevisíveis em geral.

Por outro lado, obviamente, os *fatos previsíveis não levam* à *recomposição da equação econômico-financeira*, salvo disposição contratual ou legal expressa em sentido contrário. Em princípio, portanto, o único fato previsível que pode levar à recomposição da equação econômico-financeira do contrato é a desvalorização da moeda, que, com periodicidade mínima de um ano, acarreta no reajuste de preços segundo o índice de correção monetária previsto contratualmente. Aí temos a clássica distinção entre o reajuste, devido sempre em razão do fato previsível da desvalorização da moeda, e a revisão, decorrente de fatos imprevisíveis (art. 18, VIII, Lei nº 8.987/95, e art. 40, XI, Lei nº 8.666/93).

A álea ordinária ou empresarial, presente em qualquer tipo de negócio, não pode, de acordo com os paradigmas da doutrina clássica, ensejar uma proteção especial para o contratado: as circunstâncias previsíveis; as imprevisíveis, mas de resultados contornáveis ou de pequenos reflexos econômicos, devem ser suportadas pelo contratado. É que o particular continua sendo um empreendedor da iniciativa privada, sujeito, portanto, aos riscos da sua atividade. No dizer de Marçal Justen Filho,[34] "os eventos econômicos, embora imprevisíveis, que se insiram na normalidade do processo econômico não autorizam modificações de preço".[35]

Por isso, apenas a chamada álea *extraordinária* acarreta o reequilíbrio do contrato, seja ela administrativa, isto é, oriunda do Estado (alteração contratual unilateral, fato do príncipe e fato da Administração), ou econômica (oriunda de circunstâncias externas ao contrato e às partes). Pode-se apontar, como subespécies da álea extraordinária, portanto, (a) a álea administrativa da alteração unilateral do contrato; (b) a álea administrativa do fato da administração; (c) a álea administrativa do fato do príncipe; e (d) a álea econômica (teoria da imprevisão).

Assim, apenas restando comprovada a existência de álea extraordinária, *estranha à natureza do contrato, e não prevista em edital,* é que faria jus a CONTRATADA às indenizações que pleiteia judicialmente, pois, em se tratando de mero risco do negócio, não há que se falar em revisão dos contratos administrativos.

A teoria da imprevisão, como entende Maria Sylvia Zanella Di Pietro,[36] compreende fatos imprevisíveis quanto à sua ocorrência, estranhos à vontade das partes, inevitáveis e que causem desequilíbrio relevante ao contrato; tratando-se de fatos que o particular pudesse evitar, não será justo que a Administração responda pela desídia do contratado.

Não se trata precisamente do caso em comento, em que inexistem fatos *supervenientes* causadores de desequilíbrio – as circunstâncias questionadas pela CONTRATADA remontam à própria celebração contratual, pois as pedras evidentemente preexistiam na região.

O que deve ser verificado *in casu*, portanto, é se houve a incidência dos chamados *fatos imprevistos*, inferidos dos arts. 57, §1º, III,[37] e 78, XVII,[38] da Lei nº 8.666/93, que são fatos materiais, incidentes técnicos, já existentes no momento da contratação, mas desconhecidos até um momento posterior, já durante a execução do contrato, que, dependendo das suas consequências, devem ser tratados à luz da teoria da imprevisão

---

[34] JUSTEN FILHO, Marçal. *Concessões de Serviços Públicos.* São Paulo: Ed. Dialética, 1997. p. 157.
[35] Se o contratado tiver proposto na licitação valores que não sejam suficientes para cobrir os custos do contrato, não pode haver a revisão, uma vez que contrariaria a licitação cujo julgamento teve como parâmetro esses valores.
[36] DI PIETRO, Maria Sylvia Zanella. *Direito Administrativo.* 12. ed. São Paulo: Editora Atlas S.A., 2000. p. 262.
[37] III – interrupção da execução do contrato ou diminuição do ritmo de trabalho por ordem e no interesse da Administração;
[38] XVII – a ocorrência de caso fortuito ou de força maior, regularmente comprovada, impeditiva da execução do contrato.

(se ocorrer apenas um desequilíbrio econômico), ou como força maior (em caso de impossibilidade absoluta de prosseguimento do contrato).

Nas palavras de Celso Antônio Bandeira de Mello "as 'sujeições imprevistas' têm seu domínio de aplicação, por excelência, nos contratos de obras públicas. E, como esclarece Bénoît, diferem da hipótese específica da teoria da imprevisão em que, nesta última, o que altera o equilíbrio contratual são 'circunstâncias, incidentes econômicos', ao passo que nas sujeições especiais o contratante choca-se com "fatos materiais, incidentes técnicos".[39]

Segundo Renata Faria Silva Lima, "quando trata da sujeição a fatos imprevistos, não restringe o conceito às ocorrências materiais não antecipadas ou cogitadas pelas partes na celebração do ajuste, que surgem excepcionalmente durante a sua execução, mas o estende genericamente a todos os fatos que por ocasião do contrato eram ignorados pelas partes [...]".[40]

As ditas sujeições imprevistas, porém, apenas têm o condão de levar à revisão contratual *quando não for dado ao particular qualquer meio possível para o seu conhecimento, e quando não estiverem elas mesmas incluídas no risco ordinário do contrato*. Ou seja, não pode ser premiada a desídia ou imperícia do particular que deixa de observar aspectos essenciais do contrato durante sua celebração ou execução, nem pode ser favorecido indevidamente o particular que contrata com a Administração, anulando-se o risco que no mercado seria considerado normal.

A análise dos fatos e do contrato, e segundo o edital, neste sentido, demonstram que a CONTRATADA, em verdade, possuía condições e meios de antever, ao momento da celebração do contrato, a existência de grande volume de rochas. Mais ainda, de qualquer maneira, independentemente de ela poder ter previsto ou não *ex ante* o volume de rochas, pelo que foi exposto no Tópico anterior, trata-se mesmo de área ordinária do contrato – ou seja, de risco assumido pelo empreiteiro.

Ressalte-se que nesse tipo de contrato – empreitada integral – em sendo o projeto de responsabilidade do contratado, a CONTRATADA tinha ciência de que o projeto básico não seria exauriente das questões técnicas evolvidas no empreendimento, como ressaltou diversas vezes a Consulente por meio das respostas às questões elaboradas pelas participantes da licitação.

Era também sabido pela CONTRATADA que (i) não seria disponibilizado estudo topográfico (descrição, inclusive geológica, do terreno onde seria implantado o gasoduto) da região pela licitante, o qual deveria ser elaborado pela vencedora do certame; e (ii) que o próprio traçado seria desenvolvido pela contratada, conforme expressa determinação editalícia e contratual. Deste mesmo traçado é que dependia o gasoduto, sem interrupções, e o volume de rochas a serem escavados, pois este depende do "caminho" percorrido pelos dutos. Assim, a existência de "pulos" e de mais ou menos rocha dependia diretamente dos estudos topográficos do traçado do gasoduto a serem determinados pela própria CONTRATADA.

Deve ficar claro, neste sentido, o que já foi dito acerca da divisão dos riscos no caso concreto: a CONTRATADA, ao participar da concorrência, não impugnar o edital,

---

[39] MELLO, Celso Antônio Bandeira de. *Curso de Direito Administrativo*. 29. ed. São Paulo: Malheiros Editores, 2012. p. 659.
[40] LIMA, Renata Faria Silva. *Equilíbrio Econômico-Financeiro Contratual*. Belo Horizonte: Ed. Del Rey, 2007. p. 138.

e celebrar o consequente contrato, *assumiu os riscos inerentes ao contrato de empreitada integral, cuja álea ordinária é naturalmente maior, em função da indefinição inicial acerca de todas as questões técnicas envolvidas, bem como pelo ônus de elaboração do projeto executivo ser do próprio contratado.*

Não pode sequer ser dito que a situação com a qual se deparou a CONTRATADA carecia de qualquer previsibilidade – evidentemente que num contrato em que uma das principais atividades é a escavação em área de serra, não é nenhuma surpresa a existência de formações rochosas subterrâneas.

É de se concluir, usando novamente as palavras de Marçal Justen Filho, que "se um determinado risco era previsível, cabia ao particular precaver-se em face dele".[41] Ou seja, cabia à CONTRATADA, antes de assumir os riscos inerentes ao contrato em espécie, realizar, se desejasse, diligência internas sup0lementares para a minorar essa álea ordinária, ou simplesmente, como é do espírito dessa modelagem contratual, assumi-la.

Quanto aos "pulos" no traçado do gasoduto, tampouco se vislumbra qualquer possibilidade de aplicação da teoria dos fatos imprevistos: repita-se que *o traçado foi de autoria da própria CONTRATADA*, conforme estabeleceu o Memorial Descritivo. Esta empresa, pela própria natureza do contrato da empreitada integral, gozava de autonomia suficiente para idealizar alternativas para os problemas com os quais se deparasse, incluindo-se aí rotas alternativas para o traçado que minorassem os "pulos" e o volume de rochas. A CONTRATADA não pode mostrar-se surpresa com o projeto e com o traçado que ela própria elaborou, sob pena de incidir em comportamento contraditório.

Essa conclusão em nada se contrapõe ao princípio da manutenção ao equilíbrio econômico-financeiro, pois este serve a manter o lucro nos termos originalmente assegurados no contrato.[42] Ora, nas empreitadas integrais, como dito, o lucro é sempre *incerto e variável*,[43] pois não há certezas *a priori* acerca do custo total do empreendimento.

Veja-se que o lucro incerto, pode, inclusive, vir a resultar em ausência de lucro, sem que isto seja refletido num dever indenizatório da Administração. Basta, para tal, a ocorrência de riscos contratualmente pactuados, ou a culpa *lato sensu* do particular.

Assim sendo, nesta perspectiva, não pode a CONTRATADA pretender eximir-se de responsabilidade, que advém tanto do tipo de contrato celebrado quanto do próprio edital publicado, por sua própria culpa *lato sensu*.

Cumpre ainda relembrar que a especial proteção ao equilíbrio econômico-financeiro do contrato administrativo não deve ultrapassar os limites das vantagens que o contratado obteria caso a avença fosse entre particulares. Ou seja, a álea ordinária se mantém, sendo protegido o contratado apenas daquelas decorrentes da contratação com ente da Administração Pública. E, mesmo no âmbito dos contratos de empreitada regidos pelo Código Civil, a repactuação dos preços é excepcional: "Em regra, preço

---

[41] JUSTEN FILHO, Marçal. *Comentários à Lei de Licitações e Contratos Administrativos*. São Paulo: Dialética, 2012. p. 138.
[42] MEIRELLES, Hely Lopes. *Licitação e Contrato Administrativo*. 10. ed. São Paulo: Revista dos Tribunais, 1991. p. 192.
[43] JUSTEN FILHO, Marçal. *Comentários à Lei de Licitações e Contratos Administrativos*. São Paulo: Dialética, 2012. p. 140.

contratado é preço imutável, limitando-se o Código Civil, em dois dispositivos, a autorizar o reajuste em casos específicos".[44] (Arts. 619 e 620 do CC/2002).

Por fim, veja-se como opinou Gustavo Tepedino, em parecer jurídico que tratara sobre situação de todo análoga àquela ora debatida, envolvendo inclusive também empresa estatal como contratante. Trata-se de trecho que, por sua singeleza e objetividade, pedimos vênia para transcrever:

> Na espécie, Y [consórcio contratado] requer indenização de X [empresa pública] pelos custos adicionais atinentes à mudança de metodologia construtiva (equipamento alternativo) por força de diferenças do perfil geológico dos terrenos de construção da primeira fase da linha, na parte correspondente ao segundo lote, constatadas por ocasião da elaboração do projeto executivo. Sustenta Y que tais "diferenças no perfil geológico" não constavam do projeto básico disponibilizado por X no âmbito da licitação. [...] Daí decorre a responsabilidade exclusiva do empreiteiro, no caso concreto, pelo levantamento de dados, dever contratual que traduz o conhecimento técnico dos especialistas e cujos riscos não poderiam, de maneira alguma, ser transferidos ao contratante. Por isso mesmo, a responsabilidade pela mudança de metodologia em decorrência de eventuais diferenças geológicas integra a álea contratualmente assumida por Y [...]. O contrato de empreitada global sob regime *turnkey* contém preço global, a ser pago pelo contratante sem reajustamento, o qual inclui o material, a mão de obra e todos os demais gastos do construtor, independentemente de sua variação. Parte-se da premissa de que o construtor, por deter conhecimento técnico capaz de definir, de antemão, todos os equipamentos, materiais, mão de obra, e demais aspectos necessários à execução do ajuste, não pode, após a celebração do contrato, surpreender o contratante com exigência de preço maior em virtude da oscilação no preço de qualquer dos componentes envolvidos. Na espécie, as partes celebraram contrato de empreitada integral ou sob regime de *turnkey*, mediante remuneração a preço global, não podendo o contratado exigir, posteriormente, aumento do valor acordado. [...] vê-se que não se mostra possível repartir os custos de mudança de metodologia por força de diferença de perfil geológico do terreno. Trata-se de risco alocado ao empreiteiro. A responsabilidade exclusiva e integral de Y pela interpretação do perfil geológico dos terrenos havia sido claramente especificada nas condições do projeto básico. Por isso mesmo, a responsabilidade pela mudança do método construtivo integra a álea contratualmente assumida por Y, não cabendo a X arcar com custo decorrente dessa modificação.[45]

A manutenção da alocação de riscos tal como está prevista contratualmente assume importância ainda maior quando considerado o quadro endêmico infelizmente por vezes presente no Brasil, em que empresas vencedoras de licitação buscam por sucessivos aditivos posteriormente aumentar sua margem de lucros através de infundados pedidos de reequilíbrio econômico-financeiro, seja pela via administrativa, seja pela via judicial. Trata-se de proceder que desvirtua o instituto da licitação, pois esvazia o julgamento de vantajosidade econômica realizado pela Administração durante a mesma, bem como deixa de observar a vinculação de ambas as partes ao instrumento convocatório.

---

[44] TEPEDINO, Gustavo. Aspectos práticos do contrato de empreitada no regime turnkey. *In*: TEPEDINO, Gustavo. *Soluções Práticas de Direito*, v. II, p. 231 e seguintes, São Paulo: Revista dos Tribunais, 2012.

[45] TEPEDINO, Gustavo. Aspectos práticos do contrato de empreitada no regime turnkey. *In*: TEPEDINO, Gustavo. *Soluções Práticas de Direito*, v. II, p. 231 e seguintes, São Paulo: Revista dos Tribunais, 2012.

V Os princípios aplicáveis ao caso

Feitas as considerações acima, analisemos o caso à luz dos princípios jurídicos aplicáveis.

V.1 O princípio da boa-fé e a vedação do comportamento contraditório

No caso em exame, deve ser verificado se o atuar das partes se deu de acordo com a boa-fé objetiva, que deve permear os contratos da sociedade moderna e encontra, no direito brasileiro, previsão no art. 422 do Novo Código Civil, que dispõe que "os contratantes são obrigados a guardar, assim na conclusão do contrato, como em sua execução, os princípios de probidade e boa-fé".[46]

O princípio da boa-fé "foi guindado à condição de princípio normativo expresso através da Lei nº 9.784, de 1999 [...]. Denominado também de 'princípio da confiança' pelo professor Juarez Freitas, [...] decorreria 'da junção dos princípios da moralidade e da segurança das relações jurídicas', ambas também princípios normativos".[47]

Há também quem veja a "presença implícita" do princípio da boa-fé no Direito Administrativo "no multifacetado conteúdo dos princípios gerais da razoabilidade, proporcionalidade, moralidade, segurança jurídica, cujo respeito é indispensável *ex vi* do art. 2º, caput, da Lei nº 9.784/99".[48]

Assim, trata-se inequivocamente de princípio aplicável no âmbito dos contratos administrativos, de observância obrigatória tanto pelo Poder Público contratante quanto do particular contratado, até mesmo pela aplicação supletiva da Teoria Geral dos Contratos em função do disposto no art. 54 da Lei nº 8.666.[49]

A primeira função desempenhada pela boa-fé objetiva é ser, nas palavras de Judith Martins-Costa, *cânone hermenêutico-integrativo*[50] dos contratos. À luz de tal perspectiva, o art. 113 do Novo Código Civil determina que "os negócios jurídicos devem ser interpretados conforme a boa-fé e os usos do lugar da celebração". Como critério de interpretação, a boa-fé atua integrando o contrato para preenchimento de lacunas que tenham sido deixadas e cuja eliminação mostre-se necessária para a operatividade do

---

[46] O Novo Código Civil refere-se expressamente ao princípio da boa-fé em mais de um dispositivo: a propósito da interpretação dos negócios jurídicos (art. 113), a propósito do exercício abusivo de direitos (art. 187), e, no art. 422, como cláusula geral e dever de conduta entre os contratantes.

[47] BERTONCINI, Mateus Eduardo Siqueira Nunes. *Princípios de Direito Administrativo Brasileiro*. São Paulo: Malheiros, 2002. p. 242-243.

[48] NOBRE JÚNIOR, Edilson Pereira. *O Princípio da Boa-fé e sua Aplicação no Direito Administrativo Brasileiro*. Porto Alegre: Sergio Antonio Fabris Editor, 2002. p. 239.

[49] Art. 54. Os contratos administrativos de que trata esta Lei regulam-se pelas suas cláusulas e pelos preceitos de direito público, aplicando-se-lhes, supletivamente, os princípios da teoria geral dos contratos e as disposições de direito privado.

[50] MARTINS-COSTA, Judith. *A boa-fé no direito privado*: sistema e tópica no processo obrigacional. 1. ed., 2. tir. São Paulo: Editora Revista dos Tribunais, 2000. p. 428 e ss. No mesmo sentido, v. NEGREIROS, Teresa Paiva de Abreu Trigo de. *Fundamentos para uma interpretação constitucional do princípio da boa-fé*. Rio de Janeiro: Renovar, 1998. p. 224.

negócio.[51] Nesse contexto, o princípio em análise revela-se "fundamento para orientar interpretação garantidora da ordem econômica", de modo a privilegiar o "interesse social prevalente" no caso concreto. Trata-se "não apenas de um conceito ético, mas também econômico, ligado à funcionalidade econômica do contrato e a serviço da finalidade econômico-social".

A boa-fé impõe às partes, pois, que se comportem de modo a garantir *a realização dos fins do negócio e a satisfação das expectativas legítimas dos participantes da relação*.[52]

No caso concreto, como visto, a CONTRATADA estava ciente de que elaboraria, para a execução do objeto contratado, também o projeto executivo, no qual estavam incluídos os estudos topográficos pertinentes. A CONTRATADA sabia também, em consequência do objeto do contrato licitado, que seria responsável pela elaboração do traçado do gasoduto, do qual resultaria a necessidade de escavação de maior ou menor volume de rochas. Este traçado, portanto, não foi imposto pela CONTRATANTE, que deu a liberdade e a obrigação à contratada para propô-lo conforme entendesse mais vantajosos, de modo que os tais "pulos" no percurso só podem ser entendidos como decorrentes do traçado que incumbia à própria CONTRATADA realizar. Por fim, estava informada da existência potencial de grande quantidade de rochas, tanto pela inteligência do Edital, respectivo Memorial Descritivo, e respostas, quanto pela *previsibilidade* das rochas, conforme desenvolvemos no Tópico IV.

Ou seja, se, por um lado, a CONTRATADA não pode afirmar a imprevisibilidade dos fatores acima mencionados, por ter sido ela a responsável pela elaboração dos estudos que geraram o traçado do gasoduto, e pelo próprio traçado que conteria os "pulos" e as rochas a mais alegadas, e pela existência potencial de pedras estar prevista em edital e consistir em álea ordinária do contrato de empreitada integral, por outro lado é perceptível que a CONTRATANTE não faltou em sua obrigação de informação e lealdade para com a contratada.

Com efeito, a CONTRATANTE fez constar em Edital tanto a existência de grandes volumes de rocha na área como também a inexistência de estudo topográfico, informando assim os potenciais interessados dos riscos inerentes à participação no processo licitatório. Também não é possível configurar intransigência da Consulente durante a execução do contrato, pois a existência de aditivos que reajustam os preços devidos e ampliam os prazos contratuais deixa claro que a CONTRATANTE não se furtou aos seus deveres de cooperação para a consecução dos objetivos contratuais. Adianta-se, desde já, que a CONTRATANTE não tem obrigação de acatar todo e qualquer pedido do particular contratado.

Por outro lado, o fato de a CONTRATADA afirmar que os "pulos" no traçado que ela mesma criou seriam causa a ensejar a revisão contratual consiste claramente em hipótese de comportamento contraditório, ainda mais se considerada a *ausência de impugnação ao edital pela contratada em momento oportuno*.

Em outras palavras, num primeiro momento, quando lhe foi conveniente, a CONTRATADA conformou-se com as informações apresentadas pela Consulente no

---

[51] MARTINS-COSTA, Judith. *A boa-fé no direito privado*: sistema e tópica no processo obrigacional. 1. ed., 2. tir. São Paulo: Editora Revista dos Tribunais, 2000. p. 428-429.
[52] AGUIAR JÚNIOR, Ruy Rosado de. A boa-fé na relação de consumo. *Revista de Direito do Consumidor*, São Paulo, n. 14, p. 20-27, abr./jun. 1995. p. 22.

edital e anexos da Concorrência. Num segundo momento, após a participação na licitação, e a adjudicação do objeto, o mesmo edital inicialmente entendido como perfeito pela contratada passou a ser considerado deficitário, e foi usado como fundamento para o pedido de revisão do preço em vários milhões de reais. Ou seja, o edital e o contrato apenas seriam perfeitos quando vantajosos ao particular. Mais grave ainda – a CONTRATADA abandonou sumariamente as obras para as quais foi contratada, ao não ver seu pleito atendido administrativamente (veja-se o Tópico VII do presente parecer).

Verdadeiramente, tal comportamento não pode receber guarida no ordenamento pátrio: trata-se da vedação ao *venire contra factum proprium*.

Sabe-se que o desenvolvimento econômico e o próprio desenvolvimento social[53] dependem, intrinsecamente, da previsibilidade jurídica, da calculabilidade e da confiança dos negócios. Logo, a proteção da confiança, como subprincípio da segurança jurídica – que, por sua vez, encontra assento no preceito fundamental do Estado de Direito –, é norma cogente em nosso ordenamento, impedindo a ruptura das legítimas expectativas geradas por um agente através de seu comportamento.

É precisamente neste contexto que emerge do ordenamento a máxima do *nemo potest venire contra factum proprium*, que visa, precipuamente, a proteger a confiança despertada em uma das partes de uma relação jurídica por uma conduta contínua e duradoura da outra.

Na esteira do magistério de Anderson Schreiber, em sua monografia específica sobre o assunto, "a proibição de comportamento contraditório não tem por fim a manutenção da coerência por si só, mas afigura-se razoável apenas quando e na medida em que a incoerência, a contradição aos próprios atos, possa violar expectativas despertadas em outrem e assim causar-lhes prejuízo. Mais que contra a simples coerência, atenta o *venire contra factum proprium* à confiança despertada na outra parte, ou em terceiros, de que o sentido objetivo daquele comportamento inicial seria mantido, e não contrariado".

Marcelo Mesa e Carlos Vide elucidam que "a doutrina dos atos próprios é, então, uma limitação ao exercício de um direito, que reconhece como fundamento uma razão de política jurídica: a proteção da confiança suscitada pelo comportamento antecedente, que em seguida se alega desconhecer. [...] Se impede o agir incoerente, que quase lesiona a confiança suscitada na outra parte da relação e impõe aos sujeitos um comportamento probo nas relações jurídicas, pois não é possível permitir que se assumam orientações que suscitam expectativas e em seguida se contradigam".[54]

A Jurisprudência é pacífica ao qualificar como ilícito, porque abusivo,[55] o comportamento contraditório: "considera-se ilícito o comportamento contraditório, por ofender os princípios da lealdade [...] (princípio da confiança ou proteção) e da boa-fé objetiva".[56]

---

[53] Já dizia Karl Larenz, em sua obra *Derecho Justo*, que "poder confiar [...] é condição fundamental para uma vida coletiva pacífica e uma conduta de cooperação entre os homens e, portanto, da paz jurídica" (LARENZ, Karl. *Derecho Justo*. Madrid: Civitas, 1985. p. 91).

[54] MESA, Marcelo J. López; VIDE, Carlos Rogel. *La doctrina de los actos propios*. Montevideo-Buenos Aires: Ed. Réus e IbdeF, 2005. p. 90- 91.

[55] O artigo 187 do Código Civil, embora não com a melhor técnica, equiparou o ato abusivo ao ato ilícito: "Art. 187. Também comete ato ilícito o titular de um direito que, ao exercê-lo, excede manifestamente os limites impostos pelo seu fim econômico ou social, pela boa-fé ou pelos bons costumes".

[56] TJPR, Apelação Cível nº 0622766-9, Relatora Des. Maria Aparecida Blanco de Lima, 04ª Câmara Cível, j. 17.11.2009 – grifou-se.

Nesta esteira, o Supremo Tribunal Federal já decidiu: "Havendo real contradição entre dois comportamentos, significando o segundo a quebra injustificada da confiança gerada pela prática do primeiro, em prejuízo da contraparte, não é admissível dar eficácia à conduta posterior".[57] O Superior Tribunal de Justiça corrobora o exposto:

> Deveras, o princípio da confiança decorre da cláusula geral de boa-fé objetiva, dever geral de lealdade e confiança recíproca entre as partes, sendo certo que o ordenamento jurídico prevê, implicitamente, deveres de conduta a serem obrigatoriamente observados por ambas as partes da relação obrigacional, os quais se traduzem na ordem genérica de cooperação, proteção e informação mútuos, tutelando-se a dignidade do devedor e o crédito do titular ativo, sem prejuízo da solidariedade que deve existir entre ambos.
>
> Assim é que *o titular do direito subjetivo que se desvia do sentido teleológico (finalidade ou função social) da norma que lhe ampara (excedendo aos limites do razoável) e, após ter produzido em outrem uma determinada expectativa, contradiz seu próprio comportamento, incorre em abuso de direito encartado na máxima nemo potest venire contra factum proprium*.[58]

Nesse sentido, a CONTRATADA, ao insurgir-se contra o edital e projeto básico agora, comportou-se de maneira de todo inesperada e em contrariedade com o modo pelo qual até então se conduzira, não correspondendo, dessa forma, às expectativas geradas com o seu comportamento na Consulente. Mais ainda, a CONTRATADA furtou-se à assunção dos riscos previamente pactuados contratualmente, e interrompeu a prestação de serviços à revelia de qualquer decisão judicial que autorizasse tal conduta, faltando, assim, com os deveres decorrentes da boa-fé objetiva.

V.2 Vinculação ao instrumento convocatório e a impossibilidade de alteração da alocação de riscos originalmente pactuada

Como já exposto, o contrato firmado entre CONTRATADA e CONTRATANTE tem natureza de contrato administrativo, decorrente de licitação que visava a assegurar, dentre outros, os princípios legalidade, da impessoalidade, da moralidade, da igualdade, da publicidade, da probidade administrativa, da vinculação ao instrumento convocatório e do julgamento objetivo (art. 3º da Lei nº 8.666). Ou seja, ao realizar o processo licitatório, pretendeu a CONTRATANTE resguardar, de um lado, a vantajosidade econômica do contrato a ser celebrado, e, de outro, os princípios incidentes sobre a Administração Pública.

Por conseguinte, em se tratando de contrato advindo de processo licitatório, incide no caso concreto o chamado princípio da vinculação ao instrumento convocatório, que tem previsão expressa no art. 3º da Lei nº 8.666.

Por esta máxima, as partes contratantes devem, nos termos do art. 41 da Lei nº 8.666, sempre observar as regras que foram previamente estabelecidas no instrumento

---

[57] STF, RE nº 606798, Relator(a): Min. Cármen Lúcia, julgado em 19.03.2010, publicado em 06.04.2010 – grifou-se.
[58] STJ, EDcl no REsp nº 1143216/RS, Rel. Ministro Luiz Fux, Primeira Seção, julgado em 09.08.2010, DJe 25.08.2010 – grifou-se.

convocatório da licitação (geralmente o "edital de licitação"). Razão para tal, na perspectiva da Administração, é o fato de que qualquer discricionariedade deixada pela lei deve ser exercida quando da elaboração do edital, sem deixar para a Comissão de Licitação margens de apreciação. Já sob a ótica do particular, a vinculação ao edital é garantia do conhecimento prévio das condições às quais se obrigará, uma vez que o contrato administrativo é, por natureza, um contrato de adesão.

Consequentemente, no curso da licitação, não pode a Administração invocar a discricionariedade que possuía em determinado aspecto quando da elaboração do edital, para se comportar de forma diversa ao que nele foi estabelecido. Tampouco poderá o particular alegar desconhecimento em relação às obrigações que assume quando da celebração do contrato e ao longo sua de execução.

Para Marçal Justen Filho, "o edital é o fundamento de validade dos atos praticados no curso da licitação, na acepção de que a desconformidade entre o edital e os atos administrativos praticados no curso da licitação se resolve pela invalidade destes últimos".[59]

A vinculação ao instrumento convocatório tem como uma de suas finalidades resguardar a igualdade entre os participantes da licitação, pois todo aquele que apresenta sua proposta deve fazê-lo com base nos mesmos requisitos objetivos previstos em edital. Somente assim é possível a comparação entre as propostas para a escolha da mais vantajosa, a qual, consequentemente, deve manter suas características ao longo de toda a execução do objeto contratual, sob pena de perda daquela vantajosidade que condicionou a escolha. Trata-se, portanto, de princípio-meio que visa ao fim maior de manutenção da moralidade e isonomia que devem nortear a licitação pública, e que se aplicam tanto à Administração quanto ao administrado contratado.

O TRF1 já se pronunciou no sentido de que decidiu que a Administração deve sempre seguir o que dispôs no instrumento convocatório (AC nº 199934000002288): "Pelo princípio da vinculação ao instrumento convocatório, 'a Administração não pode descumprir as normas e condições do edital, ao qual se acha estritamente vinculada' (Lei nº 8.666/93, art. 3º, 41 e 43, I). O edital é a lei da licitação. A despeito do procedimento ter suas regras traçadas pela própria Administração, não pode esta se furtar ao seu cumprimento, estando legalmente vinculada à plena observância do regramento".

Em outra decisão, o mesmo Tribunal Regional Federal também colocou (AC nº 200232000009391): "Conjugando a regra do art. 41 com aquela do art. 4º [Lei nº 8.666/93], pode-se afirmar a estrita vinculação da Administração ao edital, seja quanto a regras de fundo quanto àquelas de procedimento".

Parece-nos até mesmo elementar que, se a Administração – que tem, frise-se, poderes para alterar unilateralmente o contrato em algumas situações, e é quem elabora o edital – está sujeita ao referido princípio, com muito mais motivo o particular também estará. Nestes termos têm decidido reiteradamente os tribunais:

EMENTA: AGRAVO REGIMENTAL. RECURSO ORDINÁRIO EM MANDADO DE SEGURANÇA. ADMINISTRATIVO. LICITAÇÃO. EDITAL. IMPOSSIBILIDADE DE AMPLIAÇÃO DO SENTIDO DE SUAS CLÁUSULAS. ART 37, XXI, CB/88 E ARTS.

---

[59] JUSTEN FILHO, Marçal. *Comentários à Lei de Licitações e Contratos Administrativos*. São Paulo: Dialética, 2010. p. 567.

3º, 41 e 43, V, DA LEI Nº 8.666/93. CERTIDÃO ELEITORAL. PRAZO DE VALIDADE. CLASSIFICAÇÃO DO RECORRENTE E DAS EMPRESAS LITISCONSORTES PASSIVAS. INEXISTÊNCIA DE VIOLAÇÃO A DIREITO LÍQUIDO E CERTO. 1. *A Administração, bem como os licitantes, estão vinculados aos termos do edital [art. 37, XXI, da CB/88 e arts. 3º, 41 e 43, V, da Lei nº 8.666/93], sendo-lhes vedado ampliar o sentido de suas cláusulas, de modo a exigir mais do que nelas previsto [...].*[60]

ADMINISTRATIVO – LICITAÇÃO – ALTERAÇÃO NO EDITAL – DESCUMPRIMENTO DA LEI Nº 8.666/93 (LEI DE LICITAÇÕES) – VIOLAÇÃO AOS PRINCÍPIOS DA LEGALIDADE, MORALIDADE E ISONOMIA. *O princípio da vinculação ao edital presente no procedimento licitatório obriga os licitantes, como também a administração, ao julgamento das propostas pautadas exclusivamente nos critérios objetivos definidos no edital, com a devida observância ao tratamento isonômico entre os licitantes.* Assim, havendo alteração nas características do produto, objeto da licitação, que implique na modificação do seu aspecto, causando prejuízo à elaboração das propostas, aliada à inexistência de publicação de novo edital com esta respetiva alteração, haverá violação ao art. 21, parágrafo 4º, da Lei nº 8.666/93.[61]

O princípio da vinculação ao instrumento convocatório tem então uma importância dúplice: por um lado é imposição dos princípios maiores da igualdade e moralidade, por estabelecer que se deve deixar claro para os potenciais interessados a o que eles estão concorrendo numa licitação e em que condições, inclusive os riscos que assumem; por outro lado também densifica os princípios maiores da segurança jurídica e boa-fé objetiva dos licitantes, que sabem de antemão como a licitação será procedida e como o contrato adjudicado será executado.

No caso concreto, assim, a CONTRATANTE estabeleceu, e *o fez para todo interessado em participar do certame*, que o objeto da licitação comportaria a empreitada integral de gasoduto, estando dentre as responsabilidades do vencedor (i) *a elaboração do projeto executivo, incluindo-se aí tanto a identificação das características, inclusive geológicas, do terreno (os estudos topográficos) e elaboração dos mapas, que também determinariam a configuração do terreno em que seria construído o gasoduto, quanto o traçado do referido gasoduto, ou seja, o próprio caminho do gasoduto (podendo o contratado optar pelo caminho que mais otimizaria os seus recursos, evitando por exemplo maiores quantitativos de rochas a serem escavadas);* (ii) toda a escavação necessária à instalação dos dutos, sendo expressamente delineada a existência de rochas; (iii) o fornecimento de todos os equipamentos e materiais necessários à consecução do projeto, até a sua entrega em pleno funcionamento. Era também sabido por todos os interessados que, nas empreitadas integrais, a maior autonomia do contratado implica na assunção de maiores riscos, os quais devem então estar precificados em suas propostas, desde que previsíveis, contidos na álea ordinária do negócio, ou previstos no edital.

Como visto, quanto a este último aspecto, a existência de rochas em quantidades não predeterminadas (justamente inclusive pela ausência de traçado), era plenamente

---

[60] RMS nº 24555 AgR, Relator(a): Min. Eros Grau, Primeira Turma, julgado em 21.02.2006, DJ 31.03.2006 PP-00014 EMENT VOL-02227-01 PP-00185.

[61] TJ-SC – MS: nº 2315 SC 2005.000231-5, Relator: Luiz Cézar Medeiros, Data de Julgamento: 24.04.2007, Terceira Câmara de Direito Público, Data de Publicação: Apelação Cível em Mandado de Segurança n., de Blumenau).

previsível, em se tratando de escavação em área de serra, bem como estava expressamente mencionada no edital e anexos disponíveis a todos os interessados.

Estes, pois, os exatos limites que pautaram todas as propostas dos particulares interessados, e o motivo pelo qual o acolhimento dos pleitos da CONTRATADA é atentatório ao próprio procedimento licitatório, por pressupor a alteração das condições às quais se vincularam tanto a Administração quanto o particular, bem como por violar os corolários da moralidade e isonomia que devem pautar as licitações em geral, conforme se passa a expor.

V.3 Igualdade e moralidade no caso concreto

A vinculação ao instrumento convocatório, como dito, tem como uma de suas finalidades assegurar a observância dos princípios da moralidade e da igualdade nas contratações realizadas pela Administração Pública.

O princípio fundamental da igualdade está expresso no *caput* do artigo 5º da Carta Magna: "Todos são iguais perante a lei, sem distinção de qualquer natureza, garantindo-se aos brasileiros e aos estrangeiros residentes no País a inviolabilidade do direito à vida, à liberdade, à igualdade, à segurança e à propriedade [...]".

Dito princípio veda que seja dispensado tratamento desigual a pessoas que se encontrem em situações semelhantes, a partir do ponto-de-vista de determinado critério de diferenciação. A Constituição Federal proíbe, portanto, a criação de desequiparações fortuitas e injustificadas.[62]

No âmbito das contratações públicas, dito princípio está intrinsecamente ligado ao fundamento essencial do processo licitatório. Isso porque a licitação é o processo pelo qual a Administração escolhe a melhor proposta para determinado contrato. Assim, se o dinheiro a ser despendido com o contrato é da coletividade, em todo ou em parte, deve ser dada a mesma oportunidade a todos os seus membros que sejam capazes de bem executar o contrato.

Por conseguinte, deve-se dar igualdade de oportunidades para competir a todos que tiverem condições para executar adequadamente o contrato, assegurando-se também igualdade de condições entre os interessados após eles se tornarem adjudicatários.

No caso *sub examine*, tem-se que a CONTRATANTE, enquanto autoridade licitante, deu a todos os participantes da licitação iguais condições de elaboração de propostas, consoante determina o princípio da igualdade. Assim, todas as propostas submetidas

---

[62] De acordo com Celso Antônio Bandeira de Mello, são quatro os elementos que devem estar presentes para que a discriminação estabelecida por lei seja possível à luz do princípio da isonomia: (i) o fator de diferenciação não pode ser específico a ponto de singularizar no presente e de forma definitiva o sujeito a que se impõe o regime diferencial, sendo tal característica insuscetível de se reproduzir no futuro; (ii) as situações ou pessoas desequiparadas por força de lei devem ser efetivamente distintas entre si; (iii) deve haver uma correlação lógica entre o fator escolhido e a discriminação legal imposta em função dele; e, por fim, (iv) essa correlação lógica deve ser justificada frente aos demais interesses e direitos constitucionalmente protegidos. "As discriminações são recebidas como compatíveis com a cláusula igualitária apenas e tão-somente quando existe um vínculo de correlação lógica entre a peculiaridade diferencial acolhida, por residente no objeto, e a desigualdade de tratamento em função dela conferida, desde que tal correlação não seja incompatível com interesses prestigiados na Constituição" (MELLO, Celso Antônio Bandeira de. *O conteúdo jurídico do princípio da igualdade*. São Paulo: Malheiros, 2015. p. 24).

à apreciação da Consulente tiveram como substrato os mesmos pressupostos contidos no Edital e seus anexos, sendo isso justamente o que permitia a sua comparação no sentido de selecionar a alternativa mais vantajosa.

Essa igualdade de condições de todos os participantes, associada à vinculação ao edital, à moralidade e à boa-fé, faz com que seja vedada a alteração substancial dos contratos administrativos após a licitação e adjudicação. De fato, far-se-ia da licitação letra morta se, após o encerramento do processo, pudessem ser livremente alteradas as condições originalmente pactuadas, dentre as quais se incluem a alocação de riscos (sobre a qual já discorremos) e o preço (à exceção da existência de fatos supervenientes imprevisíveis ou da constatação de fatos anteriores absolutamente desconhecidos das partes, o que, como visto, não ocorreu).

Evidentemente, pois, que se esvai a vantajosidade do contrato no caso de alteração tamanha de sua precificação que deixe de configurar aquela proposta selecionada como a economicamente mais viável. É isso, entretanto, que parece pretender a CONTRATADA ao pleitear a indenização milionária objeto do processo em tela, em razão de uma pretendida nova alocação de riscos. Trata-se de violação da igualdade e da moralidade que devem nortear os contratos administrativos objeto de licitação.

A nova alocação de riscos proposta pela CONTRATADA, de maneira diversa daquela inicialmente prevista em edital, é atentatória à isonomia entre os participantes da licitação. Caso inicialmente tivesse sido determinado no instrumento convocatório que os riscos seriam alocados à Administração, disto obviamente decorreria um custo menor previsto pelos interessados, que apresentariam propostas também com menores valores. Por conseguinte, haveria potencialmente a ampliação do universo de possíveis licitantes e a apresentação de menores preços para a Administração Pública.

Assim, a alteração de uma das condições elementares da do contrato – qual seja, que os riscos aqui mencionados recaem sobre o contratado – durante sua execução poderia ter gerado o interesse de outros particulares na participação no processo licitatório, e qualquer alteração subsequente que mude a alocação desses riscos é vedada, por infringir o princípio da isonomia.

Igualmente, o princípio da moralidade impõe ao administrador público não só o cumprimento da lei, mas o seu cumprimento com vistas estritamente à realização do interesse público, e não de interesse próprio do administrador ou de terceiros. A pretensão da contratada ser atendida equivaleria a ela ser remunerada duas vezes pelo mesmo risco: a precificação dele quando da apresentação da proposta + aumento do valor contratual em razão do mesmo risco ter se concretizado.

Diogo de Figueiredo Moreira Neto aponta, nesse sentido, uma conceituação finalística de moralidade da Administração Pública, assim se expressando: "Considera-se, portanto, na moral administrativa, o resultado, desvinculadamente da intenção de produzi-lo, pois está-se diante de um conceito orientado pela finalidade. [...] Ora, esse bom resultado, objetivamente considerado, a que moralmente deve tender a Administração Pública, só pode ser o que concorra para a realização da boa administração, inegavelmente o que satisfaz o direcionamento aos interesses públicos, o que vem a ser seu fim institucional".[63]

Ou seja, atentaria contra o agir desinteressado da Administração o acolhimento das solicitações de revisão contratual feitas pela CONTRATADA, pois estas não teriam

---

[63] NETO, Digo de Figueiredo Moreira. *Mutações de direito administrativo*. Rio de Janeiro: Renovar, 2001. p. 59.

como base as condições originalmente pactuadas pelas partes (que merecem reequilíbrio sempre que afetadas por fatos imprevistos).

VI A natureza jurídica do laudo é de mero parecer

Afirma a CONTRATADA, em sua peça inaugural, tratando do laudo solicitado à instituição independente:

> Naquele passo, parecia não haver dúvida sobre terem as partes (CONTRATANTE e CONTRATADA) confiado a uma entidade isenta, de alta credibilidade e notória especialização, a solução da controvérsia que até então mantinham.

Em outras palavras, parece crer a CONTRATADA que o laudo técnico elaborado teria alguma natureza vinculativa às partes, à semelhança de um laudo arbitral. No entanto, não pode ter acolhida tal interpretação dos fatos, por não ser admitida pelo Direito Administrativo pátrio.

É que, primeiramente, para que o referido laudo tivesse algum condão de obrigar a CONTRATANTE à revisão do contrato de empreitada, deveria ter sido celebrado compromisso arbitral entre as partes, pois inexiste a possibilidade de "arbitragem tácita" na Lei nº 9.307.[64] É o que já determinou o TJ/RJ: "Ausente cláusula compromissória expressa, o contrato não poderia haver sido submetido a juízo arbitral".[65] Igualmente, é este o posicionamento do STJ, para quem a falta de aceitação inequívoca do juízo arbitral ofende a ordem pública brasileira.[66]

Em segundo lugar, é necessário atentar para o fato de que, à exceção de cláusula compromissória expressa, sempre competirá à Administração Pública a decisão acerca dos pedidos de revisão de contratos administrativos (art. 65, Lei nº 8.666/93). Trata-se de prerrogativa indelegável e indisponível da Administração, consoante ao princípio da indisponibilidade do interesse público e da irrenunciabilidade das competências. Negado o realinhamento dos valores administrativamente, resta ao particular tão somente a via judicial.[67]

Efetivamente, a eventual delegabilidade da análise do equilíbrio econômico-contratual de negócio celebrado entre Administração e particular equivaleria a renunciar

---

[64] Vejam-se respectivamente, os arts. 4º, §1º e 9º, §2º da Lei de Arbitragem: "A cláusula compromissória deve ser estipulada *por escrito*, podendo estar inserta no próprio contrato ou em documento apartado que a ele se refira" e "O compromisso arbitral extrajudicial será celebrado por escrito particular, assinado por duas testemunhas, ou por instrumento público".

[65] Nº 0002316-53.2006.8.19.0007 – Apelação 2ª Ementa Des. Jesse Torres – Julgamento: 14.12.2011 – Segunda Câmara Cível.

[66] SEC nº 978/GB, Rel. Ministro Hamilton Carvalhido, Corte Especial, julgado em 17.12.2008, DJe 05.03.2009: "A falta de assinatura na cláusula de eleição do juízo arbitral contida no contrato de compra e venda, no seu termo aditivo e na indicação de árbitro em nome da requerida exclui a pretensão homologatória, enquanto ofende o artigo 4º, parágrafo 2º, da Lei nº 9.307/96, o princípio da autonomia da vontade e a ordem pública brasileira".

[67] Entende Carlos Ari Sundfeld que, diante do seu dever de recompor a equação econômico-financeira, a Administração deverá, observados o contraditório e a ampla defesa, fazê-lo unilateralmente, sujeitando-se sempre, obviamente, ao posterior crivo do Judiciário (SUNDFELD, Carlos Ari. *Licitação e contratos administrativos*. 2. ed. São Paulo: Malheiros Editores, 1994).

da sua competência. Quanto ao tema, já restou consignado pelo STF a "indelegabilidade, a uma entidade privada, de atividade típica de Estado",[68] entendimento este de todo aplicável, tendo-se em vista (i) a qualidade da instituição independente enquanto entidade privada sem fins lucrativos; e (ii) o fato de uma revisão dos valores pactuados em contrato administrativo decorrente de licitação repercutir diretamente no Erário e no próprio juízo de manutenção ou não do vínculo contratual (pois pode a Administração optar pela rescisão unilateral). Ora, o juízo acerca do interesse (conveniência e oportunidade) de uma contratação não pode ser delegado a terceiros.

Nesse sentido, também os tribunais de contas, encampando as lições de Maria Sylvia Zanella Di Pietro, têm decido:

> A competência tem alguns requisitos. Em primeiro lugar, ela decorre da lei. Quando se fala em lei, nesse caso, tem-se em vista lei como ato legislativo; não há possibilidade da competência ser definida por via de decretos, portarias, resoluções, a não ser que se trate de uma distribuição interna de competências, que produz efeitos apenas internamente. Além de prevista em lei, *a competência é irrenunciável ou é inderrogável pela vontade da Administração ou de terceiros*. Isto porque a competência é dada à autoridade pública para ser exercida no interesse público e não no interesse da própria autoridade. Ela não pode deixar de exercer uma competência, porque todos os poderes da Administração são irrenunciáveis.[69]

Assim sendo, deve-se enxergar o laudo técnico da instituição independente como mero parecer opinativo, de natureza não-vinculante para a Consulente, que estava plenamente livre para divergir das conclusões ali apresentadas.

Isso porque, como se sabe, os pareceres opinativos servem somente a auxiliar a formação do convencimento do administrador, nunca a vincula-lo em um ou outro sentido. Neste sentido já se manifestou o STF, em relação aos pareceres técnicos e jurídicos:

> (i) quando a consulta é facultativa, a autoridade não se vincula ao parecer proferido, sendo que seu poder de decisão não se altera pela manifestação do órgão consultivo; (ii) quando a consulta é obrigatória, a autoridade administrativa se vincula a emitir o ato tal como submetido à consultoria, com parecer favorável ou contrário, e se pretender praticar ato de forma diversa da apresentada à consultoria, deverá submetê-lo a novo parecer; (iii) quando a lei estabelece a obrigação de decidir à luz de parecer vinculante, essa manifestação de teor jurídica deixa de ser meramente opinativa e o administrador não poderá decidir senão nos termos da conclusão do parecer ou, então, não decidir.[70]

No caso concreto, a consulta feita à FADE tinha natureza inegavelmente *facultativa*, pois inexiste em lei qualquer determinação de que os pleitos de revisão contratual sejam submetidos a pareceristas técnicos. Assim, trata-se de entendimento que não vincula a Administração, conforme o posicionamento do STF acima colacionado.

Outros julgados igualmente já entenderam que "o administrador, como único que possui a competência para decidir acerca das questões referentes à gestão da Coisa

---

[68] ADI nº 1.717-6.
[69] Disponível em: http://www.tcm.sp.gov.br/legislacao/doutrina/29a03_10_03/4Maria_Silvia2.htm. Acesso em 15 nov. 2016.
[70] MS nº 24631, Relator(a): Min. Joaquim Barbosa, Tribunal Pleno, julgado em 09.08.2007, DJe-018 DIVULG 31.01.2008 PUBLIC 01.02.2008 EMENT VOL-02305-02 PP-00276 RTJ VOL-00204-01 PP-00250.

Pública, poderá adotar ou repelir as considerações veiculadas no parecer jurídico".[71] E continuou, afirmando que "não é razoável que se isente a Comissão de Licitação da responsabilidade de promover uma análise crítica do parecer jurídico, mediante o contraste das conclusões ali esposadas para com os princípios da moralidade, proporcionalidade, economicidade, eficiência administrativa". Ou seja, deve a autoridade licitante sempre analisar o teor do parecer, não sendo o mesmo autoexecutável.

Hely Lopes Meirelles já lecionava que "o parecer tem caráter meramente opinativo, não vinculando a Administração ou os particulares a sua motivação ou conclusões, salvo se aprovado por ato subsequente. Já então, o que subsiste como ato administrativo, não é o parecer, mas sim o ato de sua aprovação".[72]

Da mesma forma, ressalta Celso Antônio Bandeira de Mello que "parecer não é ato administrativo, sendo, quando muito, ato de administração consultiva, que visa a informar, elucidar, sugerir providências administrativas a serem estabelecidas nos atos de administração ativa".[73]

Assim, o fato de o laudo em questão ter cunho técnico não desnatura os entendimentos acima colacionados, pois a interpretação e aplicação desses dados técnicos deveria ser sido feita pela CONTRATANTE, que podia, fundamentadamente, acolhê-lo ou não.

VII Os requisitos legais para a rescisão por culpa da administração

Conforme narram tanto a CONTRATANTE quanto a CONTRATADA ao longo do processo, frustradas as negociações extrajudiciais, esta supôs ser legítima interrupção das obras do Gasoduto, para só então ajuizar ação ordinária em face da Consulente, com a finalidade de obter indenização em tese devida.

Faz-se necessário, pois, a análise da conduta da CONTRATADA sob a perspectiva do Direito Administrativo, para verificar se ela encontra guarida no ordenamento pátrio, mesmo que tivesse razão no mérito do desequilíbrio contratual. Isso porque a referida interrupção na prestação deu-se com base no que dispõe o art. 625 do Código Civil.[74]

O Direito Administrativo tem a peculiaridade de ser um "Direito de pessoas desiguais", na expressão de Maurice Hauriou: a Administração Pública possui algumas prerrogativas não existentes nas relações paritárias entre agentes privados. Tratam-se das cláusulas exorbitantes, constantes do instrumento contratual ou derivadas diretamente da legislação, as quais não poderiam ser admitidas nos contratos privados sob pena de sua nulidade.

---

[71] TJ-PE – AGR: nº 2828380 PE nº 0017471-64.2012.8.17.0000, Relator: Luiz Carlos Figueirêdo, Data de Julgamento: 11.10.2012, 3ª Câmara de Direito Público, *v. g.*

[72] MEIRELLES, Hely Lopes. *Direito Administrativo Brasileiro*. Rio de Janeiro: Malheiros, 2001. p. 185.

[73] MELLO, Celso Antônio Bandeira de. *Curso de Direito Administrativo*. 13. ed. São Paulo: Malheiros, 2000. p. 377.

[74] Art. 625. Poderá o empreiteiro suspender a obra: I – por culpa do dono, ou por motivo de força maior; II – quando, no decorrer dos serviços, se manifestarem dificuldades imprevisíveis de execução, resultantes de causas geológicas ou hídricas, ou outras semelhantes, de modo que torne a empreitada excessivamente onerosa, e o dono da obra se opuser ao reajuste do preço inerente ao projeto por ele elaborado, observados os preços; III – se as modificações exigidas pelo dono da obra, por seu vulto e natureza, forem desproporcionais ao projeto aprovado, ainda que o dono se disponha a arcar com o acréscimo de preço.

Em primeiro lugar, portanto, deve-se ter em mente que a rescisão unilateral do contrato administrativo é uma prerrogativa da qual goza, *exclusivamente*, a Administração Pública. Trata-se da inteligência direta do art. 79, I, da Lei nº 8.666, que estabelece que a rescisão do contrato poderá ser "determinada por *ato unilateral e escrito da Administração*".

Dessa desigualdade inerente aos contratos administrativos, decorre a excepcionalidade da oponibilidade por parte do particular contratado da exceção do contrato não cumprido (art. 78, XV, da Lei nº 8.666/93). Em um contrato privado, se uma das partes contratantes deixa de cumprir com sua prestação, a outra pode se recusar a cumprir a sua. Por outro lado, nos contratos administrativos, a decisão judicial, ainda que liminar, é requisito inafastável para a suspensão da prestação dos serviços por inadimplemento do Estado, conforme será demonstrado a seguir.

Diferentemente do que ocorre na seara do Direito Civil, no âmbito dos Contratos Administrativos, *não é dado ao particular paralisar unilateralmente a prestação dos serviços e/ou obras licitadas, bem como rescindir unilateralmente os contratos pela via extrajudicial*. Sentindo-se lesado no curso do cumprimento de obrigação contratual com a Administração Pública, para que seja lícito ao particular o desfazimento do vínculo, nas lições de Maria Sylvia Zanella Di Pietro[75] e de Diogo Figueiredo Moreira Neto,[76] deve ele recorrer ao controle judicial. Ainda segundo a renomada jurista, "a [rescisão] judicial normalmente é requerida pelo contratado, quando haja inadimplemento pela Administração, já que *ele não pode paralisar a execução do contrato nem fazer a rescisão unilateral*".[77]

É esta lição que também se depreende do magistério de Hely Lopes Meirelles,[78] para quem, "mesmo que não se faça a recomposição dos preços durante a execução do contrato permanece com o particular contratado o direito à indenização a ser cobrada administrativa ou judicialmente, após a entrega do objeto contratado desde que reclamada no curso da execução do contrato". E assim é porque "o contrato administrativo não admite paralisação pelo particular contratado, mas isto não impede o ressarcimento futuro devido pela Administração beneficiária de sua execução pelos maiores gravames acarretados pelo executor".

Quando o inadimplemento for da Administração (art. 78, XIII a XVI), portanto, o contratado deverá obter a rescisão em Juízo (art. 79, III), tendo direito ao ressarcimento dos prejuízos (art. 79, §2º).

Então, "se o administrado-contratante entender que a Administração é inadimplente, cabe-lhe pedir rescisão judiciária; no caso oposto, de inadimplemento da parte privada, a Administração tanto poderá pedir a rescisão judiciária como poderá impor, por ato unilateral e executório, a rescisão administrativa, sem prejuízo da invocação do controle judicial pela outra parte, se vier a considerar-se lesada de direito".[79]

Assim, ao particular, quando frustrados seus objetivos ao longo da execução contratual, abrem-se tão somente duas vias possíveis – a rescisão amigável ou a judicial.

---

[75] DI PIETRO, Maria Sylvia Zanella. *Direito Administrativo*. 12. ed. São Paulo: Editora Atlas S.A., 2000. p. 263.
[76] MOREIRA NETO, Diogo de Figueiredo. *Curso de Direito Administrativo – Parte introdutória, Parte Geral e Parte Especial*. 14. ed. Rio de Janeiro: Editora Forense, 2006. p. 210.
[77] DI PIETRO, Maria Sylvia Zanella. *Direito Administrativo*. 12. ed. São Paulo: Editora Atlas S.A., 2000. p. 263.
[78] MEIRELLES, Hely Lopes. *Licitação e Contrato Administrativo*. 10. ed. São Paulo: Revista dos Tribunais, 2000. p. 254.
[79] MOREIRA NETO, Diogo de Figueiredo. *Curso de Direito Administrativo – Parte introdutória, Parte Geral e Parte Especial*. 14. ed. Rio de Janeiro: Editora Forense, 2006. p. 210.

Assim esclarece Lucas Rocha Furtado, ao ponderar que "se houver concordância da própria Administração, poderá o contrato ser desfeito por acordo entre as partes. Do contrário, não havendo interesse da Administração em que seja promovida a rescisão, a única solução que resta ao contratado é a propositura de ação judicial a fim de ser decretada a rescisão do ajuste".[80]

A exigência de decisão judicial não quer dizer a imprescindibilidade de trânsito em julgado de ação ordinária, especialmente tendo em vista a longa duração das mesmas. Assim, conforme já consignamos doutrinariamente, é possível que a decisão judicial seja obtida liminarmente: "a decisão judicial é, todavia, ainda que liminar ou antecipada, requisito inafastável para a suspensão da prestação dos serviços por inadimplemento do Estado".[81]

A vedação legal para a rescisão unilateral do contrato pelo particular, por culpa da Administração, não é acidental. De fato, a redação original do projeto que deu origem à Lei nº 8.666 continha tal hipótese, a qual, entretanto, foi objeto de veto presidencial cujas razões assim se leem:

> Há nos dispositivos em comento clara submissão do interesse público às conveniências do contratado, faz com que a Administração abdique da supremacia de poder que a doutrina lhe reconhece para fixar as condições iniciais do ajuste.
>
> Embora justo reconhecer-se ao contratado o direito de rescindir a avença na hipótese de atraso de pagamento superior a 90 (noventa) dias, é inadmissível pretender-se que sendo do interesse do contratado suspender a execução do contrato, ao invés de rescindi-lo, fique a Administração obrigada a arcar com os 'custos adicionais' da paralização.
>
> Por outro lado, o interesse público é aí de tal forma relegado que, nos termos do inciso IV citado, até mesmo a ocorrência de caso fortuito ou força maior legitima a rescisão contratual a requerimento do contratado.

Na esteira de Jessé Torres Pereira Junior:

> O texto original do projeto em que se converteu a Lei nº 8.666/93 previa quarta hipótese de rescisão, por iniciativa do contratado, nos casos enumerados nos incisos XIII a XVI. *Veto presidencial suprimiu a possibilidade de haver rescisão na instância administrativa em face desses motivos, não deixando para o contratado alternativa que não a de socorrer-se da rescisão judicial ou a buscar o consenso com a Administração, em rescisão amigável* [...].
>
> Por conseguinte, seja pelas razoes do veto, seja por razão de ordem prática, não parece justificável a existência de rescisão administrativa por iniciativa do particular contratado.[82]

Ou seja, a própria legislação já estabeleceu previamente as hipóteses em que a oposição da exceção do contrato não cumprido do particular em face da Administração seria cabível. Esta ponderação apriorística entre os direitos do particular e a continuidade

---

[80] FURTADO, Lucas Rocha. *Curso de licitações e contratos administrativos*. 4. ed. Belo Horizonte: Editora Fórum, 2012. p. 451.

[81] ARAGÃO, Alexandre Santos de. *Curso de Direito Administrativo*. 2. ed. Rio de Janeiro: Forense, 2013. p. 447.

[82] PEREIRA JÚNIOR, Jessé Torres. *Comentários à lei das licitações e contratações da Administração Pública*. 8. ed. rev., atual. e ampl. Rio de Janeiro: Renovar, 2009. p. 804-805.

dos serviços, portanto, deve ser respeitada, pois "o texto da norma constitui, em caso de conflito, o ponto de referência prioritário da aplicação do Direito, na medida em que ele fixa os limites das possibilidades lícitas de decisão. [...] Não se pode ir contra a função limitadora do texto da lei [...]".[83]

Vejamos, a respeito, as advertências feitas por Humberto Bergmann Ávila:[84] "Deixar de fazer as devidas distinções entre os argumentos pode levar à arbitrariedade argumentativa; e a arbitrariedade argumentativa conduz à não-fundamentação das premissas utilizadas na interpretação jurídica. Com efeito, tanto a ausência de definição dos argumentos utilizados quanto a falta de diferenciação entre eles inserem, na interpretação jurídica, o germe da ambiguidade e, com ele, a fonte da arbitrariedade".[85]

Robert Alexy, prócere da Teoria dos Princípios, manifesta a mesma preocupação ao afirmar que: "Em última análise, a decisão final é baseada em julgamentos de valor não intersubjetivamente testados da pessoa que decide, que são o fator decisivo, julgamentos de valor que talvez possam ser explicados em termos sociológicos ou psicológicos, mas que não podem ser justificados? Essa conclusão não é desejável na medida em que se refere à legitimidade da tomada judicial de decisão e ao caráter científico da dogmática jurídica em sua preocupação com as questões normativas".[86]

Por essas razões, a mais moderna hermenêutica tem formulado critérios de identificação e categorização dos argumentos jurídicos eventualmente invocáveis em uma questão constitucional, partindo, então, em um segundo momento, para a enumeração de que espécies de argumentos devem ser considerados prioritários sobre outros.[87]

Ávila apresenta a sua solução para dar maior objetividade à fundamentação jurídica das decisões jurídicas nos seguintes termos: "Propõe-se uma reclassificação dos argumentos jurídicos integrada com uma utilização e valoração móvel e flexível desses mesmos argumentos [...], harmonizando a necessidade de discernir os argumentos com a importância de não separá-los por completo, diminuindo a inevitável subjetividade da interpretação sem enrijecer o pensamento para o futuro. Com isso, poder-se-á abandonar qualquer simplismo na argumentação jurídica, quer no sentido de reduzir o raciocínio jurídico à pura lógica ou à pura interpretação literal, quer no

---

[83] MÜLLER, Friedrich. *Discours de la Méthode Juridique*. (Trad. Olivier Jouanjan). Paris: Presses Universitaires de France – PUF, 1996. p. 259, 325 e 327. Veja também p. 323 e 324.

[84] ÁVILA, Humberto Bergmann. Argumentação Jurídica e a Imunidade do Livro Eletrônico. *In*: TORRES, Ricardo Lobo (Org.). *Temas de interpretação de Direito tributário*. Rio de Janeiro: Ed. Renovar, 2003. p. 115.

[85] *"A mera menção a argumentos é artifício ineficaz para justificar minimamente uma interpretação. Sob as vestes de uma 'fundamentação', pode a simplificação dos argumentos esconder uma mera preferência. É dizer: escolher uma interpretação com base no capricho (pura preferência), em vez de o fazer com algum fundamento racional (preferência fundamentada). Por isso a necessidade de uma sucessiva especificação dos argumentos, sem a qual não há fundamentação intersubjetivamente controlável. E sem uma fundamentação intersubjetivamente controlável não se concretiza o princípio do Estado de Direito, pela inexistência de dois dos seus elementos essenciais: racionalidade do Direito e tutela plena dos direitos"* (ÁVILA, Humberto Bergmann. Argumentação Jurídica e a Imunidade do Livro Eletrônico. *In*: TORRES, Ricardo Lobo (Org.). *Temas de interpretação de Direito tributário*. Rio de Janeiro: Ed. Renovar, 2003. p. 149-150. Grifos nossos).

[86] ALEXY, Robert. *Teoria da Argumentação Jurídica*: a teoria do discurso racional como teoria da justificação jurídica. (Trad. Zilda Hutchinson Schild Silva). São Paulo: Ed. Landy, 2001. p. 25.

[87] Além dos autores citados neste texto, poderíamos aludir também, entre outros, a BYDLINSKI, Franz. *Juristiche Methodenlehre und Rechtsbegriff*. Wien-New York: Springer, 1991; GUASTINI, Riccardo. *Distinguendo*: studi di teoria e metateoria del Diritto. Torino: Giappichelli, 1996; MACCORMICK, Neil; SUMMERS, Robert. *Interpretation Statutes*: a comparative Study. Dartmouth: Aldershot, 1992.

sentido de circunscrever a atividade interpretativa ao mero decisionismo ou à simples ponderação de valores de natureza inexplicada".[88]

Friedrich Müller valoriza os argumentos calcados na interpretação dos textos normativos em detrimento dos argumentos não ligados diretamente ao texto da norma em virtude não apenas de uma necessidade metodológica, mas por imposição constitucional decorrente da vinculação do Poder Judiciário à Constituição.

Nas palavras do autor, "em uma sociedade cujo direito constitucional é largamente codificado, já está com antecedência decidido que os textos das normas exercem um papel privilegiado no trabalho de concretização do Direito. O fato de o texto da norma ser particularmente importante é consequência, de um lado, do direito constitucional em vigor (e também do imperativo geral não-escrito de determinabilidade resultante do Estado de Direito), e, de outro lado, da opção tomada de se adotar uma Constituição escrita. Assim, esse lugar privilegiado do texto não deve ser explicado apenas pela especificidade metodológica da interpretação gramatical em si, já que os procedimentos da metodologia do direito, enquanto regras da arte da prática jurídica, não possuem por si próprios qualquer caráter normativo. [...] O limite posto pelo texto representa o limite traçado pelos princípios da democracia e do Estado de Direito, ao qual deve se ater, não a aplicação metodologicamente possível do Direito, mas a aplicação juridicamente regular do Direito".[89]

Já os argumentos não ligados ao texto da norma, como os elementos da teoria ou de política jurídica "não têm, ainda que em alguns casos a sua prevalência seja dissimulada, qualquer função além de auxiliares de esclarecimento e de apoio à aplicação do Direito que tenha sido realizada com base nos textos das normas em vigor".[90]

Na mesma esteira, Robert Alexy estatui de forma assemelhada que "os argumentos que dão expressão a um elo com as verdadeiras palavras da lei, ou com a vontade do legislador histórico, têm precedência sobre os outros argumentos [...]".[91]

Ora, a *suspensão*, da execução do contrato por culpa da Administração, já tem previsão direta no art. 78 da Lei nº 8.666 em duas situações distintas, e qualquer outra divagação sobre a ponderação entre os valores e princípios em conflito no caso estão ultrapassadas pela pré-ponderação já feita pelo Legislador:

(i) a suspensão da execução, *por ordem escrita da Administração*, por prazo superior a 120 (cento e vinte) dias, salvo em caso de calamidade pública, grave perturbação da ordem interna ou guerra, ou ainda por repetidas suspensões que totalizem o mesmo prazo, independentemente do pagamento obrigatório de indenizações pelas sucessivas e contratualmente imprevistas desmobilizações e mobilizações e outras previstas, *assegurado ao contratado, nesses casos, o direito de optar pela suspensão do cumprimento das obrigações assumidas até que seja normalizada a situação* (inciso XIV) e;

---

[88] ÁVILA, Humberto Bergmann. Argumentação Jurídica e a Imunidade do Livro Eletrônico. *In*: TORRES, Ricardo Lobo (Org.). *Temas de interpretação de Direito tributário*. Rio de Janeiro: Ed. Renovar, 2003. p. 115-116.

[89] MÜLLER, Friedrich. *Discours de la Méthode Juridique*. (Trad. Olivier Jouanjan). Paris: Presses Universitaires de France – PUF, 1996. p. 238, 239 e 243.

[90] MÜLLER, Friedrich. *Discours de la Méthode Juridique*. (Trad. Olivier Jouanjan). Paris: Presses Universitaires de France – PUF, 1996. p. 259, 325 e 327. Veja também p. 323-324.

[91] ALEXY, Robert. *Teoria da Argumentação Jurídica*: a teoria do discurso racional como teoria da justificação jurídica. (Trad. Zilda Hutchinson Schild Silva). São Paulo: Ed. Landy, 2001. p. 239.

(ii) *o atraso superior a 90 (noventa) dias dos pagamentos devidos pela Administração* decorrentes de obras, serviços ou fornecimento, ou parcelas destes, já recebidos ou executados, salvo em caso de calamidade pública, grave perturbação da ordem interna ou guerra, *assegurado ao contratado o direito de optar pela suspensão do cumprimento de suas obrigações até que seja normalizada a situação* (inciso XV).

Não parecem ser tais hipóteses, entretanto, aplicáveis à espécie. Quanto à primeira, de fato, não guarda qualquer conexão com o caso em concreto, pois inexistiu pedido de suspensão por parte da CONTRATANTE.[92] Em relação à segunda possibilidade, entende-se que tampouco subsume-se aos fatos narrados pelas partes no processo.

Como afirma Marçal Justen Filho, trata-se de hipótese em que há "a recusa do particular em dar prosseguimento à execução do contrato quando a administração incorrer em atraso superior a noventa dias do pagamento de obras, serviços ou fornecimentos já realizados (art. 78, inc. XV)".[93] Cuida a previsão legal do *atraso dos pagamentos devidos, ou seja, de dívidas líquidas, certas e exigíveis da Administração em relação ao particular. Isso porque apenas* é *devido aquilo que efetivamente venceu (e nunca valores meramente hipotéticos).*

Destarte, para que seja configurado o inadimplemento da Administração por prazo superior a 90 (noventa) dias, não é suficiente que o Poder Público contratante deixe de acatar o pedido de revisão contratual do particular – neste caso, não há real inadimplemento, pois a Administração continua os pagamentos contratualmente previstos, havendo apenas uma discussão acerca de eventual *quantum* a ser acrescido a tais parcelas por meio de aditivo contratual. De fato, as parcelas somente seriam devidas a partir da celebração de um suposto e eventual referido aditivo, pois antes disso não há qualquer liquidez ou certeza acerca da efetiva existência de valores a serem revisados e/ou de qual o montante devido.

O dispositivo legal refere-se aos valores previstos no instrumento contratual e não a valores ilíquidos e incertos, que poderiam eventualmente vir a constar de algum instrumento aditivo de revisão. Assim é que Celso Antônio Bandeira de Mello destaca a possibilidade de suspensão dos serviços por "atrasos prolongados de pagamento, violações continuadas ao dever de efetuar os *reajustes cabíveis* ou as *correções monetárias*",[94] sem sequer cogitar, dada à sua iliquidez e incerteza e não previsão de antemão no instrumento contratual, ao contrário dos meros e automáticos reajustes de preços por correção monetária, das revisões contratuais – justamente, *as parcelas referentes* às *revisões pedidas (mas não concedidas).*[95]

É o caso em questão: a CONTRATANTE não quedou inadimplente, pois efetuou regularmente o pagamento dos serviços e obras realizados, conforme originalmente

---

[92] "Na hipótese do inciso XIV, é a Administração que tem interesse de rescindir, posto ter sido ela quem determinou a suspensão da execução do contrato, e, na hipótese do inciso XV, é o particular ou o contratado quem requer a rescisão" (FURTADO, Lucas Rocha. *Curso de licitações e contratos administrativos*. 4. ed. Belo Horizonte: Editora Fórum, 2012. p. 451).

[93] JUSTEN FILHO, Marçal. *Comentários à lei de licitações e contratos administrativos*. 11. ed. São Paulo: Dialética, 2005. p. 599.

[94] MELLO, Celso Antônio Bandeira de. *Curso de Direito Administrativo*. São Paulo: Malheiros Editores, 2004. 292.

[95] "Se o restabelecimento da equação econômico-financeira se der através da mudança, para mais ou para menos, do preço proposto, terá o nome específico de revisão de preços, que se distingue do mero reajuste (correção monetária) de preços" (ARAGÃO, Alexandre Santos de. *Curso de Direito Administrativo*. 2. ed. Rio de Janeiro: Forense, 2013. Tópico XIII.3.1).

pactuado contratualmente. A Consulente apenas não acatou o pedido da CONTRATADA acerca da revisão dos valores.

Não pode ser esta uma situação em que o particular goze automaticamente da prerrogativa da suspensão da execução contratual – seria análogo a conceder ao administrado meio coercitivo de cumprimento de todas as suas solicitações de reajustes e revisões contratuais. Haveria, por conseguinte, uma inversão em relação a qual das partes no contrato administrativo deve ter prevalência, o que jamais poderia ter sido a *mens legis*.

Cuida-se aqui de contrato administrativo, marcado pela "possibilidade de a Administração instabilizar o vínculo, seja: a) alterando unilateralmente o que fora pactuado a respeito das obrigações do contratante; b) extinguindo unilateralmente o vínculo". Assim "as prerrogativas em pauta colocam 'o contrato' à mercê de uma das partes [a Administração], tanto no que atina à continuidade quanto, dentro de certos limites, no que respeita às condições relativas à prestação devida pelo particular".[96] Dar ao particular uma ferramenta de coercibilidade para a realização de seus pleitos equivaleria a desnaturar a própria natureza de contrato administrativo, invertendo a correlação de forças inerentes às suas cláusulas exorbitantes.

De fato, a prerrogativa de suspensão da execução contratual pelo contratado até mesmo em caso de inadimplência contratual direta da contratante pública é excepcional, por proteção ao princípio da continuidade dos serviços públicos. Assim é que, por exemplo, a Lei nº 8.987 estabelece em seu art. 39, parágrafo único, que "os serviços prestados pela concessionária não poderão ser interrompidos ou paralisados, até a decisão judicial transitada em julgado". Da mesma forma, no âmbito da Lei nº 8.666, a paralisação está restrita à ocorrência das situações previstas no art. 78, XIV e XV, que, como vimos acima, não se aplica a hipóteses de pleitos de revisão contratual. Finalmente, no que toca à aplicação do art. 625, II do CC/2002, a CONTRATADA parece olvidar-se de que o contrato em tela fora celebrado com empresa estatal, em decorrência de processo licitatório público, e não de uma mera avença entre particulares. E, nunca é demais lembrar, aos contratos administrativos aplicam-se primeiramente as normas específicas da Lei nº 8.666 (art. 54) – e, apenas subsidiariamente, a Teoria Geral dos Contratos, o que jamais significará que os contratos administrativos equiparam-se àqueles da seara cível.

Porém, ainda que em tese fosse possível a aplicação do dispositivo supramencionado, e apenas para esgotar o assunto, o caso em tela não permitiria sua utilização, como se passa a demonstrar.

Na esteira do pensamento de Gustavo Tepedino:

> Para que a suspensão seja legítima, é necessário, simultaneamente, que i) as dificuldades sejam imprevisíveis, ii) a execução se torne excessivamente onerosa em razão das mesmas, e iii) o dono da obra se oponha ao reajuste do preço. *Em regra, o empreiteiro não tem direito ao acréscimo do preço, ainda que sejam introduzidas modificações no projeto* (v. art. 619) [...].
>
> Indispensável criteriosa aferição da imprevisibilidade, devendo o empreiteiro provar que foram esgotados todos os recursos disponíveis para evitar surpresas no que se refere ao

---

[96] MELLO, Celso Antônio Bandeira de. *Curso de Direito Administrativo*. 29. ed. São Paulo: Malheiros Editores, 2012. p. 627.

solo ou às condições hídricas (rios, poços, lençol freático) do local. A diligência exigível deve compreender também outras causas semelhantes, como problemas climáticos especiais (geadas, ventos excessivos, calor extremado).[97]

Consequentemente, em função de tudo que já foi ressaltado em relação à inexistência *in casu* de sujeições imprevistas – seja pela previsibilidade dos fatos, seja pela previsão em edital, ou mesmo pelo fato de a responsabilidade pelo projeto executivo e traçado ser da CONTRATADA – tem-se que de qualquer forma seria inaplicável a regra do Código Civil, que, como visto, pressupõe criteriosa apuração da imprevisibilidade dos fatos que afetaram a onerosidade do contrato.

Estas conclusões, vale dizer, não deixam o particular desamparado, pois "o interessado pode recorrer à via judicial e, por meio de ação cautelar, formular pretensão no sentido de lhe ser conferida tutela preventiva imediata, com deferimento de medida liminar para o fim de ser o contratado autorizado a suspender o objeto do contrato, evitando-se que futuramente possa a Administração inadimplente imputar-lhe conduta culposa reciproca. Segundo nos parece, esse é o único caminho a ser seguido para impedir que a Administração, que está descumprindo obrigação contratual, se locuplete de sua própria torpeza".[98]

Portanto, a conduta da CONTRATADA, ao suspender a execução contratual para só então adentrar a via judicial careceu de qualquer suporte normativo, sob a ótica do Direito Administrativo e, até mesmo, do Direito Civil.

VIII Conclusões

Percorrido esse caminho, nos resta agora sintetizar as conclusões alcançadas no presente parecer, sem pretender esgotá-las e mister se fazendo remeter, para a sua exata compreensão, ao que foi desenvolvido nos Tópicos acima.

Vejamo-las:
- A contratação da CONTRATADA compreendeu desde a elaboração do projeto executivo, até a entrega das obras propriamente ditas, incluindo-se aí também o fornecimento total de equipamentos e materiais, a elaboração dos estudos topográficos e do traçado dos dutos, tudo mediante pagamento de preço fixado de antemão. Tal modalidade contratual identifica-se perfeitamente com a empreitada integral, também conhecida como *turnkey*, definida pela Lei nº 8.666/93 em seu art. 6º, VIII, "e";
- O projeto básico, serve a caracterizar suficientemente (e não exaustivamente) o objeto da licitação. Isso significa que não pode haver licitação de obras e serviços sem a prévia aprovação do mesmo, nos termos do art. 7º, §2º, I da

---

[97] TEPEDINO, Gustavo; BARBOZA, Heloísa Helena; MORAES, Maria Celina Bodin de. *Código Civil interpretado conforme a Constituição da República*. Rio de Janeiro: Renovar, 2006. v. II, p. 380-381.
[98] CARVALHO FILHO, José dos Santos. *Manual de Direito Administrativo*. 18. ed. Rio de Janeiro: Ed. Lumen Juris, 2007. p. 178-179.

Lei nº 8.666, de modo que a mera existência prévia de projeto básico não descaracteriza a modalidade contratual;
- A precisa e exauriente delimitação do objeto contratual é feita na fase subsequente – ou seja, no projeto executivo, que ficou a cargo da CONTRATADA, conforme expressa previsão do edital;
- O fato de contratualmente até mesmo o traçado do gasoduto ficar a cargo da contratada é um ponto enfático nesse sentido, porque integra a própria identificação pormenorizada do gasoduto a ser construído, já que a depender do traçado muitas diversas características de rochas poderiam ser encontradas. Na verdade, se contava com a expertise do contratado para, ao elaborar o traçado do gasoduto, o fizesse de maneira a otimizar recursos e tempo, por exemplo, fazendo-o passar pela linha que menos rochas apresentassem para serem vencidas;
- O mesmo se diga do fato de os estudos de topografia deverem ser realizadas pelo contrato, após naturalmente a assinatura do contrato. Ora, topografia, em língua portuguesa, é a "descrição detalhada de uma localidade",[99] e em sentido técnico de engenharia é a identificação das "formas de um terreno, representando as situações naturais e artificiais que este apresenta".[100] Ou seja, tanto em sentido geral vernacular, como técnico-especializado, ao se incumbir ao contrato a realização dos estudos topográficos necessários à construção do gasoduto, estava se incumbindo a ele a descrição e identificação de todos os aspectos geológicos e naturais do terreno, inclusive obviamente o importante aspecto das rochas nele presentes, onde o gasoduto seria construído, cujo próprio traçado a ele também cabia;
- Logicamente que anteriormente à definição do traçado do gasoduto sequer havia condições de precisar a quantidade de rochas a ser escavada, de modo que, ao concordar em elaborar o traçado e os estudos topográficos, a CONTRATADA já estava ciente que o volume de rochas ainda não tinha como ser identificado e que, em grande parte, dependeria dos estudos e traçado a ser por ela formulados;
- Tendo em vista que inexistiu impugnação ao edital, deve-se entender que os elementos contidos no projeto básico apresentado pela Consulente foram reputados suficientes à elaboração da proposta pela CONTRATADA ou que ela (e os demais licitantes) assumiu os riscos decorrentes de eventuais lacunas ou generalidades;
- No âmbito do contrato de empreitada integral, o particular não tem uma margem de lucros fixa e inalterável. Seu lucro "é incerto e variável. Corresponderá à diferença entre as despesas e do particular e o valor recebido";[101]
- Consequentemente, nas "empreitadas integrais encontra-se ínsita na obrigação do empreiteiro a assunção de todos os riscos até a entrega da obra, tendo como

---

[99] TOPOGRAFIA. *In*: DICIONÁRIO INFORMAL. Disponível em: http://www.dicionarioinformal.com.br/topografia/. Acesso em 10 set. 2015.

[100] TOPOGRAFIA. *In*: ENGENHARIACIVIL.COM. Disponível em: http://www.engenhariacivil.com/dicionario/topografia. Acesso em 10 set. 2015.

[101] JUSTEN FILHO, Marçal. *Comentários à Lei de Licitações e Contratos Administrativos*. São Paulo: Dialética, 2012. p. 140.

contrapartida o preço anteriormente fixado, conforme seus próprios cálculos e previsão, de molde a cobrir as despesas e o seu trabalho";[102]
- No caso concreto, a CONTRATADA estava ciente de que elaboraria, para a consecução do objeto contratado, também o projeto executivo, no qual estavam expressamente incluídos os estudos topográficos pertinentes, pelo do Memorial Descritivo, corroborado ainda em resposta fornecida a esclarecimento quando da licitação. A CONTRATADA seria também responsável pela elaboração do próprio traçado do gasoduto, somente a partir do qual poderia ser sabido o volume de rochas a serem escavados. A CONTRATADA estava igualmente ciente da existência potencial de grande quantidade de rochas, o que fica claro tanto no corpo do Edital e respectivo Memorial Descritivo, quanto nas respostas contidas na referida resposta. O Edital é claro em afirmar a existência de rochas.
- A CONTRATADA tinha condições, ademais, de saber a natureza do contrato que celebrava, seja pelas características gerais deste (destacadas no Tópico II), seja pela expressa previsão editalícia. Desta modalidade contratual, decorrem a variabilidade e incerteza do lucro, que lhe são característicos;
- A previsibilidade do risco estava plenamente configurada, tanto pela expressa previsão em edital acerca da elaboração do projeto executivo, da ausência de estudos topográficos e da existência de "grande quantidade de rocha prevista na obra", quanto pelo fato de que o próprio traçado do gasoduto ficou a cargo da empreiteira.
- E, ao não só participar da mesma sem impugnar suas condições, mas também celebrar o respectivo contrato ao se sagrar vencedora, a CONTRATADA assumiu os referidos riscos, que certamente foram mensurados e precificados quando da apresentação da proposta vencedora;
- Os fatos previsíveis ou riscos alocados à contratada não levam à recomposição da equação econômico-financeira. Apenas a chamada álea extraordinária acarreta o reequilíbrio do contrato;
- As sujeições imprevistas, assim, apenas têm o condão de levar à revisão contratual quando não for dado ao particular qualquer meio possível para o seu conhecimento, e quando não estiverem elas mesmas incluídas no risco ordinário do contrato. Ou seja, não pode ser premiada a desídia ou imperícia do particular que deixa de observar aspectos essenciais do contrato durante sua celebração ou execução, nem pode ser premiado o particular que contrata com a Administração levianamente por um preço eventualmente inferior ao necessário;
- Essa conclusão em nada se contrapõe ao princípio da manutenção ao equilíbrio econômico-financeiro, pois este serve a manter o lucro nos termos originalmente assegurados no contrato.[103] Ora, nas empreitadas integrais, como dito,

---

[102] TEPEDINO, Gustavo. Aspectos práticos do contrato de empreitada no regime turnkey. In: TEPEDINO, Gustavo. Soluções Práticas de Direito, v. II, p. 231 e seguintes, São Paulo: Revista dos Tribunais, 2012.
[103] MEIRELLES, Hely Lopes. Licitação e Contrato Administrativo. 10. ed. São Paulo: Revista dos Tribunais, 1991. p. 192.

o lucro é sempre incerto e variável,[104] pois não há certezas *a priori* acerca do custo total do empreendimento;
- A pretensão da contratada ser atendida equivaleria a ela ser remunerada duas vezes pelo mesmo risco: a precificação dele quando da apresentação da proposta mais o aumento do valor contratual em razão do mesmo risco ter se concretizado;
- O fato de a CONTRATADA afirmar que os "pulos" no traçado que ela mesma criou seriam causa a ensejar a revisão contratual consiste claramente em hipótese de comportamento contraditório, pois o traçado foi de sua própria autoria;
- Atentaria contra o agir desinteressado da Administração o acolhimento das solicitações de revisão contratual feitas pela CONTRATADA, pois estas não teriam como base as condições originalmente pactuadas pelas partes (que merecem reequilíbrio sempre que afetadas por fatos imprevistos). Haveria igualmente infringência ao princípio da vinculação ao instrumento convocatório e à isonomia, já que todos os participantes da licitação consideraram a imputação dos riscos ao particular como parte da precificação em suas propostas;
- O laudo da instituição independente não tem qualquer efeito vinculante em relação à Consulente. Para que o referido laudo tivesse algum condão de obrigar a CONTRATANTE à revisão do contrato de empreitada, deveria ter sido celebrado compromisso arbitral entre as partes. À exceção de cláusula compromissória expressa, sempre competirá à autoridade licitante a decisão final acerca dos pedidos de revisão de contratos administrativos. Trata-se de prerrogativa e competência indelegável e irrenunciável da Administração Pública;
- Quanto à rescisão unilateral do contrato administrativo, esta é uma prerrogativa da qual goza, exclusivamente, a Administração Pública. Não é dado ao particular paralisar unilateralmente a prestação dos serviços e/ou obras licitadas, bem como rescindir unilateralmente os contratos pela via extrajudicial;
- Quando o inadimplemento for da Administração (art. 78, XIII a XVI), portanto, o contratado deverá obter a rescisão em Juízo (art. 79, III), tendo direito ao ressarcimento dos prejuízos (art. 79, §2º);
- A CONTRATANTE, todavia, não quedou inadimplente no cumprimento do instrumento contratual, pois efetuou regularmente o pagamento dos serviços e obras realizados, conforme pactuado contratualmente. A Consulente apenas não acatou o pedido da CONTRATADA acerca da revisão dos valores a serem pagos, em termos não previstos originariamente;
- Cogitar da possibilidade de suspensão do contrato unilateralmente pelo particular nos casos em que os seus pleitos de revisão não fossem atendidos equivaleria, dada à sua iliquidez e incerteza e não previsão de antemão no instrumento contratual – ao contrário dos meros e automáticos reajustes de preços por correção monetária –, a uma interpretação equivocada dos citados

---

[104] JUSTEN FILHO, Marçal. *Comentários à Lei de Licitações e Contratos Administrativos*. São Paulo: Dialética, 2012. p. 140.

dispositivos da Lei nº 8.666/93, que se referem apenas a inadimplementos do instrumento contratual em si;
- Não pode ser esta uma situação em que o particular goze automaticamente da prerrogativa da suspensão da execução contratual – seria análogo a conceder ao administrado meio coercitivo de cumprimento de todas as suas solicitações de revisões contratuais;
- A suspensão, da execução do contrato por culpa da Administração, já tem previsão direta no art. 78 da Lei nº 8.666 em duas situações distintas, e qualquer outra divagação sobre a ponderação entre os valores e princípios em conflito no caso estão ultrapassadas pela pré-ponderação já feita pelo Legislador;
- Estas conclusões não deixam o particular desamparado, pois o interessado pode voltar-se para a via judicial e obter decisão (liminar ou definitiva) que o autorize a deixar de prestar os serviços.

IX Resposta aos quesitos

Diante de todo o exposto, e sem de forma algum tornar despicienda a leitura do desenvolvido ao longo de todo o parecer, passaremos a responder aos quesitos propostos objetivamente:

1. *Os artigos 77 a 79 da Lei nº 8.666/93 e o contrato firmado entre as Partes autorizam a resilição unilateral do contrato sem autorização judicial?*
   Essa autorização judicial deve necessariamente ser prévia à resilição unilateral? É possível convalidar a resilição unilateral com efeitos retroativos por meio de sentença de mérito proferida nos autos de uma ação judicial ajuizada apenas depois de 01 (um) mês decorrido desde a prática do ato e do abandono sumário das obras? A eventual constatação de onerosidade excessiva pode ser considerada como uma exceção legal e contratual que dispense a referida autorização judicial prévia? Considerando-se todas essas premissas, a resilição unilateral e o consequente abandono das obras pela CONTRATADA, realizados sem prévia autorização judicial, podem ser considerados atos lícitos e regulares?
   Não. Conforme desenvolvemos no Tópico VII do parecer, apenas é possível ao particular rescindir o contrato administrativo pela via judicial.
   Tal autorização deve ser prévia, sob pena de convalidação de atuação ilegal do contratado que, ao abandonar o cumprimento contratual, deve sofrer as consequentes penalidades.
   A suspensão da prestação pela onerosidade excessiva, como visto, é característica do Direito Civil, que só tem aplicação subsidiária ao Direito Administrativo. Ademais, mesmo que aplicável, apenas poderia ser utilizada em caso de inequívoca onerosidade, o que não é o caso.

2. *Considerando-se o disposto no ato de abertura da licitação e no edital (cujos termos não foram impugnados pela CONTRATADA no momento oportuno), assim como o objeto do contrato (i.e., execução integral das obras do gasoduto, desde a elaboração*

de seu projeto executivo até sua entrega à CONTRATANTE pronto para entrar em funcionamento), é possível concluir que a execução dos serviços foi contratada sob o regime de empreitada integral com menor preço global, nos termos do artigo 6º, VIII, "e", da Lei nº 8.666/93? O entendimento em sentido diverso viola o princípio da vinculação ao instrumento convocatório (artigo 3º da Lei nº 8.666/93)?

Sim, o contrato em questão cuida de empreitada integral, conforme esclarecemos no Tópico II da presente Consulta. A interpretação em sentido contrário é atentatória ao próprio instrumento convocatório, nos termos do Tópico V. 2.

3. *O fato de a CONTRATANTE ter fornecido o projeto básico aos licitantes retira a natureza de empreitada integral por preço global do contrato? O fato de a CONTRATANTE ter esclarecido, no memorial descritivo, que o licitante vencedor deveria verificar, consolidar e complementar o projeto básico no processo de elaboração do projeto executivo, inclusive definindo o traçado do gasoduto, reforça essa natureza de empreitada integral por preço global?*

Como deixamos claro no Tópico II.1 do parecer, o projeto básico é requisito essencial às licitações de obras e serviços, de modo que inexiste empreitada integral sem o prévio e competente projeto básico. Sua existência não descaracteriza a natureza do contrato.

4. *O projeto básico fornecido pela CONTRATANTE deveria obrigatoriamente ter previsto absolutamente todo o volume de rochas existentes na área onde o gasoduto deveria ser construído ou apenas demonstrado a viabilidade e a conveniência do projeto com apoio em dados e estudos preliminares obtidos e/ou elaborados pela CONTRATANTE (a serem complementados por oportunidade da elaboração do projeto executivo)?*

Não. O projeto básico não tem como objetivo a delimitação de todos os aspectos do objeto contratual, servindo apenas para indicar a sua viabilidade e conveniência, bem como para delinear o objeto de maneira suficiente para a elaboração das propostas. É o projeto executivo que tem por finalidade exaurir todos os aspectos técnicos e materiais do objeto licitado.

5. *Considerando o contrato e o instrumento convocatório, o risco de se encontrar rochas era alocado ao contratante ou ao contratado?*

Conforme desenvolvemos no Tópico III da Consulta, o risco era alocado ao particular.

6. *Qual é a natureza jurídica do relatório solicitado pelas Partes à instituição independente? Nos termos da Lei nº 8.666/93 e do contrato, é possível sustentar que as recomendações e conclusões técnicas atingidas por meio desse relatório possuam caráter meramente opinativo e não vinculante com relação à CONTRATANTE, possuindo esta última o direito de questionar e discordar de tais recomendações e conclusões (ainda mais diante da possibilidade de se demonstrar e comprovar o contrário do que havia concluído a instituição independente)?*

O laudo da instituição independente tem natureza de parecer, ou seja, não é vinculante para a CONTRATANTE, pois não se confunde com uma sentença arbitral. E, na ausência de previsão de arbitragem, não poderia a estatal abrir de sua competência de apreciar os pleitos de revisão contratual em prol da instituição independente.

7. *Quais são os requisitos legalmente exigidos para que um particular possa obter a alteração de um contrato administrativo?*
Deve o particular, caso não obtenha êxito na via administrativa consensual, buscar discutir seu pleito pela via judicial e sempre diante de fatos imprevisíveis ou imprevistos cujos riscos não tenham sido a ele alocados no edital de licitação e na minuta contratual a ele anexa.

8. *Considerando-se as peculiaridades do caso, é possível afirmar – principalmente com relação ao volume de rochas encontrado, mas sem se limitar a ele – que se tenha verificado fato absolutamente imprevisível ou álea econômica extraordinária e extracontratual?*
O volume de rochas no caso concreto não tem natureza de álea extraordinária, mas sim de risco do negócio, tanto por ter sido previsto em edital, quanto pela alocação de riscos que caracteriza a empreitada integral, na qual o particular assume maior parcela de riscos, associada a uma maior liberdade de atuação quando da execução contratual.

9. *Considerando-se o disposto no artigo 37, XXI, da Constituição Federal e os artigos 58, I e 65 da Lei nº 8.666/93, assim como o fato de que a CONTRATANTE jamais interferiu na execução do contrato para ampliar o objeto dos serviços inicialmente contratados, é plausível o pedido de recomposição econômica do contrato firmado com a CONTRATADA como forma de aumentar o valor inicialmente estipulado em mais de 50% (cinquenta por cento) (além das sucessivas prorrogações do prazo para conclusão das obras)?*
O pleito da CONTRATADA não procede em função da alocação de riscos inerente ao contrato de empreitada integral, no qual a álea em regra é assumida pelo contratado, que tem obrigação de fim de entregar um empreendimento em pleno funcionamento, sob pena de incidir em enriquecimento sem causa, remunerando-se pelo mesmo risco duas vezes.

10. *É possível concluir que a r. sentença, ao atribuir tais riscos à contratante, violou o critério de menor preço, assim como os princípios da moralidade administrativa, da vinculação ao instrumento convocatório, da isonomia e do julgamento objetivo?*
O princípio da vinculação ao instrumento convocatório, e, consequentemente, todos os princípios tutelados pela licitação, tal como a isonomia e a moralidade administrativas, determinam que os termos básicos da licitação, do qual a alocação de riscos constitui um dos mais relevantes, sejam mantidos durante toda a execução contratual, não se podendo retirar do contrato risco que, se outras empresas soubessem que isso viria a acontecer, poderiam ter participado da licitação ou proposto preços mais interessantes.

11. *O princípio da boa-fé objetiva (artigo 422 do Código Civil) é aplicável aos contratos administrativos? Considerando-se que (i) a CONTRATADA passou quase 01 (um) ano trabalhando na área das obras, (ii) somente após o decurso de todo esse tempo,*

a CONTRATADA procurou a CONTRATANTE, mas já requerendo a majoração do valor original do contrato em mais de 50% (cinquenta por cento) e (iii) diante da negativa da CONTRATANTE à maioria de seus pedidos, a CONTRATADA abandonou sumariamente as obras; é possível concluir que a CONTRATADA deixou de observar o princípio da boa-fé objetiva?

O princípio da boa-fé objetiva, inclusive na sua vertente de vedação do comportamento contraditório, tem aplicação no campo dos contratos administrativos, não podendo licitantes assumirem riscos e depois pleitearem se ver livres deles, ou requererem revisões em razão de traçado de obra por eles mesmo elaborado.

É o parecer.

DISCIPLINA DA COMERCIALIZAÇÃO DO GLP NO BRASIL E AS OBRIGAÇÕES REGULATÓRIAS DA ANP[*]

Sumário

I   A consulta
II   Histórico da regulação do GLP no Brasil: do controle do mercado à concorrência com respeito à segurança dos consumidores
III   Avaliação empírica dos resultados da regulação vigente. Instrumentalidade da regulação aos objetivos da Lei do petróleo
IV   Medidas a serem adotadas para compatibilizar a resolução nº 15/2005 à situação fática atual
IV.1   Revogação das exceções à vedação do uso de botijões de marcas alheias
IV.2   Uniformização das marcas gravadas nos botijões, estampadas em seus rótulos e nos lacres de segurança
IV.3   Estabelecimento de critério objetivo da compatibilidade entre o universo de botijões da distribuidora e o volume de suas vendas de GLP
IV.4   Declaração expressa da detenção exercida pelos consumidores sobre os botijões
V   Esteio legal das medidas alvitradas
VI   Esteio constitucional das medidas alvitradas
VI.1   Princípio da eficiência
VI.2   Princípio da proporcionalidade
VI.3   Princípio da defesa do consumidor
VI.4   Princípio da precaução
VII   Obrigação regulatória da ANP
VIII   Conclusão

---

[*] Parecer elaborado em 20.10.2007.

I A consulta

Consultam-nos sobre os fundamentos jurídicos da inserção de alterações na Resolução nº 15, de 18 de maio de 2005, da Agência Nacional do Petróleo, Gás Natural e Biocombustíveis – ANP, notadamente para passar a incluir: (i) revogação das exceções à unicidade das marcas de botijões comercializáveis por cada empresa, (ii) norma estabelecendo a uniformização da marca constante nos botijões em alto-relevo, no lacre e no rótulo de instruções de segurança; (iii) obrigação de as empresas, através de uma margem padrão de variação periódica de quilos de gás/número de botijões, comprovarem a existência em seu poder de um universo de botijões compatível com suas vendas em quilos de gás; e (iv) expressa caracterização da natureza jurídica da relação do consumidor com os recipientes (botijões) por ele utilizados.

A Resolução ANP nº 15/05, que revogou todas as normas anteriores sobre o assunto, prevê, em seu art. 21, a proibição de uma distribuidora comercializar e utilizar botijões de outra marca que não a sua, salvo quando houver pacto expresso nesse sentido.

Conforme se pode extrair dos *consideranda* de referida Resolução, essa vedação visa a atender aos princípios do Código de Defesa do Consumidor, notadamente através do estabelecimento de normas que garantam a responsabilização civil do distribuidor e revendedor perante o consumidor, de forma a se poder identificar a empresa responsável por eventual acidente causado pelo gás:

> Considerando que a identificação da marca comercial no corpo do recipiente transportável de GLP visa a atender, além de controles de competência da ANP, a princípios do Código de Defesa do Consumidor, assegurando a responsabilidade civil do distribuidor e do revendedor perante o consumidor.

Contudo, observa o Consulente que a Resolução ANP nº 15/05 contém algumas fragilidades que, ao longo de sua aplicação, comprometeram o efetivo atendimento das suas próprias e expressas finalidades, tais como, a previsão, como visto acima, de exceções à vedação do uso de botijão de outra marca, a ausência de norma no sentido da obrigatoriedade de unicidade da marca gravada em alto relevo no botijão, no lacre e no rótulo, a ausência de norma que estabeleça a obrigatoriedade de demonstração, pela empresa, da compatibilidade entre o seu universo de botijões e o seu volume de vendas, com base em fórmula pré-estabelecida, bem como de norma que preveja expressamente a natureza jurídica dos direitos do consumidor sobre os botijões.

Veja-se, por exemplo, a questão da compatibilidade entre o número de botijões e o número de consumidores da distribuidora – este último refletido no volume de gás adquirido pela distribuidora do fornecedor. Conforme informa o Consulente, para cada botijão sendo efetivamente utilizado pelo consumidor, há a necessidade de outros em circulação, em manutenção, no transporte, na base sendo preenchidos, etc., razão pela qual uma empresa deve possuir necessariamente uma quantidade muito maior de botijões do que o número de clientes que atende mensalmente. Se essa relação numérica entre o gás adquirido e a quantidade de botijões de sua marca não for proporcional, é porque o gás "a maior" estará preenchendo recipientes com outras marcas.

O objetivo do presente parecer é, considerando a situação fática existente, verificar se as alterações alvitradas pelo Consulente decorrem de normas legais e constitucionais, vinculantes do regulador. Em outras palavras, é verificar se a ausência dessas inserções está impedindo que a Resolução ANP alcance seus objetivos, que são também os objetivos da lei do Petróleo e da Constituição Federal.

II Histórico da regulação do GLP no Brasil: do controle do mercado à concorrência com respeito à segurança dos consumidores

Importante para a análise é a evolução das normas administrativas que versaram, desde a década de 1950, sobre o setor do GLP, com vistas a demonstrar seus avanços e retrocessos e identificar o que ainda é preciso melhorar. Uma característica presente na maioria dessas normas é a preocupação com a segurança dos consumidores, o que levou ao órgão regulador, ao longo dos anos, a criar mecanismos diversos de prevenção e responsabilização por acidentes.

A regulamentação desse setor, com efeito, não é um fenômeno recente; desde há muito existem sobretudo normas administrativas versando sobre o assunto.

Como narra José Tavares de Araújo Jr.,[1] até 1976 – quando o Conselho Nacional do Petróleo editou a Resolução nº 13, as normas sobre abastecimento, distribuição e revenda de GLP encontravam-se dispersas em vários atos normativos, além de desatualizadas face à evolução econômico-social do país.

Dentre esses atos normativos destaca-se a Resolução nº 3/56 também do CNP. Em sua *consideranda*, referida Resolução já demonstrava, mesmo que de forma incipiente, alguma preocupação com o consumidor, levando em conta o alto interesse "social de que se reveste o suprimento regular do gás liquefeito de petróleo para uso doméstico, em face do grande número atual de consumidores e da possibilidade do seu aumento".

Ela dispunha, em seu art. 3º, que a instalação de aparelho destinado à queima de GLP era de responsabilidade do consumidor, que poderia, inclusive, fazê-la por conta própria. De acordo com o seu art. 5º, também era vedada a cobrança de qualquer valor pelo botijão vasilhame e acessórios de distribuição incorporados ao patrimônio das empresas. O valor necessário à amortização do vasilhame e acessórios deveria ser, de acordo com esta Resolução, incluído na estrutura do preço do produto.

Conforme informado pelo Consulente, nessa época, o conjunto técnico, composto de botijões, registro e mangueira, de propriedade da distribuidora, era cedido ao consumidor a título de comodato, sem a cobrança de qualquer valor para tanto.

Dois anos depois, foi editada a Resolução nº 2/58, também do CNP, a qual reafirmando que "o comércio de GLP, em face do interesse público, se baseia precipuamente na garantia de segurança do abastecimento permanente e regular do produto que todo consumidor tem o direito de esperar da empresa que elegeu como fornecedora", bem como que "a segurança do abastecimento do produto está intimamente vinculada à capacidade físico-econômica de cada empresa distribuidora em atender, de forma permanente e regular, aos respectivos consumidores", criou a obrigação de as distribuidoras aplicarem parcela da estrutura de preços do GLP no custeamento da substituição

---

[1] ARAÚJO JR., José Tavares. A regulação do setor de GLP no Brasil. *Revista do IBRAC*, n. 14, p. 10, 2007.

e renovação das instalações e equipamentos necessários ao abastecimento regular da clientela de cada empresa distribuidora.

Nessa época já se demonstrava, portanto, a preocupação do órgão regulador com a capacidade das distribuidoras de atender a demanda da sua clientela, razão pela qual lhes fora imposto o investimento obrigatório na renovação dos seus equipamentos.

Posteriormente, o CNP editou a Resolução nº 1/61, contendo uma regulamentação mais extensa sobre o assunto. Essa norma manteve o vínculo do fornecimento de GLP entre a distribuidora e o consumidor, com a criação da "ficha de registro de consumidor".[2] Também previu expressamente vedação do enchimento de botijões de terceiros, salvo se com fundamento em ajuste entre as distribuidoras:

> Art. 31. Constituem obrigações da distribuidora, no que se refere ao processo de fornecimento de GLP:
>
> h) não processar, em substituição ao vasilhame por ela fornecido, o enchimento de outro que contenha marca, de qualquer tipo, usada por congênere, salvo ajuste entre distribuidoras, de conhecimento do CNP, não podendo ser enchido vasilhame sem marca;
>
> Art. 34. O CNP tomará as providências cabíveis em caso de inobservância das normas contidas nesta Resolução, por iniciativa própria ou mediante representação documentada da parte que se julgar prejudicada.
>
> Parágrafo único. Para efeito do disposto neste artigo, a simples existência de vasilhame sem marca, ou com a marca que não a própria, nos depósitos, terminais, veículos ou qualquer dependência utilizada por determinada distribuidora, seus representantes ou prepostos, assim como em domicílio de consumidor vinculado a distribuidora diversa, configurará infração do disposto no artigo 31, salvo se o fato decorrer de prévio ajuste entre distribuidoras interessadas.
>
> Art. 44. As distribuidoras adquirirão somente vasilhame que tenha sua marca comercial estampada no corpo do recipiente.

Como se vê, a vedação genérica quanto à utilização de botijões de marca de terceiros remonta, pelo menos, ao início da década de 1960, tendo sido reiterada, conforme se demonstrará a seguir, em inúmeros atos normativos que sucederam à Resolução nº 01.

Àquela época ainda não havia exclusividade de distribuidoras por zonas geográficas (art. 17),[3] sendo, em vista disso, a responsabilização por acidentes com botijões de GLP em princípio baseada apenas nas fichas de registro do consumidor supracitadas.

---

[2] Art. 21. O consumidor de GLP envasilhado será registrado na empresa distribuidora por meio de uma "Ficha de Registro de Consumidor" que documentará, perante o CNP, o vínculo entre a distribuidora e o consumidor, nas condições estabelecidas na presente Resolução. §1º. A distribuidora fica obrigada a preencher a "Ficha de Registro", a que se refere o presente artigo, no ato da solicitação de fornecimento de GLP pelo consumidor, seja por distribuição direta ou indireta. §2º. A "Ficha de Registro de Consumidor" deverá conter, entre outros, os seguintes dados: – denominação da distribuidora; – data do pedido; – solicitação formal do fornecimento; – nome do consumidor; – local da instalação, indicando rua e número, bairro, cidade e estado; – referência à prova de aquisição do conjunto técnico; – assinatura do consumidor; – data da inspeção; – tipo de instalação; – resultado da inspeção; assinatura do inspetor.

[3] Art. 17. Nenhuma distribuidora terá exclusividade em qualquer região ou zona.

De acordo com o art. 21 da Resolução, cada consumidor deveria ser registrado na empresa distribuidora, através do preenchimento de referida ficha, que possuía uma série de informações, como data do pedido, nome do consumidor, local da instalação, prova de aquisição do conjunto técnico, hábeis a identificar, no caso de acidentes, qual a distribuidora responsável pelo fornecimento de GLP em determinada residência.

Aquela Resolução determinava, ainda, que as empresas deveriam apresentar anualmente ao CNP documentos indicando a movimentação do produto, número de consumidores acumulados e adquiridos em cada mês:

> Art. 25. As distribuidoras devem organizar sua contabilidade e o cômputo estatístico de suas atividades, de acordo com as normas estabelecidas pelo CNP, e apresentar anualmente ao Conselho:
>
> a) Demonstrativo de custos;
>
> b) movimento do produto, indicando recebimento, transferências de base, consumo, perdas e estoques;
>
> c) número de consumidores acumulados e número de consumidores adquiridos durante o mês, incluindo os dos representantes, e especificando consumidores domésticos e os de cada uma das demais categorias.
>
> §1º. Os elementos referidos nas alíneas "b" e "c" deste artigo devem ser especificados para regiões de consumo, estados, municípios e núcleos de população.
>
> §2º. Os dados referidos na alínea "a" deste artigo deverão dar entrada no CNP até o último dia do mês subsequente ao vencido e os das alíneas "b" e "c", até o dia 15 de cada mês.
>
> a) As distribuidoras que se atrasarem em relação aos prazos indicados neste parágrafo, não receberão o acréscimo a que fizerem jus em suas quotas mensais, enquanto não satisfizerem estas exigências.

Muito embora tal previsão já atuasse no sentido de permitir um maior controle sobre as atividades realizadas pelas distribuidoras, tornando possível a análise, por exemplo, dos custos da atividade e o universo de consumidores de cada empresa, esse controle ainda não era suficiente, porque se fundamentava apenas nas informações das próprias distribuidoras e não abarcava informações fundamentais como, por exemplo, a quantidade dos seus botijões em circulação.

Com a edição da Resolução nº 13/76, também do Conselho Nacional do Petróleo, foram consolidadas as normas sobre abastecimento, distribuição e revenda de GLP. Comentando referida Resolução, José Tavares Araújo Jr. observa que "o método regulatório vigente nas décadas de 70 e 80 usava métodos de intervenção na economia – para controlar preços, volumes de transações, condições de entrada no mercado, distribuição espacial da produção, e até a conduta do consumidor final – cujo rigor e minúcia só eram comparáveis aos da antiga União Soviética".[4]

Dentre os inúmeros dispositivos de referida Resolução, importam, para a análise ora realizada, os seguintes. O primeiro dele, o art. 17, previa a necessidade de comprovação de viabilidade técnico-econômica-financeira do empreendimento como requisito

---

[4] ARAÚJO JR., José Tavares. A regulação do setor de GLP no Brasil. *Revista do IBRAC*, n. 14, p. 12, 2007.

essencial para a obtenção de título de autorização,[5] e estabelecia que referido título explicitaria as áreas de atuação da distribuidora.

Manteve-se, ainda, a vedação de comercialização de botijões de marca de terceiros, conforme se pode extrair dos dispositivos abaixo:

> Art. 34. A Distribuidora, Representantes e Postos de Revenda operando sob a mesma bandeira, só poderão comercializar GLP em recipientes com a marca da mesma Distribuidora.

> Art. 71. O recipiente com GLP somente poderá ser comerciado pelo Posto de Revenda (PRD, PRR ou PRT) se tiver a marca que identifique a única Distribuidora a que pertencer ou estiver vinculado.

> Art. 72. É vedado à Distribuidora, Representante ou Posto de Revenda de Terceiro distribuir, redistribuir ou revender a consumidor GLP em recipiente de outra marca (OM).

Destaca-se, por fim, o dispositivo da Resolução que, semelhantemente ao que ora se pretende, estabelecia fórmula de cálculo do número mínimo de botijões P-13 que as distribuidoras deveriam dispor para prestar o serviço:

> Art. 49. O número mínimo de botijões de 13kg que a Distribuidora terá de manter em serviço deverá ser calculado através da fórmula $N = 0,0025G$, em que:
>
> - N é o número de botijões de 13kg;
>
> - G é a quantidade total de GLP, em kg, efetivamente comercializada no ano anterior, em botijões de 13kg.

Tal dispositivo, como se vê, vinculava a quantidade máxima de GLP que poderia ser comercializada pela distribuidora ao número de botijões por ela mantidos.

O modelo dirigista e planificado do GLP no Brasil, caracterizado sobretudo pela exclusividade geográfica de atuação de cada empresa, começou a ser desmontado na década de 1990, com a edição da Portaria MINFRA nº 843/90, que flexibilizou a maioria das regras da Resolução nº 13. Consignou em sua *consideranda* que o seu principal objetivo era a diminuição das formalidades necessárias à autorização para a exploração

---

[5] Art. 17. O processo para obtenção do "Título de Autorização" será iniciado por requerimento dirigido ao Presidente do CNP, instruído por memorial descritivo da empresa e acompanhado de projeto das diversas instalações que pretende a empresa utilizar, tudo com vistas à comprovação da viabilidade técnico-econômico-financeira do empreendimento. §1º. O Memorial Descritivo deverá demonstrar que o empreendimento é adequado e exequível e, especificamente, prestará informações pormenorizadas sobre: participação inicial que espera ter no abastecimento; b) áreas em que pretende operar; c) instalações e imóveis necessários ao desenvolvimento das operações de transporte, armazenamento, envasilhamento e comercialização, que deverá dispor para uso em seu nome, a qualquer título jurídico, por prazo estabelecido quando couber; d) equipamento que pretende utilizar; e) meios de transporte, próprios ou afretados, que assegurem a entrega domiciliar; f) capacidade de prestar assistência técnica ao Consumidor em caráter permanente; g) recursos financeiros que dispõe, devidamente comprovados, indicando a parcela de capital próprio a ser aplicado em imobilizações". [...] §3º. O "Título de Autorização" regulará as áreas em que a Distribuidora poderá operar, bem como as localidades em que deverá ter suas Bases Principais e Secundárias, levando em conta, em ordem de prioridade: a) maiores necessidades de suprimento; b) localidades sem Base ou Depósito; c) localidades onde há somente uma Distribuidora operando; d) facilidade e custo mais barato de transporte; e) interesse da Distribuidora.

das atividades econômicas relacionadas ao GLP, devendo ser mantidos apenas os controles imprescindíveis, permitindo, tanto quanto possível, que a atividade fosse regida pelas regras de livre mercado. Para tanto, previu, por exemplo, em seu art. 4º, que o único requisito necessário ao exercício da atividade de distribuição de GLP era o envio de pedido de registro contendo informações quanto à razão social da empresa, endereço da sua sede e filiais e declaração de que a mesma está constituída de acordo com as leis do país.

A Resolução manteve a necessidade de a distribuidora "garantir a existência no mercado de uma quantidade suficiente de botijões, devidamente identificados com suas marcas comerciais, para o atendimento da comercialização do volume de GLP programado para distribuição" (art. 5º, II), bem como a vedação quanto à guarda e comercialização de botijões de outras marcas, com exceção dos casos previamente acordados (arts. 13 e 14).

A Portaria MINFRA também aboliu as regras de localização geográfica das distribuidoras e permitiu a entrada de pequenas empresas no setor de distribuição de GLP,[6] redefinindo, assim, totalmente o marco regulatório das atividades de distribuição e revenda de gás liquefeito de petróleo.

No entanto, conforme aduz José Tavares Araújo Jr., "outros avanços mais ousados – na direção de um marco regulatório apto a conciliar eficiência econômica, livre iniciativa, e interesse público – dependeriam de quatro condições que só surgiram no Brasil alguns anos mais tarde: estabilidade macroeconômica, liberdade para importar GLP, uma agência reguladora capaz de fixar as regras do jogo e fiscalizá-las, e uma autoridade antitruste independente. A primeira condição começou a ser alcançada em 1994, após o lançamento do Plano Real. A segunda e a terceira foram introduzidas em 1997 através da lei 9478, que flexibilizou o monopólio da Petrobras e criou a ANP. E a quarta condição foi estabelecida pela lei 8884/94, que conferiu ao Conselho Administrativo de Defesa Econômica (CADE) poderes efetivos para combater condutas anticompetitivas no país. Ademais, como era inevitável, estas condições amadureceram gradualmente, tornando o processo de reforma do marco regulatório do setor de GLP particularmente longo [...]".[7]

Esses avanços concorrenciais no mercado, com a pluralização dos agentes econômicos atuantes, trouxeram, no entanto, a externalidade negativa de dificultar a fiscalização e a identificação marca-botijão/empresa-responsável, com aumento dos riscos de segurança para os consumidores. *O grande desafio da regulação do GLP hoje é manter e aumentar a concorrência no mercado sem de forma alguma abrir mão de mecanismos cada vez mais eficazes de prevenção e garantia da segurança dos consumidores.*

É, com efeito, notável que a abolição das regras de vinculação geográfica das distribuidoras dificultou a identificação do responsável pelos botijões envolvidos nos acidentes. À época em que o mercado ainda era fechado, com as áreas de atuação das distribuidoras demarcadas geograficamente, a responsável pela manutenção dos recipientes transportáveis de GLP, os conhecidos botijões, poderia ser imediatamente identificada pela região da distribuidora, em caso de sinistro.

---

[6] ARAÚJO JR., José Tavares. A regulação do setor de GLP no Brasil. *Revista do IBRAC*, n. 14, p. 13, 2007.
[7] ARAÚJO JR., José Tavares. A regulação do setor de GLP no Brasil. *Revista do IBRAC*, n. 14, p. 13-14, 2007.

Com a abertura do mercado, no entanto, essa identificação automática da distribuidora responsável em razão da região em que determinado sinistro teria ocorrido tornou-se irrealizável na prática. Ocorre que, muito embora seja um valor inegavelmente importante, a concorrência não pode se sobrepor a outros, designadamente aqueles mais intimamente relacionados com a dignidade da pessoa humana e a vida, tais como a incolumidade e segurança dos consumidores.

Foi com o objetivo de minimizar esses problemas que, em 1996, as empresas distribuidoras integrantes do SINDIGAS se reuniram e criaram o Código de auto-regulamentação do setor, ratificando a proibição de usar botijões de outras empresas. No mesmo ano foi implantado o programa nacional de requalificação e destroca de botijões.

Esse último foi criado com vistas à manutenção da concorrência e para evitar que os consumidores ficassem vinculados *ad eternum* à distribuidora cuja marca estava gravada no seu primeiro botijão. Os *"centros de destroca"* são locais nos quais as distribuidoras, ao venderem os seus botijões, recolhem os recipientes vazios do consumidor, repassando-lhes em seguida à distribuidora da marca correspondente, que, por sua vez, fará a sua manutenção, limpeza e recondicionamento.[8]

Esses mecanismos, inicialmente, apenas autorregulatórios, foram logo encampados pela normatização estatal da ANP.

Em 2005 foi editada a Resolução ANP nº 15 com expressa fundamentação na mencionada experiência autorregulatória. A justificação dessa Resolução constitui-se, primordialmente dos seguintes fatores (a) a proteção dos consumidores; e (b) o fomento à concorrência, mas sem ferir os interesses de segurança dos consumidores e da eficiente fiscalização do mercado pela ANP.

Assim é que referida Resolução, com a finalidade precípua de proteção ao consumidor, estabelece a obrigação de toda distribuidora gravar a sua marca em alto-relevo em chumbo, resistente a explosões, nos botijões por ela distribuídos, a fim de que, mesmo em caso de sinistro, possa a responsável ser identificada. Além disso, a norma reitera a obrigatoriedade, já prevista em alguns atos normativos anteriores, de requalificação de botijões P-13 em uso no mercado, prevendo um cronograma para tanto. A sua edição visou a dois objetivos principais: a segurança dos recipientes e o combate à informalidade, prejudiciais tanto ao consumidor quanto à concorrência.

Nessa linha, a Resolução prevê, em seu art. 6º, a necessidade de comprovação da qualificação técnico-econômica da empresa que pretende obter a autorização, a qual, por sua vez, é esmiuçada no art. 8º

> Art. 8º. Para a comprovação da qualificação técnicoeconômica, a pessoa jurídica interessada deverá apresentar estudo técnico-econômico do empreendimento, do qual constem, necessariamente, as seguintes informações:
>
> I – modalidade de comercialização de GLP, logística de suprimento e distribuição;
>
> II – *projeção do volume de comercialização e do fluxo de caixa para os 02 (dois) primeiros anos de operação, com indicação da(s) região(ões) geográfica(s) onde pretende atuar;* e

---

[8] Nesses centros de destroca cada distribuidora deposita os recipientes de outras marcas e retira igual quantidade de vasilhame de marca própria (Cf. BANDEIRA DE MELLO, Sérgio. Passo Importante contra a Pirataria. *Jornal do Brasil*, p. A13, 9 fev. 2006).

III – descrição dos investimentos diretos e indiretos, que contenha, necessariamente, os dados a seguir:

a) *investimentos diretos: em imóveis, obras civis, tanques de armazenamento, equipamentos e linhas para envasilhamento e distribuição e sistema anti-incêndio*; e

b) investimentos indiretos: em recipientes transportáveis e estacionários, por tipo, e em caminhões-tanques.

§1º Os dados relativos a recipiente transportável e linha de envasilhamento somente devem ser apresentados pela pessoa jurídica que optar pela modalidade envasado e a granel.

§2º Os dados contidos no estudo técnico-econômico do empreendimento são confidenciais.

§3º Eventuais alterações no estudo técnico-econômico do empreendimento deverão ser informadas à ANP, acompanhadas de justificativa, e implicarão o seu reexame.

Outro requisito para a outorga da autorização consiste, conforme disposto no art. 12, II, na comprovação de que a distribuidora possui "recipientes transportáveis, identificados com sua marca comercial, em quantidade compatível com a demanda a ser atendida", o que deve ser feito através da apresentação à ANP das notas fiscais de compra de recipientes novos. Este dispositivo tem a finalidade de impor à distribuidora a comprovação da sua real capacidade de, com o seu próprio equipamento, atender à demanda do mercado. Pressupõe, desta forma, a propriedade dos botijões pela empresa e a obrigação dela vender gás apenas nos seus botijões, identificados com a sua marca.

No que diz respeito à fase de operação, prevê o art. 17 da Resolução que os contratos de fornecimento de GLP celebrados entre o produtor ou importador e o distribuidor estarão sujeitos à homologação pela ANP, a que competirá avaliar a compatibilidade entre a quantidade de GLP contratada e o universo de botijões da marca comercial da distribuidora ou sob contrato de uso de marca:

Art. 17. O produtor ou importador e o distribuidor contratarão entre si a quantidade de GLP, objeto do fornecimento.

§1º O contrato de compra e venda de GLP celebrado entre produtor ou importador e o distribuidor será objeto de prévia homologação pela ANP, devendo ser encaminhada cópia autenticada de seu extrato até 30 (trinta) dias antes do início da entrega do produto, do qual constem informações sobre a quantidade contratada por unidade produtora, local de entrega e o modal de transporte utilizado.

§2º Quando da homologação de que trata o parágrafo anterior, serão avaliados os seguintes aspectos:

I – compatibilidade entre o local e modal de entrega de GLP pelo produtor ou importador e a localização geográfica da(s) base(s) própria(s) ou de terceiros de distribuidor, observado o disposto no §2º, art. 1º desta Resolução;

II – *compatibilidade entre a quantidade de GLP contratada para acondicionamento em recipientes transportáveis de capacidade de até 13kg e o universo desses recipientes, por distribuidor, da própria marca comercial ou sob contrato de uso da marca homologado pela ANP, adotando-se o conceito de P-13 equivalente*;[9]

---

[9] Redação alterada pela Resolução nº 14/2006. Redação original: "Art. 17. O distribuidor e o produtor contratarão entre si a quantidade de GLP, objeto do fornecimento. [...] §2º Na análise da cláusula do contrato de compra e

Corroborando esse dispositivo, prevê o art. 20, §1º, da Resolução:

> Art. 20. A comercialização de GLP poderá ser realizada em recipiente transportável ou em recipiente estacionário.
>
> §1º Para atender ao volume de GLP que comercializar, o distribuidor deverá dispor de quantidade suficiente de recipientes transportáveis, com sua marca estampada, e de recipientes estacionários próprios ou de terceiros.

Todos esses dispositivos, portanto, impõem à distribuidora a obrigação de comprovar a compatibilidade entre a quantidade de botijões possuídos e o volume de operações declarado pela empresa. Não há, todavia, qualquer fórmula, conforme, inclusive, o informado pelo Consulente, que estabeleça um parâmetro objetivo para o cálculo dessa compatibilidade, o que, na prática, segundo ainda nos participa, está fazendo com que não haja qualquer aferição dessa compatibilidade.

O art. 21 da Resolução, por sua vez, veda a utilização de botijões contendo a marca de outras distribuidoras, com exceção do pactuado em contratos celebrados com outro distribuidor, e mantendo-se sempre a responsabilidade do detentor da marca estampada no recipiente:

> Art. 21. São vedados ao distribuidor o envasilhamento, a guarda ou comercialização de recipiente transportável de outra marca de distribuidor, cheio de GLP, exceto para guarda nos casos em que o distribuidor for nomeado, por autoridade competente, fiel depositário do referido recipiente.
>
> §1º O distribuidor somente poderá envasilhar e comercializar recipientes transportáveis de outra marca quando previamente houver pactuado em contrato celebrado com outro distribuidor, nos limites e locais estabelecidos nesse instrumento.
>
> §2º O contrato de que trata o parágrafo anterior conterá, necessariamente, cláusula que defina claramente o responsável pela manutenção e requalificação dos recipientes transportáveis, sendo que o distribuidor deverá encaminhar cópia autenticada de extrato do instrumento contratual para homologação da ANP que poderá estipular outra forma de identificação do distribuidor que realizará o envasilhamento e a comercialização dos referidos recipientes adicionalmente a estabelecida na alínea "a", inciso II do art. 36 desta Resolução.
>
> §3º A celebração do contrato a que se refere o §1º deste artigo não exime o detentor da marca estampada no corpo do recipiente transportável de responsabilização em caso de sinistro, na forma da lei.

---

venda referente às quotas mensais de que trata o parágrafo anterior, serão observados pela ANP, entre outros, os seguintes critérios: I – compatibilidade entre o local de entrega do produto e a localização geográfica das bases do distribuidor, próprias ou de terceiros, observado o disposto no §2º do art. 19 desta Resolução; II – volume a ser adquirido *versus* a capacidade de tancagem operacional do distribuidor, própria ou de terceiros, observado o disposto no §2º do art. 19 desta Resolução; III – vendas realizadas, nos 3 (três) meses anteriores à homologação do contrato, em recipientes transportáveis com capacidade de 13 quilogramas de GLP e em outros tipos de recipientes transportáveis e fixos ou, para novos distribuidores, projeção do volume de comercialização para os 3 (três) primeiros meses de operação em consonância com o estudo técnico-econômico do empreendimento a que se refere o art. 8º desta Resolução; IV – *universo de recipientes transportáveis com capacidade de 13 quilogramas de GLP da própria marca do distribuidor*; e V – oferta e demanda nacional de GLP.

§4º A ANP arbitrará as condições relativas ao armazenamento, envasilhamento, comercialização e destroca de recipientes transportáveis de marca de distribuidor cuja autorização tiver sido revogada.

Essa vedação é confirmada pelo art. 36 da Resolução, que também prevê a necessidade de especificação no rótulo e no lacre do botijão informações quanto, respectivamente, ao distribuidor que realizou o envasilhamento e o distribuidor que realizará a comercialização, e à razão social do distribuidor:

> Art. 36. O distribuidor fica obrigado a:
>
> I – envasilhar e comercializar GLP somente em recipiente transportável em cujo corpo esteja estampada sua própria marca, salvo o que dispõe os §1º e 4º do art. 21 desta Resolução;
>
> II – comercializar GLP somente em recipiente transportável que:
>
> a) seja dotado de rótulo informando a data de envasilhamento, o distribuidor que o realizou e o distribuidor que realizará a comercialização, além daquelas que atendam às exigências do Código de Defesa do Consumidor, e outras que vierem a ser determinadas pela ANP;
>
> b) possua lacre de inviolabilidade da válvula de fluxo que informe a razão social do distribuidor; e
>
> c) esteja certificado com a Marca Nacional de Conformidade – MNC, emitida pelo INMETRO segundo normas da ABNT.

Este é, em breves linhas, o marco regulatório da distribuição e comercialização do gás liquefeito de petróleo, cuja eficiência e proporcionalidade frente aos objetivos da Constituição e da Lei do Petróleo passamos a avaliar.

III Avaliação empírica dos resultados da regulação vigente. Instrumentalidade da regulação aos objetivos da Lei do Petróleo

Como visto no tópico anterior, pouco a pouco o marco regulatório do GLP foi evoluindo. Muitas deficiências foram superadas e o setor foi aberto à livre concorrência. Por outro lado, como, inclusive, observado por José Tavares Araújo Jr., as deficiências na regulação do setor ainda não foram superadas completamente,[10] como é o caso, por exemplo, do abandono da previsão de fórmula expressa para o cálculo da compatibilidade entre o universo de botijões de propriedade da distribuidora e o volume de gás por ela adquirido dos fornecedores e outras brechas que agentes menos escrupulosos têm aproveitado para comercializar gás em botijões de outras marcas, prejudicando os direitos dos consumidores:

> Não obstante os méritos do marco regulatório atual, o principal desafio a superar continua sendo o da efetiva aplicação das normas vigentes. [...] os instrumentos para fiscalizar as normas de segurança ainda estão em fase de implantação. [...] Além disso, para monitorar

---

[10] ARAÚJO JR., José Tavares. A regulação do setor de GLP no Brasil. *Revista do IBRAC*, n. 14, p. 19, 2007.

o setor, onde operam cerca de 75 mil firmas, a ANP dispõe atualmente de apenas 49 fiscais! Conforme reconhece o último relatório de gestão do órgão, 'é ainda insuficiente o número de servidores que compõem a equipe, assim como as condições materiais para que haja uma competente prestação de suporte administrativo, apoio logístico e agilidade no tratamento dos processos administrativos até a sua conclusão'.[11]

Tais deficiências também são comentadas no editorial da Gazeta Mercantil de 03.06.2005, intitulado "Desafios e Gargalos do Setor de GLP":

> [...] empresas, amparadas por liminares que menosprezaram o risco do manuseio inadequado desse perigoso derivado do petróleo, enchem os botijões de outras marcas e apropriam-se de patrimônio alheio, pondo em risco a segurança do consumidor, o peso e a qualidade do produto. Com o uso de botijões de outra marca, torna-se impossível a identificação do responsável pela falta de segurança e qualidade que recairá sempre sobre a companhia detentora da marca estampada no botijão. Tal prática, coibida pelo código de auto-regulamentação em 1997, reduziu então a zero o índice de acidentes e lamentavelmente está sendo ressuscitada.

As deficiências da regulação do GLP também foram apontadas por Gesner de Oliveira. O Professor de Concorrência observou que, no Brasil, a economia informal chega a 39,8% do PIB, o que é bastante prejudicial à coletividade, principalmente em se tratando de produtos com riscos inerentes a eles, já que as empresas ditas piratas são de difícil responsabilização por eventuais acidentes, não investem na segurança dos seus equipamentos e se aproveitam dos investimentos realizados e do prestígio obtido por outras empresas.

O autor aponta, em síntese, duas falhas existentes no mercado do GLP, que exigem restrições a uma concorrência irracional: a informação assimétrica e a externalidade negativa (o benefício social das medidas de segurança são inferiores aos benefícios empresariais, por isso há uma tendência ao sub-investimento em segurança).[12]

Daí se extrai a necessidade de o órgão regulador, sempre diante das situações fáticas que se lhe vão colocando, atender com a maior eficiência possível as finalidades que lhe foram impostas pela Constituição e pela Lei do Petróleo, notadamente, à proteção dos interesses do consumidor quanto a preço, qualidade e oferta dos produtos e a promoção da livre concorrência (incisos III e IX do art. 1º da Lei nº 9.478/97). A falha regulatória da qual aqui se trata é decorrente, como se verá, da "não-adequação de instrumentos que, assim, podem ser trocados por instrumentos mais apropriados".[13]

Já tivemos a oportunidade de afirmar em sede doutrinária que a Lei do Petróleo "estabelece muitos fins, mas poucos meios, e, em uma manifestação da descentralização

---

[11] ARAÚJO JR., José Tavares. A regulação do setor de GLP no Brasil. *Revista do IBRAC*, n. 14, p. 27-28, 2007.

[12] Apresentação disponível em: www.aiglp.com. Acesso em 31 jul. 2007. Joseph Stiglitz e Carl Walsh explicam que "uma externalidade surge quando um indivíduo ou uma firma leva a cabo uma ação que afeta outros diretamente, sem que tenha de pagar pelo malefício ou sem que seja remunerado pelo resultado benéfico. Quanto estão presentes externalidades, firmas e indivíduos não arcam com todas as consequências de seus atos. [...] Quando há externalidades, a alocação de bens pelo mercado é ineficiente (STIGLITZ, Joseph E.; WALSH, Carl. E. *Introdução à Microeconomia*. Rio de Janeiro: Editora Campos, 2003. p. 194. Disponível em: www.aiglp.com. Acesso em 31 jul. 2007).

[13] REICH, Robert. A Crise Regulatória: ela existe e pode ser resolvida? *In*: MATTOS, Paulo Todescan L. (Coord.). *Regulação Econômica e Democracia*. São Paulo: Editora Singular, 2006. p. 24.

das sedes normativas, dá competência à Agência Nacional do Petróleo – ANP para buscar, *de forma permanente e dinâmica*, os meios aptos a realizar os objetivos legais",[14] com o uso, inclusive, das práticas disseminadas e consagradas na indústria do petróleo internacionalmente.

Com efeito, integrando o gênero das leis de baixa densidade normativa,[15] a Lei do Petróleo foca-se principalmente no estabelecimento dos princípios regulatórios gerais da indústria, tais como o de preservar o interesse nacional; promover o desenvolvimento, ampliar o mercado de trabalho e valorizar os recursos energéticos; proteger os interesses do consumidor; proteger o meio ambiente e promover a conservação de energia; garantir o fornecimento de derivados de petróleo em todo o território nacional, nos termos do §2º do art. 177 da Constituição Federal.

As leis atributivas de poder normativo às entidades reguladoras independentes possuem baixa densidade normativa a fim de propiciar o desenvolvimento de normas setoriais aptas a, com autonomia e agilidade, dentro do quadro colocado pela lei, regular a complexa e dinâmica realidade social subjacente. *As regras e atos da ANP devem, dessa forma, ser os instrumentos de realização dos fins da Lei do Petróleo* (art. 8º), não podendo adotar ou manter normas ou práticas concretas com eles contraditórias, insuficientes ou ineficientes. A eficiência (art. 37, *caput,* CF) é um objetivo a ser obrigatoriamente buscado pela Administração Pública.

Especificamente sobre a regulação do setor de GLP, a doutrina explica que é a mesma indispensável em virtude de pelo menos quatro fatores: "(a) o GLP é uma *commodity* cujos preços no mercado internacional são altamente voláteis; (b) os níveis de preços domésticos afetam significativamente a qualidade de vida dos consumidores de baixa renda; (c) as estruturas de custos do sistema de distribuição implicam graus elevados de concentração nesse setor; (d) a manipulação do produto envolve riscos de segurança para o usuário".[16] A regulação do setor, portanto, deve estar voltada a preservar a livre iniciativa, a segurança do consumidor e a estabilidade dos preços.

Esses vários valores devem ser, na medida do possível, conciliados, em um mandado de otimização, para usar a nomenclatura de Robert Alexy. Todavia, nas situações em que sejam inconciliáveis, parece evidente que a segurança dos consumidores, por ser a mais estritamente ligada ao objetivo de proteção da dignidade da pessoa humana (aí incluída obviamente a sua própria incolumidade física), eixo do Estado Democrático de Direito inaugurado pela Constituição de 1988 (art. 1º, III), deve preponderar, ou

---

[14] ARAGÃO, Alexandre Santos de. Princípios de direito regulatório do petróleo. *In:* ROSADO, Marilda (Org.). *Estudos e Pareceres Direito do Petróleo e Gás.* São Paulo: Renovar, 2005. p. 314. Sem grifos no original.

[15] Também chamadas de leis-quadros, as quais, de acordo com Manuel Gonçalves Ferreira Filho, são aquelas definidoras de princípios gerais, a partir dos quais se desdobraria a regulamentação administrativa (FERREIRA FILHO, Manuel Gonçalves. *Processo Legislativo.* 3. ed. São Paulo: Ed. Saraiva, 1995. p. 171). Complementando essa ideia, observamos que "as leis com estas características não dão maiores elementos pelos quais o administrador deva pautar sua atuação concreta ou regulamentar, referindo-se genericamente a valores morais, políticos e econômicos existentes no seio da sociedade (saúde pública, suprimento do mercado interno, competição no mercado, preços abusivos, continuidade dos serviços públicos, regionalização, etc.). Assim, confere à Administração Pública um grande poder de integração do conteúdo da vontade do legislador, dentro dos quadros por ele estabelecidos" (ARAGÃO, Alexandre Santos de. O poder normativo da ANP. *Boletim de Direito Administrativo,* a. 17, n. 08, p. 613, ago. 2001).

[16] ARAÚJO JR., José Tavares. A regulação do setor de GLP no Brasil. *Revista do IBRAC,* n. 14, p. 12-13, 2007.

seja, possuir maior peso na atividade jurídica de ponderação dos valores envolvidos na regulação do GLP.[17]

De acordo com Mário R. Spasiano, o foco das funções administrativas mudou, passando "da tutela de interesses enquanto subjetivações de instituições de governo, para a 'persecução de finalidades públicas objetivadas no ordenamento', ou seja, na lei e em outras disposições normativas. [...] O fim da função é, portanto, ínsito na norma atributiva de poder, razão pela qual a Administração deve operar levando-o permanentemente em consideração, legitimamente abandonando qualquer meio que puder fazê-la se desviar dele e perseguindo o resultado que a norma pré-define e lhe confia, 'da maneira mais diligente, simples e econômica..., mas ao mesmo tempo também de modo a exprimir no seu desenvolvimento a relação intersubjetiva subjacente'. É evidente que uma tal Administração Pública se coloca em uma indubitável perspectiva de uma administração de resultados, tanto em termos substanciais, como relacionais".[18]

Nessa perspectiva, tem-se a Administração Pública não mais como mera executora da lei, mas como co-operadora do espaço deixado livre pelo legislador, "é acompanhada do correlato acolhimento do Princípio da Eficiência pelo ordenamento jurídico, [...] com base no qual os resultados efetivos alcançados, em termos de utilidade concreta para os cidadãos, assumem uma importância decisiva".[19]

O autor observa que hoje o Princípio da Legalidade possui uma nova feição, que não se limita à relação abstrata e formal de conformidade norma-ato administrativo, contendo a indispensável presença da efetiva e concreta tutela dos interesses dos cidadãos e da comunidade visados pela norma, comportamento cuja *eficiência só pode ser aferida diante das situações concretas* sobre as quais a Administração estiver atuando a discricionariedade conferida pelos termos largos da lei.

Isso demonstra que a Administração Pública não é, à luz do Princípio da Eficiência, neutra sob o ponto de vista finalístico, mas se estrutura em função dos resultados que, por força da lei, deve alcançar. A utilização dos melhores meios para se alcançar esses resultados é, portanto, imposição, não só do Princípio da Eficiência, como também do Princípio da Legalidade. Mais do que o respeito a prescrições, o cumprimento da lei é aferido mediante dados de avaliação quantitativos e qualitativos, muitas vezes inclusive de natureza estatística, da relação custo-benefício dos ônus impostos ao Erário e aos particulares, dos recursos humanos e materiais empregados, etc.[20]

Assim, conforme aponta Lucio Iannotta, "no que diz respeito à fundamental relação com o princípio da legalidade, a Administração de resultado – como Administração obrigada a assegurar com rapidez, eficiência, transparência e economicidade, bens e/ou

---

[17] É justamente para efeitos da indispensável hierarquização que se faz presente no processo hermenêutico, que a dignidade da pessoa humana tem sido reiteradamente considerada como o princípio (e valor) de maior hierarquia da nossa e de todas as ordens jurídicas que a reconhecem [...]. Assim, no âmbito desta função hermenêutica do Princípio da dignidade da pessoa humana, poder-se-á afirmar a existência não apenas de um dever de interpretação conforme a Constituição e dos direitos fundamentais, mas acima de tudo – aqui também afinado o pensamento de Juarez Freitas – de uma hermenêutica que, para além do conhecido postulado *"in dubio pro libertate"*, tenha sempre presente o imperativo segundo o qual em favor da dignidade não deve haver dúvida" (SARLET, Ingo. Algumas notas em torno da relação entre o princípio da dignidade da pessoa humana e os direitos fundamentais na ordem constitucional brasileira. *In*: BALDI, César Augusto (Org.). *Os direitos humanos na sociedade cosmopolita*. Rio de Janeiro: Renovar, 2004. p. 88).

[18] SPASIANO, Mario R. *Funzione Amministrativa e Legalità di Risultato*. Torino: Giappichelli, 2003. p. 42-43.

[19] SPASIANO, Mario R. *Funzione Amministrativa e Legalità di Risultato*. Torino: Giappichelli, 2003. p. 256-257.

[20] SPASIANO, Mario R. *Funzione Amministrativa e Legalità di Risultato*. Torino: Giappichelli, 2003. p. 259-265.

serviços à comunidade e às pessoas –[21] tende, de um lado, a transformar a legalidade mais em uma obrigação de respeito a princípios do que de respeito a preceitos, e, por outro lado, a assumir parâmetros de avaliação de tipo informal e substancial ou até mesmo econômico-empresarial, expressos em termos de quantidade e qualidade dos bens e dos serviços assegurados, de tempestividade das prestações, de quantidade dos recursos empregados, de prejuízos causados a terceiros, de relação custos-benefícios, etc. A Administração de resultado parece, portanto, carregar consigo um dilema de difícil superação, sobretudo durante a passagem de um modelo de Administração autoritativa, unilateral, unitária, coercitiva e jurídico-formal, para uma Administração caracterizada pelo pluralismo, pela negociação, pelo caráter residual e subsidiário do emprego da autoridade, etc. Esse dilema é constituído por dois termos: redimensionamento da lei e sua relevância no limite dos resultados alcançados, ou atenção à lei em todos os seus componentes e relevância dos resultados apenas no limite da observância da lei. No primeiro caso, teríamos a instrumentalização (ou mesmo sacrifício) da lei em relação ao resultado, e no segundo, do resultado em relação à lei".[22]

Ou seja, nas palavras de Enrique Groisman, "a mera juridicidade da atuação estatal como elemento de legitimação se tornou insatisfatória a partir do momento em que começou também a ser exigida a obtenção de resultados. [...] Não há dúvidas de que a lei deixou de ser apenas um meio para impedir a arbitrariedade para se converter em ponto de partida para uma série de atividades nas quais há um maior espaço de delegação e de discricionariedade e um crescente espaço para a técnica".[23]

Como já havíamos observado, "o Direito deixa de ser aquela ciência preocupada apenas com a realização lógica dos seus preceitos; desce do seu pedestal para aferir se esta realização lógica está sendo apta a realizar os seus desígnios na realidade da vida em sociedade".[24]

Assim é que incumbe à ANP, na tarefa de instrumentalização dos princípios legais e constitucionais aplicáveis ao setor do GLP, e através da análise constante e permanente dos pontos positivos e negativos da sua regulação, monitoramento das práticas do mercado, bem como da identificação dos possíveis pontos de fragilidade,

---

[21] "É impossível considerar a liberdade do agente administrativo de modo dissociado da economicidade. Concede-se liberdade ao agente administrativo precisamente para assegurar que opte pela melhor solução possível, em face do caso concreto" (JUSTEN FILHO, Marçal. *Comentários à Lei de Licitações e Contratos Administrativos*. 5. ed. São Paulo: Dialética, 1998. p. 67).

[22] IANNOTTA, Lucio. Principio di Legalità e Amministrazione di Risultato. *In*: Pinelli, C. (Coord.) *Amministrazione e Legalità – Fonti Normativi e Ordinamenti (Atti del Convegno, Macerata, 21 e 22 maggio 1999)*. Milano: Giuffrè Editore, 2000. p. 37-38. Mais adiante, o autor italiano vai ainda além, afirmando, diante da eficácia expansiva dos direitos fundamentais, que, "à luz do princípio (F. Satta), hoje cada vez mais aplicado, pelo qual a Administração, salvo expressa vedação da lei, pode sempre adotar os instrumentos mais idôneos para realizar os fins impostos ou indicados pelas leis, a Administração – sempre que não sejam possíveis até mesmo a interpretação de adequação ou a desaplicação, em razão da clareza do dispositivo limitador de direitos fundamentais e pela correspondência integral dos fatos a ele – poderá e, portanto, deverá, diante de direitos fundamentais injustamente atingidos, buscar outras vias que não produzam tal efeito" (IANNOTTA, Lucio. Principio di Legalità e Amministrazione di Risultato. *In*: *Amministrazione e Legalità – Fonti Normativi e Ordinamenti (Atti del Convegno, Macerata, 21 e 22 maggio 1999)*. Milano: Giuffrè Editore, 2000. p. 46).

[23] GROISMAN, Enrique. Crisis y Actualidad del Derecho Administrativo Económico. *Revista de Derecho Industrial*, v. 14, n. 42, p. 894, Buenos Aires, 1992. Passagem na qual o autor lembra que "esta situação suscitou o comentário paradoxo de que 'o direito não pertence mais aos juristas'". "A legitimidade democrática da origem não basta para justificar o poder público. Também é imprescindível a legitimidade do exercício" (MARÍN, Antonio Martínez. *El buen Funcionamiento de los Servicios Públicos*. Madrid: Ed. Tecnos, 1990. p. 13).

[24] ARAGÃO, Alexandre Santos de. O Princípio da Eficiência. *Revista de Direito Administrativo*, v. 4, p. 1-7, 2006.

estar sempre revendo as suas normas de modo a torná-las eficientes no cumprimento de suas finalidades, sob pena de violação dos objetivos para os quais foi criada.

Cumpre à ANP, portanto, estar permanentemente combatendo as falhas verificadas no setor de GLP. Não se está, obviamente, a dizer que a normatização da ANP é inválida desde sua edição por ser ineficiente. Ao revés, a legitimação dos atos administrativos não se dá de forma estanque. Ainda mais em atos de direito público econômico, em que o direito busca regular atividades por definição extremamente dinâmicas, a normatização nunca pode ser considerada como pronta e acabada, mas um permanente *"working in progress"*, inclusive diante das lamentáveis, mas esperadas, criativas evasões dos agentes econômicos menos bem intencionados dos objetivos do regulador, muitas vezes se valendo de brechas que o regulador não poderia imaginar, quando da edição do ato, que poderiam ser utilizadas para isso. Uma determinada medida administrativa que, quando editada parecia a melhor possível, pode, ao longo de sua aplicação prática e do comportamento que os seus destinatários vierem a ter, se revelar insuficiente ou até mesmo, em casos mais extremos, contrária aos seus desideratos.

Esse ponto será ainda melhor aprofundado nos tópicos seguintes.

IV Medidas a serem adotadas para compatibilizar a resolução nº 15/2005 à situação fática atual

Como visto, cabe à ANP, ao regular o setor do GLP, proteger os consumidores, especialmente a sua segurança, e promover a livre concorrência, podendo-se falar também em proteção ao meio ambiente. Em outras palavras, a normatização e fiscalização da ANP devem servir de instrumento para a concretização desses objetivos.

Como informa o Consulente, após um primeiro momento de impacto de suas normas, as regras da Resolução ANP nº 15/05 não são mais suficientes para dar conta de uma série de problemas do setor de distribuição e comercialização de gás liquefeito de petróleo, notadamente no que diz respeito ao que lhe deve ser mais caro, que são as normas que visam assegurar a segurança do consumidor e a concorrência leal no mercado, o que é propiciado, sobretudo, pela garantia da possibilidade de identificação das empresas responsáveis por cada botijão.

Apesar deste sempre ter sido o objetivo da Resolução ANP, na prática ela se tornou insuficiente para atendê-lo, por, segundo nos informa o Consulente, conter exceções à unidade de comercialização de marca; por não controlar a relação entre a quantidade de botijões com a marca da empresa com a quantidade gás por ela adquirido; não vedar a existência de marcas diversas em alto-relevo, no lacre e no rótulo do mesmo botijão; e não deixar clara a natureza jurídica da relação entre o consumidor e o botijão.

Da forma como atualmente redigida, a Resolução ANP nº 15/05 facilita certas ações ilegais como a atuação dos *free riders*, que buscam beneficiar-se dos investimentos engendrados e dos riscos enfrentados pelas empresas proprietárias dos botijões,[25] utilizando-se dos mesmos sem a sua autorização ou do órgão regulador.

---

[25] ALEXANDRE, Letícia Frazão. A Doutrina das Essential Facilities no Direito Concorrencial Brasileiro. *Revista do IBRAC. Doutrina, Jurisprudência e Legislação*, v. 12, n. 2, p. 233, 2005.

Isso porque, muito embora a atual Resolução não permita tal tipo de prática, ela também não possui instrumentos eficazes para coibi-las de forma eficiente, já que é muito difícil verificar, caso a caso, se as empresas que utilizam botijões alheios o estão fazendo sem a autorização das verdadeiras proprietárias.

Passamos a tratar sobre as possíveis alterações a serem implementadas na Resolução em tela, com vistas a conferir eficiência à atuação da ANP no setor do gás liquefeito de petróleo.

Naturalmente que essas alterações, alvitradas pelo Consulente, não esgotam todo o universo de possíveis medidas normativas que o regulador pode adotar para aumentar o *enforcement* de suas normas. A posição que não nos parece legítima é a inércia diante das brechas que o mercado ilegal tem encontrado na Resolução para desviar-se dos seus objetivos. Nesse sentido, é interessante notar que, materialmente, as medidas alvitradas não geram, em si, de maneira preponderante, a transformação de práticas até então consideradas lícitas em ilícitas. Visa apenas a que o Estado seja mais eficiente no combate a situações que já são refutadas pelo ordenamento jurídico, obtendo uma maior efetividade, ou seja, observância concreta de normas já existentes.

IV.1 Revogação das exceções à vedação do uso de botijões de marcas alheias

O acima transcrito art. 21 da Resolução ANP nº 15/2005 veda o envasilhamento, a guarda ou comercialização de recipiente transportável de outra marca de distribuidor, cheio de GLP, exceto para guarda nos casos em que o distribuidor for nomeado, por autoridade competente, fiel depositário do referido recipiente, ou ainda quando o envasilhamento e comercialização de marca alheia houverem sido pactuados em contrato celebrado com outro distribuidor.

Na prática, como informado, esse permissivo está gerando situações de riscos para os consumidores e para a concorrência leal, já que fica dificultada ou até mesmo impossibilitada a identificação da distribuidora responsável por cada botijão em circulação no mercado, contrariando os objetivos da ANP expressos no próprio ato normativo em seus "considerandos": a depender dos acordos celebrados pelas distribuidoras, é possível, por exemplo, que uma Distribuidora A comercialize gás em botijões de marca própria e da marca B, que a Distribuidora B comercialize gás apenas em botijões de marca própria e que uma Distribuidora C comercialize gás em botijões de sua própria marca e em botijões da marca B. Em ocorrendo um sinistro com os botijões da marca B, como identificar a distribuidora responsável?

Mesmo nos casos em que foi celebrado um contrato entre as distribuidoras dispondo sobre a cessão parcial de botijões de uma para outra, como se poderá saber, no caso concreto, qual a distribuidora responsável pelo botijão que causou o acidente, se a identificação em alto relevo – a única parte do botijão que resiste a explosões – é sempre a mesma, da marca da proprietária dos botijões? Nem sempre – ainda mais considerando a capilaridade e a informalidade existentes no mercado varejo de GLP na realidade brasileira, ante a qual não podemos fechar os olhos –, o consumidor recebe a nota fiscal referente à compra dos botijões ou as mantém consigo. Além disso, em se considerando a gravidade de um acidente com botijão de GLP, é muito provável que a nota fiscal, se em posse do consumidor, se destrua em virtude do acidente.

Segundo narra o Consulente, caso concreto semelhante ocorreu recentemente com relação aos botijões da marca ONOGAS, distribuidora que faliu e consequentemente teve extinta a sua autorização para atuar como distribuidora de GLP. Com vistas a evitar o desperdício de cerca de dois milhões de botijões daquela marca, a ANP acabou por homologar contratos de cessão do direito de uso da marca a mais de uma empresa: um contrato prevendo a utilização de quinhentos mil botijões da ONOGAS pela SHELLGAS (atualmente ULTRAGAZ), e outro prevendo a utilização de quinhentos mil botijões da ONOGAS pela COPAGAZ.

Ocorre que, como a ULTRAGAZ e a COPAGAZ atuam na mesma área geográfica, em caso de sinistro todos os mecanismos de defesa do consumidor engendrados pela Resolução ANP nº 15/05 mostrar-se-iam inúteis, já que não há como se saber com segurança, na eventualidade de um acidente, qual das duas empresas seria de fato a responsável pelo botijão que o teria causado.

Relembre-se, a propósito, que uma das maiores dificuldades à inserção da concorrência no mercado de distribuição de GLP era, justamente, a necessidade de identificação da empresa responsável em caso de sinistro, o que fez com que durante muito tempo fosse estabelecida a exclusividade das empresas por áreas geográficas. A busca de uma pluralidade de agentes econômicos atuando na mesma área não poderia deixar em segundo plano os direitos dos consumidores.

Foi, pois, nesse contexto de busca pela fórmula capaz de conciliar a segurança dos consumidores com a admissão de vários agentes no mesmo mercado que se adotou a obrigatoriedade de gravação em alto-relevo da marca do distribuidor de GLP. A garantia do consumidor em termos de segurança, qualidade, quantidade de produto e suporte técnico está relacionada a essa marca.

Adicionalmente, para prestigiar a sua liberdade de escolha e a concorrência, surgiram os centros de destroca de botijões. Se não houvesse sido criado esse instrumento, os consumidores ver-se-iam eternamente vinculados a uma marca de GLP, na medida em que teriam sempre que trocar o botijão usado por um outro botijão da mesma marca que o primeiro, sendo inviável a troca de marca.

Os centros de destroca e a unicidade da marca em alto-relevo utilizada por cada empresa constituem, dessa forma, um sistema incindível e logicamente estruturado, de maneira que os centros de destroca só podem atender aos objetivos para os quais foram criados (proteger o consumidor, garantir a responsabilidade das empresas e facilitar a fiscalização da ANP) se cada empresa dele participante estiver operando com apenas uma marca. Sem a unicidade de marca o mecanismo de troca dos botijões de cada empresa perde a razão de ser.

Dessa maneira, o art. 21 da Resolução ANP nº 15/05 deve ser modificado com vistas à exclusão de seu texto da possibilidade de celebração de acordos sobre a utilização de botijões de marcas de outras empresas, uma vez que, na prática, verificou-se que tal possibilidade viola os objetivos da Lei do Petróleo e as determinações do Código de Defesa do Consumidor – CDC, por exemplo, à constante em seu art. 6º, I: "Art. 6º São direitos básicos do consumidor: I – a proteção da vida, saúde e segurança contra os riscos provocados por práticas no fornecimento de produtos e serviços considerados perigosos ou nocivos".

Deve, ponderando os diversos valores e interesses envolvidos, ser admitida apenas a cessão *integral* dos botijões de determinada empresa para outra, assumindo ainda expressamente a adquirente a responsabilidade solidária por quaisquer sinistros que botijões daquela marca venham a causar, ainda que o GLP neles contido tenha sido comercializado antes da aquisição por ela efetuada.

Veja-se nesse sentido o julgado proferido pela 6ª Turma do Tribunal Regional Federal da 2ª Região, em sede da apelação no Mandado de Segurança nº 11938:

> ADMINISTRATIVO – MANDADO DE SEGURANÇA – DISTRIBUIDORA DE GÁS – ATIVIDADE DE FISCALIZAÇÃO – INTERDIÇÃO DE EQUIPAMENTOS – RETENÇÃO DE BOTIJÕES – PODER DE POLÍCIA.
>
> I – A atuação dos fiscais do Departamento Nacional de Combustíveis se deu no legítimo exercício do Poder de Polícia previsto no Decreto nº 507/92;
>
> II – Sendo a Impetrante empresa atuante no ramo de engarrafamento e distribuição de gás liquefeito de petróleo, produto volátil cujo alto grau de periculosidade desmerece maiores comentários, afigura-se imprescindível a observância de determinadas normas técnicas de segurança indispensáveis ao seu manuseio;
>
> III – *A utilização de botijões de gás de empresa congênere é procedimento temerário adotado pela Impetrante, que induz o consumidor a erro, no que tange à procedência e qualidade do produto;*
>
> IV – Hipótese em que Estado, por meio de seu órgão fiscalizador competente, atuou de maneira lídima, diligente, dentro dos limites da legalidade, *dispensando o rigor necessário ao caso, não havendo que se cogitar de suposta arbitrariedade ou abuso de poder;*
>
> V – Imprópria a alegação de afronta ao princípio do contraditório e da ampla defesa, pois a atuação da fiscalização, além de autorizada por lei, visou resguardar, com urgência, o interesse público.
>
> VI – Apelação improvida. (TRF2, AMS Nº 11938, Rel. Sergio Schwaitzer, 6ª T., DJ 05.07.2001).

Em sentido semelhante, confira-se a decisão também da 6ª Turma do Tribunal Regional Federal da 3ª Região, na qual restou consignada a legalidade da vedação de utilização de botijões de outras marcas, em virtude, notadamente, da impossibilidade de cessão parcial de marca:

> CONSTITUCIONAL E PROCESSUAL CIVIL. PORTARIA Nº 843/90 DO MINFRA. GÁS LIQUEFEITO DE PETRÓLEO. ENGARRAFAMENTO DE BOTIJÕES DE OUTRAS MARCAS ("OM"). VEDAÇÃO. PROVA PERICIAL. DESNECESSIDADE. CÓDIGO DE DEFESA DO CONSUMIDOR. IMPOSSIBILIDADE DE CESSÃO PARCIAL DE MARCA. INFRINGÊNCIA DO CÓDIGO DE PROPRIEDADE INDUSTRIAL.
>
> 1. As Portarias nºs 843/90 e 334/96 foram editadas por agente competente, tiveram por finalidade objeto lícito e atividade imanente ao agente prolator do ato, sendo finalmente a forma prevista e prescrita em lei, não conflitando quer com a Lei nº 9.847/00, quer com a Constituição Federal. Arguição de Inconstitucionalidade que se afasta.
>
> 2. Muito embora Portaria não seja lei efetivamente, em nada transborda, quer da Constituição Federal, quer das regras impositivas da Lei nº 9.847/00, sua edição e a disciplina das regras de comercialização e circulação dos derivados de petróleo.

3. Tratando-se unicamente de matéria de direito e não fática, desnecessária a realização de prova pericial. Preliminar que se afasta.

4. A regra do artigo 177 da CF indica que em relação aos produtos ali discriminados (petróleo, gás natural, outros hidrocarbonetos fluidos) – incisos I, II, III e IV; minérios e minerais nucleares – inciso V – a atuação de competência da União é declaradamente monopolista.

5. No entanto, em relação aos incisos I a IV, o §1º do art. 177, do texto constitucional remete à lei ordinária, que deverá dispor, segundo decorre dos incisos I, II e III do §2º do artigo 177, sobre a garantia do fornecimento dos derivados de petróleo em todo o território nacional; as condições da contratação e a estrutura e atribuições do órgão regulador do monopólio da União.

6. Justifica-se a intervenção qualitativa da União Federal, na medida em que a ordem econômica deve observar dentre outros princípios, o da soberania nacional, da defesa do consumidor e do meio ambiente.

7. A Portaria nº 843 de 31.12.90, nada mais fez que explicitar as regras pelas quais se há de nortear os rumos do abastecimento nacional de petróleo e derivados, sem desbordar dos limites impostos pela Constituição para tal atividade, estando pois em perfeita consonância com as exigências veiculadas pelo Código de Defesa do Consumidor, não sendo demais invocar a regra de responsabilidade pelo fato do produto, que se lê no "caput" do artigo 12 e artigo 13 e seus incisos do regramento consumerista, sinteticamente regulamentado nos artigos 13, 14, 17, 18 e 19, da indigitada Portaria.

8. *Demais disso a cessão dos botijões e da respectiva marca, não é passível de aceitação no direito comercial brasileiro, que somente admite a cessão de marcas integralmente, nunca parcialmente, conforme a regra estampada no §1º do artigo 88, do Código de Propriedade Industrial.*

9. Sentença mantida. (TRF3, AC nº 374964, 6ª T., Rel. Marli Ferreira, DJ 15.07.2003, grifamos).

Recentemente a 6ª Turma do Tribunal Regional Federal da 2ª Região deparou-se novamente com o tema, ocasião em que reafirmou a legitimidade da ANP para impor a observância de regras rígidas de segurança relacionadas à atividade de distribuição de GLP, notadamente a vedação da utilização de botijões de outras marcas:

PROCESSUAL CIVIL. EMBARGOS DE DECLARAÇÃO. ART. 535, II, DO CPC. OMISSÃO EXISTENTE QUANTO À ARGUIÇÃO DE NULIDADE DA SENTENÇA POR CERCEAMENTO DE DEFESA. NULIDADE NÃO RECONHECIDA. OMISSÃO VERIFICADA QUANTO AO TEMA REFERENTE AO PODER DISCRICIONÁRIO DA ANP. ATO NORMATIVO QUE IMPEDE DISTRIBUIDORA DE UTILIZAR BOTIJÕES DE OUTRAS MARCAS (OM) PARA ENGARRAFAMENTO DE GÁS LIQUEFEITO DE PETRÓLEO – GLP. LEGITIMIDADE. DISCRICIONARIEDADE ADMINISTRATIVA. PODER DE POLÍCIA. SEGURANÇA DO CONSUMIDOR. EMBARGOS DE DECLARAÇÃO ACOLHIDOS, COM EXCEPCIONAIS EFEITOS MODIFICATIVOS, PARA DAR PROVIMENTO AOS APELOS E À REMESSA.

- Hipótese em que, após reconhecer a omissão apontada quanto à preliminar de nulidade da sentença por cerceamento de defesa e superá-la, em conformidade com o voto-vista proferido pelo relator da apelação, e diante da retificação de voto do relator p/ acórdão que, apreciando as demais omissões apontadas nos embargos da empresa embargante e da ANP, aderiu integralmente à fundamentação daquele relator quanto ao reconhecimento da legitimidade do ato normativo que impede distribuidora de utilizar botijões de outras marcas (OM) para engarrafamento de gás liquefeito de petróleo, houve por bem o Colegiado acolher ambos os embargos, emprestando-lhes excepcionais efeitos modificativos, para dar provimento aos apelos e à remessa, e julgar improcedente o pedido.

- Reconhecida a omissão suscitada quanto à preliminar de nulidade da sentença por cerceamento de defesa, que se supre para consignar no julgado a inocorrência de cerceamento de defesa em razão do julgamento antecipado da lide, na hipótese de matéria estritamente de direito. O exame para deslinde da controvérsia reside em averiguar se houve abuso do poder regulamentar nas restrições impostas pela agência reguladora no regular exercício de seu poder de polícia, cuja solução passa, inexoravelmente, pelo julgamento da legalidade da Portaria MINFRA nº 843/90 e da Resolução ANP nº 15/2005, matéria estritamente de direito, de modo que, o reconhecimento, ou não, da legalidade da norma restritiva, sendo questão eminentemente de direito, dispensa a dilação probatória, por desnecessária a produção de outras provas além daquelas constantes nos autos.

- Igualmente reconhecida a omissão quanto ao tema referente ao poder discricionário da Agência Nacional do Petróleo – ANP, que se supre para consignar que *tem referida Autarquia legitimidade, com fulcro no princípio da discricionariedade, para impor a observância de regras rígidas de segurança relacionadas* à atividade de distribuição de GLP, bem como a de normas necessárias à sua operacionalização, *com o objetivo de garantir a defesa do consumidor e o abastecimento nacional.* Ao estabelecer que a distribuidora não pode, sem acordo prévio, comercializar botijão que contenha a marca de outra, quando cheio de GLP, almeja o administrador, dentre outros objetivos, assegurar a responsabilidade civil do distribuidor e do revendedor em caso de acidente, bem como garantir a requalificação do recipiente pelo distribuidor detentor da marca nele estampada, conforme compromisso assumido pelas empresas do setor no Código de Auto-Regulamentação, o que restaria inviabilizado caso fosse permitido o enchimento de OM, tendo em conta que as distribuidoras não iriam arcar com os custos de requalificação de seus botijões para serem comercializados por outras.

- Recursos de embargos providos para, emprestando-lhes excepcionais efeitos modificativos, dar provimento aos recursos de apelação e à remessa necessária, julgando-se improcedente o pedido.

(TRF2, 6ª T., AC nº 2002.51.01.012816-0, Rel. Benedito Gonçalves, grifos nossos).

Note-se, a propósito, que o art. 21 da Resolução ANP nº 15/05 admite, acertadamente, a hipótese de uma empresa se sub-rogar nos botijões da marca de outra, o que é importante, sobretudo para evitar o desperdício de botijões nos casos em que a empresa deles titular deixe de atuar no mercado, como ocorreu no caso mencionado acima. Essa sub-rogação mediante cessão do direito de uso dos botijões deve, no entanto, manter "claramente" (art. 21, §2º, Resolução ANP nº 15/05) identificada a empresa responsável pelos botijões o que, efetivamente, só é possível de ser alcançado se não houver mais de uma empresa utilizando os botijões de uma mesma marca.

Dessa forma, para as cessões de marcas gravadas em botijões não afrontarem aos propósitos da regulação da ANP, devem estas ser integrais, ou seja, ter como objeto a totalidade dos botijões da empresa cedente. Devem ser exclusivas, de maneira que apenas uma empresa passe a poder utilizar os botijões.

Veja-se que atitudes excessivamente permissivas da Administração Pública, como a admissão de mais de uma empresa operando com a mesma marca em alto-relevo, violam o dever de proporcionalidade, sobre o qual se tratará a seguir, que "determina que o Estado não deve agir com demasia, tampouco de modo insuficiente, na consecução dos seus objetivos. Desproporções – para mais ou para menos – caracterizam violações ao princípio e, portanto, antijuridicidade. [...] A medida implementada pelo Poder Público precisa se evidenciar não apenas conforme os fins almejados, mas, também, apta a realizá-los. Igualmente, se mostra inadequada a insuficiência ou a omissão antijurídica causadora de danos".[26]

IV.2 Uniformização das marcas gravadas nos botijões, estampadas em seus rótulos e nos lacres de segurança

Em decorrência da alteração sugerida no item anterior, torna-se necessária também a modificação do art. 36 da Resolução ANP nº 15/2005 para passar a prever expressamente que a marca veiculada em alto-relevo no botijão, no lacre e no rótulo do produto deve ser uma só, ao contrário do previsto na redação atual de referido artigo, no sentido de que o distribuidor fica obrigado a comercializar GLP somente em recipiente transportável que seja dotado de rótulo informando a data de envasilhamento, o distribuidor que o realizou e o distribuidor que realizará a comercialização.

Ora, uma vez positivada a vedação da cessão parcial de botijões a terceiros, não haverá mais razão de ser para a manutenção de norma que preveja a necessidade de informação da marca do distribuidor que realizou o envasilhamento e do distribuidor comerciante, já que ambos serão necessariamente a mesma pessoa jurídica. No caso de cessão integral dos botijões de determinada marca, os lacres e os rótulos poderão acompanhar os dessa marca ou não, mas a responsabilidade total da empresa adquirente pelos eventuais sinistros causados por esses botijões já será perfeitamente exercitável.

IV.3 Estabelecimento de critério objetivo da compatibilidade entre o universo de botijões da distribuidora e o volume de suas vendas de GLP

De fundamental importância nos parece ser a inclusão, na linha do que já era previsto na Portaria nº 13/76, de previsão expressa de fórmula de cálculo do número mínimo de botijões P-13 que as distribuidoras devem dispor para vender a quantidade de GLP a que se dispõem. Trata-se de medida que, podemos afirmar com tranquilidade, sequer inova materialmente no mundo jurídico, apenas instituindo um mecanismo para evitar a fraude contra as normas já existentes. Para as empresas que, cumprindo a legislação, colocam GLP apenas nos botijões de sua marca, o mecanismo não trará incômodo algum. Trará, outrossim, para as que, clandestinamente, aproveitando-se das naturais falhas da fiscalização em um país continental como o nosso, colocam GLP em botijões além daqueles que são seus segundo as informações prestadas à agência reguladora e à sociedade como um todo.

---

[26] FREITAS, Juarez. A Responsabilidade Extracontratual do Estado e o Princípio da Proporcionalidade: vedação de excesso e de omissão. *Revista de Direito Administrativo – RDA*, v. 241, p. 24 e 27, 2005.

Conforme se percebe da leitura da Resolução nº 15/2005, atualmente o marco regulatório do GLP é omisso, não prevendo qualquer parâmetro expresso para a análise da compatibilidade entre o universo de botijões de uma distribuidora e o volume de GLP adquirido por ela junto ao fornecedor, muito embora preveja a obrigatoriedade de referida compatibilidade.

Tal previsão impediria que a distribuidora se afastasse da média de botijões que uma distribuidora deve ter para atender de forma eficiente determinado número de consumidores, considerando-se que para cada botijão em uso pelo consumidor, devem existir necessariamente outros em circulação, manutenção, etc. Isso significa que ou as distribuidoras possuirão um número suficiente de botijões de sua marca ou utilizarão botijões alheios, de forma clandestina e ilegal.

Tal alteração, portanto, se demonstra instrumental à primeira sugerida acima e à toda sistemática já vigente no setor, otimizando a fiscalização da ANP. Fazendo uma analogia com o direito tributário, não seria uma obrigação principal, mas sim uma obrigação acessória, porém essencial para assegurar-se o cumprimento das verdadeiras normas substanciais.

Veja-se que não basta a previsão constante do art. 17 da Resolução nº 15/2005 no sentido de que a ANP analisará a compatibilidade entre a quantidade de GLP contratada e o universo de botijões da marca comercial da distribuidora ou sob contrato de uso de marca. É necessário que a Resolução preveja com fundamento em que parâmetro a Agência avaliará referida compatibilidade, de forma a tornar mais transparente a atuação da Agência, parâmetro este que deverá ser extraído de um estudo técnico, submetido à consulta pública, para que os participantes do mercado possam sobre ele se manifestar e trazer contribuições.

A medida atende também ao princípio da igualdade, já que a ANP, ao invés de fazer essa avaliação ao seu alvedrio em cada caso concreto, estabelece normativamente um padrão claro a ser observado. Com isso, fortalece também o princípio da segurança jurídica, pois as empresas saberão de antemão a proporção a que deverão atender, evitando surpresas com a atuação administrativa *in concreto* e *a posteriori*.

Por derradeiro, a medida atenderia ainda aos princípios constitucionais da eficiência e economicidade, pois tiraria da ANP o ônus da realização de estudos caso a caso para estabelecer as proporções a serem atendidas, sem que, conforme informado pelo Consulente, haja variedades fáticas que ensejem uma atuação de tal forma particularizada. A agência, de forma profunda e prévia, estabeleceria em uma norma a proporção a ser observada. Pode-se apenas pensar em uma fórmula que deixe margem para que a ANP, mediante requerimento e diante de casos muito peculiares, defira alguma proporção diversa da normativamente estabelecida para o número de botijões/ quantidade GLP adquirida.

IV.4 Declaração expressa da detenção exercida pelos consumidores sobre os botijões

Por fim, uma quarta providência, de cunho meramente declaratório, a ser adotada pela Agência com vistas a conferir maior eficiência ao marco regulatório do GLP diz respeito à necessidade de clara definição, em ato normativo, da natureza jurídica dos direitos exercidos pelas distribuidoras e pelos consumidores sobre os botijões cujo GLP é por eles consumido.

A edição de uma norma deixando clara de uma vez por todas a natureza dessas relações é de suma importância, pois a sua ausência tem possibilitado a defesa de teses que consideram o botijão uma propriedade ilimitada do consumidor, defesa que é feita com o objetivo de permitir a livre comercialização de botijões com a sua desvinculação como propriedade da empresa distribuidora cuja marca está neles aposta.

Todavia, toda a estrutura da legislação em vigor (exclusividade do uso das marcas, centros de troca etc.) claramente configura o botijão como propriedade da distribuidora (tanto que pode, na atual sistemática, vendê-los a outra empresa, desde que autorizada pela ANP), exercendo o consumidor sobre o bem, mera detenção, com vistas ao consumo do GLP nele contido. *Sobre o botijão há, portanto, a propriedade e posse da distribuidora e a detenção do consumidor, as três instrumentalizadas e afetadas à sua função essencial, que é servir como veículo da comercialização do GLP.*

Isso significa que os botijões, uma vez que compõem a infraestrutura de prestação de uma atividade privada de interesse público passam a sujeitar-se a regime jurídico especial. Note-se que a circulabilidade dos botijões e a impossibilidade de sua tresdestinação para outras finalidades é o que assegura o atendimento do mercado nacional por esse combustível, por sinal um dos objetivos primordiais a ser perseguido pela ANP e de todos os atores envolvidos no setor, conforme dispõe a Lei do Petróleo:

> Art. 1º As políticas nacionais para o aproveitamento *racional* das fontes de energia visarão aos seguintes objetivos:
>
> V – garantir o fornecimento de derivados de petróleo em todo o território nacional, nos termos do §2º do art. 177 da Constituição Federal.

Se os botijões fossem de livre propriedade dos consumidores estes poderiam fazer com eles o que quisessem. Poderiam, por exemplo, não os recolocar em circulação, comprometendo o número de botijões disponíveis para o envasilhamento de GLP e a sua própria requalificação.

Conforme salientado por Maria Sylvia Zanella Di Pietro em lição inteiramente aplicável à hipótese, "tais bens continuam no domínio privado de seus proprietários. Contudo, cumprem uma função social, na medida em que seu titular sofre restrições de uso e gozo em benefício do interesse público".[27]

É essa a conclusão que se extrai também da lição de Teresa Negreiros, autora que defende ser a utilidade um parâmetro para a classificação dos bens:

> A classificação adotada na teoria econômica segundo a qual os bens coletivos e bens exclusivos é também baseada no critério da utilidade. Especificamente, tais bens distinguem-se conforme o âmbito da necessidade que é satisfeita: assim, distinguem-se os bens conforme sejam aptos a satisfazer, a cada tempo, a necessidade de uma generalidade de indivíduos,

---

[27] DI PIETRO, Maria Sylvia Zanella. *Parcerias da Administração Pública*. 4. ed. São Paulo: Ed. Atlas, 2002. p. 372-373.

caso este último em que um mesmo bem – bem coletivo, diz-se – pode ser simultaneamente utilizado por várias pessoas.[28]

A afetação de determinado bem a uma finalidade pública não importa a perda de propriedade sobre ele. Esse é também o caso dos botijões de GLP, os quais, muito embora afetados à uma atividade de importante relevância social, permanecem sendo propriedade das respectivas distribuidoras, exercendo os consumidores sobre eles a mera detenção.

Nesse ponto, é importante distinguir a função social da propriedade das limitações administrativas à propriedade. A função social impõe que o bem privado seja utilizado para o objetivo a ele inerente, ao passo que a limitação administrativa impõe condicionamentos a esse exercício. Por exemplo, o objetivo primordial da propriedade imobiliária urbana é a sua edificação. A sua função social impõe que seja utilizada para esse propósito, não podendo servir, por exemplo, para mera especulação imobiliária; já a limitação administrativa determina que, quando receber essa necessária utilização, se paute por determinados paradigmas que protejam os demais interesses privados e públicos relacionados, obedecendo às normas de gabarito, zoneamento, etc. Disciplina análoga é a dos bens privados afetados ao serviço público, que se relacionam mais a este objetivo do que a este ou aquele titular dominial.

León Duguit, autor precursor no tratamento sistemático da função social da propriedade, já prenunciava: "o proprietário está obrigado a empregar a riqueza que possui conforme a sua destinação social".[29]

Vejamos o que a doutrina administrativista diz a respeito:

> Ao acolher o princípio da função social da propriedade, o Constituinte pretendeu imprimir-lhe uma certa significação pública, vale dizer, pretendeu trazer ao Direito Privado algo até então exclusivo do Direito Público: o condicionamento do poder a uma finalidade. Não se trata de extinguir a propriedade privada, mas de vinculá-la a interesses outros que não os exclusivos do proprietário. Assim como a imposição de deveres inderrogáveis ao empregador, no interesse do empregado, não faz dele um ente público, também a função social não desnatura o proprietário nem a propriedade: apenas lhe impõe cerceamentos diferenciados'. Salientou-se, como se vê, que a essência do princípio da função social da propriedade é o condicionamento do poder a uma finalidade. [...] Quando o Direito não previa nada do gênero, o proprietário experimentava condicionamentos no interesse da coletividade, apenas quando passasse a exercer o seu direito. [...] Agora, consagrado o princípio da função social da propriedade, a reação do direito a essa postura é completamente outra. O proprietário experimenta condicionamentos não apenas quando exerce o seu direito, mas também com o objetivo que dê início ao seu exercício.[30]

A doutrina civilista, tal como a administrativista, também destaca a funcionalização dos direitos patrimoniais e aplicação da função social a todas espécies de bens, e

---

[28] NEGREIROS, Teresa. *Teoria dos Contratos*: novos paradigmas. Rio de Janeiro: Renovar, 2002. p. 390.
[29] DUGUIT, Léon. *Las Transformaciones Generales del Derecho*. (Trad. Adolfo G. Posada e Ramón Jaén). Buenos Aires: Editorial Heliasta, 2001. p. 239.
[30] SUNDFELD, Carlos Ari; SOUZA, Rodrigo Pagani de. A Perfuração do Túnel do Metrô sob Imóveis Urbanos: hipótese de mera limitação à propriedade privada. *Revista de Direito Administrativo e Constitucional – A&C*, v. 20, p. 45-46, 2002.

não apenas aos imobiliários: "A função social penetra na própria estrutura e substância do direito subjetivo, traduzindo-se em uma necessidade de atuação promocional por parte do proprietário, pautada no estímulo a obrigações de fazer, consistentes em implementação de medidas hábeis a *impulsionar a exploração racional do bem* [...]. A função social incide sobre a própria estrutura da propriedade, portanto, *recai sobre qualquer bem*, variando em intensidade em cada situação concreta, *de acordo com as efetivas utilidades dele para a sociedade*. [...] Para cada tipo de bem há um regime específico de atuação da função social da propriedade, pois vários são os modos de circulação de riqueza".[31]

É o que também se dá com o direito de utilização exclusiva de patentes, destinado a veicular marcas de produtos e empresas. O emprego da propriedade intelectual para esse objetivo é compulsório e inerente a toda a sua regulação. Tanto é assim que se o seu titular não o observar voluntariamente, pode ter a sua patente objeto até mesmo de um licenciamento compulsório para terceiro (arts. 68 e segs., Lei nº 9.279, de 14 de maio de 1996).

O mesmo se passa com os botijões de gás, cuja função social e "exploração racional" a eles inerentes é se destinarem para armazenar o GLP que suprirá o mercado de consumo nacional. Ele estará sempre destinado ao reenvasilhamento e destroca nos termos estabelecidos pela legislação. O consumidor é proprietário do GLP, que, no entanto, pelo seu estado gasoso, tem que ser transportado e armazenado em um recipiente, cuja fruição é facultada ao consumidor tão-somente a título de detenção, e apenas pelo período em que houver gás armazenado no seu interior. Findo o gás, não há para ele mais qualquer função do botijão, que deve retornar à sua proprietária para reutilização como o meio técnico idôneo para transportar pequenas quantidades de GLP.

É esse arranjo dominial – em relação ao cilindro e ao GLP em si – que é capaz de assegurar a sua função social específica, que é transportar GLP com segurança e permitir a identificabilidade da empresa responsável por eventual sinistro.[32]

Se assim não fosse, ou seja, se o consumidor fosse o proprietário do botijão, poderia tirá-lo do mercado, derretê-lo para venda do metal, ou vendê-lo para qualquer empresa distribuidora, comprometendo o critério de identificação da empresa responsável pelo botijão em razão da marca nele aposta. Teríamos então a total postergação das regras e objetivos da regulação setorial, com as empresas podendo comercializar botijões de qualquer marca, desde que o seu suposto proprietário – o consumidor – lhe repassasse o botijão.[33]

A finalidade intrínseca à função social do botijão do GLP é, portanto, não só a sua utilização pela envasilhamento do gás, como o seu envasilhamento pela empresa titular da marca nele aposta. A sua finalidade é servir como receptáculo da comercialização

---

[31] FARIAS, Cristiano Chaves de; ROSENVALD, Nelson. *Direitos Reais*. 3. ed. Rio de Janeiro: Ed. Lumen Juris, 2006. p. 207, 228 e 234.

[32] Propugnando por uma superação da noção de direito de propriedade como reunião dos atributos de uso, fruição e disposição, a ser substituída por uma noção de propriedade instrumentalizada por seus fins: ORTIZ, Gaspar Ariño. *El Nuevo Servicio Público*. Madrid: Ed. Marcial Pons, 1997. p. 31.

[33] Uma referência ancilar deve ser feita ao valor cobrado dos consumidores quando da primeira utilização de um botijão, sem a troca por um anterior, valor esse que, até por ser, como informado pelo Consulente, bem abaixo do valor de mercado do botijão em si, remunera a proprietária dos botijões apenas pela cessão da sua detenção para o consumidor. Posteriormente, se cobrará apenas pelo GLP, porque as sucessivas utilizações de botijões já terão sido remuneradas quando da primeira aquisição de GLP, cujo respectivo valor é equanimizado pelas diversas empresas atuantes no mercado pelo mecanismo dos centros de destroca.

com segurança do GLP. Se apenas se impusesse o seu reenvasilhamento, o objetivo do atendimento ao mercado estaria atendido, mas sem segurança. Por outro lado, a distribuidora, terá a propriedade do botijão, mas de forma bastante constrita pela sua função social, devendo utilizá-lo apenas para comercializar GLP, até ser eliminado em razão do fim da sua vida útil para esse objetivo. Essa disciplina em nada ilide o direito de escolha da marca de GLP preferida pelo consumidor e a consequente concorrência, pois não será ele o responsável por devolver o botijão diretamente à sua proprietária, comprando GLP necessariamente em um outro botijão da mesma marca. Poderá entregá-lo a uma outra empresa, de quem comprará GLP em botijão desta outra marca. Essa empresa entregará o botijão anterior a um centro de destroca (já explicado acima) para reencaminhamento à sua proprietária para novo envasilhamento.

A função social específica dos botijões de GLP reflete-se também na disciplina dos contratos celebrados entre distribuidoras de combustíveis no momento da venda de GLP. É que muitas vezes a função social dos bens é concretizada através de restrições à liberdade de celebrar contratos sobre esses bens, restrições que podem, não apenas impor determinadas cláusulas obrigatórias aos contratos, como também a própria obrigação de contratar ou de não contratar. A função social de bens especialmente sensíveis para o interesse público, a exemplo dos botijões de gás, se conecta com a função social dos contratos sobre eles incidentes,[34] função social agora expressamente positivada no art. 421 do novo Código Civil.[35]

O Direito Administrativo não ficou inerte diante da evolução das relações econômicas e contratuais, mitigando progressivamente o princípio da relatividade dos contratos, pelo qual a liberdade contratual era justificada porque os contratos só poderiam beneficiar ou prejudicar as suas próprias partes.[36] Em uma sociedade de consumo de massa e grande interdependência social, o princípio da relatividade é cada vez menos absoluto.

É assim que os contratos de compra e venda de GLP para o consumidor final, que têm como cláusula acessória a detenção por este do botijão da distribuidora capaz de transportar e reter o gás enquanto o consumidor o utiliza como combustível, têm os seus ditames impostos e limitados pela disciplina legal e regulamentar do GLP, que

---

[34] "A caracterização de um bem contratado – como bem essencial útil ou supérfluo – deve, sim, ser considerada um fator determinante da disciplina contratual, influindo sobre a forma como hão de ser conciliados os novos princípios do contrato, de índole intervencionista, e os princípios clássicos, finalizados à proteção da liberdade contratual" (NEGREIROS, Teresa. *Teoria do Contrato*: novos paradigmas. Rio de Janeiro: Ed. Renovar, 2002. p. 380).

[35] Art. 421. A liberdade de contratar será exercida em razão e nos limites da função social do contrato. "Mantém-se válida a lição de que a autonomia privada constitui-se na possibilidade de auto-regulamentação de interesses jurídicos, enquanto espaço livre, destinado aos operadores do Direito. A liberdade jurídica transforma-se em liberdade econômica, alimentando o mercado da livre concorrência. Entende-se, por outro lado, que não pode mais haver tolerância, no sentido de que essa liberdade, atribuída pelo Direito para o autojuízo de interesse privado, se mantenha, como diz Perlingieri, no centro do ordenamento jurídico, sempre em uma perspectiva individualista (dogma da autonomia da vontade). A vontade do sujeito é resguardada pelo ordenamento jurídico, mas em prospectiva coletiva" (NALIN, Paulo. *Do Contrato*: conceito pós-moderno. Em busca de sua formulação na perspectiva civil-constitucional. Curitiba: Ed. Juruá, 2001. p. 171-172). "O fenômeno da contratação passa por uma crise que causou a modificação da função do contrato: deixou de ser mero instrumento de autodeterminação privada, para se tornar um instrumento que deve realizar também o interesse da coletividade. Numa palavra, o contrato passa a ter função social" (GOMES, Orlando. A Função do Contrato. *In*: GOMES, Orlando. *Novos Temas de Direito Civil*. Rio de Janeiro: Forense, 1983. p. 109).

[36] NEGREIROS, Teresa. *Teoria do Contrato*: novos paradigmas. Rio de Janeiro: Ed. Renovar, 2002. p. 210-229.

acertadamente elegeu a segurança – diretamente conectada com a dignidade da pessoa humana, à vida e à incolumidade física – como o valor primordial a ser tutelado.

O Código Civil contempla *duas modalidades de detenção*, a detenção como fâmulo, prevista em seu art. 1.198, e a detenção decorrente de permissão, prevista em seu art. 1.208:

> Art. 1.198. Considera-se detentor aquele que, achando-se em relação de dependência para com outro, conserva a posse em nome deste e em cumprimento de ordens ou instruções suas.
>
> Parágrafo único. Aquele que começou a comportar-se do modo como prescreve este artigo, em relação ao bem e à outra pessoa, presume-se detentor, até que prove o contrário.
>
> Art. 1.208. Não induzem posse os atos de mera permissão ou tolerância assim como não autorizam a sua aquisição os atos violentos, ou clandestinos, senão depois de cessar a violência ou a clandestinidade.

A detenção, em quaisquer dos casos, é um poder subordinado ao poder do possuidor. Existe, conforme observado por José Carlos Moreira Alves,[37] uma relação de dependência entre o detentor e o possuidor.

No primeiro caso, a relação de dependência impõe "a necessidade da observância, por parte do detentor, das instruções do possuidor".[38] Clóvis Beviláqua, comentando o art. 487 do Código Civil de 1916, cuja redação era semelhante ao atual 1.198,[39] aduz que "completa este artigo a noção de posse, excluindo dela o simples detentor da coisa alheia, que mantém a posse em nome de outrem ou em cumprimento de instruções recebidas do possuidor. Tal é o caso do empregado, que conserva os objetos do patrão sob sua guarda, *sub custodia*; do operário, a quem o dono da obra ou oficina entregou instrumentos para realizar certo serviço; do que, na qualidade de mandatário, recebeu alguma coisa do mandante para entregá-la a outrem".[40]

No mesmo sentido, Ana Lucia Porto de Barros sustenta que "na detenção o poder material é exercido em nome alheio com obediência direta das ordens do efetivo possuidor. Aquele que exerce a posse em nome de terceiro é chamado de detentor, servidor ou fâmulo da posse. O detentor não possui direito aos interditos e se porventura chamado à lide encontra-se compelido a nomear à autoria consoante artigos 62 e seguintes do Código de Processo Civil. É o caso do caseiro em relação ao imóvel de praia do veranista; do soldado em relação à arma da corporação; do motorista em relação ao automóvel do patrão, nestas hipóteses essas pessoas exercem poder material sobre a coisa, sem autonomia, mas ao reverso, seguindo ordens e orientações do efetivo possuidor".[41]

---

[37] ALVES, José Carlos Moreira. A detenção no Direito Civil brasileiro: conceito e casos. *In*: CAHALI, Yussef Sahid (Coord.). *Posse e propriedade*: doutrina e jurisprudência. São Paulo: Saraiva, 1987. p. 8-9.

[38] ALVES, José Carlos Moreira. A detenção no Direito Civil brasileiro: conceito e casos. *In*: CAHALI, Yussef Sahid (Coord.). *Posse e propriedade*: doutrina e jurisprudência. São Paulo: Saraiva, 1987. p. 8-9.

[39] Art. 487. "Não é possuidor aquele que, achando-se em relação de dependência para com outro, conserva a posse em nome deste e em cumprimento de ordens ou instruções suas".

[40] BEVILÁQUA, Clóvis. Código Civil dos Estados Unidos do Brasil comentado. 3. ed. Rio de Janeiro: falta editora, 1930. v. 3, p. 23.

[41] BARROS, Ana Lucia Porto de. *Código Civil comentado*. Rio de Janeiro: Freitas Bastos Editora, 2004. p. 833.

Já a segunda citada hipótese da detenção depende, conforme se extrai do próprio art. 1.208 do CC, de atos de mera permissão ou tolerância, que, como tais, não configuram posse. Conforme Carvalho Santos, "a permissão se verifica quando o proprietário ou outro qualquer titular de um direito sobre uma coisa concede a outrem praticar a utilização não exclusiva dela, sem que, portanto, renuncie seu direito e até segunda ordem. Há na permissão o consentimento expresso e nisso ela se distingue da tolerância".[42]

A diferença entre o detentor do art. 1.198 e aquele do art. 1.208 está no fato de que, conforme nota José Carlos Moreira Alves, "o primeiro se refere à detenção que resulta de dependência em que o detentor atua no interesse do possuidor, como instrumento inteligente da posse, razão porque 'conserva a posse em nome deste e em cumprimento de ordens ou instruções suas' [...]; ao passo que o segundo concerne à detenção em que também há dependência, mas em que o detentor age exclusivamente no seu interesse próprio, não sendo, portanto, instrumento do possuidor, o que implica dizer que não está sujeito às ordens ou instruções deste. [...] A relação de dependência em virtude da tolerância ou da permissão não apresenta a característica da instrumentalidade, e, portanto, da percepção de ordens ou instruções do possuidor, porque, nessa detenção, o interesse dela é exclusivamente do detentor, o que não ocorre na servidão da posse, onde, ainda que indiretamente, há o interesse do possuidor".[43] "Assim, o espectador, ao assistir ao filme, jamais poderá ser chamado de possuidor da poltrona que ocupa. Sua qualidade de detentor é fruto do estado de transitoriedade na sujeição sobre a coisa, inexistindo o elemento de ingerência socioeconômica que caracteriza as situações possessórias. [...] A detenção da primeira parte do art. 1208 é uma detenção interessada, pois a pessoa que atua com base em permissão ou tolerância procura extrair proveito próprio da coisa, satisfazendo os seus interesses econômicos imediatos".[44]

No exemplo dado vemos que os dois fundamentos da detenção por permissão estão presentes no caso dos botijões de GLP: o consumidor detém o botijão apenas transitoriamente, enquanto consome o GLP nele contido, e, obviamente, no seu interesse próprio em reter tal gás no botijão enquanto o consome.[45]

De fato, esse é justamente o caso dos consumidores de GLP, para os quais o uso dos botijões é permitido de forma temporária, no interesse do próprio consumidor (é o instrumento técnico necessário para que possa adquirir e consumir GLP), mas sem a transferência da propriedade ou da posse.

Em vista de todo o exposto, conclui-se que, não obstante a afetação dos botijões de gás a uma finalidade pública, estes não deixam de ser propriedade das distribuidoras, sendo o consumidor mero detentor desses recipientes, à luz do disposto no artigo 1208 do CC. Não pode, portanto, o consumidor utilizar o botijão de forma diversa da sua afetação específica, nem pode praticar atos típicos de proprietário, já que não o é.

---

[42] SANTOS, Carvalho. *Código Civil Brasileiro Comentado*. Rio de Janeiro: Freitas Bastos, 1934. v. 7, p. 74.
[43] ALVES, José Carlos Moreira. A detenção no Direito Civil brasileiro: conceito e casos. *In*: CAHALI, Yussef Sahid (Coord.). *Posse e propriedade*: doutrina e jurisprudência. São Paulo: Saraiva, 1987. p. 17-18.
[44] FARIAS, Cristiano Chaves de; ROSENVALD, Nelson. *Direitos Reais*. 3. ed. Rio de Janeiro: Ed. Lumen Juris, 2006. p. 68-69.
[45] O mesmo raciocínio pode ser aplicado às garrafas de vidro de refrigerantes e cervejas (lembremos do "vale" que o consumidor pode pagar enquanto consome o conteúdo da garrafa e que fica com o comerciante até ele devolvê-la), com, todavia, o atenuante de não conter produtos cujo abastecimento nacional seja de um relevante interesse público e de não oferecer riscos para a segurança e saúde públicas, não trazendo consigo, por exemplo, o risco de explosões.

Apesar dessas assertivas já decorrerem diretamente da atual legislação do GLP, é necessário, para a própria eficiência de sua aplicação, explicitar de forma evidente na Resolução ANP nº 15/2005 tais naturezas jurídicas, das distribuidoras e dos consumidores, em relação ao GLP, inviabilizando interpretações mais criativas que, ao sustentar a propriedade do botijão pelo consumidor e a sua consequente livre comercialização, acabam por postergar a garantia de segurança e de abastecimento do GLP.

V Esteio legal das medidas alvitradas

Como já adiantado acima, a Lei do Petróleo estatui, dentre os objetivos da política nacional para o aproveitamento racional das fontes de energia, a proteção ao meio ambiente, a proteção dos interesses do consumidor e a promoção da livre concorrência, objetivos estes que, obviamente, devem ser harmonizados em cada caso:

> Art. 1º As políticas nacionais para o aproveitamento racional das fontes de energia visarão aos seguintes objetivos: [...]
>
> III – proteger os interesses do consumidor quanto a preço, qualidade e oferta dos produtos;
>
> IV – proteger o meio ambiente e promover a conservação de energia;
>
> V – garantir o fornecimento de derivados de petróleo em todo o território nacional, nos termos do §2º do art. 177 da Constituição Federal. [...]
>
> IX – promover a livre concorrência;

Também o art. 8º da Lei nº 9.478/97 aponta a proteção dos interesses do consumidor e do meio ambiente como finalidades precípuas da regulação da ANP. Referido dispositivo também prevê a prestação de informações pelos agentes regulados, o que justifica, por exemplo, a imposição da obrigação de a distribuidora não deixar dúvidas sobre a origem do GLP envasado e informar o seu universo de consumidores, de modo a tornar possível a verificação da compatibilidade da demanda atendida pela distribuidora e o número de botijões de sua propriedade:

> Art. 8º A ANP terá como finalidade promover a regulação, a contratação e a fiscalização das atividades econômicas integrantes da indústria do petróleo, do gás natural e dos biocombustíveis, cabendo-lhe:
>
> I – implementar, em sua esfera de atribuições, a política nacional de petróleo, gás natural e biocombustíveis, contida na política energética nacional, nos termos do Capítulo I desta Lei, com ênfase na garantia do suprimento de derivados de petróleo, gás natural e seus derivados, e de biocombustíveis, em todo o território nacional, e na proteção dos interesses dos consumidores quanto a preço, qualidade e oferta dos produtos; [...]
>
> IX – fazer cumprir as boas práticas de conservação e uso racional do petróleo, gás natural, seus derivados e biocombustíveis e de preservação do meio ambiente; [...]
>
> XVII – exigir dos agentes regulados o envio de informações relativas às operações de produção, importação, exportação, refino, beneficiamento, tratamento, processamento,

transporte, transferência, armazenagem, estocagem, distribuição, revenda, destinação e comercialização de produtos sujeitos à sua regulação.

Já do Código de Defesa do Consumidor é possível extrair o direito dos consumidores de proteção à vida, à saúde e segurança, à informação clara e correta quanto à origem dos produtos e, ainda, à efetiva reparação dos danos decorrentes da relação de consumo, o que só se pode assegurar através da previsão de instrumentos que permitam e facilitem a identificação dos responsáveis pelo produto:

> Art. 6º São direitos básicos do consumidor:
>
> I – a proteção da vida, saúde e segurança contra os riscos provocados por práticas no fornecimento de produtos e serviços considerados perigosos ou nocivos;
>
> [...] III – a informação adequada e clara sobre os diferentes produtos e serviços, com especificação correta de quantidade, características, composição, qualidade e preço, bem como sobre os riscos que apresentem;
>
> [...] VI – a efetiva prevenção e reparação de danos patrimoniais e morais, individuais, coletivos e difusos.

A promoção desses direitos, de acordo com o art. 4º, III, do CDC, deve ser feita de forma harmonizada "com a necessidade de desenvolvimento econômico e tecnológico, de modo a viabilizar os princípios nos quais se funda a ordem econômica (art. 170 da Constituição Federal)". Sob esse prisma, o mesmo dispositivo inclui no rol de princípios regedores do Código em tela, a "coibição e repressão eficientes de todos os abusos praticados no mercado de consumo, inclusive a concorrência desleal e utilização indevida de inventos e criações industriais das marcas e nomes comerciais e signos distintivos, que possam causar prejuízos aos consumidores".

O art. 8º, por sua vez, prevê regras relativas à proteção da segurança dos consumidores, dispondo que "os produtos e serviços colocados no mercado de consumo não acarretarão riscos à saúde ou segurança dos consumidores, exceto os considerados normais e previsíveis em decorrência de da natureza".

Comentando esse dispositivo, Cláudia Lima Marques[46] observa que há um dever de segurança e confiança imposto pelo CDC aos fornecedores, com vistas à proteção da confiança que o consumidor depositou no produto e, destaque-se, na marca, bem como nas informações que o acompanha. Dessa forma, violam esse artigo eventuais contratos celebrados entre empresas atuantes no setor que potencialmente possam levar o consumidor a erro ou obscuridade quanto à marca do produto consumido, como é claramente o caso dos botijões que armazenam GLP de marca de distribuidora diversa daquela gravada em alto relevo, tendo em vista que isso implica na redução do grau de segurança do produto.

Veja-se, ainda, que, de acordo com o Código de Defesa do Consumidor, são consideradas nulas aquelas cláusulas contratuais – como seria o caso de acordos entre

---

[46] MARQUES, Cláudia Lima. *Comentários ao Código de Defesa do Consumidor*. São Paulo: Revista dos Tribunais, 2006. p. 236.

distribuidores de GLP sobre cessão de botijões – que impossibilitem ou dificultem a responsabilidade desses distribuidores pelos danos decorrentes da relação de consumo:

> Art. 25. É vedada a estipulação contratual que impossibilite, exonere ou atenue a obrigação de indenizar prevista nesta e nas seções anteriores.

> Art. 51. São nulas de pleno direito, entre outras, as cláusulas contratuais relativas ao fornecimento de produtos e serviços que:
>
> I – impossibilitem, exonerem ou atenuem a responsabilidade do fornecedor por vícios de qualquer natureza dos produtos e serviços ou impliquem renúncia ou disposição de direitos. Nas relações de consumo entre o fornecedor e o consumidor pessoa jurídica, a indenização poderá ser limitada, em situações justificáveis.

Muito embora nos pareça que esse dispositivo foi criado primariamente com o objetivo de vedar a previsão, em contratos de consumo, de cláusulas que exonerem o fornecedor da responsabilização por acidentes de consumo, é possível interpretá-la, à luz do princípio da interpretação mais benéfica ao consumidor, da eficácia expansiva dos direitos fundamentais e da mitigação da relatividade dos contratos analisada no tópico anterior, que também são vedadas por esse dispositivo, quaisquer cláusulas contratuais que dificultem ou impossibilitem a responsabilização do fornecedor, tendo em vista peculiaridades do caso concreto.

E em sendo assim, também seriam nulas cláusulas contratuais de cessão parcial de marca de distribuidora de GLP, para permitir a comercialização de gás em botijões cuja marca em alto relevo não fosse a mesma que a da distribuidora, uma vez que essa cláusula seria potencialmente nociva aos interesses do consumidor e dificultadora da responsabilização na eventualidade de acidentes envolvendo esses botijões.

VI Esteio constitucional das medidas alvitradas

Não são poucos os argumentos que, para a proteção de outros valores e direitos constitucionais, impõem a precaução na adoção da concorrência, sobretudo em setores relevantes para o interesse público como o do GLP.

A distribuição/comercialização de GLP é, com efeito, uma atividade privada de interesse público, "para as quais a lei, face à sua relação com o bem-estar da coletividade e/ou por gerarem desigualdades e assimetrias informativas para os usuários, exige autorização prévia para que possam ser exercidas, impondo-se ainda a sua contínua sujeição à regulação da autoridade autorizante".[47]

Nesse sentido, a regulação desse mercado deve, sem sombra de dúvidas, promover a concorrência, mas sem descurar de possíveis "efeitos colaterais", como a assimetria Informacional, já que as empresas tendem a ter muito mais informações sobre a sua

---

[47] ARAGÃO, Alexandre Santos de. *Agências Reguladoras e a Evolução do Direito Administrativo Econômico.* Rio de Janeiro: Forense, 2002. p. 162-163.

própria atividade que os órgãos reguladores, o que dificulta a aplicação pelo Estado das medidas necessárias para assegurar a observância do marco regulatório pelo prestador privado do serviço,[48] o que recomenda medidas de informação e balizamento prévio das atividades.

A doutrina aponta com destaque duas falhas existentes no mercado do GLP, que exigem restrições à concorrência para que ela não se torne irracional e contrária a interesses individuais e públicos superiores: a informação assimétrica e a externalidade negativa (o benefício social das medidas de segurança são inferiores aos benefícios empresariais, por isso há uma tendência ao sub-investimento em segurança).[49]

O que se deve ter em vista é que a concorrência não é um valor em si mesmo, devendo ser vista, outrossim, como um instrumento de realização eficiente dos objetivos da abertura de determinada área da economia à livre concorrência. A concorrência só será legítima enquanto for capaz de atingi-los.[50]

O Direito brasileiro adota "a noção da concorrência-instrumento. A concorrência como fundamento da ordem econômica somente se justifica à medida que trouxer benefícios para o consumidor e servir como um valor-meio, ou seja, um instrumento de realização de uma política econômica, cujo escopo principal seja o de estimular todos os agentes econômicos a participarem do desenvolvimento do País como um todo. Com esta orientação, nossa legislação, seguindo sua origem particular e, até certo ponto, distanciando-se da sua concepção baseada no direito norte-americano, apresenta um caráter de instrumentalidade, o que impõe uma interpretação dos seus conceitos condizente com este paradigma".[51]

É essa a concepção adotada pelo Conselho Administrativo de Defesa Econômica – CADE, para o qual a concorrência deve visar à "constituição e manutenção de estruturas de mercado eficientes, à geração de benefícios ao consumidor e ao próprio desenvolvimento nacional".[52]

Na lição de Giuseppe Tolese, inteiramente aplicável à espécie, "as empresas que operam no campo dos serviços de utilidade pública, por um lado agem no mercado, sendo sujeitas às normas (especialmente àquelas antitruste) que regem o seu funcionamento, e por outro lado prestam serviços que atendem estritamente exigências essenciais e primárias dos indivíduos. Destarte, o processo de liberalização deve prever regras e

---

[48] CRAIG, P. P. *Administrative Law*. 4. ed. London: Sweet & Maxwell, 2001. p. 333-334.

[49] OLIVEIRA, Gesner de. Disponível em: www.aiglp.com. Acesso em 31 jul. 2007.

[50] Trata-se do rawlsiano Princípio da Diferença, pelo qual as liberdades econômicas e desigualdades existentes na sociedade só são admissíveis se gerarem para os que delas não gozam mais vantagens do que haveria em uma situação em que tais liberdades e desigualdades inexistissem (RAWLS, John. *Teoria da Justiça*. (Trad. Almiro Pisetta e Lenita M. R. Esteves). São Paulo: Ed. Martins Fontes, 1997. p. 79-89).

[51] ROLIM, Maria João Pereira. *Direito Econômico da Energia Elétrica*. Rio de Janeiro: Ed. Forense, 2002. p. 206. Na mesma passagem, a autora colaciona o Acórdão Metro-Saba do Tribunal das Comunidades da União Europeia, para o qual, "segundo a Teoria da concorrência-instrumento, a concorrência não é um valor em si mesmo, não é um valor absoluto, mas um meio normal, eventualmente privilegiado, de obter o equilíbrio econômico. Daí derivam duas consequências importantes: em primeiro lugar, se a concorrência não é um valor em si mesma, pode ser sacrificada em homenagem a outros valores. Por outro lado, não há, à partida, ilicitude ou condenações automáticas. Nenhuma prática restritiva é proibida por si só". Da tese exposta, que compartilhamos, podemos inferir que a evolução do nosso Direito Administrativo Econômico tem se dado mais paralelamente às mudanças verificadas no Direito Público Europeu do que como uma aproximação pura e simples aos paradigmas tradicionais eminentemente liberais do Direito Regulatório norte-americano.

[52] Despacho do Conselheiro-Relator, Dr. Cleveland Prates Teixeira, no Pedido de Medida Preventiva nº 08700.003174/2002-19, Processo Administrativo nº 53500.005770/2002.

instrumentos jurídico-econômicos finalizados a evitar que uma abertura concorrencial do mercado possa acarretar prejuízo aos direitos fundamentais de determinadas categorias de usuários ou grupos sociais".[53]

Como observa Cosmo Graham, "as decisões de políticas públicas sobre o tamanho dos mercados competitivos contêm opções a respeito de valores substanciais, por exemplo, em que extensão os usuários desses serviços devem ser vistos como consumidores ou cidadãos. Na criação de mercados competitivos para o gás doméstico e para o fornecimento de energia, o Governo enfatizou que os benefícios da concorrência devem ser espraiados equanimemente entre os consumidores mais pobres. Isto implica em alguma limitação das políticas de preços adotada pelas empresas, em outras palavras, os instintos de concorrência são temperados pela preocupação com a justiça social".[54]

Assim é que, a proteção da livre concorrência no setor de GLP deve levar em conta uma série de valores e princípios constitucionais, como o da eficiência, defesa do consumidor, da precaução e proporcionalidade, intimamente relacionados entre si, os quais, como se verá, também esteiam a necessidade de adoção das medidas sugeridas pelo Consulente.[55]

Nesse particular é interessante notar como o Tribunal Regional Federal da 2ª Região já decidiu, em caso concernente à própria ANP, que não há liberdade, mas sim obrigação, de a Administração Pública adotar a medida que mais se aproximar dos princípios constitucionais: "Não houve discricionariedade, por parte da Administração, quando indeferiu o requerimento de prorrogação formulado pelo consórcio, e sim, vinculação, tendo em vista que a prorrogação seria a solução que mais se aproximaria aos princípios constitucionais que devem nortear a Administração Pública" (AI nº 86362, Rel. Benedito Gonçalves, TRF2).[56]

---

[53] TELESE, Giuseppe. La Liberalizzazione dei Servizi Pubblici a Rete in Ambito Comunitario e la Disciplina del Diritto di Accesso alle Infrastrutture: Aspetti Generali. In: AMMANNATI, Laura; CABIDDU, Maria Agostina; DE CARLI, Paolo (Orgs.). Servizi Pubblici, Concorrenza e Diritti. Milano: Giuffrè Editore, 2001. p. 160. Quanto à improcedência das ideias reducionistas que privilegiam no Direito Público Econômico a livre iniciativa, como se dela decorressem naturalmente resultados favoráveis para os consumidores, e quanto à consequente adoção em nosso Direito da concepção instrumental da concorrência (p. ex., arts. 1º e 54, §1º, I, 'c', Lei nº 8.884/94), ver: SALOMÃO FILHO, Calixto. Direito Concorrencial: as estruturas. 2. ed. São Paulo: Ed. Malheiros, 2002. p. 28-39: "O problema é mais que evidente: preocupa-se exclusivamente com a maximização da riqueza global, excluindo completamente de consideração a forma de distribuição dessa riqueza, isto é, os diferentes interesses individuais envolvidos na relação jurídica a que aquela norma se aplica" (SALOMÃO FILHO, Calixto. Direito Concorrencial: as estruturas. 2. ed. São Paulo: Ed. Malheiros, 2002. p. 31-32).

[54] GRAHAM, Cosmo. Regulating Public Utilities. Oxford: Hart Publishing, 2000. p. 169. Também na Espanha, o Tribunal de Defesa da Concorrência coloca múltiplas funções para a regulação em regime de concorrência, a saber: (a) proteção dos indivíduos, por exemplo em sua segurança e saúde (objetivos tradicionais do poder de polícia), (b) evitar as práticas abusivas do poder econômico e restritivas da concorrência (antitruste stricto sensu), e (c) persecução de determinados objetivos sociais (implementação de políticas públicas). Ver a respeito: LÓPEZ-MUÑIZ, J. L. Martínez. El Nuevo Servicio Público. Madrid: Ed. Marcial Pons, 1997. p. 133.

[55] Ressaltamos, mais uma vez, que as alterações alvitradas pelo Consulente não esgotam todo o universo de possíveis medidas normativas que o regulador pode adotar para aumentar o enforcement de suas normas. A posição que não nos parece legítima é a inércia diante das brechas que o mercado ilegal tem encontrado na Resolução para desviar-se dos seus objetivos.

[56] "Com a feliz expansão da sindicabilidade (decorrente de princípios), tudo indica que devem ser afastados os critérios exclusivamente políticos, dada a natureza jurídica dos atos emanados legitimamente pela autoridade, inclusive no campo das políticas públicas e de planificação. Vai daí que não merece prosperar a escolha não-fundamentável juridicamente. O mérito (relativo a juízos de conveniência ou de oportunidade) pode até não ser diretamente controlável, em si, mas o demérito o será sempre. [...] A autoridade administrativa, em realidade, jamais desfruta de liberdade pura de escolha ou de conformação a ponto de agir em desvinculação com os princípios constitucionais, ainda que a sua atuação guarde – eis o ponto focal – uma menor subordinação à

VI.1 Princípio da eficiência

A Constituição da República atribui à Administração Pública uma série de missões a cumprir na persecução do bem-estar da coletividade, não apenas para garantir determinados espaços de inviolabilidade da liberdade individual, mas também para assegurar o fornecimento e a prestação de certos bens essenciais à dignidade das pessoas.[57]

A experiência histórica demonstra, inclusive através da análise das razões da *débâcle* do liberalismo oitocentista, que o Estado deve atuar sobre e na economia para assegurar valores que não podem ser satisfeitos, e vez por outra, são mesmo agredidos, pela liberdade dos agentes do mercado.[58] Nesse contexto, é necessário valorizar os elementos finalísticos da lei. Todo ato administrativo, normativo ou concreto, só será válido ou validamente aplicado, se, *ex vi* do princípio da eficiência[59] (art. 37, *caput*, CF), for a maneira mais eficiente ou, na impossibilidade de se definir esta, se for pelo menos uma forma razoavelmente eficiente de realização dos objetivos previstos no ordenamento jurídico superior para o setor regulado, *in casu*, na Lei do Petróleo e na Constituição Federal. É isso o que se extrai das lições de Tércio Sampaio Ferraz Júnior:

> Em termos de limites da Administração para a expedição de atos gerais que envolvam interpretação da lei, há de se entender que a Administração deve atingir objetivamente o interesse público e se determinar apenas por esse interesse. O interesse público não deve apenas ser realizado, mas o agente deve estar convencido de que vai realizá-lo da *melhor maneira*. [...] Assim, o sentido moderno da legalidade vê na lei não tanto uma *condição* e um *limite*, mas, basicamente um *instrumento* de exercício da atividade administrativa. Como *instrumento*, seu princípio hermenêutico está na *solidariedade entre meios e fins*, donde a *razoabilidade* da atividade administrativa, submetida, então, a uma *avaliação de sua eficiência*. [...] O princípio da eficiência tem por fim disciplinar a atividade administrativa nos seus resultados, tornando possível a legitimação (mas também a responsabilização) dos atos administrativos por seu *êxito* em atingir os fins pretendidos por lei. Neste sentido, a validação do ato pelo princípio de eficiência tem estrutura finalística (validação pela obtenção do resultado pretendido por lei) e não condicional (validação pelo preenchimento das condições previstas em lei para realização do ato, independentemente de seu resultado). Ao adquirir essa estrutura finalística pautada pelo êxito em implementar determinadas políticas públicas, a discricionariedade, que se tornou mais ampla, ganha também um

---

legalidade estrita do que à concretização dos atos vinculados. Em outras palavras, qualquer ato discricionário que se torne lesivo a um dos princípios fundamentais pode e deve ser anulado" (FREITAS, Juarez. *O controle dos atos administrativos e os princípios fundamentais*. 3. ed. rev. e ampl. São Paulo: Malheiros, 2004. p. 217-218).

[57] "Ela tem que exercer, doravante, tarefas de configuração, assistência social, e previsão planificadora ampla, muito atrás das quais ficam as 'intervenções' tradicionais pontuais – motivo pelo qual as formas do Direito Administrativo 'clássico', orientadas, de preferência, por ordem e proibição, demonstram-se, muitas vezes, também como insuficientes para dominar juridicamente a realidade alterada" (HESSE, Konrad. *Elementos de Direito Constitucional da República Federal da Alemanha*. (Trad. Luís Afonso Heck). Porto Alegre: Sergio Antonio Fabris Editor, 1998. p. 174).

[58] "A constatação de que o livre exercício da livre iniciativa econômica privada, ao nível da produção, e da autonomia privada, ao nível da circulação dos bens e serviços, não asseguram a satisfação de todas as necessidades humanas, nem sequer daquele conjunto de necessidades primárias e vitais, indispensáveis à sobrevivência em termos de garantia de um mínimo de dignidade humana" (PRATA, Ana. *A Tutela Constitucional da Autonomia Privada*. Coimbra: Ed. Almedina, 2016. p. 38).

[59] "A eficiência, no setor público, não pode ser entendida como maximização do lucro, 'mas sim como um melhor exercício das missões de interesse coletivo que incumbe à Administração Pública'" (MANGANARO, Francesco. *Principio di Legalità e Semplificazione dell'Attività Amministrativa*: i profili critici e principi ricostruttivi. Napoli: Edizioni Scientifiche Italiane, 2000. p. 25).

sentido técnico, que representa uma importante limitação e a sujeita a controle (diz-se que a discricionariedade das agências é uma discricionariedade técnica). *Se pela legalidade estrita bastava ao administrador cumprir os requisitos formais para que emitisse seu ato de escolha, oportuna e conveniente, dentre o leque de alternativas aberto pela lei, a legalidade finalística o vincula a uma otimização de sua solução para preenchimento dos conceitos e diretrizes legais.* E quando se fala em otimização, na esteira do princípio de eficiência, entra em cena não só o êxito na execução dos objetivos legais (adequação), como também a ponderação dos meios em termos de necessidade (proibição de excesso), de redução dos custos impostos aos administrados e de ponderação de outros direitos e liberdades individuais envolvidas (proporcionalidade em sentido estrito).[60]

A Constituição de 1988 "já estabelece todo o fundamento necessário para a afirmação e aplicação em nosso País da doutrina da, assim denominada, *administração de resultado*, ou seja: *confere uma base institucional da legalidade finalística* [...]. Essa promissora doutrina se vem consolidando dentro de uma nova concepção das próprias relações entre os cidadãos e a Administração Pública, especificamente voltada à afirmação desse seu *dever funcional de proporcionar resultados concretos* [...]. É indubitável que o futuro deva ser realmente considerado como uma das dimensões temporais próprias a qualquer norma, o que lhe faz merecedor de uma cuidadosa atenção *prospectiva*, tanto por parte dos seus elaboradores quanto dos seus aplicadores".[61]

A atuação do administrador, portanto, **é** sempre vinculada ao atendimento das finalidades legais e esse atendimento deve se dar da melhor forma possível. Essa ideia de vinculação diz respeito à busca da melhor opção, uma vez que, independentemente do grau da sua abstração, "a lei exige sempre do administrador um comportamento **ótimo,** não aceitando outra conduta que não seja aquela capaz de satisfazer a finalidade legal com excelência".[62] A opção do administrador, com efeito, não deve buscar o simples atendimento da lei, mas o máximo atendimento.

Também nesse sentido, Diogo Figueiredo Moreira Neto[63] assevera que "não basta, hoje, ao Direito, que a ação administrativa do Estado *exista*, seja *válida* e *eficaz*. A simples busca da produção de efeitos, ou seja, pretender-se apenas a eficácia da ação, já era insuficiente para a Sociologia do Direito. Agora passou a sê-lo também para o Direito Administrativo. Acrescentou-se, aos quatro princípios constitucionais da administração pública, um quinto, o da eficiência, que, doutrinariamente, no plano do Direito Público, poderá ir até mais além, para nortear, acolá da ação administrativa, também a produção legislativa e a interpretação judiciária".

Observa o autor que uma das medidas da eficiência **é** a efetividade, que considera *"a real produção dos efeitos"* a que a norma visara: "os reclamos concretos dos cidadãos em relação à atuação gestora do Estado acabaram sendo decisivos para pôr em evidência a necessidade de considerar-se no Direito Administrativo e, em particular, em

---

[60] FERRAZ JÚNIOR, Tércio Sampaio. *Parecer – mimeo,* 2004. Grifos nossos.
[61] MOREIRA NETO, Diogo de Figueiredo. Cidadania e Administração de Resultado: o Direito Administrativo e o Controle Prospectivo no Planejamento e nas Ações do Estado. *Revista de Direito e Política, Letras Jurídicas e IBAP,* p. 19-21, 2007. Grifos no original.
[62] BRUNA, Sérgio Varella. *Agências Reguladoras*: poder normativo, consulta pública e revisão judicial. São Paulo: RT, 2003. p. 268.
[63] MOREIRA NETO, Diogo de Figueiredo. *Mutações do Direito Administrativo.* Rio de Janeiro: Renovar, 2007. p. 32-33.

suas reformas, a efetividade da ação administrativa como medida de sua eficiência".[64]
E conclui brilhantemente o autor:

> Ora, se é dever do Estado atingir resultados que concorram efetivamente para o atendimento daqueles objetos governamentais, torna-se igualmente certo, com vistas à efetiva satisfação desse dever no quadro do neoconstitucionalismo, que *aos governos não é dado se omitirem, nem tergiversarem, nem falharem no desempenho das atividades de planejamento e de execução de políticas públicas referidas a tais objetivos*. [...] Afinal, seria irracional admitir-se que aos governos fosse juridicamente legítimo malbaratar recursos públicos em políticas irrealistas, infundadas, improvisadas ou *infrutíferas* para a realização do bem público.[65]

Somando-se ao entendimento doutrinário acima exposto, Maria Sylvia Di Pietro entende que referido princípio impõe à Administração Pública que atue de forma a produzir "resultados favoráveis à consecução dos fins que cabem ao Estado alcançar".[66]

Com efeito, a eficiência não pode ser entendida apenas como maximização do lucro, mas sim como um melhor exercício das missões de interesse coletivo que incumbe ao Estado,[67] que deve obter a maior realização prática possível das finalidades do ordenamento jurídico.[68]

Os resultados práticos da aplicação das normas jurídicas, longe de serem objeto de preocupação apenas sociológica,[69] são, muito pelo contrário, elementos essenciais para determinar como, a partir destes dados empíricos, devem legitimar a sua aplicação.

Norberto Bobbio há algumas décadas já notava a emergência de uma "Teoria Realista do Direito que volta a sua atenção mais à efetividade que à validade formal das normas jurídicas, colocando o acento, mais do que sobre a autossuficiência do sistema jurídico, sobre a inter-relação entre sistema jurídico e sistema econômico, entre sistema jurídico e sistema político, entre sistema jurídico e sistema social em seu conjunto, [...] procurando o seu objeto, em última instância, não tanto nas regras do sistema dado, mas sim na análise das relações e dos valores sociais dos quais se extraem as regras dos sistemas. [...] A ciência jurídica não é mais uma ilha, mas uma região entre outras de um vasto continente".[70]

---

[64] MOREIRA NETO, Diogo de Figueiredo. *Mutações do Direito Administrativo*. Rio de Janeiro: Renovar, 2007. p. 33.
[65] MOREIRA NETO, Diogo de Figueiredo. *Mutações do Direito Administrativo*. Rio de Janeiro: Renovar, 2007. p. 166-167. Grifos nossos.
[66] PIETRO, Maria Sylvia Di. *Direito Administrativo*. São Paulo: Atlas, 1998. p. 73.
[67] MANGANARO, Francesco. *Principio di Legalità e Semplificazione dell'Attività Amministrativa*: i profili critici e principi ricostruttivi. Napoli: Edizioni Scientifiche Italiane, 2000. p. 25.
[68] Cf. ARAGÃO, Alexandre Santos de. Princípio da Eficiência. *Revista da Procuradoria Geral do Tribunal de Contas do Estado do Rio de Janeiro – TCE/RJ*, v. 01, n. 2, 2011, e *Revista de Direito Administrativo – RDA*, v. 237, 2004.
[69] "O momento indica que a luta pela demarcação de campos disciplinares está cada vez mais perdendo o seu ímpeto. Nobert Elias já falava, na década de 70, que a preocupação em separar a História da Sociologia devia ser revista. O mesmo, cremos, vale para a Teoria do Direito, a sociologia e a antropologia. Concluindo, a Teoria do Direito como sistema lógico não poderá suprir-se por si mesma e será cada vez mais exposta às rupturas na sua pretensão de ausência de lacunas e contradições. Uma possibilidade compreensiva, que unifique e reconheça a falta de base Teórica desta Teoria do Direito e a abra para o convívio com outras ciência de maneira não 'colonizadora', ou seja, com prevalência de uma sobre a outra, poderia restabelecer suas características de narrativa lógica" (VERONESE, Alexandre. Os Conceitos de Sistema Jurídico e de Direito "em rede": análise sociológica e da teoria do Direito. *Plúrima – Revista da Faculdade de Direito da Universidade Federal Fluminense – UFF*, v. 24, p. 147, 2001)
[70] BOBBIO, Norberto. *Dalla Struttura alla Funzione*: nuovi studi di teoria del diritto. Milano: Edizioni di Comunità, 1977. p. 56.

O Direito, com efeito, não pode ignorar a realidade social sobre a qual incide. As regras jurídicas devem ter a validade da sua aplicação aferida do ponto de vista da sua eficácia, instrumental à realização prática dos seus objetivos públicos, não apenas do ponto de vista de sua conformidade em tese com os atos normativos hierarquicamente superiores. Uma regra que, fora de qualquer zona cinzenta de juízo, indubitavelmente não está realizando as finalidades públicas às quais se destina, ou pior, as está contrariando, não pode, inclusive por força do Princípio Constitucional da Eficiência (art. 37, *caput*, CF), ser considerada legítima.

É tamanha a importância do atendimento do princípio da eficiência pela Administração Pública que Egon Bockmann Moreira traça uma correlação entre essa eficiência e a democraticidade/legitimidade da atuação das agências reguladoras. Essa será mais ou menos democrática/legítima a depender do grau de eficiência e capacidade de produzir "de forma equânime o bem-estar social, a partir de critérios de avaliação e análise gerados desde o ponto de vista econômico (desenvolvimento social, distribuição de benefícios, universalização dos serviços, melhoria do padrão técnico, barateamento dos custos)".[71]

Nesse sentido, Fabio Konder Comparato aduz que "em radical oposição a essa nomocracia estática, a legitimidade do Estado contemporâneo passou a ser a capacidade de realizar [...] certos objetivos predeterminados". E arremata afirmando que "a legitimidade do Estado passa a fundar-se não na expressão legislativa da soberania popular, mas na realização de finalidades coletivas, a serem realizadas programadamente".[72]

E mais, a necessidade de as normas reguladoras administrativas atenderem efetivamente, na prática, aos valores visados faz com que elas devam estar sempre sendo colocadas em xeque e aperfeiçoadas, tendo em vista, inclusive, a complexidade da sociedade em que vivemos e a rapidez com que as transformações se concretizam.

Expondo essas possibilidades metodológicas, Gilmar Ferreira Mendes afirma que se "admite a caracterização da inconstitucionalidade da lei (e, acresceríamos, da ilegalidade de regulamento) tendo em vista significativa alteração das relações fáticas. [...] Assim, uma mudança dessa realidade pode afetar a legitimidade da proposição normativa. De resto, parece certo que o juiz não afere, simplesmente, a constitucionalidade da lei, mas, como enfatiza EHMKE, 'a relação da lei com o problema que lhe é apresentado em face do parâmetro constitucional'".[73]

Suzana de Toledo Barros também afirma "ser possível que uma lei contemple, no momento de sua edição, uma relação meio-fim adequada e, ao longo do tempo, mostre-se discordante do programa da lei Fundamental, seja porque os efeitos previstos não ocorreram, seja porque se tenham verificado ulteriores consequências jurídicas indesejáveis, o que é muito comum em se tratando de leis interventivas na economia".[74]

---

[71] MOREIRA, Egon Bockmann. Regulação econômica e democracia: a questão das agências reguladoras independentes. *In*: BINENBOJM, Gustavo (Org.). *Agências reguladoras e democracia*. Rio de Janeiro: Lumen Juris, 2006. p. 179.

[72] COMPARATO, Fábio Konder. Juízo de Constitucionalidade das Políticas Públicas. *In*: *Estudos em Homenagem a Geraldo Ataliba*. São Paulo: Ed. Malheiros, 1997. v. 2, p. 350-351.

[73] MENDES, Gilmar Ferreira. *Controle de Constitucionalidade*: aspectos jurídicos e políticos. São Paulo: Ed. Saraiva, 1990. p. 88-89. Grifamos.

[74] BARROS, Suzana de Toledo. *O Princípio da proporcionalidade e o Controle de Constitucionalidade das Leis Restritivas de Direitos Fundamentais*. 3. ed. DF: Ed. Brasília Jurídica, 2003. p. 80.

Em vista da possibilidade de determinada norma não se demonstrar eficiente para a regulação do problema para qual foi criada, ou venha a supervenientemente se revelar insuficiente, em virtude da mudança do contexto fático, sobretudo em razão dos comportamentos adotados pelos seus destinatários para se desviar dos seus objetivos, atendendo-a apenas formalmente, foi construído, como expressão do princípio da eficiência, o princípio do *"trial and error"* das políticas públicas, pelo qual nenhuma das medidas administrativas pode ser tomada como uma certeza ou correção irremediável. Ao contrário, devem ser tomadas sempre como contingentes e em constante processo de aprendizagem, de tentativa e erro.

Dessa forma, o Estado deve, preferencialmente, avançar paulatinamente na regulação desejada, de acordo com o princípio da permanente correção de erros, ou seja, "no esforço constante de controlar as consequências de suas ações a fim de as corrigir a tempo. Portanto, avançará apenas passo a passo e sempre comparará cuidadosamente os resultados perspectivados com os realmente alcançados, estando continuamente atento aos efeitos secundários indesejáveis".[75]

Vasco Manuel Pascoal Dias Pereira da Silva também trata desse fenômeno, aduzindo que em virtude da crescente complexidade da Administração Pública, a função do ato administrativo mudou; este "não se encontra mais virado, em exclusivo, para a regulação definitiva da situação do particular, enquanto manifestação final e isolada da vontade da Administração, mas que visa igualmente ir conformando, ao longo do tempo, as relações jurídicas administrativas [...] o que levou à multiplicação, desdobramento, e sucessão no tempo, dos actos administrativos respeitantes a uma mesma questão".[76]

Em vista do exposto, em verificando a autoridade reguladora que há brechas e fragilidades na regulação, como as narradas pelo Consulente, deve prontamente modificá-la de modo a torná-la mais eficiente.

Assim é que, após ser editada determinada Resolução, ela não pode, obviamente, face ao princípio do *trial and error*, ser considerada perene e absoluta, devendo haver um processo de contínuo ajuste no marco regulatório diante dos resultados verificados e da evolução do setor. Não deve ser aplicada a visão estática de regulação, já que hoje estamos diante de uma sociedade em contínua e intensa transformação. As repercussões desta visão dinâmica da regulação são muito relevantes. Significa confiar na regulação como processo que se desenvolve ao longo do tempo (*"working in progress"*).[77]

---

[75] ZIPPELIUS, Reinhold. *Teoria Geral do Estado*. 3. ed. (Trad. Karin Praefke-Aires Coutinho, Coord. J. J. Gomes Canotilho) Lisboa: Fundação Calouste Gulbenkian, 1997. p. 469-470. O Autor, citando Popper, propõe "uma espécie de gestão experimental do futuro, para a qual todo o planejamento e toda a regulação são, por princípio, incompletos; dito por outras palavras, são a tentativa experimental de melhorar as circunstâncias existentes. [...] As novas regulações devem ser "compatíveis com o sistema", num sentido determinado e restrito" (ZIPPELIUS, Reinhold. *Teoria Geral do Estado*. 3. ed. (Trad. Karin Praefke-Aires Coutinho, Coord. J. J. Gomes Canotilho) Lisboa: Fundação Calouste Gulbenkian, 1997. p. 469).

[76] SILVA, Vasco Manuel Pascoal Dias Pereira da. *Em busca do ato administrativo perdido*. Coimbra: Livraria Almedina, 1996. p. 463.

[77] ORTIZ, Garpar Ariño; GARCÍA-MORATO, Lucía López de Castro. *Derecho de la Competencia en Sectores Regulados*. Granada: Ed. Comares, 2001. p. 299-308. Trata-se da "eficiência adaptativa, consistente na reformulação de objetivos mediante a flexibilidade" (NIELSEN, Federico. La razonabilidad y la Eficiência como Princípios Generales de la Contratación Administrativa. In: *Cuestiones de Contratos Administrativos em Homenaje a Julio Rodolfo Comadira, Ediciones*. Buenos Aires: RAP, 2007. p. 580).

VI.2 Princípio da proporcionalidade

Como se sabe, a regulação estatal da economia deve refletir a necessária harmonização de valores constitucionais que, ora se somam, ora entram em conflito: de um lado, temos os valores da livre iniciativa (art. 1º, IV, CF), a propriedade privada (art. 170, II, CF) e a livre concorrência (art. 170, IV, CF); de outro, temos que procurar realizar a soberania e o desenvolvimento nacional (art. 1º, I; 3º, II e 170, I, CF), a cidadania (art. 1º, II); a dignidade da pessoa humana (art. 1º, III, CF); os valores sociais do trabalho (art. 1º, IV, CF); construir uma sociedade livre, justa e solidária (art. 3º, I, CF); erradicar a pobreza e a marginalização, assim como reduzir as desigualdades sociais e regionais (art. 3º, III e 170, VII, CF); promover o bem de todos, sem preconceitos de origem, raça, sexo, cor (art. 3º, IV, CF); a função social da propriedade (art. 170, III, CF); a defesa do consumidor (art. 170, III, CF); a defesa do meio ambiente (art. 170, V, CF) e a busca do pleno emprego (art. 170, VIII, CF).

É comum que mais de um princípio seja aplicável à mesma situação concreta. O hermeneuta, todavia, deverá adotar metodologia diferente da que emprega quando diante de (meras) regras contraditórias, em que a aplicação de uma deve necessariamente implicar na exclusão da outra (regra do "tudo ou nada").

Em se tratando de conflitos entre princípios, devem eles ser ponderados, buscando-se, sempre que possível, alcançar solução que não exclua por completo nenhum deles. "Assim, é possível que um princípio seja válido e pertinente a determinado caso concreto, mas que suas consequências jurídicas não sejam deflagradas naquele caso, ou não o sejam inteiramente, em razão da incidência de outros princípios também aplicáveis. Há uma 'calibragem' entre os princípios, e não a opção pela aplicação de um deles".[78]

Nesse particular, demonstra-se de fundamental importância a o Princípio da Proporcionalidade, na tarefa de solução dos conflitos entre princípios. Daniel Sarmento[79] expõe que referido princípio "desempenha um papel extremamente relevante no controle de constitucionalidade dos atos do poder público, na medida em que ele permite de certa forma a penetração no mérito do ato normativo, para aferição da sua razoabilidade e racionalidade, através da verificação da relação custo-benefício da norma jurídica, e da análise da adequação entre o seu conteúdo e a finalidade por ela perseguida", podendo ser dividido em três subprincípios: "(a) da adequação, que exige que as medidas adotadas tenham aptidão para conduzir aos resultados almejados pelo legislador; (b) da necessidade, que impõe ao legislador que, entre vários meios aptos ao atingimento de determinados fins, opte sempre pelo menos gravoso; (c) da proporcionalidade em sentido estrito, que preconiza a ponderação entre os efeitos positivos da norma e os ônus que ela acarreta aos seus destinatários". E o autor conclui: "Assim, para conformar-se ao princípio da proporcionalidade, uma norma jurídica deverá, a um só tempo, ser apta para os fins a que se destina, ser a menos gravosa possível para que se logrem tais fins, e causar benefícios superiores às desvantagens que proporciona".

---

[78] SARMENTO, Daniel. Os Princípios Constitucionais e a Ponderação de bens. In: TORRES, Ricardo Lobo (Org.). Teoria dos Direitos Fundamentais. Rio de Janeiro: Editora Renovar, 1999. p. 52.

[79] SARMENTO, Daniel. Os princípios constitucionais e a ponderação de bens. In: TORRES, Ricardo Lobo (Org.). Teoria dos Direitos Fundamentais. Rio de Janeiro: Editora Renovar, 2004. p. 57-58.

O princípio da proporcionalidade possui um aspecto negativo – no que toca às limitações que impõe ao Poder Público –, mas também aspectos positivos, que obrigam o Estado a atuar sobre a economia quando os agentes do mercado não satisfizerem ou agredirem as necessidades públicas que devem ser protegidas pela regulação estatal.

A este respeito, José Ignacio López Gonzáles afirma que "o *favor libertatis* e a dignidade da pessoa humana, enquanto parâmetros determinantes do Princípio da Proporcionalidade da atividade administrativa, não se configuram apenas como limites substanciais ao exercício dos poderes da Administração – impondo o dever de adotar as soluções menos restritivas para os particulares –, tendo que operar também como exigência positiva (no plano das prestações positivas que a Constituição garante) de intervenções administrativas a serviço destes valores do nosso ordenamento jurídico. Neste sentido o Princípio da Proporcionalidade pode e deve desempenhar o papel de critério funcional determinante de intervenções públicas em distintos setores sociais ou econômicos, na medida em que a liberdade e a dignidade da pessoa assim o exijam".[80]

Também o Princípio da Subsidiariedade possui um aspecto positivo, comissivo, que, nas palavras de Juan Carlos Cassagne "vincula o Estado e lhe impõe o dever de intervir, na hipótese de insuficiência da iniciativa privada, à medida que sua ingerência seja socialmente necessária e não suprima ou impeça a atividade dos particulares".[81]

Em outras palavras, "não apenas o excesso da medida é ilegítimo, mas também atua a Administração de forma injurídica 'quando o princípio da proporcionalidade acaba por ser superestimado e a Administração, em virtude disso, deixar de tomar medidas necessárias".[82]

Então, nessa perspectiva, tem-se que o aspecto comissivo do princípio da proporcionalidade impõe ao Estado que atue sempre ou que a livre iniciativa não dê conta de atender a necessidades da população, ou que, em abuso de direitos, a atuação da livre iniciativa esteja causando danos a consumidores e ao meio ambiente, por exemplo. No caso em questão, é evidente que se demonstra necessária a atuação da ANP no setor de GLP, tendo em vista a potencialidade de danos tanto ao meio ambiente quanto aos consumidores, bem como as práticas anticoncorrenciais narradas pelo Consulente.

Por outro lado, o princípio da proporcionalidade tem aspectos fortemente relacionados com o princípio da eficiência, reforçando-o, já que também por força deste, em seus elementos "adequação" e "necessidade", não se poderia impor a adoção de meio (*in casu* uma norma regulamentadora) inadequado ao atingimento das finalidades legais. "O Princípio da Legalidade implica na indefectível aplicação das normas que geram bons resultados; mas também implica na impossibilidade de aplicar normas que geram maus resultados. [...] O Princípio da Legalidade relacionado com o resultado impõe, sobretudo, que o bem seja reivindicado no plano substancial': tal legalidade exclui 'a

---

[80] GONZÁLES, José Ignacio López. *El principio General de Proporcionalidad en el Derecho Administrativo*. Universidade de Sevilha: Instituto García Oviedo, 1988. p. 80-81.
[81] CASSAGNE, Juan Carlos. *La Intervención Administrativa*. 2. ed. Buenos Aires: Ed. Albeledo-Perrot, 1994. p. 22-23.
[82] OLIVEIRA, José Roberto Pimenta. *Os Princípios da Razoabilidade e da Proporcionalidade no Direito Administrativo Brasileiro*. São Paulo: Ed. Malheiros, 2006. p. 58.

operatividade de previsões irrelevantes em relação ao resultado administrativo'".[83]
"Dessa forma, o juízo de necessidade pressupõe outro juízo, que é o de eficiência".[84]

VI.3 Princípio da defesa do consumidor

De suma importância, a defesa do consumidor possui previsão em diversos dispositivos da Constituição Federal. O art. 5º, XXXII, prevê que "o Estado promoverá, na forma da lei, a defesa do consumidor"; o art. 24, VIII, prevê a competência concorrente da União, Estados e Distrito Federal para legislar sobre responsabilização por danos ao consumidor; o art. 150, §5º, dispõe que "a lei determinará medidas para que os consumidores sejam esclarecidos acerca dos impostos que incidam sobre mercadorias e serviços"; o art. 170, V, aponta a defesa do consumidor como um dos princípios regentes da ordem econômica. De acordo com esse princípio, deve o Estado observar o objetivo de defesa do consumidor na regulação da ordem econômica brasileira, através de medidas de proteção do indivíduo, com destaque para a sua saúde,[85] como sujeito hipossuficiente diante do poder econômico das empresas.

Nessa linha, e conforme aduzido por Eros Roberto Grau, não se deve encarar o princípio da defesa do consumidor como mera expressão de ordem pública. Ao revés, "a sua promoção há de ser lograda mediante a implementação de específica normatividade e de medidas dotadas de caráter interventivo. Por isso mesmo, o caráter eminentemente conformador da ordem econômica, do princípio, é nítido".[86]

Uma das formas de atingir esse objetivo é justamente através das medidas vislumbradas pelo Consulente, já que todas elas objetivam à viabilização e facilitação da responsabilização das empresas distribuidoras por danos decorrentes de acidentes envolvendo botijões de GLP e a consequente indução das empresas a adotarem os procedimentos adequados de segurança.

O Superior Tribunal de Justiça – STJ lavrou acórdão no qual o Ministro Humberto Gomes de Barros afirmou a possibilidade de a Administração Pública, para alcançar as finalidades genéricas da disciplina da matéria, no caso – por sinal bastante semelhante ao presente – especificamente a proteção dos interesses dos consumidores, restringir a liberdade dos "postos de gasolina" adquirirem combustíveis de outras marcas. Vejamos:

> A Constituição Federal, em seu art. 170, preceitua que a ordem econômica é fundada na valorização do trabalho humano e na livre iniciativa, tendo por finalidade assegurar a todos a existência digna, conforme os princípios que enuncia. No seu art. 174 pontifica

---

[83] MANGANARO, Francesco. *Principio di Legalità e Semplificazione dell'Attività Amministrativa*: i profili critici e principi ricostruttivi. Napoli: Edizioni Scientifiche Italiane, 2000. p. 174.
[84] CIANCIARDO, Juan. *El Princípio de Razonabilidad*. Buenos Aires: Editorial Ábaco de Rodolfo Depalma, 2004. p. 90. "A realização do direito útil ou regulativo só é concebível em termos de execução de políticas públicas encaminhadas a conseguir resultados de acordo com os valores, objetivos e interesses sociais" (GARCÍA, Manuel Calvo. *Transformaciones Del Estado y Del Derecho*. Colombia: Universidad Externado de Colombia, 2005. p. 11).
[85] PARRA LUCAN, M. A. *Daños por productos y protección del consumidor*. Barcelona: Bosch Editor, 1990. p. 27) reconhece que "os problemas de saúde e segurança são os mais importantes colocados pela proteção do consumidor".
[86] GRAU, Eros Roberto. *A ordem econômica na Constituição de 1988*. São Paulo: Malheiros, 2006. p. 250.

que, como agente normativo, e regulador da atividade econômica, o Estado exercerá, na forma da lei, as funções de fiscalização, incentivo e planejamento. Desses dispositivos resulta claro que o estado pode atuar como agente regulador das atividades econômicas em geral, sobretudo das que cuidam as empresas que atuam em um setor absolutamente estratégico, daí lhe ser lícito estipular preços que devem ser por elas praticados. Montado nestes argumentos, não tenho dúvida em afirmar que o senhor Ministro dispõe de autoridade para impedir que o granelista venda combustível ao varejista ligado a bandeira que não é a sua. Como registrei acima, controlar a execução de determinada norma é fazer com que ela se desenvolva em busca dos fins sociais para a qual a regra foi concebida.[87] Os preceitos que disciplinam a distribuição de combustíveis têm como finalidade fazer com que os usuários de tais produtos recebam, com segurança e facilidade, produtos de boa qualidade. Isto ocorre, porque a exibição do logotipo de marca famosa traduz a afirmação de que no local se vende daquela marca. Ora, se o posto negocia produtos cuja origem não corresponda à sua bandeira, ele estará enganando o freguês [...]. Quando o freguês é iludido, a distribuição de combustível não estará correspondendo aos fins sociais que orientam as normas disciplinadoras da distribuição de combustíveis.[88]

VI.4 Princípio da precaução

Outro princípio de todo aplicável ao setor de distribuição de GLP e, por conseguinte, de observância obrigatória pela respectiva entidade reguladora, que deve atuar no sentido da sua concretização, é o princípio da precaução contra danos à saúde pública e ao meio ambiente, considerando tratar-se de produto de alta combustão.

De acordo com Paulo de Bessa Antunes, referido princípio impõe ao Estado que aja de forma a evitar ou, pelo menos, minimizar os possíveis danos decorrentes de uma determinada atividade potencialmente danosa.[89] Philippe Kourilsky vê o princípio como *"incitamento à ação*, uma atitude de gestão ativa do risco".[90]

O Princípio da Precaução "define a atitude que deve ser observada por toda pessoa que toma uma decisão concernente a certa atividade da qual se pode razoavelmente supor que comporte um perigo grave [...]. Ele se impõe especialmente aos Poderes Públicos, que devem fazer prevalecer os imperativos da saúde e da segurança sobre a liberdade de troca entre particulares e entre Estados. Ele obriga à adoção de todas as disposições que permitam, a um custo econômico e socialmente suportável, detectar e avaliar o risco, reduzi-lo a um nível aceitável e, se possível, eliminá-lo [...]. Esse dispositivo de precaução deve ser proporcional à amplitude do risco e pode ser revisto a qualquer momento".[91]

---

[87] A afirmação do STJ encontra supedâneo também na doutrina de Guido Zanobini: "Ainda que se queira evitar a palavra 'execução', que poderia importar no equivocado desconhecimento da discricionariedade, podemos falar em 'atuação da lei', expressão que implica tanto a execução *stricto sensu* da norma, como o desenvolvimento dos princípios nela contidos, a consecução dos fins que ela quer que sejam alcançados" (ZANOBINI, Guido. L'Attività Amministrativa e la Legge. In: ZANOBINI, Guido. *Scritti Vari di Diritto Pubblico*. Milano: Ed. Giuffrè, 1955. p. 212).

[88] MS nº 4.578/DF (Grifos nossos).

[89] ANTUNES, Paulo de Bessa. *Direito Ambiental*. Rio de Janeiro: Lumen Juris, 2005. p. 36.

[90] KOURILSKY, Philippe. Le Príncipe de Précaution. In: *Chroniques du CREA de Grenoble*. p. 12, 2000. Grifamos.

[91] KOURILSKY, Philippe; VINEY, Geneviève. *Le Principe de Précaution*. Paris: Ed. Odile Jacob, 2000. p. 215.

De fato, "em matéria ambiental (mas não só), o princípio constitucional da precaução, dotado de eficácia direta, impõe ao Poder Público diligências não-tergiversáveis, ou seja, a obrigação de salvaguardar o direito fundamental ao meio-ambiente sadio, com a adoção de medidas antecipatórias e proporcionais, ainda nos casos de incerteza quanto à produção de danos fundadamente temidos (juízo de verossimilhança). A não-observância desse dever configura omissão antijurídica, que, à semelhança do que sucede com a ausência de prevenção exigível, tem o condão de gerar dano (material e/ou moral) injusto e, portanto, indenizável".[92]

É notório que as atividades voltadas à distribuição e armazenagem de GLP são potencialmente danosas à saúde pública e ao meio ambiente, tendo em vista a possibilidade de explosões e vazamentos. Tais eventualidades tornam-se mais prováveis, como já destacado no início desse trabalho, quando existem empresas atuando no setor com botijões de marcas alheias, o que aumenta de forma vertiginosa a possibilidade de ocorrência de acidentes envolvendo esses produtos. Tanto é assim, que a Resolução nº 15/2005 da ANP objetiva justamente a obviar esses riscos. Todavia, como informado pelo Consulente e acima narrado, empresas menos sérias têm encontrado brechas na legislação para fazer com que esses objetivos constitucionais, legais e administrativos de proteção preventiva da saúde pública e do meio-ambiente não sejam mais atendidos, violando inclusive o seu dever de boa-fé em relação à Administração, aos consumidores e aos demais agentes do mercado.[93]

Sendo assim, as alterações sugeridas também prestigiam o princípio da precaução, tendo em vista que visam diminuir os riscos de acidentes envolvendo botijões de GLP.

VII Obrigação regulatória da ANP

As agências reguladoras, como se sabe, recebem das suas respectivas leis de criação um conjunto de competências para a realização de suas finalidades.

Conforme muito bem asseverado pelo Prof. Celso Antonio Bandeira de Mello, em sendo conferida a competência, tem a Administração verdadeiro dever de agir para a consecução da finalidade pública:

> Antes que poderes, as competências são *deveres*, o que é particularmente visível no caso das competências administrativas. Na verdade, elas são deveres-poderes, expressão, esta, que descreve melhor suas naturezas do que a expressão poder-dever [...]. *As competências são: a) de exercício obrigatório para os órgãos e agentes públicos. Vale dizer: exercitá-las não é questão entregue à livre decisão de quem as titularize.* [...] Está sotoposto ao dever jurídico de

---

[92] FREITAS, Juarez. Princípio da Precaução: vedação de excesso e de inoperância. *Revista Interesse Público*, Porto Alegre, v. 35, p. 34, 2006. Os aspectos da responsabilidade civil do Estado pela omissão, naturalmente ilícita, na observância dos princípios constitucionais será o objeto específico do próximo tópico.

[93] "O princípio da boa-fé comporta, por outro lado, a expectativa da Administração de que o administrado que com ela se relaciona adotará um comportamento leal para com ela e os outros administrados" (CHIBÁN, Nora. Aplicación de los Principios de la Buena Fe y Pacta Sunt Servanda en los Contractos Administrativos. *In: Cuestiones de Contratos Administrativos em Homenaje a Julio Rodolfo Comadira*. Buenos Aires: Ediciones RAP, 2007. p. 543).

atender à finalidade legal e, pois, de deflagrar os poderes requeridos para tanto sempre que presentes os pressupostos de seu desencadeamento.[94]

No mesmo sentido, José dos Santos Carvalho Filho afirma que "as prerrogativas públicas, ao mesmo tempo em que constituem poderes para o administrador público, impõem-lhe o seu exercício e lhe vedam a inércia, porque o reflexo desta atinge, em última instância, a coletividade, esta a real destinatária de tais poderes".[95] Portanto, a razão de ser da função de polícia é o cumprimento das competências constitucional e legalmente consagradas às autoridades, sendo a feição normativa desse poder o instrumento legítimo de concretização desses objetivos.

Já salientamos em outra oportunidade que, "independentemente da teoria de que se seja partidário sobre a extensão e o limite do poder normativo das agências, dúvidas não pairam de que toda competência outorgada a qualquer entidade da Administração Pública o é em vista dos interesses públicos que deve tutelar. Sendo esses indisponíveis, não pode a Administração deixar de exercer suas competências, omitindo-se quando o ordenamento jurídico obriga a um agir, o que consubstanciaria uma renúncia à persecução dos interesses públicos".[96]

Daí decorre que em sendo um dever-poder da ANP, por exemplo, "implementar, em sua esfera de atribuições, a política nacional de petróleo, gás natural e biocombustíveis, contida na política energética nacional, nos termos do Capítulo I desta Lei, com ênfase na garantia do suprimento de derivados de petróleo, gás natural e seus derivados, e de biocombustíveis, em todo o território nacional, e na proteção dos interesses dos consumidores quanto a preço, qualidade e oferta dos produtos" (art. 8º, I, da Lei nº 9.478/97), devendo, em cumprimento a esse dever, editar atos normativos que atendam a essas finalidades, deve a Agência buscar estar sempre avaliando, adaptando e melhorando a legislação do setor, sob pena de responsabilização por omissão regulatória.

Com efeito, a ausência de normatização sobre qualquer aspecto regulatório necessário ao funcionamento de um setor econômico pode viabilizar ações nocivas ao meio ambiente e atentatórias aos direitos do consumidor, ou, ainda, vir a ser fonte de iniquidades entre os agentes, como, de fato, ocorre no caso sob comento, no qual a ausência de uma regulação eficiente por parte da ANP facilita a prática de ações violadoras à livre concorrência, como explanado acima.

Perceba-se que, para fiscalizar, é preciso que a Administração antes tenha expedido normas com concretude e certeza suficientes a tornar claro para a iniciativa privada o agir que dela se espera. Donde emerge a importância de as agências não se furtarem a expedir as normas de sua competência, pois a omissão injustificada da entidade pública pode ensejar situações de falseamento das condições de concorrência, de propensão de ocorrência de danos ao meio ambiente e aos consumidores, com profundos efeitos deletérios para os demais concorrentes e a sociedade.

---

[94] MELLO, Celso Antônio Bandeira de. *Curso de Direito Administrativo*. São Paulo: Malheiros, 2000. p. 133-135. Grifamos.
[95] CARVALHO FILHO, José dos Santos. *Manual de Direito Administrativo*. Rio de Janeiro: Lumen Juris, 1999. p. 26.
[96] ARAGÃO, Alexandre Santos de; SAMPAIO, Patrícia Regina Pinheiro. Omissão no exercício do poder normativo das agências e a concorrência desleal. *In*: ARAGÃO, Alexandre Santos de (Coord.). *O Poder Normativo das Agências Reguladoras*. Rio de Janeiro: Forense, 2006. p. 548-549.

Veja-se que, especialmente no que diz respeito aos efeitos deletérios para a concorrência, a doutrina já assevera há muito que esses efeitos se espraiam por toda a sociedade. Com efeito, conforme explica José de Oliveira Ascensão, a doutrina da concorrência desleal evoluiu de uma concepção meramente privatista – em que era concebida como contenda privada entre concorrentes – para uma visão publicista – na qual se transmuda em tema de interesse para toda a sociedade.[97] De fato, a divulgação de informações distorcidas ou falsas no mercado reflete-se não apenas nos prejuízos experimentados pelo comerciante vítima de atos desleais, mas em toda a coletividade potencialmente consumidora que recebe informações incorretas e sinais distorcidos sobre aquele produto ou serviço, o que também, dentre as inúmeras consequências negativas imagináveis no caso concreto sob exame, dificulta a identificação dos responsáveis por eventuais acidentes envolvendo botijões.

É por isso que Agustín Gordillo erige a defesa do usuário/consumidor, a concorrência e a lealdade comercial ao nível de fundamentos conformadores da regulação,[98] a pautar a atuação das entidades reguladoras e a vedar a sua omissão quanto a aspectos sobre os quais deveriam dispor através de ato normativo.

Dessa forma, uma atitude omissiva da agência reguladora em expedir normas setoriais necessárias à concorrência e à proteção do consumidor e do meio ambiente pode, como ocorre no presente caso, gerar ou ao menos facilitar situações de concorrência desleal e de violação aos direitos dos consumidores.

Nesses casos, poderá vir a ser a agência reguladora responsabilizada por ato omissivo. Ora, se a Constituição e a Lei do Petróleo obrigam a agência reguladora a criar os mecanismos necessários à preservação da concorrência e à proteção do consumidor, não pode, ao omitir-se em editá-los, acabar descumprindo aqueles diplomas de hierarquia superior.

Como regra geral, o ordenamento jurídico brasileiro abraçou a tese da responsabilidade civil objetiva do Estado, conforme previsão do artigo 37, §6º, da Constituição Federal. Nos termos de referido dispositivo constitucional, "o Estado responderá pelos danos que seus agentes, nesta qualidade, causarem a terceiros", independentemente de dolo ou culpa, os quais somente terão importância para fins de se estabelecer o direito de regresso do Estado contra o seu agente. No mesmo sentido é a redação do art. 43 do Código Civil em vigor: "As pessoas jurídicas de direito público interno são civilmente responsáveis por atos dos seus agentes que nessa qualidade causem danos a terceiros, ressalvado direito regressivo contra os causadores do dano, se houver, por parte destes, culpa ou dolo".

Especificamente sobre os efeitos da ausência do agir estatal, quando devido, Iara Leal Gasos assim se manifesta: "os atos de omissão também podem corresponder à caracterização de atos ilícitos, especialmente quando era imperativo o dever de agir. [...] Todo ilícito, a partir do momento em que infringe o ordenamento jurídico administrativo, supõe desobediência à norma, uma infração de direito objetivo positivo e, conquanto haja desobediência à norma, há que se reconhecer direito subjetivo, por ela tutelado. Considerando a omissão um ato ilícito, onde a Administração devia atuar e

---

[97] ASCENSÃO, José de Oliveira. *Concorrência desleal*. Coimbra: Almedina, 2002. p. 12.
[98] GORDILLO, Agustín. *Tratado de Derecho Administrativo*. 5. ed. Belo Horizonte: Del Rey, 2002. t. II, p. VII-9.

queda-se inerte, há que se considerar abuso a direito a lesão danosa produzida através da ineficaz execução de um ato de polícia administrativa [...]".[99]

Nesse sentido, também se manifesta Flávio de Araújo Willeman, a sustentar que "com a devida vênia, não se coaduna o argumento de que a responsabilidade subjetiva da Administração Pública deve prevalecer ante a ausência de regra específica para regular tal situação. Ora bem; não bastasse o artigo 37, §6º, da CFRB/88, existe agora o já citado artigo 43 do Código Civil de 2002, que traz para o plano infraconstitucional a responsabilidade objetiva da Administração Pública. Poder-se-ia dizer a argumentar que o artigo 43 do Código Civil de 2002 apenas se refere a 'atos' danosos causados por agentes públicos, o que excluiria as omissões. Todavia, além de a omissão administrativa ser um fato jurídico que decorre da ausência de um dever jurídico de agir e, portanto, equipara-se a um ato ilícito, cumpre dizer que, a se conferir ao artigo 43 uma interpretação restritiva, o mesmo estaria inquinado do vício de inconstitucionalidade material, tendo em vista que restringiria o campo de incidência da regra expressa no artigo 37, §6º, da CFRB/88, que apenas alude ao dever de indenizar das pessoas jurídicas de direito público em razão de 'danos' causados por seus agentes, nada exteriorizando se tais danos advêm de ação ou omissão estatal".[100]

A única ressalva que faríamos é que a responsabilidade do Estado por omissão violadora de deveres jurídicos (no caso dos princípios constitucionais e normas legais acima analisadas), sendo, portanto, ilícita, prescinde da sua caracterização como responsabilidade objetiva.

Portanto, a omissão, quando caracterizar um ilícito administrativo e gerar danos – individuais, coletivos ou difusos – desencadeará, além do dever de agir para suprir a omissão, a responsabilidade civil da Administração Pública. A jurisprudência do Supremo Tribunal Federal apresenta-se clara nesse sentido: "A Administração Pública responde civilmente pela inércia em atender a uma situação que exigia a sua presença para evitar a ocorrência danosa" (Supremo Tribunal Federal – STF, Segunda Turma, RE nº 61.378)". Em outro julgado, decidiu o Tribunal de Justiça do Estado do Rio de Janeiro: "E se o poder público se omite abusivamente prejudicando diretamente o particular? Também nessa hipótese pode ocorrer a lesão do direito, gerando o seu direito subjetivo. [...] A tolerância do Poder Público passa a ser abusiva ou arbitrária, podendo o particular recorrer ao Judiciário para compelir a Administração para cumprir o seu dever [...]. E a ação cominatória é o meio adequado. Se alguém tem o dever de agir e se omite pode ser compelido pelo prejudicado a fazê-lo" (TJRJ, Apelação Cível nº 1549/89).[101]

---

[99] GASOS, Iara Leal. *A omissão abusiva do poder de polícia*. Rio de Janeiro: Lumen Juris, 1994. p. 86-87 e 91.

[100] WILLEMAN, Flávio de Araújo. A Responsabilidade Civil das Pessoas Jurídicas de Direito Público e o Código Civil de 2002 (Lei Nacional nº 10.406/2002). In: OSÓRIO, Fábio Medina; SOUTO, Marcos Juruena Vilella. *Direito Administrativo*: estudos em homenagem a Diogo de Figueiredo Moreira Neto. Rio de Janeiro: Lumen Juris, 2006. p. 57.

[101] E também: "Responsabilidade civil do Estado. Veículo sob a guarda da autoridade policial. Subtração de peças e equipamentos. Os danos causados a terceiros pelas pessoas jurídicas de direito público ou por seus agentes devem ser reparados com base na responsabilidade objetiva, conforme o preceito contido no art. 37, §6º, da Constituição Federal. Se o dano sofrido pelo particular deriva da atividade administrativa desempenhada pelo ente público, e resulta da transgressão do dever jurídico de guarda do bem, a responsabilidade da Administração é direta e se no plano da teoria do risco administrativo. Ato comissivo por omissão. Tratando-se de responsabilidade objetiva, cabe ao autor do dano a prova da excludente. Se não demonstra, induvidosamente, a ocorrência de qualquer eximente ou que o evento se deu por exclusiva culpa da vítima, ou por ato de terceiro, imprevisível e inevitável, torna-se inafastável o seu dever de indenizar os prejuízos causados. Prova

Nas percucientes palavras de Juarez Freitas, "o ponto relevante é que se não se admite inércia do Estado, sob pena de responsabilização proporcional. A omissão passa – ou deveria passar – a ser vista como uma causa jurídica de evento danoso [...]. Verifica-se o recorrente fenômeno da insuficiência acintosa das medidas de precaução. Trata-se de quebra igualmente agressiva do princípio da proporcionalidade, dado que este veda demasias e omissões. [...] Se se tratar de mal altamente provável e irreversível, avaliado em juízo de verossimilhança, o Estado já carrega o dever de agir, quer dizer, tomar as medidas cabíveis e provisórias de precaução, sob pena de responder objetivamente pelos danos injustos [...] Se o prejuízo ocorrer, a omissão antijurídica integrará a série causal do dano injusto".[102]

Igualmente, Pablo Perrino, em artigo indispensável no tema, afirma que "a responsabilidade do ente regulador pode derivar do exercício ou omissão no desenvolvimento de qualquer uma das suas funções e pode advir de fatos tais como atos administrativos de alcance individual ou geral. [...] Para que nasça o dever de responder é preciso que a Administração tenha podido evitar a produção do dano. É necessário que surja a possibilidade de prever e evitar o prejuízo que o outro sujeito causa",[103] o que *in casu* é plenamente verificável, já que os riscos são públicos e notórios e a sua solução pode ser alcançada pela simples edição de um ato normativo.

VIII Conclusão

Como visto, o marco regulatório do GLP ainda possui inúmeras deficiências, notadamente no que diz respeito a temas como o da utilização de botijões alheios, responsabilização pelos acidentes envolvendo botijões e da natureza jurídica da relação existente entre o consumidor e o botijão.

Da forma como atualmente redigida, a Resolução ANP nº 15/05 facilita o aumento do mercado informal, e, por conseguinte, o aumento do número de acidentes com botijões e diminuição da confiança das empresas idôneas na atuação do Estado, empresas essas que investem na compra, manutenção e requalificação de botijões, mas competem, de forma desigual, com empresas que não o fazem por se aproveitar de brechas na legislação para fazer com que esses objetivos constitucionais, legais e administrativos de proteção preventiva da saúde pública e do meio-ambiente não sejam mais atendidos, logrando comercializar botijões de GLP de outras empresas.

Materialmente, as medidas alvitradas não geram, em si, de maneira preponderante, a transformação de práticas até então consideradas lícitas em ilícitas. Visa apenas a que o Estado seja mais eficiente no combate a situações que já são refutadas pelo ordenamento jurídico, obtendo uma maior efetividade, ou seja, observância concreta de

---

insuficiente para demonstrar a exclusão ou mitigação de sua responsabilidade, diante das regras processuais que disciplinam a distribuição de seu ônus. Provado o evento lesivo e o prejuízo do particular, impõe-se ressarci-lo dos prejuízos sofridos, que restam demonstrados, pelos orçamentos apresentados, Recurso ao qual se nega provimento". (TJRJ, Apelação Cível nº 13371/2001).

[102] FREITAS, Juarez. Princípio da Precaução: vedação de excesso e de inoperância. *Revista Interesse Público*, Porto Alegre, v. 35, p. 35-44, 2006.

[103] PERRINO, Pablo E. La responsabilidad del Estado y de los Concessionários Derivada de la Prestación de Servicios Públicos Privatizados. *Jurisprudência Argentina, (Desafíos de la Regulación)*, p. 67, 2006-III.

normas já existentes, em cumprimento à Lei do Petróleo e aos princípios constitucionais da eficiência, proporcionalidade, proteção do consumidor e precaução.

Assim, dentro do escopo do *trial and error* das normas regulatórias, parece mister revogar-se as exceções à vedação do uso de botijões de marcas alheias; uniformizar-se as marcas gravadas nos botijões, estampadas em seus rótulos e nos lacres de segurança; prever-se um parâmetro para a aferição da compatibilidade entre o universo de botijões de cada distribuidora e o volume de vendas de GLP por ela realizada, bem como deixar clara de uma vez por todas a natureza jurídica de detenção da relação do consumidor com os botijões.

A omissão da ANP em realizar as modificações sugeridas pode levar à sua responsabilidade civil, em se verificando que essa sua omissão causou danos às empresas concorrentes idôneas, aos consumidores ou ao meio ambiente. Com efeito, sempre que a agência reguladora deveria ter agido e permaneceu inerte, tendo essa sua omissão causado dano, surge o dever de indenizar, inclusive em sede normativa.

É o parecer.

REQUALIFICAÇÃO DOS ENVASES DE GLP. ABNT E NECESSIDADE DE APERFEIÇOAMENTOS DA SUA REGULAÇÃO[*]

Sumário

I   Consulta
II   As normas aplicáveis à requalificação dos botijões P-13
III   A interpretação da resolução ANP nº 15/05
IV   Ausência de caráter vinculativo das normas da ABNT
V   A edição de uma nova norma como única solução adequada para a regulamentação dos botijões remanescentes
V.1   Princípio da segurança jurídica e o direito a um regime de transição razoável
V.2   Princípios da proporcionalidade, razoabilidade e realidade

I Consulta

Em atenção à consulta formulada por V.Sas., tecemos abaixo algumas considerações acerca de qual o regime jurídico aplicável aos botijões P-13 não abrangidos pelo

---

[*] Parecer elaborado em 25.07.2007.

art. 33 da Resolução ANP nº 15, de 18.05.2005, que disciplina a atividade de distribuição de gás liquefeito de petróleo (GLP) e a sua regulamentação.

A resposta à consulta se desenvolverá de acordo com o seguinte roteiro-sumário: II – As normas aplicáveis à requalificação dos botijões P-13; III – A interpretação da Resolução ANP nº 15/05; IV – Ausência de caráter vinculativo das normas da ABNT; V – A edição de uma nova norma como única solução adequada para a regulamentação dos botijões remanescentes; V.1 – Princípio da segurança jurídica e o direito a um regime de transição razoável; V.2 – Princípios da Proporcionalidade, Razoabilidade e Realidade.

II As normas aplicáveis à requalificação dos botijões P-13

Em 18.05.2005, a Agência Nacional do Petróleo, Gás Natural e Biocombustíveis – ANP editou a Resolução ANP nº 15/2005, publicada na Imprensa Oficial em 20.05.2005, tendo como objeto principal estabelecer os requisitos necessários ao exercício da atividade de distribuição de gás liquefeito de petróleo (GLP).

Essa Resolução previu, em seu art. 31, §1º, a obrigatoriedade de requalificação dos botijões com capacidade de 13 quilogramas de GLP – os denominados P-13 –, em conformidade com as metas anuais e cronogramas acordados nos termos de compromisso individuais celebrados com cada empresa distribuidora e discriminados no Anexo II da Resolução. Por outro lado, no art. 33 previu quantitativos globais de botijões para serem requalificados até 2006 e 2011. Assim, além das metas individuais de requalificação negociadas com cada distribuidora, o art. 33 da Resolução ANP nº 15/2005 estabelece, ainda, o cronograma geral para a requalificação dos botijões P13, trazendo dois prazos distintos, o primeiro para determinada quantidade de botijões fabricada até 1991, e o segundo para uma determinada quantidade de botijões fabricada até 1996:

> Art. 33.[1] Ficam estabelecidos os seguintes prazos para a requalificação de botijões P13:
>
> I – até 31 de dezembro de 2006, para a conclusão do processo de requalificação do estoque de 68.826.641 botijões em circulação no mercado, fabricados até 1991, inclusive; e
>
> II – até 31 de dezembro de 2011, para conclusão do processo de requalificação do estoque de 12.801.160 botijões em circulação no mercado, fabricados entre 1992 e 1996, inclusive.

Ocorre que – e esse é o ponto fulcral da consulta – há no mercado botijões P-13 em número superior aos previstos nessas regras da Resolução ANP nº 15/2005. O que cumpre responder é: existe alguma norma juridicamente cogente que fixe prazo para esses vasilhames residuais?

Requalificação, nos termos do inciso IV do art. 2º da Resolução, é o "processo periódico de avaliação do estado de recipiente de GLP, determinando sua continuidade em serviço, *de acordo com a norma da ABNT*". Trata-se, portanto, em linguagem leiga, da manutenção desses vasilhames de GLP.

---

[1] O art. 33 teve sua atual redação conferida pela Resolução ANP nº 32, de 04.12.2006.

A norma da ABNT que trata da matéria, segundo informado pelo consulente, é a Norma NBR 8855, de setembro de 2000, que prevê como deverá ser feita a requalificação dos recipientes transportáveis para gás liquefeito de petróleo (GLP), e, em seu item 4.1.2., estabelece que "a primeira requalificação de um recipiente deve ser feita até 15 anos após a sua fabricação" e, no item 4.1.3, prevê que a "requalificação tem validade por 10 anos, devendo, após este período, o recipiente ser obrigatoriamente requalificado".

O art. 36, V, da citada Resolução da ANP prevê a obrigação do distribuidor de "submeter os recipientes transportáveis de suas marcas comerciais, ou sob sua responsabilidade, à inspeção visual, às manutenções preventivas e corretiva e à *requalificação*, inutilizando todos aqueles que não apresentarem as condições de segurança, *de acordo com as normas da ABNT*".

Vê-se, portanto, que a norma da ABNT possui duas principais espécies de dispositivos acerca da requalificação de P-13: aquelas relativas ao *modus faciendi* da requalificação, e aquelas outras referentes aos prazos em que tais procedimentos de manutenção deveriam ser realizados. A Resolução ANP nº 15/2005 faz remissão à norma da ABNT, mas é omissa apenas quanto ao *modus faciendi*, e não quanto aos prazos de requalificação.

Como efeito, os artigos 31 e 33 estabelecem um cronograma específico para a requalificação dos botijões P-13 em uso no mercado, de forma paulatina e gradual, diverso daquele presente nas normas da ABNT, o primeiro prevendo as quantidades fixadas para cada distribuidora e o segundo estabelecendo um cronograma geral, baseado no Código de Auto-regulamentação relativo ao envasilhamento, à comercialização e à distribuição de gás liquefeito de petróleo. Esses artigos, no entanto, não abrangem o total de botijões em circulação no mercado – até porque, obviamente, a quantidade deles poderia apenas ser estimada –, mas não exatamente determinada.

Adiantando parcialmente as nossas conclusões, os botijões remanescentes não, estão, portanto, incluídos no cronograma de requalificação estabelecido pela ANP; tampouco se aplicando a eles os prazos da norma da ABNT, pelos motivos que passarão a ser expostos. Torna-se, assim, necessário que a ANP discipline o prazo em que a requalificação desses botijões deve ser efetuada, incluindo-os no seu plano de requalificação.

III A interpretação da resolução ANP nº 15/05

O artigo 33 da Resolução nº 15/2005, como visto, prevê expressamente a quantidade exata de botijões que devem ser requalificados pelas distribuidoras. Nos seus termos, uma parte dos botijões fabricados até 1991 deve ser requalificada até 2006 e uma parte dos botijões fabricados de 1992 a 1996 deve ser requalificada até 2011, em conformidade com as metas individuais estabelecidas para cada distribuidora (art. 31).

Não se pode, portanto, pretender aplicar extensivamente aquele dispositivo a todos os botijões fabricados nos períodos nele previstos de forma a obrigar as distribuidoras a requalificá-los, adaptando-os às normas da ABNT, nos prazos previstos no art. 33. Igualmente, não se pode aplicar a esses botijões remanescentes os prazos previstos na Norma NBR 8855 da ABNT, já que a matéria – ao contrário do *modus faciendi* – recebeu tratamento expresso da legislação da ANP. A Resolução em tela, com efeito, não vincula, em nenhum momento, o processo de requalificação aos prazos previstos nas normas da ABNT. A remissão a elas restringe-se ao processo de requalificação.

Toda limitação a liberdades deve ser interpretada restritivamente. Conforme destaca Tércio Sampaio Ferraz Júnior: "recomenda-se que toda norma que restrinja os direitos e garantias fundamentais reconhecidos e estabelecidos constitucionalmente deva ser interpretada restritivamente".[2] Não há, destarte, até mesmo em função do princípio da legalidade/juridicidade, como se impor a particular obrigação sem qualquer base legal ou regulamentar.

O art. 33 da Resolução nº 15/2005 deve ser interpretado, portanto, no sentido de obrigar a indústria a requalificar tão-somente a quantidade de botijões ali previstos – em conformidade, inclusive, com as metas individuais estabelecidas nos termos de compromisso. As normas da ABNT são aplicáveis apenas a esses botijões e tão-somente nos prazos previstos pela Resolução ANP, e não nos seus próprios, já que não há na Resolução qualquer previsão da adoção de seus prazos. Tampouco a Portaria ANP nº 242, de 18.10.2000, que regulamenta os procedimentos para a inutilização dos botijões, os adota. Na verdade, não há qualquer resolução da ANP que estabeleça, de forma genérica e de antemão, a vinculação aos prazos previstos em normas da ABNT.

Não se desconhece que a Resolução faz remissão à normativa da ABNT, mas não se pode fazer ouvidos moucos para que, no que diz respeito especificamente aos prazos para a requalificação, a Resolução fixa os seus próprios prazos, refutando de maneira explícita os que a ABNT (associação meramente privada, sem força cogente, como veremos mais adiante) pretendeu estabelecer.

Além disso, seria um contrassenso prever um cronograma de requalificação paulatino e gradual para determinada quantidade de botijões e aplicar de imediato, para os restantes, as normas da ABNT, inclusive porque isso equivaleria a tornar boa parte dos botijões produzidos antes de 1991 em desacordo com a Resolução já no exato momento de sua publicação. Ora, se a norma da ABNT prevê que a primeira requalificação deve ser realizada 15 anos após a produção do botijão, tem-se que todos os botijões produzidos antes de 1990 já se encontrariam *ipso facto* em desconformidade com essa norma e, consequentemente, com a Resolução ANP, o que consistiria em interpretação absurda e desvestida da realidade.

IV Ausência de caráter vinculativo das normas da ABNT

Outro motivo – quiçá o principal – para a não aplicação dos prazos previstos na norma da ABNT para a requalificação dos botijões remanescentes é a natureza privada dessa norma, produzida no bojo do fenômeno da auto regulação voluntária.

A ABNT, com efeito, é uma entidade que realiza regulação privada, isto é, "um conjunto de medidas de normalização, qualificação, monitoramento, aconselhamento, arbitragem, através dos quais uma entidade privada, com ou sem fins lucrativos,

---

[2] FERRAZ JUNIOR, Tércio Sampaio. *Introdução ao estudo do direito*: técnica, decisão, dominação. São Paulo: Atlas, 1994. p. 295.

influencia e/ou controla, não coercitivamente, o comportamento dos agentes econômicos, tendo em vista a obtenção de valores definidos".[3]

Trata-se, de acordo com Diego Selhane Pérez, de um terceiro independente, que são aqueles "organismos não participantes diretos no segmento de mercado que pretendem regular, mas criados ou desenvolvidos com a finalidade específica de regulação destas áreas. Podem ser associações sem finalidades lucrativas, como as, assim chamadas, organizações não-governamentais, ou mesmo empresas, sociedades criadas com o objetivo claro de ganho e lucro através da regulação de uma determinada área do mercado".[4]

Em não se tratando de uma norma emanada pelo Estado, converge a doutrina no sentido de que a vinculação dos particulares às normas produzidas por entidades de regulação privada é pautada pelo exercício da autonomia da vontade e se dá, em geral, pela via contratual, seja através do ingresso em uma associação de regulados ou da contratação de certificação de produtos ou serviços, por exemplo.[5] Com efeito, conforme esclarecido por Diego Selhane Pérez, "uma regulação produzida por entes privados depende exclusivamente da adesão espontânea dos demais entes do mercado", e, podemos acrescentar, eventuais sanções pelo descumprimento de sua regulação limita-se ao âmbito privado da própria associação.[6]

Maria Mercè Darnaculleta I Gardella também ressalta o caráter não obrigatório das normas técnicas criadas por agentes privados.[7] Nas suas palavras, "pode-se afirmar que as normas técnicas não são normas jurídicas. Não existe, com caráter geral, uma norma de reconhecimento que lhes atribua dito caráter. São normas de caráter voluntário aprovadas por organismos que não têm atribuída a potestas normandi".[8]

Em alguns casos, no entanto, o Estado incorpora ao ordenamento jurídico as normas que são produzidas através de autorregulação, muitas vezes até conferindo poderes para entes privados normatizarem, com força cogente, algumas matérias. Essa é uma das faces da dita "regulação estatal da autorregulação", inserida em uma tendência de instrumentalização, pelo Estado, das normas e controles privados, colocando-os ao serviço dos fins públicos, de maneira que as regras privadas passam a ter cogência pública, ou, em outras palavras, o Estado as encampa – o que deve ser feito expressamente em virtude do princípio da estatalidade do Direito –, tornando-as suas.

Nesse sentido, a doutrina aduz que "a autorregulação é sempre, em maior ou menor medida, uma autorregulação regulada, uma autorregulação fomentada, dirigida e instrumentalizada através de novas fórmulas de regulação estatal. [...] Assim, as normas técnicas são normas de origem privada, mas são os poderes públicos que regulam a

---

[3] ALBRECHT, Sofia Mentz. Auto-Regulação: Exemplos Internacionais. *In*: PIETRO, Maria Sylvia Di (Org.). *Direito Regulatório*: temas polêmicos. Belo Horizonte: Ed. Fórum, 2004. p. 624.
[4] PÉREZ, Diego Selhane. Auto-regulação: aspectos gerais. *In*: PIETRO, Maria Sylvia Di (Org.). *Direito Regulatório*: temas polêmicos. Belo Horizonte: Ed. Fórum, 2004. p. 592-593.
[5] Vide a esse respeito: ALBRECHT, Sofia Mentz. Auto-Regulação: Exemplos Internacionais. *In*: PIETRO, Maria Sylvia Di (Org.). *Direito Regulatório*: temas polêmicos. Belo Horizonte: Ed. Fórum, 2004. p. 624.
[6] PÉREZ, Diego Selhane. Auto-regulação: aspectos gerais. *In*: PIETRO, Maria Sylvia Di (Org.). *Direito Regulatório*: temas polêmicos. Belo Horizonte: Ed. Fórum, 2004. p. 591.
[7] GARDELLA, Maria Mercè Darnaculleta I. *Autorregulación y Derecho Público*: la autorregulación regulada. Madrid: Marcial Pons Ediciones Jurídicas y Sociales, 2005. p. 354.
[8] GARDELLA, Maria Mercè Darnaculleta I. *Autorregulación y Derecho Público*: la autorregulación regulada. Madrid: Marcial Pons Ediciones Jurídicas y Sociales, 2005. p. 354. Grifamos.

capacidade e as características organizativas básicas dos sujeitos aos quais corresponde a sua aprovação e *são também os poderes públicos que atribuem certos efeitos a ditas normas*. [...] O Estado utiliza a autorregulação como uma estratégia indireta de regulação. E o faz de diversos modos e através de instrumentos também diversos. [...] Em um número cada vez mais elevado as normas e os controles privados, fruto de autorregulação, são impostos obrigatoriamente, sem que seu conteúdo haja sido modificado pelo Estado. Atribuem-se, assim, efeitos vinculantes à autorregulação".[9]

A autora esclarece que a atribuição de efeito vinculante às normas privadas se dá através de inserção da norma técnica em um regulamento ou mediante a remissão, estática ou dinâmica, de uma lei ou regulamento a normas técnicas.[10]

Esse é o caso da Associação Brasileira de Normas Técnicas – ABNT, cuja normalização é muitas vezes – mas nem sempre – encampada por textos normativos estatais, legais ou regulamentares, apesar de terem a sua origem direta em uma entidade privada. Apenas no momento em que é feita uma expressa referência aos seus dispositivos por uma norma heterônoma (estatal), como o são as resoluções exaradas pelas agências reguladoras, a sua observância passa a ser dotada de coercitividade jurídica, devendo o agente econômico que dela se desviar ser sancionado pelos agentes estatais competentes.

Note-se que inexiste norma estatal que de forma geral e abrangente incorpore ao ordenamento jurídico estatal as normatizações da ABNT. No silêncio da norma estatal quanto à obrigatoriedade de observância da norma da ABNT (ou de qualquer outra associação privada), ela não pode ser coercitivamente aplicada a particulares, sob pena de violação do próprio Estado Democrático de Direito, já que se estaria impondo a vontade de um particular (*in casu* a ABNT) a outros particulares sem o seu consenso e sem qualquer norma estatal que legitimasse esse poder privado.

Assim, quando a observância de suas normas não é imposta por atos normativos estatais, a normalização fixada pela ABNT não é obrigatória, conclusão que se extrai de texto veiculado no próprio endereço eletrônico da ABNT na internet: "Diferentemente dos regulamentos técnicos, as normas são voluntárias. Não há obrigatoriedade em adotá-las".[11] Vige, com efeito, o princípio da autonomia da vontade, em virtude do qual a autorregulação está baseada, em regra, na livre adesão dos envolvidos. Não possui a ABNT a competência de, como ente privado que é, produzir normas obrigatórias.

Muitas vezes, a voluntária adesão às normas da ABNT se dá por conveniências diante da opinião pública, que se apresentam quando "o mercado passa a exigir determinados padrões de qualidade, os consumidores só adquirem produtos certificados (tipo ISSO), o resultado prático é que se cria uma vinculação prática por vezes mais eficiente que a jurídica. A consequência de não observar as regras fixadas pode ser até mesmo o insucesso no mercado, na medida em que, sem mercado consumidor,

---

[9] GARDELLA, Maria Mercè Darnaculleta I. *Autorregulación y Derecho Público*: la autorregulación regulada. Madrid: Marcial Pons Ediciones Jurídicas y Sociales, 2005. p. 83-85. Grifamos.

[10] GARDELLA, Maria Mercè Darnaculleta I. *Autorregulación y Derecho Público*: la autorregulación regulada. Madrid: Marcial Pons Ediciones Jurídicas y Sociales, 2005. p. 85. Nota de rodapé nº 139.

[11] Disponível em: http://www.abnt.org.br/default.asp?resolucao=1024X768. Acesso em 10 dez. 2007.

o fabricante acaba sem meios de subsistência".[12] Conforme aduzido por Sofia Mentz Albrecht, esse parece ser o vínculo mais forte da autorregulação.[13]

Mas, de toda forma, nesse caso, não há sanções jurídicas aplicáveis em virtude do não cumprimento da normalização privada, mas tão-somente de opinião pública, o que poderá repercutir na queda do faturamento da empresa. A observância ou não das normas privadas será, do ponto de vista jurídico, uma livre decisão de mercado da empresa. Maria Mercè Darnaculleta I Gardella explica, nesse particular, que uma das funções para a qual a autorregulação é utilizada é justamente o *marketing*: "a adoção de códigos éticos, as declarações públicas de princípios, ou as etiquetas e marcas identificadoras que demonstram o seu cumprimento, constituem um atrativo para o mercado".[14]

Assim, uma vez que a Resolução ANP nº 15/2005 apenas aplica as normas da ABNT no que tange à maneira com que a requalificação deve ser feita, não há qualquer fundamento para a aplicação de referidas normas no que tange aos prazos de requalificação, que já se encontram traçados de forma própria no art. 33 da Resolução.[15] Não há, como visto acima, norma jurídica exarada pela ANP que vincule os administrados aos prazos presentes nessas normas privadas no que toca à requalificação dos botijões.

Há de se considerar, por fim, que este sempre foi o posicionamento adotado pela ANP, isto é, de que não são obrigatórios os prazos previstos na norma NBR 8865 ABNT. É o que se infere, por exemplo, da Portaria ANP nº 163/2003, que muito embora faça alusão à referida norma privada como de observância obrigatória nos processos de requalificação de botijões, no que diz respeito aos prazos, faz referência àqueles consignados na Portaria MME nº 334, de 01 de novembro de 1996, diversos, portanto, daqueles previstos na norma NBR supracitada.[16]

---

[12] PÉREZ, Diego Selhane. Auto-regulação: aspectos gerais. In: PIETRO, Maria Sylvia Di (Org.). *Direito Regulatório*: temas polêmicos. Belo Horizonte: Ed. Fórum, 2004. p. 597.

[13] ALBRECHT, Sofia Mentz. Auto-Regulação: Exemplos Internacionais. In: PIETRO, Maria Sylvia Di (Org.). *Direito Regulatório*: temas polêmicos. Belo Horizonte: Ed. Fórum, 2004. p. 625. De acordo com a Autora: "o vínculo social estabelece-se pela exigência que o próprio mercado passa a fazer em relação ao cumprimento da regulação criada para a área específica, de modo que passa a ser motivo de descrédito e má reputação não possuir determinado selo de qualidade, ou não pertencer a uma associação de fornecedores que se inter-regulam" (ALBRECHT, Sofia Mentz. Auto-Regulação: Exemplos Internacionais. In: PIETRO, Maria Sylvia Di (Org.). *Direito Regulatório*: temas polêmicos. Belo Horizonte: Ed. Fórum, 2004. p. 625).

[14] GARDELLA, Maria Mercè Darnaculleta I. *Autorregulación y Derecho Público*: la autorregulación regulada. Madrid: Marcial Pons Ediciones Jurídicas y Sociales, 2005. p. 80-81.

[15] Veja-se que a previsão constante no Código de Auto-regulamentação supramencionado igualmente não impõe a observância dos prazos da ABNT, já que o Código também previu prazo próprio (Anexo I) para que a indústria realizasse referida adequação, reconhecendo-se que não era possível – face às limitações físicas (quantidade de agentes habilitados a proceder ao processo de requalificação) e econômicas (impacto do custo desse processo sobre as contas das empresas) – exigir-se a requalificação da totalidade dos botijões de uma só vez.

[16] Portaria MME: Art. 1º. Ficam estabelecidos os seguintes prazos para a integral realização das atividades de destroca e requalificação de botijões de envasilhamento de gás liquefeito de petróleo – GLP:
I – até 28 de novembro de 1996, para início de instalação dos Centros de Destrocas;
II – até 08 de outubro de 1997, para a conclusão da etapa de destroca dos botijões, entre as empresas distribuidoras de GLP;
III – até 1º de novembro de 2006, para conclusão do processo de requalificação do estoque de 68.826.641 botijões existentes no mercado, fabricados até o ano de 1991, inclusive;
IV – até 1º de novembro de 2011, para conclusão do processo de requalificação do estoque de 12.801.160 botijões existentes no mercado, fabricados entre os anos de 1992 e 1996.

Demonstrando que há muito não se contenta com a mera remissão às normas da ABNT em matéria de prazos para requalificação, esses foram novamente fixados pela própria ANP, na primeira redação da Resolução nº 15/2005, que manteve as mesmas datas fixadas na Portaria MME de 1996, as quais, posteriormente, com a edição da Resolução nº 32/2006, foram modificadas, mais uma vez sem considerar os prazos fixados nas normas da ABNT, mas sim as necessidades do mercado.

Dessa forma, não bastasse ser pacífico que as normas de autorregulação ou normalização não são obrigatórias, a não ser no que forem expressamente incorporadas pelo Estado, também os precedentes normativos da ANP militam a favor da não obrigatoriedade da observância dos prazos contidos na NBR 8865 da ABNT, já que ao menos em três oportunidades, esses prazos foram frontalmente antagonizados.

V A edição de uma nova norma como única solução adequada para a regulamentação dos botijões remanescentes

A única solução possível para a inserção dos botijões remanescentes no cronograma de requalificação da ANP é a edição de uma nova resolução com vistas a especificar os prazos de adequação a eles aplicáveis. Tal Resolução deverá, contudo, atender aos princípios da segurança jurídica, proporcionalidade, razoabilidade e realidade, como requisitos de sua validade.

V.1 Princípio da segurança jurídica e o direito a um regime de transição razoável

A segurança jurídica na sociedade contemporânea é um pressuposto do seu próprio desenvolvimento e da afirmação do Estado Democrático de Direito. "Em uma sociedade cada dia mais complexa e dinâmica, uma das principais funções do Direito, em particular na área de regulação dos serviços públicos, parece ser a de resguardar o grau razoável não apenas de previsibilidade, mas, em igual proporção, de continuidade das expectativas no atinente às escolhas institucionais priorizadas pelo sistema jurídico".[17]

Se assim é *in genere*, a adoção de agências reguladoras independentes especialmente teve como principal razão a criação de um ambiente favorável ao investidor, permeado pela segurança jurídica e pela previsibilidade das ações estatais. "O chamado *compromisso regulatório* (*regulatory commitment*) era, na prática, uma exigência do mercado para a captação de investimentos. Em países cuja história recente foi marcada por movimentos nacionalistas autoritários (de esquerda e de direita), o risco de expropriação e de ruptura de contratos é sempre um fantasma que assusta ou espanta os investidores estrangeiros. Assim, a implantação de um modelo que *subtraísse o marco regulatório* do

---

[17] FREITAS, Juarez. Agência Nacional de Transportes Aquaviários – Princípio da Segurança Jurídica – Exigência da Menor precariedade possível das Relações de Administração – Terminais Portuários de uso Privativo. *Interesse Público*, v. 20, p. 90-91, 2003.

processo político-eleitoral se erigiu em verdadeira *tour de force* da reforma do Estado. Daí a ideia de *blindagem institucional* de um modelo que resistisse até uma vitória da esquerda em eleição futura".[18]

Sobre o tema, já tivemos a oportunidade de mencionar que "no substrato de sua criação [das Agências Reguladoras] está a conveniência em se dar *maior garantia à segurança jurídica* das empresas que realizaram investimentos de longo prazo facilitando a movimentação dos capitais globalizados, e em possibilitar que a persecução de políticas públicas igualmente de longo prazo fique relativamente imune às variações de curto e médio prazo da arena político-partidária, imunidade sem a qual a sua implementação teria grandes chances de ficar comprometida por interesses parciais passageiros".[19]

Também Carlos Ari Sundfeld se manifesta no sentido de que "no caso das agências reguladoras brasileiras recentes a outorga de autonomia parece haver objetivado, ao menos inicialmente, oferecer segurança aos investidores estrangeiros, atraindo-os para a compra de ativos estatais".[20]

À luz do exposto acima, demonstra-se evidente que o marco regulatório do GLP deve propiciar a estabilidade necessária para os investidores e para os demais agentes do mercado, devendo a Agência Nacional do Petróleo empenhar todos os seus esforços nesse sentido, sem, naturalmente, engessar a adaptação da atividade econômica regulada à evolução político-social da sociedade.

A combinação entre a segurança jurídica e a adaptabilidade às mudanças econômicas e sociais revela a manifestação da noção de *Sociedade de Confiança*, pela qual é a confiança nas instituições que propicia o desenvolvimento das nações. A confiança não deve ser confundida com imobilismo e com ausência de mudanças; o que deve ser buscado é a confiança na mudança das regras, de maneira que elas sejam modificadas de forma racional e sempre com vistas aos melhores interesses dos investidores e da sociedade.[21]

Nessa linha, Luis Roberto Barroso afirma que "a expressão segurança jurídica passou a designar um conjunto abrangente de ideias e conteúdos, que incluem a confiança nos atos do Poder Público, a previsibilidade dos comportamentos e a estabilidade das relações jurídicas".[22]

Esse princípio, em função da sua importância, possui sede constitucional, no *caput* e no inciso XXXVI do art. 5º da Carta Maior, e possui previsão expressa no art. 2ª da Lei nº 9.784/99, o qual dispõe:

> Art. 2º A Administração Pública obedecerá, dentre outros, aos princípios da legalidade, finalidade, motivação, razoabilidade, proporcionalidade, moralidade, ampla defesa, contraditório, *segurança jurídica*, interesse público e eficiência.

---

[18] BINENBOJM, Gustavo. *Uma Teoria do Direito Administrativo*: Direitos Fundamentais, Democracia e Constitucionalização. Rio de Janeiro: Renovar, 2006. p. 43.

[19] ASSOCIAÇÃO BRASILEIRA DE AGÊNCIAS DE REGULAÇÃO. *A organização e controle social das Agências Reguladoras. Crítica aos Anteprojetos de Lei.* Porto Alegre: ABAR, 2004. p. 12. Grifos nossos.

[20] SUNDFELD, Carlos Ari. Serviços Públicos e Regulação Estatal: Introdução às Agências Reguladoras. *In*: SUNDFELD, Carlos Ari (Coord.). *Direito Administrativo Econômico*. São Paulo: Ed. Malheiros, 2002. p. 24.

[21] PEYREFITTE, Alain. *A Sociedade de Confiança*: ensaio sobre as origens e a natureza do desenvolvimento. (Trad. Cylene Bittencourt). Rio de Janeiro: Ed. Topbooks, 1999. p. 32.

[22] BARROSO, Luis Roberto. Constitucionalidade e legitimidade da reforma da previdência (ascensão e queda de um regime de erros e privilégios). *In*: *Temas de Direito Constitucional*. Rio de Janeiro: Renovar, 2005. t. III, p. 190.

Tal princípio é, portanto, também de observância obrigatória pela Administração Pública, inclusive, obviamente, pelas agências reguladoras, conforme se verifica do seguinte julgado proferido pela 4ª Turma do Tribunal Regional Federal da 4ª Região, sob a relatoria da Desembargadora Lúcia Valle Figueiredo:

> Processo civil e constitucional. Grave lesão à economia pública. Alegação em agravo regimental. Não conhecimento. Tutela antecipada. Constitucionalidade. Ato administrativo. Limites do controle judicial. Adiamento da liberação do mercado de álcool hidratado (Portaria MF nº 102/98). Violação de princípios constitucionais. Agravo regimental desprovido.
>
> [...] *A portaria MF nº 102/98, editada dois dias antes da prometida cessação da interferência estatal na comercialização de álcool hidratado, violou, mesmo ao exame perfunctório, os princípios da segurança jurídica e da livre iniciativa.* [...].[23]

Sob esse prisma, demonstra-se necessário que a nova resolução a ser editada pela ANP com vista à regulamentação dos prazos de requalificação aplicáveis aos botijões P13 remanescentes, em nome da segurança jurídica, não imponha aos administrados uma obrigação complexa e custosa de forma abrupta.

O Princípio da Segurança Jurídica, em uma das suas principais expressões, assegura, na sua vertente de proteção às legítimas expectativas do administrado, o "direito a uma transição razoável"[24] de um regime jurídico para outro, pautada pela razoabilidade. Esse direito é uma decorrência lógica da necessidade de previsibilidade da conduta do Administrador, que não pode impor obrigações aos administrados de uma hora para outra, sem conferir-lhes o devido prazo para adaptação.

Patrícia Baptista coloca essa necessidade em termos de um direito a um regime de transição justo, decorrente do princípio da proteção da confiança legítima e da boa-fé: "pela experiência do direito comparado, a aplicação do princípio da proteção da confiança legítima como limite ao exercício do poder normativo determina, em primeiro lugar, a previsão de um regime transitório ou de um período de *vacatio*, que permita a adaptação do particular aos ditames da nova regulamentação".[25]

Esse regime, de acordo com a autora, deve ser justo, adequado e proporcional, isto é, capaz de tutelar adequadamente a confiança depositada pelos administrados na atuação da Administração.[26]

Nesse sentido, podemos citar, ainda, as lições de Almiro do Couto e Silva, que defende haver um "dever do Estado de estabelecer regras transitórias em razão de bruscas mudanças introduzidas no ordenamento jurídico".[27]

---

[23] TRF3, AI nº 98030634070, 4ª Turma, Rel. Lúcia Valle Figueiredo, DJ 27.10.98.
[24] BARROSO, Luis Roberto. Constitucionalidade e legitimidade da reforma da previdência (ascensão e queda de um regime de erros e privilégios). In: *Temas de Direito Constitucional*. Rio de Janeiro: Renovar, 2005. t. III, p. 212.
[25] BAPTISTA, Patrícia. A Tutela da Confiança Legítima como Limite ao Exercício do Poder Normativo da Administração Pública – A proteção às expectativas legítimas dos cidadãos como limite à retroatividade normativa. *Revista de Direito do Estado*, n. 3, p. 171, jul./set. 2006.
[26] BAPTISTA, Patrícia. A Tutela da Confiança Legítima como Limite ao Exercício do Poder Normativo da Administração Pública – A proteção às expectativas legítimas dos cidadãos como limite à retroatividade normativa. *Revista de Direito do Estado*, n. 3, p. 173, jul./set. 2006.
[27] SILVA, Almiro do Couto e. O Princípio da segurança Jurídica (Proteção à Confiança) no Direito Público Brasileiro e o Direito da Administração Pública de Anular seus próprios atos administrativos: o prazo decadencial do art.

Assim é que não pode a Resolução a ser editada pela ANP exigir a requalificação imediata dos botijões remanescentes a partir da data da sua publicação, devendo, ao revés, conceder prazos justos para o cumprimento das novas obrigações impostas às distribuidoras, sob pena de afronta ao princípio da segurança jurídica. Não pode, assim, estabelecer prazos próprios excessivamente exíguos ou até de execução impossível, nem adotar os prazos da ABNT, que também fariam com que muitos botijões devessem estar imediatamente, *ipso facto*, requalificados.

Mas isso não é tudo. A aplicação desse princípio, em respeito às expectativas legítimas dos administrados, e do princípio da igualdade aos botijões remanescentes faz com que a ANP deva adotar, na elaboração da nova resolução, os mesmos parâmetros e a mesma lógica das suas decisões anteriores, especialmente da em vigor Resolução nº 15/2005, que é adota a *lógica da adequação gradativa* dos botijões às normas técnicas da ABNT, observando as possibilidades tanto das distribuidoras quanto das oficinas requalificadoras, preservando o acesso do mercado à maior parte dos botijões hoje em circulação. A nova norma deve, desta forma, inserir-se naquele programa geral de requalificação.

Com efeito, há na formulação de atos administrativos normativos um "dever de coerência". Trata-se, na verdade, de um "imperativo lógico (a disparidade corrói a confiabilidade do sistema) e principiológico (a segurança jurídica não convive com a leviandade nas decisões). Em suma, as decisões administrativas [mesmo as de cunho normativo] devem guardar um mínimo de coerência, não se admitindo, por isso, tratamento diferenciado para hipóteses idênticas ou muito assemelhadas".[28]

Isso porque, como já havíamos observado em sede doutrinária,[29] "a boa-fé implica em um *dever de coerência do comportamento*, que consiste na necessidade de observar no futuro a conduta que os atos anteriores faziam prever".[30]

Em vista do exposto, a nova resolução a ser editada pela ANP – o que constitui dever seu do qual não pode se furtar em virtude das suas funções (dever/poder) regulatórias –, com vistas à fixação de prazos para a requalificação dos botijões remanescentes, deverá, em primeiro lugar, observar o direito dos administrados a uma transição razoável, concedendo às distribuidoras um prazo justo e factível para a adaptação às novas normas; e, sem segundo lugar, deve seguir a mesma lógica de adaptação gradual do cronograma de requalificação da Resolução nº 15/2005, em virtude do dever de coerência dos atos da Administração Pública.

---

54 da Lei do Processo Administrativo da União (Lei nº 9.784/99). *Revista Eletrônica de Direito do Estado – REDE*, n. 2, p. 8, abr./jun. 2005.

[28] FERRAZ, Sérgio et al. *Processo Administrativo*. São Paulo: Ed. Malheiros, 2001. p. 152.

[29] ARAGÃO, Alexandre Santos de. Teoria dos Atos Próprios e Taxa Regulatória (Parecer). *Revista de Direito da Procuradoria Geral do Estado do Rio de Janeiro*, v. 56, P. 455-461, 2002.

[30] Valemo-nos na ocasião de: DÍEZ-PICAZO, Luis Ponce. *La Doctrina de los propios Actos*. Barcelona: Bosch, 1963. p. 245. Grifos nossos. O princípio da boa-fé "foi guindado à condição de princípio normativo expresso através da Lei nº 9.784, de 1999 [...]. Denominado também de 'princípio da confiança' pelo professor Juarez Freitas, [...] decorreria 'da junção dos princípios da moralidade e da segurança das relações jurídicas', ambas também princípios normativos" (BERTONCINI, Mateus Eduardo Siqueira Nunes. *Princípios de Direito Administrativo Brasileiro*. São Paulo: Ed. Malheiros, 2002. p. 242-243). Há também quem veja a "presença implícita" do princípio da boa-fé no Direito Administrativo "no multifacetado conteúdo dos princípios gerais da razoabilidade, proporcionalidade, moralidade, segurança jurídica, cujo respeito é indispensável *ex vi* do art. 2º, *caput*, da Lei nº 9.784/99" (NOBRE JÚNIOR, Edilson Pereira. *O Princípio da Boa-fé e sua Aplicação no Direito Administrativo Brasileiro*. Porto Alegre: Sergio Antonio Fabris Editor, 2002. p. 239).

V.2 Princípios da proporcionalidade, razoabilidade e realidade

Independentemente do juízo referente à segurança jurídica, a determinação, por nova Resolução da ANP, da requalificação imediata ou em prazo infactível de todos os botijões não passaria pelo crivo da proporcionalidade e da razoabilidade.

O ditame da Proporcionalidade aplica-se em todas as searas do direito, especialmente para identificar abusos de direito no direito privado e abusos de poder no direito público. O conteúdo do princípio da proporcionalidade subdivide-se em três subprincípios, quais sejam (a) adequação: relação racional entre os motivos, os meios e os fins; (b) necessidade: a restrição imposta deve ser a menos gravosa possível para a realização dos fins visados, não podendo a Administração Pública se valer de meios mais enérgicos que os estritamente necessários; e (c) proporcionalidade em sentido estrito: ponderação entre o ônus imposto e o benefício trazido de forma a justificar aquele.[31]

Sob esse prisma, muito embora seja obviamente relevante a regra da requalificação dos botijões para o consumidor, tem-se que a determinação da imediata requalificação de todos os botijões não contemplados pelo art. 33 da Resolução ANP nº 15/2005 seria, na verdade, uma medida inadequada para o fim de proteção aos direitos do consumidor, pois acabaria por restringir o fornecimento do GLP, produto essencial à população, criando um enorme gargalo no mercado.

Adicionalmente, o dever de requalificação imediata de todos os botijões remanescentes violaria também o terceiro elemento da proporcionalidade, que exige uma proporção entre a restrição do direito individual observada e a promoção do direito difuso ou coletivo pretendida. Isso porque os custos e as limitações materiais que seriam enfrentadas, além da necessidade de se manter os botijões em operação para não restringir o fornecimento de produto essencial à população de baixa renda, impediriam que todos os botijões remanescentes fossem imediatamente requalificados. Em outras palavras: os benefícios trazidos ao consumidor em decorrência de referida determinação não seriam maiores do que os ônus decorrentes da escassez de botijões no mercado que referida medida acarretaria.

Igualmente, ocorreria vulneração do princípio da razoabilidade. Conforme observa Humberto Ávila, um dos postulados da razoabilidade é a sua dimensão de "congruência", o qual "exige a harmonização das normas com as condições externas de aplicação".[32] No presente caso, uma tal exigência não encontraria condições razoáveis de ser cumprida no mundo "externo", isto é, face à realidade dos fatos, como já mencionado.

Se a medida da Agência criasse obrigações desvinculadas das possibilidades reais dos particulares dela destinatários violaria igualmente o Princípio da Realidade, que possui estreita relação com o Princípio da Razoabilidade, e é assim abordado por Mateus Eduardo Siqueira Nunes Bertoncini, valendo-se das lições de Diogo de Figueiredo Moreira Neto: "O direito rege a realidade da convivência social; não é um conjunto de preceitos descompassados com o que de fato ocorreu, ocorre ou pode

---

[31] Cf. BARROSO, Luís Roberto. *Interpretação e Aplicação da Constituição*. São Paulo: Saraiva, 1996. p. 209.
[32] ÁVILA, Humberto. *Teoria dos princípios: da definição à aplicação dos princípios jurídicos*. 4. ed. São Paulo: Malheiros, 2004. p. 106.

ocorrer', possuindo nítida aplicação sobre os da discricionariedade, da razoabilidade e da motivação, no campo específico do Direito Administrativo".[33]

*****

Sendo essas as considerações que, dento do escopo solicitado, tínhamos para o momento.

---

[33] MATEUS, Eduardo Siqueira Nunes Bertoncini. *Princípios de Direito Administrativo Brasileiro*. São Paulo: Ed. Malheiros, 2002. p. 234.

CONTROLE DOS PREÇOS DOS DERIVADOS DO PETRÓLEO. NATUREZA JURÍDICA DO REFINO E DA DISTRIBUIÇÃO*

Sumário

I   A consulta
II   Natureza jurídica das atividades petrolíferas e suas relações com as regras de preços à luz do art. 174, CF.
III   Diversas modalidades de controle de preços e a indústria do petróleo
IV   Competências da ANP em relação aos preços dos combustíveis e o art. 69 e seguintes da lei do petróleo
V   Análises adicionais
V.1   Motivação e competência
V.2   Requisitos constitucionais dos controles de preços na jurisprudência do STF
V.3   Princípio da proporcionalidade
V.4   Estatuto das estatais e deveres do acionista controlador
VI   Conclusões

I A consulta

      Indagam-nos a respeito da juridicidade da intenção manifestada pela Agência Nacional do Petróleo, Gás Natural e Biocombustíveis – ANP, através de Aviso de Tomada

---

* Parecer elaborado em 28.06.2018.

Pública de Contribuições – TPC, de impor periodicidades mínimas para o reajuste dos preços dos combustíveis.

Frisamos que, como não poderia deixar de ser, nos cindiremos aos aspectos estritamente jurídicos da consulta.

Aparentemente, o foco de tais imposições seria o preço cobrado pelas refinarias, mas não é de se descartar que venham a visar também os preços estabelecidos pelas distribuidoras e revendedoras de combustíveis.

Em seus "Considerandos" e em declarações do seu Diretor-Geral de 5 de junho de 2018, a ANP fundamenta a sua intenção na concentração no mercado de refino e na ausência de um mecanismo tributário que possa servir como um colchão contra flutuações bruscas de preços.

Não se refere, no entanto, em momento algum, ao movimento dos caminhoneiros que recentemente paralisou o País, e que, naturalmente, não pode ser irrealisticamente ignorado como uma de suas razões. Um dos principais pontos do movimento foi a contestação do modelo de preços adotado pela Petrobras de repassar para o mercado interno as variações dos preços internacionais do petróleo e seus derivados.

Afirma também a ANP que "estabelecer um período mínimo para repasse do reajuste não significa interferência na formação do preço, que continua sendo livre". Essa questão conceitual é relevante teórica e empiricamente e será por nós abordada com vagar ao longo do Parecer.

Partiremos do pressuposto econômico informado pela Consulente de que qualquer periodicidade de reajuste que seja fixada para o refino pode gerar prejuízos.

Primeiramente, analisaremos a natureza jurídica das atividades da indústria do petróleo, em especial do refino, da distribuição e da revenda. O faremos com base em seu regramento constitucional e legal, e veremos os reflexos que tais naturezas jurídicas possuem no maior ou menor poder do Estado para fixar regras sobre os seus preços.

No Tópico III veremos alguns exemplos de modalidades de controles de preços em tese existentes, como elas evoluíram na indústria do petróleo nas últimas décadas, para vermos como que a imposição de periodicidade mínima se classificaria juridicamente: se espécie de controle de preços, ou não, como sustenta a ANP.

Em seguida (Tópico IV) focaremos concretamente nas possíveis competências da ANP para estabelecer tais regras, em especial face à política pública de liberalização de preços expressamente adotada pelo art. 69 e seguintes da Lei do Petróleo.

O Tópico V será dedicado a analisar alguns pontos críticos da proposta da ANP, que existiriam mesmo que tais regras pudessem ser, em tese, editadas pela ANP. As analisaremos à luz dos princípios da Proporcionalidade e da Motivação, dos requisitos constitucionais dos controles de preços tal como expressados pela jurisprudência do STF, bem como dos ônus que podem acabar impondo à Petrobras, hoje ao abrigo do Estatuto das Estatais, que possui uma série de normas que coíbem tais onerações.

II Natureza jurídica das atividades petrolíferas e suas relações com as regras de preços à luz do art. 174, CF.

Um fator de distinção importante para verificarmos a possibilidade de o Estado controlar os preços cobrados pelas empresas é identificarmos a que título a empresa explora a atividade econômica: se por direito próprio de iniciativa privada, ou se por delegação do Estado de uma atividade por este titularizada, um serviço público ou um monopólio público.

Vige para as atividades econômicas *stricto sensu* não monopolizadas, participe delas o Poder Público ou não, o princípio da liberdade de iniciativa, observadas as regras de polícia econômica geral que as conforme aos princípios e valores fundamentais da República Federativa do Brasil (arts. 1º e 3º, CF) e aos princípios setoriais da ordem econômica (art. 170, CF), exigida, quando for o caso, autorização prévia para o seu exercício (art. 170, parágrafo único, CF).

Especificamente sobre o petróleo, a Constituição Federal é pródiga, dispondo sobre: a) a titularidade federal sobre os principais bens envolvidos nesta indústria – os recursos minerais; b) a competência da União para legislar sobre energia e recursos minerais (art. 22, IV e XII); c) a competência dos Estados para prestar os serviços de distribuição de gás canalizado (art. 25, §2º); d) o monopólio federal sobre as atividades básicas da indústria do petróleo (art. 177); e) as condições da atuação pública e privada no setor (art. 20, §1º, 176 e 177); e f) a previsão de um órgão regulador (art. 177, §2º, III).[1]

O seu art. 177 estabelece como monopólio da União a pesquisa; a lavra; o refino do petróleo, nacional ou estrangeiro; a importação; a exportação e o transporte marítimo ou por dutos do petróleo e dos seus derivados. Note-se que há atividades da indústria do petróleo, como o transporte que não seja marítimo ou por dutos, assim como a distribuição e a revenda, que não constituem monopólios da União, sendo atividades da iniciativa privada, sujeitas, no entanto, à regulação estatal na forma dos arts. 170 e 174 da Constituição Federal.

Em relação especificamente ao refino, o art. 45 do ADCT dispõe que as refinarias já instaladas no País quando da edição da Lei nº 2.004, de 3 de outubro de 1953, que criou inicialmente o monopólio do petróleo, ficam excluídas do monopólio da União, exercendo assim atividade eminentemente privada, a exemplo da Refinaria de Manguinhos.[2]

Regulamentando o art. 177, CF, foi editada a Lei nº 9.478/97, a Lei do Petróleo, que estabeleceu a política energética nacional, disciplinou as atividades da indústria do petróleo tal como definida no seu art. 6º, XIX, criou o Conselho Nacional de Política Energética e a Agência Nacional do Petróleo – ANP, cabendo a esta a implementação da política traçada pelo primeiro (art. 8º, I).

As atividades petrolíferas foram pela Lei do Petróleo "declaradas de utilidade pública. Assim, elas têm o ônus público de deverem ser prestadas em benefício da população, no sentido de que o explorador destas atividades tem alguns ônus para com a população e para com o Estado".[3]

O art. 5º da Lei do Petróleo dispõe que a faculdade conferida pelo art. 177, §1º, da Constituição Federal, ou seja, a contratação de particulares ou de empresas estatais para a exploração das atividades petrolíferas monopolizadas pela União, se dará mediante concessão ou autorização.

---

[1] SUNDFELD, Carlos Ari. Regime Jurídico do Setor Petrolífero. *In*: SUNDFELD, Carlos Ari (Coord.). *Direito Administrativo Econômico*. São Paulo: Ed. Malheiros, 2000. p. 386.
[2] Cf. TÁCITO, Caio. Permissão de Refino de Petróleo. *In*: *Temas de Direito Público*. Rio de Janeiro: Ed. Renovar, 1997. v. 2, p. 1617-1621.
[3] MENEZELLO, Maria d'Assunção Costa. Introdução ao Direito do Petróleo e Gás. *In*: SUNDFELD, Carlos Ari (Coord.). *Direito Administrativo Econômico*. São Paulo: Ed. Malheiros, 2000. p. 382.

Para cada espécie ou fase da atividade petrolífera a Lei do Petróleo dá uma disciplina distinta, razão pela qual é de grande relevância distinguirmos: (a) exploração (ou pesquisa), na qual a empresa procura por petróleo em blocos ou áreas pré-delimitadas; (b) produção ou lavra, pela qual o petróleo é extraído da jazida; (c) importação e exportação, sendo que aquela, tal como a produção, concorre para o suprimento interno do produto; (d) refino, processo pelo qual o petróleo deve passar para poder ser utilizado; (e) transporte: para que o petróleo bruto ou seus derivados cheguem aos seus destinos devem ser transportados. "O transporte pode se dar de várias formas. Há os meios fixos, os condutos (o oleoduto e o gasoduto). Há os meios móveis, sendo os navios os principais";[4] e (f) distribuição: para que os derivados do petróleo cheguem aos consumidores deve haver a distribuição dos combustíveis no atacado; e (g) revenda: "os consumidores finais são atingidos pela atividade de revenda de derivados de petróleo",[5] feita pelos "postos de gasolina".

Apenas as atividades de exploração e produção (letras "a" e "b") foram submetidas à concessão, tendo sido exigida para as demais (letras "c" a "g") a prévia autorização.

Vê-se que a Lei do Petróleo, considerando menos o monopólio incidente sobre as atividades do setor, e mais a possibilidade de concorrência que cada uma delas pode propiciar, destinou a autorização para as atividades nas quais se deem as maiores possibilidades de competição.

Assim, as atividades não monopolizadas (ex: a distribuição e a revenda) não são sujeitas à prévia contratação, até porque esta, precedida de licitação, pressupõe a limitação do número de operadores, limitação esta que não seria admissível em se tratando de atividade de titularidade da iniciativa privada, sujeita, todavia, a autorização (art. 9º, Lei do Petróleo).

Já as atividades monopolizadas (exploração, produção, importação, exportação, parte do refino, transporte marítimo e por dutos) podem ser sujeitas à concessão ou à autorização. A Lei reservou esta modalidade regulatória para as atividades de refino, importação, exportação e transporte marítimo ou por dutos, que não apenas admitem, como, pelo Princípio da Subsidiariedade, demandam, a maior concorrência possível (arts. 53, 56 e 60, Lei do Petróleo).

A concessão foi destinada apenas à exploração e produção, vez que pressupõem a delimitação espacial, não sendo factível a abertura de concorrência para que todas as empresas interessadas explorassem ao mesmo tempo determinada jazida (art. 23, Lei do Petróleo). Além destas limitações fáticas, concorre para a imposição da prévia concessão para a exploração e produção de petróleo o fato de "envolverem o uso de bem público; portanto, a fruição é um privilégio".[6]

Não estamos a dizer que não deva haver concorrência nestas atividades, mas apenas que esta fica restrita à escolha do concessionário na licitação, que, uma vez escolhido, não terá a concorrência de outros concessionários sobre a mesma área.

---

[4] SUNDFELD, Carlos Ari. Regime Jurídico do Setor Petrolífero. *In*: SUNDFELD, Carlos Ari (Coord.). *Direito Administrativo Econômico*. São Paulo: Ed. Malheiros, 2000. p. 388.

[5] SUNDFELD, Carlos Ari. Regime Jurídico do Setor Petrolífero. *In*: SUNDFELD, Carlos Ari (Coord.). *Direito Administrativo Econômico*. São Paulo: Ed. Malheiros, 2000. p. 388.

[6] SUNDFELD, Carlos Ari. Regime Jurídico do Setor Petrolífero. *In*: SUNDFELD, Carlos Ari (Coord.). *Direito Administrativo Econômico*. São Paulo: Ed. Malheiros, 2000. p. 395.

Observe-se que em relação às atividades petrolíferas monopolizadas, que não são apenas a exploração e produção de petróleo, o §1º do art. 177 da Constituição Federal alude à contratação de estatais ou de empresas privadas. Não sendo a autorização contrato, mas ato administrativo, poderia o Legislador ter assentido na exploração privada de algumas destas atividades mediante autorização?

Em outra oportunidade,[7] já expusemos que sim, ou seja, que, em razão dos princípios da proporcionalidade e subsidiariedade, sempre que atendido o interesse da coletividade, se impõe a adoção pelo legislador da modalidade regulatória menos constritiva, *in casu* a *ordenatio* (instrumentalizada por autorização administrativa), em detrimento da *publicatio* (instrumentalizada por contratos de delegação). As atividades petrolíferas monopolizadas de refino, importação, exportação e transporte marítimo ou por dutos, podem ser consentidas a um número indeterminado de agentes econômicos privados, o que é consentâneo com o princípio da livre iniciativa, ficando, no entanto, sujeita à ordenação pública autorizativa.

O exemplo análogo mais eloquente em nossa jurisprudência foi o da classificação dos serviços de telecomunicações através de variados índices de publicização (de serviços públicos a atividades privadas regulamentadas), realizada pela Lei Geral de Telecomunicações (arts. 18, I, c/c arts. 62 a 64, Lei nº 9.472/97),[8] considerada constitucional no julgamento da liminar requerida na ADIN nº 1668.[9]

O Ministro Nelson Jobim, autor do voto condutor da maioria nessa questão, não viu "inconstitucionalidade alguma no fato de cada modalidade de serviço estar destinada à prestação exclusivamente no regime de público, no regime privado ou, concomitantemente, em ambos os regimes, sem qualquer exclusão. A Agência poderá definir, e, em alguns casos concretos, há o interesse público no sentido de que um serviço possa ser, ao mesmo tempo, privado – forma pela qual poderá ser financiado – e aberto ao público. [...] Não vejo inconstitucionalidade alguma em relação à concomitância".

Eros Roberto Grau observa que "a Constituição é um dinamismo. É do presente, da vida real que se toma as forças que a ela, bem assim ao Direito, conferem vida. Por isso mesmo, os movimentos de redução e ampliação das parcelas da atividade econômica em sentido amplo que consubstanciam serviço público refletem a atuação das forças sociais em um determinado momento, evidentemente também conformadas pela Constituição. [...] A interpretação da Constituição, indispensável ao desvendamento do

---

[7] ARAGÃO, Alexandre Santos de. *Direito dos Serviços Públicos*. 4. ed. Belo Horizonte: Ed. Fórum, 2017. Tópico v. 7.

[8] A riqueza classificatória presente na LGT é uma demonstração das potencialidades da discricionariedade legislativa conferida pelo art. 21, CF.

[9] As mesmas discussões vêm sendo travadas na Argentina, que substituiu as concessões de telecomunicações pelas *"licensias"* (v. MUÑOZ, Guillermo. Las transformaciones del Servicio Público. *In*: SUNDFELD, Carlos Ari; VIEIRA, Oscar Vilhena. *Direito Global*. São Paulo: Max Limonad, 1999. p. 174 e segs.). Em Espanha, as telecomunicações foram inteiramente liberalizadas: "O desaparecimento do conceito de serviço público no setor impôs também o desaparecimento do conceito de concessão como meio de intervenção administrativa na atuação dos particulares. [...] A técnica da concessão, como técnica geral, foi substituída, com o mesmo caráter geral, e como técnicas ordinárias, pela autorização administrativa ou, nos casos em que o tipo de serviço de telecomunicação exigir maior intervenção, pela licença. Já não mais existe um transpasse de funções públicas (nota típica das concessões, que implica em um poder discricionário da Administração na sua outorga). Nos encontramos ante direitos subjetivos prévios dos particulares para aceder aos serviços que agora são apenas de interesse geral (não mais serviços públicos), limitando-se a intervenção administrativa a uma atividade de polícia, de controle prévio ao exercício de um direito preexistente a essa intervenção" (ALBI, Joaquín Albi. *Comentarios a la Ley General de Telecomunicaciones*. (Coord. Eduardo García de Enterría e Tomás de la Quadra-Salcedo). Madrid: Ed. Civitas, 1999. p. 69).

quanto por ela definido a esse respeito, explícita ou supostamente, envolve também a interpretação dos fatos, tal como se manifestam em um determinado momento".[10]

Tratando das constituições de províncias argentinas que, a exemplo da Constituição Brasileira de 1988 (art. 175), têm normas que reservam para o Estado serviços e monopólios públicos, Héctor A. Mairal explica que "as normas constitucionais em questão podem ser interpretadas como atributivas ao Estado da titularidade da atividade, mas não necessariamente qualificando aquela determinada atividade com o caráter de 'administrativa'".[11]

Ou seja, o fato de o refino, em parte (lembremo-nos do cit. art. 45 do ADCT), estar inscrito na Constituição como monopólio da União não retirou do Legislador a discricionariedade de, se assim julgasse mais conveniente, dar-lhe feição de atividade privada regulamentada, sujeita a mera autorização administrativa, e não a contrato. Foi exatamente essa decisão que, como narrado acima, tomou a Lei do Petróleo em relação ao refino e às outras atividades enumeradas no art. 177, com exceção das atividades de exploração e produção.

Tradicionalmente, as autorizações administrativas são qualificadas como atos administrativos discricionários e precários. Entendemos que, dada a vagueza da Lei do Petróleo em relação às autorizações, o seu caráter discricionário é defensável, caráter este que não pressupõe necessariamente a precariedade, que é excluída em princípio, por exemplo, nas autorizações por prazo determinado. Nessas autorizações a doutrina, sem negar a discricionariedade na emissão, a recusa na revogação antes do fim do prazo.[12]

Como "pondera Franchini, a autorização constitui o compromisso entre a liberdade e a autoridade, caracterizando-se como o ato que reintegra o ato de liberdade, possibilitando que o direito individual produza seus naturais efeitos. [...] O direito individual precede à autorização, que, no entanto, é complemento necessário ao gozo do direito ou liberdade ao qual adere. Configura um ato-condição, na terminologia de Duguit. Vitaliza o direito *in fieri*, conferindo-lhe trânsito no mundo jurídico, em cujos umbrais se encontra, na expectativa do impulso libertatório".[13]

Alguns autores extraem do sistema da Lei do Petróleo a estabilidade das autorizações petrolíferas.[14] A isto acresceríamos o fato de que, em razão da própria natureza

---

[10] GRAU, Eros Roberto. Constituição e Serviço Público. *In*: GRAU, Eros Roberto; GUERRA FILHO, Willis Santiago. *Direito Constitucional*: estudos em homenagem a Paulo Bonavides. São Paulo: Ed. Malheiros, 2003. p. 266. "A interpretação constitucional não pode fechar os olhos diante das transformações de conteúdo e da função das normas constitucionais, que são derivadas da mutação da realidade social", mas, adverte o administrativista alemão, "a interpretação constitucional não pode deixar que sistematizações artificiais encubram os contrastes efetivos entre a Constituição e a realidade" (FORSTHOFF, Ernst. Concetto e Natura dello Stato Sociale di Diritto. *In: Stato di Diritto in Trasformazione*. Milano: Giufrrè, 1973. p. 32).

[11] MAIRAL, Héctor A. La ideologia del Servicio Público. *Revista de Derecho Administrativo*, Argentina, a. 5, p. 403, 1993.

[12] "A fixação de prazo poderá investir o beneficiário do direito subjetivo oponível à Administração, consistente em perdas e danos, em caso de revogação extemporânea" (PIETRO, Maria Sylvia Zanella Di. *Parcerias na Administração Pública*. 2. ed. São Paulo: Ed. Atlas, 1997. p. 99).

[13] Cf. TÁCITO, Caio. Permissão de Refino de Petróleo. *In: Temas de Direito Público*. Rio de Janeiro: Ed. Renovar, 1997. v. 2, p. 1625.

[14] Nota-se, ainda, que tem sido revisto, tanto doutrinária como legislativamente, o conceito tradicional de autorização como sendo um ato discricionário e precário. Não existindo uma configuração constitucional do instituto da autorização, nada impede que o Legislador lhe atribua caráter vinculado e não precário, como o fez na Lei Geral de Telecomunicações e na Lei do Petróleo. Aprofundar em: MARQUES NETO, Floriano Azevedo. Direito das Telecomunicações e ANATEL. *In*: SUNDFELD, Carlos Ari (Coord.). *Direito Administrativo Econômico*. São Paulo: Ed. Malheiros, 2000. p. 313, e em: MENEZELLO, Maria d'Assunção Costa. Introdução ao Direito do

das atividades envolvidas, que demandam altos investimentos,[15] a precariedade, deve ser de todo excepcional. *Igualmente, por absoluta identidade de razões, também não deve ser admitida a instabilização da autorização, com a imposição de novas regras gravosas que não estavam em seus termos originais.*

Observe-se que a ANP, como não poderia deixar de ser, ao exercer a discricionariedade conferida pela Lei do Petróleo vem configurando as autorizações por ela emitidas como estáveis, vez que ficam sujeitas apenas a algumas hipóteses taxativas e não discricionárias de revogação.

Dessa forma, a única diferença entre as atividades de refino e de distribuição de combustíveis, está na discricionariedade legislativa sobre elas incidentes. Em relação ao refino, estando em parte no monopólio da União, o legislador teria ao seu dispor instrumentos muito mais interventivos que os que dispõe em relação à distribuição, atividade por determinação constitucional privada. Ocorre que, ao exercer essa discricionariedade, o legislador optou, ao revés, por deixar a atividade de refino apenas sob ordenatio (regulação por licença ou autorização), não sob publicatio (exercitável por particulares apenas mediante contratos).

Ainda deve ser repisado, além disso, que há refinarias expressamente excluídas do monopólio da União pelo art. 45 do ADCT. Como expôs Caio Tácito, "o art. 45 do Ato das Disposições Constitucionais Transitórias, excluindo do monopólio as refinarias em funcionamento no País, mantém as situações existentes na integridade de sua estrutura técnica e econômica, que tem como suporte os indicados princípios e normas da respectiva regulamentação legal. *A substância do direito, que perdura, supõe a permanência de suas condições de estabilidade e continuidade,* entre as quais avulta *de lege* a rentabilidade do empreendimento. [...] A fixação desses valores vincula-se ao correlato dever de assegurar, às empresas refinadoras, o equilíbrio econômico-financeiro que serve de alicerce à eficácia do direito à continuidade estável da atividade amparada pela ressalva constitucional à aplicação do monopólio".[16]

Pelo exposto, tendo sido dado (pela Constituição) caráter privado à distribuição e dado (pela Lei do Petróleo) feição privada ao refino, não pode o poder público invocar supostas titularidades suas sobre a atividade para regulamentá-la de maneira tão intensa a ponto de controlar seus preços. Em relação ao refino, até poderia, mas somente mediante alteração legislativa e apenas *ex nunc*, respeitando-se os atos jurídicos perfeitos das autorizações administrativas anteriormente emitidas.

Nesse contexto, não pode ser imposta uma programação estatal obrigatória, através do estabelecimento de obrigações quanto à conformação (por quanto, como e quando produzir) do empreendimento, violando o art. 174 da Constituição Federal, para o qual o planejamento é meramente indicativo para a iniciativa privada. O Estado,

---

Petróleo e Gás. *In:* SUNDFELD, Carlos Ari (Coord.). *Direito Administrativo Econômico.* São Paulo: Ed. Malheiros, 2000. p. 383. Carlos Ari Sundfeld observa que "a Lei do Petróleo parece não ter pretendido submeter os autorizatários ao regime de instabilidade, que se afigura incompatível com a política nela expressa. Na base dessa conclusão está o raciocínio de que, se não há garantia de estabilidade e permanência, não poderá, por via de consequência, haver liberdade de iniciativa e livre competição" (SUNDFELD, Carlos Ari. Regime Jurídico do Setor Petrolífero. *In:* SUNDFELD, Carlos Ari (Coord.). *Direito Administrativo Econômico.* São Paulo: Ed. Malheiros, 2000. p. 394-395).

[15] As autorizações precárias são próprias apenas das atividades que exigem baixos investimentos e que podem ser encerradas a qualquer tempo sem maiores prejuízos.

[16] Cf. TÁCITO, Caio. Permissão de Refino de Petróleo. *In: Temas de Direito Público.* Rio de Janeiro: Ed. Renovar, 1997. v. 2, p. 1628-1629. Grifamos.

com base no mesmo art. 174, pode regular, mas sem que a regulação chegue a constituir uma planificação ou uma direção.[17] O Estado não pode, nas atividades sujeitas a mera *ordenatio*, é se substituir ao agente econômico na tomada de decisões empresariais.[18]

A mesma interpretação teve o STJ, ao decidir o Recurso Especial nº 614048/RS, sendo Relator o Ministro Luiz Fux, julgamento que, por sua importância teórica, deve ter parte de sua ementa transcrita:

> A intervenção estatal no domínio econômico é determinante para o setor público e indicativa para o setor privado, por força da livre iniciativa e dos cânones constitucionais inseridos nos arts. 170 e 174, da CF. Deveras, sólida a lição de que um "dos fundamentos da Ordem Econômica é justamente a 'liberdade de iniciativa', conforme dispõe o art. 170, o qual, em seu inciso IV, aponta, ainda a 'livre concorrência' como um de seus princípios obrigatórios: 'A ordem econômica, fundada na valorização do trabalho humano e na livre iniciativa, tem por fim assegurar a todos existência digna, conforme os ditames da justiça social, observados os seguintes princípios: [...] IV – livre concorrência'. Isto significa que a Administração Pública não tem título jurídico para aspirar reter em suas mãos o poder de outorgar aos particulares o direito ao desempenho da atividade econômica tal ou qual; evidentemente, também lhe faleceria o poder de fixar o montante da produção ou comercialização que os empresários porventura intentem efetuar. De acordo com os termos constitucionais, a eleição da atividade que será empreendida assim como o quantum a ser produzido ou comercializado resultam de uma decisão livre dos agentes econômicos. O direito de fazê-lo lhes advém diretamente do Texto Constitucional e descende mesmo da própria acolhida do regime capitalista, para não se falar dos dispositivos constitucionais supramencionados. No passado ainda poderiam prosperar dúvidas quanto a isto; porém, com o advento da Constituição Federal de 1988, tornou-se enfaticamente explícito que nem mesmo o planejamento econômico feito pelo Poder Público para algum setor de atividade

---

[17] O art. 174 prevê o Estado como normatizador e regulador das atividades econômicas privadas, tendo sido retirado, já durante a fase final dos trabalhos constituintes, o termo "controle", que poderia levar a interpretações de que o Estado planejaria coativamente também as atividades privadas. "Falava-se em controle. E controle com um sentido diferente de fiscalização significa dominação, comando" (FERREIRA FILHO, Manoel Gonçalves. *Direito Constitucional Econômico*. São Paulo: Ed. Saraiva, 1990. p. 81). Na mesma passagem da obra podem ser consultados maiores detalhes quanto ao trâmite constituinte do que acabou se tornando o art. 174 da Constituição Federal.

[18] Em uma interpretação relativizadora do art. 174, CF, há doutrina no sentido que "a expressa menção do referido dispositivo ao fato de o planejamento econômico ser meramente indicativo para o setor privado elimina apenas a possibilidade de dirigismo econômico. Pouco ou nada esclarece, porém, com relação ao grau de intervencionismo. Para essa definição o art. 174 é de pouco auxílio. A competência normativa e reguladora atribuída pelo Constituinte ao Estado é ampla o suficiente para incluir intervenções bastante brandas ou bem extremadas na ordem econômica. Essa incerteza não desaparece, uma vez analisados os princípios gerais estabelecidos no art. 170. De sua dicção não é possível definir com exatidão a extensão nem os limites do intervencionismo. A exata medida em que princípios como 'livre iniciativa' e 'justiça social' bem como 'propriedade privada' e 'função social da propriedade' devem conviver é deixada ao trabalho interpretativo do aplicador do Direito. Assim é que a vinculação do princípio da livre iniciativa ao da justiça social tem sido, por exemplo, usada em muitos casos para permitir o controle de preços em áreas sensíveis, como ocorrido com as mensalidades escolares: ADIn nº 319-DF, RTJ nº 149/666 – onde o Supremo Tribunal Federal decidiu pela constitucionalidade da Lei nº 8.039, de 30.5.1990, que dispõe sobre os critérios de reajuste das mensalidades escolares" (SALOMÃO FILHO, Calixto. *Direito Concorrencial – as condutas*. São Paulo: Ed. Malheiros, 2003. p. 106). A assertiva do autor não nos parece equivocada, uma vez que realmente há um amplo espaço de ponderação de princípios a ser definida pelo legislador, mas deve ser considerada com cautela, uma vez que tal discricionariedade legislativa é limitada pela bipartição que a própria Constituição faz entre as atividades econômicas *stricto sensu* e os serviços públicos, não podendo a regulação prevista no art. 174 ser tão forte a ponto de total ou parcialmente indiferenciá-los, por exemplo, em relação à fixação de preços pelo Estado. No citado precedente do STF, por exemplo, havia o controle dos preços para evitar abusos, mas não a sua fixação diretamente pelo Estado, além de envolver diretamente direito fundamental especial sensível, que é a educação.

ou para o conjunto deles pode impor-se como obrigatório para o setor privado. É o que está estampado, com todas as letras, no art. 174: 'Como agente normativo e regulador da atividade econômica, o Estado exercerá, na forma da lei, as funções de fiscalização, incentivo e planejamento, sendo este determinante para o setor público e indicativo para o setor privado. [...]

As atividades de refino, distribuição e revenda devem ser encaradas dentro desse marco, como qualquer atividade privada que possua liames de utilidade pública, mas que segue sendo privada, para fins de admissibilidade ou não do controle de preços, o que só é admissível em casos excepcionais, em resumo por duas razões básicas cumulativas: (1) cobrança de preços abusivos que (2) possa ameaçar a fruição de direitos fundamentais.

O atendimento a esses requisitos será objeto de apreciação apenas no Tópico V.2. No momento, ainda estamos em um momento logicamente anterior de nossa análise, qual seja, a de verificação da própria competência e legalidade da ação da ANP em estabelecer modalidade de controle de preços consistente na vedação de mudanças em seu valor em períodos de tempo que entender muito curtos, o que será objeto do próximo tópico.

Apenas após ele, analisaremos, *ad argumentadum*, se, mesmo que a ANP tivesse tal competência e que a Lei a permitisse, se tal controle de preços atenderia aos requisitos constitucionais gerais desse mecanismo de forte intervenção do Estado na economia.

No Tópico que segue, começaremos a adentrar mais especificamente no tratamento que a Lei do Petróleo deu ao controle de preços e como a proposta da TCP se enquadraria entre as diversas espécies dessa forma de intervenção do Estado no domínio econômico.

III Diversas modalidades de controle de preços e a indústria do petróleo

A relação do Estado com a economia se dá de maneira pendular, com épocas de maior intervenção e restrições à liberdade econômica, seguidas de outras de maior liberalização e espaço para o livre mercado.[19] Tais momentos são positivados em regras jurídicas até que, posteriormente, sejam revisadas em um novo contexto político econômico.

Uma das maiores expressões dos momentos de mais forte intervenção do Estado na economia são os controles dos preços praticados pelos agentes econômicos em suas operações comerciais privadas.

Sendo os preços o principal elemento das operações econômicas, a sua disciplina pelo Estado determina o próprio conteúdo da operação econômica. Trata-se de forte dirigismo contratual pelo Estado, tornando esses contratos privados, de livres, em

---

[19] PEREIRA, Luiz Carlos Bresser. O caráter cíclico da intervenção estatal. *Revista de Economia Política*, v. 9, n. 3, jul./set. 1989. No direito público econômico, de maneira mais restrita, Caio Tácito também identifica o mesmo movimento periódico de alternância, uma "dança do pêndulo entre extremos em busca do equilíbrio estável da perfeição" (TÁCITO, Caio. O retorno do pêndulo: serviço público e empresa privada. O exemplo brasileiro. *Revista Forense*, a. 92, v. 334, p. 18, abr./jun. 1996).

regulamentados. Massimo Severo Giannini, por exemplo, os coloca entre as "potestades administrativas de conformação de negócios".[20]

Os anos 1960 a 1980 foram, no Brasil e em grande parte do mundo, de forte intervenção do Estado na economia, inclusive na liberdade contratual, com a grande presença de regras estatais disciplinando preços em variados aspectos.

A partir da década de 1990 vem ocorrendo uma redução da intensidade da intervenção estatal na liberdade dos agentes econômicos, caracterizando o que alguns denominam de Estado Regulador[21] ou Estado Árbitro,[22] ou seja, do Estado que se retirou das atividades de prestação direta ao público e de regulamentar intensamente as relações privadas, passando a exercer uma regulação de forma menos constritiva.

Foi nesse momento que, além de desestatizações, que não é implicada diretamente pelo objeto do Parecer, começaram a ocorrer liberalizações e desregulamentações de atividades que, mesmo privadas, eram intensamente disciplinadas pelo Estado, que se impunha ao mercado e às empresas na tomada de uma série de decisões, com destaque para as relativas aos preços a serem por elas cobrados.

Como ensina Guido Corso, "a desregulação não impede que as regras publicísticas sejam substituídas por outras regras: que à desregulação suceda uma re-regulação. Mas se trata de 'outras regras', voltadas a disciplinar a concorrência dos agentes econômicos (a regular o mercado) mais do que a sujeitar a iniciativa econômica privada aos poderes administrativos".[23]

Nesse contexto, no Direito Brasileiro os controles de preços passaram a ser aceitos apenas em casos de todo excepcionais, para a garantia de direitos fundamentais, como a saúde, educação e cultura, repressão de abusos do poder econômico.[24] Passaram a ser considerados inclusive as distorções econômicas que a imposição artificial *top-down* de valores para operações econômicas pode trazer, como mercado negro, desincentivo à produção, sonegação dos bens por seus produtores etc.

O setor do petróleo é um exemplo paradigmático desse movimento pendular no qual nos encontramos: deixou um sistema de ampla determinação governamental de preços, através da chamada Conta Petróleo[25] instituída pela Lei nº 4.452/64, para um sistema de liberdade total de preços determinada pelos arts. 69 e seguintes da Lei do Petróleo – Lei nº 9.478/97, adotando expressamente uma política de "desregulamentação de preços" (art. 70).

Ainda que de forma propedêutica, vejamos, apenas exemplificativamente, algumas formas de controle de preços em tese existentes para, em seguida, aferirmos se a

---

[20] GIANNINI, Massimo Severo. *Diritto Amministrativo*. 3. ed. Milão: Ed. Giuffrè, 1993. v. II, p. 790.
[21] Por exemplo: SPINTA, Antonio la; MAJONE, Giandomenico. *Lo Stato Regolatore*. Bolonha: Il Mulino, 2000. p. 168-169.
[22] Adotando esta denominação: BUREAU, Dominique. La Réglementation de l'Économie. In: *Archives de Philosophie du Droit, Le Privé et le Public*. Paris : Ed. Sirey, 1997. t. 41, p. 330.
[23] CORSO, Guido. Attività Economica Privata e Deregulation. *Rivista Trimestrale di Diritto Pubblico*, p.641, 1998. A doutrina citada, como veremos em seguida, se aplica como uma luva à política pública determinada pelos arts. 69 e seguintes da Lei do Petróleo em relação aos preços dos combustíveis.
[24] Voltaremos a este aspecto no Tópico V.2.
[25] Basicamente por esse mecanismo a União se creditaria com os preços cobrados pela Petrobras que fossem além dos preços internacionais e ficaria a ela devendo pelos preços cobrados aquém dos preços internacionais, podendo, em caso de a conta ficar negativa, ressarcir a estatal com títulos da dívida pública.

imposição de periodicidade pretendida pela ANP se enquadra em algumas delas ou no seu gênero:

1) Congelamento de preços: proibição de aumento ou de diminuição de preços, que devem se manter os mesmos que eram no momento determinado pela Lei. O Estado não determina o seu valor, mas apenas determina que não sejam alterados. Trata-se de instrumento no passado muito utilizado no combate à inflação.

2) Tabelamento de preços: diferentemente do congelamento, por ele o Estado fixa diretamente os valores a serem cobrados pelos particulares em seus contratos, sem referência a valores anteriormente cobrados por eles. É um mecanismo muito semelhante à fixação de tarifas, mas estas, diferentemente, incidem sobre atividades econômicas de titularidade do Estado, como os serviços públicos.[26]

3) Preço mínimo: visa normalmente a proteger determinadas categorias de agentes econômicos, garantindo-lhes certa lucratividade.

4) Preço-teto: com esse mecanismo o Estado protege consumidores contra abusos de preços que possam lhes prejudicar. É muito semelhante ao tabelamento, diferenciando-se dele apenas no sentido de que em razão do tabelamento não podem ser cobrados preços também a menor.

5) Controle de preços por custo: neste caso o Estado controla o preço para que ele só possa ser alterado mediante a comprovação da alteração dos custos da atividade, com a apresentação de planilhas etc. É o mecanismo de controle adotado em relação às escolas privadas pela hoje já revogada Lei nº 9.870/99.[27]

6) Imposição de descontos para determinadas categorias: por intermédio dela o Estado determina que os particulares cobrem menos de certas categorias de clientes seus, como estudantes em atividades culturais, ou os idosos em relação aos medicamentos.

Feita essa breve exemplificação de algumas das mais comuns espécies de controle de preços, podemos constatar que *sempre estaremos diante de um controle de preços quando não houver plena liberdade em sua fixação. Sempre que o preço não puder ser livremente fixado pelo agente econômico – seja em seu valor, em seu momento ou clientes –, estaremos diante de alguma modalidade de controle de preços.*

---

[26] "O tabelamento, como figura técnica, consubstancia-se em mecanismo de controle; [...] tabelar espelha a técnica da prefixação de preços decorrente de um plano global. Estabelece-se o plano e, a partir desse e de seus elementos, são fixados os preços e os seus respectivos componentes, que devem vigorar enquanto perdurar o plano original" (CAGGIANO, Monica Herman Salem. Controle do Mercado por via de Tabelamento. *Revista de Direito Público*, n. 100, p. 43, 1991).

[27] Esta Lei, no entanto, gerou, como veremos no Tópico V.2, o mais relevante precedente jurisprudencial brasileiro em matéria de controle de preços.

Não é por outra razão que na Itália o controle de preços é denominado de *"disciplina autoritativa dei prezzi"*,[28] ou seja, sempre que estivermos diante de regras estatais que imponham verticalmente (*autoritativamente*) limites à livre fixação dos preços – seja em seu valor ou em seu tempo, total ou parcialmente, mais ou menos intensamente – estaremos diante de mecanismos de controle de preços, de uma disciplina editada pelo Estado sobre preços.

Tanto é assim que *o Estado dispõe de outros instrumentos aptos a influenciarem os preços cobrados pelos agentes econômicos sem chegarem a constituir, contudo, controle. Como exemplos teríamos os estoques reguladores, incentivos fiscais, acordos setoriais, monitoramento de preços, divulgação dos preços para propiciar maior concorrência, preços de referência para que os consumidores possam ter acesso aos componentes dos preços deles cobrados etc.*

Nesses casos o Estado procura influenciar preços privados, mas sem editar unilateralmente uma disciplina sobre eles.[29]

Já quando pretende realmente impor normas sobre preços, essa disciplina pode recair sobre a própria determinação do preço diretamente (tabelamento), ou só estabelecer tetos ou pisos, vedar alterações em determinados períodos, congelando-os durante eles; pode colocar os preços sob prévia autorização para verificação se os lucros estão aumentando demasiadamente; ou impor que os ganhos de eficiência da empresa sejam compartilhados com os consumidores etc.

Vê-se, assim, que *a imposição de periodicidade mínima para a alteração dos preços dos combustíveis está longe de ser um daqueles mecanismos mais suaves de o Estado, sem imposições, tentar influenciar os preços privados*. Não está entre as modalidades de controle de preços mais interventivas, como o tabelamento puro e simples, mas, como vimos, o espectro de controle de preços é amplo, abrangendo várias modalidades e intensidades.

A fixação de periodicidade mínima para mudança de preço constitui *verdadeiro mecanismo de controle de preços: mais do que um mecanismo soft de tentar influenciar indutivamente os agentes econômicos, restringe a liberdade das empresas quanto ao momento em que poderão alterar seus preços*.

A proposta de imposição de periodicidade mínima para a alteração do preço dos combustíveis poderia, ilustrativamente, até ser vista como uma espécie de congelamento de preços, por curtos períodos sucessivos de tempo. Devemos lembrar que o congelamento impõe a manutenção dos preços por determinado período, até porque nenhum congelamento se pressupõe indefinido e perpétuo. O fato de *in casu* o congelamento vir a se dar por períodos curtos e sucessivos, não o desnatura enquanto tal. Seu caráter principal se mantém: a vedação da alteração de preços.

De toda sorte, *quer se veja a medida proposta como uma forma de congelamento, ou como uma modalidade autônoma de controle de preços, o seu enquadramento nesse gênero, ao contrário do que dá a entender a motivação da TCP, é indubitável*,[30] já que configurados os seus

---

[28] DI PLINIO, Giampiero. *Diritto Pubblico dell'Economia*. Milano: Ed. Giuffrè, 1998. p. 140, 315 e 322.

[29] Jacintho Arruda Câmara define controle de preços o afastando daquelas modalidades em que há um acordo entre o Poder Público e as empresas: "ao controlar preços, [...] não existe pacto envolvendo as partes (a Administração e o Particular atingido)" (CÂMARA, Jacintho Arruda. Regimes Tarifários e Instrumentos Regulatórios de Intervenção em Preços. *In*: PEREIRA NETO, Caio Mario da Silva; PINHEIRO, Luís Felipe Valerím (Coord.). *Direito da Infraestrutura*. 2. ed. São Paulo: Saraiva, 2017. p. 228-230.

[30] Curioso, aliás, notar, em possível "ato falho institucional", como a própria TCP também já considera que de alguma forma já está realmente se esvaindo da premissa da liberdade de preços: "Considerando que, embora a liberdade do estabelecimento de preço seja uma premissa respeitada pela ANP, decorrente da livre iniciativa, a

dois elementos conceituais necessários: uma disciplina obrigatória estabelecida pelo Estado (no caso sobre a periodicidade de alterações dos preços) que limita a liberdade dos agentes em fixar os seus preços (no caso em relação ao momento de fixa-los).

Em linha com o entendimento ora exposto, Cláudio Frischtak, em monografia sobre a regulação estatal de preços industriais no Brasil, trata a estabilização temporal de preços – sendo indiferente para o conceito se por maior ou menor lapso temporal – expressamente como forma de controle de preços: "uma política de controle que enfatizasse a estabilidade temporal dos preços, a menos de variações nos custos, iria assegurar, pelo menos no curto prazo, a manutenção das posições relativas da empresa".[31]

Também reiterando a assertiva de o controle de preços ser gênero do qual várias modalidades – umas mais outras menos intensas – fazem parte, mas todas constituindo controles de preços, as lições do autor em outra passagem:

> Quando se pensa o controle de preços como elemento de regulação estatal de mercados concentrados, pode-se tomar por referência pelo menos duas problemáticas até certo ponto distintas: por um lado, os controles podem ser discutidos nos marcos de uma política anti-inflacionária de viés heterodoxo, justificados frente a capacidade da grande empresa, numa conjuntura de retração da demanda, de defender suas margens de lucro elevando preços e retraindo (em termos absolutos, ou mesmo relativos) a produção; por outro, a reflexão que se faz sobre os controles os toma como parte de uma *complexa política estatal de intervenção e ordenação da atividade econômica, tanto na órbita da empresa e o mercado que lhe corresponde, quanto para o conjunto da indústria*.[32]

Em igual sentido de controle de preços Thiago Rodrigues Pereira: "Umas das formas de intervenção é o controle de preços de mercado. Na história do país vários estilos de controle já foram realizados e são eles: tabelamento, congelamento e vinculação de reajuste. Qualquer uma das formas adotadas é vista pelo setor privado como total usurpação de poder, isso porque dentro do princípio da livre iniciativa, além da possibilidade de principiar uma atividade, também está presente a liberdade de administração do empresário, sendo que a escolha do preço de seu produto ou serviço está entre as mais importantes medidas tomados por ele".[33]

Identificada conceitualmente a imposição da obrigação de não alterar os preços por determinados períodos sucessivos de tempo como uma espécie de controle de preços, analisemos, doravante, que competências – vedações – teria a ANP para tratar da matéria.

---

ausência de efetiva concorrência no mercado de refino gera desequilíbrio no mercado passível de intervenção". Apenas esse pode ser o sentido da adoção da conjunção "embora" na motivação da TCP.

[31] FRISCHTAK, Claudio R. *Regulação estatal de preços industriais no Brasil*: a experiência do Conselho Interministerial de Preços. DEPE/IFCH, Universidade de Campinas, Tese de Mestrado, 1980. p. 62. Disponível em: http://repositorio.unicamp.br/jspui/bitstream/REPOSIP/279708/1/Frischtak_ClaudioRoberto_M.pdf. Acesso em 19 jun. 2018.

[32] FRISCHTAK, Claudio R. *Regulação estatal de preços industriais no Brasil*: a experiência do Conselho Interministerial de Preços. DEPE/IFCH, Universidade de Campinas, Tese de Mestrado, 1980. p. 55. Disponível em: http://repositorio.unicamp.br/jspui/bitstream/REPOSIP/279708/1/Frischtak_ClaudioRoberto_M.pdf. Acesso em 19 jun. 2018.

[33] PEREIRA, Thiago Rodrigues. *A controvérsia presente nos julgamentos do Supremo Tribunal Federal nos casos de controle de preço*, Sociedade Brasileira de Direito Público. Acesso em: http://www.sbdp.org.br/wp/wp-content/uploads/2018/03/67_Thiago-Rodrigues-Pereira-1.pdf. Acesso em: 19 jun. 2018.

IV Competências da ANP em relação aos preços dos combustíveis e o art. 69 e seguintes da Lei do Petróleo

Historicamente, a doutrina brasileira entende que o Princípio da Legalidade aplicado à Administração Pública implica em uma vinculação positiva à lei, ou seja, não é possível ao administrador inovar na ordem jurídica, mesmo quando da edição de atos normativos.[34]

No entanto, mesmo para a corrente que admite algum grau de inovação por atos da Administração, dentre os quais nos incluímos, o poder normativo das autoridades administrativas encontra limites na principiologia para o setor fixados nas leis em sentido estrito editadas pelo Congresso Nacional.[35] E mais ainda, quando a lei não se limita a estabelecer essas normas de baixa densidade normativa, mas, como ocorre no caso concreto, pré-fixa regras específicas, deve a Administração Pública, por óbvio, observá-las.

O tema do poder regulamentar no Direito Brasileiro é extremamente polêmico,[36] mas quanto a esse ponto (vedação de violação da lei) não há controvérsia.

Como já introduzido no Tópico II, até a publicação da Lei nº 9.478/97 – Lei do Petróleo, que regulamentou a abertura do setor de petróleo e gás natural e criou a ANP, os preços dos combustíveis no Brasil eram fixados por atos do Estado.

Durante o período de transição para a liberação dos preços, prevista no artigo 69 da Lei do Petróleo,[37] que vigorou da data da sua publicação, 07.08.1997, até 31.12.2001, os preços dos combustíveis passaram a ser estabelecidos por portarias interministeriais, ato conjunto dos Ministérios da Fazenda e das Minas e Energia. A Portaria Interministerial nº 307, de 31.10.2001, em mera execução dos arts. 69 e segs. da Lei do Petróleo, dispôs: "Art. 1º. Ficam liberados os preços de venda dos óleos combustíveis nas unidades produtoras em todo o território nacional".

Assim é que vigora no Brasil, desde 2001, por força dos arts. 69 e segs. da Lei do Petróleo, um regime de liberdade de preços em toda a cadeia de produção e comercialização de combustíveis – produção (refino), distribuição e revenda. Não há qualquer tipo de tabelamento, imposição de valores ou periodicidades máximas e mínimas, nem necessidade de autorização prévia para reajustes de preços de combustíveis em qualquer etapa da sua cadeia econômica.

---

[34] De acordo com José dos Santos Carvalho Filho: "Atos dessa natureza [regulamentos autônomos] não podem existir em nosso ordenamento porque a tanto se opõe o art. 5º, II, da CF, que fixa o postulado da reserva legal para a exigibilidade de obrigações. [...] Os atos de organização e funcionamento da Administração Federal, ainda que tenham conteúdo normativo, são meros atos ordinatórios, ou seja, atos que preordenam basicamente ao setor interno da Administração para dispor sobre seus serviços e órgãos [...] Esse aspecto não é suficiente para converter os atos em decretos ou regulamentos autônomos". CARVALHO FILHO, José dos Santos. *Manual de direito administrativo*. 15. ed. Rio de Janeiro, Lumen Juris, 2006. p. 50-51.

[35] "As leis atributivas de poder normativo às entidades reguladoras independentes possuem baixa densidade normativa, a fim de – ao estabelecer finalidades e parâmetros genéricos – propiciar, em maior ou menor escala, o desenvolvimento de normas setoriais aptas a, com autonomia e agilidade, regular a complexa e dinâmica relação social subjacente". ARAGÃO, Alexandre Santos de. *Agências reguladoras e a evolução do direito administrativo econômico*. 2. ed. Rio de Janeiro: Forense, 2003. p. 406.

[36] Sobre as diversas correntes existentes, ver o nosso: ARAGÃO, Alexandre Santos de. Legalidade e regulamentos administrativos no direito contemporâneo: uma análise doutrinária e jurisprudencial. *Revista Forense*, v. 99, p. 3-21, 2003.

[37] Art. 69. Durante o período de transição, que se estenderá, no máximo, até o dia 31 de dezembro de 2001, os reajustes e revisões de preços dos derivados básicos de petróleo e gás natural, praticados pelas unidades produtoras ou de processamento, serão efetuados segundo diretrizes e parâmetros específicos estabelecidos, em ato conjunto, pelos Ministros de Estado da Fazenda e de Minas e Energia.

Cumprindo essa determinação, a ANP apenas acompanha o comportamento dos preços praticados pelas distribuidoras e postos revendedores de combustíveis – facilitando inclusive a pesquisa de preços por parte dos virtuais adquirentes –, sem, contudo, interferir ou fixar valores uma vez que o mercado de combustíveis é livre e, portanto, os preços também. Por quanto e quando alterar preços foi um direito dos agentes econômicos e uma política pública assegurada pela Lei do Petróleo em regras expressas e específicas, cabendo à ANP apenas cumpri-las.[38]

Dessa maneira, a proposta de impor às empresas periodicidades mínimas de reajuste não encontra amparo na Lei ordinária, indo, na verdade, de encontro frontal aos seus arts. 69 e seguintes.

Não se pode desconhecer, por óbvio, que a Lei do Petróleo contém uma série de *standards*, valores e objetivos que incumbem à ANP a proteção dos consumidores, inclusive quanto ao preço dos produtos (arts. 1º, III; e 8º, I); também não olvidamos que, em uma série de julgados já foi considerada legítima a imposição de regras da ANP aos agentes econômicos com base apenas no objetivo legal geral de proteção dos consumidores. Lembremo-nos, por exemplo, do julgado do STJ que reconheceu a legitimidade da imposição da chamada "fidelidade de bandeira" para os postos de revenda apenas com base nesse *standard*.[39] [40]

A situação *in casu* é, contudo, inteiramente diversa.

Uma circunstância é a ANP, se baseando na proteção dos consumidores ou de quaisquer outros standards constantes da Lei do Petróleo, estabelecer uma medida concreta que vise a implementá-los, mas havendo sobre essa medida específica, como no mencionado julgado, silêncio na Lei do Petróleo. Em casos tais, as agências reguladoras realmente possuem um espaço bem maior de atuação normativa, podendo editar regulamentos não apenas *secundum legem*, mas de certa forma, a depender da nomenclatura adotada por cada autor, também regulamentos *praeter legem*, ou seja, que não regulamentam determinado ponto específico da Lei, apenas se esteiando em seus valores mais gerais.

---

[38] Em estudo específico sobre o mercado de distribuição de combustíveis, Celso Ribeiro Bastos ensina que: "nenhum dos princípios constitucionais da ordem jurídica pátria autoriza que o Poder Público proceda ao tabelamento de preços. Muito pelo contrário, como se pode verificar, vige entre nós a plena liberdade nesse campo" (BASTOS, Celso Ribeiro. Empresas Distribuidoras de combustíveis. Ação Civil Pública. Tabelamento de preços. Valor do frete. *Revista Forense*, a. 94. v. 342. p. 210, 1998).

[39] "[...] Montado nestes argumentos, não tenho dúvida em afirmar que o senhor Ministro dispõe de autoridade para impedir que o granelista venda combustível ao varejista ligado a bandeira que não é a sua. Como registrei acima, controlar a execução de determinada norma é fazer com que ela se desenvolva em busca dos fins sociais para a qual a regra foi concebida. Os preceitos que disciplinam a distribuição de combustíveis tem como finalidade fazer com que os usuários de tais produtos recebam, com segurança e facilidade, produtos de boa qualidade. Isto ocorre, porque, a exibição do logotipo de marca famosa traduz a afirmação de que no local se vende daquela marca. Ora, se o posto negocia produtos cuja origem não corresponda à sua bandeira, ele estará enganando o freguês [...]. Quando o freguês é iludido, a distribuição de combustível não estará correspondendo aos fins sociais que orientam as normas disciplinadoras da distribuição de combustíveis" (MS nº 4.578/DF, Relator Ministro Humberto Gomes de Barros).

[40] Em sede doutrinária já havíamos tratado o mencionado acórdão da seguinte forma: "Encerramos o presente Tópico com decisão do Superior Tribunal de Justiça – STJ que, mesmo antes da previsão constitucional de órgãos reguladores específicos, a exemplo do "órgão regulador do monopólio da União" sobre as atividades petrolíferas (art. 177, §2º, III, CF), lavrou acórdão na qual o Ministro Humberto Gomes de Barros afirmou a possibilidade da Administração Pública, para alcançar as finalidades genéricas da disciplina da matéria, mas sem qualquer autorização legal específica, restringir a liberdade dos "postos de gasolina" adquirirem combustíveis. A importância do acórdão é que é um dos poucos exemplos em que a nossa jurisprudência foi além de questões atinentes ao caso concreto, tratando do âmago doutrinário e teórico da matéria, ou seja, do que deve ser entendido como 'execução de lei'".

No caso concreto em exame, a situação é bem outra. Apesar de diversos standards que em tese poderiam embasar eventual ação da ANP de impor limites temporais à alteração de preços, especificamente em relação a medidas desse jaez não há silêncio legislativo. Ao revés, há todo uma Seção, com seis artigos (arts. 69 a 74), dedicada exclusivamente aos preços dos combustíveis, Seção que existe para determinar, a partir de 31 de dezembro de 2001, a sua total liberalização e consequente ausência de qualquer controle que imponha normas aos particulares.

Em outras palavras, uma coisa é a Lei ser silente sobre determinado ponto específico e a agência reguladora, com base em seus valores e objetivos gerais (ex.: proteção do consumidor em relação aos combustíveis), estabelecer regras sobre ele (por exemplo, estabelecendo a fidelidade de bandeira dos postos de revenda); já se a Lei já contiver regra sobre aquele ponto específico (ex.: liberalizando totalmente os preços), a agência reguladora deverá apenas aplica-la, normativa ou concretamente, mas jamais desconsidera-la com bases em valores e objetivos gerais constantes da mesma Lei.

Na mesma esteira, Robert Alexy, o principal pensador contemporâneo da Teoria dos Princípio juntamente com Dworkin, estatui de forma peremptória que "os argumentos que dão expressão a um elo com as verdadeiras palavras da lei, ou com a vontade do legislador histórico, têm precedência sobre os outros argumentos [...]".[41] Em sede doutrinária, também já havíamos afirmado, em título de tópico integrante do artigo, "a prevalência da ponderação legítima feita pela regra sobre outras possíveis ponderações".[42]

Não pode, portanto, a ANP, se valer de standards genéricos, para violar regras específicas e expressas constantes da mesma Lei.

O fato de alguns autores, entre os quais nos incluímos, admitirem até a edição de regulamentos *praeter legem* por agências reguladoras, não faz com que admitamos a edição de regulamentos *contra legem*, violando regras específicas constantes da própria lei que criou a agência reguladora.

Em nosso *Curso de Direito Administrativo*,[43] ao tratarmos das diversas acepções e posições que a doutrina pode ter sobre o Princípio da Legalidade, nos valemos da enumeração de Charles Eisenmann e Odete Medauar, que é a seguinte:

1º) a Administração pode praticar todos os atos que não sejam contrários à lei;

2º) a Administração só pode fazer o que a lei autoriza;

3º) a Administração só pode praticar os atos cujo conteúdo advenha de um esquema abstrato já pré-estabelecido na lei; e

4º) a Administração só pode fazer os atos que a lei ordená-la a fazer.[44]

---

[41] ALEXY, Robert. *Teoria da argumentação jurídica*: a teoria do discurso racional como teoria da justificação jurídica. (Trad. Zilda Hutchinson Schild Silva). São Paulo: Landy, 2001. p. 239.
[42] ARAGÃO, Alexandre Santos de. Subjetividade judicial na ponderação de valores: alguns exageros na adoção indiscriminada da teoria dos princípios. *RDA – Revista de Direito Administrativo*, Rio de Janeiro, v. 267, p. 54, set./dez. 2014.
[43] ARAGÃO, Alexandre Santos de. *Curso de Direito Administrativo*. 2. ed. Rio de Janeiro: Ed. Forense, 2013. Tópico IV.4.1.
[44] MEDAUAR, Odete. *Direito Administrativo Moderno*. 7. ed. São Paulo: Ed. RT, 2003. p. 137.

Na oportunidade expressamos nossa adesão à segunda acepção, já exposta acima e no citado julgado do STJ, mas a enumeração acima demonstra que, por mais que se tenha uma visão mais flexível do Princípio da Legalidade e potencializadora de um forte poder normativo da Administração Pública, *nenhuma acepção ou corrente chega aos píncaros de admitir que a agência reguladora possa violar regra legal*. E note-se, *in casu* não estamos tratando da violação a princípios legais, que sempre podem gerar subjetivismos e maiores controvérsias na sua aplicação, mas sim a regras bem objetivas, detalhadas e específicas.[45]

Note-se que a política pública de liberalização dos preços dos combustíveis constantes das regras constantes dos arts. 69 a 74 da Lei do Petróleo é clara e resoluta, e bem geral, vedando qualquer interferência do Estado nos preços dos combustíveis após 31 de dezembro de 2001. Qualquer medida, mais ou menos intensa, como a cogitada atualmente pela TCP objeto deste Parecer, que imponha regras sobre fixação de preços de combustíveis constitui intervenção estatal vedada pelos arts. 69 a 74 da Lei do Petróleo, e só poderia ter sido implementada durante o mencionando período de transição, ou seja, até 31 de dezembro de 2001.

Pelo exposto, havendo vedação legal expressa à imposição de qualquer modalidade de controle de preços, não é juridicamente possível a imposição pela autoridade estatal de regra que vede às empresas reajustes de preços por determinados períodos. Não é mais dado ao Estado determinar aos agentes econômicos o momento em que podem fixar os preços dos seus combustíveis.

O fato de os arts. 69 e seguintes da Lei do Petróleo vedarem qualquer modalidade de controle de preços pela ANP não quer dizer, naturalmente, que ela não tenha mais funções quanto à proteção dos consumidores em matéria de preços. Ao contrário, mesmo sem poder mais estabelecer regras impositivas, deve ela divulgar preços, fomentar a concorrência e outras medidas que atendam também a esses seus objetivos legais.[46]

O que estamos a sustentar não é nada se não o colocado pela própria agência em seu *site* esclarecendo a população acerca do atual papel que possui (certamente mais limitado) em relação aos preços dos combustíveis derivados de petróleo, texto com o qual assentimos integralmente:

> A Lei do Petróleo também criou a ANP e conferiu-lhe a competência para implementar a política energética nacional no que se refere a petróleo, gás natural e biocombustíveis,

---

[45] Os conflitos entre regras são resolvidos pelos critérios ditos clássicos de resolução de antinomias – primeiro a hierarquia (norma hierarquicamente superior revoga norma hierarquicamente inferior), depois a especialidade (norma especial derroga norma geral) e, afinal, a cronologia (norma mais atual revoga norma mais antiga), que levam à sua aplicação ou não aplicação completa –, enquanto que os conflitos entre princípios seriam solucionados por intermédio de uma técnica conhecida como ponderação, sempre a depender de cada caso concreto e podendo levar à mitigação da força dos próprios conflitos em disputa (cf. GRAU, Eros. *A ordem Econômica na Constituição de 1998 – Interpretação e Crítica*. 2. ed. São Paulo: Ed. RT, 1991. p. 114).

[46] Não só é sempre possível, como é até mesmo uma tendência mundial na regulação, se utilizar técnicas não impositivas na indução de preços privados. Uma possibilidade seria o *nudge*: instrumento direcionado a incentivar comportamentos dos particulares em determinado sentido, porém mantendo sua possibilidade de opção adversa. Nesse procedimento, altera-se determinado aspecto da arquitetura da escolha o qual altera, por sua repercussão em vieses cognitivos humanos, comportamentos particulares. Trata-se de teoria formulada por Cass Sunstein e Richard H. Thaler – este vencedor do Prêmio Nobel de Economia do ano de 2017 –, que, segundo os autores, "preserva a autonomia da escolha enquanto também influenciam as pessoas [ou mercados] em direções que beneficiem suas vidas" (THALER, Richard H.; SUNSTEIN, Cass R. *Nudge*: improving decisions about health, wealth and hapiness. Yale: University Press, 2008. p. 252).

com ênfase na garantia do suprimento de derivados de petróleo, de gás natural e seus derivados e de biocombustíveis em todo o território nacional, e na proteção dos interesses do consumidor quanto a preço, qualidade e oferta desses produtos.

Dado que a Agência não controla preços ou quantidades de quaisquer produtos, essas atribuições legais devem ser exercidas por meio da proteção do processo competitivo nos mercados, uma vez que a Lei do Petróleo estabelece, também, a promoção da livre concorrência entre os princípios e objetivos da política energética nacional" (Grifamos).

Ora não nos parece, logicamente, que a imposição unilateral de períodos de reajustes mediante atos administrativos de autoridade seja um instrumento de mera proteção do livre mercado; muito pelo contrário, restringe a liberdade do mercado.

Com base nessa constatação, nem precisaríamos adentrar nos critérios de validade dos atos administrativos em geral e nos de controle de preço em especial para afirmar a injuridicidade da medida proposta pela ANP, já que, por expressa imposição legal da liberação dos preços dos combustíveis, ela sequer tem competência para tanto.

Todavia, apenas para completar todo o campo argumentativo envolvido na questão, passaremos no próximo Tópico – em seus subtópicos – a analisar se a medida proposta seria legítima mesmo se, *ad argumentandum*, já não fosse de antemão vedada pelas regras específicas dos arts. 69 e seguintes da Lei do Petróleo.

V Análises adicionais

Como mencionado, os subtópicos que seguem se destinam a examinar a juridicidade da imposição de periodicidades mínimas para a alteração dos preços dos combustíveis mesmo que ela não fosse vedada pela política de plena liberação de preços determinada pelos arts. 69 e seguintes da Lei do Petróleo.

Para tanto, teremos que (V.1) verificar se não há vícios de competência na proposta, inclusive à luz dos motivos alegados na própria TCP; (V.2) analisar os requisitos constitucionais do controle de preços de atividades privadas, sobretudo, em se tratando de matéria sujeita à subjetiva ponderação de princípios, à luz da jurisprudência do STF; (V.3) o atendimento ao Princípio da Proporcionalidade, inclusive se algumas das alternativas colocadas pela própria ANP seriam menos gravosas para as empresas; e (V.4) de que forma a medida proposta atingiria a estatal de petróleo que é o principal agente desse mercado, inclusive à luz das regras do Estatuto das Estatais que as protegem de ingerências do Ente Federativo que as controla.

V.1 Motivação e competência

Como relatado no Tópico I, nos "Considerandos" do Aviso de Tomada Pública de Contribuições – TPC e em declarações do seu Diretor-Geral de 5 de junho de 2018, a ANP fundamenta a sua intenção de impor regras temporais de preços na concentração do mercado de refino e na ausência de um mecanismo tributário que possa fazer um colchão contra as flutuações bruscas dos preços internacionais do petróleo e combustíveis.

Devemos ter em vista que a ANP é o instrumento organizacional que a União Federal se vale para regular muitos dos aspectos da indústria do Petróleo, mas que há outros órgãos e entidades da própria União – que não a ANP – que possuem as competências necessárias para debelar determinados problemas no setor.

Talvez premida pelo movimento dos caminhoneiros que recentemente paralisou o País, e que, naturalmente, não pode ser ignorado como uma de suas razões, a ANP parece ter decidido, por conta própria, resolver problemas cujas causas, como ela própria admite, não são de sua competência.

Ora, a por ela mencionada questão tributária é de competência do Poder Legislativo da União; e o problema de concentração e falta de concorrência em um mercado (no caso, como por ela citado, no de refino) é competência dos órgãos de defesa da concorrência, não da ANP.

Com efeito, o controle da concorrência no setor de combustíveis fósseis, aliás, não incumbe sequer à ANP como um todo, na medida em que o art. 10 da Lei nº 9478/97 prevê que "quando, no exercício de suas atribuições, a ANP tomar conhecimento de fato que possa configurar indício de infração da ordem econômica, deverá comunicá-lo imediatamente ao Conselho Administrativo de Defesa Econômica – CADE e à Secretaria de Direito Econômico do Ministério da Justiça, para que estes adotem as providências cabíveis, no âmbito da legislação pertinente".

Depreende-se, então, que a adoção de toda e qualquer medida voltada à prevenção, fiscalização e ao sancionamento de problemas concorrenciais perpetrados junto à indústria do petróleo, do gás natural e dos biocombustíveis incumbe tão-somente ao CADE.

Naturalmente que os motivos que cada órgão ou entidade invoca para a prática dos seus atos administrativos tem que ser um motivo de sua alçada de competências, sob pena de o ato ser eivado concomitantemente de vício de motivação e de competência (art. 37, *caput*, CF).

Não poderia a ANP se valer de um instrumento *ad argumentadum* de sua competência (controle da periodicidade dos reajustes de preços) para tentar resolver razões que não são de sua competência, quais sejam, a ausência de mecanismos tributários para atenuar a flutuação de preços, de competência do Poder Legislativo, e a falta de concorrência no mercado de refino, incumbência dos órgãos de defesa da concorrência.

Nesse sentido, é o magistério clássico de Caio Tácito: "Não há, em direito administrativo, competência geral ou universal: a lei preceitua, em relação a cada função pública, a forma e o momento das atribuições do cargo. *Não é competente quem quer, mas quem pode, segundo a norma de direito*. A competência é sempre um elemento vinculado, objetivamente fixado pelo legislador".[47]

---

[47] TÁCITO, Caio. Composição da Atividade Administrativa. *Revista de Direito Administrativo*, v. 228, p. 143-148, 2002. p. 144.

V.2 Requisitos constitucionais dos controles de preços

De toda sorte, independentemente de outras injuridicidades, os controles de preço em geral precisam atender determinados requisitos construídos pela doutrina e sobretudo pela jurisprudência do Supremo Tribunal Federal – STF para serem legítimos, já que o patamar em que a nossa Constituição Federal colocou a livre iniciativa coloca tais mecanismos interventivos estatais em posição bastante excepcional e extraordinária em nosso ordenamento jurídico.

Como o controle de preços envolverá então a ponderação entre a iniciativa privada e outros valores e princípios constitucionais, também de baixíssima densidade normativa, um elevado subjetivismo na ponderação será inevitável.[48] Por esta razão, buscamos, neste subtópico, dar menos destaque à doutrina e mais a como a questão vem sido objetivamente tratada pelo STF, seu intérprete último.

A medida proposta pela ANP, acaba, por óbvio, por impor unilateralmente limite à livre fixação de preços pelos agentes econômicos, o que é, em princípio, inconstitucional em relação a atividades privadas, ressalvadas apenas situações-limite, como já fixou a jurisprudência do Supremo Tribunal Federal.

Explica Luis Roberto Barroso que a fixação de preços praticados em regime de livre iniciativa pelo Estado só pode ser realizada em hipóteses excepcionais: "o controle prévio de preços é medida própria de dirigismo econômico, e não meio legítimo de disciplina de mercado. A livre fixação de preços integra o conteúdo essencial da livre iniciativa e não pode ser validamente vulnerada, salvo situações extremas que envolvam o próprio colapso no funcionamento do mercado".[49]

Da jurisprudência do STF se infere que o controle de preços, em suas diversas modalidades, das mais às menos intensas, tem sido admitido apenas em hipóteses excepcionais: para coibir preços abusivos e lucros arbitrários, assegurando o acesso direto a direitos fundamentais básicos como saúde e educação.

O artigo 174, §4º, trata dos casos em que o Estado deve intervir para controlar preços:

> Art.173 (...) §4º A lei reprimirá o abuso do poder econômico que vise à dominação de mercado, à eliminação da concorrência e ao *aumento arbitrário de lucros*.

Ao julgar a ADIN nº 319, contra a Lei Federal nº 8.039/90, que impunha controle de preços sobre as mensalidades escolares,[50] o STF, como se extrai do voto do Ministro Moreira Alves, deixou clara a necessidade de haver abuso nos preços por aumento

---

[48] "[...] Têm levado a doutrina a, sem abandonar os avanços que os mecanismos metodológicos da ponderação de interesses representaram em relação ao formalismo legalista, se preocupar com os desvios que a excessiva subjetividade daquela metodologia pode trazer à decisão judicial, visando evitar que a mera invocação de valores meta-jurídicos como segurança nacional, saúde pública, combate à criminalidade, etc., possa tornar plausível qualquer decisão" (ARAGÃO, Alexandre Santos de. Subjetividade judicial na ponderação de valores: alguns exageros na adoção indiscriminada da teoria dos princípios. *RDA – Revista de Direito Administrativo*, Rio de Janeiro, v. 267, p. 52, set./dez. 2014).

[49] BARROSO, Luís Roberto. A ordem econômica constitucional e os limites à atuação estatal no controle de preços. *Revista Diálogo Jurídico*, p. 23, jun./ago. 2002.

[50] Note-se, que nem chegava a ser um tabelamento, mas mero controle da razoabilidade de eventuais aumentos, mediante planilhas de custos.

arbitrário de lucros para legitimar a eclosão dessa forte modalidade de intervenção do Estado na economia.

O Ministro Moreira Alves invoca, nesse sentido, precedente do Ministro Castro Nunes:

> Se não é possível o lucro imodesto e se essa proibição conta da lei constitucional, em letra expressa e categórica, é preciso que todas as leis obedeçam, em sua estrutura, ao princípio capital da lei constitucional, a termos de possibilitarem a repressão. E assim não pode a vedação das delegações impedir a *repressão constitucional do lucro excessivo*. (Grifamos).

E nesse mesmo sentido, prossegue o Ministro Moreira Alves:

> E, portanto, para conciliar o fundamento da livre iniciativa e do princípio de concorrência com os da defesa do consumidor e da redução das desigualdades sociais, pode o Estado, por via legislativa, regular a política de preços de bens e serviços, abusivo que é o poder econômico que visa ao *aumento arbitrário de lucros*. (Grifamos).

Em análise do paradigmático acórdão, destaca a doutrina que, "do mesmo modo do ministro Moreira Alves, Celso de Mello aponta que a lei tem por objetivo combater o abuso do poder econômico, no entanto não especifica se esse abuso é uma das situações previstas no artigo 173 ou diversas, *apenas expressa que o combate ao abuso somado ao interesse social legitima a intervenção*".[51] Até mesmo "os ministros que corroboraram com a tese de que os Estado brasileiro não se encontra sobre o modelo liberal clássico do *laissez-faire, laissez-passer*, também não defendem claramente que a interferência no domínio econômico pode se dar exclusivamente com respaldo na justiça social, até mesmo o ministro Celso de Mello, após traçar diversos modelos econômicos e exaltar a importância das questões sociais e de interessa público acaba reconhecendo que houve abuso do poder econômico".[52]

Ou seja, como adiantado no início deste subtópico, a legitimidade dos controles de preços só existe quando diante de ameaça a elevados valores ligados a direitos fundamentais somada, e o ponto é colocado como requisito fundamental pelo acórdão da ADIN nº 319, ao combate à prática abusiva de preços decorrente da busca do aumento arbitrário de lucros.

---

[51] PEREIRA, Thiago Rodrigues. *A controvérsia presente nos julgamentos do Supremo Tribunal Federal nos casos de controle de preço*, Sociedade Brasileira de Direito Público. Acesso em: http://www.sbdp.org.br/wp/wp-content/uploads/2018/03/67_Thiago-Rodrigues-Pereira-1.pdf. Acesso em: 19 jun. 2018.

[52] PEREIRA, Thiago Rodrigues. *A controvérsia presente nos julgamentos do Supremo Tribunal Federal nos casos de controle de preço*, Sociedade Brasileira de Direito Público. Acesso em: http://www.sbdp.org.br/wp/wp-content/uploads/2018/03/67_Thiago-Rodrigues-Pereira-1.pdf. Acesso em: 19 jun. 2018. Como expõe o autor, após destacar ser a ADIN nº 319 realmente o precedente mais relevante sobre controle de preços na jurisprudência brasileira, destaca outras duas decisões do STF sobre o tema que também considera importantes: uma diz respeito à imposição por Lei fluminense de descontos em medicamentos vendidos para idosos (ADIN nº 2435), em que foram basicamente invocados os mesmos fundamentos da acima citada ADIN nº 319; e a outra decisão impôs o dever de o Estado indenizar por tabelamento de preços que impunha à empresa vender por valor inferior aos seus custos, focando-se assim mais nas consequências *a posteriori* do que nos requisitos *a priori* da intervenção estatal, tratando da questão mais à luz da responsabilidade civil objetiva do Estado (RE nº 422941).

Ora, *in casu* não há a invocação nos "Considerandos" da TCP de qualquer direito fundamental específico que esteja sendo violado pelos preços de combustíveis, nem mesmo o direito de ir e vir, considerando inclusive a existência de transporte público.

Da mesma forma, mesmo que apenas ilustrativamente, houvesse concentração de mercado no refino, não há qualquer alegação de que tal concentração tenha levado as empresas a um comportamento oportunista, elevando estratosfericamente seus lucros de maneira irrazoável e descolada do mercado. Ao contrário, o que o controle de preços proposto parece visar é *prima facie* justamente o oposto, vedando que tais empresas acompanhem *pari passu* os preços do mercado internacional aplicados em seu setor, atuando em desvantagem conforme os pressupostos econômicos referidos no Tópico I.

V.3 Princípio da proporcionalidade

Como qualquer medida de restrição de liberdades individuais, a medida proposta pela ANP no sentido de limitar a liberdade dos agentes econômicos quanto ao momento de reverem seus preços, deveria obedecer ao Princípio da Proporcionalidade em seus três elementos.

O Princípio da Proporcionalidade exige que, em sua atividade, a Administração não atue de modo a impor aos administrados restrições maiores do que as estritamente necessárias ao fim público que se pretende atingir. Nas palavras de Floriano de Azevedo Marques Neto, "o princípio da proporcionalidade exige que o administrador se paute por critérios de ponderabilidade e de equilíbrio entre o ato praticado, a finalidade perseguida e as consequências do ato".[53]

Para Juarez Freitas, "proporcionalidade significa que os agentes públicos estão obrigados a sacrificar o mínimo para conservar o máximo de direitos". E, pouco adiante, conclui: "o princípio da proporcionalidade, considerado finalística e essencialmente, diz somente isto: temos de habilidosamente fazer concordar os valores jurídicos, e quando a preservação do ordenamento indicar a preponderância parcial de um sobre o outro, mister salvaguardar, ao máximo, aquele que restou relativizado".[54]

A doutrina cunhou três elementos, ou subprincípios, da Proporcionalidade,[55] quais sejam:

a) A restrição ao direito individual (no caso, liberdade de iniciativa) deve ser apropriada à realização dos objetivos sociais perquiridos – elemento adequação dos meios aos fins;

b) O Estado deve impor a menor restrição possível, de forma que, dentre as várias medidas aptas a realizar a finalidade pública, opte pela menos restritiva à liberdade de iniciativa – elemento necessidade. Nesse sentido, Heinrich Scholler observa que as restrições à

---

[53] MARQUES NETO, Floriano de Azevedo. Princípios do processo administrativo. *Fórum Administrativo – Direito Público – FA*, Belo Horizonte, a. 4, n. 37, p. 3508, mar. 2004.
[54] FREITAS, Juarez. Atos administrativos: a indispensável distinção entre anulação e decretação da nulidade absoluta. *BDA – Boletim de Direito Administrativo*, p. 725, out. 2000.
[55] Partimos da exposição de Luís Roberto Barroso acerca do Princípio da Proporcionalidade, constante da obra: BARROSO, Luís Roberto. *Interpretação e Aplicação da Constituição*. São Paulo: Ed. Saraiva, 1996. p. 209.

liberdade econômica devem "operar apenas em um degrau (ou esfera)", passando para a fase seguinte "tão-somente quando uma restrição mais intensa se fizer absolutamente indispensável para a consecução dos fins almejados".[56]

c) A restrição imposta ao mercado deve ser equilibradamente compatível com o benefício social visado, isto é, mesmo que aquela seja o meio menos gravoso, deve, tendo em vista a finalidade pública almejada, "valer à pena" – proporcionalidade em sentido estrito.

Aplicando-se esses marcos teóricos à hipótese em exame, desde já verificamos que a proposta não parece um meio adequado a alcançar seus fins de o mercado interno não sofrer tanto com as variações no preço internacional do petróleo e seus derivados, pois apenas adiará em alguns dias o aumento (ou diminuição, mais improvável ao que tudo indica no atual contexto econômico) dos preços dos combustíveis, limitando a liberdade de preço dos agentes econômicos sem evitar que as variações ocorram de toda sorte.

O elemento da necessidade também não parece ter sido atendido no caso, pois como deixam exposto os próprios "Considerandos" da TCP há meios, além de mais adequados, mais eficientes para atingir o fim visado e sem tamanhas restrições à liberdade temporal de fixação dos preços pelos agentes econômicos como um todo. Os "Considerandos" aludem à criação de um regime tributário que sirva de colchão de amortecimento interno para as variações do mercado internacional e os problemas de concentração de mercado, que seriam soluções muito menos restritivas à liberdade de iniciativa privada na fixação de preços.

Ora, o fato de a ANP não ser a responsável por essas medidas, não possuindo competência para toma-las, não a libera para tomar qualquer outra desde que fosse em tese (e *ad argumentadum*, repise-se sempre, em relação a todos os subtópicos desse Tópico V) do seu âmbito de competência, mesmo que não seja adequada nem a menos restritiva às liberdades dos agentes econômicos. O Estado Brasileiro – e a União Federal *a fortiori*, com toda a sua Administração Direta e Indireta – deve ser considerado como um todo na análise da legitimidade da escolha de uma medida entre o leque de medidas disponíveis. Do contrário, seria, por exemplo, como admitir que o Poder Executivo possa tomar uma medida desnecessariamente restritiva aos cidadãos em razão de uma outra medida, que só possa ser aprovada pelo Parlamento, ainda estar sendo por ele apreciada.

No último elemento do Princípio da Proporcionalidade, a proporcionalidade em sentido estrito, também não é possível acomodar a medida proposta pela ANP. Não guarda relação de custo-benefício razoável impor restrições temporais de preços aos agentes econômicos, voltando no tempo, ainda que parcialmente, a um passado que se visou ultrapassar como um todo na vida nacional, mas, sobretudo, no setor de combustíveis, pelo art. 69 e seguintes da Lei do Petróleo.

E todo esse *déjà-vu* de intervenção sobre preços sem que sequer se logre evitar as variações internas decorrentes das variações do mercado internacional, apenas adiando-as em alguns dias.

---

[56] SCHOLLER, Heinrich. O Princípio da Proporcionalidade no Direito Constitucional e Administrativo da Alemanha. (Trad. Ingo Wolfgang Sarlet). *Revista Interesse Público*, v. 2, p. 102-105, 1999.

Tratar-se-ia realmente, apenas para argumentar, caso não fosse uma medida que violasse os arts. 69 e segs. da Lei do Petróleo, de uma imposição inadequada aos fins a que se propõe; desnecessária, por haver medidas menos restritivas disponíveis no aparato do Estado como um todo; e desproporcional em sentido estrito, por não guardar uma relação de custo-benefício minimamente razoável diante do retrocesso regulatório que representaria e dos parcos benefícios que seriam trazidos.

V.4 Estatuto das estatais e deveres do acionista controlador

Como colocado nos pressupostos econômicos narrados na Consulta (Tópico I), qualquer periodicidade de reajuste que seja fixada para o refino pode gerar prejuízos.[57]

Como tais prejuízos poderiam ter reflexos também na Petrobras, sociedade de economia mista federal, pela ANP, autarquia também federal, integrante da Administração Indireta do seu acionista controlador – a União Federal –, a questão também deve, ainda que apenas *ad argumentandum* (como todo o Tópico V), ser vista sob esse prisma.

Deve-se no particular destacar a natureza empresarial da Petrobras, sociedade de economia mista atuante em concorrência com a inciativa privada, nos termos da Lei nº 9.478/97,[58] o que implica a necessidade de que medidas antieconômicas impostas sejam submetidas a rígido crivo, sob pena de o Estado delas criador lhes dar – na verdade lhes impor – os fins (atuar em um mercado concorrencial), para depois retirar-lhe os meios (possibilidade de adotarem estratégias racionais do ponto de vista econômico), numa verdadeira inversão da *implied powers doctrine*, segundo a qual, quem dá os fins, deve dar os meios necessários para atingi-los.[59]

José Eduardo Martins Cardoso indica que também "haverá de ser ofensivo à nossa Lei Maior o estabelecimento de quaisquer deveres ou ônus de atuação que impeçam sua atuação no mercado nos moldes em que uma empresa privada o faria. Deverão sempre atuar em pé de igualdade, vedados privilégios e o estabelecimento de ônus de qualquer natureza que impliquem formas de desigualdade jurídica de tratamento ao longo de suas respectivas atuações no campo econômico".[60]

---

[57] Como já destacado no Tópico I, o presente Parecer se deita apenas sobre os aspectos jurídicos, partindo de pontos econômicos apenas tal como narrados na consulta.

[58] Art. 61. A Petróleo Brasileiro S.A. – PETROBRAS é uma sociedade de economia mista vinculada ao Ministério de Minas e Energia, que tem como objeto a pesquisa, a lavra, a refinação, o processamento, o comércio e o transporte de petróleo proveniente de poço, de xisto ou de outras rochas, de seus derivados, de gás natural e de outros hidrocarbonetos fluidos, bem como quaisquer outras atividades correlatas ou afins, conforme definidas em lei. §1º As atividades econômicas referidas neste artigo serão desenvolvidas pela PETROBRAS *em caráter de livre competição com outras empresas, em função das condições de mercado*, observados o período de transição previsto no Capítulo X e os demais princípios e diretrizes desta Lei.

[59] "Legítimo o fim e, dentro da esfera da Constituição, todos os meios que sejam convenientes, que plenamente se adaptem a este fim e que não estejam proibidos, mas que sejam compatíveis com a letra e o espírito da Constituição, são constitucionais" (*apud* BLEDEL, Rodolfo. *Introducción al Estudio del Derecho Publico Anglosajón*. Buenos Aires: Editorial Depalma, 1947. p. 57. "Let the end be legitimate, let it be within the scope of the constitution, and all means which are appropriate, which are plainly adapted to that end, which are not prohibited, but consist with the letter and spirit of the constitution, are constitutional". McCulloch v. Maryland.

[60] CARDOSO, José Eduardo Martins. O dever de licitar e os contratos das empresas estatais que exercem atividade econômica. São Paulo: Ed. Malheiros, 2014. p. 786.

Nessa linha, Ricardo Lobo Torres aduz que, "em se tratando de entidade da administração indireta com personalidade jurídica de direito privado, o controle é genérico e global, com o objetivo precípuo de evitar a ilegalidade das ações das estatais, *mas sem lhes prejudicar o funcionamento segundo os métodos das empresas privadas*".[61]

Também Floriano de Azevedo Marques Neto assevera que "a interface entre os entes estatais exploradores de atividades econômicas pelo prisma de competição (empresas estatais e suas concorrentes privada) deve se dar em condições de ampla e justa competição, sendo vedada qualquer regra legal que ofereça privilégio ou, ao contrário, estabeleça restrições à atuação do ente estatal".[62]

A Petrobras, sendo uma empresa submetida ao regime da livre concorrência, está obrigada a buscar um perfil de atuação equiparável ao das demais concorrentes, a fim de que possa tornar economicamente viável a sua atuação, sem, contudo, descurar do interesse coletivo que justificou a sua criação.

Não é por outra razão que a Lei das Sociedades Anônimas dispõe:

> Art. 238. A pessoa jurídica que controla a companhia de economia mista tem os deveres e responsabilidades do acionista controlador (artigos 116 e 117), mas poderá orientar as atividades da companhia de modo a atender ao interesse público que justificou a sua criação.

No mesmo sentido, o ulterior Estatuto das Estatais – Lei nº 13.303/16 em seu art. 4º, §1º:

> Art. 4º, §1º. A pessoa jurídica que controla a sociedade de economia mista tem os deveres e as responsabilidades do acionista controlador, estabelecidos na Lei nº 6.404, de 15 de dezembro de 1976, e deverá exercer o poder de controle no interesse da companhia, respeitado o interesse público que justificou sua criação.

Todavia, o fato de as Leis das S.A. e das Estatais reconhecerem que as sociedades de economia mista podem de alguma forma ser direcionadas para objetivos de interesse público, não quer dizer que tais objetivos podem chegar ao ponto de comprometer a racionalidade econômica de suas atuações.

Com efeito, em sede societária Alfredo de Almeida Paiva pondera que afastar as empresas estatais "da técnica das empresas privadas e de suas características de independência de ação e consequente liberdade administrativa" fará com que elas deixem de ser "os instrumentos simples, flexíveis e eficientes, correndo o risco de falharem em suas finalidades".[63] Nesse passo, Modesto Carvalhosa argumenta que "a lucratividade da sociedade de economia mista constitui meio necessário para a consecução de seu fim".[64]

---

[61] MOREIRA NETO, Diogo Figueiredo (Coord.). Uma avaliação das tendências contemporâneas do direito administrativo. *Anais do Seminário de Direito Administrativo Brasil-Espanha*, Renovar, p. 637, 2003.

[62] MARQUES NETO, Floriano de Azevedo. As contratações estratégicas das estatais que competem no Mercado. Direito Administrativo. In: OSÓRIO, Fábio Medina; SOUTO, Marcos Juruena Vilella. *Direito Administrativo*: estudos em homenagem a Diogo de Figueiredo Moreira Neto. Rio de Janeiro: Lumen Juris, 2006. p. 585.

[63] PAIVA, Alfredo de Almeida *apud* DAVIS, M. T. de Carvalho Britto. *Tratado das Sociedades de Economia Mista*. Rio de Janeiro: José Konfino Editor, 1969. p. 737.

[64] CARVALHOSA, Modesto. *Comentários à lei de sociedades anônimas*. 4. ed. São Paulo: Saraiva, 2009. p. 410.

O art. 238 da Lei das S.A. c/c art. 4º, §1º, do Estatuto das Estatais não exclui de forma absoluta e *a priori* que objetivos macroeconômicos sejam impostos às estatais, mas os admite desde que relacionados à criação da sociedade de economia mista: o objetivo pode ser geral, mas tem que ser relacionado especificamente àquela estatal.[65]

Nelson Eizirik, sobre o tema, afirma que "[a]s políticas públicas atendidas pela atuação do Estado como acionista controlador somente são aquelas que justificaram a instituição da sociedade de economia mista, caso contrário, ficará caracterizado o abuso do poder de controle. Não é aceitável, exemplificando, que se determine o 'congelamento' do preço dos bens produzidos por determinada sociedade de economia mista, reduzindo a sua margem de lucros frente às concorrentes, com vistas a combater a inflação".[66]

Em outro exemplo paralelo, uma petrolífera estatal só poderia cobrar combustível abaixo do valor do mercado se for para fomentar a concorrência no setor ou em situação econômica extrema de risco de abastecimento por total incapacidade econômica dos consumidores, não simplesmente para controlar a inflação, objetivo bastante genérico, que é competência ordinária e específica do Banco Central, não de uma empresa petrolífera.

Todavia, pode ser sustentado, apesar de para nós ficar muito próximo da zona de certeza negativa de incidência do art. 238 da Lei das S.A. c/c art. 4º, §1º, do Estatuto das Estatais, que, em sendo os combustíveis insumo tão básico da economia e de tanta importância para a inflação, seria natural que o Estado tivesse potenciais preocupações macroeconômicas de controle da inflação ao criar uma estatal no setor do petróleo e seus derivados.

Independentemente, dessa controvérsia – de os objetivos visados pela TCP ser ou não macroeconômicos e desses poderem ou não ser impostos às estatais –, o fato é que a imposição de racionalidades não estritamente econômicas pelo controlador de sociedades de economia mista, impõe, de qualquer maneira, ainda quando admissíveis, a prévia identificação e planejamento, bem como o estabelecimento da forma com que a estatal vai ser compensada pelo Ente Federativo.

Só com objetivos públicos muito relevantes pode a empresa estatal ser obrigada a realizar operações comerciais singularmente deficitárias, mas que não comprometam a lucratividade, ainda que menos intensa, da empresa como um todo, e mesmo assim com as devidas compensações em virtude do art. 8º, §2º, do Estatuto das Estatais.

Portanto, por mais que se atendam aos limites quantitativos e qualitativos da mitigação dos lucros, o Estado deverá compensar a estatal por isto, com o que, na verdade, deixará de haver a mitigação do lucro.

Ao prever a celebração de um "contrato, convênio ou ajuste" para a estatal assumir obrigações de políticas públicas, o art. 8º do Estatuto das Estatais deixa claro o caráter *lato sensu* comutativo dessa assunção, impondo-se que esses instrumentos contenham a forma de compensação da estatal por estes ônus, compensação que deverá se pautar inclusive pela estimativa financeira que contiver a carta anual referida pelo inciso I do art. 8º.

---

[65] Esta e outras reflexões constantes do presente subtópico V.4 deste Parecer advêm do Tópico IV.2 de ARAGÃO, Alexandre Santos de. *Empresas Estatais*. Rio de Janeiro: Ed. Forense, 2017.
[66] EIZIRIK, Nelson. *A Lei das S/A comentada*. São Paulo: Quartier Latin, 2011. v. 3, p. 314.

Não seria obviamente de se supor a necessidade de celebração – consensual por natureza – de um ato negocial que contivesse obrigações apenas para uma das partes. Se assim fosse, o ato negocial seria despiciendo, bastando a imposição unilateral do Estado/sócio controlador para a estatal tomar atitudes desprovidas de racionalidade econômica.

Ademais, o sistema do Estatuto é todo no sentido de proteger as estatais da sua instrumentalização para a realização de políticas públicas, como se depreende também do inciso I do art. 8º, que determina a elaboração de uma carta anual com a especificação de todas as ações que a estatal desempenhará no período para atender aos seus objetivos públicos institucionais, com a definição clara dos recursos que serão empregados para esse fim.

Renato Ferreira dos Santos menciona que "se a LSA não regulava a matéria, a Lei nº 13.303/16 trouxe, a nosso ver, disposições que reforçam a argumentação em favor da compensação da companhia nas hipóteses de que aqui se cuida. É de se ressaltar, inicialmente, que todo o conteúdo da citada lei é marcadamente inspirado por normas que reforçam os compromissos públicos com boas práticas de governança corporativa e limitações aos poderes do Estado e da Administração Pública na relação com os particulares, dada a natureza societária das empresas estatais sujeitas às disposições da Lei nº 13.303/16. Nessa linha, [...] o argumento legal em favor da compensação a ser promovida pelo Poder Público em face de situações em que a sociedade de economia mista tenha prejuízos por sua atuação em prol do interesse público encontra respaldo no §2º do art. 8º da Lei nº 13.303/16".[67]

Seguindo esse entendimento, a Petrobras, após a edição da Lei nº 13.303/16, alterou o seu Estatuto Social justamente para encampar essa postura. Segundo o seu §5º do art. 3º, "o Comitê Financeiro e o Comitê de Minoritários, em suas atribuições de assessoramento ao Conselho de Administração, avaliarão e mensurarão, com base nos critérios de avaliação técnico-econômica para projetos de investimentos e para custos/resultados operacionais específicos praticados pela administração da Companhia, se as obrigações e responsabilidades a serem assumidas são diversas às de qualquer outra sociedade do setor privado que atue no mesmo mercado".

Em seguida, no §6º do art. 3º, a estatal destaca que, "observados os critérios de que trata o parágrafo quinto, sendo que, nesta hipótese, a União compensará, a cada exercício social, a companhia pela diferença entre as condições de mercado definidas conforme o parágrafo quinto acima e o resultado operacional ou retorno econômico da obrigação assumida".

Quando o Estado, através de sua Administração Direta ou Indireta, edita uma norma ou ato regulador, mesmo que através de lei ou resolução, e o único ou um dos poucos regulados relevantes que poderia se subsumir à situação prevista na regulação for mesmo uma empresa por ele controlada, a determinação cogente pode ser enquadrada no art. 8º do Estatuto das Estatais como acima exposto.

---

[67] SANTOS, Renato Ferreira dos. *O papel do Estado como acionista controlador de sociedades de economia mista*: limites e restrições à perseguição do interesse público. 2017. 125f. Mestrado – Escola de Direito, Fundação Getúlio Vargas, Rio de Janeiro, 2017. p. 81.

Ora, no caso em exame é exatamente essa a situação, já que os próprios "Considerandos" da TCP aludem à concentração do mercado de refino, dando-se tal concentração, como é de conhecimento comum, na Petrobras.

Por mais que juridicamente as diversas faces do ente federativo em relação às suas estatais sejam distintas, não pode o Direito ficar alheio para às aproximações e intercomunicabilidades que na prática existem.

VI Conclusões

O exposto no presente parecer pode, sem de forma alguma prescindir de todo o seu texto, ser condensado por meio das seguintes assertivas objetivas, sempre pressupondo os fatos como narrados pelo Consulente e sem adentrar no mérito de seus aspectos técnico-econômicos:

1) As atividades monopolizadas (exploração, produção, importação, exportação, parte do refino, transporte marítimo e por dutos) podem ser sujeitas à concessão ou à autorização. A Lei reservou esta modalidade regulatória para as atividades de refino, importação, exportação e transporte marítimo ou por dutos, que não apenas admitem, como, pelo Princípio da Subsidiariedade, demandam, a maior concorrência possível (arts. 53, 56 e 60, Lei do Petróleo).

2) O fato de o refino, em parte (exceção para as refinarias objeto do art. 45 do ADCT), estar inscrito na Constituição como monopólio da União não retirou do Legislador a discricionariedade de, se assim julgasse mais conveniente, dar-lhe feição de atividade privada regulamentada, sujeita a autorização administrativa, e não a contrato. Foi exatamente essa decisão que tomou a Lei do Petróleo em relação ao refino e às outras atividades enumeradas no art. 177, com exceção das atividades de exploração e produção.

3) A única diferença entre as atividades de refino e de distribuição de combustíveis, está na discricionariedade legislativa sobre elas incidentes. Em relação ao refino, estando no monopólio da União, o legislador teria ao seu dispor instrumentos muito mais interventivos que os que dispõe em relação à distribuição, atividade por prévia determinação constitucional privada. Ocorre que, ao exercer essa discricionariedade, o legislador optou, ao revés, por deixar a atividade de refino sob *ordenatio* (regulação por licença ou autorização), não sob *publicatio* (exercitável por particulares apenas mediante contratos).

4) As atividades de refino, distribuição e revenda devem ser encaradas dentro desse marco, como qualquer atividade privada que possua liames de utilidade pública, mas que segue sendo privada, para fins de admissibilidade ou não do controle de preços.

5) A desregulação de preços ou de outros aspectos de atividades econômicas não impede que as regras publicísticas sejam substituídas por outras regras: que à desregulação suceda uma re-regulação. Mas se trata regras e estratégias de natureza diversa, voltadas a fomentar a concorrência dos agentes econômicos, e não a sujeitar as empresas a determinações administrativas.

6) O setor do petróleo é um exemplo paradigmático de desregulação: deixou um sistema de ampla determinação estatal de preços, através da chamada Conta Petróleo[68] instituída pela Lei nº 4.452/64, para um sistema de liberdade total de preços determinada pelos arts. 69 e seguintes da Lei do Petróleo – Lei nº 9.478/97, adotando expressamente uma política de "desregulamentação de preços" (art. 70).

7) Sempre estaremos diante de um controle de preços quando não houver plena liberdade em sua fixação; sempre que o preço não puder ser livremente fixado pelo agente econômico – seja em seu valor, em seu momento ou clientes –, estaremos diante de alguma modalidade de controle de preços.

8) A fixação de periodicidade mínima para mudança de preço constitui verdadeiro mecanismo de controle de preços: mais do que um mecanismo *soft* de tentar influenciar indutivamente os agentes econômicos, restringe a liberdade das empresas quanto ao momento em que poderão alterar seus preços.

9) Quer se veja a medida proposta pela ANP como uma forma de congelamento, ou como uma modalidade autônoma de controle de preços, o seu enquadramento nesse gênero, ao contrário do que dá a entender a motivação da TCP, é indubitável, já que configurados os seus dois elementos conceituais básicos: uma disciplina obrigatória estabelecida pelo Estado (no caso sobre a periodicidade de alterações dos preços) que limita a liberdade dos agentes em fixar os seus preços (no caso em relação ao momento de fixa-los, que deixaria de estar na alçada da livre determinação empresarial).

10) Quanto ao poder normativo da ANP *in casu*, uma situação seria a Lei ser silente sobre determinado ponto específico e a agência reguladora, com base em seus valores e objetivos gerais (ex.: proteção do consumidor em relação aos combustíveis), estabelecer regras sobre ele (por exemplo, estabelecendo a fidelidade de bandeira dos postos de revenda). Todavia, já se a Lei já contiver regra sobre aquele ponto específico (ex.: liberalizando totalmente os preços), a agência reguladora deverá apenas aplica-la, normativa ou concretamente, mas jamais desconsidera-la com bases em valores e objetivos gerais constantes da mesma Lei.

11) No caso concreto, apesar de haver diversos *standards* que em tese poderiam embasar eventual ação da ANP para impor limites temporais à alteração de preços, especificamente em relação a medidas desse jaez não há silêncio legislativo. Ao revés, há todo uma Seção, com seis artigos (arts. 69 a 74), dedicada exclusivamente aos preços dos combustíveis, Seção que existe para determinar, a partir de 31 de dezembro de 2001, a sua total liberalização e consequente ausência de qualquer controle que imponha normas aos particulares.

12) Com base nas assertivas acima, nem precisaríamos adentrar nos critérios de validade dos atos administrativos em geral e nos de controle de preço em especial para afirmar a injuridicidade da medida proposta pela ANP, já que, por expressa imposição legal da liberação dos preços dos combustíveis, ela

---

[68] Basicamente por esse mecanismo a União se creditaria com os preços cobrados pela Petrobras que fossem além dos preços internacionais e ficaria a ela devendo pelos preços cobrados aquém dos preços internacionais, podendo, em caso de a conta ficar negativa, ressarcir a estatal com títulos da dívida pública.

sequer tem competência para tanto. Contudo, apenas para completar todo o campo argumentativo envolvido na questão, analisamos se a medida proposta seria legítima mesmo se, *ad argumentandum*, já não fosse de antemão vedada pelas regras específicas dos arts. 69 e seguintes da Lei do Petróleo.

12.1) Os motivos que cada órgão ou entidade invoca para a prática dos seus atos administrativos tem que ser um motivo de sua alçada de competências, sob pena de o ato ser eivado concomitantemente de vício de motivação e de competência (art. 37, *caput*, CF). Não poderia a ANP se valer de um instrumento *ad argumentadum* de sua competência (controle da periodicidade dos reajustes de preços) para tentar resolver razões que não são de sua competência, mas sim de outros Poderes e órgãos do Estado, quais sejam, a ausência de mecanismos tributários para atenuar a flutuação de preços e a falta de concorrência no mercado de refino, conforme expresso nos próprios "Considerandos" da TCP.

12.2) Só há legitimidade dos controles de preços quando diante de ameaça a elevados valores ligados a direitos fundamentais somada, e o ponto é colocado como requisito fundamental pelo acórdão da ADIN nº 319 do STF, ao combate à prática abusiva de preços decorrente da busca do aumento arbitrário de lucros, o que sequer está sendo cogitado *in casu*. Ao revés, como consta de pressuposto econômico narrado pela Consulente, é a medida proposta pela ANP que pode fazer com as empresas tenham diminuição arbitrária de lucros ou até mesmo prejuízos nas operações por ela atingidas.

12.3) Tratar-se-ia, caso não fosse uma medida que violasse os arts. 69 e segs. da Lei do Petróleo, de uma imposição inadequada aos fins a que se propõe; desnecessária, por haver medidas menos restritivas disponíveis no aparato do Estado como um todo; e desproporcional em sentido estrito, por não guardar uma relação de custo-benefício minimamente razoável diante do retrocesso regulatório que representaria e dos parcos benefícios que seriam trazidos.

12.4) O art. 238 da Lei das S.A. c/c art. 4º, §1º, do Estatuto das Estatais não exclui que objetivos públicos lhes sejam impostos pelo Estado (diretamente ou através de entidades da sua Administração Indireta), mas desde que relacionados às razões de sua criação e – e esta é a grande novidade trazida pelo art. 8º do Estatuto das Estatais – que o Ente Federativo compensa financeiramente a estatal por eles.

É o parecer.

A SEGMENTAÇÃO DAS ATIVIDADES DE PETRÓLEO, GÁS NATURAL E BIOCOMBUSTÍVEIS. INJURIDICIDADES DAS TENTATIVAS DE SUA RELATIVIZAÇÃO[*]

Sumário

I   A consulta
II   Princípio da segmentação das atividades de petróleo, gás natural e biocombustíveis
III   Razões jurídico-econômicas para a segmentação da atividade de distribuição
IV   Garantia do abastecimento nacional de combustíveis como o valor primordial a ser curado pela ANP
V   Vedação ao retrocesso
VI   Vícios de motivação
VII   Ausência de análise de impacto regulatório
VIII   Conclusões

I A consulta

O PRESENTE Parecer tem por objeto a análise da juridicidade de propostas constantes da Tomada Pública de Contribuições nº 03/2018 da Agência Nacional do

---

[*] Parecer elaborado em 15.10.2018.

Petróleo, Gás Natural e Biocombustíveis – ANP, disponibilizada em 19.09.2018, que trata, dentre outros temas, do fim da proibição à verticalização no setor, permitindo que o agente de um dos momentos da cadeia econômica possa exercer atividades em outros elos da mesma cadeia.[1]

Destacamos, de antemão, que nossas análises são adstritas exclusivamente aos aspectos jurídicos da consulta formulada, sem adentrar naturalmente em aspectos econômicos ou políticos a respeito de políticas econômicas setoriais.

Como grande parte da produção normativa, das tomadas de contribuições e dos esforços recentes da ANP, a proposta ora aventada deita suas origens na paralisação geral de caminhoneiros e empresas de transporte que teve início em 21 de maio de 2018, com profundas implicações na economia do país.

Em razão desse movimento foi elaborado pelo Departamento de Estudos Econômicos – DEE, um dos órgãos que compõem o Conselho Administrativo de Defesa Econômica – CADE um estudo intitulado "Repensando o Setor de Combustíveis: medidas pró-concorrência", no qual o Departamento elabora uma série de propostas, que poderiam, teoricamente, resultar em um ambiente mais competitivo no setor, não apenas limitadas aos aspectos regulatórios, mas também incluindo questões tributárias e de outras naturezas.

Tal documento, que será citado nos momentos oportunos ao longo deste Parecer, serve de base e fundamentação à TPC nº 3/2018, conforme evidenciado em seus considerandos,[2] tendo ainda sendo constituído um Grupo de Trabalho pela ANP e pelo CADE a fim de estabelecer uma atuação conjunta em defesa da concorrência no setor.

Assim, como fruto dessa atuação conjunta e tendo por base os estudos genéricos do DEE condensadas no documento acima referido ("Repensando o Setor de Combustíveis"), foi aberta pela ANP a Tomada Pública de Contribuições nº 3/2018, dotada do seguinte objetivo:

> Convite ao público para contribuir na *análise sobre a verticalização na cadeia de distribuição de combustíveis*, devendo ser avaliado, dentre outros:
>
> - vedação da verticalização direta e indireta;
>
> - vedação da comercialização direta de produtores e importadores para revendedores;
>
> - vedação de que os TRRs comercializem outros combustíveis, além de óleo diesel;
>
> - manutenção da obrigatoriedade de que os TRRs comprem diretamente de distribuidores;

---

[1] Narra a Consulente que, atualmente, apenas em casos muito específicos e residuais (como os postos-escolas, que podem pertencer a distribuidoras de combustíveis) é permitido que o agente de um elo da cadeia econômica verticalize, ou seja, tenha atividade em outros elos da cadeia, sejam eles a montante ou a jusante.

[2] "Considerando que o Conselho Administrativo de Defesa Econômica (CADE) no período da greve dos caminhoneiros apresentou o estudo "Repensando o setor de combustíveis: medidas pró-concorrência" com as seguintes contribuições de caráter regulatório: (i) permitir que produtores de álcool vendam diretamente aos postos; (ii) repensar a proibição de verticalização do setor de varejo de combustíveis; (iii) extinguir a vedação à importação de combustíveis pelas distribuidoras; (iv) fornecer informações aos consumidores do nome do revendedor de combustível, de quantos postos o revendedor possui e a quais outras marcas está associado; (v) aprimorar a disponibilidade de informação sobre a comercialização de combustíveis para o aperfeiçoamento da inteligência na repressão à conduta colusiva".

- manutenção das limitações de comercialização para distribuidores e TRRs no que se refere aos pontos de abastecimento nos termos da Resolução ANP nº 34, de 1º de novembro de 2007. (Grifamos).

Tomando sempre por base as informações fornecidas pela Consulente, iniciaremos nosso percurso realizando uma análise sistemática das normas constitucionais e infraconstitucionais que estruturam o setor, das quais, como se verá, é extraível o princípio da segmentação das atividades da cadeia econômica do petróleo.

No Tópico III, por outro lado, estudaremos as principais razões jurídico-econômicas pelas quais, à luz do atual arcabouço regulatório e fático, se deve favorecer a segmentação das atividades de uma cadeia econômica em detrimento da irrestrita verticalização.

Indo adiante, no tópico seguinte veremos que a garantia do abastecimento nacional é o valor primordial a ser curado pela ANP e como ela se relaciona com as vedações atualmente vigentes de verticalização das atividades do setor.

No Tópico V, trabalharemos com as premissas estabelecidas nos tópicos anteriores para focar na incidência concreta do princípio da vedação ao retrocesso diante da hipótese aventada.

Em seguida, no Tópico VI analisaremos vício de motivação contido no Aviso de TPC nº 3/2018, cujo estudo que lhe serve de lastro principal não endossa a adoção das medidas pretendidas sem que sejam necessários maiores aprofundamentos, e, por fim, interligado com o anterior, trataremos no Tópico VII a respeito da necessidade de prévia análise de impacto regulatório antes de se propor a medida cogitada.

Sigamos.

II Princípio da segmentação das atividades de petróleo, gás natural e biocombustíveis

Nesse tópico vestibular analisaremos como a proposta aventada pela TPC nº 3/2018 de pôr fim à proibição de verticalização no setor de combustíveis, que inclui a venda direta de produtores de etanol e derivados direto para postos revendedores, contraria toda estrutura jurídica que a nossa Constituição Federal e a Lei do Petróleo dão para o setor, das quais se pode extrair um verdadeiro princípio da segmentação das atividades da cadeia econômica do petróleo.

O legislador constituinte optou por conferir uma especial atenção à economia do petróleo, sendo esse o setor produtivo mais proficuamente regulado diretamente pela Constituição Federal de 1988.

Especificamente sobre o petróleo, portanto, a Constituição Federal foi pródiga, dispondo sobre: a) a titularidade federal sobre os principais bens envolvidos nesta indústria – os recursos minerais; b) a competência da União para legislar sobre energia e recursos minerais (art. 22, IV e XII); c) a competência dos Estados para prestar os serviços de distribuição de gás canalizado (art. 25, §2º); d) o monopólio federal sobre as atividades básicas da indústria do petróleo (art. 177); e) as condições da atuação pública e privada no setor (art. 20, §1º, 176 e 177); e f) a previsão de um órgão regulador (art. 177, §2º, III);[3] e g) a previsão da ordenação da venda e revenda de combustíveis (art. Art. 238).

O art. 177 – o mais relevante *in casu* – lista, inciso por inciso, de forma distinta, atividades da cadeia econômica do petróleo monopolizadas pela União: a pesquisa; a lavra; o refino do petróleo, nacional ou estrangeiro; a importação; a exportação e o transporte marítimo ou por dutos do petróleo e dos seus derivados.[4] Já quanto às demais atividades da indústria do petróleo, como o transporte que não seja marítimo ou por dutos, assim como a distribuição e a revenda, estas não constituem monopólios da União, sendo atividades da iniciativa privada, sujeitas, no entanto, à regulação estatal na forma dos arts. 170 e 174 da Constituição Federal.

Também de extrema importância, dispõe o art. 238 da CF/88 que "a lei ordenará a venda e revenda de combustíveis de petróleo, álcool carburante e outros combustíveis derivados de matérias-primas renováveis, respeitados os princípios desta Constituição".

Percebe-se, com isso, uma preocupação específica do legislador constituinte em conferir tratamento próprio a cada diferente segmento da cadeia econômica do petróleo, o que constitui importante diretriz a ser observada pelo legislador infraconstitucional e, *a fortiori*, pelo regulador administrativo.

Regulamentando os citados dispositivos constitucionais, foi editada a Lei nº 9.478/97 – a Lei do Petróleo –, que estabeleceu a política energética nacional, disciplinou as atividades da indústria do petróleo tal como definida no seu art. 6º, XIX, criou o Conselho Nacional de Política Energética e a Agência Nacional do Petróleo – ANP, cabendo a esta a implementação da política traçada pelo primeiro (art. 8º, I).

As atividades petrolíferas foram pela Lei nº 9.847, de 26 de outubro de 1999, "declaradas de utilidade pública. Assim, elas têm o ônus público de deverem ser prestadas em benefício da população, no sentido de que o explorador destas atividades tem alguns ônus para com a população e para com o Estado".[5]

O art. 5º da Lei do Petróleo dispõe que a faculdade conferida pelo art. 177, §1º, da Constituição Federal, ou seja, a contratação de particulares ou de empresas estatais para a exploração das atividades petrolíferas monopolizadas pela União, se dará mediante concessão ou autorização.

Para cada espécie ou fase das atividades do setor a Lei do Petróleo, seguindo a diretriz constitucional acima mencionada de tratar cada uma das atividades de forma separada, dá uma disciplina distinta.

Assim, tanto por força das previsões constitucionais como da Lei do Petróleo, no setor há sempre que se distinguir: (a) exploração (na qual a empresa procura por

---

[3] SUNDFELD, Carlos Ari. Regime Jurídico do Setor Petrolífero. *In*: SUNDFELD, Carlos Ari (Coord.). *Direito Administrativo Econômico*. São Paulo: Ed. Malheiros, 2000. p. 386.

[4] Art. 177. Constituem monopólio da União:
I – a pesquisa e a lavra das jazidas de petróleo e gás natural e outros hidrocarbonetos fluidos;
II – a refinação do petróleo nacional ou estrangeiro;
III – a importação e exportação dos produtos e derivados básicos resultantes das atividades previstas nos incisos anteriores;
IV – o transporte marítimo do petróleo bruto de origem nacional ou de derivados básicos de petróleo produzidos no País, bem assim o transporte, por meio de conduto, de petróleo bruto, seus derivados e gás natural de qualquer origem;

[5] MENEZELLO, Maria d'Assunção Costa. Introdução ao Direito do Petróleo e Gás. *In*: SUNDFELD, Carlos Ari (Coord.). *Direito Administrativo Econômico*. São Paulo: Ed. Malheiros, 2000. p. 382.

petróleo em blocos ou áreas pré-delimitadas) e produção (pela qual o petróleo é extraído da jazida);[6] (b) importação e exportação, sendo que aquela, tal como a produção, concorre para o suprimento interno do produto; (c) refino, processo pelo qual o petróleo deve passar para poder ser utilizado; (d) transporte: para que o petróleo bruto ou seus derivados cheguem aos seus destinos devem ser transportados. "O transporte pode se dar de várias formas. Há os meios fixos, os condutos (o oleoduto e o gasoduto). Há os meios móveis, sendo os navios os principais";[7] (e) distribuição: para que os derivados do petróleo cheguem aos consumidores deve haver a distribuição dos combustíveis no atacado; e (f) revenda: "os consumidores finais são atingidos pela atividade de revenda de derivados de petróleo",[8] feita pelos "postos de gasolina".

Apenas as atividades de exploração e produção (letra "a") foram submetidas à concessão, tendo sido exigida para as demais (letras "b" a "f") diferentes e respectivos tipos de autorização.[9]

Esta, em apertada síntese, é a estrutura conferida pela Constituição Federal ao setor econômico do petróleo e cristalizada pela Lei nº 9.478/97, na qual se confere para cada atividade da cadeia econômica um regime jurídico próprio e um título habilitador diferente, sendo constatável um verdadeiro princípio da segmentação das atividades da cadeia econômica do setor.

Com efeito, para cada uma dessas atividades o ordenamento constitucional e legal prevê uma concessão ou uma autorização administrativa específica, com cada uma dessas atividades, segmentadas desde a sua matriz constitucional, possuindo a sua própria concessão ou autorização, distintas entre si. Vale dizer que, para o Constituinte, cada etapa da cadeia do petróleo deve existir – ou seja, não pode ser objeto de total confusão ou tampouco de supressão. De modo que qualquer discussão sobre verticalização que resulte em total confusão de atividades estaria, *a priori*, em colisão com a Constituição Federal.

Consoante afirma Ronald Dworkin, considerado por muitos o maior pensador de filosofia política e teoria do direito da nossa era, "a prática do Direito é um exercício de interpretação não apenas quando os juristas interpretam documentos específicos ou textos legais, mas de forma geral", o que, acresceríamos, deflui inclusive da vetusta interpretação sistemática do direito, com uma série de princípio não explícitos sendo extraído do conjunto de regras analisadas.[10]

---

[6] Naturalmente que, em relação aos biocombustíveis, a produção se dá de forma diversa, através das usinas produtoras, mas cujo regime jurídico também é tratado segmentadamente.

[7] SUNDFELD, Carlos Ari. Regime Jurídico do Setor Petrolífero. *In*: SUNDFELD, Carlos Ari (Coord.). *Direito Administrativo Econômico*. São Paulo: Ed. Malheiros, 2000. p. 388.

[8] SUNDFELD, Carlos Ari. Regime Jurídico do Setor Petrolífero. *In*: SUNDFELD, Carlos Ari (Coord.). *Direito Administrativo Econômico*. São Paulo: Ed. Malheiros, 2000. p. 388.

[9] "As chamadas atividades *upstream* na produção do petróleo (exploração, desenvolvimento e produção) são sujeitas ao regime de concessão, enquanto as atividades denominadas *downstream* (refinação, processamento, transporte, importação e exportação) submetem-se à sistemática da autorização. Há uma explicação lógica para a diferença de tratamento, já que a autorização supõe sempre uma pluralidade de prestadores para uma mesma atividade, o que é perfeitamente concebível nas atividades *downstream*, ao passo que a concessão representa certo monismo, que é característico das atividades *upstream*" (AGUILLAR, Fernando Herren. *Serviços públicos*: doutrina, jurisprudência e legislação. São Paulo: Saraiva, 2011. p. 62).

[10] DWORKIN, Ronald. O direito como interpretação. *In*: TEIXEIRA, Anderson Vichinkeski; OLIVEIRA, Elton Somensi de (Org.). *Correntes Contemporâneas do Pensamento Jurídico*. São Paulo: Ed. Manole, 2010. p. 14.

Não é porque a constituição ou a legislação ordinária não enumeram em algum diploma específico expressamente um princípio da segmentação das atividades da cadeia econômica do petróleo que um tal princípio não exsurge do ordenamento, até porque, de um lado, existem diversos princípios que não possuem uma consagração textual expressa – chamados princípios implícitos, como o próprio princípio da proporcionalidade, para ficar com o exemplo de um dos princípios mais reverenciados pela jurisprudência do Supremo Tribunal Federal; e, de outro, não existe uma perfeita correlação entre textos normativos e o conteúdo da norma em si.[11]

Nesse particular, leciona Luís Roberto Barroso que "dispositivo é um fragmento de legislação, uma parcela de um documento normativo. Pode ser o *caput* de um artigo, um inciso, um parágrafo. Por vezes, um dispositivo trará em si uma norma completa. [...] Em outras situações, ele precisará ser conjugado com um ou mais dispositivos para que venham a produzir uma norma. [...] Há hipóteses, ainda, em que *uma norma pode existir sem que haja qualquer dispositivo expresso que a institua. É o caso de diversos princípios* constitucionais, como o da razoabilidade e o da proteção da confiança, que *não são explicitados no texto* da Constituição. Portanto, dispositivo não é o mesmo que norma".[12]

Na mesma senda, Humberto Ávila, em sua obra Teoria dos Princípios, aduz que "normas não são textos nem o conjunto deles, mas os *sentidos construídos a partir da interpretação sistemática de textos normativos*. Daí se afirmar que os dispositivos se constituem no objeto da interpretação; e as normas, no seu resultado".[13]

Segundo o autor, hipóteses há em que "há mais de um dispositivo, mas a partir deles só é construída uma norma. Pelo exame dos dispositivos que garantem a legalidade, a irretroatividade e a anterioridade chega-se ao princípio da segurança jurídica. Dessa forma, *pode haver mais de um dispositivo e ser construída uma só norma*".[14] É justamente esse o caso do princípio da segmentação das atividades da cadeia econômica do petróleo, que decorre dos artigos 176, 177 e 238 da CF/88, tendo sido densificado pela estrutura conferida ao setor pela Lei do Petróleo.

Semelhantemente Daniel Sarmento e Cláudio Pereira de Souza Neto explicam que "o texto é algo que se interpreta; a norma é o produto da interpretação, que, além

---

[11] Referimo-nos à norma dentro da concepção da Teoria do Direito que se sagrou vitoriosa na contemporaneidade, como gênero que comporta as espécies princípios e regras. Para maiores aprofundamentos, cf. BARROSO, Luís Roberto. *Interpretação e aplicação da constituição*: fundamentos de uma dogmática constitucional transformadora. São Paulo: Saraiva, 1996. p. 353 e seguintes. "Regras são, normalmente, relatos objetivos, descritivos de determinadas condutas e aplicáveis a um conjunto delimitado de situações. Ocorrendo a hipótese prevista no seu relato, a regra deve incidir, pelo mecanismo tradicional de subsunção: enquadram-se os fatos na previsão abstrata e produz-se uma conclusão. A aplicação de uma regra se opera na modalidade tudo ou nada: ou ela regula a matéria em sua inteireza ou é descumprida. Na hipótese de conflito entre duas regras, só uma será válida e irá prevalecer. Princípios, por sua vez, contêm relatos com maior grau de abstração, não especificam a conduta a ser seguida e se aplicam a um conjunto amplo, por vezes indeterminado, de situações. Em uma ordem democrática, os princípios frequentemente entram em tensão dialética, apontando direções diversas. Por essa razão, sua aplicação deverá ocorrer mediante ponderação: à vista do caso concreto, o intérprete irá aferir o peso que cada princípio deverá desempenhar na hipótese, mediante concessões recíprocas, e preservando o máximo de cada um, na medida do possível. Sua aplicação, portanto, não será no esquema tudo ou nada, mas graduada à vista das circunstâncias representadas por outras normas ou por situações de fato".

[12] BARROSO, Luís Roberto. *Curso de Direito Constitucional Contemporâneo*. 5. ed. São Paulo: Saraiva, 2015. p. 228-229. Grifamos.

[13] ÁVILA, Humberto. *Teoria dos Princípios*: da definição à aplicação dos princípios jurídicos. 17. ed. São Paulo: Malheiros, 2016. p. 50. Grifamos.

[14] ÁVILA, Humberto. *Teoria dos Princípios*: da definição à aplicação dos princípios jurídicos. 17. ed. São Paulo: Malheiros, 2016. p. 51. Grifamos.

do texto, deve considerar toda uma gama de outros elementos, dentre os quais o âmbito da realidade social sobre o qual a norma incide. [...] Pode existir norma constitucional sem texto correspondente – caso das normas implícitas. Também por isso, muitas vezes é possível extrair várias normas constitucionais de um único dispositivo. [...] Mas, por outro lado, há hipóteses em que uma única norma é obtida com a conjugação de diversos dispositivos constitucionais diferentes. Para se chegar à norma constitucional que vincula o mandato dos deputados federais aos seus partidos, o TSE e o STF tiveram que conjugar vários preceitos constitucionais, como os contidos nos arts. 14, §3º, 17, *caput* e §2º, e 45 da Constituição Federal".[15]

Assim é que, no caso concreto, a partir de uma interpretação sistemática dos dispositivos constitucionais que regulam a matéria do direito do petróleo (texto dos diversos dispositivos acima elencados), extrai-se o princípio da segmentação das atividades da cadeia econômica do petróleo (norma), significando a impossibilidade de total confusão ou supressão da segmentação entre cada uma dessas atividades e seus agentes, com cada uma delas recebendo tratamento jurídico específico, horizontal.

Conjugando as normas constitucionais com o que estabelece a Lei do Petróleo, há um detalhamento do princípio da segmentação, com um regime e um título habilitante diferenciado para cada uma das atividades. *Ao exigir uma concessão ou uma espécie de autorização para cada uma das diferentes atividades do setor, a Lei do Petróleo pressupõe requisitos e características próprias para cada uma das atividades. Permitir a verticalização irrestrita seria tornar todas essas autorizações fungíveis entre si, tornando iníquos os requisitos de cada uma delas.* Por exemplo, determinado agente distribuidor de combustíveis, cumprindo os requisitos para a distribuição, poderia passar livremente a também importar os combustíveis sem cumprir os requisitos exigidos para a edição da autorização administrativa própria dessa atividade. Pense-se, ainda, em um revendedor que, sem atender aos requisitos regulatórios exigidos para a obtenção da autorização para o exercício da atividade de distribuição, passa a adquirir diretamente da refinaria – o que equivale, *mutatis mutandis*, a dizer que a refinaria, na venda direta, passa a ser de fato também distribuidora sem possuir a respectiva autorização.

Uma nota também merece o fato de que, como conceitual e intrinsecamente se caracteriza qualquer princípio ou valor jurídico, a segmentação das atividades de óleo e gás também pode ser mitigada e relativizada, material ou temporalmente, mediante os devidos estudos, por outros princípios e valores da mesma hierarquia que estejam em eventual colisão.

Em suma, todo o tratamento conferido pela Constituição e pela legislação ordinária ao setor do petróleo, gás natural e biocombustíveis pressupõe um regime jurídico e um título habilitante específico para cada segmento da cadeia produtiva, devendo ser considerada contrária ao ordenamento a proposta de permeabilização entre eles trazida pela TPC nº 3/2018.

Conforme passamos a ver no próximo tópico, tal segmentação das atividades do setor não constitui mera decisão do legislador sem esteio na realidade, possuindo, ao revés, imperativos técnicos e econômicos para tanto.

---

[15] SARMENTO, Daniel; SOUZA NETO, Cláudio Pereira. *Direito Constitucional*: teoria, história e métodos de trabalho. 2. ed. Belo Horizonte: Fórum, 2014. p. 362.

Sendo o foco primordial da Consulente a atividade de distribuição de combustíveis, a análise desses aspectos sobre ela se focará, sem prejuízo de sua aplicabilidade em tese também às outras atividades do setor, mas cujo tratamento específico delongaria por demasiado e seria despiciendo para o seu mister principal.

III Razões jurídico-econômicas para a segmentação da atividade de distribuição

Distinguem-se no Direito Econômico, grosso modo, integração vertical e concentração horizontal: enquanto a primeira significa a atuação de um mesmo agente econômico em mais de um segmento da cadeia econômica,[16] a segunda representa exatamente o oposto, a atuação competitiva entre os agentes econômicos restrita a cada atividade que compõe o elo.

Expondo as eventuais vantagens e desvantagens da integração vertical, Luis Maximino Otero Montes explana que "a estratégia de integração vertical pode representar *diversas vantagens estratégicas*, como a diminuição de custos intermediários e a eliminação de riscos associados a variações de preços de insumos e pressões exercidas por fornecedores. A verticalização também permite a alavancagem de atividades menos rentáveis integrantes da cadeia produtiva e, assim, possibilita o desenvolvimento da indústria como um todo.

Por outro lado, tal integração vertical (sobretudo envolvendo agentes dominantes e na presença de falhas de mercado) pode acarretar em *entraves* à entrada e desenvolvimento de novos *players* em uma indústria, problemas na coordenação do funcionamento do setor e no compartilhamento da infraestrutura existente (como inviabilizar a implementação de uma política de livre acesso, por exemplo. Regula-se muitas vezes apenas os elos da cadeia sujeitos a falhas de mercado para que, nos demais segmentos, exista a livre competição.

Na doutrina estrangeira, Darryl Biggar ressalta que "muitas das potenciais eficiências em custos podem ser pelo menos parcialmente exploradas por meio de arranjos contratuais entre firmas separadas. Uma compreensão dos custos de separação, portanto, requer uma comparação entre os custos de eficiência atingíveis por meio da integração *versus* aquelas que podem ser atingidas por meio de arranjos contratuais".[17]

Assim é que, de maneira geral, a doutrina especializada em direito concorrencial vê a necessidade de redobrada cautela por parte do Poder Público para, em cada caso e a depender das condições estruturais e conjunturais de cada mercado, ponderar os efeitos positivos e negativos da integração. Nesse sentido, a imediata supressão das restrições que atualmente limitam a possibilidade de integrações verticais no mercado de combustíveis, para ser regulatoriamente superada, deve exigir uma profunda análise

---

[16] Não se confunde ela também, todavia, com as relações verticais, ou seja, com o relacionamento decorrente de contrato livremente celebrado entre agentes a montante e a jusante.
[17] BIGGAR, Darryl. When should regulated companies be vertically separated? *In*: LAUDATI, Laraine; AMATO, Giuliano (Ed.). *The anticompetitive impact of regulation*. Cheltenham: Edward Elgar, 2011. p. 178.

de custos-benefícios embasada em estudos específicos para o setor, o que não foi feito no caso concreto.

Como regra, os potenciais benefícios advindos da integração vertical de agentes econômicos, com potencial redução de custos intermediários e eliminação de riscos associados, não apenas não compensam os altos riscos anti-concorrenciais desse modelo como podem ser obtidos através de arranjos contratuais entre os *players* de diferentes segmentos, algo que pode ser, inclusive, estimulado ou facilitado através da regulação.

No que diz respeito especificamente ao setor de combustíveis, para além dos apontamentos concorrenciais acima expostos, a obrigatoriedade da existência em separado de um elo específico para a atividade de distribuição também traz consigo uma série de benefícios associados, dentre os quais:

(i) Facilitação do controle/fiscalização e do processo de responsabilização no setor: a existência necessária de um elo intermediário na cadeia (justamente entre a produção dos combustíveis e a sua revenda varejista), com uma quantidade relativamente pequena de *players*, é um facilitador do exercício da fiscalização setorial pela ANP e do controle da qualidade de combustíveis. Ao fim, o elo intermediário acaba por ser uma garantia eficiente de maior proteção aos consumidores. A prática de concentrar a fiscalização em elos intermediários não é sequer exclusiva da regulação setorial. A título de exemplo, as Fazendas Públicas, na maioria das substituições tributárias acabam por concentrar a responsabilidade tributária na etapa industrial, dotada de menos *players* e de maior poder econômico, e, portanto, mais facilmente controláveis e responsabilizáveis;

(ii) Capilaridade das distribuidoras: hoje, as distribuidoras de combustíveis possuem capilaridade em todo o território nacional, alcançando os rincões mais longínquos (e economicamente menos atrativos) do Brasil. Alterando-se a estrutura do mercado, nada garante – e não haverá incentivos econômicos para tal – que as distribuidoras mantenham sua capacidade logística em regiões que vierem a perder a atratividade econômica em razão da atuação direta, por exemplo, de uma pequena produtora de etanol na atividade de revenda. Se essa produtora, por qualquer motivo, vier a descontinuar seu funcionamento, o abastecimento na localidade tenderá a ficar comprometido, já que a verticalização do setor operaria como potencial desincentivo à capilaridade das distribuidoras. Não haveria por exemplo porque investirem na expansão de sua malha de suprimento (armazenamento e distribuição) em pequenas localidades se a qualquer momento uma pequena produtora pudesse entrar no mercado como *free-rider*, fornecendo combustíveis diretamente para os postos de revenda;

(iii) Garantia do abastecimento nacional: tema que será minudenciado no próximo tópico, a garantia do abastecimento nacional de combustíveis é uma das principais finalidades da desverticalização pela conjugação dos benefícios listados anteriormente: a melhor fiscalização do mercado e a respectiva responsabilização e a capilaridade das distribuidoras em todo o território nacional;

(iv) Maior incentivo à concorrência: benefício potencial da desverticalização já exaustivamente referido no início deste tópico, mas que não poderia deixar de aqui também constar, tendo em vista ser a livre concorrência um dos fundamentos da ordem econômica brasileira (art. 170, IV, CF).

O mais curioso é que a percepção dessas razões parece também ser compartilhada pela ANP,[18] que, em 30 de maio desse ano, portanto há poucos meses, emitiu a Nota Técnica Conjunta nº 001/2018/SDL-SDR, enfatizando os diversos benefícios da proibição de venda direta de etanol por produtor aos postos de combustíveis, com argumentos que podem ser, na integralidade, aplicados à desverticalização no setor de maneira geral:

> A ANP, respaldada por sua competência legal, optou por definir o modelo do abastecimento nacional de combustíveis a partir da divisão de responsabilidades entre produção, distribuição e revenda, de modo que todo combustível, antes de chegar ao revendedor, deve passar por empresas distribuidoras de combustíveis autorizadas pela Agência. Na concepção original da cadeia de abastecimento de combustíveis, os distribuidores de combustíveis são os agentes que realizam a intermediação entre fornecedores e consumidores finais. [...] Essa centralização permite, por exemplo, que diversas obrigações que afetam os consumidores recaiam em um elo da cadeia, tais como: (i) a responsabilidade por garantir o controle da qualidade e da segurança do produto final; (ii) a garantia do correto percentual de misturas entre etanol anidro e gasolina A; (iii) a realização de estoques operacionais mínimos; (iv) o acompanhamento da eficiência logística da distribuição, incluindo a armazenagem, o transporte e a entrega do produto. [...] O modelo atual, distinguindo o papel de produtores, de distribuidores e de varejistas/consumidores, apresenta as seguintes vantagens:
>
> a. *Economia de escala*: a economia trabalha de modo mais eficiente com a distinção entre atacadistas, pois permite negociações em grandes volumes, otimização de fretes, administração dos varejistas, entre outros;
>
> b. *Relacionamento comercial entre distribuidores e revendedores*: a vinculação entre esses dois elos da cadeia facilita a concessão de crédito aos agentes que operam no varejo;
>
> c. *Capilaridade*: a logística dos distribuidores é presente em todos os estados e assegura a competitividade e entrega em todas as regiões, além de possuírem bases de armazenagem em todas as regiões produtoras de etanol;

À guisa de conclusão, reportamo-nos às palavras da própria Agência na referida nota técnica, que pondera que sua atuação regulatória deve levar em conta diversos aspectos muito mais amplos, incluindo o respeito às prescrições do ordenamento jurídico-constitucional, que, conforme visto no Tópico II, não se harmoniza com a eliminação de etapas da cadeia produtiva do petróleo: "em tese e em análise preliminar,

---

[18] Daniele de Oliveira Nunes relata o processo de desverticalização capitaneado pela ANP no setor de gás natural. Segundo a autora, "com o passar do tempo e a análise das práticas do mercado, a ANP diagnosticou que o modelo inicial de verticalização não servia a contento ao objetivo de promover uma maior concorrência. Na prática, havia um agente dominante e integrado verticalmente ao longo da cadeia. Segundo o órgão regulador, essa estrutura verticalizada passou a representar barreiras à atuação de novos players, prejudicando o desenvolvimento do mercado. De fato, um dos riscos da integração vertical é que o agente dominante adote uma conduta destinada a monopolizar o segmento competitivo por meio da criação de dificuldades de acesso à infraestrutura essencial. É nesse contexto que a ANP, como reguladora do mercado, aceitou introduzir na proposta de resolução em análise um maior rigor na separação de atividades, consagrando a vedação às participações societárias cruzadas no transportador e no carregador, a chamada unbundling" (NUNES, Daniele de Oliveira. A desverticalização total do setor de gás natural e a Resolução ANP nº 51, de 26 de dezembro de 2013. *Revista Brasileira de Infraestrutura – RBINF*, Belo Horizonte, a. 4, n. 8, p. 163-175, jul./dez. 2015).

a eliminação de um elo da cadeia de abastecimento poderia ampliar a concorrência no mercado e a eficiência econômica em situações específicas, com impactos positivos sobre preços ao consumidor. Do ponto de vista regulatório, no entanto, as escolhas são realizadas a partir da ponderação de um conjunto complexo e amplo de efeitos (qualitativos e quantitativos, quando possível), observando-se disposições e princípios legais e constitucionais que devam nortear a atuação da autoridade regulatória setorial".

IV Garantia do abastecimento nacional de combustíveis como o valor primordial a ser curado pela ANP

Consignamos nos tópicos anteriores que a eventual permissão de integração vertical que resulte na total confusão ou supressão de elos da cadeia produtiva no setor nacional de combustíveis via regulação encontra óbice no *design* econômico estabelecido pensado para o setor pelo legislador constituinte e, via de consequência, pela Lei do Petróleo.

Além disso, também o vimos, o fim da segmentação das atividades do setor colocaria em risco a fiscalização, desincentivaria o investimento na expansão da malha de suprimento, dificultaria a responsabilização e prejudicaria a capilaridade das distribuidoras pelo território nacional, potencialmente dificultando o abastecimento em pequenas localidades que passassem a ser supridas diretamente por produtores caso estes descontinuassem suas atividades.

Nesse particular, não é exagerado reforçar que a universalidade do acesso aos derivados do petróleo (e demais fontes de combustível) é o valor primordial a ser curado pela ANP, enquanto ente regulador dos combustíveis.

Quando olhamos para um momento ainda bastante recente de nossa história, vemos os efeitos desastrosos da escassez de combustíveis vivida como consequência da paralisação geral dos transportadores rodoviários em maio de 2018, afetando bruscamente o cotidiano das pessoas, os serviços públicos de transporte, a segurança pública (com falta de combustível para as viaturas policiais e do corpo de bombeiros), a saúde (ambulâncias paralisadas), dentre outros aspectos primordiais para a coesão social.

Recíproco em relação ao dever da ANP de garantir o abastecimento, é o direito individual e difuso da população a ter acesso ao combustível, considerando o atual estágio de evolução tecnológica em que se encontra nossa sociedade, com grande dependência desse tipo de fonte de energia para a prestação dos mais variados serviços públicos e atividades econômicas em geral.[19]

"Para o setor de derivados de petróleo", afirma Maria D'assunção Costa Menezello, "a garantia do abastecimento é sinônimo da universalidade do acesso, seja para os combustíveis de automóveis e assemelhados, seja para o GLP, gás liquefeito de petróleo, utilizado na cocção em todo o território nacional".[20]

---

[19] Como é notório, a economia brasileira é altamente dependente do modal rodoviário para o escoamento de sua produção. Cerca de 65% do transporte de mercadorias em território nacional é realizado por caminhões que se abastecem do combustível líquido.

[20] MENEZELLO, Maria D'Assunção Costa. *Comentários à Lei do Petróleo*. 2. ed. São Paulo: Atlas, 2009. p. 97.

Eis que tal constatação não passou infensa aos olhos do legislador constituinte, que erigiu a garantia do abastecimento nacional de combustíveis ao patamar de direito coletivo de *status* constitucional, nos termos do art. 177, §2º, I, *verbis*:

> Art. 177. Constituem monopólio da União:
>
> I – a pesquisa e a lavra das jazidas de petróleo e gás natural e outros hidrocarbonetos fluidos;
>
> II – a refinação do petróleo nacional ou estrangeiro;
>
> III – a importação e exportação dos produtos e derivados básicos resultantes das atividades previstas nos incisos anteriores;
>
> IV – o transporte marítimo do petróleo bruto de origem nacional ou de derivados básicos de petróleo produzidos no País, bem assim o transporte, por meio de conduto, de petróleo bruto, seus derivados e gás natural de qualquer origem; [...]
>
> §1º A União poderá contratar com empresas estatais ou privadas a realização das atividades previstas nos incisos I a IV deste artigo observadas as condições estabelecidas em lei.
>
> §2º A lei a que se refere o §1º disporá sobre:
>
> *I – a garantia do fornecimento dos derivados de petróleo em todo o território nacional;*

Comentando esse dispositivo, Daniela Couto Martins segue na mesma linha do que pontuamos acima, destacando que "a previsão constitucional de medidas assecuratórias de fornecimento de derivados em todo o território nacional revela nítida preocupação com o consumidor e implica a adoção de políticas econômicas relativas ao abastecimento interno e à disponibilização de combustíveis para consumo nas regiões de difícil acesso no território nacional, o que contribui para a redução das desigualdades regionais e para o *alcance da finalidade de existência digna a todos os habitantes, cujo bem-estar pode depender, em grande parte, das facilidades advindas da utilização dos derivados de petróleo* (locomoção, iluminação, utilização residencial de GLP etc.)".[21]

Trata-se, portanto, a garantia do abastecimento nacional de combustíveis, de um direito constitucionalmente tutelado, de sorte que, em cabendo à ANP a regulação econômica do setor de combustíveis, uma de suas finalidades primordiais, senão a mais importante, deve ser curar desse direito e, por seus meios e poderes, garantir-lhe a efetividade.

De fato, em sintonia com a Constituição Federal, de um lado, estabelece o art. 1º da Lei nº 9.478/97 ser um dos objetivos das políticas nacionais para o aproveitamento racional das fontes de energia *garantir o fornecimento de derivados de petróleo em todo o território nacional, nos termos do §2º do art. 177 da Constituição Federal*, e, de outro, o art. 1º, da Lei nº 9.847/99 declara a utilidade pública do abastecimento nacional de combustíveis, atribuindo à ANP as competências para fiscalização das atividades que lhe são correlatas, conforme abaixo:

---

[21] MARTINS, Daniela Couto. *A regulação da indústria do petróleo segundo o modelo constitucional brasileiro*. Belo Horizonte: Fórum, 2006. p. 71. Grifos nossos.

Art. 1º *A fiscalização das atividades relativas* às indústrias do petróleo e dos biocombustíveis e *ao abastecimento nacional de combustíveis*, bem como do adequado funcionamento do Sistema Nacional de Estoques de Combustíveis e do cumprimento do Plano Anual de Estoques Estratégicos de Combustíveis, de que trata a Lei nº 9.478, de 6 de agosto de 1997, *será realizada pela Agência Nacional do Petróleo, Gás Natural e Biocombustíveis (ANP)* ou, mediante convênios por ela celebrados, por órgãos da administração pública direta e indireta da União, dos Estados, do Distrito Federal e dos Municípios.

§1º *O abastecimento nacional de combustíveis é considerado de utilidade pública* e abrange as seguintes atividades:

I – produção, importação, exportação, refino, beneficiamento, tratamento, processamento, transporte, transferência, armazenagem, estocagem, distribuição, revenda, comercialização, avaliação de conformidade e certificação do petróleo, gás natural e seus derivados;

II – produção, importação, exportação, transporte, transferência, armazenagem, estocagem, distribuição, revenda e comercialização de biocombustíveis, assim como avaliação de conformidade e certificação de sua qualidade;

Ainda dentre as competências da ANP, condensadas em seu art. 8º, arrola a Lei do Petróleo, logo no primeiro inciso, o seguinte:

Art. 8º A ANP terá como finalidade promover a regulação, a contratação e a fiscalização das atividades econômicas integrantes da indústria do petróleo, do gás natural e dos biocombustíveis, cabendo-lhe:

I – implementar, em sua esfera de atribuições, a política nacional de petróleo, gás natural e biocombustíveis, contida na política energética nacional, nos termos do Capítulo I desta Lei, *com ênfase na garantia do suprimento de derivados de petróleo, gás natural e seus derivados, e de biocombustíveis, em todo o território nacional,* e na proteção dos interesses dos consumidores quanto a preço, qualidade e oferta dos produtos;

Não se trata, perceba-se, de uma competência ancilar ou meramente programática da agência, mas de uma verdadeira prioridade a ser por ela observada *"com* ênfase" na implementação da política nacional de combustíveis, juntamente com a proteção dos interesses do consumidor, que são também protegidos com a garantia do abastecimento, como visto.[22]

Em outras palavras, em toda a sua atuação finalística, sobretudo naquela de caráter normativo, deve a ANP atentar sempre como valor primordial para a garantia do fornecimento de combustíveis em todo o território nacional, buscando observar se e de que forma a sua própria atuação, a dos agentes regulados e dos consumidores poderia afetar esse direito coletivo e quais condutas devem ser adotadas para protege-lo e/ou não fragiliza-lo.

---

[22] Demais disso, não é exagerado lembrar que a tutela do consumidor, para além de uma das ênfases da ANP na implementação da política nacional de combustíveis, também é contemplada como competência fiscalizatória específica e concorrente da Agência nos termos do CDC, consoante dispõe o art. 8º, VII, da Lei do Petróleo: *fiscalizar diretamente e de forma concorrente nos termos da Lei nº 8.078, de 11 de setembro de 1990, ou mediante convênios com órgãos dos Estados e do Distrito Federal as atividades integrantes da indústria do petróleo, do gás natural e dos biocombustíveis, bem como aplicar as sanções administrativas e pecuniárias previstas em lei, regulamento ou contrato.*

Em sua obra de comentários à Lei nº 9.478/1997 – mas que também trata da já referida Lei nº 9.847/1999 –, Maria D'assunção Costa Menezello aduz que "a Lei do Petróleo transcreveu o dispositivo integrante da Emenda Constitucional nº 9/95 que determinou ao legislador federal disciplinar, por meio de lei ordinária, o monopólio do petróleo, impondo mecanismos legais que pudessem 'garantir o fornecimento dos derivados de petróleo em todos o território nacional'. O legislador ordinário ou *o órgão regulador devem dar proteção e eficácia máxima a essa garantia constitucional para que se preserve o fornecimento de derivados de petróleo em todo o território nacional*, cumprindo-se assim uma determinação da Lei Maior".[23]

O próprio Superior Tribunal de Justiça já lançou mão da garantia do fornecimento de combustíveis em todo o território nacional, enquanto uma das finalidades a serem perseguidas pela ANP, como um dos fundamentos de decidir, em acórdão conduzido pelo voto do Ministro José Delgado, consignando que a garantia de direitos de determinados agentes regulados "não pode ocorrer com o comprometimento do mercado nacional de combustíveis e, em última análise, da *satisfação do consumidor*, devendo haver a conciliação de interesses. O ato hostilizado é medida técnica que materializa a atribuição para regular o setor petrolífero (art. 8º, caput e XV da Lei nº 9.478/97) conferida à ANP, levando em conta o suprimento de derivados de petróleo em todo o território nacional (art. 8º, I, da Lei nº 9.478/97), a garantia de oferta de produtos aos consumidores (art. 8º, I, da Lei nº 9.478/97) e o volume comercializado por cada distribuidora nos meses anteriores, permitindo ainda, o gradual crescimento dessas últimas, sem realizar impacto excessivo e desequilíbrio no mercado".[24]

Conforme passamos a ver no tópico abaixo, considerando a natureza da garantia do abastecimento nacional aqui explanada, uma atuação regulatória que tenha o condão de lhe oferecer risco representaria retrocesso normativo constitucionalmente vedado.

V Vedação ao retrocesso

A previsão constitucional de atividades específicas e claramente delineadas que compõem o mercado de combustíveis está, como aduzimos nos tópicos acima, intrinsicamente relacionada à livre concorrência, à proteção ao consumidor e à garantia do abastecimento nacional, valores constitucionalmente garantidos pela Carta de 1988 e densificados pela Lei do Petróleo.

Uma vez alcançado pela regulação infralegal um determinado grau de implementação através de regras que vedam a confusão ou supressão de atividades, cumpre ao presente tópico investigar se a ANP poderá retroceder em relação ao grau com que aqueles direitos individuais e coletivos e objetivos públicos já foram atendidos. Em outras palavras, seu objeto é aferir se a proposta em exame da ANP – a qual, no limite, resultaria na eliminação de etapa imprescindível da cadeia do petróleo – seria compatível com o princípio constitucional da vedação do retrocesso.

---

[23] MENEZELLO, Maria D'Assunção Costa. *Comentários à Lei do Petróleo*. 2. ed. Sã Paulo: Atlas, 2009. p. 95-96. Grifos nossos.

[24] STJ, REsp nº 676.172/RJ, Rel. Ministro José Delgado, primeira turma, julgado em 02.06.2005, DJ 27.06.2005, p. 253. Grifamos.

Luís Roberto Barroso traz definição cristalina do referido princípio:

> Por este princípio, que não é expresso mas decorre do sistema jurídico-constitucional, entende-se que uma lei, ao regulamentar um mandamento constitucional, instituir determinado direito, ele se incorpora ao patrimônio jurídico da cidadania e não pode ser absolutamente suprimido. Nessa ordem de ideias, uma lei posterior não pode extinguir um direito ou uma garantia, especialmente os de cunho social, sob pena de promover um retrocesso, abolindo um direito fundado na Constituição. O que se veda é o ataque à efetividade da norma, que foi alcançada a partir de sua regulamentação.[25]

Haveria, pois, verdadeiro entrincheiramento (*entrenchment*) da efetividade dos direitos e objetivos fundamentais em face de ações legislativas e, com ainda mais fortes razões, de ações meramente administrativas, infralegais, como aventa a ANP no caso concreto. Estaríamos diante de um retrocesso quanto à implementação de desideratos não apenas constitucionais, como também legais – da Lei do Petróleo –, cf. tópico anterior.

Assim, Marcelo Veiga Franco, com base nas lições de Walber De Moura Agra, expõe que "o *entrenchment* do conteúdo mínimo dos direitos fundamentais funciona como uma garantia à efetivação desses direitos, impedindo um retrocesso na sua concretização e, consequentemente, aumentando a legitimidade da jurisdição constitucional. O entrincheiramento, como o étimo da palavra já clarifica, configura-se no encastelamento do conteúdo mínimo dos direitos fundamentais dentro do ordenamento jurídico, solidificando este conteúdo no tecido social. [...]. A finalidade do *entrenchment* é garantir eficácia ao ordenamento jurídico, dotando-o de segurança jurídica, o que faz com que as normas deixem de ter um papel retórico e possam ter uma concretude prática. [...]. A concepção de entrincheiramento ou proibição do retrocesso assegura uma proteção ao conteúdo dos direitos fundamentais, mantendo um nível mínimo de determinada concretude normativa".[26]

E, ao contrário do que sua acepção mais popularizada possa denotar, a vedação ao retrocesso não protege apenas direitos sociais, mas direitos e objetivos constitucionais de maneira geral, tais como a garantia do abastecimento nacional, a proteção ao consumidor e a livre concorrência.[27] José Vicente Santos de Mendonça ressalta que "a vedação do retrocesso de efetividade, como trata de questões constitucionais elementares, não se restringe aos direitos sociais. Ela pode abranger direitos eleitorais [...], de nacionalidade (ex.: lei que excluísse estrangeiros de relações de compra e venda), ambientais etc., [...], possuindo o "seu uso jurisprudencial ampla abrangência material, não se limitando a direitos sociais, e, quiçá, a direitos fundamentais".[28]

---

[25] BARROSO, Luís Roberto. *O Direito Constitucional e a efetividade de suas normas*: limites e possibilidades da Constituição Brasileira. Rio de Janeiro: Renovar, 2001. p. 158-159.

[26] FRANCO, Marcelo Veiga. A teoria da integridade do Direito e o princípio da vedação ao retrocesso como limites à criatividade jurisdicional. *Revista do Instituto de Hermenêutica Jurídica – RIHJ*, Belo Horizonte, a. 10, n. 12, p. 179-214, jul./dez. 2012.

[27] Entendemos que o seu fundamento axiológico último é que, uma vez implementado um parâmetro constitucional, o retrocesso em relação a ela agrediria, como uma inconstitucionalidade por comissão, o próprio parâmetro.

[28] MENDONÇA, José Vicente de. *Vedação do Retrocesso*: melhor quando tínhamos medo? Uma proposta para um uso controlado do argumento. 2016. p. 17-20. Disponível em: https://www.academia.edu/25797541/Veda%C3%A7%C3%A3o_do_Retrocesso_melhor_quando_t%C3%ADnhamos_medo_Uma_proposta_para_um_uso_controlado_do_argumento. Acesso em 12 out. 2018.

Quanto à sua aplicação, assevera-se que o princípio "pode ser entendido em dois conteúdos possíveis: (i) como vedação genérica, aplicável a todas as normas constitucionais, cujo efeito é invalidar, por inconstitucionalidade, uma lei que, sem regular diferentemente, revogue outra lei que tornava eficaz determinado ditame constitucional; (ii) como vedação específica, aplicável ao regime dos direitos fundamentais sociais e relacionada com a redução, por via legislativa, do patamar que estes hajam alcançado".[29]

Em outras palavras, não se pode, à luz do princípio da vedação ao retrocesso, (i) desconstituir normas que consubstanciem mandamentos constitucionais sem que se proponha outra normatização como alternativa (incidência genérica); ou (ii) reduzir infraconstitucionalmente o patamar já atingido pela consagração de direitos e objetivos constitucionais (incidência específica). No caso concreto, como volveremos abaixo, a proposta aventada pela ANP seria afetada por ambas as repercussões do princípio.

A aplicação do princípio da vedação ao retrocesso é referendada pelos tribunais pátrios, inclusive pelo Supremo Tribunal Federal.[30] A título de exemplo,[31] no RE nº 878.694, o STF entendeu que "o art. 1790 do Código Civil, ao revogar as Leis nº 8.971/94 e 9.278/96 e discriminar a companheira (ou o companheiro), dando-lhe direitos sucessórios bem inferiores aos conferidos à esposa (ou ao marido), entra em contraste com os princípios da igualdade, da dignidade humana, da proporcionalidade como vedação à proteção deficiente, e da vedação do retrocesso".[32]

Também o Superior Tribunal de Justiça já aduziu que, "à luz do princípio da proibição do retrocesso, não se admite que uma regra jurídica afluente possa desconstituir um direito subjetivo ou conferido por norma anterior, a não ser que também aflua situação impeditiva da manutenção daquele direito, na complexa condição de insuperável e incontornável".[33]

Conforme narra a Consulente, suprimir a desverticalização do setor de combustíveis, em linha com as considerações dos tópicos acima, seria retroceder um histórico normativo de pelo menos quarenta anos, que, como já visto, atende a preceitos constitucionais e legais concernentes à defesa da concorrência e a direitos individuais, coletivos e difusos dos consumidores ao abastecimento de combustíveis.

De acordo com as informações, já em 1975, por meio da Resolução nº 7/1975 do CNP, a desverticalização na indústria do petróleo era tutelada juridicamente pela legislação setorial.

---

[29] BINENBOJM, Gustavo. O princípio da publicidade administrativa e a eficácia da divulgação de atos do poder público pela internet. *Revista Brasileira de Direito Público – RBDP*, Belo Horizonte, a. 4, n. 13, p. 89-111, abr./jun. 2006.

[30] Como aponta José Vicente Santos de Mendonça, acerca do princípio da vedação ao retrocesso, "se, em 2002, escrevi que 'em termos gerais, a jurisprudência brasileira desconhece o assunto', quatorze anos depois a situação é diferente, a começar por seu órgão de cúpula" (MENDONÇA, José Vicente de. *Vedação do Retrocesso*: melhor quando tínhamos medo? Uma proposta para um uso controlado do argumento. Disponível em: https://www.academia.edu/25797541/Veda%C3%A7%C3%A3o_do_Retrocesso_melhor_quando_t%C3%ADnhamos_medo_Uma_proposta_para_um_uso_controlado_do_argumento. Acesso em 07 out. 2018).

[31] O princípio também foi invocado pela Suprema Corte na MC na ADPF nº 47, no RE nº 658312 e na ADIs nº 4627, dentre outros julgados.

[32] STF, RE nº 878694, Relator(a): Min. Roberto Barroso, Tribunal Pleno, julgado em 10.05.2017, Processo Eletrônico Repercussão Geral – Mérito DJe-021 Divulg 05.02.2018 Public 06.02.2018.

[33] STJ, AgRg na Rcl nº 21.763/DF, Rel. Ministro Napoleão Nunes Maia Filho, primeira seção, julgado em 25.02.2016, DJe 03.03.2016.

A Consulente destaca que, durante as quatro décadas que se seguiram, a evolução normativa do setor petrolífero esteve em consonância com o princípio abordado neste tópico ao não retroceder na proteção à desverticalização dessa relevante cadeia produtiva.

A Resolução CNP nº 7, datada de 07 de junho de 1977, alterou a redação da Resolução nº 7/1975, mantendo, porém, a não verticalização das etapas de produção petrolífera.

Na década seguinte, a Portaria nº 7/1985 do CNP, que regulamentava a atividade de revenda, foi expressa ao asseverar, em seu art. 4º, que "somente poderão pleitear autorização para operar Posto Revendedor pessoas físicas ou jurídicas que não sejam proprietárias, acionistas ou empregadas de quaisquer organizações, cujas atividades estejam relacionadas com a distribuição e o transporte de derivados do petróleo e de AEHC, ressalvados os direitos adquiridos, anteriormente à presente Resolução". Em 1987, a Resolução nº 16/1987 fez alterações pontuais na normatização do setor, mantendo, porém, a íntegra da regra.

O movimento não retrocedeu nas quatro normas editadas pelo MINFRA sobre o tema na década de 1990 (Portarias nº 670/1990, 755/1990, 795/1990 e 253/1991), *a fortiori* pela promulgação da Constituição Federal de 1988.

Nessa senda, a primeira dessas normas, portaria MINFRA nº 670/1990, previu disposição que fixava que "o registro somente poderá ser pleiteado por pessoa jurídica cujos titulares não sejam proprietários, acionistas ou empregados de quaisquer sociedades cujas atividades estejam relacionadas com a distribuição e o transporte de derivados do petróleo e de álcool etílico hidratado combustível" (art. 5º).

A portaria MINFRA nº 253/1991, última dessa sequência de normas do MINFRA, previa sucintamente em seu art. 7º que "é vedado às Distribuidoras a operação direta de Postos Revendedores". No mesmo contexto, a Portaria nº 07/1992 do DNC e a Portaria nº 61/1995 do MME conservaram a proteção à desverticalização, chegando a replicar o texto do art. 7º da Portaria MINFRA nº 253/1991.

Informa, por fim, que também as normas editadas pela ANP desde sua criação, regulamentando o setor petrolífero, mantiveram a separação das atividades que compõem essa cadeia produtiva.

A Portaria ANP nº 116/2000, posteriormente revogada pela Agência, por exemplo, previa no art. 12 ser "vedado ao distribuidor de combustíveis líquidos derivados de petróleo, álcool combustível, biodiesel, mistura óleo diesel/biodiesel especificada ou autorizada pela ANP, e outros combustíveis automotivos o exercício da atividade de revenda varejista".

Notemos que ANP, ao substituir a Portaria nº 116/2000 pela multicitada Resolução nº 41/2013, foi ainda mais firme na proteção da segmentação dos desses dois elos da cadeia do petróleo – a distribuição e a revenda de combustíveis: além da vedação ao exercício direto de atividade de revenda, o art. 26 da resolução atualmente vigente veda "ao distribuidor de combustíveis líquidos autorizados pela ANP a participação no quadro de sócios de revendedor varejista de combustíveis automotivos autorizado pela ANP".[34]

---

[34] Luís Maximino Otero Montes lista três diferentes graus de desverticalização, do menos para o mais intenso: "(a) a separação contábil e societária entre os agentes atuantes em diferentes elos de uma indústria; (b) a imposição

Dessa breve digressão, conclui-se que, após sua tutela expressa pelo ordenamento, a possibilidade de sobreposição irrestrita, que resulte na total confusão ou imediata supressão de etapas no setor de combustíveis em momento algum foi revertida – pelo contrário, chegou a ser aprofundada pela Resolução ANP nº 41/2013.

Esse movimento decorre dos importantes valores constitucionais e legais (concorrência e garantia de abastecimento) instrumentalizados pela segmentação das atividades do setor, não podendo a agência reguladora "desimplementar" aqueles valores sob pena de violação da própria CF e da Lei do Petróleo.

É dizer: valendo-se das lições que iniciaram este tópico, temos que, editadas – há décadas – normas densificando os preceitos constitucionais supracitados por meio da segmentação do setor de combustíveis, a desconstituição dessa segmentação é impedida pelo princípio da vedação ao retrocesso, quer em sua face genérica (invalidando o fim da separação sem que se proponha alternativa proporcional, visto que ela advém de ditame constitucional), quer em sua repercussão específica (proibindo a redução infraconstitucional do patamar já alcançado de positivação do direitos constitucionais à garantia do abastecimento nacional, à livre concorrência e à proteção ao consumidor).

Portanto, não nos parece em consonância com o princípio da vedação ao retrocesso a proposta aventada na TPC nº 3/2018 de permitir a verticalização do setor de combustíveis. Não obstante, a juridicidade da solução proposta encontra ainda outras máculas, a serem abordadas nos dois tópicos que se seguem.

VI Vício de motivação

Conforme mencionado no Tópico I, o Aviso de Tomada Pública de Contribuições nº 3/2018 dispõe expressamente em seus considerandos que a proposta *in casu* fundamenta-se nas recomendações do estudo do DEE intitulado "Repensando o setor de combustíveis: medidas pró-concorrência":

> Considerando que o Conselho Administrativo de Defesa Econômica (CADE) no período da greve dos caminhoneiros apresentou o estudo "Repensando o setor de combustíveis: medidas pró-concorrência" com as seguintes contribuições de caráter regulatório:
>
> (i) permitir que produtores de álcool vendam diretamente aos postos;
>
> (ii) repensar a proibição de verticalização do setor de varejo de combustíveis;
>
> (iii) extinguir a vedação à importação de combustíveis pelas distribuidoras;
>
> (iv) fornecer informações aos consumidores do nome do revendedor de combustível, de quantos postos o revendedor possui e a quais outras marcas está associado;
>
> (v) aprimorar a disponibilidade de informação sobre a comercialização de combustíveis para o aperfeiçoamento da inteligência na repressão à conduta colusiva.

---

de restrições estruturais, ao se impedir que diferentes elos de uma indústria estejam sob controle comum e (c) a separação operacional, quando embora sobre controle comum, a operação técnica de determinadas atividades se dá por um agente externo" (MONTES, Luís Maximino Otero. A indústria do gás no Brasil: a verticalização e os desafios ao desenvolvimento do setor. *In: Revista dos Tribunais*, a. 102, v. 931, p. 177-203, mai. 2013).

Ocorre que o referido documento traz unicamente reflexões e sugestões, isto é, elenca hipóteses regulatórias não assertivas a serem eventualmente estudadas pela Agência, de modo que há ônus motivacional para proposição das medidas aventadas pelo DEE, ônus do qual a ANP não se desincumbiu, ainda mais se considerando que a simples cogitação das medidas já gera grande insegurança em todos os agentes do setor.

De acordo com Wallace Paiva Martins Junior, "decorrência dos princípios da legalidade, transparência, controle e democracia, a motivação é marco de ruptura com o antigo modelo (autoritário, opaco e sigiloso) de Administração Pública, incompatível com o Estado Democrático de Direito – sedimentado na plena visibilidade dos motivos que orientaram a condução dos negócios públicos".[35] [36]

Nessa esteira, Diogo de Figueiredo Moreira Neto extrai o princípio da motivação primariamente do art. 93, X, da Constituição: "Todos os julgamentos dos órgãos do Judiciário serão públicos, e fundamentadas todas as suas decisões [...]". Raciocina que, se a fundamentação é exigida do Judiciário, o qual, em nosso sistema, é o principal órgão de controle, *a fortiori* deve sê-lo da Administração Pública, que é por essência controlável.[37]

Esteja explícito no art. 93, X, da Constituição Federal, esteja implícito no texto constitucional no que tange à Administração Pública, o princípio da motivação encontra-se também expresso na Lei de Processo Administrativo Federal (artigo 2º da Lei nº 9.784/99), que evidentemente se aplica aos atos administrativos de entes integrantes da Administração Indireta federal, como é o caso da ANP:

> Art. 2º. A Administração Pública obedecerá, dentre outros, aos princípios da legalidade, finalidade, motivação, razoabilidade, proporcionalidade, moralidade, ampla defesa, contraditório, segurança jurídica, interesse público e eficiência.

Exige-se ainda que a motivação seja expressa, clara e congruente:

> Art. 5º. Os atos administrativos deverão ser motivados, com indicação dos fatos e dos fundamentos jurídicos, quando:

---

[35] MARTINS JÚNIOR, Wallace Paiva. Tratado de direito administrativo: teoria e princípios do direito administrativo. PIETRO, Maria Sylvia Zanella Di (Coord.). *Tratado de direito administrativo*. São Paulo: Editora Revista dos Tribunais, 2014. v. 1, p. 464.

[36] Igualmente, Eduardo García de Enterría e Tomás-Ramón Fernández asseveram que o requisito de motivação "foi uma conquista tardia da doutrina, pois o absolutismo fazia da não motivação uma regra de prestígio [...], em último caso determinada pela natureza não necessariamente legal das sentenças, que se sustentavam, independentemente do seu conteúdo, na soberania direta do monarca, que podia criar em cada caso uma norma ou decisão específica, sem se submeter a Leis prévias" (GARCÍA DE ENTERRÍA, Eduardo; FERNÁNDEZ, Tomás-Ramón. *Curso de direito administrativo*, 1. (Revisor técnico Carlos Ari Sundfeld; Tradutor José Alberto Froes Cal). São Paulo: Editora Revista dos Tribunais, 2014. p. 566).

[37] "A obrigatoriedade de motivar decisões, tradicional no Direito Processual, geralmente expressa quanto aos atos decisórios jurisdicionais típicos do Poder Judiciário, estendeu-se, com a Carta de 1988, a seus próprios atos administrativos com características decisórias (art. 93, X). Por via de consequência, o princípio da motivação abrange as decisões administrativas tomadas por quaisquer dos demais Poderes, corolário inafastável do princípio do devido processo da lei. Com efeito, se o Poder Judiciário, a quem caberá sempre o controle final da juridicidade de qualquer decisão, está obrigado à motivação das suas decisões administrativas, com mais razão, a ela também estarão os Poderes Legislativo, Executivo e os órgãos constitucionalmente autônomos, cada um em suas respectivas decisões administrativas, pois só assim ficará garantida a efetividade do controle" (MOREIRA NETO, Diogo de Figueiredo. *Curso de direito administrativo*: parte introdutória, parte geral e parte especial. 16. ed. rev. e atual. Rio de Janeiro: Forense, 2014. p. 98).

I – neguem, limitem ou afetem direitos ou interesses;

II – imponham ou agravem deveres, encargos ou sanções;

III – decidam processos administrativos de concurso ou seleção pública;

IV – dispensem ou declarem a inexigibilidade de processo licitatório;

V – decidam recursos administrativos;

VI – decorram de reexame de ofício;

VII – deixem de aplicar jurisprudência firmada sobre a questão ou discrepem de pareceres, laudos, propostas e relatórios oficiais;

VIII – importem anulação, revogação, suspensão ou convalidação de ato administrativo.

§1º. *A motivação deve ser explícita, clara e congruente,* podendo consistir em declaração de concordância com fundamentos de anteriores pareceres, informações, decisões ou propostas, que, neste caso, serão parte integrante do ato.[38]

Conforme adiantamos, a motivação "não é um simples requisito meramente formal". Isto é, como aduzem Eduardo García de Enterría e Tomás-Ramón Fernández, o referido princípio não é atendido "com qualquer fórmula convencional; ao contrário, a motivação deve ser suficiente, isto é, deve fundamentar plenamente o processo lógico e jurídico que determinou a decisão".[39]

Portanto, não basta a mera indicação[40] a estudos não assertivos de outro ente para que atos administrativos estejam motivados, sobretudo quando tenham o potencial de afetar objetivos e direitos individuais, coletivos e difusos constitucionalmente tutelados, conforme salientado nos tópicos anteriores.

In casu, para que fosse proposta a liberação da verticalização, que incluiria a possibilidade de venda direta, no setor de combustíveis seria preciso o desenvolvimento do ônus argumentativo imposto pelo próprio DEE em suas considerações, isto é, estabelecendo congruência entre as sugestões da autarquia concorrencial, as normas jurídicas aplicáveis e a decisão exarada pelo administrador. Seria necessário, ademais, a criação de arcabouço regulatório específico prévio para impedir que a possibilidade de se autorizar a verticalização, inclusive a venda direta, resulte na total confusão ou imediata supressão de atividades da indústria do petróleo.

---

[38] Também o art. 50, §1º, da Lei nº 9.784/1999 prevê a necessidade de motivação expressa, clara e congruente: "Art. 50. Os atos administrativos deverão ser motivados, com indicação dos fatos e dos fundamentos jurídicos, quando: [...]. §1º A motivação deve ser explícita, clara e congruente, podendo consistir em declaração de concordância com fundamentos de anteriores pareceres, informações, decisões ou propostas, que, neste caso, serão parte integrante do ato".

[39] A motivação há de ser suficiente, não podendo ser tratada como mera formalidade. Nessa linha, Eduardo García de Enterría e Tomás-Ramón Fernández lecionam que este princípio "é um meio técnico de controle da causa do ato. Por isso não é um simples requisito meramente formal, mas de fundo [...]. O que se quer dizer é que a motivação não é atendida com qualquer fórmula convencional; ao contrário, a motivação deve ser suficiente, isto é, deve fundamentar plenamente o processo lógico e jurídico que determinou a decisão" (GARCÍA DE ENTERRÍA, Eduardo; FERNÁNDEZ, Tomás-Ramón. *Curso de direito administrativo, 1.* (Revisor técnico Carlos Ari Sundfeld; Tradutor José Alberto Froes Cal). São Paulo: Editora Revista dos Tribunais, 2014. p. 568).

[40] Segundo Maria Sylvia Zanella Di Pietro, "o princípio da motivação exige que a Administração Pública indique os fundamentos de fato e de direito de suas decisões" (DI PIETRO, Maria Sylvia Zanella. *Direito administrativo.* 30. ed. rev., atual. e ampl. Rio de Janeiro: Forense, 2017. Tópico 3.3.13).

Nesse sentido, o clássico José Carlos Vieira de Andrade leciona: "Como atuação jurídica, o ato administrativo tem de basear-se num 'processo lógico, coerente e sensato', de maneira que só pode aceitar-se como fundamentação um discurso racional, pelo menos um que não contenha erros de raciocínio evidentes. Note-se que a congruência se refere especialmente à relação entre a fundamentação e o conteúdo do ato, devendo ser uma consequência lógica daquela [...]".[41]

Observa-se, contudo, que a ANP lastreou a sua proposta *in casu* apenas nas competentes, porém genéricas e especulativas, sugestões do estudo do DEE "Repensando o setor de combustíveis: medidas pró-concorrência", sem dar seguimento aos pontos *in limine* ventilados pela autarquia concorrencial.

Ressalte-se que o DEE é enfático ao explanar que suas sugestões são meramente especulativas. A todo momento, o campo semântico invocado pelo estudo é tão somente o da possibilidade, da hipótese, sem que haja qualquer assertividade quanto às sugestões levantadas. Haveria, portanto, forte ônus motivacional à ANP em relação às propostas do DEE, como bem conclui o estudo, asseverando expressamente o caráter não vinculante de suas contribuições e não excludente de outras inúmeras possíveis alternativas:

> As presentes sugestões buscam contribuir com o debate já entabulado pelo 'Combustível Brasil' a respeito da necessidade de repensar o setor de combustível, buscando *auxiliar* na determinação das pautas de discussão e na avaliação sobre o diagnóstico a respeito de como tornar este setor melhor e mais eficiente.
>
> Essa tentativa de pautar estes temas na sociedade serve como sinalização a respeito de desenhos institucionais alternativos que *podem* melhorar a rivalidade do setor. *Talvez estes não sejam os únicos desenhos possíveis ou as melhores alternativas disponíveis. Também, é possível que se tenha a necessidade de considerar outras variáveis em um cenário mais amplo do ponto de vista social. Trata-se apenas de uma primeira tentativa de diálogo sobre estes assuntos.*
>
> Todavia, cumpre ressaltar que é dever institucional desta Autarquia apresentar *sugestões*, do ponto de vista da Política de Defesa da Concorrência, que possam, pelo menos, iniciar algum diálogo social sobre estes temas referidos, para, quiçá, diminuir o preço dos combustíveis no cenário nacional, em decorrência de um ambiente concorrencialmente saudável.[42]

Especificamente no que tange às contribuições invocadas pela ANP como fundamento da proposição da verticalização do setor de combustíveis – advindas unicamente de experiências alienígenas constantes no capítulo 3.II do documento, referentes, ressalte-se, apenas a desverticalização –, o DEE frisa que não foi feita "mensuração ou quantificação exata do impacto no preço final dos combustíveis".[43] Por fim, ressaltou a autarquia, "não há um estudo empírico para o caso brasileiro" (Grifamos).

Com fulcro na incipiência de lastro empírico na questão, concluiu o DEE especificamente quanto à verticalização que "obviamente [...] outros agentes (privados e públicos) podem ter compreensões distintas a respeito destes temas. Neste sentido,

---

[41] VIEIRA DE ANDRADE, José Carlos. *O dever da fundamentação expressa de actos administrativos*. Coimbra: Almedina, 1992. p. 233-234.
[42] CONSELHO ADMINISTRATIVO DE DEFESA ECONÔMICA – CADE. *Repensando o setor de combustíveis*: medidas pró-concorrência. Contribuições do CADE, mai. 2018. p. 34.
[43] CONSELHO ADMINISTRATIVO DE DEFESA ECONÔMICA – CADE. *Repensando o setor de combustíveis*: medidas pró-concorrência. Contribuições do CADE, mai. 2018. p. 4.

o DEE busca pautar estas discussões para gerar maior debate social a respeito destes desenhos institucionais, que, talvez, possam ser mais bem calibrados".[44]

É dizer: o principal estudo utilizado pela ANP para fundamentar a proposta de verticalização do setor de combustíveis conclui expressamente que suas contribuições seriam apenas um ponto de partida, devendo ser robustecidas por novos estudos, tendo em vista a considerável possibilidade de se concluir pelo oposto das soluções aventadas pelo DEE. A omissão *in casu* configura, pois, vício de motivação.

Destaque-se que a proposta em análise da ANP tem motivação, além de insuficiente, contraditória com pronunciamentos anteriores da própria Agência (e não por outros entes como o DEE): na Nota Técnica Conjunta nº 001/2018/SDL-SDR, a ANP enfatiza os diversos benefícios da proibição de venda direta de etanol aos postos de combustíveis, com argumentos que podem ser, na integralidade, aplicados à desverticalização no setor de maneira geral (cf. Tópico III, supra). Viola assim, juntamente com o princípio de motivação, o dever de coerência interna.[45]

A fim de que se construa uma regulação consentânea com as recomendações e ressalvas apontadas no estudo do DEE, o instrumento deveria ter sido precedido inclusive de estudos de impacto regulatório por parte da ANP previamente à tomada de decisão, ainda que preliminar, quanto ao melhor caminho a ser seguido, o que será objeto de comentários mais à miúde a seguir.

VII Ausência de análise de impacto regulatório

Conforme asseveramos no tópico acima, o estudo do DEE utilizado como fundamento para a proposta da ANP de verticalização do setor de combustíveis conclui que suas sugestões, preliminares, devem ser aprofundadas, amplamente debatidas antes de sua efetiva proposição, o que não ocorreu *in casu*.

A atuação da Administração Pública, nunca é demais rememorar, deve ser pautada pelos princípios da Motivação e da Eficiência, segundo os quais, cabe ao administrador motivar as suas decisões e essas serem sempre as mais eficientes a atender a finalidade pretendida, da forma menos onerosa possível, tanto para os direitos dos cidadãos como para o Erário público.

---

[44] CONSELHO ADMINISTRATIVO DE DEFESA ECONÔMICA – CADE. *Repensando o setor de combustíveis*: medidas pró-concorrência. Contribuições do CADE, mai. 2018. p. 5.

[45] "O problema pode ser encontrado em diversos aspectos das relações jurídico-administrativas, como ocorre nas situações, v.g., em que mais de um órgão ou mesmo entidade da Administração Pública possua competência para fiscalizar determinada conduta levada a efeito por um particular, ensejando a possibilidade de serem praticados atos administrativos conflituosos. Ou ainda nos casos em que a Administração, modificando sua interpretação, pratica ato incompatível com o anterior sem que tenha havido modificação no plano fático. Em casos como esses, referidos apenas a título de exemplo, aplica-se a teoria das autolimitações administrativas, que consubstancia a incidência do *nemo potest venire contra factum proprium* no âmbito da Administração Pública, impedindo que o Poder Público, ante os mesmos elementos de fato, adote entendimentos contraditórios ou em desacordo com os precedentes anteriormente firmados em sede administrativa" (FACCI, Lucio Picanço. A *Proibição de Comportamento Contraditório no Âmbito da Administração Pública*: a Tutela da Confiança nas Relações Jurídico-Administrativas. Disponível em: file:///C:/Users/Aragao/Downloads/a_proibicao_de_comportamento_contraditorio_luciopicanco.pdf. Acesso em 15 dez. 2018. Sobre o tema, ver também: ARAGÃO, Alexandre Santos. Teoria das autolimitações administrativas: atos próprios, confiança legítima e contradição entre órgãos administrativos. *Revista de Direito do Estado*, n. 4, Rio de Janeiro: Renovar, out./dez. 2006.

Nesse sentido, as agências reguladoras, dotadas que são, de maior capacidade institucional de decisões de natureza técnica, são obrigadas a demonstrar a razoabilidade de suas possíveis decisões, os seus prováveis custos diretos e indiretos, os benefícios esperados, e a razão pela qual não foram escolhidos outros meios para atingir ao mesmo propósito.

Na condição de agência técnica especializada no setor petrolífero, a ANP não teve atuação consentânea com os referidos princípios ao se abster de realizar quaisquer estudos técnicos mais aprofundados que embasassem a desregulação pretendida. Esse cenário é ainda mais grave tendo em conta (i) a recomendação categórica do DEE pela complementação de suas análises; e (ii) os potenciais efeitos da medida cogitada em direitos constitucionalmente tutelados, sendo a sua mera cogitação já sensível para a segurança dos investidores e agentes do setor.

Com efeito, paralelamente aos vícios de motivação esmiuçados no Tópico VI, seguiu-se também ação ineficiente da ANP, na medida em que não se preocupou em verificar se as medidas pretendidas teriam efetivamente o condão de bem realizar os fins colimados, ou mesmo se esses fins deveriam realmente ser prioritariamente perseguidos no setor de combustíveis.

Repise-se que o DEE asseverou faltarem dados empíricos para atestar os efeitos da verticalização no mercado brasileiro de combustíveis, o que não pode ser considerado irrelevante.

Tais questionamentos poderiam ser ao menos mitigados pela realização de eventual análise de impacto regulatório (AIR).

Segundo uma tradicional definição da OCDE, a análise de impacto regulatório é uma "ferramenta política sistemática utilizada para examinar e medir os benefícios, os custos e os efeitos prováveis de uma regulação nova ou já existente".[46]

A OCDE, inclusive, recomenda a realização de Avaliação do Impacto Regulatório (AIR) desde os estágios iniciais dos processos para a formulação de novas propostas de regulação.

Se assim não fosse, o regulador poderia, mesmo que ainda em uma fase de estudos, criar um ambiente de insegurança econômica e jurídica, tanto para as empresas que já atuam no mercado, quanto para novos investidores, quando apresenta sugestões ou coloca em discussão questões – como as apresentadas no TPC – que já haviam sido dirimidas e consolidadas pelo mercado e pela regulação setorial.

De fato, a realização de estudos prévios sobre o impacto de medidas regulatórias sobre a sociedade vem recebendo cada vez mais destaque nos debates relativos ao custo-benefício das ações regulatórias, demonstrando ser cada vez mais útil e necessária para a garantia de uma regulação proporcional e consentânea com os direitos constitucionais atingidos.

Floriano de Azevedo Marques Neto e Aline Lícia Klein enumeram de forma bastante didática diversas vantagens "associadas à regulação orientada pela avaliação de impacto regulatório, entre as quais se destacam o aprimoramento da qualidade regulatória; a melhor compreensão do problema ou do contexto econômico-social ao qual a regulação é endereçada; a estimativa realista dos custos envolvidos na regulação;

---

[46] OCDE. *Building an institutional framework for regulatory impact analysis*. 2008. Disponível em: https://www.oecd.org/gov/regulatory-policy/40984990.pdf. Acesso em 10 set. 2018.

o levantamento de informações úteis que viabilizam um conteúdo regulatório mais eficaz; o reconhecimento das alternativas regulatórias, com especial ênfase para os instrumentos em jogo na atividade de regulação; a viabilização do planejamento regulatório de longo prazo; e a conferência de eficiência às ações regulatórias".[47]

Partindo das mesmas premissas, já tivemos a oportunidade de observar em sede doutrinária que "a regulação econômica pode gerar efeitos negativos no desenvolvimento da economia, especialmente se aumentar desproporcionalmente os custos e a burocracia necessária à exploração das atividades econômicas, inibindo o desenvolvimento de pequenas e médias empresas, ou, ainda, indiretamente criando vantagens competitivas para algum participante do mercado, dentre outras coisas. Há o risco, também, de a regulação estatal apresentar-se desatualizada, morosa e excessiva, em prejuízo dos consumidores e empresários".[48]

Além dos possíveis vícios decorrentes de práticas regulatórias pouco ou não fundamentadas, fato é que toda medida regulatória impõe custos para o setor regulado e para a sociedade como um todo. Existem, aliás, estudos que podem dar uma noção de quão alto são os custos oriundos da regulação. Nos Estados Unidos, por exemplo, em 2001, a regulação correspondeu a um custo aproximado de 221 bilhões de dólares.[49]

Esse fato, como não poderia deixar de ser, foi reconhecido pelo Governo Federal, que, em junho de 2018, publicou, por intermédio do Comitê Interministerial de Governança, as Diretrizes Gerais e Guia Orientativo para Elaboração de Análise de Impacto Regulatório, documento resultante de um longo período de esforços do poder público federal em uniformizar uma disciplina de AIR na atividade regulatória das agências e, consequentemente, disseminar o uso do instrumento. Extrai-se do documento a seguinte passagem:

> A regulação é o instrumento por meio do qual o Estado intervém no comportamento dos agentes, de modo a promover aumento da eficiência, de segurança, crescimento econômico e ganhos de bem-estar social. Entretanto, se utilizada de modo arbitrário e desproporcional, pode gerar efeitos nocivos substanciais aos mercados e à sociedade como um todo, tais como: aumento do preço dos produtos ou serviços, queda de investimentos, barreiras à entrada, barreiras à inovação, altos custos de conformidade ao setor regulado, aumento dos riscos e distorções de mercado. Além disso, a regulação também impõe custos de fiscalização e monitoramento ao regulador. Assim, ela só deve ser criada quando sua existência é justificada. Reconhecendo os custos e consequências da má regulação, a maior parte dos países desenvolvidos tem dirigido esforços, desde o início da década de 90, à implementação de mecanismos e ferramentas para promover a melhoria da qualidade e do desempenho regulatório. [...] A AIR é um dos principais instrumentos voltados à melhoria da qualidade regulatória. Consiste num processo sistemático de análise baseado em evidências que busca avaliar, a partir da definição de um problema regulatório, os possíveis impactos das alternativas de ação disponíveis para o alcance dos objetivos

---

[47] KLEIN, Aline Lícia; MARQUES NETO, Floriano de Azevedo. *Tratado de direito administrativo*: funções administrativas do Estado. São Paulo: Editora RT, 2014. v. 4, p. 625-626.

[48] ARAGÃO, Alexandre Santos de. Análise de Impacto Regulatório – AIR. *Revista de Direito Públicos da Economia – RDPE*, n. 32, p. 9, out./dez. 2010.

[49] GUASCH, J. Luis; HAHN, Robert W. *The Costs and Benefits of Regulation*: Implication for Developing Countries. Disponível em: http://www.oecd.org/dataoecd/58/1/1898295.pdf. Acesso em 28 fev. 2011.

pretendidos. Tem como finalidade orientar e subsidiar a tomada de decisão e, em última análise, contribuir para que as ações regulatórias sejam efetivas, eficazes e eficientes.[50]

Ainda segundo as Diretrizes Gerais, "a AIR deve ser realizada sempre que a Agência Reguladora, órgão ou entidade da administração pública identificar um problema regulatório que possa demandar a adoção ou alteração de atos normativos ou algum outro tipo de ação com potencial de influir sobre os direitos ou obrigações dos agentes econômicos, de consumidores ou dos usuários dos serviços prestados pelas empresas do setor regulado".[51]

Ainda segundo as Diretrizes Gerais, "a AIR deve ser realizada sempre que a Agência Reguladora, órgão ou entidade da administração pública identificar um problema regulatório que possa demandar a adoção ou alteração de atos normativos ou algum outro tipo de ação com potencial de influir sobre os direitos ou obrigações dos agentes econômicos, de consumidores ou dos usuários dos serviços prestados pelas empresas do setor regulado".[52]

Ora, no caso concreto, acima de qualquer suspeita – e naturalmente por decorrência do fenômeno social da greve dos caminhoneiros – identificou-se problema regulatório cuja solução proposta almeja alterar, por via infralegal, toda a estrutura mercadológica do setor, assim delineada pela própria Constituição Federal, repercutindo imensamente sobre os direitos e obrigações dos agentes do mercado e da própria coletividade, titular do direito à garantia de abastecimento de combustíveis.

Em linha com as orientações da doutrina e do próprio Governo Federal, esse fato *per se* ensejaria a elaboração de AIR sobre a proposta aventada. Ocorre que o procedimento *a fortiori* deve ser realizado *in casu*, vez que o estudo do DEE que supostamente lastreia a medida determina expressamente que suas considerações são apenas iniciais, demandando cabal desenvolvimento e aprofundamento por parte do ente regulador. Não cabe à ANP "pular etapas" regulatórias, em contraposição às recomendações de quem primeiro mencionou, com muitas ressalvas, a admissão da verticalização do setor.

Ainda que o lançamento da TPC não signifique proposta de alteração normativa imediata, a mera colocação das sugestões para escrutínio público indica que a agência enxerga utilidade nas propostas, o que gera insegurança jurídica, pois inquina o desenho institucional atual do setor, acarretando em prejuízos concretos imediatos (suspensão de investimentos, perda de valor dos agentes listados, etc.). Por isso, o cuidado da agência

---

[50] CASA CIVIL. *Diretrizes Gerais e Guia Orientativo para Elaboração de Análise de Impacto Regulatório – AIR*. p. 19-21. Disponível em: http://www.casacivil.gov.br/regulacao/apresentacao-regulacao-pasta/comite-interministerial-de-governanca-aprova-as-diretrizes-gerais-e-roteiro-analitico-sugerido-para-analise-de-impacto-regulatorio-diretrizes-air-e-o-guia-orientativo-para-elaboracao-de-analise-de-impacto-regulatorio-guia-air/diretrizes_guia_air_cig_11junho2018.pdf. Acesso em 10 set. 2018.

[51] CASA CIVIL. *Diretrizes Gerais e Guia Orientativo para Elaboração de Análise de Impacto Regulatório – AIR*. p. 23. Disponível em: http://www.casacivil.gov.br/regulacao/apresentacao-regulacao-pasta/comite-interministerial-de-governanca-aprova-as-diretrizes-gerais-e-roteiro-analitico-sugerido-para-analise-de-impacto-regulatorio-diretrizes-air-e-o-guia-orientativo-para-elaboracao-de-analise-de-impacto-regulatorio-guia-air/diretrizes_guia_air_cig_11junho2018.pdf. Acesso em 10 set. 2018.

[52] CASA CIVIL. *Diretrizes Gerais e Guia Orientativo para Elaboração de Análise de Impacto Regulatório – AIR*. p. 23. Disponível em: http://www.casacivil.gov.br/regulacao/apresentacao-regulacao-pasta/comite-interministerial-de-governanca-aprova-as-diretrizes-gerais-e-roteiro-analitico-sugerido-para-analise-de-impacto-regulatorio-diretrizes-air-e-o-guia-orientativo-para-elaboracao-de-analise-de-impacto-regulatorio-guia-air/diretrizes_guia_air_cig_11junho2018.pdf. Acesso em 10 set. 2018.

deve ser o mesmo que ela teria ao propor mudanças concretas de normas (realizando AIR, p. ex.).

Note-se que a proposta já se insere dentro os possíveis mecanismos de planejamento estatal da economia previsto no art. 174 da CF, já devendo se submeter a todos os paradigmas materiais e procedimentais do Direito Administrativo Econômico.

O legislador também corrobora com a incidência desse verdadeiro novo paradigma do Direito Administrativo. A recente Lei nº 13.655/2018 alterou a Lei de Introdução às Normas do Direito Brasileiro, introduzindo importantes dispositivos consagradores de normas gerais de direito público, dentre os quais merece destaque, para os fins desta consulta, o novel art. 20:

> Art. 20. Nas esferas administrativa, controladora e judicial, não se decidirá com base em valores jurídicos abstratos sem que sejam consideradas as *consequências práticas da decisão*.
>
> Parágrafo único. A motivação demonstrará a *necessidade e a adequação da medida imposta* ou da invalidação de ato, contrato, ajuste, processo ou norma administrativa, *inclusive em face das possíveis alternativas*.

Em se tratando de agências reguladoras, cujas finalidades institucionais pressupõem a tomada de decisões técnicas complexas, é possível depreender do dispositivo supra que a adoção de medidas regulatórias com potenciais efeitos sobre direitos dos consumidores – tal qual a proposta veiculada no avido de TPC nº 3/2018 – deva ser necessariamente precedido da devida análise de impacto regulatório, que tenha esse *nonem juris* ou não.

Afinal, um dos motivos para a delegação de tantas competências às agências reguladoras, e um dos fatores que legitimam o poder normativo a elas conferido, é a sua especialidade nas matérias reguladas e o caráter técnico das suas atividades. Em sendo assim, a agência é obrigada a realizar estudos prévios à implementação de medidas a serem observadas pelo setor com vistas a (i) verificar se tais medidas serão adequadas para o atendimento dos fins visados; e (ii) se tais medidas se justificam, à luz de uma análise imparcial de custo-benefício, diante dos interesses por ela atingidos.

A imparcialidade regulatória, com efeito, é um dos mais importantes produtos dos estudos de impacto regulatório. Através dele, é possível racionalizar o processo decisório, evitando-se subjetivismos diversos, decisões fundadas em alegado "bom senso" ou "fatos notórios".

Como adiantamos acima, a necessidade de análise de impacto regulatório fortalece-se por expressa indicação do estudo do DEE utilizado como fundamento à medida aventada. É dizer: a fim de se evitar que as propostas da TPC nº 3/2018 sejam viciadas por cristalina incompletude na motivação – e mesmo contraditórias à luz dos atos do DEE –, seria necessária, por exemplo, a comparação com outras medidas em tese cogitáveis, objeto por excelência de uma AIR.

Em suma, à luz das contribuições deste tópico, a proposta de verticalização objetivada pela ANP é viciada por não ser lastreada em estudos técnicos quanto aos seus impactos (e sua própria necessidade face aos problemas que se quer combater), mesmo diante de recomendação do DEE para que assim se fizesse, e por não ter sido realizada prévia análise do custo-benefício das medidas sugeridas.

VIII Conclusões

O exposto no presente Parecer pode, sem de forma alguma prescindir de todo o seu texto, ser condensado por meio das seguintes assertivas objetivas, sempre pressupondo os fatos como narrados pela Consulente:
1) A partir da análise sistemática dos dispositivos constitucionais referentes ao setor de petróleo, gás natural e biocombustíveis, bem como da lei que os densificou – a Lei do Petróleo. É possível identificar o princípio implícito da segmentação das atividades.
2) Mais de um dispositivo pode gerar apenas uma norma. É justamente esse o caso do princípio da segmentação das atividades da cadeia econômica do petróleo, que decorre dos artigos 176, 177 e 238 da CF/88, tendo sido densificado pela estrutura conferida ao setor pela Lei do Petróleo.

Ao exigir uma concessão ou uma espécie de autorização para cada uma das diferentes atividades do setor, a Lei do Petróleo pressupõe requisitos e características próprias para cada uma das atividades. Permitir a verticalização irrestrita, que resulte na total confusão ou supressão de atividades específicas do setor, seria tornar todas essas autorizações fungíveis entre si, tornando iníquos os requisitos de cada uma delas.
3) A atuação segmentada, especificamente no setor dos combustíveis, maior efetividade da fiscalização e responsabilização de agentes desconformes, bem como a capilaridade das distribuidoras em todo o território nacional como forma de assegurar o abastecimento nacional de combustíveis, objetivo primordial da ANP no setor.
4) A garantia do abastecimento nacional de combustíveis é um objetivo e direito (individual, coletivo e difuso) constitucionalmente tutelados e fortemente reforçado pela legislação infraconstitucional.
5) Ademais, tendo em perspectiva os direitos constitucionalmente tutelados potencialmente afetados por uma completa verticalização do setor, como a garantia do abastecimento nacional, a livre concorrência e a própria proteção ao consumidor, a desconstituição dessa segmentação é impedida pelo princípio da vedação ao retrocesso, quer em sua face genérica (invalidando o fim da desverticalização sem que se proponha alternativa proporcional, visto que ela advém de ditame constitucional), quer em sua repercussão específica (proibindo a redução infraconstitucional do patamar já alcançado de positivação do direitos constitucionais à garantia do abastecimento nacional, à livre concorrência e à proteção ao consumidor).
6) Trata-se de proteção da eficácia e efetividade dos direitos e objetivos fundamentais em face de ações legislativas e, com ainda mais fortes razões, de ações meramente administrativas, infralegais, como aventa a ANP no caso concreto. Estaríamos diante de um retrocesso quanto à implementação de desideratos não apenas constitucionais, como também legais – da Lei do Petróleo.
7) O estudo "Repensando o setor de combustíveis: medidas pró-concorrência", de lavra do Departamento de Estudos Econômicos, que serve explicitamente de fundamento ao Aviso de TPC nº 3/2018, conclui expressamente que suas contribuições servem mais como forma de estimular o debate sobre o tema, no

bojo da crise que se vivenciou no setor nos idos de maio deste ano, devendo ser robustecidas por novos estudos, tendo em vista a considerável possibilidade de se concluir pelo oposto das soluções aventadas pelo DEE – com o que padece de vício de motivação a alteração normativa proposta.

8) A proposta em análise da ANP apresenta motivação, além de insuficiente, contraditória com pronunciamentos anteriores da própria Agência (e não por outros entes como o DEE): na Nota Técnica Conjunta nº 001/2018/SDL-SDR, a ANP enfatiza os diversos benefícios da proibição de venda direta de etanol aos postos de combustíveis, com argumentos que podem ser, na integralidade, aplicados à desverticalização no setor de maneira geral (cf. Tópico III, supra). Viola assim, juntamente com o princípio de motivação, o dever de coerência interna.

9) A proposta de alteração normativa analisada também se desarmoniza com o ordenamento jurídico por não ter sido precedida de prévio estudo de impacto regulatório, mormente quando, conforme salientado acima, são inequívocas as recomendações do DEE nesse sentido.

É o parecer.

REGIME DE CONTRATAÇÃO E ESTOCAGEM COMPULSÓRIAS DE COMBUSTÍVEL[*]

Sumário

I   A consulta
II   Breve histórico sobre a produção, distribuição e revenda de etanol no Brasil e o seu atual marco regulatório
III   Natureza jurídica das atividades de produção, distribuição e revenda de etanol
III.1   O princípio da livre iniciativa nas atividades privadas regulamentadas
IV   Inconstitucionalidades da estocagem compulsória de etanol anidro prevista no inciso I do artigo 8º, §único, da Lei nº 9.478/97, acrescentado pela Lei nº 12.490/11
IV.1   Ofensa ao princípio da livre iniciativa
IV.2   Requisição administrativa por via transversa
IV.3   Ofensa ao artigo 174 da constituição
IV.4   Violação ao princípio da proporcionalidade
V   Inconstitucionalidades da resolução nº 67/2011
V.1   Contratação compulsória violadora da livre iniciativa
V.2   Previsão desproporcional de contrato coativo
V.3   Inadequação da penalidade de suspensão da comercialização de combustível
V.4   Assimetria regulatória violadora do princípio da igualdade
V.5   Violação do princípio da motivação
VI   Ilegalidades da resolução ANP nº 67/2011
VI.1   Violação da pluralidade de instrumentos
VI.2   Inexistência de base econômica sustentável da medida
VI.3   Violação do artigo 6º da Lei nº 9.847/99
VII   Considerações finais: o retorno à "era dos institutos"
VIII   Conclusões

---

[*]   Parecer elaborado em 16.01.2011.

I A consulta

Trata-se de solicitação de parecer acerca da constitucionalidade e legalidade do regime jurídico do etanol anidro combustível.

Em 16.09.2011 foi editada a Lei nº 12.490/2011, que promoveu diversas alterações na Lei nº 9.478/97 para que passasse a albergar regras e princípios concernentes à indústria dos biocombustíveis e fontes renováveis de energia.

Com base nessas disposições, a Agência Nacional do Petróleo, Gás Natural e Biocombustíveis – ANP editou a Resolução nº 67, de 09.12.2011, instituindo, por exemplo, a contratação compulsória entre distribuidores e produtores de etanol anidro combustível e a manutenção de estoques mínimos de combustíveis e biocombustíveis para garantir o abastecimento nacional.

Segundo narra a Consulente, tais medidas trouxeram grande preocupação, tendo em vista que o novo marco regulatório alterará significativamente a dinâmica do mercado atual, desequilibrando econômica-financeiramente a relação entre produtores e distribuidores pelo potencial aumento do preço final do etanol anidro. Informa, ainda, a Consulente, que haverá profundas alterações no mercado *spot*, fundamental para garantir o atendimento da volatilidade da demanda e para precificação dos contratos existentes, já que, "com a baixa liquidez do mercado spot, o índice ESALQ-SP do anidro perderá sua confiabilidade, pelo maior risco de manipulação", inexistindo outro indicador que possa substituí-lo a curto prazo.

Em acréscimo, informa que "a eventual postergação da confirmação das cotas de gasolina A poderá comprometer, mesmo que temporariamente, o abastecimento de gasolina C" e que "a penalidade imposta ao Distribuidor pelo não atingimento das metas colocará em sério risco sua atividade econômica e comprometerá os contratos existentes com seus clientes".

Diante disso, consulta-nos quanto à constitucionalidade da Lei nº 12.490/2011 e da Resolução nº 67/2011, bem como quanto à legalidade desta última, especialmente no que concerne à manutenção de estoques mínimos e contratação compulsória entre distribuidores e produtores de etanol, o que passamos, do ponto de vista estritamente jurídico e sempre com base nas informações fornecidas pela Consulente relatadas ao longo do texto, a analisar.

II Breve histórico sobre a produção, distribuição e revenda de etanol no Brasil e o seu atual marco regulatório

O desenvolvimento do setor sucroalcooleiro no Brasil remonta à época colonial, afigurando-se, desde então, a agroindústria canavieira, como um dos expoentes da economia nacional.

O etanol, ou álcool etílico, produto derivado da cana-de-açúcar, vem sendo incentivado no país desde o início do século XX como combustível para geração de energia, sobretudo na indústria automobilística. Em 1927, a Usina Serro Grande de

Alagoas lançou no Nordeste o álcool-motor "USGA", sendo, posteriormente, copiada por produtores das principais regiões canavieiras do país àquele tempo, como São Paulo, Rio de Janeiro, Pernambuco e do próprio estado de Alagoas.[1][2]

Em fevereiro de 1931, foi formalizada uma política oficial de incentivo à indústria do etanol, mediante edição, pelo então Presidente Getúlio Vargas, do Decreto nº 19.717, obrigando à mistura de 5% de álcool etílico na gasolina importada (art. 1º)[3] e estabelecendo, ainda, que "os automóveis de propriedade ou a serviço da União, dos Estados e dos Municípios, sempre que for possível, deverão consumir álcool ou, na falta deste, carburante que contenha, pelo menos, álcool na proporção de 10%" (art. 9º).

Em agosto daquele mesmo ano foi criada uma Comissão de Estudos sobre o Álcool-motor e, em novembro de 1932, editou-se o Decreto nº 22.152, que passou limitar a produção do açúcar, face à crise de superprodução, e estimular a produção de álcool anidro carburante.[4]

A ingerência governamental no setor aprofundou-se após a criação do Instituto do Açúcar e do Álcool – IAA em 1933,[5] que, usando de prerrogativas de *jus imperii*,

---

[1] PROÁLCOOL. *História da indústria sucroalcooeira*. Disponível em: http://www.biodieselbr.com/proalcool/historia/proalcool- Indústria -sucroalcooeira.htm. Acesso em 28 dez. 2011.

[2] Nos dizeres de Sílvio Carlos Bray *et al.*, "a produção do álcool no Brasil, antes do PROÁLCOOL, era o resultado natural da Industrialização açucareira, uma vez que o álcool residual ou álcool de melaço é um subproduto da fabricação de açúcar" (BRAY, Sílvio Carlos; FERREIRA, Enéas Rente; RUAS, Davi Guilherme Gaspar. *As Políticas da Agroindústria Canavieira e o PROÁLCOOL no Brasil*. Marília: Universidade Estadual Paulista – UNESP. Marília Publicações, 2000. p. 1).

[3] "Art. 1º A partir de 1 de julho do corrente ano, o pagamento dos direitos de importação de gasolina somente poderá ser efetuado, depois de feita a prova de haver o importador adquirido, para adicionar à mesma, álcool de procedência nacional, na proporção mínima de 5% sobre a quantidade de gasolina que pretender despachar, calculada em álcool a 100%. Até 1 de julho do 1932, tolerar-se-á a aquisição de álcool de grau não inferior a 96 Gay Lusac a 15º C., tornando-se obrigatória, dessa data em diante, a aquisição de álcool absoluto (anhydro)".

[4] BRAY, Sílvio Carlos; FERREIRA, Enéas Rente; RUAS, Davi Guilherme Gaspar. *As Políticas da Agroindústria Canavieira e o PROÁLCOOL no Brasil*. Marília: Universidade Estadual Paulista – UNESP. Marília Publicações, 2000. p. 7.

[5] Decreto nº 22.789/33: "Art. 4º Incumbe ao Instituto do Assucar e do Alcool: a) assegurar o equilibrio interno entre as safras anuais de cana e o consumo de assucar, mediante aplicação obrigatoria de uma quantidade de materia prima, á determinar, ao fabrico do alcool; b) fomentar a fabricação do alcool anidro, mediante a instalação de distilarias centrais nos pontos mais aconselhaveis ou auxiliando, nas condições prévistas neste decreto e no regulamento a ser expedido, as cooperativas e sindicatos de uzineiros que, para tal fim se organizarem, ou os uzineiros individualmente, a instalar distilarias ou melhorar suas instalações atuais; c) estimular a fabricação de alcool anidro durante todo o ano, mediante a utilização de quaisquer outras materias primas, (além da cana), de acôrdo com as condições economicas de cada região; d) sugerir aos Governos da União e dos Estados toda a medidas que dêles dependerem e forem julgadas necessárias para melhorar os processos de cultura, de beneficiamento e de transporte, interessando á Indústria do assucar e do alcool; e) estudar a situação estatistica e comercial do assucar e do alcool, bem como os preços correntes nos mercados brasileiros, apresentado trimestralmente um relatorio a respeito; f) organizar e manter, ampliando-o a medida que se tornar possivel, um serviço estatistico, interessando á lavoura de cana e a Indústria do assucar e do alcool nas suas diversas fase; g) propor ao Ministerio da Fazenda as taxas, e impostos que devam ser aplicados ao assucar ou ao alcool de diferentes gráus; h) formular as bases dos contratos a serem celebrados com os sindicatos, cooperativas, emprezas e particulares para a fundação de uzinas de fabricação de alcool anidro ou para instalação ou melhor aparelhamento de distilarias nas uzinas de assucar, tomadas sempre as necessárias garantias; i) determinar, periodicamente, a proporção de alcool a ser desnaturado em cada uzina, assim como a natureza ou formula do desnaturante; j) estipular a produção de alcool anidro que os importadores de gazolina deverão comprar por seu intrmedio, para obter despacho afandegario das partidas de gazolina recebidas; k) adquirir, para fornecimento ás companhias importadoras de gazolina, todo alcool a que se refere a letra j; l) fixar os preços de venda do alcool anidro destinado ás misturas carburantes e, bem assim, o preço de venda destas aos consumidores; m) examinar as fórmulas dos tipos de carburantes que pretenderem concorrer ao mercado, autorizando sómente os que foram julgados em condições de não prejudicar o bom funcionamento, a conservação e o rendimento dos

impunha as diretrizes do poder estatal na lógica do mercado, coordenando os fatores da produção, venda e revenda do etanol, inclusive mediante a imposição de cotas de produção e controle de preços, e fornecendo financiamentos e isenções tributárias a destilarias anexas às usinas de açúcar,[6] ratificando uma política estatal intervencionista na economia iniciada com a Revolução de 1930[7] e consolidada na Carta Constitucional de 1934.[8]

Segundo lecionam Sílvio Bray et al., "o Instituto do Açúcar e do Álcool visava fundamentalmente, além da questão açucareira, o problema da intervenção e controle da economia alcooleira, influenciando desde os preços até a comercialização, assistência técnica e financeira aos usineiros interessados na produção do álcool anidro carburante".[9]

---

motores; n) instalar e manter onde e si julgar convenientes, bombas para fornecimentos de alcool-motor ao público; o) fornecer, por intermedio do orgão competente, os técnicos solicitados pêlas repartições aduaneiras para medida de toda gazolina importada a granel, sem outro onus para as emprezas de gazolina além da taxa de dois réis papel por quilograma de gazolina importada, de que trata o art. 14 do Decreto nº 20.356, de 1 de setembro de 1931, ficando assegurada ao Instituto do assucar e do Alcool uma subvenção equivalente á arrecadação daquella taxa prevista no orçamento em vigor; p) apresentar anulamente um relatorio da atividade desenvolvida, detalhando as operações realizadas com o banco ou consorcio bancario, com relação ao warrantagem de assucar, á situação do comércio assucareiro, ás operações realizadas com particulares para instalação de distilarias e tudo quanto se refire á fundação ou financiamento das distilarias centrais".

[6] PROÁLCOOL. História da indústria sucroalcooeira. Disponível em: http://www.biodieselbr.com/proalcool/historia/proalcool- Indústria -sucroalcooeira.htm. Acesso em 28 dez. 2011.

[7] É com a Era Vargas (1930-1945) que se inaugura, no país, uma real política econômica dirigista voltada a impulsionar o desenvolvimento nacional. Antes, no Império e na República Velha, o que havia, na verdade, era uma política de não políticas, imperando a liberdade do mercado e dos particulares, no modelo abstencionista característico daquela época.
A partir da Revolução de 1930, marco primeiro do modelo estatizante brasileiro do século vinteno, passa-se a um processo crescente de absorção da gestão de serviços públicos e atividades econômicas *stricto sensu* pelo Estado, de publicização dos recursos naturais e normatização intensa sobre o mercado.

[8] A Carta de 1934 constitucionalizou diversas obrigações e prerrogativas intervencionistas e estatizantes do poder público, outorgando, no seu artigo 5º, à União, a competência para manter o serviço de correios (inciso VII), explorar diretamente ou via concessão os serviços de telégrafos, radiocomunicação, navegação aérea e das linhas férreas de ligação direta entre portos e fronteiras (inciso VIII), estabelecer o plano nacional de viação férrea e de estradas de rodagem (inciso IX), fiscalizar as operações bancárias, securitárias e de caixas econômicas particuladas (inciso XIII), assim como legislar sobre comércio exterior e interestadual, instituições de crédito, câmbio e transferência de valores para fora do país, normas gerais sobre o trabalho, a produção e o consumo – com o poder de, inclusive, estabelecer limitações exigidas pelo bem público ao exercício destas atividades econômicas (inciso XIX, alínea 'i'). Introduziu, ainda, Capítulo inteiro concernente à Ordem Econômica, valendo-se destacar os seguintes preceitos: "Art. 116 – Por motivo de interesse público e autorizada em lei especial, a União poderá monopolizar determinada indústria ou atividade econômica, asseguradas as indenizações, devidas, conforme o art. 112, nº 17, e ressalvados os serviços municipalizados ou de competência dos Poderes locais. Art. 117 – A lei promoverá o fomento da economia popular, o desenvolvimento do crédito e a nacionalização progressiva dos bancos de depósito. Igualmente providenciará sobre a nacionalização das empresas de seguros em todas as suas modalidades, devendo constituir-se em sociedades brasileiras as estrangeiras que atualmente operam no País. [...] Art. 119 – O aproveitamento Indústria l das minas e das jazidas minerais, bem como das águas e da energia hidráulica, ainda que de propriedade privada, depende de autorização ou concessão federal, na forma da lei. §1º – As autorizações ou concessões serão conferidas exclusivamente a brasileiros ou a empresas organizadas no Brasil, ressalvada ao proprietário preferência na exploração ou co-participação nos lucros. [...] §4º – A lei regulará a nacionalização progressiva das minas, jazidas minerais e quedas d'água ou outras fontes de energia hidráulica, julgadas básicas ou essenciais à defesa econômica ou militar do País. [...]".

[9] BRAY, Sílvio Carlos; FERREIRA, Enéas Rente; RUAS, Davi Guilherme Gaspar. *As Políticas da Agroindústria Canavieira e o PROÁLCOOL no Brasil*. Marília: Universidade Estadual Paulista – UNESP. Marília Publicações, 2000. p. 8-9.

O sucesso das primeiras medidas intervencionistas no setor levou ao enrijecimento do controle governamental, ampliando-se as competências fiscalizatórias e regulatórias do IAA com o Decreto nº 23.664 de 29.12.1933, que estabeleceu o seguinte:

> Art. 3º O álcool-motor só poderá sair das fábricas com observância das seguintes regras:
>
> I) destinado ao Instituto do Açúcar e do Álcool, aos fabricantes de misturas carburantes cujas fórmulas haja aprovado e aos comerciantes autorizados de álcool-motor;
>
> II) desnaturado com 5% de gasolina, ou outro desnaturante que o Ministério da Fazenda determinar, por indicação do Instituto do Açúcar e do Álcool; [...]
>
> Art. 10. Todos os fabricantes de aguardente, de álcool de açúcar e de rapaduras são obrigados a inscrever suas fabricas no Instituto do Açúcar e do Álcool. A inscrição é gratuita e se fará mediante simples preenchimento da ficha adequada (modêlo 3) e considera-se feita quando esta fôr entregue, à repartição arrecadadora respectiva [...]
>
> Art. 12. O Instituto de Açúcar e do Álcool, sempre que julgar necessário, fixará quotas que cada usina terá de lhe ceder compulsoriamente de sua produção de álcool, para serem empregadas no desenvolvimento e propaganda do carburante nacional, mediante preço ajustado entre os dois, baseado no de custo, adicionado de razoável percentagem de lucro.
>
> Art. 13. O Instituto do Açúcar e do Álcool, quando possuir stock disponível de álcool anidro, pô-lo-á à disposição dos importadores de gasolina que tenham obrigação de o adquirir, mediante preço que julgar razoável. Na proposta fixará o Instituto de Açúcar e do Álcool o prazo dentro do qual deverá ser ela aceita ou recusada. Nesta última hipótese e o importador de gasolina obrigado a provar a aquisição de álcool anidro em quantidade igual à que lhe fôra oferecida.

No período que se seguiu à Segunda Guerra Mundial, aprofundou-se o dirigismo do Governo brasileiro, declarando o Decreto-Lei nº 4.722/42 a indústria alcooleira como de interesse nacional e estabelecendo garantias de preço para o álcool e para a matéria prima destinada à sua fabricação. Além disso, "no ano de 1942, o IAA passou a adotar várias medidas que resultaram num verdadeiro 'plano de economia de guerra'. [...] Nesse contexto, o IAA passou a comercializar todo o tipo de álcool fabricado no país e criou o Plano de Desenvolvimento do Álcool. Esse Plano garantia o crescimento da produção do álcool anidro e o abastecimento do álcool hidratado no país. [...] A partir de 1944, a produção de álcool passou a ter os seus Planos de Defesa, separados dos da produção açucareira".[10]

Com a edição do Decreto nº 25.174-A/48, positivou-se que "o Instituto do Açúcar e do Álcool promoverá as medidas necessárias ao fomento da produção alcooleira nacional, visando o desenvolvimento da indústria de fabricação do álcool anidro para fins carburantes e a expansão do consumo do álcool motor, no país, tendo como objetivo "a) a utilização da capacidade industrial do parque alcooleiro nacional no aproveitamento dos excessos existentes de matéria prima, tendo em vista as possibilidades da aplicação do álcool anidro na mistura com a gasolina e o consumo de todos tipos de álcool; b) a melhoria e elevação dos padrões técnicos da produção de álcool de todos os tipos;

---

[10] BRAY, Sílvio Carlos; FERREIRA, Enéas Rente; RUAS, Davi Guilherme Gaspar. *As Políticas da Agroindústria Canavieira e o PROÁLCOOL no Brasil*. Marília: Universidade Estadual Paulista – UNESP. Marília Publicações, 2000. p. 14.

c) a instalação de tanques em pontos adequados, para o estocamento de melaços e do álcool produzido, por forma assegurar a necessária continuidade de fabricação e de estocamento do produto; d) a aquisição de carros e tanques de outros meios de transporte, a fim de garantir condições satisfatórias para escoamento do produto, especialmente o destinado à mistura carburante; e) a melhora das instalações e dos recursos destinados à realização e distribuição das misturas nos atuais centros onde são realizadas essas operações e aparelhamento de novos centros de mistura que venham a ser criados, tendo-se em vista a conveniência econômica de cada região produtora e do consumo" (art. 1º), estabelecendo-se, ademais, que somente as fábricas que dessem cumprimento aos planos de produção de álcool organizados pelo IAA teriam direito aos preços estabelecidos para o álcool pelo mencionado Decreto (art. 4º).

Portanto, todo o ciclo do etanol, desde o cultivo da cana até a venda do combustível no mercado interno e externo, era diretamente controlado pelo governo, a quem incumbia manter estoques do produto para fins de garantia do abastecimento e estabilização do mercado.

A partir dos anos 60, o governo brasileiro passou a dar ênfase à exportação do açúcar,[11][12] arrefecendo um pouco o crescimento da produção alcooleira.[13]

Não obstante, o controle do Estado sobre as etapas da produção do açúcar e do álcool subsistiu sistematizado pela Lei nº 4.860/1965, que, dentre outras previsões, dispunha que "o I.A.A. poderá fixar nos seus Planos Anuais de Safra, uma quota de retenção de até 20% (vinte por cento) da produção de açúcar, para a constituição de um estoque regulador do abastecimento dos centros consumidores, estabilização dos preços no mercado interno e cumprimento de acordos internacionais" (art. 5º), esclarecendo, contudo, que os estoques deveriam ser mantidos e custeados pelo Governo (§1º).[14]

Previu, também, a legislação, que o preço da cana fornecida em cada Estado às usinas seria fixado por ocasião do Plano de Safra, com controle pelo IAA (arts. 10 a 14), vedando-se a transferência do açúcar de uma região para outra de preços diferentes de venda sem autorização do Instituto, com vista à proteção da produção açucareira, assegurar os interesses do fornecedor de cana, garantir o abastecimento do mercado interno e evitar o abuso do poder econômico e o eventual aumento arbitrário dos lucros (art. 14, §1º).

A planificação do setor fez-se sentir de forma ainda mais intensa através do estabelecimento de regras bastante rígidas e detalhadas[15] atinentes a cada uma das

---

[11] ANDRADE, Manuel Correia de. Comércio internacional e Industrialização do Nordeste. *Boletim Paulista de Geografia*, n. 51, p. 20-21, jun. 1976.

[12] Denotam o redirecionamento da política estatal brasileira a criação, em 22.06.1961, da Divisão de Exportação no IAA (Decreto nº 50.818/61) e, em 17.11.61, do Fundo de Consolidação e Fomento da Agroindústria Canavieira, visando à criação das condições para o surto das vendas brasileiras de açúcar no exterior.

[13] "Nas décadas de 1950 e 1960, porém, o álcool como carburante tornou-se menos interessante, tanto para o governo como para o empresariado do setor. Reduziu-se sensivelmente o percentual da mistura, atingindo, no início da década de 1970, 2,9% em todo o país e 7% na cidade de São Paulo" (PROÁLCOOL. *História da indústria sucroalcooeira*. Disponível em: http://www.biodieselbr.com/proalcool/historia/proalcool- Indústria -sucroalcooeira.htm. Acesso em 28 dez. 2011).

[14] "§1º O estoque de retenção a que se refere este artigo será financiado pelos estabelecimentos oficiais de crédito, por órgãos supletivos de abastecimento, ou, mediante ajuste, pelos órgãos internacionais de financiamento".

[15] O Decreto-Lei nº 16, de 06.08.1966, já previa infrações diversas passíveis relativas ao setor sucroalcooleiro, a saber: "Art. 1º Constitui crime: a) Produzir açúcar acima de quota autorizada no Plano Anual de Safra do Instituto do Açúcar e do Álcool (art. 3º, §5º, da Lei nº 4.870, de 1.12.1965); b) Produzir açúcar em fábrica clandestina, na

etapas de produção do setor sucroalcooleiro. Como exemplo, a obrigação das usinas de receberem os contingentes totais de cada fornecedor de acordo com as cotas aprovadas pelo IAA (art. 15) e submeterem ao órgão de classe dos fornecedores, com antecedência mínima de 30 dias antes do início da safra, o plano de recebimento da cana (art. 16); o estabelecimento de planos de operações de exportação pelo IAA, "dispondo sobre a padronização de tipos e estabelecendo quais as regiões e Estados que, em face das necessidades de escoamento de sua produção, podem realizar as exportações, distribuindo as respectivas quotas entre as usinas que ofereçam melhores condições técnicas e econômicas, de realizá-las" (art. 39), referente ao açúcar e demais produtos e subprodutos da cana, inclusive o álcool (§único, art. 39); e a vedação de instalação de usinas no País com quota de produção inferior a 100.000 (cem mil) sacos (art. 40).

Além disso, a Lei nº 4.870/65 e as políticas públicas subsequentes acabaram por facilitar e estimular a fusão e incorporação de usinas, extirpando os pequenos produtores e legalizando os mecanismos de concentração de terras e rendas no setor agroindustrial canavieiro nacional.[16]

Todas estas medidas foram lastreadas por uma conjuntura política e um arcabouço constitucional propensos à intervenção direta do Estado na economia, ampliando as ditatoriais Carta de 1967 e Emenda Constitucional nº 01/69 os instrumentos de ingerência na Ordem Econômica.[17]

Após a crise petrolífera no início dos anos 70 e a queda no preço do açúcar no mercado internacional, a pressão política dos produtores de cana de açúcar e usineiros acabou por direcionar[18] o Governo Federal à criação de um novo plano de incentivo ao álcool combustível.

---

forma estabelecida nos arts. 20, 22 e 30 do Decreto-Lei nº 1.831, de 4.12.1939; c) Dar saída ou receber açúcar desacompanhado da nota de remessa ou de entrega, conforme o disposto na alínea *b*, do art. 60 do Decreto-Lei nº 1.831, de 4.12.1939; d) Dar saída, transportar ou embarcar açúcar com inobservância do art. 31 e seus parágrafos e art. 33 do Decreto-Lei nº 1.831, de 4.12.1939; e) Dar saída a açúcar além das quotas mensais de comercialização deferidas às cooperativas de produtores e usinas não cooperadas, com inobservância do contingente e dos prazos estabelecidos pelo Instituto do Açúcar e do Álcool (art. 51, §2º, da Lei nº 4.870); f) Dar saída a álcool, recebê-lo ou transportá-lo sem a prévia autorização do I.A.A. desacompanhado da Nota de Expedição de Álcool, com infração das disposições constantes dos arts. 1º, 2º, 3º e 4º, do Decreto-Lei nº 5.998, de 18.11.1943; Pena: Detenção de seis (6) meses a dois (2) anos. Parágrafo único. Em igual pena incorrerá todo aquêle que, de qualquer modo, concorrer para o crime previsto neste artigo".

[16] BRAY, Sílvio Carlos; FERREIRA, Enéas Rente; RUAS, Davi Guilherme Gaspar. *As Políticas da Agroindústria Canavieira e o PROÁLCOOL no Brasil*. Marília: Universidade Estadual Paulista – UNESP. Marília Publicações, 2000. p. 45.

[17] A exemplo dos artigos 8º, 160 e 163 da Constituição de 1967, com redação alterada pela Emenda Constitucional nº 01/69: "Art. 8º Compete à União: [...] V – planejar e promover o desenvolvimento e a segurança nacionais"; "Art. 160. A ordem econômica e social tem por fim realizar o desenvolvimento nacional e a justiça social, com base nos seguintes princípios: [...] §1º – Para os fins previstos neste artigo a União poderá promover a desapropriação da propriedade territorial rural, mediante pagamento de justa indenização [...] Art. 163. São facultados a intervenção no domínio econômico e o monopólio de determinada indústria ou atividade, mediante lei federal, quando indispensável por motivo de segurança nacional ou para organizar setor que não possa ser desenvolvido com eficácia no regime de competição e de liberdade de iniciativa, assegurados os direitos e garantias individuais".

[18] "Reconhecidamente, a principal razão do Proálcool foi o aumento dos preços do petróleo no mercado internacional, em 1973 e 1979, que demandaram ações eficazes por parte do governo na substituição do petróleo e de seus derivados na matriz energética nacional. À época das crises, os especialistas previam que os preços do petróleo iriam continuar a crescer nos anos seguintes e o Brasil, que passava por um período de notável crescimento econômico, tinha grande dependência externa de petróleo. Contudo, outros fatores convergiram para o estabelecimento do Proálcool ao longo da década de 1970 (OLIVEIRA, J. A. P. The policymaking process for creating competitive assets for the use of biomass energy: the Brazilian alcohol programme. *Renewable &*

É neste contexto que surge o Pró-Álcool (Decreto nº 76.593/75), criando uma política estatal "com especial ênfase no aumento da produção agrícola, da modernização e ampliação das destilarias existentes e da instalação de novas unidades produtoras, anexas a usinas ou autônomas, e de unidades armazenadoras" (art. 2º), e garantindo preço tabelado pelo Conselho Nacional do Petróleo (art. 7º),[19] inclusive através de subsídios do governo (art. 9º).[20]

Nessa esteira, em 1979, foram criados (Decreto nº 83.700) o Conselho Nacional do Álcool – CNAL, com a finalidade de formular a política e fixar as diretrizes do Programa Nacional do Álcool – PROÁLCOOL, e a Comissão Executiva Nacional do Álcool – CENAL, a quem competiam, respectivamente, "I – compatibilizar as participações programáticas dos órgãos, direta ou indiretamente, vinculados ao PROÁLCOOL, objetivando a expansão da produção e da utilização do álcool; II – apreciar, acompanhar e homologar a ação dos órgãos e entidades da administração pública, relacionada com a execução do PROÁLCOOL; III – definir a produção anual dos diversos tipos de álcool, especificando o seu uso; IV – definir os critérios gerais, que deverão ser observados pela Comissão Executiva Nacional do Álcool, para enquadramento dos projetos de modernização, ampliação e implantação de destilarias, observados, especialmente, os seguintes aspectos: A) módulos econômicos de produção; B) níveis, global e unitário, de investimentos; C) disponibilidade e adequação de fatores de produção para as atividades agrícola e industrial; D) centros de consumo; E) custos de transporte e de tancagem; F) infraestrutura viária, de armazenagem e de distribuição; G) redução das disparidades regionais de renda; V – definir os critérios gerais de localização, a serem observados na implantação de unidades armazenadoras; VI – propor ou deferir, quando for o caso, a concessão de incentivos para o desenvolvimento do PROÁLCOOL; VII – propor ao Conselho Monetário Nacional bases e condições de financiamentos a serem concedidos; VIII – acompanhar e avaliar o desenvolvimento do PROÁLCOOL, adotando ou propondo medidas para a correção de desvios eventualmente detectados;

Sustainable Energy Reviews, p. 129-140, v. 6, 2002): (1) a crise por que passava a indústria sucroalcooleira, em virtude da sobreoferta de açúcar, e consequente queda dos preços, no mercado internacional. Os grupos ligados a essa indústria intensificaram o lobby por políticas agressivas a favor do álcool combustível para que ele pudesse atuar no equilíbrio econômico do setor em tempos de crise no mercado do açúcar; (2) o interesse estratégico dos militares, que governavam o país na época, em desenvolver suprimentos seguros e autossuficientes de combustíveis como fator de segurança nacional; (3) o avanço, nos centros nacionais, das pesquisas sobre produção e uso de álcool combustível; (4) a boa aceitação do programa pela população, amedrontada pela crise de preços dos derivados de petróleo. Destaque importante deve ser dado à forte influência exercida pelo setor sucroalcooleiro no estabelecimento da política do álcool combustível, aliás, fato sentido desde 1931. Durante o Proálcool isso foi acentuado, e a interferência do mercado internacional de açúcar no suprimento interno de álcool passou a ser percebido mais fortemente. Sempre que havia baixa no preço do açúcar, o setor fortalecia o lobby pelo aumento do escoamento da produção de cana no mercado interno através do álcool, e vice-versa" (LEME, Rodrigo Marcelo. Álcool combustível derivado da cana-de-açúcar e o desenvolvimento sustentável. Disponível em: http://www.feagri.unicamp.br/energia/agre2004/Fscommand/PDF/Agrener/Trabalho%20110. pdf. Acesso em 29 dez. 2011).

[19] "Art. 7º. Para a garantia de comercialização do álcool anidro de qualquer origem para mistura carburante, o Conselho Nacional do Petróleo – CNP estabelecerá um programa de distribuição entre as empresas distribuidoras de petróleo que receberão o produto a um preço a ser decido por esse Conselho".

[20] "Art. 9º. Os recursos gerados na comercialização do álcool carburante serão escriturados pelo Conselho Nacional do Petróleo – CNP na alínea "l", artigo 15, item II da Lei nº 4.452, de 1964 e destinar-se-ão, prioritariamente, a atender ao disposto no artigo 7º, parágrafo único deste Decreto e, na forma definida pelo Conselho Monetários Nacional – CMN, suprir recursos para os financiamentos de que trata a alínea "a" do artigo 5º e a projetos visando ao aprimoramento da tecnologia do uso do álcool carburante à pesquisa e à assistência técnica à produção de matérias-primas".

IX – fixar critérios gerais para a determinação dos preços de comercialização do álcool; e X – homologar especificações do álcool" (art. 2º) e "I – propiciar suporte técnico e administrativo ao Conselho Nacional do Álcool; II – analisar os projetos de modernização, ampliação ou implantação de destilarias de álcool e decidir sobre seu enquadramento no PROÁLCOOL; III – manifestar-se sobre proposições, de órgãos e entidades públicas e privadas, relacionadas com a execução do PROÁLCOOL, a serem submetidas à decisão do Conselho Nacional do Álcool; IV – acompanhar as atividades, desenvolvidas pelos órgãos e entidades públicas, relacionadas com o PROÁLCOOL; V – promover e coordenar a realização de estudos e pesquisas de interesse do PROÁLCOOL; e VI – executar as decisões do Conselho Nacional do Álcool" (art. 5º), cabendo ao Conselho Nacional do Petróleo o estabelecimento de programa de distribuição às empresas consumidores e às distribuidoras de petróleo para garantia de comercialização do álcool destinado a fins carburantes (art. 14)[21] e a fixação dos preços a nível de distribuidor e consumidor, após homologação do Ministro da Fazenda (art. 15).[22]

Destarte, a ingerência do Estado no setor permaneceu intensa e direta, com o controle e a planificação de fatores-chave na produção, venda, distribuição e consumo do etanol.

Consoante José Antônio Puppim de Oliveira, o Proálcool caracterizou-se por intensa intervenção estatal na economia, o que foi feito através da mistura de políticas distributivas e regulatórias, como por exemplo, subsídios ao setor agroindustrial, na expansão de destilarias e de novas áreas de cultivo; obrigatoriedade da adição de álcool à gasolina, estabelecida por lei; incentivos à produção de carros a álcool, através de tecnologia nacional; medidas de proteção contra o álcool importado; incentivo ao consumo de álcool, através de controle de preços, subsídios e incentivos fiscais; incentivo à pesquisa e desenvolvimento nos campos relacionados à produção e ao uso do álcool combustível.[23]

Na segunda fase do Programa, que se deu de 1980 a 1985, incrementou-se a política governamental de apoios financeiros, com cobertura de financiamentos de até 100% do valor do orçamento para instalação e expansão de usinas e plantio de cana.[24] A despeito do sucesso do programa, que ensejou "um incremento vertiginoso com a venda de carros movidos a álcool, representando mais de 90% do total das vendas",[25] o Governo, a partir de 1986, cortou os financiamentos e subsídios para a instalação e

---

[21] "Art. 14. Para garantia de comercialização do álcool destinado a fins carburantes, o Conselho Nacional do Petróleo estabelecerá programa de distribuição às empresas consumidoras e às distribuidoras de petróleo".

[22] "Art. 15. Os preços do álcool destinado a fins carburantes, a nível de distribuidor e de consumidor, serão fixados pelo Conselho Nacional do Petróleo, após homologação do Ministério da Fazenda".

[23] OLIVEIRA, J. A. P. The policymaking process for creating competitive assets for the use of biomass energy: the Brazilian alcohol programme. *Renewable & Sustainable Energy Reviews*, p. 129-140, v. 6, 2002 apud LEME, Rodrigo Marcelo. Álcool combustível derivado da cana-de-açúcar e o desenvolvimento sustentável. Disponível em: http://www.feagri.unicamp.br/energia/agre2004/Fscommand/PDF/Agrener/Trabalho%20110.pdf. Acesso em 29 dez. 2011.

[24] MELLO, F.; FONSECA, E. G. Proálcool, energia e transporte. *Estudos Econômicos*, São Paulo, v. 11, n. 3, p. 14, 1981 apud BRAY, Sílvio Carlos; FERREIRA, Enéas Rente; RUAS, Davi Guilherme Gaspar. *As Políticas da Agroindústria Canavieira e o PROÁLCOOL no Brasil*. Marília: Universidade Estadual Paulista – UNESP. Marília Publicações, 2000. p. 54.

[25] MAIA, Alexandre Aguiar. Histórico dos Biocombustíveis no Brasil. *Revista de Direito Ambiental*, v. 53, p. 9, jan. 2009. DTR\2009\49.

ampliação de novas destilarias, mantendo, porém, a obrigação de mistura de 25% de etanol à gasolina[26] comercializada no país.

O aumento do preço do açúcar no mercado internacional acabou, juntamente com o decréscimo do preço do barril de petróleo, a desincentivar a continuidade do programa e da produção alcooleira no país, culminando em que fosse necessária a importação de álcool hidratado em 1989 para o pleno abastecimento dos postos nacionais.[27]

Logo após a redemocratização do país, a Lei nº 8.029/90, regulamentada pelo Decreto nº 99.240, extinguiu o Instituto do Açúcar e do Álcool, afrouxando muitas das políticas estatais interventivas para o setor, não mais compatíveis com a Constituição Econômica de 1988, conforme veremos adiante (tópico IV).

Nessa senda, posteriormente, as Portarias MF nº 189/95 e 275/98 liberaram, respectivamente, os preços do açúcar e dos demais produtos e serviços da agroindústria canavieira, inclusive do álcool. E a Portaria Interministerial 307, DE 31.10.2001 – dispôs em seu art. 1º que "ficam liberados os preços de venda dos óleos combustíveis nas unidades produtoras em todo o território nacional".

Por outro lado, o Governo manteve a previsão de estoques governamentais de combustíveis (art. 4º, Lei nº 8.176/91).[28] [29]

O Decreto sem número de 21.08.1997 criou o Conselho Interministerial do Açúcar e do Álcool – CIMA, tendo o Decreto nº 3.546/2000 conferido as seguintes competências ao órgão:

> Art. 1º Fica criado, no âmbito do Ministério da Agricultura e do Abastecimento, o Conselho Interministerial do Açúcar e do Álcool – CIMA com o objetivo de deliberar sobre as políticas relacionadas com as atividades do setor sucroalcooleiro, considerando, entre outros, os seguintes aspectos:
>
> I – adequada participação dos produtos da cana-de-açúcar na Matriz Energética Nacional;
>
> II – mecanismos econômicos necessários à auto-sustentação setorial;
>
> III – desenvolvimento científico e tecnológico.
>
> Parágrafo único. Compete ao CIMA aprovar os programas de produção e uso de álcool etílico combustível, estabelecendo os respectivos valores financeiros unitários e dispêndios máximos.

Através da Lei nº 9.478/97, foi criado o Conselho Nacional de Política Energética (CNPE) e a Agência Nacional do Petróleo, cujas competências ficaram assim estabelecidas, no que concerne ao álcool combustível e ao sistema de estoques governamentais:

---

[26] MAIA, Alexandre Aguiar. Histórico dos Biocombustíveis no Brasil. *Revista de Direito Ambiental*, v. 53, p. 9, jan. 2009. DTR\2009\49.

[27] BRAY, Sílvio Carlos; FERREIRA, Enéas Rente; RUAS, Davi Guilherme Gaspar. *As Políticas da Agroindústria Canavieira e o PROÁLCOOL no Brasil*. Marília: Universidade Estadual Paulista – UNESP. Marília Publicações, 2000. p. 68.

[28] "Art. 4º. Fica instituído o Sistema Nacional de Estoques de Combustíveis. §1º O Poder Executivo encaminhará ao Congresso Nacional, dentro de cada exercício financeiro, o Plano Anual de Estoques Estratégicos de Combustíveis para o exercício seguinte, do qual constarão as fontes de recursos financeiros necessários a sua manutenção. §2º O Poder Executivo estabelecerá, no prazo de sessenta dias, as normas que regulamentarão o Sistema Nacional de Estoques de Combustíveis e o Plano Anual de Estoques Estratégicos de Combustíveis".

[29] Regulamentada pelo Decreto nº 238/91.

Art. 2º Fica criado o Conselho Nacional de Política Energética – CNPE, vinculado à Presidência da República e presidido pelo Ministro de Estado de Minas e Energia, com a atribuição de propor ao Presidente da República políticas nacionais e medidas específicas destinadas a: [...]

III – rever periodicamente as matrizes energéticas aplicadas às diversas regiões do País, considerando as fontes convencionais e alternativas e as tecnologias disponíveis;

IV – estabelecer diretrizes para programas específicos, como os de uso do gás natural, do carvão, da energia termonuclear, dos biocombustíveis, da energia solar, da energia eólica e da energia proveniente de outras fontes alternativas;

V – estabelecer diretrizes para a importação e exportação, de maneira a atender às necessidades de consumo interno de petróleo e seus derivados, biocombustíveis, gás natural e condensado, e assegurar o adequado funcionamento do Sistema Nacional de Estoques de Combustíveis e o cumprimento do Plano Anual de Estoques Estratégicos de Combustíveis, de que trata o art. 4º da Lei nº 8.176, de 8 de fevereiro de 1991.

Art. 8º A ANP terá como finalidade promover a regulação, a contratação e a fiscalização das atividades econômicas integrantes da indústria do petróleo, do gás natural e dos biocombustíveis, cabendo-lhe:

I – implementar, em sua esfera de atribuições, a política nacional de petróleo, gás natural e biocombustíveis, contida na política energética nacional, nos termos do Capítulo I desta Lei, com ênfase na garantia do suprimento de derivados de petróleo, gás natural e seus derivados, e de biocombustíveis, em todo o território nacional, e na proteção dos interesses dos consumidores quanto a preço, qualidade e oferta dos produtos; [...]

VII – fiscalizar diretamente e de forma concorrente nos termos da Lei nº 8.078, de 11 de setembro de 1990, ou mediante convênios com órgãos dos Estados e do Distrito Federal as atividades integrantes da indústria do petróleo, do gás natural e dos biocombustíveis, bem como aplicar as sanções administrativas e pecuniárias previstas em lei, regulamento ou contrato; [...]

IX – fazer cumprir as boas práticas de conservação e uso racional do petróleo, gás natural, seus derivados e biocombustíveis e de preservação do meio ambiente; [...]

XIII – fiscalizar o adequado funcionamento do Sistema Nacional de Estoques de Combustíveis e o cumprimento do Plano Anual de Estoques Estratégicos de Combustíveis, de que trata o art. 4º da Lei nº 8.176, de 8 de fevereiro de 1991; [...]

XV – regular e autorizar as atividades relacionadas com o abastecimento nacional de combustíveis, fiscalizando-as diretamente ou mediante convênios com outros órgãos da União, Estados, Distrito Federal ou Municípios. [...]

XVII – exigir dos agentes regulados o envio de informações relativas às operações de produção, importação, exportação, refino, beneficiamento, tratamento, processamento, transporte, transferência, armazenagem, estocagem, distribuição, revenda, destinação e comercialização de produtos sujeitos à sua regulação;

XVIII – especificar a qualidade dos derivados de petróleo, gás natural e seus derivados e dos biocombustíveis.

Extrai-se, por conseguinte, que o marco legal institui competências do CIMA, CNPE e da ANP[30] relativamente ao setor de biocombustíveis – aí incluído o etanol –, sem, contudo, conter quaisquer previsões quanto à ingerência direta do Estado nas etapas de produção, venda e distribuição de etanol, ficando restrita à atuação governamental regulatória de desenvolvimento de políticas públicas, à manutenção dos estoques públicos de combustíveis e à criação de regras necessárias à estabilidade e bom andamento do setor.

Em 13.05.2002, mediante conversão da medida provisória nº 18/01, publicou-se a Lei nº 10.453, prevendo a concessão de subvenções aos preços do álcool combustível e GLP, diretamente aos produtores ou entidades representativas ou através de convênios com os Estados (arts. 1º e 2º), visando a assegurar a estabilidade do setor produtivo, reduzir a volatilidade de preço e contribuir para a estabilidade da oferta do produto (art. 3º). Para tanto, foram previstas no mencionado artigo 3º diversas medidas, a serem eleitas discricionariedade pelo Chefe do Poder Executivo, a título de política econômica, a saber: "I – equalização de custos de produção da matéria-prima; II – aquisição e venda de álcool combustível; III – instrumentos de apoio ao escoamento da produção, por meio de prêmios a serem pagos até o limite definido pelo volume de produção própria; IV – oferta antecipada de garantia de preços por meio de promessa de compra e venda futura de álcool, cabendo ao interessado exercer ou não a opção de entrega do produto; V – financiamento à estocagem do produto, com ou sem opção de compra; VI – financiamento para a emissão de Cédulas de Produto Rural – CPR, nos termos da Lei nº 8.929, de 22 de agosto de 1994; VII – pagamento da equalização de taxas de juros nos financiamentos destinados à estocagem de álcool combustível".

Sucede que, a despeito da previsão legal quanto à formação (incentivada, não compulsória) de estoques e ao fomento do setor, as políticas públicas implementadas não surtiram o efeito desejado, tendo em vista a descontinuidade dos investimentos, a alta do preço do açúcar no mercado internacional e a sazonalidade da produção, o que acabou por direcionar a produção de cana para a produção e refino do açúcar a ser exportado em detrimento da produção alcooleira nacional.

Além disso, a partir de 2003, com os carros *flex*, o consumo de álcool no país cresceu bastante, superando, a venda de etanol (somados o hidratado e o anidro), desde abril de 2008, a venda mensal da gasolina pura.[31] Porém, a falta de investimentos na expansão da produção e a arbitrariedade dos produtores quanto à destinação da matéria-prima à produção de açúcar, álcool e outros subprodutos ensejaram a elevação dos preços finais pagos pelos consumidores.

---

[30] Vale a nota de que em 05.09.2006 foi celebrado um convênio entre a ANP e o Ministério da Agricultura, Pesca e Agropecuária (MAPA), de nº 005/06-ANP0, instituindo "cooperação técnica e operacional para o acompanhamento e a fiscalização das atividades relacionadas com a produção de álcool etílico e com a comercialização e o abastecimento nacional de álcool etílico combustível, bem como à implantação de sistemas de intercâmbio de informações [...] de sorte a tornar mais eficientes e eficazes a regulação e a fiscalização das empresas atuantes no setor de produção de álcool etílico" (Disponível em: http://www.agricultura.gov.br/arq_editor/file/CONVENIO_MAPA_ANP.pdf. Acesso em 29 dez. 2011).

[31] SOUSA, Eduardo Leão de; MACEDO, Isaías de Carvalho (Coord.). Estudos: Etanol e Bioeletricidade. A cana-de-açúcar no futuro da matriz energética. Produzido por União da Indústria de Cana de Açúcar. Única, 2009. p. 10. Disponível em: http://www.unica.com.br/downloads/estudosmatrizenergetica/pdf/MATRenerget_FINAL_WEB.pdf. Acesso em 29 dez. 2011.

Se no período anterior à liberalização[32] do setor, "as usinas apresentavam quotas de produção de álcool e de açúcar, quantidades estas pré-estipuladas pelo Governo",[33] havendo, portanto, "uma dificuldade de mudanças estratégicas da produção",[34] com a abertura do mercado, eminentemente após 1999, "houve uma mudança no perfil das usinas, apresentando cada unidade produtora suas próprias estratégias e tomadas decisões que refletiam na gestão de seus recursos".[35]

Logo, a partir da extinção do IAA e da liberalização do preço do açúcar, álcool e demais produtos e subprodutos, a opção pela destinação da matéria-prima e pela alocação de investimentos em produção açucareira ou alcooleira acabou por repousar unicamente nos produtores de cana e usineiros, fazendo com que a alta do preço do açúcar no mercado exterior culminasse na redução da produção de etanol no mercado interno brasileiro. Conforme observam Milena Sales e Leonardo Teixeira, "concorre o etanol com o açúcar pela mesma matéria-prima. De tal sorte que, consideradas as ressalvas técnicas, os produtores do setor sucroalcooleiro escolhem entre a produção de um ou outro, conforme a tendência do mercado e a viabilidade econômica do investimento. O cenário mais atual do etanol no País – dificuldade de abastecimento do produto, preços disparados e necessidade de importação – reflete esse quadro. Com o mercado do açúcar mais atraente, como tem ocorrido nos últimos anos, aumenta-se a destinação da cana-de-açúcar para a produção do gênero alimentício. Tal situação ocasiona extrema oscilação dos preços do etanol nos períodos de oferta, na safra, e escassez, na entressafra".[36]

Diante disso, foi editada a Medida Provisória nº 532 em 28.04.2011, atribuindo à ANP a competência para regular toda a cadeia de produção, movimentação e abastecimento de etanol e adotar incisivas medidas voltadas ao equilíbrio do mercado, trazendo de volta um passado intervencionista e cartorial que já parecia superado pela evolução e redemocratização da sociedade brasileira, nos seguintes termos:

> Art. 8º A ANP terá como finalidade promover a regulação, a contratação e a fiscalização das atividades econômicas integrantes da indústria do petróleo, do gás natural e dos biocombustíveis, cabendo-lhe: [...]

---

[32] Recorde-se que vigora no Brasil, desde 2001, o regime de liberdade de preços em toda a cadeia de produção e comercialização de combustíveis – produção, distribuição e revenda.

[33] WATANABE, Melissa. *A desregulamentação do setor sucroalcooleiro e seu impacto na estratégia de produção das Usinas no Estado do Paraná*. Tese de Mestrado apresentada à Universidade Federal do Rio Grande do Sul, Escola de Administração, 2002. p. 4. Disponível em: http://www.lume.ufrgs.br/bitstream/handle/10183/3364/000336380.pdf?sequence=1. Acesso em 28 dez. 2011.

[34] WATANABE, Melissa. *A desregulamentação do setor sucroalcooleiro e seu impacto na estratégia de produção das Usinas no Estado do Paraná*. Tese de Mestrado apresentada à Universidade Federal do Rio Grande do Sul, Escola de Administração, 2002. p. 4. Disponível em: http://www.lume.ufrgs.br/bitstream/handle/10183/3364/000336380.pdf?sequence=1. Acesso em 28 dez. 2011.

[35] WATANABE, Melissa. *A desregulamentação do setor sucroalcooleiro e seu impacto na estratégia de produção das Usinas no Estado do Paraná*. Tese de Mestrado apresentada à Universidade Federal do Rio Grande do Sul, Escola de Administração, 2002. p. 4. Disponível em: http://www.lume.ufrgs.br/bitstream/handle/10183/3364/000336380.pdf?sequence=1. Acesso em 28 dez. 2011.

[36] SALES, Milena Nascimento; TEIXEIRA, Leonardo Maestri. O novo marco regulatório do etanol e a ampliação das competências da agência nacional do petróleo, gás natural e biocombustíveis (ANP): considerações preliminares. *Revista Diálogos & Ciência*, n. 28, a. 09, dez. 2011. Disponível em: http://dialogos.ftc.br/index.php?option=com_content&task=view&id=281&Itemid=4. Acesso em 02 jan. 2012.

XVI – regular e autorizar as atividades relacionadas à produção, à importação, à exportação, à armazenagem, à estocagem, ao transporte, à transferência, à distribuição, à revenda e à comercialização de biocombustíveis, assim como avaliação de conformidade e certificação de sua qualidade, fiscalizando-as diretamente ou mediante convênios com outros órgãos da União, Estados, Distrito Federal ou Municípios [...]

Parágrafo único. No exercício das atribuições de que trata este artigo, com ênfase na garantia do abastecimento nacional de combustíveis, desde que em bases econômicas sustentáveis, a ANP poderá exigir dos agentes regulados, conforme disposto em regulamento:

I – a manutenção de estoques mínimos de combustíveis e de biocombustíveis, em instalação própria ou de terceiro;

II – garantias e comprovação de capacidade para atendimento ao mercado de combustíveis e biocombustíveis, mediante a apresentação de, entre outros mecanismos, contratos de fornecimento entre os agentes regulados.

Subsequentemente à edição da MP, deu-se a elaboração de uma minuta de Resolução para aquisição de etanol anidro combustível pela ANP, submetida à Consulta Pública nº 16/2011, alvo, contudo, informa-nos a Consulente, de fortes objeções por parte dos agentes regulados devido à inadequação das medidas propostas, que não tinham como sanar a causa dos problemas existentes, e dos desequilíbrios econômico-financeiros passíveis de ocorrerem.

Mesmo assim, já após a conversão da medida provisória na Lei nº 12.490/2011, deu-se a publicação da Resolução ANP nº 67/2011, que estabeleceu, dentre outras regras, a obrigação do distribuidor de combustíveis de "optar por apenas uma das seguintes modalidades de aquisição de etanol[37] anidro combustível[38] [39] com o fornecedor para

---

[37] Conforme glossário da ÚNICA (União da Indústria de Cana de Açúcar), "Etanol ou álcool etílico é o mais comum dos alcoóis e caracteriza-se por ser uma substância orgânica obtida por meio de fermentação de açúcares, como a sacarose existente na cana-de-açúcar. No Brasil, é produzido quase que exclusivamente pela fermentação e destilação do caldo de cana e do melaço, resíduo da produção de açúcar. Seu consumo volumétrico, como combustível utilizado no transporte, já supera o da gasolina. Os EUA produzem etanol basicamente a partir do milho, enquanto a União Europeia produz principalmente a partir do trigo e da beterraba" (SOUSA, Eduardo Leão de; MACEDO, Isaías de Carvalho (Coord.). Estudos: Etanol e Bioeletricidade. A cana-de-açucar no futuro da matriz energética. Produzido por União da Indústria de Cana de Açúcar. Única, 2009. Disponível em: http://www.unica.com.br/downloads/estudosmatrizenergetica/pdf/MATRenerget_FINAL_WEB.pdf. Acesso em 29 dez. 2011).

[38] Ver a Resolução nº 07/2011 da ANP, que estabeleceu a nomenclatura oficial (Art. 3º [...] VII – Etanol anidro combustível (EAC): álcool etílico anidro combustível ou etanol anidro combustível destinado ao distribuidor para compor mistura com gasolina A na formulação da gasolina C, em proporção definida por legislação aplicável, devendo ser comercializado conforme especificação contida no Regulamento Técnico ANP nº 3/2011, parte integrante desta Resolução" e as especificações técnicas do etanol. No glossário da ÚNICA, o verbete é assim comentado: "Etanol Hidratado e Etanol Anidro: Mistura hidroalcóolica, cujo principal componente é o etanol etílico ou etanol, com teor alcoólico mínimo de 99,3º INPM (anidro) ou 92,6º INPM (hidratado). O etanol anidro é acrescentado à gasolina na proporção de até 25%, enquanto que o etanol hidratado é vendido puro para os veículos movidos a etanol e veículos flex (SOUSA, Eduardo Leão de; MACEDO, Isaías de Carvalho (Coord.). Estudos: Etanol e Bioeletricidade. A cana-de-açucar no futuro da matriz energética. Produzido por União da Indústria de Cana de Açúcar. Única, 2009. Disponível em: http://www.unica.com.br/downloads/estudosmatrizenergetica/pdf/MATRenerget_FINAL_WEB.pdf. Acesso em 29 dez. 2011).

[39] "No Brasil, o álcool como combustível é usado de duas maneiras: adicionado à gasolina pura, em teores da ordem de 22%4 de álcool anidro, a 99,6 Gay-Lussac (GL) e 0,4% de água, formando uma mistura "gasool" 5, com o objetivo de aumentar a octanagem da gasolina pura utilizada nos carros comuns e reduzir a emissão de poluentes; e como álcool puro, na forma de álcool hidratado, a 95,5 GL, utilizado em veículos com motores desenvolvidos para o uso exclusivo de álcool hidratado como combustível" (BIODIESELBR. *ProÁlcool – História*

fins de homologação por parte da ANP: i) pelo regime de contrato de fornecimento; ou ii) pelo regime de compra direta" (art. 2º), sendo vedada a atuação por parte dos distribuidores em ambos os regimes (parágrafo único).

Nessa linha, a Resolução nº 67/2011 impôs ainda que, no caso de contratação pelo regime de contrato de fornecimento, o volume total contratado seja compatível com, no mínimo, 90% (noventa por cento) da comercialização de gasolina C no ano civil anterior, considerando o percentual de mistura obrigatória vigente (artigo 3º, parágrafo 3º); e, na hipótese de contratação pelo regime de compra direta, que possua o distribuidor estoque final próprio até o último dia do mês de volume de etanol anidro combustível suficiente para a comercialização do volume de gasolina C no mês subsequente (artigo 5º, *caput* e parágrafo 1º), prevendo, ainda, que, constatada a insuficiência do depósito de combustível, será notificado o distribuidor para regularizar tal situação até o dia 25 do mês corrente, sob pena de suspensão do fornecimento de gasolina A, em sua totalidade, até o reestabelecimento da regularidade dos volumes estocados (parágrafos 3º e 4º do artigo 5º).

Especificamente no que tange aos distribuidores de combustíveis líquidos automotivos, ficou determinado que, independentemente do regime de contratação, "deverão possuir, em 31 de março de cada ano (ano Y), estoque próprio de etanol anidro combustível, em volume compatível com, no mínimo, 15 (quinze) dias de sua comercialização média de gasolina C, tendo como referência o volume total comercializado de gasolina C no mês de março do ano anterior (Y-1), considerando o percentual de mistura obrigatória vigente" (art. 9º).

Entretanto, relativamente aos produtores de etanol anidro, o artigo 10 da Resolução nº 67/2011 estabeleceu que o estoque mínimo a ser mantido em 31 de janeiro de cada ano seja de 25% (vinte e cinco por cento) do volume comercializado com o distribuidor de combustíveis líquidos automotivos no ano civil anterior, fixando o seu respectivo parágrafo primeiro que, "caso o produtor de etanol anidro, a cooperativa de produtores de etanol ou a empresa comercializadora contrate no ano vigente (ano Y), no mínimo, 70% (setenta por cento) do volume de etanol anidro combustível comercializado no ano civil anterior (Y-1) com o distribuidor, sob o regime de contrato de fornecimento com o distribuidor de combustíveis líquidos automotivos, observadas as disposições constantes dos §§11 e 12 do art. 3º e o percentual de mistura obrigatória vigente, deverá possuir, em 31 de março do ano subsequente (ano Y+1), estoque próprio em volume compatível com, no mínimo, 8% (oito por cento) de sua comercialização de etanol anidro combustível, no ano civil anterior (ano Y-1) a distribuidor", deixando de prever a legislação penalidades específicas para os produtores no caso de insuficiência ou inexistência dos volumes estocados, ao contrário do tratamento dispensado aos distribuidores, para quem está prevista a gravíssima pena de suspensão de comercialização.

Portanto, o novo marco regulatório do setor, ao adotar a obrigatoriedade de manutenção de estoques mínimos e de celebração de contratos de fornecimento de etanol, retomou uma política econômica dirigista do Estado brasileiro, que não se fazia sentir de forma tão contundente desde os primeiros anos da ditadura militar.

---

da indústria sucroalcooeira. 29 já. 2006. Disponível em: http://www.biodieselbr.com/proalcool/historia/proalcool-Indústria -sucroalcooeira.htm. Acesso em 29 dez. 2011).

Conforme exposto, a planificação do plantio, produção e distribuição de cana-de-açúcar e etanol deu-se de forma intensa do período que se seguiu à Revolução de 1930 até os anos 70, a partir de quando, com o lançamento do PROALCOOL, o Governo brasileiro, sem, contudo, descuidar de um planejamento macro do setor, deu especial ênfase às políticas de fomento, subsídios e isenções para o desenvolvimento tecnológico e o aumento da produção de etanol no país.

Desde então, a política do Estado brasileiro pautou-se em incentivos à adoção, pela iniciativa privada, dos planos governamentais para o etanol, cabendo à União garantir a estabilidade do preço do combustível no mercado mediante a criação de estoques públicos.

Com a edição da Resolução nº 67/2011, porém, o Governo retomou uma política dirigista planificadora, ao passar a obrigar os particulares à formação de estoques próprios e à celebração coativa de contratos de fornecimento visando a garantir o abastecimento nacional. Todavia, não se alinham com os preceitos constitucionais vigentes, tampouco com a natureza jurídica das atividades de produção, distribuição e revenda de etanol os preceitos legais e regulamentares constantes na Lei nº 12.490/2011 e Resolução ANP nº 67/2011, possuindo esta contrariedade também com a própria Lei, consoante minudenciaremos a seguir.

III Natureza jurídica das atividades de produção, distribuição e revenda de etanol

A fim de que possamos assentar o regime jurídico incidente sobre as atividades de produção, distribuição e revenda de etanol e tracejar os limites à intervenção estatal no mercado regulado, faz-se necessário, primeiramente, averiguar a sua natureza jurídica.

A Carta Constitucional promulgada em 1988 declara, em seu artigo 170,[40] como princípio fundamental edificador da Ordem Econômica, a liberdade de iniciativa, assegurando a todos, no respectivo parágrafo único, "o livre exercício de qualquer atividade econômica, independentemente de autorização de órgãos públicos, salvo nos casos previstos em lei".

Depreende-se daí que o texto constitucional convencionou como *regra* a titularização privada para a exploração das atividades econômicas. Ele próprio, porém, tratou de excepcioná-la, permitindo, em alguns e expressos casos, a atuação direta do Estado no domínio econômico, com a prestação de serviços públicos ou exploração de atividades econômicas em sentido estrito sob a forma monopolística.

---

[40] "Art. 170. A ordem econômica, fundada na valorização do trabalho humano e na livre iniciativa, tem por fim assegurar a todos existência digna, conforme os ditames da justiça social, observados os seguintes princípios: I – soberania nacional; II – propriedade privada; III – função social da propriedade; IV – livre concorrência; V – defesa do consumidor; VI – defesa do meio ambiente, inclusive mediante tratamento diferenciado conforme o impacto ambiental dos produtos e serviços e de seus processos de elaboração e prestação; VII – redução das desigualdades regionais e sociais; VIII – busca do pleno emprego; IX – tratamento favorecido para as empresas de pequeno porte constituídas sob as leis brasileiras e que tenham sua sede e administração no País".

A doutrina brasileira majoritária[41] professa o entendimento de que há uma nítida distinção das atividades econômicas no corpo constitucional. De um lado, encontram-se as atividades titularizadas pelo Estado, de natureza jurídica pública, que se subdividem entre serviços públicos (regra geral do art. 175, CF) e os monopólios públicos (arts. 176 e 177, CF). De outro, se encontram todas as demais atividades que, não tendo sido publicizadas por uma escolha do constituinte ou, no caso dos serviços públicos, do legislador, encontram-se no âmbito da livre iniciativa.

Sendo assim, tudo aquilo que não está expressamente enquadrado no ordenamento jurídico como serviço público ou monopólio estatal é *atividade privada*, ou seja, suscetíveis de serem exploradas por particulares por direito próprio.

Os serviços públicos, por serem atividades estritamente conectadas a direitos de ordem fundamental, sofreram um processo de *publicatio*, passando o próprio Estado a titularizá-los. Portanto, segundo o artigo 175 da Constituição, somente mediante uma decisão discricionária do titular da atividade pode a iniciativa privada explorá-los, através de um ato formal de delegação, via concessão ou permissão.

Os monopólios públicos, por sua vez, sobre as quais a exemplo dos serviços públicos também há *publicatio,* são atividades econômicas em sentido estrito que, por razões de ordem fiscal, estratégica ou de segurança pública, foram retiradas do mercado e apreendidos pelo Estado, encontrando-se enumerados *numerus clausus* nos artigos 21, XXIII, 176 e 177, CF, a saber: os serviços e instalações nucleares de qualquer natureza, a pesquisa, a lavra, o enriquecimento e reprocessamento, a industrialização e o comércio de minérios nucleares e seus derivados (artigo 21, XXIII); a pesquisa e a lavra das jazidas de petróleo e gás natural e outros hidrocarbonetos fluidos (inciso I, artigo 177); o refino do petróleo nacional ou estrangeiro (inciso II, artigo 177); a importação e exportação dos produtos e derivados básicos resultantes das atividades previstas nos incisos anteriores (inciso III, artigo 177); o transporte marítimo do petróleo bruto de origem nacional ou de derivados básicos de petróleo produzidos no País e o transporte, por meio de conduto,

---

[41] v. ARAGÃO, Alexandre Santos de. *Direito dos Serviços Públicos*. 2. ed. Rio de Janeiro: Forense, 2008. p. 176-178; ATALIBA, Geraldo. SABESP: Serviço Público – Delegação a empresa estatal – Imunidade a impostos – Regime de taxas. *Revista de Direito Público – RDP*, v. 92, p. 87, 1989; BANDEIRA DE MELLO, Celso Antônio. Impenhorabilidade dos Bens das Empresas Estatais Prestadoras de Atividades Públicas. *Revista Trimestral de Direito Público – RTDP*, v. 31. p. 19, 2000; BARROSO, Luís Roberto. Modalidades de Intervenção do Estado na Ordem Econômica. Regime Jurídico das Sociedades de Economia Mista. Inocorrência de Abuso do Poder Econômico. *Revista Trimestral de Direito Público – RTDP*, v. 18, p. 92, 1998; BAZILLI, Roberto Ribeiro. Serviços Públicos e Atividades Econômicas na Constituição de 1988. *Revista de Direito Administrativo – RDA*, v. 197, p. 17-18, 1994; COUTO E SILVA, Almiro do. Privatização no Brasil e o novo exercício de funções públicas por particulares. Serviço Público 'à brasileira'? *Revista de Direito Administrativo – RDA*, v. 230, p. 58, 2002; DALLARI, Adilson Abreu. Empresa Estatal Prestadora de Serviços Públicos – Natureza Jurídica – Repercussões Tributárias. *Revista de Direito Público – RDP*, v. 94, p. 103-104, 1990; DERANI, Cristiane. *Privatizações e Serviços Públicos. As Ações do Estado na Produção Econômica*. São Paulo: Max Limonad, 2002. p. 57-59; DI PIETRO, Maria Sylvia Zanella. *Parcerias na Administração Pública. Concessão. Permissão. Franquia. Terceirização e outras Formas*. 5. ed. São Paulo: Ed. Atlas, 2006. p. 302-303; GRAU, Eros Roberto. *A Ordem Econômica na Constituição de 1988*. 13. ed. São Paulo: Malheiros, 2008. p. 103-109; GROTTI, Dinorá Adelaide Musetti. *O Serviço Público e a Constituição Brasileira de 1988*. São Paulo: Malheiros, 2003. p. 133-139; JUSTEN FILHO, Marçal. O Regime Jurídico das Empresas Estatais e a Distinção entre 'Serviço Público' e 'Atividade Econômica'. *Revista de Direito do Estado – RDE*, v. 1, p. 120, 2006; MOREIRA NETO, Diogo de Figueiredo. *Ordem Econômica e Desenvolvimento na Constituição de 1988*. Rio de Janeiro: APEC, 1989. p. 71-72; MUKAI, Toshio. *O Direito Administrativo e os Regimes Jurídicos das Empresas Estatais*. 2. ed. Belo Horizonte: Editora Fórum, 2004. p. 258-262; e VITTA, Heraldo Garcia. Empresas Públicas e Sociedades de Economia Mista em face do art. 173 da Constituição. *Revista Trimestral de Direito Público – RTDP*, v. 10, p. 208, 1995.

de petróleo bruto, seus derivados e gás natural de qualquer origem (inciso IV, artigo 177), além da exploração econômica de todos os bens elencados em seu artigo 20.[42]

Extrai-se, então, que, malgrado determinadas atividades relacionadas aos combustíveis fósseis sejam objeto do monopólio estatal, as atividades de produção, distribuição ou revenda de biocombustíveis, dentre eles o etanol, não foram arroladas pelo constituinte como de titularidade estatal, enquadrando-se, pois, no âmbito das atividades econômicas em sentido estrito titularizadas por particulares.

Realmente, no campo dos combustíveis fósseis, segundo o artigo 177 da Constituição, a pesquisa, lavra, refino e transporte dos combustíveis fósseis, bem como sua importação e exportação, constituem monopólio público, deixando o constituinte à titularidade privada as atividades de distribuição e comercialização de tais combustíveis.

No caso dos biocombustíveis, toda a sua cadeia – produção, transporte, distribuição, venda e revenda – encontra-se no âmbito da iniciativa privada, denotando uma escolha política do constituinte[43] de, naquele momento histórico, atribuir integralmente à livre iniciativa privada aquele setor econômico, o que ficou devidamente ratificado no artigo 238 da Constituição, através do qual outorgou-se ao legislador a tarefa de disciplinar a "venda e revenda de combustíveis de petróleo, álcool carburante e outros combustíveis derivados de matérias-primas renováveis, *respeitados os princípios desta Constituição*", especialmente aqueles tangentes à Ordem Econômica Constitucional, relacionados no artigo 170[44] da Carta Magna, sobretudo os referentes à proteção da propriedade privada, da livre concorrência e da livre iniciativa.

Em outras palavras, se no âmbito dos combustíveis fósseis, em que grande parte da cadeia produtiva foi monopolizada, a distribuição continuou sendo uma atividade privada, *a fortiori* e mais intensamente o é em relação aos combustíveis não-fósseis (basicamente biocombustíveis), em que nenhuma parte da sua cadeia produtiva sequer chegou a ser publicizada/monopolizada pelo Estado.

Tanto assim que o exercício da atividade de distribuição de etanol encontra-se condicionada, consoante a Resolução nº 202/99 da ANP,[45] unicamente a autorização, não se submetendo a delegação mediante concessão ou permissão, típicas de atividades de titularidade estatal (art. 175, 176 e 177).

---

[42] GRAU, Eros Roberto. *A Ordem Econômica na Constituição de 1988*. 13 ed. São Paulo: Malheiros, 2008. p. 278-279.

[43] Aliás, vem a calhar os comentários de Manoel G. Ferreira Filho ao referido artigo 238 da CF/88, afirmando que o texto deste dispositivo constitucional foi "o que restou de norma proposta no Projeto que fazia monopólio da União a distribuição de combustíveis, podendo ser 'delegada' por ela a empresas constituídas e sediadas no País, com maioria de capital nacional" (FERREIRA FILHO, Manoel Gonçalves. *Comentários à Constituição brasileira de 1988*. 2. ed., atual. e reform. São Paulo: Saraiva, 1999. v. 2, p. 304), ou seja, a exclusão dessa atividade como monopólio estatal foi uma escolha política do Estado brasileiro, o que confirma ainda mais o caráter a ela dado de atividade econômica privada.

[44] "Art. 170. A ordem econômica, fundada na valorização do trabalho humano e na livre iniciativa, tem por fim assegurar a todos existência digna, conforme os ditames da justiça social, observados os seguintes princípios: I – soberania nacional; II – propriedade privada; III – função social da propriedade; IV – livre concorrência; V – defesa do consumidor; VI – defesa do meio ambiente, inclusive mediante tratamento diferenciado conforme o impacto ambiental dos produtos e serviços e de seus processos de elaboração e prestação; VII – redução das desigualdades regionais e sociais; VIII – busca do pleno emprego; IX – tratamento favorecido para as empresas de pequeno porte constituídas sob as leis brasileiras e que tenham sua sede e administração no País".

[45] "Estabelece os requisitos a serem cumpridos para acesso a atividade de distribuição de combustíveis líquidos derivados de petróleo, álcool combustível, biodiesel, mistura óleo diesel/biodiesel especificada ou autorizada pela ANP e outros combustíveis automotivos".

Segundo Eduardo Garcia de Enterría e Tomás-Ramón Fernández, as autorizações desempenham "um papel que não se reduz ao simples controle negativo do exercício de direitos, mas que se estende à própria regulação do mercado, com o explícito propósito de orientar e conformar positivamente a atividade autorizada no sentido da realização de uns objetivos previamente programados ou ao menos implicitamente definidos nas normas aplicáveis".[46]

A autorização nesse caso é, portanto, de funcionamento, ou também denominada de autorização operativa, pois há um vínculo estável entre o Poder Público e o autorizatário, diferentemente da autorização por operação, que é episódica.

Também não se confunde tal autorização com uma concessão, pois, na concessão, o particular tem um título derivado dos direitos que o Estado tem sobre a atividade, ao passo que na autorização o particular tem um título originário, *expressão da sua própria esfera jurídica de autonomia*.

Diante disso, pode-se desde logo concluir não só que as atividades de produção, distribuição e revenda de etanol são de titularidade privada, como também que a intervenção do Estado nessa seara deve ser subsidiária[47] e está sujeita às limitações ínsitas do princípio da livre iniciativa, afigurando-se ilegítima qualquer medida que impeça o seu exercício ou onere desproporcionalmente com missões de interesse público os particulares que se disponham a explorá-las.

Isto não significa, porém, que estejam isentos os setores econômicos titularizados por particulares da ingerência, controle e fiscalização estatal. A própria Carta Magna, no parágrafo único do artigo 170, parte final, e no artigo 174, ressalva que o exercício de atividades econômicas de interesse geral poderá, nos casos previstos em lei, ficar condicionado a prévia autorização, bem como que estarão os agentes econômicos sujeitos à regulação governamental.

Não há dúvidas que, apesar de possuírem natureza jurídica privada, a produção, distribuição e revenda de etanol trazem em seu bojo inegável interesse público, relacionado com o desenvolvimento de tecnologias nacionais, proteção ao meio ambiente e abastecimento energético nacional, decorrendo daí a sua sujeição a uma regulamentação específica, setorial por parte do Estado Brasileiro.

Tais atividades, privadas, mas de interesse público,[48] são atividades da iniciativa privada para as quais a lei, face à sua relação com o bem-estar da coletividade e/ou por gerarem desigualdades e assimetrias informativas para os usuários, exige autorização prévia para que possam ser exercidas, impondo ainda a sua contínua sujeição à regulação da autoridade autorizante, através de um ordenamento jurídico setorial.[49]

---

[46] ENTERRÍA, Eduardo Garcia de; FERNÁNDEZ, Tomás-Ramón. *Curso de Derecho Administrativo*. 6. ed. Madrid: Ed. Civitas, 1999. t. II, p. 133-134.

[47] Como afirma Egon Bockmann Moreira, o princípio da subsidiariedade "diz respeito precipuamente aos lindes da 'exploração direta de atividade econômica pelo Estado' (art. 173, CF/1988). Envolve uma atuação secundária, suplementar ou complementar num espaço constitucionalmente reservado às pessoas privadas. O Estado atua quando e se absolutamente necessário, dentro dos limites ínsitos a essa indispensabilidade (tal como definida em lei e segundo um regime de direito privado)" (MOREIRA, Egon Bockmann. *Estudos de direito econômico*. Belo Horizonte: Fórum, 2004. p. 92. No mesmo sentido: MEIRELLES, Hely Lopes. O Estado e suas empresas. *Revista da Ordem dos Advogados do Brasil, Seção Distrito Federal*, Brasília, n. 11, p. 20-21, 1984; e MOREIRA, Vital. *A Ordem Jurídica do Capitalismo*. Coimbra: Coimbra Editora, 1973. p. 221 e segs.).

[48] Também denominadas pela doutrina de atividades de relevância pública ou atividades privadas regulamentadas.

[49] ARAGÃO, Alexandre Santos de. *Agências Reguladoras e a Evolução do Direito Administrativo Econômico*. 2. ed., 2. tir. Rio de Janeiro: Ed. Forense, 2004. Capítulo V.

Não são atividades desenvolvidas pelo Estado, seja diretamente, seja através de concessão ou permissão. São prestadas pelos particulares por direito próprio.

Conforme já expusemos em obra anterior, "da qualificação dessas atividades, por um lado, como atividades privadas, mas por outro, como atividades privadas de interesse público, sujeitas a uma permanente regulação estatal, podem ser extraídas duas consequências, em relação às quais deve-se sempre buscar o necessário equilíbrio:

(a) as empresas exercem essas atividades não por uma decisão político-administrativa do Estado, mas por direito próprio, o que não ilide, contudo, que sejam submetidas à exigência de uma prévia autorização (art. 170, parágrafo único, CF), discricionária ou vinculada, e a uma regulação (art. 174, CF); e

(b) essas competências autorizatórias e regulatórias da Administração Pública não podem, contudo, ser legislativa ou administrativamente impostas como se essas atividades fossem do próprio Estado (como se fossem serviços ou monopólios públicos), e não da iniciativa privada".[50]

Em outras palavras, o norte principal que distingue essas atividades dos serviços públicos é o fato de elas se encontrarem protegidas pelo direito fundamental de livre iniciativa privada, ao passo que os serviços públicos e os monopólios são excluídos desse âmbito, podendo ser exercidos por particulares apenas mediante delegação.

III.1 O princípio da livre iniciativa nas atividades privadas regulamentadas

In casu, tanto a Lei nº 12.490/11, ao prever a manutenção de estoques mínimos, quanto a Resolução nº 67/11, ao eleger como único meio para comprovação da garantia de suprimento do mercado nacional a figura do contrato coativo de fornecimento de etanol, infringiram o princípio da livre iniciativa, motivo pelo qual entendemos por bem sistematizar desde logo os fundamentos e balizes constitucionais desta norma para, posteriormente, indicar individualizadamente em que medida restou violado o princípio em tela pela Lei e pela Resolução comentadas.

Na lição de Floriano de Azevedo Marques Neto, "é inerente à locução constitucional [arts. 170 e 175, CF] a atribuição ao poder público de funções regulatórias da economia, seja em caráter mais brando e residual (o que ocorre no caso das atividades em regime privado para a exploração das quais se exige autorização prévia e sujeição do agente econômico a algumas regras e condições), seja em regime de forte regulação (como ocorre nas atividades reservadas ao regime de serviço público [e monopólio], onde as restrições de acesso convivem com outras restrições de ordem tarifária, de titularidade de bens, condições de prestação, etc.). Tanto nos serviços públicos [e atividades monopolizadas] como nas atividades econômicas (em sentido estrito) há

---

[50] ARAGÃO, Alexandre Santos de. *Direito dos Serviços Públicos*. 2. ed. Rio de Janeiro: Forense, 2008. p. 196.

alguma incidência de regulação estatal. *O que irá variar é a profundidade e a intensidade da carga regulatória*".[51]

Portanto, a ingerência estatal no âmbito das atividades privadas regulamentadas jamais poderá ser de ordem equivalente à atuação do Estado na seara dos serviços públicos ou monopólios, tampouco poderá visar a imputar aos empreendedores privados obrigações análogas às assumidas pelo poder público no exercício das atividades por ele titularizadas.

A distribuição de etanol, como atividade privada de interesse público, é livre[52] para a iniciativa privada, tendo lugar a sua exploração em um ambiente concorrencial voltado à persecução de lucro. Sendo assim, o regime que norteia o exercício de tal atividade por particulares é o da *liberdade de iniciativa e de mercado*, gerando direitos fundamentais para os agentes econômicos em face da intervenção estatal.

Segundo o insigne doutrinador Luis Moncada, a livre iniciativa econômica privada é um "autêntico direito fundamental e de um modo autônomo, sem ser colocado na dependência de um outro direito fundamental. [...] Deve ter-se presente que o texto constitucional o consagra como um direito à não intromissão do Estado, um direito contra o Estado, pois que pode exercer-se livremente".[53]

Sobre o ponto, salutares os ensinamentos de José María Souvirón Morenilla: "a titularidade sobre as atividades privadas de interesse público não é da Administração, mas dos particulares, que as levam a cabo (ainda que condicionadas à obtenção de uma autorização) em razão de sua livre iniciativa. A Administração, portanto, não tem poderes decisórios sobre o seu estabelecimento, permanência, desenvolvimento e extinção, nem exerce sobre elas poderes 'domésticos', mas sim os próprios de sua supremacia geral. Poderá, pois, condicionar o exercício da atividade, mas não criar, modificar ou extinguir tais serviços como queira. Enfim, a posição do titular de tais atividades não pode ser confundida com a de um gestor indireto dos serviços públicos da Administração. [...] Os princípios do serviço público não podem ser aplicados com caráter institucional e *in totum* à atividade privada, nem ser exigidos com caráter vinculante dos seus operadores. A regulamentação dessas atividades com vistas ao interesse público pode demandar que se ajustem a algumas dessas exigências (p. ex., por imperativo constitucional, à não-discriminação e respeito aos direitos dos consumidores), mas em caso algum poderá haver uma sujeição global da atividade às exigências objetivas do serviço como técnica institucional".[54]

---

[51] MARQUES NETO, Floriano de Azevedo. Limites à abrangência e à intensidade da Regulação Estatal. *Revista Eletrônica de Direito Administrativo Econômico*, n. 4, p. 7, nov./dez. 2005, jan. 2006.

[52] Sujeita, unicamente, à autorização estatal, independendo de um ato de delegação por parte do poder público, como no caso de serviços públicos, que, consoante art. 175, CF, só podem ser explorados por particulares mediante concessão ou permissão.

[53] MONCADA, Luis S. Cabral de. *Direito Econômico*. 2. ed. Coimbra: Coimbra Editora, 1988. p. 140-141. Também para Manuel Afonso Vaz, "a liberdade de empresa é um direito subjetivo, e não meramente um princípio institucional do sistema econômico. [...] É que, antes de ser uma 'garantia institucional', o direito à livre empresa é um direito subjetivo constitucional diretamente aplicável. As restrições legais a esse 'direito-liberdade' em caso algum podem diminuir a extensão e o alcance do conteúdo essencial do direito" (VAZ, Manuel Afonso. *Direito Econômico*: a ordem económica portuguesa. 4. ed. Coimbra: Coimbra Editora, 1998. p. 167-168). No mesmo sentido: BASTOS, Celso Ribeiro; MARTINS, Ives Gandra. *Comentários à Constituição do Brasil*. 2. ed. São Paulo: Saraiva, 2000. v. 7, p. 17-18.

[54] MORENILLA, José Maria Souvirón. *La Actividad de la Administración y el Servicio Público*. Granada: Ed. Colmares, 1998. p. 623-624.

Nestes termos, manifestou-se o Supremo Tribunal Federal:

> A faculdade atribuída ao Estado de criar normas de intervenção estatal na economia (Direito Regulamentar Econômico, na lição de Bernard Chenot e Alberto Venâncio Filho, Droit public économique, Dictionnaire des Sciences Économiques, 1958. p. 420-423 e A intervenção do Estado no domínio econômico. O direito econômico no Brasil, 1968, respectivamente) não autoriza a violação ao princípio da livre iniciativa, fundamento da República (art. 1º e da Ordem Econômica (art. 170, caput).[55]

Logo, é vedado ao legislador ou a poder regulador, seja pela quantidade de obrigações impostas, por sua excessiva onerosidade, ou em razão de as obrigações possuírem características propriamente assistenciais ou estatais, fazer com que a empresa se substitua ao Estado no cumprimento das suas funções constitucionais. Vem a calhar, nesse sentido, a lição de Gaspar Ariño Ortiz:

> As empresas privadas e o Governo têm funções e finalidades diferentes: não devem ser mescladas umas com as outras, nem é missão das empresas executar os programas [...] dos Governos.[56]

Quer dizer: as empresas que exploram atividades econômicas regulamentadas, que não se consubstanciam serviços públicos ou atividades monopolizadas, reguladas dentro de um contesto amplo de políticas públicas, *mas não elas próprias serem forçadas a executá-las*.

Aliás, uma das mais comuns formas de violação do núcleo essencial do direito à iniciativa privada nas atividades privadas regulamentadas, *desnaturando-as ao tratá-las, ainda que em parte, como se serviço público ou atividade monopolizada fossem, é a imposição quantitativa ou qualitativamente excessiva de obrigações de fazer para a empresa privada* – tais como, na espécie, as obrigações de manutenção de estoques de combustíveis e contratação para garantia de atendimento do mercado.

Daí porque as medidas previstas na Lei nº 12.490/11 e na Resolução ANP nº 67/11 extrapolam, como veremos, o grau de ingerência permitido ao Estado no âmbito das atividades econômicas de titularidade privada, infringindo os princípios da livre iniciativa, que veda a instrumentalização de setores econômicos privados pelo Estado para executar tarefas que o próprio Estado deveria cumprir.

IV Inconstitucionalidades da estocagem compulsória de etanol anidro prevista no inciso I do artigo 8º, parágrafo único, da Lei nº 9.478/97, acrescentado pela Lei nº 12.490/11

A Lei nº 12.490/11, ao prever a estocagem mínima de volumes de combustíveis e biocombustíveis por particulares, infringiu diversos princípios constitucionais.

---

[55] RE nº 422941, Relator(a): Min. Carlos Velloso, Segunda Turma, julgado em 06.12.2005, DJ 24.03.2006 PP-00055 EMENT VOL-02226-04 PP-00654 LEXSTF v. 28, n. 328, p. 273-302, 2006.

[56] ORTIZ, Gaspar Ariño. *Principios de Derecho Público Económico*. Granada: Ed. Comares y Fundación de Estudios de Regulación, 1999. p. 199.

Não obstante, no momento, nos deteremos unicamente às violações *diretas* empreendidas pela legislação à Constituição Federal, cuidando mais adiante das violações perpetradas pela Resolução nº 67/2011 que decorreram do permissivo legal quanto à imposição de contratos coativos de fornecimento de combustíveis. É que, como veremos, a previsão pela Lei da possibilidade de contrato coativo entre vários outros instrumentos não é *de per se* inconstitucionais, pois em circunstâncias totalmente extraordinárias (ex.: desabastecimento causado pela especulação de preços de empresas que não querem vender seus fartos estoques para forçar o aumento de preços) ele poderia ser legítimo. Inconstitucional, nesse sentido é a Resolução, que o adotou *in genere* e *a priori* como o único mecanismo possível.

IV.1 Ofensa ao princípio da livre iniciativa

No exercício de uma atividade de relevância pública, como a produção e distribuição de etanol, pode, sem dúvida, o Estado fazer com que a empresa contribua para o atendimento do interesse público setorialmente definido, indo além da mera fixação de obrigações negativas de não ferir o interesse público geral.

Contudo, não nos parece possível a cominação de obrigações que acabem por impor ao particular substituir-se ao Estado no cumprimento das suas funções constitucionais. Conforme elucida Gabriel Schulman, "o Estado pode exigir das empresas alguns comportamentos, sempre acessórios às suas atividades principais – via de regra consequências lógicas do seu exercício –, que contribuam para realizar o interesse público setorial ligado à atividade principal. As empresas podem ter a atividade funcionalizada para a realização das políticas públicas do setor em que atuam, mas não podem ser forçadas elas próprias a executá-las".[57]

Isto porque as "autorizações administrativas modais", pelas quais o Estado impõe a atividades econômicas privadas o cumprimento de obrigações de serviços públicos[58] não existem no Direito brasileiro.

Na seara da distribuição de combustíveis, realmente, dado o seu caráter estratégico, os poderes de intervenção da Administração Pública podem ser, em alguns aspectos, mais fortes. Não há, contudo, como se admitir que ensejem a desnaturação da natureza privada da atividade, equiparando-as às mesmas obrigações do poder público, pois, salvo os delegatários de serviços e monopólios públicos, os particulares não podem ser obrigados a exercer atividades empresariais que não desejam. Com isso, esses empresários estariam se vendo em situação mais constritiva que a de concessionários de serviços públicos, invertendo toda a divisão constitucionalmente realizada das esferas pública e privada da economia, já que estes pelo antes assinam voluntariamente um contrato.

Ora, no âmbito da liberdade de iniciativa e na autonomia empresarial da Consulente estão a fixação do volume e do preço do combustível que irá comercializar em determinado período, o modo de operacionalização de suas atividades, o processo

---
[57] SCHULMAN, Gabriel. *Planos de Saúde. Saúde e Contrato na Contemporaneidade*. Rio de Janeiro: Renovar, 2009. p. 279-280.
[58] GONÇALVES, Pedro. *A Concessão de Serviços Públicos*. Coimbra: Livraria Almedina, 1999. p. 162.

de formação e abastecimento de sua rede de revendedores, a eleição de seus parceiros comerciais, a negociação dos preços e formas de pagamento, bem como a forma e tipo de contratação e os prazos de suas parcerias comerciais.

Sendo assim, qualquer obrigação que retire da Consulente margem de liberdade para agir e decidir quanto aos pontos-chave de sua atividade empresarial ou que comine a realização de atividades outras (manutenção de estoque mínimo de combustível) que não as livremente eleitas pela Consulente transbordará os lindes de sua liberdade de iniciativa, afigurando-se inconstitucional.

Nas lições de Luis Roberto Barroso, "as exceções ao princípio da livre iniciativa haverão de estar autorizadas pelo próprio texto da Constituição de 1988 que o consagra. Não se admite que o legislador ordinário possa livremente excluí-la, salvo se agir fundamentado em outra norma constitucional específica".[59]

In casu, não há qualquer norma ou autorização constitucional que sustente a obrigação de manutenção de estoques mínimos de combustíveis para garantir objetivos públicos. Isso deveria, se necessário, ser feito pelo Estado, através dos já clássicos estoques reguladores.

Realmente, embora o artigo 238 da Constituição Federal disponha que "a lei ordenará a venda e revenda de combustíveis de petróleo, álcool carburante e outros combustíveis derivados de matérias-primas renováveis", prevê, de outro lado, que tal obrigação se dará com respeito aos princípios constitucionais, dentre eles o da livre iniciativa.

Além disso, o mencionado dispositivo limita-se a garantir a venda e revenda de combustíveis. Nada dispõe quando à manutenção de estoques de combustíveis por produtores, distribuidores, vendedores ou revendedores.

Consequentemente, a obrigação de garantir o abastecimento de combustíveis mediante a manutenção de estoques mínimos é do Estado brasileiro, não dos particulares que atuam no setor de biocombustíveis, de forma que a Consulente não poderá ser instada, por regra legal coativa, a se substituir ao Estado no cumprimento de seu dever constitucional de zelar pela garantia de abastecimento nacional.

Destarte, a obrigação imposta pelo inciso I do parágrafo único do artigo 8º da Lei nº 9.478/97, com redação dada pela Lei nº 12.490/11, de manutenção de estoques mínimos por particulares infringe o núcleo fundamental do princípio da livre iniciativa.

IV.2 Requisição administrativa por via transversa

A imposição legal de manutenção de estoques mínimos promove, por via transversa, sem cumprimento dos requisitos constitucionais, uma requisição administrativa, desobedecendo o inciso XXV do artigo 5º da Constituição.

---

[59] BARROSO, Luis Roberto. A Ordem Econômica Constitucional e os limites à atuação Estatal no controle de preços. *Revista dos Tribunais*, v. 795, p. 61, jan. 2002.

Conforme temos visto, o princípio da livre iniciativa veda que o Estado, em razão de eventuais dificuldades financeiras ou mero comodismo, determine a uma empresa privada que as execute em seu lugar.[60]

Assim, se ele realmente quiser desenvolver essas ações – *in casu*, a garantia de abastecimento nacional através de estoques mínimos de combustível –, deve fazê-lo às suas expensas.

O que o Estado pode impor aos particulares são limitações regulatórias gerais e que se inserem no próprio conteúdo do direito; não chegam a coarctar os atributos concernentes ao seu núcleo essencial para torná-los despiciendos ou pouco significativos.

Contudo, se ultrapassarem esses lindes, as limitações normativas, na verdade, terão deixado de o ser, constituindo uma servidão administrativa, uma requisição, uma desapropriação ou um confisco puro e simples por via transversa.

Não que o Direito deixe à própria sorte esses interesses públicos, mas a via normativa não é a adequada para realizá-los, havendo no ordenamento jurídico instrumentos para efetivá-los, como a desapropriação, a requisição de serviços, etc.

Muitas vezes o exagero na aplicação dos conceitos ligados ao interesse público – como denotado pelas obrigações impostas pelo artigo 5º da Lei nº 12.490/11 – implica na submissão de pessoas jurídicas privadas como sujeitos passivos de obrigações decorrentes da aplicação *in concreto* do princípio, ignorando que, em nosso sistema constitucional, o atendimento dessas necessidades públicas é atribuído primariamente ao Estado, não a particulares, em relação aos quais o Estado deve, salvo em caso extremos (requisição de serviços, desapropriações e servidões administrativas), apenas exercer a atividade – exógena – de regulação (art. 174, CF), conforme exporemos no subtópico subsequente.

A cominação de excessivas obrigações de fazer aos agentes regulados extrapola o escopo da regulação estatal, como defende com maestria Marienhoff, *in verbis*:

> Apesar de a Administração Pública poder impor restrições à propriedade privada em prol do interesse público, elas têm a sua lógica limitação: a medida imposta não pode exceder o que, do ponto de vista técnico-jurídico, seja especificamente uma 'restrição'; se os limites conceituais desta forem excedidos, a medida será írrita.[61]

No caso concreto, parece-nos que a Lei nº 12.490/2011 e, com base nela, a Resolução ANP nº 67/11, acabaram por empreender, via transversa, uma requisição administrativa de serviços, na medida em que os agentes regulados estão sendo forçados a manterem estoques mínimos de combustíveis e biocombustíveis – obrigação que incumbe ao Estado, como, aliás, ratifica o artigo 4º da Lei nº 8.176/91:

---

[60] Quanto ao ponto, assim já decidiu o Tribunal de Justiça do Estado de São Paulo: "A assistência médica plena e completa é dever do Estado, nos termos do artigo 196 da Constituição. O particular, quando devidamente autorizado, poderá atuar apenas de forma supletiva. Por ser ônus de Estado, não há fito de lucro e pode ser inteiramente gratuita para o paciente. Ao contrário, o particular ter fito lucrativo e, portanto, depende sempre das condições e valores previstos em contrato [...] Assim sendo, se o dever é do Estado e para isso ele cobra impostos, até mesmo os "provisórios-definitivos", *não se pode exigir que o particular supra as suas deficiências para as quais nada arrecadou. De outro modo, o Estado estaria se enriquecendo ilicitamente*" (TJSP, Apelação nº 260.793-4/0-00. Rel. Silvio Marques Neto, 08ª Câmara de Direito Privado, j. 05.11.2008, v.u.).

[61] MARIENHOFF, Miguel S. *Tratado de Derecho Administrativo*. 6. ed. Buenos Aires: Ed. Abeledo-Perrot, 2002. t. VI, p. 47.

Art. 4º Fica instituído o Sistema Nacional de Estoques de Combustíveis.

§1º O Poder Executivo encaminhará ao Congresso Nacional, dentro de cada exercício financeiro, o Plano Anual de Estoques Estratégicos de Combustíveis para o exercício seguinte, do qual constarão as fontes de recursos financeiros necessários a sua manutenção.

§2º O Poder Executivo estabelecerá, no prazo de sessenta dias as normas que regulamentarão o Sistema Nacional de Estoques de Combustíveis e o Plano Anual de Estoques Estratégicos de Combustíveis.

Com efeito, já o vimos, as imposição de manutenção de estoques mínimos de combustíveis pela Consulente *infringe o núcleo essencial do direito de livre iniciativa das distribuidoras, consubstanciando restrição que ultrapassa a simples limitação regulatória para transformar-se em uma requisição administrativa indireta de serviços e bens, apossando-se regulatoriamente a Administração Pública, de forma abusiva e irregular, do depósito privado e do dinheiro privado para aquisição do combustível a ser estocado sem o preenchimento dos requisitos constitucionais, para o cumprimento das missões de interesse público a que se encontra obrigada.*

Nas palavras de Cretella Júnior, a requisição administrativa constitui "operação unilateral de gestão pública pela qual a Administração exige de uma pessoa a prestação de atividade, o fornecimento de objetos móveis, o abandono temporário de gozo de imóveis ou de empresas, para usá-los conforme o interesse geral, num determinado fim (Duez e Debeyre, Traité ... 1952, p. 859). [...] O instituto da requisição, que se apoia no sacrifício privado em prol do interesse público, apresenta-se, na prática, como o procedimento unilateral da Administração, obrigando o sujeito particular à prestação de serviços ou à entrega de bens, dirigidos à satisfação de interesses coletivos".[62]

Esta, precisamente, a situação configurada no caso concreto, em que a Lei nº 12.490/11 e a Resolução nº 67/11 exigem das distribuidoras de combustíveis estoques para atender aos interesses públicos de garantia do abastecimento nacional, muito embora transborde tal prestação o escopo do empreendimento privado.

E, não tendo atendido os requisitos constitucionais insculpidos no inciso XXV, art. 5º da Constituição,[63] a saber, o iminente perigo público e a previsão de indenização posterior, a *ipso facto* requisição administrativa propiciada pela Lei nº 12.490/11 viola o direito de propriedade das distribuidoras de combustíveis.

Isto porque, malgrado seja socialmente funcionalizado o direito à propriedade (art. 5º, XXII e XXIII, CF),[64] os limites ao exercício de tal garantia fundamental se encontram delineados pela Carta Republicana, a qual prevê que somente nos casos de iminente perigo público, é viabilizado ao poder público requisitar bens e serviços particulares para o atendimento do interesse público, obrigando-o, ainda, à indenização no caso de dano.

Como na hipótese vertente não se caracteriza iminente (note-se, iminente, não meramente hipotético e eventual) perigo público, tampouco houve motivação neste sentido, nem foi prevista a devida indenização, há a inconstitucionalidade da Lei nº 12.490/11 e da

---

[62] CRETELLA JÚNIOR, José. *Dicionário de Direito Administrativo*. 5. ed. Rio de Janeiro: Ed. Forense, 1999. p. 395.
[63] "No caso de iminente perigo público, a autoridade competente poderá usar de propriedade particular, assegurada ao proprietário indenização ulterior, se houver dano".
[64] "XXII – é garantido o direito de propriedade; XXIII – a propriedade atenderá a sua função social".

Resolução nº 67/11,[65] face à violação ao inciso XXV, artigo 5º, da Constituição e ao direito de propriedade, pela obrigatoriedade de instituição de estoques reguladores privados.

IV.3 Ofensa ao artigo 174 da Constituição

A ingerência estatal no âmbito da produção, distribuição e revenda de combustíveis para assegurar o abastecimento nacional há de se voltar, maiormente, para um planejamento assecuratório da oferta com qualidade do etanol – v.g., incentivando, mediante créditos públicos, a expansão e instalação de usinas; fomentando o desenvolvimento de tecnologias que otimizem a produção e o potencial energético do produto; promovendo condições favoráveis para o direcionamento da produção para o mercado interno, ao invés do mercado internacional; planejando adequadamente e cumprindo o Plano de Estoque de Combustíveis, etc. –, e não para a cominação de obrigações positivas de formação de estoques mínimos pelos particulares.

Do contrário, estar-se-ia impondo uma programação estatal mandatória à iniciativa privada, através do estabelecimento de obrigações quanto à conformação, metas e objetivos (quanto, como e quando produzir ou estocar) do empreendimento privado, violando o art. 174 da Constituição Federal, para o qual o planejamento é meramente indicativo para a iniciativa privada. O Estado, com base no mesmo art. 174, pode regular, mas sem que a regulação chegue a constituir uma planificação.[66] O que o Estado não pode é, de uma maneira ou outra, acabar se substituindo ao controlador do empreendimento privado na tomada de decisões empresariais.

A mesma interpretação teve o STJ, ao decidir o Recurso Especial nº 614048/RS, sendo Relator o Ministro Luiz Fux, julgamento que, por sua importância teórica, deve ter parte de sua ementa transcrita:

> A intervenção estatal no domínio econômico é determinante para o setor público e indicativa para o setor privado, por força da livre iniciativa e dos cânones constitucionais inseridos nos arts. 170 e 174, da CF. Deveras, sólida a lição de que um "dos fundamentos da Ordem Econômica é justamente a 'liberdade de iniciativa', conforme dispõe o art. 170, o qual, em seu inciso IV, aponta, ainda a 'livre concorrência' como um de seus princípios obrigatórios.: 'A ordem econômica, fundada na valorização do trabalho humano e na livre iniciativa, tem por fim assegurar a todos existência digna, conforme os ditames da justiça social, observados os seguintes princípios: [...] IV – livre concorrência'. Isto significa que a Administração Pública não tem título jurídico para aspirar reter em suas mãos o poder de outorgar aos particulares o direito ao desempenho da atividade econômica tal ou qual; evidentemente, também lhe faleceria o poder de fixar o montante da produção ou comercialização que os empresários porventura intentem efetuar. De acordo com os termos

---

[65] Note-se, no caso da Resolução, a inconstitucionalidade é apenas mediata, pois decorrente diretamente da Lei, esta sim, imediatamente inconstitucional.
[66] Embora o artigo 197 da Constituição disponha que "são de relevância pública as ações e serviços de saúde, cabendo ao Poder Público dispor, nos termos da lei, sobre sua regulamentação, fiscalização e controle, devendo sua execução ser feita diretamente ou através de terceiros e, também, por pessoa física ou jurídica de direito privado", e, portanto, admite uma ingerência maior do Estado na seara privada, é preciso ter em mente que a saúde suplementar, mesmo com esse controle, é livre à iniciativa privada, havendo limites à regulação que não podem ser transbordados.

constitucionais, a eleição da atividade que será empreendida assim como o quantum a ser produzido ou comercializado resultam de uma decisão livre dos agentes econômicos. O direito de fazê-lo lhes advém diretamente do Texto Constitucional e descende mesmo da própria acolhida do regime capitalista, para não se falar dos dispositivos constitucionais supramencionados. No passado ainda poderiam prosperar dúvidas quanto a isto; porém, com o advento da Constituição Federal de 1988, tornou-se enfaticamente explícito que *nem mesmo o planejamento econômico feito pelo Poder Público para algum setor de atividade ou para o conjunto deles pode impor-se como obrigatório para o setor privado. É o que está estampado, com todas as letras, no art. 174:* 'Como agente normativo e regulador da atividade econômica, o Estado exercerá, na forma da lei, as funções de fiscalização, incentivo e planejamento, sendo este determinante para o setor público e indicativo para o setor privado. [...].

O artigo 174 da Constituição é inequívoco no sentido de vedar a vinculação ou a imposição de planos e metas governamentais a particulares. Sendo assim, a formação de estoques para a garantia de abastecimento do mercado, porque missão pública, não pode ser imputada coativamente aos produtores e distribuidores de combustíveis, sendo lícito ao Estado somente fomentar a adoção voluntária, pelos particulares, dos planos e fins públicos; jamais obrigá-los a seguir e a realizar o planejamento estatal para o setor.

Nas palavras de Marcos Juruena Villela Souto, "se o planejamento é *determinante* para o setor público, por força do princípio da livre iniciativa, é apenas indicativo para o setor privado; quer dizer, o planejamento da economia não obriga a empresa privada a atuar em áreas consideradas estratégicas, mas apenas a incentiva (sanções positivas) a colaborar com o desenvolvimento que vai proporcionar o bem-estar geral (surgem benefícios fiscais, subsídios, empréstimos facilitados etc.)".[67]

Na hipótese vertente, a União acabou por imputar aos particulares, coativamente, a prática de medidas para evitar um desabastecimento no setor de combustíveis, o que se nos afigura inconstitucional, porquanto, repita-se, não pode o Estado fazer-se substituir pelos agentes econômicos no cumprimento das missões que lhe foram outorgadas pela Carta Republicana.

Tércio Sampaio Ferraz Júnior expõe que "aqui entra a distinção entre intervencionismo e dirigismo. O primeiro é atitude flexível, que visa a estimular o mercado e a definir as regras do jogo. Já o segundo se caracteriza por uma atitude rígida, que impõe autoritariamente certos comportamentos. Neste há uma direção central da economia que funciona na base de um plano geral obrigatório que todos executam; a entidade autora do plano determina a necessidade dos sujeitos e a sua prioridade, fixa os níveis de produção e de preços e opera direta ou indiretamente a distribuição dos bens produzidos".[68]

Eros Roberto Grau leciona que o planejamento econômico é "a forma de ação estatal, caracterizada pela previsão de comportamentos econômicos e sociais futuros, pela formulação explicita de objetivos e pela definição de meios de ação coordenadamente dispostos", estando vinculado intimamente às noções de intervencionismo e dirigismo

---

[67] SOUTO, Marcos Juruena Villela. Constituição econômica. *Caderno de Direito Tributário*, n. 4, p. 232, 1993.
[68] FERRAZ JUNIOR, Tercio Sampaio. Congelamento de preços – Tabelamentos oficiais. *Revista de Direito Público*, n. 91, p. 83, 1989.

econômico.[69] O mercado, como "a instituição básica do capitalismo", tem como valores jurídicos fundamentais o direito de propriedade dos bens de produção e a liberdade de contratar. De maneira antitética, no sistema planificado, "o mercado é substituído pelo planejamento".[70] Neste regime, o plano é imposto pelo Estado às unidades de produção, ou seja, a economia é dirigida a partir do centro e elimina do sistema os princípios acima referidos como basilares do mercado, o que não se coaduna com o planejamento capitalista, que é meramente indicativo ao setor privado, pois "as forças que decidem o resultado final do processo econômico não podem ser totalmente controladas, visto que têm relativa liberdade de atuação no mercado".[71]

Manoel Gonçalves Ferreira Filho, igualmente, ensina que "há dois tipos de planejamento. Um, de caráter indicativo, visa a orientar os agentes econômicos, propondo metas, indicando investimentos, mormente estatais etc. Este é compatível com a economia social de mercado",[72] fazendo-se sentir através do fomento e da regulação, orientando a iniciativa privada para o atingimento dos fins públicos e resguardando os fatores que mantêm o livre mercado e a livre concorrência. Há, ainda, "o planejamento de caráter compulsório, aqui chamado determinante – mas por muito designado por planificação para fácil distinção em relação ao primeiro –, é típico da economia centralizada. Por meio dele, procura-se substituir o mercado por avaliações administrativas de que defluem ordens sobre o cálculo de quantidades físicas e valores de caráter meramente contábil".[73] Este último consubstancia o dirigismo estatal da economia, concentrando o Estado a tomada de decisões quanto aos setores considerados estratégicos e coagindo a iniciativa privada a seguir os planos e metas traçados.

Celso Antônio Bandeira De Mello não diverge, consignando que "com o advento da Constituição de 1988, tornou-se enfaticamente explícito que nem mesmo o planejamento econômico – feito pelo Poder Público para algum setor de atividade ou para o conjunto deles – pode impor-se como obrigatório para o setor privado. É o que está estampado com todas as letras, no art. 174. [...] Em suma: a dicção categórica do artigo deixa explícito que, a título de planejar, *o Estado não pode impor aos particulares nem mesmo o atendimento às diretrizes ou intenções pretendidas*, mas apenas incentivar, atrair os particulares, mediante planejamento indicativo que se apresente como sedutor para condicionar a atuação da iniciativa privada".[74]

Logo, ainda que sob o pretexto de sanar a crise de abastecimento e evitar futuros desequilíbrios no setor de biocombustíveis, o Estado não poderia impor coativamente à Consulente o estabelecimento de volumes mínimos a serem contratados e as condições dos contratos de fornecimento a serem celebrados, tampouco a formação de estoques mínimos e apresentação de garantias de abastecimento, mas unicamente incentivar, através de políticas estatais de fomento, ações voluntárias por parte dos particulares

---

[69] GRAU, Eros Roberto. *Planejamento econômico e regra jurídica*. São Paulo: Ed. Revista dos Tribunais, 1978. p. 12 e 65.
[70] GRAU, Eros Roberto. *Planejamento econômico e regra jurídica*. São Paulo: Ed. Revista dos Tribunais, 1978. p. 15.
[71] GRAU, Eros Roberto. *Planejamento econômico e regra jurídica*. São Paulo: Ed. Revista dos Tribunais, 1978. p. 27-28.
[72] FERREIRA FILHO, Manoel Gonçalves. *Comentários à Constituição brasileira de 1988*. 2. ed., atual. e reform. São Paulo: Saraiva, 1999. v. 2, p. 182-183.
[73] FERREIRA FILHO, Manoel Gonçalves. *Comentários à Constituição brasileira de 1988*. 2. ed., atual. e reform. São Paulo: Saraiva, 1999. v. 2, p. 182-183.
[74] MELLO, Celso Antônio Bandeira de. Liberdade de iniciativa. Intromissão estatal indevida no domínio econômico. *Revista de Direito Administrativo e Constitucional*, n. 1, p. 178-179, 1999.

voltadas à garantia do abastecimento nacional, especialmente o incremento da produção de etanol, já que *qualquer estoque de um produto pressupõe prévia e logicamente a própria existência do produto*.

Portanto, o limite à intervenção do Estado na esfera privada para evitar o desabastecimento nacional seria a apresentação de planos de subsídios, subvenções e investimentos para incrementar a produção do etanol, ou a adoção de uma política fiscal que incentivasse a venda dos produtos no mercado interno, reduzindo o já alto[75] nível de exportações. A imposição de medidas positivas em tal grau de ingerência aos particulares para o cumprimento das metas estatais, portanto, é ilegítimo e afronta o artigo 174 da Constituição, constituindo verdadeira planificação econômica, que não encontra espaço em um Estado Democrático de Direito que tem como princípio fundante (art. 1º, IV) a livre iniciativa.

IV.4 Violação ao princípio da proporcionalidade

O Princípio da Proporcionalidade exige que, em sua atividade, a Administração não atue de modo a impor aos administrados restrições maiores do que as estritamente necessárias ao fim público que se pretende atingir. Nas palavras de Floriano de Azevedo Marques Neto, "o princípio da proporcionalidade exige que o administrador se paute por critérios de ponderabilidade e de equilíbrio entre o ato praticado, a finalidade perseguida e as consequências do ato".[76]

A doutrina cunhou três elementos, ou subprincípios, da Proporcionalidade,[77] quais sejam:

(a) A restrição ao direito individual (no caso, liberdade de iniciativa) deve ser apropriada à realização dos objetivos sociais perquiridos – elemento adequação dos meios aos fins;

(b) O Estado deve impor a menor restrição possível, de forma que, dentre as várias medidas aptas a realizar a finalidade pública, opte pela menos restritiva à liberdade de iniciativa – elemento necessidade. Nesse sentido, Heinrich Scholler observa que as restrições à liberdade econômica devem "operar apenas em um degrau (ou esfera)", passando para a fase seguinte "tão-somente quando uma restrição mais intensa se fizer absolutamente indispensável para a consecução dos fins almejados".[78]

(c) A restrição imposta ao mercado deve ser equilibradamente compatível com o benefício social visado, isto é, mesmo que aquela seja o meio menos gravoso,

---

[75] O Brasil é o maior exportador de etanol do mundo, detendo cerca de 50% do mercado internacional (Fonte: Nastari/Datagro).

[76] MARQUES NETO, Floriano de Azevedo. Princípios do processo administrativo. *Fórum Administrativo – Direito Público – FA*, Belo Horizonte, a. 4, n. 37, p. 3508, mar. 2004.

[77] Partimos da exposição de Luís Roberto Barroso, acerca do Princípio da Proporcionalidade (BARROSO, Luís Roberto. *Interpretação e Aplicação da Constituição*. São Paulo: Ed. Saraiva, 1996. p. 209).

[78] SCHOLLER, Heinrich. O Princípio da Proporcionalidade no Direito Constitucional e Administrativo da Alemanha. (Trad. Ingo Wolfgang Sarlet). *Revista Interesse Público*, v. 2, p. 102-105, 1999.

deve, tendo em vista a finalidade pública almejada, "valer à pena" – proporcionalidade em sentido estrito.

Na hipótese em análise, a obrigação de manutenção de estoques mínimos de combustíveis ao distribuidores é *inadequada* ao fim a que se destina, pois não é capaz, per se, de garantir o abastecimento de combustíveis.

Com efeito, as causas principais que deram azo aos recentes problemas em relação ao valor do combustível, a saber, o deslocamento da produção para fabrico de açúcar, devido à alta dos preços no mercado internacional; a insuficiente capacidade produtiva das usinas ora em operação; a alta do consumo decorrente do sucesso dos modelos automotivos "flex"; e a baixa oferta de cana-de-açúcar, especialmente por ocasião da entressafra, não são passíveis de serem solucionados mediante a simples cominação do Estado aos distribuidores de combustíveis a que mantenham estoques mínimos em seus estabelecimentos ou em depósitos de terceiros.

Havendo nova alta do preço do açúcar no mercado externo, estiagem na lavoura, aumento desenfreado do consumo ou esgotamento da capacidade de produção das usinas, o descompasso entre a oferta e a demanda poderá a ocorrer, sendo plenamente que o mercado, frente a uma potencial queda na oferta, reaja de igual maneira, aumentando os preços, indiferente à existência de estoques, ou, mesmo, que se consumam os estoques estabelecidos antes de se regularizar o equilíbrio entre oferta e demanda.

Não há dúvidas que, na hipótese vertente, o meio adequado repousaria no planejamento estatal e no fomento visando ao desenvolvimento do setor sucroalcooleiro, com incentivos à expansão e criação de novas usinas, ao plantio e colheita da cana-de-açúcar e ao direcionamento da matéria-prima para a produção de álcool, ao invés de açúcar para venda no mercado externo. Além disso, medidas adequadas ao atingimento do fim legal seriam a implementação de uma política fiscal, voltada a tornar mais atraente a venda do etanol no mercado interno que no mercado internacional.

Quer dizer, adequada, no caso concreto, seria a condução de políticas públicas gerais que pudessem incentivar o crescimento e desenvolvimento da produção de etanol, ao invés de tratar unicamente e pontualmente de uma de suas consequências, com a cominação de obrigação a agentes econômicos (distribuidores) que sequer possuem ingerência para garantir o abastecimento, via aumento da produção, de etanol.

Portanto, a Resolução nº 67/2011 impôs medida inadequada para a finalidade proposta.

É de se anotar, igualmente, que um dos fatores da crise que levou à edição da medida provisória nº 532/2011 e, posteriormente, da Lei nº 12.490/11 foi a alta do preço do etanol no mercado interno brasileiro.

No entanto, a previsão de estoques mínimos implicará na majoração do preço final do combustível ofertado ao consumidor, pois terão de ser monetizados riscos com a contratação de volumes maiores de produtores a serem estocados, potencial perda ou impossibilidade de venda de tais volumes, empréstimos e garantias bancárias para manter os estoques, além de custos com depósitos, armazéns e transporte para fazer frente aos volumes superiores contratados.

Ou seja, as cominações impostas pela Resolução nº 67/2011 terão o efeito contrário ao almejado pela normativa setorial, culminando no aumento no preço do etanol e, por conseguinte, em entraves adicionais à garantia do abastecimento da população.

Além disso, a obrigação de manutenção de estoques mínimos *desnecessária*, pois que medida mais onerosa que outras passíveis de serem adotadas para alcançar o fim legal.

O escopo da norma poderia – e deveria – ser igualmente atingido mediante a adoção pelo poder público de uma política de planejamento e fomento coesa e objetiva, tendente, como já mencionado, a sanar os problemas conjunturais e estruturais para garantir o plantio e colheita da cana (através de créditos rurais e subsídios estatais à agroindústria); o direcionamento da matéria-prima para a produção de etanol, ao invés de açúcar (tornando mais vantajosa a produção de etanol face à exportação do açúcar); a instalação de novas usinas e expansão das já existentes (subvenções e créditos facilitados); a promoção do mercado interno, em detrimento do mercado internacional de açúcar e etanol; e o bom funcionamento do sistema de estoques públicos de combustíveis, visando a reequilibrar a oferta em períodos de entressafra ou queda na produção de etanol.

É oportuno ainda assinalar, na esteira da observação de Luciano Losekann, que "o governo detém instrumento importante de interferência no mercado de etanol que é a definição da porcentagem de mistura do etanol anidro na gasolina. Apesar da situação crítica do abastecimento de etanol nesse último ano, a mistura se manteve em seu valor máximo de 25%. Se percentagem fosse reduzida com antecedência, poderia se evitar a pressão altista sobre os preços, principalmente do etanol anidro".[79]

Todas estas medidas são menos onerosas para os particulares e tão ou mais eficazes que a obrigação de manutenção de estoques privados.

Dessa maneira, o elemento necessidade do princípio da proporcionalidade não se encontra satisfeito, denotando, de forma ainda mais cabal, a inconstitucionalidade do artigo 8º, §único, inciso I, da Lei nº 9.478/97.

Em continuação, tal norma viola também a *proporcionalidade em sentido estrito*, pois, a pretexto de garantir abastecimento de combustíveis, em realidade, informa-nos a Consulente:

(i) Gera novos custos, riscos e despesas a serem incorridos pelos distribuidores para aquisição e armazenagem de volumes mínimos a serem estocados, aí incluídos valores atinentes a créditos e garantias bancárias para aquisição dos estoques, depósitos e armazenagem dos estoques, riscos financeiros relativos à comercialização de tais estoques, etc., o que terá o condão de impactar os preços finais dos combustíveis, prejudicando os consumidores; e

(ii) Poderá comprometer o abastecimento de gasolina C e, no caso de aplicação da sanção de suspensão da comercialização em razão da inexistência do estoque mínimo exigido, todo o abastecimento nacional.

Pode-se, ainda, mencionar que, caso se torne por demais onerosa sua atuação no mercado em tela, devido ao dirigismo estatal e às rígidas regras impostas, as distribuidoras poderão deixar de atuar no segmento do etanol ou reduzir consideravelmente a sua atividade, tendo por consequência o agravamento da crise de demanda e altos preços que originaram a edição da Lei nº 12.490/11 e da Resolução nº 67/2011, o que é

---

[79] LOSEKANN, Luciano. Etanol: de promessa a problema. *Blog Infopetro*, 16 mai. 2011. Disponível em: http://infopetro.wordpress.com/2011/05/16/etanol-de-promessa-a-problema. Acesso em 29 dez. 2011.

inequivocamente desproporcional em se tratando de uma competência que tem por fim justamente garantir o suprimento a preços razoáveis dos combustíveis.

Como cediço, as políticas públicas traçadas para os setores econômicos devem considerar que cada novo direito e cada nova obrigação que se cria ou se imputa aos agentes econômicos geram custos ("rights cost money")[80] e majoram riscos, o que não raro é repassado ao consumidor final, criando o efeito contrário ao esperado.

Outras vezes, é o próprio agente econômico que vê a sua margem reduzida de forma tão substancial que ou não consegue sobreviver no mercado, ou diminui a sua participação, o que promove não só a exclusão daqueles que não conseguirem sobreviver às normas mais rígidas e restritivas, como também a sobrecarga dupla de um setor que já se encontra em desequilíbrio e que, exatamente por isso, demanda políticas de incentivo aos investimentos privados para garantir o seu crescimento e desenvolvimento, e não medidas restritivas que tem o efeito de gerar o desinvestimento no setor.

Sendo assim, a imposição legal de estoques privados é desproporcional em sentido estrito, desnecessária e inadequada, portanto, inconstitucional.

V Inconstitucionalidades da Resolução nº 67/2011

Além das inconstitucionalidades da Lei nº 12.490/11 – que acabam por refletir-se na inconstitucionalidade das previsões constantes da Resolução nº 67/11 quanto aos volumes a serem estocados –, há outras medidas especificamente previstas pela Resolução nº 67/2011 independentemente e por vezes até contrariamente à Lei, sobretudo a eleição do contrato coativo de fornecimento como meio **único** para comprovação da capacidade de abastecimento do mercado, que destoam das normas constitucionais da livre iniciativa, proporcionalidade, isonomia, legalidade e motivação, daí decorrendo a sua inconstitucionalidade, como detalharemos a seguir.

V.1 Contratação compulsória violadora da livre iniciativa

A Lei nº 12.490/2011 (art. 5º, que incluiu o parágrafo único no artigo 8º da Lei nº 9.847/97) previu que a ANP poderia exigir dos agentes regulados "II – garantias e comprovação de capacidade para atendimento ao mercado de combustíveis e biocombustíveis, mediante a apresentação de, *entre outros mecanismos*, contratos de fornecimento entre os agentes regulados".

Desse modo, a Lei previu a *possibilidade* de, entre outros mecanismos, exigir-se a celebração de contratos coativos de fornecimento de combustível, o que, *per se*, não se afigura inconstitucional, na medida em que o dirigismo contratual por parte do Estado é considerado medida legítima de intervenção no domínio econômico em

---

[80] STEIN, Cass R.; STEPHEN, Holmes. *The Cost of Rights*: why liberty depends on taxes. New York: W. W. Norton & Company, 1999. p. 15.

casos excepcionais e a própria legislação previu medidas outras a serem adotadas para comprovar a capacidade de atendimento do mercado de combustíveis.

Contudo, ao ter descartado a Resolução nº 67/11 outros mecanismos menos intrusivos na esfera individual para comprovação da capacidade de abastecimento, elegendo como medida única a contratação coativa de fornecimento de etanol anidro, sem que, porém, tenha sido justificada a adoção da medida excepcional, acabou por violar o princípio da livre iniciativa, ingerindo de forma excessiva e desnecessária sobre a atividade econômica privada desempenhada pela Consulente.

Nas palavras de Orlando Gomes, "o contrato coativo, também denominado contrato ditado, imposto, forçado, constitui negócio jurídico que se realiza sem o pressuposto do livre consentimento das partes. Trata-se, portanto, segundo Hendemann, de uma simples ficção; finge-se que o contrato foi concertado. É como se as partes houvessem dado vida à relação jurídica mediante acordo de vontades espontâneo. Na verdade, porém, são obrigadas a constituí-la, refoge tal figura, por conseguinte, ao conceito de contrato, mas recorre-se a esta ficção porque, à relação imposta as partes, aplicam-se muitas normas do direito das obrigações. Dispensa-se a esta relação jurídica o tratamento dado às relações contratuais, como se proviesse de genuíno contrato. Dentre as regras aplicáveis, indicam-se: *a* – a que consagra o princípio da interdependência das obrigações, facultando a *exceptio non adimpleti contractus*; *b* – a que fixa o critério a se adotar na ocorrência de risco, *periculum interitus* como no *periculum deteriorationis*; *c* – a referente à mora e à responsabilidade contratual; *d* – a concernente às consequências da resilição. Realizam-se os contratos impostos para que se atinjam objetivos da política econômica do Estado, ou para facilitar a sua ação financeira".[81]

Massimo Severo Giannini coloca o por ele chamado "contrato imposto ou constituição direta de relações contratuais" entre as "potestades administrativas de conformação de negócios", nos quais "o ato administrativo constitui *de per se* uma relação contratual, se substituindo, segundo uma expressão usual mas inexata, à vontade das partes".[82]

---

[81] GOMES, Orlando. Decadência do Voluntarismo Jurídico e Novas Figuras Jurídicas. In: *Transformações Gerais do Direito das Obrigações*. 2. ed. São Paulo: Ed. RT, 1980. p. 17-19. Em outro texto, o insubstituível autor baiano afirma que "a equação entre a autonomia privada e a intervenção do Estado, posta principalmente nos países que ainda não organizaram uma sociedade Indústria l próspera e sólida, revela uma simbiose que leva até ao contrato programado, passando pelo contrato imposto, mas que apenas transfere a outrem que não as partes o traçado do 'esquema de composição dos interesses fundados no acordo'. Não muda, todavia, a função na perspectiva ideológica, por isso que o esquema é formado pelo Estado com traços tomados do direito privado. [...] Por detrás de uma polêmica verbal antiliberal continuava-se *in concreto* a fazer opções solidárias com as exigências e interesses capitalísticos" (GOMES, Orlando. A Função do Contrato. In: GOMES, Orlando. *Novos Temas de Direito Civil*. Rio de Janeiro: Forense, 1983. p. 109). Para fundamentar a natureza jurídica do compartilhamento por nós sustentada, também deve ser citado Antônio Chaves, para quem "a situação de monopólio implica um privilégio para a empresa favorecida, ao permitir absorver por inteiro a contratação em um determinado setor da Indústria l (transportes, energia elétrica, determinados fornecimentos, etc.). Este privilégio que limita a liberdade dos particulares é concedido com a dupla compensação em favor dos mesmos: 1. A necessidade de contratar imposta à empresa; 2. Necessidade de submeter a preços e tarifas preestabelecidas. Acrescenta Lehmann que segundo o §362 do Código Comercial Alemão, o comerciante cuja atividade acarrete o cuidado de negócio de outros deve responder sem demora às ofertas relativas a esses negócios e que procedam das pessoas com as quais se encontre em relação de negócio" (CHAVES, Antônio. *Responsabilidade Pré-contratual*. 2. ed. São Paulo: Ed. Lejus, 1997. p. 34-35).

[82] GIANNINI, Massimo Severo. *Diritto Amministrativo*. 3. ed. Milão: Ed. Giuffrè, 1993. v. II, p. 790. "Estranhamente, parte dos nossos juristas reage a essa evolução, mesmo – o que é mais estranho ainda – alguns especialistas do direito público. Recusa a noção de *contrato coativo*, que toma como um *outro instituto*, distinto do instituto do *contrato*. Essa parcela da nossa doutrina assim procede porque (i) continua concebendo a noção de contrato no

Como leciona Miguel Reale, "o *dirigismo contratual* não constitui novidade, pois, desde as obras clássicas de Georges Ripert, René Savatier e Louis Jousserand, reconhece-se, repito, o poder-dever do Estado de interferir na celebração ou execução dos contratos privados toda vez que as circunstâncias socioeconômicas puderem colocar uma das partes à mercê de intoleráveis imposições da outra, partindo-se o equilíbrio sinalagmático que deve presidir o mundo das relações jurídicas bilaterais. Dispenso-me de invocar, nesse ponto, o magistério da doutrina e da jurisprudência, por tratar-se de matéria já integrada pacificamente nos domínios do Direito Obrigacional, limitando-me a referir-me à bela síntese feita por Magdi Sobhy Khalil em seu livro *Le dirigisme économique et les contrats*, Paris, 1967. Nele são compendiadas todas as razões que legitimam a necessidade de estabelecer limites à regra da *autonomia da vontade*, quando esta corre o risco de converter-se em instrumento nas mãos do parceiro mais poderoso, sendo lembrado o admirável ensinamento de Pascal de que, conforme as conjunturas, 'nas relações entre o fraco e o forte é a liberdade que oprime e é a lei que liberta'".[83]

Não é este o caso presente, visto que inexistia, segundo informado pela Consulente, quando da edição da Lei nº 12.490/11, distorção grave entre a posição de distribuidores de combustíveis e produtores de etanol no mercado regulado. Aliás, a mencionada Lei, ao invés de ter o condão de sanar eventual desequilíbrio entre os agentes regulados, terá, conforme veremos mais adiante, o efeito contrário, gerando uma assimetria profunda entre distribuidores e produtores de etanol.

Por outro lado, não se vislumbra no caso concreto uma situação excepcional genérica que pudesse denotar a essencialidade da medida adotada.

Realmente, a imposição de celebração de contratos de fornecimento de combustível somente se faria legítima caso houvesse, de fato, uma crise de abastecimento do mercado interno – e não há, como elucidaremos mais detidamente no tópico V.4 – e que tal crise tivesse sido gerada pela recusa de distribuidoras em procederem à compra de etanol dos produtores ou que, possuindo o produto em estoque, se recusassem as distribuidoras, visando à especulação, a comercializarem-no para revenda para forçar o aumento dos preços. Segundo informa a Consulente, se está havendo especulação ou a opção por produtos ou mercados internacionais mais vantajosos, isso estaria se dando em outros elos da cadeia produtiva do etanol.

Como medida altamente interventiva, portanto, só se justificaria a supressão da contratação voluntária – inerente ao princípio da livre iniciativa – caso houvesse valores outros, igualmente protegidos pelo ordenamento, que tivessem de ser salvaguardados através desta medida de exceção.

Entretanto, não só, repita-se, a realidade não é de uma crise de vastas proporções a ensejar a intervenção estatal em tal alto grau, como a alta do preço de combustíveis

---

plano exclusivamente metafísico, abstrato, dissociado da realidade [contrato = *encontro de vontades*], ao mesmo tempo em que (ii) pensa o direito subjetivo como uma faculdade. Estamos não obstante vivendo, na realidade, um momento *qualitativamente* distinto da teoria geral do contrato. Uma das lições maiores no livro de Gilmore encontra-se na citação de Corbin, para quem os juristas geralmente incidem nos erros de conceber o direito como algo absoluto e eterno, de imaginar que as fórmulas doutrinárias possam ser usadas mecanicamente e de que sejam definições corretas e imutáveis; o professor, o advogado e o juiz, afirma, precisam libertar-se da *ilusão da certeza*. Ou, como disse eu acima, aceitar a superação e o amálgama dos extratos da evolução jurídica" (GRAU, Eros Roberto. Um novo paradigma dos contratos? *Crítica Jurídica*, v, 18, versão *online*, 2001).

[83] REALE, Miguel. O Plano Color II e a Intervenção do Estado na Ordem Econômica. *Revista de Direito Bancário e do Mercado de Capitais*, v. 54, p. 57-58, out. 2011.

não foi, como visto acima, gerada por quaisquer atos ou omissões das distribuidoras em adquirir dos produtores o insumo (etanol anidro), patenteado a ilegitimidade da medida adotada pela Resolução nº 67/11.

Logo, inexiste fundamento bastante que legitime, na hipótese vertente, uma intervenção direta do Estado na liberdade de contratar, a qual "não é senão uma das projeções essenciais da *liberdade de iniciativa*, a tal ponto que se pode afirmar que sem aquela esta não subsiste".[84]

Conclui-se, do exposto, que não poderia ter o regulador previsto unicamente o contrato coativo de fornecimento de combustíveis como forma de comprovação da capacidade de abastecimento do mercado interno de combustíveis e biocombustíveis, pois que a exceção ao princípio da livre contratação – e da livre iniciativa – só se afigura legítima como medida última capaz de garantir o interesse coletivo – in *casu*, o abastecimento nacional –, o que não restou demonstrado no caso em tela, daí decorrendo a violação do âmago do princípio da livre iniciativa.

V.2 Previsão desproporcional de contrato coativo

Aplicando-se os marcos teóricos do princípio da proporcionalidade, expostos no tópico IV.4 aos contratos coativos da Resolução ANP nº 67/2011 vemos ser ela *inadequada* ao fim a que se destina, pois a simples previsão de contratação compulsiva de fornecimento de combustíveis não é capaz de sanar os problemas que visa a combater a ANP.

Consoante o art. 5º da Lei nº 12.490/11, a competência atribuída à ANP para editar uma resolução determinando a manutenção de estoques mínimos e contratações coativas teve por escopo "a garantia do abastecimento nacional de combustíveis". E o mesmo artigo dispôs que a comprovação da capacidade de abastecimento poderia se dar por medidas diversas, não se reduzindo, como fez a Resolução, a um meio sobremaneira oneroso (imposição contratual).

Sucede que a ANP elegeu como meio para o atingimento do fim arrolado pela Lei somente a contratação coativa de fornecimento de etanol, o que, entretanto, se afigura eminentemente inadequado, porquanto não resolve as causas que realmente deram azo aos recentes problemas em relação ao valor do combustível, tal como expusemos no que concerne à manutenção de estoques mínimos (item IV.4), ao que fazemos referência.

Reforça o exposto *o fato de que contratos podem ser descumpridos e, tratando-se de impossibilidade material de adimplemento pela ocorrência de fortuito ou força maior (estiagem, esgotamento da capacidade produtiva, falta de matéria-prima) ou de circunstâncias e consequências alheias inteiramente às distribuidoras (como a opção de produtores de exportar os produtos, ao invés de abastecerem o mercado interno), não há sequer, em regra, a possibilidade de penalização.*

Dessa forma, a atuação da ANP na ponta final da cadeia do etanol (distribuição) é sobremaneira inadequada à garantia de abastecimento de combustível, até porque tanto as causas endêmicas quanto as conjunturais do problema foram descuidados pela agência.

---

[84] REALE, Miguel. O Plano Color II e a Intervenção do Estado na Ordem Econômica. *Revista de Direito Bancário e do Mercado de Capitais*, v. 54, p. 57, out. 2011.

Por imperativo lógico, primeiro há de se sanar ou arrefecer as causas do desequilíbrio entre oferta e demanda (baixa produção de etanol) para, após, regular-se as relações jurídicas (contrato de fornecimento e revenda) decorrentes do ciclo do etanol, visto que estas só podem ocorrer e se desenvolverem regularmente se houver etanol disponível.

Portanto, a celebração de contratos coativos de fornecimento de etanol não é um meio adequado para garantir o abastecimento do mercado nacional de biocombustíveis.

É de se reiterar que um dos fatores da crise que levou à edição da medida provisória nº 532/2011 e, posteriormente, da Lei nº 12.490/11 foi a alta do preço do etanol no mercado interno brasileiro.

No entanto, a previsão de contratos de fornecimento coativos acabará, como veremos de forma mais detalhada no tópico V.3, por criar uma assimetria entre distribuidores e produtores, aumentando o "poder de fogo" destes na negociação e fixação dos preços, que naturalmente tenderão a aumentarem.

Ou seja, as cominações impostas pela Resolução nº 67/2011 terão o efeito contrário ao almejado pela normativa setorial, culminando no aumento no preço do etanol e, por conseguinte, em entraves adicionais à garantia do abastecimento da população.

À vista disso, a *inadequação* da medida da contratação coativa exsurge patente, daí decorrendo a ofensa frontal ao princípio constitucional da proporcionalidade.

Tal medida é, ainda, *desnecessária*, afigurando-se medida intrusiva demais, frente às demais medidas passíveis de serem adotadas, e menos onerosas, para assegurar com a mesma eficiência o fim perseguido.

Como vimos, o escopo da norma poderia – e deveria – ser igualmente atingido mediante a adoção pelo poder público de políticas fiscais, de estoques reguladores governamentais ou de fomento que atingissem as causas do problema, que são medidas menos onerosas para os particulares e tão ou mais eficazes que a obrigação de contratação, ao passo que a imposição de contratos de fornecimento de combustível, além de confrontar com o princípio fundamental da liberdade de contratar, corolário da livre iniciativa, não satisfaz, viu-se, de forma tão adequada, os fins visados pela norma.

Dessa maneira, violado também está o elemento necessidade do princípio da proporcionalidade, denotando, também por essa razão, a inconstitucionalidade da contratação compulsória imposta de forma absoluta pela Resolução nº 67/2011, já que o Estado poderia agir em níveis menos restritivos da iniciativa privada.[85]

Em continuação ao exame da proporcionalidade da regra regulamentar em apreço, constata-se que esta viola, ainda, a *proporcionalidade em sentido estrito*, pois, informa-nos a Consulente:

- Prejudica o resultado financeiro das distribuidoras de combustíveis, que passarão a ocupar posição desvantajosa, conforme aprofundaremos adiante, frente aos produtores de etanol, de que poderá decorrer o aumento dos preços de fornecimento praticados, com a majoração do valor final pago pelos consumidores; e

---

[85] Heinrich Scholler leciona que "as restrições à liberdade econômica devem "operar apenas em um degrau (ou esfera)", passando para a fase seguinte "tão-somente quando uma restrição mais intensa se fizer absolutamente indispensável para a consecução dos fins almejados" (SCHOLLER, Heinrich. O Princípio da Proporcionalidade no Direito Constitucional e Administrativo da Alemanha. (Trad. Ingo Wolfgang Sarlet). *Revista Interesse Público*, v. 2, p. 102-105, 1999).

- Tornará o sistema mais burocratizado e menos dinâmico, dada as profundas alterações no mercado *spot*, fundamental para garantir o atendimento da volatilidade da demanda e para precificação dos contratos existentes.

Os malefícios à coletividade, dessa maneira, serão superiores ao eventuais benefícios que poderiam advir de tal imposição, de modo que os custos da implementação da referida Resolução nº 259/11 são superiores aos benefícios eventualmente gerados (desproporcionalidade *stricto sensu*), patenteado a falta de ponderação das normas gravadas no diploma em comento e a injurídica relação de custo-benefício da medida mesmo que ela fosse – o que, como vimos acima nesse mesmo tópico, não é – adequada e necessária.

V.3 Inadequação da penalidade de suspensão da comercialização de combustível

A ofensa ao princípio da proporcionalidade consiste, igualmente, na previsão do artigo 5º, §§3º e 4º, de suspensão do fornecimento, pelo distribuidor, de gasolina A, no caso de não cumprimento dos volumes mínimos fixados para estoque, até que seja adimplido o volume previsto pela Resolução. Tal medida é eminentemente inadequada, porquanto agrava o problema principal considerado pela Resolução, a saber, a baixa oferta de combustíveis, nestes termos:

> §3º Constatado que o estoque de que trata o §2º seja inferior ao volume estabelecido no §1º deste artigo, o distribuidor terá, até o dia 25 (vinte e cinco) do mês corrente (mês N+1), prazo para a sua regularização, por meio de reprocessamento do DPMP das notas fiscais emitidas no mês anterior (mês N), sob pena de suspensão, a partir do dia 25, do fornecimento de gasolina A, em sua totalidade, incluindo os saldos remanescentes, ou seja, volumes não retirados do mês anterior, em todos os produtores.
>
> §4º O distribuidor suspenso, nos termos do parágrafo anterior, somente terá seu fornecimento de gasolina A restabelecido após o encaminhamento à ANP, para o novo mês corrente (mês N+2), do "Demonstrativo de Produção e Movimentação de Produtos – DPMP", nos termos da Resolução ANP nº 17, de 31 de agosto de 2004, comprovando que o estoque final próprio de etanol anidro combustível, no último dia do mês anterior (mês N+1), atenda aos requisitos estabelecidos no caput deste artigo e no §1º para o novo mês corrente (mês N+2), sob pena de permanecer o fornecimento de gasolina A suspenso até a sua regularização.

A Resolução nº 67/2011 em tese pretendia evitar o desabastecimento de combustíveis e estabilizar os preços praticados junto ao mercado consumidor.

Sendo assim, a cominação de uma sanção que suspenda integralmente, sem qualquer restrição temporal, física ou percentual, a comercialização de gasolina A no território nacional terá o efeito contrário do esperado pelo legislador e pelo regulador, desabastecendo o mercado de gasolina A e, consequentemente, majorando os preços.

A falta de adequação de tal sanção é evidente, valendo destacar, em acréscimo, que a Resolução prevê a suspensão da comercialização da gasolina A sem que haja a antecedência de qualquer outra medida menos gravosa ao agente econômico e ao mercado, como, por exemplo, a cominação de uma multa.

A gradação das penas é princípio basilar da ordem jurídica brasileira, atuando juntamente com o princípio da proporcionalidade na fixação de uma justa correlação entre a gravidade do ato antijurídico praticado, a lesão ao bem-jurídico tutelado, a repressão da conduta e os potenciais efeitos deletérios daí gerados.

Nesse sentido, já decidiu o Superior Tribunal de Justiça:

> [...] 4. No campo sancionatório, a interpretação deve conduzir à dosimetria relacionada à exemplaridade e à correlação da sanção, critérios que compõem a razoabilidade da punição, sempre prestigiada pela jurisprudência do E. STJ. (Precedentes: Resp. nº 291.747, Rel. Min. Humberto Gomes de Barros, DJ de 18.03.2002 e RESP nº 213.994/MG, Rel. Min. Garcia Vieira, DJ de 27.09.1999) 5. Revela-se necessária a observância da lesividade e reprovabilidade da conduta do agente, do elemento volitivo da conduta e da consecução do interesse público, para efetivar a dosimetria da sanção por ato de improbidade, adequando-a à finalidade da norma. [...]
>
> 7. É cediço que a ausência de razoabilidade da sanção infirma a sua "legalidade", à luz do art. 12, da Lei nº 8.429/92 e seu parágrafo único. É cediço em sede de cláusula doutrinária que: com efeito, reza o art. 5º, LIV/88 que ninguém será "privado da liberdade ou de seus bens sem o devido processo legal". Privação de liberdade há de ser interpretada, aqui, de modo mais amplo possível. Não se trata de pena privativa de liberdade. Uma restrição a direitos políticos não é pena privativa de liberdade, mas prova o agente do gozo de uma liberdade política, v.g., candidatar-se a cargos públicos, ou a cargos eletivos, ou de usufruir do direito-dever de voto. Uma sanção que proíbe alguém de contratar com a administração pública, ou dela receber benefícios fiscais ou creditícios, subvenções, por determinado período, atinge a sua liberdade de contratar e de participar da vida negocial. [...]
>
> Anote-se que há um princípio da razoabilidade das leis, princípio que tem sido acolhido na jurisprudência do Supremo Tribunal Federal, e na boa doutrina, condenando-se a discrepância entre o meio eleito pelo próprio legislador e o fim almejado.[86]

A Resolução, ao deixar de prever qualquer gradação de sanções no caso de descumprimento do volume mínimo a ser estocado, foi de encontro ao princípio da proporcionalidade, ao não conferir qualquer margem ao intérprete/aplicador da norma de mensurar a gravidade da infração para aplicar sanção com intensidade diretamente proporcional à ofensa praticada.

Portanto, sob todas as óticas, é desproporcional a regra expressa nos parágrafos 3º e 4º do artigo 5º da Resolução nº 67/2011, sendo inconstitucional a previsão de suspensão da comercialização da gasolina A no caso de descumprimento do estoque mínimo fixado pela ANP.

Finalmente, é inconstitucional a Resolução também por não ter fixado qualquer prazo-limite para a duração da penalidade, sendo certo que o artigo 8º, parágrafos 3º e 4º,[87] estabelece prazos mínimos e máximos para incidência da sanção, em respeito ao

---

[86] Resp. nº 664856/PR, Rel. Ministro Luiz Fux, Primeira Turma, julgado em 06.04.2006, DJ 02.05.2006. p. 253.

[87] "§3º A pena de suspensão temporária será aplicada por prazo mínimo de dez e máximo de quinze dias. §4º A suspensão temporária será de trinta dias quando aplicada a infrator já punido com a penalidade prevista no parágrafo anterior".

princípio constitucional de vedação da pena perpétua,[88] que impede a imposição de penas sem limite temporal definido.

V.4 Assimetria regulatória violadora do princípio da igualdade

Do cotejo entre as obrigações e deveres de distribuidores e produtores de etanol estipulados na Resolução nº 67/11 extrai-se que a norma em tela conferiu tratamento muito mais rígido e restritivo aos distribuidores que aquele conferido aos produtores de etanol, sem, contudo, haver fundamentos que justifiquem tal assimetria.

Assim, além de frontalmente violar os direitos constitucionais enumerados acima, a Resolução em questão afronta, ainda, o Princípio da Isonomia, insculpido no art. 5º da Carta Maior.

Tal princípio veda seja dispensado tratamento desigual a pessoas que se encontrem na mesma situação, desde o ponto de vista de determinado critério de diferenciação. O que a Constituição Federal proíbe, em outras palavras, é a criação de desequiparações fortuitas e injustificadas, privilégios ou perseguições.

De acordo com Celso Antônio Bandeira de Mello são quatro os elementos que devem estar presentes para que a discriminação estabelecida por lei seja possível à luz do princípio da isonomia:[89] (i) o fator de diferenciação não pode ser específico a ponto de singularizar no presente e de forma definitiva o sujeito a que se impõe o regime diferencial, sendo tal característica insuscetível de se reproduzir no futuro; (ii) as situações ou pessoas desequiparadas por força de lei devem ser efetivamente distintas entre si; (iii) deve haver uma correlação lógica entre o fator escolhido e a discriminação legal imposta em função dele; e, por fim, (iv) essa correlação lógica deve ser justificada frente aos demais interesses e direitos constitucionalmente protegidos.

Em síntese, nas palavras do autor, "as discriminações são recebidas como compatíveis com a cláusula igualitária apenas e tão-somente quando existe um vínculo de correlação lógica entre a peculiaridade diferencial acolhida, por residente no objeto, e a desigualdade de tratamento em função dela conferida, desde que tal correlação não seja incompatível com interesses prestigiados na Constituição".[90]

Complementado o disposto acima, Humberto Ávila argumenta que a avaliação da violação do princípio da igualdade depende da análise do critério diferenciador escolhido e o fim a ser alcançado com a instituição da diferenciação.[91] Ou seja, o critério escolhido deve necessariamente ser apto a conduzir ao fim pretendido.

Ensina também Carmen Lúcia Antunes da Rocha que, "mais do que a igualdade na lei, caminhou-se ao norte da igualdade no Direito, valendo, então, o significado de que ao Direito compete promover a igualação dos iguais e o tratamento diversificado apenas daqueles que se diversifiquem segundo critérios de justiça racionalmente postos

---

[88] Art. 5º, XLVII, "b": "XLVII – não haverá penas: b) de caráter perpétuo".
[89] MELLO, Celso Antônio Bandeira de. *O conteúdo jurídico do princípio da igualdade*. São Paulo: Malheiros, 2015. p. 53-54.
[90] MELLO, Celso Antônio Bandeira de. *O conteúdo jurídico do princípio da igualdade*. São Paulo: Malheiros, 2015. p. 24.
[91] ÁVILA, Humberto. *Teoria dos Princípios*. São Paulo: Ed. Malheiros, 2006. p. 138.

e suficientemente motivados. [...] Em verdade, o que se pretende é que [...] não crie desigualdades entre pessoas em situação jurídica que permita a igualação e seja este o enfoque a ser relevado para o desate justo da questão normada [...]".[92]

No caso sob comento, a Resolução nº 67/2011 previu medidas sobremaneira assimétricas a incidirem sobre distribuidores de combustíveis e produtores/fornecedores de etanol, sem, contudo, restar justificada a razão de tal desigualdade.

Efetivamente, a mencionada Resolução obriga, em seu artigo 3º, que os contratos de fornecimento de etanol anidro sejam apresentados pelos distribuidores à ANP até o dia 1º de abril de cada ano, enquanto ficam os produtores obrigados à apresentação do instrumento de fornecimento até o dia 1º de setembro, com vigência em, no máximo, 1º de julho (art. 10, §2º).

Portanto, os prazos para homologação dos contratos é diverso para produtores e distribuidores, o que tem o condão de culminar em um desequilíbrio na relação jurídica estabelecida pelas partes.

Segundo nos informa a Consulente, a obrigação de contratar, *per se*, também já enseja uma grave assimetria entre distribuidores e produtores, na medida em que estes, frente à essencialidade do insumo que fornecem àqueles, terão majorado o seu poder de negociação, podendo estabelecer condições, prazos e preços a si mais favoráveis em detrimento das companhias distribuidoras.

Em acréscimo, a discriminação quanto ao momento de apresentação dos contratos junto à ANP agravará tal situação, visto que os distribuidores estão obrigados a comprovar a celebração dos contratos anteriormente aos produtores, o que lhes confere uma margem ainda menor de negociação, dado o prazo mais exíguo que têm para não só realizarem as projeções financeiro-econômicas para o ano em curso, como para negociarem as condições da contratação – o que, como veremos, na falta de um acordo, gerará graves sanções para apenas uma das partes (o distribuidor), denotando o desequilíbrio da norma em tela.

Aliás, via de regra, nos casos previstos no ordenamento pátrio de contratação compulsória de insumos considerados essenciais, são criados *mecanismos de arbitramento do desequilíbrio gerado entre a parte detentora do insumo essencial (in casu, produtores de etanol) e a parte sujeita à contratação deste insumo (na hipótese, os distribuidores)*.

Isto porque é ínsito a uma situação de contratação compulsória a perda da margem de negociação da parte que se vê obrigada a adquirir insumos considerados essenciais. As vantagens, então, naturalmente, passam a pender para a parte mais forte da relação (o fornecedor dos insumos), criando um cenário de patente desequilíbrio.

Nestas situações, o legislador, almejando resguardar valores essenciais ao Estado de Direito, especialmente a isonomia entre as partes, prevê usualmente a adoção de um procedimento administrativo de arbitramento, a fim de que um terceiro ente, externo e neutro ao interesse das partes, resolva eventuais conflitos decorrentes dos procedimentos de negociação, restabelecendo o equilíbrio e a justiça das contratações.

É o caso, por exemplo, da sistemática articulada para o setor de telecomunicações, prevista nos artigos 152, 153, 154 e 155 da Lei nº 9.472/97 (Lei Geral das Telecomunicações – LGT), que dispõem sobre a interconexão de redes:

---

[92] ANTUNES DA ROCHA, Carmen Lúcia. *O Princípio Constitucional da Igualdade*. Belo Horizonte: Ed. Lê, 1990. p. 39.

Art. 152. O provimento da interconexão será realizado em termos não discriminatórios, sob condições técnicas adequadas, garantindo *preços isonômicos e justos*, atendendo ao estritamente necessário à prestação do serviço.

Art. 153. As condições para a interconexão de redes serão objeto de livre negociação entre os interessados, mediante acordo, observado o disposto nesta Lei e nos termos da regulamentação.

§1º O acordo será formalizado por contrato, cuja eficácia dependerá de homologação pela Agência, arquivando-se uma de suas vias na Biblioteca para consulta por qualquer interessado.

§2º *Não havendo acordo entre os interessados, a Agência, por provocação de um deles, arbitrará as condições para a interconexão.*

Assim, a utilização da infraestrutura de redes para interconexão, que é, em regra, uma utilidade essencial para prestação do serviço de telecomunicações, é objeto de um mandamento legal de contratação compulsória, prevendo a legislação, por outro lado, que o preço seja fixado em bases justas e isonômicas.

Neste ponto, já é possível averiguar uma grave falha da Lei nº 12.490/11 e da Resolução nº 67/2011 pois, malgrado tenham transformado, através de uma imposição de contratação compulsória, o etanol anidro em um insumo essencial à atividade de distribuição de combustíveis – sem o qual poderá ser suspensa a comercialização de gasolina A pela distribuidora (art. 5º, §§3º e 4º) –, os diplomas normativos em momento algum criaram regras idôneas a garantir que o preço do insumo seja fixado com justeza, perfazendo-se evidente que, deixado ao livre arbítrio das produtoras, que tiveram o seu poder de negociação e de mercado majorado, o preço será maior do que o atualmente praticado, prejudicando não só as distribuidoras, como os consumidores finais.

Nem a Lei nº 12.490/11, nem a Resolução nº 67/2011 instituíram um meio alternativo ao impasse nas negociações travadas entre produtores e distribuidores, meio este essencial para garantir a recondução do equilíbrio entre os agentes regulados em situações de contratação compulsória.

Torna-se, então, patente a iniquidade gerada pela Resolução nº 67/2011 e, consequentemente, inequívoca a inconstitucionalidade deste diploma, sendo certo que, ainda que seja mantida a assimetria obrigacional dos agentes regulados, faz-se forçoso criar um mecanismo decisório no caso de impasse nas negociações e conflitos quanto às condições dos contratos a serem avençados, nos moldes das legislações que, como a Lei nº 12.490/11 e a Resolução nº 67/11, preveem a figura do contrato coativo.

A iniquidade da Resolução nº 67/11 decorre, ainda, de seu artigo 5º, §§3º e 4º, que prevê que, deixando os distribuidores de comprovar o estoque dos volumes mínimos previstos, ficarão sujeitos à penalidade de suspensão da comercialização de seus produtores, enquanto os produtores, caso incorram na mesma infração (não comprovação de estoques mínimos) ficarão sujeitos unicamente às penalidades gerais da Lei nº 9.847/99 (*a priori*, somente às multas previstas no artigo 3º do diploma).

Extrai-se daí tratamento sobremaneira mais rígido em detrimento de distribuidores que aquele atribuído aos produtores, o que não possui qualquer embasamento fático ou jurídico, visto que a atividade econômica desempenhada pelos produtores é muito mais determinante e essencial para a garantia do abastecimento de combustíveis que a mera distribuição do etanol.

De fato, a produção de etanol é o que, afinal, irá garantir o atingimento da finalidade da Lei e da Resolução, não se justificando que o distribuidor, que atua, grosso modo, como um simples intermediário entre produtores e consumidores finais, seja penalizado de forma mais árdua que os produtores na hipótese de falta ou escassez de combustível em estoque.

Por conseguinte, o critério discriminador, aqui, para ser legítimo, teria de ser invertido, imputando-se penalidades mais graves e mais restritivas àqueles que, efetivamente, têm ingerência sobre a quantidade de etanol em circulação para abastecimento do mercado, a saber, os produtores.

Aproveita o mesmo raciocínio a diferença existente entre os volumes obrigatórios a serem estocados pelos distribuidores (de até 90%, cf. art. 3º, §3º da Resolução) e os estoques exigidos dos produtores (25%, ex vi do art. 10 da Resolução), eis que, inexistindo volume suficiente da parte dos produtores a adimplir os contratos de fornecimento celebrados com os distribuidores, de nada adiantará toda a rigidez com os distribuidores para fornecerem um combustível que simplesmente não terá sido produzido.

Em resumo, o tratamento mais rígido conferido aos distribuidores e o tratamento menos coativo dirigido aos produtores é irrazoável e descompassado com a própria finalidade da Lei, emergindo daí a violação ao princípio da isonomia intentada pela Resolução nº 67/2011.

V.5 Violação do princípio da motivação

A Administração Pública, direta e indireta, tem dever de motivação na realização de suas atividades, a teor do caput do artigo 37 da Constituição Federal e dos artigos 2º, *caput*,[93] e 50, I e II,[94] da Lei nº 9.784/99.

A motivação dos atos administrativos é exigência de uma administração democrática,[95] lastreando todos os processos decisórios do poder público, inclusive na edição de normas legais.

E, quanto maior o grau de ingerência do poder público sobre as atividades privadas regulamentadas e, conseguintemente, mais profunda a restrição ao direito fundamental da livre iniciativa, mais intenso deverá ser o atendimento ao princípio da motivação, o respectivo ônus argumentativo e mais objetivos deverão ser os parâmetros balizadores da decisão eleita, inclusive levando em conta os denominados "custos regulatórios" e os anseios do ambiente regulado.

In casu, muito embora o artigo 8º, parágrafo único, da Lei nº 9.478/97, com redação dada pela Lei nº 12.490/11, disponha que a obrigação de manutenção de estoques

---

[93] "Art. 2º A Administração Pública obedecerá, dentre outros, aos princípios da legalidade, finalidade, motivação, razoabilidade, proporcionalidade, moralidade, ampla defesa, contraditório, segurança jurídica, interesse público e eficiência".

[94] "Art. 50. Os atos administrativos deverão ser motivados, com indicação dos fatos e dos fundamentos jurídicos, quando: I – neguem, limitem ou afetem direitos ou interesses; II – imponham ou agravem deveres, encargos ou sanções".

[95] REAL, Alberto Ramón. La fundamentación de lacto administrativo. *Revista de Derecho* Público – RDP, n. 6, p. 17, 2016.

mínimos e contratos coativos de fornecimento somente poderia se dar atestando-se a base econômica sustentável de tais medidas, a ANP deixou de empreender a devida motivação e a devida análise de impacto regulatório para averiguar se as medidas arroladas na Resolução nº 67/11 seriam capazes de sustentarem-se economicamente.

Armando Castelar Pinheiro ensina que "o Direito e a Economia, ao diluírem suas diferenças, tornam-se essenciais um para o outro".[96] A ênfase na perspectiva consequencialista e pragmática é defendida por Richard Posner, que alerta para uma concepção "interessada nos fatos e também bem informada sobre a operação, propriedades e prováveis efeitos de cursos alternativos de ação".[97]

Esse pensar por consequências, essa perspectiva pragmática quanto aos resultados, deve determinar a atividade administrativa regulatória.

Assim, independentemente de considerarmos a análise de impacto regulatório como já positivada em nosso ordenamento jurídico ou não, dúvidas não há de que existia a obrigação de uma expressa de uma análise econômica das consequências da regulamentação adotada pela ANP, decorrente diretamente do §único do artigo 8º da Lei nº 9.478/97 e da própria vinculação das autarquias independentes aos princípios da motivação, finalidade e eficiência.

Portanto, deixando a ANP de demonstrar adequada e expressamente a base econômica sustentável da medida, violou o princípio da motivação, o que implica em sua inconstitucionalidade.

Ademais, no caso concreto, em que pese tenha a ANP promovido a Audiência Pública nº 16/2011, passou ao largo das manifestações dos agentes regulados, especialmente distribuidores, no sentido de que as normas previstas no novo marco regulatório proposto, que vieram ser implementadas, impactariam negativamente o setor:

Em manifestação à Audiência Pública nº 16/201, diversos outros agentes econômicos apontaram sérios desvios que serão causados à economia dos contratos e relações jurídicas na hipótese de efetivação das regras de contratação compulsória e manutenção de estoques mínimos de combustíveis, valendo destacar a manifestação da BRASILCOM, nestes termos:

> Cremos que o estabelecimento de 40 dias de estoque durante todo o período para volumes não contratados e operacionais das distribuidoras. Acreditamos ainda que a necessidade de contrato bem como a necessidade de compra antecipada não motivaria os produtores a terem um produção maior e suficiente para atender à demanda. Da forma proposta teríamos a instalação da falta de produto ou do excesso de especulação em preços em um momento anterior ao tradicionalmente existente. [...] Os contratos hoje são balizados ou indexados pelo índice ESALQ, deve haver uma previsão de modificação nos contratos existentes para que seja contemplada a adequação [...]

• DISTRIBUIDORAS QUE ANTECIPAREM AS COMPRAS TERÃO ESTOQUE EXCEDENTE.

• IMPREVISIBILIDADE E INSTABILIDADE PASSARÃO AOS AGENTES DE MERCADO.

• PREÇOS DESEQUILIBRADOS.

• IMPACTO ECONÔMICO ÀS DISTRIBUIDORAS.

---

[96] PINHEIRO, Armando Castelar. *Direito, economia e mercados*. Rio de Janeiro: Elsevier, 2005. p. 32.

[97] POSNER, Richard. *Overcoming law*. Cambridge: Harvard University Press, 1996. p. 5.

- NÃO HÁ ESPAÇO DE ARMAZENAGEM SUFICIENTE NAS BASES.
- ARMAZENAGEM EM TERCEIRO.
- CUSTO DE ARMAZENAGEM VAI IMPACTAR O PREÇO.
- RISCO DE CRÉDITO.

Realmente, não houve sequer um esforço técnico da Agência em demonstrar, mediante estudos econômicos, a improcedência das exposições apresentadas.

Não bastasse, a ANP deixou de motivar adequadamente a imposição de contratação de fornecimento de etanol anidro por unicamente um dos tipos de contratos previstos na Resolução nº 67/2011, violando o princípio da motivação.

Sobre o ponto, segundo informações e documentos fornecidos pela Consulente, diversas foram as manifestações negativas dos agentes regulados quanto à vedação de celebração de dois tipos distintos de contratos de fornecimento de combustíveis, valendo destacar as contribuições ao artigo 1º da minuta de Resolução[98] dos seguintes agentes:

- SINDICOM: "Assegurar o entendimento de que o distribuidor que não atingir a meta de contratação [via contrato de fornecimento] possa vir a complementá-la mensalmente por compras diretas".
- LATINA Distribuidora: As duas modalidades de aquisição [compra direta e fornecimento], permitidas concomitantemente, possibilitarão uma flexibilização maior de planejamento na aquisição de etanol, para suprir, por exemplo, quantidade fixa por contrato para a rede de postos, e compras diretas para atendimento do mercado em geral".
- ÚNICA (União da Agroindústria Canavieira do Estado de São Paulo), SIFAESP, SIAMIG (Sindicato da Indústria da Fabricação do Álcool Combustível no Estado de Minas Gerais), Fórum Nacional Sucroenergético, SINDAÇUCAR e SINDAAF: "Deve-se esclarecer que a opção por um dos regimes de aquisição de etanol anidro combustível pelo distribuidor não impede a opção cumulativa com o outro regime. Ou seja, o distribuidor pode optar pela aquisição do combustível via compra direta e via contrato de fornecimento caso lhe seja conveniente. No caso, entendemos que o principal objetivo da resolução em discussão é a garantia da aquisição de um volume de anidro condizente com o volume comercializado de gasolina C no mesmo período do ano anterior pelo distribuidor, independentemente dos regimes adotados por este.

Portanto, tanto distribuidores quanto produtores manifestaram-se no sentido de que a liberdade de opção das diferentes formas de contratar, inclusive com a possibilidade de cumulação de contratos, melhor atenderia aos interesses dos agentes econômicos, promovendo não só um maior dinamismo no mercado, como prestigiando de forma mais intensa a liberdade de contratação e a livre iniciativa.

A despeito disso, a ANP negou as sugestões apresentadas de liberalização da opção pelas diferentes formas de contratação (direta ou fornecimento) e cumulação de ambas, sob o parco argumento de que "a fim de garantir o controle por parte da ANP,

---

[98] "Art. 1º A aquisição de etanol anidro combustível pelo distribuidor deverá ser feita sob regime de compra direta ou contrato de fornecimento com o fornecedor desse produto".

o distribuidor deverá optar por apenas uma das modalidades de aquisição de etanol anidro combustível".

Quer dizer: por uma questão de mera conveniência burocrática da Agência retirou-se dos particulares, sem nenhum fundamento técnico, como se esperaria de uma entidade reguladora setorial, a opção de celebrarem ambas espécies contratais para cumprir as metas estabelecidas na Resolução, o que se mostra indubitavelmente irrazoável e imotivado, dada a ausência de fundamentos bastantes a sustentar a solução eleita pelo regulador.

Ademais, a violação ao princípio da motivação também faz-se sentir no caso concreto em decorrência da inexistência do motivo que determinou a edição da referida Resolução, invalidando tal ato administrativo normativo.

A chamada teoria da causa/motivo[99] do ato administrativo demonstra a aderência de toda manifestação administrativa a um substrato real e concreto, a partir do qual se forma e no qual se apreende o seu específico fundamento.

Nas palavras de Caio Tácito, "a realização do ato pressupõe, por outro lado, certos antecedentes objetivos. A autoridade competente não atua no vácuo; ela se movimenta em função de aspectos de fato ou de direito que determinam a sua iniciativa. O ato administrativo se inicia, portanto, com a verificação da existência dos motivos".[100]

E, como todo ato administrativo, a Resolução expedida pela ANP tem a sua validade condicionada à veracidade e existência dos motivos indicados na permissão legislativa e nos considerandos que atuam como seu fundamento – a saber, a necessidade de evitar o desabastecimento de combustível no mercado nacional.

Efetivamente, à luz da Teoria dos Motivos Determinantes, os motivos determinantes e lastreadores da expedição dos atos administrativos devem ser perfeitamente congruentes com a realidade, de modo que, se, em algum momento, essa combinação de fatores não se verificar, o ato estará inquinado de vício insanável, dando azo à sua nulidade.

Como expõe Carvalho Filho, o motivo "deve sempre guardar compatibilidade com a situação de fato que gerou a manifestação da vontade. E não se afigura estranho que se chegue a essa conclusão: se o motivo se conceitua como a própria situação de fato que impele a vontade do administrador, a inexistência dessa situação provoca a invalidação do ato. [...]. *Se o interessado comprovar que inexiste a realidade fática mencionada no ato como determinante da vontade, estará ele irremediavelmente inquinado de vício de legalidade*".[101]

In casu, há um descolamento entre o motivo que ensejou a expedição da Resolução nº 67/2011, a saber, o risco de desabastecimento nacional, e a realidade fática e jurídica, que atesta que, embora tenha efetivamente havido problemas no setor, jamais houve o risco de desabastecimento, mas unicamente a alta de preços decorrente do desequilíbrio entre a demanda e a oferta.

---

[99] De acordo com José Cretella Júnior, "não é possível separar de modo absoluto a causa do motivo, quando se trata de ato administrativo" (CRETELLA JÚNIOR, José. *Dos atos administrativos especiais*. Rio de Janeiro: Forense, 1998. p. 244). Para ele, a distinção entre os dois conceitos é sutil (CRETELLA JÚNIOR, José. *Dos atos administrativos especiais*. Rio de Janeiro: Forense, 1998. p. 243).
[100] TÁCITO, Caio *apud* CINTRA, Antônio Carlos de Araújo. *Motivo e motivação do ato administrativo*. São Paulo: Revista dos Tribunais, 1979. p. 93.
[101] FILHO, Carvalho. *Manual de Direito Administrativo*. 16. ed. Rio de Janeiro: Lumen Juris, 2006. p. 103.

Portanto, o risco de desabastecimento inexiste, nomeadamente face à viabilidade de importação do etanol para garantir o suprimento do mercado. O que há, de fato, é um descompasso entre oferta e demanda, que enseja a alta dos preços e, à evidência, preocupa o Governo e a população.

Entretanto, a Resolução foi expedida para combater o risco de desabastecimento (motivo determinante), não para controlar os preços praticados por produtores e distribuidores, derivando daí a falha da motivação da Resolução nº 67/2011, tornando-a inconstitucional.

Há, portanto, três violações ao Princípio da Motivação: (i) ausência do estudo de impacto regulatório necessário a demonstrar que as medidas adotadas na Resolução nº 67/11 teriam bases econômicas sustentáveis; (ii) ausência de motivação quanto à decisão de limitar a contratação de fornecimento de combustíveis por somente um dos tipos contratuais previstos na Resolução; e (iii) descompasso entre o motivo declarado (desabastecimento) que ensejou a edição da norma e os fatos (controle de preços).

VI Ilegalidades da Resolução ANP nº 67/2011

A atuação da ANP é indispensável para a edificação do arcabouço normativo norteador da produção e distribuição de combustíveis, dotando a Lei nº 9.478/97 de amplos poderes[102] regulamentares a autarquia.[103]

Inobstante, o poder regulamentar da agência reguladora encontra limites na Lei, sendo vedado às normas infralegais estipularem obrigações que a contrariem. Este o mandamento extraído do Princípio da Legalidade,[104] que nos parece ter sido violado pela Resolução nº 67/2011, conforme passaremos a ver de forma específica:

VI.1 Violação da pluralidade de instrumentos

Como visto, a Resolução nº 67/11 previu apenas um **único** meio para comprovação da capacidade de abastecimento por parte de distribuidores e produtores de etanol, a saber, a celebração coativa de contratos de fornecimento, o que, além de violar os princípios constitucionais da livre iniciativa e da proporcionalidade, vai de encontro, igualmente, à literalidade do inciso II do parágrafo **único** do artigo 8º da Lei **nº** 9.478/97, acrescido pela Lei nº 12.490/11.

O mencionado dispositivo dispõe:

---

[102] Despiciendo, para o fim do presente parecer, adentrar na controvérsia quanto ao tema do poder normativo das agências reguladoras, tendo em vista que as normas constantes da Resolução nº 259/11 afrontam até mesmo a literalidade das regras da Lei nº 9.656/98. Sobre o ponto, remetemos o autor ao nosso *Agências Reguladoras e a Evolução do Direito Administrativo Econômico*. 2. ed. Rio de Janeiro: Forense, 2009. p. 369-430.

[103] Em especial, "Art. 4º Compete à ANS: [...] VII – estabelecer normas relativas à adoção e utilização, pelas operadoras de planos de assistência à saúde, de mecanismos de regulação do uso dos serviços de saúde".

[104] Cuja leitura, hodiernamente, amplia-se para uma vinculação à Juridicidade, devendo a atuação do Estado harmonizar-se com o ordenamento jurídico, amplamente considerado, afastando-se a noção de legalidade estrita e passando a compreender, também, regras e princípios gerais.

Parágrafo único. No exercício das atribuições de que trata este artigo, com ênfase na garantia do abastecimento nacional de combustíveis, desde que em bases econômicas sustentáveis, a ANP poderá exigir dos agentes regulados, conforme disposto em regulamento: [...]

II – garantias e comprovação de capacidade para atendimento ao mercado de combustíveis e biocombustíveis, *mediante a apresentação de, entre outros mecanismos, contratos de fornecimento entre os agentes regulados.*

O legislador, então, previu que, para comprovação de garantias da capacidade para atendimento do mercado de combustíveis e biocombustíveis, previsse a ANP, em regulamento, *diversos mecanismos*, dentre eles contratos de fornecimento entre os agentes regulados.

Sucede que a Resolução nº 67/2011, em violação frontal à literalidade do dispositivo, previu somente *um mecanismo* para dar cumprimento à regra do inciso II do parágrafo único do mencionado artigo 8º, desviando-se do escopo da norma de, mediante uma pluralidade de instrumentos, reforçar as garantias de abastecimento.

Não bastasse ter o regulador passado ao largo da orientação legal para a previsão de instrumentos vários para o atingimento do fim visando, a Resolução nº 67/2011 ainda elegeu, como única medida, a apresentação forçosa de contratos de fornecimento – instrumento mais oneroso e intrusivo na esfera da livre iniciativa dos agentes regulados, o que denota não só a desproporção, como a própria ilegalidade da medida, tendo em vista que a análise da legalidade não mais se contenta com uma leitura meramente formal, mas finalística-material das normas jurídicas em apreço.

Como já tivemos a oportunidade de anotar anteriormente,[105] o Princípio da Legalidade encontra-se norteado por uma nova lógica, que sopesa os resultados práticos alcançados –, afastando-se de uma visão da legalidade meramente formal e abstrata. A partir do momento em que a eficiência e a economicidade foram expressamente inscritas no texto constitucional, passaram a também integrar a legalidade, não mais uma legalidade oitocentista, formalista e meramente subsuntiva, mas uma legalidade neo-positivista.[106]

---

[105] ARAGÃO, Alexandre Santos de. Interpretação consequencialista e análise Econômica do Direito Público à luz dos princípios Constitucionais da eficiência e economicidade. *In*: SOUZA NETO, Cláudio Pereira de; SARMENTO, Daniel; BINENBOJM, Gustavo (Orgs.). *Vinte anos da Constituição Federal de 1988*. 1. ed. Rio de Janeiro: Lumen Juris, 2008. p. 295-310.

[106] ARAGÃO, Alexandre Santos de. A concepção neo-positivista do princípio da legalidade. *Revista de Direito Administrativo*, v. 236, p. 1-20, 2005. Almiro do Couto e Silva bem coloca o neopositivismo de uma forma que os valores, então reclamados apenas pelos jusnaturalistas, são tratados como partes integrantes (e das mais relevantes) do próprio ordenamento jurídico positivo: "Os valores estão dentro do próprio ordenamento jurídico, sob a forma de princípios embutidos na Constituição, de maneira explícita ou implícita. Essa corrente de pensamento, que se alastrou pelo mundo, revigorou os princípios constitucionais já identificados, descobrindo-lhes novos aspectos, e acrescentou ao rol conhecido muitos outros. Os princípios adquiriram, desse modo, no Direito moderno, especialmente o Direito Público, um vigor que nunca tinham possuído, notadamente na configuração da coerência do sistema. As outras normas são sempre a eles necessariamente reconduzidas e são eles que orientam a sua aplicação" (SILVA, Almiro do Couto e. Os Indivíduos e o Estado na realização de Tarefas Públicas. *In*: BANDEIRA DE MELLO, Celso Antonio (Org.). *Direito Administrativo e Constitucional – Estudos em Homenagem a Geraldo Ataliba*. São Paulo: Ed. Malheiros, 1997. v. 2, p. 97). Por essas razões, passamos a preferir o termo "neo" a "pós-positivismo": se trata de positivismo, essencial para a diferenciação do Direito dos demais subsistemas sociais, mas um positivismo calcado em princípios (capazes, o que é essencial, de dialogar com valores metajurídicos), não em regras jurídicas. Não estamos, naturalmente, nos referindo à chamada "Escola Neopositivista" ou da lógica positivista, de Marburg, do início do século XX, nem tampouco adotando o positivismo histórico. Na verdade, estamos próximos dos que se denominam "pós-positivistas", apenas crendo que a denominação mais

Realmente, evoluiu-se para se considerar a Administração Pública vinculada não apenas à lei, mas a todo um bloco de legalidade, que incorpora os valores, princípios e objetivos jurídicos maiores da sociedade, com diversas Constituições (por exemplo, a alemã e a espanhola) passando a submeter a Administração Pública expressamente à "lei e ao Direito", o que também se infere implicitamente da nossa Constituição e expressamente da Lei do Processo Administrativo Federal (art. 2º, Parágrafo único, I). A esta formulação dá-se o nome de Princípio da Juridicidade ou da legalidade em sentido amplo.[107]

In casu, se o fim da norma legal é a garantia de abastecimento de combustíveis e o legislador previu a possibilidade de cumprimento desta finalidade através de variados instrumentos, o regulador deveria ter elencado intrumentos diversos a serem adotados pelos agentes regulados, adequados a cada tipo de situação e graduados de acordo com as necessidades concretas do mercado. E, prevendo apenas um instrumento, deveria ter o regulador, à luz de uma visão finalística-material da legalidade, atuado no sentido de eleger aquele que, satisfazendo aos fins legais, fosse o menos intrusivo na esfera individual – o que não ocorreu no caso concreto.

Dessa forma, sob todas as óticas, afigura-se ilegal a Resolução nº 67/2011, seja porque deixou de prever uma pluralidade de instrumentos para comprovação de capacidade de abastecimento do mercado, como impunha a literalidade da Lei nº 12.490/11; seja porque, prevendo apenas um único instrumento, elegeu o mais oneroso e intrusivo na esfera individual, infringindo o princípio da legalidade em sua vertente finalista-material e o elemento necessidade do princípio da proporcionalidade.

VI.2 Inexistência de base econômica sustentável da medida

Informa-nos a Consulente que as medidas constantes na Resolução nº 67/11 alterarão significativamente a dinâmica do mercado atual, desequilibrando, como visto acima, econômica-financeiramente a relação entre produtores e distribuidores pelo potencial aumento do preço final do etanol anidro, impactando, inclusive, os consumidores.

Também salienta a Consulente que "a eventual postergação da confirmação das cotas de gasolina A poderá comprometer, mesmo que temporariamente, o abastecimento de gasolina C" e que "a penalidade imposta ao Distribuidor pelo não atingimento das metas colocará em sério risco sua atividade econômica e comprometerá os contratos existentes com seus clientes". No mais, informa que haverá profundas alterações no mercado spot, fundamental para garantir o atendimento da volatilidade da demanda e

---

correta da posição que adotamos (e também a de muitos dos seus próceres, como: BARROSO, Luís Roberto. Fundamentos Teóricos e Filosóficos do novo Direito Constitucional Brasileiro: pós-modernidade, teoria crítica e pós-positivismo. *In*: BARROSO, Luís Roberto (Org.). *A Nova Interpretação Constitucional*. Rio de Janeiro: Ed. Renovar, 2003. p. 1-49) é, face à importância dada à positivação de valores metajurídicos, a de neopositivismo. "De fato, o pós-positivismo não desacredita na razão e no Direito como instrumento de mudança social, e busca, recorrendo sobretudo aos princípios constitucionais e à racionalidade prática, catalizar as potencialidades emancipatórias da ordem jurídica" (SARMENTO, Daniel. *Direitos Fundamentais e Relações Privadas*. Rio de Janeiro: Ed. Lumen Juris, 2004. p. 78).

[107] SESÍN, Domingo J. *Administración Pública. Actividad Reglada, Discrecional e Técnica*. Buenos Aires: Ed. Depalma, 1994. p. 08.

para precificação dos contratos existentes, porquanto, "com a baixa liquidez do mercado spot, o índice ESALQ-SP do anidro perderá sua confiabilidade, pelo maior risco de manipulação", inexistindo nenhum outro indicador que possa substituí-lo a curto prazo.

Portanto, as regras de manutenção de estoques e contratação compulsória impactarão negativamente as bases econômicas atuais em que operam as distribuidoras de combustíveis, afetando, igualmente, os consumidores.

Todavia, a Lei nº 12.490/11 condiciona a adoção das medidas arroladas nos incisos I e II do parágrafo único do artigo 8º acrescentado à Lei nº 9.478/11 à existência de base econômica sustentável das medidas, *in verbis*:

> Parágrafo único. No exercício das atribuições de que trata este artigo, com ênfase na garantia do abastecimento nacional de combustíveis, *desde que em bases econômicas sustentáveis*, a ANP poderá exigir dos agentes regulados, conforme disposto em regulamento:
>
> I – a manutenção de estoques mínimos de combustíveis e de biocombustíveis, em instalação própria ou de terceiro;
>
> II – garantias e comprovação de capacidade para atendimento ao mercado de combustíveis e biocombustíveis, mediante a apresentação de, entre outros mecanismos, contratos de fornecimento entre os agentes regulados.

Logo, a Resolução nº 67/2011 somente poderia ter implementado a manutenção de estoques mínimos e de garantias e comprovação de capacidade para atendimento ao mercado de combustíveis e biocombustíveis se tivesse a ANP demonstrado a base econômica sustentável da medida, o que não ocorreu no caso em apreço, segundo já expusemos *supra*.

Assim, com base nas informações e análises econômicas fornecidas pela Consulente, inexistindo base econômica sustentável nas obrigações impingidas pela Resolução nº 67/11, é ilegal o diploma regulatório, eis que o requisito legal imposto pelo parágrafo único do artigo 8º da Lei nº 9.478/97 como condição para a cominação de tais medidas deixou de ser adimplido, atuando, *in casu*, o regulador, *contra legem*.

VI.3 Violação do artigo 6º da Lei nº 9.847/99

Por fim, além de desproporcional, a pena de suspensão prevista nos parágrafo 3º e 4º do artigo 5º da Resolução nº 67/2011 infringe o artigo 6º da Lei nº 9.847/99, que dispõe sobre os requisitos para aplicação da penalidade de suspensão da comercialização de combustíveis, nos seguintes termos:

> Art. 6º As penas de apreensão de bens e produtos, de perdimento de produtos apreendidos, de suspensão de fornecimento de produtos e de cancelamento do registro do produto serão aplicadas, conforme o caso, *quando forem constatados vícios de quantidade ou de qualidade por inadequação ou falta de segurança do produto*.

Portanto, os fatos típicos insculpidos em Lei que ensejam a cominação da pena de suspensão de fornecimento de produtos são (i) vícios de quantidade do produto; (ii) vícios de qualidade por inadequação do produto; e (iii) falta de segurança do produto.

A Resolução nº 67/11, entretanto, arrolou como fato típico para a aplicação de tal penalidade a constatação de que o estoque de que trata o parágrafo segundo seja inferior ao volume estabelecido no parágrafo primeiro, o que não se enquadra nos requisitos legais.

A falta de volume estocado não se confunde com falta de segurança, vícios de qualidade por inadequação ou vício de quantidade do produto (ex.: produto adulterado).

Com efeito, o tão-só fato de inexistir estoque mínimo nos parâmetros previstos da Resolução não gera qualquer perigo de dano à coletividade, tampouco risco à segurança do produto ou da população.

Relativamente ao vício de quantidade e quantidade, o legislador já teve o ensejo de descrevê-los no artigo 18 do Código de Defesa do Consumidor (Lei nº 8.078/90), o qual, aliás, serviu de base para a edição da Resolução ANP nº 03/11[108] quanto ao Programa de Marcação Compulsória de Produtos, denotando a sua aplicação ao setor.

Os vícios de qualidade, então, são aqueles que "tornem os produtos impróprio ou inadequados ao consumo a que se destinam ou lhes diminuam o valor" e os vícios de quantidade, os "decorrentes da disparidade, com as indicações constantes do recipiente, da embalagem, rotulagem ou mensagem publicitária, respeitadas as variações decorrentes de sua natureza".

Quanto a estes últimos (vícios de quantidade), Antônio Rizzatto[109] esclarece que dizem respeito a um *minus* no direito do consumidor, que recebe menos do que o contratado pelo preço que pagou, restando comprovados face ao cotejo entre as medidas (peso, volume, altura, largura, capacidade, etc.) declaradas e as efetivamente comercializadas.

Sendo assim, a existência de volume estocado inferior ao previsto em Resolução não configura vício de quantidade ou qualidade do produto em si.

Reforça o exposto o fato de que a pena de suspensão somente poderá ser aplicada à comercialização do produto tido por viciado, não deixando o artigo 7º da Lei nº 9.847/99 dúvidas quanto a este aspecto:

> Art. 7º Em se tratando de *produtos* fora das especificações ou com vício de qualidade ou quantidade, suscetíveis de reaproveitamento, total ou parcial, a ANP notificará o autuado ou o fornecedor do produto para que proceda *sua* retirada para reprocessamento ou decantação, cujas despesas e eventuais ressarcimentos por perdas e danos serão suportadas por aquele que, no julgamento definitivo do respectivo processo administrativo, for responsabilizado pela infração cometida.
>
> Parágrafo único. *O produto* não passível de reaproveitamento ficará sob a guarda de fiel depositário, indicado pela ANP, até decisão final do respectivo processo administrativo,

---

[108] Resolução nº 03/11: "Considerando que o art. 18, da Lei nº 8.078, de 11 de setembro de 1990, estabelece que os fornecedores de produtos de consumo duráveis ou não duráveis respondem solidariamente pelos vícios de qualidade ou quantidade que os tornem impróprios ou inadequados ao consumo a que se destinam ou lhes diminuam o valor, assim como por aqueles decorrentes da disparidade, com as indicações constantes do recipiente, da embalagem, rotulagem ou mensagem publicitária, respeitadas as variações decorrentes de sua natureza podendo o consumidor exigir a substituição das partes viciadas".

[109] RIZZATTO NUNES, Luiz Antônio. *Comentários ao Código de Defesa do Consumidor*. São Paulo: Saraiva, 2000. p. 254.

ficando ao encargo daquele que, administrativamente, vier a ser responsabilizado pela infração, o pagamento dos custos havidos com a guarda *do produto*.

A Resolução nº 67/2011, todavia, pela falta de estoque de *etanol anidro combustível* cominou, contra a regra legal, a pena de suspensão da comercialização de *gasolina A*, emergindo daí mais uma ilegalidade.

Tampouco respeita os limites temporais gravados no artigo 8º, §§3º e 4º da mencionada Lei, por ser temporalmente ilimitada.

VII Considerações finais: a volta à "época dos institutos"

Depois de tudo que expusemos, não podemos evitar de, excepcionalmente, tecer algumas considerações de certa forma meta-jurídicas a respeito do retrocesso que as medidas analisadas representam na evolução do Direito Administrativo Econômico.

Historicamente, viu-se, o Brasil viveu épocas de irrestrita ingerência estatal na economia, especialmente durante a chamada Era Vargas (1930-1945). Neste período, todas as decisões políticas, e até mesmo econômicas, do país estavam centralizadas no presidente Getúlio Vargas, principalmente a partir de 1937, com a implantação do regime ditatorial do "Estado Novo".

Segundo Rafael Mafei Rabelo Queiroz, a ascensão de Vargas ao poder se deu devido à sua visão de que o modelo utilizado era insuficiente para atingir o progresso, sendo a economia incapaz de conduzir a si própria. A Era Vargas implementou um novo modelo de Estado que se caracterizava pela valorização de uma organização fortemente centralizada na União, inspirada no antiliberalismo europeu. "A ordem econômica tornou-se objeto central da deliberação política, estipulando-se limites para o exercício da liberdade econômica: nesse sentido, merecem destaque as muitas ações interventoras do Estado em áreas-chave da economia, como a agricultura, as indústrias de base e os recursos minerais".[110]

Especificamente com relação ao setor sucroalcooleiro, Mário Luiz Oliveira da Costa nos ensina que a safra açucareira de 1928/29 coincidiu com o *Crack* da Bolsa de Nova York, ocasionando a ruína de vários fornecedores de cana. Esse fato, então, "justificou uma sucessão de diplomas legais objetivando restabelecer a ordem, no bojo de intervenções do Estado sempre de forma protecionista ao setor".[111] Como exemplo destes diplomas, citamos o Decreto Federal nº 22.152, de 1932, que limitava a produção de açúcar no território nacional e incrementava o fabrico de álcool-motor.[112]

Nessa lógica interventiva, ocorreu, no ano subsequente, a criação do Instituto do Açúcar e do Álcool, para acompanhar e fiscalizar as atividades do setor. Segundo Márcia Azanha Ferraz Dias de Moraes, foi exatamente com a criação do Instituto do Açúcar

---

[110] QUEIROZ, Rafael Mafei Rabelo. Sursis e livramento condicional, 1924-1940: a expansão do 'novo' direito penal. *Ciências Penais*, v. 3, p. 176, 2005.

[111] COSTA, Mário Luiz Oliveira da. *Setor sucroalcooleiro*: da rígida intervenção ao livre mercado. São Paulo: Método, 2003. p. 73.

[112] Decreto nº 22.152, de 28.11.32: "Art. 1º A Comissão de Defesa da Produção do Assucar limitará, em todo o territorio nacional, a produção do assucar".

do Álcool que "efetivamente se inicia o planejamento da produção pelo governo".[113] Conforme já expusemos no tópico II deste parecer, todo o ciclo do etanol era diretamente regulado. O governo tinha, portanto, um amplo controle sobre tal atividade.

Com a promulgação da Lei nº 178, em 09.01.1936, o governo pretendeu regular as operações comerciais entre usineiros e lavradores. Conforme Mário Luiz Oliveira da Costa, "por conta deste diploma legal os proprietários ou possuidores de usinas ou destilarias ficavam obrigado a utilizar cana adquirida de lavradores, seus fornecedores, em volumes equivalentes à média dos fornecimentos nos cinco anos anteriores a cada safra. Transformou-se, assim, em obrigação legal, o que antes configurava livre contratação de compra e venda – não mais poderia o usineiro escolher o seu fornecedor ou deixar de receber a cana por ele produzida".[114] Tal lei se assemelha muito à Resolução nº 67/2011 – objeto do presente parecer –, já que a ANP estabeleceu, mesmo após 70 anos de diferença entre os diplomas legais, a mesma lógica anacrônica de completa intervenção no setor, inclusive com a edição de normas coativas que obrigam à contratação entre distribuidores e produtores e à aquisição, por parte daqueles, de volumes mínimos de combustíveis.

Em 1941, o Poder Público implementou o Estatuto da Lavoura Canavieira (Decreto-Lei nº 3.855, de 21.12.41), que disciplinou de maneira rígida as relações entre os fornecedores de cana e os produtores de açúcar e de álcool, obrigando-os a cumprir determinadas regras fixadas pelo IAA.[115]

No período de ditadura militar, a economia voltou a sofrer intensa interferência do governo central, que adotou medidas rígidas, planificou setores econômicos e fortaleceu diversos institutos para direcionar os setores considerados estratégicos pelo Estado.

Além do IAA, o governo militar utilizou-se de outras formas para intervir na economia. O Programa Nacional do Álcool foi criado durante o mandato do Presidente Ernesto Geisel, através do Decreto nº 76.593, de 14.11.1975. Para definir a programação do Proálcool, foi instituída também a Comissão Nacional do Álcool, responsável pela definição de políticas a serem seguidas para a produção e distribuição de álcool.[116]

Sintetizando a conjuntura do setor, Márcia Azanha Ferraz Dias de Moraes afirma que as décadas de 30 a 60 foram caracterizadas por uma intervenção "profunda e

---

[113] MORAES, Márcia Azanha Ferraz Dias de. *A desregulamentação do setor sucroalcooleiro do Brasil*. Americana, SP: Caminha Editorial, 2000. p. 45.

[114] COSTA, Mário Luiz Oliveira da. *Setor sucroalcooleiro*: da rígida intervenção ao livre mercado. São Paulo: Método, 2003. p. 73-74.

[115] Decreto-Lei nº 3.855, de 21.12.41: "Art. 17. Os proprietários ou possuidores de usinas são *obrigados* a receber dos seus fornecedores a quantidade de canas que for *fixada pelo Instituto do Açúcar e do Álcool*, para transformação em açúcar ou álcool, de acordo com as disposições deste Estatuto. Art. 18. Os fornecedores são *obrigados* a entregar à usina ou usinas a que estejam vinculados a quantidade de canas que for *fixada*, nos termos do artigo anterior", grifamos.

[116] Decreto nº 76.593, de 14.11.1975: "Art. 3º: A implantação do Programa Nacional do Álcool será atribuída: [...] Parágrafo único. Fica instituída a Comissão Nacional do Álcool, composta por representantes dos órgãos supracitados e presidida pelo Secretário-Geral do Ministério da Indústria e do Comércio, com as seguintes atribuições: a) definir as participações programáticas dos órgãos direta e indiretamente vinculados ao Programa, com vista a atender à expansão da produção do álcool; b) definir os critérios de localização a serem observados na implantação de novos projetos de destilarias, atendidos os seguintes aspectos principais: I) redução de disparidades regionais de renda; II) disponibilidade de fatores de produção para as atividades agrícola e Indústria l; III) custos de transportes; IV) necessidade de expansão de unidade produtora mais próxima, sem concorrer com fornecimento de matéria-prima à mesma unidade. c) estabelecer a programação anual dos diversos tipos de álcool, especificando o seu uso; d) decidir sobre o enquadramento das propostas para modernização, ampliação ou implantação de destilarias de álcool nos objetivos do programa".

intensa (estabelecendo cotas de produção, tabelando preços e ditando as normas de comercialização)". Na década de 70, a intervenção foi ainda forte, pois "continuavam as cotas de produção e os preços estabelecidos pelo governo".[117]

A partir da promulgação da Constituição de 1988, a rígida intervenção estatal nas atividades do setor sucroalcooleiro iniciou uma retração. "Soltaram-se várias amarras que caracterizavam o excessivo controle das atividades do setor, a fim de que os agentes econômicos não mais continuassem integralmente tutelados e dirigidos pelo Poder Público, mas sim passassem a vivenciar o livre mercado preconizado na nova ordem constitucional instaurada".[118]

Logo após a promulgação da nova Carta Constitucional, foram extintas várias entidades interventivas do Estado, inclusive o Instituto do Açúcar e do Álcool (Decreto nº 99.240/90).[119] Conforme no mostra Mário Costa, "era o fim da entidade que por quase 60 anos participara intensamente das atividades diárias do setor sucroalcooleiro e que caracterizava o instrumento mais importante e visível da rígida intervenção estatal a que o setor fora submetido".[120]

A extinção de tal instituto configurou um fundamental marco no processo de liberalização desse setor econômico e na ampliação do dinamismo que possibilitou a expansão da indústria e a instituição de um regime eficiente de produção. Demonstrou-se, assim, o firme propósito da desregulamentação pretendido pelo governo.

Além dessa principal medida, os planos de safra (editados anualmente e de cumprimento obrigatório, em que eram fixados volumes de produção e preços de comercialização de açúcar e de álcool) passaram a ser meramente indicativos, não mais de observância obrigatória.[121]

A data que marcou o livre mercado oficial para todos os produtos do setor sucroalcooleiro foi o dia 1º de fevereiro de 1999, após ter sido adiada diversas vezes, sendo, por fim, fixada pela Portaria MF nº 275/98. Com isso, terminou o processo de transição do setor sucroalcooleiro, ingressando este, definitivamente, no âmbito da iniciativa privada e no livre mercado.

Como já amplamente exposto no presente parecer, a ANP, através da edição da Resolução de nº 67/2011 extrapolou os seus limites e ingressou na seara que é constitucionalmente garantida à iniciativa privada, incluindo a atividade exercida pela Consulente, a saber, a distribuição de etanol. Tal diploma empreendeu um verdadeiro retrocesso nas políticas governamentais para o setor, denotando o anacronismo das regras ali gravadas, que não mais se coadunam com um regime de livre mercado resguardado constitucionalmente.

Esta mesma visão é defendida por Márcia Azanha Ferraz Dias de Moraes que afirma que a partir dos anos 90, houve uma drástica redução da ação estatal, constatando-se

---

[117] MORAES, Márcia Azanha Ferraz Dias de. *A desregulamentação do setor sucroalcooleiro do Brasil*. Americana, SP: Caminha Editorial, 2000. p. 45.
[118] COSTA, Mário Luiz Oliveira da. *Setor sucroalcooleiro*: da rígida intervenção ao livre mercado. São Paulo: Método, 2003. p. 96.
[119] Decreto nº 99.240, de 07.05.1990: "Art. 1º: Fica determinada a extinção das seguintes entidades: I – autarquias; [...] d) Instituto do Açúcar e do Álcool – IAA";
[120] COSTA, Mário Luiz Oliveira da. *Setor sucroalcooleiro*: da rígida intervenção ao livre mercado. São Paulo: Método, 2003. p. 101.
[121] Lei nº 9.362, de 13.12.96.

que "não é mais possível o governo atuar nos moldes anteriores, já que o ambiente institucional é completamente distinto, exigindo outro tipo de ação do Estado".[122]

A volta à "época dos institutos" é completamente incabível no momento atual, em que as agências reguladoras devem ser expressões da atuação técnica, e não política, do governo na seara econômica e o dinamismo dos setores econômicos faz-se mister frente aos desafios enfrentados pelos empreendedores privados em um cenário de intensa competição e globalização.

VIII Conclusões

Considerando a extensão da consulta, que se fez necessária para o tratamento de todos os matizes da questão, podemos, nesse momento apresentar, sem de forma alguma prescindir do minudenciado nos tópicos que compõem a íntegra do parecer, uma síntese objetiva de alguns pontos dele constantes:

i) A Lei nº 12.490/11 e a Resolução nº 67/11 da ANP preveem dois principais instrumentos para garantia do abastecimento nacional de combustíveis: a manutenção de estoques mínimos pelos particulares e a comprovação de capacidade de abastecimento através da celebração de contratos coativos entre distribuidores e produtores de etanol anidro combustível;

ii) A obrigação de manutenção de estoques mínimos é inconstitucional por violar (i) o princípio da livre iniciativa, obrigando os particulares a adquirir produtos em quantidades que não desejam; (ii) o direito de propriedade, tendo em vista configurar requisição administrativa por via transversa; (iii) o artigo 174 da Constituição, pois a previsão de manutenção de estoques mínimos – que é missão do Estado, não dos particulares – consubstancia-se uma imposição da programação estatal mandatória à iniciativa privada, vedada pelo dispositivo; e (iv) o princípio da proporcionalidade, por ser (iv.1) inadequada, não sendo capaz de sanar os problemas que dão azo ao desequilíbrio entre oferta e demanda que enseja a alta no preço dos combustíveis, (iv.2) desnecessária, à vista da existência de meios menos onerosos e tão ou mais eficazes, como o fomento público e a adoção de políticas fiscais para incentivar a venda no mercado interno, ao invés da exportação; e (iv.3) desproporcional em sentido estrito, considerando que serão majorados os riscos e custos das distribuidoras, majorando o preço final do combustível comercializado, podendo ser comprometido todo o abastecimento nacional;

iii) A obrigação de contratação compulsória de fornecimento de combustíveis, por ter sido o **único** meio previsto na Resolução nº 67/11 para comprovação da capacidade de abastecimento, viola o (i) princípio da livre iniciativa, uma vez que, tratando-se de uma supressão da autonomia da vontade, ínsita às contratações e atividades privadas, se legitima o contrato coativo somente em casos excepcionalíssimos, nunca de forma geral e indiscriminada; (ii) o

---
[122] MORAES, Márcia Azanha Ferraz Dias de. *A desregulamentação do setor sucroalcooleiro do Brasil*. Americana, SP: Caminha Editorial, 2000. p. 46.

princípio da proporcionalidade, eis que (ii.1) é inadequada ao fim a que se destina, pois a simples previsão de contratação compulsiva de fornecimento de combustíveis não é capaz de sanar os problemas de baixa produção e internalização de etanol que geraram a crise de combustíveis e a edição da Resolução nº 67/11, (ii.2) é desnecessária, tanto quanto a estocagem mínima e pelos mesmos motivos, e (ii.3) é desproporcional em sentido estrito, eis que, a pretexto de garantir abastecimento de combustíveis, em realidade, por exemplo, informa-nos a Consulente, prejudica o resultado financeiro das distribuidoras de combustíveis, de que poderá decorrer o aumento dos preços de fornecimento praticados, com a majoração do valor final pago pelos consumidores – efeito contrário ao almejado; e (iii) o princípio da motivação, porquanto não empreendeu a ANP o devido estudo para demonstrar a base econômica sustentável da medida, tampouco motivou tecnicamente a impossibilidade de celebração de mais de um tipo de contrato de fornecimento pelos agentes regulados e o motivo eleito para adoção da medida (sanar a crise de combustíveis) jamais existiu, vez que o problema tinha sido de preço, não de abastecimento;

iv) Tanto a obrigatoriedade de estoques mínimos, quanto a contratação compulsória de fornecimento de etanol infringem o princípio da legalidade, porquanto o *caput* do parágrafo único do artigo 8º da Lei nº 9.478/97 condiciona a adoção de tais medidas à existência de base econômica sustentável das medidas, o que, informa-nos a Consulente, não há no caso concreto;

v) Além disso, a previsão do artigo 5º, §§3º e 4º, da Resolução nº 67/11 de suspensão do fornecimento, pelo distribuidor, de gasolina A, no caso de não cumprimento dos volumes mínimos fixados para estoque, até que seja adimplido o volume previsto, é desproporcional, pois a suspensão de comercialização agrava o problema principal considerado para a edição da Resolução, a saber, a baixa oferta de combustíveis, sendo também ilegal, pois a pena de suspensão de comercialização de gasolina não se encontra nos requisitos do artigo 6º da Lei nº 9.847/99, tampouco respeita os limites temporais gravados no artigo 8º, §§3º e 4º da mencionada Lei, violando, ainda, o princípio constitucional da vedação da pena perpétua;

vi) A assimetria regulatória entre distribuidores e produtores intentada pela Resolução nº 67/11 afronta o princípio da isonomia. A obrigação de contratar, *per se*, já enseja grave desequilíbrio entre tais agentes, na medida em que produtores, frente à essencialidade do insumo que fornecem a distribuidores, terão majorado o seu poder de negociação, podendo estabelecer condições, prazos e preços a si mais favoráveis em detrimento das companhias distribuidoras, ainda mais não havendo qualquer procedimento administrativo de arbitramento em caso de divergência. Além disso, a Resolução conferiu tratamento bem mais rígido em face dos distribuidores que aquele atribuído aos produtores, o que não possui embasamento, visto que a atividade econômica desempenhada pelos produtores é muito mais determinante e essencial para a garantia do abastecimento de combustíveis que a mera distribuição do etanol.

É o parecer.

A FIDELIDADE DE BANDEIRA (MARCA DO COMBUSTÍVEL) COMO INSTRUMENTO DE PROTEÇÃO DOS CONSUMIDORES[*]

Sumário

I   A consulta
II   A vinculação à bandeira (marca) como instrumento de proteção dos direitos dos consumidores como determinado na lei do petróleo
III   Vedação ao retrocesso na proteção dos direitos do consumidor
IV   Vícios de motivação
V   Ausência de análise de impacto regulatório – AIR
VI   Injuridicidade da responsabilidade objetiva no direito administrativo sancionador brasileiro
VII   Conclusões

I A consulta

Honram-nos com consulta a respeito da juridicidade de propostas levantadas na Tomada Pública de Contribuições nº 04/2018 da Agência Nacional do Petróleo, Gás Natural e Biocombustíveis – ANP, disponibilizada em 19.09.2018, referente ao fim da

---

[*] Parecer elaborado em 13.10.2018.

assim chamada "fidelidade de bandeira" nos postos revendedores de combustíveis e à responsabilização solidária e objetiva das distribuidoras pelos postos que ostentem suas respectivas bandeiras, sendo estes dois os alvos de nossa análise.

Destacamos, de antemão, que nossas análises são adstritas exclusivamente aos aspectos jurídicos da consulta formulada, sem adentrar naturalmente em aspectos econômicos ou políticos a respeito de políticas econômicas setoriais.

Como grande parte da produção normativa, das tomadas de contribuições e dos esforços recentes da ANP, a proposta ora aventada deita suas origens na paralisação geral de caminhoneiros e empresas de transporte que teve início em 21 de maio de 2018, com profundas implicações na economia do país.

Em razão desse movimento foi elaborado pelo Conselho Administrativo de Defesa Econômica – CADE um estudo intitulado "Repensando o Setor de Combustíveis: medidas pró-concorrência", no qual o Departamento de Estudos Econômicos da autarquia elabora uma série de propostas, que poderiam, teoricamente, resultar em um ambiente mais competitivo no setor, não apenas limitadas aos aspectos regulatórios, mas também incluindo questões tributárias e de outras naturezas.

Tal documento, que será citado nos momentos oportunos ao longo deste Parecer, serve de base e fundamentação à TPC nº 4/2018, conforme evidenciado em seus considerandos,[1] tendo ainda sendo constituído um Grupo de Trabalho pela ANP e pelo CADE a fim de estabelecer uma atuação conjunta em defesa da concorrência no setor.

Assim, como fruto dessa atuação conjunta e tendo por base os estudos genéricos do CADE condensadas no documento acima referido ("Repensando o Setor de Combustíveis"), foi aberta pela ANP a Tomada Pública de Contribuições nº 4/2018, dotada do seguinte objetivo:

> Convite ao público para contribuir na análise sobre *eventual fim da tutela regulatória da fidelidade* à *bandeira*, considerando no mínimo os seguintes aspectos:
>
> - defesa do consumidor;
>
> - fiscalização do setor público sobre o contrato privado entre distribuidores e revendedores;
>
> - fiscalização pela ANP da utilização da marca;
>
> - responsabilidade solidária dos distribuidores sobre os postos bandeirados, *independente da existência de culpa*;
>
> - experiência internacional em que somente combustíveis aditivados recebem a proteção da marca, pois os demais são commodities;
>
> - possibilidade de introdução de maior competição entre os distribuidores pelo fim da tutela regulatória da fidelidade à bandeira. (Grifamos).

---

[1] "CONSIDERANDO que o Conselho Administrativo de Defesa Econômica (CADE) no período da greve dos caminhoneiros apresentou o estudo "Repensando o setor de combustíveis: medidas pró-concorrência" com as seguintes contribuições de caráter regulatório: (i) permitir que produtores de álcool vendam diretamente aos postos; (ii) repensar a proibição de verticalização do setor de varejo de combustíveis; (iii) extinguir a vedação à importação de combustíveis pelas distribuidoras; (iv) fornecer informações aos consumidores do nome do revendedor de combustível, de quantos postos o revendedor possui e a quais outras marcas está associado; (v) aprimorar a disponibilidade de informação sobre a comercialização de combustíveis para o aperfeiçoamento da inteligência na repressão à conduta colusiva".

Tendo por base as informações fornecidas pela Consulente, iniciaremos este Parecer analisando o papel instrumental da vinculação à marca nos postos revendedores para a tutela dos direitos e interesses dos consumidores, um dos objetivos cogentemente atribuído pela Lei do Petróleo à ANP.

No Tópico III, focaremos na incidência concreta do princípio da vedação ao retrocesso da implementação dos direitos dos consumidores diante da hipótese aventada.

Em seguida, no Tópico IV analisaremos o vício de motivação contido no Aviso de TPC nº 4/2018, atraindo a incidência da teoria dos motivos determinantes e, verificaremos, no Tópico V, se, no caso concreto, haveria necessidade de prévia análise de impacto regulatório.

Por fim, o derradeiro Tópico VI será dedicado especificamente à proposta correlata do Aviso de TPC nº 4/2018 de impor, via regulamento, responsabilidade solidária e objetiva das distribuidoras em relação aos postos bandeirados, cuja injuridicidade restará evidenciada.

Adiante, pois.

II A vinculação à bandeira (marca) como instrumento de proteção dos direitos dos consumidores como determinado na Lei do Petróleo

Como exposto acima, a TPC nº 4/2018 tem por objeto o eventual fim da tutela regulatória da ANP sobre a fidelidade de bandeira, que significa, em apertada síntese, uma necessária vinculação entre a marca exibida ostensivamente no posto revendedor de combustíveis ("bandeira") e a origem do combustível nele comercializado, para aqueles postos que optam por exibir determinada marca (a outra opção do empresário revendedor seria um posto de marca própria, denominado comumente de posto de "bandeira branca").

O tema, inescapavelmente, se insere no espectro de competências regulatórias da ANP voltadas à tutela dos consumidores, haja vista que a necessária vinculação entre a marca exibida pelos postos de revenda e o produto comercializado visa a tutelar especialmente os consumidores do varejo de combustíveis, que celebram contratos verbais de compra e venda de combustível para abastecer seus veículos associando a qualidade do produto adquirido aos signos visuais de marca presentes naquele estabelecimento.

São contratos instantâneos, cujos efeitos não se protraem no tempo, e nos quais um dos fatores mais determinantes para se optar por celebrá-lo neste ou naquele posto é a própria marca ostentada – juntamente com o preço e a localização –, que assegura a boa procedência do combustível aos olhos do consumidor.

Dessa forma, encontramos, no art. 8º, I, da Lei nº 9.478/1997, a competência normativa da ANP para promover a tutela dos consumidores no setor de combustíveis, *verbis*:

> Art. 8º. A ANP terá como finalidade promover a regulação, a contratação e a fiscalização das atividades econômicas integrantes da indústria do petróleo, do gás natural e dos biocombustíveis, cabendo-lhe:
>
> I – implementar, em sua esfera de atribuições, a política nacional de petróleo, gás natural e biocombustíveis, contida na política energética nacional, nos termos do Capítulo I desta Lei, com ênfase na garantia do suprimento de derivados de petróleo, gás natural e seus

derivados, e de biocombustíveis, em todo o território nacional, e *na proteção dos interesses dos consumidores* quanto a preço, qualidade e oferta dos produtos;

Perceba-se que a norma supratranscrita não apenas traz um dever-poder de a ANP proteger os consumidores, mas estabelece ser essa proteção prioritária ao exigir da Agência "ênfase" nesse mister (inciso III do art. 1º da Lei do Petróleo), proteção esta que, naturalmente, inclui (mas não se limita) a preocupação com preços, mas também com segurança, saúde, acesso ao produto etc.

O princípio da indisponibilidade do interesse público impõe ao administrador público o "dever-poder"[2] de atuar na prossecução do interesse público. "Uma vez determinados o *interesse público* e a *competência* orgânico-funcional atribuída à Administração Pública para satisfazê-lo, origina-se para esta um *dever de atuar* na sua prossecução. Vale dizer que, uma vez por lei cometida uma competência a entidade, órgão ou agente públicos, não mais lhe cabe senão *exercê-la*: *o interesse público específico torna-se indisponível para a Administração Pública*, não importa de que natureza for: patrimonial, fazendário, moral, estético etc.".[3]

Não bastasse a ênfase legislativa no poder-dever da ANP de tutelar os direitos dos consumidores, essa atenção especial também é contemplada como competência fiscalizatória específica e concorrente da Agência nos termos do CDC, consoante dispõe o art. 8º, VII, da Lei do Petróleo: *fiscalizar diretamente e de forma concorrente nos termos da Lei nº 8.078, de 11 de setembro de 1990, ou mediante convênios com órgãos dos Estados e do Distrito Federal as atividades integrantes da indústria do petróleo, do gás natural e dos biocombustíveis, bem como aplicar as sanções administrativas e pecuniárias previstas em lei, regulamento ou contrato*.

Se extrai do dispositivo que, *ao contrário da maioria das outras agências reguladoras, cuja competência para proteger os consumidores é apenas de macro política regulatória estruturante, a ANP possui competência (dever-poder) direta para zelar pelos consumidores* também em suas relações individuais, integrando mesmo o sistema brasileiro de defesa dos consumidores.

A defesa do consumidor de combustíveis, em resumo, ganhou do legislador ordinário papel de relevo e destaque na Lei do Petróleo, concretizando inclusive um dos fundamentos constitucionais da ordem econômica, presente no art. 170, V, da Constituição Federal, que é a tutela dos direitos do consumidor, verdadeiro direito fundamental de terceira geração (art. 5º, XXXII, CF),[4] sendo ainda cláusula pétrea irreformável nos termos do art. 60, §4º, da Constituição da República de 1988.

---

[2] A expressão é de: MELLO, Celso Antônio Bandeira de. *Curso de Direito Administrativo*. São Paulo: Malheiros, 2004. p. 62. De acordo com esse autor, "as prerrogativas da Administração não devem ser vistas ou denominadas como 'poderes' ou como 'poderes-deveres'. Antes se qualificam e melhor se designam como 'deveres-poderes', pois nisto se ressalta sua índole própria e se atrai atenção para o aspecto subordinado do poder em relação ao dever, sobressaindo, então, o aspecto finalístico que os informa, do que decorrerão suas inerentes limitações" (MELLO, Celso Antônio Bandeira de. *Curso de Direito Administrativo*. São Paulo: Malheiros, 2004. p. 62-63).

[3] MOREIRA NETO, Diogo de Figueiredo. *Curso de Direito Administrativo*. Rio de Janeiro: Forense, 2006. p. 90.

[4] Direitos fundamentais são "todas aquelas posições jurídicas concernentes às pessoas, que, do ponto de vista do direito constitucional positivo, foram, por seu conteúdo e importância [...], integradas ao texto da Constituição e, portanto, retiradas da esfera de disponibilidade dos poderes constituídos" (SARLET, Ingo Wolfgang. *A Eficácia dos Direitos Fundamentais*. Porto Alegre: Editora do Advogado, 2011. p. 77).

A tutela do consumidor recebeu status constitucional em 1988, presente no seu artigo 5º, inciso XXXII, rendendo-lhe ainda contornos de princípio e valor institucional de toda a ordem econômica que condiciona a atividade econômica brasileira, no art. 170, V, CF.

Claudia Lima Marques afirma que o direito do consumidor é

Um direito fundamental (direito humano de nova geração, social e econômico) a uma prestação protetiva do Estado, a uma atuação positiva do Estado, por todos os seus poderes: Judiciário, Executivo, Legislativo. É um direito subjetivo público geral, não só de proteção contra as atuações do Estado (direito de liberdade e direitos civis, direito fundamental de primeira geração em alemão *Abwehrrechte*), mas de atuação positiva (protetiva, tutelar, afirmativa, de promoção) do estado em favor dos consumidores (direito a alguma coisa, direito prestacional, direito econômico e social, direito fundamental de nova geração, em alemão *Rechte auf positive Handlungen*).

É dessa finalidade protetiva de direitos fundamentais de matriz constitucional e legal que decorre a disciplina regulatória da fidelidade de bandeira, atualmente regulada pela Resolução ANP nº 41/2013, mais especificamente em seu artigo 25, cuja dicção integral tomamos a liberdade de transcrever abaixo, dada sua relevância à abordagem do presente tópico:

Art. 25. O revendedor varejista de combustíveis automotivos deverá informar ao *consumidor*, de forma clara e ostensiva, a origem do combustível automotivo comercializado.

§1º Após o deferimento, pela ANP, da informação constante na Ficha Cadastral, de que trata o art. 7º, ou alteração cadastral por meio do preenchimento da Ficha Cadastral a que se refere o inciso I, do art. 11, a informação de opção ou não de exibir a marca comercial de distribuidor estará disponível no endereço eletrônico da Agência (www.anp.gov.br).

§2º Caso no endereço eletrônico da ANP conste que o revendedor optou por exibir a marca comercial de um distribuidor de combustíveis líquidos, o revendedor varejista deverá:

I – exibir a marca comercial do distribuidor, no mínimo, na testeira, no totem, no painel de preço e no quadro de aviso do posto revendedor de forma destacada, visível à distância, de dia e de noite, e de fácil identificação ao consumidor; e

II – adquirir, armazenar e comercializar somente combustível automotivo fornecido pelo distribuidor do qual exiba a marca comercial.

§3º Caso no endereço eletrônico da ANP conste que o revendedor optou por não exibir a marca comercial de um distribuidor de combustíveis líquidos, o revendedor varejista:

I – não poderá exibir marca comercial de distribuidor em suas instalações, devendo retirar a(s) logomarca(s) e a identificação visual com a combinação de cores que caracterizam distribuidor autorizado pela ANP;

II – não poderá exibir qualquer identificação visual que possa confundir ou induzir a erro o consumidor quanto à marca comercial de distribuidor; e

III – deverá identificar, de forma destacada e de fácil visualização, em cada bomba medidora para combustíveis líquidos, o CNPJ, a razão social ou o nome fantasia do distribuidor fornecedor do respectivo combustível automotivo.

§4º Se o posto revendedor exibir marca comercial de distribuidor em suas instalações, o revendedor deverá adquirir, armazenar e comercializar somente combustível fornecido pelo distribuidor do qual exiba a marca comercial, exceto nos casos previstos no inciso I do art. 11.

§5º Para efeito dos parágrafos 2º a 4º deste artigo, devem ser consideradas como marcas comerciais do distribuidor:

I – as marcas figurativas ou nominativas utilizadas para distinguir produto ou serviço de outro idêntico, semelhante ou afim, de origem diversa; e/ou

II – as cores e suas denominações, se dispostas ou combinadas de modo peculiar e distintivo, ou caracteres que possam, claramente, confundir ou induzir a erro o consumidor.

Trata-se como se vê de uma norma explicitamente voltada à proteção do consumidor determinada pela Lei nº 9.478/97 e pelos arts. 5º, XXXII, e 170, V, da própria Constituição Federal, na medida em que tutela seus direitos garantindo o fácil conhecimento da procedência do combustível com que abastece seu veículo e a identidade entre os signos visuais de determinada marca presentes no posto e o produto que adquire.

Já há muito José Carlos Tinoco Soares aduzia que "muito já se disse – e quiçá ainda por muito tempo se repita – que *a função primeira da marca de indústria, de comércio ou de serviço é assinalar os produtos ou distinguir os serviços diante dos usuários* [...]".[5]

Salienta o autor que "os direitos de propriedade industrial, notadamente os relativos às marcas de indústria, de comércio ou de serviço, *contribuirão sobremaneira para a defesa do consumidor* no momento em que se apresentarem ao mercado assinalando e distinguindo os produtos e/ou serviços com o requisito essencial da *veracidade*".[6]

Com o advento do CDC – diploma não apenas de direito privado, mas também de direito público e institucional[7] –, essa função protetiva da marca adquiriu ainda um maior relevo, na medida em que se estabelecem, a partir de uma disciplina autônoma dotada de princípios próprios, padrões de conduta objetivos de tutela das relações de consumo calcados, dentre outros, na boa-fé objetiva e no direito de informação do consumidor.

Bruno Jorge Hammes chega a afirmar que *a marca é dotada de dupla finalidade*: serve para proteger os *interesses do seu titular e, "para o consumidor,* a marca constitui uma garantia da legitimidade e da origem do artigo que adquire".[8] *O papel da ANP in casu é implementar a segunda finalidade, e não necessariamente a primeira. Nesse sentido,*

---

[5] SOARES, José Carlos Tinoco. O Direito de propriedade industrial como instrumento para a defesa do consumidor. In: *Revista dos Tribunais*, a. 70, v. 549, p. 15-34, jul. 1981. Grifamos. "A marca, sendo o sinal pelo qual o produto ou serviço é conhecido e distinguido no mercado consumidor ou dentre os usuários, deve cumprir sua primordial função. Para este feito, deverá se apresentar sempre de maneira verídica, através da idoneidade, da clareza, da distinção e da inconfundibilidade".

[6] SOARES, José Carlos Tinoco. O Direito de propriedade industrial como instrumento para a defesa do consumidor. *Revista dos Tribunais*, a. 70, v. 549, p. 15-34, jul. 1981. Grifamos.

[7] O direito do Consumidor "não se encaixa em nenhum desses dois ramos do Direito que, assim, vê surgir uma nova categoria de direitos: os Direitos Sociais, baseados no conceito de força maior social como princípio equilibrador dos riscos sociais" (RÊGO, Werson. *O Código de Defesa do Consumidor, a nova concepção contratual e os negócios jurídicos imobiliários*: aspectos doutrinários e jurisprudenciais. Rio de Janeiro: Forense, 2002. p. 2). "Cláudia Lima Marques o considera como disciplina transversal entre o direito privado e público, que visa a proteger um sujeito de direitos, o consumidor, em todas as suas relações jurídicas frente ao fornecedor. Isso porque haveria nele, normas de direito público e privado" (cf. ÂMBITO JURÍDICO. *A historicidade do Direito do Consumidor*. 01 jul. 2011. Disponível em: http://ambitojuridico.com.br/site/?n_link=revista_artigos_leitura&artigo_id=9820&revista_caderno=10. Acesso em 24 set. 2019).

[8] HAMMES, Bruno Jorge. *O direito de propriedade intelectual*. 3. ed. São Leopoldo: Unisinos, 2002. p. 357.

equivocadas algumas cogitações de que a ANP poderia deixar a veracidade da marca apenas no universo privado da distribuidora e dos postos de revenda. Tal postura faria com que a ANP se tornasse indiferente a todo esse segundo universo de finalidades da proteção da marca, voltado à proteção de terceiros – dos consumidores – proteção essa incumbida "com ênfase" à ANP.

Segundo Gustavo Bahuschewskyj Corrêa, "essa visão de respeito entre o direito marcário e o direito do consumidor ganhou força após a Constituição Federal de 1988 e o advento do Código de Defesa do Consumidor (Lei nº 8.078/1990), momento no qual efetivou-se a tutela específica dos consumidores, orientando a partir de então a interpretação e aplicação do direito marcário estabelecido na Lei de Propriedade Industrial (Lei nº 9.279/1996). Ambas as noções de proteção dos consumidores através do direito de marcas encontram fundamento no princípio do combate ao abuso previsto na Política Nacional das Relações de Consumo do Código de Defesa do Consumidor. O referido princípio do combate ao abuso visa, em última análise, 'a almejada ordem econômica, prevista pelo art. 170 da CF/1988', conforme sustenta José Geraldo Brito Filomeno, complementando ainda que ao se falar da globalização da economia, com a consequente invasão de produtos dos mais variados mercados, arrisca-se à aquisição de produtos de menor qualidade, assim como contrafeitos ou falsificados".[9]

Prossegue o autor:

> A relevância do tema tem origem no fato de que ambos institutos – consumidores e marcas – atuam no vasto mercado de consumo e caminham juntos e interligados desde a origem da proteção de cada um destes institutos. Neste sentido, interessante exemplo é dado por William M. Landes e Richard A. Posner para imaginar a situação da não utilização de marcas no mundo moderno e a consequência disto para o consumidor. Segundo os autores, é de se imaginar a situação do consumidor adquirindo um café em uma cafeteria e tendo que descrever as características do café pretendido, sem poder se reportar à marca pré-estabelecida; fato que demandaria tempo e maior atenção do atendente, além de clara possibilidade quando houvesse mais cafés com as mesas características, porém de outros fornecedores.[10]

E na mesma senda vão as lições de Roberto Benjó, citando Karin Grau-Kuntz e Newton Silveira, para quem "não é por outro motivo que a proteção à propriedade da marca *não visa apenas a resguardar direitos patrimoniais do empresário*, tendo em vista, *de igual modo, a proteção de interesses coletivos*, vez que é a marca que identifica a origem do produto ou do serviço prestado: 'O consumidor relaciona à marca características advindas de sua experiência pessoal com o produto, ou com aquelas prometidas pela publicidade. Ela garante que o produto foi produzido sob o controle de seu titular e, portanto, presume-se que possui uma qualidade constante. É a chamada função de garantia da marca'".[11]

Essa necessária associação entre vinculação à marca e proteção dos direitos dos consumidores também não passou despercebida no estudo do CADE que fundamentou

---

[9] CORRÊA, Gustavo Bahuschewskyj. As faces da proteção do consumidor no direito de marcas. *Revista de Direito do Consumidor*, a. 18, n. 71, p. 77-105, jul./set. 2009.
[10] CORRÊA, Gustavo Bahuschewskyj. As faces da proteção do consumidor no direito de marcas. *Revista de Direito do Consumidor*, a. 18, n. 71, p. 77-105, jul./set. 2009.
[11] BENJÓ, Roberto. O respeito à marca sob a perspectiva do consumidor. *Doutrina ADCOAS*, n. 1, a. III, p. 155-158, jan. 2000.

o Aviso da TPC nº 4/2018 ("Repensando o setor de combustíveis"), trazendo relevantes aportes doutrinários nesse sentido, que tomamos a liberdade de transcrever abaixo:

> Natália Lima Figueiredo (2014) explica como *marcas possuem a função de beneficiar os consumidores, quando estes utilizam os referidos signos para diferenciar produtos e diminuir custos de procura*: A palavra *brand*, que significa "marca" em inglês, tem origem no termo escandinavo *brandr*, cujo significado é queimar. Cabeças e peças de gado eram marcadas com o propósito de identificação das rezes pelos proprietários e possuidores. Com isso, aqueles criadores mais conhecidos pela qualidade do seu gado tinham suas marcas mais procuradas nas trocas comerciais. A utilização de signos para marcar algo com o propósito de caracterizar pertencimento ou para sinalizar identidade é prática antiquíssima. [...] Uma das funções mais intuitivas das marcas é a identificação de origem. Como se trata de um símbolo, sua qualidade identificadora é inerente à sua natureza. Trata-se, em outras palavras, de reconhecer de onde provém o produto ou serviço ou, ainda, quem é seu fabricante ou provedor. [...] [O] direito marcário também tem por justificativa proteger o consumidor de condutas enganosas e que o induzam à confusão (LAFRANCE, 1958). Esse pressuposto da proteção marcária – evita a confusão e o locupletamento do consumidor – é amplamente reconhecido pela doutrina e jurisprudência brasileiras (DIAS, 2013). [...] [A] proteção à marca é fundamental na medida em que facilita ao consumidor a identificação do produto e reduz os seus custos de busca ("search costs"), além de encorajar as empresas a investirem em qualidade. Ao trazer informações sobre o produto, a marca permite que o consumidor o associe a elas. Em tendo conhecimento prévio sobre suas características, não terá que, futuramente, despender tempo buscando um produto com as mesmas propriedades, simplesmente adquirirá aquele com a marca já conhecida".[12]

Forçosa a constatação, neste ponto, que a tutela regulatória da fidelidade de bandeira, atualmente veiculada através da Resolução ANP nº 41/2013, nada mais é do que a concretização da política pública setorial insculpida no art. 1º, III, da Lei nº 9.748/97, em atendimento ao dever-poder da ANP de tutelar *com* ênfase os direitos fundamentais dos consumidores (art. 8º, I, Lei do Petróleo), de sorte que escaparia ao seu poder regulamentar deixar a descoberto essa proteção específica dos interesses dos consumidores ao simplesmente decidir deixar de tutela-los e, muito menos, voltar atrás quando essa proteção já foi concretizada por meio de atos normativos.

O fim da tutela regulatória à fidelidade de bandeira, conforme pretendido pela ANP, significaria que postos revendedores de combustível vinculados a determinadas marcas poderiam comercializar combustíveis de variadas procedências, não necessariamente fornecidos pelas empresas cujas marcas ostentam em suas fachadas, elevando enormemente o grau de assimetria de informações disponíveis ao consumidor no momento da compra.

O poder normativo da ANP consiste na elaboração de políticas de combustíveis com ênfase na proteção ao consumidor, sendo conduta vedada pelo ordenamento – mais especificamente pela Lei do Petróleo – adotar medidas regulatórias comissivas no sentido de retirar a tutela dos interesses consumeristas.

O consumidor do varejo no posto de combustível gasta geralmente poucos minutos da sua rotina cotidiana para escolher um posto, dentre os que lhe sejam de fácil acesso, para abastecer seu veículo, dispondo de não muito mais do que as informações

---

[12] Contribuições do: CADE. *Repensando o setor de combustíveis*: medidas pró-concorrência. p. 23-24. Grifos nossos.

visuais disponíveis ostensivamente no estabelecimento, dentre as quais se destacam os preços praticados e a marca exibida.

Em todo esse processo de compra e venda de combustíveis no varejo parece evidente o enorme grau de vulnerabilidade informacional[13] a que fica sujeito o consumidor.

Assim, uma tal regulação no sentido de abrandar a tutela regulatória sobre a fidelidade à bandeira iria exatamente no caminho oposto do pretendido, legando o consumidor do varejo a uma situação de ainda maior vulnerabilidade, e seria uma postura normativa vedada pela Lei nº 9.478/97, extrapolando a delegação de poderes regulamentares conferida à ANP.

E não se pode ter por válido o argumento, aventado no Aviso da TPC nº 4/2018, de que somente seriam merecedores de proteção da marca os combustíveis aditivados, "pois os demais são *commodities*", porquanto ainda que haja de fato uma relativa uniformidade, produtos similares comercializados por diferentes empresas nunca terão características idênticas, seja por diferenças nos processos de produção, acondicionamento e transporte, seja, no caso dos combustíveis, pelas margens regulatórias de que dispõem os agentes econômicos na formulação de seus combustíveis com a adição de outras substâncias, como o etanol presente na gasolina ou o biodiesel contido no óleo diesel, além de eventuais riscos de adulteração, em princípio bem minorados em marcas mais tradicionais no mercado, que têm mais a perder com eventuais problemas do que marcas de "fundo de garagem".

A noção de *commodity* em relação aos combustíveis faz muito mais sentido nas etapas mais a montante da cadeia. No caso dos combustíveis que vendidos no varejo em postos ao consumidor final, tratam-se de produtos extremamente manipulados, resultado de uma composição de diversos elementos químicos, que vai ter realmente características de um produto único entre uma marca e outra, influenciando nisso também a forma com que são transportados, vedações etc.

Nesse sentido, em eloquente exemplo, totalmente relacionado com o ponto colocado no Aviso da TPC nº 4/2018, Roberto Benjó pontifica que "não se pode dizer, por exemplo, que a água mineral produzida pela *Perrier* francesa é a mesma água mineral produzida pela *Minalba* brasileira, só porque, em essência, a fórmula H_2O está presente em ambas. Ainda que a fonte seja a mesma, os produtos serão diferentes. Isso porque a extração, o tratamento, o envasamento, o transporte e a conservação da água nunca serão rigorosamente iguais quando realizados por empresas diversas. E são exatamente essas diferenças que distinguem a marca dos produtos junto aos consumidores [...] Em idêntica dificuldade poderá ser colocado o consumidor de combustível automotivo, acaso venham a proliferar postos de gasolina apresentados ao consumidor sob uma

---

[13] "A vulnerabilidade informacional [...] é a vulnerabilidade básica do consumidor, intrínseca e característica deste papel na sociedade. [...]. Em resumo, na sociedade atual é na informação que está o poder, a falta desta representa intrinsecamente um *minus*, uma vulnerabilidade, quanto mais importante for esta informação detida pelo outro. Parece-me, pois, útil – mesmo sob pena de alguma repetição – incluir algum comentário sobre esta espécie de vulnerabilidade, a informativa, que é intrínseca à relação de consumo. Esta vulnerabilidade informativa não deixa, porém, de representar hoje o maior fator de desequilíbrio da relação vis-à-vis os fornecedores, os quais, mais do que experts, são os únicos verdadeiramente detentores da informação. Presumir a vulnerabilidade informacional (art. 4º, I, do CDC) significa impor ao fornecedor o dever de compensar este novo fator de risco na sociedade. Aqui, mais do que técnica, jurídica ou fática, esta vulnerabilidade é essencial à dignidade do consumidor, principalmente enquanto pessoa física" (MARQUES, Cláudia Lima. Campo de Aplicação do CDC. In: BENJAMIN, Antônio Herman; MARQUES, Cláudia Lima; BESSA, Leonardo Roscoe. *Manual de direito do consumidor*. 5. ed. rev., atual. e ampl. São Paulo: Revista dos Tribunais, 2013. p. 106).

única marca (de distribuidor), mas oferecendo combustíveis de diversas origens [...], ou seja, em bombas identificadas com marcas de outros distribuidores".[14]

"Assim, as marcas como elementos significantes", destaca Gustavo Bahuschewskyj Corrêa, "são capazes de orientar o consumidor no momento da contratação através de qualidades subjetivas inerentes às marcas que identificam. Diante deste quadro, no qual o consumidor passa a consumir marcas e não necessariamente produtos ou serviços, na medida em que é atraído pela força promocional e o valor agregado à marca, e também nos casos de produtos ou serviços necessários, no qual o consumidor os adquire baseados na confiança pré-existente com a origem (marca) dos produtos/serviços contratados, é que se deve proteger o consumidor".[15]

Cuidando especificamente de um possível fim da vinculação à bandeira nos postos revendedores de combustíveis, discussão que vez ou outra vem à tona no setor, Roberto Benjó já destacou, no início dos anos 2000, "o risco de – a pretexto de fomentar a atuação de empresas de pequeno porte econômico – o Estado vir a consentir com o sacrifício de direitos elementares dos consumidores [...]. Inquestionável que [...] a livre aquisição de combustível, postulada pelos postos de gasolina, redundaria em seríssima lesão ao direito do consumidor à correta informação sobre os produtos que adquire".[16]

Ou seja, para além de representar o cumprimento daquilo que determina a Lei do Petróleo, as normas que preceituam a fidelidade à bandeira nos postos revendedores de combustíveis representam uma concretização dos próprios princípios informadores da ordem econômica brasileira e dos direitos fundamentais dos consumidores (arts. 170, V, e 5º, XXXII, respectivamente, CF).

Nesse sentido, e à guisa de conclusão do tópico, apresentamos decisão do Superior Tribunal de Justiça – STJ que, mesmo antes da previsão constitucional de órgãos reguladores específicos, a exemplo do "órgão regulador do monopólio da União" sobre as atividades petrolíferas (art. 177, §2º, III, CF), lavrou acórdão no qual o Ministro Humberto Gomes de Barros afirmou, mesmo diante da ausência de permissivo legal como o atualmente existente, que a fidelidade de bandeira implementava a proteção dos direitos fundamentais dos consumidores:

> A Constituição Federal, em seu art. 170, preceitua que a ordem econômica é fundada na valorização do trabalho humano e na livre iniciativa, tendo por finalidade assegurar a todos a existência digna, conforme os princípios que enuncia. No seu art. 174 pontifica que, como agente normativo, e regulador da atividade econômica, o Estado exercerá, na forma da lei, as funções de fiscalização, incentivo e planejamento. [...] Montado nestes argumentos, não tenho dúvida em afirmar que o Senhor Ministro dispõe de autoridade para impedir que o granelista venda combustível ao varejista ligado a bandeira que não é a sua. Como registrei acima, controlar a execução de determinada norma é fazer com que ela se desenvolva em busca dos fins sociais para a qual a regra foi concebida. Os preceitos que disciplinam a distribuição de combustíveis têm como finalidade fazer com que os usuários de tais produtos recebam, com segurança e facilidade, produtos de boa

---

[14] BENJÓ, Roberto. O respeito à marca sob a perspectiva do consumidor. *Doutrina ADCOAS*, n. 1, a. III, p. 155-158, jan. 2000.

[15] CORRÊA, Gustavo Bahuschewskyj. As faces da proteção do consumidor no direito de marcas. *Revista de Direito do Consumidor*, a. 18, n. 71, p. 77-105, jul./set. 2009.

[16] BENJÓ, Roberto. O respeito à marca sob a perspectiva do consumidor. *Doutrina ADCOAS*, n. 1, a. III, p. 155-158, jan. 2000.

qualidade. A garantia da boa qualidade, no mundo hodierno, manifesta-se através de marcas e logotipos. *Quem escolhe posto de determinada 'bandeira', para abastecer um veículo, o faz na presunção de que a empresa por ela simbolizada entregará um produto de boa qualidade. Isto ocorre, porque, a exibição do logotipo de marca famosa traduz a afirmação de que no local se vende daquela marca. Ora, se o posto negocia produtos cuja origem não corresponda à sua bandeira, ele estará enganando o freguês* [...]. Quando o freguês é iludido, a distribuição de combustível não estará correspondendo aos fins sociais que orientam as normas disciplinadoras da distribuição de combustíveis.[17]

Portanto, demonstrada ser a fidelidade de bandeira instrumento de proteção dos consumidores, a sua extinção extrapolaria da competência legal da ANP, que tem poderes para protegê-los, não para retirar-lhes proteções, ponto que, à luz do Direito Constitucional, terá alguns dos seus aspectos aprofundados no tópico que segue.

III Vedação ao retrocesso na proteção dos direitos do consumidor

Conforme desenvolvido acima, a vinculação à bandeira dos distribuidores é forma essencial de proteção dos direitos fundamentais dos consumidores do setor de combustíveis. Neste tópico, analisaremos a impossibilidade de a ANP, uma vez já positivada essa forma de proteção, desconstitui-la, impossibilidade essa fruto da aplicação à espécie do princípio constitucional da vedação ao retrocesso.

O princípio da vedação ao retrocesso (também alcunhado de proibição do retrocesso ou efeito *cliquet*)[18] pode ser sucintamente definido como "a tutela jurídica do conteúdo mínimo dos direitos fundamentais, respaldada em uma legitimação social, evitando que possa haver um retrocesso, seja através de sua supressão normativa ou por intermédio da diminuição de suas prestações à coletividade".[19]

Nesse sentido, Luís Roberto Barroso traz definição cristalina do referido princípio. Aduz o professor e ministro do Supremo Tribunal Federal acerca da vedação ao retrocesso:

> Por este princípio, que não é expresso mas decorre do sistema jurídico-constitucional, entende-se que uma lei, ao regulamentar um mandamento constitucional, instituir determinado direito, ele se incorpora ao patrimônio jurídico da cidadania e não pode ser

---

[17] MS nº 4.578/DF (Grifos nossos).

[18] "A expressão proibição de contrarrevolução social conota, antes de tudo, conteúdo político. Todas as vezes que a expressão se faz acompanhar da palavra "social", há uma limitação do espectro de abrangência: o princípio só dirá respeito àquele campo. Outros autores preferem falar de uma "teoria da irreversibilidade". Parece-me que a maior parte das incidências da noção se faz sob o rótulo de "proibição do retrocesso". Há cerca de dez anos, outra denominação passou ao registro público brasileiro, com inspiração francesa: *efeito cliquet*, que seria o clique da trava do mosquetão. Em outros países, o assunto é tratado sob os mesmos rótulos (*Verbot des sozialen Rückschritts; standstill; effet anti-retour*)" (MENDONÇA, José Vicente de. *Vedação do Retrocesso*: melhor quando tínhamos medo? Uma proposta para um uso controlado do argumento. Disponível em: https://www.academia.edu/25797541/Veda%C3%A7%C3%A3o_do_Retrocesso_melhor_quando_t%C3%ADnhamos_medo_Uma_proposta_para_um_uso_controlado_do_argumento. Acesso em 07 out. 2018).

[19] FRANCO, Marcelo Veiga. A teoria da integridade do Direito e o princípio da vedação ao retrocesso como limites à criatividade jurisdicional. *Revista do Instituto de Hermenêutica Jurídica – RIHJ*, Belo Horizonte, a. 10, n. 12, p. 179-214, jul./dez. 2012.

absolutamente suprimido. Nessa ordem de ideias, uma lei posterior não pode extinguir um direito ou uma garantia, especialmente os de cunho social, sob pena de promover um retrocesso, abolindo um direito fundado na Constituição. O que se veda é o ataque à efetividade da norma, que foi alcançada a partir de sua regulamentação.[20]

Haveria, pois, verdadeiro entrincheiramento (*entrechment*) da *efetividade dos direitos fundamentais em face de ações legislativas e, com ainda mais fortes razões, de ações meramente administrativas, infralegais, como aventa a ANP no caso concreto. Estaríamos diante de um retrocesso quanto à implementação de desideratos não apenas constitucionais, como também legais – da Lei do Petróleo –*, cf. tópico anterior.

Assim, Marcelo Veiga Franco, com base nas lições de Walber de Moura Agra, expõe que "o *entrenchment* do conteúdo mínimo dos direitos fundamentais funciona como uma garantia à efetivação desses direitos, impedindo um retrocesso na sua concretização e, consequentemente, aumentando a legitimidade da jurisdição constitucional. O entrincheiramento, como o étimo da palavra já clarifica, configura-se no encastelamento do conteúdo mínimo dos direitos fundamentais dentro do ordenamento jurídico, solidificando este conteúdo no tecido social. [...]. A finalidade do *entrenchment* é garantir eficácia ao ordenamento jurídico, dotando-o de segurança jurídica, o que faz com que as normas deixem de ter um papel retórico e possam ter uma concretude prática. [...]. A concepção de entrincheiramento ou proibição do retrocesso assegura uma proteção ao conteúdo dos direitos fundamentais, mantendo um nível mínimo de determinada concretude normativa".[21]

Quanto à sua aplicação, assevera-se que o princípio "pode ser entendido em dois conteúdos possíveis: (i) como vedação genérica, aplicável a todas as normas constitucionais, cujo efeito é invalidar, por inconstitucionalidade, uma lei que, sem regular diferentemente, revogue outra lei que tornava eficaz determinado ditame constitucional; (ii) como vedação específica, aplicável ao regime dos direitos fundamentais sociais e relacionada com a redução, por via legislativa, do patamar que estes hajam alcançado".[22]

Em outras palavras, não se pode, à luz do princípio da vedação ao retrocesso, (i) desconstituir normas que consubstanciem mandamentos constitucionais sem que se proponha outra normatização como alternativa (incidência genérica); ou (ii) reduzir infraconstitucionalmente o patamar já atingido pela consagração de direitos fundamentais (incidência específica). No caso concreto, como volveremos abaixo, a proposta aventada pela ANP seria afetada por ambas as repercussões do princípio.

---

[20] BARROSO, Luís Roberto. *O Direito Constitucional e a efetividade de suas normas*: limites e possibilidades da Constituição Brasileira. Rio de Janeiro: Renovar, 2001. p. 158-159.

[21] FRANCO, Marcelo Veiga. A teoria da integridade do Direito e o princípio da vedação ao retrocesso como limites à criatividade jurisdicional. *Revista do Instituto de Hermenêutica Jurídica – RIHJ*, Belo Horizonte, a. 10, n. 12, p. 179-214, jul./dez. 2012.

[22] BINENBOJM, Gustavo. O princípio da publicidade administrativa e a eficácia da divulgação de atos do poder público pela internet. *Revista Brasileira de Direito Público – RBDP*, Belo Horizonte, a. 4, n. 13, p. 89-111, abr./jun. 2006.

A aplicação do princípio da vedação ao retrocesso é referendada pelos tribunais pátrios, inclusive pelo Supremo Tribunal Federal.[23] A título de exemplo,[24] no RE nº 878.694, o STF entendeu que "o art. 1790 do Código Civil, ao revogar as Leis nº 8.971/94 e 9.278/96 e discriminar a companheira (ou o companheiro), dando-lhe direitos sucessórios bem inferiores aos conferidos à esposa (ou ao marido), entra em contraste com os princípios da igualdade, da dignidade humana, da proporcionalidade como vedação à proteção deficiente, e da vedação do retrocesso".[25]

Também o Superior Tribunal de Justiça já aduziu que, "à luz do princípio da proibição do retrocesso, não se admite que uma regra jurídica afluente possa desconstituir um direito subjetivo ou conferido por norma anterior, a não ser que também aflua situação impeditiva da manutenção daquele direito, na complexa condição de insuperável e incontornável".[26]

In casu, conforme narra a Consulente, há um histórico normativo de prevalência da proteção dos consumidores através da fidelidade de bandeira ao longo das últimas duas décadas: as normas editadas pela ANP desde sua criação sempre contemplaram o instituto protetivo da fidelidade de bandeira.

A Portaria ANP nº 116/2000, de julho de 2000, posteriormente revogada pela Agência, dispunha no art. 11, §2º, II, que "caso no endereço eletrônico da ANP conste que o revendedor optou por exibir a marca comercial de um distribuidor de combustíveis líquidos, o revendedor varejista deverá [...] adquirir e vender somente combustível fornecido pelo distribuidor do qual exiba a marca comercial".

Visando a modernizar a regulamentação da atividade de revenda de combustíveis, a ANP editou mais recentemente a multicitada Resolução nº 41/2013, que novamente manteve, nos termos supramencionados de sua antecessora, a fidelidade de bandeiras.

E conquanto tenha havido um breve período ao longo da década de 1990 em que a as normas setoriais não contemplaram a fidelidade de bandeira, mercê da Portaria nº 9/97 do MME, se considerarmos o histórico da questão ao longo de mais de 40 anos (já em 1975 a fidelidade de bandeiras na revenda de combustíveis era tutelada juridicamente por meio da Resolução nº 7/1975 do CNP), percebemos que a experiência da regulação econômica do setor firmou-se em favor da fidelidade de bandeira, em harmonia com a tutela dos direitos dos consumidores.

Como esmiuçado no Tópico II, a fidelidade de bandeiras nesse setor consubstancia o direito fundamental de proteção dos consumidores, o qual, *in casu*, seria afetado pela proposta da ANP objeto da TPC nº 4/2018, o que também seria vedado pelo princípio constitucional da vedação ao retrocesso.

---

[23] Como aponta José Vicente Santos de Mendonça, acerca do princípio da vedação ao retrocesso, "se, em 2002, escrevi que 'em termos gerais, a jurisprudência brasileira desconhece o assunto', quatorze anos depois, a situação é diferente, a começar por seu órgão de cúpula" (MENDONÇA, José Vicente de. *Vedação do Retrocesso*: melhor quando tínhamos medo? Uma proposta para um uso controlado do argumento. Disponível em: https://www.academia.edu/25797541/Veda%C3%A7%C3%A3o_do_Retrocesso_melhor_quando_t%C3%ADnhamos_medo_Uma_proposta_para_um_uso_controlado_do_argumento. Acesso em 07 out. 2018).

[24] O princípio também foi invocado pela Suprema Corte na MC na ADPF nº 47, no RE nº 658312 e na ADIs nº 4627, dentre outros julgados.

[25] STF, RE nº 878694, Relator(a): Min. Roberto Barroso, Tribunal Pleno, julgado em 10.05.2017, Processo Eletrônico Repercussão Geral – Mérito DJe-021 divulg 05.02.2018 PUBLIC 06.02.2018.

[26] STJ, AgRg na Rcl nº 21.763/DF, Rel. Ministro Napoleão Nunes Maia Filho, primeira seção, julgado em 25.02.2016, DJe 03.03.2016.

Repisando o já exposto no tópico anterior, o art. 5º, XXXII, da Constituição Federal estabelece que *"o Estado promoverá, na forma da lei, a defesa do consumidor"*; por sua vez, o art. 170, V, da Lei Magna insculpe a defesa do consumidor como princípio expresso da ordem econômica brasileira.

Assim, como aponta Claudia Lima Marques isso faz com que haja um "guia de atuação positiva e funcional, que também vincula o Poder Legislativo. Em outras palavras, a Constituição seria a garantia (de existência e de proibição de retrocesso) e o limite (limite-guia e limite-função) de um direito privado construído sob seu sistema de valores e incluindo a defesa do consumidor como princípio geral".[27]

Nesse sentido, os tribunais brasileiros já aplicaram a vedação ao retrocesso para afastar normas que desconstituíam direitos de matriz consumerista já positivados.

Como aponta Vitor Gonçalves Machado, "vale demonstrar o que sustentou recentemente o E. TJRJ, durante o julgamento da ApCiv nº 0160822-77.2008.8.19.0001,18 em que se estabeleceu o afastamento de normas especiais do Código Brasileiro de Aeronáutica quando implicar retrocesso ou mitigação dos direitos assegurados pelo Código de Defesa do Consumidor (LGL\1990\40) (Lei nº 8.078/1990)".[28]

É dizer: valendo-se das lições que iniciaram este tópico, temos que, editadas pela ANP – há quase vinte anos – normas densificando o direito fundamental da proteção ao consumidor pela fidelidade de bandeiras de revendedores de combustíveis, a desconstituição dessa vinculação é impedida pelo princípio da vedação ao retrocesso, quer em sua face genérica (invalidando o fim da fidelidade sem que se proponha alternativa proporcional, visto que ela advém de ditame constitucional), quer em sua repercussão específica (proibindo a redução infraconstitucional do patamar já alcançado de positivação do direito fundamental à proteção do consumidor no setor de combustíveis).[29]

Portanto, a proposta da ANP objeto da TPC nº 4/2018 é injurídica também à luz do já consagrado princípio da vedação ao retrocesso. Contudo, a juridicidade da solução proposta encontra ainda outras máculas. No próximo tópico abordaremos o vício de motivação consubstanciado *in casu*.

IV Vício de motivação

Conforme mencionado na Consulta, o Aviso de Tomada Pública de Contribuições nº 4/2018 dispõe expressamente em seus considerandos que a proposta *in casu*

---

[27] MARQUES, Cláudia Lima. Introdução ao Direito do Consumidor. *In*: BENJAMIN, Antônio Herman; MARQUES, Cláudia Lima; BESSA, Leonardo Roscoe. *Manual de direito do consumidor*. 5. ed. rev., atual. e ampl. São Paulo: Revista dos Tribunais, 2013. p. 36.

[28] MACHADO, Vitor Gonçalves. Uma análise sobre o (ainda incipiente) princípio da proibição de retrocesso e sua importância para os direitos fundamentais. *Revista de Direito Constitucional e Internacional*, v. 79, p. 149-165, abr./jun. 2012.

[29] Cumpre ainda notar *a latere* que a proposta da TPC nº 4/2018 não apenas resulta em retrocesso regulatório e desproteção do consumidor, mas também das condições de livre concorrência no mercado de distribuição de combustíveis. Com a abolição da marca como fator de diferenciação do produto e de seus fornecedores, e eliminados os incentivos para a melhora na qualidade do produto e para a verificação de sua procedência, o revendedor não terá interesse ou incentivo para trabalhar a marca que orienta o consumidor a escolher determinado estabelecimento de revenda, deteriorando as condições de rivalidade e concorrência em ambos os mercados – de distribuição e de revenda.

fundamenta-se nas recomendações do estudo do CADE intitulado "Repensando o setor de combustíveis: medidas pró-concorrência":

> CONSIDERANDO que o Conselho Administrativo de Defesa Econômica (CADE) no período da greve dos caminhoneiros apresentou o estudo "Repensando o setor de combustíveis: medidas pró-concorrência" com as seguintes contribuições de caráter regulatório:
>
> (i) permitir que produtores de álcool vendam diretamente aos postos;
>
> (ii) repensar a proibição de verticalização do setor de varejo de combustíveis;
>
> (iii) extinguir a vedação à importação de combustíveis pelas distribuidoras;
>
> (iv) fornecer informações aos consumidores do nome do revendedor de combustível, de quantos postos o revendedor possui e a quais outras marcas está associado;
>
> (v) aprimorar a disponibilidade de informação sobre a comercialização de combustíveis para o aperfeiçoamento da inteligência na repressão à conduta colusiva.

Convém ressaltar, contudo, que o arcabouço técnico e teórico aportado no corpo do indigitado estudo em nenhum momento embasa a ideia de que a fidelidade de bandeira é despicienda para a proteção da concorrência e do direito do consumidor, conforme aduzimos no Tópico II. Trata-se, como minudenciaremos, de incongruência da motivação em relação ao ato que a invoca.

Como corolário do Estado democrático de direito, a Administração Pública tem o dever de motivar seus atos de que resultem restrição ou condicionamento de direitos.

De acordo com Wallace Paiva Martins Junior, "decorrência dos princípios da legalidade, transparência, controle e democracia, a motivação é marco de ruptura com o antigo modelo (autoritário, opaco e sigiloso) de Administração Pública, incompatível com o Estado Democrático de Direito – sedimentado na plena visibilidade dos motivos que orientaram a condução dos negócios públicos".[30][31] Trata-se, então, de corolário da nova visão estatal concretizada na Carta de 1988.

Nessa esteira, Diogo de Figueiredo Moreira Neto extrai o princípio da motivação primariamente do art. 93, X, da Constituição: *"Todos os julgamentos dos órgãos do Judiciário serão públicos, e fundamentadas todas as suas decisões [...]"*. Raciocina que, se a fundamentação é exigida do Judiciário, o qual, em nosso sistema, é o principal órgão de controle, *a fortiori* deve sê-lo da Administração Pública, que é por essência controlável.[32]

---

[30] MARTINS JÚNIOR, Wallace Paiva. *Tratado de direito administrativo*: teoria e princípios do direito administrativo. *In*: PIETRO, Maria Sylvia Zanella Di (Coord.). *Tratado de Direito Administrativo*. São Paulo: Editora Revista dos Tribunais, 2014. v. 1, p. 464.

[31] Igualmente, Eduardo García de Enterría e Tomás-Ramón Fernández asseveram que o requisito de motivação "foi uma conquista tardia da doutrina, pois o absolutismo fazia da não motivação uma regra de prestígio [...], em último caso determinada pela natureza não necessariamente legal das sentenças, que se sustentavam, independentemente do seu conteúdo, na soberania direta do monarca, que podia criar em cada caso uma norma ou decisão específica, sem se submeter a Leis prévias" (GARCÍA DE ENTERRÍA, Eduardo; FERNÁNDEZ, Tomás-Ramón. *Curso de direito administrativo, 1*. (Revisor técnico: Carlos Ari Sundfeld; Tradutor José Alberto Froes Cal). São Paulo: Editora Revista dos Tribunais, 2014. p. 566).

[32] "A obrigatoriedade de motivar decisões, tradicional no Direito Processual, geralmente expressa quanto aos atos decisórios jurisdicionais típicos do Poder Judiciário, estendeu-se, com a Carta de 1988, a seus próprios atos administrativos com características decisórias (art. 93, X). Por via de consequência, o princípio da motivação abrange as decisões administrativas tomadas por quaisquer dos demais Poderes, corolário inafastável do princípio do devido processo da lei. Com efeito, se o Poder Judiciário, a quem caberá sempre o controle final

Esteja explícito no art. 93, X, da Constituição Federal, esteja implícito no texto constitucional no que tange à Administração Pública, o princípio da motivação encontra-se também expresso na Lei de Processo Administrativo Federal (artigo 2º da Lei nº 9.784/99), que evidentemente se aplica aos atos administrativos de entes integrantes da Administração Indireta federal, como é o caso da ANP:

> Art. 2º. A Administração Pública obedecerá, dentre outros, aos princípios da legalidade, finalidade, motivação, razoabilidade, proporcionalidade, moralidade, ampla defesa, contraditório, segurança jurídica, interesse público e eficiência.

Exige-se ainda que a motivação seja expressa, clara e congruente:

> Art. 5º. Os atos administrativos deverão ser motivados, com indicação dos fatos e dos fundamentos jurídicos, quando:
>
> I – neguem, limitem ou afetem direitos ou interesses;
>
> II – imponham ou agravem deveres, encargos ou sanções;
>
> III – decidam processos administrativos de concurso ou seleção pública;
>
> IV – dispensem ou declarem a inexigibilidade de processo licitatório;
>
> V – decidam recursos administrativos;
>
> VI – decorram de reexame de ofício;
>
> VII – deixem de aplicar jurisprudência firmada sobre a questão ou discrepem de pareceres, laudos, propostas e relatórios oficiais;
>
> VIII – importem anulação, revogação, suspensão ou convalidação de ato administrativo.
>
> §1º. *A motivação deve ser explícita, clara e congruente*, podendo consistir em declaração de concordância com fundamentos de anteriores pareceres, informações, decisões ou propostas, que, neste caso, serão parte integrante do ato.[33]

Além do dever de explicitação das razões de decidir,[34] isto é, *in casu*, da demonstração dos motivos que ensejaram a proposta de desconstituir a fidelidade de bandeira de distribuidor – que, como asseveramos no Tópico III, consta em nosso ordenamento há pelo menos quatro décadas – faz-se necessário que haja congruência entre os fatos

---

da juridicidade de qualquer decisão, está obrigado à motivação das suas decisões administrativas, com mais razão, a ela também estarão os Poderes Legislativo, Executivo e os órgãos constitucionalmente autônomos, cada um em suas respectivas decisões administrativas, pois só assim ficará garantida a efetividade do controle" (MOREIRA NETO, Diogo de Figueiredo. *Curso de direito administrativo*: parte introdutória, parte geral e parte especial. 16. ed. rev. e atual. Rio de Janeiro: Forense, 2014. p. 98).

[33] Também o art. 50, §1º, da Lei nº 9.784/1999 prevê a necessidade de motivação expressa, clara e congruente: "Art. 50. Os atos administrativos deverão ser motivados, com indicação dos fatos e dos fundamentos jurídicos, quando: [...]. §1º A motivação deve ser explícita, clara e congruente, podendo consistir em declaração de concordância com fundamentos de anteriores pareceres, informações, decisões ou propostas, que, neste caso, serão parte integrante do ato".

[34] Segundo Maria Sylvia Zanella Di Pietro, "o princípio da motivação exige que a Administração Pública indique os fundamentos de fato e de direito de suas decisões" (DI PIETRO, Maria Sylvia Zanella. *Direito administrativo*. 30. ed. rev., atual. e ampl. Rio de Janeiro: Forense, 2017. Tópico 3.3.13).

alegados (o estudo do CADE) e o ato do administrador (estudar a eventual extinção da fidelidade de bandeira).[35]

Sobre a importância da congruência na fundamentação de atos administrativos, manifesta-se, na mais clássica obra existente sobre o tema em língua portuguesa, José Carlos Vieira de Andrade: "Como atuação jurídica, o ato administrativo tem de basear-se num 'processo lógico, coerente e sensato', de maneira que só pode aceitar-se como fundamentação um discurso racional, pelo menos um que não contenha erros de raciocínio evidentes. Note-se que a congruência se refere especialmente à relação entre a fundamentação e o conteúdo do ato, devendo ser uma consequência lógica daquela [...]".[36]

O estudo do CADE "Repensando o setor de combustíveis: medidas pró-concorrência", que serve de fundamento à proposta ora sob comento, não contém elementos para dar empa à proposição de regulamentação objeto da TPC nº 4/2018.

O estudo do CADE abarca medidas que aumentem o grau de informação do consumidor em relação a qual marca o revendedor está associado (capítulo 3.IV do documento) e que aprimorem a disponibilidade de informação sobre a venda de combustíveis (capítulo 3.V). Em linha com as considerações do Tópico II deste Parecer, em nenhum dos pontos a autarquia concorrencial considera o fim da fidelidade de bandeira como instrumento apto a tais finalidades. Ao revés, o estudo chega a cogitar normas mais restritivas de fidelidade à marca nos postos revendedores (*e.g.*, eliminação do grupo multibandeira).

Diante das razões elencadas no indigitado estudo do CADE, que expressamente é referido como fundamento da TPC em seus considerandos, vislumbra-se *in casu* a incidência da *teoria dos motivos determinantes*, de acordo com a qual, uma vez expressado o motivo, ainda que outro motivo pudesse ter sido originariamente invocado para fundamentar o ato, a legitimidade do motivo passa a ser condição de validade da decisão da Administração Pública, no caso, decisão de avaliar o fim da fidelidade de bandeira, o que, por si só, já traz naturalmente insegurança jurídica aos consumidores e demais agentes econômicos do setor.[37]

"A teoria dos motivos determinantes", aduzia Hely Lopes Meirelles, "funda-se na consideração de que os atos administrativos, quando tiverem sua prática motivada, ficam vinculados aos motivos expostos, para todos os efeitos jurídicos. Tais motivos é que determinam e justificam a realização do ato, e, por isso mesmo, deve haver perfeita correspondência entre eles e a realidade. Mesmo os atos discricionários, se forem motivados, ficam vinculados a esses motivos como causa determinante de seu cometimento e sujeitam-se ao confronto da existência e legitimidade dos motivos

---

[35] A motivação há de ser suficiente, não podendo ser tratada como mera formalidade. Nessa linha, Eduardo García de Enterría e Tomás-Ramón Fernández lecionam que este princípio "é um meio técnico de controle da causa do ato. Por isso não é um simples requisito meramente formal, mas de fundo [...]. O que se quer dizer é que a motivação não é atendida com qualquer fórmula convencional; ao contrário, a motivação deve ser suficiente, isto é, deve fundamentar plenamente o processo lógico e jurídico que determinou a decisão" (GARCÍA DE ENTERRÍA, Eduardo; FERNÁNDEZ, Tomás-Ramón. *Curso de direito administrativo*, 1. (Revisor técnico: Carlos Ari Sundfeld; Tradutor José Alberto Froes Cal.). São Paulo: Editora Revista dos Tribunais, 2014. p. 568).

[36] VIEIRA DE ANDRADE, José Carlos. *O dever da fundamentação expressa de actos administrativos*. Coimbra: Almedina, 1992. p. 233-234.

[37] ARAGÃO, Alexandre Santos de. *Curso de Direito Administrativo*. Rio de Janeiro: Ed. Forense, 2011. p. 153.

determinados. Havendo desconformidade entre os motivos determinantes e a realidade, o ato é inválido".[38]

No mesmo sentido, Celso Antônio Bandeira de Mello afirma que "os motivos que determinaram a vontade do agente, isto é, os fatos que serviram de suporte à sua decisão, integram a validade do ato".[39] Dessa forma, se, por exemplo, a motivação (elemento formal) do ato não condizer com os reais motivos que levaram à sua edição, será ele inválido. Em outras palavras, se o estudo que fundamentou o Aviso de TPC é diametralmente oposto ao conteúdo do ato, este será inválido.

A esse respeito, a jurisprudência dos Tribunais Superiores é pacífica no sentido de que (i) os motivos expendidos pela Administração como fundamento para a edição de atos administrativos vinculam a sua atuação; (ii) se houver vício nos motivos apresentados, também o ato administrativo será viciado; e (iii) os motivos apresentados devem ser congruentes com os fatos subjacentes ao ato. Confira-se:

> ADMINISTRATIVO. RECURSO ORDINÁRIO EM MANDADO DE SEGURANÇA. SERVIDOR PÚBLICO ESTADUAL. PROGRESSÃO FUNCIONAL POR MERECIMENTO. DECRETO. DISPOSIÇÃO CONTRÁRIA A LEI. ATO ADMINISTRATIVO DISCRICIONÁRIO. MOTIVAÇÃO. TEORIA DOS MOTIVOS DETERMINANTES. [...]
> 4. Ao motivar o ato administrativo, a Administração ficou vinculada aos motivos ali expostos, para todos os efeitos jurídicos. Tem aí aplicação a denominada teoria dos motivos determinantes, que preconiza a vinculação da Administração aos motivos ou pressupostos que serviram de fundamento ao ato. A motivação é que legitima e confere validade ao ato administrativo discricionário. Expostos os motivos, a validade do ato fica na dependência da efetiva existência do motivo. Presente e real o motivo, não poderá a Administração desconstituí-lo a seu capricho. Por outro lado, se inexistente o motivo declarado na formação do ato, o mesmo não tem vitalidade jurídica. (RMS nº 10.165/DF, 6.ª Turma, Rel. Min. Vicente Leal, DJ de 04.03.2002). 5. No caso dos autos, não mais existindo o único fundamento em que se embasou o ato administrativo, em face da revogação do inciso II do art. 4º do Decreto nº 190/2000, inexiste fato concreto que obste a progressão funcional do Impetrante, sendo nulo o ato impugnado, por falta de motivação.[40]

Ora, se o estudo que fundamentou a proposta *in casu* nada fundamenta em relação a ela, salta aos olhos a incongruência entre os fundamentos que motivaram a medida aventada e o teor do ato pretendido, que imporia o fim da fidelidade à bandeira, padecendo de vício de motivação, já que não pode ter como motivo estudo que não trata diretamente da matéria.

Ademais, o instrumento de convocação deveria ter sido precedido de estudos de impacto regulatório por parte da ANP, o que será objeto de comentários mais à miúde a seguir.

---

[38] MEIRELLES, Hely Lopes. *Direito administrativo brasileiro*. 13. ed. São Paulo: Editora Revista dos Tribunais, 1988. p. 158.
[39] MELLO, Celso Antônio Bandeira de. *Curso de direito administrativo*. 28. ed. São Paulo: Malheiros Editores, 2011. p. 404.
[40] STJ, RMS nº 19.013/PR, Rel. Ministra Laurita Vaz, Quinta Turma, julgado em 01.10.2009, DJe 03.11.2009.

V Ausência de análise de impacto regulatório – AIR

A atuação da Administração Pública, nunca é demais rememorar, deve ser pautada pelos princípios da Motivação e da Eficiência, segundo os quais, cabe ao administrador motivar as suas decisões e essas serem sempre as mais eficientes a atender a finalidade pretendida, da forma menos onerosa possível, tanto para os direitos dos cidadãos como para o Erário público.

Nesse sentido, as agências reguladoras, dotadas que são de maior capacidade institucional de decisões de natureza técnica, são obrigadas a demonstrar a razoabilidade de suas possíveis decisões, os seus prováveis custos diretos e indiretos, os benefícios esperados, e a razão pela qual não foram escolhidos outros meios para atingir ao mesmo propósito.

Assim é que, no caso concreto, ambos os princípios foram violados tendo em vista que a ANP se absteve de realizar quaisquer estudos técnicos mais aprofundados que embasassem a desregulação pretendida, mormente quando a proposta apresentada vai de encontro à proteção dos direitos fundamentais dos consumidores e incongruentemente à recomendação técnica do CADE por ela própria invocada cf. tópico anterior.

Dessa maneira, ao mesmo tempo em que a agência enfrenta problemas de motivação com a incongruência entre o conteúdo do estudo apresentado pelo CADE, não se preocupou em verificar se as medidas pretendidas teriam efetivamente o condão de bem realizar os fins colimados, ou mesmo se esses fins deveriam realmente ser prioritariamente perseguidos no setor de combustíveis – respostas que uma eventual análise de impacto regulatório (AIR) ajudaria a fornecer.

Segundo uma tradicional definição da OCDE, a análise de impacto regulatório é uma "ferramenta política sistemática utilizada para examinar e medir os benefícios, os custos e os efeitos prováveis de uma regulação nova ou já existente".[41]

A OCDE, inclusive, recomenda a realização de Avaliação do Impacto Regulatório (AIR) desde os estágios iniciais dos processos para a formulação de novas propostas de regulação.

Se assim não fosse, o regulador poderia, mesmo que ainda em uma fase de estudos, criar um ambiente de insegurança econômica e jurídica, tanto para as empresas que já atuam no mercado, quanto para novos investidores, quando apresenta sugestões ou coloca em discussão questões – como as apresentadas no TPC – que já haviam sido dirimidas e consolidadas pelo mercado e pela regulação setorial.

De fato, a realização de estudos prévios sobre o impacto de medidas regulatórias sobre a sociedade vem recebendo cada vez mais destaque nos debates relativos ao custo-benefício das ações regulatórias, demonstrando ser cada vez mais útil e necessária para a garantia de uma regulação proporcional e consentânea com os direitos constitucionais atingidos.

Floriano de Azevedo Marques Neto e Aline Lícia Klein enumeram de forma bastante didática diversas vantagens "associadas à regulação orientada pela avaliação de impacto regulatório, entre as quais se destacam o aprimoramento da qualidade

---

[41] OCDE. *Building an institutional framework for regulatory impact analysis*. 2008. Disponível em: https://www.oecd.org/gov/regulatory-policy/40984990.pdf. Acesso em 10 set. 2018.

regulatória; a melhor compreensão do problema ou do contexto econômico-social ao qual a regulação é endereçada; a estimativa realista dos custos envolvidos na regulação; o levantamento de informações úteis que viabilizam um conteúdo regulatório mais eficaz; o reconhecimento das alternativas regulatórias, com especial ênfase para os instrumentos em jogo na atividade de regulação; a viabilização do planejamento regulatório de longo prazo; e a conferência de eficiência às ações regulatórias".[42]

Partindo das mesmas premissas, já tivemos a oportunidade de observar em sede doutrinária que "a regulação econômica pode gerar efeitos negativos no desenvolvimento da economia, especialmente se aumentar desproporcionalmente os custos e a burocracia necessária à exploração das atividades econômicas, inibindo o desenvolvimento de pequenas e médias empresas, ou, ainda, indiretamente criando vantagens competitivas para algum participante do mercado, dentre outras coisas. Há o risco, também, de a regulação estatal apresentar-se desatualizada, morosa e excessiva, em prejuízo dos consumidores e empresários".[43]

Além dos possíveis vícios decorrentes de práticas regulatórias pouco ou não fundamentadas, fato é que toda medida regulatória impõe custos para o setor regulado e para a sociedade como um todo. Existem, aliás, estudos que podem dar uma noção de quão alto são os custos oriundos da regulação. Nos Estados Unidos, por exemplo, em 2001, a regulação correspondeu a um custo aproximado de 221 bilhões de dólares.[44]

Esse fato, como não poderia deixar de ser, foi reconhecido pelo Governo Federal, que, em junho de 2018, publicou, por intermédio do Comitê Interministerial de Governança, as Diretrizes Gerais e Guia Orientativo para Elaboração de Análise de Impacto Regulatório, documento resultante de um longo período de esforços do poder público federal em uniformizar uma disciplina de AIR na atividade regulatória das agências e, consequentemente, disseminar o uso do instrumento. Extrai-se do documento a seguinte passagem:

> A regulação é o instrumento por meio do qual o Estado intervém no comportamento dos agentes, de modo a promover aumento da eficiência, de segurança, crescimento econômico e ganhos de bem-estar social. Entretanto, se utilizada de modo arbitrário e desproporcional, pode gerar efeitos nocivos substanciais aos mercados e à sociedade como um todo, tais como: aumento do preço dos produtos ou serviços, queda de investimentos, barreiras à entrada, barreiras à inovação, altos custos de conformidade ao setor regulado, aumento dos riscos e distorções de mercado. Além disso, a regulação também impõe custos de fiscalização e monitoramento ao regulador. Assim, ela só deve ser criada quando sua existência é justificada. Reconhecendo os custos e consequências da má regulação, a maior parte dos países desenvolvidos tem dirigido esforços, desde o início da década de 90, à implementação de mecanismos e ferramentas para promover a melhoria da qualidade e do desempenho regulatório. [...] A AIR é um dos principais instrumentos voltados à melhoria da qualidade regulatória. Consiste num processo sistemático de análise baseado em evidências que busca avaliar, a partir da definição de um problema regulatório, os possíveis impactos das alternativas de ação disponíveis para o alcance dos objetivos

---

[42] KLEIN, Aline Lícia; MARQUES NETO, Floriano de Azevedo. *Tratado de direito administrativo*: funções administrativas do Estado. São Paulo: Editora RT, 2014. v. 4, p. 625-626.
[43] ARAGÃO, Alexandre Santos de. Análise de Impacto Regulatório – AIR. *Revista de Direito Públicos da Economia – RDPE*, n. 32, p. 9, out./dez. 2010.
[44] GUASCH, J. Luis; HAHN, Robert W. *The costs and benefits of regulation*: implication for developing countries. Disponível em: http://www.oecd.org/dataoecd/58/1/1898295.pdf. Acesso em 28 fev. 2011.

pretendidos. Tem como finalidade orientar e subsidiar a tomada de decisão e, em última análise, contribuir para que as ações regulatórias sejam efetivas, eficazes e eficientes.[45]

Ainda segundo as Diretrizes Gerais, "a AIR deve ser realizada sempre que a Agência Reguladora, órgão ou entidade da administração pública identificar um problema regulatório que possa demandar a adoção ou alteração de atos normativos ou algum outro tipo de ação com potencial de influir sobre os direitos ou obrigações dos agentes econômicos, de consumidores ou dos usuários dos serviços prestados pelas empresas do setor regulado".[46]

Ora, no caso concreto, acima de qualquer suspeita foi identificado pela agência um problema regulatório cuja solução proposta é a alteração normativa de regras que influenciam diretamente sobre os direitos e obrigações dos atores do mercado e, sobretudo, dos consumidores.

Se esse fato por si só já seria suficiente a ensejar a elaboração de estudo de impacto prévio à discussão da matéria, *a fortiori* deve sê-lo no caso concreto em que a solução proposta não tem base no invocado estudo elaborado pela área técnica do CADE. Como cogitar a adoção de medida assim proposta sem antes elaborar estudos que sopesem sua necessidade, ainda mais em matéria que, só por ser aventada, já gera tamanha insegurança jurídica para os consumidores e demais agentes econômicos?

Ainda que o lançamento da TPC não signifique proposta de alteração normativa imediata, a mera colocação das sugestões para escrutínio público indica que a agência enxerga utilidade nas propostas, o que gera insegurança jurídica, pois inquina o desenho institucional atual do setor, acarretando em prejuízos concretos imediatos (suspensão de investimentos, perda de valor dos agentes listados, etc.). Por isso, o cuidado da agência deve ser o mesmo que ela teria ao propor mudanças concretas de normas (realizando AIR, p. ex.).

Note-se que a proposta já se insere dentro os possíveis mecanismos de planejamento estatal da economia previsto no art. 174 da CF, já devendo se submeter a todos os paradigmas materiais e procedimentais do Direito Administrativo Econômico.

Passando para o plano legislativo, a recentíssima Lei nº 13.655/2018 alterou a Lei de Introdução às Normas do Direito Brasileiro, introduzindo importantes dispositivos consagradores de normas gerais de direito público, entre os quais merece destaque, para os fins desta consulta, o novel art. 20:

> Art. 20. Nas esferas administrativa, controladora e judicial, não se decidirá com base em valores jurídicos abstratos sem que sejam consideradas as *consequências práticas da decisão*.

---

[45] CASA CIVIL. *Diretrizes gerais e guia orientativo para elaboração de análise de impacto regulatório – AIR*. p. 19-21. Disponível em: http://www.casacivil.gov.br/regulacao/apresentacao-regulacao-pasta/comite-interministerial-de-governanca-aprova-as-diretrizes-gerais-e-roteiro-analitico-sugerido-para-analise-de-impacto-regulatorio-diretrizes-air-e-o-guia-orientativo-para-elaboracao-de-analise-de-impacto-regulatorio-guia-air/diretrizes_guia_air_cig_11junho2018.pdf. Acesso em 10 set. 2018.

[46] CASA CIVIL. *Diretrizes gerais e guia orientativo para elaboração de análise de impacto regulatório – AIR*. p. 23. Disponível em: http://www.casacivil.gov.br/regulacao/apresentacao-regulacao-pasta/comite-interministerial-de-governanca-aprova-as-diretrizes-gerais-e-roteiro-analitico-sugerido-para-analise-de-impacto-regulatorio-diretrizes-air-e-o-guia-orientativo-para-elaboracao-de-analise-de-impacto-regulatorio-guia-air/diretrizes_guia_air_cig_11junho2018.pdf. Acesso em 10 set. 2018.

Parágrafo único. A motivação demonstrará a *necessidade e a adequação da medida imposta ou da invalidação de ato, contrato, ajuste, processo ou norma administrativa, inclusive em face das possíveis alternativas.*

Em se tratando de agências reguladoras, cujas finalidades institucionais pressupõem a tomada de decisões técnicas complexas, é possível depreender do dispositivo supra que a adoção de medidas regulatórias com potenciais efeitos sobre direitos dos consumidores – tal qual a proposta veiculada no avido de TPC nº 4/2018 – deva ser necessariamente precedido da devida análise de impacto regulatório, que tenha esse *nomen juris* ou não.

Afinal, um dos motivos para a delegação de tantas competências às agências reguladoras, e um dos fatores que legitimam o poder normativo a elas conferido, é a sua especialidade nas matérias reguladas e o caráter técnico das suas atividades. Em sendo assim, a agência é obrigada a realizar estudos prévios à implementação de medidas a serem observadas pelo setor com vistas a (i) verificar se tais medidas serão adequadas para o atendimento dos fins visados; e (ii) se tais medidas se justificam, à luz de uma análise imparcial de custo-benefício, diante dos interesses por ela atingidos.

A imparcialidade regulatória, com efeito, é um dos mais importantes produtos dos estudos de impacto regulatório. Através dele, é possível racionalizar o processo decisório, evitando-se subjetivismos diversos, decisões fundadas em alegado "bom senso" ou "fatos notórios".

No caso concreto, a necessidade de realização de AIR para dimensionamento da necessidade, consequências e alternativas à regulação pretendida ganha contornos ainda mais destacados quando se observa que, na esteira do que foi abordado no Tópico IV, malgrado se trate ainda de tomada pública de contribuições, o estudo realizado pelo CADE com propostas para o setor de combustíveis – e que serve de fundamento para a TPC nº 4/2018 – recomenda a adoção de medidas opostas, tais como o endurecimento da tutela sobre a fidelidade de bandeiras, restringindo ainda mais a regulação.

Enfim, a proposta de alteração normativa ora analisada é viciada igualmente por não ser embasada em estudos técnicos quanto aos seus impactos (e sua própria necessidade face aos problemas que se quer combater), diante até mesmo de indicações de deveria ter agido justamente em sentido contrário, e por não ter sido realizada prévia análise do custo-benefício das medidas sugeridas.

VI Injuridicidade de responsabilidade objetiva no direito administrativo sancionador brasileiro

Conforme adiantamos na Consulta, o Aviso de TPC nº 4/2018 da ANP aventa, ainda, estabelecer regulatoriamente responsabilidade solidária dos distribuidores sobre os postos bandeirados, *independentemente da existência de culpa*. Neste Tópico, pois, analisaremos, à luz do ordenamento pátrio, a juridicidade da proposta de responsabilização administrativa objetiva das distribuidoras de combustíveis.

Deixamos o tema por último em razão de, apesar de ter relações com o tema principal deste Parecer – a fidelidade de bandeira –, ser dotado de considerável autonomia, aplicando-se-lhe, contudo, as considerações que tecemos sobre vícios de motivação nos dois últimos tópicos acima.

O poder sancionador da Administração deve respeitar uma série de preceitos básicos para ser validamente exercido, dentre os quais a tipicidade, o devido processo legal, a ampla defesa e o contraditório, a individualização da pena, a presunção de inocência, a proporcionalidade e a culpabilidade do administrado.

Os princípios de direito penal que protegem os direitos do acusado aplicam-se ao processo administrativo sancionador, justamente em razão do caráter de pena de que se reveste uma eventual decisão condenatória. Nesse sentido, expõem Adilson de Abreu Dallari e Sergio Ferraz que "na seara dos processos administrativos pertinentes à aplicação de sanções não deve o agente decisório deixar de levar em consideração a rica trama principiológica do direito penal",[47] no que se inclui a inviabilidade de responsabilização objetiva.

Em breves – porém precisos – termos, Gustavo Tepedino et al aduzem que a responsabilidade objetiva é aquela "desvinculada da valoração da conduta do sujeito. São requisitos da responsabilidade objetiva: i) o exercício de certa atividade; ii) o dano; iii) o nexo de causalidade entre o dano e a atividade".[48]

Na seara administrativa, em que pesem as divergências sobre a existência ou não de uma Teoria Geral do Poder Punitivo estatal, com um núcleo principiológico comum a todas as áreas do direito (penal, administrativo, ambiental, fiscal etc.),[49] a doutrina amplamente majoritária entende pela imprescindibilidade da presença de um elemento subjetivo mínimo, malgrado esta culpabilidade não deva ter, em todo e qualquer caso, precisamente os mesmos contornos daquela do Direito Penal.

Nesse sentido, sustenta Fábio Medina Osório que, "para que alguém possa ser administrativamente sancionado ou punido, seja quando se trate de sanções aplicadas por autoridades judiciárias, seja quando se cogite de sanções impostas por autoridade administrativa, necessário que o agente se revele 'culpável'. Essa assertiva não decorre de nenhum processo hermenêutico desprovido de suporte na Constituição. Ao contrário, como ocorre com todo o Direito Administrativo Sancionador brasileiro, os princípios se reconduzem à Carta Magna, por meio de processos argumentativos reconhecedores das potencialidades de complexos dispositivos constitucionais. Essa mesma operação há de ser feita na exploração da culpabilidade vigente no campo do Direito Punitivo, em concreto no tocante ao Direito Administrativo Sancionador".[50]

---

[47] FERRAZ, Sergio; DALLARI, Adilson Abreu. *Processo administrativo*. 1. ed. 2. tir. São Paulo: Malheiros, 2002. p. 154.

[48] TEPEDINO, Gustavo; BARBOZA, Heloísa Helena; MORAES, Maria Celina Bodin de. *Código Civil Interpretado conforme a Constituição da República*. 2. ed. Rio de Janeiro: Editora Renovar, 2007. v. II, p. 808.

[49] Como bem observou o saudoso Diogo de Figueiredo Moreira Neto, "deste os três últimos decênios do século XX, na doutrina e na jurisprudência europeias, e, mais recentemente, nas desenvolvidas no âmbito comunitário, tem-se difundido o entendimento de que as sanções administrativas, tradicionalmente entendidas como circunscritas ao campo da atividade administrativa de polícia, são uma manifestação peculiar de um *ius puniendi* genérico do Estado, para a tutela de quaisquer valores relevantes da sociedade, transcendendo o âmbito da polícia para se estender a outras atividades administrativas, como as regulatórias, próprias do ordenamento econômico e do ordenamento social. Esta é a razão pela qual se procura dar-lhes um tratamento integrado, inclusive reconhecendo a aplicabilidade limitada de certos tradicionais princípios da penologia criminal, no exercício de todas as demais funções punitivas do Estado" (MOREIRA NETO, Diogo de Figueiredo. *Curso de Direito Administrativo*. 16. ed. Rio de Janeiro: Forense, 2014. p. 91).

[50] OSÓRIO, Fábio Medina. *Direito Administrativo Sancionador*. 5. ed. São Paulo: Editora RT, 2015. p. 365.

Para Rafael Munhoz de Mello, "a culpabilidade[51] exige que a sanção administrativa seja imposta unicamente a quem, devendo agir de outro modo, pratica a conduta típica. [...] Principal decorrência do princípio da culpabilidade é a *exigência de dolo ou culpa stricto sensu para que a Administração Pública possa impor sanção administrativa* retributiva. Se o indivíduo não agiu com dolo ou culpa, é vedada a aplicação da medida sancionadora".[52]

A impossibilidade de a ANP propor responsabilização solidária dos distribuidores de combustíveis sobre os postos bandeirados é ainda mais forte, já que inexiste qualquer previsão legal nesse sentido.

Em primeiro lugar, é assente no sistema jurídico brasileiro que a solidariedade não se presume. Essa regra, embora mais versada no Direito Civil,[53] como corolário do art. 265, do Código Civil,[54] *a fortiori* incide para proibir a responsabilização solidária de agentes regulados, por autoridades administrativas, na ausência de previsão sequer infralegal, inclusive como decorrência do princípio da legalidade.[55] Logo, na ausência de previsão expressa que fixe responsabilidade solidária, como *in casu*, os particulares não podem ser sancionados por condutas exclusivas de terceiros.

Além disso, como ressalta Gustavo Binenbojm, "não existe na Lei nº 9.847/1999 dispositivo que autorize a responsabilização objetiva desses agentes econômicos. E, por

---

[51] Em matéria de culpabilidade, a ciência penal é, sem sombra de dúvida, por sua própria condição de doutrina inaugural do estudo do poder punitivo estatal *lato sensu*, dentre os ramos do direito aquele que mais avançou – mas não com exclusividade – na teorização do instituto. Nessa acepção, Cesar Roberto Bittencourt leciona que "o princípio da culpabilidade impede a atribuição da responsabilidade penal objetiva, assegurando que ninguém responderá por um resultado absolutamente imprevisível, se não houver agido, pelo menos, com dolo ou culpa. Resumindo, pelo princípio em exame, não há pena sem culpabilidade (*nulla poena sine culpa*)" (BITTENCOURT, César Roberto. *Tratado de Direito Penal – Parte Geral*. 16. ed. São Paulo: Saraiva, 2011. p. 386-387). A doutrina administrativista, trazendo para seu campo esses seculares ensinamentos, afirma que, "assim como no Direito Penal, o princípio da culpabilidade é um dos pilares do regime jurídico aplicável ao Direito Administrativo sancionador. Segundo esse princípio, a aplicação da sanção administrativa – i.e., de um 'castigo' ou situação detrimentosa ao particular – depende da constatação de culpa em sentido *lato*. [...] Em outras palavras: exige-se a constatação de uma ação reprovável do ponto de vista subjetivo" (BINENBOJM, Gustavo. O Direito Administrativo sancionador e o estatuto constitucional do poder punitivo estatal: possibilidades, limites e aspectos controvertidos da regulação do setor de revenda de combustíveis. *Revista de Direito Administrativo Contemporâneo*, São Paulo, v. 2, n. 11, p. 11-35, ago. 2014).

[52] MELLO, Rafael Munhoz de. *Princípios Constitucionais de Direito Administrativo Sancionador*: as Sanções Administrativas à Luz da Constituição Federal de 1988. São Paulo: Malheiros, 2007. p. 184. Grifamos.

[53] Leciona Gustavo Tepedino que "a solidariedade tem caráter excepcional e origem puramente técnica, por isto não se admite fora da lei ou do contrato" (TEPEDINO, Gustavo. Código Civil Interpretado. Rio de Janeiro: Renovar, 2007. v. 1, p. 549). Esse entendimento não se limita ao Direito Civil; abrange, pois, outras áreas do direito. Em artigo direcionado à responsabilização ambiental, Rogério Santana da Silva salienta que "é importante enfrentar a realidade de que a opção pela imposição da responsabilidade solidária é uma exceção que não pode ser transformada em regra, sem que claramente o legislador tenha apontado tal escolha. Diante desta premissa é que se coloca a questão da solidariedade, morrmente frente ao primado de que apenas a lei ou o contrato, na opção das partes, pode trazer para as relações jurídicas a imposição da solidariedade" (SILVA, Rogério Santana da. A aplicação da Teoria do Risco Criado aos eventos ambientais danosos: revisitando os conceitos de responsabilidade solidária em matéria ambiental. *Fórum de Direito Urbano e Ambiental – FDUA*, Belo Horizonte, a. 7, n. 42, nov./dez. 2008. Disponível em: http://www.bidforum.com.br/PDI0006.aspx?pdiCntd=56119. Acesso em 29 mar. 2018).

[54] Código Civil: "Art. 265. A solidariedade não se presume; resulta da lei ou da vontade das partes".

[55] Resumidamente, tal princípio enuncia a submissão dos atos estatais a um padrão amplo e englobante de legalidade, cujos critérios não seriam apenas a lei estrita, mas, também, os princípios gerais do Direito e, sobretudo, os princípios, objetivos e valores constitucionais. É a visão de que a Administração Pública não deve obediência apenas à lei, mas ao Direito como um todo (ARAGÃO, Alexandre Santos de. *Curso de direito administrativo*. 2. ed. rev., atual. e ampl. Rio de Janeiro: Forense, 2013. p. 58).

força do princípio da legalidade (CRFB, art. 37, *caput*; e Lei nº 9.784/99, art. 2º, *caput*), a Administração Pública somente pode agir quando autorizada por lei".[56]

Tampouco podem ser invocados eventuais dispositivos legais que autorizem responsabilidade civil – e não administrativa – solidária dos integrantes do setor petrolífero, como é o caso do art. 18 da Lei nº 9.847/1999.[57]

Nesse sentido, a já mencionada competência da ANP para fiscalizar o agente regulado administrativamente nos termos do CDC[58] não ilide as lições deste tópico. De fato, o diploma consumerista prevê algumas hipóteses excepcionais de responsabilidade civil objetiva (como seu art. 18),[59] porém tais hipóteses, naturalmente, direcionam-se tão somente à responsabilização civil.

Isso porque a impossibilidade de responsabilização administrativa objetiva transcende o escopo puramente regulatório, alcançando mesmo eventuais sanções aplicadas pela Administração Pública decorrentes de infrações relacionadas ao direito do consumidor, por exemplo. É dizer: não se confunde responsabilização administrativa-sancionadora, seja de cunho consumerista ou regulatório em sentido estrito, com responsabilização civil.

Daí que, em importante precedente de lógica plenamente aplicável ao setor de combustíveis, o STJ deixou clara a diferença entre a responsabilidade civil por dano ambiental, expressa e excepcionalmente admitido como de natureza objetiva, e a responsabilidade administrativa decorrente do mesmo evento danoso, que deve se harmonizar com os princípios da individualização e da culpabilidade. Por toda a sua relevância, colaciona-se trecho da ementa do julgado abaixo:

> 8. Pelo princípio da intranscendência das penas (art. 5º, inc. XLV, CR88), aplicável não só ao âmbito penal, mas também a todo o Direito Sancionador, não é possível ajuizar execução fiscal em face do recorrente para cobrar multa aplicada em face de condutas imputáveis a seu pai.

---

[56] BINENBOJM, Gustavo. O Direito Administrativo sancionador e o estatuto constitucional do poder punitivo estatal: possibilidades, limites e aspectos controvertidos da regulação do setor de revenda de combustíveis. *Revista de Direito Administrativo Contemporâneo*, São Paulo, v. 2, n. 11, p. 11-35, ago. 2014.

[57] Art. 18. Os fornecedores e transportadores de petróleo, gás natural, seus derivados e biocombustíveis respondem solidariamente pelos vícios de qualidade ou quantidade, inclusive aqueles decorrentes da disparidade com as indicações constantes do recipiente, da embalagem ou rotulagem, que os tornem impróprios ou inadequados ao consumo a que se destinam ou lhes diminuam o valor. §1º. As companhias distribuidoras proprietárias de equipamentos, destinados ao abastecimento de combustíveis e responsáveis pela sua manutenção, respondem solidariamente com os postos revendedores por vícios de funcionamento dos mesmos. §2º. A responsabilidade das pessoas jurídicas não exclui a das pessoas físicas, autoras, co-autoras ou partícipes do mesmo fato. §3º. Poderá ser desconsiderada a personalidade jurídica da sociedade sempre que esta constituir obstáculo ao ressarcimento de prejuízos causados ao abastecimento nacional de combustíveis ou ao Sistema Nacional de Estoques de Combustíveis.

[58] Art. 8º A ANP terá como finalidade promover a regulação, a contratação e a fiscalização das atividades econômicas integrantes da indústria do petróleo, do gás natural e dos biocombustíveis, cabendo-lhe: [...] VII – fiscalizar diretamente e de forma concorrente nos termos da Lei nº 8.078, de 11 de setembro de 1990, ou mediante convênios com órgãos dos Estados e do Distrito Federal as atividades integrantes da indústria do petróleo, do gás natural e dos biocombustíveis, bem como aplicar as sanções administrativas e pecuniárias previstas em lei, regulamento ou contrato.

[59] Art. 18. Os fornecedores de produtos de consumo duráveis ou não duráveis respondem solidariamente pelos vícios de qualidade ou quantidade que os tornem impróprios ou inadequados ao consumo a que se destinam ou lhes diminuam o valor, assim como por aqueles decorrentes da disparidade, com a indicações constantes do recipiente, da embalagem, rotulagem ou mensagem publicitária, respeitadas as variações decorrentes de sua natureza, podendo o consumidor exigir a substituição das partes viciadas.

9. Isso porque *a aplicação de penalidades administrativas não obedece à lógica da responsabilidade objetiva* da esfera cível (para reparação dos danos causados), mas *deve obedecer à sistemática da teoria da culpabilidade*, ou seja, a conduta deve ser cometida pelo alegado transgressor, com *demonstração de seu elemento subjetivo*, e com demonstração do nexo causal entre a conduta e o dano. [...]

12. Em resumo: a aplicação e a execução das penas limitam-se aos transgressores; a reparação ambiental, de cunho civil, a seu turno, pode abranger todos os poluidores, a quem a própria legislação define como "a pessoa física ou jurídica, de direito público ou privado, responsável, direta ou indiretamente, por atividade causadora de degradação ambiental" (art. 3º, inc. V, do mesmo diploma normativo). [...].[60]

À fiscalização do setor de abastecimento de combustíveis se aplica essa mesma lógica, que impede a responsabilização de particulares na ausência do elemento subjetivo. Prevalece, portanto, inclusive à luz do CDC e das Leis nº 9.478/1997 e 9.847/1999, o entendimento de que não se admite a responsabilização objetiva do administrado, ainda quando se tratar de pessoa jurídica, sendo indispensável a verificação da existência de elementos subjetivos, notadamente dolo e culpa, que, combinados à prática voluntária de conduta antijurídica, ensejem o seu apenamento.

Por fim, ressaltamos que a responsabilidade do distribuidor na fiscalização do produto, cuja existência não podemos negar, não alberga a responsabilidade pela qualidade do produto em qualquer elo da cadeia independente de culpa e por qualquer não conformidade encontrada.

Consoante explanamos doutrinariamente, uma das mais comuns formas de violação do núcleo essencial do direito à iniciativa privada nas atividades privadas regulamentadas, desnaturando-as, é a imposição quantitativa ou qualitativamente excessiva de obrigações de fazer para a empresa privada.[61]

Assim, não se pode, seja pela quantidade de obrigações impostas, por sua excessiva onerosidade, ou em razão de as obrigações possuírem características propriamente estatais, fazer com que a empresa se substitua ao Estado no cumprimento das suas funções constitucionais e legais (*in casu* de fiscalizar os postos de revenda),[62] como pareceria ser o caso.

Note-se: não se está naturalmente a defender que o distribuidor não possa ser responsabilizado por eventuais vícios do produto por ele fornecido e que esteja sendo comercializado ao consumidor final pelo posto de revenda; poderá ser responsabilizado, mas desde que tenha culpa ou dolo pelo problema existente no produto, jamais objetivamente, caso que poderia inclusive configurar uma responsabilidade objetiva por fato de terceiro, inadmissível em qualquer seara do *jus puniendi* estatal.

---

[60] REsp nº 1251697/PR, Rel. Ministro Mauro Campbell Marques, Segunda Turma, julgado em 12.04.2012, DJe 17.04.2012.
[61] ARAGÃO, Alexandre Santos de. *Direito dos serviços públicos*. 4. ed. Belo Horizonte: Fórum, 2017. p. 165.
[62] ARAGÃO, Alexandre Santos de. *Direito dos serviços públicos*. 4. ed. Belo Horizonte: Fórum, 2017. p. 166.

VII Conclusões

O exposto no presente Parecer pode, sem de forma alguma prescindir de todo o seu texto, ser condensado por meio das seguintes assertivas objetivas, sempre pressupondo os fatos como narrados pela Consulente:
1) A regra da fidelidade de bandeira, prevista atualmente na Resolução ANP nº 41/2013, resulta numa necessária vinculação entre a marca exibida no posto revendedor de combustível e o produto comercializado, consistindo em proteção aos interesses dos consumidores que concretiza um dos objetivos das políticas nacionais para o aproveitamento racional das fontes de energia (art. 1º, III, Lei nº 9.478/97) e se insere no dever-poder da ANP de elaborar a política de combustíveis com ênfase na proteção dos direitos dos consumidores (art. 8º, I, Lei nº 9.478/97).
2) A tutela do consumidor recebeu status constitucional em 1988, presente no seu artigo 5º, inciso XXXII, rendendo-lhe ainda contornos de princípio e valor institucional de toda a ordem econômica que condiciona a atividade econômica brasileira, no art. 170, V, CF.
3) Considerando a clara finalidade protetiva dos direitos dos consumidores encampada pela Lei do Petróleo referida acima, pôr fim à tutela da fidelidade de bandeira nos postos revendedores extrapolaria a competência normativa conferida à ANP pela Lei do Petróleo, já que a competência que lhe foi outorgada foi para proteger os direitos dos consumidores, não para diminuir-lhes o grau de proteção.
4) É dessa finalidade protetiva de direitos fundamentais de matriz constitucional e legal que decorre a disciplina regulatória da fidelidade de bandeira, atualmente regulada pela Resolução ANP nº 41/2013.
5) Ademais, tendo em perspectiva a natureza de direito fundamental da proteção ao consumidor, a desconstituição da fidelidade à bandeira é obstada pelo princípio constitucional da vedação ao retrocesso, quer em sua face genérica (invalidando o fim da fidelidade sem que se proponha alternativa proporcional, visto que ela advém de ditame constitucional), quer em sua repercussão específica (proibindo a redução infraconstitucional do patamar já alcançado de positivação do direito fundamental à proteção do consumidor no setor de combustíveis).
6) A vedação do retrocesso protege os direitos fundamentais diante de ações legislativas e, com ainda mais fortes razões, de ações meramente administrativas, infralegais, como aventa a ANP no caso concreto. Estaríamos assim diante de um retrocesso quanto à implementação de desideratos não apenas constitucionais, como também legais – da Lei do Petróleo.
7) A marca é dotada de dupla finalidade: serve para proteger os interesses do seu titular e, para o consumidor, garantir a legitimidade e a origem do produto que adquire. O papel da ANP na matéria é implementar a segunda finalidade, e não necessariamente a primeira. Nesse sentido, equivocadas eventuais cogitações de que a ANP poderia deixar a veracidade da marca apenas no universo privado da distribuidora e dos postos de revenda. Tal postura faria com que a ANP se tornasse indiferente a todo esse segundo

universo de finalidades da proteção da marca, voltado à proteção de terceiros – dos consumidores – proteção essa, de caráter institucional, incumbida "com ênfase" à ANP.

8) O estudo "Repensando o setor de combustíveis: medidas pró-concorrência" elaborado pelo Departamento de Estudos Econômicos do CADE, que serve explicitamente de fundamento ao Aviso de TPC nº 4/2018, por todas as razões que expõe, não contém nenhum elemento que embase diretamente a proposta da ANP. Ao revés, o estudo chega a cogitar normas mais restritivas de fidelidade à marca nos postos revendedores (*e.g.*, eliminação do grupo multibandeira). Por consequência, o indigitado ato administrativo padece de vício de motivação, vis-à-vis a teoria dos motivos determinantes e a sua incongruência com a atitude da Agência.

9) Houve, desta forma, incongruência da motivação em relação ao ato que a invoca, incongruência esta da espécie mais grave, que é a incongruência por oposição.

10) A proposta de alteração normativa analisada é também injurídica por não ter sido precedida de prévio estudo de impacto regulatório, ainda mais quando a medida que se pretende implementar, conforme mencionado acima, não é sustentada pelo estudo do CADE, o qual, ao revés, sugere a realização do estudo de impactos, cogitando, inclusive, normas de maior fidelização do mercado. Seria necessário que a Agência, independentemente do *nomen juris*, analisasse comparativamente o custo-benefício da extinção da fidelidade de bandeira diante de todos os interesses envolvidos, ainda mais se considerando que a simples proposta já gera insegurança nos consumidores e demais agentes econômicos.

11) À luz do ordenamento jurídico pátrio – e mesmo na esmagadora maioria dos ordenamentos estrangeiros – não se admite a responsabilização administrativa objetiva, isto é, independente da verificação de dolo ou culpa do infrator, seja na seara regulatória *stricto sensu*, seja na tutela administrativa dos direitos do consumidor, nos termos dos arts. 55 e seguintes do CDC. Por outro lado, a solidariedade, mesmo na esfera civil, em que se admite responsabilização objetiva, não se presume, devendo sempre decorrer de expressa determinação legal interpretada estritamente, o que significa que, com mais razão ainda, não possa ser imposta através de norma infralegal editada por agência reguladora.

12) Não se está naturalmente a defender que o distribuidor não possa ser responsabilizado por eventuais vícios do produto por ele fornecido e que esteja sendo comercializado ao consumidor final pelo posto de revenda; poderá ser responsabilizado, mas desde que tenha culpa ou dolo pelo problema existente no produto, jamais objetivamente, caso que poderia inclusive configurar uma responsabilidade objetiva por fato de terceiro, inadmissível em qualquer seara do *jus puniendi* estatal.

É o parecer.

REQUISITOS PARA A APLICAÇÃO DE SANÇÕES ADMINISTRATIVAS PELA ANP. O CASO DO METANOL EM COMBUSTÍVEIS[*]

Sumário

I   A consulta
II   Inexistência de responsabilidade objetiva no direito administrativo sancionador brasileiro
II.1   *Ad argumentandum*: injuridicidade restaria mesmo diante da doutrina extremamente minoritária que admite sanções sem culpabilidade
III   Peculiaridades fáticas do caso em relação à produtora do combustível
IV   Necessidade de motivação da culpabilidade
V   *Ad argumentandum*: ausência de dever de as distribuidoras aferirem o metanol
VI   Conclusões

I A consulta

Trata-se de parecer acerca de aspectos jurídicos relacionados a diversos processos administrativos sancionadores deflagrados no âmbito da Agência Nacional de Petróleo, Gás Natural e Biocombustíveis – ANP em face de empresas distribuidoras de

---

[*] Parecer elaborado em 09.08.2017.

combustíveis para apuração de supostas irregularidades na presença do metanol no etanol combustível por elas distribuído.

Segundo nos informa a Consulente, em fiscalizações de rotina realizadas em postos revendedores de combustível, foram identificados índices de presença de metanol superiores aos limites de conformidade permitidos pelas normas vigentes, ensejando a lavratura de autos de infração e a deflagração de processos administrativos sancionadores contra tais distribuidoras.

O metanol, que também é conhecido álcool metílico, é um composto químico tóxico, cujo teor máximo de concentração permitido pelas normas em vigor é de 0,5% (meio porcento) por unidade de volume, nos termos do Regulamento Técnico ANP nº 02/2015, anexo à Resolução ANP nº 19/2015.

Trata-se de um pequeno limite máximo aceitável levando-se em conta dos riscos de contaminação cruzada do etanol combustível nos processos de armazenagem e transporte da cadeia produtiva, limite este que, conforme o resultado dos laudos de fiscalização supramencionados, estava ultrapassado nas circunstâncias fiscalizadas.

Cientes do problema, as distribuidoras em questão tomaram então todas as providências para tirar o produto contaminado de circulação e identificar a sua origem e outros eventuais locais em que pudesse haver etanol combustível fora das especificações, colaborando com as autoridades, de sorte que hoje, conforme recente relatório da ANP, o derrame de metanol "está totalmente sob controle".

Um fato, porém, chama especial atenção: segundo informações trazidas pela Consulente, há robustos indícios de que a adição de metanol fora das especificações regulamentares no etanol combustível tenha se dado nas instalações de uma específica usina produtora de etanol que é fornecedora comum das distribuidoras autuadas.

Dentre esses indícios, que serão mais bem explanados no Tópico III deste Parecer, podemos destacar (i) o fato de que a mencionada usina é a única fornecedora comum a distribuidoras em cujos postos revendedores foram constatadas desconformidades nos índices de metanol no etanol combustível, (ii) o fato de que pouco depois de ter sido constatada a irregularidade nos postos revendedores a Usina iniciou um processo de "manutenção entressafras", esvaziando e lavando seus tanques com água e solventes e, ainda, (iii) o fato de que, mesmo assim, foram encontrados, em mais de um exame, índices de presença de metanol nos tanques lavados.

É diante desse cenário que a Consulente nos vem indagar a respeito da juridicidade da imposição de sanções administrativas a distribuidoras, no âmbito da competência fiscalizatória da ANP, em processo de responsabilização objetiva, tendo em vista que não há, senão contra a usina produtora, qualquer indício de elementos subjetivos em relação às distribuidoras, ou seja, inexistindo qualquer demonstração de que as distribuidoras tenham desejado colocar metanol em seus combustíveis.

Passamos, então, do ponto de vista estritamente jurídico e sempre com base nas informações fornecidas pela Consulente relatadas acima e ao longo do texto, a tecer as considerações necessárias para analisar a juridicidade de tais autuações sob o ponto de vista do Direito Administrativo.

Naturalmente que a questão será tratada de forma concreta no que diz respeito às desconformidades verificadas nos combustíveis das distribuidoras em geral, abstraindo-se de peculiaridades que cada um dos processos individualmente considerados possam ter.

Iniciaremos nosso percurso pela análise da inexistência de responsabilidade objetiva no direito administrativo sancionador brasileiro, pensamento que é compartilhado pela esmagadora maioria da doutrina e pela jurisprudência dos tribunais superiores. Ainda assim, como será visto, mesmo à luz das posições extremamente minoritárias sobre o tema não seria possível responsabilizar as distribuidoras.

Veremos também, uma exposição das peculiaridades fáticas atinentes à usina produtora que circunscrevem o caso, demonstrando que, não apenas inexiste invocação de culpabilidade das distribuidoras, como, ao revés, os indícios de culpabilidade presentes são de terceiros, da referida usina.

Na sequência, constataremos que, de toda sorte, deveria ter havido, justamente para evitar a injuridicidade de autuações sem culpa, a motivação expressa da culpabilidade no processo sancionador, cuja ausência implica afronta ao princípio do devido processo legal e até mesmo à proporcionalidade da sanção, que que a sua intensidade deve corresponder, entre outros fatores, à intensidade da culpa da autuada.

Por fim, a título argumentativo, apenas para completar todo o *iter* exploratório do tema, analisaremos em um cenário que se admitisse responsabilização objetiva de particulares em processo sancionador administrativo, os impactos do comportamento contraditório do poder público para o caso concreto, já que é ele próprio que dispensa as distribuidoras de aferirem o nível de metanol em seus combustíveis.

II Inexistência de responsabilidade objetiva no direito administrativo sancionador brasileiro

Neste primeiro tópico trataremos de um dos pressupostos da responsabilização de particulares na via administrativa, que é a presença do elemento subjetivo. Como restará demonstrado, essa compreensão é imprescindível à análise da juridicidade dos processos administrativos objeto da presente Consulta.

O que devemos investigar é a resposta à seguinte pergunta: podem distribuidoras serem responsabilizadas pela presença excessiva de metanol em seus combustíveis, mesmo que em nada tenham desejado ou contribuído para esse fato?

O poder sancionador da administração deve respeitar uma série de preceitos básicos para ser validamente exercido, dentre os quais a tipicidade, o devido processo legal, a ampla defesa e o contraditório, a individualização da pena, a presunção de inocência, a proporcionalidade e a culpabilidade do administrado.

Os princípios de direito penal que protegem os direitos do acusado aplicam-se ao processo administrativo sancionador, justamente em razão do caráter de pena de que se reveste uma eventual decisão condenatória. Nesse sentido, expõem Adilson de Abreu Dallari e Sergio Ferraz:

> Na seara dos processos administrativos pertinentes à aplicação de sanções não deve o agente decisório deixar de levar em consideração a rica trama principiológica do Direito Penal.[1]

---

[1] FERRAZ, Sérgio; DALLARI, Adilson Abreu. *Processo administrativo*. 1. ed., 2. tir. São Paulo: Malheiros, 2002. p. 154.

Destarte, os princípios típicos de direito penal, como o da reserva legal e da tipicidade normativa, a *non reformatio in pejus*, a incidência da lei posterior mais benéfica, os princípios da insignificância, da presunção de inocência e da culpabilidade aplicam-se de forma geral em sede de direito administrativo sancionador.

O propósito do presente tópico é analisar se, no processo administrativo sancionatório de maneira geral, e, especificamente no caso concreto objeto desta Consulta, a responsabilização do administrado em razão do cometimento de eventual infração prescinde da existência de culpabilidade do acusado na transgressão ou se, ao revés, deve ela, necessariamente, vir acompanhada da presença do elemento subjetivo.

Em breves – porém precisos – termos, Gustavo Tepedino *et al* aduzem que a responsabilidade objetiva é aquela "desvinculada da valoração da conduta do sujeito. São requisitos da responsabilidade objetiva: i) o exercício de certa atividade; ii) o dano; iii) o nexo de causalidade entre o dano e a atividade".[2]

Na seara do Direito Administrativo, em que pesem as divergências sobre a existência ou não de uma Teoria Geral do Poder Punitivo estatal, com um núcleo principiológico comum a todas as áreas do direito (penal, administrativo, ambiental, fiscal etc.),[3] a doutrina amplamente majoritária entende pela imprescindibilidade da presença de um elemento subjetivo mínimo, malgrado esta culpabilidade não deva ter, em todo e qualquer caso, precisamente os mesmos contornos daquela do Direito Penal.

Nesse sentido, sustenta Fábio Medina Osório que, "para que alguém possa ser administrativamente sancionado ou punido, seja quando se trate de sanções aplicadas por autoridades judiciárias, seja quando se cogite de sanções impostas por autoridade administrativa, necessário que o agente se revele 'culpável'. Essa assertiva não decorre de nenhum processo hermenêutico desprovido de suporte na Constituição. Ao contrário, como ocorre com todo o Direito Administrativo Sancionador brasileiro, os princípios se reconduzem à Carta Magna, por meio de processos argumentativos reconhecedores das potencialidades de complexos dispositivos constitucionais. Essa mesma operação há de ser feita na exploração da culpabilidade vigente no campo do Direito Punitivo, em concreto no tocando ao Direito Administrativo Sancionador".[4]

Na mesma senda, Marçal Justen Filho destaca que "a culpabilidade é princípio fundamental do direito penal e do direito civil. Não se passa diversamente no direito administrativo. O Estado Democrático de Direito exclui o sancionamento punitivo dissociado da comprovação da culpabilidade. *Não se pode admitir a punição apenas em*

---

[2] TEPEDINO, Gustavo; BARBOZA, Heloísa Helena; MORAES, Maria Celina Bodin de. *Código Civil Interpretado conforme a Constituição da República*. 2. ed. Rio de Janeiro: Editora Renovar, 2007. v. II, p. 808.

[3] Como bem observou o saudoso Diogo de Figueiredo Moreira Neto, "deste os três últimos decênios do século XX, na doutrina e na jurisprudência europeias, e, mais recentemente, nas desenvolvidas no âmbito comunitário, tem-se difundido o entendimento de que as sanções administrativas, tradicionalmente entendidas como circunscritas ao campo da atividade administrativa de polícia, são uma manifestação peculiar de um *ius puniendi* genérico do Estado, para a tutela de quaisquer valores relevantes da sociedade, transcendendo o âmbito da polícia para se estender a outras atividades administrativas, como as regulatórias, próprias do ordenamento econômico e do ordenamento social. Esta é a razão pela qual se procura dar-lhes um tratamento integrado, inclusive reconhecendo a aplicabilidade limitada de certos tradicionais princípios da penologia criminal, no exercício de todas as demais funções punitivas do Estado" (MOREIRA NETO, Diogo de Figueiredo. *Curso de Direito Administrativo*. 16. ed. Rio de Janeiro: Forense, 2014. p. 91).

[4] OSÓRIO, Fábio Medina. *Direito Administrativo Sancionador*. 5. ed. São Paulo: Editora RT, 2015. p. 365.

virtude da concretização de uma ocorrência danosa material. Pune-se *porque* alguém agiu mal, de modo reprovável, em termos antissociais [...]".[5]

Em matéria de culpabilidade, a ciência penal é, sem sombra de dúvida, por sua própria condição de doutrina inaugural do estudo do poder punitivo estatal *lato sensu*, dentre os ramos do direito aquele que mais avançou na teorização do instituto.

Francisco de Assis Toledo, em sua consagrada obra "Princípios Básicos de Direito Penal", nos ensina que "a palavra 'culpa', em sentido lato, de que deriva 'culpabilidade', ambas empregadas, por vezes, como sinônimas, para designar um dos elementos estruturais do conceito de crime, é de uso muito corrente. Até mesmo as crianças a empregam, em seu vocabulário incipiente, para apontar o responsável por uma falta, por uma travessura. Utilizamo-la a todo instante, na linguagem comum para imputação a alguém de um fato condenável. Seria incorreto dizer-se, por exemplo: Pedro tem culpa pelo progresso da empresa que dirige; o mesmo não aconteceria, porém, se disséssemos: Pedro tem culpa *pela falência* da empresa que dirige. O termo culpa adquire, pois, na linguagem usual, um sentido de atribuição censurável, a alguém, de um fato ou acontecimento. Veremos que o seu significado jurídico não é muito diferente".[6]

Mais adiante, em outra passagem da mesma obra, destaca ser "possível, para a construção de um sistema punitivo, tomar-se por base um desses dois fatores (o *fato* ou o *autor*), ou ambos ao mesmo tempo. Um sistema que considerasse exclusivamente o fato, destacado do agente, seria um puro "direito penal do fato" (*Tatstrafrecht*). Outro que, ao contrário, considerasse exclusivamente o autor, destacado do fato, seria um puro "direito penal do autor" (*Täterstrafrecht*). Na verdade, porém, o que há são sistemas que mais se aproximam ora de um, ora de outro desses dois extremos. [...] Entre essas duas posições opostas, situam-se as correntes moderadas em prol de um direito penal do fato que considere também o autor. Essa é a posição do moderno direito penal, predominantemente um moderado direito penal do fato. Assim é na Alemanha, na Itália, no Brasil e em outros países civilizados".[7]

No direito moderno, portanto, o apenamento de um acusado pela prática de ato infrativo deve passar pelo crivo tanto de aspectos relacionados à conduta do infrator (o fato) quanto aqueles relacionados à sua pessoa (o autor).

Não é por outra razão que Cesar Roberto Bittencourt leciona que se atribui, "um triplo sentido ao conceito de culpabilidade, que precisa ser liminarmente esclarecido. Em primeiro lugar, a culpabilidade – como *fundamento* da pena – refere-se ao fato de ser possível ou não a aplicação de uma pena ao autor de um fato típico e antijurídico, isto é, proibido pela lei penal. Para isso, exige-se a presença de uma série de requisitos – *capacidade de culpabilidade, consciência da ilicitude e exigibilidade de conduta* conforme a norma – que constituem os elementos positivos específicos do conceito de culpabilidade. A ausência de qualquer desses elementos é suficiente para impedir a aplicação de uma sanção penal. Em segundo lugar, a culpabilidade – como *elemento de determinação* ou medição da pena. Nessa acepção, a *culpabilidade funciona* não como *fundamento* da pena, mas *como limite* desta, impedindo que a pena seja imposta além da medida prevista pela própria ideia de culpabilidade, aliada, é claro, a outros fatores, como importância do

---

[5] JUSTEN FILHO, Marçal. *Curso de Direito Administrativo*. 10. ed. São Paulo: Editora RT, 2014. p. 607. Grifamos.
[6] TOLEDO, Francisco de Assis. *Francisco Básicos de Direito Penal*. 5. ed. São Paulo: Saraiva, 1994. p. 216.
[7] TOLEDO, Francisco de Assis. *Francisco Básicos de Direito Penal*. 5. ed. São Paulo: Saraiva, 1994. p. 250.

bem jurídico, fins preventivos etc. E, finalmente, em terceiro lugar, a culpabilidade – vista como conceito contrário à responsabilidade objetiva, ou seja, como o identificador e delimitador da responsabilidade individual e subjetiva. Nessa acepção, o *princípio da culpabilidade impede a atribuição da responsabilidade penal objetiva, assegurando que ninguém responderá por um resultado absolutamente imprevisível e se não houver agido, pelo menos, com dolo ou culpa. Resumindo, pelo princípio em exame, não há pena sem culpabilidade (nulla poena sine culpa)".*[8]

A citação, longa em razão de sua completude e didatismo, denota que a culpabilidade, em sua primeira e terceira acepções, objeto principal do presente tópico, constitui requisito da punição estatal; e, na sua segunda acepção, que pressupõe as outras duas, a culpabilidade é medida da sanção, instrumento que assegura que ela não seja aplicada desproporcionalmente – sem culpabilidade não há sequer como se graduar adequadamente a sanção.

Atitude contrária da Administração Pública em relação a essa segunda acepção consistirá em violação concomitantemente ao princípio da proporcionalidade e, por arrasto, da motivação dos atos administrativos (v. Tópico IV), já que a gradação da sanção não teria como ser explicitada.

O princípio da proporcionalidade constitui tanto princípio constitucional implícito aplicável a toda e qualquer atuação do Estado como princípio expresso na Lei de Processo Administrativo Federal:

> Art. 2º. A Administração Pública obedecerá, dentre outros, aos princípios da legalidade, finalidade, motivação, razoabilidade, proporcionalidade, moralidade, ampla defesa, contraditório, segurança jurídica, interesse público e eficiência.

Grifamos.

Sobre a aplicação desse princípio especificamente em sede de Direito Administrativo Sancionador, são elucidativas as palavras de Fábio Medina Osório:

> Também no sancionamento dos atos ilícitos, pelo ângulo do Direito Administrativo, haverá incidência da proporcionalidade, atenuando o rigor das sanções, notadamente no campo de sua obrigatória imposição, e isto está nas origens desse princípio, no próprio Direito Penal, onde o instituto ganhou notoriedade para fins de estancar sancionamentos demasiado severos ou rígidos [...]. O princípio da proporcionalidade exige o exame da natureza do ataque ao bem juridicamente protegido e a sanção prevista a esse ataque. A sanção deve estar relacionada ao bem jurídico protegido. Há, sempre, uma cláusula de necessidade embutida nas medidas que buscam salvaguardar a segurança, a saúde ou a moral públicas. Note-se que às autoridades encarregadas de aplicação das normas de Direito Administrativo Sancionador é possível restringir a dureza das leis abstratas, interpretando-as em conformidade com a ordem constitucional. Decorre tal possibilidade do princípio da unidade da ordem jurídica, sendo a Constituição o contexto superior. [...] Nesse sentido, o princípio da proporcionalidade penetra as normas de Direito Administrativo Sancionatório, seja na tipificação dos atos ilícitos, seja em seu sancionamento. Isso se dá, indubitavelmente, pela superioridade hierárquica da Constituição.[9]

---

[8] BITTENCOURT, César Roberto. *Tratado de Direito Penal – Parte Geral*. 16. ed. São Paulo: Saraiva, 2011. p. 386-387. Grifamos.
[9] OSÓRIO, Fábio Medina. *Direito administrativo sancionador*. 2. ed. São Paulo: RT, 2005. p. 248-249. Grifos nossos.

As autuações concretas objeto deste Parecer apenas invocam *o fato objetivamente considerado* – a presença excessiva de metanol no combustível da distribuidora –, sem em nenhum momento adentrar na *subjetividade da pessoa* distribuidora, ou seja, jamais sequer arguindo a sua vontade de fraudar o combustível ou pelo menos a sua negligência específica em relação a ele. Autua, em outras palavras, *sem em momento algum fundamentar a sanção na forma e na intensidade com que a empresa contribuiu para a desconformidade daquele combustível, para além, obviamente, de apenas estar objetivamente com a posse dele*.

A doutrina administrativista, trazendo para seu campo esses seculares ensinamentos, também afirma que, "assim como no Direito Penal, o princípio da culpabilidade é um dos pilares do regime jurídico aplicável ao Direito Administrativo sancionador. Segundo esse princípio, a aplicação da sanção administrativa – i.e., de um 'castigo' ou situação detrimentosa ao particular – depende da constatação de culpa em sentido *lato*. [...] Em outras palavras: exige-se a constatação de uma *ação reprovável* do ponto de vista subjetivo".[10]

Atrelado à exigência de culpabilidade o princípio do devido processo legal, barreira ao exercício arbitrário de poderes, impede o apenamento em razão da mera prática de conduta vedada (responsabilização objetiva), sem que se considerem elementos mínimos de subjetivação, ou seja, da existência de culpa em tal prática.

Para Rafael Munhoz de Mello, "a culpabilidade exige que a sanção administrativa seja imposta unicamente a quem, devendo agir de outro modo, pratica a conduta típica. O sujeito que age de tal maneira é culpado pela ocorrência de infração administrativa. [...] Principal decorrência do princípio da culpabilidade é a *exigência de dolo ou culpa stricto sensu para que a Administração Pública possa impor sanção administrativa* retributiva. Se o indivíduo não agiu com dolo ou culpa, é vedada a aplicação da medida sancionadora".[11]

Note-se que, no caso, como veremos mais amiúde no Tópico derradeiro, a Administração Pública sequer exige das distribuidoras que afiram a quantidade de metanol presente nos combustíveis. Impõe uma série de testes quanto à conformidade do combustível, mas nada em relação ao metanol, o que afasta com ainda maior intensidade a sua eventual culpabilidade, ainda que fosse por negligência.

Reforçando a ausência de qualquer comportamento culpável *in casu*, Heraldo Garcia Vitta leciona que "todo ilícito, administrativo ou penal, exige, no regime democrático de direito, o elemento subjetivo do suposto infrator. Sem isso, estaríamos aplicando a responsabilidade objetiva nas sanções administrativas, as quais, inclusive, atingem a *liberdade* (profissional, econômica e outras) e a *propriedade* das pessoas, sem configuração constitucional, ante a afronta aos princípios maiores do regime democrático de Direito".[12]

Demonstra o autor, portanto, como o princípio da culpabilidade – inexistência de sanção sem culpa, inexistência de sanção em medida superior à culpa – é inerente

---

[10] BINENBOJM, Gustavo. O Direito Administrativo sancionador e o estatuto constitucional do poder punitivo estatal: possibilidades, limites e aspectos controvertidos da regulação do setor de revenda de combustíveis. *Revista de Direito Administrativo Contemporâneo*, São Paulo, v. 2, n. 11, p. 11-35, ago. 2014.

[11] MELLO, Rafael Munhoz de. *Princípios Constitucionais de Direito Administrativo Sancionador*: as Sanções Administrativas à Luz da Constituição Federal de 1988. São Paulo: Malheiros, 2007. p. 184. Grifamos.

[12] VITTA, Heraldo Garcia. *Responsabilidade Civil e Administrativa por dano ambiental*. São Paulo: Malheiros, 2008. p. 159.

até mesmo aos macro-princípios da dignidade da pessoa humana e do próprio Estado Democrático de Direito.

A aplicação do princípio da culpabilidade ao processo administrativo sancionador também deflui (i) da noção de devido processo legal, corolário da cláusula do Estado Democrático de Direito, funcionando como barreira intransponível ao exercício arbitrário dos poderes estatais, como seria a possibilidade de imposição de penalidades aos administrados sem consideração de elementos subjetivos; (ii) do princípio da individualização da pena, que tem por consequência lógica a necessidade de averiguação de aspectos subjetivos no processo sancionatório, sob pena de punir de forma igual dois administrados que violaram a mesma norma proibitiva em situações absolutamente distintas; e (iii) do princípio da proporcionalidade, que impele a análise das particularidades do caso concreto (elementos subjetivos, ainda que objetivamente aferíveis) tanto para se conhecer da juridicidade da eventual aplicação da sanção (aspecto qualitativo) quanto para a sua dosimetria (aspecto quantitativo).

Citando Franck Moderne, assevera Marçal Justen Filho que "'a repressão administrativa, como a repressão penal, obedece ao princípio da culpabilidade e que as sanções administrativas, como as sanções penais, não podem ser infligidas sem que o comportamento pessoal do autor da infração não tenha revelado uma culpa, intencional ou de negligência.' O mesmo autor acrescenta, logo após, que a responsabilização administrativa (ou penal) das pessoas jurídicas pressupõe a transferência à entidade personalizada das condutas culposas 'cometidas pelos órgãos que exprimem sua capacidade jurídica ou por seus agentes'. Portanto, *não basta a mera verificação da ocorrência objetiva de um evento danoso*. É imperioso avaliar a dimensão subjetiva da conduta do agente, subordinando a sanção não apenas à existência do elemento reprovável, mas também fixando a punição em dimensão compatível (proporcionada) à gravidade da ocorrência".[13]

Assim é que "a imposição da penalidade pressupõe a verificação de elementos subjetivos (ainda quando se tratar de conduta imputável à pessoa jurídica). Não se admite a configuração da responsabilização administrativa sem culpa, a não ser em situações especiais, extremamente limitadas".[14]

A respeito da responsabilidade administrativa da pessoa jurídica, afirma Fábio Medina Osório que, "em regra, é exigível que o comportamento da pessoa jurídica seja valorado pelo direito e pelos intérpretes. Parece-nos razoável supor que um ato, ainda que praticado por pessoa jurídica, submeta-se a pautas valorativas. Em tese, a responsabilidade objetiva há de ser excepcional, mesmo fora do campo punitivo. [...] Por isso mesmo, é possível ao Direito Administrativo Sancionador estabelecer 'penas' às pessoas jurídicas, inclusive penas de dissolução desses entes, o que equivaleria, em uma grosseira analogia, à pena de morte, em que a relação de proporcionalidade é sempre difícil. Todavia as medidas que se encaixam nos pressupostos e funcionalidades das sanções haverão de obedecer ao devido processo legal, no qual a culpabilidade aparece como uma das ferramentas mais importantes de interdição à arbitrariedade dos Poderes Público. Se a arbitrariedade está proibida, não se vê razão para que as pessoas

---

[13] JUSTEN FILHO, Marçal. *Curso de Direito Administrativo*. 10. ed. São Paulo: Editora RT, 2014. p. 607-608. Grifos nossos.
[14] JUSTEN FILHO, Marçal. *Curso de Direito Administrativo*. 10. ed. São Paulo: Editora RT, 2014. p. 607.

jurídicas sejam castigadas sem arrimo em critérios subjetivos, mas tão somente porque descumpriram metas. É certo que medidas correcionais, de controle administrativo ou de polícia, podem sempre ser adotadas. Não se confundem, no entanto com as genuínas sanções administrativas".[15]

Em interessante e importante julgado que encampa o entendimento da doutrina, o STJ deixa clara a diferença entre a responsabilidade civil por dano ambiental, um dos expressa e excepcionalmente admitidos no Direito Brasileiro como sendo de natureza objetiva, e a responsabilidade administrativa geral decorrente do mesmo evento danoso, que deve se harmonizar com os princípios da individualização e da culpabilidade. Por toda a sua relevância, colaciona-se trecho da ementa do julgado abaixo:

> 8. Pelo princípio da intranscendência das penas (art. 5º, inc. XLV, CR88), aplicável não só ao âmbito penal, mas também a todo o Direito Sancionador, não é possível ajuizar execução fiscal em face do recorrente para cobrar multa aplicada em face de condutas imputáveis a seu pai.
>
> 9. Isso porque *a aplicação de penalidades administrativas não obedece à lógica da responsabilidade objetiva* da esfera cível (para reparação dos danos causados), mas *deve obedecer à sistemática da teoria da culpabilidade*, ou seja, a conduta deve ser cometida pelo alegado transgressor, com *demonstração de seu elemento subjetivo*, e com demonstração do nexo causal entre a conduta e o dano. [...]
>
> 12. Em resumo: a aplicação e a execução das penas limitam-se aos transgressores; a reparação ambiental, de cunho civil, a seu turno, pode abranger todos os poluidores, a quem a própria legislação define como "a pessoa física ou jurídica, de direito público ou privado, responsável, direta ou indiretamente, por atividade causadora de degradação ambiental" (art. 3º, inc. V, do mesmo diploma normativo). [...].[16]

Prevalece, portanto, o entendimento de que não se admite a responsabilização objetiva do administrado, ainda quando se tratar de pessoa jurídica, sendo indispensável a verificação da existência de elementos subjetivos, notadamente dolo e culpa, que, combinados à prática voluntária de conduta antijurídica, ensejem o seu apenamento.

No presente caso concreto, as empresas distribuidoras foram enquadradas, para fins de deflagração dos processos administrativos sancionadores, de forma genérica no art. 3º da Lei nº 9.847/99, que prevê as infrações administrativas do sistema de abastecimento nacional de combustíveis puníveis com multa, pela conduta de *"comercializar combustível automotivo, Etanol Hidratado Comum, fora das especificações estabelecidas na legislação vigente"*, o que corresponderia ao tipo previsto no inciso XI do supracitado dispositivo:

> Art. 3º. A pena de multa será aplicada na ocorrência das infrações e nos limites seguintes:
>
> XI – importar, exportar e comercializar petróleo, gás natural, seus derivados e biocombustíveis fora de especificações técnicas, com vícios de qualidade ou quantidade, inclusive aqueles decorrentes da disparidade com as indicações constantes do recipiente, da

---

[15] OSÓRIO, Fábio Medina. *Direito Administrativo Sancionador*. 5. ed. São Paulo: Editora RT, 2015. p. 402-403.

[16] REsp nº 1251697/PR, Rel. Ministro Mauro Campbell Marques, Segunda Turma, julgado em 12.04.2012, DJe 17.04.2012.

embalagem ou rotulagem, que os tornem impróprios ou inadequados ao consumo a que se destinam ou lhes diminuam o valor.

Multa –de R$20.000,00 (vinte mil reais) a R$5.000.000,00 (cinco milhões de reais);

A infração se justificaria ainda pelo descumprimento de deveres do distribuidor de combustíveis líquidos, presentes no art. 37, IV, da Resolução ANP nº 58/2014:

Art. 37 –O distribuidor de combustíveis líquidos obriga-se a: [...]

IV –garantir as especificações técnicas quanto à qualidade dos combustíveis líquidos quando transportados sob sua responsabilidade ou quando armazenados em instalações próprias ou de terceiros sob sua responsabilidade;

Já a referida especificação técnica violada, que estabelece a conformidade máxima de metanol presente no etanol combustível comercializado é a constante do Regulamento Técnico ANP nº 02/2015, anexo à Resolução ANP nº 19/2015.

A compreensão desse sistema de normas punitivas deve ser integrada e interpretada pela disciplina até aqui explicitada, no sentido da indispensável verificação do elemento subjetivo na conduta dos acusados, não bastando a mera constatação da prática do ato vedado de "comercializar combustível automotivo fora das especificações estabelecidas na legislação vigente" (não se trata, portanto, de infração de mera conduta).

O mero elemento literal das normas, descritivo de fatos objetivos, não pode, como se viu, como norma de Direito Administrativo Sancionador que é, prescindir do elemento subjetivo de culpabilidade inerente a qualquer sanção administrativa para que ela possa existir e ser proporcional.

Qualquer norma de Direito Administrativo Sancionador que, aparentemente, contemple apenas fatos objetivos, deve ser considerada acoplada ao elemento subjetivo respectivo.

Corroborando este mesmo entendimento, Gustavo Binenbojm salienta que "a responsabilização objetiva dos postos de revenda de combustíveis, isto é, sem a comprovação de culpa e pelo simples fato de o combustível fora das especificações de qualidade ter sido encontrado no estabelecimento de revenda varejista, não se coaduna com a Carta Maior. Mais precisamente, com o princípio da culpabilidade. De mais a mais, a prática carece de respaldo legal. Não existe na Lei nº 9.847/1999 dispositivo que autorize a responsabilização objetiva desses agentes econômicos. E, por força do princípio da legalidade (CRFB, art. 37, *caput*; e Lei nº 9.784/99, art. 2º, *caput*), a Administração Pública somente pode agir quando autorizada por lei".[17]

A própria interpretação sistemática da Lei nº 9.874/99 já deveria conduzir o seu aplicador a semelhante conclusão, tendo em vista que o art. 13 do referido diploma, ao nosso entender, apresenta verdadeira cláusula geral pressuposto da responsabilidade administrativa apenas subjetiva:

---

[17] BINENBOJM, Gustavo. O Direito Administrativo sancionador e o estatuto constitucional do poder punitivo estatal: possibilidades, limites e aspectos controvertidos da regulação do setor de revenda de combustíveis. *Revista de Direito Administrativo Contemporâneo*, São Paulo, v. 2, n. 11, p. 11-35, ago. 2014.

Art. 13. As infrações serão apuradas em processo administrativo, que *deverá conter os elementos suficientes para determinar a natureza da infração, a individualização e a gradação da penalidade*, assegurado o direito de ampla defesa e o contraditório.

No caso em tela, não é, portanto, possível a responsabilização das distribuidoras, na medida em que inexiste, nos respectivos processos administrativos, a consideração de qualquer elemento subjetivo relacionado ao dolo ou à culpa das empresas na prática infracional, mas tão somente a constatação objetiva da presença de metanol em quantidade superior ao máximo permitido pelas normas pertinentes em postos revendedores das bandeiras dessas distribuidoras, o que não é suficiente, segundo o entendimento amplamente dominante, para que se imponha sanção de natureza administrativa a um particular.

Demais disso, os indícios probatórios que existem no presente caso vão é no sentido contrário da existência de culpa *lato sensu* das distribuidoras na comercialização de etanol fora das especificações, já que os únicos – e fortes – indícios existentes de culpa na desconformidade do combustível se volta ao fornecedor comum das distribuidoras desses lotes – a Usina –, não às próprias distribuidoras.

Sobre essa usina produtora, conforme veremos com mais vagar no Tópico III, recaem razoáveis e fundadas suspeitas de contaminação de metanol no etanol combustível que comercializou, tendo esvaziado e lavado seus tanques e tubulações com água e solventes na mesma época em que se tornou pública a comercialização de etanol fora das especificações – o que não impediu que se encontrassem quantidades razoáveis de resíduos de metanol nos equipamentos lavados.

Ainda assim, veremos, no subtópico abaixo, como, mesmo sob o prisma da doutrina minoritária extremamente isolada sobre o tema, que admite sanções administrativas sem culpabilidade, no caso a sanção aplicada às distribuidoras não seria de qualquer maneira admissível.

II.1 *Ad argumentandum*: injuridicidade restaria mesmo diante da doutrina extremamente minoritária que admite sanções sem culpabilidade

Vencida a questão da inexistência de responsabilidade objetiva no direito administrativo sancionador brasileiro, passaremos agora, apenas para fins argumentativos, a analisar dois posicionamentos doutrinários minoritários no tema, demonstrando que, mesmo que fossem considerados para a hipótese do caso concreto, ainda assim não seria possível punir as distribuidoras.

O primeiro deles diz respeito aos autores, como Floriano de Azevedo Marques Neto e Aline Lícia Klein, que entendem ser possível, ainda que excepcionalmente, a atribuição de responsabilidade objetiva no direito administrativo sancionador, o que, por seu caráter extraordinário, exigiria previsão legal expressa.

Segundo esses autores, "a responsabilidade dos cidadãos por infrações administrativas *depende, como regra geral, da culpabilidade, ressalvando-se apenas determinadas hipóteses de responsabilização objetiva expressamente previstas em lei*. Apenas se admite o sancionamento se for comprovada a culpabilidade do agente que praticou o ato. Trata-se da aplicação do princípio *nulla pena sine culpa* também em relação aos ilícitos administrativos".[18]

O posicionamento dispensa maiores aprofundamentos, bastando ver que, mesmo para eles, como regra geral, a responsabilidade administrativa dos cidadãos e empresas é de natureza subjetiva, sendo necessária "avaliação da esfera subjetiva do autor da conduta reprovável, inclusive para fins de aplicação do princípio da proporcionalidade".[19] Em outras palavras, no silêncio da lei, aplica-se a responsabilidade subjetiva.

De outro giro, para esses autores, apenas havendo previsão expressa seria possível cogitar de responsabilização objetiva, como é o caso da Lei nº 12.846/2013 – Lei Anticorrupção, que institui expressamente eu seu artigo 2º que *as pessoas jurídicas serão responsabilizadas objetivamente, nos âmbitos administrativo e civil, pelos atos lesivos previstos nesta Lei praticados em seu interesse ou benefício, exclusivo ou não.*

No caso concreto, como não há qualquer previsão expressa de responsabilização objetiva na Lei nº 9.847/99 (e sequer o há nos regulamentos pertinentes), não seria aplicável outra que não a responsabilização subjetiva dos autores da conduta vedada. É até interessante a transcrição da Lei Anticorrupção para servir como exemplo de norma que, realmente, contempla a responsabilidade independentemente de culpa, pelo simples fato.[20]

O segundo entendimento minoritário contém os autores que entendem não ser a culpabilidade elemento necessário ao sancionamento na esfera administrativa, com a desnecessidade de verificação de dolo ou culpa do acusado. Mesmo para esses, a tendência é de não se admitir a responsabilização objetiva pura e simples.

Nesse sentido, Daniel Ferreira, que se assume como extremamente minoritário por ser contrário ao requisito da culpabilidade no Direito Administrativo Sancionador, deixa assente que responsabilidade sem culpa não equivale a responsabilidade objetiva.

Segundo o autor, "exigir voluntariedade é *evidentemente* diferente de se reclamar, apenas, o *nexo de causalidade entre a ação* (omissiva ou comissiva) *e o resultado* (de dano ou de perigo) para o fim de se reconhecer como realizada a conduta típica. Isso configura engano, porque não está em jogo aproximar, e.g., a responsabilidade por infração administrativa da responsabilidade patrimonial extracontratual do Estado, por conta da qual se 'prescinde de investigação de culpa ou dolo, bastando a demonstração do nexo de causalidade entre o dano sofrido pelo administrado e o comportamento danoso', como centrada e precisamente afirmou a professora Dinorá Grotti, da PUC/SP. Apenas com a adoção da voluntariedade e como *elemento mínimo não-objetivo tipificante* é que se pode legitimar a aceitação (no Brasil) de infrações de *mera conduta*, porque – se acatada a tese de que não há infração administrativa *sem lesão ou perigo de lesão a bem*

---

[18] KLEIN, Aline Lícia; MARQUES NETO, Floriano de Azevedo. *Tratado de direito administrativo*: funções administrativas do Estado. (Coord. Maria Sylvia Zanella Di Pietro). São Paulo: Editora RT, 2014. v. 4, p. 310.
[19] KLEIN, Aline Lícia; MARQUES NETO, Floriano de Azevedo. *Tratado de direito administrativo*: funções administrativas do Estado. (Coord. Maria Sylvia Zanella Di Pietro). São Paulo: Editora RT, 2014. v. 4, p. 310.
[20] Há, contudo, relevantes divergências quanto à natureza puramente objetiva dessa responsabilidade, mas cujo aprofundamento foge completamente ao escopo desta consulta.

jurídico – da mesma feita são inconstitucionais as sanções fixas, igualmente aplicadas para todos os sujeitos infratores".[21]

Mostra-se melhor, segundo ele, "para a construção da Teoria Geral da Infração, assumi-lo como *expressão da vontade,* de um 'querer algo', e 'ativo', que não se confunde com o *desejo* porque este pode nunca vir a se manifestar. Ou seja, o atuar *voluntário* passa a atuar *volitivo,* mas que não se contamina pelo desejo (neutro) porque existe volição (=ato de escolha ou decisão) sem liberdade. Portanto, é melhor empregar a palavra no mesmo sentido já proposto por Eduardo Rocha Dias, igualando a atuação *querida* com *voluntariedade*".[22] Trata-se, nas palavras do autor, de uma "conduta dirigida a um fim".

Também Celso Antônio Bandeira de Mello, adepto da corrente minoritária, enfatiza a necessidade de voluntariedade na aplicação de sanções administrativas, que seria entendida como o *animus* de praticar a conduta infrativa: "o Direito propõe-se a oferecer às pessoas uma garantia de segurança, assentada na previsibilidade de que certas condutas podem ou devem ser praticadas e suscitam dados efeitos, ao passo que outras não podem sê-lo, acarretando consequências diversas, gravosas para quem nelas incorrer. Donde, é de meridiana evidência, que descaberia qualificar alguém como incurso em infração quando inexista a possibilidade de prévia ciência e prévia eleição, *in concreto*, do comportamento que o livraria da incidência na infração e, pois, na sujeição às sanções para tal caso previstas. Note-se que aqui não se está a falar de culpa ou dolo, mas de coisa diversa: meramente do *animus* de praticar dada conduta".[23]

Na hipótese sob exame, segundo as informações apresentadas pela Consulente, não é possível sequer cogitar de voluntariedade das distribuidoras na conduta de "comercializar combustível automotivo fora das especificações estabelecidas na legislação vigente", haja vista que, para tanto, seria necessário arcabouço probatório que, *ao menos, indicasse a possibilidade de ciência, por parte das distribuidoras, de tal prática vedada.*

Em outras palavras, não basta, seja para os defensores da teoria da culpabilidade em matéria de Direito Administrativo Sancionador, amplamente majoritários, seja para os que lhe são contrários, a mera verificação da prática da conduta vedada pelo ordenamento para que recaiam sobre o administrado as gravosas consequências da legislação punitiva, sob pena de consagrar-se a responsabilização objetiva por infrações administrativas sem previsão normativa, o que não é aceito praticamente em uníssono pela doutrina administrativista.

Seria preciso, o que se admite apenas para fins argumentativos, nos termos deste segundo entendimento minoritário,[24] a verificação, pela autoridade condutora do processo sancionador – na hipótese, a ANP – do requisito mínimo da voluntariedade, consistente no agir direcionado ao fim que é vedado pela norma, *in casu*, vontade de vender combustível fora das especificações, o que não está sequer invocado no presente caso concreto.

---

[21] FERREIRA, Daniel. *Teoria geral da infração administrativa a partir da Constituição Federal de 1988.* Belo Horizonte: Fórum, 2009. p. 274.

[22] FERREIRA, Daniel. *Teoria geral da infração administrativa a partir da Constituição Federal de 1988.* Belo Horizonte: Fórum, 2009. p. 276.

[23] MELLO, Celso Antônio Bandeira de. *Curso de Direito Administrativo.* 28. ed. São Paulo: Malheiros, 2011. p. 862.

[24] O primeiro, como vimos, não demanda maiores elucubrações, pois exige previsão expressa do caráter objetivo da sanção, o que, evidentemente, não se dá no caso.

Note-se inclusive que, para que se possa falar em "conduta dirigida a um fim" ou da possibilidade de "prévia ciência ou prévia eleição" dessa conduta, não basta que ela seja faticamente cognoscível pelo autor, mas que essa ciência lhe seja razoavelmente exigível, dentro de uma noção de proporcionalidade que considera aspectos econômicos e, porque não, pragmáticos, do contrário, o direito estaria ou autorizando exigir-se o absurdo ou equipando a hipótese à responsabilidade objetiva.

Saindo de um plano teórico para um plano mais concreto, a bem da verdade os maiores indícios de culpabilidade na contaminação do etanol combustível no presente caso não dizem respeito, como já mencionado, a condutas das distribuidoras, mas da usina produtora, conforme se passará a demonstrar no tópico *infra*.

III Peculiaridades fáticas do caso em relação à produtora do combustível

Como foi tangenciado nos Tópicos anteriores, existem fortes indícios probatórios de que a adulteração do etanol combustível comercializado pelas distribuidoras tenha se dado nas instalações da Usina produtora de etanol, localizada na região norte do Estado do Rio de Janeiro. Passaremos a aborda-los com maior detença.

Cumpre esclarecer, a título preliminar, que a adição de metanol ao etanol combustível comercializado é uma prática ilícita adotada por certos fornecedores e distribuidores com o intuito de aumentar seus rendimentos, às custas de contaminar o produto com um componente químico altamente tóxico e nocivo à saúde humana e ao meio ambiente, mesmo através do simples contato, porém bem mais barato que o etanol.

O Regulamento Técnico ANP nº 2/2015 estabelece que o percentual máximo de metanol permitido no etanol combustível é de 0,5% por unidade de volume, o que corresponde a um índice razoável de tolerância de contaminação que pode se dar no transporte ou na armazenagem.

Acontece que, como já mencionado, no dia 11 de novembro de 2016, fiscalizações de rotina realizadas pela ANP encontraram índices de metanol acima do permitido no etanol combustível comercializado por alguns postos da bandeira de distribuidoras.

Esse fato rapidamente ganhou os principais veículos de comunicação do país, tendo sido amplamente noticiado ao longo dos últimos meses com significativo prejuízo à imagem das distribuidoras.

Segundo informações da Consulente, assim que foram constatadas as irregularidades, as distribuidoras tomaram as providências necessárias para tirar esses produtos contaminados de circulação e substitui-los por etanol de boa procedência, colaborando com as autoridades.

De outro lado, as distribuidoras autuadas fizeram um cruzamento de informações e constataram que uma única usina produtora de etanol lhes era fornecedora comum – a Usina, o que foi atestado pela própria ANP em ofício de reposta encaminhado à Consulente.

Sempre de acordo com o relatado pela Consulente, analisando dados de rastreamento dos caminhões-tanque que fazem o transporte do seu combustível, uma das distribuidoras prejudicadas pôde verificar que os carregamentos mais recentes de etanol combustível adquiridos junto à Usina, pouco antes da fiscalização na Base de Abastecimento, foram feitos sem "nenhum indicativo de comportamento anormal dos veículos" durante todo o trajeto, indicando que o combustível que chegou nesses caminhões-tanque e foi "condenado" por contaminação de metanol é o mesmo que saiu abastecido da usina produtora.

Outra das distribuidoras prejudicadas, lançando mão de uma prerrogativa contratual, compareceu à usina produtora alguns dias depois da descoberta da contaminação acompanhada de profissionais técnicos independentes e dos oficiais de notas do Cartório do 10º Ofício para registrar o resultado da visita em ata notarial.

Nessa visita, ficaram constatados os seguintes fatos, devidamente registrados em ata: (i) havia poucos funcionários da Usina trabalhando no local; (ii) uma quantidade significativa de equipamentos estava desmontada e fora de uso; (iii) a usina se encontrava com todos os seus tanques, dutos e tubulações sendo limpos, com água, soda cáustica e flagmassa. Conforme consta registrado na ata notarial, *"não havia produto em nenhum lugar de toda a cadeia produtiva e armazenagem (tudo estava com água)"* (Grifamos).

Demais disso, o resultado das análises químicas da água contida nos tanques e tubulações, realizadas por instituição independente, constatou a presença de certa quantidade de metanol (aproximadamente 0,5%) em dois braços de carregamento da usina – aqui, destaque-se, em um equipamento que estava completamente esvaziado de combustível e lavado com solventes químicos. Se após toda essa "lavagem", ainda havia essas quantidades de metanol, quiçá antes dela.

Trata-se de uma quantidade de contaminação significativamente superior à que pode ocorrer no processo produtivo regular de etanol. Segundo parecer realizado pela COPPE-UFRJ sobre a produção do etanol combustível, apresentado pela Consulente, "a concentração de metanol nos destilados de caldo de cana fermentado, utilizados para produção de etanol, pode ocorrer raramente, mas em valores muito reduzidos (algumas dezenas a poucas centras de ppm) quando comparados aos demais componentes, considerando a sua presença no álcool anidro. Estes valores correspondem a 0,002 a 0040% (g/100mL de álcool anidro)".

Ainda, cogitando da hipótese de contaminação no transporte, ressalta que, "caso um caminhão-tanque houvesse transportado metanol e em seguida AEHC, o teor máximo de metanol no álcool etílico seria tão somente de 0,03% (9L em 30.000L). Assim, considerando que o teor máximo permitido, atualmente, pela ANP de 0,5%, a contaminação cruzada do AEHC, com metanol, não poderia levar o produto a se tornar não conforme".

A justificativa para o estado de manutenção geral da usina apresentada pela Usina foi um "período de entressafras" na sua produção de etanol, o que, contudo, também está circundado de indícios que levantam suspeição: na relatada visita, em 17.11.2016, os funcionários da Usina presentes informaram que o ciclo de manutenção teve início no dia 05.11. Todavia, conforme os documentos apresentados pela Consulente, um outro funcionário da Usina ofereceu etanol combustível a uma outra distribuidora, através de um de seus prepostos.

Todo esse cenário fático não poderia deixar de levantar uma aura de suspeitas sobre a usina. A manutenção geral da usina coincidentemente no mesmo período em que constatada a contaminação do etanol em três distribuidoras clientes em comum dessa produtora, as contradições nas informações e a presença de metanol nos tanques lavados geram robustos indícios de que a própria usina vinha fornecendo etanol combustível adulterado, o que, segundo informa a Consulente, foi reconhecido no relatório sobre destinação irregular de metanol elaborado pela própria ANP, segundo o qual "o produto contaminado foi retirado do mercado (cerca de 19 milhões de litros de etanol hidratado comum) e vem sendo reprocessado nas bases de distribuição de combustíveis das empresas [...]. *Há indícios de que o produto fora das especificações tenha sido distribuído pela Usina* [...]".

Ao final, o relatório, repita-se, da própria ANP, apresenta as seguintes conclusões:

> Conforme demonstram os fatos apresentadas na primeira parte do relatório, o derrame de metanol, ocorrido no final de 2016, está totalmente sob controle da ANP, os volumes vêm sendo reprocessados dentro do prazo previsto e com o devido acompanhamento. As autuações pertinentes foram lavradas e seguem seu ritmo normal. Diversas notificações foram lavradas e seu conteúdo vem sendo analisado pela Fiscalização. A SFI encaminhará, ainda, memorando à SRP, solicitando *a verificação da pertinência de abertura de processo de revogação de autorização de operação da Usina* [...].

Ora, se a própria ANP sabe, em princípio, que uma determinada outra empresa foi a culpada pelas adulterações do combustível, exclui a culpa de terceiros, que não podem, portanto, ser punidos. Qualquer punição deles nesse contexto seria um sancionamento objetivo.

Considerando a natureza subjetiva da responsabilidade administrativa dos particulares, fartamente explanada no tópico antecedente, as peculiaridades fáticas trazidas neste tópico, de acordo com as informações prestadas pela Consulente, a respeito da produtora de etanol que forneceu o combustível às três distribuidoras contribui como um relevante elemento de convicção no sentido da ausência de indícios de culpabilidade das distribuidoras pelo contaminado desconforme nos processos administrativos em que são acusadas.

IV Necessidade de motivação da culpabilidade

O exercício da atividade administrativa punitiva do Estado, desde a promulgação da Constituição Federal de 1988, deve ser precedido de um *iter* de atos organizados voltados à constatação da prática infracionária e, em restando está comprovada, à aplicação de uma sanção legalmente prevista ao transgressor.

Os objetivos precípuos deste *iter* (ainda que haja outros relevantes), a que a doutrina convencionou chamar Processo Administrativo Sancionador, é assegurar ao administrado a possibilidade de previamente defender-se das acusações que lhe são dirigidas, com garantia de efetiva ampla defesa e contraditório, e afastar a mais remota possibilidade de atuação estatal arbitrária, respondendo a outros interesses que não o interesse público – nas precisas palavras da Constituição Federal, *ninguém será privado da liberdade ou de seus bens sem o devido processo legal* (art. 5º, LIV).

A noção de processo, de relação jurídica processual, não é adstrita ao âmbito da atividade jurisdicional do Estado, o que, ademais, conforme já deixamos consignado em outras oportunidades, foi opção expressa do Constituinte:

Foram por estas razões que o Constituinte de 1988 positivou a obrigatoriedade do devido processo legal também em relação à Administração Pública, com os recursos, o contraditório e a ampla defesa a ele inerentes (art. 5º, LIV e LV). Está superada a ideia de uma processualidade apenas em sede judiciária, para estendê-la a todas as funções estatais. Mesmo o conceito de "processo", tanto no direito Administrativo como no direito Processual, tornou-se mais lato: deixou de abranger apenas as lides, para contemplar toda sucessão ordenada de atos, visando a um ato-fim, em que se instale ou que seja possível a existência de controvérsias e, consequentemente, do contraditório.[25]

O processo administrativo comporta um procedimento caracterizado por atos coordenados a um fim comum (dimensão teleológica), justamente a edição de um ato administrativo final (o ato-fim), no caso dos processos administrativos sancionadores, a decisão administrativa pela aplicação ou não de uma sanção.[26]

Estamos diante de típico ato administrativo (sancionador), dotado dos elementos e características que lhes são próprios. Tradicionalmente a doutrina enumera cinco elementos, cuja conjunção dá identidade e existência ao ato: agente, forma, finalidade, motivo e objeto, por vezes também chamado de conteúdo.[27]

Para o caso concreto, o elemento em que precisamos focar é o motivo do ato administrativo que aplica uma multa a um particular.

Implícito no texto constitucional no que tange à Administração Pública, o princípio da motivação encontra-se também expresso na Lei de Processo Administrativo Federal (artigo 2º da Lei nº 9.784/99):

> Art. 2º. A Administração Pública obedecerá, dentre outros, aos princípios da legalidade, finalidade, motivação, razoabilidade, proporcionalidade, moralidade, ampla defesa, contraditório, segurança jurídica, interesse público e eficiência.

Exige ainda que a motivação seja expressa, clara e congruente:

> Art. 5º. Os atos administrativos deverão ser motivados, com indicação dos fatos e dos fundamentos jurídicos, quando:
>
> I – neguem, limitem ou afetem direitos ou interesses;
>
> II – imponham ou agravem deveres, encargos ou sanções;
>
> III – decidam processos administrativos de concurso ou seleção pública;
>
> IV – dispensem ou declarem a inexigibilidade de processo licitatório;
>
> V – decidam recursos administrativos;
>
> VI – decorram de reexame de ofício;

---

[25] ARAGÃO, Alexandre Santos de. *Curso de Direito Administrativo*. 2. ed. Rio de Janeiro: Forense, 2014. p. 593.

[26] "Nem todos os atos administrativos são editados de imediato pelos agentes administrativos. Em muitos casos, o ordenamento impõe a precedência de uma série encadeada de fases, cujo momento final é a edição de um ato administrativo. Assim, alguns atos são emitidos como resultado de um processo administrativo" (MEDAUAR, Odete. *Direito Administrativo Moderno*. 10. ed. São Paulo: Malheiros, 2006. p. 162).

[27] As múltiplas discussões doutrinárias sobre essas terminologias e classificações seriam bizantinas e irrelevantes para a solução das questões colocadas pela Consulente.

VII –deixem de aplicar jurisprudência firmada sobre a questão ou discrepem de pareceres, laudos, propostas e relatórios oficiais;

VIII –importem anulação, revogação, suspensão ou convalidação de ato administrativo.

§1º. *A motivação deve ser explícita, clara e congruente, podendo consistir em declaração de concordância com fundamentos de anteriores pareceres, informações, decisões ou propostas, que, neste caso, serão parte integrante do ato.*

Acerca do princípio da motivação, Egon Bockmann Moreira assim se manifesta:

> Na medida em que a ampla defesa não pode ser compreendida como singela garantia formal ou abstrata, mas como um dos aspectos da participação efetiva do interessado no aclaramento e formação da decisão da Administração, faz-se necessário o pleno conhecimento das razões dos atos administrativos, pois somente assim poderá manifestar-se a respeito deles. Ou seja: que a atividade processual não consubstancia uma sequência de atos que exija esforços extraordinários do particular a fim de encontrar o real significado dos provimentos administrativos. Somente com plena ciência do porquê das decisões poderá o interessado concordar ou opor-se a elas. [...] Celso Antônio Bandeira de Mello identifica o princípio da motivação como um daqueles essenciais e obrigatórios aos processos administrativos, definindo-o como "o da obrigatoriedade de que sejam explicitados tanto o fundamento fático da decisão, enunciando-se, sempre que necessário, as razões técnicas, lógicas e jurídicas que servem de calço ao ato conclusivo, de molde a poder-se avaliar sua procedência jurídica e racional perante o caso concreto.[28]

No caso, como visto no Tópico II, a motivação do ato sancionador deveria conter inequívocos elementos de fato e de direito consignados que afirmassem a culpabilidade – subjetiva – das empresas, não a mera invocação do fato objetivo do combustível em desconformidade. A esse respeito, fazendo-se referência a Celso Antônio Bandeira de Mello, observa-se o seguinte:

> Celso Antônio Bandeira de Mello identifica o princípio da motivação como um daqueles essenciais e obrigatórios aos processos administrativos, definindo-o como 'o da obrigatoriedade de que sejam explicitados tanto o fundamento fático da decisão, enunciando-se, sempre que necessário, as razões técnicas, lógicas e jurídicas que servem de calço ao ato conclusivo, de molde a poder-se avaliar sua procedência jurídica e racional perante o caso concreto'.[29]

No âmbito desta Consulta, nos foi informado que a ANP deflagrou processos administrativos sancionadores contra distribuidoras tendo por fundamento documentos de fiscalização que constataram quantidade de metanol no etanol combustível superior aos limites máximos de tolerância permitidos pelas normas em vigor.

Todavia, conforme explicitado à exaustão no Tópico II *supra*, a responsabilidade administrativa do particular em processo sancionador é de natureza subjetiva, não prescindindo da análise da culpabilidade pelo autor da infração. A mera constatação

---

[28] MOREIRA, Egon Bockmann. *Processo Administrativo*. São Paulo: Ed. Malheiros, 2000. p. 258.
[29] MOREIRA, Egon Bockmann. *Processo Administrativo*. São Paulo: Ed. Malheiros, 2000. p. 258.

das irregularidades não é, como já dito, suficiente ao sancionamento administrativo de particulares.

Por serem indispensáveis tanto à configuração do delito quanto à eventual gradação proporcional da sanção, os elementos que se circunscrevem à culpabilidade dos acusados devem ser claramente motivados no processo administrativo sancionador desde o seu início, de modo a que se possibilite ao administrado o pleno exercício do seu direito de defesa – sob pena de invalidade.

Mais do que um elemento do ato administrativo, o dever de motivação, no que tange aos processos de que possam resultar atos gravosos aos administrados, é um corolário do devido processo legal e da ampla defesa: só se pode defender se puder saber a razão pela qual está sendo acusado.

O devido processo legal constitui uma das mais basilares garantias contra o exercício arbitrário e excessivo do poder. Precisamente em razão disto, o processo administrativo tem por princípios fundamentais, dentre outros, o contraditório e a ampla defesa, consagrados no art. 5º, LV, da Constituição Federal, especialmente aplicáveis no âmbito daqueles processos dos quais possam resultar gravames para os interesses dos administrados.

Segundo já deixamos consignado em sede doutrinária, em todo caso de restrição a direitos, mas especialmente nos processos sancionadores, há "exigência procedimental de prévia observância do devido processo legal".[30]

Desta feita, se a ausência de motivação quanto à culpabilidade na decisão final do processo administrativo configura vício material e formal[31] passível de invalidade, decidir eventualmente com base na culpabilidade sem que se tenha oportunizado ao particular conhecer dos elementos e indícios subjetivos que ensejaram a apenação para que exerça seu direito de defesa com base neles viola o princípio do contraditório e da ampla e prévia defesa.

Com vistas a que o processo sancionador transcorra regularmente, tendo em conta a imprescindibilidade do elemento subjetivo para qualificar a conduta do administrado como ilícita, notadamente nas hipóteses da presente Consulta, é mister não apenas que se apresentem os elementos de culpabilidade no ato decisório – certamente também indispensáveis à cominação de maior ou menor sanção –, mas também que esses elementos e indícios de culpabilidade (não somente do fato objetivamente considerado) sejam apresentados já *ab ovo* no processo, oportunizando-lhe o pleno exercício do seu direito ao devido processo legal, à ampla defesa e ao contraditório.

V *Ad argumentandum*: ausência de dever de as distribuidoras aferirem o metanol

Cumpre-nos, no momento, para esgotar todos as possíveis sendas argumentativas percorríveis, averiguar se, ainda que se admitisse a responsabilidade objetiva no direito

---

[30] ARAGÃO, Alexandre Santos de. *Curso de Direito Administrativo*. Rio de janeiro: Ed. Forense, 2012. p. 165.
[31] Note-se que a ausência de motivação é verdadeiro vício de forma do ato administrativo.

administrativo sancionador brasileiro, a hipótese seria aplicável aos casos discutidos na presente Consulta.

Como se sabe, está-se diante de processos sancionadores no âmbito da ANP, deflagrados em virtude da constatação de irregularidades no etanol combustível comercializado por postos revendedores de bandeiras de distribuidoras, consistentes na presença de metanol em patamares superiores aos limites máximos tolerados pela legislação em vigor, qual seja, a Resolução ANP nº 19/2015.

O objetivo desta resolução é estabelecer as especificações do etanol combustível e as obrigações quanto ao controle de qualidade a serem atendidas pelos agentes econômicos que comercializam o produto no território nacional (art. 1º).

Anexo à Resolução ANP nº 19/2015 consta o Regulamento Técnico ANP nº 2/2015, que estabelece as especificações do etanol combustível, importado ou nacional, que pode ser comercializado no Brasil.

Esse regulamento técnico traz uma série de tabelas com denominações de compostos químicos, correspondentes unidades de medida, limites toleráveis e métodos de aferição e uma série de notas de rodapé. Tanto na Tabela V quanto na Tabela VI existe uma denominação específica para "teor de metanol", com as respectivas especificações e a referência à Nota de Rodapé nº 10, que traz a seguinte informação: *(10. Análise obrigatória para produto importado e quando houver suspeita de contaminação ou por solicitação da ANP).*

O referido comando integra as especificações técnicas do etanol combustível a ser comercializado em território nacional, constante de um regulamento técnico emitido pela agência reguladora com poder normativo específico para conformação do mercado de combustíveis e lubrificantes. Se trata de comando de observância obrigatória pelos agentes de mercado sujeitos à regulação setorial da ANP, enquanto permanecer em vigor.

Quanto ao seu conteúdo propriamente dito, referido comando contempla três hipóteses, duas delas ligadas por um conectivo aditivo ("e") e outra ligada às demais por um conectivo alternativo ("ou"). A interpretação semântica que dele se pode extrair é de que a análise da conformação do metanol no etanol combustível comercializado será obrigatória quando (i) o produto for importado e houver suspeita de contaminação; e (ii) houver solicitação da ANP.

A contrario sensu a Nota nº 10 dispõe que, fora das hipóteses ali previstas, não existe obrigação do agente econômico que comercializa o etanol combustível de realizar, ele próprio, a análise de conformação do metanol.

Sob essa perspectiva, há inclusive uma contradição da conduta do Estado, que, em um regulamento técnico dotado de generalidade e abstração dispensa a análise de conformidade do metanol no etanol combustível fora das hipóteses de solicitação da ANP e, posteriormente, deflagra processo sancionador contra distribuidoras que, conquanto tenham comercializado etanol fora das especificações, não tinham o dever normativo de, notadamente quanto ao metanol, realizar análise de sua conformidade – já que não presente nas hipóteses desta Consulta qualquer das duas situações ensejadoras da obrigatoriedade do exame –, redundando em verdadeiro *venire contra factum proprium.*

A máxima do *nemo potest venire contra factum proprium*, visa, precipuamente, a proteger a confiança despertada em uma das partes de uma relação jurídica por uma conduta.

Na esteira do magistério de Anderson Schreiber, em sua monografia específica sobre o assunto, "a proibição de comportamento contraditório não tem por fim a manutenção da coerência por si só, mas afigura-se razoável apenas quando e na medida em que a incoerência, a contradição aos próprios atos, possa violar expectativas despertadas em outrem e assim causar-lhes prejuízo. Mais que contra a simples coerência, atenta o *venire contra factum proprium* à confiança despertada na outra parte, ou em terceiros, de que o sentido objetivo daquele comportamento inicial seria mantido, e não contrariado".[32]

Marceso Mesa e Carlos Vide elucidam que "a doutrina dos atos próprios é, então, uma limitação ao exercício de um direito, que reconhece como fundamento uma razão de política jurídica: a proteção da confiança suscitada pelo comportamento antecedente, que em seguida se alega desconhecer [...] Se impede o agir incoerente, que quase lesiona a confiança suscitada na outra parte da relação e impõe aos sujeitos um comportamento probo nas relações jurídicas, pois não é possível permitir que se assumam orientações que suscitam expectativas e em seguida se contradigam".[33]

A Jurisprudência é pacífica ao qualificar como ilícito, porque abusivo,[34] o comportamento contraditório: "considera-se ilícito o comportamento contraditório, por ofender os princípios da lealdade [...] (princípio da confiança ou proteção) e da boa-fé objetiva".[35]

Nesta esteira, o Supremo Tribunal Federal já decidiu:

> Mandado de Segurança. 2. Acórdão do Tribunal de Contas da União. Prestação de Contas da Empresa Brasileira de Infra-estrutura Aeroportuária – INFRAERO. Emprego Público. Regularização de admissões. 3. Contratações realizadas em conformidade com a legislação vigente à época. Admissões realizadas por processo seletivo sem concurso público, validadas por decisão administrativa e acórdão anterior do TCU. 4. Transcurso de mais de dez anos desde a concessão da liminar no mandado de segurança. 5. *Obrigatoriedade da observância do princípio da segurança jurídica enquanto subprincípio do Estado de Direito. Necessidade de estabilidade das situações criadas administrativamente. 6. Princípio da confiança como elemento do princípio da segurança jurídica. Presença de um componente de ética jurídica e sua aplicação nas relações jurídicas de direito público.*[36]

Havendo real contradição entre dois comportamentos, significando o segundo a quebra injustificada da confiança gerada pela prática do primeiro, em prejuízo da contraparte, não é admissível dar eficácia à conduta posterior.[37]

O Superior Tribunal de Justiça corrobora o exposto:

---

[32] SHREIBER, Anderson. *A proibição de comportamento contraditório*. Rio de Janeiro: Renovar, 2012. p. 162-163.
[33] MESA, Marcelo J. López; VIDE, Carlos Rogel. *La doctrina de los actos propios*. Montevideo-Buenos Aires: Ed. Réus e Ibdef, 2005. p. 90-91.
[34] O artigo 187 do Código Civil, embora não com a melhor técnica, equiparou o ato abusivo ao ato ilícito: "Art. 187. Também comete ato ilícito o titular de um direito que, ao exercê-lo, excede manifestamente os limites impostos pelo seu fim econômico ou social, pela boa-fé ou pelos bons costumes".
[35] TJPR, Apelação Cível nº 0622766-9, Relatora Des. Maria Aparecida Blanco de Lima, 04ª Câmara Cível, j. 17.11.2009 – grifou-se.
[36] MS nº 22357, Relator(a): Min. Gilmar Mendes, Tribunal Pleno, julgado em 27.05.2004, DJ 05.11.2004 PP-00006 EMENT VOL-02171-01 PP-00043 LEXSTF v. 26, n. 312, 2005, p. 135-148 RTJ VOL 00192-02 PP-00620.
[37] STF, RE nº 606798, Relator(a): Min. Cármen Lúcia, julgado em 19.03.2010, publicado em 06.04.2010 – grifou-se.

Deveras, o princípio da confiança decorre da cláusula geral de boa-fé objetiva, dever geral de lealdade e confiança recíproca entre as partes, sendo certo que o ordenamento jurídico prevê, implicitamente, deveres de conduta a serem obrigatoriamente observados por ambas as partes da relação obrigacional, os quais se traduzem na ordem genérica de cooperação, proteção e informação mútuos, tutelando-se a dignidade do devedor e o crédito do titular ativo, sem prejuízo da solidariedade que deve existir entre ambos.

Assim é que *o titular do direito subjetivo que se desvia do sentido teleológico (finalidade ou função social) da norma que lhe ampara (excedendo aos limites do razoável) e, após ter produzido em outrem uma determinada expectativa, contradiz seu próprio comportamento, incorre em abuso de direito encartado na máxima nemo potest venire contra factum proprium.*[38]

E, especificamente em relação à vedação do comportamento contraditório da Administração Pública, o STJ já decidiu:

Loteamento. Município. Pretensão de anulação do contrato. Boa-fé. Atos próprios.

Tendo o Município celebrado contrato de promessa de compra e venda de lote localizado em imóvel de sua propriedade, descabe o pedido de anulação dos atos, se possível a regularização do loteamento que ele mesmo está promovendo. Art. 40 da Lei nº 6766/79.

A teoria dos atos próprios impede que a administração pública retorne sobre os próprios passos, prejudicando os terceiros que confiaram na regularidade do seu procedimento. Recurso não conhecido.[39]

Aproximando esses ensinamentos do caso concreto, não seria dado à ANP instaurar processo administrativo sancionatório para apenar distribuidoras que agiram de acordo com os deveres de diligência impostos pelas normas em vigor, dentre os quais não se encontra o de realizar exames de conformidade do metanol no etanol combustível comercializado nacional sem prévia solicitação da agência, inspirando nesses agentes econômicos a confiança estarem atuando de forma regular e legítima, confiando inclusive na adequada fiscalização da ANP sobre os produtores de combustíveis fornecedores.

Ora, o que aconteceu na prática foi que o Poder Público dispensou, através de ato normativo, a realização desse exame como regra geral e, depois, instaurou processo com vistas a punir distribuidoras que não o realizaram.

Em parecer sobre esse mesmo caso que nos foi cedido pela Consulente, Diogo de Figueiredo Moreira Neto assevera que "não havia conduta ou diligência a ser, obrigatoriamente, adotada pela Consulente no caso em exame, simplesmente porque a situação não se adequava às hipóteses previstas na Nota 10, da Tabela VI, do Regulamento Técnico ANP nº 02/15. O que se pretende, concretamente com os autos de infração é impor uma *responsabilização objetiva na esfera administrativa*, o que não se compatibiliza com nosso ordenamento jurídico".

Sobre esse ponto, ainda que fosse o caso de admitir a responsabilização objetiva na esfera administrativa, o comportamento contraditório do Estado revela que não se poderia cogitar, nas hipóteses discutidas na presente Consulta, de responsabilizar

---

[38] STJ, EDcl no REsp nº 1143216/RS, Rel. Ministro Luiz Fux, Primeira Seção, julgado em 09.08.2010, DJe 25.08.2010 – grifou-se.

[39] Superior Tribunal de Justiça – STJ, MS nº 5281-DF.

objetivamente as distribuidoras, considerando que elas agiram de plena conformidade com as normas técnicas em vigor, nutrindo expectativas legítimas de regularidade administrativa.

A principal consequência da aplicação da Teoria dos Atos Próprios no caso concreto se traduzirá "na improcedência de toda atuação contraditória com a conduta vinculante [...] Se tal atuação se concretizou em um ato investido de força legal (o que é o usual quando a Administração Pública atua no exercício de suas prerrogativas), o Princípio dos Atos Próprios determinará a invalidade do ato. O princípio servirá, portanto, de fundamento à pretensão que se deduza contra o ato".[40]

Daí que, mesmo que fosse objetiva a responsabilidade das distribuidoras, o que admitimos neste Tópico apenas para fins argumentativos, a atuação contraditória (instauração de processos sancionadores) com a conduta anterior (edição do Regulamento Técnico nº 2/2015) implicaria a invalidade do ato (eventual aplicação de sanção com base na cogitada responsabilidade objetiva, no vácuo da obrigação de a distribuidora examinar os teores de metanol).

VI Conclusões

O exposto no presente Parecer pode, sem de forma alguma prescindir do exposto ao longo de todo o texto, ser condensado através das seguintes assertivas objetivas:

(i) As autuações concretas objeto deste Parecer apenas invocam o fato objetivamente considerado – a presença excessiva de metanol no combustível da distribuidora –, sem em nenhum momento adentrar na subjetividade da pessoa distribuidora, ou seja, jamais sequer arguindo a sua vontade de fraudar o combustível ou pelo menos a sua negligência específica em relação a ele. Autua, em outras palavras, sem em momento algum fundamentar a sanção na forma e na intensidade com que a empresa contribuiu para a desconformidade daquele combustível, para além, obviamente, de apenas estar objetivamente com a posse dele.

(ii) Para a imensa maioria da doutrina e jurisprudência, a responsabilidade administrativa de particulares não pode ter natureza objetiva, não prescindido da presença da culpabilidade do acusado. Mesmo, contudo, que considerássemos correntes isoladas extremamente minoritárias, ainda assim no caso concreto não seria possível responsabilizar as distribuidoras sem a presença de elementos subjetivos mínimos que denotassem a sua vontade de vender combustível fora das especificações.

(iii) Considerando a natureza subjetiva da responsabilidade administrativa dos particulares, as peculiaridades fáticas a respeito da produtora de etanol que forneceu o combustível às três distribuidoras contribui como um relevante elemento de convicção no sentido da ausência de culpabilidade das distribuidoras pela comercialização de etanol combustível contaminado nos

---

[40] GONZÁLEZ PÉREZ, Jesús. *El Principio General de la Buena Fe en el Derecho Administrativo*. 3. ed. Madrid: Ed. Civitas, 1999. p. 209.

processos administrativos em que são acusadas, já que é a culpabilidade do produtor que pode estar bem evidenciada, inclusive por Relatório da própria ANP.

(iv) O mero elemento literal das normas, descritivo de fatos objetivos, não pode, como se viu, como norma de Direito Administrativo Sancionador que é, prescindir do elemento subjetivo de culpabilidade inerente a qualquer sanção administrativa para que ela possa existir e ser proporcional. Qualquer norma de Direito Administrativo Sancionador que, aparentemente, contemple apenas fatos objetivos, deve ser considerada acoplada ao elemento subjetivo respectivo.

(v) O processo administrativo sancionador, por se consubstanciar em uma sequência de atos ordenados e funcionalizados, deve respeitar ao princípio da motivação. Dessa maneira, deve o processo administrativo desde seus albores apresentar motivação adequada e suficiente a respeito da possível culpabilidade dos autores das práticas infrativas, considerando a natureza subjetiva da sua responsabilidade.

(vi) A adequada motivação da culpabilidade é igualmente requisito para que os acusados por infrações possam se defender, *ex vi* do devido processo legal, da ampla defesa e do contraditório.

(vii) Por fim, ainda que se considerasse hipótese de responsabilidade objetiva, o que se admite aqui tão somente para fins argumentativos, não poderiam as distribuidoras ser sancionadas em virtude da presença de metanol no etanol combustível comercializado fora das especificações, uma vez que o Regulamento Técnico ANP nº 2/2015, anexo à Resolução ANP nº 19/2015, estabelece somente ser obrigatória a realização de exame de conformidade de metanol nas hipóteses de produto importado e quando houver suspeita de contaminação ou por solicitação da ANP. A contrário senso, este ato normativo exarado pela agência torna despicienda a realização desses exames nos demais casos. Dessa forma, a atuação contraditória da ANP de instaurar processos sancionadores para punir distribuidoras que não realizaram exames por ela dispensados no álcool combustível é injurídica.

(viii) A Administração Pública sequer exige das distribuidoras que afiram a quantidade de metanol presente nos combustíveis. Impõe uma série de testes quanto à conformidade do combustível, mas nada em relação ao metanol, o que afasta com mais intensidade a sua eventual culpabilidade, ainda que por negligência.

(ix) Na hipótese sob exame, segundo as informações apresentadas pela Consulente, não é possível sequer cogitar de voluntariedade das distribuidoras na conduta de "comercializar combustível automotivo fora das especificações estabelecidas na legislação vigente", haja vista que, para tanto, seria necessário arcabouço probatório que, ao menos, indicasse a possibilidade de ciência, por parte das distribuidoras, de tal prática vedada.

É o parecer.

REINCIDÊNCIA EM SANÇÕES ADMINISTRATIVAS APLICADAS PELA ANP E A REVOGAÇÃO DA AUTORIZAÇÃO PARA EXERCER ATIVIDADE ECONÔMICA[*]

Sumário

I   A consulta
II A interpretação apresentada pela Procuradoria Federal junto à ANP
III A interpretação sistemática da Lei nº 9.847/1999
IV Interpretação consequencialista da aplicação do art. 10, III, conforme o entendimento da AGU
V   Violação ao princípio da eficiência
VI Violação à proporcionalidade
VI.1 Violação ao princípio da individualização da pena
VII Conclusões

I A consulta

Versa a indagação sobre a interpretação do art. 8º, II, §2º, da Lei nº 9.847/1999, que dispõe sobre a suspensão da reincidência em razão do ajuizamento de ação judicial, e da possibilidade de aplicação ao art. 10, III, que estabelece a penalidade de revogação

---

[*] Parecer elaborado em 03.08.2014.

de autorização quando o autorizado reincidir nas infrações previstas nos incisos VIII e XI do art. 3º do mesmo diploma.

Esclarecem que a questão decorre do entendimento exarado em Parecer da Procuradoria Federal junto à ANP no qual se sustentou a inafastabilidade dos precedentes administrativos judicializados para aplicação da reincidência no que tange à sanção de revogação de autorização, mas apenas para a aplicação da penalidade de suspensão temporária, total ou parcial, de funcionamento de estabelecimento ou instalação.

Segundo informa, as consequências práticas desta interpretação caso implementada seriam catastróficas para o setor e para todo o abastecimento nacional de GLP, uma vez que de fato levaria à revogação das autorizações da grande maioria dos atuais autorizados.

Para respondermos à consulta, buscaremos, primeiramente, interpretar a legislação em exame, primeiramente sob seu aspecto sistemático, e posteriormente sob o prisma do consequencialismo. Após, buscaremos examinar a proporcionalidade da imposição da pena de revogação *in abstrato*, e, por fim, serão formuladas as conclusões objetivas acerca da consulta proposta.

II A interpretação apresentada pela Procuradoria Federal junto à ANP

A controvérsia em exame tem como fundamento o fato de a Lei nº 9.847/99, que trata da fiscalização das atividades relativas ao abastecimento nacional de combustíveis, aparentemente, na sua literalidade, apenas referir-se à possibilidade de suspensão da aplicação da reincidência durante a pendência de ação judicial que discuta a penalidade imposta no contexto do art. 8º, §2º, da Lei, não repetindo a menção ao tratar da pena de revogação de autorização prevista no art. 10, III. Observe-se:

Art. 8º. A pena de suspensão temporária, total ou parcial, de funcionamento de estabelecimento ou instalação, será aplicada:

[...]

II – no caso de segunda reincidência.

§1º. *Verifica-se a reincidência quando o infrator pratica uma infração depois da decisão administrativa definitiva que o tenha apenado por qualquer infração prevista nesta Lei.*

§2º. *Pendendo ação judicial na qual se discuta a imposição de penalidade administrativa, não haverá reincidência até o trânsito em julgado da decisão.*

[...]

Art. 10. A *penalidade de revogação* de autorização para o exercício de atividade será aplicada quando a pessoa jurídica autorizada:

III – *reincidir nas infrações previstas nos incisos VIII e XI do art. 3º desta Lei;*

A Procuradoria Federal junto à ANP, assim, em resposta a questionamento formulado pela a Superintendência de Fiscalização de Abastecimento – SFI/RJ, tendo por base uma intepretação meramente literal-topográfica do dispositivo, elaborou Parecer no qual afirma, *verbis*:

> A suspensão da reincidência apenas refere-se à penalidade prevista no art. 8º da Lei nº 9.847, não impedindo a aplicação da penalidade prevista no art. 10, de revogação de autorização. Mesmo que haja ação questionando a penalidade aplicada em outro processo administrativo, a lei admite que este processo anterior seja considerado para a configuração de reincidência, quando tiver por finalidade a aplicação da penalidade de revogação da autorização.[1]

O mesmo entendimento foi externado também no Parecer nº 725/2013/PF-ANP/PGF/AGU e no Despacho nº 331/2013/PF-ANP/PGF/AGU, o último dos quais embasa seu raciocínio no do art. 11, inciso III, alíneas "b" e "c" da Lei Complementar nº 95/98, que dispõe sobre a elaboração, a redação, a alteração e a consolidação das leis:

> Art. 11. As disposições normativas serão redigidas com clareza, precisão e ordem lógica, observadas, para esse propósito, as seguintes normas:
>
> III – para a obtenção de ordem lógica:
>
> b) restringir o conteúdo de cada artigo da lei a um único assunto ou princípio;
>
> c) expressar por meio dos parágrafos os aspectos complementares à norma enunciada no caput do artigo e as exceções à regra por este estabelecida;[2]

No âmbito do Parecer nº 725/2013/PF-ANP/PGF/AGU, são apontados os seguintes fundamentos, para além da interpretação literal e topográfica acima mencionada: (i) o entendimento de que o art. 10, III, ao citar as infrações cuja reincidência específica levaria à sanção de revogação, teria excepcionado a aplicação do art. 8º, §2º, da Lei nº 9.847; (ii) o fato de a norma visar à tutela da segurança dos consumidores.

Em suma, entenderam as manifestações supramencionadas que, no caso de nova autuação nas infrações previstas nos incisos VIII e XI do art. 3º da Lei após a decisão administrativa final de sanção anterior, a penalidade aplicável seria a *revogação sumária* da autorização da pessoa jurídica para o exercício da atividade.

Como passaremos a ver, no entanto, essa não é a interpretação mais adequada ao conjunto da lei e aos seus objetivos maiores.

---

[1] Parecer nº 02/2014/AP-DF/CONTENCIOSO/PGF/AGU. p. 3-4.

[2] Segundo a lógica externada pelo Procurador, "a limitação da aplicação da norma consolidado (sic) no §2º do art. 8º da Lei nº 9.847/99 somente à pena de suspensão temporária deve-se à hermenêutica que deve ser adotada para a interpretação do direito sob o prisma do art. 11, inciso III, alíneas "b" e "c" da Lei Complementar nº 95/98, que dispõe sobre a elaboração, a redação, a alteração e a consolidação das leis, conforme prescrito no parágrafo único do art. 59 da Constituição Federal [...]. Desta forma, a norma consolidada no §2º do art. 8º que institui a exceção à regra da caracterização da reincidência prevista no inciso II e §1º do art. 8º para fins de aplicação da pena de suspensão temporária prevista no caput do art. 8º EXCLUSIVAMENTE, não pode ser estendida a uma outras (sic) penalidades nominadas em artigos diversos do art. 8º, a exemplo da revogação contida no art. 10º e a caracterização da reincidência para aplicação da penalidade de revogação".

III A interpretação sistemática da Lei nº 9.847/1999

Cumpre, num primeiro momento, esclarecer um primeiro problema que parece ter ocorrido na interpretação das normas em questão. Equivoca-se o Procurador Federal, ao entender que a Lei Complementar nº 95/98, ao estabelecer diretrizes a serem observadas pelo *legislador* quando da elaboração dos textos legais, deve ser também fundamento principal para a interpretação normativa.

Com efeito, a Lei Complementar se volta aos agentes políticos que elaborarão atos legislativos *stricto sensu* (basicamente os parlamentares e o Presidente da República quando editar medidas provisórias), de maneira que, partindo do pressuposto da efetividade dessa Lei Complementar, o máximo a que ela poderia levar seria à invalidade das leis ordinárias editadas em contraposição aos seus dispositivos. Em outras palavras, se uma lei ordinária não atender aos seus dispositivos, não caberá ao seu aplicador concreto via hermenêutica corrigi-la, interpretando-a como se os tivesse atendido, devendo, outrossim, quando fosse o caso e tivesse competência para tanto, considerá-la inválida.

Em suma, *a Lei Complementar nº 95/98 é uma norma sobre a elaboração de leis, não sobre a sua interpretação.*

Embora não seja errado afirmar que, independentemente da Lei Complementar nº 95/98, em princípio tanto as expressões usadas pelo legislador, quanto sua localização no texto legal devam influir para a interpretação e aplicação da norma (o chamado argumento *pro subjecta matéria*),[3] também é verdade que essa análise é apenas *uma* dentre tantas necessárias para a correta interpretação da norma.

De fato, a interpretação legislativa é exercício muitíssimo mais complexo do que a mera subsunção do fato à norma fria, ou a eleição isolada de um dos muitos métodos ou brocardos hermenêuticos existentes, muitas vezes contraditórios entre si: "Interpretar uma expressão de Direito não é simplesmente *tornar claro* o respectivo dizer, abstratamente falando; é, sobretudo, revelar o sentido apropriado para a vida real, e conducente a uma decisão reta".[4]

Por isso mesmo, não há uma fórmula subsuntiva, pela qual deva ser interpretado de maneira estanque cada artigo, seguido de seus respectivos parágrafos e incisos, sem realizar qualquer correlação entre uns e outros, e nada mais. Assim, ainda nas clássicas lições de Carlos Maximiliano:

> A atividade do exegeta é uma só, na essência, embora desdobrada em uma infinidade de formas diferentes. Entretanto, não prevalece quanto a ela nenhum preceito absoluto: pratica o hermeneuta uma verdadeira arte, guiada cientificamente, porém jamais substituída pela própria ciência.[5]

Evidentemente então que, não obstante a intepretação literal-topológica serem o *ponto de partida do intérprete* em sua atividade exegética, não podem ser os únicos métodos

---

[3] MAXIMILIANO, Carlos. *Hermenêutica e Aplicação do Direito*. 7. ed. Rio de Janeiro: Ed. Freitas Bastos, 1961. p. 332-333.
[4] MAXIMILIANO, Carlos. *Hermenêutica e Aplicação do Direito*. Rio de Janeiro: Forense, 2006. p. 8.
[5] MAXIMILIANO, Carlos. *Hermenêutica e Aplicação do Direito*. Rio de Janeiro: Forense, 2006. p. 9.

utilizados.[6] *A interpretação literal é "apenas a primeira e mais singela etapa da hermenêutica jurídica"*,[7] devendo o aplicador partir da análise da parte (palavras e topografia) para o todo.

Interpretação topológica e a literal são extremamente próximas, já que ambas se calcam apenas nos elementos formais dos textos legais, o que faz com que constituam a etapa inicial da interpretação, já que obviamente o jurista tem que partir do texto (e não, por exemplo, de suas concepções pessoais sobre o tema) para começar o seu processo hermenêutico, para apenas a partir daí poder passar a levar em conta os decisivos fatores sistemáticos, históricos ou teleológicos.

A localização do texto na norma dá indícios da *mens legis*, mas não a exaure – até porque o legislador não é isento de erros de técnica legislativa em sua atuação, já que obviamente, a interpretação deve partir da realidade, e é evidente que não se pode partir do pressuposto absoluto de os legisladores sempre se portarem com perfeição de acordo com as melhores técnicas legislativas. Pode-se até em princípio ter isso em mente, mas são de notório conhecimento os muitíssimos casos em que o legislador erra na técnica legislativa, repetindo inutilmente palavras, entrando em contradições etc., de maneira que jamais podemos ter uma presunção absoluta de que o legislador sempre adotou a melhor técnica legislativa. Muitas vezes o papel do intérprete é justamente o de tentar mitigar as consequências de leis mal formuladas, mal redigidas.

É sabido que os conceitos de *texto normativo* e *norma* não se confundem: "[...] a formulação do Direito escrito pressupõe conteúdo e forma: o primeiro diz respeito a um composto normativo, cientificamente estudado, e o segundo trata da técnica a ser aplicada na construção do texto, de modo que este traduza as expressões exatas mediante o uso correto das palavras e expressões que o compõem".[8] A Lei Complementar 95, frise-se, tem o seu teor voltado àquele que *edita* a norma, tal como dispõe o seu art. 1º, *caput*: "A elaboração, a redação, a alteração e a consolidação das leis obedecerão ao disposto nesta Lei Complementar". Não há pretensão, nos próprios termos da lei, de se estabelecer uma metodologia exegética. Desta forma, conquanto as suas disposições devam ser levadas em conta quando da aplicação da norma em consequência do fato (já que, em princípio, pode-se presumir que foram observadas pelo legislador na elaboração da norma), não podem ser a única base para tal por um simples motivo: o legislador, muitas vezes, erra.

Veja-se, exemplificativamente, como uma intepretação apenas em função da localização do dispositivo é excessivamente simplista e nem sempre corresponde à realidade da norma: o art. 173, §4º da Constituição Federal dispõe que "A lei reprimirá o abuso do poder econômico que vise à dominação dos mercados, à eliminação da concorrência e ao aumento arbitrário dos lucros". No entanto, o referido parágrafo está contido em dispositivo cujo *caput* cuida da "exploração direta de atividade econômica pelo Estado". Pela lógica externada pela AGU em seus pareceres, a disposição do parágrafo teria seu

---

[6] A respeito da pobreza da interpretação meramente literal, vale a pena citar a espirituosa passagem de voto proferido pelo Min. Luiz Galloti: "De todas, a interpretação literal é a pior. Foi por ela que Cléia, na Chartreuse de Parme, de Stendhal, havendo feito um voto a Nossa Senhora de que não mais veria seu amante Fabrício, passou a recebê-lo na mais absoluta escuridão, supondo que assim estaria cumprindo o compromisso" (GALLOTI, Min. Luiz *apud* BARROSO, Luís Roberto. *Interpretação e Aplicação da Constituição*. São Paulo: Ed. Saraiva, 1996. p. 120).

[7] FREITAS, Juarez. *Interpretação Sistemática do Direito*. São Paulo: Malheiros Editores, 1995. p. 51.

[8] NADER, Paulo. *Introdução ao Estudo do Direito*. Rio de Janeiro: Forense, 1999. p. 275-287.

campo de incidência necessariamente limitado pelo *caput*. Entretanto, seria absurdo pensar que a Lei Antitruste, em função da locação topológica de seu fundamento constitucional, aplicar-se-ia apenas às empresas estatais! Percebe-se então que até mesmo na elaboração do mais relevante texto normativo no ordenamento pátrio, a Constituição Federal, não houve a criteriosa observância quanto à topologia dos dispositivos.

De igual modo, caso se entendesse que sempre, e independentemente das consequências jurídicas e da adoção de outros métodos de hermenêutica, os parágrafos deveriam ser interpretados segundo o *caput*, o que dizer do art. 2º da própria Lei Complementar nº 95/98, em que o *caput* e o §1º foram vetados, permanecendo apenas o §2º?[9]

De fato, pode-se dizer que, se não a maioria, pelo menos parte significativa das normas elaboradas pelo Legislativo e pelo Executivo pátrio possui em alguma medida uma incompatibilidade com os preceitos da LC nº 95/98 (veja-se, por exemplo, quantas são as leis que não estabelecem seu prazo de *vacatio* em dias,[10] ou as que não indicam expressamente as leis ou disposições legais revogadas).

Nem mesmo a própria Lei Complementar nº 95 é clara acerca dos dispositivos que ela mesma revoga ou derroga, não obstante a previsão de que todas as leis devam fazê-lo expressamente. Há, portanto, divergência acerca, por exemplo, da continuidade de vigência do art. 1º da Lei de Introdução às normas do Direito Brasileiro.

Há que se perquirir, assim, se a colocação do texto na norma realmente obedece a uma lógica e se coaduna com a natureza jurídica do instituto a ser aplicado. Juarez Freitas explica que a autêntica exegese sempre constitui, para além dos atomismos, "uma aplicação do Direito em sua totalidade".[11] E prossegue, ensinando que "todo processo hermenêutico é sistemático e sistematizante".[12]

Em se tratando de hermenêutica, as sempre reiteradas lições de Eros Roberto Grau que não se devem interpretar os textos normativos em tiras; *nenhum dispositivo pode ser interpretado isoladamente, desvinculado do contexto normativo no qual está inserido*.[13] "A interpretação de qualquer texto de direito impõe ao intérprete, sempre, em qualquer circunstância, o caminhar pelo percurso que se projeta a partir dele – do texto – até a

---

[9] Art. 2º (VETADO).
§1º (VETADO)
§2º Na numeração das leis serão observados, ainda, os seguintes critérios:
I – as emendas à Constituição Federal terão sua numeração iniciada a partir da promulgação da Constituição;
II – as leis complementares, as leis ordinárias e as leis delegadas terão numeração seqüencial em continuidade às séries iniciadas em 1946.

[10] O Código Civil estabelece seu período de *vacatio* como sendo de um ano (art. 2.044), contrariando norma da LC nº 95 que determina a contagem em dias. Nem por isso deixou-se de observar o referido período de vacância.

[11] FREITAS, Juarez. *Interpretação Sistemática do Direito*. São Paulo: Malheiros Editores, 1995. p. 15.

[12] FREITAS, Juarez. *Interpretação Sistemática do Direito*. São Paulo: Malheiros Editores, 1995. p. 51.

[13] "Não se interpretam textos do direto, isoladamente, mas sim o direito, no seu todo" (GRAU, Eros Roberto. *Ensaio e Discurso sobre a Interpretação – Aplicação do Direito*. São Paulo: Ed. Malheiros, 2002. p. 127). "A interpretação de qualquer texto de direito impõe ao intérprete, sempre, em qualquer circunstância, o caminhar pelo percurso que se projeta a partir dele – do texto – até a Constituição. Por isso insisto em que um texto de direito isolado, destacado, desprendido do sistema jurídico, não expressa significado normativo algum. As normas – afirma Bobbio – só têm existência em um contexto de normas, isto é, no sistema normativo" (GRAU, Eros Roberto. *Ensaio e Discurso sobre a Interpretação – Aplicação do Direito*. São Paulo: Ed. Malheiros, 2002. p. 113).

Constituição. Um texto de direito isolado, destacado, desprendido do sistema jurídico, não expressa significado normativo algum".[14]

No mesmo sentido, Luis Roberto Barroso assevera que "a ordem jurídica é um sistema e, como tal, deve ser dotada de unidade e harmonia".[15] Esse mesmo enfoque estrutural e sistemático do Direito é ainda observado por Norberto Bobbio, que ressalta que o jurista percorre um caminho que vai da parte para o todo, isto é, da norma ao ordenamento, *para compreensão da estrutura, o que é dizer, do sistema*.[16]

O que se está a afirmar, entenda-se, não é que *caput* e parágrafos serão sempre desconexos entre si, ou que se deva ignorar a sua localização topográfica, mas sim que, antes de fazer valer uma interpretação dos mesmos, deve-se verificar se esta atende aos fins visados pela norma.

Eis aí porque deve haver cautela na interpretação normativa: o que parece simples hipótese de aplicação subsuntiva, muitas vezes não o é ("uma norma precisa ser compreendida [...] A ordem jurídica não é um dado preliminar, mas o resultado de um trabalho interpretativo").[17] Assim, após a análise literal e topográfica, deve, necessariamente, o intérprete proceder a uma verificação sistêmica para averiguar se a interpretação a que chegou se coaduna com o contexto e finalidade da norma, dando continuidade ao chamado círculo hermenêutico. "Não se encontra um princípio isolado, em ciência alguma; acha-se cada um em conexão íntima com outros. O Direito objetivo não é um conglomerado caótico de preceitos; constitui vasta unidade, organismo regular, sistema, conjunto harmônico de normas coordenadas, em interdependência metódica [...]".[18]

O STJ já estabeleceu que "o julgador não deve pautar-se por exegese literal e isolada. Em vez disso partindo do texto da norma deve orientar-se por uma interpretação não só construtiva, mas também sistemática e teleológica, como magistralmente ensina Alípio Silveira, na esteira dos melhores doutrinadores, entre os quais Recasens Siches, François Geny e Carlos Maximiliano".[19] Também no STF: "Tenho amplamente repetido neste Tribunal – faço-o à exaustão – que não se interpreta o direito em tiras, aos pedaços" (MS nº 24.573).

No caso em exame, tais observações são extremamente pertinentes. Embora o legislador não tenha literalmente repetido a exceção constante do art. 8º, §2º, na redação do art. 10, isso não necessariamente implica a inaplicabilidade desta disposição a este segundo caso. Veja-se que, *pela mesma lógica, o legislador deveria ter repetido inclusive a sua definição de reincidência, que também é feita por meio do parágrafo §1º no bojo apenas do art. 8º*, de maneira que, pela lógica adotada pela AGU, para o caso de penalidade de revogação da autorização não haveria definição legal de reincidência e, em se tratando

---

[14] GRAU, Eros Roberto. *Ensaio e Discurso sobre a Interpretação – Aplicação do Direito*. São Paulo: Ed. Malheiros, 2002. p. 41, item XVIII.

[15] BARROSO, Luis Roberto. *Curso de Direito Constitucional Contemporâneo*: os conceitos fundamentais e a construção do novo modelo. São Paulo: Editora Saraiva, 2011. p. 295.

[16] MARTINS-COSTA, Judith. *A boa-fé no direito privado*: sistema e tópica no processo obrigacional. 1. ed., 2. tir. São Paulo: Editora Revista dos Tribunais, 2000. p. 428 e ss. No mesmo sentido, cf.: NEGREIROS, Teresa Paiva de Abreu Trigo de. *Fundamentos para uma interpretação constitucional do princípio da boa-fé*. Rio de Janeiro: RENOVAR, 1998. p. 224.

[17] ZACCARIA apud CURZ, Luiz Dilermando de Castello. *Teoria e Prática da Interpretação Jurídica*. Rio de Janeiro: Renovar, 2011. p. 66.

[18] MAXIMILIANO, Carlos. *Hermenêutica e Aplicação do Direito*. Rio de Janeiro: Forense, 2006. p. 105.

[19] STJ, 4ª T., RESP nº 503.073/MG, DJU 06.10.2003.

de regra restritiva de diretos e definidora de pena, sequer poderia ser-lhe aplicado por analogia o conceito de reincidência do art. 8º ou do Direito Penal.

Em outras palavras, caso se entendesse que as disposições dos parágrafos 1º e 2º do art. 8º apenas aplicam-se ao próprio, a legislação careceria de uma definição de reincidência que abrangesse toda a norma, ou pelo menos especificamente o art. 10. Nem se diga que conceito de reincidência é uno em todo o ordenamento, ou despiciendo, pois caso contrário não haveria motivos para que o legislador elaborasse uma definição no art. 8º, §1º (a lei não contém disposições inúteis – *verba cum effectu sunt accipienda*).

Observe-se que a conceituação do instituto da reincidência é feita na primeira oportunidade em que o tema é abordado, e em nenhum outro momento o legislador preocupa-se em novamente estabelecer uma definição ao longo do texto, confiando que o tema fora suficientemente aclarado. *Noutros termos, a questão da reincidência é totalmente disciplinada nos parágrafos 1º e 2º da Lei nº 9.847.* Esta, conforme se verá no desenvolvimento da presente Consulta, é a única conclusão possível, tendo em vista a intepretação sistemática e consequencialista da matéria.

Os referidos §§1º e 2º na verdade possuem existência e tema autônomo, a reincidência, sob pena de se excluir da Lei até mesmo o conceito de reincidência. A afinidade deles com o seu *caput* topográfico é apenas o fato deste se referir a uma das sanções em que a noção de reincidência pode ser aplicada.

Note-se que a própria estrutura desses dois parágrafos lidos conjuntamente demonstram essa tese: o §1º tem conteúdo de *caput*, dada a sua generalidade – estabelece o próprio conceito de reincidência, e o §2º seria mais propriamente o seu parágrafo **único**, que disciplina o caso específico de como a reincidência deve ser tratada em caso de judicialização.

As disposições dos referidos parágrafos, diferentemente do que compreendeu a AGU, compõem um "tópico" autônomo em meio à disciplina da pena de suspensão temporária. O legislador, equivocadamente, *tratou e esgotou o tema da reincidência dentro do art. 8º, quando deveria tê-lo feito em artigo apartado* – tanto que as disposições dos parágrafos 1º e 2º são os únicos dispositivos do art. 8º que *não* fazem menção expressa à pena de suspensão temporária, *não restringindo seu âmbito de aplicação à mesma*:

> Art. 8º. A pena de suspensão temporária, total ou parcial, de funcionamento de estabelecimento ou instalação, será aplicada:
>
> II – no caso de segunda reincidência.
>
> §1º. *Verifica-se a reincidência quando o infrator pratica uma infração depois da decisão administrativa definitiva que o tenha apenado por qualquer infração prevista nesta Lei.*
>
> §2º. *Pendendo ação judicial na qual se discuta a imposição de penalidade administrativa, não haverá reincidência até o trânsito em julgado da decisão.*
>
> §3º. *A pena de suspensão temporária será aplicada por prazo mínimo de dez e máximo de quinze dias.*
>
> §4º. *A suspensão temporária será de trinta dias quando aplicada a infrator já punido com a penalidade prevista no parágrafo anterior.*

O caso, portanto, é mesmo de interpretação sistemática e teleológica da norma, de modo a extrair o seu verdadeiro campo de incidência. Goffredo Telles Júnior leciona que "na interpretação das leis, mais importante do que o rigor da lógica racional é o entendimento razoável dos preceitos, porque o que se espera inferir das leis não é, necessariamente, a melhor conclusão lógica, mas uma justa e humana solução. O que se espera é ter uma solução atenta às variegadas condições de cada caso a que a lei interpretada se refere".[20]

A consequência da não-aplicação da suspensão da reincidência aos casos de incidência do art. 10, III da Lei nº 9.847 seria absurda: significaria não só a perda total da possibilidade de a ANP realizar a constitucionalmente exigida individualização da pena (cf. Tópico V.1 infra), tomando em consideração a gravidade dos fatos, como também conduziria a iniquidades, como passamos a detalhar.

Suponha-se que um autorizatário venha a ser sancionado pela suposta prática de um ilícito previsto no art. 3º, XI, da Lei em comento e venha a ajuizar ação judicial questionando a legalidade da autuação ou a observância do devido processo legal na esfera administrativa. Caso, nesse interim em que esteja pendente a ação, o mesmo venha a sofrer outra autuação, pela interpretação da AGU, deverá ter sua autorização necessariamente cassada, fechando sua empresa, demitindo todo o seu pessoal, vendendo seus equipamentos etc.

Ocorre que, caso o particular em seguida logre obter a anulação judicial da primeira autuação e possa voltar a atuar no setor, terá sofrido mal irreversível consistente na revogação da sua autorização e na consequente paralização de suas atividades. Como deveria a ANP proceder neste caso? Estabelecendo uma esdrúxula espécie de revigoração de autorização? Deverá a Administração indenizar o particular pelas perdas e danos e lucros cessantes? Provavelmente. De todo modo, **é inegável que haverá prejuízos não só para o autorizatário, como também para a própria Administração, e, especialmente, para o consumidor, que ficaria sem mais um agente em um mercado que já não possui muitas empresas em concorrência.**

Teleologicamente, *o fim almejado pelo legislador ao estabelecer a referida suspensão apenas pode ter sido evitar decisões conflitantes nas searas administrativa e judicial. É dizer, buscou-se aplicar a reincidência apenas após decisão judicial transitada em julgado, e com razão, pois as decisões administrativas, ainda que de última instância, em sua essência, são mutáveis.*

O argumento utilizado pelo Procurador, segundo o qual teoricamente haveria uma exceção realizada pela própria lei no que tange à aplicação do instituto consagrado no art. 8º, §2º, em decorrência de tratar o art. 10, III, de reincidência específica, não merece ser acolhida. A legislação claramente usa, tanto no art. 8º quanto no art. 10, o instituto jurídico da *reincidência*, cuja natureza jurídica é una, seja ela na modalidade simples ou específica. Ambas, deste modo, não passam de *espécies* do *gênero* "reincidência", sendo que a reincidência específica (art. 10, III), diferencia-se da reincidência simples apenas pelo fato de o agente praticar uma nova infração que guarda uma identidade com a infração anterior. Isso não significa, necessariamente, que o agente merecerá um tratamento mais gravoso, pois pode perfeitamente ocorrer de a reincidência simples ocorrer com a prática de ato muitíssimo mais grave que aquele que ensejou a primeira condenação do agente.

Em se tratando de norma de conteúdo sancionador, demandam as regras de hermenêutica que a interpretação seja *restritiva* (*odiosa restringenda, favorabilia ampliando*:

---

[20] TELLES JÚNIOR, Goffredo. *Iniciação na Ciência do Direito*. São Paulo: Ed. Saraiva, 2008. p. 367.

"Restrinja-se o odioso, amplie-se o favorável").[21] Sendo assim, a indicação do legislador de que apenas quando houvesse reincidência específica é que incidiria a penalidade máxima da revogação da autorização não pode ser entendida de outra forma senão como uma restrição do *jus puniendi* estatal. Explica-se: a norma, ao delimitar a reincidência aos casos do art. 3º, VIII e XI, da Lei, busca limitar as circunstâncias em que a revogação é aplicável, e não, como pretende a AGU, afastar a incidência do art. 8º, §2º. Exatamente em consequência da tamanha gravidade da pena de revogação é que entendeu por bem o legislador prevê-la como *ultima ratio*.

Reforça tal conclusão o Princípio da Intervenção Mínima – aplicável ao Direito Penal e, por analogia e decorrência do Princípio da Proporcionalidade, ao Direito Administrativo Sancionador – segundo o qual ao Estado de Direito cabe utilizar os meios menos onerosos possíveis na promoção do bem coletivo, utilizando a lei penal e/ou sanção administrativa – altamente restritiva dos direitos e liberdades individuais – como último recurso (*ultima ratio*) na proteção dos bens jurídicos.

Igualmente, não procede o argumento de que o art. 10, III, por tratar de reincidência em violação de normas de segurança, deveria ensejar maior rigor no tratamento, o que não comportaria a suspensão da reincidência. É que se olvida o Procurador em sua manifestação que a lei já concedeu tratamento mais rigoroso à matéria ao determinar a revogação da autorização. Não cabe ao aplicador agravar ainda mais o tratamento da matéria, ampliando seu escopo de aplicação: *"poenalia sunt restringenda"* (interpretam-se estritamente as disposições cominadoras de pena). A busca do aplicador da lei não pode ser a de torná-la o mais draconiana possível, até porque em caso de penalidades, sempre haverá relevantes interesses coletivos potencialmente atingidos, mas sim a de adequá-la sempre aos preceitos constitucionais e à proporcionalidade. Basta vermos como no Direito Penal, justamente o Direito que lida com a violação dos bens jurídicos mais relevantes, há todo um garantismo que visa a proteger o suposto infrator (p. ex., *in dúbio pro reo*), não a condená-lo.

Já afirmou o Supremo Tribunal Federal que inexiste a denominada coisa julgada administrativa, tendo em vista que a Administração, mesmo depois de findo o processo, pode revogar os próprios atos em função da sua autotutela:[22] "não existe a alegada

---

[21] Destaca-se sobre o tema a decisão da 2ª Sala do Tribunal Constitucional espanhol em que se afirma: "No obstante, como hemos tenido ocasión de reiterar en muy numerosas resoluciones, *los límites impuestos al ejercicio de los derechos fundamentales deben ser establecidos, interpretados y aplicados de forma restrictiva y en todo caso no deben ser más intensos de lo necesario para preservar otros bienes o derechos constitucionalmente protegidos*. La limitación debe ser la mínima indispensable y, por ello, está sometida al principio de proporcionalidad al objeto de evitar sacrificios innecesarios o excesivos de dichos derechos" (Sentença nº 151/1997).

[22] Destarte, impõe-se à Administração Pública o dever de, independentemente de provação dos interessados, rever os seus próprios atos quando eivados de nulidade. Tratando-se de ato eivado de ilegalidade, a Administração não deve fazer um juízo de conveniência de sua anulação, mas tão somente, tem o puro dever de anular o ato. Nesse mesmo passo, a normativa da Lei nº 9784/99:
"Art. 53. A Administração deve anular seus próprios atos, quando eivados de vício de legalidade, e pode revogá-los por motivo de conveniência ou oportunidade, respeitados os direitos adquiridos".
"Art. 54. O direito da Administração de anular os atos administrativos de que decorram efeitos favoráveis para os destinatários decai em cinco anos, contados da data em que foram praticados, salvo comprovada má-fé.
§1º No caso de efeitos patrimoniais contínuos, o prazo de decadência contar-se-á da percepção do primeiro pagamento.
§2º Considera-se exercício do direito de anular qualquer medida de autoridade administrativa que importe impugnação à validade do ato.
Art. 63, §2º. O não conhecimento do recurso não impede a Administração de rever de ofício o ato ilegal, desde que não ocorrida preclusão administrativa".

coisa julgada administrativa; o despacho concessivo da vantagem, sendo ilegal, podia ser tornado sem efeito administrativamente".[23] Portanto, a decisão administrativa pode, em tese, ser revista a qualquer tempo, porque não tem o condão de ser tornada imutável ou indiscutível pelo manto da coisa julgada.

Outrossim, a decisão administrativa de última instância pode ser alterada por pedido de reconsideração, que, segundo a melhor doutrina, pode ser feito e concedido a qualquer tempo, em razão do direito de petição consagrado constitucionalmente no art. 5º, XXXIV. E, por último, a mutabilidade se institui também em função da possibilidade de ajuizamento de ação judicial, pelo princípio da inafastabilidade da jurisdição (art. 5º, XXXV).

Desse modo, tendo em vista a inerente mutabilidade das decisões administrativas e a possibilidade de sua revisão judicial, é deveras *impossível*, porque ilógico, a configuração da reincidência na pendência de ação judicial.

Assim, ainda que não fosse diretamente aplicável a suspensão da reincidência (art. 8º, §2º), *ad argumentandum tantum*, deveria ser aplicada a mesma disposição pela via da analogia, pois quando "duas coisas se assemelham sob um ou vários aspectos; conclui-se logo que, se determinada proposição é verdadeira quanto a uma, sê-lo-á também a respeito da outra",[24] e, em se tratando de regra protetiva de direito de cidadão, a analogia geral é possível.

Por tudo isso, resta evidente a impossibilidade de que a revogação da autorização seja aplicada na pendência de questionamento judicial sobre a sanção anterior – a mesma lógica que levou o legislador a restringir a aplicação da reincidência na pena de suspensão temporária é perfeitamente transponível (e de fato, a única possível, pela gravidade das consequências da aplicação da penalidade) ao caso da revogação de autorização. Se as consequências da anulação ou do desfazimento da penalidade administrativa seriam deletérias no caso da suspensão temporária, pena mais branda, que dirá no caso de revogação da autorização, em que, como dito, poderiam ser interrompidas as atividades de um autorizatário e posteriormente advir decisão judicial em seu favor.

IV Interpretação consequencialista da aplicação do art. 10, III, conforme o entendimento da AGU

Tendo em vista a informação de que grande maioria dos agentes econômicos no setor estaria, caso levada a orientação da AGU a suas últimas consequências, em situação potencialmente periclitante de revogação de suas autorizações, impende verificar se a aplicação da norma atende aos fins jurídicos e econômicos a que se propõe. Em outras palavras, mister se faz verificar que consequências adviriam da aplicação da legislação tal como a interpretou a AGU.

Vejam-se ainda as Súmulas nº 346 e 473 do STF: "A Administração Pública pode declarar a nulidade de seus próprios atos" e "A Administração pode anular seus próprios atos, quando eivados de vícios que os tornam ilegais, porque deles não se originam direitos, ou revogá-los, por motivo de conveniência ou oportunidade, respeitados os direitos adquiridos, e ressalvada, em todos os casos, a apreciação judicial".

[23] RMS nº 8797, Relator: Min. Victor Nunes, Tribunal Pleno, julgado em 04.07.1962, DJ 09.08.1962.

[24] MAXIMILIANO, Carlos. *Hermenêutica e Aplicação do Direito*. Rio de Janeiro: Forense, 2006. p. 168.

Como já tivemos a oportunidade de destacar doutrinariamente, "há, ao longo dos países e das épocas, uma série de correntes e métodos interpretativos que sustentam que as consequências devem ser um importante fator a ser considerado ao se tomar decisões jurídicas. Na verdade, há quase sempre mais de uma interpretação plausível. O que entendemos é que, tendencialmente, *deve ser adotada a que, entre elas, melhor resultados realizar do ponto de vista dos objetivos visados pelo ordenamento jurídico para a situação que estiver sendo julgada*. Adotamos, assim, um "sincretismo metodológico",[25] empregando diversos pensamentos que têm como vetor comum o fato de prestigiarem os resultados práticos na aplicação do Direito".[26]

Diego Werneck Arguelhes assevera que "em linha similar, o [então] Presidente do Supremo Tribunal Federal, Ministro Nelson Jobim, tem sistematicamente valorizado em declarações públicas e em seus votos o peso das consequências – sobretudo econômicas – nas decisões judiciais".[27] A ênfase na perspectiva consequencialista e pragmática é igualmente defendida por Richard Posner, que alerta para uma concepção "interessada nos fatos e também bem informada sobre a operação, propriedades e prováveis efeitos de cursos alternativos de ação".[28]

O intérprete, bem como o aplicador da lei, não podem se furtar de considerar os efeitos práticos, os possíveis resultados das orientações que vierem a adotar em sua atividade, o que se ressalta sobremaneira ao considerarmos as finalidades do Direito Público Econômico – o ramo jurídico destinado a disciplinar, tendo em vista determinados objetivos coletivos, o exercício da atividade econômica, o mais globalizado e dinâmico de todos os subsistemas sociais.[29]

Diante dessas ponderações, entendemos que a interpretação literal e topográfica do art. 8º, §2º, da Lei nº 9.847/99, de modo a que não se estenda sua aplicação para as hipóteses do art. 10, III, pode vir a causar perigosas implicações ao setor, considerando que, segundo nos informado pela Consulente, a maior parte dos autorizatários

---

[25] "No caso brasileiro, como no de outros países de constitucionalização recente, doutrina e jurisprudência ainda se encontram em fase de elaboração e amadurecimento, fato que potencializa a importância das referências estrangeiras. Esta é uma circunstância histórica com a qual precisamos lidar, evitando dois extremos indesejáveis: a subserviência intelectual, que implica na importação acrítica de fórmulas alheias e, pior que tudo, a incapacidade de reflexão própria; e a soberba intelectual, pela qual se rejeita aquilo que não se tem. Nesse ambiente, *não é possível utilizar modelos puros, concebidos alhures, e se esforçar para viver a vida dos outros. O sincretismo – desde que consciente e coerente – resulta sendo inevitável e desejável*" (BARROSO, Luís Roberto. Neoconstitucionalismo e constitucionalização do Direito. O triunfo tardio do Direito Constitucional no Brasil. *Jus Navigandi*, Teresina, a. 9, n. 851, 1 nov. 2005. Disponível em: http://jus2.uol.com.br/doutrina/texto.asp?id=7547. Acesso em 18 ago. 2008. Grifamos).

[26] ARAGÃO, Alexandre Santos de. Interpretação consequencialista e análise econômica do Direito Público à luz dos princípios constitucionais da eficiência e economicidade. *In*: SOUZA NETO, Cláudio Pereira de; SARMENTO, Daniel; BINENBOJM, Gustavo (Org.). *Vinte anos da Constituição Federal de 1988*. 1. ed. Rio de Janeiro: Lumen Juris, 2008. p. 295-310.

[27] ARGUELHES, Diego Werneck. *Argumentos consequencialistas e Estado de Direito*: subsídios para uma compatibilização. Disponível em: http://www.conpedi.org/manaus/arquivos/Anais/Diego%20Werneck%20Arguelhes.pdf. Acesso em 18 ago. 2008.

[28] POSNER, Richard. *Overcoming Law*. Cambridge: Harvard University Press, 1996. p. 5. Tradução livre.

[29] "O Sistema judicial não pode ser insensível ao que ocorre no sistema econômico" (FARIA, Jose Eduardo. *Direito e Economia na democratização brasileira*. São Paulo: Malheiros, 1993. p. 9). Para Antônio Menezes Cordeiro, "na outra extremidade do processo, há que lidar com as denominadas consequências da decisão [...] Desenvolveu-se assim o factor teleológico da interpretação [...] Trata-se de um conjunto de regras que, habilitando o intérprete-aplicador a pensar em consequências, permitem o conhecimento e a ponderação dos efeitos das decisões" (CORDEIRO, Antônio Menezes. Prefácio. *In*: CANARIS, Claus-Wilhelm. *Pensamento Sistemático e Conceito de Sistema na Ciência do Direito*. Lisboa: Fundação Calouste Gulbenkian, 1996. p. CIX, CX e CXI).

encontra-se em situação de reincidência das infrações previstas nos incisos VIII e/ou XI do art. 3º, colocando em *risco o abastecimento nacional de combustíveis de GLP, um dos princípios objetivos dos quais a ANP deve curar, preocupação à qual a Lei do Petróleo dispõe que ela deve dar "ênfase" no exercício das suas funções (art. 8º, parágrafo único, Lei do Petróleo)*: "No exercício das atribuições de que trata este artigo, com ênfase na garantia do abastecimento nacional de combustíveis [...]".

Assim, seguindo pela via interpretativa sugerida pela Procuradoria, com a consequente revogação das autorizações no caso de reincidência específica independentemente de discussão judicial, teríamos, potencialmente, às últimas consequências, o colapso do mercado de gás, que, num curto espaço de tempo, passaria a operar com um reduzidíssimo percentual de autorizatários, impactando negativamente não apenas as companhias, mas, principalmente, os consumidores, que se veriam abruptamente desamparados do fornecimento de gás. E ainda é possível vislumbrar que os efeitos potencialmente nocivos podem alcançar proporções maiores, como, por exemplo, a sua importação em massa, encerrando setores da indústria nacional e prejudicando a balança econômica brasileira.

Se uma de suas principais funções é assegurar a harmonia do convívio social, o cumprimento de uma norma não pode desconsiderar os efeitos práticos que alcança, aferindo maior ou menor proximidade com a realidade que busca regular. *Uma interpretação/aplicação da lei que não esteja sendo capaz de atingir concreta e materialmente os seus objetivos, ou venha até a contrariá-los, não pode ser considerada como a interpretação mais correta*. Neste sentido, já pontuamos que "os resultados práticos desta ou daquela forma de aplicação da norma terão relevante papel na determinação de qual, *entre as diversas interpretações plausíveis* existentes, deverá ser adotada, opção que, posteriormente, pode inclusive vir a ser alterada diante da comprovada mudança dos dados da realidade, que devam ser acompanhados de uma nova estratégia regulatória".[30]

As intepretações literal e topográfica, como dito, são apenas o ponto de partida do intérprete em sua atividade exegética, somando-se a outros métodos que auxiliem a congregar a norma ao sistema jurídico como um todo, e este à realidade, que é seu objetivo final. Ora, o que poderia ser mais desvinculado de qualquer realidade econômica e mercadológica do que revogar a grande maioria das autorizações de gás em vigor no país, legando o setor e seus consumidores a um cenário de insegurança jurídica e pondo em cheque sua confiabilidade?[31]

Também intimamente relacionados a essa preocupação com os resultados materiais e a responsabilidade econômica das soluções juridicamente possíveis encontram-se os *princípios da eficiência e da proporcionalidade*, que serão abordados a seguir.

---

[30] ARAGÃO, Alexandre Santos de. Interpretação consequencialista e análise econômica do Direito Público à luz dos princípios constitucionais da eficiência e economicidade. *In*: SOUZA NETO, Cláudio Pereira de; SARMENTO, Daniel; BINENBOJM, Gustavo (Org.). *Vinte anos da Constituição Federal de 1988*. 1. ed. Rio de Janeiro: Lumen Juris, 2008. p. 295-310.

[31] "Quanto menos segurança jurídica existe, mais arriscadas se tornam as relações sociais e, em especial, as transações econômicas. Isso porque as bases onde estas se calcam ficam mais instáveis; os seus efeitos, mais difíceis de prever; e os seus custos e benefícios, mais complicados de calcular. Há três reações possíveis a essas incertezas, todas elas implicando sacrifício da eficiência econômica: não realizar as transações que têm alto nível de risco, abrindo-se mão dos ganhos que elas poderiam gerar; realizá-las de outra forma, reduzindo apenas parcialmente o ganho obtido; ou compensar a baixa segurança com o uso mais intenso das instituições jurídicas disponíveis, consumindo mais recursos em atividades-meio" (PINHEIRO, Armando Castelar. Segurança Jurídica, Crescimento e Exportações. *Revista de Direito Bancário e do Mercado de Capitais*, v. 31, p. 321 e ss, jan. 2006).

V Violação ao princípio da eficiência

Conforme destaca Maria Sylvia Di Pietro, o princípio da eficiência impõe à Administração que atue de forma a produzir "resultados favoráveis à consecução dos fins que cabem ao Estado alcançar".[32] Assim, toda atitude e ato administrativo só serão válidos ou validamente aplicados se, *ex vi* do princípio da eficiência[33] (art. 37, *caput*, CF), forem a maneira mais eficiente ou, na impossibilidade de se definir esta, se forem pelo menos uma forma razoavelmente eficiente de realização dos objetivos previstos no ordenamento jurídico.

É o Princípio Constitucional da Eficiência (art. 37, *caput*, CF) que deve iluminar a aplicação das leis, para que ela não leve a uma consecução ineficiente ou menos eficiente dos objetivos legais primários daquele ordenamento setorial. As normas "passam a ter o seu critério de validade aferido não apenas em virtude da higidez do seu procedimento criador, como da sua aptidão para atender aos objetivos da política pública, além da sua capacidade de resolver os males que esta pretende combater".[34]

Paulo Modesto ensina que "o princípio da eficiência pode ser percebido também como uma exigência inerente a toda atividade pública. Se entendermos a atividade de gestão pública como atividade necessariamente racional e instrumental, voltada a servir o público, na justa ponderação das necessidades coletivas, temos de admitir como inadmissível juridicamente o comportamento administrativo negligente, contra-produtivo, ineficiente".[35]

A Constituição de 1988 "já estabelece todo fundamento necessário para a afirmação e aplicação, em nosso País, da doutrina da, assim denominada, administração de resultado, ou seja: confere uma base institucional da legalidade finalística [...]. É indubitável que o futuro deva ser realmente considerado como uma das dimensões temporais próprias a qualquer norma, o que lhe faz merecedor de uma cuidadosa atenção prospectiva, tanto por parte dos seus elaboradores quanto dos seus aplicadores".[36]

Também nesse sentido, Diogo de Figueiredo Moreira Neto assevera que "não basta, hoje, ao Direito, que a ação administrativa do Estado exista, seja válida e eficaz. A simples busca da produção de efeitos, ou seja, pretender-se apenas a eficácia da ação, já era insuficiente para a Sociologia do Direito. Agora passou a sê-lo também para o Direito Administrativo. Acrescentou-se, aos quatro princípios constitucionais da administração pública, um quinto, o da eficiência, que, doutrinariamente, no plano

---

[32] PIETRO, Maria Sylvia Di. *Direito Administrativo*. São Paulo: Atlas, 1998. p. 73.
[33] Diferentemente do que ocorre no setor privado, a eficiência, no setor público, não pode ser entendida como maximização do lucro, mas sim "como um melhor exercício das missões de interesse coletivo que incumbe à Administração Pública" (MANGANARO, Francesco. *Principio di Legalità e Semplificazione dell'àtivittà Administrativa*: i profili critici e principi ricostruttivi. Napoli: Edizione Scientifiche, 2000. p. 25).
[34] MORAND, Charles-Albert. *Le Droit Néo-Moderne des Politiques Publiques*. Paris: LGDJ, 1999. p. 95.
[35] MODESTO, Paulo. Notas para um debate sobre o princípio constitucional da eficiência. *Revista Diálogo Jurídico*, Salvador, CAJ – Centro de Atualização Jurídica, v. I, n. 2, mai. 2001. Disponível em: *www.direitopublico.com.br*. Acesso em 18 ago. 2008.
[36] MOREIRA NETO, Diogo de Figueiredo. Cidadania e Administração de Resultado: O Direito Administrativo e o Controle Prospectivo no Planejamento e nas Ações do Estado. *Revista de Direito e Política – Letras Jurídicas e IBAP*, p. 19-21, 2007.

do Direito Público, poderá ir até mais além, para nortear, acolá da ação administrativa, também a produção legislativa e a interpretação judiciária".[37]

Nossos tribunais também vêm acolhendo esses paradigmas metodológicos:

> O que deve inspirar o administrador público é a vontade de fazer justiça para os cidadãos sendo *eficiente para com a própria administração [...]. Não satisfaz às aspirações da Nação a atuação do Estado de modo compatível apenas com a mera ordem legal, exige-se muito mais*: necessário se torna que a administração da coisa pública obedeça a determinados princípios que conduzam à valorização da dignidade humana, ao respeito à cidadania e à construção de uma sociedade justa e solidária [...]. 6. Recursos especiais improvidos.[38]

A eficiência não deve ser entendida apenas como maximização do lucro, mas sim como um melhor exercício das missões de interesse coletivo que incumbe ao Estado, que deve obter a maior realização prática possível das finalidades do ordenamento jurídico, com os menores ônus possíveis, tanto para o próprio Estado, especialmente de índole financeira, como para as liberdades dos cidadãos.

A eficiência, em outras palavras, deve ser compreendida como a busca do melhor exercício das missões de interesse coletivo que incumbem ao Estado.[39] Os resultados práticos da aplicação das normas jurídicas, longe de serem objeto de preocupação apenas sociológica,[40] são, muito pelo contrário, elementos essenciais para determinar como, a partir destes dados empíricos, devem legitimar a sua aplicação. É dizer: à luz do princípio da eficiência é vedada toda atuação contraproducente ou ineficiente, que produza efeitos negativos paralelos.

Confrontando este princípio com o caso concreto, constata-se que a posição adotada pela Procuradoria Federal não se coaduna com os seus ditames e com o marco regulatório do petróleo e gás em geral, na medida em que a opção pela revogação das autorizações de absolutamente todos os titulares que se encontram em situação subsumida na hipótese literal do art. 10, III da Lei nº 9.847/99 acarretaria, como visto no tópico anterior, custos não apenas de ordem econômica, mas também política e social, ocasionados pelo esvaziamento do mercado e suas consequências imediatas (interrupção do ciclo de fornecimento a parcela dos consumidores, necessidade de novas contratações

---

[37] MOREIRA NETO, Diogo de Figueiredo. *Mutações do Direito Administrativo*. Rio de Janeiro: Renovar, 2007. p. 32-33.

[38] STJ. 1ª. Turma. RESP nº 579541/SP, Rel. Minº José Delgado, Data da decisão: 17.02.2004, Publicada no DJ em 19.04.04. p. 165.

[39] ARAGÃO, Alexandre Santos de. Princípio da eficiência. *Revista da Procuradoria Geral do Tribunal de Contas do Estado do Rio de Janeiro – TCE/RJ*, v. 1, e *Revista de Direito Administrativo – RDA*, v. 237, Rio de Janeiro, 2004

[40] "O momento indica que a luta pela demarcação de campos disciplinares está cada vez mais perdendo o seu ímpeto. Norbert Elias já falava, na década de 70, que a preocupação em separar a História da Sociologia deve ser revista. O mesmo, cremos, vale para a Teoria do Direito, a sociologia e a antropologia. Concluindo, a Teoria do Direito como sistema lógico não poderá suprir-se por si mesma e será cada vez mais exposta às rupturas na sua pretensão de ausência de lacunas e contradições. Uma possibilidade compreensiva, que unifique e reconheça a falta de base teórica desta teoria do direito e a abra para o convívio com outras ciências de maneira não 'colonizadora', ou seja, com prevalência de uma sobre a outra, poderia restabelecer suas características de narrativa lógica" (VERONESE, Alexandre. Os conceitos de Sistema Jurídico e de Direito "em rede": análise sociológica e da teoria do Direito. *Plúrima – Revista da Faculdade de Direito da Universidade Federal Fluminense – UFF*, v. 24, p. 147, Niterói, 2001).

públicas etc.) e mediatas (como, *e.g.*, abalo na confiabilidade do setor, necessidade de importação do GLP etc.).

Dentro dessa mesma perspectiva, é digna novamente a menção da hipótese, perfeitamente tangível, de uma revogação cuja primeira sanção administrativa esteja sendo judicialmente discutida, havendo, tempos depois, decisão irrecorrível no sentido de que o processo sancionador que a imputou padecia de vício, sendo reputado nulo e, portanto, a pena decorrente da reincidência que dele havia decorrido. Até do ponto de vista exclusivamente do interesse público secundário da ANP, muito mais eficiente seria esperar pelo provimento final da tutela jurisdicional, de modo a se resguardar de uma invalidação judicial que a levaria a ter que indenizar todos os prejuízos e lucros cessantes das empresas durante a vigência da revogação, podendo gerar prejuízos à própria Administração.

VI Violação à proporcionalidade

Outro aspecto que deve ser levado em conta na aplicação da sanção da revogação diz respeito à proporcionalidade desta norma, que demanda a revogação *tout court* da autorização do particular quando da reincidência específica nas infrações previstas no art. 3º, VIII e XI.

O princípio da proporcionalidade constitui tanto princípio constitucional implícito aplicável a toda e qualquer atuação do Estado[41] – consensual ou puramente coercitiva – como princípio expresso na Lei de Processo Administrativo Federal, em seu art. 2º, *caput*.

Acerca do significado do princípio da proporcionalidade em sede administrativa, manifesta-se Diogo de Figueiredo Moreira Neto:

> O princípio da proporcionalidade, uma vez admitido como um princípio substantivo autônomo, tal como é tido na doutrina alemã do Direito Público, prescreve, especificamente, o justo equilíbrio entre os sacrifícios e os benefícios resultantes da ação do Estado.[42]

Segundo Floriano de Azevedo Marques Neto, "o princípio da proporcionalidade exige que o administrador se paute por critérios de ponderabilidade e de equilíbrio entre

---

[41] Conforme esclarece Paulo Bonavides: "No Brasil, a proporcionalidade pode não existir enquanto norma geral de direito escrito, mas existe como norma esparsa no texto constitucional. A noção mesma se infere de outros princípios que lhe são afins, entre os quais avulta, em primeiro lugar, o princípio da igualdade, sobretudo em se atentando para a passagem da igualdade-identidade à igualdade-proporcionalidade, tão característica da derradeira fase do Estado de Direito" [...] "Mas é na qualidade de princípio constitucional ou princípio geral de direito, apto a acautelar do arbítrio do poder o cidadão e toda a sociedade, que se faz mister reconhecê-lo já implícito, e, portanto, positivado em nosso Direito Constitucional". BONAVIDES, Paulo. *Curso de Direito Constitucional*. São Paulo: Malheiros, 1997. p. 395-396. A doutrina portuguesa também destaca a ampla aplicação do princípio da proporcionalidade. Consoante J.J. Gomes Canotilho, o princípio da proporcionalidade permite "um controle de natureza eqüitativa que, não pondo em causa os poderes constitucionalmente competentes para a prática de actos autorizativos e a certeza do direito, contribui para a integração do 'momento de justiça' no palco da conflitualidade social" (CANOTILHO, J. J. Gomes. *Direito Constitucional e Teoria da Constituição*. Coimbra: Almedina, 1997. p. 262-263).

[42] MOREIRA NETO, Diogo de Figueiredo. *Mutações do direito público*. Rio de Janeiro: Renovar, 2006. p. 303.

o ato praticado, a finalidade perseguida e as consequências do ato".[43] Juarez Freitas, por sua vez, afirma que "proporcionalidade significa que os agentes públicos estão obrigados a sacrificar o mínimo para conservar o máximo de direitos".[44]

Sobre a aplicação desse princípio especificamente em sede de Direito Administrativo Sancionador, são elucidativas as palavras de Fábio Medina Osório:

> Também no sancionamento dos atos ilícitos, pelo ângulo do Direito Administrativo, haverá incidência da proporcionalidade, atenuando o rigor das sanções, notadamente no campo de sua obrigatória imposição, e isto está nas origens desse princípio, no próprio Direito Penal, onde o instituto ganhou notoriedade para fins de estancar sancionamentos demasiado severos ou rígidos, com ofensa aos direitos humanos.[45]

O objetivo da aplicação do princípio, portanto, é que, em seu atuar, o Estado não imponha aos particulares restrições mais gravosas de que aquelas adequadas e estritamente necessárias ao fim almejado. O inciso VI do parágrafo único do art. 2º da Lei dos Processos Administrativos na esfera federal é expresso ao consignar que é "vedada a imposição de obrigações, restrições e sanções em medida superior àquelas estritamente necessárias ao atendimento do interesse público".

Não é outro o entendimento do STF: "Os princípios da razoabilidade e da proporcionalidade devem nortear a Administração Pública como parâmetros de valoração de seus atos sancionatórios, por isso que a não observância dessas balizas justifica a possibilidade de o Poder Judiciário sindicar decisões administrativas".[46]

Desta feita, se é bem verdade que as infrações tipificadas no art. 3º, VIII e XI da Lei nº 9.847/99 podem, em tese, significar riscos ou lesões à segurança dos consumidores, também é *certo que isso deverá ser aferido no caso concreto, e não aprioristicamente pela lei*. A aplicação direta e automática do dispositivo pode significar séria desproporção entre a limitação de direito imposta (consistente no encerramento das atividades da empresa) e o risco/lesão efetivamente causado.

Como dito no Tópico III, a aplicação impensada da disposição poderia levar ao absurdo de ter todo ou grande parte do setor em vias de ver sua autorização revogada. Este dado é indicativo de que, possivelmente, o rigor da lei – ao menos da forma como ela está sendo interpretada pela AGU – é excessivo.

Note-se quão restritiva de direitos é a penalidade imposta: a revogação da autorização, com a consequente exclusão de um agente econômico do mercado, os ônus econômicos, mercadológicos e sociais disso decorrentes – para os acionistas, empregados e consumidores do autorizatário.

Um vício menor de embalagem encontrado em dois botijões, dentre dezenas ou centenas fiscalizados, por exemplo, não poderia levar à exclusão sumária e completa

---

[43] MARQUES NETO, Floriano de Azevedo. Princípios do processo administrativo. *Fórum Administrativo – Direito Público – FA*, Belo Horizonte, a. 4, n. 37, p. 3508, mar. 2004.
[44] FREITAS, Juarez. Atos administrativos: a indispensável distinção entre anulação e decretação da nulidade absoluta. *BDA – Boletim de Direito Administrativo*, p. 725, out. 2000.
[45] OSÓRIO, Fábio Medina. *Direito administrativo sancionador*. 2. ed. São Paulo: RT, 2005. p. 248-249.
[46] RMS nº 28208, Relator(a): Min. Luiz Fux, Primeira Turma, julgado em 25.02.2014, Acórdão Eletrônico DJe-055 DIVULG 19.03.2014 PUBLIC 20.03.2014.

do mercado de toda a pessoa jurídica. Levada às últimas consequências, a aplicação da sanção poderia muito facilmente ser mais penosa do que o fato que a ensejou.

De fato, como destacado no Tópico III, e neste caso pensando numa situação em que o apenado seja o único, ou um dentre poucos, fornecedor de gás de uma dada localidade (um posto revendedor de GLP, por exemplo), é possível que a revogação de sua autorização seja inclusive atentatória da dignidade humana dos cidadãos que deixem de ter acesso ao combustível (já que a sua principal utilização é na cocção de alimentos), provocando consequências que não justificariam os eventuais benefícios existentes com a aplicação da sanção em comento. Portanto, independentemente mesmo da questão da judicialização impedir ou não a reincidência, *não é a mera previsão legal de determinada sanção desta gravidade que legitimará sua aplicação em todos os casos concretos, fazendo-se forçosa a demonstração de que a mesma é, além de adequada, necessária e proporcional no caso concreto.*

Uma situação seria a da empresa que, para economizar despesas, deliberadamente passa a ter como política utilizar botijões já descartados; outra, completamente diferente, é a de uma empresa que tem eventualmente dois ou três botijões encontrados com alguma mossa. As duas não podem, obviamente, ser apenadas com a mesma grave sanção de encerramento de suas atividades (revogação da autorização para o seu funcionamento).[47]

Conforme elucida Diogo de Figueiredo Moreira Neto, "quando esta relação [entre sanção e conduta] for desequilibrada, *seja na própria prolação da lei (legislativa), seja na sua aplicação concreta (desproporcionalidade administrativa)*, a ponto de tornar demasiadamente onerosa a prestação do administrado, seja ela positiva ou negativa, em confronto com o reduzido ou nenhum proveito para a sociedade, fica caracterizada a agressão ao princípio, que, se apresenta, assim, como uma derivação do princípio maior da justiça distributiva e da própria legitimidade".[48]

A carga sancionatória deve ser bastante a coibir a prática da conduta delituosa na exata medida da ofensa perpetrada ao bem jurídico, uma vez que o descompasso entre o valor do bem vilipendiado e a gravidade da pena extrapola o caráter retributivo desta, configurando-se o excesso como arbitrário exercício da força pelo poder público, vedado em um Estado de Direito. Necessário, pois, observar uma *justa correspondência entre a ofensa cometida e a sanção aplicada*. Sendo menor o potencial ofensivo da conduta ou os danos efetivamente causados ao bem jurídico, há que se reduzir a sanção tanto quanto possível,[49] sob pena de configurar-se o excesso, extrapolando a medida *adequada e necessária* à reparação social da lesão causada.

---

[47] "Não é de forma alguma descartável que, no extremo – ultrapassadas todas as possibilidades hermenêuticas, analógicas e de redução teleológica –, uma regra jurídica em tese aplicável e constitucional tenha a sua aplicação em dado caso concreto afastada por (não a regra em si, mas aquela sua aplicação) violar os princípios constitucionais da eficiência e da economicidade. Não se trata, evidentemente, de um afastamento *in concreto* do Direito, pois ambos – economicidade e eficiência – são princípios constitucionais, mas apenas daquela determinada regra jurídica" (ARAGÃO, Alexandre Santos de. Interpretação consequencialista e análise econômica do Direito Público à luz dos princípios constitucionais da eficiência e economicidade. *In*: SOUZA NETO, Cláudio Pereira de; SARMENTO, Daniel; BINENBOJM, Gustavo (Org.). *Vinte anos da Constituição Federal de 1988*. 1. ed. Rio de Janeiro: Lumen Juris, 2008. p. 295-310).

[48] MOREIRA NETO, Diogo de Figueiredo. *Mutações do direito público*. Rio de Janeiro: Renovar, 2006. p. 303-304.

[49] O Superior Tribunal de Justiça assim já se manifestou: "O princípio da proporcionalidade tem ampla aplicação na seara penal – a fim de abrandar os rigores punitivos" (EDcl no HC nº 170.092/SP, Rel. Ministra Maria Thereza de Assis Moura, Sexta Turma, julgado em 03.02.2011, DJe 21.02.2011).

Para Fábio Medina Osório, "às autoridades encarregadas de aplicação das normas de Direito Administrativo Sancionador é possível restringir a dureza das leis abstratas, interpretando-as em conformidade com a ordem constitucional. Decorre tal possibilidade do princípio da unidade da ordem jurídica, sendo a Constituição o contexto superior [...]. Nesse sentido, o princípio da proporcionalidade penetra as normas de Direito Administrativo Sancionatório, *seja na tipificação dos atos ilícitos, seja em seu sancionamento.* Isso se dá, indubitavelmente, pela superioridade hierárquica da Constituição".[50]

Corroborando o exposto, Luis Roberto Barroso ensina que o princípio da proporcionalidade "pode operar, também, no sentido de permitir que o juiz gradue o peso da norma, em determinada incidência, de modo a não permitir que ela não produza um resultado indesejado pelo sistema, fazendo assim a justiça do caso concreto".[51]

Veja-se, portanto, apenas exemplificativamente, e de modo a evidenciar ainda mais a desproporcionalidade que pode decorrer da aplicação impensada do dispositivo, que, ao dispor sobre as infrações à legislação sanitária federal, a Lei nº 6.437/1977 dispõe que "A reincidência específica torna o infrator passível de enquadramento na penalidade máxima e a caracterização da infração como gravíssima" (art. 8º, parágrafo único). Deve-se frisar que também neste caso o bem jurídico tutelado é a saúde e segurança do consumidor (saúde pública). Trata-se, todavia, de mera possibilidade, e não de imposição ao Administrador de que lance mão da referida penalidade, que pode chegar a ser o cancelamento da autorização para funcionamento da empresa ou do alvará de licenciamento do estabelecimento, mas que se deixa ao administrador a avaliação concreta da proporcionalidade dessa sanção.

Com efeito, nesse sentido, segundo Manual elaborado pela própria ANVISA, a aplicação da pena máxima não é mandatória; "Se houver reincidência o acusado deixa de ser primário e, se for reincidente específico, pode ser enquadrado na pena máxima e a infração considerada gravíssima, *sempre atendendo, no entanto, ao princípio da proporcionalidade referido anteriormente*".[52]

A Lei nº 9.847/99 estabelece uma gradação de penalidades que está diretamente relacionada com a gravidade da infração cometida, *verbis*:

> Art. 2º: Os infratores das disposições desta Lei e demais normas pertinentes ao exercício de atividades relativas à indústria do petróleo, à indústria de biocombustíveis, ao abastecimento nacional de combustíveis, ao Sistema Nacional de Estoques de Combustíveis e ao Plano Anual de Estoques Estratégicos de Combustíveis ficarão sujeitos às seguintes sanções administrativas, sem prejuízo das de natureza civil e penal cabíveis:
>
> I – *multa*;
>
> II – *apreensão de bens e produtos*;
>
> III – *perdimento de produtos apreendidos*;
>
> IV – *cancelamento do registro do produto junto à ANP*;

---

[50] OSÓRIO, Fábio Medina. *Direito Administrativo Sancionador*. 1. ed. São Paulo: Revista dos Tribunais, 2000. p. 200.
[51] BARROSO, Luis Roberto. *Curso de Direito Constitucional Contemporâneo*: os conceitos fundamentais e a construção do novo modelo. 2. ed. São Paulo: Saraiva, 2010. p. 306.
[52] MINISTÉRIO DA SAÚDE. *Agência Nacional de Vigilância Sanitária – ANVISA*. Disponível em: http://portal.anvisa.gov.br/wps/wcm/connect/c55f7700430f697882b6aa4e9319b768/Manual_PASAL_Livro2_PR%C3%81TICA.pdf?MOD=AJPERES. Acesso em 31 jul. 2014.

V – suspensão de fornecimento de produtos;

VI – suspensão temporária, total ou parcial, de funcionamento de estabelecimento ou instalação;

VII – cancelamento de registro de estabelecimento ou instalação;

VIII – revogação de autorização para o exercício de atividade.

[...]

Art. 4º: A pena de multa será *graduada de acordo com a gravidade da infração*, a vantagem auferida, a condição econômica do infrator e os seus antecedentes.

[...]

Art. 8º: A pena de suspensão temporária, total ou parcial, de funcionamento de estabelecimento ou instalação, será aplicada:

I – quando a multa, em seu valor máximo, não corresponder, *em razão da gravidade da infração*, à vantagem auferida em decorrência da prática infracional;

Ademais, nessa mesma esteira, justamente quando estamos diante da penalidade mais grave de todas (revogação de autorização para o exercício de atividade), que deveria, segundo a sistemática da lei e em consonância com os princípios da razoabilidade e proporcionalidade, ser reservada aos casos mais graves, deparamo-nos com uma incongruência lógica, em que a hipótese específica do art. 10, III determina, face à mera reincidência nas condutas dos incisos VIII e XI do art. 3º, a aplicação da pena de revogação, desconsiderando o elemento de gradação infracional, corolário da proporcionalidade.

Destarte, podemos nos confrontar, por exemplo, com a esdrúxula hipótese de um autorizatário ter seu vínculo com a Administração revogado por reincidir na conduta do inciso VIII do art. 3º tendo sido, em ambos os casos, apenado com o valor mínimo de multa (R$20.000,00), vez que incorrera em infrações de gravidade leve.

A conclusão, assim, é que não pode a ANP aplicar automática e necessariamente em todo e qualquer caso concreto a penalidade de revogação da autorização, sob pena de inadequação da sanção ao fato apenado, sendo dever da Administração realizar a adequação entre ilícito e sanção aplicável, inclusive na sua vertente de individualização da pena, que será vista no subtópico a seguir.

VI.1 Violação ao princípio da individualização da pena

Pelo exposto nos Tópicos anteriores, independentemente da interpretação da AGU quanto à ocorrência ou não de reincidência em caso de judicialização, quando diante de caso de revogação de autorização, a ANP não pode se furtar de adaptar a aplicação da Lei nº 9847 a casos concretos em que a sua aplicação se revelar inconstitucional, sob pena de violar também o princípio da individualização, pelo qual "cada infrator deve receber um tratamento individualizado, particular, com a possibilidade de conhecer as concretas e específicas razões do ato sancionador, podendo impugná-lo ou aceitá-lo. Essa individualização se aplica às pessoas jurídicas, igualmente dotadas e de peculiaridades relevantes, na perspectiva de assegurar sanções proporcionais".[53]

A Constituição Federal, em seu art. 5º, XLVI, demanda que, na aplicação da sanção, seja feito o exame individualizado da proporcionalidade entre fato ilícito e pena cominada. Veda-se, portanto, o mero exercício subsuntivo que deixe de observar a realidade dos fatos para pautar-se apenas numa prescrição legal abstrata. O dito princípio "Compreende três fases: cominação, aplicação e execução. Individualizar é ajustar a pena cominada, considerando os dados objetivos e subjetivos da infração penal, no momento da aplicação e da execução. Impossível, por isso, legislação ordinária impor (desconsiderando os dados objetivos e subjetivos) regime único inflexível".[54]

Ao estabelecer uma única sanção – gravíssima, frise-se – para todo e qualquer caso de reincidência dos incisos VIII e XI do art. 3º, não pode a Lei ser aplicada de forma a impedir qualquer possibilidade de ponderação e individualização da pena aplicada, em total inobservância do preceito constitucional. Veja-se que por esta lógica, um desastre de grandes proporções e um erro material na embalagem de um botijão poderiam vir a gerar as exatas mesmas consequências para o infrator.

Como já expôs o Supremo Tribunal Federal:

> VEDAÇÃO LEGAL IMPOSTA, EM CARÁTER ABSOLUTO E APRIORÍSTICO, QUE OBSTA, 'IN ABSTRACTO' [...] RECONHECIMENTO DA INCONSTITUCIONALIDADE DA REGRA LEGAL VEDATÓRIA (ART. 33, §4º, E ART. 44) PELO PLENÁRIO DESTA SUPREMA CORTE (HC Nº 97.256/RS) – OFENSA AOS POSTULADOS CONSTITUCIONAIS DA INDIVIDUALIZAÇÃO DA PENA E DA PROPORCIONALIDADE – O SIGNIFICADO DO PRINCÍPIO DA PROPORCIONALIDADE, VISTO SOB A PERSPECTIVA DA "PROIBIÇÃO DO EXCESSO": FATOR DE CONTENÇÃO E CONFORMAÇÃO DA PRÓPRIA ATIVIDADE NORMATIVA DO ESTADO – CARÁTER EXTRAORDINÁRIO DO ÓBICE À SUBSTITUIÇÃO – *O LEGISLADOR NÃO PODE VEDAR A CONVERSÃO DA PENA PRIVATIVA DE LIBERDADE POR SANÇÃO PENAL ALTERNATIVA, SEM A IMPRESCINDÍVEL AFERIÇÃO, PELO MAGISTRADO, DOS REQUISITOS DE ÍNDOLE SUBJETIVA E DOS PRESSUPOSTOS DE CARÁTER OBJETIVO DO SENTENCIADO (CP, ART. 44), SOB PENA DE GERAR SITUAÇÕES NORMATIVAS DE ABSOLUTA DISTORÇÃO E DE SUBVERSÃO DOS FINS QUE REGEM O DESEMPENHO DA FUNÇÃO ESTATAL* – PRECEDENTES [...] – o Poder Público, especialmente em sede penal, não pode agir imoderadamente, pois a atividade estatal, ainda mais em tema de liberdade individual, acha-se essencialmente condicionada pelo princípio da razoabilidade, que traduz limitação material à ação normativa do Poder Legislativo.[55]

O processo de sancionamento em exame, por conseguinte, não pode balizar-se pela aplicação automática da pena legalmente cominada à espécie, apresentando-se forçosa a valoração das particularidades fáticas do caso e subjetivas do agente para a eleição do tipo de sanção aplicável e sua intensidade.

Cabe à ANP, assim, dar tratamento conforme a Constituição à Lei em exame, de modo a verificar *na prática* se há estrita necessidade decorrente dos fatos concretos para

---

[53] OSÓRIO, Fabio Medina. *Direito Administrativo Sancionador*. São Paulo: Revista dos Tribunais, 2005. p. 374.
[54] HC nº 19420/SP, Rel. Ministro Vicente Leal, Sexta Turma, julgado em 02.04.2002, DJ 06.05.2002. p. 326.
[55] HC nº 103308, Relator(a): Min. Celso de Mello, Segunda Turma, julgado em 16.11.2010, DJe-036 DIVULG 22.02.2011 PUBLIC 23.02.2011 EMENT VOL-02469-01 PP-00089.

a revogação da autorização da pessoa jurídica, sob pena de incorrer em grave violação dos direitos desta. A eleição da penalidade a ser imposta pelo administrador deverá se dar através de um juízo de ponderação, com aplicação direta do princípio da proporcionalidade, a fim de se equalizar a gravidade da sanção imposta com a gravidade da infração cometida, o grau de culpa do agente e a lesividade da conduta.

VII Conclusões

Diante de todo o exposto, podemos formular as seguintes conclusões, que não prescindem, entretanto, da leitura da íntegra da presente Consulta:

- Após a análise literal e topográfica, deve, necessariamente, o intérprete proceder a uma verificação sistêmica para averiguar se a interpretação a que chegou se coaduna com o contexto e finalidade da norma.
- Aplicando-se a interpretação sistemática, pela qual a legislação usa, tanto no art. 8º quanto no art. 10, o instituto jurídico da *reincidência*, em ambas as espécies (especial e simples) do gênero cuja natureza jurídica é una, seja ela na modalidade simples ou específica, se pode concluir que o legislador, equivocadamente, tratou e esgotou o tema da reincidência dentro do art. 8º, quando deveria tê-lo feito em artigo apartado.
- Embora o legislador não tenha literalmente repetido a exceção constante do art. 8º, §2º, na redação do art. 10, isso não necessariamente implica a inaplicabilidade desta disposição a este segundo caso. Veja-se que, pela mesma lógica adotada pela AGU, o legislador deveria ter repetido inclusive a sua definição de *reincidência*, que também é feita por meio do parágrafo §1º no bojo apenas do art. 8º, de maneira que, pela lógica adotada pela AGU, para o caso de penalidade de revogação da autorização não haveria definição legal de reincidência e, em se tratando de regra restritiva de diretos e definidora de pena, sequer poderia ser-lhe aplicado por analogia o conceito de reincidência do art. 8º ou do Direito Penal.
- Em se tratando de norma de conteúdo sancionador, demandam as regras de hermenêutica que a interpretação seja *restritiva*.
- Teleologicamente, o fim almejado pelo legislador ao estabelecer a referida suspensão apenas pode ter sido o de evitar decisões conflitantes nas searas administrativa e judicial. É dizer, buscou-se aplicar a reincidência apenas após decisão *judicial* transitada em julgado, e com razão, pois as decisões administrativas, ainda que de última instância, em sua essência, são mutáveis.
- O intérprete, bem como o aplicador da lei, não podem se furtar de considerar os efeitos práticos, os possíveis resultados das orientações que vierem a adotar em sua atividade. A interpretação literal e topográfica do art. 8º, §2º, da Lei nº 9.847/99, de modo a que não se estenda sua aplicação para as hipóteses do art. 10, III, pode vir a causar perigosas implicações ao setor, considerando que, segundo informado pela Consulente, a maior parte dos autorizatários encontrar-se-ia, pela interpretação da AGU, em situação de reincidência das infrações previstas nos incisos VIII e/ou XI do art. 3º.

- A opção pela revogação das autorizações de absolutamente todos os titulares que se encontram em situação subsumida na hipótese literal do art. 10, III da Lei nº 9.847/99 acarretaria custos não apenas de ordem econômica, mas também política e social, como a interrupção do abastecimento dos consumidores, cuja manutenção é um dos principais objetivos a serem assegurados pela ANP (art. 8º, parágrafo único, Lei do Petróleo).
- Mesmo do ponto de vista exclusivamente do interesse público secundário da ANP muito mais eficiente seria esperar pelo provimento final da tutela jurisdicional, de modo a se resguardar de uma invalidação judicial que a levaria a ter que indenizar todos os prejuízos e lucros cessantes das empresas durante a vigência da revogação, podendo gerar prejuízos à própria Administração.
- A ANP não pode aplicar automática e necessariamente a penalidade de revogação da autorização, devendo, por imposição dos dois princípios constitucionais, da proporcionalidade e da individualização da pena, sempre adequar a intensidade da sanção à real e concreta gravidade dos fatos a serem apenados.

Estas, pois, as considerações que tínhamos a oferecer.

REGULAÇÃO DO TRANSPORTE DE COMBUSTÍVEIS. LIMITES À ATUAÇÃO DA ANTT*

Sumário

I   A consulta
II   Incompetência da ANTT: ausência de caráter complementar e técnico
III Desvio de finalidade da ANTT
IV Violação do princípio da motivação
IV.1 Inexistência dos motivos determinantes da edição da resolução
IV.2 Incongruência lógica da motivação
IV.3 Ausência de modificação da realidade para ensejar a mudança das normas
IV.4 Ausência de estudos técnicos prévios adequados
V   Inexistência de consulta e/ou audiência pública
VI Violação do princípio da proporcionalidade
VII Resposta aos quesitos

I A consulta

Somos consultados acerca da constitucionalidade e legalidade da Resolução nº 3.762/12, expedida pela Agência Nacional de Transportes Terrestres – ANTT.

---

*   Parecer elaborado em 10.04.2012.

Repousa a consulta formulada, especialmente, sobre o artigo 1º do referido diploma normativo, que conferiu nova redação ao artigo 25 da Resolução nº 3.665/11 para vedar que o condutor dos veículos transportadores de produtos perigosos participe das operações de carregamento, descarregamento ou transbordo da carga.

Informa a Consulta que o Decreto nº 96.044/88 dispõe em seu art. 19 que o condutor de caminhões com cargas perigosas, entre elas os combustíveis, pode participar acessoriamente das atividades de seu carregamento ou descarregamento, mas desde que devidamente treinado para tanto, e que o próprio Decreto, em seu art. 3º, autoriza o Ministério dos Transportes, a expedir normas complementares e modificações de caráter técnico em relação às suas regras.

A ANTT, por sua vez, tinha editado, antes da Resolução nº 3.762/12, alguns atos normativos sobre o transporte de cargas perigosas, sempre obedecendo ao rito das audiências públicas.

Narra a sua surpresa, então, quando, mediante a Resolução nº 3.762/12 (art. 25), a ANTT veio, sem nenhuma audiência ou consulta pública prévia, a mudar totalmente a disciplina estabelecida pelo Decreto nº 96.044/88 para vedar totalmente a participação do condutor de caminhões com cargas perigosas nas atividades de seu carregamento ou descarregamento.

Segundo nos informa a Consulente, a nova norma trouxe grande preocupação, tendo em vista o impacto negativo que causará sobre todo o sistema de logística de carga, descarga, transbordo e transporte das distribuidoras de combustíveis e o aumento substancial dos custos incorridos com pessoal, considerando a obrigatoriedade instituída via transversa pela Resolução a que sejam contratados trabalhadores com a finalidade única de carregar, descarregar e transbordar as cargas, funções que eram, outrora, desempenhadas pelos próprios condutores dos veículos transportadores.

Diante disso, apresenta-nos a Consulente os seguintes quesitos:

1) Na mesma linha do Decreto Presidencial nº 96.044/88, a Lei Federal nº 10.233/200, que dentre outras, medidas criou a ANTT, através do seu artigo 24, inciso XIV, neste particular, não teria concedido à referida Agência atribuição apenas para estabelecer *padrões e normas técnicas complementares* relativos às operações de transporte terrestre de cargas especiais e perigosas?

2) Na opinião de V.Sa., o disposto no artigo 25, alterado pela Resolução ANTT nº 3.762, constitui ato complementar e modificação de caráter técnico?

3) No contexto das três indagações acima, teria a ANTT competência normativa para modificar, como de fato e de direito modificou, o artigo 25 do RTRPP, suprimindo totalmente a ressalva que dava condição do condutor de veículo de transporte de carga perigosa participar das operações de carregamento, descarregamento e transbordo?

4) Ao alterar e suprimir totalmente a regra de exceção "salvo se devidamente treinado e autorizado pelo expedidor ou pelo destinatário e com a anuência do transportador", prevista no artigo 25 da Resolução ANTT nº 3.665/2011, que guardava semelhança com o disposto no artigo 19 do Decreto 96.044/88, sem sequer avaliar as condições do treinamento a que são submetidos os condutores, a ANTT não teria violado o Princípio da Proporcionalidade?

5) A Resolução ANTT nº 3.762/2012 não foi submetida à audiência pública nem tampouco a consulta pública. O consulente teve a informação de que

a alteração da referida Resolução teria sido precedida apenas e tão somente de "Reunião Participativa", disciplinada no artigo 2º, inciso II, da Resolução ANTT nº 3.705/2011, cujo convite para este instrumento de participação não foi estendido ao SINDICOM. Não obstante, considerando o conteúdo da alteração do artigo 25 da Resolução ANTT nº 3.665/2011, imposto pela Resolução ANTT nº 3.762/2012, indaga-se:
  i) O instrumento de participação e controle social denominado "Reunião Participativa" seria suficiente para preencher os requisitos de validade do ato administrativo questionado (Resolução ANTT nº 3.762/2012)?
  ii) Ao suprimir totalmente a exceção que permitia ao condutor de veículo de carga perigosa, mediante treinamento, participar das operações de carregamento e descarregamento, a norma modificada não teria restringido os direitos das associadas do SINDICOM, que há mais de 50 anos operam com a participação do condutor nas atividades de carregamento e descarregamento?
  iii) Tendo afetado restritivamente os direitos de agentes econômicos, a alteração imposta pela Resolução ANTT nº 3.762/2012 não deveria ser precedida de Audiência ou Consulta Públicas, na forma da regra do artigo 7º da Resolução ANTT nº 3.705/2011, que dispõe sobre instrumentos do Processo de Participação e Controle Social no âmbito da própria ANTT?
6) Ao deixar de se submeter à Audiência e/ou Consulta Públicas, a Resolução ANTT nº 3.762/2012 não estaria eivada de vício que a tornaria ilegal? Nesta condição ela produziria direitos ou geraria obrigações para os agentes econômicos?

Passamos, então a, do ponto de vista estritamente jurídico e sempre com base nas informações fornecidas pela Consulente, relatadas ao longo do texto, respondê-los.

II Incompetência da ANTT: ausência de caráter técnico relacionado à atividade de transporte

O artigo 24 da Lei nº 10.233/01 atribuiu à ANTT a possibilidade de "estabelecer padrões e normas *técnicas complementares*, relativos às operações de *transporte* terrestre de cargas especiais e perigosas" (inciso XIV).
Daí se extrai que a competência da ANTT estaria restrita (i) à complementação da legislação já existente; (ii) à natureza técnica das normas; e (iii) às operações de transporte terrestre de cargas especiais e perigosos.
In casu, nenhum destes três requisitos encontra-se presente.
A competência complementar pressupõe, evidentemente, o respeito às normas a serem complementadas, que poderiam apenas ser detalhadas ou ocorrer o preenchimento de lacunas normativas eventualmente existentes no Decreto.
A Resolução nº 3.762/12, contudo, não se limita a preencher lacunas normativas, mas cria, de verdade, uma vedação inexistente no Decreto, e, em se tratando de

liberdades individuais, onde não há restrição, vige a permissão. Contraria, assim, a permissão inferível do Decreto.

Além disso, apesar de dificultado pela ausência de audiência pública, na qual eventualmente a agência poderia ter apresentado alguma razão técnica para a vedação *tout court* empreendida pelo art. 25 da Resolução nº 3.762/12, não se vislumbra na regra uma questão técnica relacionada à matéria de transporte, pois, por exemplo, teria havido caráter técnico atinente ao transporte se tivesse tratado dos requisitos necessários do treinamento pelo qual o condutor de veículo de transporte de carga perigosa teria que passar para ajudar no carregamento e descarregamento da carga ou estabelecido procedimentos ou equipamentos técnicos para tanto.

Ademais, como informa o Consulente, também não ocorreu nenhuma inovação tecnológica, seja nos transportes, seja nas cargas perigosas, relacionada com a necessidade de o condutor dos caminhões com cargas perigosas não poderem mais auxiliar no seu carregamento ou descarregamento.

As agências reguladoras possuem competência para editar regras de cunho *técnico*[1] relacionado a atividades específicas do setor regulado, justificando-se aí a autonomia reforçada[2] e o poder normativo que as caracteriza: "a necessária especialização técnica destes aparatos administrativos setoriais fez com que adquirissem poder decisório nas matérias de sua competência, que, a partir de então, foram retiradas do âmbito competencial do poder estatal central".[3]

Segundo expusemos na seara doutrinária, "o caráter técnico da atuação das agências reguladoras se revela através dos requisitos de formação técnica que a lei impõe aos seus dirigentes e, principalmente, pelo fato dos seus atos e normas demandarem conhecimento técnico e científico especializado para que possam ser emanados, aplicados e fiscalizados".[4]

Normas técnicas atinentes ao *transporte* de cargas perigosas são aquelas que visam a tornar o transporte destas mercadorias possível, com eliminação ou redução ao máximo dos riscos envolvidos na operação, através da classificação do nível de periculosidade

---

[1] Não se está aqui a afirmar que uma agência reguladora está isenta de quaisquer ingerências ou influências políticas, atuando de forma imparcial sempre. Como já ressaltamos anteriormente, "não podemos ter a ingenuidade de achar que a tecnicidade é sempre acompanhada de imparcialidade, já que, salvo em casos limites, o saber técnico pode perfeitamente ser instrumentalizado em favor de diversos fins políticos" (ARAGÃO, Alexandre Santos. *Agências Reguladoras e a Evolução do Direito Administrativo Econômico*. Rio de Janeiro: Forense, 2006. p. 324). Contudo, tal constatação não ilide a afirmativa de que há matérias e escolhas afetas ao Poder Legislativo, demandando amplo debate e participação democrática, que não podem, por conseguinte, ser resolvidas no seio de uma agência reguladora, tal como ocorre no caso concreto.

[2] Conforme expusemos no nosso *Agências Reguladoras e a Evolução do Direito Administrativo Econômico*, "tais entidades foram dotadas de amplos poderes, notadamente de natureza normativa, vez que, de outra forma, não poderiam realizar satisfatoriamente (agilidade, informalidade, constante adaptação à realidade cambiante, etc.) suas atribuições, o que exige um corpo de titulares revestidos das prerrogativas necessárias à manutenção da sua impermeabilidade em face dos interesses políticos transitórios e dos interesses econômicos regulados" (ARAGÃO, Alexandre Santos. *Agências Reguladoras e a Evolução do Direito Administrativo Econômico*. Rio de Janeiro: Forense, 2006. p. 218). "A necessidade de descentralização normativa, principalmente de natureza técnica, é a razão de ser das entidades reguladoras independentes, ao que podemos acrescer o fato de a competência normativa, abstrata e concreta, integrar o próprio conceito de regulação" (ARAGÃO, Alexandre Santos. *Agências Reguladoras e a Evolução do Direito Administrativo Econômico*. Rio de Janeiro: Forense, 2006. p. 380).

[3] ARAGÃO, Alexandre Santos. *Agências Reguladoras e a Evolução do Direito Administrativo Econômico*. Rio de Janeiro: Forense, 2006. p. 182.

[4] ARAGÃO, Alexandre Santos. *Agências Reguladoras e a Evolução do Direito Administrativo Econômico*. Rio de Janeiro: Forense, 2006. p. 323.

das cargas, os tipos de embalagens a serem utilizadas, restrições de utilizações de vias, de velocidade, temperaturas, condicionamentos à movimentação e documentação das cargas, etc. São, portanto, normas voltadas à operacionalidade do transporte.

Logo, a regra instituída pela Resolução nº 3762/12 para o artigo 25 da Resolução nº 3.665/11 não possui natureza *técnica*, sendo na verdade uma regra de *política pública*.

Conforme nos informa a Consulente, a regra em comento insere-se em um contexto de crescente questionamento realizado por atores públicos e privados diversos relativamente à utilização de motoristas no carregamento e descarregamento de mercadorias, o que, segundo aduzem os partidários da vedação à realização de tais atividades pelo condutor, desvirtuaria o escopo da profissão e impediria a criação de novos postos de trabalho no setor.

A matéria objeto da Resolução nº 3.762/12 possui, cunho inegavelmente político, afeta a questões de políticas públicas para geração de empregos e proteção dos trabalhadores, cuja seara de debate não pode ser uma agência reguladora criada para a regulamentação eminentemente técnica do setor de transportes e que, no âmbito do transporte de cargas perigosas, é limitada pelo art. 3º do Decreto nº 96.00/88 às regras de caráter técnico.

Toda norma é sempre de alguma forma ao mesmo tempo técnica e política. Mas quando se exige que a complementação normativa seja de caráter técnico, impõe-se uma relação de eminência, de preponderância.

Não bastasse a ausência de caráter complementar e eminentemente técnico, a norma expedida, ainda visa a regular atividade que não configura propriamente *transporte* terrestre de cargas perigosas ou especiais.

Transporte é o "ato, efeito ou operação de transportar",[5] e, transportar, consiste em "conduzir ou levar de um lugar para o outro".[6] Portanto, o transporte é atividade dinâmica, que pressupõe movimentação de um ponto a outro.

As atividades de carga, descarga e transbordo, por sua vez, consistem em, respectivamente, "ato ou efeito de carregar",[7] isto é, "pôr carga em";[8] "ato ou efeito de descarregar",[9] "tirar a carga de";[10] e "passagem (de viajantes, mercadorias, etc.) dum veículo para outro".[11]

Não se confundem, por conseguinte, com a atividade de transporte, sendo certo que tanto na carga e descarga, quanto no transbordo, o veículo encontra-se, salvo excepcionalíssimas exceções, parado, faltando-lhes, assim, ontologicamente o dinamismo, a movimentação de um ponto a outro, que é peculiar e inerente ao ato de transporte.

---

[5] FERREIRA, Aurélio Buarque de Holanda. *Miniaurélio*: o minidicionário da língua portuguesa dicionário. 7. ed. Curitiba: Ed. Positivo, 2008. p. 787.

[6] FERREIRA, Aurélio Buarque de Holanda. *Miniaurélio*: o minidicionário da língua portuguesa dicionário. 7. ed. Curitiba: Ed. Positivo, 2008. p. 787.

[7] FERREIRA, Aurélio Buarque de Holanda. *Miniaurélio*: o minidicionário da língua portuguesa dicionário. 7. ed. Curitiba: Ed. Positivo, 2008. p. 212.

[8] FERREIRA, Aurélio Buarque de Holanda. *Miniaurélio*: o minidicionário da língua portuguesa dicionário. 7. ed. Curitiba: Ed. Positivo, 2008. p. 215.

[9] FERREIRA, Aurélio Buarque de Holanda. *Miniaurélio*: o minidicionário da língua portuguesa dicionário. 7. ed. Curitiba: Ed. Positivo, 2008. p. 298.

[10] FERREIRA, Aurélio Buarque de Holanda. *Miniaurélio*: o minidicionário da língua portuguesa dicionário. 7. ed. Curitiba: Ed. Positivo, 2008. p. 298.

[11] FERREIRA, Aurélio Buarque de Holanda. *Miniaurélio*: o minidicionário da língua portuguesa dicionário. 7. ed. Curitiba: Ed. Positivo, 2008. p. 785.

Sendo assim, as atividades de carregamento e descarregamento, por serem, respectivamente, anteriores e posteriores à atividade de transporte, não podem ser reguladas pela ANTT, ainda que digam respeito a cargas de natureza perigosa e especial.

O artigo 1º da Resolução nº 3.762/12, que atribuiu nova redação ao artigo 25 da Resolução nº 3.665/11, ao vedar ao condutor a realização das atividades de carregamento, descarregamento e transbordo – que são realizadas quando o veículo está parado, e não em trânsito de um ponto a outro, repise-se – extrapolou a competência regulamentar da ANTT, pois se debruçou sobre atos que não configuram transporte terrestre, inexistindo, por outro lado, qualquer outra norma que atribua à Agência a competência para normatizar a carga, descarga e transbordo de cargas perigosas ou especiais.

Em acréscimo, a título argumentativo, é de se esclarecer que, mesmo que se atribua uma interpretação ampliativa à expressão "transporte terrestre", para abarcar também as atividades preparatórias e acessórias à movimentação das cargas – o que não nos parece possível, devido à restrição realizada pelo próprio legislador – e se considere que a Resolução nº 3.762/12 amparou-se em parâmetros técnicos quanto à segurança dos condutores para editar a norma em tela, ainda assim não seria a ANTT competente para promover a restrição intentada, na medida em que a motivação que a levou à edição da norma, segundo minudenciaremos no Tópico IV, foi, informa-nos a Consulente, o resguarde da segurança dos condutores, já que as competências para disciplinar normas atinentes à segurança no trabalho e aos direitos e deveres dos trabalhadores são do Ministério do Trabalho e Emprego – MTE e do Congresso Nacional, sendo vedado à ANTT instituir regras que tenham por finalidade interesses outros que não a eficiência, segurança, conforto, regularidade, pontualidade e modicidade nos fretes e tarifas relativos ao transporte em si, não normas de segurança do trabalho dos trabalhadores que instrumentalmente participam da atividade de transporte.

Tanto assim que a norma técnica (157/2011/DSST/SIT) que lastreou a Resolução nº 3.762/12 foi exarada pelo Ministério do Trabalho, restando ali expressamente consignado que "o objetivo da alteração proposta [no artigo 19 do Decreto nº 96044/88, quanto ao emprego de motoristas no carregamento, descarregamento e transbordo de cargas] diz respeito exclusivamente a matéria de competência do Ministério do Trabalho e Emprego" (item 11). Então, o Ministério do Trabalho que deveria, se julgasse conveniente, regular a matéria. E mais, como as competências administrativas são irrenunciáveis, pouco importa que tenha sido o próprio Ministério do Trabalho a provocar a Agência a praticar o ato, se este não era da competência desta.

Pode-se, então, concluir que a Resolução nº 3.762/12 (i) não se limitou a complementar uma legislação já existente sobre a matéria, criando, na verdade, uma nova vedação, contrária à regra de liberdade que dele no ponto decorreria; (ii) não possui natureza técnica, mas de política pública trabalhista; e (iii) tampouco repousa sobre a atividade de transporte em si, invadindo assuntos de competência do Ministério do Trabalho.

III Desvio de finalidade da ANTT

As proposições jurídicas devem a sua origem a um fim, a um motivo prático, lecionando Ihering que o Direito volta-se à proteção das condições de vida da sociedade, realizada pelo poder público por meio da força. Significa que o Direito *é* um instrumento de realização de interesses sociais, tendo a finalidade das normas jurídicas papel fundamental no seu processo criativo e legitimador: "qualquer que seja a diversidade de interesses que apresentem os diversos direitos, todo direito estabelecido é a expressão de um interesse reconhecido pelo legislador que merece e reclama sua proteção".[12]

Especialmente o Direito Administrativo, entendido como um meio para a realização do interesse público, tal como especificado pelo ordenamento jurídico, a finalidade ocupa papel central, devendo o administrador guiar-se sempre pelos fins que justificaram a atribuição de suas competências.

In casu, a nova redação atribuída pela Resolução nº 3.762/12 ao artigo 25 da Resolução nº 3.665/11 teria por finalidade, vimos, garantir a segurança dos condutores no carregamento, descarregamento e transbordo de cargas perigosas, bem como o adimplemento das Convenções OIT nº 136, 139 e 170, na esteira do exposto pela nota técnica nº 157/2011/DSST/SIT do Ministério do Trabalho e Emprego.

A finalidade implícita na resolução ainda evidencia a intenção de geração de mais postos de trabalho no setor, já que essa é a consequência direta da medida.

Sucede que, por mais nobre ou não que sejam as intenções da norma, a ANTT não tem por escopo – além de não possuir competência para tanto, segundo exposto supra (Tópico II.2) – a promoção da segurança de trabalhadores ou a criação de postos de trabalho, ainda que estejam estes envolvidos com atividades de transporte ou com a ele correlatas.

Consoante o artigo 20 da Lei nº 10.233/01, os fins a serem perseguidos pela ANTT consistem em:

> I – implementar, em suas respectivas esferas de atuação, as políticas formuladas pelo Conselho Nacional de Integração de Políticas de Transporte e pelo Ministério dos Transportes, segundo os princípios e diretrizes estabelecidos nesta Lei;
>
> II – regular ou supervisionar, em suas respectivas esferas e atribuições, as atividades de prestação de serviços e de exploração da infra-estrutura de transportes, exercidas por terceiros, com vistas a:
>
> a) garantir a movimentação de pessoas e bens, em cumprimento a padrões de eficiência, segurança, conforto, regularidade, pontualidade e modicidade nos fretes e tarifas;
>
> b) harmonizar, preservado o interesse público, os objetivos dos usuários, das empresas concessionárias, permissionárias, autorizadas e arrendatárias, e de entidades delegadas, arbitrando conflitos de interesses e impedindo situações que configurem competição imperfeita ou infração da ordem econômica.

O objetivo da ANTT relacionado à segurança, por conseguinte, diz respeito unicamente à movimentação de pessoas e bens, e não à mão-de-obra empregada no transporte, carregamento, descarregamento ou transbordo de bens ou pessoas.

---

[12] IHERING, Rudolf von. *La Dogmática Jurídica*. Buenos Aires: Editorial Losada, 1946. p. 183. E complementa: "No domínio do Direito nada existe senão pelo fim e para o fim; todo o Direito não é mais do que uma criação do fim. [...] Podemos dizer que o Direito representa a forma da garantia das condições de vida da sociedade, assegurada pelo poder econômico de que o Estado dispõe".

Especificamente no que concerne à movimentação de produtos perigosos, a Recomendação das Nações Unidas para o Transporte de Produtos Perigosos, invocada pela própria Convenção OIT nº 170, dispõe que o desígnio da regulação nesta seara deve ser o de viabilizar a possibilidade do *transporte* destas substâncias, através da eliminação dos riscos ou de sua redução ao mínimo possível (Princípios subjacentes à regulação do transporte de cargas perigosas, item 4).

A atenção do regulador deve, portanto, voltar-se à segurança da carga e sua manipulação, e não à segurança do trabalhador em si, o qual tem os seus interesses resguardados, no Brasil, pelo Ministério do Trabalho e Emprego, a quem compete, *ex vi* dos incisos III e VI do artigo 1º do Decreto nº 5.063/04, fiscalizar o trabalho e promover a segurança e a saúde no trabalho.

Dessa maneira, a ANTT, por visar a atingir finalidades diversas daquelas que lhe foram expressamente outorgadas por lei, incorreu em desvio de finalidade, violando o artigo 37, *caput*, da Constituição, que positivou o Princípio da Finalidade como um dos nortes a serem seguidos pela Administração Pública.

Celso Antônio Bandeira de Mello leciona que os poderes outorgados às instituições administrativas são instrumentais ao alcance das finalidades que lhe foram incumbidas de satisfazer o bem comum. Por isso, "o uso das prerrogativas da Administração é legítimo se, quando e na medida indispensável ao atendimento dos interesses públicos [...]. As prerrogativas da Administração não devem ser vistas ou denominadas como 'poderes' ou como 'poderes-deveres'. Antes se qualificam e melhor se designam como 'deveres-poderes', pois nisto se ressalta sua índole própria e se atrai atenção para o aspecto subordinado do poder em relação ao dever, sobressaindo, então, o aspecto finalístico que as informa, do que decorrerão suas inerentes limitações".[13]

Significa, então, que o exercício do poder pela Administração Pública só é válido e legítimo se conectado diretamente e limitado às suas finalidades, porquanto "ditos poderes são irrogados, única e exclusivamente, para propiciar o cumprimento do dever a que estão jungidos; ou seja, são conferidos como meios impostergáveis ao preenchimento da finalidade que o exercente da função deverá suprir".[14]

A divisão de funções no âmbito administrativo, por conseguinte, visa a otimizar o cumprimento dos fins alçados pelo ordenamento jurídico, conferindo a necessária especialização aos órgãos e entidades para que melhor realizem os interesses públicos que justificaram a sua criação.

Nesse sentido, Eduardo Garcia de Enterría e Tomás-Ramón Fernandez esclarecem que "os poderes administrativos não são abstratos, utilizáveis para qualquer finalidade; são poderes funcionais, outorgados pelo ordenamento em vista de um fim específico, com o quê apartar-se do mesmo obscurece sua fonte de legitimidade",[15] espelhando o assim chamado *Princípio da Especialidade*.

Daí que o desvio da finalidade originalmente atribuída à dada entidade administrativa retira-lhe toda legitimidade e validade. Nos dizeres de Adilson Dallari, o "desvio de poder é uma ilegalidade disfarçada; é uma ilicitude com aparência de legalidade.

---

[13] BANDEIRA DE MELLO, Celso Antônio. *Curso de Direito Administrativo*. 17. ed. São Paulo: Malheiros, 2004. p. 62-63.

[14] BANDEIRA DE MELLO, Celso Antônio. *Curso de Direito Administrativo*. 17. ed. São Paulo: Malheiros, 2004. p. 88.

[15] ENTERRIA, Eduardo Garcia; FERNÁNDEZ, Tomás-Ramón. *Curso de Derecho Administrativo*. 4. ed. Madrid: Civitas, 1983. t. I, p. 442.

Ao vício propriamente jurídico agrega-se o vício ético; o embuste, a intenção de enganar. Pelo desvio de poder violam-se, simultaneamente, o princípio da legalidade e da moralidade administrativa. Em razão dessa intenção do agente, diversa da finalidade com a qual se anuncia que o ato foi praticado, a doutrina costuma designar o desvio de poder também como desvio de finalidade".[16]

Configura-se o desvio de poder, Consoante Cretella Júnior, quando este é "exercido em sentido diferente daquele em vista do qual fora estabelecido".[17]

A alínea "e" do parágrafo único da Lei da Ação Popular – Lei nº 4.717/65 – prescreve que o desvio de finalidade se verifica "quando o agente pratica o ato visando a fim diverso daquele previsto, explícita ou implicitamente, na regra de competência".

No presente caso, a regra de competência da ANTT permite-lhe debruçar-se unicamente sobre a segurança do transporte e movimentação de pessoas e bens, e não sobre a segurança dos trabalhadores (*in casu*, motoristas) envolvidos nas operações de carga, descarga e trasbordo de mercadorias, de modo que a Resolução nº 3.762/12 viola o artigo 20 da Lei nº 10.233/01, que restringe a finalidade da agência reguladora ao *transporte*.

E o desvio de finalidade se caracteriza mesmo quando o agente público pratica o ato no interesse público, mas para interesses públicos distintos dos interesses públicos específicos para os quais a Lei lhe outorgou a competência.[18]

Como explica Celso Antônio Bandeira de Mello, "não se pode buscar através de um dado ato a proteção de bem jurídico cuja satisfação deveria ser, em face da lei, obtida por outro tipo ou categoria de ato. Ou seja: cada ato tem a finalidade em vista da qual a lei o concebeu. Por isso, por via dele só se pode buscar a finalidade que lhe é correspondente, segundo o modelo legal".[19]

Dessa maneira, mesmo que o interesse dos condutores de veículos pudesse ser considerado um interesse público com a amplitude que o termo deve trazer consigo, estaria configurado o vício pelo desvio da finalidade específica preconizada pela norma de competência da ANTT, que não é a de defender os trabalhadores, mas sim o de regular a segurança no transporte e movimentação de cargas e pessoas.

Decorre daí desvio de poder porque, ao aparentar impor uma obrigação para atender normas de segurança de transporte de produtos perigosos, está, na realidade, regulando matérias atinentes à segurança e saúde no trabalho, cuja competência é do Ministério do Trabalho (art. 1º, VI do Decreto nº 5.063/04).[20]

---

[16] DALLARI, Adilson. Desvio de Poder na Anulação de Ato Administrativo. *Revista Eletrônica de Direito do Estado*, n. 07. Disponível em: http://www.direitodoestado.com/revista/REDE-7-JULHO-DESVIO%20DE%20PODER-ADILSON%20DALLARI.pdf. Acesso em 18 ago. 2019.

[17] CRETELLA JÚNIOR, José. *Curso de Direito Administrativo*. 17. ed. Rio de Janeiro: Ed. Forense, 2000. p. 290.

[18] BANDEIRA DE MELLO, Oswaldo Aranha. *Princípios Gerais de Direito Administrativo*. Rio de Janeiro: Forense, 1969. v. I, p. 430-436.

[19] BANDEIRA DE MELLO, Celso Antônio. *Curso de Direito Administrativo*. 17. ed. São Paulo: Malheiros, 2004. p. 371.

[20] "Art. 1º. O Ministério do Trabalho e Emprego, órgão da administração federal direta, tem como área de competência os seguintes assuntos: [...] VI – segurança e saúde no trabalho".

IV Violação do princípio da motivação

Ex vi do artigo 37 da Constituição e dos artigos 2º, *caput*,[21] e 50, I e II,[22] da Lei nº 9.847/99, a Administração Pública tem dever de motivação na realização de suas atividades.

Expõe Diogo de Figueiredo Moreira Neto que "o princípio da motivação é instrumental e corolário do princípio do devido processo da lei (art. 5º, LIV, CF), tendo necessária aplicação às decisões administrativas e às decisões judiciárias".[23]

Portanto, a motivação dos atos administrativos é exigência de uma administração democrática,[24] lastreando o processo decisório do poder público.

Especificamente na seara regulatória, Norbert Reich[25] elucida que a produção normativa deve ser motivada por dados factuais essenciais, em que se baseia a norma, pela metodologia utilizada no raciocínio a partir dos dados até a norma proposta e pela perquirição dos impactos da norma proposta, inclusive para fins de patentear a sua proporcionalidade.

No caso concreto, porém, os dados factuais essenciais invocados pela ANTT para edição da Resolução nº 3.762/12 não correspondem à realidade, inexistindo motivação fática suficiente a ensejar a modificação das regras atinentes à carga, descarga e transbordo de mercadorias perigosas, tendo deixado, ainda, de ser explicitadas e ponderadas as consequências da norma proposta para o ambiente regulado, como passamos a ver nos subtópicos seguintes.

IV.1 Inexistência dos motivos determinantes à edição da resolução

A chamada teoria da causa/motivo[26] do ato administrativo demonstra a aderência de toda manifestação administrativa a um substrato real e concreto, a partir do qual se forma e no qual se apreende o seu específico fundamento.

Nas palavras de Caio Tácito, "a realização do ato pressupõe, por outro lado, certos antecedentes objetivos. A autoridade competente não atua no vácuo; ela se movimenta

---

[21] "Art. 2º. A Administração Pública obedecerá, dentre outros, aos princípios da legalidade, finalidade, motivação, razoabilidade, proporcionalidade, moralidade, ampla defesa, contraditório, segurança jurídica, interesse público e eficiência".

[22] "Art. 50. Os atos administrativos deverão ser motivados, com indicação dos fatos e dos fundamentos jurídicos, quando: I – neguem, limitem ou afetem direitos ou interesses; II – imponham ou agravem deveres, encargos ou sanções".

[23] MOREIRA NETO, Diogo de Figueiredo. *Curso de Direito Administrativo*. 14. ed. Rio de Janeiro: Ed. Forense, 2006. p. 100-101.

[24] REAL, Alberto Ramón. La fundamentación del acto administrativo. *Revista de Derecho* Público – RDP, n. 6, p. 17, 2016.

[25] REICH, Norbert. A Crise Regulatória: ela existe e pode ser resolvida? *In*: MATTOS, Paulo Todescan (Coord.). *Regulação Econômica e Democracia*: o debate europeu. São Paulo: Singular, 2006. p. 77.

[26] De acordo com José Cretella Júnior, "não é possível separar de modo absoluto a causa do motivo, quando se trata de ato administrativo" (CRETELLA JÚNIOR, José. *Dos atos administrativos especiais*. Rio de Janeiro: Forense, 1998. p. 244). Para ele, a distinção entre os dois conceitos é sutil (CRETELLA JÚNIOR, José. *Dos atos administrativos especiais*. Rio de Janeiro: Forense, 1998. p. 243).

em função de aspectos de fato ou de direito que determinam a sua iniciativa. O ato administrativo se inicia, portanto, com a verificação da existência dos motivos".[27]

Como expõe Carvalho Filho, o motivo "deve sempre guardar compatibilidade com a situação de fato que gerou a manifestação da vontade. E não se afigura estranho que se chegue a essa conclusão: se o motivo se conceitua como a própria situação de fato que impele a vontade do administrador, a inexistência dessa situação provoca a invalidação do ato. [...]. *Se o interessado comprovar que inexiste a realidade fática mencionada no ato como determinante da vontade, estará ele irremediavelmente inquinado de vício de legalidade*".[28]

Hely Lopes Meirelles, igualmente, leciona que "os atos administrativos, quando tiverem sua prática motivada, ficam vinculados aos motivos expostos, para todos os efeitos jurídicos. Tais motivos é que determinam e justificam a realização do ato, e, por isso mesmo, deve haver perfeita correspondência entre eles e a realidade. Mesmo os atos discricionários, se forem motivados, ficam vinculados a esses motivos como causa determinante de seu cometimento e se sujeitam ao confronto da existência e legitimidade dos motivos indicados. *Havendo desconformidade entre os motivos determinantes e a realidade, o ato é inválido*".[29]

A denominada Teoria dos Motivos Determinantes impõe que motivos que ensejaram e determinaram a expedição dos atos administrativos sejam perfeitamente congruentes com a realidade, de modo que, se, em algum momento, essa combinação de fatores não se verificar, o ato será inválido.

In casu, há um descolamento entre o motivo (cumprimento das Convenções da OIT) que lastreou a modificação do artigo 25 da Resolução nº 3.665/12 pela Resolução nº 3.762/12 e a realidade, inquinando-a de nulidade.

A vedação à participação do condutor de caminhões com cargas perigosas nas atividades de seu carregamento ou descarregamento realizada pela Resolução nº 3.762/12 pautou-se, segundo informado pela Consulente, na nota técnica nº 157/2011/DSST/SIT expedida pelo Ministério do Trabalho e Emprego – MTE, que propôs a alteração de "medida de segurança e saúde no trabalho prevista no regulamento para o transporte rodoviário de produtos perigosos, que consta do Decreto nº 96044/1988, reduzindo a exposição ocupacional dos motoristas do setor a benzeno, produtos químicos e/ou cancerígenos, ampliando a proteção à segurança e saúde dos trabalhadores e atendendo requisitos previstos em convenções internacionais do trabalho ratificadas pelo Brasil".

Tal nota técnica assinalou que o Brasil é signatário da Convenção OIT nº 139 (Sobre o Câncer) e Convenção nº 170 (Sobre Produtos Químicos), que preveem a redução do número de trabalhadores expostos às substâncias ou agentes cancerígenos e da duração e dos níveis dessa exposição ao mínimo compatível com a segurança, e da Convenção OIT nº 136 (Sobre o Benzeno), segundo a qual a utilização do benzeno deverá ser proibida em certos trabalhos.

Assinalou também a existência de denúncias ao MTE de que os motoristas não recebem treinamento, nem medidas de proteção adequadas nas operações de carregamento, descarregamento e transbordo da carga; e a necessidade de os trabalhadores

---

[27] TÁCITO, Caio *apud* CINTRA, Antônio Carlos de Araújo. *Motivo e motivação do ato administrativo*. São Paulo: Revista dos Tribunais, 1979. p. 93.
[28] FILHO, Carvalho. *Manual de Direito Administrativo*. 16. ed. Rio de Janeiro: Lumen Juris, 2006. p. 103. Grifou-se.
[29] LOPES MEIRELLES, Hely. *Direito Administrativo Brasileiro*. 37. ed. São Paulo: Malheiros, 2011. p. 202-203.

atuantes na carga e descarga conheçam as especificidades do produto manipulado e possuam proteção adicional ao simples fornecimento do EPI (equipamento de proteção individual).

Foi com fulcro em tais informações e argumentos que a ANTT modificou a redação do artigo 25 da Resolução nº 3.665/11, vinculando-se, assim, à motivação expendida pelo MTE, a qual, contudo, *não condiz com a realidade*.

Com efeito, a Convenção OIT nº 136, embora preveja, em seu artigo 2.1 que "sempre que se disponha de produtos de substituição inócuos ou menos nocivos, deverão utilizar-se tais produtos em lugar do benzeno ou dos produtos que contenham benzeno" e, em seu artigo 4º, que "1. Deverá ser proibido o emprego de benzeno ou de produtos que contenham benzeno em certos trabalhos que a legislação nacional determinar" e "2. Esta proibição deverá compreender, pelo menos, o emprego de benzeno ou e produtos que contenham benzeno como solvente ou diluente, salvo quando se efetuar a operação num sistema estanque ou sejam utilizados outros métodos de trabalho, igualmente seguros", ressalva, no artigo 2.2 o seguinte:

2. O parágrafo 1 do presente Artigo *não* se aplica:

a) à produção de benzeno;

b) ao emprego de benzeno em trabalhos de síntese química;

c) *ao emprego de benzeno nos carburantes*;

d) aos trabalhos de análise ou de investigação realizados em laboratório.

Dessa maneira, *as vedações ao emprego de benzeno invocadas pela ANTT não se aplicam, por previsão expressa das próprias vedações da OIT, aos combustíveis distribuídos pelas associadas da Consulente*, sendo certo, ainda, que as prescrições do artigo 4º da Convenção nº 136 devem ser lidas de forma sistemática, à luz da exceção insculpida no artigo 2.1 do mencionado diploma, no sentido de que o emprego de benzeno em trabalhos que envolvam a indústria de carburantes não é proibido.

Isto porque não existiria lógica em permitir o artigo 2.2 da Convenção nº 136 da OIT o emprego de benzeno em carburantes se o escopo da legislação fosse impedir a sua manipulação.

Tal interpretação se afiguraria sobremaneira contraditória, infringindo o princípio da congruência e unidade, porquanto, por um lado, estaria permitido o uso de benzeno em combustíveis (artigo 2.2), mas, por outro lado, restaria vedada a sua circulação e a sua utilização econômica, tendo em vista que a cadeia dos combustíveis depende do trabalho humano, não podendo ser operada exclusivamente por máquinas.

Carlos Maximiliano leciona que "sempre que se descobre uma *contradição*, deve o hermeneuta desconfiar *de* si; presumir que *não* compreendeu bem *o sentido de* cada um *dos* trechos ao parecer *inconciliáveis*, sobretudo se ambos se acham *no* mesmo *repositório*. Incumbe-lhe preliminarmente fazer tentativa para harmonizar os textos; *a* este *esforço* ou arte os Estatutos *da* Universidade *de* Coimbra, *de* 1772, denominavam *Terapêutica Jurídica*".[30]

---

[30] MAXIMILIANO, Carlos. *Hermenêutica e aplicação do direito*. 14. ed. Rio de Janeiro: Forense, 1994. p. 134.

Logo, o artigo 4º deve ser lido em conjunto com o artigo 2.2 da Convenção nº 136 da OIT, no sentido de que não estão vedados os trabalhos que envolvam a manipulação de combustível composto de benzeno.

Se fosse entendida a regra do artigo 4º como uma vedação ao emprego de mão-de-obra no carregamento, descarregamento e transbordo de combustíveis, seria retirada toda a utilidade prática da exceção aberta pelo artigo 2.2 da mesma Convenção pela impossibilidade de circulação dos combustíveis.

Por isso, deve-se sempre preferir "o sentido conducente ao resultado mais razoável, que melhor corresponda às necessidades da prática [...]. É antes de crer que o legislador haja querido exprimir o consequente e adequado à espécie do que o evidentemente injusto, descabido, inaplicável, sem efeito".[31]

Destarte, o artigo 4º da Convenção OIT nº 136 não impede, reversamente ao exposto nos motivos que deram azo à edição da Resolução nº 3.762/12, o emprego de trabalhadores – *in casu*, de condutores de veículos ou qualquer outro profissional – no carregamento, descarregamento e trasbordo de combustíveis.

E, tratando-se a Convenção OIT nº 136 de norma especial (Sobre o Benzeno) frente às Convenções OIT nº 139 (Sobre o Câncer) e 170 (Sobre Produtos Químicos), tampouco estes diplomas lastreiam a assertiva de que as normas internacionais do trabalho proíbem a utilização dos condutores no carregamento, descarregamento e transbordo de combustíveis, invalidando, assim, a motivação invocada pela ANTT quando da edição da Resolução sob exame.

Por fim, também a justificativa do MTE, abrigada pela ANTT, de que os motoristas não recebem treinamento, nem medidas de proteção adequadas nas operações de carregamento, descarregamento e transbordo da carga improcede, de acordo com as informações prestadas pela Consulente. Teria, então, que impor e fiscalizar os requisitos para esse treinamento.

Destarte, sob todas as óticas, os motivos determinantes invocados pela ANTT para edição da Resolução nº 3.762/12 são descompassados com a realidade fática e jurídica, implicando na nulidade a Resolução nº 3.762/12.

IV.2 Incongruência lógica da motivação

Ainda que fosse o caso de vedar o carregamento, descarregamento e transbordo de combustíveis por trabalhadores porque tóxicos e nocivos, *tal vedação não poderia recair unicamente sobre os condutores dos veículos*, mas deveria ser estendida a todos que exercem tais atividades, porquanto inexiste fundamento relacionado direta e exclusivamente com profissão de motorista que justifique o impedimento de que somente este tipo de trabalhador seja impedido de manipular tais mercadorias, ou porque só eles poderiam ser por elas atingidas, ou porque eles devem merecer mais proteção que os demais.

Realmente, nas Convenções OIT invocadas não há qualquer norma especial relativamente a condutores de veículos, nem regras cuja aplicação possa deixar de ser realizada pelo fato de o trabalhador encarregado da carga, descarga e transbordo ser,

---

[31] MAXIMILIANO, Carlos. *Hermenêutica e aplicação do direito*. 18. ed. Rio de Janeiro: Forense, 1998. p. 165.

também, o condutor do veículo. Pelo contrário: as referidas Convenções são claras ao se estenderem (sempre sem vedar de forma absoluta, mas apenas impondo condicionamentos) a todos os trabalhadores que manipulam produtos considerados tóxicos e cancerígenos, não abrindo espaço, assim, à aplicação pontual e discriminatória de suas regras unicamente aos condutores de veículos.

Nenhuma das condicionantes impostas pelas Convenções ou suscitadas pelo MTE (v.g., o uso do respirador) são inaplicáveis ou impossíveis de cumprimento pelos condutores de veículos.

As imposições constantes das Convenções consistem na proteção percutânea ou na prestação de informações quanto aos riscos dos produtos, o que, segundo nos informa a Consulente, já vem sendo cumprido pelas distribuidoras de combustíveis e companhias transportadoras, com o treinamento dos condutores e o fornecimento do EPI.

Dessa maneira, não procede, também quanto a este ponto, a motivação invocada, valendo ressaltar, porque relevantíssimo, que todas as Convenções apontadas pelo MTE e pela ANTT dispõem que se deve *reduzir quanto possível o número de trabalhadores expostos e o tempo de exposição aos produtos químicos cancerígenos*, como o benzeno (art. 8.2, Convenção nº 136; art. 2.2, Convenção nº 139; art. 12, Convenção nº 170).

Sucede que a proibição da utilização de condutores no carregamento e descarregamento de combustíveis implicará (conforme aprofundaremos melhor no Tópico VI, *infra*) na necessidade de contratação de outros trabalhadores para desempenharem tais atividades, aumentando, assim, o número de trabalhadores em contato com benzeno e sujeitando-os a um período de tempo mais longo de exposição (uma diária integral, enquanto os motoristas dividiam o seu tempo entre o carregamento/descarregamento e o transporte, com um tempo inferior de exposição).

Portanto, há uma incongruência lógica entre a vedação realizada, de forma absoluta e apenas para os motoristas, e os fundamentos invocados pelo regulador para a justificarem – as Convenções da OIT –, daí decorrendo mais um vício da motivação da ANTT.

IV.3 Ausência de modificação da realidade para ensejar a mudança das normas

O Direito é uma ferramenta destinada a fins sociais[32] e, por conseguinte, cria-se, adapta-se e transforma-se interativamente com a realidade.

Miguel Reale leciona, nesse sentido, que o Direito é "um fato ou fenômeno social; não existe senão na sociedade e não pode ser concebido fora dela",[33] afigurando-se o ordenamento jurídico como um "sistema de normas jurídicas *in acto*, compreendendo as fontes de direito e todos os seus conteúdos e projeções: é, pois, o sistema das normas em sua concreta realização".[34]

---

[32] POSNER, Richard A. Legal Pragmatism. *Metaphilosophy*, v. 35, n. 1-2, p. 150, jan. 2004.
[33] REALE, Miguel. *Lições Preliminares de Direito*. 27. ed. São Paulo: Saraiva, 2002. p. 02.
[34] REALE, Miguel. *Lições Preliminares de Direito*. 27. ed. São Paulo: Saraiva, 2002. p. 190. Grifos no original.

Paulo Nader, igualmente, ensina que, "por definição, o Direito deve ser uma expressão da vontade social e, assim, a legislação deve apenas assimilar os valores positivos que a sociedade estima e vive".[35] Daí porque, "para ser instrumento eficaz ao bem-estar e progresso social, o Direito deve estar sempre adequado à realidade, refletindo as instituições e a vontade coletiva".[36]

Nas palavras de Friedrich Müller, a ciência do Direito é "tradicionalmente concebida como ciência humana normativa referida à realidade",[37] daí resultado que "no Estado Democrático de Direito, a ciência jurídica não pode abrir mão da discutibilidade ótima dos seus resultados e dos seus modos de fundamentação".[38]

Por isso, e, inclusive, por um imperativo de segurança jurídica e estabilidade das relações sociais, a criação e modificação do Direito dependem de um substrato fático ensejador e legitimador, que sirva de motivação à inserção de uma nova norma jurídica no seio social, vedando, assim, regras arbitrárias, não democráticas e descoladas dos anseios coletivos.

Leciona Pietro Perlingieri que o Direito "pode exercer historicamente uma função de conservação das situações de fato ou, sob o impulso de interesses contrastantes e alternativos, de transformação das estruturas estabelecidas. Dado que na realidade como um todo não existem somente velhas estruturas a serem modificadas, mas também exigências – ideais e práticas – que requerem satisfação, também a norma promocional (ou seja, a norma que se propõe à função inovadora da realidade) é *sempre fruto de demandas, de necessidades, de impulsos já existentes em uma certa sociedade*".[39]

Conforme, também, já expusemos, "de fato, se a regulação visa a modificar (melhorar) a realidade social, deve, com base e em cumprimento dos princípios gerais que regem estas modificações, ter em conta as situações reais, concretas, sobre as quais deve atuar".[40]

Relativamente ao carregamento, descarregamento e transbordo de cargas perigosas, o ordenamento jurídico desde sempre permitiu, ainda que sob determinadas condicionantes, a sua realização pelos condutores dos veículos transportadores.

O Decreto nº 88.821/1983 previa, em seu artigo 15, dispunha:

> Art. 15. O motorista, a não ser quando devidamente treinado e autorizado pelo expedidor ou destinatário do produto, de comum acordo com o transportador, não deve efetuar ou participar das operações de carregamento e descarregamento do veículo.

O artigo 19 do Decreto nº 96.044/88, na mesma linha, estabelecia:

---

[35] NADER, Paulo. *Introdução ao Estudo do Direito*. 30. ed. Rio de Janeiro: Forense, 2008. p. 18-19.
[36] NADER, Paulo. *Introdução ao Estudo do Direito*. 30. ed. Rio de Janeiro: Forense, 2008. p. 51.
[37] MÜLLER, Friedrich. *Métodos de Trabalho no Direito Constitucional*. 3. ed. Rio de Janeiro: Renovar, 2005. p. 52.
[38] MÜLLER, Friedrich. *Métodos de Trabalho no Direito Constitucional*. 3. ed. Rio de Janeiro: Renovar, 2005. p. 53.
[39] PERLINGIERI, Pietro. *Perfis do Direito Civil, Introdução ao Direito Civil Constitucional*. 2. ed. Rio de Janeiro: Renovar, 2002. p. 2.
[40] ARAGÃO, Alexandre Santos. *Agências Reguladoras e a Evolução do Direito Administrativo Econômico*. Rio de Janeiro: Forense, 2006. p. 107.

Art. 19. O condutor não participará das operações de carregamento, descarregamento e transbordo da carga, salvo se devidamente orientado e autorizado pelo expedidor ou pelo destinatário, e com a anuência do transportador.

Tal norma perdurou durante anos, inclusive após a edição da Resolução nº 3.665/11, a qual repetiu a dicção do mencionado artigo 19, logicamente por inexistirem motivos lastreadores de quaisquer modificações na normativa vigente:

Art. 25. O condutor não deve participar das operações de carregamento, descarregamento ou transbordo da carga, salvo se devidamente treinado e autorizado pelo expedidor ou pelo destinatário, e com a anuência do transportador.

Sucede que, menos de um ano após a entrada em vigor do referido diploma e sem realizar a devida audiência pública para constatar alguma mudança ou insatisfação no setor regulado quanto à norma em tela, a ANTT expediu a Resolução nº 3.762/12 para vedar a utilização do condutor no carregamento, descarregamento e transbordo de cargas:

Art. 1º. Os artigos 2º, 3º, 6º, 7º, 25, 26, 28, 38, 46, 47, 53, 54 e 59 da Resolução ANTT nº 3665, de 4 de maio de 2011, que Atualiza o Regulamento para o Transporte Rodoviário de Produtos Perigosos, aprovado pelo Decreto nº 96.044, de 18 de maio de 1988, e dá outras providências, passam a vigorar com a seguinte redação: [...]

'Art. 25. O condutor não participará das operações de carregamento, descarregamento ou transbordo de carga'.

Não obstante, *deixou de ser apontada pela Agência a modificação na realidade fática ou jurídica subjacentes ao transporte de cargas que deu ensejo à reforma do diploma legislativo, deixando a ANTT de explicitar (i) por que só agora os motoristas, que, durante anos, realizaram as operações de carregamento, descarregamento e transbordo de cargas perigosas, não mais estariam habilitados a fazê-los; e (ii) por que a necessidade de proteção à segurança do trabalhador, invocada na nota técnica nº 157/2011/DSST/SIT, aproveitaria somente ao motorista, e não aos demais trabalhadores que já manipulam cargas perigosas em carga e descarga e que irão, na impossibilidade de utilização do condutor, a partir da entrada em vigor da Resolução nº 3.762/12, manipular tais mercadorias.*

Ademais, os fatos arrolados pela ANTT não seriam bastantes a justificar uma mudança tão substancial na regulação, visto que sequer poderiam ser considerados fatos novos a lastrear uma modificação superveniente da legislação, uma vez que as Convenções da OIT invocadas já existiam quando da decisão do regulador pela manutenção do artigo 19 do Decreto nº 96.044/88 pelo artigo 25 da Resolução nº 3.665/11, não podendo servir, agora, de fundamento para a reforma do mencionado dispositivo.

In casu, a reforma de uma Resolução recém-editada somente se mostraria legítima e válida caso demonstrasse a ANTT que a regra anterior era nula ou estava errado ou que as circunstâncias sociais, econômicas ou tecnológicas atinentes ao transporte e carga/descarga de mercadorias perigosas modificaram-se após a entrada em vigor na norma revogada e não mais permitiam a utilização do motorista na realização destas atividades, o que não ocorreu no caso concreto, em que o arcabouço fático e jurídico do setor permaneceu estável desde maio de 2011, quando a Resolução nº 3.665/11 foi publicada.

Desse modo, inexistindo motivos bastantes a implicar na reforma do estatuto jurídico da carga e descarga de mercadorias perigosas, a Resolução nº 3.762/12 viola o princípio da motivação e a própria segurança jurídica, que impõe a estabilidade das regras jurídicas para garantia de paz social.

Na Administração Pública, em mitigação a uma visão estrita do princípio da segurança jurídica, tendo em vista a modificabilidade dos interesses públicos, incide o princípio do *"trial and error"* das políticas públicas, pelo qual nenhuma de suas medidas pode ser tomada como uma certeza ou correção irremediável, devendo, ao contrário, ser tomadas sempre como contingentes e em constante processo de aprendizagem, de tentativa e erro.

Entretanto, por outro lado, a regulação deve ser modificada somente quando não mais se mostrar compatível ou eficiente uma determinada norma para realização dos fins visados, ou seja, se constatado e demonstrado que a medida outrora eleita deixou de atender aos fins legais ou gerou consequências indesejáveis.

Pelo princípio do *trial and error*, o Estado deve, preferencialmente, avançar paulatinamente na regulação desejada "no esforço constante de controlar as consequências de suas ações a fim de as corrigir a tempo. Portanto, avançará apenas passo a passo e sempre comparará cuidadosamente os resultados perspectivados com os realmente alcançados, estando continuamente atento aos efeitos secundários indesejáveis".[41] A Administração Pública deve estar constantemente avaliando as consequências práticas das normas jurídicas.[42]

Será, conforme observado por Diogo de Figueiredo Moreira Neto, "pela adoção de procedimentos, como os de monitoramento de tendências, de projeção de tendências e de avaliação de tendências, que se tornará possível acompanhá-las para eliminar ou reduzir as inclinações socialmente indesejáveis".[43]

O processo de contínuo ajuste do marco regulatório, por conseguinte, depende da análise dos resultados verificados pela norma outrora vigente e da evolução socio-econômica e tecnológica do setor.

Na hipótese em tela, porém, não só deixou de ser motivado pela ANTT qualquer resultado danoso superveniente à edição da Resolução nº 3.665/11, como, segundo

---

[41] ZIPPELIUS, Reinhold. *Teoria Geral do Estado*. 3. ed. (Trad. Karin Praefke-Aires Coutinho. Coord. J. J. Gomes Canotilho). Lisboa: Fundação Calouste Gulbenkian, 1997. p. 469-470. O Autor, citando Popper, propõe "uma espécie de gestão experimental do futuro, para a qual todo o planejamento e toda a regulação são, por princípio, incompletos; dito por outras palavras, são a tentativa experimental de melhorar as circunstâncias existentes. [...] As novas regulações devem ser "compatíveis com o sistema", num sentido determinado e restrito" (ZIPPELIUS, Reinhold. *Teoria Geral do Estado*. 3. ed. (Trad. Karin Praefke-Aires Coutinho. Coord. J. J. Gomes Canotilho). Lisboa: Fundação Calouste Gulbenkian, 1997. p. 469).

[42] "Falamos de avaliações e de efeitos jurídicos, mas importantes estudos aprofundaram a questão das consequências sócio-econômicas das decisões dos poderes públicos, inclusive aquelas dos tribunais. Penso, por um lado, na abordagem funcionalística de Niklas Luhmannn, [...], e, por outro, na Escola de *Law and Economics*, que, em substância, se centra sobre a proposta de submeter toda decisão pública a critérios de avaliação das suas consequências jurídicas" (PINELLI, Cesare. Intervento. *In*: PINELLI, C. (Coord.). *Amministrazione e Legalità – Fonti Normativi e Ordinamenti (Atti del Convegno, Macerata, 21 e 22 maggio 1999)*. Milano: Giuffrè Editore, 2000. p. 308).

[43] MOREIRA NETO, Diogo de Figueiredo. *Mutações do Direito Administrativo*. Rio de Janeiro: Renovar, 2007. p. 170-171.

informa a Consulente, não houve qualquer modificação relevante na realidade que pudesse levar à modificação, em menos de um ano, da regra editada anteriormente.

Dessa maneira, não há razões explicitadas para a reforma do artigo 25 da Resolução nº 3.665/11, tampouco obedeceu-se ao princípio do *trial and error* das políticas públicas a que se encontram sujeitas as agências reguladoras.

Portanto, pelos imperativos de segurança jurídica, motivação e adaptabilidade das políticas regulatórias à realidade social, a ANTT não poderia, sem demonstrar a necessidade fática ou social de modificação da regra recém-editada, ter revogado o artigo 25 da Resolução nº 3.665/11.

IV.4 Ausência de estudos técnicos prévios adequados

A obrigação de motivação dos atos administrativos encontra-se, no âmbito da produção normativa regulatória, reforçada pela preocupação de institucionalização do dever de as agências reguladoras procederem à Análise de Impacto Regulatório – AIR, tal como estipulado pela OECD – *Organization for Economic Co-operation and Development* –, previamente à adoção de políticas públicas, especialmente aquelas que venham a requerer a edição de atos normativos e decisões de repercussão geral, que potencialmente impliquem vultosos gastos para sua implementação e fiscalização pelo poder público, ou incremento de custos aos agentes econômicos e à sociedade em geral.

O Poder Judiciário estadunidense vem há muito, com fulcro na denominada *hard-look doctrine*, conforme testemunha Cass R. Stein, exigindo que as agências tomem para si a responsabilidade de acompanhar atentamente as vantagens e desvantagens das estratégias regulatórias questionadas e demonstrem que as vantagens de regulação justificam as desvantagens, com vista a "eliminar erros graves de análise e motivações não permitidas da atuação administrativa".[44]

Armando Castelar Pinheiro ensina que "o Direito e a Economia, ao diluírem suas diferenças, tornam-se essenciais um para o outro".[45] A ênfase na perspectiva consequencialista e pragmática é defendida por Richard Posner, que alerta para uma concepção "interessada nos fatos e também bem informada sobre a operação, propriedades e prováveis efeitos de cursos alternativos de ação".[46]

Esse pensar por consequências, essa perspectiva pragmática quanto aos resultados, deve determinar a atividade administrativa regulatória.

Assim, independentemente de considerarmos a AIR como já positivada em nosso ordenamento jurídico ou não, dúvidas não há que existe a obrigação de uma expressa análise econômica das consequências de seus atos pelas Agências Reguladoras, decorrente da própria vinculação aos princípios da motivação, finalidade e eficiência.

No caso concreto, em que a Resolução nº 3.762/12 veda o emprego de motoristas no carregamento, descarregamento e transbordo de cargas – implicando na necessidade

---

[44] STEIN, Cass R. O Constitucionalismo após o New Deal. In: *Regulação Econômica e Democracia*: o debate norte-americano. São Paulo: Editora 34, 2004. p. 163-164.

[45] PINHEIRO, Armando Castelar. *Direito, economia e mercados*. Rio de Janeiro: Elsevier, 2005. p. 32.

[46] POSNER, Richard. *Overcoming law*. Cambridge: Harvard University Press, 1996. p. 5.

de contratação de mão-de-obra adicional para a realização de tais atividades e majorando, por conseguinte, as obrigações e os custos incorridos pelos agentes regulados –, a elaboração de um estudo prévio, que demonstrasse o problema em discussão, os objetivos a serem concretamente alcançados, a adequação da medida e, especialmente, as opções disponíveis à Administração Pública, se mostrava indispensável não só à legitimação, como à validade do ato normativo editado.

A ANTT tinha, então, o dever de evidenciar por que os riscos no carregamento e descarregamento de mercadorias perigosas se afigurariam maiores para os condutores de veículos relativamente a outros trabalhadores que não atuam também como condutores; por que as medidas de segurança aplicáveis aos demais trabalhadores não poderiam ser cumpridas pelos motoristas; por que a imposição de medidas específicas de treinamento e de equipamentos de proteção são incapazes de garantir a segurança, sendo possível apenas a vedação *tout court*; e por que tais profissionais teriam direito a uma proteção adicional do ordenamento frente aos demais trabalhadores que operam a carga e descarga de combustíveis.

Nesse âmbito, eventuais estudos deveriam ser lastreados, por exemplo, por dados empíricos que comprovassem a existência de maiores índices de acidentes e/ou doenças relacionadas ao trabalho por motoristas-operadores comparativamente a motoristas não operadores e demais trabalhadores que trabalham na carga e descarga de mercadorias perigosas e a incapacidade técnica dos motoristas frente aos demais tipos de trabalhadores para realização de tais atividades.

Quer dizer, a vedação do emprego da mão-de-obra do condutor pela via normativa haveria de ser justificada e lastreada por razões de ordem fática, técnica e jurídica bastantes a legitimar a supressão de direitos (autonomia profissional dos motoristas) e a imputação de ônus adicionais aos agentes regulados (majoração dos custos com a contratação de outros trabalhadores para desempenharem as funções que eram outrora realizadas pelos motoristas).

Realmente, *in casu*, a intervenção perpetrada no setor regulado, que modifica substancialmente a logística de movimentação de cargas perigosas em todo o país, não poderia prescindir de uma ampla análise dos efeitos e consequências decorrentes do cumprimento das obrigações contidas no diploma normativo.

Quanto maior o grau de ingerência do poder público sobre as atividades privadas regulamentadas e, conseguintemente, mais profunda a restrição ao direito fundamental da livre iniciativa, mais intenso deverá ser o atendimento ao princípio da motivação, o respectivo ônus argumentativo e mais objetivos deverão ser os parâmetros balizadores da decisão eleita, inclusive levando em conta os denominados "custos regulatórios".[47]

---

[47] Nas palavras de Alceu Alves da Silva, "com as luzes voltadas para a relação com as Operadoras de Planos de Saúde, a regulamentação criou um elenco enorme de novas regras que trouxeram grande impacto no setor. Com a finalidade de contextualizar a análise da relação entre Operadoras de Planos de Saúde e Prestadores de Serviços, sem nenhuma intenção de esgotá-las, algumas dessas novas regras são extremamente relevantes. O foco está colocado naquelas que criaram uma clivagem na antiga sustentação econômico-financeira das Operadoras: - ampliação das coberturas assistenciais, não admitindo qualquer tipo de exclusão ou de exceção, mesmo em planos exclusivamente ambulatoriais. Naturalmente que essa regra levou ao atendimento de uma demanda maior por procedimentos de complexidade, antes realizados no setor público; - expansão dos direitos dos usuários e proibição de rompimento unilateral dos contratos nos planos individuais, proibição da recontagem dos prazos de carência, da seleção de risco e da exclusão indiscriminada de usuários. Mesmo os contratos antigos não podem ser rescindidos unilateralmente; - rigoroso monitoramento de preços e das condições de reajuste, com regras de proteção ao consumidor. Retiram-se, então, as possibilidades de recuperação do equilíbrio econômico nas

Dessa forma, ao deixar de proceder de forma completa ao estudo dos anseios do mercado e das consequências econômicas das medidas impostas e ao não fundamentar inteiramente as razões que levaram à eleição de medida sobremaneira constritiva (vedação *tout court* da utilização do motorista na carga e descarga de cargas perigosas), avaliando inclusive as suas consequências, a ANTT infringiu, também por esses motivos, o princípio da motivação.

V Inexistência de consulta e/ou audiência pública: invalidade do procedimento normativo

A Resolução nº 3.762/12 da ANTT é também nula por violar os Princípios do Contraditório e Devido Processo Legal e o artigo 68 da Lei nº 10.233/01, porquanto a sua edição deixou de ser precedida da devida audiência pública, suprimindo o direito de participação dos agentes econômicos.

Como legitimação do processo decisório da Administração Pública, vem sendo crescentemente impostos mecanismos de participação pública na edição dos seus atos normativos para apresentação de críticas e sugestões, com a obrigação da Administração de, ao expedir o regulamento, motivar as recusas às sugestões e críticas recebidas.

Veja-se, por exemplo, as exigências, já expressamente positivadas em nosso Direito, de audiências públicas para a implementação de instrumentos urbanísticos (arts. 40, §4º, I; 43, II e 44, Estatuto da Cidade), audiências públicas anteriores à aprovação de estudo de impacto ambiental e respectivo Relatório de Impacto Ambiental – RIMA (art. 11, §2º, Resolução CONAMA nº 01/86), no âmbito das agências reguladoras (ex.: art. 18 da Lei nº 9.478/97), etc.

As consultas e audiências públicas, previstas em diversas leis, se esteiam em uma série de direitos, garantias e princípios constitucionais (direito de petição, o consequente direito a resposta, princípio do pluralismo, princípio da motivação dos atos

---

bases antes realizadas, ou seja, utilizando o realinhamento da receita através dos reajustes por desequilíbrio ou por sinistralidade, redução da massa de expostos, exclusão dos contratos deficitários e de maiores controles de acesso e cobertura assistencial; - estabelecimento do pagamento de multas pelo não cumprimento contratual e pela desobediência da legislação regulamentadora; - integração do sistema de saúde suplementar ao SUS, estabelecendo as normas de ressarcimento pela utilização dos recursos públicos; - exigências de solidez empresarial, impedindo Operadoras de recorrer à concordata e de seus credores pedirem falência. As Operadoras somente podem ser liquidadas a pedido da ANS, e também estão sujeitas à constituição de reservas e garantias de capacidade econômico-financeira para cumprimento dos contratos. *Essas medidas implicaram diretamente na elevação dos custos*. Acrescente-se o aumento dos custos administrativos: atuariais, informática, auditoria independente, acompanhamento jurídico e administrativo dos controles de ressarcimento ao SUS, revisão dos contratos anteriores, multas e autuações, taxas por usuários, ressarcimento ao SUS pela tabela da Tunep, reservas e provisões de acordo com normas estabelecidas pela ANS e provisionamento de recursos para cobertura de assistência médica hospitalar de benefícios exclusos nos planos mas amparados por liminares, ainda que temporárias. *Esse mosaico legislativo-operacional, acrescido de tantas outras regras estabelecidas pela regulamentação da saúde suplementar tratou de modificar substancialmente as condições assistenciais, de acesso e garantias de direitos. Entretanto produziu um aumento considerável na espiral de custos, gerando uma expressiva inadequação econômica.* As Operadoras de Planos de Saúde, já convivendo com diversas ameaças e riscos, como os patrocinados pela pirâmide populacional brasileira, que apontam um acelerado envelhecimento da população, e aliado ao aumento da expectativa de vida, em especial junto à população que possui acesso aos planos de saúde, consubstancia uma *preocupação com custos adicionais que terão impacto na solidez das operadoras*". (ANS. *Relação entre operadoras de planos de saúde e prestadores de serviços – Um novo relacionamento estratégico*. Porto Alegre, 2003. p. 14-16. Disponível em: http://www.ans.gov.br/portal/upload/biblioteca/TT_AR_6_AAlvesdaSilva_RelacaoOperadorasPlanos.pdf. Acesso em 24 ago. 2019).

administrativos, etc.). E a participação dos interessados no procedimento administrativo de elaboração de atos normativos produz uma série de benefícios, tanto para a Administração Pública, quanto para a sociedade, a exemplo (i) da ampliação das fontes de subsídios para a tomada de decisões (o que permite que estas sejam mais eficientes, imparciais, transparentes, econômicas, etc.); (ii) do aumento da aceitabilidade da decisão administrativa (e, por conseguinte, a diminuição dos conflitos entre a Administração e o administrado); e (iii) da melhoria de qualidade do controle exercido pelo Poder Judiciário, uma vez que os procedimentos participativos permitem ao julgador melhor avaliar a razoabilidade e proporcionalidade da decisão diante das opções e críticas apresentadas pelos administrados.[48]

Tratando das agências reguladoras, assevera Diogo de Figueiredo Moreira Neto que, "além da especialização, flexibilidade, independência e celeridade, estas entidades se caracterizam, sobretudo, pela proximidade e abertura social de sua ação em relação aos administrados interessados, e a possibilidade de promover negociações em procedimentos participativos e, não menos importante, de atuar, em certos casos, com poderes 'para-jurisdicionais' para evitar intermináveis conflitos entre administrado e Estado. Em teoria, o princípio da participação tem plena aplicação em vários aspectos em que o instituto pode ser analisado, mas a sua importância sobressai principalmente pela criação de uma conexão administrativa imediata e despolitizada, às vezes bastante interativa, entre a agência e o administrado interessado".[49]

Expressando este entendimento, Vasco Manuel Pascoal Dias Pereira da Silva nota que "a participação dos privados no procedimento, ao permitir a ponderação pelas autoridades administrativas dos interesses de que são portadores, não só se traduz numa melhoria de qualidade das decisões administrativas, possibilitando à Administração uma mais correta configuração dos problemas e das diferentes perspectivas possíveis da sua resolução, como também torna das decisões administrativas mais facilmente aceitas pelos destinatários".[50]

O Art. 68 da Lei nº 10.233/01, instituidora da ANTT e da ANTAQ, prescreveu expressamente que "as iniciativas de projetos de lei, alterações de normas administrativas e decisões da Diretoria para resolução de pendências que *afetem os direitos de agentes econômicos ou de usuários de serviços de transporte serão precedidas de audiência pública*".[51]

Ora, é evidente que a modificação no art. 25 da Resolução nº 3.665/11 realizada pela Resolução ANTT nº 3.762/12 afeta os distribuidores de combustíveis, ao impor

---

[48] FIDALGO, Carolina Barros. Audiências públicas não podem ser mera formalidade. *Revista Consultor Jurídico*, 4 mar. 2011. Disponível em: http://www.conjur.com.br/2011-mar-04/audiencia-publica-nao-tratada-mera-formalidade. Acesso em 30 mar. 2012.

[49] MOREIRA NETO, Diogo de Figueiredo. Consideraciones sobre la Participación en el Derecho Comparado Brasil-España. *Revista da Administración Pública – RAP*, v. 152, p. 79, mai./ago. 2000.

[50] PEREIRA DA SILVA, Vasco Manuel Pascoal Dias. *Em Busca do Ato Administrativo Perdido*. Coimbra: Almedina, 1996. p. 402.

[51] Entendemos que mesmo nos casos em que as audiências ou consultas públicas não tiverem sido cogentemente fixadas por lei – o que como vimos acima não é o caso da ANTT –, sendo, portanto, discricionárias, se algum agente econômico ou entidade interessada requerer a sua realização, a recusa da Administração em realizá-la deverá ser satisfatoriamente motivada face aos princípios e valores constitucionais que privilegiam a participação dos interessados nas decisões administrativas, o direito de petição e resposta motivada a ela (art. 1º, caput e inciso I; art. 5º, XXXIII e XXXIV; 37, caput e §3º; e 175, II, Constituição Federal) e do art. 48 da Lei do processo Administrativo Federal.

um substancial aumento na sua folha de pessoal, e também os consumidores, uma vez que, naturalmente, esse incremento de custos acabará tendo que lhes ser repassado.

De fato, conforme, inclusive, minudenciaremos no Tópico seguinte, a Resolução nº 3.762/12 impõe ônus diversos aos agentes regulados, majorando os seus custos e modificando seu processo de logística. Especialmente no caso da indústria de distribuição e revenda de combustíveis, em que o condutor do veículo é responsável pela quase totalidade dos carregamentos e descarregamentos e os transportes são realizados diariamente, segundo informado pela Consulente, a regra imposta pela Resolução nº 3.762/12 impactará de forma substancial a atividade econômica desenvolvida.

A hipótese em tela, portanto, subsume-se à imposição do artigo 68 da Lei nº 10.233/01, de modo que deveria ter sido previamente submetida à audiência pública a minuta da Resolução nº 3.762/12.

Reforça o exposto até mesmo a Convenção nº 170 da OIT, ratificada pelo Brasil, que enuncia, em seu artigo 4º:

> Todo Membro deverá, *em consulta com as organizações mais representativas de empregadores e de trabalhadores*, e levando na devida conta as condições e práticas nacionais, formular, pôr em prática e reexaminar periodicamente uma política coerente de segurança na utilização de produtos químicos no trabalho.

Logo, sendo o escopo da Resolução nº 3.762/12 proteger a segurança do trabalhador e fazer cumprir as regras da OIT, deveria ter sido precedida de uma oitiva das organizações mais representativas de trabalhadores e empregadores, integradas, sem dúvida, pelo SINDICOM, que congrega as principais distribuidoras de combustíveis do país, representando fração significativa dos empregadores de condutores de veículos transportadores de cargas perigosas.

A ilegalidade da Resolução nº 3.762/12 é, pelo exposto, inequívoca, de nada servindo, obviamente, a realização pela ANTT de uma prévia Reunião Participativa, restrita a poucos agentes convidados e excludente, por conseguinte, de ampla parcela dos agentes regulados afetados pela edição da norma.

A Lei é clara ao determinar a realização de uma audiência pública – que consiste em uma reunião aberta a todos os interessados, em que lhes é dada a oportunidade de debaterem, oralmente, as matérias em pauta –, não suprindo o comando legal a instauração de um procedimento que restringe a participação daqueles que serão diretamente impactados com as medidas normativas eleitas pela ANTT.

O STF já determinou a desconstituição de decreto presidencial que ampliara os limites de área de preservação ambiental sem a prévia realização de consulta pública conforme é determinado pela legislação ambiental, mesmo que tenha sido um outro mecanismo de participação (oitiva do Conselho Consultivo do Parque):

> Criação de Unidades de Conservação e Consulta Pública. Tendo em conta a ausência de regulamentação do art. 22 da Lei nº 9.985/2000 à época da edição do decreto impugnado, bem como a inobservância da exigência legal da precedência de consulta pública para criação de unidade de conservação da natureza, o Tribunal, por maioria, deferiu mandado de segurança para determinar a desconstituição do decreto presidencial que, fundado no referido art. 22, ampliara os limites territoriais da área de preservação do Parque Nacional da Chapada dos Veadeiros, ficando ressalvada a possibilidade de edição de novo decreto.

Considerou-se que o parecer apresentado pelo Conselho Consultivo do Parque, instituído por Portaria do IBAMA, não substitui a exigência legal de consulta pública, uma vez que seus membros não têm poderes para representar a população local. Vencido o Min. Cezar Peluso, que indeferia o writ, por entender cumprida na espécie a exigência legal, já que o Decreto nº 4.340/2002, que regulamentou a Lei nº 9.985/2000, admite outras formas de oitiva da população para esta finalidade (Lei nº 9.985/2000, art. 22: As unidades de conservação são criadas por ato do Poder Público... §2º A criação de uma unidade de conservação deve ser precedida de estudos técnicos e de consulta pública que permitam identificar a localização, a dimensão e os limites mais adequados para a unidade, conforme se dispuser em regulamento).[52]

E, recentemente, a Justiça Federal do Rio de Janeiro determinou que a audiência pública aberta pela ANAC sobre a flexibilização das regras de utilização do aeroporto Santos Dumont, que seria realizada em Brasília, fosse marcada para a cidade do Rio de Janeiro, a fim de possibilitar a participação mais ampla possível da comunidade diretamente interessada.[53]

Ambos julgados aplicam-se perfeitamente ao caso concreto, porquanto não só a reunião participativa organizada pela ANTT é mecanismo diverso daquele prescrito em lei (a audiência pública), como é instrumento inábil a conferir a legitimidade necessária à edição de uma norma que tem o efeito de prejudicar searas diversas da indústria nacional, os consumidores e a classe de motoristas-operadores, afigurando-se forçoso que se conferisse a todos os afetados e interessados a possibilidade de participarem do processo normativo, ao invés de limitar o número de contribuições e participações a alguns poucos agentes convidados pela própria ANTT.

Tampouco se mostra bastante ao adimplemento do artigo 68 da Lei nº 10.233/01 a invocação, nos "Considerandos" da Resolução nº 3.762/12, de uma audiência pública realizada sobre a mesma matéria *in genere*, mas sobre outra minuta de resolução (nº 3.665/2011), no longínquo ano de 2008.

Ora, a minuta de Resolução então apresentada (2008) não é a mesma minuta que culminou na edição da Resolução nº 3.762/12, consubstanciando cada uma delas um ato administrativo normativo, distintos entre si.

Se a *ratio* do art. 68 da Lei nº 10.233/01 é, precisamente, a de viabilizar a manifestação dos interessados via audiência pública contra os atos que tenham o potencial de afetá-los, então é lógico que, tratando-se as minutas de resolução (a de 2008 e a de 2012) de atos administrativos distintos, com o condão de causar consequências distintas aos administrados, a abertura de audiência pública para a minuta de resolução realizada em 2008 não pode ser aproveitada para edição de um novo e diverso ato administrativo em 2012.

Não é demais asseverar que, ainda que a Resolução nº 3.762/12 trate da mesma matéria, *in genere*, que a minuta posta sob audiência pública em 2008, a realidade fática é cambiante, de forma que não é razoável que a conjuntura existente em 2008 embase a edição de outra resolução quatro anos depois.

---

[52] MS nº 24.184-DF.
[53] ANAC. *ANAC suspende audiência púbica sobre Santos Dumont por ordem de liminar*. Brasília, 16 dez. 2008. Disponível em: http://www2.anac.gov.br/imprensa/ANACsuspendeaudienciapublica.asp. Acesso em 24 ago. 2019.

Aliás, amparando-se a Resolução nº 3.762/12 em uma superveniente nota técnica específica expedida pelo Ministério do Trabalho e Emprego após finda a audiência pública de 2008, era cogente a abertura de uma nova audiência pública para o acolhimento das razões expedidas pelo MTE, a fim de possibilitar aos agentes regulados manifestarem-se sobre os argumentos.

Em sede regulatória, é necessário que sejam garantidos os elementos essenciais ao exercício da participação pela sociedade, em especial a divulgação de informação completa e adequada sobre o assunto em discussão. A doutrina processualista identifica tal exigência como um corolário do contraditório, consubstanciado no binômio informação-reação.[54] Trazendo essa ideia para o Direito Administrativo, Odete Medauar considera que "a informação necessária para possibilitar a reação".[55]

Não basta, assim, que o processo regulatório se dê nos lindes da legislação, impendendo que seja, igualmente, justo, razoável, proporcional e democrático, emergindo, neste contexto, a audiência pública como um instrumento indispensável para a validade e a legitimação dos atos normativos editados pelo Poder Público.

De fato, as exigências procedimentais de submissão das minutas de resolução a audiências ou consultas públicas, longe de serem meras formalidades, constituem requisito da validade dos atos e normas a serem editadas. "Ainda que o poder regulamentar contenha inevitavelmente aspectos discricionários, com um núcleo de oportunidade em que são possíveis várias soluções igualmente justas, não cabendo substituição da decisão administrativa pela judicial, a participação cidadã é essencial nesta 'zona de pura oportunidade', de modo que a omissão na realização deste trâmite deve ser considerada como causa invalidadora do ato normativo expedido".[56]

Já existe até mesmo jurisprudência no sentido de que "realizar audiência pública sem antes promover estudos [completos] determinaria uma consulta popular sem conhecimentos técnicos suficientes, a população sequer teria sido convenientemente informada sobre a discussão dos impactos que a região sofreria. É o princípio da informação e publicidade que precisa ser assegurado de forma correta e consistente. Participação desinformada equivale a participação nula".[57]

Ora, se até mesmo a audiência pública sem que os interessados tenham acesso aos estudos feitos pela agência para embasar a sua minuta de ato normativo leva à nulidade da Resolução dela resultante, com muito mais fortes razões o fará a pura e simples não realização da audiência pública expressamente prevista em Lei, como ocorreu no caso concreto. E a de 2008 não poderia valer inclusive porque, à época, nem tinham as partes como ter acesso sequer à nota técnica do Ministério do Trabalho em que baseou-se a ANTT para vedação do emprego dos condutores no carregamento e descarregamento de mercadorias perigosas.

Daí se conclui, por conseguinte, que, no caso, houve violação do direito de participação em suas duas dimensões: formal e material.

---

[54] DINAMARCO, Cândido. *Fundamentos do processo civil moderno*. 3. ed. São Paulo: Malheiros, 2009. v. 1, p. 127.
[55] MEDAUAR, Odete. *A processualidade no Direito Administrativo*. 2. ed. São Paulo: Malheiros, 2008. p. 110.
[56] VELA, David Ciriano. *Administración Económica y Discrecionalidad*. Valladolid: Ed. Lex Nova, 2000. p. 87-100. Também afirmando expressamente a nulidade das decisões concretas ou normativas da Administração Pública que não sejam precedidas de audiência ou consulta pública, quando a lei as exigir, GORDILLO, Agustín. *Tratado de Derecho Administrativo*. 4. ed. Buenos Aires: Ed. Fundación de Derecho Administrativo, 2000. t. 2, p. XI-8-XI-9.
[57] APELREEX Nº 200171010014971, MARGA INGE BARTH TESSLER, TRF4 – QUARTA TURMA, 19.10.2009.

A violação formal decorre do descumprimento das formalidades previstas em lei para a edição da Resolução nº 3.762/12, a saber, a realização de prévia audiência pública, não bastando a realização de reunião participativa ou a invocação de uma audiência pública realizada em 2008 por parte da ANTT para suprir o comando legal do artigo 68 da Lei nº 10.233/01.

A violação material se deu, porque, de fato, as partes interessadas não puderam se manifestar específica e previamente à minuta da Resolução nº 3.762/12 ou às razões expendidas pelo MTE na nota técnica que motivou a vedação de carregamento ou descarregamento de mercadorias perigosas por condutores, retirando dos agentes econômicos o direito de participação e debate assegurado pela Carta Constitucional e pela legislação, o que invalida a Resolução editada.

VI Violação do princípio da proporcionalidade

O Princípio da Proporcionalidade exige que, em sua atividade, a Administração não atue de modo a impor aos administrados restrições maiores do que as estritamente necessárias ao fim público que se pretende atingir. Nas palavras de Floriano de Azevedo Marques Neto, "o princípio da proporcionalidade exige que o administrador se paute por critérios de ponderabilidade e de equilíbrio entre o ato praticado, a finalidade perseguida e as consequências do ato".[58]

A doutrina cunhou três elementos, ou subprincípios, da Proporcionalidade,[59] quais sejam:
a) A restrição ao direito individual (no caso, liberdade de iniciativa) deve ser apropriada à realização dos objetivos sociais perquiridos – elemento adequação dos meios aos fins;
b) O Estado deve impor a menor restrição possível, de forma que, dentre as várias medidas aptas a realizar a finalidade pública, opte pela menos restritiva à liberdade de iniciativa – elemento necessidade. Nesse sentido, Heinrich Scholler observa que as restrições à liberdade econômica devem "operar apenas em um degrau (ou esfera)", passando para a fase seguinte "tão-somente quando uma restrição mais intensa se fizer absolutamente indispensável para a consecução dos fins almejados".[60]
c) A restrição imposta ao mercado deve ser equilibradamente compatível com o benefício social visado, isto é, mesmo que aquela seja o meio menos gravoso, deve, tendo em vista a finalidade pública almejada, "valer à pena" – proporcionalidade em sentido estrito.

---

[58] MARQUES NETO, Floriano de Azevedo. Princípios do processo administrativo. *Fórum Administrativo – Direito Público – FA*, Belo Horizonte, a. 4, n. 37, p. 3508, mar. 2004.
[59] Partimos da exposição de: BARROSO, Luís Roberto. Princípio da Proporcionalidade. *In*: BARROSO, Luís Roberto. *Interpretação e Aplicação da Constituição*. São Paulo: Ed. Saraiva, 1996. p. 209.
[60] SCHOLLER, Heinrich. O Princípio da Proporcionalidade no Direito Constitucional e Administrativo da Alemanha. (Trad. Ingo Wolfgang Sarlet). *Revista Interesse Público*, v. 2, p. 102-105, Belo Horizonte, 1999.

A Resolução nº 3.762/12 destinou-se a garantir a proteção à segurança do trabalhador no trato de produtos químicos e cancerígenos, em especial o benzeno – fins estes que, vimos anteriormente, não são sequer afetos à agência reguladora.

De todo modo, a norma não pode subsistir pela falta de proporcionalidade da medida eleita em seus três elementos pelo regulador no caso concreto.

Com efeito, aplicando-se os marcos teóricos acima expostos à hipótese em exame, desde já verificamos que a norma da ANTT de proibição ao condutor de carregamento, descarregamento e transbordo de cargas perigosas é *inadequada*, já que tal vedação não é hábil a alcançar os fins a que a norma se destina.

Isto porque as operações de carregamento, descarregamento ou transbordo de carga, se não realizadas pelos motoristas, serão concretizadas por outros trabalhadores, já que, informa-nos a Consulente, inexiste tecnologia que permita prescindir da atuação humana para a consecução de tais atividades na seara dos combustíveis.

Logo, a norma em tela não é adequada à solução do problema identificado pelo regulador, tendo o mero efeito de transferir a outros trabalhadores (a serem contratados para substituir a mão-de-obra do condutor) os supostos malefícios advindos da manipulação de cargas perigosas.

Isto é: a finalidade exposta pelo regulador, que é garantir a segurança no trabalho dos trabalhadores que manipulam cargas perigosas quando de seu carregamento, descarregamento e trasbordo, não pode ser alcançada mediante a simples substituição de uma espécie de trabalhador (condutor de veículos) por outro (carregador e descarregador), mostrando-se imperioso destacar, neste particular, que não há qualquer fundamento, fático ou jurídico, a que a segurança no trabalho dos condutores de veículos seja favorecida em detrimento da segurança de outros trabalhadores, que irão substituí-los nestas funções.

Na realidade, todas as Convenções da OIT apontadas pelo MTE e pela ANTT dispõem de forma diametralmente oposta, no sentido de que se deve reduzir quanto possível o número de trabalhadores expostos e o tempo de exposição aos produtos químicos cancerígenos, como o benzeno (art. 8.2, Convenção nº 136; art. 2.2, Convenção nº 139; art. 12, Convenção nº 170).

Com a normativa da Resolução nº 3.762/12, não só o número de trabalhadores expostos aumentará, como o tempo de exposição dos trabalhadores contratados para carregamento e descarregamento das mercadorias perigosas será consideravelmente superior àquele a que era submetido o motorista.

Realmente, sob a sistemática anterior, informa-nos a Consulente, a quase totalidade dos combustíveis era carregada e descarregada pelos condutores de veículos, os quais permaneciam, das oito horas diárias trabalhadas, cinco horas e quarenta e cinco minutos em média dirigindo o veículo transportador e somente duas horas e meia em média desempenhando atividades de carregamento e descarregamento de combustíveis.

Sob a nova sistemática, também como informado pela Consulente, terão de ser contratados ao menos dois trabalhadores para realizar das atividades que era outrora desempenhadas pelo motorista: um para realizar a carga nas unidades de distribuição e outro para realizar a descarga no estabelecimento comercial do revendedor.

Sendo assim, haverá, no mínimo, a duplicação de trabalhadores expostos aos mesmos riscos e malefícios a que supostamente se sujeitavam os condutores de veículos.

Além disso, a substituição de condutores por outros trabalhadores implicará no prolongamento do tempo de exposição e risco, porquanto estes deverão ser contratados com a finalidade única de suprir mão-de-obra no carregamento e descarregamento de combustíveis, sendo, dessa maneira, empregados durante jornada diária de oito horas nestas funções e as empresas deverão naturalmente buscar otimizar sua força de trabalho o máximo possível, ainda que utilizando o mesmo empregado em operações efetuadas por mais de um caminhão.

Daí que a Resolução nº 3.762/12, além de não ser hábil a atingir as finalidades pretendidas pelo regulador, causará um efeito inverso, submetendo mais trabalhadores, por mais tempo, aos riscos que supostamente se visava a combater.

Não há dúvidas que os meios adequados para a garantia de maior proteção aos trabalhadores seriam aqueles que (i) garantissem a efetividade do treinamento e da prestação de informações aos trabalhadores; (ii) obrigassem à utilização de todos os equipamentos considerados necessários a impedir a intoxicação e sujeição a riscos do trabalhador; e (iii) intensificassem a fiscalização da Agência para verificar o atendimento a tais parâmetros. A Resolução não toca em qualquer desses pontos.

E o fato de a legislação ser, de certa forma, lacunosa sobre os meios de segurança necessários à proteção de trabalhadores no carregamento, descarregamento e transbordo de cargas perigosas não implica em que seja tomada alternativa oposta e radical de vedar integralmente o emprego dos condutores nestas tarefas, sem que tivesse sido constatado pelo regulador a ineficácia de meios menores onerosos para o particular, como por exemplo – e notadamente –, a densificação/detalhamento das normas existentes.

Daí porque o segundo elemento da proporcionalidade, o da necessidade, também foi violado, haja vista a existência de outros meios, menos onerosos aos particulares e igualmente ou até mais eficazes, para alcançar os fins propostos.

Há, com efeito, diversas medidas aptas a garantir proteção dos trabalhadores que manipulam mercadorias perigosas quando de sua carga e descarga.

Em primeiro plano, os artigos 19 a 21 do Decreto nº 96044/1988 e as redações originais dos artigos 25 a 27 da Resolução nº 3.665/12 já solucionavam essa questão, com a previsão de ações preventivas, como treinamento específico para desempenho da atividade e uso de traje e equipamento de proteção individual (EPI), quando necessário, para todo o pessoal envolvido nas operações de carregamento, descarregamento e transbordo de produto perigoso, respeitando as normas do MTE.

Em segundo lugar, avulta como medida mais adequada e menos onerosa aos agentes regulados o detalhamento por parte da autoridade competente – que sequer é a ANTT, conforme já tivemos o ensejo de expor – quanto aos equipamentos considerados necessários para proteção e segurança individuais do trabalhador e quanto ao tipo de informações e treinamento considerados indispensáveis para a qualificação do profissional que atuará no carregamento e descarregamento de mercadorias perigosas.

Finalmente, os desígnios arrolados pelo regulador poderiam ser igualmente alcançados com uma postura mais diligente da Agência, atuante na fiscalização das bases distribuidoras e estabelecimentos de revenda, nos cursos de especialização e treinamento dos condutores, na inspeção de veículos e das operações de carga e descarga desempenhadas pelos motoristas para aferir o seu grau de treinamento e informacional, etc.

À evidência, tais medidas se afiguram menos onerosas para os particulares, sendo tão ou mais eficientes que a vedação *tout court* à utilização da mão-de-obra do condutor de veículos.

Efetivamente, a nova redação do artigo 25 da Resolução nº 3.665/11 atribuída pela Resolução nº 3.762/12 opera uma restrição profunda à liberdade de iniciativa e à autonomia profissional dos condutores de veículos.

Por outro lado, as medidas alternativas aqui aventadas, de objetivação dos parâmetros de EPI, segurança, treinamento e prestação de informações a serem utilizados e intensificação da fiscalização, seriam não só adequadas à consecução dos fins, como menos onerosas à coletividade, visto que (i) não restringiriam diretamente a autonomia privada; (ii) gerariam menores ônus adicionais para as distribuidoras, revendedoras e transportadores; e (iii) não impactariam negativamente os salários dos motoristas-operadores.

É possível, portanto, chegar a um melhor resultado com ônus menor aos contratantes dos transportes e aos próprios condutores, uma vez que o treinamento adequado e o uso dos equipamentos de proteção a serem finalmente especificadas pela legislação, conjugados com uma atuação efetiva do poder público em sua função fiscalizatória, solucionariam o problema cogitado pelo regulador, sem prejuízo às funções que desempenha o motorista, de forma que a nova redação do artigo 25 da Resolução nº 3.665/11 impõe uma vedação *desnecessária*, patenteando a sua ilegitimidade.

Além de serem inadequadas e desnecessárias, tais regras também não são *proporcionais em sentido estrito*, já que:

i) Colocarão um número maior de trabalhadores e por um período de tempo mais longo em contato com mercadorias consideradas perigosas e tóxicas;

ii) Prejudicam os motoristas-operadores, que passarão a exercer a simples condução de veículo, desagregando as operações de carga, descarga e transbordo de sua atividade, o que promoverá não só a desvalorização de sua mão-de-obra, como a minoração de seus salários, dada a redução do escopo de sua atividade profissional;

iii) Prejudicam as distribuidoras, revendedoras e transportadoras de combustíveis, que terão de arcar com os custos de contratação, treinamento e fornecimento de equipamentos à mão-de-obra adicional que terá de ser contratada para suprir as atividades que eram outrora desempenhas pelos motoristas;

iv) Prejudicam os consumidores, pois a majoração dos custos será repassada ao consumidor final, o que implicará no aumento do preço do combustível;

v) Poderá culminar, ainda que momentaneamente, em problemas de abastecimento de combustíveis nos postos revendedores, especialmente em regiões mais longínquas, até que esteja finalizado o treinamento e a habilitação dos novos trabalhadores a serem contratados em substituição aos motoristas;

Em resumo, a Resolução nº 3.762/12 onerará todos os agentes atuantes no mercado e os consumidores, gerando inúmeras consequências econômicas e sociais negativas, podendo-se concluir que os custos de implementação da Resolução nº 3.762/12 da ANTT, especificamente de seu art. 25, são superiores aos benefícios eventualmente gerados apenas, *ad argumentandum*, de certa forma, para os motoristas, evidenciando a sua falta de proporcionalidade em sentido estrito.

VII Resposta aos quesitos

Diante de todo o exposto, podemos, sem de forma alguma prescindir do minudenciado nos Tópicos que compõem a íntegra do parecer, passar a responder objetiva e sucintamente os quesitos formulados pela Consulente:

1) *Na mesma linha do Decreto Presidencial nº 96.044/88, a Lei Federal nº 10.233/200, que dentre outros, criou a ANTT, através do seu artigo 24, inciso XIV, neste particular, não teria concedido à referida Agência atribuição apenas para estabelecer padrões e normas técnicas complementares relativos às operações de transporte terrestre de cargas especiais e perigosas. Na opinião de V.Sa., o disposto no artigo 25, alterado pela Resolução ANTT Nº 3.762, constitui ato complementar e modificação de caráter técnico?*

   Apesar de a resposta ser dificultada pela ausência de audiência pública, não se vislumbra, pelo teor da norma ou de seus "Considerandos", essa natureza. E, o que é mais importante, mesmo que a matéria fosse de caráter técnico, teria que haver a necessidade de atualização do Decreto a alguma nova tecnologia empregada nos transportes de cargas perigosas.

2) *No contexto das três indagações acima, teria a ANTT competência normativa para modificar, como de fato e de direito modificou, o artigo 25 do RTRPP, suprimindo totalmente a ressalva que dava condição do condutor de veículo de transporte de carga perigosa participar das operações de carregamento, descarregamento e transbordo?*

   Não, porque a vedação realizada não tem caráter meramente complementar, valendo acrescentar que a competência da ANTT estaria restrita à regulação das atividades de transporte e as atividades de carregamento, descarregamento e transbordo com ela não se confundem, já que inclusive neste momento os veículos estão parados. De qualquer forma, a matéria é de segurança do trabalho, cuja regulamentação é de competência do Ministério do Trabalho e Emprego.

3) *Ao alterar e suprimir totalmente a regra de exceção "salvo se devidamente treinado e autorizado pelo expedidor ou pelo destinatário e com a anuência do transportador", prevista no artigo 25 da Resolução ANTT nº 3.665/2011, que guardava semelhança com o disposto no artigo 19 do Decreto 96.044/88, sem sequer avaliar as condições do treinamento a que são submetidos os condutores, a ANTT não teria violado o Princípio da Proporcionalidade?*

   Sim. A norma não se afigura adequada, tendo o mero efeito de transferir a outros trabalhadores (a serem contratados para substituir a mão-de-obra do condutor, ora vedada) os supostos malefícios advindos da manipulação de cargas perigosas, sem atingir a sua finalidade; não é necessária, porque há outros meios, menos onerosos aos particulares e igualmente ou até mais eficazes, para alcançar os fins propostos, como objetivação dos parâmetros de EPI, segurança, treinamento e prestação de informações a serem utilizados e intensificação da fiscalização; tampouco é proporcional em sentido estrito, pois os custos (submissão de um maior número de trabalhadores, e em um tempo maior, a riscos; desvalorização e minoração do salários dos condutores; majoração dos custos para a indústria e do preço final do combustível para os consumidores, etc.) não superam os eventuais bônus (maior proteção à segurança apenas dos motoristas de cargas perigosas).

4) *A Resolução ANTT nº 3.762/2012 não foi submetida à audiência pública nem tampouco a consulta pública. O consulente teve a informação de que a alteração da referida Resolução teria sido precedida apenas e tão somente de "Reunião Participativa", disciplinada no artigo 2º, inciso II, da Resolução ANTT nº 3.705/2011, cujo convite para este instrumento de participação não foi estendido ao SINDICOM. Não obstante, considerando o conteúdo da alteração do artigo 25 da Resolução ANTT nº 3.665/2011, imposto pela Resolução ANTT nº 3.762/2012, indaga-se:*
i) O instrumento de participação e controle social denominado "Reunião Participativa" seria suficiente para preencher os requisitos de validade do ato administrativo questionado (Resolução ANTT nº 3.762/2012)?
Não. A Lei nº 10.233/01 é clara ao impor a realização de audiência pública aberta a todos os interessados e afetados com a edição da medida para que se manifestem, não sendo bastante uma reunião participativa viabilizada somente a poucos agentes convidados.

ii) Ao suprimir totalmente a exceção que permitia ao condutor de veículo de carga perigosa, mediante treinamento, participar das operações de carregamento e descarregamento, a norma modificada não teria restringido os direitos das associadas do SINDICOM, que há mais de 50 anos operam com a participação do condutor nas atividades de carregamento e descarregamento?
Sim, mormente porque tal vedação implicará na modificação da logística de distribuição de combustíveis e majorará substancialmente os custos incorridos pelas distribuidoras.

iii) Tendo afetado restritivamente os direitos de agentes econômicos, a alteração imposta pela Resolução ANTT nº 3.762/2012 não deveria ser precedida de Audiência ou Consulta Públicas, na forma da regra do artigo 7º da Resolução ANTT nº 3.705/2011, que dispõe sobre instrumentos do Processo de Participação e Controle Social no âmbito *da própria ANTT?*
Sim, deveria ter sido, porque a audiência pública para casos tais **é** imposição do artigo 68 da Lei nº 10.233/01.

5) *Ao deixar de se submeter à Audiência e/ou Consulta Públicas, a Resolução ANTT nº 3.762/2012 não estaria eivada de vício que a tornaria ilegal? Nesta condição ela produziria direitos ou geraria obrigações para os agentes econômicos?*

É nula por vício no procedimento administrativo de sua emissão, de nada lhe valendo invocar em seus "Considerandos" uma audiência pública realizada sobre a mesma matéria *in genere,* mas sobre outra minuta de resolução, no já distante ano de 2008. Porém, pela presunção de legitimidade dos atos administrativos, é eficaz até vir a ser afastada administrativa ou judicialmente.

É o parecer.

LOGÍSTICA REVERSA DE DERIVADOS DO PETRÓLEO À LUZ DA POLÍTICA NACIONAL DE RESÍDUOS SÓLIDOS[*]

Sumário

I   A consulta
II   Logística reversa e divisão de responsabilidades
III   Inexistência da obrigação de os agentes a montante pagarem aos agentes a jusante pelo retorno do óleo lubrificante usado:
III.1   A remissão ao SISNAMA é limitada pela Lei
III.2   Interpretação da resolução conforme a Lei
III.3   Afetação da propriedade do OLUC a fins públicos
III.4   Consumidores e distribuidores como sujeitos passivos dos §§4º e 5º do art. 33 da Lei nº 12.305/2010
III.5   A inexistência de um contrato coativo de compra e venda se a Lei não definiu seus elementos essenciais
III.6   A responsabilidade compartilhada e individualização de funções
III.7   O rol exemplificativo do art. 33, §3º e a obrigação de fim e a facultatividade da compra do óleo usado
III.8   Prevalência do regime legal sobre usos e costumes
IV   Respostas às indagações

I A consulta

É solicitado o nosso pronunciamento sobre o atual regime da devolução de Óleos Lubrificantes Usados ou Contaminados (OLUC) considerando o advento da Política Nacional de Resíduos Sólidos instituída pela Lei nº 12.305/2010.

---

[*] Parecer elaborado em 15.10.2012.

É narrada a prática da parte dos fabricantes e distribuidores no mercado de óleos lubrificantes, os quais devem ser reciclados através do processo de rerrefino em atendimento à Política Nacional do Meio-Ambiente,[1] de efetuar pagamento pecuniário aos revendedores em troca de óleo lubrificante usado, quando efetuam coleta desse produto.

Tal prática, antiga segundo nos é informado, perpetuou-se durante a vigência da Resolução nº 362/2005 do Conselho Nacional de Meio Ambiente (CONAMA), que, em seu art. 17, IV, dispunha:

> Art. 17. São obrigações do revendedor:
>
> IV – alienar os óleos lubrificantes usados ou contaminados exclusivamente ao coletor, exigindo: [...]

Com o advento da Lei nº 12.308/2010, a matéria foi assim disciplinada:

> Art. 33. São obrigados a estruturar e implementar sistemas de logística reversa, mediante retorno dos produtos após o uso pelo consumidor, de forma independente do serviço público de limpeza urbana e de manejo dos resíduos sólidos, os fabricantes, importadores, distribuidores e comerciantes de: [...]
>
> IV – óleos lubrificantes, seus resíduos e embalagens; [...]
>
> §1º Na forma do disposto em regulamento ou em acordos setoriais e termos de compromisso firmados entre o poder público e o setor empresarial, os sistemas previstos no caput serão estendidos a produtos comercializados em embalagens plásticas, metálicas ou de vidro, e aos demais produtos e embalagens, considerando, prioritariamente, o grau e a extensão do impacto à saúde pública e ao meio ambiente dos resíduos gerados.
>
> §2º A definição dos produtos e embalagens a que se refere o §1º considerará a viabilidade técnica e econômica da logística reversa, bem como o grau e a extensão do impacto à saúde pública e ao meio ambiente dos resíduos gerados.
>
> §3º Sem prejuízo de exigências específicas fixadas em lei ou regulamento, em normas estabelecidas pelos órgãos do Sisnama e do SNVS, ou em acordos setoriais e termos de compromisso firmados entre o poder público e o setor empresarial, cabe aos fabricantes, importadores, distribuidores e comerciantes dos produtos a que se referem os incisos II, III, V e VI ou dos produtos e embalagens a que se referem os incisos I e IV do caput e o §1º tomar todas as medidas necessárias para assegurar a implementação e operacionalização do sistema de logística reversa sob seu encargo, consoante o estabelecido neste artigo, podendo, entre outras medidas:
>
> I – implantar procedimentos de compra de produtos ou embalagens usados;
>
> II – disponibilizar postos de entrega de resíduos reutilizáveis e recicláveis;

---

[1] A Política Nacional do Meio Ambiente, instituída pela Lei nº 6.938/81, foi Regulamentada pela Resolução nº 9/1993 do CONAMA, cujo art. 7º, §1º, dispõe que a reciclagem de todo óleo lubrificante usado ou contaminado regenerável deveria ser efetuada através do rerrefino. Tal disposição foi reproduzida na Resolução nº 362/2005 do CONAMA que a revogou.

III – atuar em parceria com cooperativas ou outras formas de associação de catadores de materiais reutilizáveis e recicláveis, nos casos de que trata o §1º.

§4º Os consumidores deverão efetuar a devolução após o uso, aos comerciantes ou distribuidores, dos produtos e das embalagens a que se referem os incisos I a VI do caput, e de outros produtos ou embalagens objeto de logística reversa, na forma do §1º.

§5º Os comerciantes e distribuidores deverão efetuar a devolução aos fabricantes ou aos importadores dos produtos e embalagens reunidos ou devolvidos na forma dos §§3º e 4º.

A aludida Lei foi regulamentada pelo Decreto nº 7.404/2010 que estatui:

Art. 18. Os fabricantes, importadores, distribuidores e comerciantes dos produtos referidos nos incisos II, III, V e VI do art. 33 da Lei nº 12.305, de 2010, bem como dos produtos e embalagens referidos nos incisos I e IV e no §1º do art. 33 daquela Lei, deverão estruturar e implementar sistemas de logística reversa, mediante o retorno dos produtos e embalagens após o uso pelo consumidor.

§1º Na implementação e operacionalização do sistema de logística reversa poderão ser adotados procedimentos de compra de produtos ou embalagens usadas e instituídos postos de entrega de resíduos reutilizáveis e recicláveis, devendo ser priorizada, especialmente no caso de embalagens pós-consumo, a participação de cooperativas ou outras formas de associações de catadores de materiais recicláveis ou reutilizáveis.

§2º Para o cumprimento do disposto no caput, os fabricantes, importadores, distribuidores e comerciantes ficam responsáveis pela realização da logística reversa no limite da proporção dos produtos que colocarem no mercado interno, conforme metas progressivas, intermediárias e finais, estabelecidas no instrumento que determinar a implementação da logística reversa.

Questiona se as inovações da Lei nº 12.308/2010 teriam alterado a disciplina estabelecida pelo art. 17 da citada Resolução, que, à primeira vista, endossaria a prática da compra dos resíduos pelos fabricantes quando da coleta.

Diante dos dispositivos da Lei nº 12.308/2010 e do Decreto nº 7.404/2010, que, além de darem tratamento às obrigações dos fabricantes e distribuidores, disciplinaram também a questão dos consumidores, sobre a qual era silente a Resolução nº 362/2005, nos indaga:

1) Considerando o advento da Política Nacional de Resíduos Sólidos (Lei nº 12.305/2010), a obrigatoriedade da devolução do resíduo (Óleo Lubrificante Usado ou Contaminado – OLUC) pelo comerciante e consumidor/gerador ao Fabricante/Importador, prevalece independentemente de contrapartida pecuniária?

2) No caso específico do consumidor, a hipótese de pagamento pelo resíduo trata-se de faculdade (e não obrigação) conferida ao Fabricante/Importador e comerciante?

Enfocaremos os dois pontos principais por ora colocados, quais sejam: (I) a obrigatoriedade da devolução do resíduo (OLUC) ao fabricante/importador e eventual incidência de contrapartida pecuniária; e (II) o pagamento facultativo ao comerciante e ao consumidor para que o resíduo a ser rerrefinado entre na cadeia da logística reversa.

II Logística reversa e divisão de responsabilidades

Desde a década de setenta do século passado, conceitos como canais reversos e fluxos reversos vêm sendo utilizados em relação a reciclagem de material e gerenciamento ambiental.[2]

Quanto ao conceito de "logística reversa", a primeira definição conhecida foi publicada pelo então denominado Conselho de Gerenciamento Logístico (Council of Logistics Management, CLM), precursor do atual Conselho de Profissionais de Gerenciamento de Cadeias de Suprimentos (Council of Supply Chain Management Professionals, CSCMP), no início dos anos 1990, estabelecendo que "logística reversa é o termo geralmente usado para referir o papel da logística na reciclagem, disposição de resíduos e gerenciamento de materiais perigosos; uma perspectiva mais ampla se relaciona com atividades logísticas de redução de fontes de abastecimento, reciclagem, substituição, reuso de materiais e disposição".[3]

Posteriormente, o conceito agregou noções relacionadas à direcionalidade de fluxo, partindo do consumidor para o produtor, operando em direção oposta à original.[4] Nesse sentido, complexificou-se sua definição a qual foi descrita como "um seguimento da logística empresarial que planeja, opera e controla o fluxo e as operações logísticas, no que se refere ao retorno de bens de pós-venda e de pós-consumo, ao ciclo produtivo ou ciclo de negócios, através dos canais de distribuição reversos".[5]

---

[2] DIAS, Sylmara Lopes Francelino Gonçalves; TEODÓSIO, Armindo dos Santos de Sousa. Estrutura da cadeia reversa: "caminhos" e "descaminhos" da embalagem PET. *Produção*, v. 16, n. 3, p. 430, set./dez. 2006.

[3] Conselho de Gerenciamento Logístico *apud* SELLITO, Diogo Adlmaier Miguel Afonso. Embalagens retornáveis para transporte de bens manufaturados: um estudo de caso em logística reversa. *Produção*, v. 17, n. 2, p. 397, mai./ago. 2007.

[4] SELLITO, Diogo Adlmaier Miguel Afonso. Embalagens retornáveis para transporte de bens manufaturados: um estudo de caso em logística reversa. *Produção*, v. 17, n. 2, p. 397, mai./ago. 2007.

[5] LEITE, Paulo Roberto. *Logística Reversa*. São Paulo: Prentice Hall, 2003. p. 22. O mesmo autor, em artigo denominado "Logística Reversa: nova área da logística empresarial", publicado na *Revista Tecnologística* de maio 2002, traça evolução cronológica do conceito: "Em C.L.M. (1993:323): 'Logística reversa é um amplo termo relacionado às habilidades e atividades envolvidas no gerenciamento de redução, movimentação e disposição de resíduos de produtos e embalagens...' Em Stock (1998:20) encontra-se a definição: 'Logística Reversa: em uma perspectiva de logística de negócios, o termo refere-se ao papel da logística no retorno de produtos, redução na fonte, reciclagem, substituição de materiais, reuso de materiais, disposição de resíduos, reforma, reparação e remanufatura...' Em Rogers e Tibben-Lembke (1999:2) a Logística Reversa é definida como: 'Processo de planejamento, implementação e controle da eficiência, do custo efetivo do fluxo de matérias-primas, estoques de processo, produtos acabados e as respectivas informações, desde o ponto de consumo até o ponto de origem, com o propósito de recapturar valor ou adequar o seu destino'. A definição de Logística apresentada pelos autores Dornier *et al.* (2000:39) abrange áreas de atuação novas incluindo o gerenciamento dos fluxos reversos: 'Logística é a gestão de fluxos entre funções de negócio. A definição atual de logística engloba maior amplitude de fluxos que no passado. Tradicionalmente as companhias incluíam a simples entrada de matérias-primas ou o fluxo de saída de produtos acabados em sua definição de logística. Hoje, no entanto, essa definição expandiu-se e inclui todas as formas de movimentos de produtos e informações'. Bowersox e Closs (2001: 51,52) apresentam, por sua vez, a ideia de "Apoio ao Ciclo de Vida" como um dos objetivos operacionais da Logística moderna referindo-se ao

A própria Lei nº 12.305/2010 traz em seu art. 3º, XII, a noção de logística reversa como sendo "instrumento de desenvolvimento econômico e social caracterizado por um conjunto de ações, procedimentos e meios destinados a viabilizar a coleta e a restituição dos resíduos sólidos ao setor empresarial, para reaproveitamento, em seu ciclo ou em outros ciclos produtivos, ou outra destinação final ambientalmente adequada".[6]

Note-se que tal dispositivo destaca dois pilares da logística reversa, quais sejam, (i) a direção do processo, que se dá da coleta para o reaproveitamento e (ii) a destinação ambientalmente adequada, preocupação que tem origem na periculosidade dos resíduos que integram seu objeto, *in casu*, o óleo usado.[7]

Porém, a adesão à logística reversa em si não define a responsabilidade de cada ator da cadeia, tampouco indica o ônus individual que deve ser suportado. No Direito Comparado, há exemplos diversos acerca da alocação de responsabilidades entre os integrantes do sistema.

Na União Europeia há diretivas que tratam da matéria, que não são diretamente vinculantes, mas consistem em diretrizes para edição normativa nacional, deixando aos Estados certa margem de autonomia.[8]

Nesse âmbito podem-se destacar duas diretivas principais a WEEE[9] e ELV.[10] A primeira, que trata do lixo oriundo de equipamentos eletrônicos e elétricos, prevê expressamente a responsabilidade financeira do produtor pela coleta, tratamento, recuperação e adequação ambiental dos dejetos domésticos, correspondentes à sua produção.[11] Em seus considerandos, aponta como objetivos que os custos desse finan-

---

prolongamento da Logística além do fluxo direto dos materiais e a necessidade de considerar os fluxos reversos de produtos em geral. As diversas definições e citações de Logística Reversa até então revelam que o conceito ainda está em evolução face às novas possibilidades de negócios relacionados ao crescente interesse empresarial e o interesse de pesquisas nesta área na última década".

[6] O Decreto nº 7.404/2010, que regulamenta a Lei nº 12.305/2010, reproduz o dispositivo em seu art. 13.

[7] Note-se que, que o Brasil consome anualmente cerca de um milhão de metros cúbicos de óleo lubrificante e gera trezentos e cinquenta mil metros cúbicos de óleo usado (DE CASTRO, Marcos Daniel Gomes; DE CASTRO, Rosani. Reverse logistics applied to wastes oily management. *POMS, 21th Annual Conference Vancouver*, Canadá, p. 3-4, 2010). De acordo com relatório organizado pelo SENAI e pelo Ministério do Meio Ambiente, um litro de óleo é capaz de drenar o oxigênio de um milhão de litros de água, formando, em poucos dias, uma fina capa em uma superfície de mil metros quadrados que bloqueia a passagem de ar e de luz, obstruindo a respiração e a fotossíntese. Além disso, segundo o documento, o derrame de óleo lubrificante automotivo usado no solo, cujos hidrocarbonetos saturados não são biodegradáveis, recobrem o solo de uma película impermeável que destrói o húmus vegetal e, portanto, a sua fertilidade. Da mesma forma, a combustão não controlada de apenas 5 litros de óleo lubrificante automotivo usado tornaria tóxico um volume de ar equivalente ao que respira um adulto ao longo de três anos de sua vida e os compostos químicos existentes nos óleos lubrificantes usados, principalmente os metais pesados, produzem efeitos diretos sobre a saúde humana, se em contato com a pele, e vários deles são cancerígenos. O óleo usado também contém metais e compostos tóxicos e é classificado como lixo perigoso de acordo com a norma 10.4004 da ABNT. SENAI. *Projeto Programa Piloto para a Minimização dos Impactos Gerados por Resíduos Perigosos Documento 3 – Gestão de Óleo Lubrificante Automotivo Usado em Oficinas Automotivas*. Pernambuco, 2006. p. 15. Disponível em: http://wwwapp.sistemafiergs.org.br/portal/page/portal/sfiergs_senai_uos/senairs_uo697/proximos_cursos/Oleo%20lubrificante%20automotivo_PE.pdf. Acesso em 8 out. 2012.

[8] BLUMANN, Claude; DUBOIS, Louis. *Droit Institutionnel de l´Union Européene*. Paris: LexisNexis, 2007. p. 454.

[9] Directive nº 2012/19/EU of the European Parliament and of the Council of 4 July 2012 on waste electrical and electronic equipment (WEEE). Disponível em: http://eur-lex.europa.eu/LexUriServ/LexUriServ.do?uri=OJ:L:2012:197:0038:0071:EN:PDF. Acesso em 13 out. 2012.

[10] ELV – Directive nº 2000/53/EC of the European Parliament and of the Council of 18 September 2000 on end-of life vehicles. Disponível em: http://eur-lex.europa.eu/LexUriServ/LexUriServ.do?uri=CONSLEG:2000L0053:20050701:EN:PDF. Acesso em 11 out. 2012.

[11] Article 12
Financing in respect of WEEE from private households

ciamento sejam substituídos dos contribuintes em geral para os consumidores dos produtos, privilegiando o princípio do poluidor-pagador, e assinala a possibilidade de que os custos de financiamento sejam expostos quando da venda do produto.[12] A segunda diretiva, relativa a veículos e seus componentes, incluindo óleo utilizado que

---

[12] 1. Member States shall ensure that producers provide at least for the financing of the collection, treatment, recovery and environmentally sound disposal of WEEE from private households that has been deposited at collection facilities set up under Article 5(2).
2. Member States may, where appropriate, encourage producers to finance also the costs occurring for collection of WEEE from private households to collection facilities.
3. For products placed on the market later than 13 August 2005, each producer shall be responsible for financing the operations referred to in paragraph 1 relating to the waste from his own products. The producer may choose to fulfil this obligation either individually or by joining a collective scheme.
Member States shall ensure that each producer provides a guarantee when placing a product on the market showing that the management of all WEEE will be financed and shall ensure that producers clearly mark their products in accordance with Article 15(2). This guarantee shall ensure that the operations referred to in paragraph 1 relating to this product will be financed. The guarantee may take the form of participation by the producer in appropriate schemes for the financing of the management of WEEE, a recycling insurance or a blocked bank account.
4. The responsibility for the financing of the costs of the management of WEEE from products placed on the market on or before 13 August 2005 ("historical waste") shall be borne by one or more systems to which all producers existing on the market when the respective costs occur contribute proportionately, e.g. in proportion to their respective share of the market by type of equipment.
5. Member States shall take the necessary measures to ensure that appropriate mechanisms or refund procedures are developed for the reimbursement of contributions to the producers where EEE is transferred for placing on the market outside the territory of the Member State concerned. Such mechanisms or procedures may be developed by producers or third parties acting on their behalf.
6. The Commission is invited to report, by 14 August 2015, on the possibility of developing criteria to incorporate the real end-of-life costs into the financing of WEEE by producers, and to submit a legislative proposal to the European Parliament and the Council if appropriate.
Article 13
Financing in respect of WEEE from users other than private households
1. Member States shall ensure that the financing of the costs for the collection, treatment, recovery and environmentally sound disposal of WEEE from users other than private households resulting from products placed on the market after 13 August 2005 is to be provided for by producers.
For historical waste being replaced by new equivalent products or by new products fulfilling the same function, the financing of the costs shall be provided for by producers of those products when supplying them. Member States may, as an alternative, provide that users other than private households also be made, partly or totally, responsible for this financing.
For other historical waste, the financing of the costs shall be provided for by the users other than private households.
2. Producers and users other than private households may, without prejudice to this Directive, conclude agreements stipulating other financing methods.
"(23) Users of EEE from private households should have the possibility of returning WEEE at least free of charge. Producers should finance at least the collection from collection facilities, and the treatment, recovery and disposal of WEEE. Member States should encourage producers to take full responsibility for the WEEE collection, in particular by financing the collection of WEEE throughout the entire waste chain, including from private households, in order to avoid separately collected WEEE becoming the object of suboptimal treatment and illegal exports, to create a level playing field by harmonising producer financing across the Union and to shift payment for the collection of this waste from general tax payers to the consumers of EEE, in line with the "polluter pays" principle. In order to give maximum effect to the concept of producer responsibility, each producer should be responsible for financing the management of the waste from his own products. The producer should be able to choose to fulfil this obligation either individually or by joining a collective scheme. Each producer should, when placing a product on the market, provide a financial guarantee to prevent costs for the management of WEEE from orphan products from falling on society or the remaining producers. The responsibility for the financing of the management of historical waste should be shared by all existing producers through collective financing schemes to which all producers that exist on the market when the costs occur contribute proportionately. Collective financing schemes should not have the effect of excluding niche and low-volume producers, importers and new entrants. Collective schemes could provide for differentiated fees based on how easily products and the valuable secondary raw materials that they contain could be recycled. In the case of products which have a long life cycle and which are now covered by this Directive, such as photovoltaic panels,

neles se encontram, também privilegia o princípio do poluidor-pagador, ressaltando que se deve assegurar que o último proprietário não tenha custo para entregar o carro para reciclagem.[13]

Note-se que muitos países-membros da EU subsidiam e fomentam as atividades dos produtores. No caso do rerrefino de óleo lubrificante, por exemplo, na Itália há obrigatoriedade de uso de óleo rerrefinado em óleos de motores e o mercado é financiado com contribuições cobradas com a venda de lubrificantes. Já na Alemanha, 41% do óleo utilizado é rerrefinado.[14] Na Europa Ocidental como um todo, são financiados pelos governos 35 mil empregos relacionados à reciclagem.[15]

Nos Estados Unidos, por sua vez, não há legislação nacional que regule a divisão de responsabilidade. Historicamente, não se tem adotado o princípio do poluidor-pagador. Em 1993 o Conselho Presidencial para o Desenvolvimento Sustentável desenvolveu prática de responsabilidade compartilhada, voluntária, denominada responsabilidade de produto estendida, que abrangia todos aqueles envolvidos no ciclo, sem delimitá-la.[16]

No âmbito estadual, porém, algumas iniciativas recentes tem fixado regulação baseada no aludido princípio. Em 2001, o estado do Maine aprovou a primeira lei nacional atribuindo a obrigatoriedade de recolhimento, e os encargos financeiros ao produtor, no caso de componentes de automóveis que contenham mercúrio.[17] No próprio Maine,

---

the best possible use should be made of existing collection and recovery systems, provided that they meet the requirements laid down in this Directive.
(24) Producers could be allowed to show purchasers, on a voluntary basis at the time of sale of new products, the costs of collecting, treating and disposing of WEEE in an environmentally sound way. This is in line with the Commission Communication on Sustainable Consumption and Production and Sustainable Industrial Policy Action Plan, in particular with regard to smarter consumption and green public procurement".

[13] (2) A Community-wide framework is necessary in order to ensure coherence between national approaches in attaining the objectives stated above, particularly with a view to the design of vehicles for recycling and recovery, to the requirements for collection and treatment facilities, and to the attainment of the targets for reuse, recycling and recovery, taking into account the principle of subsidiarity and the polluter-pays principle.
4. Member States shall take the necessary measures to ensure that the delivery of the vehicle to an authorised treatment facility in accordance with paragraph 3 occurs without any cost for the last holder and/or owner as a result of the vehicle's having no or a negative market value.
Member States shall take the necessary measures to ensure that producers meet all, or a significant part of, the costs of the implementation of this measure and/or take back end-of life vehicles under the same conditions as referred to in the first subparagraph. ELV – Directive nº 2000/53/EC of the European Parliament and f the Council of 18 September 2000 on end-of life vehicles. Disponível em: http://eur-lex.europa.eu/LexUriServ/LexUriServ.do?uri=CONSLEG:2000L0053:20050701:EN:PDF. Acesso em 11 out. 2012.

[14] FITZSIMOUS, David; LEE, Peter. *UK Waste Oils Policy in the light of German and Italian Experience*. 2003, republished 2010. Disponível em: http://www.oakdenehollins.co.uk/pdf/Waste_Oils_Report_2.pdf. Acesso em 9 out. 2012.

[15] Managing Reverse Logistics or Reversing Logistics Management? Marisa P. de Brito. Thesis to obtain the degree of Doctor from the Erasmus University Rotterdam, p. 23. By command of the Rector Magnificus Prof. Dr. S.W.J. Lamberts and according to the decision of the Doctorate Board The public defense shall be held on Thursday 12 February, 2004 at 16.00 hrs. Disponível em: http://repub.eur.nl/res/pub/1132/EPS2004035LIS_9058920585_DEBRITO.pdf. Acesso em 9 out. 2012.

[16] SHEEHAN, Bill, SPIEGWLMAN, Helen. Extended producer responsibility policies in the United States and Canada: history and status. *In*: SCHEER, Dirk; GREENLAF, Rubik (Eds.). Governance of Integrated Product Policy. *In*. Search of Sustainable Production and Consumption. *Greenleaf Publishing Ltd.*, Sheffield, U.K. December 2005. p. 215. Disponível em: http://www.productpolicy.org/ppi/attachments/EPR_in_USA_Canada_Ch14.pdf. Acesso em 9 out. 2012.

[17] SHEEHAN, Bill, SPIEGWLMAN, Helen. Extended producer responsibility policies in the United States and Canada: history and status. *In*: SCHEER, Dirk; GREENLAF, Rubik (Eds.). Governance of Integrated Product Policy. *In*. Search of Sustainable Production and Consumption. *Greenleaf Publishing Ltd.*, Sheffield, U.K.

mais recentemente, em 2004, foi instituída lei relativa ao lixo eletrônico obrigando o recolhimento e reciclagem, cujos gastos são divididos entre produtores e os Municípios.[18]

Assim, como a adoção da logística reversa, por si só, não delimita a repartição de responsabilidade, é preciso analisar a disciplina específica da Lei nº 12.305/2010, que prevê, em seu art. 33, *caput* c/c IV, a adoção da logística reversa para o rerrefino do Óleo Lubrificante Utilizado ou Contaminado (OLUC), mediante o retorno dos resíduos e embalagens, processo que inclui fabricantes, importadores, distribuidores e comerciantes de óleos e lubrificantes.

A Lei, em seu art. 30, estabelece a responsabilidade compartilhada entre fabricantes, importadores, distribuidores, comerciantes, consumidores e titulares dos serviços público de limpeza urbana e de manejo de resíduos sólidos de forma a, entre outros, compatibilizar interesses e desenvolver estratégias sustentáveis (art. 30, I) e promover o aproveitamento de resíduos sólidos (art. 30, II).

Saliente-se que a ideia de compartilhamento pressupõe a divisão razoável e equânime das responsabilidades de modo a não onerar sobremaneira nenhum dos integrantes da cadeia e possibilitar o atingimento do dos fins perseguidos pela política em questão, no caso, aqueles previstos no art. 6º da Lei nº 12.305/2010 (prevenção e precaução, desenvolvimento sustentável, ecoeficiência, cooperação, etc.).

Segundo o engenheiro ambiental Mario Corbucci Neto, "a responsabilidade compartilhada é um instrumento concreto que está embasado em conceitos políticos, fiscalizados por órgãos ambientais competentes. Dessa maneira, tal instrumento viabiliza a logística reversa harmonizando o conjunto de obrigações de interventores da cadeia do produto a fim de que possam ser criados impostos e penalidades sujeitas a igualdade de direitos e deveres".[19]

Em seguida, no art. 31, III, o diploma legal determina que a responsabilidade dos fabricantes, importadores, distribuidores e comerciantes abrange o "recolhimento dos produtos e dos resíduos após o uso, assim como sua subsequente destinação final ambientalmente adequada, no caso de produtos objeto do sistema de logística reversa, nos termos do art. 33".

Note-se que, seja por força dos artigos que tratam especificamente da responsabilidade compartilhada, seja por conta do sistema da logística reversa, o atual regime estabelecido pela Lei que instituiu a Política Nacional de Resíduos Sólidos prevê o compartilhamento dos ônus relativos ao tratamento desses resíduos.

Assim, com o objetivo de recuperar o produto usado, é prevista a ação integrada dos atores, que podem ser diferenciados pela função que exercem dentro da cadeia, ou seja, pelo ônus específico que assumem para que o objetivo final seja alcançado.

Nesse sentido, a Lei nº 12.305/2010, no *caput* do art. 30: "É instituída a responsabilidade compartilhada pelo ciclo de vida dos produtos, a ser implementada *de forma*

December 2005. p. 218. Disponível em: http://www.productpolicy.org/ppi/attachments/EPR_in_USA_Canada_Ch14.pdf. Acesso em 9 out. 2012.

[18] Para essas e informações relativas a outros Estados norte-americanos. (ELETRONICS TAKEBACK COALITION. *Brief Comparison of State Laws on Electronics Recycling*. September, 2013. Disponível em: http://www.electronics-takeback.com/wp-content/uploads/Compare_state_laws_chart.pdf. Acesso em 19 out. 2014).

[19] Política Nacional de Resíduos Sólidos e a Responsabilidade Compartilhada. *Revista de Meio Ambiente Industrial*, abril 2012. Disponível em: http://rmai.com.br/v4/Read/1218/politica-nacional-de-residuos-solidos-e-a-responsabilidade-compartilhada.aspx. Acesso em 04 out. 2012.

individualizada e encadeada, abrangendo os fabricantes, importadores, distribuidores e comerciantes, os consumidores e os titulares dos serviços públicos de limpeza urbana e de manejo de resíduos sólidos [...]". De maneira semelhante, o Decreto nº 7.404/2010 estabelece, no parágrafo único do art. 5º, que "a responsabilidade compartilhada será implementada de forma individualizada e encadeada".

A própria lei, fixa a divisão das tarefas e obrigações em conformidade com a posição ocupada pelo agente na cadeia. É o que ocorre no art. 33, §5º, por exemplo, ao prever que os comerciantes e distribuidores deverão efetuar a devolução aos fabricantes ou importadores dos produtos e embalagens.

O parágrafo seguinte, de outra feita, determina que os fabricantes e importadores darão destinação ambientalmente adequada aos produtos e embalagens devolvidos.

Assim, é preciso ater-se à divisão de responsabilidades previstas no conjunto normativo que regula a questão. Para isso, analisaremos mais detidamente, a seguir, argumentos que militam pela inexistência da obrigação de compra do óleo lubrificante usado, ressaltando as obrigações impostas a cada integrante da cadeia pelos artigos destacados na introdução da presente opinião jurídica.

III Inexistência da obrigação de os agentes a montante pagarem aos agentes a jusante pelo retorno do óleo lubrificante usado:

III.1 A remissão ao SISNAMA é limitada pela Lei

Estabelece o art. 33, §3º da Lei nº 12.305/2010:

§3º Sem prejuízo de exigências específicas fixadas em lei ou regulamento, em normas estabelecidas pelos órgãos do Sisnama e do SNVS, ou em acordos setoriais e termos de compromisso firmados entre o poder público e o setor empresarial, cabe aos fabricantes, importadores, distribuidores e comerciantes dos produtos a que se referem os incisos II, III, V e VI ou dos produtos e embalagens a que se referem os incisos I e IV do caput e o §1º tomar todas as medidas necessárias para assegurar a implementação e operacionalização do sistema de logística reversa sob seu encargo, consoante o estabelecido neste artigo, podendo, entre outras medidas:

I – implantar procedimentos de compra de produtos ou embalagens usados;

II – disponibilizar postos de entrega de resíduos reutilizáveis e recicláveis;

III – atuar em parceria com cooperativas ou outras formas de associação de catadores de materiais reutilizáveis e recicláveis, nos casos de que trata o §1º.

Ainda que tenha havido, no início do §3º do art. 33 da Lei nº 12.305/2010, remissão acerca de exigências específicas de normas estabelecidas pelos órgãos do SISNAMA, não se pode considerar que essa disposição excepcione norma contrária àquelas constantes da própria Lei.

Isso porque, o objetivo da remissão a atos normativos externos é complementar a Lei na realização do objetivo específico a que se propõe o dispositivo em que se insere e não inovar absolutamente, muito menos, contrariá-la, como é o caso.

Nesse sentido, a remissão funciona como um "mandato" legal, devendo-se observar seus estritos termos, sob pena de violar-se o princípio da legalidade.[20]

No caso em questão, a contrariedade entre a Lei e a norma complementadora que instituiria obrigação que a Lei coloca claramente como simples faculdade, seria ainda mais flagrante tendo em vista que, além de a segunda ser anterior à primeira, ainda é de nível hierarquicamente inferior.

III.2 Interpretação da resolução conforme a Lei

Nessa toada, considerando que a norma complementadora não pode contrariar a Lei que a ela faz remissão, restaria considerar que o art. 17, IV segundo o qual são obrigações do revendedor "alienar os óleos lubrificantes usados ou contaminados exclusivamente ao coletor", só pode ser interpretado de forma que não contrarie o art. 33, §3º, da Lei nº 12.305/2010.

Dessa maneira, se o verbo "alienar" fosse entendido em seu sentido vulgar, representando apenas obrigação de compra, que pressupõe contrapartida pecuniária, contrariaria o art. 33, §3º, I, da Lei nº 12.305/2010, tendo em vista que a lei refere-se à compra de resíduos e embalagens, como mera faculdade, utilizando-se para isso o verbo "poder".

Tanto é assim que ao referir-se a outras *possibilidades*, menciona, no inciso III do mesmo parágrafo, a atuação em parceria com cooperativas que, naturalmente, não poderiam constituir dever, já que dependeria da existência da cooperativa, de sua vontade etc.

Deste modo, a única interpretação cabível, com vistas a aproveitar a vigência do art. 17 da Resolução, seria considerar o uso do vocábulo "alienar", pelo legislador, em sua acepção técnica, a qual não necessariamente exige contrapartida pecuniária.

Tratando da prevalência do uso técnico sobre o vulgar no caso de haver mais de um sentido possível, Carlos Maximiliano assevera "quando são empregados termos

---

[20] BITENCOURT, Cezar Roberto. *Tratado de direito penal*: parte geral. 16. ed. São Paulo: Saraiva, 2011. p. 194. Acrescenta, ainda, o autor, ao tratar de normas penais em branco em sentido estrito: "Normas penais em branco em sentido estrito, por sua vez, são aquelas cuja complementação é originaria de outra instancia legislativa, diversa da norma a ser complementada. Diz-se que há heterogeneidade de fontes, ante a diversidade de origem legislativa. No entanto, a fonte legislativa (Poder Legislativo, Poder Executivo, etc.), que complementa a norma penal em branco, deve, necessariamente, respeitar os limites que esta impõe, para não violar uma possível proibição de delegação de competência na lei penal material, definidora do tipo penal, em razão do princípio constitucional da reserva legal (art. 5º, II e XXXIX da CF/88) e do princípio da atipicidade estrita (art. 1º do CP). Em outros termos, é indispensável que esta integração ocorra nos parâmetros estabelecidos pelo preceito da norma penal em branco; e inadmissível, por exemplo, que um ato administrativo ultrapasse o claro da lei penal (criando, ampliando ou agravando o comando legal), sob pena de violar o princípio da reserva legal de crimes e respectivas sanções (art. 1º do CP). Com efeito, as normas penais restritivas devem ser interpretadas sempre levando em consideração a sua finalidade (teleologia), sendo vedada a analogia, assim como a interpretação analógica. BITENCOURT, Cezar Roberto. *Tratado de direito penal*: parte geral. 16. ed. São Paulo: Saraiva, 2011. p. 193.

jurídicos, deve crer-se ter havido preferência pela linguagem técnica. Não basta obter o significado gramatical e etimológico".[21]

Trata-se de um termo da Teoria Geral das Obrigações que abrange, entre outros, negócio gratuito, como a doação. Nas palavras de Tepedino et al., "designa-se alienação a transferência voluntária do direito de propriedade sobre à coisa. À perda do domínio pelo alienante corresponde a sua aquisição pelo adquirente. A perda da propriedade, portanto, decorre de ato oneroso (venda, permuta) ou gratuito (doação), no exercício de uma das faculdades inerentes ao domínio, qual seja, o poder de disposição (*ius disponendi*)".[22]

Saliente-se que a própria regra do SISNAMA não é restritiva no uso da palavra "alienação", ao valer-se dela, de maneira genérica, no art. 19 da mesma Resolução nº 362/2005, que diz que "São obrigações do coletor: [...] VIII. Manter atualizados os registros de aquisições, alienações e os documentos legais, para fins fiscalizatórios, pelo prazo de cinco anos".

III.3 Afetação da propriedade do OLUC a fins públicos

Com relação à propriedade do óleo usado e de sua embalagem por parte do consumidor, cumpre esclarecer que tal propriedade não é ilimitada, mas sim instrumentalizada a fins públicos constitucional e legalmente albergados de saúde pública e de proteção ao meio-ambiente.

A Lei nº 12.305/2010 em seu artigo 33, define a obrigatoriedade de implementação de sistema de logística reversa após o uso de óleos lubrificantes pelo consumidor. No mesmo sentido, parágrafo único do art. 57 do Decreto nº 7.404/2010 impõe a obrigatoriedade do rerrefino.

Isso significa que os óleos lubrificantes, uma vez utilizados, passam a sujeitar-se a regime especial de propriedade.

Conforme salientado por Maria Sylvia Zanella Di Pietro em lição inteiramente aplicável à hipótese, "tais bens continuam no domínio privado de seus proprietários. Contudo, cumprem uma função social, na medida em que seu titular sofre restrições de uso e gozo em benefício do interesse público".[23]

León Duguit, já prenunciava: "o proprietário está obrigado a empregar a riqueza que possui conforme a sua destinação social".[24]

A doutrina administrativista diz a respeito que "ao acolher o princípio da função social da propriedade, o Constituinte pretendeu imprimir-lhe uma certa significação pública, vale dizer, pretendeu trazer ao Direito Privado algo até então exclusivo do Direito Público: o condicionamento do poder a uma finalidade. Não se trata de extinguir a propriedade privada, mas de vinculá-la a interesses outros que não os exclusivos do proprietário. Assim como a imposição de deveres inderrogáveis ao empregador, no

---

[21] MAXIMILIANO, Carlos. *Hermenêutica e aplicação do Direito*. 19. ed. Rio de Janeiro: Ed. Forense, 2006.
[22] TEPEDINO, Gustavo et al. *Código Civil Interpretado*. Rio de Janeiro: Renovar, 2011. v. III, p. 574.
[23] DI PIETRO, Maria Sylvia Zanella. *Parcerias da Administração Pública*. 4. ed. São Paulo: Ed. Atlas, 2002. p. 372-373.
[24] DUGUIT, Léon. *Las Transformaciones Generales del Derecho*. (Trad. Adolfo G. Posada e Ramón Jaén). Buenos Aires: Editorial Heliasta, 2001. p. 239.

interesse do empregado, não faz dele um ente público, também a função social não desnatura o proprietário nem a propriedade: apenas lhe impõe cerceamentos diferenciados'. Salientou-se, como se vê, que a essência do princípio da função social da propriedade é o condicionamento do poder a uma finalidade. [...] Quando o Direito não previa nada do gênero, o proprietário experimentava condicionamentos no interesse da coletividade, apenas quando passasse a exercer o seu direito. [...] Agora, consagrado o princípio da função social da propriedade, a reação do direito a essa postura é completamente outra. O proprietário experimenta condicionamentos não apenas quando exerce o seu direito, mas também com o objetivo que dê início ao seu exercício".[25]

A doutrina civilista também destaca a funcionalização dos direitos patrimoniais e aplicação da função social a todas espécies de bens, e não apenas aos imobiliários: "A função social penetra na própria estrutura e substância do direito subjetivo, traduzindo-se em uma necessidade de atuação promocional por parte do proprietário, pautada no estímulo a obrigações de fazer, consistentes em implementação de medidas hábeis a impulsionar a exploração racional do bem [...]. A função social incide sobre a própria estrutura da propriedade, portanto, recai sobre qualquer bem, variando em intensidade em cada situação concreta, de acordo com as efetivas utilidades dele para a sociedade. [...] Para cada tipo de bem há um regime específico de atuação da função social da propriedade, pois vários são os modos de circulação de riqueza".[26]

É o que também se dá com o direito de utilização exclusiva de patentes, destinado a veicular marcas de produtos e empresas. O emprego da propriedade intelectual para esse objetivo é compulsório e inerente a toda a sua regulação. Tanto é assim que se o seu titular não o observar voluntariamente, pode ter a sua patente objeto até mesmo de um licenciamento compulsório para terceiro (arts. 68 e segs., Lei nº 9.279, de 14 de maio de 1996).

O mesmo ocorre com os resíduos do óleo lubrificante, cuja função social a eles inerente é o processo de rerrefino, voltado para a proteção do meio em que vivemos.

Diante da afetação do óleo lubrificante utilizado, há, portanto, a obrigação de devolução após o seu uso para que se realize sua função social que é garantir a proteção do meio-ambiente e da saúde pública. Seria plausível assim a interpretação segundo a qual o agente à jusante tem a obrigação de transferir a propriedade do óleo usado para o agente à montante, e assim sucessivamente até a extinção do objeto daquela propriedade pelo rerrefino.

Outra possibilidade interpretativa, que preferimos, é considerar a devolução coativa perda apenas da posse direta pelo consumidor durante o trânsito do produto ao longo da cadeia.[27]

---

[25] SUNDFELD, Carlos Ari; SOUZA, Rodrigo Pagani de. A perfuração do Túnel do Metrô sob Imóveis Urbanos: hipótese de mera limitação à propriedade privada. *Revista de Direito Administrativo e Constitucional – A&C*, v. 20, p. 45-46, 2002.

[26] FARIAS, Cristiano Chaves de; ROSENVALD, Nelson. *Direitos Reais*. 3. ed. Rio de Janeiro: Ed. Lumen Juris, 2006. p. 207, 228 e 234.

[27] Nessa esteira, Tepedino *et al.* afirmam "como expressão do exercício possessório, é dado ao possuidor transferir a terceiros o poder direto sobre a coisa, em razão de direito real (em que é transferida alguma das faculdades imanentes ao domínio) ou pessoal (em que o exercício de alguma das faculdades é transferido contratualmente). Com isso, dá-se o desdobramento ou a bipartição da posse, em que a posse indireta permanece em favor de quem autoriza a apreensão por outrem (demonstrando, assim, seu poder sobre o destino da coisa) e a posse direta é atribuída ao possuidor que se mantém em contato com a coisa, exercendo de fato algumas das faculdades

Posteriormente, com a destruição do óleo usado pela reciclagem, o consumidor perderia por completo sua propriedade, tendo em vista o fim de seu objeto. "O direito de propriedade desaparece se o seu objeto perece e não ocorre sub-rogação. O perecimento do objeto ocorre por sua destruição, a exemplo do prédio arruinado por incêndio; pelo consumo, como a queima do carvão; ou até por sua exclusão do âmbito do poderio do homem, exemplificativamente no caso do animal doméstico que retorna ao hábitat natural".[28]

Em vista de todo o exposto, conclui-se que, embora seja proprietário do OLUC, o consumidor não pode utilizá-lo de forma diversa da sua afetação específica para o rerrefino, tendo a obrigação de inserir o OLUC na cadeia da logística reversa quando poderá a posse direta do bem e, posteriormente a propriedade com a destruição do objeto.

III.4 Consumidores e distribuidores como sujeitos passivos dos §§4º e 5º do art. 33 da Lei nº 12.305/2010

Reiterando a inexistência de obrigação dos integrantes a montante pagarem aos integrantes a jusante, os §§4º e 5º do art. 33, fixam, respectivamente, os consumidores e comerciantes/distribuidores, como agentes passivos da obrigação de devolver.

Colha-se dos dispositivos em questão, respectivamente: "os consumidores deverão efetuar a devolução" e "os comerciantes e distribuidores deverão efetuar a devolução", o que decorre também da afetação e do regime especial de propriedade desses bens, como visto no item anterior.

O fato de serem os agentes à jusante os sujeitos passivos da obrigação explícita que são eles os responsáveis pelo cumprimento dessa etapa na logística reversa, qual seja a devolução. Se houvesse uma obrigação dos agentes a montante comprarem o óleo usado dos agentes à jusante, seriam aqueles, e não estes, que os citados dispositivos da Lei colocariam como sujeitos passivos da obrigação *ex lege* em questão.

Se houvesse obrigação de compra dos resíduos, seriam sujeitos passivos, ao revés, os coletores, e o artigo expressamente imporia esse dever a eles.

Repisando as obrigações dos consumidores, o Decreto nº 7404/2010, em seu art. 84, alterou a redação do Decreto nº 6.514/2008, que dispõe sobre as infrações e sanções administrativas ao meio ambiente para incluir no art. 62, o §2º que estabelece que "os consumidores que descumprirem as respectivas obrigações previstas nos sistemas de logística reversa e de coleta seletiva estarão sujeitos à penalidade de advertência".

---

dominicais. Desse modo, 'estabelecida uma relação jurídica, em virtude da qual o direito de possuir ou obrigação de possuir caiba a uma pessoa que não possui, a título de propriedade, a relação possessória, se desdobra, sendo direta para os que detêm a coisa e indireta para os que lhes concedem o direito de possuir' (BEVILAQUA, Clovis. *Código Civil*. Rio de Janeiro: Francisco Alves, 1956. p. 969-970); (TEPEDINO, Gustavo *et al. Código Civil Interpretado*. Rio de Janeiro: Renovar, 2011. v. III, p. 446 e ss).

[28] TEPEDINO, Gustavo *et al. Código Civil Interpretado*. Rio de Janeiro: Renovar, 2011. v. III, p. 575.

Assim, se há sanções para o descumprimento de obrigações por parte dos consumidores, é evidente haver obrigação, sendo, no caso da logística reversa, aquela expressa no §4º do art. 33 de Lei nº 12.305/2010, de devolução dos resíduos.

III.5 A inexistência de um contrato coativo de compra e venda se a Lei não definiu seus elementos essenciais

Ademais, caso o fosse objetivada a criação de um contrato coativo de compra e venda, haveria necessidade de que houvesse previsão expressa acerca dos elementos essenciais deste contrato e da definição do seu preço.

Sobre esta modalidade de contrato, Silvio de Salvo Venosa afirma tratar-se de expressão do dirigismo contratual e aduz que, nesse caso, "o intuito contratual está praticamente desaparecido nesse negócio jurídico. As cláusulas do negócio são totalmente predispostas".[29]

O contrato de compra e venda tem como um de seus elementos essenciais o preço,[30] portanto, seria necessária disposição acerca de seu arbitramento, ausente nos dispositivos legais aludidos.

Com efeito, de nada adiantaria a Lei impor a obrigação de comprar o óleo usado sem definir pelo menos os critérios básicos de fixação do seu respectivo preço, já que seria totalmente irrazoável que os compradores tivessem sempre que aceitar os preços fixados pelos vendedores. Apenas para traçar um paralelo, podemos lembrar que nos contratos coativos de compartilhamento de infraestruturas a legislação estabelece todo um arcabouço regulatório para definição dos preços quando as partes não chegam a um acordo.

Assim, ausentes os critérios para definir os elementos essenciais que o compõe, impossível se faz a imposição do contrato às partes, que tem liberdade de contratar como bem lhes conviver, podendo adotar ou não a compra e venda, nos termos do art. 33, §3º.

III.6 A responsabilidade compartilhada e individualização de funções

Conforme exposto acima (item II), quando se tratou da responsabilidade compartilhada na logística reversa para resíduos sólidos, o ordenamento jurídico brasileiro fixou as obrigações de cada agente da cadeia de maneira compartimentalizada e determinada de acordo com a posição de cada um na cadeia econômica do produto.

É o que se depreende do *caput* art. 30 da Lei nº 12.305/2010 e do parágrafo único do art. 5º do Decreto nº 7.404/2010 quando afirmam, respectivamente, ser "instituída a

---

[29] VENOSA, Silvio de Salvo. *Direito Civil*. 7. ed. São Paulo: Ed. Atlas, 2007. v. II, p. 356, ss.
[30] "A doutrina, desde os romanos, procedendo à análise deste contrato, assinalava a presença dos três elementos que lhe são essenciais: *a coisa, o preço e o consentimento*. Estes mesmo elementos estão ainda presentes [...]. Os seus elementos, para nós, são aqueles que encontram em todos os contratos da espécie – *res, pretium et consensus*". PEREIRA, Caio Mário da Silva Pereira. *Instituições de Direito Civil*: contratos. Rio de Janeiro: Forense, 2009. v. 2, p. 148.

responsabilidade compartilhada pelo ciclo de vida dos produtos, a ser implementada de *forma individualizada e encadeada"* e que "a responsabilidade compartilhada será implementada de *forma individualizada e encadeada"* (Grifou-se).

Da mesma forma, o art. 3º, XVII, define responsabilidade compartilhada pelo ciclo de vida dos produtos como *"conjunto de atribuições individualizadas e encadeadas dos fabricantes,* importadores, distribuidores e comerciantes, dos consumidores e dos titulares dos serviços públicos de limpeza urbana e de manejo dos resíduos sólidos, para minimizar o volume de resíduos sólidos e rejeitos gerados, bem como para reduzir os impactos causados à saúde humana e à qualidade ambiental decorrentes do ciclo de vida dos produtos, nos termos desta Lei".

Segundo tais dispositivos, cada agente é responsável pelas obrigações específicas relativas à sua etapa da cadeia, o que significa que são atribuições individualizadas, e que essas obrigações interagem em uma ordem particular interligada.

No mesmo sentido, o §3º do art. 33 da referida Lei estabelece possíveis medidas para "assegurar a implementação e operacionalização do sistema de logística reversa *sob seu encargo"* (grifou-se). Note-se que o texto do dispositivo destaca que os mecanismos mencionados devem ser utilizados pelos agentes de modo a viabilizar as obrigações da sua etapa da cadeia, e não a realização de toda a cadeia.

Dessa forma, como o ordenamento brasileiro instituiu a obrigação compartilhada e na logística reversa para o rerrefino do OLUC, a obrigação de cada agente consiste em garantir que os resíduos alcancem o agente imediatamente a montante, de maneira encadeada, através da devolução dos mesmos (§§4º e 5º art. 33 da Lei nº 12.305/2010).

Note-se que, não obstante, o art. 6º da Resolução nº 362/2005 do CONAMA estabelece que "o produtor e o importador de óleo lubrificante acabado deverão coletar ou garantir a coleta e dar a destinação final ao óleo lubrificante usado ou contaminado, em conformidade com esta Resolução, de forma proporcional em relação ao volume total de óleo lubrificante acabado que tenham comercializado", prevendo também a possibilidade de compra do óleo utilizado.

Tal disposição, ao prever que o produtor ou importador é que é o responsável pela coleta, ou seja, o sujeito passivo da obrigação de recolher o resíduo do distribuidor, comerciante ou consumidor, poderia ensejar o argumento de que a obrigação de cada agente não se limita àquela que individualizadamente corresponde à sua função na cadeia, que é a de devolver os resíduos para o agente a montante, independentemente de obrigação pecuniária.

Porém, embora não haja dispositivo específico tratando da questão da coleta dos resíduos, entendemos que, no sentido do que foi defendido quando tratou-se do art. 17º da resolução, das duas uma: (i) ou o art. 6º da resolução foi revogado pela Lei nº 12.305/2010, que institui a responsabilidade compartilhada "individualizada e encadeada", prevendo expressamente como sujeitos passivos da obrigação de devolução os consumidores, comerciantes e distribuidores; (ii) ou, com o que concordamos, o art. 6º deve ser interpretado em conformidade com a aludida lei compreendendo-se que ao prever que produtor e importador deverão "coletar e garantir a coleta" o dispositivo esteja a indicar que esses agentes tem como obrigação garantir as condições de recebimento dos resíduos quando da entrega realizada pelos agentes a jusante. Em relação à compra do óleo usado, só pode ser encarada como um fomento privado que os agentes à montante podem colocar à disposição dos agentes à jusante para incentivar estes a cumprirem as suas obrigações, como também veremos inclusive no item seguinte.

III.7 O rol exemplificativo do art. 33, §3º e a obrigação de fim e a facultatividade da compra do óleo usado

Como já exposto, cada agente atua em uma etapa específica da cadeia de forma a atingir objetivos particulares daquela fase, que, em conjunto com as outras às quais se encadeia, alcançará os fins propostos pela logística reversa, quais sejam, promover a destinação ambientalmente adequada dos resíduos do óleo lubrificante usado ou contaminado.

Para cada etapa, a lei estabelece obrigações específicas para garantir o retorno dos resíduos ao agente a montante e, ao fim, seu rerrefino. Quanto aos meios de adimplir as obrigações estabelecidas, os agentes são livres para elegê-los.

Não é diversa a intenção do §3º do art. 33 da Lei nº 12.305/2010 que, ao impor a obrigação de tomar "todas as medidas necessárias para assegurar a implementação e operacionalização do sistema de logística reversa sob seu encargo", apresenta rol exemplificativo de mecanismos explicitado pelo uso da expressão que o antecede "entre outras medidas".

Tal previsão se coaduna com o princípio da subsidiariedade, segundo o qual o Estado deve intervir da menor maneira possível nas atividades dos particulares quando os interesses constitucionais não estejam sendo violados.

Como já tivemos oportunidade de expor em sede doutrinária, "inserto no princípio da proporcionalidade, mais especificamente em seu elemento necessidade está o princípio da subsidiariedade, que, na seara do direito econômico, impõe ao Estado que se abstenha de intervir e de regular as atividades que possam ser satisfatoriamente exercidas ou autorreguladas pelos particulares em regime de liberdade. Ou seja, na medida em que os valores sociais constitucionalmente assegurados não sejam prejudicados, o Estado não deve restringir a liberdade dos agentes econômicos, e, caso seja necessário, deve fazê-lo da maneira menos restritiva possível".[31]

Assim, as medidas do §3º, dentre as quais se incluem os procedimentos de compra de resíduos, são possibilidades a serem consideradas e, eventualmente implementadas caso os agentes as julguem pertinentes e necessárias para a realização das funções de sua etapa na cadeia, no caso da compra do óleo usado, como um fomento privado.

Em consonância com a noção de que as medidas do §3º são meros exemplos de mecanismos que podem ser facultativamente adotados com vistas a cumprir as obrigações relativas a cada etapa da cadeia, a o que cabe aqui fazer remissão também ao item IV.2 deste pronunciamento, os §§4º e 5º estabelecem as obrigações de cada agente, associadas à sua função no sistema.

---

[31] ARAGÃO, Alexandre Santo de. Princípio da Proporcionalidade no Direito Econômico. *Revista dos Tribunais*, v. 800, jun. 2002.

Perceba-se que, enquanto o §3º se dirige genericamente a "fabricantes, importadores, distribuidores e comerciantes", os §§4º e 5º são mais específicos estabelecendo verdadeiras obrigações relacionadas a uma determinada etapa da cadeia e dirigidas a agentes peculiares, respectivamente, "consumidores" e "comerciantes e distribuidores".

A concepção de que o §3º trata de meras possibilidades é confirmada pelo uso do verbo "poder" que se direciona à adoção dos mecanismos exemplificativamente listados conforme se observa: "cabe aos fabricantes, importadores, distribuidores e comerciantes [...] tomar todas as medidas necessárias para assegurar a implementação e operacionalização do sistema de logística reversa sob seu encargo, consoante o estabelecido neste artigo, podendo, entre outras medidas".

Note-se que no caso desse parágrafo, a verdadeira obrigação está prevista anteriormente ao vocábulo "podendo" e consiste em "tomar todas as medidas necessárias para assegurar a implementação e operacionalização do sistema de logística reversa sob seu encargo".

No mesmo sentido, ao estabelecer obrigações o legislador se utiliza de verbos imperativos como "caber", no §3º, e "dever", nos §§4º e 5º, enquanto, em oposição, ao estabelecer faculdades vale-se do verbo "poder".

III.8 Prevalência do regime legal sobre usos e costumes

Por fim, diante de eventual fundamento na prática atual da compra dos resíduos, é importante notar que não se aplica ao caso em questão.

A Lei de Introdução às Normas do Direito Brasileiro (Decreto nº 4.657/1942), em seu art. 4º estabelece que somente se admite o recurso ao costume quando a lei foi omissa.[32]

No caso há dispositivo legal tratando da questão. Sob o aspecto das obrigações dos agentes, os §§4º e 5º do art. 33 da Lei nº 12.305/2010, instituem o dever de devolver os resíduos, e, sob o aspecto especificamente da compra e venda, o §3º do mesmo artigo a apresenta como uma possibilidade e não como uma obrigação.

Ademais, "não se admite os costumes *contra legem*, ou seja, as práticas reiteradas e costumeiras em desacordo com a lei, bem como nenhuma lei pode ser considerada revogada por desuso".[33] Qualquer obrigação só pode existir "em virtude da lei" (art. 5º, II, CF).

Note-se que, ainda que se considere que o art. 17 da Resolução nº 362/2005 deixava margem para o estabelecimento do uso da compra e venda de óleo lubrificante como uma obrigação, houve alteração do regime legal e passou-se a tratar expressamente da compra e venda, instituindo-a ou explicitando-a como faculdade.

---

[32] Art. 4º. Quando a lei for omissa, o juiz decidirá o caso de acordo com a analogia, os costumes e os princípios gerais de direito.

[33] ARAGÃO, Alexandre Santos de. *Curso de Direito Administrativo*. Rio de Janeiro: Forense, 2012. p. 45.

Nesse sentido, não se pode arguir o princípio da segurança jurídica ou seus consectários de confiança legítima. Nas palavras de Luís Roberto Barroso, "nessa locução se traduz a ideia de que não há direito adquirido à permanência indefinida de uma mesma disciplina legal sobre determinada matéria. Por exemplo: ninguém poderá defender-se em uma ação de divórcio alegando que se casou em uma época em que o casamento era indissolúvel, pretendendo ter direito adquirido à permanência daquele regime jurídico".[34]

Assim, não se pode sustentar a obrigatoriedade da compra dos resíduos com base na prática reiterada que vai de encontro com o regime legal em vigor.

IV Respostas às indagações

Por todo o exposto, passamos a objetivamente responder as perguntas colocadas pelo Consulente, sem de forma alguma se prescindir de todo o exposto acima:

1) *Considerando o advento da Política Nacional de Resíduos Sólidos (Lei nº 12.305/2010), a obrigatoriedade da devolução do resíduo (OLUC – Óleo Lubrificante usado ou contaminado) pelo comerciante e consumidor/gerador ao Fabricante/Importador, prevalece independentemente de contrapartida pecuniária?*

    Sim. A responsabilidade compartilhada, tal qual adotada pela Lei nº 12.305/2010, enseja obrigações individualizadas e encadeadas de acordo com a localização do agente na cadeia da logística reversa, de forma com que os resíduos alcancem o agente a montante na cadeia. Segundo os §§4º e 5º do art. 33 da Lei nº 12.305/2010, respectivamente, consumidores, distribuidores e comerciantes são sujeitos da obrigação de devolução independentemente de contrapartida pecuniária. Os agentes à montante devem estar apenas preparados para recebê-los.

2) *No caso específico do consumidor, a hipótese de pagamento pelo resíduo trata-se de faculdade (e não obrigação) conferida ao Fabricante/Importador e comerciante?*

    Sim. Nos termos da ideia de responsabilidade compartilhada tal qual adotada pela Lei nº 12.305/2010 e do §3º do art. 33 da Lei nº 12.305/2010, a compra do OLUC é uma faculdade, até porque não se teria como impor essa obrigação sem a lei estabelecer pelo menos a forma de se calcular o preço de tal aquisição.

Essas eram as considerações que, considerando o caráter sucinto e urgente solicitado, tínhamos a fazer por ora.

---

[34] BARROSO, Luís Roberto. *Curso de Direito Constitucional*. 2. ed. São Paulo: Saraiva, 2010. p. 186.

PARTE III

PREFÁCIOS

A REGULAÇÃO SETORIAL DO GÁS NATURAL[1]

Foi com enorme satisfação que recebi o convite de Giovani Ribeiro Loss para fazer a apresentação do seu trabalho, ora publicado.

Trata-se de obra primorosa, que tive a oportunidade de avaliar à época em que ainda se tratava de uma dissertação de mestrado, defendida com brilhantismo perante o Departamento de Direito do Estado da Faculdade de Direito da Universidade de São Paulo, sob a atenta orientação do Professor Floriano de Azevedo Marques Neto.

O livro consiste na dissertação de mestrado revista e acrescida de importantes elementos que não seriam muito característicos da estrutura de uma dissertação de mestrado, fazendo com que o trabalho tenha de fato se tornado um inédito tratamento jurídico sistemático do setor do gás natural no Brasil, fundamental para todos com interesse teórico no Direito Público da Economia e com necessidades práticas de operar com o ordenamento setorial do gás natural.

Mesmo para aqueles que não atuam diretamente no setor do gás natural, mas que se interessam pelas evoluções pelas quais passa o nosso Direito Administrativo, terão grande proveito com a sua leitura, já que a sua profundidade teórica faz com que trate com competência de temas fundamentais para essa seara do Direito, como as autorizações administrativas, assimetrias regulatórias, a relação entre as regulações setoriais e o sistema de defesa da concorrência e a divisão de atividades empresariais entre o setor público e o setor privado da economia.

Conheci Giovani Loss na pós-graduação em Direito do Estado da Universidade de São Paulo (USP). O autor, além de se notabilizar pela personalidade franca e aberta, já demonstrava reunir as três grandes qualidades que entendo devam possuir aqueles

---

[1] LOSS, Giovani Ribeiro. *A Regulação Setorial do Gás Natural*. Belo Horizonte: Ed. Fórum, 2007.

que queiram versar sobre o Direito Administrativo Econômico: profundidade teórico-jurídica e conhecimento dos aspectos técnicos e econômicos do setor a ser estudado, aliados à indispensável experiência prática. Giovani, inclusive, cursou disciplinas técnicas e econômicas relativas ao gás natural em outras faculdades da USP e sempre militou na advocacia do setor.

O sucesso da pesquisa empreendida por Giovani Loss não é, de fato, obra do acaso. Com ampla experiência profissional em regulação e concorrência, o jovem autor possui inúmeros artigos e publicações na área do Direito do Estado e também experiência como professor de Direito da Energia na Sociedade Brasileira de Direito Público (SBDP) e na Escola Fazendária do Estado de São Paulo (FAZESP). É Diretor do Instituto Brasileiro de Direito da Energia (IBDE), membro da Comissão de Estudos da Concorrência e Regulação Econômica da OAB do Estado de São Paulo e da *Association of International Petroleum Negotiators (AIPN)*, tendo recentemente obtido bolsa de estudos oferecida pelo Instituto Ling para o LL.M. da Faculdade de Direito de Stanford, nos Estados Unidos, onde se radicou para também integrar um dos mais importantes escritórios de advocacia de petróleo e gás desse País.

O momento atual é de discussão e reflexão nacional e internacional sobre a matriz energética a ser adotada, envolvendo questões como a possível escassez do petróleo e a opção por combustíveis menos poluentes, e, ainda, especificamente no Brasil, os problemas da integração energética sul-americana, as competências das agências reguladoras, a inserção da concorrência no setor e o modelo regulatório mais adequado para a nossa realidade. Brinda-nos o autor, portanto, com obra sobre matéria extremamente atual e ainda pouco explorada: a intrincada estrutura regulatória das atividades econômicas voltadas à exploração do gás natural no Brasil.

Partindo da análise do conceito de regulação, o autor esmiuçou diversos aspectos da regulação do gás natural, tais como os seus fundamentos, as diferenças e peculiaridades da regulação de cada etapa da exploração econômica desse bem, os conflitos federativos existentes, a necessidade de criação de um marco regulatório específico para o setor e a internacionalização do gás natural, entre outros. Destinou, ainda, um capítulo final à análise do Direito Comparado.

Nesse percurso o autor não se furtou de enfrentar temas bastante polêmicos e de grande importância para o desenvolvimento nacional, tal como o acesso aos dutos de transporte de gás. O transporte de gás natural entre os pontos de produção e de distribuição é realizado por meio de malha dutoviária, construída por empresas autorizadas pela ANP. Tendo em vista que a duplicação de tal malha dutoviária não é possível ou, caso o seja, não é racional do ponto de vista econômico e/ou ambiental, está-se diante de um monopólio natural, o que acarreta a existência de um único agente operador das redes em determinados trechos. Em seus mercados relevantes – tanto material, quanto geográfico –, os operadores de redes de transportes de gás natural atuam via de regra sem concorrentes.

As fases da cadeia do setor de gás natural, notadamente a produção e a comercialização, geralmente situam-se fisicamente bastante distantes uma da outra, sendo fundamental a existência de sistema de transporte que interligue os pontos de produção e comercialização. A produção de gás natural ocorre mediante a exploração de blocos identificados e designados pela ANP, explorados por meio de concessões por essa outorgadas. Por outro lado, a comercialização, em virtude de expressa determinação constitucional (artigo 25, §2º), é muitas vezes serviço público de competência dos Estados. A atividade de transporte de gás natural, portanto, configura-se geralmente o único meio de interligação entre os pontos de produção (blocos) e os pontos de consumo (*city gates* das companhias estaduais de distribuição de gás natural). Sendo assim, uma das questões de maior relevância no campo do transporte de gás natural é a possibilidade de acesso do maior número de interessados possível às redes de transporte, a fim de possibilitar que mais de um produtor possa entregar gás natural aos pontos de consumo, favorecendo a concorrência.

Todo o arcabouço teórico e prático de Giovani Loss e o esforço de sua pesquisa encontram-se refletidos no livro "A Regulação Jurídica do Gás Natural". Nele, o leitor encontrará precioso acervo de seminais informações e reflexões – muitas delas tecidas com ineditismo – sobre a regulação jurídica do gás natural, tratando-se, portanto, de leitura imprescindível a todos os estudiosos e profissionais do direito público.

Alexandre Santos de Aragão

VADE MECUM DA INFRAESTRUTURA DO PETRÓLEO[1]

Honram-nos os autores desta obra com o pedido de prefaciá-la, tanto pelo elevado nível e originalidade da organização normativa apresentada, como pela legitimidade que os seus autores, todos com grande experiência teórica e prática no setor, têm para fazê-lo.

O direito do petróleo, do gás natural e de biocombustíveis, que passaremos a chamar simplesmente de direito do petróleo, pode ser identificado como um ramo de direito que capta aspectos tematicamente afetos ao setor transversalmente de vários ramos mais tradicionais do Direito, especialmente dos direitos administrativo, contratual e constitucional.

O direito do petróleo é, assim, uma expressão das pluralização e especialização das fontes do direito que pode contemporaneamente ser compreendido como um plexo de diversas redes normativas que interajem e dialogam entre si. A necessária especialização técnica de aparatos administrativos setoriais fez com que adquirissem poder decisório nas matérias de sua competência, que, a partir de então, foram retiradas do âmbito competencial do poder estatal central e desenvolvidas através de grupos normativos. "Segundo essa teoria, os conflitos entre normas de diferentes graus hierárquicos devem ser examinados tendo em vista os grupos a que cada norma pertence. Um conflito entre uma Portaria pertencente a determinado Grupo e uma Lei pertencente a outro Grupo,

---

[1] CAMPOS, Antônio Lobo e; GONÇALVES, Jerson Carneiro Júnior; ARRUDA, Rodrigo. *Vade Mecum da Infraestrutura do Petróleo*. São Paulo: Ed. Rideel, 2015.

por exemplo, não pode ser resolvido pela aplicação direta do critério hierárquico, mas deve ser compreendida como uma colisão entre Grupos normativos [...]".[2]

Característica do Direito Contemporâneo é que, muitas vezes, suas leis se organizam em redes normativas. Sabino Cassese[3] esclarece o sentido da analogia reticular: "rede é um emaranhado constituído por fios interligados e entrelaçados, usada para capturar peixes e camarões. O termo indica também uma estrutura resultante de elementos que se ligam e formam uma trama com malhas, ramos e nós. Este último uso é metafórico, no sentido que transfere um significado da palavra do seu sentido próprio para um outro figurado, que mantém com o primeiro uma relação de semelhança. Também o uso do termo "rede" no Direito e nas ciências da organização representa uma figura retórica. Aqui ele indica uma figura organizativa composta por ofícios públicos e caracterizada pelos seguintes elementos ou traços: pertencer a entidades ou aparatos diversos e colaboração ou interdependência".

O fenômeno, que não é exclusivo do Direito Público, decorre do fato de que, "com o passar do tempo, este movimento (de criação de normas especiais para determinadas situações ou atividades) conhece um tal processo de expansão que desemboca em verdadeiro encadeamento de leis especiais. Estas vão se agrupando conforme o seu ramo de disciplina. Tal fato constitui um abalo nas características de unidade, estabilidade e generalidade [...]. É o nascimento dos microssistemas. Estes se caracterizam pelo estabelecimento de uma certa unidade entre diversas Leis especiais que disciplinam determinadas matérias. [...] Há, portanto, uma lógica própria em cada uma dessas ilhas legislativas. Mas essa circunstância, ao mesmo tempo em que revela uma tendência natural para uma certa unidade, descortina uma situação de completa assistematização. Os microssistemas alcançam o nível de pluralidade, o que descola o centro de gravidade do sistema jurídico. [...] Estabelece-se, então, um quadro de polissistemas, em que a Constituição assume um papel de centralidade para instituir princípios".[4] Esse fenômeno é consequência da pluralização, especialização técnica e setorização dos interesses e necessidades existentes nas sociedades contemporâneas.[5]

Dessa maneira, "Erik Jayme ensina que, diante do atual 'pluralismo pós-moderno' de um Direito de fontes legislativas plúrimas, ressurge a necessidade de coordenação

---

[2] WIMMER, Miriam. *Conflitos de Competência na Administração Pública*. Dissertação de Mestrado apresentada à Faculdade de Direito da UERJ, Mímeo, 2007, p. 96.

[3] CASSESE, Sabino. As Redes como Figuras Organizativas de Colaboração. (Trad. Cibele Fernandes Dias). *Revista de Direito Administrativo e Constitucional – A & C*, v. 11, p. 15, 2003.

[4] ANDRADE, Fábio Siebeneichler de. *Da Codificação*: crônica de um conceito. Porto Alegre: Ed. Livraria do Advogado, 1997. p. 135. E mais, "ao mesmo tempo, as leis especiais são cada vez mais dinâmicas. São frequentes os casos em que as leis passam a durar cada vez menos. São promulgadas para resolver determinados conflitos por um determinado período" (ANDRADE, Fábio Siebeneichler de. *Da Codificação*: crônica de um conceito. Porto Alegre: Ed. Livraria do Advogado, 1997. p. 135-136).

[5] "A sociedade apresenta-se de uma forma altamente diferenciada, constituindo-se de subsistemas [...]. De modo que os microssistemas nada mais são que um reflexo dessa tendência de polarização da sociedade" (ANDRADE, Fábio Siebeneichler de. *Da Codificação*: crônica de um conceito. Porto Alegre: Ed. Livraria do Advogado, 1997. p. 140). "Talvez seja o caso de resgatar o conceito de que o menos é superior ao mais, já esboçado, na Arquitetura, por Bauhaus. Esta é uma polêmica, que, a par de estar presente também na literatura – recorde-se a eterna disputa entre Goethe x Schiller e Tchekov x Tolstoi –, ainda não encontrou especial relevância no Direito. Com efeito, poder-se-ia pensar que, em relação aos códigos, as leis especiais seriam o menos. Contudo, tal não sucede na medida em que lei especial não se limita a uma só. Ela tende sempre a uma expansão, enquanto o Código é, por excelência, único" (ANDRADE, Fábio Siebeneichler de. *Da Codificação*: crônica de um conceito. Porto Alegre: Ed. Livraria do Advogado, 1997. p. 154).

entre as leis no mesmo ordenamento, como exigência para um sistema jurídico justo e eficiente. [...] Os critérios para resolver os conflitos de leis no tempo seriam apenas três – anterioridade, especialidade e hierarquia –, a priorizar-se, segundo Bobbio, a hierarquia. A doutrina atualizada, porém, está à procura hoje mais da harmonia e da coordenação entre as normas do ordenamento jurídico (concebido como sistema) do que da exclusão. [...] A solução sistemática pós-moderna deve ser mais fluida, mais flexível, a permitir maior mobilidade e fineza de distinções. Nestes tempos, a superação de paradigmas é substituída pela convivência de paradigmas. [...] Há a convivência de leis com campos de aplicação diferentes, campos por vezes convergentes e, em geral, diferentes, em um mesmo sistema jurídico, que parece ser agora um sistema (para sempre) plural, fluido, mutável e complexo. Não deixa de ser um paradoxo que o 'sistema', o todo construído, seja agora plural. [...] Da retirada simples (revogação) de uma das normas em conflito do sistema jurídico (ou do 'monólogo' de uma só norma possível a 'comunicar' a solução justa) à convivência destas normas, ao diálogo das normas para alcançar a sua *ratio*, à finalidade 'narrada' ou 'comunicada' em ambas. [...] 'Diálogo' porque há influências recíprocas, 'diálogo' porque há aplicação conjunta das duas normas ao mesmo tempo e ao mesmo caso, seja complementarmente, seja subsidiariamente, seja permitindo a opção voluntária das partes sobre a fonte prevalente".[6]

O grande mérito da obra que ora prefaciamos é procurar, como nunca tentado – e logrado – antes, organizar e sistematizar o máximo possível – a organização e a sistematização absoluta das realidades foi uma pretensão iluminista que o pós-modernismo já deitou por terra[7] – toda a teia normativa concernente ao petróleo, ao gás natural e aos biocombustíveis.

E como uma potencialização do pós-modernismo jurídico, o direito do petróleo possui uma série de microssistemas internos ou submicrossistemas, com organismos emanadores de normas distintos – como a ANP, o CNPE, os órgãos ambientais e o próprio Poder Legislativo –, diversas espécies contratuais – como os contratos de concessão, os de partilha, o de cessão onerosa, diversas espécies de autorizações administrativas – e diversas etapas da sua cadeia produtiva (exploração e produção, revenda e distribuição e revenda) com subgrupos normativos concernentes a cada uma delas.

Diante dessa realidade, a presente obra foi além do que seria uma mera coletânea de leis e regulamentos, por exemplo, por hierarquia e cronologia normativa, e também, criativamente, dando substrato e estofo teórico ao seu empreendimento, organizou-os por espécie contratual e etapa da cadeia produtiva.

---

[6] MARQUES, Cláudia Lima *et al*. *Comentários ao Código de Defesa do Consumidor*. São Paulo: Ed. RT, 2004. p. 24-27.

[7] A própria definição do pós-modernismo é muito difícil, encontrando-se muito poucas auto-definições, até porque a própria ideia de definição, a de apreender uma realidade complexa e fugidia, é antagônica ao pensamento pós-moderno. A este respeito, Krishnan Kumar observa que "os pós-modernistas têm horror a definir, em parte porque é difícil evitar dar uma definição moderna do pós-moderno; na verdade toda a definição de pós-moderno acabará por ser modernista. Definições entram em choque com as próprias características de racionalidade e objetividade que os pós modernistas se esforçam para negar" (KUMAR, Krishnan. *Da sociedade pós-industrial à pós-moderna*. Rio de Janeiro: Jorge Zahar Editor, 1997). Uma das poucas auto-definições de pós-modernismo foi nos dada por Charles Jencks, nos seguintes termos: "A era pós-moderna é um tempo de opção incessante, é uma era em que nenhuma ortodoxia pode ser adotada sem constrangimento ou ironia, porque todas as tradições têm, aparentemente, alguma validade. Esse fato é em parte consequência do que se denomina de explosão das informações, o advento do conhecimento organizado, das comunicações mundiais e da cibernética" (JENCKS, Charles *apud* KUMAR, Krishnan. *Da sociedade pós-industrial à pós-moderna*. Rio de Janeiro: Jorge Zahar Editor, 1997. p. 144 e 115).

E mais, cônscia de que na realidade contemporânea a densificação normativa muitas vezes fica mais nas normas contratuais concretamente celebradas do que nas leis e até nos regulamentos, sem o que a respectiva disciplina jurídica remanesceria de fato não conhecida adequadamente, a obra traz à baila também os contratos mais relevantes do setor.

Por ser uma coletânea normativa adaptada à complexidade e ao dinamismo do direito contemporâneo, se afigura como fundamental para o conhecimento e, consequentemente, para a evolução e o aperfeiçoamento do direito do petróleo brasileiro, ramo do direito por sua vez fundamental para o desenvolvimento econômico e tecnológico do País.

Alexandre Santos de Aragão

Esta obra foi composta em fonte Palatino Linotype, corpo 10
e impressa em papel Offset 63g (miolo) e Supremo 300g (capa)
pela Gráfica Laser Plus.